MINIDICIONÁRIO

ESPANHOL · PORTUGUÊS
PORTUGUÊS · ESPANHOL

MINIDICIONÁRIO
ESPANHOL • PORTUGUÊS
PORTUGUÊS • ESPANHOL

EUGENIA FLAVIAN • GRETEL ERES FERNÁNDEZ

Edição revista e atualizada

REVISÃO TÉCNICA
María Del Pilar Sacristán Martín

QUADRO FONOLÓGICO
Rafael Eugenio Hoyos Andrade

editora ática

© Eugenia Flavian e Gretel Eres Fernández

Editor-chefe	Carlos S. Mendes Rosa
Editores assistentes	Tatiana Corrêa Pimenta e Frank de Oliveira
Revisores	Maurício Katayama, Alessandra Miranda de Sá, Antonio Mello, Arlete Souza da Silva, Cláudia Cantarin, Edna Sueli Ló Ré Pousada, Eliel Cunha, Luciana Soares, Maristela Carrasco, Monalisa Neves, Pedro Borges e Talita Ló Ré Pousada
Estagiária	Monise Martinez

ARTE
Editor	Vinicius Rossignol Felipe
Diagramadora	Leslie Morais
Estagiária	Júlia Tomie Yoshino
Paginação	Signorini Produção Gráfica
Capa	Gabrielly Silva

COLABORADORES DA IMPRESSÃO ANTERIOR
Coordenadora de revisão: Ivany Picasso Batista • Editor de arte: Antonio Paulos • Diagramador: Marcos Puntel

EDIÇÃO ANTERIOR
Diretor editorial adjunto: Fernando Paixão • Editora assistente: Maria Dolores Prades • Edição de texto: Rogério Ramos • Preparação de originais: Luiz José Tonolli, Maria Elizabeth Leuba Salum e Ruth Sá • Revisores: Hélia de Jesus Gonsaga e Sônia Scoss Nicolai • Editora de arte: Suzana Laub • Projeto gráfico: Milton Takeda e Marcos Lisboa

---
CIP-BRASIL. CATALOGAÇÃO-NA-FONTE
SINDICATO NACIONAL DOS EDITORES DE LIVROS, RJ

F618m
19.ed.

Flavian, Eugenia
 Minidicionário espanhol-português, português-espanhol / Eugenia Flavian & Gretel Eres Fernández ; revisão técnica María Del Pilar Sacristán Martín ; quadro fonológico Rafael Eugenio Hoyos Andrade. - 19. ed. rev. e atual. - São Paulo : Ática, 2009.
 696p.

 Apêndice
 ISBN 978-85-08-12105-2
 1. Língua espanhola - Dicionários - Português. 2. Língua portuguesa - Dicionários - Espanhol. I. Eres Fernández, Gretel. II. Título.

08-0334.
CDD: 463.69
CDU: 801.323.2=60=690

ISBN 978 85 08 12105 2
Código da obra CL 736339

2014
19ª edição
8ª impressão
Impressão e acabamento: Gráfica Ideal

IMPORTANTE: Ao comprar um livro, você remunera e reconhece o trabalho do autor e o de muitos outros profissionais envolvidos na produção editorial e na comercialização das obras: editores, revisores, diagramadores, ilustradores, gráficos, divulgadores, distribuidores, livreiros, entre outros. Ajude-nos a combater a cópia ilegal! Ela gera desemprego, prejudica a difusão da cultura e encarece os livros que você compra.

Todos os direitos reservados pela Editora Ática
Av. Otaviano Alves de Lima, 4400 – CEP 02909-900 – São Paulo, SP
Atendimento ao cliente: 0800-115152 – Fax: (11) 3990-1776
www.atica.com.br – www.atica.com.br/educacional – atendimento@atica.com.br

SUMÁRIO

Espanhol ou castelhano? 6
Que oferece este dicionário? 8
Sinais gráficos 12
Alfabetos 13
Divisão silábica 14
Quadro fonológico 15
Acentuação gráfica 20
Abreviaturas 24

Espanhol-português 27

Guia de referências úteis 425
    Heterogenéricos espanhol-português 426
    Heterotônicos espanhol-português 427
    Numerais 428
    Adjetivos pátrios 432
    Profissões, ocupações e ofícios 436
    Termos usuais de informática 439
    Termos relacionados ao meio ambiente 440
    Falsos cognatos 441
    Tire as suas dúvidas 447
    Pronomes e formas de tratamento 451
    Uso do *vos* (na América) 451
    Modelos de conjugação verbal 453
    Particípios em espanhol 476

Português-espanhol 481

Bibliografia 693
Suor e sorrisos fazem uma boa parceria 696

ESPANHOL OU CASTELHANO?

No mundo de hoje, mais de 400 milhões de pessoas falam espanhol ou castelhano, que nada mais são do que duas denominações para o mesmo idioma.

A língua provém do latim vulgar, implantado na Península Ibérica durante os séculos de formação e expansão do Império Romano. Com a queda do Império (séc. VIII), a sua influência nos territórios conquistados esmoreceu e as novas línguas foram adquirindo individualidade. Surgiram assim vários idiomas nas regiões antes dominadas pelos romanos: o italiano, o francês, o romeno, o português, o galego, o catalão e o castelhano.

Após a dissolução do Império Romano, na Península Ibérica formaram-se pequenos reinos, entre os quais o Reino de Castela, que se tornou um dos mais poderosos e, também por isso, a língua falada em Castela – o castelhano – impôs-se às outras.

Mais tarde, no século XV, durante o reinado dos reis católicos Fernando e Isabel de Castela, os pequenos reinos foram unificados em um só país, surgindo assim a Espanha, e a língua de Castela passou a ser o idioma utilizado em todo território espanhol.

Até o descobrimento da América o idioma era quase sempre denominado castelhano, quase nunca espanhol, mas no século seguinte consolidou-se a ideia dos idiomas nacionais. Dessa forma, passou-se a chamar de italiano a língua dos italianos (que antes se designava toscano), francês a dos franceses, inglês a dos ingleses e espanhol a dos espanhóis, como até hoje é conhecida no exterior e em outros idiomas (*spanish, spagnolo, espagnol* etc.).

Com a conquista da América, as línguas europeias que atravessaram o Atlântico conservaram o nome de sua primitiva nacionalidade: nos Estados Unidos e Canadá se fala inglês (original da Inglaterra); no Brasil se fala português (original de Portugal); na América espanhola fala-se espanhol, mas, como o idioma também conservou seu antigo nome de castelhano, ambas as denominações são utilizadas, embora na Hispano-América a designação castelhano seja mais usada do que a de espanhol, apenas para dissociar o idioma do nome do país.

Atualmente, em várias regiões da própria Espanha, onde o espanhol coexiste com o catalão, com o galego e com o basco, alguns habitantes preferem referir-se à língua oficial como castelhano, para distingui-la das faladas na Catalunha, Galícia e País Basco. Vale lembrar que o idioma basco já se falava naquela região antes da dominação romana e até hoje há controvérsias quanto à sua origem.

Em todos os países latino-americanos (menos no Brasil) fala-se espanhol ou castelhano: nos países da América do Sul e da América Central, em várias ilhas do Caribe, no México, em diversas regiões do sudeste dos Estados Unidos e nas Filipinas. Naturalmente, embora todos falem a mesma língua, existem particularidades linguísticas regionais não apenas de um país a outro, mas inclusive num mesmo país. No entanto, tais variações não constituem idiomas diferentes nem impedem a comunicação entre os falantes dos diferentes países hispânicos.

As variações entre o espanhol ou castelhano falado em uns e outros países devem-se principalmente ao fato de que a língua penetrou nos países da América durante os séculos XV, XVI e XVII e conservou traços que não existem mais no espanhol da Espanha atual. O idioma foi introduzido por pessoas que traziam consigo suas peculiaridades populares e regionais. E principalmente porque o espanhol na América entrou em contato com importantes línguas indígenas (quechua, guarani, araucano, asteca, maia-quiché etc.), das quais incorporou um rico e vasto vocabulário (os chamados americanismos).

Todas essas particularidades fazem do espanhol ou castelhano uma língua rica e diversificada, a segunda mais usada internacionalmente, com variações pitorescas que grandes mestres da literatura peninsular e hispano-americana souberam explorar com talento em versos e prosas imortais.

As autoras

Fontes consultadas
- María Del Pilar Sacristán Martín. *Síntesis de gramática española para brasileños*. Edição especial para Ericsson do Brasil, São Paulo.
- Amado Alonso. *Gramática castellana*. Buenos Aires, Losada, 1977.

QUE OFERECE ESTE DICIONÁRIO?

O *Minidicionário espanhol-português/português-espanhol* tem as seguintes características:

- É um instrumento de consulta especialmente elaborado para estudantes brasileiros de nível médio.
- Contém mais de 20 mil verbetes, com cerca de 10 mil em espanhol e outros 10 mil em português.
- Os verbetes foram selecionados de acordo com sua frequência de uso.
- Inclui espanholismos, americanismos, regionalismos, termos técnicos, jurídicos, científicos e coloquiais, expressões idiomáticas e provérbios, com a respectiva tradução ou adaptação ao idioma oposto.
- Inclui também vários apêndices de uso prático.

1. Espanhol-português

O abecedário espanhol é composto pelas seguintes letras: *a, b, c, ch, d, e, f, g, h, i, j, k, l, ll, m, n, ñ, o, p, q, r, s, t, u, v, w, x, y, z*. Entretanto, desde 1994 a Asociación de Academias de la Lengua Española decidiu adotar a ordem alfabética latina universal, que não considera *ch* e *ll* como letras independentes. Assim, neste dicionário, as palavras iniciadas por elas ou que as contêm passaram a ser ordenadas na sequência correspondente, nas letras *c* e *l*, respectivamente.

Vale lembrar que essa alteração afeta apenas o processo de ordenação alfabética das palavras, não a composição do abecedário. (Cf. *Diccionario panhispánico de dudas*, 2005). A entrada dos verbetes, em negrito, inclui divisão silábica e indicação da sílaba tônica para os vocábulos heterotônicos (sílabas tônicas diferentes das do português). Nos casos em que a palavra tem feminino, este é indicado após a entrada, depois de barra diagonal, de duas maneiras diferentes: substituindo-se a última letra, ou incluindo-se uma nova sílaba. Os femininos irregulares aparecem como observações gramaticais (em itálico, após a última acepção), ou constituem verbetes diferenciados. Quando se tratar de um falso cognato (ver "Falsos cognatos"), o verbete virá precedido do símbolo ☞.

Exemplos:
    de•sa•rro•llo *(divisão silábica)*
    de•mo•cra•cia *(indicação de sílaba tônica)*
    a•lum•no/a *(indicação de feminino)*
    di•rec•tor/to•ra *(indicação de feminino)*
    ac•tor (...) | *F: actriz.* *(feminino irregular)*
    ☞ **va•so** *(indicação de falso cognato)*

A entrada é seguida pela sua taxonomia, ou seja, a categoria gramatical à qual pertence. Em "Abreviaturas", encontram-se todas as classificações utilizadas. Caso o verbete assuma categorias diversas, mas conserve o mesmo significado, a classificação aparecerá após a entrada do verbete. Se houver mudança semântica, exigindo uma acepção diferente, a nova categoria e sua respectiva tradução aparecerão na sequência, introduzidas pelo símbolo ●. Havendo variação numa mesma categoria léxica ou gramatical (forma no plural, no feminino, verbo pronominal), o símbolo ■ introduzirá essa variação, indicando a nova forma da palavra.

Exemplos: **ár•bol** *s.m.*
(*categoria léxica do termo em espanhol*)
car•dió•lo•go/a *adj. e s. Med.* Cardiologista.
(*termo admite duas categorias num mesmo campo semântico*)
bien•ve•ni•do/a *adj.* **1.** Bem-vindo. ● *s.f.* **2.** Boas-vindas.
(*termo muda de significado ao mudar de categoria*)
con•cen•trar *v.t.* **1.** Concentrar, reunir. **2.** Concentrar, condensar. ■ **concentrarse** *v.p.* Concentrar-se, compenetrar-se, absorver-se.
(*termo admite variação gramatical na sua categoria léxica*)

O campo de aplicação do termo, quando houver, é indicado logo após a taxonomia (se for válido para o verbete inteiro), ou apenas na acepção que lhe corresponde. O mesmo ocorrerá com relação ao uso específico num país ou numa região. Os eventuais empréstimos linguísticos também figuram logo após a categoria gramatical. Todas essas referências entram abreviadas (ver "Abreviaturas").

Exemplos: **co•ar•ta•da** *s.f. For.* Álibi.
(*campo de aplicação*)
co•me•dia *s.f.* **1.** *Liter. e teat.* Comédia. **2.** *Fig.* Farsa, comédia.
(*campo de aplicação válido para acepção 1*)
chil•mo•le *s.m. Mex. e Am.C.* Molho picante.
(*indicação de uso regional*)
cho•clo *s.m.* **1.** Tamanco de madeira. **2.** *Bot. Amer.* Milho verde.
(*campo de aplicação e uso regional válidos para acepção 2*)
pe•nal•ty *s.m. Angl. Desp.* Pênalti.
(*indicação de empréstimo linguístico e campo de aplicação*)

As traduções das diferentes acepções do termo partem das denotações para as conotações e extensões de sentido. Essa graduação verifica-se na numeração sequencial em negrito. As traduções procuram atender, também, à frequência de uso. Quando há mudança de flexão do vocábulo, a numeração sequencial das acepções recomeça, se houver mais de uma acepção.

Exemplos: **a•plau•dir** *v.t.* **1.** Aplaudir, bater palmas. **2.** Aplaudir, aprovar, apoiar.
jo•ro•ba *s.f.* **1.** Corcunda, deformação física. **2.** *Fig.* Protuberância, saliência. **3.** *Fig. e col.* Chatice.
a•gi•tar *v.t.* **1.** Agitar, sacudir. **2.** *Fig.* Agitar, perturbar, inquietar. ■ **agitarse** *v.p.* **1.** Agitar-se, sacudir. **2.** *Fig.* Agitar-se, inquietar-se.

Os exemplos, sempre em itálico, visam destacar um significado, uso ou regência que difere do português. Em casos considerados críticos, essas diferenças encontram-se registradas nas observações gramaticais e/ou de uso das palavras. Elas indicam plural, feminino ou conjugação verbal irregular; ortografia, acentuação ou divisão silábica diferente para o mesmo vocábulo; às vezes remetem para outros sinônimos, ou alertam para algum aspecto relevante. Caso se trate de um verbo irregular, a observação gramatical remeterá ao paradigma correspondente incluído em "Modelos de conjugação verbal". Tais observações são introduzidas pelo símbolo ▌.

Exemplos: **her•vi•do/a** *adj.* **1.** Fervido. ● *s.m.* **2.** Prato cozido. *Haré un hervido de cena.* Farei alguma coisa cozida no jantar.
(*exemplo ilustra uso do substantivo*)
e•lip•sis *s.f. Gram.* Elipse, supressão de palavras. ▌ *Pl.*: invariável.
(*indicação de plural*)
da•do/a *adj.* **1.** Dado, pressuposto. *Dadas las circunstancias.* Dadas as circunstâncias. ● *s.m.* **2.** Dado, peça cúbica. ■ **dados** *s.m.pl.* Dados (jogo). ▌ Não tem sentido de "gratuito", "propenso" nem de "informação". ◆ **Dado que. 1.** Dado que. **2.** Se, no caso de.
(*alerta para possível confusão de sentido*)
co•men•zar *v.t. e v.i.* Começar, iniciar. ▌ *C.mod. 01.*
(*indica modelo de conjugação verbal correspondente*)

Os vocábulos que têm sílaba tônica diferente do português, ou seja, os heterotônicos, são identificados com um sublinhado.

Exemplos: **ré•gi•men**
jer•sey
psi•co•te•ra•pia

Um grande número de verbetes inclui locuções e expressões idiomáticas, sempre antecedidas pelo sinal ◆. Assim como nas acepções comuns, a vírgula separa sinônimos e a barra diagonal indica substituição de palavras ou grupos de palavras. Quando uma entrada registra diversas locuções e/ou expressões idiomáticas, em primeiro lugar – sempre observada a ordem alfabética – figuram aquelas que se iniciam pela própria palavra-entrada e suas flexões, seguidas pelas frases que contêm a referida palavra. Em relação às traduções, muitas vezes deu-se preferência às formas equivalentes do outro idioma, em detrimento da tradução literal, quando esta era menos expressiva ou era inadequada em português.

Exemplo: **ma•dre** *s.f.* **1.** Mãe. **2.** Madre, freira. **3.** *Fig.* Mãe, origem, berço. ◆ **Madre de família.** Mãe de família. **¡Madre mía!** Nossa Senhora! **Madre patria.** Pátria mãe. **Madre política.** Sogra. **Madre soltera.** Mãe solteira. **Madre superiora.** Madre superiora. **Como su madre lo echó al mundo.** Do jeito que veio ao mundo, nu.

2. Português-espanhol

Esta parte do dicionário é mais simples e direta, pois aqui a preocupação fundamental foi a de dar a(s) versão(ões) para o espanhol de cerca de 10 mil vocábulos frequentes em português.

Assim sendo, as entradas (em negrito), seguindo a ordem alfabética do português, não incluem divisão silábica nem feminino, e os verbos pronominais estão indicados no corpo do verbete. A entrada repete-se apenas quando a forma do feminino ou plural adquire outro significado.

Quanto à ordem das informações, seguem-se os mesmos critérios da parte espanhol-português: entrada do verbete, taxonomia, campo de aplicação, acepções numeradas sequencialmente, partindo das denotações para as conotações, e indicação de formas iguais e diferentes em espanhol. Finalmente, registram-se algumas expressões idiomáticas em português consideradas relevantes, com a respectiva equivalência ou adaptação ao espanhol. Muitas vezes, o consulente encontrará várias versões para o vocábulo que procura. São sinônimos colocados por ordem de frequência de uso, ou termos que pretendem delimitar o campo semântico de aplicação de determinadas acepções.

Exemplos: **gozação** *s.f.* Burla, broma, mofa, escarnio. ♦ **Fazer gozação.** Burlarse, mofarse.
(*apresentação de várias formas possíveis em espanhol*)
féria *s.f.* **1.** Sueldo, jornal. **2.** Renta del día, caja. ■ **férias** *s.f.pl.* Vacaciones.
(*flexão do vocábulo de entrada*)

Convém salientar que, por se tratar de obra de pequeno porte, nem todos os vocábulos que aparecem como acepções nas entradas da parte português-espanhol constam da parte espanhol-português.

Em virtude da diversidade linguística do espanhol, os verbetes desta parte apresentam apenas algumas formas regionais muito comuns em certas áreas geográficas. Os regionalismos estão registrados após a(s) forma(s) genérica(s) de uso geral, separados por ponto e vírgula. As formas regionais devem ser usadas com reserva, pois elas geralmente são aceitáveis apenas na respectiva região, não constituindo, portanto, sinônimos de valor equivalente. A indicação de regionalismos obedece ao seguinte critério:

(*Esp.*)   Forma usada particularmente na Espanha
(*Amer.*)   Forma usada na América em geral
(*Mex.*)   Forma usada particularmente no México
(*Am.C.*)   Forma usada na América Central em geral
(*Rio-plat.*) Forma usada na região do Rio da Prata em geral
(*Arg.*)   Forma usada particularmente na Argentina

Exemplos: **abóbora** *s.f. Bot.* Calabaza; (*Rio-plat.*) zapallo; (*Mex. e Am.C.*) ayote.
subornar *v.t.* Sobornar, comprar, untar la mano; (*Amer.*) cohechar, arreglar; (*Rio--plat.*) coimear.

SINAIS GRÁFICOS

- **●**   Indica mudança de categoria gramatical
- **■**   Indica variação gramatical dentro da mesma categoria
- **|**   Introduz observações gramaticais, ortográficas e de uso
- **◆**   Introduz locuções, expressões ou refrães
- **/**   Indica substituição de formas equivalentes
- **—**   Indica a sílaba tônica (heterotônicos)
- **< >**   Indica termo integrante de locuções no verbete-entrada
- **☞**   Indica falso cognato

ALFABETOS*

Português	Nome da letra	Espanhol	Nome da letra
a	a	a	*a*
b	bê	b	*be*
			be larga/be alta
c	cê	c	*ce*
–	–	ch	*che*
d	dê	d	*de*
e	é	e	*e*
f	efe	f	*efe*
g	gê	g	*ge*
h	agá	h	*hache*
i	i	i	*i*
j	jota	j	*jota*
k	cá	k	*ka*
l	ele	l	*ele*
–	–	ll	*elle*
m	eme	m	*eme*
n	ene	n	*ene*
–	–	ñ	*eñe*
o	ó	o	*o*
p	pê	p	*pe*
q	quê	q	*cu*
r	erre	r/rr	*ere/erre*
s	esse	s	*ese*
t	tê	t	*te*
u	u	u	*u*
v	vê	v	*uve/ve*
			ve corta/ve chica/ve baja
w	dáblio	w	*uve/ve doble*
x	xis	x	*equis*
y	ípsilon	y	*i griega/ye*
z	zê	z	*zeda/zeta/ceta*

*Conforme explicado na página 8, *ch* e *ll* incluem-se, para efeitos de ordenação alfabética das palavras, nas letras *c* e *l*.

DIVISÃO SILÁBICA

As regras de divisão silábica do espanhol são muito semelhantes às do português. Convém, entretanto, ressaltar alguns pontos:
1. Nas palavras em que aparecem consoantes repetidas:
   a. Não se separam os grupos **rr** e **ll**.
      Exemplos: **pe•rro**
      ca•lle
   b. Os grupos **cc** e **nn** devem ser separados.
      Exemplos: **di•rec•ción**
      in•no•var
2. Nas palavras formadas por prefixação ou composição, a divisão silábica pode ocorrer de duas formas:
   a. Pela separação das sílabas.
      Exemplos: **no•so•tros**
      co•ac•ción
      de•sam•pa•ro
   b. Pela separação dos componentes.
      Exemplos: **nos•o•tros**
      coac•ción
      des•am•pa•ro

Existe, no entanto, uma tendência em seguir a divisão por sílabas, conforme o item **a**.
3. Os encontros vocálicos podem dividir-se silabicamente da seguinte maneira:
   a. Tanto o ditongo quanto o tritongo formam apenas uma sílaba, não se devendo dividir as letras que os compõem.
      Exemplos: **he•dion•do**
      a•ve•ri•güeis
   b. O hiato admite separação silábica.
      Exemplos: **ma•re•ar**
      e•co•lo•gí•a
4. A letra **h** sempre forma sílaba com a(s) letra(s) seguinte(s).
   Exemplos: **des•hu•ma•no**
   clor•hi•dra•to
5. Embora seja correto do ponto de vista normativo, deve-se evitar a divisão de palavras com vogal solta no início ou no final da linha, mesmo que forme sílaba sozinha.
   Exemplos: **e•vi•tar**. É preferível a divisão **evi•tar**.
   te•ní•a. É preferível a divisão **te•nía**.

QUADRO FONOLÓGICO

O quadro a seguir tem o objetivo de apresentar de forma esquemática os aspectos fundamentais da fonologia e da ortografia espanholas. A primeira coluna inclui as letras do alfabeto espanhol. A segunda contém os fonemas que normalmente correspondem a essas letras. A terceira coluna contém a representação fonética dos alofones (variantes) mais importantes que ocorrem na língua falada. A quarta inclui algumas observações para ampliar e esclarecer o conteúdo das colunas anteriores.

Este esquema não esgota o tema, pois a extensão demográfica, geográfica e cultural do espanhol expressa uma variedade linguística das mais ricas.

O *Alfabeto Fonético Internacional* (*AFI*) fornece a base para as transcrições, tanto dos fonemas quanto dos alofones.

As diferenças fonéticas regionais mais importantes estão assinaladas nas observações *5.b.*, *11.a.*, *14* e *19*.

Representação gráfica	Fonemas	Representação fonética	Observações
a	/a/	[a]	**1.** Em espanhol não existem vogais abertas (como [ɛ] de *café*, ou como [ɔ] de *pó*). Não existem vogais nasais (como [ã] em *lã*) nem se dá o fenômeno de nasalização de vogais por contato com consoante nasal de outra sílaba, como no português: *cama* [kãma] ou *banana* [bãnãna].
b	/b/	[b] ou [β]	**2.** Tanto a letra **b** como a letra **v** correspondem ao fonema /b/. Em certos contextos fonéticos, especialmente em posição intervocálica, **b** e **v** são pronunciados como fricativos [β]. Exemplos: *bobo* [boβo], *ave* [aβe].
c	/k/, /θ/ ou /s/	[k], [θ] ou [s]	*Ver observações 9 e 19.*

Representação gráfica	Fonemas	Representação fonética	Observações
ch	/ç/	[ç]	**3.** O som [ç] pronuncia-se como **tch** na palavra *tcheco*. Existe uma variante regional similar ao português [ʃ], encontrada especialmente no Chile e na Andaluzia.
d	/d/	[d] ou [ð]	**4.** A letra **d**, em certos contextos fonéticos, especialmente em posição intervocálica, é pronunciada como fricativa [ð]. Exemplo: *dado* [daðo]. Deve-se tomar cuidado para não usar o som [dʒ] como costuma pronunciar-se em português na palavra *dia* [dʒia].
e	/e/	[e]	*Ver observação 1.*
f	/f/	[f]	—
g	/g/ ou /x/	[g], [ɣ], [x] ou [h]	**5. a.** O som de [g], como em português, encontra-se em **ga**, **gue**, **gui**, **go** e **gu**, por exemplo, nas palavras *gato*, *guerra*, *guitarra*, *gol* e *gusano*. Entre vogais o som [g] torna-se fricativo e é pronunciado [ɣ]: *legal* [leɣal]. Usa-se trema quando o **u** é pronunciado nos encontros com **e** e **i**: **güe**, **güi**. Exemplos: *agüero* [agwero], *pingüino* [pingwino]. **b.** O som constritivo velar surdo [x] encontra-se em **ge** e **gi**, como nas palavras *general* [xeneral] e *gitano* [xitano]. Este mesmo som aspirado é mais suave em grande parte da América: [h]. Exemplos: [heneral], [hitano].
h	—	—	**6.** A letra **h** em espanhol não se pronuncia; atualmente é apenas um símbolo ortográfico tradicional, não correspondendo, portanto, a nenhum som. Exemplos: *anhelo* [anelo], *hombro* [ombro].
i	/i/	[i] ou [j]	**7.** Na função de semiconsoante transcreve-se [j]. Exemplo: *pie* [pje].

Representação gráfica	Fonemas	Representação fonética	Observações
j	/x/	[x] ou [h]	**8.** Este som encontra-se nas palavras grafadas com **j** (*caja, jefe, ají, jota, ajuar*) e em **ge/gi** (*genérico, gimnasia*). No espanhol da América encontra-se uma pronúncia aspirada mais suave: [h]. *Ver observação 5.b.*
k	/k/	[k]	**9.** O fonema /k/ corresponde às letras **c**, **q** e **k**, como nos exemplos *casa* [kasa], *queso* [keso] e *kiosko* [kjosko]. Os encontros **que/qui** [qüe/qüi] do português correspondem a **cue/cui** [kwe/kwi] ou **que/qui** [ke/ki] em espanhol. Exemplos: *cincuenta* [θinkwenta], *quinquenio* [kinkenjo].
l	/l/	[l]	**10.** A pronúncia da letra **l** difere da do português do Brasil no caso de final de sílaba (*mal, caldo, alto*). No português do Brasil, exceto no sul, o **l** em final de sílaba é pronunciado como /u/ (*port.: alto* [awto]). Esta pronúncia afeta a compreensão da mensagem em espanhol. O fonema /l/ é pronunciado sempre como [l]. Exemplo: *alto* [alto].
ll	/ʎ/ ou /ǰ/	[λ], [j], [ǰ], [ʒ] ou [dʒ]	**11. a.** O dígrafo **ll** corresponde ao fonema /ʎ/ ou ao fonema /ǰ/, conforme a região. A maior parte dos hispanofalantes não possui hoje o fonema /ʎ/, confundindo-o com o fonema /ǰ/: é o que se chama *yeísmo*, quando **ll** de *callo* e **y** de *cayo* são pronunciados do mesmo modo. Essa pronúncia é geralmente [j], ou seja, fricativa, palatal, sonora (que não se deve confundir com a semivogal [j]), tanto na Espanha como na América, mas conforme as regiões pode ser [ǰ], [ʒ], [dʒ] e até [ʃ] na região do Rio da Prata. **b.** Em algumas poucas regiões do mundo hispânico conserva-se ainda o som que equivale ao dígrafo português **lh**, como em *molho* [moλu].

Representação gráfica	Fonemas	Representação fonética	Observações
ll	/ʎ/ ou /ǰ/	[ʎ], [j], [ǰ], [ʒ] ou [dʒ]	**c.** É comum que o fonema [j] em posição inicial ou depois de **n/l** seja pronunciado como africado [dʒ]: *yo* [dʒo], *cónyuge* [kondʒuxe], *yeso* [dʒeso].
m	/m/	[m]	—
n	/n/	[n]	—
ñ	/ɲ/	[ɲ]	**12.** O dígrafo **nh** em português corresponde a **ñ** em espanhol e tem o mesmo som.
o	/o/	[o]	*Ver observação 1.*
p	/p/	[p]	
q	/k/	[k]	*Ver observação 9.*
r	/r/	[r]	
rr	/r̄/	[r̄]	**13.** Em espanhol o **rr** intervocálico e o **r** em início de palavra ou precedido de consoante têm som vibrante múltiplo.
s	/s/	[s]	**14.** Em espanhol não existem a letra **ç** e a grafia **ss**. Também não existe o som [z] como na palavra *casa* [kaza], em português. O som de **s** corresponde à letra **s** e à letra **c** diante de **i/e** na América e na Andaluzia. Em várias regiões da América (como Cuba, Nicarágua) e da Espanha (Andaluzia), a letra **s** em final de sílaba é aspirada ([h]), podendo mesmo desaparecer. Exemplos: *vamos* [bamoh], *España* [ehpaɲa]. *Ver observação 19* sobre o fenômeno denominado *seseo*.
t	/t/	[t]	**15.** A letra **t** corresponde em espanhol ao fonema /t/. Não se deve pronunciar o som [tʃ] como em português na palavra *titio* [tʃitʃio].

Representação gráfica	Fonemas	Representação fonética	Observações
u	/u/	[u] ou [w]	**16.** Na função de semiconsoante transcreve-se [w]. Exemplo: *cuatro* [kwatro].
v	—	[b]	*Ver observação 2.*
x	/ks/ ou /s/	[ks] ou [s]	**17.** A letra **x** tem basicamente duas pronúncias em espanhol: em posição intervocálica, como em *taxi*, tem o som de [ks]; precedendo uma consoante, como em *texto*, tem o som de [s]. Na Espanha tende-se a pronunciá-la indistintamente como [s]. Na América a tendência é pronunciá-la indistintamente como [ks]. No caso do topônimo México e seus derivados, pronuncia-se [mexico]/[mehico] em lugar de [meksico] por razões de tradição histórica.
y	/i/ ou /j/	[i], [j], [ĵ], [ʒ] ou [dʒ]	**18.** A letra **y**, em espanhol, tem o som da vogal **i** [i] quando é conjunção, em todas as circunstâncias e países de língua espanhola. Exemplo: *Juan y María*. Quando se tratar de consoante, esta letra será pronunciada de formas diversas. *Ver observações 11.a. e 11.c.*
z	/θ/	[θ] ou [s]	**19.** Grafa-se **z** apenas diante das vogais **a, o, u** (*zapato, pozo, azul*); diante de **e, i** utiliza-se a letra **c** (*luces, aciago*). Existem poucas exceções a esta regra, sempre estrangeirismos. O som correspondente a **za, ce, ci, zo** e **zu** na Espanha é [θ]. Exemplos: *cero* [θero], *zapato* [θapato]. Na maior parte da América e da Andaluzia ocorre o fenômeno fonético denominado *seseo*, ou seja, a utilização do som [s] em todos os casos. Exemplos: *cero* [sero], *zapato* [sapato].

ACENTUAÇÃO GRÁFICA

As regras de acentuação gráfica em português e em espanhol são, de forma esquemática e comparativa, as seguintes.

Português	Espanhol
Em português, dois acentos podem recair sobre a sílaba tônica: o agudo (´) para vogal aberta e o circunflexo (^) para vogal fechada. O til (~) também é considerado acento, recaindo sobre o **a** e o **o** nasalizados. Levarão acento, portanto:	Em espanhol, existe apenas o acento agudo (´), que se coloca na vogal da sílaba tônica da palavra. Levarão acento, portanto:
Não existe esta classificação	*Sobresdrújulas*
	Todas as formas verbais com acréscimo de pronomes em que a sílaba tônica recair na 4ª sílaba a contar da última. Exemplos: *per**mí**tannoslo*, *com**prán**dosela*.
Proparoxítonas	*Esdrújulas*
Todas as palavras proparoxítonas. Exemplos: **má**quina, **ár**vore, he**lê**nico.	Todas as palavras com acento tônico na antepenúltima sílaba. Exemplos: **má**quina, *mediter**rá**neo*, *te**lé**fono*.

Português	Espanhol
Paroxítonas	*Graves (llanas)*
Todas as palavras paroxítonas terminadas em: • **i/is**: júri, cáqui, tênis. • **us**: vênus, vírus. • **r, x, n, l**: caráter, ônix, éden, útil. • **um/uns**: álbum, álbuns. • **ditongo**: série, armário, órfão. • **ão/ã**: bênção, acórdão, órfã, ímã.	Todas as palavras com acento tônico na penúltima sílaba terminadas em **consoante** (exceto **n** e **s**). Exemplos: *hués*ped, *ár*bol, *lá*piz, ca*rác*ter.
Oxítonas	*Agudas*
Todas as palavras oxítonas terminadas em: • **a(s), e(s), o(s)**: cajá, você, café, avô, avó, já, lã, fé, pó • **em/ens**: também, armazéns.	Todas as palavras com acento tônico na última sílaba terminadas em **vogal**, **n** e **s**. Exemplos: *café, sofá, tabú, corazón, aquí, además*.
Acentos diferenciais/acentos diacríticos	
Acentua-se a forma verbal **pôde** ("ele não pôde vir ontem") para distingui-la da forma **pode** (ele não pode vir amanhã).	São acentuadas as palavras monossílabas que, por terem uma homógrafa, necessitam acento diferencial (acento diacrítico) para distinguir sua função. • **tú** (**tú** *cantas*) *tu (tu libro)* • **mí** (*para* **mí**) *mi (mi libro)* • **té** (*el* **té** *de las cinco*) *te (te quiero)* • **sí** (**sí**, *estoy aquí*) *si (si voy te aviso)* • **él** (**él** *es ingeniero*) *el (el libro)* • **sé** (*no* **sé** *nada*) *se (se fue corriendo)* • **dé** (*no me* **dé** *dinero*) *de (hoja de papel)* • **más** (*no hablo* **más**) *mas (era bueno mas obstinado)*

Acentos diferenciais/acentos diacríticos	
	Acentuam-se os seguintes dissílabos homógrafos: • *aún* (= todavía) aun (= inclusive) • *sólo** (= solamente) solo (= solitario) E os advérbios interrogativos e exclamativos: • *qué* (¿*qué* quieres? / no sé *qué* quieres / ¡*qué* bien!) • *quién* (¿*quién* viene? / no sé *quién* viene) • *cuál* (¿*cuál* será? / no sé *cuál* será) • *cuánto* (¿*cuánto* cuesta? / tú sabes *cuánto* cuesta) • *dónde* (¿*dónde* vive? / te dijo *dónde* vive) • *cuándo* (¿*cuándo* llegaremos? / dime *cuándo* vendrás) • *cómo* (¿*cómo* está? / no me dijo *cómo* vendrá) *apenas quando houver risco de ambiguidade
Ditongos	Diptongos
• Os ditongos abertos **éi** e **ói** nas palavras oxítonas. Exemplos: anéis, herói. • O ditongo aberto **éu**. Exemplo: céu. • Não leva acento a vogal tônica dos ditongos **iu** e **ui**, quando precedida de vogal. Exemplos: caiu, pauis.	• As oxítonas e proparoxítonas cuja vogal tônica seja **a**, **e** e **o** do ditongo. Exemplos: hacéis, murciélago, creáis. • A sílaba tônica composta pelo ditongo **ui** ou **iu** não levará acento, exceto quando as regras gerais o exigirem. Exemplos: *huida*, *fluido*, *huir*, *viuda*.
Hiatos	*Hiatos*
As vogais **i** e **u** das sílabas tônicas quando constituem a segunda vogal tônica de um hiato, desde que não formem sílaba com **r**, **l**, **m**, **n** ou **z** ou sejam seguidas de **nh**. Exemplos: saúde, conteúdo, faísca, aí. Mas: rainha, paul, ruim.	Todas as palavras (oxítonas, paroxítonas ou proparoxítonas) cuja sílaba tônica constitua hiato e a vogal tônica seja **i** ou **u**. Exemplos: *raíz*, *ría*, *poderío*, *comían*, *oído*, *substituí*.

Português	Espanhol
Regra especial para alguns verbos	*Não existe nada correspondente*
• **Ter, vir** e seus derivados na 3ª pessoa do plural. Exemplo: Eles **têm**, eles **provêm**.	

Observações	
• O acento grave (`) indica a contração da preposição **a** com o artigo **a** e com os pronomes demonstrativos: **à, às, àquele(s), àquela(s), àquilo**.	• Os pronomes demonstrativos neutros **esto**, **eso** e **aquello** não se acentuam. • Os pronomes demonstrativos (**este/esta/estos/estas/ese/esa/esos/esas/aquel/aquella/aquellos/aquellas**) em função substantiva, isto é, quando não vão seguidos de substantivo, serão acentuados quando houver ambiguidade de sentido. Exemplos: *Dijo que* **aquella** *mañana no vendría/Dijo que* **aquélla** *mañana no vendría.* • A conjunção **o** leva acento quando estiver entre números. Exemplo: *No sé si tiene 355 ó 366 euros.* • Os advérbios terminados em **mente** conservarão o acento quando o adjetivo que os compõe tiver acento. Exemplos: **dócilmente**, **comúnmente**, **fácilmente**. • Emprega-se o trema somente nos grupos **güe/güi** quando o **u** é pronunciado. Exemplos: *agüero, pingüino*.

ABREVIATURAS

Abreviaturas	Português	Espanhol
Abrev.	abreviatura	*abreviatura*
adj.	adjetivo	*adjetivo*
adv.	advérbio, adverbial	*adverbio, adverbial*
Am.C.	América Central, centro-americanismo	*Centroamérica, centroamericanismo*
Amer.	América, americanismo	*América, americanismo*
Angl.	anglicismo	*anglicismo*
apass.	apassivador(a)	*apasivador(a)*
Arg.	Argentina, argentinismo	*Argentina, argentinismo*
Arq.	arquitetura	*arquitectura*
art.	artigo	*artículo*
aum.	aumentativo	*aumentativo*
aux.	auxiliar	*auxiliar*
Biol.	biologia	*biología*
Bot.	botânica	*botánica*
C.mod.	conjugação-modelo	*conjugación modelo*
Col.	uso coloquial	*uso coloquial*
Com.	comércio, comercial	*comercio, comercial*
compl.	complemento	*complemento*
conj.	conjunção	*conjunción*
contr.	contração	*contracción*
def.	definido	*definido*
dem.	demonstrativo	*demostrativo*
Dep.	depreciativo	*despectivo*
Desp.	desportos	*deportes*
dim.	diminutivo	*diminutivo*
el.comp.	elemento de composição	*elemento de composición*
Eletr.	eletricidade, elétrica, eletrônica	*electricidad, eléctrica, electrónica*
Esp.	Espanha, espanholismo	*España, españolismo*
excl.	exclamação, exclamativo(as)	*exclamación, exclamativo(as)*
f.	feminino	*femenino*
Fig.	sentido figurado	*sentido figurado*

Abreviaturas	Português	Espanhol
Fil.	filosofia	*filosofía*
Fís.	física	*física*
For.	forense	*forense*
Gal.	galicismo	*galicismo*
Geol.	geologia	*geología*
Geom.	geometria	*geometría*
ger.	gerúndio	*gerundio*
Germ.	germanismo	*germanismo*
Gram.	gramática	*gramática*
impess.	impessoal(ais)	*impersonal(ales)*
indef.	indefinido	*indefinido*
inf.	infinitivo	*infinitivo*
Inform.	informática	*informática*
interj.	interjeição	*interjección*
interr.	interrogativo(as)	*interrogativo(as)*
irreg.	irregular	*irregular*
Ital.	Itália, italianismo	*Italia, italianismo*
Lat.	latim, latinismo	*latín, latinismo*
Liter.	literatura, literário	*literatura, literario*
loc.	locução	*locución*
m.	masculino	*masculino*
Mar.	marinha, marítimo	*marina, marítimo*
Mat.	matemática	*matemática*
Mec.	mecânica	*mecánica*
Med.	medicina	*medicina*
Mex.	México, mexicanismo	*México, mexicanismo*
Mil.	militar	*militar*
Mus.	música, musical	*música, musical*
num.	número, numeral	*número, numeral*
ob.dir.	objeto direto	*complemento directo*
Ort.	ortografia	*ortografía*
p.	pronome, pronominal	*pronombre, pronominal*
p.recípr.	pronome recíproco	*pronombre recíproco*
p.refl.	pronome reflexivo	*pronombre reflexivo*
p.trat.	pronome de tratamento	*pronombre de tratamiento*
part.	particípio	*participio*
partíc.	partícula	*partícula*
pess.	pessoa, pessoal, pessoais	*persona, personal, personales*
pl.	plural	*plural*
poss.	possessivo	*posesivo*
pred.	predicativo	*predicativo*

Abreviaturas	Português	Espanhol
pref.	prefixo	*prefijo*
prep.	preposição	*preposición*
Quím.	química	*química*
recípr.	recíproco	*recíproco*
refl.	reflexivo	*reflexivo*
reg.	regular	*regular*
rel.	relativo	*relativo*
Rio-plat.	rio-platense	*rioplatense*
s.	substantivo	*sustantivo*
s.f.	substantivo feminino	*sustantivo femenino*
s.f. e m.	substantivo feminino e masculino	*sustantivo femenino y masculino*
s.m.	substantivo masculino	*sustantivo masculino*
s.2g.	substantivo de 2 gêneros	*sustantivo de 2 géneros*
Sin.	sinônimo	*sinónimo*
sing.	singular	*singular*
Tb.	também	*también*
Teat.	teatro	*teatro*
Tip.	tipografia	*tipografía*
ud.	o senhor/a senhora	*usted*
uds.	os senhores/as senhoras	*ustedes*
v.	verbo	*verbo*
V.	ver, vide	*ver, véase*
v.i.	verbo intransitivo	*verbo intransitivo*
v.p.	verbo pronominal	*verbo pronominal*
v.pred.	verbo predicativo	*verbo predicativo*
v.t.	verbo transitivo	*verbo transitivo*
Vulg.	vulgar, vulgarismo	*vulgar, vulgarismo*

ESPANHOL · PORTUGUÊS

A

a¹ *s.f.* A, primeira letra do alfabeto. ■ **a.** *Pl.*: **aes**. **b.** Recebe o nome *a*.

a² *prep.* **1.** A. *Vive a cien metros de aquí.* Mora a cem metros daqui. **2.** Ao, aos. *A patadas.* Aos pontapés. **3.** Para. *Voy a casa.* Vou para casa. ■ **a.** Rege sempre o *v. ir. Voy a ver.* Vou ver. *Iba a estudiar.* Ia estudar. **b.** Usada diante de *ob.dir. pess. Encontré a tu hermano en el cine.* Encontrei o seu irmão no cinema. ♦ **A eso de.** Por volta de. **¡A que no!** Aposto que não!

a·ba·jo *adv.* **1.** Abaixo, em direção a plano inferior. *Río abajo.* Rio abaixo. **2.** Embaixo. *Él está allá abajo.* Ele está lá embaixo. **3.** *Fig.* Abaixo, inferior a outro. ● *interj.* **4.** Fora! Abaixo! (grito de reprovação). *¡Abajo la dictadura!* Abaixo a ditadura! ♦ **Aguas abajo.** A jusante. **Boca abajo.** De bruços. **De arriba abajo.** De alto a baixo. **Desde abajo.** De baixo (para cima). **Echar abajo.** Derrubar. **Hacia abajo.** Para baixo. **Más abajo.** Mais adiante (em textos). **Mirar de arriba abajo.** Olhar de alto a baixo, com desdém.

a·ban·do·nar *v.t.* **1.** Abandonar, desistir, renunciar. **2.** Abandonar, deixar, largar. ■ **abandonarse** *v.p.* Abandonar-se, entregar-se, deixar-se levar. *Se abandonó a la suerte.* Entregou-se à própria sorte.

a·ban·do·no *s.m.* **1.** Abandono, desamparo. **2.** Descuido, desleixo. *Lo dejaron todo en el mayor abandono.* Deixaram tudo no maior desleixo. ♦ **Abandono de servicio.** Abandono de emprego.

a·ba·ni·co *s.m.* Leque, abano.

a·ba·ra·tar *v.t.* Baratear, reduzir preço ou valor.

a·bar·car *v.t.* **1.** Rodear, cingir, abraçar. **2.** Incluir, conter, abranger, abordar. *El examen abarca toda la materia estudiada.* O exame abrange toda a matéria estudada. **3.** *Mex. e Am.C.* Reter, absorver, acumular. *El almacén abarca toda la producción de verduras.* A quitanda absorve toda a produção de verduras. ♦ **El que mucho abarca poco aprieta.** Quem tudo quer tudo perde.

a·ba·rro·tar *v.t.* **1.** Abarrotar, fortificar com barrotes. **2.** *Fig.* Abarrotar, lotar, entulhar, encher. ■ **abarrotarse** *v.p.* Abarrotar-se, apinhar-se, encher-se.

a·ba·rro·tes *s.m.pl. Amer.* Comestíveis e gêneros de primeira necessidade. ♦ **Tienda de abarrotes.** Armazém.

a·bas·te·cer *v.t.* Abastecer, suprir, fornecer. ■ **abastecerse** *v.p.* Abastecer-se, aprovisionar-se. ■ *C.mod.* 06.

a·bas·te·ci·mien·to *s.m.* Abastecimento.

a·bas·to *s.m.* **1.** Víveres, gêneros comestíveis. **2.** *Fig.* Abundância. **3.** *Mex. e Am.C.* Matadouro, abate. ♦ **Mercado de abasto.** Mercado de hortifrutigranjeiros, central de abastecimento. **No dar abasto.** Não dar conta.

a·ba·ti·mien·to *s.m.* Abatimento, desânimo. ■ Não tem sentido de "desconto de preços".

a·ba·tir *v.t.* **1.** Abater, derrubar, jogar ao chão. *Abatir un árbol.* Derrubar uma árvore. **2.** *Fig.* Abater, debilitar, desanimar. *Las deudas lo han abatido.* As dívidas deixaram-no abatido. **3.** Matar. ■ **abatirse** *v.p.* Abater-se, lançar-se (em forma de ataque).

ab·di·car *v.i.* **1.** Abdicar, deixar o poder. ■ *v.t.* **2.** Abdicar, desistir, renunciar.

ab·do·men *s.m. Med.* Abdome, ventre.

a·be·ce·da·rio *s.m.* **1.** Abecedário, alfabeto. **2.** Cartilha para ensinar o alfabeto. ■ *Tb.*: *abecé*.

a·be·ja *s.f.* Abelha. ♦ **Abeja obrera.** Abelha operária.

a·be·jo·rro *s.m.* Besouro.

a·be·rra·ción *s.f.* Aberração, anomalia.

a·ber·tu·ra *s.f.* **1.** Abertura, boca, entrada. **2.** Abertura, fenda (terreno). **3.** *Fig.* Abertura, franqueza.

a·bier·to/a *adj.* **1.** Aberto, destrancado. **2.** Descoberto (lugar sem construções). *Campo abierto.* Descampado. **3.** *Fig.* Aberto, extrovertido, comunicativo, liberal. **4.** Aberto, começado, iniciado. ■ *Part. irreg.* de *abrir.* ♦ **Con los brazos abiertos.** De braços abertos. **Espíritu abierto.** Mente aberta. **Quedarse con la boca abierta.** Ficar de boca aberta.

a·bis·mo *s.m.* **1.** Abismo, precipício. **2.** Abismo, inferno. **3.** *Fig.* Abismo, diferença muito grande (entre coisas, ideias). ♦ **Estar al borde del abismo.** Estar à beira do abismo.

a·blan·dar *v.t.* **1.** Abrandar, amaciar, suavizar, amolecer. **2.** *Fig.* Abrandar, enternecer, aplacar. ■ *v.i.* **3.** Abrandar, atenuar, amainar. ■ **ablandarse** *v.p.* **1.** Abrandar-se, suavizar-se. **2.** Diminuir, atenuar-se (temperatura, clima). *Se ablandó el frío.* Diminuiu o frio.

ab·ne·ga·ción *s.f.* Abnegação.

a·bo·ga·cí·a *s.f.* Advocacia.

a·bo·ga·do/a *s.* **1.** Advogado. **2.** Defensor.

a·bo·lir *v.t.* **1.** Abolir, suprimir, anular. **2.** *For.* Abolir, revogar. ■ *C.mod.* 45.

a·bo·lla·du·ra *s.f.* Amassado, amassadura num metal. *No compres latas con abolladuras.* Não compre latas amassadas.

a·bo·llar *v.t.* Amassar, bater à superfície de um metal (provocando afundamento). *Abolló la puerta del coche.* Amassou a porta do carro. ■ **abollarse** *v.p.* Esmagar-se, ficar amassado. *La cacerola se abolló al caer.* A panela caiu e ficou amassada.

a·bo·mi·nar *v.t.* Abominar, sentir repugnância, execrar, aborrecer.

☞ **a·bo·na·do/a** *adj. e s.* Assinante (de serviço pago), consorciado. *Los abonados al servicio telefónico.* Os assinantes do serviço telefônico.

☞ **a·bo·nar** *v.t.* **1.** Adubar. **2.** Pagar. *Puede abonar la cuenta en el banco.* Pode pagar a conta no banco. **3.** *Com.* Lançar, creditar. *Abonar en cuenta corriente.* Lançar em conta-corrente. **4.** Aprovar, admitir. ■ **abonarse** *v.p.* Assinar uma publicação. *Abonarse a un periódico/una revista.* Assinar um jornal/uma revista.

☞ **a·bo·no** *s.m.* **1.** Assinatura (de serviço pago, publicação), mensalidade. *Abono escolar.* Mensalidade escolar. **2.** Adubo, fertilizante. **3.** Abono, garantia. **4.** *Mex. e Am.C.* Prestação. ♦ **Comprar por abonos.** Comprar a prestação.

a·bor·dar *v.t.* **1.** *Mar.* Abordar, aportar. **2.** *Fig.* Abordar, aproximar-se (de alguém). **3.** Enfrentar. *Abordó el problema con decisión.* Enfrentou o problema com decisão. **4.** Abordar, tratar um assunto.

☞ **a·bo·rre·cer** *v.t.* **1.** Detestar, ter aversão, repudiar. *Aborrezco a los perezosos.* Detesto os preguiçosos. **2.** Abandonar, largar, repudiar. *Algunos animales aborrecen a sus crías.* Alguns animais repudiam os seus filhotes. ■ *C.mod.* 06. ♦ **Aborrecer de muerte.** Ter ódio mortal.

☞ **a·bo·rre·ci·mien·to** *s.m.* **1.** Aversão, ódio. **2.** Abandono. **3.** Tédio.

a·bor·to *s.m.* **1.** *Med.* Aborto. **2.** *Fig.* Coisa monstruosa, repugnante.

a·bo·to·nar *v.t.* Abotoar. ■ **abotonarse** *v.p.* Abotoar-se.

a·bra·si·vo/a *adj. e s.m.* Abrasivo.

a·bra·za·de·ra *s.f. Mec.* Braçadeira, argola, anel para prender peças ensambladas.

a·bra·zar *v.t.* **1.** Abraçar, cingir com os braços. **2.** *Fig.* Abraçar, adotar, aderir. *Abrazó la carrera militar.* Abraçou a carreira militar. ■ **abrazarse** *v.p.* Abraçar-se.

a·bra·zo *s.m.* Abraço.

a·bre·la·tas *s.m.* Abridor de latas. *¿Dónde está el abrelatas?* Onde está o abridor de latas? ■ *Pl.:* invariável.

a·bre·viar *v.t.* **1.** Abreviar, encurtar. **2.** Abreviar, apressar, agilizar. *Quiero abreviar el*

trámite de los documentos. Quero agilizar a tramitação dos documentos.
a·bre·via·tu·ra *s.f.* Abreviatura.
a·bri·dor *s.m.* Abridor (de latas/garrafas).
a·bri·gar *v.t.* **1.** Agasalhar, vestir, abrigar. *La madre abrigó al niño para que no se enfermara.* A mãe agasalhou o menino para que não ficasse doente. **2.** *Fig.* Proteger, amparar, albergar. ■ **abrigarse** *v.p.* **1.** Agasalhar-se, vestir-se. **2.** Abrigar-se, resguardar-se. *Abrigarse de la lluvia.* Abrigar-se da chuva.
a·bri·go *s.m.* **1.** Abrigo, guarida, refúgio. **2.** Agasalho, casaco, sobretudo. *Un abrigo de piel.* Um casaco de pele.
a·bril *s.m.* Abril. ■ **abriles** *s.m.pl. Fig.* Primaveras, anos. *Cumplió veinte abriles.* Completou vinte primaveras.
a·brir *v.t.* **1.** Abrir, descerrar, destrancar (porta, janela). **2.** Abrir, desdobrar (mapa, carta). **3.** Abrir, estender (braços). **4.** Abrir, cavar, furar (passagem). *Abrieron un túnel de 300 metros.* Cavaram um túnel de 300 metros. **5.** Abrir, começar a funcionar (negócio, empresa). *El banco abre a las diez.* O banco abre às dez. **6.** Abrir, iniciar, inaugurar. *Abrió una agencia de viajes.* Abriu uma agência de viagens. **7.** Abrir, acionar. *Abrir la ducha.* Abrir o chuveiro. **8.** Abrir, clarear, limpar (tempo). **9.** Abrir, lesar (membro, articulação). *Abrir la muñeca.* Abrir o pulso. ■ **abrirse** *v.p.* **1.** Abrir-se, desabrochar. **2.** *Fig.* Abrir-se, desabafar. ♦ **Abrir los ojos.** Abrir os olhos, ficar de olho aberto. **Abrir un paréntesis.** Fazer um parêntese. **Abrirse camino.** Progredir na vida, avançar. **Abrirse paso.** Abrir passagem. **En un abrir y cerrar de ojos.** Num abrir e fechar de olhos. **No abrir la boca.** Ficar mudo diante de uma situação, não abrir a boca.
a·bro·char *v.t.* Abotoar, fechar (com botão, gancho, fivela). *Abrochar la camisa.* Abotoar a camisa. ■ **abrocharse** *v.p.* Fechar (com botão, gancho, fivela). *Abrocharse el cinturón.* Fechar o cinto.

a·brup·to/a *adj.* **1.** Abrupto, íngreme (terreno). **2.** *Fig.* Áspero, rude.
ab·so·lu·ción *s.f.* Absolvição (de pena, castigo).
ab·so·lu·ta·men·te *adv.* **1.** Completamente, absolutamente. **2.** Não, de forma nenhuma, em absoluto. – ¿*Tú has roto el vaso?* – ¡*Absolutamente!* – Você quebrou o copo? – De jeito nenhum!
ab·so·lu·to/a *adj.* Absoluto. ♦ **En absoluto.** De jeito nenhum.
ab·sol·ver *v.t.* **1.** *For.* Absolver (de culpa, pena). **2.** Perdoar os pecados. ■ *C.mod. 03.*
ab·sor·ber *v.t.* **1.** Absorver, sorver. **2.** Absorver, impregnar-se, embeber-se (líquido, gás). **3.** *Fig.* Absorver, arrebatar, enlevar, ocupar. *El trabajo lo absorbe.* O trabalho o absorve. **4.** Absorver, monopolizar, consumir inteiramente. *Absorber la producción.* Absorver a produção.
ab·sor·to/a *adj.* Absorto, abstraído, alheio. ■ *Part. irreg.* de *absorber.*
abs·te·ner·se *v.p.* **1.** Abster-se, privar-se, não intervir. **2.** Praticar abstinência. ■ *C.mod. 35.*
abs·ti·nen·cia *s.f.* Abstinência.
abs·trac·to/a *adj.* **1.** Abstrato. **2.** *Fig.* Difícil de compreender. ■ *Part. irreg.* de *abstraer.* ♦ **En abstracto.** Abstratamente.
abs·tra·er *v.t.* Abstrair, não levar em conta, prescindir. ■ **abstraerse** *v.p.* Abstrair-se, alhear-se. ■ *C.mod. 36.*
ab·suel·to/a *adj.* Absolvido. ■ *Part. irreg.* de *absolver.*
ab·sur·do/a *adj.* **1.** Absurdo, inconcebível. • *s.m.* **2.** Absurdo, desatino, disparate.
a·bue·lo/a *s.* **1.** Avô. **2.** *Fig.* Vovô, ancião. ♦ ¡**Que se lo cuente a su abuela!** Conta outra!
a·bul·tar *v.t.* **1.** Avolumar, inchar. **2.** *Fig.* Exagerar a importância de algo. ■ *v.i.* **3.** Fazer volume. *No podemos llevar la maleta porque abulta mucho.* Não podemos levar a mala porque faz muito volume.
a·bun·dan·cia *s.f.* Abundância, grande quantidade, fartura. ♦ **Nadar en la abundancia.** Ser muito rico.

a·bu·rri·do/a *adj.* **1.** Entediado, cansado, farto. *Estoy aburrida.* Estou entediada. **2.** Cansativo, enfadonho, chato, sem graça. *Un libro muy aburrido.* Um livro muito chato.

a·bu·rri·mien·to *s.m.* Tédio, cansaço, aborrecimento, amolação.

a·bu·rrir *v.t.* **1.** Entediar, chatear, cansar. *Aburrió a todos con su discurso.* O seu discurso cansou todo mundo. **2.** Aborrecer, importunar. *No me aburras con detalles.* Não me aborreça com detalhes. ■ **aburrirse** *v.p.* Entediar-se, cansar-se. *Me aburrí de esperar.* Cansei de esperar.

a·bu·sar *v.i.* **1.** Abusar, aproveitar-se, usar mal. **2.** Abusar, violentar, violar.

a·bu·so *s.m.* Abuso, uso errado, excessivo ou injusto. ♦ **Abuso de confianza.** Abuso de confiança.

a·cá *adv. Amer.* Cá, aqui, neste lugar, nesta região. *Ven acá.* Venha cá. *Acá no se usa esa moda.* Aqui essa moda não é usada. ♦ **Acá y allá.** Aqui e ali. **De acá para allá.** Daqui para lá. **De (…) acá.** De (…) até agora, até aqui. *De enero acá.* De janeiro para cá. **Más acá. 1.** Mais para cá. **2.** Aquém.

a·ca·ba·do/a *adj.* **1.** Acabado, terminado. **2.** *Fig.* Acabado, destruído. ● *s.m.* **3.** Acabamento. *A esta construcción le falta el acabado.* Nesta construção está faltando o acabamento.

a·ca·bar *v.t.* **1.** Acabar, terminar, dar acabamento. **2.** Conseguir. *No acabo de entender tu comportamiento.* Não consigo entender o seu comportamento. ■ *v.i.* **3.** Acabar, pôr fim, destruir. *Este chico acabará mal.* Este rapaz acabará mal. ■ **acabarse** *v.p.* Acabar(-se), terminar. *Se acabó el pan.* Acabou o pão. ♦ **¡Es el acabóse!** É o cúmulo! **Para acabar de arreglarlo.** Como se não faltasse mais nada. **Se acabó lo que se daba.** Acabou-se o que era doce. **¡Y san se acabó!** E ponto final! E fim de papo!

a·ca·de·mia *s.f.* **1.** Academia. **2.** Escola livre. *Academia de idiomas.* Escola de línguas.

a·ca·llar *v.t.* **1.** Calar, silenciar. **2.** *Fig.* Aplacar, acalmar.

a·cam·par *v.i.* Acampar.

a·ca·pa·rar *v.t.* **1.** Monopolizar, reter, agir como atravessador. *Acapara la venta de semillas.* Monopoliza a venda de sementes. **2.** *Fig.* Atrair para si, centralizar. *Acaparó la atención de todos los muchachos.* Atraiu a atenção de todos os rapazes.

a·ca·ri·ciar *v.t.* **1.** Acariciar, afagar, roçar de leve. **2.** *Fig.* Acariciar, acalentar. *Acariciar sueños vanos.* Acalentar sonhos vãos.

a·ca·rre·ar *v.t.* **1.** Transportar. **2.** *Fig.* Acarretar, ocasionar, causar (desgraça, desgosto).

a·ca·rreo *s.m.* Carreto, frete.

a·ca·so *s.m.* **1.** Acaso, casualidade, acontecimento imprevisto. ● *adv.* **2.** Talvez, quiçá. *Acaso podamos hacerlo.* Talvez possamos fazê-lo. **3.** Por acaso, casualmente. *¿Acaso sabes si vendrá?* Por acaso sabe se virá? ♦ **Al acaso.** Ao acaso. **Por si acaso.** Por via das dúvidas, para o caso de. *Me llevo el paraguas por si acaso llueve.* Levo o guarda-chuva caso chova. **Si acaso.** Caso. *Si acaso puedo, voy al cine.* Caso eu possa, vou ao cinema.

a·ca·ta·rrar·se *v.p.* Resfriar-se, apanhar resfriado.

ac·ce·der *v.i.* **1.** Concordar, anuir, aquiescer. **2.** *Inform.* Acessar. *Acceder al programa.* Acessar o programa. **3.** Ter acesso.

ac·ce·si·ble *adj.* Acessível.

ac·ce·so *s.m.* **1.** Acesso, entrada. **2.** Acesso, caminho, passagem. **3.** *Fig.* Acesso, possibilidade de comunicar-se. *Tendrá acceso al gerente mañana.* Terá acesso ao gerente amanhã. **4.** *Fig.* Acesso, ataque repentino. *Acceso de celos.* Ataque de ciúmes.

ac·ce·so·rio/a *adj.* **1.** Acessório, secundário, acidental. ● *s.m.* **2.** Acessório, peça, complemento (de carro, roupa). **3.** Apetrecho, utensílio de cozinha.

ac·ci·den·ta·do/a *adj.* **1.** Acidentado (terreno). **2.** *Fig.* Agitado, atribulado. *Vida acci-*

dentada. Vida agitada. ● *s*. **3.** *Amer*. Acidentado, vítima de acidente.
ac·ci·den·te *s.m.* **1.** Acidente, acontecimento casual, imprevisto. **2.** Acidente, desastre, desgraça. *Seguro contra accidentes*. Seguro contra acidentes. **3.** Acidente, disposição variada de um terreno. *Accidente geográfico*. Acidente geográfico. ♦ **Accidente de trabajo.** Acidente de trabalho. **Por accidente.** Por acaso.
ac·ción *s.f.* **1.** Ação, ato, feito. **2.** Ação, resultado de uma força (física, moral). *La acción del tiempo*. A ação do tempo. **3.** *Liter*. Ação, assunto (romance, filme). **4.** *Com*. Ação, parte do capital de uma empresa. *Acciones al portador*. Ações ao portador. **5.** *For*. Ação, demanda. *Promover una acción criminal*. Mover uma ação criminal. **6.** Ação, movimento. ♦ **Acción de gracias.** Ação de graças. **Poner en acción.** Ativar, colocar em movimento, pôr em ação.
ac·cio·nar *v.t.* Acionar, ativar (mecanismo, motor).
ac·cio·nis·ta *s.2g. Com.* Acionista.
a·ce·cho <al> *loc*. À espreita.
☞ **a·cei·te** *s.m.* **1.** Óleo de cozinha, azeite. **2.** Óleo lubrificante. ♦ **Aceite de hígado de bacalao.** Óleo de fígado de bacalhau. **Aceite de ricino.** Óleo de rícino. **Aceite de soja.** Óleo de soja. **Aceite secante.** Óleo secante.
a·cei·tu·na *s.f. Bot*. Azeitona.
a·ce·le·ra·dor/·do·ra *adj. e s.m.* Acelerador.
a·ce·le·rón *s.m.* Acelerada. *Pegó un acelerón*. Deu uma acelerada.
a·cel·ga *s.f. Bot*. Acelga.
a·cen·to *s.m.* **1.** *Gram*. Acento, sinal gráfico. **2.** Sotaque.
a·cen·tua·ción *s.f. Gram*. Acentuação.
a·cen·tuar *v.t.* **1.** *Gram*. Acentuar, colocar acento. **2.** *Fig*. Salientar, ressaltar, acentuar. ■ **acentuarse** *v.p.* **1.** *Gram*. Acentuar-se, levar acento. **2.** *Fig*. Acentuar-se, aumentar, adquirir intensidade. *Se acentuó su estado depresivo*. Aumentou o seu estado depressivo.

a·cep·ta·ción *s.f.* **1.** Aceitação, aprovação. **2.** Aceitação, acolhimento por parte do público. **3.** *Com*. Aceite.
a·cep·tar *v.t.* **1.** Aceitar, receber, admitir. *Lo aceptaron para el cargo*. Foi aceito para o cargo. **2.** Aceitar, aprovar, consentir. **3.** *Com*. Aceitar, avalizar um título.
a·ce·ra *s.f.* Calçada, lugar da rua reservado para pedestres.
a·cer·car *v.t.* Aproximar, levar para perto ou junto de, encostar. ■ **acercarse** *v.p.* Aproximar-se, ir para mais perto. *Acércate a la mesa*. Aproxime-se da mesa.
a·ce·ro *s.m.* Aço. ♦ **Acero inoxidable.** Aço inoxidável.
a·cer·ti·jo *s.m.* Adivinhação, enigma, charada.
a·cer·vo *s.m.* Acervo.
a·cha·car *v.t.* Tachar, imputar, atribuir, acusar. *Siempre le achacan las culpas*. Sempre lhe atribuem as culpas.
a·cha·que *s.m.* **1.** Achaque, ligeira indisposição. **2.** *Col*. Faniquito, chilique.
a·cha·tar *v.t.* Achatar. ■ **achatarse** *v.p. Rio-plat*. Acovardar-se.
a·chi·car *v.t.* Reduzir de tamanho, diminuir. ■ **achicarse** *v.p.* Intimidar-se, acovardar-se, achatar-se, encolher-se.
a·chu·ra *s.f. Rio-plat*. Miúdos de vaca. ■ Usado geralmente no *pl*.
a·ci·ca·te *s.m.* **1.** Espora. **2.** *Fig*. Incentivo.
a·ci·dez *s.f.* **1.** Acidez. **2.** Azia.
á·ci·do/a *adj*. **1.** Azedo, ácido, acre. *Fruta ácida*. Fruta azeda. **2.** *Fig*. Azedo, rude, áspero. *Carácter ácido*. Caráter azedo. ● *s.m.* **3.** *Quím*. Ácido. ♦ **Ácido bórico/carbónico/nítrico/sulfúrico.** *Quím*. Ácido bórico/carbônico/nítrico/sulfúrico.
a·cier·to *s.m.* Acerto. ♦ **Con acierto.** De forma acertada, com habilidade.
a·cla·mar *v.t.* Aclamar, proclamar.
a·cla·ra·ción *s.f.* Esclarecimento, explicação.
a·cla·rar *v.t.* **1.** Clarear, branquear. *Aclarar el pelo*. Clarear o cabelo. **2.** Tornar ralo, diluir. *Aclara el chocolate, está muy espeso*. Dilua o chocolate, está muito grosso. **3.** Enxaguar.

aclimatar 34 **acostumbrar**

Voy a aclarar la ropa. Vou enxaguar a roupa. **4.** *Fig.* Esclarecer, tornar claro. *Quiero aclarar este término.* Quero esclarecer este termo. ■ *v.i.* **5.** Clarear, amanhecer. *Ya aclara el día.* O dia está clareando. ■ **aclararse** *v.p.* Compreender, explicar-se. ♦ **Aclarar la voz.** Limpar a garganta.

a·cli·ma·tar *v.t.* Aclimar, adaptar a clima diferente. ■ **aclimatarse** *v.p.* Habituar-se, adaptar-se.

a·co·bar·dar *v.t.* Acovardar, atemorizar. ■ **acobardarse** *v.p.* Acovardar-se, intimidar-se.

a·co·ge·dor/·do·ra *adj.* **1.** Acolhedor. **2.** Aconchegante.

a·co·ger *v.t.* Acolher, dar acolhida, receber. *Lo acogió en su casa.* Acolheu-o em sua casa. ■ **acogerse** *v.p.* Refugiar-se, abrigar-se. *Se acogió en la embajada.* Refugiou-se na embaixada.

a·col·cha·do/a *adj.* **1.** Acolchoado. ● *s.m.* **2.** Estofamento.

a·co·mo·da·ción *s.f.* Acomodação, arrumação. ❚ Não tem sentido de "alojamento".

a·co·mo·da·do/a *adj.* **1.** Arrumado, acomodado. **2.** Moderado, adequado (preço). **3.** Bem situado, abastado. *Hombre acomodado.* Homem abastado. ❚ Não tem sentido de "conformista".

a·com·pa·ña·mien·to *s.m.* **1.** Acompanhamento, comitiva, séquito. **2.** *Mus.* Acompanhamento, instrumentação. **3.** Acompanhamento (de comida). ❚ Não tem sentido de "supervisão".

a·com·pa·ñar *v.t.* **1.** Acompanhar, fazer companhia. *Yo te acompaño al mercado.* Acompanho você ao mercado. **2.** *Mus.* Acompanhar, executar o acompanhamento. **3.** Anexar, incluir. *Acompaño el boleto de suscripción.* Incluo o cupom de assinatura. ■ **acompañarse** *v.p.* Acompanhar-se, ser acompanhado. *Acompáñarse con la guitarra.* Acompanhar-se com o violão. ♦ **Acompañar en el sentimiento.** Sentir pela morte de alguém (expressão de pêsame).

a·com·ple·ja·do/a *adj. e s.* Complexado.

a·con·di·cio·nar *v.t.* Acomodar, acondicionar, arrumar. *Acondicionaron los bultos para el transporte.* Acomodaram os fardos para o transporte. ■ **acondicionarse** *v.p.* Acomodar-se, adaptar-se.

a·con·go·jar *v.t.* Afligir, atormentar, causar ou sentir angústia. ■ **acongojarse** *v.p.* Angustiar-se.

a·con·se·jar *v.t.* Aconselhar, recomendar. ■ **aconsejarse** *v.p.* Aconselhar-se, pedir conselho. *Me aconsejé con mi abogado.* Pedi conselho ao meu advogado.

a·co·pio *s.m.* **1.** Pilha, acumulação de coisas. **2.** Estoque, provisão.

a·co·pla·mien·to *s.m.* **1.** Acoplamento, junção, junta. **2.** *Mec.* Engate. **3.** Acasalamento.

a·co·plar *v.t. Mec.* Acoplar, engatar, encaixar. ■ **acoplarse** *v.p.* **1.** Acasalar-se, unir sexualmente (animais). **2.** *Fig.* Adaptar-se, amoldar-se.

a·co·ra·za·do *s.m. Mil. e mar.* Couraçado, encouraçado.

☞ **a·cor·dar** *v.t.* Decidir, resolver, combinar (de comum acordo). *Hemos acordado salir a las ocho.* Decidimos sair às oito horas. ■ **acordarse** *v.p.* Lembrar-se, recordar-se. *No me acuerdo de nada.* Não me lembro de nada. ❚ *C.mod.* 03. ♦ **Si mal no me acuerdo.** Se não me falha a memória.

a·cor·de *adj.* **1.** Conforme, de acordo. *Estamos acordes en eso.* Estamos de acordo nisso. ● *s.m.* **2.** *Mus.* Acorde. ♦ **Acorde con la ley.** De acordo com/Conforme a lei.

a·cor·de·ón *s.m. Mus.* Acordeão, sanfona.

a·co·rra·lar *v.t.* Encurralar, acuar.

a·cor·tar *v.t.* **1.** Encurtar, reduzir, abreviar. **2.** Encurtar, diminuir.

a·cos·tar *v.t. e v.i.* **1.** Deitar, reclinar, tombar. *Acuesta el respaldo del asiento.* Recline o encosto do banco. **2.** *Mar.* Acostar, atracar. ■ **acostarse** *v.p.* Deitar(-se), ir dormir. *Me voy a acostar temprano.* Vou deitar cedo. ❚ *C.mod.* 03.

a·cos·tum·brar *v.t.* Costumar. *Acostumbra a tener en orden sus papeles.* Costuma ter em ordem os seus papéis. ■ **acostumbrarse** *v.p.* Acostumar-se. *Se acostumbró a trabajar por la noche.* Acostumou-se a trabalhar à noite.

☞ **a·cre·di·tar** *v.t.* **1.** Dar direito a, habilitar, credenciar. *El título le acredita a ejercer la medicina.* O diploma habilita-o a exercer a medicina. **2.** *Com.* Creditar, lançar em conta. *No acreditaron el cheque.* O cheque não foi creditado. **3.** *Com.* Abonar.

a·cre·e·dor/·do·ra *adj.* **1.** Merecedor, digno. *Es acreedor a mi confianza.* É digno da minha confiança. ● *s.* **2.** *Com.* Credor.

a·cri·bi·llar *v.t.* Crivar.

a·crí·li·co/a *adj. e s.m.* Acrílico.

a·cri·tud *s.f.* Azedume, acidez.

a·cro·ba·cia *s.f.* Acrobacia.

ac·ta *s.f.* Ata. ♦ **Acta notarial.** Certidão lavrada em cartório. **Levantar acta.** Lavrar ata.

ac·ti·tud *s.f.* Atitude, postura.

ac·ti·vi·dad *s.f.* Atividade, tarefa, ocupação. ♦ **En actividad. 1.** Em atividade. **2.** Em funcionamento. **Esfera de actividad.** Campo de ação.

ac·ti·vo/a *adj.* **1.** Ativo, laborioso, atuante. ● *s.m.* **2.** *Com.* Ativo. *Activo corriente.* Ativo circulante.

ac·to *s.m.* **1.** Ato, ação, feito. **2.** *Teat.* Ato, divisão de uma peça. **3.** Cerimônia, solenidade. ♦ **Acto de presencia.** Ato de presença. **Acto seguido.** Imediatamente depois, na sequência. **En el acto.** No ato.

ac·tor *s.m.* Ator. ∎ *F.:* actriz.

ac·tual *adj.* Atual.

ac·tua·li·dad *s.f.* Atualidade. ♦ **En la actualidad.** Atualmente.

ac·tua·li·zar *v.t.* Atualizar. ■ **actualizarse** *v.p.* Atualizar-se.

ac·tuar *v.i.* **1.** Agir. **2.** *Teat.* Desempenhar um papel, trabalhar (em filme, peça). *Actuó en buenas películas.* Trabalhou em bons filmes. ♦ **Actuar en representación.** Agir em representação.

a·cua·rio *s.m.* Aquário.

a·cu·chi·llar *v.t.* Esfaquear.

a·cu·cio·so/a *adj.* Diligente, cuidadoso.

a·cu·dir *v.i.* **1.** Comparecer, chegar, aparecer. *Acudiste tarde a la reunión.* Você chegou tarde à reunião. **2.** Acudir, apelar, recorrer. *Acudiré al alcalde.* Recorrerei ao prefeito. **3.** Acudir, ir em socorro. **4.** Ir com frequência, frequentar.

a·cue·duc·to *s.m.* Aqueduto, adutora.

a·cuer·do *s.m.* **1.** Acordo, convênio, contrato. **2.** Acordo, entendimento, pacto. ♦ **De acuerdo.** De acordo, combinado. **Ponerse de acuerdo.** Chegar a um acordo, tomar uma resolução em comum, combinar.

a·cu·mu·la·ción *s.f.* Acumulação.

a·cu·mu·lar *v.t.* Acumular, amontoar, reunir.

a·cu·rru·car·se *v.p.* Agachar-se, encolher-se. *Se acurrucó en un rincón.* Encolheu-se num canto.

a·cu·sa·ción *s.f.* Acusação.

a·cu·sar *v.t.* **1.** Acusar, denunciar. **2.** Tachar, criticar, acusar. **3.** Acusar, notificar o recebimento. ■ **acusarse** *v.p.* Acusar-se.

a·cús·ti·co/a *adj.* **1.** Acústico. ● *s.f.* **2.** *Fís.* Acústica.

a·dap·ta·ción *s.f.* Adaptação, ajuste.

a·dap·tar *v.t.* **1.** Adaptar, ajustar. **2.** *Mus. e teat.* Adaptar, transcrever. **3.** Entrosar, integrar. ■ **adaptarse** *v.p.* Adaptar-se, amoldar-se, adequar-se, ajustar-se.

a·de·cua·do/a *adj.* Adequado, conveniente.

a·de·lan·tar *v.t.* **1.** Adiantar, mover para diante. *Adelantar el reloj.* Adiantar o relógio. **2.** Adiantar, antecipar. *Adelantar el pago.* Adiantar o pagamento. ■ **adelantarse** *v.p.* Adiantar-se, ultrapassar, avançar. ∎ Não tem sentido de "servir, ser proveitoso, valer a pena". ♦ **Prohibido adelantarse.** Proibido ultrapassar.

a·de·lan·te *adv.* **1.** Adiante, em direção a. *No podemos ir adelante.* Não podemos ir adiante. ● *interj.* **2.** Entre! **3.** Em frente! Avante! ♦ **En adelante.** Doravante, por diante. **Más adelante.** Mais adiante. **Pasar adelante.** Entrar. **Sacar adelante.** Tocar em frente. **Seguir adelante.** Seguir em frente.

a·de·lan·to *s.m.* **1.** Progresso, avanço, evolução. **2.** Adiantamento (de dinheiro). *Le pedi un adelanto.* Pedi-lhe um adiantamento.

a·del·ga·zar *v.t. e v.i.* Emagrecer.

a·de·mán *s.m.* Movimento do corpo, gesto, trejeito, aceno, menção. *Hizo ademán de llorar.* Fez cara de choro. ■ **ademanes** *s. m.pl.* Modos, trejeitos, ar, jeito.

a·de·más *adv.* **1.** Além de, também, ademais. *Además de cantar, baila y estudia.* Além de cantar, dança e estuda. **2.** Além disso, ainda por cima. *Llegó tarde y además furioso.* Chegou tarde e ainda por cima furioso.

a·den·tro *adv.* Dentro, internamente, adentro. *Estar adentro.* Estar no interior (de casa, edifício). *Vamos adentro.* Vamos lá dentro. ● **adentros** *s.m.pl.* Interior de si mesmo, íntimo. ♦ **Dije para mis adentros.** Disse para mim mesmo. **Mar adentro.** Em alto-mar. **Tierra adentro.** No campo, ao longe, no interior.

a·dep·to/a *s.* Adepto, partidário.

a·de·re·zo *s.m.* **1.** Tempero. **2.** Guarnição, enfeite.

a·deu·dar *v.t.* **1.** Dever, ter dívida. **2.** *Com.* Debitar. ■ **adeudarse** *v.p.* Endividar-se.

a·dhe·rir *v.t.* Aderir, grudar, colar. ■ **adherirse** *v.p.* **1.** Aderir-se, grudar. **2.** Aderir, tornar-se adepto, endossar. ■ *C.mod. 11.*

a·dhe·si·vo/a *adj. e s.m.* Adesivo.

a·di·ción *s.f.* **1.** *Mat.* Adição, soma. **2.** Acréscimo.

a·dic·to/a *adj.* **1.** Adepto, apegado, adicto. **2.** *Med.* Dependente de drogas. ■ *adj. e s.m.* **3.** Adido, adjunto.

a·dies·tra·mien·to *s.m.* Adestramento, treinamento.

a·di·ne·ra·do/a *adj. e s.* Endinheirado, abonado, abastado.

a·diós *interj.* **1.** Até logo, adeus. ● *s.m.* **2.** Despedida, adeus.

a·di·ta·men·to *s.m.* Adendo.

a·di·vi·nar *v.t.* Adivinhar, tentar acertar, chutar.

a·di·vi·no/a *s.* Adivinho.

ad·je·ti·vo *s.m. Gram.* Adjetivo.

ad·jun·tar *v.t.* Anexar, enviar junto, incluir (em documentos). *Le adjunté el informe final.* Anexei o relatório final.

ad·jun·to/a *adj.* **1.** Adjunto, auxiliar. ● *s.m.* **2.** *Gram.* Adjunto, complemento. ♦ **En adjunto.** Em anexo.

ad·mi·nis·tra·ción *s.f.* Administração.

ad·mi·nis·trar *v.t.* **1.** Administrar, dirigir (negócios). **2.** Administrar, gerir, governar. **3.** Ministrar, aplicar, administrar (medicamentos).

ad·mi·ra·ción *s.f.* **1.** Admiração. **2.** Espanto.

ad·mi·rar *v.t.* **1.** Admirar, contemplar. **2.** Admirar, ter muita estima ou consideração. **3.** Assombrar, espantar. ■ **admirarse** *v.p.* Achar estranho, espantar-se, admirar-se. *Me admiro de que no hayas leído ese libro.* Admira-me muito que você não tenha lido esse livro.

ad·mi·sión *s.f.* **1.** Admissão, ingresso. **2.** Admissão, aceitação.

ad·mi·tir *v.t.* **1.** Admitir, aceitar. **2.** Admitir, deixar entrar. *No lo admitieron sin traje.* Não deixaram que entrasse sem terno. **3.** Admitir, nomear para algum cargo. **4.** Admitir, tolerar.

a·do·bar *v.t.* Preparar, temperar (alimentos).

a·do·les·cen·te *adj. e s.2g.* Adolescente.

a·don·de *adv.* Aonde, a que lugar. *La calle adonde quiere ir es ésa.* A rua aonde ele quer ir é essa. ■ Acentuado em frases *interr.* *¿Adónde vas?* Aonde você vai?

a·don·de·quie·ra *adv.* Onde quer que, a qualquer lugar. *Adondequiera que estés, escríbeme.* Onde quer que você esteja, escreva-me.

a·dop·tar *v.t.* **1.** Adotar, tomar por filho. **2.** Adotar, aceitar. **3.** Adotar, optar, abraçar.

a·do·quín *s.m.* Paralelepípedo para pavimentação.

a·do·rar *v.t.* Adorar.

a·dor·me·cer *v.t.* **1.** Adormecer, causar sono. **2.** *Fig.* Acalmar a dor. ■ **adormecerse** *v.p.* **1.** Adormecer, começar a dormir. **2.** Adormecer, entorpecer a sensibilidade de um membro do corpo. ■ *C.mod. 06.*

a·dor·nar *v.t.* **1.** Enfeitar, decorar, adornar. **2.** Enfeitar, embonecar. ■ **adornarse** *v.p.* Enfeitar-se, embelezar-se.

a·dor·no *s.m.* Enfeite, adorno. ♦ **Estar de adorno.** Servir somente de enfeite.

ad·qui·rir *v.t.* **1.** Adquirir, obter, conseguir. **2.** Adquirir, comprar. ▌ *C.mod. 02.*

ad·qui·si·ción *s.f.* Aquisição.

a·dre·de *adv.* Intencionalmente, de propósito. *Rompi la carta adrede.* Rasguei a carta de propósito.

a·dua·na *s.f.* Alfândega.

a·dua·ne·ro/a *adj. e s.* Alfandegário. ♦ **Tarifa aduanera.** Tarifa alfandegária.

a·du·cir *v.t.* Alegar, aduzir. ▌ *C.mod. 09.*

a·du·lón/lo·na *adj. e s.* Bajulador, badalador.

a·dul·te·rio *s.m.* Adultério.

a·dul·to/a *adj. e s.* Adulto.

ad·ve·ni·mien·to *s.m.* Advento, chegada.

ad·ver·bio *s.m. Gram.* Advérbio.

ad·ver·sa·rio/a *s.* **1.** Adversário, rival, oponente. **2.** Adversário, inimigo.

ad·ver·so/a *adj.* Adverso, desfavorável.

ad·ver·ten·cia *s.f.* **1.** Advertência, aviso, conselho. **2.** *Liter.* Advertência, nota ao leitor.

ad·ver·tir *v.t.* **1.** Informar, avisar, advertir, lembrar. *Te advierto que el programa ya empezó.* Quero avisá-lo que o programa já começou. **2.** Perceber, observar. *Adverti que me faltaba un disco.* Percebi que me faltava um disco. **3.** Prevenir, advertir, alertar. *Hay que advertirle del peligro.* É preciso preveni-lo sobre o perigo. ▌ **a.** Não tem sentido de "fazer advertência, chamar a atenção, censurar". **b.** *C.mod. 11.*

a·é·re·o/a *adj.* Aéreo. ♦ **Correo aéreo.** Via aérea. *Puente aéreo.* Ponte aérea.

a·e·ro·náu·ti·co/a *adj.* **1.** Aeronáutico. ● *s.f.* **2.** Aeronáutica.

a·e·ro·na·ve *s.f.* Aeronave.

a·e·ro·puer·to *s.m.* Aeroporto.

a·fa·ma·do/a *adj.* Famoso, célebre, afamado.

a·fán *s.m.* **1.** Afã, ânsia, desejo intenso. *Corrió mucho con el afán de alcanzarlo.* Correu muito na ânsia de alcançá-lo. **2.** Afã, empenho, trabalho árduo.

a·fec·ción *s.f.* **1.** Afeição, carinho. **2.** *Med.* Afecção.

a·fec·ta·ción *s.f.* Afetação, presunção.

a·fec·tar *v.t.* **1.** Fingir, ostentar, aparentar. *Afectaba mucha erudición.* Aparentava muita erudição. **2.** Afetar, atingir, provocar um efeito. *El frío afectó la plantación.* O frio afetou a plantação. **3.** *For. Amer.* Onerar.

a·fec·to/a *adj.* **1.** Propenso, inclinado a. *Es afecto a la enfermedad.* Tem propensão à doença. ● *s.m.* **2.** Afeto, carinho, afeição.

a·fei·tar *v.t.* Raspar a barba, o bigode, o pelo. ■ **afeitarse** *v.p.* Barbear-se, fazer a barba. *Me afeito todas las mañanas.* Faço a barba todas as manhãs. ♦ **Hoja de afeitar.** Lâmina de barbear.

a·fe·mi·na·do/a *adj. e s.m.* Efeminado.

a·fian·zar *v.t.* **1.** Afiançar, abonar. **2.** Firmar, tornar firme. **3.** Afiançar, assegurar. ■ **afianzarse** *v.p.* **1.** Assegurar-se. *Quiero afianzarme de eso.* Quero ter certeza disso. **2.** Consolidar-se, firmar-se.

a·fi·cio·na·do/a *adj. e s.* **1.** Propenso, chegado, adepto, amante, dado. *Aficionado a la bebida.* Chegado à bebida. **2.** Amador (esporte, arte). *Es un fotógrafo aficionado.* É um fotógrafo amador.

☞ **a·fi·lar** *v.t.* Afiar, amolar (utensílios).

a·fín *adj. e s.2g.* Afim.

a·fi·nar *v.t.* **1.** Dar os últimos retoques. **2.** *Mus.* Afinar (instrumentos).

a·fi·ni·dad *s.f.* **1.** Afinidade, semelhança. **2.** Afinidade, parentesco. **3.** Afinidade, simpatia.

a·fir·mar *v.t.* **1.** Tornar firme, reforçar. *Hay que afirmar las patas de la mesa.* É preciso reforçar os pés da mesa. **2.** Afirmar, asseverar. **3.** Afirmar, fixar, assentar, firmar.

a·fli·gir *v.t.* Afligir, atormentar, angustiar. ■ **afligirse** *v.p.* Afligir-se, angustiar-se, agoniar-se.

a·flo·jar *v.t.* **1.** Afrouxar, desapertar. *Afloja el tornillo.* Desaperte o parafuso. **2.** *Col.* Soltar dinheiro. ■ *v.i.* **3.** Ceder, enfraquecer. *La fiebre aflojó.* A febre cedeu. **4.** *Fig.* Relaxar, desleixar, amolecer. *Aflojó en su dedicación al trabajo.* Relaxou na sua dedicação ao trabalho.

a·fluen·te *adj. e s.2g.* Afluente.

a·for·tu·na·da·men·te *adv.* Felizmente.

a·fren·ta *s.f.* Afronta, ultraje, agressão.

a·fron·tar *v.t.* **1.** Enfrentar. **2.** Colocar frente a frente, acarear, fazer face a. ■ Não tem sentido de "insultar".

a·fue·ra *adv.* Fora, afora, na (ou em direção à) parte externa de algo. *Ven acá afuera.* Venha aqui fora. ● **afueras** *s.f.pl.* Arredores, imediações, periferia. *Vivimos en las afueras del pueblo.* Moramos nas imediações da cidade.

a·ga·char *v.t.* Agachar, inclinar, abaixar. ■ **agacharse** *v.p.* Agachar-se, encolher-se. ♦ **Agachar la cabeza.** Abaixar a cabeça, submeter-se.

a·ga·rra·da *s.f. Col.* Briga, discussão.

a·ga·rra·do/a *adj.* **1.** Agarrado, preso. ● *s.* **2.** *Col. Amer.* Avarento, miserável.

a·ga·rrar *v.t.* **1.** Agarrar, segurar, pegar. *Agarraron al ladrón.* Pegaram o ladrão. **2.** Apanhar, contrair (doença). *Agarró pulmonía.* Contraiu pneumonia. **3.** Pegar (plantas). *El limonero agarró.* O limoeiro pegou. **4.** *Amer.* Tomar uma direção, pegar. *Agarre la primera a la derecha.* Pegue a primeira à direita. **5.** *Amer.* Pegar, tomar, apanhar. *Agarré la tela y corté el vestido.* Peguei a fazenda e cortei o vestido. ■ **agarrarse** *v.p.* **1.** Agarrar-se, aferrar-se, segurar-se. **2.** Brigar. *Me agarré con un tipo que me empujó.* Briguei com um cara que me empurrou. **3.** Grudar. *El arroz se agarró a la cazuela.* O arroz grudou na panela. **4.** Alegar como pretexto, valer-se. *Se agarra de la lluvia para no salir.* Vale-se da chuva (como pretexto) para não sair. ♦ **Agarrarse a trompadas.** Brigar de soco. **Agarrarse/Agarrársela con alguien.** Pegar no pé de alguém, invocar.

☞ **a·ga·sa·jo** *s.m.* **1.** Acolhida, festejo, recepção. *El agasajo al embajador fue ayer.* A recepção ao embaixador foi ontem. **2.** Presente, obséquio.

a·gen·cia *s.f.* **1.** Agência, escritório de prestação de serviços. *Agencia de publicidad.* Agência de propaganda. *Agencia de viajes.* Agência de viagens. **2.** Agência, filial. *Agencia bancaria.* Agência de banco. **3.** *Com.* Agenciamento.

a·gen·da *s.f.* **1.** Agenda. **2.** Ordem do dia, temário.

a·gen·te *adj. e s.m.* **1.** Agente, que exerce ação ou produz determinado efeito. ■ *s.m.* **2.** Policial. ♦ **Agente de bolsa.** *Com.* Corretor de valores. **Agente de cambio.** **1.** *Com.* Corretor de câmbio. **2.** Fator de mudança.

a·gi·li·zar *v.t.* Agilizar. ∎ *Tb.:* agilitar.

a·gi·ta·ción *s.f.* Agitação, afobação.

a·gi·tar *v.t.* **1.** Agitar, sacudir. **2.** *Fig.* Agitar, perturbar, inquietar. ■ **agitarse** *v.p.* **1.** Agitar-se, sacudir. **2.** *Fig.* Agitar-se, inquietar-se.

a·glo·me·ra·ción *s.f.* Aglomeração, acúmulo, aperto.

a·glo·me·rar *v.t.* Aglomerar, reunir. ■ **aglomerarse** *v.p.* Aglomerar-se, amontoar-se. *La multitud se aglomeraba en la estación.* A multidão amontoava-se na estação.

a·go·bia·do/a *adj.* Cansado, exausto, estafado, angustiado.

a·go·bio *s.m.* **1.** Cansaço, esgotamento. **2.** *Fig.* Sufoco, aflição.

a·go·ní·a *s.f.* Agonia.

a·go·ni·zar *v.i.* Agonizar.

a·gos·to *s.m.* Agosto.

a·go·ta·mien·to *s.m.* Esgotamento, cansaço, estafa.

a·go·tar *v.t.* **1.** Esgotar, exaurir. **2.** *Fig.* Cansar muito, extenuar. **3.** Esgotar, consumir. **4.** Esvaziar, drenar. ■ **agotarse** *v.p.* **1.** Esgotar (-se), acabar. *Se agotó el tiraje.* A tiragem esgotou. **2.** *Fig.* Esgotar-se, ficar extenuado.

a·gra·dar *v.i.* Agradar.

a·gra·de·cer *v.t.* Agradecer. ∎ *C.mod.* 06.

a·gra·de·ci·mien·to *s.m.* Agradecimento.
a·gran·dar *v.t.* Aumentar, engrandecer, ampliar. ■ **agrandarse** *v.p.* **1.** Expandir-se, ampliar-se. *No te agrandes que no tienes el capital necesario.* Não se expanda, pois não tem o capital necessário. **2.** *Fig.* Estufar o peito, crescer.
a·gra·rio/a *adj.* Agrário.
a·gra·var *v.t.* Agravar, piorar. ■ **agravarse** *v.p.* Agravar-se.
a·gra·vio *s.m.* **1.** Ofensa, insulto, agravo. **2.** *For.* Dano, prejuízo.
a·gre·dir *v.t.* Agredir, atacar (física ou moralmente). ■ *C.mod.* 45.
a·gre·ga·do/a *adj.* **1.** Agregado, acrescentado, aditivo. ● *s.m.* **2.** Adido. *Agregado cultural.* Adido cultural. **3.** *Quím.* Aditivo.
a·gre·gar *v.t.* Agregar, acrescentar, adicionar.
a·gre·sión *s.f.* Agressão.
a·gre·si·vo/a *adj.* Agressivo.
a·gri·cul·tor/·to·ra *s.* Agricultor.
a·gri·cul·tu·ra *s.f.* Agricultura.
a·grie·tar *v.t.* Rachar, fender. ■ **agrietarse** *v.p.* Rachar-se, fender-se.
a·grio/a *adj.* **1.** Azedo, acre. **2.** *Fig.* Azedo, mal-humorado. *Carácter agrio.* Caráter azedo. ● **agrios** *s.m.pl. Bot.* Frutas cítricas.
a·gro·no·mí·a *s.f.* Agronomia.
a·gro·pe·cua·rio/a *adj.* **1.** Agropecuário. ● *s.f.* **2.** Agropecuária.
a·gru·pa·ción *s.f.* Agrupamento.
a·gru·par *v.t.* Agrupar. ■ **agruparse** *v.p.* Agrupar-se.
a·gua *s.f.* **1.** Água. *Agua potable.* Água potável. **2.** *Fig.* Chuva. *Ahí viene el agua.* Aí vem chuva. ■ **aguas** *s.f.pl.* **1.** Ondulações, reflexos (em tecidos, pedras). *Los diamantes suelen tener aguas.* Os diamantes costumam ter reflexos. **2.** *Arq.* Águas, vertentes (telhado). **3.** Águas, manancial. *Aguas minerales/sulfurosas.* Águas minerais/sulfurosas. ■ No *sing.* usa-se com *art.m. el. El agua está fría.* A água está fria. ♦ **Agua pasada no mueve molino.** Águas passadas não movem moinho. **Claro como agua.** Evidente, transparente. **Como agua de mayo. 1.** Muito esperado/desejado. **2.** Que vem a calhar. **Estar como el pez en el agua.** Estar bem à vontade. **Estar con el agua al cuello.** Estar com a corda no pescoço. **Hacerse agua la boca.** Dar água na boca. **Nadar entre dos aguas.** Estar em cima do muro.
a·gua·ca·te *s.m. Bot.* Abacate.
a·gua·ce·ro *s.m.* Aguaceiro, tempestade.
a·gua·fies·tas *s.2g.* Desmancha-prazeres. ■ *Pl.*: invariável.
a·guan·tar *v.t.* **1.** Aguentar, sustentar. **2.** Aguentar, suportar, aturar. *No aguanto más.* Não aguento mais. ■ **aguantarse** *v.p.* **1.** Não reagir, segurar-se, conter-se. *Tuve que aguantarme para no pegarle.* Tive de me conter para não bater nele. **2.** Aguentar, suportar a situação. *Te advertí que no iba a resultar, ahora te aguantas.* Avisei você que não ia dar certo, agora aguente.
a·guan·te *s.m.* **1.** Paciência, tolerância. **2.** Fôlego, resistência.
a·guar·dar *v.t.* Aguardar, esperar.
a·guar·dien·te *s.m.* Aguardente, cachaça, cana.
a·gu·di·zar *v.t.* Aguçar, tornar agudo. ■ **agudizarse** *v.p.* Agravar-se, piorar (doença, situação). *Los problemas económicos se agudizaron.* Os problemas econômicos agravaram-se.
a·gu·do/a *adj.* **1.** Agudo, pontiagudo, afiado. **2.** *Fig.* Agudo, aguçado, perspicaz, sutil. **3.** *Fig.* Agudo, intenso. *Dolor agudo.* Dor aguda. **4.** *Gram.* Palavra oxítona (aguda).
a·gui·jón *s.m.* Ferrão.
á·gui·la *s.f.* **1.** Águia. **2.** *Fig.* Pessoa esperta, muito capaz, cobra. *Es un águila en matemáticas.* É cobra em matemática. ■ No *sing.* usa-se com *art.m. el.*
a·gui·nal·do *s.m.* **1.** Brinde de Natal. **2.** Décimo terceiro salário.
a·gu·ja *s.f.* **1.** Agulha. **2.** Ponteiro de relógio, agulha. **3.** Pino. **4.** Estilete. **5.** Extremidade superior de campanário, torre, agulha. ♦

agujerear 40 **ajeno/a**

Buscar una aguja en un pajar. Procurar uma agulha num palheiro.

a·gu·je·re·ar *v.t.* **1.** Esburacar. **2.** Furar, perfurar. *Tienes que agujerear la pared para colgar el cuadro.* Você precisa furar a parede para pendurar o quadro. ■ **agujerearse** *v.p.* Encher-se de buracos, ficar esburacado.

a·gu·je·ro *s.m.* Buraco, furo, orifício.

a·gu·zar *v.t.* Aguçar, afiar.

ahí *adv.* **1.** Aí, nesse lugar. **2.** Aí, nessa matéria, nesse ponto. ♦ **¡Ahí es nada!** Isso não é nada. **Ahí no más.** *Amer.* Logo ali. **De ahí que.** Daí que. **Por ahí.** Por aí, em lugar indeterminado.

a·hi·ja·do/a *s.* **1.** Afilhado. **2.** Filho adotivo. **3.** *Fig.* Apadrinhado, protegido, afilhado.

a·hín·co *s.m.* Afinco, empenho.

a·ho·gar *v.t.* **1.** Afogar, estrangular, asfixiar, esganar. *Lo ahogó con sus manos.* Estrangulou-o com as suas mãos. **2.** Extinguir (fogo). **3.** *Fig.* Abafar, obstruir, cercear (vocação, rebelião). ■ **ahogarse** *v.p.* **1.** Afogar-se, morrer afogado. **2.** *Fig.* Sufocar (de calor). *Estoy que me ahogo con ese abrigo.* Estou sufocando (de calor) com esse agasalho. **3.** *Mec.* Afogar. *El motor se ahogó.* O motor afogou.

a·ho·go *s.m.* **1.** Sufoco, aperto, afogamento. **2.** *Com. Arg.* Estrangulamento. *El ahogo de la economía.* O estrangulamento da economia.

a·hon·dar *v.t.* **1.** Aprofundar, escavar fundo. ■ *v.i.* **2.** Afundar, penetrar mais fundo. **3.** *Fig.* Aprofundar, examinar detidamente. *Ahondar en un tema.* Aprofundar um tema. ■ Não tem sentido de "naufragar".

a·ho·ra *adv.* **1.** Agora, neste momento. **2.** Agora, atualmente. **3.** *Fig.* Muito breve, já, agora mesmo. *Ahora voy.* Já vou. **4.** *Fig.* Recentemente. *Ahora me enteré.* Há pouco fiquei sabendo. ● *conj.* **5.** Agora, aqui. ♦ **Ahora… ahora.** Ora… ora. **Ahora bien.** Isto posto, no entanto, agora. **Ahora mismo.** Já. **Por ahora.** Por enquanto, por ora.

a·hor·car *v.t.* **1.** Enforcar, estrangular. **2.** *Fig.* Abandonar, largar. *Ahorqué los estudios.* Abandonei os estudos. ■ **ahorcarse** *v.p.* Enforcar-se. ■ Não tem sentido de "faltar à aula, cabular".

a·ho·rrar *v.t.* **1.** Poupar, economizar. *Este mes no logré ahorrar nada.* Este mês não consegui economizar nada. **2.** *Fig.* Poupar, evitar. *Ahorrar disgustos.* Evitar aborrecimentos. **3.** Alforriar. ■ **ahorrarse** *v.p.* **1.** Poupar, economizar. **2.** *Fig.* Evitar, livrar-se. *Te ahorraste un grave problema.* Você se livrou de um grave problema. **3.** *Fig.* Poupar-se, resguardar-se.

a·ho·rro *s.m.* Poupança, economia. ♦ **Caja de ahorros.** Caixa econômica. **Libreta de ahorros.** Caderneta de poupança.

a·hu·ma·do/a *adj.* Defumado. *Jamón ahumado.* Presunto defumado.

ai·re *s.m.* **1.** Ar. **2.** Vento. *Hay mucho aire en la habitación.* Há muito vento no quarto. **3.** *Fig.* Ar, aparência geral. *Tiene un aire triste.* Está com ar triste. ♦ **Aire acondicionado.** Ar-condicionado. **Aire de suficiencia.** Pose de autossuficiência. **Al aire libre.** Ao ar livre. **Cambiar de aires.** Mudar de ares, de ambiente. **Castillos en el aire.** Castelos no ar. **Darse aires de.** Fazer pose de. **Dejar en el aire.** Deixar no ar, sem resposta. **Estar en el aire.** Estar no ar (emissora de rádio, TV). **Tomar el aire.** Dar uma volta, arejar.

ais·la·mien·to *s.m.* **1.** Isolamento, separação, afastamento. **2.** *Fig.* Isolamento, falta de comunicação, retraimento. **3.** *Fís.* Isolamento. *Aislamiento eléctrico y acústico.* Isolamento elétrico e acústico.

ais·lan·te *adj. e s.2g.* Isolante. *Cinta aislante.* Fita isolante.

ais·lar *v.t.* **1.** Isolar, afastar, tornar incomunicável. **2.** *Eletr.* Isolar (condutores). ■ **aislarse** *v.p. Fig.* Isolar-se, retrair-se, afastar-se.

¡a·já! *interj.* Certo, tudo bem (expressa aprovação ou complacência).

a·je·drez *s.m.* Xadrez. *Jugar al ajedrez.* Jogar xadrez.

a·je·no/a *adj.* **1.** Alheio, de outrem. **2.** *Fig.* Alheio, impróprio, que não está de acordo.

3. Alheio, indiferente. *Estoy ajeno a la situación.* Estou alheio à situação. **4.** *Fig.* Livre, isento. *Su estado es ajeno de cuidados.* Seu estado é isento de cuidados.

a·je·treo *s.m.* Agitação, vaivém, correria. *El ajetreo de las grandes ciudades.* A agitação das grandes cidades.

a·jí *s.m. Bot. Amer.* **1.** Pimenta. **2.** Pimentão.

a·jo *s.m.* **1.** *Bot.* Alho. **2.** *Fig.* Questão reservada, secreta. ♦ **Estar/Meterse/Andar metido en el ajo.** Fazer parte de um assunto reservado, estar por dentro.

a·jon·jo·lí *s.m. Bot.* Gergelim.

a·juar *s.m.* Enxoval.

a·jus·tar *v.t.* **1.** Ajustar, adaptar. **2.** Acertar (relógio, contas). **3.** Fixar, marcar, combinar (datas, preços). ■ **ajustarse** *v.p.* Ajustar-se, adaptar-se. *Ajustarse a la situación.* Adaptar-se à situação. ♦ **Ajustar las cuentas.** Acertar as contas.

al *contr. prep.* a + *art.m.* el. Ao. *Vamos al cine.* Vamos ao cinema.

a·la *s.f.* **1.** Asa (ave, avião). **2.** Ala, flanco, lateral (desfile, edifício). **3.** Aba (chapéu). **4.** *Arq.* Beiral. **5.** Pá (hélice). **6.** Ala, subgrupo (partido político). **7.** *Fig.* Asa, proteção. *Bajo las alas de la madre.* Debaixo da saia da mãe. ■ *s.m.* **8.** *Desp.* Ponta. *Ala derecha.* Ponta-direita. ▮ No *sing.* usa-se com *art.m.* el. *El pájaro se hirió el ala.* O pássaro está com a asa machucada. ♦ **Arrastrar el ala.** Arrastar a asa (por alguém), gostar. **Cortar las alas (a alguien).** Cortar as asas (de alguém). **Dar alas (a alguien).** Dar corda (a alguém). **Dar alas a la imaginación.** Dar asas à imaginação. **Volar con sus propias alas.** Voar com as próprias asas, guiar-se por si mesmo.

a·la·ban·za *s.f.* **1.** Louvor, elogio. **2.** Louvação.

a·la·ce·na *s.f.* Armário de cozinha.

a·la·crán *s.m.* Escorpião.

a·la·gar *v.t.* Alagar, inundar, encharcar. ■ **alagarse** *v.p.* Alagar-se.

a·lam·bra·do/a *adj.* **1.** Cercado com arame. ● *s.m.* **2.** Alambrado, cerca de arame.

a·lam·bre *s.m.* **1.** Arame. **2.** Fio metálico. ♦ **Alambre de púa/espino.** Arame farpado.

a·lar·de *s.m.* **1.** Alarde, ostentação. **2.** *Mil.* Revista, inspeção. ♦ **Hacer alarde de.** Fazer alarde de, gabar-se.

☞ **a·lar·gar** *v.t.* **1.** Alongar, prolongar, tornar mais comprido. *Alargar una carretera.* Prolongar uma estrada. **2.** Esticar, dilatar. *Alargar las vacaciones.* Esticar as férias. ■ **alargarse** *v.p.* **1.** Alongar-se, prolongar-se. **2.** Afastar-se, desviar-se. ♦ **Alargarse hasta.** Dar um pulo em.

a·la·ri·do *s.m.* **1.** Alarido. **2.** Lamentação.

a·lar·ma *s.f.* **1.** Alarme. **2.** Rebate. ♦ **Dar la alarma.** Dar o alarme. **Falsa alarma.** Alarme falso.

al·ba·cea *s.m. For.* Inventariante.

al·ba·ha·ca *s.f. Bot.* Manjericão, alfavaca.

al·ba·ñil *s.m.* Pedreiro, operário de construção.

al·ba·ñi·le·rí·a *s.f.* Alvenaria.

al·ba·ri·co·que *s.m. Bot.* Damasco, abricó.

al·be·drí·o *s.m.* Arbítrio, vontade. ♦ **Libre albedrío.** Livre-arbítrio.

al·ber·gue *s.m.* **1.** Pousada, hospedaria, albergue. **2.** Abrigo, refúgio.

al·bón·di·ga *s.f.* Almôndega, bolinho de carne.

al·bo·ra·da *s.f.* **1.** Alvorada, aurora. **2.** *Mil.* Toque de alvorada.

al·bo·ro·tar *v.t.* **1.** Alvoroçar, agitar, animar, tumultuar. **2.** Atordoar. ■ **alborotarse** *v.p.* Alvoroçar-se, agitar-se. ▮ Não tem sentido de "alegrar-se".

al·bo·ro·to *s.m.* Alvoroço, tumulto, gritaria, escarcéu.

☞ **al·bo·ro·zo** *s.m.* Regozijo, espalhafato.

ál·bum *s.m.* Álbum. ▮ *Pl.: álbumes.*

al·ca·cho·fa *s.f. Bot.* Alcachofra.

al·ca·hue·te/a *s.* **1.** Alcoviteiro, delator. **2.** *Fig.* Fofoqueiro. **3.** *Col.* Caguete, dedo-duro.

al·cal·de/·de·sa *s.* Primeira autoridade do município, prefeito.

al·cal·dí·a *s.f.* Cargo de prefeito e local onde exerce as suas funções, prefeitura.

al·can·ce *s.m.* **1.** Alcance, distância máxima. **2.** *Fig.* Alcance, transcendência, alçada. **3.** Abrangência. ♦ **Al alcance de la mano.** Ao alcance da mão. **Fuera de alcance.** Fora de alcance. **Noticias de último alcance.** Notícias de última hora.

al·can·ta·ri·lla *s.f.* **1.** Bueiro. **2.** Esgoto.

al·can·ta·ri·lla·do *s.m.* Rede de esgotos.

al·can·zar *v.t.* **1.** Alcançar, igualar-se a outro. **2.** Atingir, conseguir, alcançar. *Ya alcancé el monto que queria.* Já atingi o montante que queria. **3.** Passar, apanhar algo e entregar. *¿Me alcanzas el salero?* Pode me passar o saleiro? **4.** *Fig.* Realizar, alcançar. *Alcanzaremos nuestros deseos.* Realizaremos os nossos desejos. ■ *v.i.* **5.** *Fig.* Bastar, ser suficiente. *Esa carne no alcanza.* Essa carne não vai ser suficiente. ♦ **Alcanzar a ver/oír/hablar.** Conseguir ver/ouvir/falar.

al·ca·pa·rra *s.f. Bot.* Alcaparra.

al·cau·cil *s.m. Bot.* Alcachofra.

al·co·hol *s.m. Quím.* Álcool.

al·co·hó·li·co/a *adj.* **1.** Alcoólico. ● *s.* **2.** Alcoólatra.

al·da·ba *s.f.* **1.** Aldrava. **2.** Tranca.

al·de·a *s.f.* Aldeia, lugarejo.

a·lea·ción *s.f.* Liga (metais).

a·lea·to·rio/a *adj.* Aleatório.

a·le·da·ño/a *adj.* Contíguo, adjacente, limítrofe. ● **aledaños** *s.m.pl.* Arredores.

a·le·gar *v.t.* Alegar.

a·le·ga·to *s.m. For.* Alegação, depoimento.

a·le·grar *v.t.* Alegrar, causar alegria. ■ **alegrarse** *v.p.* Alegrar-se, ficar contente, sentir alegria. *Me alegré de verte.* Fiquei contente em vê-lo.

a·le·gre *adj.* **1.** Alegre, contente. *Estoy alegre por ti.* Estou contente por você. **2.** *Fig.* Vivo, alegre (cor). *Un amarillo alegre.* Um amarelo vivo. **3.** *Fig.* Alegre, alto. *El vino lo dejó un poco alegre.* O vinho deixou-o um pouco alto. **4.** *Fig.* Alegre, frívolo, fácil. *Vida alegre.* Vida fácil.

a·le·grí·a *s.f.* Alegria.

a·le·grón *s.m.* Grande alegria.

☞ **a·le·ja·do/a** *adj.* Afastado, distante.

a·le·ja·mien·to *s.m.* **1.** Afastamento. **2.** *Fig.* Abandono.

☞ **a·le·jar** *v.t.* **1.** Afastar, distanciar. **2.** Afastar, desencostar. ■ **alejarse** *v.p.* **1.** Distanciar-se, afastar-se. **2.** Afastar-se, desencostar-se.

a·len·tar *v.i.* **1.** Respirar. ■ *v.t.* **2.** *Fig.* Incentivar, estimular, encorajar. *Su presencia me alienta.* A sua presença me incentiva. ■ *C.mod. 01.*

a·ler·gia *s.f. Med.* Alergia.

a·le·ro *s.m. Arq.* Beiral, alpendre.

a·ler·ta *adv.* Alerta. ♦ **Dar alerta.** Dar o alarme.

a·le·vo·so/a *adj.* **1.** Pérfido, traidor. **2.** *Fig.* Grotesco, perverso.

al·fa·be·ti·zar *v.t.* Alfabetizar.

al·fa·be·to *s.m.* Alfabeto.

al·fa·jor *s.m. Rio-plat.* Tipo de bolacha recheada, típica da região.

al·fa·re·rí·a *s.f.* Olaria.

al·fi·ler *s.m.* **1.** Alfinete. **2.** Broche. **3.** Prendedor de gravata. ♦ **Alfiler imperdible.** Alfinete de segurança. **No caber un alfiler.** Não caber um alfinete, estar superlotado.

al·fom·bra *s.f.* Tapete.

al·fom·brar *v.t.* Atapetar, carpetar.

ál·ge·bra *s.f. Mat.* Álgebra. ■ No *sing.* usa-se com *art.m. el. El álgebra me resulta complicada.* Para mim, a álgebra é complicada.

al·go *p.indef.* **1.** Algo, alguma coisa. ● *adv.* **2.** Um pouco, algo. *Conozco algo de francés.* Conheço um pouco de francês. ♦ **Algo así como.** Aproximadamente. *Faltan algo así como tres km hasta el centro.* Faltam aproximadamente três km até o centro. **Algo como.** Espécie de. *Sentí algo como un apretón en el pecho.* Senti uma espécie de aperto no peito. **Algo es algo/Más vale algo que nada.** Melhor pouco do que nada. **Por algo.** Por alguma razão. **Ser algo aparte.** Ser algo fora do comum.

al·go·dón *s.m.* Algodão.

al·gua·cil *s.m. For.* Oficial de justiça.

al·guien *p.indef.* Alguém. ♦ **Creerse alguien.** Julgar-se importante. **Ser alguien.** Ser alguém, ser importante.

al·gún *adj.* Algum. ■ **a.** Forma apocopada de *alguno.* **b.** Usado diante de *s.m.sing. Algún libro.* Algum livro. ♦ **Algún tanto.** Um tanto quanto.

al·gu·no/a *adj.* **1.** Algum. *Alguno de esos hombres/libros.* Algum desses homens/livros. ● *p.indef.* **2.** Alguém. *¿Alguno lo sabe?* Alguém sabe? **3.** Nenhum, algum. *No tengo interés alguno.* Não tenho nenhum interesse/interesse algum. ♦ **Alguno de nosotros.** Algum de nós. **Alguno que otro.** Uns poucos, alguns. **Hacer alguna de las suyas/tuyas.** Aprontar alguma, fazer das suas.

al·ha·ja *s.f.* Joia.

al·ha·ra·ca *s.f. Amer.* Estardalhaço, alarde, alvoroço.

a·lian·za *s.f.* **1.** Aliança, coalizão, liga. **2.** Aliança, anel de casamento ou noivado.

a·li·ca·tes *s.m.pl.* Alicate.

☞ **a·li·cien·te** *s.m.* **1.** Estímulo, incentivo. *Cuenta con el aliciente de sus padres.* Conta com o incentivo dos seus pais. **2.** Atração, encanto. *El aliciente de la juventud.* O encanto da juventude.

a·lie·na·ción *s.f.* **1.** *Med.* Alienação, perturbação mental. **2.** Alienação, indiferentismo político. ■ Não tem sentido de "cessão de bens".

a·lie·nar *v.t.* Alienar. ■ **alienarse** *v.p.* Alienar-se.

a·lien·to *s.m.* **1.** Hálito, bafo. **2.** Fôlego, alento. **3.** *Fig.* Incentivo, ânimo, alento. ♦ **Cobrar aliento.** Recuperar o fôlego. **De un aliento.** De um só fôlego. **Mal aliento.** Mau hálito. **Quedarse sin aliento.** Ficar sem fôlego, sem ar.

a·li·men·ta·ción *s.f.* **1.** Alimentação. **2.** Nutrição.

a·li·men·tar *v.t.* **1.** Alimentar, nutrir. **2.** Alimentar, sustentar, manter. **3.** *Mec.* Alimentar, abastecer (máquinas). **4.** *Fig.* Alimentar, fomentar. ■ **alimentarse** *v.p.* **1.** Alimentar-se, nutrir-se. **2.** Alimentar-se, sustentar-se.

a·li·men·ta·rio/a *adj.* Alimentar. *Régimen alimentario.* Regime alimentar.

a·li·men·to *s.m.* Alimento. ■ **alimentos** *s.m.pl. For.* Pensão alimentar.

a·li·ne·ar *v.t.* Alinhar, enfileirar. ■ **alinearse** *v.p.* Aderir.

a·lis·tar *v.t.* Alistar, pôr em lista. ■ **alistarse** *v.p. Mil.* Alistar-se, arrolar-se.

a·li·viar *v.t.* **1.** Aliviar, diminuir peso. **2.** *Fig.* Aliviar, diminuir dor.

a·li·vio *s.m.* Alívio.

a·llá *adv.* **1.** *Esp.* Lá. *Vive allá lejos.* Mora lá longe. **2.** *Amer.* Ali. *Dejó la caja allá.* Deixou a caixa ali. **3.** Lá, em outros tempos. *Allá por los años 20.* Lá pelos anos 20. **4.** Lá, em outro mundo, outro lugar. *Allá arriba.* Lá em cima. ♦ **Allá él/ella.** Ele/Ela que sabe. *No fue a trabajar; allá él.* Não foi trabalhar; ele que sabe. **El más allá.** O além, o outro mundo. **Hacerse allá.** Afastar-se. **No ser muy allá.** Não ser grande coisa. *Esta tela no es muy allá.* Este tecido não é grande coisa.

a·lla·nar *v.t.* **1.** Aplanar, nivelar (terreno). **2.** *Fig.* Vencer (obstáculo). **3.** *Fig.* Invadir (domicílio). *La policía allanó la casa del sospechoso.* A polícia invadiu a casa do suspeito. ■ **allanarse** *v.p. For.* Aceitar, concordar, confessar.

a·lle·ga·do/a *adj.* **1.** Achegado, acolhido, incorporado. *Allegado a la familia.* Achegado à família. ■ *adj. e s.* **2.** Agregado, parente chegado, indireto. *Invitó a todos los familiares y allegados.* Convidou todos os parentes e agregados.

a·llen·de *adv.* **1.** Do outro lado, do lado de lá. *Allende las fronteras.* Do outro lado das fronteiras. ● *prep.* **2.** Além. *Allende lo expuesto.* Além do exposto.

a·llí *adv.* **1.** Ali. *Allí cerca.* Ali perto. **2.** *Col.* Então, aí. *Allí me dijo que (...).* Então me disse que (...).

al·ma *s.f.* **1.** Alma, espírito. **2.** Alma, qualidades morais. *Alma noble.* Alma nobre. **3.** *Fig.* Alma, pessoa. *No se ve un alma.* Não se vê viva alma. **4.** Alma, vida. *Dar el alma por algo.* Dar a vida por algo. **5.** *Fig.* Alma, núcleo, motor principal. *Alma del negocio.* Alma do negócio. ■ No *sing.* usa-se com *art.m. el/un. El/Un alma triste.* Uma alma triste. ♦ **Alma de Dios.** Pessoa muito bondosa. **Alma en pena.** Alma penada. **Alma mía/Mi alma.** Meu bem, meu querido (minha querida). **Clavarse una cosa en el alma.** Sentir o coração dilacerado. **Entregar el alma.** Morrer. **No tener alma.** Não ter compaixão. **Sentir en el alma.** Sentir muito.

al·ma·cén *s.m.* **1.** Depósito, armazém. **2.** Armazém, loja. **3.** Mercearia, empório.

al·ma·ce·na·mien·to *s.m.* **1.** Armazenagem. **2.** Estocagem. ■ *Tb.:* almacenaje.

al·ma·ce·nar *v.t.* **1.** Armazenar. **2.** Estocar. **3.** *Inform.* Armazenar, introduzir dados na memória.

al·ma·na·que *s.m.* **1.** Calendário. **2.** Almanaque, guia.

al·me·ja *s.f.* Vôngole, marisco, amêijoa.

al·men·dra *s.f. Bot.* Amêndoa.

al·mí·bar *s.m.* Calda (de açúcar). *Duraznos en almíbar.* Pêssegos em calda.

al·mi·dón *s.m.* **1.** *Quím.* Amido. **2.** Goma.

al·mo·ha·da *s.f.* Travesseiro.

al·mo·rra·nas *s.f.pl. Med.* Hemorroidas.

al·mor·zar *v.t. e v.i.* Almoçar. ■ *C.mod. 03.*

al·muer·zo *s.m.* **1.** Almoço. **2.** Café da manhã.

¡a·ló! *interj. Amer.* Alô! (expressão usada ao atender o telefone). ■ *Tb.: ¡aló!*

a·lo·ja·mien·to *s.m.* Alojamento, hospedagem, acomodação.

a·lo·jar *v.t.* Alojar, acomodar. ■ **alojarse** *v.p.* **1.** Alojar-se, hospedar-se, acomodar-se. **2.** Alojar-se, situar-se.

a·lon·dra *s.f.* Cotovia.

al·par·ga·ta *s.f.* Sapatilha (de lona), alpargata.

al·qui·lar *v.t.* Alugar.

al·qui·ler *s.m.* Aluguel. ♦ **Tomar en alquiler.** Alugar. *Tomé un traje en alquiler.* Aluguei um terno.

al·qui·trán *s.m. Quím.* Alcatrão.

al·re·de·dor *adv.* **1.** Ao redor, em volta de. *Un jardín alrededor de la casa.* Um jardim ao redor da casa. **2.** Cerca, aproximadamente, em torno de. *Alrededor de 300 personas.* Cerca de 300 pessoas. ● **alrededores** *s.m.pl.* Arredores, imediações.

al·ta *s.f.* **1.** *Med.* Alta. **2.** Inscrição em uma associação. ♦ **Dar de alta. 1.** *Med.* Dar alta. **2.** Aceitar a matrícula (de alguém).

al·ta·ne·rí·a *s.f.* Orgulho, arrogância, soberba.

al·ta·ne·ro/a *adj.* Altivo.

al·tar *s.m.* Altar. ♦ **Conducir/Llevar al altar.** Casar-se.

al·ta·voz *s.m.* Alto-falante.

al·te·rar *v.t.* **1.** Alterar, modificar. **2.** Perturbar, transtornar, alterar. **3.** Adulterar, alterar. ■ **alterarse** *v.p.* Encolerizar-se, enfurecer-se, alterar-se.

al·ter·ca·do *s.m.* Rixa, altercação, disputa.

al·ter·na·dor *s.m. Eletr.* Alternador.

al·ter·nar *v.t.* **1.** Alternar. **2.** Revezar. ■ *v.i.* **3.** Relacionar-se socialmente. *Alternar con personas del barrio.* Relacionar-se com pessoas do bairro. ■ **alternarse** *v.p.* Revezar-se.

al·ter·na·ti·vo/a *adj.* **1.** Alternativo. **2.** Alternado. ● *s.f.* Alternativa, opção.

al·ti·llo *s.m.* **1.** Lugar elevado, colina. **2.** *Esp.* Maleiro. **3.** *Amer.* Sótão.

al·ti·pla·no *s.m. Amer.* Planalto, altiplano.

al·ti·tud *s.f.* Altitude.

al·to/a *adj.* **1.** Alto, elevado, de grande altura. **2.** *Fig.* Alto, caro (preço). **3.** Alto, vibrante (som). **4.** *Fig.* Alto, nobre. *Altos ideales.* Ideais nobres. **5.** Alto, muito grave. *Alta traición.* Alta traição. **6.** Alto, avançado (horário). *Altas horas de la noche.* Altas horas da noite. **7.** Alto, importante. **8.** *Col.* Alto, bêbado. ● **alto** *adv.* **1.** Alto, em cima, em lugar elevado. **2.** Alto, em voz alta. *Hablar alto.* Falar em voz alta. ● *s.m.* **3.** Altura. *Escalera de dos metros de alto.* Escada de dois metros de altura. ■ **altos** *s.m.pl. Amer.* Andar superior dos sobrados. ♦ **Alta tensión.** *Eletr.* Alta-tensão. **Dar el alto.** *Mil.* Dar a ordem de parar. **Pasar por alto.** Pas-

sar por cima, não prestar atenção. **Por (todo) lo alto.** Com muito luxo.
al·to·par·lan·te *s.m. Amer.* Alto-falante.
al·to·rre·lie·ve *s.m.* Alto-relevo.
al·tu·ra *s.f.* **1.** Altura, estatura. **2.** Altura, elevação. **3.** Altura, agudeza de som. **4.** *Fig.* Altura, mérito. **5.** Altura, nível. *A la misma altura.* No mesmo nível. **6.** Altura, momento, circunstância. ■ **alturas** *s.f.pl.* Alturas, lugar elevado. *En las alturas.* Nas alturas. ♦ **A estas alturas.** Nesta altura, neste ponto. **Barco de altura.** Navio de alto-mar. **Estar a la altura de.** Estar à altura de.
a·lu·ci·na·ción *s.f.* Alucinação.
a·lu·dir *v.i.* Aludir.
a·lum·brar *v.t.* **1.** Iluminar. ■ *v.i.* **2.** Dar à luz.
a·lu·mi·nio *s.m. Quím.* Alumínio.
a·lum·na·do *s.m.* Corpo discente, alunado, alunato.
a·lum·no/a *s.* Aluno.
a·lu·sión *s.f.* Alusão.
☞ **al·za** *s.f.* **1.** Alta, subida de preço. *El dólar está en alza.* O dólar está em alta. ♦ **Jugar al alza.** *Com.* Especular na bolsa de valores.
al·zar *v.t.* **1.** Levantar. *Alzar la mano.* Levantar a mão. **2.** Elevar, alçar, içar (hóstia, bandeira). **3.** Erguer. *Alzó a la nena.* Ergueu a menina. **4.** Construir, edificar. **5.** Aumentar (preço). **6.** Retirar, levantar (âncora, acampamento). ■ **alzarse** *v.p.* **1.** Levantar-se, erguer-se. **2.** Rebelar-se, sublevar-se. **3.** *Col. Amer.* Fugir. *Se alzaron con la maleta.* Fugiram com a mala. ♦ **Alzar cabeza.** Reanimar-se, dar a volta por cima. **Alzar el telón.** *Teat.* Levantar a cortina. **Alzarse en armas.** *Mil.* Começar uma rebelião armada.
a·ma *s.f.* Aia, criada, ama. ♦ **Ama de cría/leche.** Ama de leite. **Ama de llaves.** Governanta. **Ama seca.** Ama-seca.
a·ma·ble *adj.* Amável, atencioso, gentil.
a·ma·dor/·do·ra *adj. e s.* Amador, apreciador, amante. *Es amador de música clásica.* É amante da música clássica. ■ Não se aplica a "atividade não profissional".

a·ma·es·tra·do/a *adj.* Domesticado, ensinado, amestrado.
☞ **a·ma·go** *s.m.* **1.** Ameaça. *Un amago de rebelión.* Uma ameaça de revolta. **2.** Indício, sintoma (doença).
a·ma·man·tar *v.t.* Amamentar.
a·ma·ne·cer *s.m.* **1.** Amanhecer, alvorada. **2.** *Fig.* Princípio, primórdio. ● *v.impess.* **3.** Amanhecer, alvorecer. ■ *v.i.* **4.** Chegar a um lugar pela manhã. *Amanecí en México.* Cheguei ao México pela manhã. **5.** Manifestar-se pela manhã, amanhecer. *La tierra amaneció mojada.* A terra amanheceu molhada. **6.** Acordar pela manhã. *Amanecí con dolor de cabeza.* Acordei com dor de cabeça. ■ *C.mod.* 06 e 39. ♦ **¿Cómo/Qué tal amaneciste?** Você dormiu bem?
a·man·te *adj. e s.2g.* Amante.
a·ma·po·la *s.f. Bot.* Papoula, amapola.
a·mar *v.t.* Amar.
a·mar·ga·do *adj.* Rabugento. *Viejo amargado.* Velho rabugento.
a·mar·gar *v.i.* **1.** Amargar, ter sabor amargo. ■ *v.t.* **2.** *Fig.* Amargar, amargurar. ■ **amargarse** *v.p.* Amargurar-se, afligir-se, amargar-se. *No te amargues por eso.* Não se aflija por isso.
a·mar·go/a *adj.* **1.** Amargo. **2.** *Fig.* Amargurado, aflito, amargo. **3.** *Fig.* Azedo, atacado. *¡Qué amargo estás hoy!* Como você está azedo hoje! ● *s.m.* **4.** Amargo, amargor.
a·ma·ri·llen·to/a *adj.* Amarelado.
a·ma·ri·llo/a *adj. e s.* Amarelo.
a·ma·rrar *v.t.* Amarrar, atar.
a·ma·sar *v.t.* **1.** Amassar. *Amasar el pan.* Amassar o pão. **2.** *Fig.* Maquinar, tramar. **3.** Massagear. ■ Não tem sentido de "esmagar o metal".
a·ma·tis·ta *s.f. Geol.* Ametista.
am·bi·ción *s.f.* **1.** Ambição. **2.** Anseio.
am·bi·cio·so/a *adj.* Ambicioso.
am·bien·tar *v.t.* Ambientar. ■ **ambientarse** *v.p.* Ambientar-se, entrosar-se. *La nueva secretaria se ambientó muy bien.* A nova secretária entrosou-se muito bem.

am·bien·te *adj.* **1.** Ambiental, ambiente. *Música ambiente.* Música ambiental. ● *s.m.* **2.** Ambiente, ar que rodeia, clima. *Ambiente contaminado.* Ambiente poluído. **3.** *Fig.* Ambiente, meio. *Ambiente intelectual.* Meio intelectual. ♦ **Medio ambiente.** Meio ambiente.

am·bi·güe·dad *s.f.* Ambiguidade.

ám·bi·to *s.m.* Âmbito.

am·bos/as *adj.pl.* Ambos. *Debes apretar con ambas manos.* Você deve apertar com ambas as mãos. ■ Não é precedido de *art.*

a·mén *s.m.* **1.** Amém, assim seja. ● *adv.* **2.** Com exceção de. *Amén de los cuadros, no me gusta la decoración.* Fora os quadros, não gosto da decoração. **3.** Além. *Amén de lo dicho (...).* Além do que foi dito (...). ♦ **Decir amén a todo.** Aceitar tudo sem objetar. **En un decir amén.** Num piscar de olhos.

a·me·na·za *s.f.* Ameaça.

a·me·na·zar *v.t.* Ameaçar.

a·me·no/a *adj.* **1.** Ameno, suave. **2.** Ameno, divertido, entretido.

a·me·tra·lla·do·ra *s.f. Mil.* Metralhadora.

a·mi·ga·ble *adj.* Amigável, amistoso, dado.

a·mig·da·li·tis *s.f. Med.* Amigdalite. ■ *Pl.:* invariável.

a·mi·go/a *adj. e s.* **1.** Amigo. **2.** *Fig.* Amador, amante, amigo. *Es amigo del cine.* É amante de cinema. **3.** Amante.

a·mi·no·rar *v.t.* **1.** Diminuir, reduzir. **2.** Aliviar (dor).

a·mis·tad *s.f.* Amizade. ■ **amistades** *s.f.pl.* Amigos, relações. *Tengo pocas amistades aquí.* Tenho poucos amigos aqui. ♦ **Trabar amistad.** Fazer amizade.

am·ne·sia *s.f. Med.* Amnésia.

am·nis·tí·a *s.f.* Anistia.

a·mo/a *s.* **1.** Amo, senhor. **2.** Amo, patrão. **3.** Dono. ■ *s.m.* **4.** Chefe de família. ♦ **Ama de casa.** Dona de casa.

a·mo·lar *v.t.* **1.** Amolar, afiar. **2.** *Fig.* Incomodar, chatear. ■ *C.mod. 03.*

a·mol·dar *v.t.* **1.** Amoldar, moldar, ajustar ao molde. **2.** *Fig.* Modelar. ■ **amoldarse** *v.p.* *Fig.* Adaptar-se, acostumar-se, amoldar-se, moldar-se.

a·mo·nes·ta·ción *s.f.* **1.** Advertência, admoestação. **2.** Edital, proclama (casamento). ♦ **Correr las amonestaciones.** Publicar os editais/proclamas.

a·mo·nes·tar *v.t.* Advertir, fazer advertência.

a·mon·to·nar *v.t.* **1.** Amontoar, empilhar. **2.** *Fig.* Amontoar, acumular. *Amontonar riquezas.* Acumular riquezas. ■ **amontonarse** *v.p.* Amontoar-se, apinhar-se, acumular-se.

a·mor *s.m.* **1.** Amor, afeição, paixão. **2.** Amor, pessoa ou coisa amada. **3.** Amor, dedicação. ♦ **Amor con amor se paga.** Amor com amor se paga. **Amor mío/Mi amor.** Meu amor, meu bem. **Amor propio.** Amor-próprio. **Andar en amores.** Estar namorando. **Hacer el amor.** Fazer amor, ter relações sexuais. **Por amor al arte.** Por amor à arte, desinteressadamente. **¡Por amor de Dios!** Pelo amor de Deus!

a·mo·ro·so/a *adj.* Carinhoso, amoroso.

a·mor·ti·gua·dor *s.m. Mec.* Amortecedor.

a·mor·ti·guar *v.t.* Amortecer, suavizar, atenuar. *Amortiguar un golpe.* Amortecer uma pancada.

a·mor·ti·zar *v.t.* Amortizar. *Amortizar una deuda.* Amortizar uma dívida.

am·pa·rar *v.t.* Amparar, proteger. ■ **ampararse** *v.p.* **1.** Amparar-se, buscar proteção. *Ampararse en la ley.* Ao amparo da lei. **2.** Amparar-se, defender-se, proteger-se. *Ampararse del viento.* Proteger-se do vento. ■ Não tem sentido de "não deixar cair".

am·pliar *v.t.* **1.** Ampliar, aumentar. **2.** Ampliar, expandir. **3.** *Fig.* Ampliar, aprofundar.

am·pli·fi·ca·dor *s.m. Eletr.* Amplificador.

am·plio/a *adj.* **1.** Amplo, vasto, extenso. **2.** Amplo, abrangente. **3.** *Fig.* Aberto, sincero.

am·pli·tud *s.f.* **1.** Amplidão, amplitude. **2.** Abrangência.

am·po·lla *s.f.* **1.** Bolha, ampola. **2.** Ampola, tubo.

am·pu·tar *v.t.* **1.** *Med.* Amputar, mutilar, decepar. **2.** *Fig.* Amputar, truncar.

a·mue·blar *v.t.* Mobiliar. ■ *Tb.: amoblar.*
a·nal *adj. Med.* Anal, relativo ao ânus.
a·na·les *s.m.pl.* Anais, memorial. *Los anales del congreso.* Os anais do congresso.
a·nal·fa·be·tis·mo *s.m.* Analfabetismo.
a·nal·fa·be·to/a *adj. e s.* Analfabeto.
a·nal·gé·si·co/a *adj. e s.m. Med.* Analgésico.
a·ná·li·sis *s.m.* 1. Análise. *Un análisis de precios.* Uma análise de preços. 2. *Med.* Exame. *Análisis clínico.* Exame clínico. 3. Psicanálise, análise.
a·na·lis·ta *s.2g.* 1. Analista. 2. Historiador. 3. *Med.* Clínico geral. 4. Psicanalista. 5. *Inform.* Analista de sistemas.
a·na·li·zar *v.t.* Analisar.
a·na·nás *s.m. Bot.* Abacaxi, ananás. ■ *Tb.: ananá.*
a·na·quel *s.m.* Prateleira, estante.
a·na·ran·ja·do/a *adj.* Alaranjado.
a·nar·quí·a *s.f.* 1. Anarquia, ausência de governo. 2. *Fig.* Anarquia, desordem, caos.
a·na·to·mí·a *s.f. Med.* Anatomia.
an·cho/a *adj.* 1. Largo, amplo. 2. Folgado, largo. 3. *Fig.* Cômodo. • *s.m.* 4. Largura. *El arroyo tiene 20 m de ancho.* O riacho tem 20 m de largura. ♦ **A lo ancho.** Em toda a largura. **A mis/tus/sus anchas.** À vontade. **Doble ancho.** (Tecido) De duas larguras. **Quedarse tan ancho.** Não ligar, despreocupar-se.
an·cho·a *s.f.* Anchova.
an·cia·no/a *adj. e s.* Ancião, idoso.
an·cla *s.f. Mar.* Âncora. ■ No *sing.* usa-se com *art.m.* el. *El ancla pesa mucho.* A âncora é muito pesada. ♦ **Echar/Levar anclas.** Lançar/Levantar âncora.
an·da·mio *s.m.* Andaime.
an·dar *s.m.* 1. Andar, porte, comportamento. • *v.i.* 2. Andar, caminhar, transitar. 3. Funcionar (artefatos, máquinas). *El reloj no anda.* O relógio não funciona. 4. *Fig.* Estar. *Anduvo buscando empleo.* Esteve procurando emprego. 5. Ir, agir. *Ande con cuidado.* Vá com cuidado. 6. Estar perto (de certa quantidade), beirar. *Andará por los treinta.* Estará beirando os trinta. ■ **andarse** *v.p.* 1. Usar, empregar. *No te andes con rodeos.* Não faça rodeios. 2. *Amer.* Ir (em frases imperativas). *¡Andate a la farmacia!* Vá à farmácia! ■ **a.** Não tem sentido de "pavimento de prédio". **b.** *C.mod. 17.* ♦ **Andar con/sin.** Estar com/sem. *Ando con dolor de cabeza.* Estou com dor de cabeça. **Andar el camino.** Percorrer. **Andar tras (algo/alguno).** Procurar (algo/alguém). *Anduve tras una camisa de algodón.* Estive procurando uma camisa de algodão. **Andarse por las ramas.** Desviar-se do assunto. **¡Anda!** Exclamação de surpresa ou incredulidade. *¿Cómo andamos de (…)?* Como estamos de (…), quanto temos? *¿Cómo andamos de carne?* Quanta carne temos? **Dime con quién andas y te diré quién eres.** Dize-me com quem andas e te direi quem és.
an·dén *s.m.* Plataforma (trem, cais).
an·dra·jo·so/a *adj.* Esfarrapado.
a·ne·mia *s.f. Med.* Anemia.
a·nes·te·sia *s.f. Med.* Anestesia.
a·nes·te·sió·lo·go/a *s. Med.* Anestesista.
a·ne·xar *v.t.* Anexar.
a·ne·xo/a *adj. e s.m.* 1. Anexo. 2. Dependências.
an·fi·trión/·trio·na *s.* Anfitrião.
án·gel *s.m.* 1. Anjo, ente espiritual. 2. *Fig.* Anjo, pessoa muito bondosa. ♦ **Ángel de la guarda.** Anjo da guarda.
an·gos·to/a *adj.* Estreito, apertado.
án·gu·lo *s.m.* 1. Ângulo, canto, cotovelo. 2. Ângulo, parte saliente. 3. *Fig.* Ângulo, ponto de vista, aspecto. 4. *Geom.* Ângulo.
an·gus·tia *s.f.* Angústia, ansiedade, aflição.
an·he·lar *v.t.* 1. Ansiar, desejar, almejar. *Anhelar lo imposible.* Desejar o impossível. ■ *v.i.* 2. Ofegar, resfolegar. *Anhelaba mucho después de la carrera.* Resfolegava muito depois da corrida.
an·he·lo *s.m.* Aspiração, desejo, anseio.
a·ni·llo *s.m.* 1. Anel. 2. Argola. ♦ **Anillo de boda.** Aliança de casamento. **Venir como anillo al dedo.** Cair como uma luva.

a·ni·ma·dor/·do·ra *adj.* **1.** Animador, promissor. ● *s.* **2.** Animador, apresentador (TV).

a·ni·mad·ver·sión *s.f.* Animosidade, aversão, implicância.

a·ni·mal *adj. e s.m.* **1.** Animal, bicho. **2.** *Fig.* Animal, pessoa grosseira ou ignorante.

a·ni·mar *v.t.* **1.** Animar, alegrar. **2.** *Fig.* Animar, incentivar. ■ **animarse** *v.p.* **1.** Animar-se, avivar-se. **2.** Atrever-se, ter coragem. *No me animo a pedirle nada.* Não me atrevo a pedir-lhe nada. **3.** Animar-se, decidir-se.

á·ni·mo *s.m.* **1.** Ânimo, alma, espírito. **2.** Ânimo, coragem. **3.** Intenção, propósito. *No tengo el ánimo de castigarlo.* Não tenho intenção de castigá-lo. ● *interj.* **4.** Ânimo! (expressão de encorajamento). ♦ **Caerse de ánimo.** Desanimar-se, deprimir-se.

a·ni·qui·lar *v.t.* Aniquilar, arrasar.

a·ni·ver·sa·rio *s.m.* Aniversário, comemoração de data histórica ou acontecimento importante. *Aniversario de la muerte de Mozart.* Aniversário da morte de Mozart. ■ Não se aplica ao aniversário de pessoa viva.

☞ **a·no** *s.m. Med.* Ânus, reto.

a·no·che *adv.* Ontem à noite.

a·no·che·cer *s.m.* **1.** Anoitecer, ocaso. ● *v.impess.* **2.** Anoitecer, cair a noite. *En verano anochece tarde.* No verão anoitece tarde. ■ *v.i.* **3.** Escurecer. **4.** Chegar a um lugar ao anoitecer. *Anochecimos en Barcelona.* Chegamos a Barcelona à noite. ‖ *C.mod. 06 e 39.*

a·no·ma·lí·a *s.f.* Anomalia, irregularidade.

a·no·na *s.f. Bot.* Fruta-do-conde.

a·nó·ni·mo/a *adj.* **1.** Anônimo, de autor desconhecido. *Una llamada anónima.* Um telefonema anônimo. ● *s.m.* **2.** Carta anônima. *Recibió un anónimo.* Recebeu uma carta anônima. **3.** Anonimato. *Guardar el anónimo.* Preservar o anonimato. ♦ **Sociedad anónima.** Sociedade anônima.

a·nor·mal *adj.* **1.** Anormal, irregular (situação). ● *s.2g.* **2.** Anormal, deficiente, excepcional.

a·no·ta·ción *s.f.* Anotação, nota. ♦ *For.* **Anotación marginal.** Averbação.

a·no·tar *v.t.* Anotar, tomar nota. ■ **anotarse** *v.p.* **1.** Inscrever-se. **2.** Aderir, topar. *Vamos a la playa mañana, ¿te anotas?* Vamos à praia amanhã, você topa ir?

an·qui·lo·sa·do/a *adj.* **1.** *Med.* Atrofiado. **2.** *Fig. e col.* Esclerosado.

an·sia *s.f.* Ânsia, desejo ardente. ■ **ansias** *s.f.pl.* Náuseas.

an·sie·dad *s.f.* Ansiedade.

an·sio·so/a *adj.* Ansioso, aflito.

an·ta·ño *adv.* Outrora, em tempos remotos.

an·te[1] *prep.* **1.** Ante, perante, diante de. *Accedí ante tamaña insistencia.* Concordei diante de tanta insistência. **2.** Junto a. *Hizo presión ante las autoridades.* Fez pressão junto às autoridades. ♦ **Ante todo. 1.** Antes de mais nada. **2.** Principalmente.

an·te[2] *s.m.* **1.** Anta. **2.** Pele de diversos animais similares ao antílope e ao alce. *Abrigo de ante.* Casaco de antílope.

an·te·a·yer *adv.* Anteontem.

an·te·ce·den·te *adj.* **1.** Antecedente, precedente. ● *s.m.* **2.** Antecedente, ato ou fato anterior. ♦ **Antecedentes penales.** *For.* Antecedentes criminais. **Estar/Poner en antecedentes.** Estar/Colocar a par.

an·te·ce·sor/·so·ra *adj.* **1.** Antecessor, antepassado. ● *s.m.* **2.** Antepassado, ancestral.

an·te·la·ción *s.f.* Antecipação.

an·te·ma·no <de> *loc.* De antemão, antecipadamente.

an·te me·rí·diem *loc.* Antes do meio-dia. ■ Na *Amer.* usado para informar as horas. *A las 9 a.m.* Às 9h00 da manhã.

an·te·na *s.f.* Antena.

an·te·no·che *adv.* Anteontem à noite. ‖ *Tb.: anteanoche.*

an·te·o·jo *s.m.* Luneta, telescópio. ■ **anteojos** *s.m.pl. Amer.* Óculos.

an·te·pa·sa·do/a *adj.* **1.** Passado, anterior. *El lunes antepasado.* Segunda-feira retrasada. ● *s.m.* **2.** Antepassado, ancestral.

an·te·rior *adj.* Anterior (no espaço e no tempo). *En el párrafo anterior.* No parágrafo anterior.

an·tes *adv.* **1.** Antes, antigamente. **2.** Antes, anteriormente. **3.** Antes, na frente, primeiro. *Las damas entran antes.* As senhoras entram antes. ● *conj.* **4.** Mais exatamente, melhor. *No quiero café, antes quisiera un té.* Não quero café, melhor um chá. ♦ **Antes al contrario.** Pelo contrário. **Antes de nada.** Antes de mais nada. **Antes hoy que mañana.** Quanto antes melhor. **De antes.** De antes, de antigamente.

an·ti·ci·par *v.t.* **1.** Antecipar. **2.** Antecipar, adiantar (pagamento). ■ **anticiparse** *v.p.* Adiantar-se, chegar ou fazer antes, antecipar-se.

an·ti·ci·po *s.m.* Adiantamento, abono, antecipação (dinheiro).

an·ti·con·cep·ti·vo/a *adj. e s.m. Med.* Anticoncepcional.

an·ti·cu·chos *s.m.pl.* Prato típico peruano à base de miúdos no espeto.

an·ti·cuer·po *s.m. Biol.* Anticorpo.

an·ti·faz *s.m.* **1.** Véu. **2.** Máscara.

an·ti·güe·dad *s.f.* **1.** Antiguidade. **2.** Era antiga. **3.** Tempo de permanência (cargo, emprego). *Tengo diez años de antigüedad.* Tenho dez anos de casa. ■ **antigüedades** *s.f.pl.* Objetos antigos, antiguidades.

an·ti·guo/a *adj.* **1.** Antigo, esquecido. **2.** Antigo, velho, obsoleto. **3.** Diz-se do veterano, que não é principiante. ♦ **antiguos** *s.m.pl.* Antigos, habitantes de outras épocas. ♦ **Chapado a la antigua.** De formação antiquada. **El antiguo continente.** O Velho Continente (Europa).

an·ti·hé·roe *s.m. Liter.* Anti-herói.

an·ti·pa·tí·a *s.f.* Antipatia. ♦ **Sentir/Tener/Coger antipatía.** Sentir/Ter/Pegar antipatia.

an·ti·pá·ti·co/a *adj. e s.* Antipático, enjoado.

an·tí·te·sis *s.f. Fil.* Antítese. ■ *Pl.:* invariável.

an·to·jar·se *v.p.* **1.** Sentir vontade súbita, desejar. *Se me antojó salir.* Tive vontade de sair. **2.** Pressentir, achar. *Se le antoja que va a llover.* Ela acha que vai chover. **3.** *Col.* Dar na telha. *Sólo hago lo que se me antoja.* Faço só o que me dá na telha.

☞ **an·to·jo** *s.m.* **1.** Desejo injustificado, capricho. **2.** Desejo de comer algo específico, vontade. *Las mujeres embarazadas tienen antojos.* As mulheres grávidas têm desejos. ♦ **Cada uno a su antojo.** Cada um a seu gosto. **Vivir a su antojo.** Viver ao seu bel-prazer.

an·to·lo·gí·a *s.f. Liter.* Antologia.

an·tó·ni·mo/a *adj. e s.m. Gram.* Antônimo.

an·tor·cha *s.f.* Tocha.

an·tro *s.m.* **1.** Antro, cova. **2.** *Fig.* Antro, arapuca, covil, esconderijo (ladrões, delinquentes). **3.** *Fig.* Antro, espelunca, pocilga. ♦ **Antro de perdición.** Antro de perdição.

an·tro·po·lo·gí·a *s.f.* Antropologia.

a·nual *adj.* Anual.

a·nua·li·dad *s.f.* Anuidade.

a·nu·lar *s.m.* **1.** Anular (dedo). ● *v.t.* **2.** Anular, invalidar, revogar. **3.** Anular, cassar (direitos).

a·nun·cian·te *adj. e s.2g.* Anunciante (propaganda), patrocinador.

a·nun·ciar *v.t.* **1.** Anunciar, avisar, comunicar. **2.** Anunciar, fazer propaganda. **3.** Anunciar, predizer. ■ **anunciarse** *v.p.* Fazer-se anunciar, apresentar-se.

a·nun·cio *s.m.* **1.** Aviso, comunicado. **2.** Indício, prognóstico. **3.** Anúncio publicitário, comercial. **4.** Cartaz. ♦ **Anuncio por palabras.** Anúncio classificado. **Prohibido fijar anuncios.** Proibido colocar cartazes. **Tablón de anuncios.** Quadro/Mural de avisos.

an·zue·lo *s.m.* **1.** Anzol. **2.** *Fig.* Isca. ♦ **Caer en el anzuelo.** Cair no anzol. **Echar/Tragar el anzuelo.** Lançar/Morder a isca.

a·ña·di·du·ra *s.f.* **1.** Complemento, adendo. **2.** Acréscimo, aumento. ♦ **Por añadidura.** **1.** Além disso. **2.** De quebra.

a·ña·dir *v.t.* **1.** Acrescentar, agregar. *Disuelva el contenido en agua y añada azúcar.* Dilua o conteúdo na água e acrescente açúcar. **2.** Acrescentar, somar. *Este importe lo añade usted al anterior.* Some esta importância à anterior. **3.** Unir, juntar. *Si añadimos las telas, alcanza para el vestido.* Se unirmos os tecidos, vai dar para o vestido.

a·ñe·jo/a *adj.* Que tem mais de um ano, envelhecido (bebidas). *Un vino añejo.* Um vinho envelhecido.

a·ñi·cos *s.m.pl.* Cacos, fragmentos. ♦ **Hacerse añicos.** Quebrar-se em pedacinhos.

a·ño *s.m.* Ano. ■ **años** *s.m.pl.* Aniversário. *Cumplo años el martes.* Faço aniversário na terça-feira. ♦ **Año económico.** Ano fiscal. **Años de servicio.** Anos de trabalho, tempo de casa. **El año entrante.** O ano que vem. **En los años que corren.** Nos dias atuais. **En sus años mozos.** Na sua juventude. **Entrado en años.** De idade avançada. **¡Feliz Año Nuevo!** Feliz Ano-Novo! **¡Qué años aquellos!** Bons tempos aqueles!

a·ño·ran·za *s.f.* Saudade, melancolia.

a·ño·rar *v.t. e v.i.* Lembrar de seres ou coisas queridos, sentir saudades. *Añoro los días de sol.* Tenho saudades dos dias de sol.

a·pa·gar *v.t.* **1.** Apagar, desligar (luz). **2.** Apagar, extinguir (fogo). **3.** *Fig.* Apagar, atenuar (sentimentos). *El tiempo apaga los sufrimientos.* O tempo atenua os sofrimentos. ■ **apagarse** *v.p.* Apagar-se, extinguir-se, morrer suavemente. ■ Não tem sentido de "desmaiar".

a·pa·gón *s.m.* Colapso no sistema de transmissão de energia, blecaute.

a·pa·ra·dor *s.m.* Aparador, bufê.

a·pa·ra·to *s.m.* **1.** *Med.* Aparelho, conjunto de órgãos do corpo. *Aparato digestivo.* Aparelho digestivo. **2.** Aparelho, instrumento, utensílio, aparelhagem. *Aparatos de gimnasia.* Aparelhos de ginástica. **3.** *Eletr.* Aparelho, máquina pequena. *Aparato de televisión/teléfono.* Aparelho de televisão/telefone. **4.** Luxo, aparato, pompa, espalhafato. **5.** Aparato, estrutura de poder, de força. *Aparato militar.* Aparato militar. **6.** Aparelho, célula política.

a·par·ca·mien·to *s.m. Esp.* Estacionamento.

a·par·car *v.t.* Estacionar. *No me acuerdo dónde aparqué el coche.* Não me lembro onde estacionei o carro.

a·pa·re·cer *v.t.* **1.** Aparecer, surgir repentinamente. **2.** Aparecer, publicar, sair (livro, jornal). **3.** Aparecer, chegar. *José no aparece nunca por aquí.* José nunca aparece por aqui. **4.** Aparecer, encontrar. *Apareció mi cuaderno.* Apareceu o meu caderno. ■ *C.mod. 06.*

a·pa·re·ci·do/a *s.* Aparição, fantasma.

a·pa·ren·tar *v.t.* **1.** Aparentar, parecer, simular. **2.** Aparentar, ter aspecto de. *Aparenta más edad.* Aparenta ter mais idade. ■ *v.i.* **3.** Chamar a atenção, aparecer, ostentar. *A María le gusta aparentar.* Maria gosta de aparecer.

a·pa·ren·te *adj.* **1.** Aparente, evidente. **2.** Aparente, falso. **3.** Diz-se do que tem boa aparência. *Esta casa es muy aparente.* Esta casa tem boa aparência.

a·pa·rien·cia *s.f.* **1.** Aparência, aspecto. **2.** Aparência, que parece ou finge ser real. **3.** Aparência, indício. *Las apariencias muestran lo contrario.* Os indícios mostram o contrário. ♦ **Cubrir/Guardar las apariencias.** Disfarçar, manter as aparências. **De aparencia.** Que tem aspecto valioso. **En apariencia.** Aparentemente. **Las apariencias engañan.** As aparências enganam. **Tener la apariencia de.** Ter o aspecto de.

a·par·ta·do/a *adj.* **1.** Afastado, remoto, longínquo. ● *s.m.* **2.** Item, tópico, parágrafo. **Apartado de correos.** Caixa postal. *Envié la carta al apartado de correos.* Enviei a carta à caixa postal.

a·par·tar *v.t.* Separar, selecionar. *Aún no aparté mis libros.* Ainda não separei os meus livros. **2.** Afastar, distanciar, desviar. *Lo apartaron de su pandilla.* Afastaram-no da sua turma. ■ **apartarse** *v.p.* **1.** Separar-se, afastar-se, desviar-se. **2.** *Fig.* Isolar-se, abstrair-se. ♦ **Apartarse del mundo.** Isolar-se do mundo. **¡Apártate de mi camino!** Saia do meu caminho!

a·par·te *adv.* **1.** À parte, em separado. **2.** À parte, em outro local. *Me llamó aparte para hablarme.* Chamou-me à parte para falar-me. **3.** Ademais, além. *Aparte de telefonear, escribió.* Além de telefonar, escreveu. **4.** Deixar de lado, afora, fora. *Aparte la cocina, esta casa no me gusta.* Afora a cozinha, não gosto desta casa. ● *adj.* **5.** Particular. *Tuvimos una conversación aparte.* Tivemos uma conversa particular. ● *s.m.* **6.** *Teat.* Aparte, monólogo ou reflexão. ♦ **Aparte de.** Além de. **Bromas aparte.** Fora de brincadeira. **Dejar aparte.** Deixar de lado, separar. **Punto y aparte.** Ponto, parágrafo. **Ser (algo) aparte.** Ser (algo) fora do comum. **Un capítulo aparte.** Outro assunto, outra história.

a·pa·tí·a *s.f.* Apatia, indolência, conformismo.

a·pe·ar *v.t.* **1.** Fazer descer, abaixar, arriar. *Apeó las cortinas para lavarlas.* Tirou as cortinas para lavá-las. **2.** *Fig.* Superar, vencer (uma dificuldade). *A pesar de los años, apeó la enfermedad.* Apesar da idade, venceu a doença. **3.** Demarcar terras. **4.** Escorar. ■ **apearse** *v.p.* Descer (de montaria ou veículo), apear-se, desmontar.

a·pe·dre·ar *v.t.* **1.** Apedrejar. ■ *v.impess.* **2.** Granizar, gear, cair granizo ou geada. ■ **apedrearse** *v.p.* **1.** Apedrejar-se. *Las dos pandillas se apedrearon en la calle.* As duas turmas apedrejaram-se na rua. **2.** Sofrer os efeitos da geada ou granizo. *En esta época las siembras se apedrean.* Nesta época a geada queima as plantações. ■ *C.mod. 40.*

a·pe·gar·se *v.p.* Afeiçoar-se, apegar-se, agarrar-se.

a·pe·la·ción *s.f.* **1.** *For.* Apelação. **2.** Chamamento, apelo. ♦ **No tener apelación.** Ser irrevogável. **Presentar/ Interponer apelación.** *For.* Apresentar/Interpor recurso. **Recurso de apelación.** *For.* Recurso de alçada. **Tribunal de apelación.** *For.* Tribunal de apelação.

a·pe·lar *v.i.* **1.** *For.* Apelar, recorrer a instância superior. **2.** *Fig.* Apelar, recorrer (a alguém ou a algo), invocar. ♦ **Apelar a la Justicia.** *For.* Recorrer aos tribunais.

☞ **a·pe·lli·do** *s.m.* Sobrenome, nome de família. *Su apellido es Santos.* O seu sobrenome é Santos. ♦ **Con nombre y apellido.** Com todos os dados/detalhes.

a·pe·lo·to·nar *v.t.* **1.** Enrolar (linha, cabelo). **2.** *Fig.* Amontoar. ■ **apelotonarse** *v.p.* **1.** Formar grumos, empelotar. **2.** *Fig.* Amontoar-se, apinhar-se.

☞ **a·pe·nas** *adv.* **1.** Quase não, mal. *Apenas estuve con él.* Mal estive com ele. **2.** Imediatamente após. *Apenas llegué, sonó el teléfono.* Assim que cheguei, o telefone tocou. **3.** Penosamente, a duras penas. *Apenas terminó de leer el libro.* A duras penas terminou de ler o livro. ♦ **Apenas si.** Quase não.

a·pen·di·ci·tis *s.f. Med.* Apendicite. ■ *Pl.:* invariável.

a·pe·ri·ti·vo/a *adj. e s.m.* Aperitivo, antepasto.

a·per·tu·ra *s.f.* **1.** Abertura, inauguração. **2.** Abertura, combinação de lances (esportes, jogos). *La apertura que prefiere es la del peón-reina.* A abertura que prefere fazer é com o peão da rainha. **3.** *Fig.* Abertura, mentalidade aberta. *Apertura política.* Abertura política. ■ Não tem sentido de "orifício".

a·pes·tar *v.i.* **1.** Cheirar mal, feder. **2.** Exalar um odor determinado. *Esto apesta a cebolla.* Isto tem forte cheiro de cebola. ■ *v.t.* **3.** Empestar.

a·pe·te·cer *v.t. e v.i.* **1.** Apetecer. **2.** *Fig.* Ter vontade, desejar. ■ *C.mod. 06.*

a·pe·ti·to *s.m.* **1.** Apetite, desejo de comer, apetência. **2.** *Fig.* Apetite, desejo, predileção. **3.** *Fig.* Apetite, ambição. ♦ **Abrir/Despertar el apetito.** Abrir/Despertar o apetite.

a·pi·la·do·ra *s.f. Mec.* Empilhadeira.

a·pi·lar *v.t.* Empilhar.

a·pio *s.m. Bot.* Aipo.

a·pi·so·na·do·ra *s.f. Mec.* Rolo compressor.

a·pla·car *v.t.* Aplacar, aliviar, apaziguar, acalmar. ■ **aplacarse** *v.p.* Mitigar-se, aquietar-se, acalmar-se.

a·pla·na·de·ra *s.f. Mec.* Niveladora.

a·pla·nar *v.t.* Aplanar, nivelar. ■ **aplanarse** *v.p.* **1.** Despencar, cair (edifício). *La escuela se aplanó.* A escola despencou. **2.** *Fig.*

aplastar 52 **apoyo**

Derrubar física ou moralmente, desanimar-se. *La defensa se aplanó ante aquellas declaraciones.* A defesa foi derrubada ante tais declarações.

a·plas·tar *v.t.* **1.** Achatar, aplanar, deformar. **2.** Estragar ao pisar, esmagar, amassar. *Ten cuidado para no aplastar las flores.* Tome cuidado para não esmagar as flores. **3.** *Fig.* Derrotar, vencer, arrasar. *Mi respuesta lo aplastó.* A minha resposta o arrasou. ■ **aplastarse** *v.p.* **1.** Achatar-se, estatelar-se, amassar. *La caja de cartón se aplastó.* A caixa de papelão amassou. **2.** *Fig.* Ser derrotado, ficar arrasado.

a·plau·dir *v.t.* **1.** Aplaudir, bater palmas. **2.** Aplaudir, aprovar, apoiar.

a·plau·so *s.m.* **1.** Aplauso, aclamação com palmas. **2.** *Fig.* Aplauso, aprovação.

a·pla·za·mien·to *s.m.* Adiamento.

a·pla·zar *v.t.* Adiar, prorrogar. ■ **aplazarse** *v.p.* Ser adiado, adiar-se. *Se aplazó la reunión.* A reunião foi adiada.

a·pli·ca·ción *s.f.* **1.** Aplicação, utilização. **2.** Aplique, enfeite. **3.** *Inform.* Aplicativo. ■ Não tem sentido de "investimento".

a·pli·car *v.t.* **1.** Aplicar, sobrepor. **2.** *Fig.* Aplicar, utilizar. *Aplicó una nueva técnica.* Aplicou uma nova técnica. **3.** Aplicar, desferir (golpe). ■ **aplicarse** *v.p.* **1.** Aplicar, administrar (medicamento, pomada). **2.** Aplicar-se, esforçar-se, dedicar-se, caprichar. **3.** Aplicar, infligir, impor.

a·po·ca·lip·sis *s.m.* Apocalipse. ■ *Pl.*: invariável.

a·po·de·ra·do/a *adj. e s.* Procurador.

a·po·de·rar *v.t.* Dar procuração. *Apoderar a un abogado.* Dar procuração a um advogado. ■ **apoderarse** *v.p.* **1.** Apoderar-se, apossar-se. **2.** *Fig.* Apoderar-se, dominar.

a·po·do *s.m.* Apelido, alcunha, cognome. *Le pusieron el apodo de bajito.* Deram-lhe o apelido de baixinho.

a·po·geo *s.m.* Apogeu.

a·po·ple·jí·a *s.f. Med.* Apoplexia.

a·por·ta·ción *s.f.* **1.** Contribuição. **2.** Valor da contribuição.

a·por·tar *v.t.* **1.** Contribuir, participar economicamente (de algo). *Cada uno aporta 100 pesos.* Cada um contribui com 100 pesos. **2.** Proporcionar, trazer, fornecer. *Sus estudios aportaron nuevas informaciones sobre el tema.* Os seus estudos forneceram novas informações sobre o assunto. ■ *v.i.* **3.** *Mar.* Aportar, chegar (navio) ao porto.

a·por·te *s.m.* Contribuição, aporte.

a·po·sen·tar *v.t.* Acomodar, hospedar, aposentar. *Lo aposentó en la habitación menor.* Hospedou-o no quarto menor. ■ **aposentarse** *v.p.* Alojar-se, acomodar-se. *Se aposentarán en tu casa.* Ficarão alojados na sua casa. ■ Não tem sentido de "conceder aposentadoria" nem de "pôr de lado".

a·po·sen·to *s.m.* **1.** Aposento, quarto. *El presidente se retiró a sus aposentos.* O presidente recolheu-se aos seus aposentos. **2.** Aposento, hospedagem, acomodação. ♦ **Tomar aposento.** Hospedar-se.

a·pos·tar *v.t.* **1.** Situar, postar. *Había guardias apostados en la puerta.* Havia guardas plantados na porta. **2.** Apostar, fazer aposta (jogo). ■ **apostarse** *v.p.* Postar-se, colocar-se. ▌ *C.mod. 03.* ♦ **Apostar la cabeza.** Jogar tudo por tudo. **Apostar sobre seguro.** Ter certeza de ganhar uma aposta. *¿Qué te apuestas a que él no viene?* Quer apostar que ele não vem?

a·pós·tol *s.m.* Apóstolo.

a·pós·tro·fo *s.m. Gram.* Apóstrofo, sinal gráfico.

a·po·teo·sis *s.f.* Apoteose. ■ *Pl.*: invariável.

a·po·yar *v.t.* **1.** Apoiar, encostar. **2.** Apoiar, sustentar. **3.** *Fig.* Apoiar, argumentar, confirmar. **4.** Apoiar, auxiliar. ■ **apoyarse** *v.p.* Apoiar-se, sustentar-se, amparar-se. *La pared se apoya en la colunma.* A parede está apoiada na coluna.

a·po·yo *s.m.* **1.** Apoio, suporte, base. **2.** *Fig.* Apoio, ajuda, auxílio. ♦ **Venir en apoyo de.** Apoiar, servir de apoio, reforçar (algo ou alguém).

a·pre·ciar *v.t.* **1.** Apreciar, avaliar. **2.** *Fig.* Apreciar, prezar, estimar.

a·pre·cio *s.m.* Apreço, estima.

a·pre·hen·der *v.t.* Apreender, capturar, confiscar.

a·pre·hen·sión *s.f.* Apreensão, captura, detenção. ■ Não tem sentido de "receio".

a·pre·mian·te *adj.* Urgente.

a·pre·miar *v.t.* **1.** Pressionar, insistir. *Apremió a su madre para que la dejara ir a la fiesta.* Insistiu para que sua mãe a deixasse ir à festa. **2.** *Com.* Taxar, multar, reajustar (por demora no pagamento). *Apremiaron el valor del alquiler.* Reajustaram o valor do aluguel. ■ *v.i.* **3.** Ser urgente, urgir. *El tiempo apremia.* O tempo urge.

a·pren·der *v.t.* Aprender. ◆ **Aprender de memoria/de carrerilla.** Aprender de memória/de cor. **Para que aprenda.** Para que aprenda de uma vez por todas.

a·pren·diz/·di·za *s.* **1.** Aprendiz. **2.** Estagiário.

a·pren·di·za·je *s.m.* **1.** Aprendizagem. **2.** Aprendizado.

a·pren·sión *s.f.* Apreensão, receio, preocupação. ■ Não tem sentido de "subtrair bens".

a·pre·su·rar *v.t.* Apressar. ■ **apresurarse** *v.p.* Apressar-se.

a·pre·tar *v.t.* **1.** Apertar, comprimir. **2.** Apertar, estreitar nos braços. **3.** *Fig.* Apertar, pressionar. *Lo tuve que apretar para que hablara.* Tive de apertá-lo para que falasse. **4.** Apertar, ajustar (roupa). **5.** Apertar, apressar. ■ *v.i.* **6.** Apertar, intensificar, aumentar. *El frío aprieta.* O frio está aumentando. ■ **apretarse** *v.p.* **1.** Apertar-se, apinhar-se. **2.** Apertar-se, estar em apuros. ■ *C.mod. 01.* ◆ **Apretar a correr.** Sair correndo. **Apretar el paso.** Apertar o passo. **Apretar el zapato.** Ter pontos vulneráveis. **Apretarse el cinturón.** Apertar o cinto, reduzir despesas.

a·pre·tón *s.m.* Apertão, aperto. ◆ **(Dar un) Apretón de manos.** Apertar as mãos com vigor. **Dar un apretón.** Dar um abraço.

a·prie·to *s.m.* **1.** Aperto, pressão. **2.** Aperto, apuro. ◆ **Estar/Verse en aprietos.** Estar em apuros. **Poner (a alguien) en aprieto.** Pôr (alguém) em dificuldades. **Salir del aprieto.** Sair do sufoco.

a·pri·sa *adv.* Depressa.

a·pro·bar *v.t.* **1.** Aprovar, autorizar, consentir. **2.** Passar em exame, ser aprovado. *Aprobé el año.* Passei de ano. ■ *C.mod. 03.* ◆ **Aprobar por los pelos.** Passar (de ano) por um fio. **Aprobar por mayoría/unanimidad.** Aprovar por maioria/unanimidade. **Estar/Tener aprobado.** Obter aprovação em exame.

a·pro·piar *v.t.* Apropriar, adequar. ■ **apropiarse** *v.p.* Apropriar-se, apoderar-se.

a·pro·ve·cha·do/a *adj.* **1.** Aplicado, diligente. ● *s.* **2.** Aproveitador, abusado.

a·pro·ve·char *v.t.* Aproveitar, utilizar, tirar proveito. ■ *v.t. e v.i.* **2.** Aproveitar, progredir em alguma aprendizagem. ■ *v.i.* **3.** Aproveitar, ser útil, adiantar. *No aprovecha correr.* Não adianta correr. ■ **aprovecharse** *v.p.* **1.** Aproveitar-se, tirar proveito, valer-se. **2.** *Col.* Aproveitar-se, abusar. ◆ **Aprovechar la ocasión.** Aproveitar a oportunidade. **¡Que aproveche!** Bom proveito!

a·pro·vi·sio·nar *v.t.* Abastecer. ■ **aprovisionarse** *v.p.* Abastecer-se.

a·pro·xi·ma·ción *s.f.* **1.** Aproximação, proximidade. **2.** Aproximação, estimativa. ◆ **Aproximación por defecto/exceso.** *Mat.* Cálculo aproximado para menos/mais. **Margen de aproximación.** Margem de aproximação.

a·pro·xi·mar *v.t.* Aproximar. ■ **aproximarse** *v.p.* Aproximar-se.

ap·ti·tud *s.f.* Aptidão.

ap·to/a *adj.* **1.** Apto, hábil, capaz. **2.** Apto, adequado.

a·pues·to/a *adj.* De boa aparência, bem arrumado, chique. ■ *s.f.* Aposta.

a·pun·ta·lar *v.t.* Escorar.

a·pun·tar *v.t.* **1.** Apontar, fazer ponta, afiar. **2.** Apontar, assinalar, mostrar com o dedo. **3.** Apontar, mirar, fazer pontaria. **4.** *Fig.* Apontar, fazer referência. **5.** Anotar, tomar nota.

6. Inscrever, incluir em lista. *Me apuntaron en la lista de espera.* Incluíram-me na lista de espera. **7.** Costurar, pregar. *Apuntó los botones de la camisa.* Pregou os botões da camisa. ■ *v.i.* **8.** Começar a surgir, despontar. *Apunta el día.* Desponta o dia. ■ **apuntarse** *v.p. Col.* Desejar tomar parte, inscrever-se, topar. *Se apuntó a la fiesta.* Topou ir à festa. ♦ **Apuntar a dar.** Atirar para matar. **Apuntarse un tanto.** Anotar um ponto a favor. **¡Apunten!** *Mil.* Apontar!

a·pun·te *s.m.* **1.** Apontamento, anotação. **2.** Esboço (desenho, quadro). **3.** *Teat.* Texto lido pelo ponto. ■ **apuntes** *s.m.pl.* Apontamentos, anotações de aula. *Éstos son los apuntes de la clase de hoy.* Estas são as anotações da aula de hoje. ♦ **Tomar/Sacar apuntes.** Fazer anotações.

a·pu·ña·lar *v.t.* Apunhalar.

a·pu·rar *v.t.* **1.** Purificar, depurar, apurar. **2.** Arrematar, liquidar. *Apuró el vaso de vino.* Arrematou o copo de vinho. **3.** *Fig.* Pressionar. **4.** *Fig.* Apurar, averiguar, verificar. ■ **apurarse** *v.p.* **1.** Inquietar-se. **2.** *Amer.* Apressar-se. *Tenemos que apurarnos.* Precisamos apressar-nos. ■ Não tem sentido de "verificar os resultados" nem de "conhecer ao certo".

a·pu·ro *s.m.* **1.** Aperto, apuro, situação difícil. **2.** Pressa, afobação. ♦ **Estar/Poner en un apuro.** Estar/Colocar em apuros. **Pasar apuros.** Passar apertos. **Sacar de un apuro.** Tirar do aperto. **Sin apuro.** Com calma, sem pressa. **Tener apuros de dinero.** Estar apertado financeiramente.

a·quel/·que·lla *adj. e p.dem.* Aquele, aquela. *¿Ves aquellos coches?* Você vê aqueles carros? *Le hablé a aquel chico.* Falei com aquele rapaz. ■ **a.** Usado quando se relaciona à pessoa ou objeto situado longe do interlocutor. *Agustín vive en aquella calle.* O Agostinho mora naquela rua. **b.** Acentuado quando funciona como *p.dem. s.* em caso de ambiguidade. *Esta casa es nueva; aquélla, vieja.* Esta casa é nova; aquela, velha. **c.** *Pl.*: *aquellos/aquellas.*

a·que·llo *p.dem.* Aquilo. *¿Qué es aquello?* O que é aquilo? *Se refirió a aquello.* Referiu-se àquilo. ■ Usado quando não se quer nomear algo especificamente. *¿Qué fue de aquello que trajiste?* O que foi feito daquilo que você trouxe?

a·quí *adv.* **1.** Aqui, neste lugar, neste ponto. *Aquí hace calor.* Aqui faz calor. **2.** Agora, o momento atual. *Hasta aquí no ha dicho nada.* Até agora não disse nada. ♦ **¡Aquí está!** Aqui está! **¡Aquí estoy!** Cheguei! **¡Aquí fue Troya!** Aí foi uma confusão!/Aí começou a briga! **¡Aquí los niños!** Aqui, crianças! **¡Aquí mismo! 1.** Aqui mesmo. **2.** Logo ali. **¡Aquí y allá!** Aqui e ali, lugar indeterminado. **Aquí yace.** Aqui jaz (fórmula lapidária num túmulo). **De aquí a.** Daqui a. **De aquí para allí.** Daqui para lá. **De aquí que.** Daí, por isso, em consequência. **¡Fuera/Largo de aquí!** Fora daqui! **He aquí.** Eis aqui.

a·rá·bi·go/a *adj.* **1.** Arábico. *Goma arábiga.* Goma arábica. ■ *s.* **2.** Árabe. *Habló en arábigo.* Falou em árabe.

a·ran·cel *s.m.* Imposto, taxa de alfândega, de circulação de mercadorias.

a·ran·de·la *s.f.* **1.** Arandela, arruela. **2.** Castiçal.

a·ra·ña *s.f.* **1.** Aranha. **2.** Lustre (de teto). **3.** *Eletr.* Conjunto de cabos, cordame. **4.** Rede para caçar pássaros. **5.** *Fig.* Parasita. **6.** *Fig.* Prostituta. ♦ **Hombre Araña.** Homem-Aranha, personagem de história em quadrinhos.

a·ra·ñar *v.t.* Arranhar, raspar, riscar. *No arañes la pintura.* Não arranhe a pintura. ■ **arañarse** *v.p.* Arranhar-se, ferir-se.

a·ra·ña·zo *s.m.* Arranhão.

a·rar *v.t.* Arar.

ar·bi·tra·je *s.m.* **1.** Arbitragem, julgamento, mediação. **2.** *Com.* Arbitragem, operação financeira.

ar·bi·tra·rio/a *adj.* Arbitrário.

ar·bi·trio *s.m.* **1.** Arbítrio, decisão de juiz ou árbitro. **2.** Arbítrio, vontade, poder de decisão. **3.** Arbítrio, expediente para resolver um assunto. ■ **arbitrios** *s.m.pl.* Impostos. ♦ **Estar al arbitrio de.** Estar à mercê de. **Libre arbitrio.** Livre-arbítrio.

ár·bi·tro *s.m.* **1.** *For.* Árbitro, juiz. **2.** *Desp.* Árbitro.

ár·bol *s.m.* **1.** Árvore. **2.** *Mec.* Eixo, árvore. ♦ **Árbol de Navidad.** Árvore de Natal. **Árbol de transmisión.** *Mec.* Eixo de transmissão. **Árbol genealógico.** Árvore genealógica. **Los árboles no dejan ver el bosque.** Perder-se em detalhes. **Por el fruto se conoce el árbol.** Pelas ações se conhece o homem.

ar·bo·le·da *s.f.* Arvoredo.

ar·bus·to *s.m.* *Bot.* Arbusto.

ar·ca *s.f.* Arca, baú. ■ **arcas** *s.f.pl.* Arca, Tesouro Público, cofres públicos. *Las cuentas de las arcas fiscales.* As contas dos cofres públicos. ■ No *sing.* usa-se com *art.m.* el. *El arca es grande.* A arca é grande. ♦ **Arca cerrada.** Pessoa que é um túmulo, que sabe guardar segredo. **Arca de agua.** Depósito/Tanque de água. **Arca de caudales.** Cofre para custodiar valores. **Arca de Noé. 1.** Arca de Noé, embarcação bíblica. **2.** Lugar desordenado. **Arca del cuerpo.** Tronco humano. **Arcas municipales.** Cofres municipais.

ar·cai·co/a *adj.* Arcaico, antigo, antiquado.

ar·cén *s.m.* Acostamento.

ar·chi·dió·ce·sis *s.f.* Arquidiocese. ■ *Pl.*: invariável.

ar·chi·pié·la·go *s.m.* Arquipélago.

ar·chi·var *v.t.* **1.** Arquivar, guardar, classificar. **2.** Arquivar, dar por concluído, engavetar. *Archivar un expediente.* Arquivar um processo. **3.** *Fig.* Arquivar, memorizar.

ar·chi·vo *s.m.* **1.** Arquivo, móvel ou pasta para guardar documentos. **2.** Arquivo, coleção de documentos. **3.** Cadastro. **4.** Cartório. ♦ **Archivo histórico.** Patrimônio histórico.

ar·ci·lla *s.f.* Argila.

ar·co *s.m.* **1.** *Geom.* Arco, segmento da circunferência. **2.** Arco, tipo de arma. **3.** *Mus.* Arco, vara. **4.** *Arq.* Arco, curva de abóbada. **5.** *Desp.* Arco, meta, gol. ♦ **Arco iris.** Arco-íris. **Arco triunfal.** Arco triunfal. **Arco voltaico.** Descarga luminosa. **Arco y flecha.** Arco e flecha. **En arco.** Arqueado, curvo.

ar·der *v.i.* **1.** Arder, estar em chamas, queimar. **2.** Arder (queimadura, ferida). **3.** *Fig.* Arder, estar dominado por um sentimento. *Arder de curiosidad.* Morrer de curiosidade. ♦ **Estar que arde. 1.** Estar ardendo. **2.** Estar muito indignado.

ar·did *s.m.* **1.** Ardil. **2.** *Fig.* Anzol.

ar·di·lla *s.f.* **1.** Esquilo. **2.** *Fig. e col.* Pessoa de movimentos ágeis.

ar·do·ro·so/a *adj.* Ardoroso, fervoroso.

ar·duo/a *adj.* Árduo.

á·re·a *s.f.* **1.** Área, extensão. **2.** Área, superfície. **3.** Área, campo de atividade. ■ No *sing.* usa-se com *art.m. el.* ♦ **Área de servicios.** Nas estradas, lugar para descanso. **Área defensiva.** *Desp.* Zona onde se coloca a defesa num jogo. **Área metropolitana.** Distrito urbano que compreende várias prefeituras. **Áreas verdes.** Áreas verdes, locais com vegetação.

a·re·na *s.f.* **1.** Areia. **2.** *Desp.* Arena, local de combate ou competição, espaço central das praças de touros. ♦ **Arenas movedizas.** Areia movediça. **Dar una de cal y otra de arena.** Alternar acertos e erros/coisas boas e ruins. **Edificar sobre/Sembrar en arena.** Construir castelos de areia. **Estar en la arena.** Estar (os combatentes) frente a frente. **Poner/Echar arena.** Atrapalhar o bom andamento, jogar areia.

a·ren·que *s.m.* Arenque, enchova.

a·re·te *s.m.* Brinco.

ar·go·lla *s.f.* **1.** Argola. **2.** Colar. **3.** Pulseira. **4.** *Amer.* Aliança, anel de compromisso.

ar·got *s.m.* *Gal.* **1.** Gíria, calão. **2.** Jargão. ■ *Pl.*: argots.

ar·gu·men·tar *v.t.* **1.** Argumentar, deduzir. **2.** Argumentar, provar, demonstrar. **3.** Argumentar, defender (ideia, opinião). ■ *v.i.* **4.** Argumentar, alegar.

ar·gu·men·to *s.m.* **1.** Argumento, raciocínio. **2.** Argumento, assunto, enredo, trama (obra, filme).

á·ri·do/a *adj.* **1.** Árido, deserto. **2.** *Fig.* Árido, não ameno.

a·ries *s.m.* Áries, signo do zodíaco.

a·ris·co/a *adj.* Arisco, intratável, arredio.

a·ris·to·cra·cia *s.f.* Aristocracia.

a·ris·tó·cra·ta *s.2g.* Aristocrata.

a·rit·mé·ti·ca *s.f.* Aritmética.

ar·ma *s.f.* **1.** Arma, instrumento de ataque ou defesa. **2.** *Fig.* Arma, meio para conseguir algo. ■ **armas** *s.f.pl.* **1.** Armas, brasão. **2.** Exército. ■ No *sing.* usa-se com *art.m.* el. *El arma es mía.* A arma é minha. ♦ **¡A formar con armas!** Apresentar armas! **¡A las armas!** Pegar as armas! **Acudir a las armas. 1.** *Mil.* Alistar-se. **2.** Pegar em armas. **De armas tomar.** Decidido, corajoso. **¡Descansen, armas!** Descansar armas! **Hombre de armas.** Soldado. **Medir las armas.** Medir forças. **¡Presenten, armas!** Apresentar armas! **Rendir las armas.** Render-se, entregar-se.

ar·ma·di·llo *s.m.* Tatu.

ar·ma·du·ra *s.f.* **1.** Armadura. **2.** Armação. *Armadura de tejado.* Armação de telhado. **3.** Arcabouço, carcaça.

ar·mar *v.t.* **1.** Armar, munir de armas, preparar para a guerra. **2.** Armar, dispor uma arma para disparar. **3.** Montar, armar. *Armó la maqueta del avión.* Montou a maquete do avião. **4.** *Fig.* Armar, arquitetar, tramar. *Armó esta situación.* Armou esta situação. ■ **armarse** *v.p.* **1.** Armar-se, munir-se. *Se armó de coraje y le dijo la verdad.* Encheu-se de coragem e disse-lhe a verdade. **2.** *Fig. e col.* Causar, provocar. ♦ **Armar una trampa.** Preparar uma armadilha. **Armarse la gorda/la marimorena/la de Dios es Cristo/la de San Quintín.** Produzir-se uma confusão, virar a maior bagunça. **Armado hasta los dientes.** Armado até os dentes. **A mano armada.** À mão armada. **Fuerzas Armadas.** *Mil.* Forças Armadas. **Hormigón armado.** Concreto armado.

ar·ma·rio *s.m.* Armário. ♦ **Armario empotrado.** Armário embutido. **Armario ropero.** Guarda-roupa. **Armario trastero.** Armário de trastes, de bagunça.

ar·ma·tos·te *s.m.* Objeto grande e inútil, trambolho.

ar·ma·zón *s.f.* **1.** Armação, estrutura. **2.** Esqueleto, constituição física. ■ Não se aplica a "armação de óculos".

ar·mo·ní·a *s.f.* Harmonia.

ar·mó·ni·co/a *adj.* **1.** Harmônico. ● *s.f.* **2.** *Mus.* Gaita, harmônica.

ar·mo·ni·zar *v.t. e v.i.* Harmonizar, combinar.

a·ro *s.m.* **1.** Aro, anel. **2.** *Rio-plat.* Brinco. ♦ **Aro de compromiso.** Anel de noivado.

a·ro·ma *s.m.* Aroma, buquê.

ar·pa *s.f. Mus.* Harpa.

ar·pón *s.m.* Arpão.

ar·queo *s.m.* **1.** Arqueação. **2.** *Com.* Contagem do dinheiro em caixa, balanço. *Hay que hacer el arqueo diariamente.* É preciso conferir o caixa diariamente. **3.** *Mar.* Capacidade, cubagem, arqueação.

ar·que·o·lo·gí·a *s.f.* Arqueologia.

ar·qui·tec·to/a *s.* Arquiteto.

ar·qui·tec·tu·ra *s.f.* Arquitetura.

a·rra·bal *s.m.* Arrabalde, subúrbio.

a·rrai·gar *v.i.* Arraigar, enraizar. ■ **arraigarse** *v.p.* Arraigar-se, estabelecer-se, radicar-se.

a·rran·ca·da *s.f. Desp.* Largada.

a·rran·car *v.t.* **1.** Arrancar, extirpar do solo. **2.** Arrancar, puxar com força. **3.** *Fig.* Arrancar, conseguir, obter (algo) com habilidade, violência ou esforço. *Le arrancó el permiso para ir a la fiesta.* Conseguiu permissão para ir à festa. **4.** *Fig.* Arrancar, provocar manifestação de sentimentos, arrebatar. *Su actuación arrancó lágrimas del público.* A sua atuação arrancou lágrimas do público. **5.** Arrancar, extorquir. **6.** *Mec.* Dar partida, ligar, acionar (motor). *Arrancó el coche.* Deu a partida no carro. ■ *v.i.* **7.** *Mec.* Pegar, começar a funcionar (motor, veículo). *El motor no arranca.* O motor não pega. **8.** *Desp.* Iniciar corrida, partida esportiva. *Los* *atletas están listos para arrancar.* Os atletas estão prontos para a partida. ♦ **Arrancar de raíz.** Cortar o mal pela raiz. **Arrancar una ovación.** Arrancar aplausos.

a·rran·que *s.m.* **1.** Arranque, ponto de partida. **2.** *Mec.* Partida, arrancada. *El coche no tiene arranque.* O carro ficou sem partida. **3.** *Fig.* Ímpeto, repente, ataque. ♦ **Arranque de cólera/generosidad.** Ataque/Acesso de cólera/generosidade. **Arranque instantáneo/mecánico/eléctrico/manual.** *Mec.* Ignição instantânea/mecânica/elétrica/manual.

a·rra·sar *v.t.* **1.** Arrasar, nivelar uma superfície. **2.** Arrasar, derrubar. **3.** Arrasar, devastar. **4.** *Fig.* Arrasar, vencer.

a·rras·tra·do/a *adj.* **1.** Pobre. **2.** Desastrado. ♦ **Habla arrastrado.** Fala mole.

a·rras·trar *v.t.* **1.** Arrastar, puxar. **2.** *Fig.* Arrastar, obrigar, induzir. *Me arrastró hasta su casa.* Arrastou-me até a sua casa. ■ *v.i.* **3.** Arrastar-se, rastejar. ■ **arrastrarse** *v.p.* **1.** Arrastar-se, rastejar. **2.** *Fig.* Arrastar-se, humilhar-se. **3.** *Fig.* Prolongar, esticar. *La charla se arrastró noche adentro.* A conversa se esticou noite adentro. ♦ **Arrastrar una gripe.** Estar gripado durante muito tempo.

a·rre·ba·to *s.m.* **1.** Arroubo, arrebatamento, impulso. *Un arrebato de ira.* Um acesso de raiva. **2.** Arrebatamento, furor, êxtase.

a·rre·glar *v.t.* **1.** Arrumar, pôr em ordem, ajeitar, arranjar. **2.** Marcar, combinar, acertar. *Arreglé la visita con el director para el martes.* Marquei a visita com o diretor para terça-feira. **3.** Arrumar, consertar, reparar. *¿Ya arreglaste el mueble roto?* Já consertou o móvel quebrado? **4.** Arrumar, corrigir, melhorar. *Voy a arreglar el texto.* Vou corrigir o texto. **5.** Resolver, solucionar. *Yo arreglaré tu situación.* Eu vou resolver a sua situação. ■ **arreglarse** *v.p.* **1.** Acertar, normalizar-se, resolver-se, ajeitar-se. *Cuando la situación se arregle, hablaremos con él.* Quando a situação se resolver, falaremos com ele. **2.** Arrumar-se, alinhar-se, embonecar-se. *Tengo que arreglarme porque voy a salir.* Tenho que me arrumar porque vou sair. **3.** Virar-se, dar um jeito. ♦ **Arreglar por las buenas/malas.** Resolver por bem/por mal. **Arreglarse el pelo/los dientes.** Arrumar, cuidar, tratar (dos cabelos, dentes). **Arreglárselas.** Encontrar uma saída, virar-se, arranjar-se. *Tendrás que arreglártelas sin el coche.* Você terá que se virar sem o carro. **¡Ya te arreglaré yo!** Vou dar um jeito em você! (usado como ameaça).

a·rre·glo *s.m.* **1.** Conserto, reparação, jeito. *Este coche no tiene arreglo.* Este carro não tem conserto. **2.** Acordo, convênio, ajuste. *Los políticos llegaron a un arreglo.* Os políticos chegaram a um acordo. **3.** Arrumação, ordem. **4.** Arranjo. *Arreglo floral/musical.* Arranjo de flores/musical.

a·rre·man·gar *v.t.* Arregaçar, arremangar. ■ **arremangarse** *v.p.* **1.** *Fig.* Arregaçar as mangas. *Se arremangó la camisa.* Arregaçou as mangas da camisa. **2.** *Fig.* Pôr mãos à obra.

a·rren·dar *v.t.* Arrendar, alugar, adquirir. ■ *C.mod. 01.*

a·rre·pen·ti·mien·to *s.m.* Arrependimento.

a·rre·pen·tir·se *v.p.* **1.** Arrepender-se, sentir pesar. **2.** Arrepender-se, mudar de opinião. ■ *C.mod. 01.*

a·rres·ta·do/a *adj. e s.* Preso, aprisionado, detido. ♦ **Idea arrestada.** Ideia arrojada.

a·rres·tar *v.t.* Prender, aprisionar, deter. ■ **arrestarse** *v.p.* Atrever-se.

a·rres·to *s.m.* **1.** Detenção. **2.** Determinação, audácia. ♦ **Arresto domiciliario.** *For.* Prisão domiciliar.

a·rri·ba *adv.* **1.** Cima, em lugar mais alto. *El jefe trabaja en el piso de arriba.* O chefe trabalha no andar de cima. **2.** *Fig.* Em cima, em lugar superior. *El libro está allá arriba.* O livro está lá em cima. **3.** Acima, antes referido (em textos). *El arriba mencionado contrato ya no tiene validez.* O contrato acima mencionado já não tem validade. ● *interj.* **4.** Ânimo! Força! ♦ **Arriba de.** Mais de, mais que. *Eso vale arriba de 100 dóla-*

res. Isso vale mais de 100 dólares. **Arriba del todo.** Na parte mais alta. *Puse la caja en el armario, arriba del todo.* Coloquei a caixa no alto do armário. **Allá arriba.** Lá no alto, lá em cima. *Está allá arriba de la mesa.* Está lá em cima da mesa. **Calle/Cuesta arriba.** Rua/Ladeira acima, subindo a rua/ladeira. *Se marchó cuesta arriba.* Foi embora ladeira acima. **De arriba.** De cima, de uma autoridade. *Esta orden viene de arriba.* Esta ordem vem de cima. **De arriba abajo.** De alto a baixo, de cabo a rabo. **Ir arriba.** Ir para (o andar de) cima. **Manos arriba.** Mãos para cima. **Más arriba. 1.** Mais alto, mais para cima. *Ponga los documentos más arriba.* Ponha os documentos mais para cima. **2.** Antes mencionado (em textos). **Mirar de arriba abajo.** Olhar de alto a baixo, com desdém. **Patas arriba.** De pernas para o ar. *La casa está patas arriba.* A casa está de pernas para o ar.

a·rrien·do *s.m.* **1.** Aluguel. **2.** Arrendamento.

a·rries·gar *v.t.* **1.** Arriscar, pôr em perigo. **2.** *Fig.* Arriscar, aventurar. ■ **arriesgarse** *v.p.* **1.** Arriscar-se, estar em perigo. **2.** *Fig.* Arriscar(-se), sugerir, dar um palpite. ♦ **Arriesgar el pellejo.** Arriscar a pele/vida. **Quien no se arriesga no pasa el río.** Quem não arrisca não petisca.

a·rri·mar *v.t.* **1.** Aproximar. *Arrima la silla a la mesa.* Aproxime a cadeira da mesa. **2.** Encostar. *Arrima el armario a la ventana.* Encoste o armário na janela. **3.** *Fig.* Pôr (alguém) contra a parede, encurralar. ■ **arrimarse** *v.p.* **1.** Apoiar-se, escorar-se. *Arrímate a mi.* Apoie-se em mim. **2.** Aproximar-se. *Arrímate al fuego.* Aproxime-se do fogo. ♦ **Arrimar el hombro.** Ajudar, cooperar, dar uma mão.

a·rrin·co·nar *v.t.* **1.** Pôr (algo) num canto ou fora de uso, encostar. **2.** *Fig.* Encurralar, acuar. **3.** *Fig.* Deixar de lado, descartar, ignorar (alguém). ■ **arrinconarse** *v.p.* Afastar-se dos outros, isolar-se.

a·rro·di·llar *v.t.* Ajoelhar. ■ **arrodillarse** *v.p.* Ajoelhar-se.

a·rro·gan·cia *s.f.* Arrogância.

a·rro·jar *v.t.* **1.** Arremessar, lançar, jogar (algo), arrojar. *Arrojar a la basura.* Jogar no lixo. **2.** Expulsar. **3.** Expelir, vomitar. ■ **arrojarse** *v.p.* Atirar-se, lançar-se, jogar-se. *El ladrón se arrojó del cuarto piso.* O ladrão jogou-se do quarto andar. ♦ **Arrojar (a alguien) al foso de los leones.** Pôr (alguém) em apuros, jogar na boca do leão. **Arrojarse a los pies (de alguien).** Atirar-se aos pés de alguém, humilhar-se.

a·rro·llar *v.t.* **1.** Enrolar, envolver. *Arrolla los papeles.* Enrole os papéis. **2.** Devastar. *La lluvia arrolló las plantas.* A chuva devastou as plantas.

a·rro·yo *s.m.* Arroio, riacho.

a·rroz *s.m.* Arroz. ♦ **Arroz con leche.** Arroz-doce. **Polvos de arroz.** Pó de arroz.

a·rru·ga *s.f.* **1.** Ruga. **2.** Dobra.

a·rru·gar *v.t.* **1.** Enrugar. **2.** Amassar, amarrotar (tecido, papel). ■ **arrugarse** *v.p.* **1.** Enrugar-se. **2.** Amassar-se.

a·rrui·nar *v.t.* **1.** Arruinar, arrasar. **2.** *Fig.* Arruinar, destruir, estragar. *La nena arruinó el vestido.* A menina estragou o vestido. ■ **arruinarse** *v.p.* **1.** Arruinar-se, ficar na ruína, enterrar-se. **2.** Desperdiçar.

ar·se·nal *s.m.* Arsenal.

ar·te *s.* **1.** Arte, método, conjunto de regras. *Arte dramático.* Arte dramática. **2.** Arte, destreza, talento. **3.** Arte, atividade consagrada à beleza. *El arte musical.* A arte musical. **4.** Arte, conjunto de obras artísticas de um país ou época. ▌ No *sing.* usa-se como *m.* e no *pl.* como *f. El arte antiguo.* A arte antiga. *Las artes marciales.* As artes marciais. ♦ **Arte abstracto.** Arte abstrata. **Artes liberales/mecánicas.** Artes liberais/manuais. **Artes plásticas.** Artes plásticas. **Artes y Oficios.** Aprendizagem de uma profissão. **Bellas Artes.** Belas-Artes. **Con arte.** Com arte, com habilidade. **Con malas artes.** Com truques. **No tener arte ni parte.** Não ter nada que ver. **Por amor al arte.** Grátis, por amor à arte, sem interesse. **Sin arte ni tino.** De qualquer jeito, sem nenhuma graça.

ar·te·fac·to *s.m.* Artefato.

ar·te·ria *s.f.* **1.** *Med.* Artéria, vaso. **2.** Artéria, rua, via pública.

ar·te·rios·cle·ro·sis *s.f. Med.* Arteriosclerose. ▪ *Pl.:* invariável.

ar·te·sa·ní·a *s.f.* Artesanato.

ar·te·sa·no/a *s.* Artesão.

ar·ti·cu·la·ción *s.f.* **1.** *Med.* Articulação, junção de dois ossos. **2.** *Mec.* Articulação, junta. **3.** *Gram.* Articulação, forma de pronunciar os sons.

ar·ti·cu·lar *v.t.* **1.** Articular, relacionar, concatenar. **2.** Articular, pronunciar os sons. **3.** *For.* Dividir um texto em artigos.

ar·tí·cu·lo *s.m.* **1.** Artigo, produto. **2.** Artigo, matéria (jornal, revista). **3.** Verbete (dicionário). **4.** *For.* Artigo, disposição (leis, decretos). **5.** *Gram.* Artigo. ♦ **Artículo de fondo.** Editorial (jornal). **Artículos de consumo.** Artigos de consumo, gêneros alimentícios. **Artículos de lujo.** Artigos de luxo. **Artículos de ocasión.** Produtos em promoção, em oferta. **Artículos de primera necesidad.** Artigos de primeira necessidade. **Artículos de tocador.** Artigos de higiene pessoal.

ar·ti·fi·cial *adj.* Artificial.

ar·ti·lle·ro *s.m.* **1.** *Mil.* Artilheiro, soldado de artilharia. **2.** *Desp.* Artilheiro, goleador.

ar·ti·ma·ña *s.f.* Artimanha, astúcia, ardil.

ar·tis·ta *s.2g.* Artista.

ar·tri·tis *s.f. Med.* Artrite. ▪ *Pl.:* invariável.

ar·ve·ja *s.f. Bot. Amer.* Ervilha.

ar·zo·bis·po *s.m.* Arcebispo.

as *s.m.* **1.** Ás, carta de baralho. **2.** *Fig.* Ás, pessoa que se destaca numa atividade, craque. ♦ **Ser un as.** Ser um ás, ser cobra.

a·sa *s.f.* Asa, parte de certos utensílios (xícara, jarro) que serve para segurá-los. ▪ **a.** No *sing.* usa-se com *art.m. el. El asa de la taza está rota.* A asa da xícara está quebrada. **b.** Não se aplica a "asa de ave".

a·sa·do *s.m.* **1.** Assado. **2.** *Arg.* Churrasco.

a·sa·la·ria·do/a *adj. e s.* Assalariado.

a·sal·tan·te *adj. e s.2g.* Assaltante.

a·sal·tar *v.t.* **1.** Assaltar, invadir, conquistar. **2.** Assaltar, roubar. **3.** *Fig.* Assaltar, assediar. *Los reporteros asaltaron al gobernador.* Os repórteres assediaram o governador. **4.** *Fig.* Assaltar, ocorrer, lembrar de repente. *Me asaltó una duda.* Assaltou-me uma dúvida.

a·sal·to *s.m.* **1.** Assalto, roubo. **2.** *Desp.* Assalto, período de tempo que dura uma luta, round.

a·sam·blea *s.f.* **1.** Assembleia, reunião. **2.** Assembleia, corpo político.

a·sar *v.t.* **1.** Assar, colocar um alimento à ação do fogo. **2.** *Fig.* Queimar, abrasar. *Este sol me asa.* Este sol me abrasa. ▪ **asarse** *v.p. Fig.* Sentir muito calor.

as·cen·den·cia *s.f.* **1.** Ascendência. **2.** *Fig.* Influência.

as·cen·der *v.i.* **1.** Ascender, subir. **2.** *Fig.* Ascender, atingir certo grau hierárquico. *Ascendió a almirante.* Atingiu o grau de almirante. **3.** Ascender, alcançar, atingir, chegar (valor, número). *Esta cuenta asciende a dos mil.* Esta conta chega a dois mil. ▪ *v.t.* **4.** Promover. *Lo ascendieron a gerente.* Foi promovido a gerente. ▪ *C.mod. 01.*

as·cen·sor *s.m.* Elevador.

as·cen·so·ris·ta *adj. e s.2g.* Ascensorista.

as·co *s.m.* Nojo, asco, repugnância, enjoo. ♦ **Dar asco.** Causar indignação ou repulsa. **Estar hecho un asco.** Estar imundo. **Poner cara de asco.** Fazer cara de nojo. **¡Qué asco!** Que nojo!

a·se·diar *v.t.* **1.** Assediar, cercar, atacar. **2.** *Fig.* Assediar, importunar, acossar.

a·se·gu·ra·do·ra *s.f.* Companhia de seguros.

a·se·gu·rar *v.t.* **1.** Segurar firmemente. **2.** Garantir, prometer, assegurar. *Me aseguró que venía.* Garantiu-me que vinha. **3.** Segurar, fazer seguro. *Asegurar contra incendio.* Segurar contra incêndio. ▪ **asegurarse** *v.p.* Verificar, certificar-se, assegurar-se, ter certeza.

a·sen·tar *v.t.* **1.** Nomear (alguém) para um alto cargo. **2.** Assentar, fixar, firmar. *Asentar ladrillos.* Assentar tijolos. **3.** Assentar, instalar. *Asentar familias de labradores.* Assentar famílias de lavradores. **4.** *Col.* Dar um golpe, bater, sentar, assentar. *Le asentó un bofetón.* Deu-lhe uma bofetada. **5.** Assentar, dar por certo e seguro. **6.** *Com.* Assentar, lançar em contabilidade. ▪ *C. mod. 01.* ♦ **Asentar la cabeza.** Criar juízo.

a·seo *s.m.* **1.** Asseio, alinho. **2.** Banheiro. ♦ **Aseo personal.** Higiene pessoal. **Cuarto de aseo.** Banheiro. **Productos de aseo.** Produtos de higiene pessoal.

a·se·rra·de·ro *s.m.* Madeireira, estância.

a·se·si·nar *v.t.* Assassinar.

a·se·si·na·to *s.m.* Assassinato.

a·se·si·no/a *adj. e s.* Assassino.

a·se·sor/so·ra *adj. e s.* Assessor.

a·se·so·rar *v.t.* Assessorar, aconselhar. ▪ **asesorarse** *v.p.* Assessorar-se, aconselhar-se.

a·se·so·rí·a *s.f.* Assessoria, consultoria.

as·fal·tar *v.t.* Asfaltar.

as·fal·to *s.m.* Asfalto.

as·fi·xia *s.f.* Asfixia.

as·fi·xiar *v.t.* Asfixiar. ▪ **asfixiarse** *v.p.* Asfixiar-se.

a·sí *adv.* **1.** Assim, desta maneira. *Esto se hace así.* Isto se faz assim. **2.** Então. *¿Así que no vendrás?* Então você não virá? **3.** Por conseguinte, por isso. *Llovía, así que no salió.* Chovia, por isso não saiu. **4.** Embora, por mais que. *No le hablo, así me implore.* Não falo com ele por mais que me implore. ♦ *adj.* **5.** Assim, com estas características. *Una persona así es difícil de tratar.* Com uma pessoa assim é difícil lidar. ♦ **Así, así.** Assim, assim, mais ou menos. **Así como.** Também, assim como, bem como. **Así como así.** Sem mais nem menos. **Así no más.** *Amer.* Assim mesmo, só isso. **Así o asá.** Assim ou assado. **Así pues.** Por conseguinte, então. **Así que. 1.** Por conseguinte, com que então. **2.** Assim que, tão logo. *Así que pueda te llamo.* Assim que puder, ligo. **Así y todo.** Mesmo assim, assim mesmo.

a·sien·to *s.m.* **1.** Assentamento, instalação. **2.** Banco de veículo. **3.** Cadeira, poltrona de cinema/teatro. **4.** Assento, forração. *Esta silla tiene el asiento de cuero.* Esta cadeira tem o assento de couro. **5.** *Com.* Assentamento, registro, lançamento. **6.** Sedimento no fundo de uma garrafa. ▪ **asientos** *s.m.pl.* Traseiro. ♦ **Calentar el asiento.** Esquentar a cadeira, não fazer nada. **Tomar asiento.** Sentar-se.

a·sig·na·ción *s.f.* **1.** Designação. **2.** Pagamento. **3.** Verba. **4.** *Com.* Destinação, alocação, dotação (de fundos). *Asignación presupuestaria.* Dotação orçamentária.

a·sig·nar *v.t.* **1.** Fixar, assinalar (verba, salário). **2.** Designar, nomear. **3.** Destinar, atribuir. **4.** *Com.* Dotar, alocar, destinar (fundos).

☞ **a·sig·na·tu·ra** *s.f.* Disciplina, matéria de estudo, cadeira.

a·si·lo *s.m.* **1.** Asilo, abrigo. **2.** Asilo, albergue.

a·si·mi·lar *v.t.* **1.** Assimilar, apreender. **2.** Assemelhar. ▪ **asimilarse** *v.p.* Assemelhar-se, parecer-se.

a·si·mis·mo *adv.* **1.** Também. *Es necesario asimismo hacer un informe.* É necessário, também, fazer um relatório. **2.** Outrossim, igualmente. *Asimismo le adjunto la factura.* Outrossim, anexo a nota fiscal.

a·sis·ten·cia *s.f.* **1.** Assistência, presença, comparecimento. **2.** Assistência, público, auditório. **3.** Assistência, ajuda, auxílio. ♦ **Asistencia hospitalaria.** *Med.* Assistência hospitalar. **Asistencia letrada.** *For.* Assistência jurídica.

a·sis·tir *v.i.* **1.** Assistir, comparecer, frequentar, estar presente. ▪ *v.t.* **2.** Acompanhar, assistir. *Lo asistían dos diputados.* Era assistido por dois deputados. **3.** Assistir, ajudar, socorrer. **4.** *For.* Assistir, favorecer, ter direito. *Le asistía el derecho a un abogado.* Assistia-lhe o direito a um advogado. ▪ Não tem sentido de "ver".

as·ma *s.f. Med.* Asma.
as·no *s.m.* **1.** Asno, jegue, jumento, burro. **2.** *Fig.* Asno, bobo, ignorante.
a·so·cia·do/a *adj. e s.* Associado, sócio, membro.
a·so·ciar *v.t.* **1.** Associar, unir, aliar, juntar pessoas. **2.** Associar, relacionar (ideias, acontecimentos). ■ **asociarse** *v.p.* Associar-se, juntarem-se várias pessoas, aliar-se.
a·so·mar *v.i.* **1.** Começar a aparecer ou a mostrar-se. *El sol asoma detrás de las montañas.* O sol começa a surgir atrás das montanhas. ■ *v.t.* **2.** Deixar ver, mostrar. *Patricia asomó la cabeza a la puerta.* Patrícia mostrou a cabeça pela porta. ■ **asomarse** *v.p.* **1.** Mostrar-se. *Me asomé a la ventana.* Apareci na janela. **2.** Aparecer. *A ver si te asomas por casa.* Veja se aparece lá em casa.
a·som·bro *s.m.* **1.** Assombro, surpresa. **2.** Assombro, admiração.
as·pec·to *s.m.* **1.** Aspecto, aparência, feição, estado. **2.** Aspecto, ângulo, ponto de vista. ♦ **Buen/Mal aspecto. 1.** Aparência saudável/doentia. **2.** Boa/Má cara. **En todos los aspectos.** De todos os pontos de vista.
ás·pe·ro/a *adj.* **1.** Áspero, rugoso, crespo, grosso. *Piel áspera.* Pele áspera. **2.** Áspero, irregular. **3.** *Fig.* Áspero, duro, ríspido (voz). *Nos habló en tono áspero.* Falou-nos em tom áspero.
as·pi·ra·dor/·do·ra *s.* Aspirador de pó.
as·pi·rar *v.t.* **1.** Aspirar, absorver (ar). **2.** Aspirar, respirar. **3.** Aspirar, desejar, almejar. **4.** *Gram.* Aspirar, pronunciar guturalmente.
as·ta *s.f.* Haste. ♦ **A media asta.** A meio pau/mastro.
as·te·ris·co *s.m.* Asterisco.
as·ti·lla *s.f.* Lasca, estilhaço. ♦ **De tal palo tal astilla.** Filho de peixe peixinho é.
as·ti·lle·ro *s.m. Mar.* Estaleiro.
as·tro *s.m.* **1.** Astro, objeto celeste. **2.** *Teat.* Astro, ator principal. ♦ **Astro de la pantalla.** Artista de TV.
as·tro·lo·gí·a *s.f.* Astrologia.
as·tro·nau·ta *s.2g.* Astronauta.
as·tro·no·mí·a *s.f.* Astronomia.
as·tu·to/a *adj.* Astuto.
a·sue·to *s.m.* Feriado, descanso.
a·su·mir *v.t.* **1.** Assumir, responsabilizar-se, admitir. **2.** Assumir, tomar para si. **3.** Assumir, alcançar, atingir. *El incendio asumió grandes proporciones.* O incêndio assumiu grandes proporções.
a·sun·to *s.m.* **1.** Assunto, questão, problema. **2.** Assunto, tema, argumento. **3.** Assunto, negócio, coisa. *Trabaja con unos asuntos sucios.* Trabalha com uns negócios sujos. ♦ **¡Asunto concluido!** Assunto encerrado! **Asunto de faldas.** *Esp.* Caso amoroso, rabo de saia, coisa de mulheres. **Eso es asunto mío.** Isso é problema meu.
a·sus·tar *v.t.* **1.** Assustar, espantar, sobressaltar, alarmar. **2.** Assustar, intimidar. **3.** *Fig.* Assustar, escandalizar. ■ **asustarse** *v.p.* **1.** Assustar-se, espantar-se, alarmar-se. **2.** *Fig.* Assustar-se, escandalizar-se.
a·ta·can·te *adj. e s.2g.* **1.** Atacante. ■ *s.m.* **2.** *Desp.* Centroavante.
a·ta·car *v.t.* **1.** Atacar, agredir. **2.** Atacar, acometer, investir. **3.** *Fig.* Atacar, censurar, criticar. **4.** Atacar, corroer.
a·ta·do/a *adj.* **1.** Atado, amarrado. ● *s.m.* **2.** Feixe, fardo. **3.** *Arg.* Maço de cigarros.
a·ta·du·ra *s.f.* Atadura. ♦ **Romper las ataduras.** Romper as amarras, libertar-se. **Sin ataduras.** Sem impedimentos.
a·ta·que *s.m.* **1.** Ataque, acometimento, investida. **2.** Ataque, agressão. **3.** *Fig.* Ataque, arroubo. *Tuvo un ataque de risa.* Teve um ataque de riso. ♦ **¡Al ataque!** Ao ataque!
a·tar *v.t.* **1.** Atar, prender, amarrar. **2.** *Fig.* Relacionar, ligar. **3.** *Fig.* Atar, cercear a liberdade. *La situación le ataba las manos.* A situação atava-lhe as mãos. ■ **atarse** *v.p.* Prender com laço. *José no sabía atarse los zapatos.* José não sabia amarrar o cadarço dos sapatos. ♦ **Atar cabos.** Juntar um mais um, tirar conclusões. **Atar corto (a uno).** Levar com rédea curta, ter sob controle.

Atar la lengua. Morder a língua, calar. **Atar y desatar.** Fazer e desfazer. **Loco de atar.** Louco varrido.

a·tar·de·cer v.i. Entardecer. ∎ C.mod. 39.

a·tas·car v.t. Entupir, enroscar, entalar, obstruir. ∎ **atascarse** v.p. **1.** Imobilizar, encalhar, atolar. *El coche se atascó en la arena.* O carro atolou na areia. **2.** *Fig.* Atrapalhar-se, engasgar. *El testigo se atascó con la pregunta.* A testemunha engasgou com a pergunta.

a·ta·úd s.m. Ataúde, caixão de defunto.

a·te·mo·ri·zar v.t. Atemorizar, assustar, amedrontar. ∎ **atemorizarse** v.p. Atemorizar-se, assustar-se.

a·ten·ción s.f. **1.** Atenção. **2.** Atendimento. *Atención al público.* Atendimento ao público. • *interj.* **3.** Atenção! ♦ **A la atención de.** Aos cuidados de. **Deshacerse en atenciones.** Desmanchar-se em atenções, ser muito amável. **En atención a.** Levando em conta. **Horario de atención. 1.** Horário de expediente. **2.** Horário de plantão. **Llamar la atención. 1.** Despertar a curiosidade. **2.** Chamar a atenção. **Poner/Prestar atención.** Prestar atenção. **Tener atenciones (con alguien).** Tratar muito bem, fazer gentilezas (a alguém).

a·ten·der v.t. **1.** Atender, acolher. **2.** Atender, responder. **3.** Atender, cuidar, assistir. **4.** Atender, deferir. *Tenga a bien atender mi solicitud.* Queira deferir a minha solicitação. ∎ v.i. **5.** Esperar. *Atiende un poco.* Espere um pouco. **6.** Atender, servir. *Atendemos de lunes a viernes.* Atendemos de segunda a sexta. **7.** Prestar atenção. *Atienda a sus compromisos.* Preste atenção aos seus compromissos. **8.** Levar em conta. ∎ *C.mod. 01.* ♦ **Atender por el/al nombre de.** Atender pelo nome de. **Estar bien/mal atendido.** Ser bem/mal atendido. **No atender a razones.** Ser inflexível.

a·te·ner·se v.p. **1.** Restringir-se, ater-se. **2.** Referir-se. *No se atiene a lo que dijo ayer.* Não se restringe ao que disse ontem. ∎ *C.mod. 35.*

a·ten·ta·do s.m. Atentado.

a·ten·ta·men·te adv. **1.** Atenciosamente. **2.** Atentamente, com atenção.

a·ten·to/a adj. **1.** Que presta atenção, atento, alerta. **2.** Atencioso, cortês, amável.

a·te·nuar v.t. Atenuar.

a·teo/a adj. e s. Ateu.

a·te·rrar v.t. Aterrorizar, estarrecer, apavorar. ∎ **aterrarse** v.p. Apavorar-se. *Aterrarse de/por la situación.* Apavorar-se com a situação.

a·te·rri·za·je s.m. Aterrissagem, aterragem, pouso. ♦ **Tren de aterrizaje.** Trem de aterrissagem/pouso.

a·te·rri·zar v.i. Aterrissar, pousar, aterrar.

a·tes·ti·guar v.t. **1.** *For.* Testemunhar, atestar. **2.** *Fig.* Demonstrar, comprovar, provar. *Los abrazos atestiguan su cariño.* Os abraços provam o seu carinho.

a·ti·nar v.i. **1.** Atinar, lembrar de maneira casual. **2.** Acertar. *No atinó al blanco.* Não acertou o alvo.

a·tis·bar v.t. Vislumbrar.

a·ti·zar v.t. **1.** Atiçar, atear (fogo). **2.** *Fig.* Atiçar, instigar, fomentar (paixões).

a·tlas s.m. Atlas. ∎ *Pl.:* invariável.

a·tle·ta s.2g. *Desp.* Atleta.

a·tle·tis·mo s.m. *Desp.* Atletismo.

at·mós·fe·ra s.f. Atmosfera.

a·to·lla·de·ro s.m. **1.** Atoleiro. **2.** Lugar de saída difícil, impasse. ♦ **Estar en un atolladero.** Estar em apuros/dificuldades. *Sacar de un atolladero.* Tirar (alguém) de um buraco.

a·to·lon·dra·do/a adj. Atrapalhado, aturdido, atordoado.

á·to·mo s.m. *Quím.* Átomo.

a·to·rar v.t. Entupir, obstruir. ∎ **atorarse** v.p. Engasgar.

a·tor·men·tar v.t. **1.** Atormentar, afligir. **2.** *Fig.* Atormentar, importunar, apoquentar, infernizar. **3.** Atormentar, causar mal-estar físico. ∎ **atormentarse** v.p. Atormentar-se, preocupar-se excessivamente.

a·tor·ni·llar v.t. Parafusar, atarraxar.

a·tra·ca·de·ro s.m. *Mar.* Atracadouro.

a·trac·ción *s.f.* **1.** Atração. **2.** *Fig.* Atrativo, encanto. ■ **atracciones** *s.f.pl.* Diversões.

a·tra·co *s.m.* Assalto.

a·trac·ti·vo/a *adj.* **1.** Atraente. ● *s.m.* **2.** Atrativo, encanto, charme. **3.** Atrativo, incentivo.

a·tra·er *v.t.* **1.** Atrair, puxar para si. **2.** Atrair, seduzir, cativar. **3.** *Fig.* Atrair, provocar adesão. ❙ *C.mod. 36.*

a·tra·gan·tar·se *v.p.* **1.** Engasgar (com alimentos). **2.** *Fig.* Engasgar, perder a fala.

a·tra·par *v.t.* Pilhar, pegar, surpreender.

a·trás *adv.* **1.** Atrás, antes (tempo). *Unos días atrás.* Alguns dias atrás. **2.** Atrás, trás, na parte posterior. *No mires hacia atrás.* Não olhe para trás. *Él viene allá atrás.* Ele vem lá atrás. ♦ **Cuenta atrás.** Contagem regressiva. **Echarse (para) atrás. 1.** Mudar de opinião. **2.** Desistir. **Marcha atrás.** Marcha a ré. **Quedarse atrás.** Ficar para trás. **Venir de muy atrás.** Vir de longa data. **Volverse atrás.** Voltar atrás.

a·tra·sa·do/a *s. e adj.* Atrasado. ♦ **Atrasado mental.** *Med.* Retardado mental. **País atrasado.** País subdesenvolvido.

a·tra·sar *v.t.* **1.** Atrasar, pôr para trás, recuar. **2.** Atrasar, demorar. **3.** Adiar. *Atrasaron la inauguración.* Adiaram a inauguração. ● *v.i.* **4.** Atrasar, ficar para trás. *Este reloj atrasa.* Este relógio atrasa. ■ **atrasarse** *v.p.* **1.** Atrasar-se, chegar tarde. **2.** Atrasar-se, demorar-se.

a·tra·ve·sar *v.t.* **1.** Atravessar, cruzar, transpor. **2.** *Fig.* Atravessar, passar. **3.** Atravessar, intervir. ■ **atravesarse** *v.p.* Atravessar-se, colocar-se obliquamente. ❙ *C.mod. 01.* ♦ **Atravesársele a uno (alguien o algo).** Ter (alguém ou algo) atravessado na garganta.

a·tre·ver·se *v.p.* Atrever-se, ousar.

a·tre·vi·do/a *adj. e s.* **1.** Atrevido, ousado. **2.** Atrevido, insolente, abusado. **3.** Atrevido, indecoroso.

a·tri·bu·ción *s.f.* Atribuição.

a·tri·buir *v.t.* **1.** Atribuir. **2.** *Fig.* Imputar. ❙ *C.mod. 13.*

a·trio *s.m. Arq.* Átrio.

a·tro·ci·dad *s.f.* Atrocidade. ■ **atrocidades** *s.f.pl.* Atrocidades, barbaridades.

a·tro·fia *s.f. Med.* Atrofia.

a·tro·pe·llar *v.t.* **1.** Atropelar. **2.** *Fig.* Atropelar, passar por cima (de obstáculos, leis). **3.** *Fig.* Ultrajar, maltratar. **4.** *Fig.* Agir precipitadamente. ■ **atropellarse** *v.p.* Precipitar-se. ❙ Não tem sentido de "desprezar" nem de "confundir-se".

a·tro·pe·llo *s.m.* **1.** Atropelo. **2.** Atropelamento. **3.** Violação de princípios ou leis. **4.** Insulto. *Un atropello a la razón.* Um insulto à razão. **5.** *Fig.* Abuso. ♦ **Con/Sin atropellos.** Com/Sem pressa.

a·tún *s.m.* Atum.

a·tur·dir *v.t.* Aturdir, atordoar. ■ **aturdirse** *v.p.* Aturdir-se, atordoar-se.

au·da·cia *s.f.* **1.** Audácia, ousadia. **2.** Atrevimento, insolência.

au·di·ción *s.f.* **1.** Audição, faculdade de ouvir. **2.** *Mus.* Audição, recital.

au·dien·cia *s.f.* **1.** Audiência, recepção. *Tuvo una audiencia con el ministro.* Teve uma audiência com o ministro. **2.** *For.* Audiência, sessão de tribunal. **3.** Audiência, receptividade do público.

au·dio·vi·sual *adj.* Audiovisual.

au·di·to·rí·a *s.f.* Auditoria.

au·di·to·rio *s.m.* Auditório.

au·ge *s.m.* Auge.

☞ **au·la** *s.f.* Sala de aula, classe. ❙ No *sing.* usa-se com *art.m. el. Estudio en el aula número dos.* Estudo na sala número dois.

au·llar *v.i.* Uivar.

au·lli·do *s.m.* Uivo.

au·men·tar *v.t. e v.i.* **1.** Aumentar, subir. **2.** Aumentar, engrandecer. **3.** Aumentar, acrescentar.

au·men·ta·ti·vo/a *adj. e s.m. Gram.* Aumentativo.

au·men·to *s.m.* **1.** Aumento, incremento, acréscimo. **2.** Aumento, potência, amplificação. *Estos lentes son de aumento.* Estas lentes são de aumento.

aun *adv.* **1.** Até, inclusive. *Te doy el libro y*

aun la revista. Dou a você o livro e, inclusive, a revista. **2.** Embora, mesmo que, ainda que. *Siempre sonríe, aun cuando está triste.* Sempre sorri, mesmo estando triste. ♦ **Aun cuando.** Mesmo que. **Ni aun.** Nem mesmo, nem se. *No me llamó, ni aun habiéndoselo pedido.* Não me telefonou, nem mesmo tendo pedido a ele.

aún *adv.* Ainda. *Aún no me llamó.* Ainda não me ligou. ♦ **Aún así.** Ainda/Mesmo assim. **Aún más cuando.** Ainda mais que. *Tienes que recibirlo, aún más cuando es tu jefe.* Você tem de recebê-lo, ainda mais que é o seu chefe.

aun·que *conj.* **1.** Embora, apesar de. *Sigue leyendo aunque no le gusta el libro.* Continua lendo embora não goste do livro. **2.** Mesmo que, ainda que, nem que. *Aunque no avise, vendrá.* Mesmo que não avise, virá. *Le llevaré aunque sea una flor.* Vou levar-lhe nem que seja uma flor. **3.** Por mais que. *Aunque lo necesitara no lo haría.* Por mais que precisasse não o faria. ♦ **Ni aunque.** Nem mesmo/se. *Ni aunque me lo jurase me lo creería.* Nem se ele jurasse eu acreditaria.

au·réo·la *s.f.* **1.** Auréola. **2.** *Fig.* Fama. ■ *Tb.: aureola.*

au·ri·cu·lar *adj.* **1.** Auricular. ● *s.m.* **2.** Dedo mínimo. **3.** Fone, parte do telefone que se aproxima do ouvido. ♦ **auriculares** *s.m.pl.* Aparelho para ouvir, fone de ouvido.

au·sen·cia *s.f.* **1.** Ausência, afastamento. **2.** Ausência, carência, falta.

au·sen·tar·se *v.p.* Ausentar-se.

au·sen·te *adj. e s.2g.* **1.** Ausente. **2.** *Fig.* Distraído.

aus·pi·cio *s.m.* **1.** Auspício, presságio. **2.** Patrocínio, auspício.

aus·te·ri·dad *s.f.* Austeridade.

au·tén·ti·co/a *adj.* **1.** Autêntico, verdadeiro, legítimo. **2.** Autêntico, autenticado, legalizado.

au·ten·ti·fi·car *v.t.* Autenticar.

au·to *s.m.* **1.** *For.* Auto, resolução judicial. **2.** *Col. Amer.* Carro. **3.** *Teat.* Auto, composição alegórica. ■ **autos** *s.m.pl. For.* Autos, documentação de um processo. ■ *Abrev.* frequente de *automóvil.* ♦ **Auto de fe.** Auto de fé. **El día de autos.** *For.* O dia do delito. **Estar en autos.** Conhecer os antecedentes (de algo). **Poner en autos.** Pôr a par.

au·to·bús *s.m. Esp.* Ônibus urbano, de trajeto fixo. ♦ **Autobús climatizado.** Ônibus com ar-condicionado. **Autobús de línea.** Ônibus de linha.

au·to·car *s.m. Esp.* Ônibus interurbano ou para excursões.

au·tóc·to·no/a *adj. e s.* Autóctone, nativo.

au·tó·gra·fo *s.m.* Autógrafo.

au·to·ma·ción *s.f.* Automação.

au·tó·ma·ta *s.2g.* Autômato, andróide.

au·to·ma·ti·za·ción *s.f.* Automatização.

au·to·ma·ti·zar *v.t.* Automatizar.

au·to·mo·tor/to·ra *adj. e s.m.* Automotor, automotivo, automotriz. *Industria automotora.* Indústria automotora.

au·to·mó·vil *s.m.* Automóvel.

au·to·mo·vi·lis·mo *s.m.* Automobilismo.

au·to·no·mía *s.f.* Autonomia.

au·to·pis·ta *s.f.* Autoestrada, rodovia de pelo menos duas pistas em cada sentido.

au·top·sia *s.f. Med.* Autópsia.

au·tor/to·ra *s.* Autor.

au·to·ri·dad *s.f.* **1.** Autoridade, poder legítimo. **2.** Autoridade, pessoa que tem poder. *Las autoridades vendrán al acto público.* As autoridades estarão presentes ao ato público. **3.** *Fig.* Autoridade, pessoa que tem notoriedade. *Es una autoridad en medicina.* É uma autoridade em medicina.

au·to·ri·ta·rio/a *adj.* Autoritário.

au·to·ri·za·ción *s.f.* Autorização.

au·to·ri·zar *v.t.* Autorizar.

au·to·ser·vi·cio *s.m.* Autosserviço, *self-service.*

au·to·stop *s.m. Angl.* **1.** Carona. *Ha conocido Europa haciendo autostop.* Conheceu a Europa viajando de carona. **2.** Pedido de carona. *Aquel chico siempre hace autostop.* Aquele rapaz sempre pede carona.

au·xi·liar *adj.* **1.** Auxiliar, de reserva. ● *s.2g.* **2.** Auxiliar, assistente, adjunto. ● *v.t.* **3.** Ajudar, prestar assistência, socorrer, auxiliar.

au·xi·lio *s.m.* **1.** Auxílio, ajuda, socorro. **2.** *Arg.* Estepe. ♦ **Auxilio de cesantía.** Salário-desemprego.

a·val *s.m. Com.* Aval. ♦ **Con el aval de.** Com a garantia de. **Sin aval.** Sem garantia.

a·va·lan·cha *s.f.* Avalanche.

a·va·lar *v.t.* Dar aval, avalizar.

a·va·lis·ta *s.2g. Com.* Avalista, fiador.

a·van·ce *s.m.* **1.** Avanço, progresso. **2.** Avanço, adiantamento (dinheiro). **3.** *Com.* Previsão orçamentária. **4.** Fragmentos de um filme, *trailer*. **5.** Aproveitamento.

a·van·zar *v.i.* **1.** Avançar, adiantar, ir para diante/a frente. ■ *v.t.* **2.** Avançar, superar. **3.** *Fig.* Progredir, avançar, adiantar. ▌Não tem sentido de "atirar-se", "apropriar-se" nem de "alcançar".

a·va·ro/a *adj.* Avarento, sovina.

a·ve *s.f.* Ave. ▌No *sing.* usa-se com *art.m. el. El ave.* A ave. ♦ **Ave de corral.** Ave doméstica (galo, peru). **Ave de mal agüero.** Pássaro de mau agouro. **Ave de paso.** Pessoa que permanece pouco tempo num lugar.

a·ve·lla·na *s.f. Bot.* Avelã.

a·ve·na *s.f.* Aveia.

a·ve·ni·da *s.f.* **1.** Avenida. ▌*Abrev. Avda.* **2.** Enchente.

a·ven·tu·ra *s.f.* Aventura. ♦ **Embarcarse en una aventura.** Começar algo incerto.

a·ven·tu·re·ro/a *adj. e s.* Aventureiro.

a·ver·gon·zar *v.t.* Envergonhar, inibir. ■ **avergonzarse** *v.p.* Envergonhar-se. ▌*C. mod. 03.*

a·ve·rí·a *s.f.* Avaria, dano, estrago.

a·ve·ri·guar *v.t.* Averiguar, apurar, investigar.

a·ver·sión *s.f.* Aversão.

a·ves·truz *s.m.* Avestruz.

a·via·ción *s.f.* Aviação.

a·via·dor/·do·ra *s.* Aviador, membro da tripulação de um avião.

a·vión *s.m.* Avião. ♦ **Avión sin motor.** Planador.

a·vi·sar *v.t.* **1.** Avisar, informar. **2.** Avisar, prevenir, alertar.

a·vi·so *s.m.* **1.** Aviso, informação. **2.** Aviso, advertência. **3.** Anúncio. ♦ **Aviso anticipado.** Aviso-prévio. **Estar sobre aviso.** Estar de prontidão. **Hasta nuevo aviso.** Até nova ordem. **Poner un aviso.** Colocar um anúncio. **Sin previo aviso.** Sem avisar.

a·vis·pa *s.f.* Vespa, marimbondo.

a·vis·pe·ro *s.m.* **1.** Vespeiro. **2.** *Fig.* Local ou assunto perigoso, ninho de marimbondos.

a·xi·la *s.f.* Axila.

¡ay! *interj.* **1.** Ai! (exclamação de dor ou susto). ● *s.m.* **2.** Queixa, lamento, ai, pio. ♦ **¡Ay de mí!** Pobre de mim!

a·yer *adv.* **1.** Ontem. **2.** *Fig.* Anteriormente, outrora.

a·yo·te *s.m. Bot. Mex. e Am.C.* Abóbora.

a·yu·da *s.f.* Ajuda, auxílio. ♦ **Ayuda de costa.** Ajuda de custo. **Centro de ayuda.** Lugar de beneficência.

a·yu·dan·te/a *s.* Ajudante, assistente.

a·yu·dar *v.t.* **1.** Ajudar, colaborar. **2.** Ajudar, socorrer financeiramente. ■ **ayudarse** *v.p.* Valer-se de algo ou alguém para conseguir um fim. *Se ayudó de la familia.* Valeu-se da ajuda da família. ♦ **A quien madruga Dios le ayuda.** Deus ajuda quem cedo madruga.

a·yu·nar *v.i.* Jejuar.

a·yu·no *s.m.* Jejum. ♦ **Estar en ayunas. 1.** Estar em jejum. **2.** Estar por fora.

a·yun·ta·mien·to *s.m.* **1.** Prefeitura. **2.** Câmara Municipal.

a·za·da *s.f.* Enxada. ▌*Tb.: azadón.*

a·za·fa·ta *s.f.* Aeromoça.

a·za·frán *s.m. Bot.* Açafrão.

☞ **a·za·har** *s.m. Bot.* Flor de laranjeira.

a·zar *s.m.* **1.** Acaso, casualidade, azar. **2.** Desgraça imprevista, revés. ▌Não tem sentido de "má sorte". ♦ **Al azar.** Sem previ-

são. **Los azares de la vida.** As vicissitudes da vida. **Por azar.** Por acaso.
a·zo·te *s.m.* Chicote, látego, açoite.
a·zo·tea *s.f.* Terraço.
az·te·ca *adj.* e *s.2g.* Asteca.
a·zú·car *s.2g.* Açúcar. ▮ No *pl.* usa-se como *m. Los azúcares provienen de fuentes diversas.* Os açúcares provêm de fontes diversas. ♦ **Azúcar blanco.** Açúcar refinado. **Azúcar cande.** Açúcar cristal. **Azúcar de cortadillo.** Açúcar em torrões. **Azúcar moreno.** Açúcar mascavo. **Caña de azúcar.** Cana-de-açúcar.
a·zu·ca·re·ro/a *adj.* **1.** Açucareiro, relativo ao açúcar. ● *s.f.* **2.** Açucareiro.
a·zud *s.m.* Açude.
a·zu·fre *s.m. Quím.* Enxofre.
a·zul *adj.* e *s.m.* Azul. ♦ **Sangre azul.** Sangue azul.
a·zu·le·jo *s.m.* Azulejo.

B

b *s.f.* B, segunda letra do alfabeto. ▮ Recebe o nome *be*.
ba·be·ar *v.i.* Babar.
ba·be·ro *s.m.* Babador.
ba·bor *s.m. Mar.* Bombordo.
ba·bo·sa·da *s.f. Amer.* Bobagem, besteira.
ba·ca·lao *s.m.* Bacalhau.
ba·che *s.m.* **1.** Buraco ou depressão no asfalto. **2.** Depressão atmosférica, vácuo (aviões). **3.** Baixa momentânea de uma atividade, queda. *Las ventas han sufrido un bache.* As vendas sofreram uma queda.
☞ **ba·chi·ller** *s.* Pessoa que obteve o diploma de conclusão do ensino médio.
☞ **ba·chi·lle·ra·to** *s.m.* Estudos de nível médio (do ensino médio).
bac·te·ria *s.f.* Bactéria.
ba·hí·a *s.f. Mar.* Baía, barra.
bai·lar *v.i.* e *v.t.* **1.** Dançar, bailar. **2.** Fazer girar no ar um objeto qualquer. ▮ *v.i.* **3.** Balançar, oscilar. ♦ **Bailar al son que tocan.** Dançar conforme a música. **Bailar en cuerda floja.** Andar na corda bamba.
bai·la·rín/ri·na *s.* Bailarino.
bai·le *s.m.* **1.** Baile, festa com dança. **2.** Dança. **3.** *Desp.* Drible, passagem de bola. ♦ **Baile de disfraces.** Baile a fantasia. **Baile regional.** Dança regional.
ba·ja *s.f.* **1.** Baixa, queda. *Hubo una baja en las taxas de natalidad.* Houve uma queda nas taxas de natalidade. **2.** Baixa, cessação de atividade. **3.** Baixa, perda (humana, material). ♦ **Dar de baja.** Dar baixa.
ba·ja·da *s.f.* **1.** Descida. **2.** Baixada. **3.** *For.* Baixa. *Tramitar la bajada de los autos.* Pedir a baixa dos autos.
ba·jar *v.i.* e *v.t.* **1.** Baixar, abaixar. **2.** Baixar, diminuir (tamanho, preço). **3.** Descer. *Bajar la montaña.* Descer a montanha. ▮ **bajarse** *v.p.* **1.** Abaixar-se. **2.** Inclinar-se. **3.** Descer. ♦ **Bajar la cabeza/los humos/las orejas.** Abaixar a cabeça, pôr o orgulho de lado.
ba·je·za *s.f.* **1.** Baixeza, baixaria. **2.** Baixeza, humildade.
ba·jo¹/a *adj.* **1.** Baixo, perto do chão, do nível do mar. *Los aviones volaban bajo.* Os aviões voavam baixo. **2.** Baixo, de pequena estatura, pouco elevado. **3.** Baixo, voltado para o chão. *Con los ojos bajos.* Com os olhos para baixo. **4.** Baixo, abaixado. *Llevas la ventanilla del coche baja.* A janela do carro está abaixada. **5.** Baixo, barato. **6.** *Fig.* Baixo, inferior, humilde. *Ocupa un puesto bajo.* Tem um cargo inferior. **7.** *Fig.* Baixo, ordinário, vulgar. *Un carácter bajo.*

Um caráter vulgar. **8.** Baixo, grave. *Sonido bajo.* Som grave. ● *s.m.* **9.** *Mus.* Baixo. **10.** *Mar.* Baixio. ■ **bajos** *s.m.pl.* Térreo, piso, andar térreo. ♦ **Echar por bajo.** Cálculo aproximado para menos. *Echando por bajo, costará unos 45 euros.* Sendo otimista, vai custar uns 45 euros. **Planta baja.** Térreo.

ba·jo² *prep.* **1.** Submetido a, sob. *Está bajo cuidados médicos.* Está sob cuidados médicos. **2.** De, segundo. *Bajo mi punto de vista (...).* Do meu ponto de vista (...). *Bajo este aspecto.* Sob este ponto de vista. **3.** Abaixo de, sob. *Estuvimos a tres grados bajo cero.* Estivemos a três graus abaixo de zero. ■ Recomenda-se evitar o uso de *bajo* na acepção 2. ● *adv.* **4.** Baixo, fraco (som). *Habla más bajo.* Fale mais baixo. ♦ **Bajo apercebimiento de ley.** *For.* Sob pena da lei. **Bajo llave.** Trancado a chave.

ba·jo·rre·lie·ve *s.m.* Baixo-relevo. ■ *Tb.: bajo relieve.*

ba·la *s.f.* Bala, projétil. ■ Não tem sentido de "guloseima". ♦ **Como una bala.** Como uma bala/um raio.

ba·lan·ce *s.m.* **1.** Balanço, movimento do corpo. **2.** *Com.* Balanço, registro contábil (de uma entidade ou pessoa jurídica). **3.** *Fig.* Balanço, exame, levantamento de uma situação. ■ Não tem sentido de "aparelho para balançar".

ba·lan·za *s.f.* Balança. ■ *Sin.: báscula.* ♦ **Balanza comercial.** *Com.* Balança comercial. **Balanza de pagos.** *Com.* Balança de pagamentos.

ba·la·zo *s.m.* **1.** Disparo de bala. **2.** Ferimento causado por bala.

bal·bu·ce·ar *v.i.* Balbuciar.

bal·cón *s.m.* Varanda, sacada, balcão. ■ Não tem sentido de "móvel para atendimento ao público".

bal·do·sa *s.f.* Ladrilho, cerâmica de assoalho, piso. ■ *Tb.: baldosín.*

ba·lle·na *s.f.* **1.** Baleia. **2.** *Col.* Pessoa gorda. **3.** Barbatana (roupa).

ba·llet *s.m. Gal.* Balé. ■ *Pl.: ballets.*

bal·nea·rio/a *adj.* e *s.m.* Balneário.

ba·lón *s.m.* **1.** Bola. **2.** *Quím.* e *med.* Balão.

ba·lon·ces·to *s.m. Desp.* Basquetebol. ■ *Tb.: básket.*

ba·lon·vo·lea *s.m. Desp.* Vôlei. ■ *Tb.: voleibol.*

ba·na·li·dad *s.f.* Banalidade, trivialidade.

ba·na·na *s.f.* **1.** *Bot. Amer.* Banana. **2.** Banana, cartucho de dinamite.

ban·ca *s.f.* **1.** Banca, conjunto de instituições bancárias. **2.** Banca, depositário de apostas (em jogos de azar). ■ Não tem sentido de "mesa examinadora".

ban·ca·rro·ta *s.f. Com.* **1.** Falência, bancarrota. **2.** *Fig.* Bancarrota, fracasso econômico.

ban·co *s.m.* **1.** Banco, assento sem encosto. **2.** Banco, instituição financeira. **3.** *Mar.* Banco (de areia). **4.** Bancada, mesa de trabalho, banca. **5.** Banco, posto de compilação (dados, sangue). ♦ **Banco de datos.** Banco de dados. **Banco de pruebas.** Local de provas experimentais.

ban·da *s.f.* **1.** Faixa, fita, banda. **2.** Faixa, condecoração. *Le impusieron la banda de Miss.* Recebeu a faixa de *Miss.* **3.** Faixa, venda, atadura. **4.** Faixa, listra. **5.** *Mus.* Faixa, uma das melodias de um disco. **6.** *Mus.* Banda, conjunto de pessoas que tocam. **7.** Bando, quadrilha. **8.** Lateral, ladeira. **9.** Banda, grupo, facção. ♦ **Banda ciudadana.** Faixa do cidadão (rádio). **Banda sonora.** Trilha sonora.

ban·de·ja *s.f.* Bandeja. ♦ **Servir (algo) en bandeja.** Dar (algo) de bandeja.

ban·de·ra *s.f.* **1.** Bandeira, pendão. **2.** Lema, bandeira. **3.** Flâmula. ♦ **Bandera a media asta.** Bandeira a meio pau/mastro. **Bandera blanca.** Bandeira branca. **Bandera negra.** Bandeira pirata. **Izar la bandera.** Hastear a bandeira.

ban·di·do/a *s.* **1.** Bandido. **2.** *Col.* Malandro, esperto.

ban·que·ro *s.m.* **1.** *Com.* Banqueiro, proprietário de banco. **2.** Banqueiro, responsável pela banca (em jogos).

ban·qui·na *s.f. Amer.* Acostamento (estrada).

ba·ñar v.t. 1. Banhar, mergulhar em água. 2. Banhar, recobrir, revestir, folhear. *Bañar con/en oro.* Banhar a ouro. 3. *Fig.* Banhar, iluminar, roçar (mar, sol). *El sol baña la playa.* O sol banha a praia. ■ **bañarse** v.p. Tomar banho, banhar-se, lavar-se. ♦ **Bañado en sangre.** Banhado/Empapado em sangue. **Bañado en sudor.** Empapado de suor.

ba·ñis·ta adj. Banhista.

ba·ño s.m. 1. Banheiro. 2. Banho, ducha. 3. Banho, camada de revestimento. ■ **baños** s.m.pl. Banhos, balneário, local para banhos terapêuticos. ♦ **Baño de vapor.** Banho de vapor, sauna. **Baño (de) María.** Banho-maria. **Baño turco.** Banho turco. **Baños termales.** Banhos termais. **Cuarto de baño.** Banheiro. **Darse un baño.** Tomar banho. **Traje de baño.** Maiô.

bar s.m. Bar, botequim.

ba·ra·ja s.f. Baralho. ♦ **Jugar con dos barajas.** Fazer jogo duplo.

ba·ra·jar v.t. Embaralhar, baralhar. ■ Não tem sentido de "confundir". ♦ **Barajarla más despacio.** Explicar melhor.

ba·ran·di·lla s.f. 1. Corrimão. 2. Gradeamento (sacadas, terraços).

ba·ra·ti·ja s.f. Bagatela, quinquilharia, ninharia.

ba·ra·to/a adj. Barato, de baixo preço. ● **barato** adv. Barato, a preço baixo. ■ Não tem sentido de "curtição". ♦ **Lo barato es caro.** O barato sai caro.

bar·ba s.f. Barba.

bar·ba·ri·dad s.f. 1. Barbaridade, fato brutal, cruel. 2. Barbaridade, desatino, bobagem. *Decir barbaridades.* Falar besteiras. 3. *Fig. e col.* Demais, excesso. *Habla una barbaridad.* Fala mais que a boca. ♦ **¡Qué barbaridad!** Que horror!

bár·ba·ro/a adj. e s. 1. Bárbaro, invasor. 2. *Fig.* Bárbaro, cruel, feroz. 3. *Fig.* Bárbaro, ousado. 4. *Col.* Bárbaro, ótimo, bacana, legal. ● **bárbaro** adv. Otimamente, maravilhosamente.

bar·be·rí·a s.f. Barbearia.

bar·bi·lla s.f. Queixo.

bar·bu·do/a adj. Barbudo.

bar·co s.m. *Mar.* Navio, barco. ♦ **Barco cisterna.** Navio-tanque. **Barco de guerra.** Navio de guerra. **Barco de vapor/vela.** Barco/Navio a vapor/vela.

ba·rí·to·no s.m. *Mus.* Barítono.

bar·niz s.m. 1. Verniz. 2. Esmalte de unhas.

bar·ni·zar v.t. Envernizar, esmaltar.

ba·rón s.m. Barão. ■ *F.: baronesa.*

ba·rra s.f. 1. Barra, lingote (metal). 2. Barra, alavanca de ferro. 3. Barra, trinco de proteção (portas). 4. Listra. 5. *For.* Grade de madeira que separa os magistrados do público num tribunal, barra. 6. Balcão (bar). *Tomaremos un café en la barra.* Tomaremos um café no balcão. 7. Tablete. *Compré dos barras de chocolate.* Comprei dois tabletes de chocolate. 8. *Rio-plat.* Turma. ♦ **Barra de labios.** Batom. **Barra libre.** Sem consumação. **Ejercitarse en la barra.** Fazer exercícios (balé) com barra.

ba·rran·co s.m. Barranco.

ba·rren·de·ro/a s. Varredor, gari.

ba·rre·no/a s. *Mec.* Perfuratriz, broca.

ba·rrer v.t. 1. Varrer, passar a vassoura. 2. *Fig.* Varrer, levar embora, arrastar. *El viento barrió las nubes.* O vento varreu as nuvens. 3. *Fig.* Varrer, dissipar, eliminar.

ba·rre·ra s.f. Barreira. ♦ **Barreras arancelarias.** Barreiras alfandegárias. **Formar barrera.** *Desp.* Fazer uma barreira (jogadores).

ba·rri·ga s.f. Barriga. ♦ **Echar barriga.** Engordar. **Rascarse la barriga.** Ficar de papo para o ar.

ba·rri·gón/·go·na adj. Barrigudo. ■ *Tb.: barrigudo.*

ba·rril s.m. 1. Barril, tonel. 2. Barril, medida de petróleo. ♦ **Cerveza de barril.** Chope.

ba·rri·le·te s.m. 1. Barrilete. 2. No revólver, depósito de balas, tambor. 3. *Amer.* Pipa, papagaio.

ba·rrio s.m. Bairro. ♦ **Barrio chino.** Zona de prostituição.

ba·rro *s.m.* **1.** Barro, argila. **2.** Barro, lodo, lama. ■ **barros** *s.m.pl. Med.* Acne, espinha. ♦ **Barro blanco.** Argila. **Barro cocido.** Terracota.

ba·sar *v.t.* Basear. ■ **basarse** *v.p.* Fundamentar-se, basear-se, apoiar-se.

bás·cu·la *s.f.* Balança.

ba·se *s.f.* **1.** Base, suporte. **2.** *Fig.* Base, apoio, fundamento, alicerce. **3.** Base, início. **4.** Base (de operações). ♦ **Base aérea/militar/naval.** Base aérea/militar/naval. **A base de.** À base de. *Vive a base de medicamentos.* Vive à base de remédios.

bas·tan·te *adj.* **1.** Bastante, suficiente. ● *adv.* **2.** Bastante, em grande quantidade. **3.** Consideravelmente.

bas·tar *v.i.* **1.** Bastar, ter em quantidade suficiente. **2.** Bastar, ter em abundância. ■ **bastarse** *v.p.* Bastar-se, não precisar de ajuda. ♦ **¡Basta ya!** Já chega!

bas·tar·do/a *adj. e s.* **1.** Bastardo. **2.** Vira-lata (cachorro).

bas·ti·dor *s.m.* **1.** *Teat.* Bastidor. **2.** Armação, estrutura. **3.** *Mec.* Chassi de carro. ♦ **Entre bastidores.** Atrás dos bastidores.

bas·tón *s.m.* **1.** Bengala. **2.** Bastão, bordão. **3.** Bastão, varinha (de comando).

bas·tos *s.m.pl.* **1.** Paus, naipe do baralho.

ba·su·ra *s.f.* Lixo, detrito, sujeira. ♦ **Cubo de basura.** Lata de lixo.

ba·su·re·ro/a *s.* **1.** Lixeiro. ■ *s.m.* **2.** Depósito de lixo.

ba·ta *s.f.* **1.** Bata, roupão, robe. **2.** Guarda-pó.

ba·ta·lla *s.f.* **1.** Batalha. **2.** Torneio. ♦ **Caballo de batalla.** Cavalo de batalha. **Ropa de batalla.** Roupa de briga.

ba·ta·llón *s.m. Mil.* Batalhão.

☞ **ba·ta·ta** *s.f. Bot.* Batata-doce.

ba·te·rí·a *s.f.* **1.** *Mil.* Bateria, artilharia. **2.** Conjunto de objetos colocados em fileira. **3.** *Mus.* Bateria, instrumento de percussão. **4.** *Eletr.* Bateria, pilha, acumulador. **5.** Bateria, conjunto de panelas de uma cozinha. ■ *s.m.* **6.** *Mus.* Baterista.

ba·ti·do *s.m.* Vitamina, bebida à base de leite (com fruta, sorvete). *Batido de manzana.* Vitamina de maçã. ■ Não tem sentido de "usado, gasto".

ba·ti·dor/·do·ra *s.* Batedeira.

ba·tien·te *s.m.* Batente, caixilho.

ba·úl *s.m.* **1.** Baú, arca. **2.** Porta-malas.

bau·tis·mo *s.m.* Batismo.

bau·ti·zar *v.t.* **1.** Batizar, dar o batismo. **2.** Batizar, dar um nome. **3.** *Col.* Batizar, adulterar certos líquidos acrescentando água.

bau·ti·zo *s.m.* Batizado.

ba·zo *s.m. Med.* Baço.

bea·to/a *adj. e s.* **1.** Beato, devoto. **2.** *Fig.* Santarrão.

be·bé *s.m.* Bebê.

be·ber *v.t. e v.i.* **1.** Beber, tragar. **2.** Beber, tomar bebidas alcoólicas. ■ *v.i.* **3.** Beber, brindar. ♦ **Beber como una cuba.** Beber como uma esponja.

be·bi·do/a *adj.* **1.** Bebido. **2.** Bêbado, embriagado. ● *s.f.* **3.** Bebida, líquido que se ingere. **4.** Bebida, vício de beber.

be·ca *s.f.* **1.** Bolsa de estudos. **2.** Beca.

be·ca·rio/a *adj. e s.* Bolsista.

be·ce·rro/a *s.* Bezerro.

be·go·nia *s.f. Bot.* Begônia.

bei·ge *adj. e s.2g. Gal.* Bege.

béis·bol *s.m. Angl. Desp.* Beisebol.

be·ju·co *s.m.* Cipó.

be·lén *s.m.* Presépio.

be·lle·za *s.f.* **1.** Beleza. **2.** Beldade, beleza, mulher muito bonita. ♦ **Productos de belleza.** Produtos de beleza.

be·llo/a *adj.* **1.** Belo, bonito. ● *s.m.* **2.** Belo, beleza.

ben·ci·na *s.f. Quím.* Benzina.

ben·de·cir *v.t.* **1.** Bendizer, louvar. **2.** Benzer, abençoar. ■ *C.mod. 20.*

ben·di·ción *s.f.* Bênção.

be·ne·fi·ciar *v.t.* **1.** Beneficiar, favorecer. **2.** Beneficiar, processar industrialmente. ■ **beneficiarse** *v.p.* Beneficiar-se, tirar proveito.

be·ne·fi·cio *s.m.* **1.** Benefício, favor. **2.** Benefício, vantagem, proveito. **3.** Benefício, rendimento, lucro. ♦ **Beneficio neto.** *Com.* Lucro líquido. **A beneficio de.** Em favor de. **En beneficio de.** Em proveito de. **No tener oficio ni beneficio.** Não ter nada a ver com o peixe.

be·ne·vo·len·cia *s.f.* Benevolência, complacência.

be·nig·no/a *adj.* 1. Benigno, condescendente. 2. Benigno, inofensivo.

ben·ja·mín *s.m.* Caçula, benjamim. ■ Não tem sentido de "plugue para tomadas elétricas".

ber·be·re·cho *s.m.* Molusco similar ao vôngole.

be·ren·je·na *s.f. Bot.* Berinjela.

ber·mu·das *s.m.pl.* Bermuda, calça curta.

be·rrin·che *s.m.* 1. Choro, pranto, lamento. 2. Birra, manha. 3. Alarido, berreiro.

☞ **be·rro** *s.m. Bot.* Agrião.

be·sar *v.t.* Beijar. ■ **besarse** *v.p.* Beijar-se.

be·so *s.m.* Beijo.

bes·tia *s.f.* 1. Besta, animal de carga. 2. Besta, bruto, selvagem. ■ *s.m.* 3. *Fig.* Besta, tolo.

be·su·cón/·co·na *adj. Col.* Beijoqueiro.

be·tún *s.m.* 1. Betume. 2. Graxa (para sapatos).

bi·be·rón *s.m.* Mamadeira.

bi·blia *s.f.* Bíblia.

bi·blio·gra·fi·a *s.f.* Bibliografia.

bi·blio·te·ca *s.f.* Biblioteca. ♦ **Ser una biblioteca ambulante.** Ser uma biblioteca ambulante.

bi·blio·te·ca·rio/a *s.* Bibliotecário.

bi·car·bo·na·to *s.m. Quím.* Bicarbonato.

bi·cho *s.m.* 1. *Dep.* Bicho, animal. 2. Bicho, animal doméstico. 3. Malvado, de mau gênio, travesso.

bi·ci·cle·ta *s.f.* Bicicleta.

bi·dé *s.m.* Bidê.

bi·dón *s.m.* Tambor, vasilha metálica para líquidos.

bien *s.m.* 1. Bem, bem-estar, felicidade. 2. Bem, favor, benefício. ● *adv.* 3. Bem, de modo conveniente ou correto. 4. Bem, com saúde. 5. Bem, muito. *Llegamos bien tarde.* Chegamos bem tarde. 6. Bem que. *Bien me lo habían advertido.* Bem que tinham me avisado. 7. Bem, está bem. ● **bienes** *s.m.pl.* Bens, posses. ♦ **Bienes de cambio.** *Com. Arg.* Capital circulante. **Bienes de consumo.** Bens de consumo. **Bienes de uso.** *Com. Arg.* Ativo imobilizado. **Bienes gananciales.** Comunhão de bens. **Bienes inmuebles/raíces.** Bens imóveis. **De bien.** De boa índole. **¡(Pues) Estamos bien!** Estamos bem arranjados! **Estar bien.** 1. Estar bem de saúde. 2. Estar em boa situação financeira. 3. Estar confortável. 4. Ser suficiente. 5. Estar de acordo. 6. Ser bom. 7. Assentar, cair bem. 8. Ser bem-feito. **Más bien.** Senão, mas sim. *No estoy triste, más bien cansado.* Não estou triste, senão cansado. **No estar bien.** Não ficar bem. **¡Qué bien!** Que bom! **Si bien.** Embora, ainda que. **Tener a bien.** Dignar-se. **Tomar a bien.** Encarar numa boa. **¿Y bien?** E então?

bien·es·tar *s.m.* 1. Bem-estar, serenidade, paz. 2. Conforto.

bien·he·chor/·cho·ra *adj. e s.* Benfeitor.

bien·ve·ni·do/a *adj.* 1. Bem-vindo. ● *s.f.* 2. Boas-vindas. *Dar la bienvenida.* Dar as boas-vindas.

bi·fe *s.m.* 1. *Amer.* Bife, filé. 2. *Col. Arg.* Tapa.

bi·fur·ca·ción *s.f.* 1. Bifurcação, ramal. 2. Desvio, ramificação.

bi·ga·mia *s.f.* Bigamia.

bi·go·te *s.m.* Bigode.

bi·ki·ni *s.m.* Biquíni, maiô de duas peças. ■ *Tb.*: biquini.

bi·lin·güe *adj.* Bilíngue.

bi·lis *s.f. Med.* Bílis. ■ *Pl.*: invariável.

bi·llar *s.m.* Bilhar.

bi·lle·te *s.m.* 1. Bilhete, mensagem breve. 2. Bilhete, passagem (trem, ônibus). 3. Ingresso, entrada. 4. Cédula, nota, papel-moeda. *Un billete de 20 dólares.* Uma nota de 20 dólares. ♦ **Billete de ida y vuelta.** Passagem de ida e volta. **Billete de lotería.** Bilhete de loteria.

bi·lle·te·ro/a *s.* Carteira (dinheiro), porta-notas.

☞ **bi·llón** *s.m.* Trilhão.

bi·mes·tre *s.m.* Bimestre.

bi·nó·cu·lo *s.m.* Binóculo.

bio·gra·fí·a *s.f. Liter.* Biografia.

bio·lo·gí·a *s.f.* Biologia.

bió·lo·go/a *adj. e s.* Biólogo.

biom·bo *s.m.* Biombo.

biop·sia *s.f. Med.* Biópsia.

bí·pe·do/a *adj. e s.* Bípede.

bis *adv.* Bis, duas vezes.

bis·a·bue·lo/a *s.* Bisavô. ▪ *Tb.: bi·sa·bue·lo.*

bi·sa·gra *s.f.* Dobradiça.

bi·sies·to *adj. e s.m.* Bissexto.

bis·nie·to/a *s.* Bisneto. ▪ *Tb.: biznieto.*

bis·tec *s.m.* Filé, bife. ▪ *Pl.: bistecs.*

bi·su·te·rí·a *s.f.* Bijuteria.

biz·co/a *adj. e s.* Vesgo, estrábico.

biz·co·cho *s.m.* 1. Biscoito, bolacha. 2. Bolo.

blan·co/a *adj. e s.* 1. Branco, alvo. 2. Branco, raça branca. ▪ *s.m.* 3. Branco, lacuna, espaço. 4. Alvo, mira. ♦ **Dar carta blanca.** Dar carta branca. **Dar en el blanco.** Acertar na mosca. **Firmar en blanco.** Assinar em branco. **Tener la mente en blanco.** Dar um branco. **Tiro al blanco.** Tiro ao alvo.

blan·cor *s.m.* Brancura.

blan·do/a *adj.* 1. Macio, tenro, brando. 2. *Fig.* Brando, mole, tolerante (caráter). 3. Brando, moderado (clima). 4. *Fig. e col.* Molenga, chorão.

blan·que·ar *v.t.* 1. Branquear, embranquecer. 2. Caiar. ▪ *v.i.* 3. Branquejar, alvejar.

blas·fe·mia *s.f.* Blasfêmia.

bla·són *s.m.* Brasão.

ble·do *s.m. Bot.* Acelga. ♦ **Me importa un bledo.** Não dou a mínima.

ble·no·rra·gia *s.f. Med.* Blenorragia, gonorreia.

blin·da·do/a *adj.* 1. Blindado. ● *s.m.* 2. Carro-forte.

bloc *s.m.* Bloco (de papel). ▪ *Pl.: blocs.*

blo·que *s.m.* 1. Bloco, pedaço de pedra ou metal. 2. Bloco, grupo de coisas, partidos, países afins. 3. Bloco, tijolo de cimento e areia. ♦ **Bloque de viviendas.** Conjunto residencial. **En bloque.** Em massa.

blo·que·o *s.m.* 1. Bloqueio. 2. Cerco. ♦ **Bloqueo salarial.** Arrocho salarial.

blu·sa *s.f.* Blusa, vestimenta feminina.

blu·són *s.m.* Blusão.

bo·ba·da *s.f.* Bobagem.

bo·bi·na *s.f.* 1. *Eletr.* Bobina. 2. Carretel, bobina.

bo·bo/a *adj.* Bobo.

bo·ca *s.f.* 1. Boca, cavidade bucal. 2. *Fig.* Boca, entrada. 3. *Fig.* Boca, número de pessoas a manter. *En casa somos cinco bocas.* Em casa somos cinco bocas. ♦ **Boca abajo/arriba.** De barriga para baixo/cima. **¡A callarse la boca!** Calem a boca! **Andar de boca en boca.** Andar de boca em boca. **Cerrar/Tapar la boca (a alguien).** Fechar/Tampar a boca (de alguém). **En boca cerrada no entran moscas.** Em boca fechada não entra mosquito. **No tener nada que llevarse a la boca.** Não ter nada para comer. **Por la boca muere el pez.** O peixe morre pela boca. **Quedarse con la boca abierta.** Ficar de boca aberta. **Venir a pedir de boca.** Vir a calhar, cair como uma luva.

bo·ca·ca·lle *s.f.* Esquina, entrada de uma rua.

bo·ca·di·llo *s.m.* 1. Sanduíche, lanche. 2. Refeição ligeira.

bo·ca·do *s.m.* Bocado, porção de alimento. ▪ Não tem sentido de "grande quantidade". ♦ **No probar bocado.** Não tocar a comida.

bo·ce·to *s.m.* Projeto, esquema, esboço.

bo·chin·che *s.m. Col.* Desordem, tumulto, confusão.

bo·chor·no *s.m.* 1. Mormaço, calor abafado. 2. Vergonha, rubor.

bo·ci·na *s.f.* Buzina.

bo·da *s.f.* 1. Casamento. 2. Festa de casamento, boda. ♦ **Bodas de papel/plata/oro/diamante.** Bodas de papel/prata/ouro/diamante.

☞ **bo·de·ga** s.f. **1.** Adega. **2.** Mar. Porão de navio.
bo·fe·tón s.m. Bofetão. ∎ Tb.: bofetada.
bo·he·mio/a adj. **1.** Boêmio. ● s.f. **2.** Boemia.
boi·cot s.m. Boicote. ∎ Tb.: boicoteo.
bo·la s.f. **1.** Bola. **2.** Col. Trote, mentira, boato. ∎ **bolas** s.f.pl. Vulg. Testículos. ♦ **Bola de nieve.** Bola de neve. **Correr la bola.** Correr o boato. **No dar pie con bola.** Não dar uma dentro.
bo·le·ro/a adj. **1.** Fig. Mentiroso. ● s.m. **2.** Mus. Bolero. **3.** Spencer, bolero.
bo·le·ta s.f. Amer. Cédula (para votação).
bo·le·tín s.m. **1.** Cupom de assinatura. **2.** Boletim, publicação periódica, informativo.
bo·le·to s.m. **1.** Amer. Ingresso, entrada. **2.** Bilhete (loteria, rifa). **3.** Amer. Passagem (trem, ônibus).
bo·lí·gra·fo s.m. Caneta esferográfica.
☞ **bol·sa** s.f. **1.** Sacola, maleta, estojo. **2.** Saco (papel, plástico). **3.** Dobra, ruga, defeito. Una blusa mal cortada hace bolsas en los hombros. Uma blusa mal cortada fica empapuçada nos ombros. **4.** Com. Bolsa, mercado de valores. La bolsa cerró en alta. A bolsa fechou em alta. ♦ **Bolsa de trabajo.** Mercado de trabalho.
bol·si·llo s.m. **1.** Bolso. **2.** Porta-níquel. ♦ **De bolsillo.** De bolso, portátil. **Echar mano al bolsillo.** Pôr a mão no bolso para pagar algo. **Tener (a alguien) en el bolsillo.** Estar (alguém) no papo. **Tener un agujero en el bolsillo.** Ser esbanjador.
☞ **bol·so** s.m. **1.** Maleta de viagem. **2.** Bolsa feminina.
bom·ba s.f. **1.** Bomba, artefato explosivo. **2.** Bomba, aparelho para bombear. ♦ **Caer como una bomba.** Cair como uma bomba.
bom·bar·deo s.m. Bombardeio.
bom·be·ro s.m. Bombeiro.
bom·bi·lla s.f. **1.** Esp. Lâmpada. **2.** Arg. Canudo metálico para tomar mate.
bom·bón s.m. Bombom.
bom·bo·na s.f. Botijão, bujão. ∎ Sin.: garrafa. ♦ **Bombona de gas.** Botijão de gás.

bo·na·chón/·cho·na adj. e s. Bonachão, crédulo, ingênuo.
bon·dad s.f. Bondade. ∎ **bondades** s.f.pl. Atenções, gentilezas. ♦ **Tener la bondad de.** Ter a bondade de.
bon·da·do·so/a adj. Bondoso.
bo·ni·fi·ca·ción s.f. **1.** Melhoria, benfeitoria, benefício. Le hizo bonificaciones a la casa. Fez benfeitorias na casa. **2.** Abatimento, desconto. Le dio 10% de bonificación. Deu-lhe 10% de desconto. **3.** Bonificação, gratificação.
bo·ni·to/a adj. **1.** Bonito, belo. **2.** Col. Considerável. ● s.m. **3.** Bonito, tipo de peixe. ♦ **Por su cara bonita.** Pelos seus lindos olhos.
bo·no s.m. **1.** Bônus. **2.** Ticket, tíquete. **3.** Com. Vale.
bo·qui·lla s.f. **1.** Mus. Boquilha. **2.** Piteira. **3.** Extremidade do charuto. **4.** Peça para abrir e fechar certos aparelhos, bico. **5.** Boca, abertura inferior nas pernas das calças. Un pantalón de boquilla estrecha. Uma calça de boca estreita.
bor·da·do s.m. Bordado.
bor·dar v.t. Bordar.
bor·de s.m. **1.** Borda, beira, beirada. **2.** Borda, margem, orla. ♦ **Al borde de.** À beira de, na iminência de.
bor·di·llo s.m. Guia, meio-fio.
bor·do s.m. Mar. Bordo, lateral de um navio. ♦ **A bordo.** A bordo, dentro da embarcação ou aeronave. **Comisario de a bordo.** Comissário de bordo. **De alto bordo.** De alto-mar (navio). **Subir a bordo.** Embarcar.
bo·rra·che·ra s.f. Embriaguez, bebedeira. ♦ **Agarrar/Pillar una borrachera.** Tomar um porre.
☞ **bo·rra·cho/a** adj. e s. **1.** Bêbado, embriagado, ébrio. ∎ adj. **2.** Fig. Ébrio, possuído por alguma paixão. Borracha de venganza. Ébria de vingança. ∎ s.m. **3.** Bolo ou biscoito licoroso. ♦ **Borracho como una cuba.** Bêbado feito um gambá.
bo·rra·dor s.m. **1.** Rascunho, esboço, minuta. **2.** Borrão, borrador, caderno de rascu-

nho. **3.** Borracha para apagar. **4.** Apagador (de lousa).

bo·rrar *v.t.* **1.** Apagar. *Voy a borrar la pizarra.* Vou apagar a lousa. **2.** Borrar, riscar, rasurar. **3.** Manchar, desbotar. *El agua borró la tarjeta.* A água manchou o cartão. **4.** *Fig.* Suprimir, eliminar, afastar. *A Juan lo borraron del curso.* João foi afastado do curso. ■ **borrarse** *v.p.* **1.** *Fig.* Apagar-se, esquecer. **2.** *Fig.* Abandonar, cair fora. ▌Não tem sentido de "sujar com fezes, defecar".

bo·rro·so/a *adj.* Confuso, meio apagado, pouco nítido. *Mis recuerdos están medio borrosos.* Minhas lembranças estão meio confusas.

bos·que *s.m.* **1.** Floresta. **2.** Bosque. **3.** Mata.

bos·que·jo *s.m.* Esboço, esquema, bosquejo.

bos·te·zar *v.i.* Bocejar.

bos·te·zo *s.m.* Bocejo.

bo·ta *s.f.* **1.** Bota, calçado de cano alto. **2.** *Esp.* Recipiente de couro especial para vinho.

bo·tá·ni·ca *s.f.* Botânica.

bo·tar *v.t.* **1.** Jogar fora, atirar, botar. **2.** *Col.* Despedir do emprego. **3.** *Amer.* Dissipar, desperdiçar. ■ *v.i.* **4.** Saltar, rebotar (bola). ▌Não tem sentido de "botar ovo", "vestir algo" nem de "colocar, pôr, guardar". ♦ **Estar uno que bota.** Estar furioso ou indignado.

bo·te *s.m.* **1.** Salto, rebote. **2.** Vasilhame com tampa, pote. **3.** Lata. *Un bote de leche condensada.* Uma lata de leite condensado. **4.** *Mar.* Pequena embarcação a remo, bote. *Bote salvavidas.* Barco de salvamento. ▌Não tem sentido de "ataque". ♦ **Dar botes de alegría.** Pular de alegria. **Darse el bote.** Cair fora, mandar-se.

bo·te·lla *s.f.* Garrafa. ♦ **Botella de oxígeno.** Balão de oxigênio.

bo·tín *s.m.* **1.** Botina. **2.** Polaina. **3.** Despojo, saque, produto de ataque/roubo, butim. *Los asaltantes huyeron con el botín.* Os assaltantes fugiram com o saque.

☞ **bo·ti·quín** *s.m.* Caixa ou estojo com medicamentos para primeiros socorros.

bo·tón *s.m.* **1.** Botão (de roupa, aparelho elétrico). **2.** *Bot.* Botão (de flor), broto. **3.** Campainha. **4.** *Col. Rio-plat.* Policial. ■ **botones** *s.m.pl.* Mensageiro, *office-boy*, bói. ♦ **Al botón.** *Rio-plat.* Em vão. **Como botón de muestra.** Como exemplo.

bó·ve·da *s.f. Arq.* Abóbada.

bo·xeo *s.m. Desp.* Boxe, pugilismo.

bo·ya *s.f.* Boia, baliza.

bra·ga *s.f.* Calça, calcinha, roupa íntima feminina. ▌Geralmente usado no *pl.* ♦ **Pillar en bragas.** Pegar de calça curta.

bra·gue·ta *s.f.* Braguilha.

bra·man·te *s.m.* Barbante.

bra·sa *s.f.* Brasa. ♦ **A la brasa.** Na brasa.

bra·vo/a *adj.* **1.** Bravo, valente. **2.** Bravo, bravio, não domesticado. **3.** Bravo (mar). ● *interj.* **4.** Bravo! Muito bem! (exclamação de aprovação). ▌Não tem sentido de "furioso".

bra·zo *s.m.* **1.** Braço, membro do corpo humano. **2.** Pata dianteira dos quadrúpedes. **3.** Braço, apoio lateral das poltronas. **4.** Braço, ramificação (rio, mar). **5.** Braço, peça de um mecanismo ou utensílio que transmite movimento. *Brazo de grúa.* Braço de guindaste. **6.** Galho (árvore). **7.** *Fig.* Braço, poder, autoridade. **8.** *Fig.* Braço, força. **9.** Braço, ala, setor. *Brazo seglar.* Braço secular. ■ **brazos** *s.m.pl. Fig.* Operários, trabalhadores. *Hacen falta brazos en la industria.* Faltam trabalhadores na indústria. ♦ **Brazo derecho.** Braço direito, pessoa de confiança. **A brazo partido. 1.** Com empenho. **2.** No muque. **Cruzarse de brazos.** Ficar de braços cruzados. **Dar el brazo a torcer.** Dar o braço a torcer. **Del brazo.** De braço dado. **Tener en brazos. 1.** Segurar nos braços. **2.** Pegar no colo.

bre·cha *s.f.* **1.** Brecha, abertura irregular. **2.** *Fig.* Impressão, comoção. *El accidente hizo brecha en él.* O acidente causou-lhe impressão.

bre·va *s.f.* **1.** Primeiro fruto da figueira. **2.** *Fig.* Vantagem, pechincha. ♦ **Ponerse más**

blando que una breva. Ficar manso como um cordeirinho.

bre·ve *adj.* Breve, de curta duração ou extensão. ♦ **En breve.** Em breve.

bri·llan·te *adj.* **1.** Brilhante, que brilha. **2.** *Fig.* Brilhante, admirável, que se destaca em sua atividade. ● *s.m.* **3.** Brilhante, diamante lapidado.

bri·llar *v.i.* **1.** Brilhar, reluzir. **2.** *Fig.* Sobressair, destacar-se, brilhar. ♦ **Brillar por su ausencia.** Não comparecer (alguém) onde era esperado.

bri·llo *s.m.* **1.** Brilho. **2.** *Fig.* Brilhantismo. *Actuó con brillo.* Atuou com brilhantismo. ♦ **Sacar/Dar brillo.** Lustrar.

☞ **brin·car** *v.i.* **1.** Pular, saltar. **2.** *Col.* Alterar-se. ♦ **Brincar de alegría.** Pular de alegria. **Estar uno que brinca.** Estar excitado, nervoso, alegre.

☞ **brin·co** *s.m.* Salto, pulo. ♦ **Dar/Pegar un brinco.** Dar um salto.

brin·dar *v.i.* **1.** Brindar, fazer um brinde. ■ *v.t.* **2.** Oferecer, proporcionar, brindar. *Le brindamos facilidades de pago.* Oferecemos facilidades de pagamento. ■ **brindarse** *v.p.* Oferecer-se voluntariamente.

brin·dis *s.m.* **1.** Brinde, ação de brindar. **2.** Brinde, palavras pronunciadas ao brindar. *Hacer un brindis.* Fazer um brinde. ■ Não tem sentido de "presente, prêmio".

bri·sa *s.f.* Brisa.

bro·cha *s.f.* **1.** Pincel de barba. **2.** Broxa.

bro·che *s.m.* **1.** Broche. **2.** Presilha usada como adorno. ♦ **Cerrar con broche de oro.** Fechar com chave de ouro.

bro·che·ta *s.f.* Espeto.

bro·ma *s.f.* **1.** Alegria, diversão. **2.** Brincadeira, piada, gozação. ♦ **Broma de mal gusto.** Brincadeira de mau gosto. **Dejarse de bromas.** Parar com/Deixar de brincadeira. **Echar/Tomar a broma.** Levar na brincadeira. **En broma.** De brincadeira. **Fuera de broma.** Fora de brincadeira, falando sério.

bro·me·ar *v.i.* Fazer ou dizer brincadeiras, brincar, gracejar. *No estoy bromeando.* Não estou brincando.

bron·ca *s.f.* **1.** Briga, discussão violenta. *Dos coches chocaron y se armó la bronca.* Dois carros bateram e começou a briga. **2.** Bronca, repreensão, crítica. **3.** Escândalo, protesto público. *Hay bronca por el aumento de precios.* Estão protestando pelo aumento de preços.

bron·ce *s.m.* **1.** Bronze. **2.** Estátuas ou objetos artísticos de bronze. ■ **bronces** *s.m.pl. Mus.* Instrumentos metálicos (sopro e percussão). ♦ **Edad de bronce.** Idade do Bronze.

bron·cea·dor *s.m.* Bronzeador.

bron·ce·ar *v.t.* Bronzear. ■ **broncearse** *v.p.* Bronzear-se.

bron·qui·tis *s.f. Med.* Bronquite.

bro·tar *v.i.* **1.** *Bot.* Brotar, desabrochar, nascer. **2.** Manar, jorrar, borbotar. ■ *v.t.* **3.** *Fig.* Surgir, aparecer, aflorar, brotar. *Con la edad brotan manchas en las manos.* Com a idade aparecem manchas nas mãos.

bro·te *s.m.* **1.** *Bot.* Broto, botão, rebento. **2.** *Fig.* Indício, surto. *Un brote de hepatitis.* Um surto de hepatite.

bru·jo/a *s.* **1.** Bruxo, feiticeiro. ● *s.f.* **2.** *Col.* Mulher maligna. ● *adj.* **3.** *Fig.* Muito atraente, encantador.

brú·ju·la *s.f.* Bússola.

bru·ma *s.f.* Bruma, nevoeiro, cerração.

bru·ta·li·dad *s.f.* **1.** Brutalidade, ação brutal ou violenta. **2.** *Fig.* Barbaridade, ignorância. *Es una brutalidad hablarle así.* É uma barbaridade falar com ele desse jeito. **3.** *Fig. e col.* Besteira. **4.** *Col.* Grande quantidade. *Comió una brutalidad.* Comeu um montão.

bru·to/a *adj. e s.* **1.** Bruto, grosseiro, tosco, burro. **2.** Bruto, brutamontes. **3.** Bruto, sem acabamento, não refinado. *Una piedra bruta.* Uma pedra bruta. **4.** *Com.* Bruto, que não sofreu redução. *Recaudación bruta.* Arrecadação bruta. ♦ **Peso bruto.** Peso bruto.

bu·ce·ar *v.i. Desp.* Mergulhar.

bu·ceo *s.m. Desp.* Mergulho (atividade de mergulhador).

bu·che *s.m.* **1.** Bucho, papo. **2.** *Fig.* Estômago. **3.** Bochecho. ♦ **Llenar el buche.** Encher o bucho. **Hacer buches.** Fazer bochechos.

bu·cle *s.m.* Cacho de cabelo encaracolado.

bu·dín *s.m.* Pudim.

buen *adj.* Bom. ∎ **a.** Forma apocopada de *bueno*. **b.** Usado diante de *s.m.sing. Es un buen equipo.* É um bom equipamento. ♦ **¡Buen día!** Bom-dia!

bue·no/a *adj.* **1.** Bom, bondoso. **2.** Bom, gostoso. **3.** Bom, saudável. **4.** Bom, em bom estado. **5.** Bom, bastante, de tamanho, intensidade ou importância consideráveis. **6.** Bom, eficiente, competente. **7.** Bom, agradável. **8.** Então. *Bueno, vamos al cine.* Então, vamos ao cinema. ● *interj.* **9.** Está bem, está certo! (expressão de aprovação, resignação, surpresa). ♦ **¡Buenas!** Olá! (expressão de saudação). **Buenas tardes/noches.** Boa-tarde/Boa-noite. **Buenos días.** Bom-dia. **A la buena de Dios.** Ao Deus dará. **De buenas a primeras.** Bruscamente, logo de cara. **¡Eso sí que está bueno!** Essa é boa! **Estar de buenas.** Estar de bom humor. **Librarse de una buena.** Livrar-se de uma boa, de um perigo. **Muy bueno.** Muito bom. **Por las buenas.** Por bem.

buey *s.m.* Boi. ♦ **Trabajar como un buey.** Trabalhar como um louco.

bú·fa·lo/a *s.* Búfalo.

bu·fan·da *s.f.* Cachecol.

bu·fe·te *s.m.* **1.** Escrivaninha. **2.** Escritório de advocacia, banca de advogados. **3.** *Fig.* Clientela de um advogado. **4.** Bufete, aparador de cozinha ou sala de jantar.

bu·har·di·lla *s.f.* **1.** Sótão, desvão. **2.** Água-furtada, janela do sótão, mansarda.

bú·ho *s.m.* Coruja, mocho.

bu·ho·ne·ro *s.m.* Mascate, vendedor ambulante.

bui·tre *s.m.* **1.** Abutre. **2.** *Fig.* Homem ambicioso ou avarento.

bu·je *s.m. Mec.* Bucha.

bu·jí·a *s.f.* **1.** *Mec.* Vela de motor. **2.** *Fís.* Unidade de medida luminosa.

bu·lla *s.f.* Gritaria, algazarra, barulho.

bul·to *s.m.* **1.** Volume, tamanho. **2.** Vulto, corpo que não se distingue. **3.** Fardo, pacote, bagagem. *Bulto de mano.* Bagagem de mão. *Bulto de ropa.* Fardo de roupa. **4.** Protuberância, saliência, inchação. *Tiene un bulto en la frente.* Tem uma inchação na testa. ∎ Não tem sentido de "rosto, semblante". ♦ **De bulto.** Muito importante. **Hacer bulto.** Fazer volume, ocupar espaço.

bu·que *s.m. Mar.* Navio. ♦ **Buque escuela.** Navio-escola.

bur·bu·ja *s.f.* Bolha, borbulha.

bur·del *s.m.* Bordel, prostíbulo.

bur.gués/·gue·sa *adj. e s.* Burguês.

bur·gue·sí·a *s.f.* Burguesia.

bur·lar *v.t.* Burlar, enganar, ludibriar. *Burlar la vigilancia.* Ludibriar a vigilância. ∎ **burlarse** *v.p.* Zombar, debochar, gozar, caçoar. *No te burles de mí.* Não zombe de mim.

bu·ro·cra·cia *s.f.* Burocracia.

bu·ró·cra·ta *s.2g.* Burocrata.

bu·rro/a *adj.* **1.** *Fig.* Burro, ignorante, estúpido. **2.** *Fig.* Bruto, obstinado. ● *s.* **3.** Burro, asno, jumento. **4.** Cavalete, suporte. ♦ **Apearse/Caer del burro.** Reconhecer um erro. **Trabajar como un burro.** Trabalhar como um boi.

bus *s.m. Col.* Ônibus. ∎ Forma reduzida de *ómnibus*.

bus·car *v.t.* **1.** Buscar, procurar. **2.** Rastejar, procurar vestígios. ♦ **Buscarle cinco pies al gato.** Procurar pelo em ovo.

bús·que·da *s.f.* **1.** Busca, procura. **2.** Investigação, pesquisa (policial, científica).

bus·to *s.m.* **1.** Busto, tronco humano. **2.** Busto, escultura que representa o tronco humano. **3.** Busto, peito.

bu·ta·ca *s.f.* **1.** Poltrona. **2.** Assento, cadeira (teatro, cinema).

bu·zo *s.m.* **1.** Mergulhador. **2.** Macacão. **3.** *Arg.* Blusa de malha, moletom.

bu·zón *s.m.* **1.** Caixa de correio e sua abertura. **2.** Tampão de esgoto.

C

c *s.f.* **1.** C, terceira letra do alfabeto. **2.** Cem (em maiúscula, no sistema romano de numeração). ■ **a.** C, indicação de graus centígrados. **b.** Recebe o nome *ce*.

ca·bal *adj.* **1.** Justo, exato, cabal, certo (pesos, medidas). *Aquí hay 2.000 euros cabales.* Aqui tem 2.000 euros exatos. **2.** *Fig.* Completo, acabado, sem faltar nada. *Esta baraja no está cabal.* Este baralho não está completo. **3.** *Fig.* Pessoa honesta, trabalhadora. ♦ **No estar en sus cabales.** Não estar bem da cabeça, faltar um parafuso.

ca·bal·gar *v.i.* Cavalgar.

ca·ba·lle·rí·a *s.f.* **1.** Cavalgadura. **2.** *Mil.* Cavalaria, corpo de soldados a cavalo. **3.** Cavalaria, arte e ofício de cavaleiros. *Caballería andante.* Cavalaria andante. **4.** *Mex.* e *Am.C.* Tipo de medida agrária.

ca·ba·lle·ro *s.m.* **1.** Cavaleiro, pessoa que cavalga. **2.** *Mil.* Cavaleiro, soldado a cavalo. **3.** Cavaleiro, pertencente a determinada ordem de cavalaria. **4.** Cavalheiro, pessoa gentil e/ou nobre. **5.** Senhor (forma de tratamento). *Caballero, ¿dónde queda la calle...?* Meu senhor, onde fica a rua...? ♦ **Caballero andante.** Cavaleiro andante. **Armar caballero.** Conceder título de cavaleiro. **Poderoso caballero es don dinero.** O dinheiro é um poderoso senhor. **Ser (todo) un caballero.** Ser um cavalheiro, ser uma pessoa digna e cortês.

ca·ba·lle·te *s.m.* **1.** Cavalete. **2.** *Arq.* Armação de telhado.

ca·ba·llo *s.m.* **1.** Cavalo, animal de montaria. **2.** Cavalo, peça de xadrez. **3.** Cavalete de serrador. **4.** Figura do baralho espanhol. **5.** *Fig.* Pessoa forte. **6.** *Col.* Pessoa bruta, sem educação. ♦ **Caballo de batalla.** Cavalo de batalha. **Caballo de carrera.** Cavalo de corrida. **Caballo de vapor.** Cavalo-vapor. **Caballo marino. 1.** Hipopótamo. **2.** Hipocampo. **A caballo.** A cavalo, montado em cavalgadura. **A caballo regalado no hay que mirarle el diente.** A cavalo dado não se olham os dentes.

ca·ba·ña *s.f.* **1.** Cabana, choupana. **2.** Cabanha, rebanho de gado.

ca·be·ce·ra *s.f.* **1.** Cabeceira, lugar principal (de cama, mesa, igreja). **2.** Cabeçalho. **3.** Nascente, cabeceira (de rio). **4.** Capital ou cidade mais importante (de um território ou distrito). ♦ **Estar a la cabecera de alguien.** Cuidar de algum doente. **Médico de cabecera.** Médico de família.

ca·be·lle·ra *s.f.* Cabeleira.

ca·be·llo *s.m.* **1.** Cabelo. **2.** Cabeleira. **3.** Filamento da espiga de milho. ♦ **Cabello de ángel.** Doce de moranga em calda e cabelo de anjo, aletria. **Estar pendiente de un cabello.** Estar por um fio. **Poner los cabellos de punta.** Ficar de cabelo em pé. **Recogerse el cabello.** Prender o cabelo.

ca·be·llu·do/a *adj.* **1.** Cabeludo. **2.** Peludo. ■ Não tem sentido de "difícil", "obsceno", nem de "indivíduo com cabelos longos". ♦ **Cuero cabelludo.** Couro cabeludo.

ca·ber *v.i.* **1.** Caber, conter, poder estar dentro. **2.** Caber, servir (roupa). *Tu sombrero no me cabe.* Seu chapéu não me serve. **3.** Caber, ter espaço para passar. *El piano no cabe por la puerta.* O piano não passa pela porta. **4.** Caber, ser possível, ter cabimento. *Este argumento no cabe.* Este argumento não tem cabimento. ■ *v.t.* **5.** Caber, competir, corresponder a. *Me cupo el honor de recibirlo.* Coube-me a honra de recebê-lo. **6.** Caber, tocar, pertencer (parte de algo). *Te cabe un tercio del patrimonio.* Um terço do patrimônio cabe/pertence a você. ■ *C. mod. 18.* ♦ **Caber todo en cierta persona.** Ser capaz de qualquer coisa. **En lo que cabe.** Dentro do possível. **No cabe duda.** Sem dúvida alguma. **No caber en la cabeza.** Não conseguir entender, não aceitar. **No caber (uno) en sí (de alegría).** Não caber (uma pessoa) em si (de alegria).

ca·be·za *s.f.* **1.** Cabeça, parte superior do corpo. **2.** *Fig.* Indivíduo, pessoa. *Hay dos caramelos por cabeza.* Há duas balas para cada um. **3.** Rês, cabeça de gado. **4.** *Fig.* Intelecto, crânio, cabeça. **5.** *Fig.* Cabeça, vida. *Quieren la cabeza del ladrón.* Querem a cabeça do ladrão. **6.** Cabeça, extremidade de algo. *Cabeza de clavo.* Cabeça de prego. **7.** *Eletr.* Cabeçote. **8.** Capital (cidade). ■ *s.m.* **9.** Chefe, cabeça, pessoa importante num grupo. **10.** Primeiro, dianteiro. *Ese equipo es cabeza del campeonato.* Esse time é o primeiro colocado no campeonato. ♦ **Cabeza abajo.** De ponta-cabeça, de cabeça para baixo. **Cabeza de chorlito.** Cabeça de vento. **Cabeza dura.** Cabeça-dura, teimoso. **Cabeza hueca.** Cabeça oca. **A la cabeza.** À frente, no comando. *A la cabeza de los negocios.* No comando dos negócios. **Alzar/Bajar la cabeza.** Erguer/Abaixar a cabeça. **Calentarse la cabeza.** Esquentar a cabeça. **Con la cabeza alta.** De cabeça erguida. **Darse con la cabeza contra la pared.** Dar cabeçadas contra a parede. **De pies a cabeza.** Dos pés à cabeça. **Meterse de cabeza (en algo).** Mergulhar de cabeça (em algo). **No tener ni pies ni cabeza.** Não ter pé nem cabeça. **Pasarle (a alguien, algo) por la cabeza.** Ocorrer, imaginar, passar (alguma coisa) pela cabeça (de alguém). **Perder la cabeza.** Perder a cabeça. **Quitarse de la cabeza.** Tirar da cabeça. **Romperse la cabeza.** Quebrar a cabeça. **Subírsele (a alguien) los humos a la cabeza.** Subir à cabeça, ter o rei na barriga. **Tirarse de cabeza.** Atirar-se de cabeça (na água).

ca·be·zal *s.m.* **1.** Travesseiro comprido. **2.** *Eletr. e mec.* Cabeçote. **3.** *Arq.* Viga. **4.** Cabeçal, chumaço. **5.** Encosto para a cabeça. *Un asiento con cabezal.* Um banco com encosto para a cabeça.

ca·be·za·zo *s.m.* Cabeçada, pancada com a cabeça. *Metió la pelota de un cabezazo.* Meteu a bola com uma cabeçada.

ca·be·zón/·zo·na *adj. e s. Col.* Cabeçudo, obstinado.

ca·bi·na *s.f.* Cabine.

ca·biz·ba·jo/a *adj.* **1.** Cabisbaixo, de cabeça baixa. **2.** *Fig.* Taciturno, cabisbaixo.

ca·ble *s.m.* **1.** Cabo, corda grossa. **2.** *Eletr.* Cabo, fio condutor, linha. **3.** *Mar.* Medida de comprimento para longitude. **4.** *Mar.* Cabo submarino. **5.** Telegrama. ■ Forma apocopada de *cablegrama*. ♦ **Cable de bujía.** *Mec.* Cabo de vela. **Enviar un cable.** *Am.C.* Enviar um telegrama. **Televisión por cable.** TV a cabo.

ca·ble·gra·ma *s.m.* Telegrama (expedido por cabo submarino).

ca·bo *s.m.* **1.** Cabo, ponta, extremidade. **2.** Cabo, promontório. **3.** *Mil.* Cabo, graduação militar. **4.** *Mar.* Cabo, corda utilizada em embarcações. **5.** Cabo, extremidade de um objeto própria para segurá-lo. *El cabo de la cazuela está roto.* O cabo da panela está quebrado. ■ Não tem sentido de "fio elétrico". ♦ **Cabo suelto.** Coisa pendente, que ficou no ar. **Al cabo de.** Ao fim de, depois de determinado tempo. **Al fin y al cabo.** Afinal. **Atar/Juntar/Reunir/Unir cabos.** Encontrar a relação (entre fatos, ideias que não pareciam relacionar-se), juntar um mais um. **Dar cabo de.** Acabar. **De cabo a cabo/rabo.** De cabo a rabo, de fio a pavio. **Llevar a cabo.** Realizar (algo). **No dejar cabo suelto.** Tomar todas as precauções.

ca·bra *s.f.* Cabra. ♦ **Cabra montés.** Cabra-selvagem.

ca·ca *s.f. Col.* **1.** Excremento humano, cocô. **2.** Coisa suja, caca. **3.** *Fig.* De pouco valor, caca. *Ese trabajo es una caca.* Esse trabalho não vale nada.

ca·ca·hue·te *s.m. Bot. Esp.* Amendoim.
ca·cao *s.m. Bot.* Cacau. ♦ **Crema/Manteca de cacao.** Manteiga de cacau.
ca·ca·re·ar *v.i.* **1.** Cacarejar. ■ *v.t.* **2.** *Fig.* Fazer alarde, vangloriar-se.
ca·ce·rí·a *s.f.* Caçada, caça.
ca·ce·ro·la *s.f.* Caçarola, panela com alças.
ca·cha *s.f.* **1.** Cabo (de faca, navalha). **2.** Coronha, empunhadura (de pistola).
ca·cha·rro *s.m.* **1.** Vasilha tosca. **2.** *Fig. e col.* Objeto sem utilidade, traste. **3.** Qualquer mecanismo que não funciona bem, geringonça. **4.** Caco, fragmento de louça quebrada.
ca·che·ta·da *s.f.* Bofetada.
ca·che·te *s.m.* **1.** Soco, tapa. **2.** Bochecha.
ca·chi·po·rra *s.f.* Cassetete.
ca·chi·va·che *s.m. Col.* Traste, objeto inútil, caco.
☞ **ca·cho** *s.m.* Pedaço, porção. *Un cacho de pan.* Um pedaço de pão. ♦ **Cacho de bananas.** *Arg.* Cacho de bananas.
☞ **ca·cho·rro/a** *s.* Filhote (de qualquer animal mamífero).
ca·ci·que *s.m.* **1.** Cacique, chefe de tribo. **2.** *Fig.* Cacique, mandachuva.
ca·da *adj.* Cada. ♦ **Cada día.** Todos os dias. *Cada día viene aquí.* Vem aqui todos os dias. **Cada dos por tres.** Frequentemente, três por quatro. *Telefonea cada dos por tres.* Telefona a três por quatro. **Cada media hora.** De meia em meia hora. *Tocan esa canción cada media hora.* Tocam essa canção de meia em meia hora. **A cada cual lo suyo.** A cada um o que lhe corresponde. **A cada uno.** Para cada um.
ca·dá·ver *s.m.* Cadáver.
ca·de·na *s.f.* **1.** Corrente. *Una cadena de plata.* Uma corrente de prata. **2.** Cadeia, série, sequência (de fatos, fenômenos). **3.** Cadeia, rede de emissoras (de rádio, televisão). **4.** Cadeia, rede de lojas. **5.** Cadeia, cordilheira. **6.** Cadeia, cativeiro. **7.** *Quím.* Série de átomos. ■ **cadenas** *s.f.pl.* Grilhões. ♦ **Cadena de fabricación/montaje.** Linha de montagem (em série). **Cadena perpetua.** Prisão perpétua. **En cadena.** Em cadeia. **Trabajo en cadena.** Produção em série.
ca·den·cia *s.f.* Cadência, ritmo.
ca·de·ra *s.f.* Quadril, cadeiras, anca. ■ Não tem sentido de "objeto para sentar".
ca·de·te *s.m.* **1.** *Mil.* Cadete. **2.** *Amer.* Aprendiz (de comércio). **3.** *Arg.* Office-boy, bói.
ca·du·car *v.i.* **1.** Terminar o prazo de validade, prescrever, caducar. **2.** Caducar, cair em desuso. **3.** *Fig.* Caducar, perder o juízo. ■ *Sin.: Arg.* Chochear.
ca·er *v.i.* **1.** Cair, desabar. **2.** Cair, desprender, soltar. **3.** Cair, morrer (em combate). **4.** Cair, tomar de assalto. **5.** Cair, destituir do poder. **6.** Cair, degradar. **7.** Cair, decair. **8.** Chegar inesperadamente, sobrevir. *Cayó en la iglesia a las seis de la mañana.* Apareceu na igreja às seis da manhã. **9.** Cair, desvalorizar (moedas). **10.** Cair, combinar (roupas). **11.** Cair, ocorrer (datas). **12.** Cair, ser pego. *Cayó en una trampa.* Caiu numa armadilha. **13.** Cair, incorrer, incidir. *Cayó en un error.* Caiu num erro. ■ **caerse** *v.p.* **1.** Cair, desabar, perder o equilíbrio. *Me caí de la escalera.* Caí da escada. **2.** Cair, desprender-se, soltar-se. *Se le cae mucho pelo.* O cabelo dela cai muito. ■ *C.mod. 16.* ♦ **Caer bien (algo).** Ter bom caimento, assentar, ornar. **Caer bien (alguien).** Ser agradável. **Caer en la cuenta.** Perceber, compreender. **Caer enfermo.** Ficar doente. **Caer gordo (alguien).** Não causar boa impressão. **Caerse de espaldas. 1.** Cair de costas. **2.** Espantar-se, assustar-se. **Caerse de viejo.** Cair de velho. **Caerse la cara de vergüenza.** Morrer de vergonha. **Caerse muerto de risa.** Morrer de rir. **Dejar caer. 1.** Deixar cair, soltar. **2.** Dar com a língua nos dentes. **No tener dónde caerse muerto.** Não ter onde cair morto.
ca·fé *s.m.* **1.** Café. **2.** Bar, lanchonete. ♦ **Café con leche.** Café com leite, média. **Café corto/chico/solo.** Café puro. **Café torre-**

facto. Café torrado. **(Café) Carajillo.** Café com conhaque ou anis. **(Café) Cortado.** Café com um pingo de leite.

ca·fe·tal *s.m. Bot.* Cafezal.

ca·fe·te·ra *s.f.* Bule, cafeteira.

ca·fe·te·rí·a *s.f.* **1.** Bar, lanchonete. **2.** Local onde se torra e vende café.

ca·gar *v.i. Vulg.* **1.** Cagar, defecar. ■ *v.t.* **2.** Estragar ou falhar (algo). *¡La has cagado!* Você estragou tudo! ■ **cagarse** *v.p.* Acovardar-se, cagar-se. *Cagarse de miedo.* Morrer de medo. ♦ **Me cago en diez.** Expressão usada como insulto ou xingamento.

ca·í·da *s.f.* **1.** Queda (de corpo, água, energia elétrica). **2.** Caída, declive, descida. **3.** Caimento. *Este tejido tiene una buena caída.* Este tecido tem bom caimento. **4.** Queda, decadência. ♦ **Caída de dientes/cabellos.** Queda de dentes/cabelos. **Caída de la tarde.** Crepúsculo. **Caída de precios/temperatura.** Queda de preços/temperatura. **Caída del sol.** Pôr do sol.

cai·mán *s.m.* **1.** *Amer.* Jacaré. **2.** *Fig.* Pessoa astuta.

ca·ja *s.f.* **1.** Caixa, recipiente de madeira/papelão. **2.** *Tip.* Caixa, caracteres tipográficos. *Caja alta/baja.* Caixa-alta/baixa, maiúsculas/minúsculas. **3.** *Com.* Caixa, setor onde se realizam pagamentos ou depósitos. **4.** Cofre. ♦ **Caja de ahorros.** *Com.* Instituição financeira, caixa econômica. **Caja de cambios.** *Mec.* Caixa de câmbio. **Caja negra.** Caixa-preta. **Caja ósea.** Crânio. **Arquear la caja.** Conferir o caixa. **Ingresar en caja.** *Com.* Lançar no livro-caixa.

ca·je·ro/a *s.* Caixa, tesoureiro. ♦ **Cajero automático.** *Esp.* Caixa eletrônico.

ca·jón *s.m.* **1.** Gaveta. **2.** Caixote. ♦ **Cajón de herramientas.** Caixa de ferramentas. **Cajón de muerto.** Caixão de defunto.

cal *s.f.* Cal. ♦ **Dar una de cal y otra de arena.** Alternar acertos e erros/coisas boas e ruins. **Lechada de cal.** Massa fina (para reboque).

ca·la·ba·cín *s.m. Bot.* Abobrinha.

ca·la·ba·za *s.f.* **1.** *Bot.* Abóbora. **2.** *Fig. e col.* Pessoa ignorante. ♦ **Dar calabazas. 1.** Reprovar, levar bomba/pau (em exame). **2.** Rejeitar (alguém), dar o fora.

ca·la·bo·zo *s.m.* Calabouço, masmorra.

ca·la·mar *s.m.* Lula.

ca·lam·bre *s.m. Med.* Câimbra.

ca·la·mi·dad *s.f.* **1.** Calamidade, desastre. **2.** Calamidade, desgraça. **3.** *Fig.* Calamidade, pessoa desajeitada, desastrada. **4.** *Col.* Calamidade, coisa malfeita. ♦ **Ser una calamidad.** Não servir para nada.

ca·lan·dria *s.f.* **1.** Cotovia. **2.** *Mec.* Calandra.

☞ **ca·lar** *v.t.* **1.** Submergir, afundar (artefatos) na água. *Tienes que calar más el anzuelo.* Você precisa afundar mais o anzol. **2.** *Mar.* Calar, abaixar, arrear. *Hay que calar las velas.* É necessário abaixar as velas. **3.** *Mil.* Pôr uma arma em posição de ataque. **4.** Impregnar, ensopar. *El aceite caló el mantel.* O óleo impregnou a toalha. **5.** Fazer bordados vazados numa peça de roupa. **6.** Introduzir um objeto pontiagudo. *El doctor le caló un tubo por la garganta.* O médico introduziu-lhe um tubo na garganta. **7.** Furar, transpassar. *Antes de poner los tomillos, hay que calar la tabla.* Antes de colocar os parafusos é preciso furar a tábua. ■ **calarse** *v.p.* **1.** Molhar-se muito, ensopar-se. **2.** Enfiar, puxar, encaixar (chapéu ou gorro). *Como había aire, se caló bien el sombrero.* Como estava ventando, puxou bem o chapéu.

ca·la·ve·ra *s.f.* **1.** Caveira. **2.** *Fig.* Fantasma.

cal·ca·ñal *s.m.* Calcanhar. ■ **a.** *Tb.: calcañar.* **b.** *Sin.: talón.*

cal·car *v.t.* **1.** Calcar, pisar, esmagar. **2.** Decalcar, copiar. *Calcar un dibujo.* Decalcar um desenho.

cal·ce *s.m.* **1.** Calota. **2.** Calço. **3.** *Mex. e Am.C.* Pé de página, rodapé.

cal·ce·tín *s.m.* Meia soquete ou três-quartos.

cal·cio *s.m. Quím.* Cálcio.

cal·cu·la·dor/do·ra *adj. e s.* **1.** Calculador. **2.** *Fig.* Calculista. ■ *s.f.* **3.** Máquina de calcular, calculadora.

cal·cu·lar *v.t.* **1.** *Mat.* Calcular, fazer operações aritméticas. **2.** Calcular, estimar valores ou quantidades aproximadas. **3.** *Fig.* Calcular, tecer conjeturas, supor.

cál·cu·lo *s.m.* **1.** *Mat.* Cálculo, operação aritmética, cômputo. **2.** *Med.* Cálculo, formação mineral ou orgânica no corpo humano. *Cálculo renal.* Cálculo renal. **3.** *Fig.* Cálculo, plano, conjetura.

cal·de·ra *s.f.* Caldeira.

cal·do *s.m.* **1.** Caldo, sopa. **2.** Caldo, molho.

ca·le·fac·ción *s.f.* Calefação, sistema de aquecimento.

ca·len·da·rio *s.m.* **1.** Calendário, sistema de divisão do tempo. **2.** Calendário, folhinha. **3.** Calendário, programação.

ca·len·ta·dor *s.m.* Aquecedor. ■ *Sin.: calefactor.*

ca·len·ta·mien·to *s.m.* Aquecimento.

ca·len·tar *v.t.* **1.** Esquentar, aquecer. *Calienta el café.* Esquente o café. **2.** *Fig.* Esquentar, excitar, incitar. **3.** *Vulg.* Esquentar, excitar sexualmente. ■ *v.i.* **4.** Dar calor, aquecer. *El sol calienta.* O sol aquece. ■ **calentarse** *v.p.* **1.** Aquecer-se. **2.** *Fig.* Ficar nervoso, esquentado. ■ *C.mod. 01.* ♦ **Calentar la cabeza.** Esquentar a cabeça. **Arrimarse al sol que más calienta.** Procurar a proteção de alguém importante para tirar proveito.

ca·len·tu·ra *s.f.* **1.** *Med.* Febre. **2.** *Med.* Pústula febril nos lábios. **3.** *Col.* Nervosismo. **4.** *Arg.* Cio.

ca·li·bre *s.m.* **1.** Calibre, diâmetro (de cano, de projétil). **2.** *Fig.* Importância, envergadura. *Fue un trabajo de pequeño calibre.* Foi um trabalho de pouca importância. **3.** Calibrador, aferidor. **4.** Gabarito.

ca·li·dad *s.f.* **1.** Qualidade, importância. **2.** Prestígio. *Es un médico de calidad.* É um médico de prestígio. **3.** Tipo, variedade. *Frutas de varias calidades.* Frutas de vários tipos. ♦ **De primera calidad.** De primeira qualidade. **En calidad de.** Na qualidade de. **Voto de calidad.** Voto de Minerva.

ca·lien·te *adj.* **1.** Quente, ardente. **2.** *Fig.* Quente, aborrecido, irritado. *Este asunto lo deja muy caliente.* Fica muito irritado com este assunto. **3.** Quente, acalorado (debate, discussão). **4.** *Vulg.* Quente, excitado. ♦ **En caliente.** Imediatamente, no calor da hora. **Estampado en caliente.** Estampado a quente.

ca·li·fi·ca·ción *s.f.* **1.** Qualificação, resultado, nota obtida (em exame, prova). **2.** Classificação.

ca·li·fi·car *v.t.* **1.** Qualificar, atribuir uma qualidade. **2.** *Gram.* Qualificar, atribuir uma qualidade a um substantivo. **3.** Qualificar, avaliar (em exame, prova). **4.** Classificar.

ca·li·gra·fí·a *s.f.* Caligrafia.

ca·llar *v.i.* **1.** Calar, parar de falar, emudecer. *Todos callaron cuando ella salió.* Todos emudeceram quando ela saiu. ■ *v.t.* **2.** *Fig.* Calar, abafar, ocultar. **3.** Fazer calar, silenciar. *El presidente calló al público.* O presidente silenciou o público. ■ **callarse** *v.p.* Calar-se, ficar quieto, emudecer. ♦ **¡Cállate!** Cale a boca! **Quien calla otorga.** Quem cala, consente.

ca·lle *s.f.* Rua, via pública. ♦ **Calle de dirección única.** Rua de mão única. **Calle de doble dirección.** Rua de mão dupla. **Calle peatonal.** Calçadão. **Calle principal.** Rua preferencial. **Calle secundaria.** Rua que desemboca numa preferencial. **Dejar (a alguien) en la calle.** Demitir de um emprego ou arruinar (alguém). **Doblar la calle.** Virar a esquina. **Echarse a la calle.** Sair às ruas (para protestar). **El hombre de la calle.** O homem da rua, do povo. **Estar en la calle. 1.** Não estar em casa. **2.** Estar sem emprego. **No pisar la calle.** Não pôr o nariz para fora, ficar em casa. **Poner de patitas en la calle. 1.** Demitir do emprego. **2.** Expulsar.

ca·lle·je·ar *v.i.* Perambular, vagar, bater perna.

ca·lle·jón *s.m.* Beco. ♦ **Callejón sin salida.** Beco sem saída.

ca·llo *s.m.* Calo. ■ **callos** *s.m.pl. Esp.* Dobradinha, bucho.

cal·ma *s.f.* **1.** Calma, tranquilidade, serenidade. **2.** Alívio, diminuição (de dor). **3.** Calmaria. ● *interj.* **4.** Calma! ♦ **Con calma.** Com calma, devagar.

cal·man·te *adj.* **1.** Calmante, tranquilizante. ● *s.m.* **2.** *Med.* Sedativo, analgésico, calmante.

cal·mar *v.t.* Acalmar, atenuar, mitigar, amansar. *Este jarabe calma la tos.* Este xarope acalma a tosse. ■ **calmarse** *v.p.* Acalmar-se, tranquilizar-se.

ca·ló *s.m.* **1.** Jargão. **2.** Gíria, calão. **3.** *Esp.* Língua ou dialeto dos ciganos.

ca·lor *s.m.* **1.** Calor, ardor. **2.** *Fig.* Entusiasmo, animação, calor. **3.** *Fig.* Aconchego, calor. *El calor del hogar.* O aconchego do lar. ♦ **Aceptar/Acoger con calor.** Receber/Acolher afetuosamente. **Asarse de calor.** Morrer de calor. **Entrar en calor. 1.** Aquecer-se. **2.** Fazer aquecimento muscular.

ca·lo·rí·a *s.f.* Caloria.

ca·lum·nia *s.f.* Calúnia.

ca·lu·ro·so/a *adj.* **1.** Calorento. **2.** *Fig.* Cálido, afetuoso, caloroso.

cal·vo/a *adj. e s.* **1.** Careca, calvo. ■ *s.f.* **2.** Calva, careca.

☞ **cal·za·da** *s.f.* **1.** Estrada, via pavimentada. **2.** Faixa carroçável, reservada para o trânsito.

cal·za·do *s.m.* Calçado, sapatos em geral. *Una fábrica de calzado.* Uma fábrica de sapatos.

cal·zar *v.t.* **1.** Calçar (sapatos, luvas, meias). **2.** Calçar, colocar calço, assentar. ■ **calzarse** *v.p.* Calçar-se, pôr o calçado.

cal·zón *s.m.* **1.** *Am.C.* Calcinha. **2.** *Amer.* Calça, bombachas.

cal·zon·ci·llos *s.m.pl.* Cueca.

ca·ma *s.f.* **1.** Cama. **2.** Leito (de hospital). ♦ **Cama de campaña.** Saco de dormir. **Cama de matrimonio.** Cama de casal. **Cama plegable.** Cama de armar. **Caer en cama.** Cair de cama, adoecer. **Estar en cama.** Estar de cama. **Hacer la cama. 1.** Preparar/Arrumar a cama para dormir. **2.** Puxar o tapete. **Levantar la cama.** Arejar/Ventilar a cama. **Meterse en la cama.** Deitar-se. **Saltar de la cama.** Pular da cama.

cá·ma·ra *s.f.* **1.** Câmara, aposento privado (de reis, magnatas). **2.** Câmara, conselho. *Cámara de Comercio.* Câmara de Comércio. **3.** Câmara, corpo legislativo. *Cámara de Diputados.* Câmara dos Deputados. **4.** Câmara, tambor (em armas de fogo). **5.** Câmara, compartimento (em forno, frigorífico). **6.** Câmara, câmara de ar dos pneus. **7.** Câmera, aparelho de filmar. ■ *s.m.* **8.** Câmera, *cameraman*, operador de máquina de filmar. ♦ **Cámara de cine.** Filmadora. **Cámara de compensación.** *Com.* Câmara de compensação. **Cámara fotográfica.** Câmera fotográfica. **Cámara oscura.** Câmara escura/Quarto escuro (fotografia). **A cámara lenta.** Em câmera lenta.

ca·ma·ra·da *s.2g.* Camarada, colega, chapa.

ca·ma·ra·de·rí·a *s.f.* Camaradagem, coleguismo.

ca·ma·re·ra *s.f.* **1.** Governanta. **2.** Arrumadeira, camareira (de hotéis).

ca·ma·re·ro/a *s.* Garçom.

ca·ma·rón *s.m.* Camarão.

cam·ba·la·che *s.m.* Cambalacho.

cam·biar *v.t.* **1.** Trocar, permutar (objetos, ideias, cumprimentos). **2.** Mudar, variar a disposição (de algo). *Cambiaron el horario del vuelo.* Mudaram o horário do voo. **3.** *Com.* Trocar moeda. *Cambió 1.000 dólares ayer.* Trocou 1.000 dólares ontem. ■ *v.i.* **4.** Mudar, variar. *Mi opinión no cambió.* Minha opinião não mudou. **5.** Mudar, tornar-se diferente, modificar-se. *¡Has cambiado mucho!* Você mudou muito! ■ **cambiarse** *v.p.* **1.** Transformar-se. **2.** Trocar-se. *Quería cambiarme antes de salir.* Queria trocar de roupa antes de sair. **3.** Mudar-se. *Nos cambiamos a una casa mayor.* Mudamos para uma casa maior. ♦ **Cambiar de chaqueta.** Virar a casaca, mudar de opinião.

cam·bio *s.m.* **1.** Mudança. *Cambio de gobierno.* Mudança de governo. **2.** Troco, miúdo. *No tengo cambio.* Não tenho troco.

3. Troca. *Hice un cambio de discos.* Fiz uma troca de discos. **4.** *Com.* Câmbio, operação financeira. *¿Cuál es la tasa de cambio?* Qual é a taxa de câmbio? **5.** *Mec.* Caixa de câmbio. *El cambio no funciona bien.* A caixa de câmbio não funciona bem. **6.** Alteração. *El entrenador hizo un cambio de jugadores.* O treinador fez uma alteração de jogadores. **7.** Intercâmbio, troca. *Cambio de ideas.* Troca de ideias. ♦ **A cambio.** Em troca. **Casa de cambio.** *Com.* Casa de câmbio. **En cambio.** Em troca, em compensação. **Letra de cambio.** *Com.* Letra de câmbio.

ca·me·lia *s.f. Bot.* Camélia.

ca·me·llo/a *s.* Camelo.

ca·mi·lla *s.f.* Maca, padiola.

ca·mi·nar *v.i.* **1.** Caminhar, andar, ir. **2.** *Fig.* Seguir (algo) o seu curso, correr. *El río camina hacia el mar.* O rio corre para o mar. **3.** *Amer.* Funcionar, andar, progredir. *Ese negocio no camina.* Esse negócio não vai para a frente. ■ *v.t.* **4.** Caminhar, percorrer. *Camino tres kilómetros cada día.* Caminho três quilômetros todos os dias.

ca·mi·na·ta *s.f.* Caminhada, andança.

ca·mi·no *s.m.* **1.** Caminho, percurso, trajeto. **2.** Caminho, via, estrada. *Los caminos son buenos en Europa.* As estradas são boas na Europa. **3.** *Fig.* Jeito, maneira, meio. *Por ese camino sólo conseguirás sinsabores.* Desse jeito você terá apenas aborrecimentos. ♦ **Camino de.** Em direção a. **Camino vecinal.** Estrada vicinal. **Abrirse camino.** Progredir. **Atravesarse/Cruzarse en el camino (de uno).** Atrapalhar, cruzar o caminho (de alguém). **De camino. 1.** Para viagem. **2.** De passagem. **3.** No caminho, à mão. **Dirección de Caminos.** Departamento de Estradas de Rodagem. **En el camino.** No caminho. **Ir cada cual por su camino.** Seguir cada um o seu caminho. **Ir por buen/mal camino.** Ir pelo bom/mau caminho. **Ponerse en camino.** Pôr-se a caminho. **Quedarse a mitad de camino.** Ficar no meio do caminho, não concluir. **Salir al camino.** Ir ao encontro (de alguém).

ca·mión *s.m.* **1.** Caminhão. **2.** *Mex.* Ônibus. ♦ **Camión cisterna.** Carro-pipa.

ca·mio·ne·ro/a *s.* Caminhoneiro.

ca·mio·ne·ta *s.f.* **1.** Caminhonete, camionete, *pickup.* **2.** *Am.C.* Ônibus.

ca·mi·sa *s.f.* **1.** Camisa. **2.** *Mec.* Camisa. **3.** Capa protetora, invólucro. ♦ **Camisa de deporte.** Camisa/Camiseta esportiva. **Camisa de fuerza.** Camisa de força. **Cambiar de camisa. 1.** Trocar de camisa. **2.** Mudar de opinião/ideia, virar a casaca. **Dejar/Quedarse sin camisa.** Deixar/Ficar na miséria. **Jugarse hasta la camisa.** Arriscar tudo. **Meterse en camisa de once varas.** Entrar em uma enrascada.

☞ **ca·mi·són** *s.m.* Camisola.

ca·mo·te *s.m. Bot. Mex. e Am.C.* Batata-doce.

cam·pa·men·to *s.m.* Acampamento. ♦ **Levantar el campamento.** Levantar acampamento.

cam·pa·na *s.f.* Sino. ♦ **A toque de campana.** Fazer tudo de forma organizada. **Oír campanas y no saber dónde.** Ouvir cantar o galo e não saber onde.

cam·pa·ni·lla *s.f.* **1.** Campainha, sineta. **2.** *Med.* Campainha, úvula.

cam·pa·ña *s.f.* **1.** Campo, campina. **2.** Campanha. *Campaña de vacunación.* Campanha de vacinação. **3.** Mandato. *No cumplió los cuatro años de campaña.* Não completou os quatro anos de mandato. **4.** *Am.C.* Favor. *Hágame la campaña.* Faça-me o favor. ♦ **Tienda de campaña.** Barraca. **Traje de campaña.** Roupa de briga.

cam·pe·ón/o·na *s.* Campeão.

cam·peo·na·to *s.m.* Campeonato.

cam·pe·si·no/a *adj. e s.* **1.** Camponês. ■ *adj.* **2.** Campestre.

cam·po *s.m.* **1.** Campo, extensão de terra sem construções. **2.** Campo, área rural. **3.** *Desp.* Campo, área destinada à prática esportiva. **4.** Terreno ocupado pelo inimigo. **5.** Campo, matéria, assunto. ♦ **Campo de aviación.**

Aeroporto. **Campo de fútbol.** *Desp.* Campo de futebol. **Campo santo.** Cemitério. **Abandonar el campo.** Bater em retirada. **Dejar el campo libre.** Deixar o caminho livre. **Retirarse al campo.** Ir morar no campo.

cam·pus *s.m.* Campus (edifícios e terrenos de uma universidade).

ca·mu·flar *v.t.* Camuflar, disfarçar. ■ **camuflarse** *v.p.* Disfarçar-se.

ca·nal *s.m.* 1. Canal. 2. Canal, emissora de televisão. 3. Tubo, conduto. 4. *Med.* Canal, vaso.

ca·na·li·zar *v.t.* 1. Canalizar. 2. *Fig.* Regular, orientar, dirigir, canalizar.

ca·na·lla *s.2g.* Canalha, pessoa desprezível.

ca·na·lla *s.m.* Calha. ■ *Tb.:* canalera.

ca·na·pé *s.m.* 1. Canapé, divã. 2. Canapé, tipo de aperitivo.

ca·na·rio *s.m.* Canário.

ca·nas·ta *s.f.* Canastra, jogo de baralho.

ca·nas·to/a *s.* Cesto, cesta, canastra.

can·ce·la·ción *s.f.* 1. *Com.* Liquidação, quitação. *Otorgaron la cancelación de la deuda.* Deram a quitação da dívida. 2. Cancelamento.

can·ce·lar *v.t.* 1. Cancelar, anular, rescindir. 2. Saldar, quitar, pagar. *Canceló todas las deudas.* Quitou todas as dívidas. 3. *Com.* Encerrar (conta-corrente). *Cancelé mi cuenta ayer.* Encerrei minha conta ontem.

cán·cer *s.m.* 1. *Med.* Câncer, tumor maligno. 2. Câncer, signo do zodíaco. 3. *Fig.* Câncer, vício, mal. *Las drogas son el cáncer de la juventud.* As drogas são o mal da juventude.

can·cha *s.f. Desp.* 1. Quadra de esportes. 2. Estádio de futebol, gramado. 3. *Col. Arg.* Habilidade.

can·ci·lla *s.f.* Cancela, barreira, porteira.

can·ci·ller *s.m.* 1. Chanceler. 2. Auxiliar em embaixadas e consulados.

can·ción *s.f. Mus.* Canção, música, melodia. ♦ **Canción de cuna.** Canção de ninar. **Canción de protesta.** Música de protesto. **La misma canción.** A mesma conversa/lenga-lenga.

can·da·do *s.m.* Cadeado.

can·de·la *s.f.* Vela.

can·de·le·ro *s.m.* 1. Castiçal. 2. Abajur.

can·di·da·to/a *s.* Candidato, aspirante.

ca·ne·la *s.f. Bot.* Canela, tempero aromático. ■ Não tem sentido de "osso da perna". ♦ **Canela en polvo/en rama.** Canela em pó/em pau/em casca.

can·gre·jo *s.m.* Caranguejo.

ca·ní·bal *adj. e s.2g.* Canibal, antropófago.

ca·ni·ca *s.f. Esp.* 1. Bolinha de gude. 2. Jogo.

ca·ni·lla *s.f.* 1. *Med.* Canela, osso da perna. 2. Carretel, bobina. 3. *Rio-plat.* Torneira.

can·je *s.m.* 1. Troca, permuta. 2. Câmbio. 3. *Com.* Venda de moeda estrangeira.

☞ **ca·no/a** *adj.* 1. Grisalho. ● *s.f.* 2. Cabelo branco, cã. 3. *Col. Amer.* Prisão, cana.

ca·noa *s.f.* Canoa.

ca·non *s.m.* 1. Norma, padrão, cânon. 2. Relação, catálogo, cânon. 3. *Mus.* Forma de composição, cânone.

ca·no·so/a *adj.* Grisalho, de cabelos brancos.

can·san·cio *s.m.* 1. Cansaço, fadiga. 2. Tédio.

can·sar *v.t.* 1. Cansar, esgotar, fatigar, desgastar. 2. Cansar, entediar. ■ **cansarse** *v.p.* 1. Cansar-se, esgotar-se, fatigar-se, desgastar-se. 2. Cansar-se, entediar-se.

can·tan·te *s.2g.* Cantor. ■ *Tb.:* cantor.

can·tar *s.m.* 1. Canto. ● *v.t. e v.i.* 2. *Mus.* Cantar, entoar. 3. *Fig.* Exaltar, louvar. ■ v.i. 4. Emitir sons harmônicos (as aves), cantar. 5. *Fig.* Confessar, cantar. ■ Não tem sentido de "paquerar".

can·tau·tor/to·ra *s.* Cantor e compositor.

can·te·ra *s.f.* Pedreira.

can·ti·dad *s.f.* 1. Quantidade, porção mensurável. 2. Quantidade, quantia (de dinheiro). 3. Quantidade, porção contável. ● *adv.* 4. Muito, muitíssimo. *Lee cantidad.* Lê muito. ♦ **En cantidad.** Muito. **Una cantidad.** 1. Certa quantia (de dinheiro), soma. 2. Grande número (de algo).

can·ti·le·na *s.f.* 1. *Mus.* Cantilena, cantiga monótona. 2. *Fig.* Ladainha.

can·tim·plo·ra *s.f.* Cantil.

can·ti·na *s.f.* Cantina, lanchonete.

can·to *s.m.* **1.** *Mus.* Canto, cantar. **2.** *Mus.* Canto, cântico, canção. **3.** *Fig.* Canto, exaltação, elogio. **4.** Canto, aresta. **5.** Em objetos de corte, lado oposto ao fio. **6.** Espessura. *Esta tabla tiene dos dedos de canto.* Esta tábua tem dois dedos de espessura. ♦ **Canto rodado.** Cascalho. **De canto.** De lado.

can·tón *s.m.* **1.** Esquina, canto. **2.** Divisão administrativa, distrito.

ca·ña *s.f.* **1.** *Bot.* Cana. *Caña de azúcar.* Cana-de-açúcar. **2.** Talo. **3.** Parte oca de um osso. **4.** Cano (de bota). **5.** Copo estreito para beber cerveja. **6.** *Esp.* Chope. **7.** *Amer.* Aguardente. **8.** Bambu. ♦ **Caña de la India.** Cana-da-índia. **Caña de pescar.** Vara de pescar.

ca·ña·ve·ral *s.m. Bot.* Canavial.

ca·ñe·rí·a *s.f.* Tubulação, encanamento.

ca·ño *s.m.* Cano, tubo.

ca·ñón *s.m.* **1.** *Mil.* Canhão. **2.** Cano (de armas de fogo). **3.** Coifa, chaminé. **4.** Desfiladeiro, canhão. ■ Não tem sentido de "mulher feia". ♦ **Estar siempre al pie del cañón.** Estar sempre pronto para cumprir o dever.

cao·ba *s.f. Bot.* Mogno, acaju.

ca·os *s.m.* Caos, desordem, confusão. ■ *Pl.:* invariável.

ca·pa *s.f.* **1.** Capa, mantô, vestimenta sem mangas e folgada. **2.** Camada. **3.** Cobertura. *La tarta tiene capa de chocolate.* O bolo tem cobertura de chocolate. **4.** Classe, camada (social). **5.** *Fig.* Manto, máscara, aparência. *Bajo esta capa de ángel está un demonio.* Sob esta aparência de anjo está um demônio. **6.** Demão. ♦ **Capa de ozono.** Camada de ozônio. **A capa y espada.** Com unhas e dentes. **Andar/Estar de capa caída.** Estar deprimido.

ca·pa·ci·dad *s.f.* **1.** Capacidade, lotação, espaço disponível. **2.** Capacidade, habilidade, aptidão. **3.** Volume, capacidade. ■ *Sin.:* cabida.

ca·pa·ci·ta·ción *s.f.* **1.** Capacitação. **2.** Qualificação, habilitação. **3.** Treinamento. *Capacitación de personal.* Treinamento de pessoal.

ca·pa·ci·tar *v.t.* **1.** Capacitar, habilitar, adestrar. ■ *v.i.* Ter aptidão ou disposição para fazer algo. ■ **capacitarse** *v.p.* **1.** Ser capaz, estar habilitado. **2.** Especializar-se, treinar.

ca·pa·ra·zón *s.m.* **1.** Carapaça. **2.** Couraça. **3.** Cobertura, capa.

ca·pa·taz *s.m.* Capataz, mestre.

ca·paz *adj.* **1.** Capaz, espaçoso, amplo. **2.** *Fig.* Capaz, audacioso. **3.** *Fig.* Capaz, perito, especialista. **4.** *For.* Apto, capaz.

ca·pe·ru·za *s.f.* **1.** Carapuça, gorro. **2.** Tampa. ♦ **Caperucita Roja.** Chapeuzinho Vermelho.

ca·pi·lla *s.f.* **1.** Capela. **2.** *Tip.* Exemplar não costurado de livro, sem capa. **3.** Capuz. ♦ **Capilla ardiente.** Câmara-ardente.

ca·pi·tal *adj.* **1.** Capital, importante, essencial. ● *s.f.* **2.** Capital, cidade onde está a sede de governo. ■ *s.m.* **3.** *Com.* Capital, dinheiro, patrimônio. ♦ **Capital de circulación/trabajo.** *Com.* Capital de giro. **Pena capital.** *For.* Pena de morte.

ca·pi·ta·lis·mo *s.m.* Capitalismo.

ca·pi·tán *s.m. Mil. e mar.* Capitão.

ca·pí·tu·lo *s.m.* **1.** *Liter. e for.* Capítulo. **2.** Conselho, assembleia, reunião. ♦ **Ser un capítulo aparte.** Ser outro capítulo/outra história.

ca·pó *s.m.* Capô.

ca·po·ta *s.f.* **1.** Capota. **2.** Touca.

ca·pri·cho *s.m.* **1.** Capricho, extravagância, prazer. **2.** Capricho, inconstância, volubilidade. **3.** Capricho, luxo, frescura. ■ Não tem sentido de "esmero, cuidado". ♦ **Al capricho de.** A seu bel-prazer.

ca·pri·cor·nio *s.m.* Capricórnio, signo do zodíaco.

cáp·su·la *s.f.* **1.** Cápsula, recipiente, estojo. **2.** *Med.* Cápsula, tecido membranoso que reveste alguns órgãos. **3.** *Med.* Cápsula, medicamento e invólucro que o protege. **4.** Tampa metálica de garrafas. **5.** Cápsula, cabine de espaçonave.

cap·tar *v.t.* **1.** Captar, perceber, detectar. **2.** Captar, atrair, cativar. **3.** *Fig.* Captar, compreender, assimilar.

cap·tu·rar *v.t.* Capturar, prender, deter.

ca·pu·cha *s.f.* Capuz, gorro, capucha. ■ *Tb.: capuchón.*

ca·pu·llo *s.m.* **1.** Casulo. **2.** *Bot.* Botão (de flor).

ca·qui *s.m.* **1.** Cáqui (cor e tipo de roupa). **2.** *Bot.* Caqui (árvore e fruto).

ca·ra *s.f.* **1.** Cara, rosto, face. **2.** Cara, semblante, fisionomia. **3.** *Fig.* Cara, aspecto, aparência. **4.** Face, lado, cara. **5.** Fachada (de edifício). **6.** Careta. ● *adv.* **7.** Em frente, frente a. *Estoy de cara a la calle.* Estou de frente para a rua. ♦ **Cara a cara.** Cara a cara, face a face. **Cara de ángel.** Cara de anjo/santo. **Cara de pocos amigos.** Cara de poucos amigos, cara amarrada. **Cara dura.** Cara de pau, cínico. **A cara o cruz.** Cara ou coroa. **Buena/Mala cara. 1.** Aparência saudável/doentia. **2.** Atitude amável/desagradável. **Conocérsele (a alguien, una cosa) en la cara.** Estar na cara, saltar aos olhos. **Dar/Poner la cara.** Enfrentar a situação, assumir. **De cara.** De frente. **Decir (algo) en la cara.** Dizer (algo) na cara. **Echar en cara.** Jogar na cara. **Hacer/Poner mala cara.** Fazer cara feia. **Mirar cara a cara.** Olhar nos olhos. **No tener cara.** Não se atrever, não ter coragem. **No volver la cara atrás.** Não olhar para trás. **Por su cara bonita.** Pelos seus lindos olhos. **Reírse en la cara de (uno).** Dar risada na cara (de alguém). **Romper la cara.** Quebrar a cara. **Tener cara de.** Estar com cara de. **Tener dos caras.** Ser falso, hipócrita.

ca·ra·bi·na *s.f. Mil.* Carabina.

ca·ra·col *s.m.* **1.** Caracol, caramujo. **2.** Caracol, cacho (de cabelo). ♦ **De caracol.** Em caracol, em espiral.

¡ca·ra·co·les! *interj.* Caramba!

ca·rác·ter *s.m.* **1.** Caráter, sinal, marca. **2.** Caráter, gênio, índole. **3.** *Fig.* Caráter, personalidade forte. **4.** Caráter, particularidade. **5.** *Fig.* Caráter, estilo, cunho, feitio. ■ **caracteres** *s.m.pl.* **1.** Caracteres, tipo de escrita. **2.** *Inform.* Caracteres, dígitos. **3.** *Tip.* Caracteres, letras. ♦ **Buen/Mal carácter.** Bom/Mau gênio/caráter. **En carácter de.** Na qualidade de, em caráter de. **Poco carácter.** Fraco, frouxo de caráter.

ca·rac·te·rís·ti·co/a *adj.* **1.** Característico. ● *s.f.* **2.** Característica, peculiaridade.

ca·rac·te·ri·zar *v.t.* **1.** Caracterizar, diferenciar, personalizar. **2.** Caracterizar, descrever de forma diferenciada. **3.** *Teat.* Maquiar, caracterizar. **4.** *Teat.* Caracterizar, representar um papel. ■ **caracterizarse** *v.p.* **1.** Caracterizar-se, diferenciar-se. **2.** Caracterizar-se, maquiar-se, disfarçar-se.

ca·ra·jo *s.m.* **1.** *Vulg.* Caralho. **2.** *Col.* Caramba. ♦ **Importar un carajo.** Não ligar a mínima. **Irse al carajo. 1.** Desandar, estragar tudo. **2.** Ir embora.

¡ca·ram·ba! *interj.* Caramba! Puxa! ■ *Sin.: ¡caray!* ♦ **¡Qué caramba!** Que diabos!

ca·ra·me·lo *s.m.* Bala, caramelo.

ca·rá·tu·la *s.f.* **1.** Capa (de livro). **2.** Máscara.

ca·ra·va·na *s.f.* **1.** Caravana. **2.** *Esp. Trailer.*

car·bo·hi·dra·to *s.m. Quím.* Carboidrato.

car·bón *s.m.* Carvão. ♦ **Carbón animal/mineral/vegetal.** Carvão animal/mineral/vegetal. **Papel carbón.** Papel-carbono.

car·bu·ra·dor *s.m. Mec.* Carburador.

car·bu·ro *s.m. Quím.* Carbureto.

car·ca·ja·da *s.f.* Gargalhada.

cár·cel *s.f.* Prisão, cárcere, cadeia, grades.

car·ci·nó·ge·no/a *adj. Med.* Cancerígeno.

car·de·nal *s.m.* **1.** Cardeal, prelado. **2.** Cardeal (pássaro). **3.** *Col. Esp.* Hematoma, contusão.

car·día·co/a *adj. e s. Med.* Cardíaco. ■ *Tb.: cardíaco.*

car·di·nal *adj.* **1.** Cardeal, cardinal, principal. *Puntos cardinales.* Pontos cardeais. **2.** *Gram.* Cardinal. *Numeral cardinal.* Numeral cardinal.

car·dió·lo·go/a *adj. e s. Med.* Cardiologista.

car·du·men *s.m.* Cardume. ■ *Tb.: cardume.*

ca·re·cer *v.i.* Carecer, faltar. ■ *C.mod. 06.*

ca·ren·cia *s.f.* Carência, falta, privação.

☞ **ca·re·ta** *s.f.* **1.** Máscara, anteface. **2.** Simulação, disfarce. ♦ **Careta/Máscara antigás.** Máscara contra gases. **Quitarle la careta (a alguien).** Desmascarar.

ca·rey *s.m.* **1.** Espécie de tartaruga comestível. **2.** Material da casca da tartaruga utilizado para fazer objetos de enfeite. *Me compré un cinturón con hebilla de carey.* Comprei um cinto com fivela de tartaruga.

car·ga *s.f.* **1.** Carga, carregamento. *La carga de un contenedor.* O carregamento de um contêiner. **2.** Carga, refil. *La carga de la estilográfica.* A carga da caneta. **3.** Carga, munição. **4.** Carga, peso. **5.** *Mil.* Ataque. *¡A la carga!* Ao ataque! **6.** Capacidade. *¿Qué carga tiene el camión?* Qual a capacidade do caminhão? **7.** *Eletr.* Carga, acumulação de energia. ■ **cargas** *s.f.pl.* **1.** Ônus, impostos, encargos. *Cargas sociales.* Encargos sociais. **2.** *Fig.* Carga, obrigação. *Las cargas domésticas.* As obrigações domésticas. ♦ **Carga eléctrica.** *Eletr.* Carga elétrica. **Carga máxima.** Capacidade máxima. **Carga útil.** Capacidade líquida. **Buque de carga.** *Mar.* Navio cargueiro. **Quitar la carga.** Tirar um peso. **Volver a la carga.** Insistir, trazer à tona novamente. **Zona de carga y descarga.** Área de carga e descarga.

car·ga·men·to *s.m.* Carga, carregamento.

car·gar *v.t.* **1.** Carregar, colocar carga, encher. *Cargó el revólver/el camión/la estilográfica.* Carregou o revólver/o caminhão/a caneta-tinteiro. **2.** *Fig.* Impor, imputar. *Me cargaron la responsabilidad del hecho.* Puseram a culpa do fato em mim. **3.** Carregar, aumentar. *Nos cargaron un 20% sobre el precio del mes pasado.* Aumentaram 20% sobre o preço do mês passado. **4.** *Fís.* Carregar, armazenar corrente elétrica. *Cargar la batería.* Carregar a bateria. **5.** *Fig. e col.* Aborrecer, chatear. *Me cargan esas historias.* Essas histórias me aborrecem. **6.** *Com.* Debitar, cobrar. *Lo cargarán en la tarjeta de crédito.* Será debitado no cartão de crédito. ■ *v.i.* **7.** Suportar, carregar, aguentar, ter capacidade. *La caja carga diez kilos.* A caixa suporta dez quilos. **8.** Investir, atacar. *La policía cargó sobre el asaltante.* A polícia investiu contra o assaltante. **9.** *Fig.* Carregar, transportar, suportar. *Ella carga con su tristeza.* Ela carrega a sua tristeza. **10.** Carregar, apanhar, levar. *El niño carga con todos los lápices.* O menino carrega todos os lápis. ■ **cargarse** *v.p.* **1.** Encher-se, ficar lotado. *El club se cargó de gente.* O clube ficou apinhado de gente. **2.** Assumir, encarregar-se. *¿Por qué te cargaste con todo el trabajo?* Por que você assumiu todo o trabalho? **3.** Saturar, chegar ao limite. *Me cargué tanto que al final exploté.* Fiquei tão saturado que no fim estourei. **4.** *Col. Esp.* Reprovar. *El profesor se la cargó en el examen final.* O professor reprovou-a no exame final. **5.** Carregar-se, nublar-se (o céu). **6.** *Arg.* Gozar, brincar, zombar. *Mis amigos se cargan porque tengo una nariz muy grande.* Meus amigos zombam porque tenho o nariz muito grande. ♦ **Cargar la mano.** Exagerar. *Has cargado la mano con la sal.* Você exagerou no sal. **Cargarse de deudas.** Encher-se de dívidas.

car·go *s.m.* **1.** Carga, peso. **2.** *Com.* Encargo, débito, ônus. **3.** Cargo, função. **4.** *Fig.* Obrigação, encargo, cargo. ■ **cargos** *s.m.pl. Fig.* Acusação, imputação. *El juez leyó los cargos contra el reo.* O juiz leu as acusações contra o réu. ♦ **Cargo adicional.** *Com. Esp.* Taxa adicional. **Cargo de conciencia.** Peso de consciência. **A cargo de.** Por conta de, aos cuidados de. **Con cargo a.** *Com.* Com débito a. *Se apuntará con cargo a mi cuenta.* Será lançado com débito na minha conta. **Hacerse cargo de. 1.** Encarregar-se, tomar conta. **2.** Fazer ideia. **Sin cargo.** Grátis. **Tener a su cargo.** Ter sob sua responsabilidade, administrar.

car·gue·ro *s.m. Mar.* Cargueiro.

ca·ri·ca·tu·ra *s.f.* Caricatura.

ca·ri·cia *s.f.* Carícia.

ca·ri·dad *s.f.* **1.** Caridade, compaixão. **2.** Esmola, caridade. **3.** Favor.
ca·ries *s.f. Med.* Cárie. ∎ *Pl.:* invariável.
ca·ri·lla *s.f.* **1.** Máscara. **2.** Página. **3.** Lauda.
ca·ri·ño *s.m.* **1.** Carinho, afeto. **2.** Carinho, cuidado. **3.** Carinho, carícia, afago, agrado. **4.** Meu bem (apelo carinhoso). ∎ **cariños** *s.m.pl.* Lembranças, recordações. *Cariños a tu mamá.* Lembranças à sua mãe.
ca·ri·ta·ti·vo/a *adj.* Caridoso, caritativo.
car·mín *adj.* **1.** Carmim. • *s.m.* **2.** Batom.
car·na·da *s.f.* **1.** Isca. **2.** Sebo. ∎ *Tb.: carnaza.*
car·ne *s.f.* **1.** Carne. **2.** Polpa de fruta. **3.** Matéria (por oposição ao espírito), carne. **4.** *Fig.* Carne, luxúria. ♦ **Carne adobada.** Carne temperada. **Carne de cañón.** Pessoa(s) exposta(s) a sofrer danos, bucha de canhão. **Carne de gallina.** Pele arrepiada. **Carne de membrillo.** Marmelada. **Carne picada.** Carne moída. **De carne y hueso.** De carne e osso, real. **En carne viva.** Em carne viva. **Ser uña y carne.** Ser unha e carne.
car·né *s.m.* Carteira, documento de identificação. ∎ *Tb.: carnet.* ♦ **Carnet de conducir.** Carteira de habilitação.
car·ne·ro *s.m.* Carneiro.
car·ni·ce·rí·a *s.f.* **1.** Açougue. **2.** *Fig.* Carnificina, matança.
car·ní·vo·ro/a *adj. e s.m.* Carnívoro.
ca·ro/a *adj.* Caro, de alto preço, oneroso. • **caro** *adv.* Caro, a preço alto. *Aquí venden caro.* Aqui vendem caro. ♦ **Costar/Salir caro.** Custar caro, ter graves consequências.
car·pa *s.f.* **1.** Carpa. **2.** Barraca. *Los estudiantes viajaron con sus carpas a la montaña.* Os estudantes viajaram com suas barracas para a montanha.
☞ **car·pe·ta** *s.f.* Pasta (para papéis, documentos).
car·pin·te·rí·a *s.f.* **1.** Carpintaria, oficina de carpinteiro. **2.** Carpintaria, conjunto de elementos de madeira.
car·pin·te·ro/a *s.* Carpinteiro. ♦ **Pájaro carpintero.** Pica-pau.
ca·rras·pe·ra *s.f.* Pigarro.

ca·rre·ra *s.f.* **1.** *Desp.* Corrida. *Carrera de automóviles.* Corrida de automóveis. **2.** Rapidez. **3.** Corrida, percurso, trajeto. *¿Cuánto sale la carrera hasta el aeropuerto?* Quanto custa a corrida até o aeroporto? **4.** Caminho, rua, via. **5.** *Fig.* Fileira, carreira. *Una carrera de ladrillos.* Uma fileira de tijolos. **6.** *Fig.* Carreira, curso universitário. *Siguió la carrera de abogado.* Seguiu a carreira de advogado. **7.** Pontos soltos (em malha). *Tienes una carrera en la media.* Sua meia está desfiada. ♦ **Carrera armamentista.** Corrida armamentista. **A la carrera.** Com muita rapidez. **Dar carrera (a alguien).** Pagar os estudos (de alguém). **De carrera.** De cor, de memória. **De carreras.** De corrida. *Coche de carreras.* Carro de corrida. **Hacer carrera. 1.** Estudar. **2.** Progredir. **Ir en una carrera.** Ir num pé e voltar no outro. **Tomar carrera. 1.** Pegar impulso. **2.** Tomar fôlego, preparar-se para superar um obstáculo.
ca·rre·te *s.m.* **1.** Carretel. **2.** Rolo de filme fotográfico. **3.** *Eletr.* Bobina. ♦ **Tener carrete.** Ter corda, falar muito.
ca·rre·te·ra *s.f.* Estrada, via.
☞ **ca·rre·ti·lla** *s.f.* **1.** Carrinho de mão. **2.** Andador de criança. **3.** Carreta. **4.** Busca-pé. ♦ **Carretilla elevadora.** *Mec.* Empilhadeira.
ca·rril *s.m.* **1.** Trilho. **2.** Pista, faixa. *Carretera de tres carriles.* Estrada de três pistas. **3.** Carril, marca de rodas, sulco.
ca·rri·llo *s.m.* **1.** Bochecha. **2.** *Mec.* Polia, roldana. ♦ **Comer a dos carrillos. 1.** Comer vorazmente. **2.** Ter dois (ou mais) empregos.
ca·rro *s.m.* **1.** Carroça. **2.** *Mec.* Carro, rolo, cilindro de máquinas. **3.** *Amer.* Carro, veículo. ∎ *Sin.: coche, auto.* **4.** *Amer.* Vagão de trem. ♦ **Carro de asalto/combate.** Tanque de guerra. **Parar el carro.** Controlar-se, conter-se. **Poner el carro delante de las mulas.** Pôr o carro na frente dos bois.
ca·rro·ce·rí·a *s.f.* Carroceria.
ca·rrua·je *s.m.* **1.** Carruagem. **2.** Comboio.
car·ta *s.f.* **1.** Carta, comunicação escrita. **2.** Carta, estatuto, constituição. **3.** Carta, mapa.

4. Carta, peça do baralho. 5. Menu, cardápio. 6. Documento que atesta certas circunstâncias oficiais. ■ Não tem sentido de "carteira de motorista". ♦ **Carta abierta.** Carta aberta. **Carta certificada.** Carta registrada. **Carta de crédito.** *Com.* Carta de crédito. **Carta de naturaleza/ciudadanía.** Documento de naturalização. **Carta de pago.** *Com.* Quitação, recibo. **Carta de partición.** *For.* Formal de partilha. **Carta de porte.** *Com.* Carta de transporte. **Carta de responsabilidad.** Termo de responsabilidade. **Carta de sanidad.** *Med.* Atestado de saúde. **Carta de vecindad.** *Esp.* Atestado de residência. **Dar carta blanca.** Dar carta branca. **Echar las cartas.** Ler a sorte nas cartas. **Echar una carta al correo.** Pôr uma carta no correio. **Enseñar las cartas.** Mostrar/Abrir o jogo. **Franquear una carta.** Selar uma carta. **Jugar (alguien) sus cartas.** Agir com astúcia ou habilidade. **Poner las cartas boca arriba/sobre la mesa.** Pôr as cartas na mesa, abrir o jogo. **Tomar cartas en el asunto.** Intervir num assunto.

car·ta·bón *s.m.* **1.** *Geom.* Esquadro, régua. **2.** *Amer.* Molde de confecção.

car·ta·pa·cio *s.m.* Pasta, porta-fólio.

car·te·ar·se *v.p.* Corresponder-se, manter correspondência.

car·tel *s.m.* **1.** Cartaz. **2.** Mural. **3.** *Com.* Cartel. ♦ **De cartel.** Famoso. **En cartel.** Em cartaz.

car·te·le·ra *s.f.* **1.** Mural, quadro de avisos. **2.** Relação de espetáculos. ♦ **Llevar mucho/poco tiempo en cartelera.** Estar muito/pouco tempo em cartaz.

cár·ter *s.m. Mec.* Cárter.

car·te·ra *s.f.* **1.** Carteira. **2.** Bolsa. **3.** Pasta (de papéis, documentos). **4.** *Fig.* Pasta ministerial. **5.** Valores. **6.** *Com.* Carteira, conjunto de clientes. ♦ **Cartera de bolsillo.** Carteira. **Cartera de clientes.** *Com.* Lista, carteira de clientes. **Tener en cartera. 1.** Estar em projeto. **2.** *Com.* Ter valores no ativo de uma firma.

car·te·ro *s.m.* Carteiro.

car·ti·la·go *s.m. Med.* Cartilagem.

car·ti·lla *s.f.* **1.** Cartilha, livro. **2.** Caderneta. **3.** Manual, compêndio, cartilha. ♦ **Cartilla de ahorros.** *Com.* Caderneta de poupança. **Leerle (a uno) la cartilla. 1.** Ensinar. **2.** Censurar, repreender.

car·to·gra·fí·a *s.f.* Cartografia.

car·to·man·cia *s.f.* Cartomancia. ■ *Tb.:* cartomancía.

car·tón *s.m.* **1.** Cartão, papelão. **2.** Meia ou uma dúzia de ovos colocados em caixas. **3.** Pacote de cigarros com dez maços.

car·tu·cho *s.m.* **1.** Cartucho, invólucro. **2.** Invólucro de carga explosiva. **3.** Rolo (de filme ou fita para máquina). ♦ **Quemar el último cartucho.** Queimar o último cartucho.

car·tu·li·na *s.f.* Cartolina.

ca·sa *s.f.* **1.** Casa, moradia, residência. **2.** Casa, estabelecimento (comercial, industrial). **3.** Casa, espaço separado por linhas em tabuleiros. **4.** Casa, filial de uma empresa. **5.** Casa, família real. ♦ **Casa central/matriz.** Matriz. **Casa cuna.** Creche. **Casa de cambio.** *Com.* Casa de câmbio. **Casa de citas.** Bordel, prostíbulo. **Casa de corrección.** Reformatório. **Casa de Dios.** Casa de Deus, igreja. **Casa de huéspedes.** Pensão. **Casa de la Moneda.** Casa da Moeda. **Casa de muñecas.** Casa de bonecas. **Casa de salud.** *Med.* Casa de saúde, sanatório. **Casa de socorro.** *Med.* Pronto-socorro. **Casa religiosa.** Convento. **Casa remolque/rodante.** *Trailer.* **Ama de casa.** Dona de casa. **Caérsele (a uno) la casa en cima.** Desmoronar, cair um balde de água fria. **De casa en casa.** De porta em porta. **De la casa.** De casa. **Echar la casa por la ventana.** Gastar muito, jogar o dinheiro pela janela. **Empezar la casa por el tejado.** Começar a casa pelo telhado. **Entrar/Andar como Pedro por su casa.** Entrar/Andar em casa alheia como se fosse a própria casa. **Estar por la casa.** Estar em casa, sem determinar o local exato. **Mujer de su casa.** Dona de casa.

Pasar por casa de (alguien). Visitar (alguém). **Poner casa.** Montar casa (alugar e mobiliar). **Tener casa abierta.** Ter estabelecimento comercial.

ca·sa·do/a *adj. e s.* Casado.

☞ **ca·sal** *s.m.* **1.** Casa de campo. **2.** *Rio-plat.* Casal.

ca·sa·mien·to *s.m.* Casamento, boda, enlace.

ca·sar *v.t.* **1.** Casar, desposar. **2.** Unir por matrimônio. **3.** *Fig.* Casar, combinar, harmonizar. ■ *v.i.* **4.** Casar, conciliar. ■ **casarse** *v.p.* Casar-se. ♦ **No casarse con nadie.** Não se deixar influenciar por ninguém.

cas·ca *s.f.* **1.** Casca de uva. **2.** Cortiça (de árvores). **3.** Rosca de frutas. ■ **cascas** *s.f.pl.* Casca de fruta confeitada.

cas·ca·bel *s.m.* **1.** Guizo, chocalho, cascavel. **2.** *Fig. e col.* Que é alegre e meio bobo. **3.** Cascavel.

cas·ca·da *s.f.* Cascata, catarata, cachoeira. ♦ **En cascada.** Em cascata, seguidamente.

cas·ca·nue·ces *s.m.* Quebra-nozes. ■ *Pl.:* invariável.

cás·ca·ra *s.f.* Casca.

cas·ca·rón *s.m.* Casca de ovo. ♦ **Recién salido del cascarón.** Inexperiente, que mal saiu dos cueiros.

cas·ca·rra·bias *s.2g. Col.* Ranzinza, ranheta. ■ *Pl.:* invariável.

cas·co *s.m.* **1.** Capacete. **2.** Casco, vasilhame. **3.** Caco, fragmento de um objeto quebrado. **4.** Centro urbano de uma cidade ou povoado. **5.** *Mar.* Casco.

ca·se·rí·o *s.m.* Casario, série ou grupo de casas.

ca·se·ro/a *adj.* **1.** Caseiro, feito em casa, artesanal. **2.** Doméstico. **3.** Caseiro, que gosta de ficar em casa. ● *s.* **4.** Locador, senhorio. **5.** Caseiro, administrador de uma casa.

ca·se·ta *s.f.* **1.** Barraca. **2.** Cabine, guarita.

ca·se·te *s.2g.* **1.** Fita cassete. **2.** Gravador cassete. ■ *Tb.:* cassette.

ca·si *adv.* Quase, aproximadamente. *Vinieron casi todos los invitados.* Vieram quase todos os convidados. *Hay casi 50 libros aquí.* Há aproximadamente 50 livros aqui.

ca·si·lla *s.f.* **1.** Barraca. **2.** Casa (de tabuleiro ou papel quadriculado). *El número uno va en la primera casilla.* O número um vai na primeira casa. **3.** Escaninho, compartimento pequeno. **4.** Guichê. ♦ **Casilla postal/de correo.** Caixa postal. **Sacar (a alguien) de sus casillas.** Irritar, tirar do sério.

ca·si·no *s.m.* **1.** Cassino. **2.** Associação, liga. **3.** Clube, lugar de lazer.

ca·so *s.m.* **1.** Caso, acontecimento. **2.** Caso, circunstância, situação. **3.** *Med.* Caso, doença, enfermidade. **4.** Caso, hipótese, exemplo. **5.** *Gram.* Caso, declinação. ♦ **Caso aparte.** Caso à parte/diferente. **Caso de fuerza mayor.** Caso de força maior. **Caso perdido.** Caso perdido. **A caso hecho.** De caso pensado. **Dado el caso.** No caso de. **Darse el caso.** Acontecer. **El caso es que.** A questão é que, o que importa é. *Aunque no venga, el caso es que llame.* Mesmo que não venha, a questão é que telefone. **En caso de.** No caso de. **En caso extremo.** Em caso extremo. **En el peor de los casos.** Na pior das hipóteses. **En este caso.** Neste caso, então. **En su caso.** Se for o caso. **En todo caso.** Em todo caso, de qualquer modo. **En tu caso.** No seu caso. **En último caso.** Em último caso. ¡**Es un caso!** É um caso sério! **Hacer caso.** Levar em consideração/conta, dar ouvidos. **Ir al caso.** Ir direto ao ponto/assunto. **Llegado el caso.** Se for o caso. **No hacer caso.** Não dar ouvidos, não dar bola. **No sea caso que.** Não seja que. **Poner por caso.** Pôr como exemplo. **Ponerse en el peor de los casos.** Supor o pior. **Venir al caso.** Vir ao caso, ser pertinente.

cas·pa *s.f. Med.* Caspa.

cas·ta *s.f.* **1.** Casta. **2.** Classe social, linhagem. ♦ **De casta. 1.** De boa linhagem. **2.** De raça.

cas·ta·ña[1] *s.f.* Espécie de garrafão.

cas·ta·ña² *s.f.* **1.** *Fig. e col.* Pancada violenta. *Le dieron una castaña al coche.* Deram uma cacetada no carro. **2.** *Col.* Bebedeira.
cas·ta·ño/a *adj.* Castanho.
cas·ta·ño² *s.m.* **1.** *Bot.* Castanheira. ■ *s.f.* **2.** *Bot.* Castanha.
cas·ta·ñue·la *s.f. Mus.* Castanhola.
cas·te·lla·no/a *adj. e s.* **1.** Castelhano, idioma espanhol, língua falada em toda a Espanha e em muitos outros países. **2.** Castelão.
cas·ti·dad *s.f.* Castidade.
cas·ti·gar *v.t.* **1.** Castigar, punir, ensinar. **2.** Castigar, mortificar, atormentar. **3.** Castigar, sofrer os danos das intempéries.
cas·ti·go *s.m.* **1.** Castigo, punição. **2.** Castigo, tormento, padecimento. ♦ **Castigo ejemplar.** Castigo severo que serve de aviso para outros. **Castigo máximo. 1.** *For.* Sanção suprema. **2.** *Desp.* Pênalti, penalidade máxima. **Levantar el castigo.** Suspender a punição, indultar.
cas·ti·llo *s.m.* Castelo. ♦ **Castillo de naipes.** Castelo de vento/areia.
cas·tor *s.m.* Castor.
cas·trar *v.t.* **1.** Castrar, esterilizar, capar. **2.** *Fig.* Debilitar, podar.
ca·sual *adj.* Casual, fortuito, acidental.
ca·sua·li·dad *s.f.* **1.** Acaso, casualidade, eventualidade. **2.** Coincidência. ♦ **Da la casualidad que.** Acontece que. **De/Por casualidad.** Por acaso.
ca·ta·cum·bas *s.f.pl.* Catacumbas, cripta.
☞ **ca·ta·dor** *s.m.* Provador (de bebidas).
ca·ta·lep·sia *s.f. Med.* Catalepsia.
ca·ta·li·za·dor/do·ra *adj. e s.* Catalisador.
ca·ta·lo·gar *v.t.* **1.** Catalogar, classificar, fichar. **2.** Catalogar, qualificar, tachar.
ca·tá·lo·go *s.m.* Catálogo. ♦ **En catálogo.** Disponível, em estoque.
☞ **ca·tar** *v.t.* **1.** Provar o sabor (de algo), fazer degustação. **2.** Examinar, olhar atentamente.
ca·ta·ra·ta *s.f.* **1.** Catarata, cascata, cachoeira. **2.** *Fig.* Chuva torrencial. **3.** *Med.* Catarata, doença ocular.
ca·ta·rro *s.m. Med.* **1.** Resfriado, gripe. **2.** Catarro.
ca·tas·tro *s.m.* **1.** Censo rural. **2.** Catalogação, cadastro.
ca·tás·tro·fe *s.f.* **1.** Catástrofe, hecatombe. **2.** *Fig.* Catástrofe, desgraça. **3.** *Fig.* Catástrofe, coisa malfeita, calamidade. *Esta música es una catástrofe.* Esta música é uma calamidade.
ca·te·ar *v.t.* **1.** Vasculhar, rastrear, catar. *Catearon toda la región pero no encontraron el avión perdido.* Rastrearam toda a região mas não encontraram o avião perdido. **2.** Espiar, espreitar. **3.** *Col. Esp.* Ser reprovado, levar bomba.
cá·te·dra *s.f.* **1.** Cátedra, local onde se dão aulas. **2.** Cátedra, cadeira, cargo de catedrático e disciplina. ♦ **Sentar cátedra.** Dar uma explicação convincente.
ca·te·dral *s.f.* Catedral.
ca·te·drá·ti·co/a *s.* Catedrático, professor universitário.
ca·te·go·rí·a *s.f.* **1.** Categoria, grupo, espécie. **2.** *Fig.* Categoria, classe social. **3.** *Fig.* Categoria, importância, qualidade, gabarito.
ca·te·gó·ri·co/a *adj.* Categórico, rotundo, claro.
ca·te·que·sis *s.f.* Catequese. ■ *Pl.:* invariável.
ca·te·qui·zar *v.t.* **1.** Catequizar, instruir na fé cristã. **2.** *Fig.* Catequizar, persuadir, doutrinar.
ca·té·ter *s.m. Med.* Cateter, sonda.
ca·to·li·cis·mo *s.m.* Catolicismo.
ca·tó·li·co/a *adj. e s.* Católico.
ca·tre *s.m.* Catre.
cau·ce *s.m.* Canal, leito (de rio).
cau·cho *s.m.* **1.** Látex, borracha. **2.** *Bot.* Seringueira.
cau·ción *s.f.* **1.** Caução, cautela, precaução. **2.** *Com.* Caução, garantia, fiança.
cau·dal *adj.* **1.** Caudaloso. **2.** Caudal (de cauda). ● *s.m.* **3.** Vazão (de rio). **4.** *Fig.* Caudal, abundância. **5.** Bens, posses, patrimônio. **6.** Bagagem, riqueza intelectual. ♦ **Caudal hereditario.** *For.* Patrimônio legado. **Caudal relicto.** Massa hereditária, monte-mor.
cau·di·llo *s.m.* Caudilho.

cau·sa *s.f.* **1.** Causa, origem, motivo. **2.** Causa, ideal, projeto. **3.** *For.* Causa, ação. ♦ **A causa de.** Por causa de. **Dar la causa por conclusa.** Encerrar um processo. **Formar causa.** *For.* Abrir processo. **Hacer causa común.** Solidarizar-se.

cau·san·te *adj.* **1.** Causador. **2.** *For.* Transmitente, que transmite direitos. **3.** *For.* Autor de uma ação.

cau·sar *v.t.* **1.** Causar, motivar, originar. **2.** Causar, produzir, ocasionar.

cáus·ti·co/a *adj.* **1.** Cáustico, corrosivo. **2.** *Fig.* Cáustico, agressivo, mordaz.

cau·te·la *s.f.* **1.** Cautela, cuidado, precaução. **2.** Cautela, manha, astúcia. ∎ Não tem sentido de "certificado" nem de "recibo".

cau·te·ri·za·ción *s.f. Med.* Cauterização.

cau·ti·va·dor/-do·ra *adj.* Cativante.

cau·ti·var *v.t.* **1.** Cativar, prender, aprisionar. **2.** *Fig.* Cativar, atrair, conquistar, prender.

cau·ti·ve·rio *s.m.* Cativeiro, prisão.

ca·var *v.t.* **1.** Cavar, escavar. ∎ *v.i.* **2.** Meditar, refletir, aprofundar.

ca·ver·na *s.f.* Caverna. ∎ *Sin.:* gruta, cueva.

ca·viar *s.m.* Caviar.

ca·vi·dad *s.f.* Cavidade.

ca·yo *s.m.* Restinga, rochedo, penhasco.

ca·za *s.f.* **1.** Caça, caçada. **2.** Caça, animais caçados. **3.** *Fig.* Cata, busca, procura. **4.** Caça, perseguição. ∎ *s.m.* **5.** Caça, avião de caça. ♦ **Andar/Ir a la caza de.** Ir em busca de. **Dar caza.** Perseguir.

ca·za·dor/-do·ra *adj. e s.* **1.** Caçador. ∎ *s.f.* **2.** Jaqueta esportiva, japona.

ca·zar *v.t.* **1.** Caçar. **2.** *Fig.* Catar, perseguir. **3.** *Fig. e col.* Descobrir, surpreender, pegar. *Lo cazó durmiendo en el trabajo.* Pegou-o dormindo no trabalho. **4.** *Fig. e col.* Perceber (algo) com rapidez, captar, pegar. *No cacé el chiste.* Não peguei a piada. ♦ **Cazar en el aire.** Pegar no ar.

ca·zue·la *s.f.* **1.** Caçarola. **2.** Cozido feito em caçarola. **3.** *Teat.* Galeria, galinheiro. ♦ **Cazuela de mariscos.** Prato típico espanhol à base de frutos do mar.

ce·ba·da *s.f. Bot.* Cevada.

ce·ba·dor *s.m. Mec.* Afogador.

ce·bi·che *s.m. Amer.* Prato típico andino à base de peixe cru.

ce·bo·lla *s.f. Bot.* **1.** Cebola. **2.** Bulbo.

ce·bra *s.f.* Zebra. ∎ Não tem sentido de "acontecimento inesperado".

ce·bú *s.m.* Zebu.

ce·da·zo *s.m.* Peneira.

ce·der *v.t.* **1.** Ceder, dar, transferir. *Cedió sus bienes a los hijos.* Cedeu os seus bens aos filhos. ∎ *v.i.* **2.** Ceder, renunciar. **3.** Ceder, capitular. *Ceder de los derechos.* Renunciar aos direitos. **4.** Ceder, diminuir, cessar. *El dolor no cesa.* A dor não diminui. **5.** Ceder, afrouxar, lacear. *El cuero cede.* O couro laceia. **6.** Ceder, romper-se, cair. *La escalera cedió con el peso.* A escada cedeu com o peso. **7.** *Fig.* Dobrar-se, ceder.

ce·dro *s.m. Bot.* Cedro.

cé·du·la *s.f.* **1.** Cédula, documento. **2.** Cédula, ficha. **3.** Cédula, título de crédito. ∎ Não tem sentido de "voto" nem de "papel-moeda". ♦ **Cédula personal/de identidad/de vecindad.** Carteira de identidade.

ce·gar *v.i.* **1.** Cegar, ficar cego. ∎ *v.t.* **2.** Cegar, tirar a visão (de alguém). **3.** Cegar, obstruir um conduto, vedar. ∎ **cegarse** *v.p.* Cegar-se, ofuscar-se, obcecar-se. ∎ *C.mod. 01.*

ce·ja *s.f.* **1.** Sobrancelha. **2.** Aresta. **3.** Cume. **4.** *Mus.* Pestana. ♦ **Arquear las cejas.** Erguer as sobrancelhas. **Fruncir las cejas.** Franzir a testa. **Quemarse las cejas.** Queimar as pestanas, estudar muito. **Tener (a alguien) entre ceja y ceja.** Ter (alguém) atravessado na garganta.

ce·lar *v.t.* **1.** Vigiar, zelar, cuidar. **2.** Ter ciúmes. *Lo cela mucho al marido.* Tem muito ciúme do marido. **3.** Abafar, disfarçar, esconder. **4.** Cinzelar, esculpir.

cel·da *s.f.* Cela.

ce·le·bra·ción *s.f.* Celebração, comemoração.

ce·le·brar *v.t.* **1.** Exaltar, celebrar, elogiar. *Le celebran todos sus chistes.* Elogiam todas as suas piadas. **2.** Celebrar, festejar. *Celebró su cumpleaños en un restaurante.* Festejou o seu aniversário num restaurante. **3.** Celebrar, realizar (reuniões). *Celebraremos la conferencia en París.* Realizaremos a conferência em Paris. **4.** Celebrar, estabelecer, assinar (contrato). *Las dos empresas celebraron varios acuerdos.* As duas empresas assinaram vários acordos. **5.** Celebrar, rezar missa. **6.** Alegrar-se. *Celebro que hayas aprobado.* Fico contente por você ter sido aprovado. ■ **celebrarse** *v.p.* Celebrar-se, realizar-se. *El matrimonio se celebró en la capilla.* O casamento realizou-se na capela.

cé·le·bre *adj.* **1.** Célebre, famoso. **2.** Excêntrico.

ce·le·bri·dad *s.f.* **1.** Celebridade, fama. **2.** Celebridade, pessoa famosa.

ce·les·te *adj.* Celeste, celestial. ♦ **Azul celeste.** Azul-claro.

ce·les·ti·na *s.f.* Alcoviteira.

ce·li·ba·ta·rio/a *adj. e s.* Celibatário. ■ *Tb.: célibe.*

ce·li·ba·to *s.m.* Celibato.

ce·lo[1] *s.m.* **1.** Zelo. **2.** Cio (de animal). ■ **celos** *s.m.pl.* Ciúme. ♦ **Dar celos.** Provocar ciúme.

ce·lo[2] *s.m.* Celofane autoadesivo.

ce·lo·fán *s.m.* Celofane.

ce·lo·so/a *adj.* **1.** Zeloso, cioso. **2.** Ciumento.

cé·lu·la *s.f.* **1.** *Biol.* Célula, elemento básico dos seres vivos. **2.** Célula, grupo de militantes políticos.

ce·lu·li·tis *s.f. Med.* Celulite. ■ *Pl.:* invariável.

ce·men·te·rio *s.m.* Cemitério.

ce·men·to *s.m.* **1.** Argamassa. **2.** Cimento. ♦ **Cemento armado.** Cimento armado.

☞ **ce·na** *s.f.* **1.** Jantar, janta. **2.** Ceia. ♦ **La Última Cena.** A Santa Ceia.

ce·nar *v.i. e v.t.* Jantar. *Vamos a cenar pollo.* Comeremos frango no jantar.

ce·ni·ce·ro *s.m.* Cinzeiro.

ce·nit *s.m.* Zênite.

ce·ni·za *s.f.* Cinza. ■ **cenizas** *s.m.pl.* Cinzas, restos mortais. ■ Não denomina a cor cinza.

cen·so *s.m.* **1.** Censo. **2.** Cadastro de eleitores. **3.** Cadastro de moradores de uma jurisdição. **4.** *For.* Tributo sobre propriedades. ♦ **Censo electoral.** Corpo de eleitores.

cen·sor *s.m.* **1.** Censor, magistrado. **2.** Censor, crítico. **3.** Censor, interventor, examinador.

cen·su·ra *s.f.* Censura. ♦ **Moción de censura.** Moção de protesto.

cen·su·rar *v.t.* **1.** Censurar, julgar, criticar. **2.** Censurar, condenar, desaprovar. **3.** Censurar, suprimir, corrigir.

cen·ta·vo *s.m.* Centavo.

cen·te·lla *s.f.* **1.** Centelha, fagulha, faísca. **2.** *Fig.* Veloz. *Rápido como una centella.* Rápido como um raio.

cen·te·nar *s.m.* Centena.

cen·te·na·rio/a *adj. e s.m.* Centenário.

cen·te·no[1]**/a** *adj.* **1.** Centésimo. ■ *Tb.: centésimo.* ● *s.f.* **2.** Centena.

cen·te·no[2] *s.m. Bot.* Centeio.

cen·tí·gra·do/a *adj.* Centígrado. *Estamos a 30 grados centígrados.* A temperatura é de 30 graus centígrados.

cen·tí·me·tro *s.m.* Centímetro. ■ *Abrev.:* cm.

cén·ti·mo/a *adj.* **1.** Centésimo. ● *s.m.* **2.** Centavo. ♦ **No tener un céntimo.** Estar sem um centavo.

cen·ti·ne·la *s.m.* Sentinela. ♦ **Estar de centinela.** Estar de plantão.

cen·tral *adj.* **1.** Central. ● *s.f.* **2.** Matriz, central. **3.** Usina. **4.** Agência (de correio, telefone). ♦ **Central de conmutación.** PABX. **Central hidroeléctrica/nuclear.** Usina hidrelétrica/nuclear. **Central telefónica. 1.** Posto/Agência telefônica. **2.** Mesa operadora, PBX, PABX.

cen·tra·li·zar *v.t.* Centralizar.

cen·trar *v.t.* **1.** Centrar, centralizar, colocar no centro. **2.** Centrar, concentrar. *Voy a centrar la investigación en dos aspectos.* Vou concentrar a pesquisa em dois aspectos. **3.** *Fig.* Atrair, angariar. *Centró todas las atenciones.* Atraiu todas as atenções.

cen·tri·fu·ga·do·ra *s.f. Mec.* Centrífuga.

cen·tro *s.m.* **1.** Centro, meio. **2.** Núcleo, foco, centro. **3.** Centro, ponto de concentração. **4.** Centro, cidade, zona central de uma cidade. **5.** Centro, instituição, organização. **6.** Centro, posição política. **7.** *Fig.* Objetivo, meta. *Mi centro es recibirme.* Minha meta é formar-me. ■ **centros** *s.m.pl.* Centro, ambiente. *La novedad partió de los centros literarios.* A novidade saiu dos centros literários. ♦ **Centro comercial.** *Shopping center.* **Centro de enseñanza.** Instituição de ensino. **Centro de mesa.** Enfeite que se coloca no centro da mesa. **Centro de salud.** *Med.* Posto de saúde.

ce·ñir *v.t.* **1.** Cingir, rodear, cercar. **2.** Cingir, ajustar, apertar. ■ **ceñirse** *v.p.* **1.** Cingir-se, restringir-se, limitar-se. **2.** Cingir-se, ajustar-se, adaptar-se, limitar-se. *Ceñirse al presupuesto.* Limitar-se ao orçamento. ■ *C.mod. 10.*

ce·ño *s.m.* **1.** Cenho. **2.** *Fig.* Aspecto carrancudo.

ce·pi·llar *v.t.* **1.** Escovar. *Acabo de cepillar el traje.* Acabei de escovar o terno. **2.** Aplainar, alisar. *Cepilla esta tabla.* Aplaine esta tábua. **3.** *Arg.* Adular, bajular. **4.** *Col.* Ganhar, depenar, limpar (em jogo). ■ **cepillarse** *v.p.* **1.** Escovar. *Me cepillo el pelo tres veces al día.* Escovo o cabelo três vezes por dia. **2.** *Col.* Acabar, terminar algo rapidamente. **3.** *Col.* Matar, limpar. *Se cepillaron al asaltante.* Mataram o assaltante.

ce·pi·llo *s.m.* **1.** Escova. *Cepillo de dientes.* Escova de dentes. **2.** Plaina. **3.** Urna, cofre (de igreja). *Un cepillo para limosnas.* Uma urna para esmolas.

ce·ra *s.f.* Cera.

ce·rá·mi·ca *s.f.* Cerâmica.

cer·ca *s.f.* **1.** Cerca. ● *adv.* **2.** Perto, próximo (no espaço e no tempo). *No te quedes tan cerca del televisor.* Não fique tão perto da televisão. *El Año Nuevo está cerca.* O Ano-Novo está próximo. ♦ **Cerca de. 1.** Cerca de, aproximadamente. **2.** Perto de. **De cerca.** De perto.

cer·ca·do/a *adj.* **1.** Cercado. ● *s.m.* **2.** Cerca.

cer·ca·ní·a *s.f.* Proximidade. ■ **cercanías** *s.f.pl.* Arredores, adjacências.

cer·ca·no/a *adj.* Próximo, vizinho. *Un familiar cercano.* Um parente próximo. *Un pueblo cercano.* Uma cidade vizinha.

cer·car *v.t.* **1.** Cercar, murar. **2.** Cercar, sitiar. **3.** Cercar, assediar, encurralar.

cer·cio·rar *v.t.* Constatar, certificar, convencer, verificar, comprovar. ■ **cerciorarse** *v.p.* Certificar-se, convencer-se, ter certeza. *Se cercioró de que no lo podían ver.* Certificou-se de que não podiam vê-lo.

cer·do/a *s.* **1.** Porco, animal suíno. **2.** *Fig.* Porco, sujo, nojento. **3.** *Fig.* Porco, inescrupuloso, desprezível. ■ *s.f.* **4.** Cerda, pelo.

ce·re·al *s.m. Bot.* Cereal.

ce·re·bro *s.m.* **1.** Cérebro. **2.** *Fig.* Talento, inteligência. ♦ **Cerebro electrónico.** *Inform.* Cérebro eletrônico. **Fuga de cerebros.** Fuga de talentos, peritos que emigram para outros países.

ce·re·mo·nia *s.f.* **1.** Cerimônia, comemoração, solenidade. **2.** Cerimônia, cortesia. **3.** Saudação. ♦ **Por ceremonia.** Por educação. **Sin ceremonias.** Sem-cerimônia, simples.

ce·re·mo·nial *adj.* **1.** Cerimonial, cerimonioso. ● *s.m.* **2.** Cerimonial, formalidade, protocolo.

ce·re·za *s.f. Bot.* Cereja.

ce·re·zo *s.m. Bot.* Cerejeira.

ce·ri·lla *s.f.* **1.** Vela fina. **2.** *Esp.* Fósforo. **3.** Cera do ouvido.

cer·ne *s.m.* Âmago.

ce·ro *num.* Zero. ♦ **Bajo cero.** Abaixo de zero (temperatura). **Partir de cero.** Partir da estaca zero. **Ser un cero a la izquierda.** Ser um zero à esquerda.

ce·rra·du·ra *s.f.* Fechadura.

☞ **ce·rra·je·rí·a** *s.f.* **1.** Oficina de chaveiro. **2.** Loja de ferragens.

ce·rra·je·ro *s.m.* Chaveiro, que fabrica/instala chaves e cadeados e trabalha com ferragens.

ce·rrar *v.t.* **1.** Fechar, trancar. **2.** Fechar, vedar. *Cerraron la calle.* Fecharam a rua. **3.**

Fechar, encaixar, tampar. *Cierra el bote de azúcar.* Feche o pote de açúcar. **4.** Fechar, lacrar. *Ya he cerrado el sobre.* Já fechei o envelope. **5.** Fechar, unir, juntar. *Ciérrame la cremallera.* Feche o zíper para mim. **6.** Fechar, interromper, cessar. **7.** *Fig.* Fechar, concluir, terminar. **8.** Fechar, encerrar. *Cerraron las inscripciones.* Encerraram-se as matrículas. **9.** *Fig.* Fechar, bloquear. *Cerrar el paso.* Fechar a passagem. **10.** Fechar, murar, demarcar. **11.** *Com.* Fechar, fazer coincidir o ativo e o passivo. *Cerrar la caja.* Fechar o caixa. ■ *v.i.* **12.** Fechar, encaixar. *El cajón no cierra.* A gaveta não fecha. **13.** Fechar o cerco. *La policía cerró contra el ladrón.* A polícia fechou o cerco ao ladrão. ■ **cerrarse** *v.p.* **1.** Fechar, trancar-se. *La ventana se cerró.* A janela fechou. **2.** Fechar-se, insistir, teimar. *No sirve que te cierres en esa idea.* Não adianta você insistir nessa ideia. **3.** Fechar-se, cicatrizar(-se). *La herida ya se cerró.* O ferimento já cicatrizou. ■ *C.mod. 01.* ♦ **Cerrar con broche de oro.** Fechar com chave de ouro. **Cerrar con siete llaves.** Trancar a sete chaves. **Cerrar el pico.** Calar o bico. **Cerrar los oídos.** Tapar os ouvidos. **Cerrar los ojos a la realidad.** Fechar os olhos diante da realidade.

ce·rro *s.m.* **1.** Morro, colina. **2.** Penhasco. **3.** Pescoço de animais.

ce·rro·jo *s.m.* Ferrolho, tranca.

cer·ta·men *s.m.* Certame.

cer·te·ro/a *adj.* **1.** Certeiro, bem dirigido. **2.** Certeiro, acertado, certo. *Una contestación certera.* Uma resposta acertada. **3.** Bem informado, fidedigno, confiável. *Un noticiero certero.* Um noticiário confiável.

cer·ti·dum·bre *s.f.* Certeza. ■ *Sin.:* certeza.

cer·ti·fi·ca·ción *s.f.* **1.** Certificação, autenticação. **2.** Atestado, certidão, certificado.

cer·ti·fi·ca·do/a *adj.* **1.** Certificado, autenticado. *Firma certificada.* Firma reconhecida. **2.** Registrado. *Carta certificada.* Carta registrada. ● *s.m.* **3.** Certidão, atestado. *Certificado médico.* Atestado médico. **4.** Certificado. *Certificado de conclusión de curso.* Certificado de conclusão de curso. ♦ **Certificado de solvencia.** *For.* Certidão negativa (impostos, dívidas).

cer·ti·fi·car *v.t.* **1.** Certificar, afirmar, asseverar. **2.** Registrar. **3.** Autenticar. **4.** *For.* Certificar, atestar. ■ **certificarse** *v.p.* Certificar-se.

cer·ve·ce·rí·a *s.f.* Cervejaria.

cer·ve·za *s.f.* Cerveja.

ce·san·tí·a *s.f.* **1.** Desemprego. **2.** Seguro-desemprego.

ce·sá·re·a *adj. e s.f. Med.* Cesariana.

ce·se *s.m.* **1.** Demissão. **2.** Carta de demissão. **3.** Suspensão. *Cese del fuego.* Suspensão do ataque.

ce·sión *s.f.* **1.** Cessão, doação. **2.** *For.* Cessão, transferência.

cés·ped *s.m. Bot.* **1.** Grama, relva. **2.** Gramado.

ces·to/a *s.* **1.** Cesto. ■ *s.f.* **2.** *Desp.* Cesta. ♦ **Cesta de la compra.** Cesta básica.

cha·bo·la *s.f.* **1.** Favela. **2.** Barraco.

chá·cha·ra *s.f. Col.* Conversa fiada.

cha·ci·na *s.f.* Chacina, carne salgada, charque. ■ Não tem sentido de "matança".

cha·cra *s.f. Amer.* Granja, chácara.

cha·flán *s.m.* Chanfro, chanfradura.

chal *s.m.* Xale.

cha·lé *s.m.* **1.** Chalé. **2.** *Esp.* Sobrado. **3.** *Esp.* Casa de veraneio. ■ *Tb.:* chalet.

cha·le·co *s.m.* Colete. ♦ **Chaleco salvavidas.** Colete salva-vidas.

cha·li·na *s.f. Amer.* Cachecol.

cha·ma·rra *s.f.* **1.** Jaqueta. **2.** *Am.C.* Manta, cobertor.

cham·bón/·bo·na *adj. e s. Col.* Pessoa pouco habilidosa.

cham·pa·ña *s.m.* Champanhe. *Una copa de champaña.* Uma taça de champanhe. ■ *Tb.:* champán.

cham·pi·ñón *s.m. Bot.* Tipo de cogumelo.

cham·pú *s.m.* Xampu.

cha·mus·car *v.t.* Chamuscar.

chan·ce *s.f. Amer.* Chance.

chan·cho/a *s. Amer.* Porco.
chan·chu·llo *s.m. Col.* Tramoia, negócio sujo.
chan·cle·ta *s.f.* Chinelo.
chan·ta·je *s.m.* Chantagem.
chan·ta·jis·ta *s.2g.* Chantagista.
cha·pa *s.f.* 1. Chapa, lâmina. 2. Funilaria, lataria. *Taller de chapa y pintura.* Oficina de funilaria e pintura. 3. Chapa de compensado. ■ Não tem sentido de "placa de automóvel".
cha·pa·rro/a *s.* 1. *Bot.* Tipo de arbusto e mata. 2. *Fig.* Baixinho e rechonchudo.
cha·pa·rrón *s.m.* 1. Tempestade, temporal, chuva de verão. *Cayó un chaparrón.* Caiu um toró. 2. *Fig.* Tempestade, profusão. *Fue un chaparrón de insultos.* Foi uma tempestade de insultos.
cha·pis·ta *s.m.* Funileiro.
cha·po·te·ar *v.i.* Chapinhar, fazer barulho na água batendo os pés ou as mãos.
cha·pu·ce·ro/a *adj.* 1. Malfeito, ruim, grosseiro. ■ *adj. e s.* 2. Pessoa que trabalha mal. 3. *Fig.* Mentiroso.
cha·pu·za *s.f.* 1. Trabalho malfeito e às pressas. 2. Trabalho feito fora do expediente normal, bico.
cha·pu·zar *v.t.* Mergulhar. ■ **chapuzarse** *v.p.* Tomar um banho rápido.
cha·pu·zón *s.m.* Mergulho (não profissional).
cha·que·ta *s.f.* Paletó, casaco.
cha·que·te·ar *v.i.* 1. Mudar de ideia, de opinião. 2. Recear. 3. *Am.C.* Bajular, agradar.
char·co *s.m.* Poça (de água), lodaçal, mangue. ♦ **Atravesar/Cruzar/Pasar el charco.** Atravessar o oceano.
char·la *s.f.* 1. Conversa informal, papo. 2. Conferência informal, palestra.
char·lar *v.i.* Conversar, papear, bater papo.
char·la·tán/ta·na *adj. e s.* 1. Conversador, falador. 2. Curandeiro, charlatão. 3. Charlatão, impostor. ■ *s.* 4. Vendedor ambulante.
char·ne·la *s.f.* 1. Dobradiça. 2. Charneira.
cha·rol *s.m.* 1. Verniz. 2. Couro envernizado. *Zapatos de charol.* Sapatos de verniz.
cha·rro/a *adj.* 1. Muito enfeitado ou de cores berrantes. ● *s.m.* 2. *Mex.* Chapéu típico. 3. *Mex.* Homem que usa trajes típicos. 4. *Esp.* Aldeão de Salamanca, Espanha.
chas·co *s.m.* 1. Decepção, desilusão, fiasco. 2. Brincadeira ou ação de mau gosto, fora. ♦ **Llevarse un chasco.** Sofrer uma decepção, um fracasso.
cha·sis *s.m.* Chassi.
chas·qui·do *s.m.* Estalo, estalido.
☞ **cha·ta** *s.f.* Comadre, urinol.
cha·ta·rra *s.f.* 1. Sucata, ferro-velho. 2. Objetos de pouco valor, ferro-velho. *Mi coche está hecho una chatarra.* Meu carro é um ferro-velho/uma lata velha.
☞ **cha·to/a** *adj. e s.* 1. Pessoa de nariz achatado. *Es una rubia chata.* É uma loira de nariz achatado. 2. Chato, plano, liso. ■ *s.m.* 3. Copo pequeno e largo usado nos bares para beber vinho. 4. Dose de vinho. *Se tomaron unos chatos.* Beberam umas doses de vinho. ♦ **Quedarse chato.** Ficar desiludido.
chau·cha *s.f. Bot. Arg.* Vagem.
chau·vi·nis·mo *s.m. Gal.* Chauvinismo, patriotismo exagerado.
cha·vo *s.m.* 1. *Col.* Dinheiro, grana. 2. *Mex.* e *Am.C.* Jovem, moço.
che *s.f.* Nome da letra *ch*, que, para efeitos de ordenação, de acordo com o alfabeto latino universal, considera-se dígrafo (conjunto de duas consoantes agrupadas e indivisíveis que têm um único som).
¡che! *interj. Rio-plat.* Ei! (forma amigável de chamamento ou expressão de desagrado). *¡Che! ¿Qué es eso?* Ei! O que é isso?
che·li *adj. e s. Esp.* 1. *Hippie*, jovem contestador madrilenho. 2. Gíria utilizada por esse grupo de jovens.
che·que *s.m. Com.* Cheque. ♦ **Cheque cruzado.** Cheque nominal. **Cheque de viaje.** Cheque de viagem. **Dar un cheque en blanco.** Dar carta branca.
che·que·o *s.m.* 1. *Med. Check-up.* 2. Checagem, vistoria.

ché·ve·re *adj. Amer. menos Rio-plat.* Bonito, primoroso.

chic *adj. Gal.* Chique, elegante.

chi·cha *s.f.* **1.** *Col.* Carne comestível. **2.** Bebida de milho fermentado. ■ **chichas** *s.f.pl.* Gordurinhas. ♦ **Ni chicha ni limonada.** Não chove, nem molha.

chi·cha·rra *s.f.* **1.** Cigarra. **2.** *Fig.* Pessoa que fala muito. ♦ **Cantar la chicharra.** Fazer muito calor.

chi·cha·rrón *s.m.* **1.** Torresmo. **2.** *Fig.* Carne muito passada ou queimada. **3.** *Fig.* Pessoa muito bronzeada ou queimada de sol.

chi·che *s.m.* **1.** *Amer.* Peito, mama. **2.** *Rio-plat.* Coisa linda. **3.** *Arg.* Brinquedo de criança.

chi·chón *s.m. Col.* Hematoma na testa ou cabeça, galo.

chi·cle *s.m.* Chiclete, goma de mascar.

chi·co/a *adj.* **1.** Pequeno, miúdo, curto. ● *s.* **2.** Moço, menino, jovem, garoto. **3.** *Col.* Cara, chapa. *Mira, chico, eso no se hace.* Olhe, meu chapa, isso não se faz. ■ *s.m.* **4.** *Office-boy*, bói, contínuo. ■ *s.f.* Empregada doméstica.

chi·fla·do/a *adj. e s.* **1.** Louco, maluco, biruta, desmiolado, gira, pancada. **2.** Pateta.

chi·flar *v.i.* **1.** Assobiar, apitar. *El árbitro chifló dos veces.* O juiz apitou duas vezes. **2.** Zombar, vaiar. *Chiflar a un actor.* Vaiar um ator. ■ **chiflarse** *v.p.* **1.** Gostar muito. **2.** Enlouquecer.

chi·la·ca·yo·te *s.m. Bot. Mex. e Am.C.* Abobrinha.

chi·le *s.m. Bot. Amer. menos Rio-plat.* Pimenta.

chi·llar *v.i.* **1.** Gritar, berrar. **2.** Ranger. **3.** *Fig.* Reclamar.

chi·lli·do *s.m.* **1.** Grito, alarido. **2.** Rangido, chiado, guincho.

chi·llón/llo·na *adj. e s.* **1.** Pessoa que grita ou fala muito alto. **2.** Estridente. *Una voz chillona.* Uma voz aguda. **3.** Chamativo, berrante. *Colores chillones.* Cores berrantes. **4.** Pessoa insatisfeita que reclama de tudo.

chil·mo·le *s.m. Mex. e Am.C.* Molho picante. ■ *Tb.:* chirmol.

chil·te·pe *s.m. Bot. Am.C.* Pimenta muito ardida.

chi·me·nea *s.f.* **1.** Chaminé. **2.** Fogão a lenha. **3.** Lareira.

chim·pan·cé *s.m.* Chimpanzé.

chin·che *s.f.* **1.** Percevejo (inseto). **2.** Percevejo, tacha. ■ *adj. e s.2g.* **3.** Cansativo, importuno, chato.

chin·chi·lla *s.f.* Chinchila.

☞ **chin·gar** *v.t. Col. Amer.* **1.** Beber muito. **2.** Frustrar, estragar. **3.** Chatear, incomodar. **4.** *Vulg.* Fornicar. ■ **chingarse** *v.p.* Embriagar-se.

chi·no/a *adj.* **1.** Chinês. **2.** *Amer.* De olhos rasgados e ascendência indígena. **3.** *Amer.* Tratamento carinhoso. ● *s.* **4.** *Amer.* Índio mestiço. ■ *s.f.* **5.** Pedra pequena e arredondada, seixo. **6.** Jogo de palitinhos. **7.** *Fig.* Dificuldade, obstáculo. **8.** *Col.* Dinheiro. **9.** Porcelana fina. **10.** Objetos de porcelana. **11.** Seda. **12.** *Amer. menos Rio-plat.* Criada, empregada. ♦ **Tinta china.** Nanquim.

chi·pá *s.f.* Rosca típica paraguaia.

chi·que·ro *s.m.* Chiqueiro.

chi·qui·llo/a *adj. e s.* Criança, menino, guri, moleque, pirralho. ■ *Dim.* de chico.

chi·qui·to/a *adj. e s.* **1.** Muito pequeno. **2.** Menino, jovem. ■ *Dim.* de chico. ♦ **Dejar chiquito (a alguien).** Superar (alguém).

chi·ri·mí·a *s.f. Mus.* **1.** Charamela, clarinete antigo. **2.** Espécie de flauta indígena.

chi·ri·mo·ya *s.f. Bot.* Fruta-do-conde.

chi·ri·pa *s.f.* Sorte, casualidade. ♦ **Por/De (pura) chiripa.** Por (mero) acaso.

chi·rriar *v.i.* **1.** Chirriar. **2.** Ranger, chiar. **3.** *Fig.* Desafinar.

chi·rri·do *s.m.* Chiado.

¡chis! *interj.* Psiu! (usado para pedir silêncio). ■ *Tb.:* chit, chito e chitón.

chis·me *s.m.* **1.** Fofoca, fuxico, mexerico. **2.** *Col.* Treco, coisa, objeto cujo nome não se sabe.

chis·mo·rre·o *s.m.* Fofoca, mexerico.

chis·mo·so/a *adj. e s.* **1.** Fofoqueiro, mexeriqueiro. **2.** Bisbilhoteiro.

chis·pa *s.f.* **1.** Faísca, chispa, lampejo. **2.** Gota de chuva. **3.** Pequena porção de algo, pingo. *No tiene ni chispas de ganas de salir.* Não tem nem um pingo de vontade de sair. **4.** *Fig.* Viveza, agudeza de espírito. *Tiene mucha chispa.* É muito vivo. ♦ **Echar chispas.** Estar indignado, soltar faíscas. **Ni chispas.** Nada, nem sinal.

chis·pa·zo *s.m.* **1.** Faísca, descarga elétrica. **2.** *Fig.* Amostra, sinal. *Oímos los últimos chispazos de la discusión.* Ouvimos os últimos sinais da discussão. **3.** *Fig.* Raio. *La noticia llegó como un chispazo.* A notícia chegou como um raio. **4.** *Fig.* Fofoca. **5.** *Fig.* Ideia brilhante.

chis·po·rro·te·ar *v.i.* Crepitar, estalar.

chis·tar *v.i.* Abrir a boca (para falar). *No chistó en todo el día.* Não abriu a boca o dia todo.

chis·te *s.m.* **1.** Piada, anedota. **2.** Graça.

chis·to·so/a *adj.* Engraçado, divertido.

chi·vo/a *s.* Bode. ♦ **Chivo expiatorio.** Bode expiatório.

cho·car *v.i.* **1.** Colidir, bater, chocar. *Chocó contra el antepecho.* Bateu contra o parapeito. **2.** *Fig.* Enfrentar-se, combater, debater. **3.** Causar estranheza, chocar, impressionar. ■ Não tem sentido de "incubar ovos".

cho·che·ar *v.i.* Ficar gagá. *El abuelo ya chochea.* O vovô está ficando gagá.

cho·cho/a *adj. Col.* **1.** Bobo, embevecido, que baba. **2.** Gagá, coroca.

cho·clo *s.m.* **1.** Tamanco de madeira. **2.** *Bot. Amer.* Milho verde.

cho·co·la·te *s.m.* Chocolate.

chó·fer *s.m.* Chofer, motorista.

cho·lo/a *s. Amer.* Mestiço de branco e índio.

chom·pa *s.f. Am.C.* Jaqueta. ■ *Tb.:* chumpa.

cho·que *s.m.* **1.** Colisão, batida. **2.** *Fig.* Conflito, luta. **3.** *Med.* Choque. ♦ **Choque eléctrico.** *Eletr.* Choque, descarga elétrica.

☞ **cho·ri·zo** *s.m.* Tipo de linguiça suína.

cho·rre·ar *v.i.* **1.** Jorrar, espirrar. **2.** *Fig.* Ensopar. **3.** Gotejar, pingar, escorrer.

cho·rro *s.m.* **1.** Jorro, jato, esguicho, espirro. **2.** *Am.C.* Torneira. ♦ **Chorro de agua.** Jato d'água. **A chorros.** Em abundância. **Avión a chorro.** Avião a jato.

cho·za *s.f.* Choça, cabana, barraca, choupana, maloca.

chu·cha *s.f. Vulg. Am.C.* Prostituta.

chu·che·rí·a *s.f.* **1.** Coisa de pouca importância. **2.** Guloseima, aperitivo.

chu·cho/a *s. Amer.* Cão.

chue·co/a *adj. Amer.* **1.** De pernas tortas, arqueadas. **2.** Torto.

chu·le·ta *s.f.* **1.** Costela, costeleta (de gado). **2.** *Fig.* Cola (entre estudantes). **3.** *Fig. e col.* Bofetada, tapa.

☞ **chu·lo/a** *adj.* **1.** Valentão. **2.** Típico de Madri. **3.** *Col.* Bonito, elegante, gracioso. **4.** *Col.* De boa aparência, alinhado. **5.** *Am.C.* Querido, meu bem (forma de chamamento ou tratamento).

chum·pi·pe *s.m. Mex. e Am.C.* Ave galinácea, peru.

chu·par *v.t.* **1.** Chupar, mamar. **2.** Chupar, lamber, sorver. **3.** *Fig.* Chupar, absorver. **4.** *Fig.* Chupar, consumir, sugar (bens, dinheiro). **5.** Chupar, tirar proveito. ■ *v.t. e v.i.* **6.** *Amer.* Beber. ■ **chuparse** *v.p.* **1.** Enfraquecer-se, debilitar-se. **2.** *Amer.* Tomar, beber. *Me chupé todo el licor.* Tomei o licor todo. ♦ **Chuparse el dedo.** Ser ingênuo.

chu·pe·te *s.m.* **1.** Chupeta. **2.** *Arg.* Pirulito.

chu·rras·co *s.m.* **1.** Churrasco. **2.** Bife grelhado.

chu·rro *s.m.* Churro, massa de farinha frita. ♦ **¡Vete a freír churros!** Vá plantar coquinho!

chus·ma *s.f. Dep.* Gentalha, corja.

cia·nu·ro *s.m. Quím.* Cianureto.

ciá·ti·co/a *adj. Med.* **1.** Ciático. ● *s.f.* **2.** Ciática.

ci·ber·né·ti·co/a *adj.* **1.** Cibernético. ● *s.f.* **2.** Cibernética.

ci·ca·triz *s.f.* **1.** *Med.* Cicatriz, corte, ferida. **2.** *Fig.* Cicatriz, marca, impressão espiritual. ■ *Pl.:* cicatrices.

ci·ca·tri·zar *v.t.* Cicatrizar. ■ **cicatrizarse** *v.p.* Cicatrizar-se.

ci·clis·mo *s.m. Desp.* Ciclismo.

ci·clis·ta *adj.* e *s.2g. Desp.* Ciclista.

ci·clo *s.m.* Ciclo.

ci·clón *s.m.* Ciclone.

ci·dro/a *s.m. Bot.* 1. Cidreira. ■ *s.f.* 2. Cidra.

cie·go/a *adj.* e *s.* 1. Cego, que não enxerga. 2. *Fig.* Cego, ofuscado, obcecado. *Ciego de dolor.* Cego de dor. 3. *Fig.* Obstruído, entupido. *La tubería está ciega.* O encanamento está entupido. ♦ **A ciegas.** Às cegas. **En el país de los ciegos, el tuerto es rey.** Em terra de cegos quem tem um olho é rei.

cie·lo *s.m.* 1. Céu, firmamento. 2. *Fig.* Céu, glória, paraíso. 3. *Fig.* Céu, teto. 4. *Fig.* Céu, paz. 5. *Fig.* Céu, Providência Divina. 6. Benzinho, amor (tratamento carinhoso). *¿Qué dijiste, mi cielo?* O que você disse, benzinho? ● *interj.* 7. Céus! ♦ **Cielo raso.** *Arq.* Forro do teto. **A cielo abierto.** A céu aberto. **Caído del cielo.** Caído do céu. **Poner el grito en el cielo.** Fazer o maior escândalo. **Remover el cielo y la tierra.** Mover céus e terra. **Venirse el cielo abajo.** 1. Perder as esperanças, desmoronar-se a vida. 2. Cair uma violenta tempestade. **Ver el cielo abierto.** Enxergar a solução ou saída.

ciem·piés *s.m.* 1. Centopeia. 2. *Fig.* Ideia confusa, obscura, sem pé nem cabeça. ■ *Pl.:* invariável.

cien *num.* Cem. *Cien personas.* Cem pessoas. *Cien mil.* Cem mil. ■ Forma apocopada de *ciento.* ♦ **Al cien por cien.** Cem por cento. **No hay mal que cien años dure.** Nada é eterno.

cien·cia *s.f.* 1. Ciência, saber, conhecimento. 2. Ciência, disciplina, área de conhecimento. 3. Experiência, habilidade. ♦ **Ciencia ficción.** Ficção científica. **Tener (algo) poca ciencia.** Ser fácil, simples, não ter segredo.

cien·tí·fi·co/a *adj.* 1. Científico. ● *s.* 2. Cientista.

cien·to *num.* 1. Cento, cem. *Ciento tres mil.* Cento e três mil. *Ciento cincuenta alumnos.* Cento e cinquenta alunos. ● *s.m.* 2. Centena. ♦ **A cientos.** Aos milhares. **Por ciento.** Por cento. *Gastó veinte por ciento del sueldo.* Gastou vinte por cento do salário.

cie·rre *s.m.* 1. Fechamento. 2. Fecho, tranca. 3. Encerramento. *Quiero ver el cierre del campeonato.* Quero ver o encerramento do campeonato. 4. *Arg.* Zíper.

cier·to/a *adj.* 1. Certo, verdadeiro, correto. *Esto es cierto.* Isto é verdade. *Eso está cierto.* Isso está certo. 2. Certo, seguro. 3. Certo, um, algum. *Cierto muchacho.* Certo rapaz. 4. Certo, determinado, fixo. *Quedamos de vernos a cierta hora.* Ficamos de encontrar-nos em determinado horário. ● *s.m.* 5. Certo, correto. ● **cierto** *adv.* Certo, certamente. ♦ **De/Por cierto.** Certamente. **Estar en lo cierto.** Estar com a razão. **Lo cierto es que.** O fato é que. **No ser cierto.** Não ser verdade. **Por cierto.** A propósito, por certo. **Si bien es cierto que.** Embora a verdade seja que. **Tan cierto como dos y dos son cuatro.** Com toda certeza. **Tener por cierto que.** Ter certeza que.

cier·vo/a *s.* Cervo.

ci·fra *s.f.* 1. *Mat.* Cifra, algarismo. 2. Cifra, código. 3. Cifra, monograma (de um nome). 4. *Mat.* Cifra, soma. 5. Cifra, compêndio, resumo. ♦ **Barajar cifras.** Fazer cálculos/orçamentos.

ci·ga·rre·ra *s.f.* 1. Companhia de cigarros. 2. Cigarreira.

ci·ga·rri·llo *s.m.* Cigarro.

☞ **ci·ga·rro** *s.m.* 1. Cigarro de palha. 2. Charuto.

ci·güe·ña *s.f.* 1. Cegonha. 2. *Mec.* Manivela.

ci·güe·ñal *s.m. Mec.* Virabrequim.

ci·lin·dra·da *s.f. Mec.* Cilindrada.

ci·lin·dro *s.m.* Cilindro.

ci·ma *s.f.* Cima, cume, topo.

ci·ma·rrón *s.m.* 1. *Rio-plat.* Chimarrão. 2. Animal selvagem. 3. Escravo fugido.

☞ **ci·mien·to** *s.m.* Fundamento, base. ■ **cimientos** *s.m.pl.* Alicerce.
cinc *s.m. Quím.* Zinco. ❙ *Tb.:* zinc.
cin·cel *s.m.* Cinzel, ponteiro.
cin·cuen·tón/·to·na *adj. e s.* Cinquentão.
ci·ne *s.m.* Cinema. ♦ **Cine de estreno.** Estreia.
ci·ne·as·ta *s.2g.* Cineasta.
cí·ni·co/a *adj. e s.* Cínico.
☞ **cin·ta** *s.f.* **1.** Fita, tira de tecido. **2.** Fita, faixa, cinta. **3.** Fita, filme, rolo (de cinema, vídeo, cassete). *La cinta de Chopin se estropeó.* A fita de Chopin estragou-se. **4.** Fita métrica. **5.** Fileira (de azulejos). **6.** Cintura, cinto. ♦ **Cinta adhesiva.** Fita adesiva, durex. **Cinta aislante.** Fita isolante. **En cinta. 1.** Em fita (gravação). **2.** Sujeito a.
cin·tu·ra *s.f.* Cintura.
cin·tu·rón *s.m.* Cinto. ♦ **Cinturón de seguridad.** Cinto de segurança. **Cinturón negro.** *Desp.* Faixa preta (judô). **Apretarse el cinturón.** Apertar o cinto.
cir·co *s.m.* Circo.
cir·cui·to *s.m.* **1.** Circuito, recinto, perímetro. **2.** Circuito, contorno. **3.** Circuito, trajeto, percurso. **4.** *Eletr.* Circuito, série de condutores. ♦ **Circuito cerrado/impreso/integrado.** *Eletr.* Circuito fechado/impresso/integrado. **Circuito turístico.** *Tour*/Excursão turística. **Cortocircuito.** *Eletr.* Curto-circuito.
cir·cu·la·ción *s.f.* **1.** Circulação. **2.** Trânsito. ♦ **Circulación prohibida.** Trânsito proibido. **Poner en circulación.** Pôr em circulação. **Retirar de circulación.** Retirar de circulação.
cir·cu·lar *adj.* **1.** Circular, em forma de círculo. ● *s.f.* **2.** Circular, ordem, mensagem. ● *v.i.* **3.** Circular, rodear. **4.** Circular, percorrer, passar. *La sangre circula por el organismo.* O sangue circula pelo organismo. **5.** Circular, divulgar, propagar. *Circulan rumores de un golpe de Estado.* Circulam boatos de um golpe de Estado. **6.** Circular, transitar. ♦ **Circular de boca en boca.** Circular de boca em boca.
cír·cu·lo *s.m.* **1.** *Geom.* Círculo. **2.** Roda, círculo. *Un círculo alrededor del fuego.* Uma roda ao redor do fogo. **3.** Grêmio, círculo. **4.** Círculo, aro. ♦ **Círculo vicioso.** Círculo vicioso. **En círculo.** De forma circular.
cir·cun·ci·sión *s.f. Med.* Circuncisão.
cir·cun·fe·ren·cia *s.f. Geom.* Circunferência.
cir·cuns·pec·to/a *adj.* Circunspecto, ponderado, prudente, sério.
cir·cuns·tan·cia *s.f.* Circunstância, estado, conjuntura. ♦ **Circunstancia agravante/atenuante.** Circunstância agravante/atenuante.
ci·rio *s.m.* **1.** Círio, vela. **2.** *Bot.* Círio, planta.
ci·rro·sis *s.f. Med.* Cirrose. ❙ *Pl.:* invariável.
☞ **ci·rue·la** *s.f. Bot.* Ameixa.
ci·ru·gí·a *s.f. Med.* Cirurgia. ♦ **Cirugía estética/plástica.** Cirurgia plástica.
ci·ru·ja·no/a *s. Med.* Cirurgião.
☞ **ci·sión** *s.f.* **1.** Fenda, fissura. **2.** Incisão, talho.
cis·ne *s.m.* Cisne.
cis·ter·na *s.f.* **1.** Cisterna, reservatório. **2.** Caminhão-pipa.
cis·ti·tis *s.f. Med.* Cistite. ❙ *Pl.:* invariável.
ci·ta *s.f.* **1.** Convocação. **2.** Entrevista, encontro. *La cita será en su oficina.* A entrevista será no seu escritório. **3.** Citação. **4.** Hora marcada. ♦ **Dar cita.** Marcar hora. **Tener una cita.** Ter um encontro.
ci·ta·ción *s.f. For.* Intimação, citação.
ci·tar *v.t.* **1.** *For.* Citar, intimar, notificar. **2.** Citar, aludir, mencionar. **3.** Marcar hora, encontro. *La cité para el miércoles.* Marquei um encontro com ela para a quarta-feira. ■ **citarse** *v.p.* Marcar encontro. *Se citaron a las nueve.* Marcaram encontro para as nove.
cí·tri·co/a *adj.* Cítrico. ● **cítricos** *s.m.pl.* Frutas cítricas.
ciu·dad *s.f.* Cidade. ♦ **Ciudad satélite.** Cidade-satélite. **Ciudad universitaria.** Cidade universitária.
ciu·da·da·ní·a *s.f.* Cidadania.
ciu·da·da·no/a *adj.* **1.** Citadino. ● *s.* **2.** Cidadão.
cí·vi·co/a *adj.* Cívico.

ci·vil *adj.* **1.** Civil, relativo ao cidadão. **2.** Civil, não militar. ♦ **Por lo civil.** Pelo/No civil. *Se casaron por lo civil.* Casaram-se no civil.

ci·vi·li·za·ción *s.f.* Civilização.

ci·vi·li·zar *v.t.* Civilizar. ■ **civilizarse** *v.p.* Civilizar-se.

ci·vis·mo *s.m.* Civismo.

ci·za·ña *s.f.* **1.** *Bot.* Cizânia, erva daninha, joio. **2.** *Fig.* Cizânia, discórdia.

cla·mar *v.t. e v.i.* Clamar, bradar.

cla·mor *s.m.* Clamor, brado.

clan *s.m.* Clã.

clan·des·ti·no/a *adj.* Clandestino.

cla·ra *s.f.* Clara (de ovo). ♦ **A las claras.** Às claras.

cla·re·ar *v.t. e v.i.* **1.** Clarear, dar claridade, tornar claro. ■ *v.impess.* **2.** Clarear, amanhecer. *Me despierto cuando clarea el día.* Acordo quando o dia amanhece. **3.** Clarear, limpar (tempo). *Ya clarea el cielo.* O tempo está limpando. ■ **clarearse** *v.p.* Ser, ficar ou tornar-se transparente. *Si usas enaguas el vestido no se clarea.* Se você usar anágua o vestido não ficará transparente. ■ *C.mod.* 40.

cla·ri·dad *s.f.* **1.** Claridade. **2.** Clareza.

cla·ri·fi·car *v.t.* **1.** Clarificar. **2.** Esclarecer.

cla·ri·ne·te *s.m. Mus.* **1.** Clarinete. **2.** Clarinetista.

cla·ri·vi·den·te *adj. e s.2g.* Clarividente.

cla·ro/a *adj.* **1.** Claro, iluminado. **2.** Claro, pálido (cor). **3.** Claro, puro, límpido. **4.** Claro, evidente, lógico. **5.** *Fig.* Claro, objetivo, sincero. **6.** Claro, fácil, simples. **7.** Ralo, pouco denso. *La salsa quedó muy clara.* O molho ficou muito ralo. **8.** *Fig.* Claro, ilustre. ● *s.m.* **9.** Clareira. *Un claro en el bosque.* Uma clareira no bosque. **10.** Lacuna, brecha. *Un texto con muchos claros.* Um texto com muitas lacunas. ● **claro** *adv.* **1.** Claro, claramente, com clareza. ● *interj.* **2.** Claro, sim, sem dúvida! ♦ **Claro de luna.** Luar. **Claro que.** Claro que. **Llenar un claro.** Preencher uma lacuna. **Más claro que el agua.** Claríssimo. **Poner/Sacar en claro.** Esclarecer.

cla·se *s.f.* **1.** Classe, categoria. **2.** Tipo, espécie. *No me gusta esa clase de películas.* Não gosto desse tipo de filme. **3.** *Biol.* Classe. **4.** Classe, grupo social. **5.** Classe, grupo de alunos. **6.** Aula. *Tengo clases de inglés.* Tenho aulas de inglês. **7.** Sala de aula. *La clase estaba llena.* A sala de aula estava cheia. ♦ **Clase media.** Classe média. **Dar clase. 1.** Dar aula. **2.** Assistir a aula. **De toda clase.** De qualquer tipo. **Lucha de clases.** Luta de classes.

clá·si·co/a *adj. e s.* Clássico. ♦ **Lenguas clásicas.** Línguas clássicas. **Ropa clásica.** Roupa social.

cla·si·fi·ca·ción *s.f.* Classificação.

cla·si·fi·car *v.t.* Classificar, catalogar. ■ **clasificarse** *v.p.* Classificar-se, obter classificação. *Nos clasificamos en tercer lugar.* Ficamos classificados em terceiro lugar.

claus·tro·fo·bia *s.f. Med.* Claustrofobia.

cláu·su·la *s.f.* Cláusula.

clau·su·ra *s.f.* **1.** Clausura. **2.** Encerramento. *La clausura de un congreso.* O encerramento de um congresso. **3.** *Amer.* Fechamento.

clau·su·rar *v.t.* **1.** Encerrar, terminar. **2.** Enclausurar. **3.** Fechar, suspender a atividade. *Clausuraron el banco.* Fecharam o banco.

cla·var *v.t.* **1.** Cravar, fincar, enterrar, ferrar. **2.** Cravar, fitar, fixar (olhar). **3.** Pregar. *Clavar un cuadro en la pared.* Pregar um quadro na parede. **4.** *Col.* Abusar no preço, roubar. **5.** *Col.* Acertar na mosca. *Clavé cinco ejercicios del examen.* Acertei em cheio cinco exercícios da prova. **6.** Cravejar, encravar. ■ **clavarse** *v.p.* **1.** Espetar-se. *Clavarse con una espina.* Espetar-se com um espinho. **2.** *Am.C.* Mergulhar. *Se clavó de cabeza.* Mergulhou de cabeça.

cla·ve *adj.* **1.** Chave, crucial, importante. *Tiene un puesto clave en la empresa.* Tem um cargo importante na empresa. ● *s.f.* **2.** Chave, código. **3.** Chave, explicação. **4.** *Mus.* Clave. **5.** *Mus.* Clavicórdio, cravo. ■ Não se aplica a "chave de fechadura". ♦ **Dar con/en la clave.** Encontrar a solução.

cla·vel *s.m. Bot.* Cravo.

cla·ví·cu·la *s.f. Med.* Clavícula.

cla·vi·ja *s.f.* **1.** Pino, encaixe, borne, bucha. **2.** *Esp.* Tomada de aparelhos elétricos.

cla·vo *s.m.* **1.** Prego. **2.** *Med.* Furúnculo. **3.** *Med.* Cravo, acne. **4.** Dor de cabeça. **5.** *Fig.* Padecimento, sofrimento. **6.** *Bot.* Cravo-da-índia. **7.** *Col.* Mau negócio. ♦ **Un clavo saca otro clavo.** Um amor se cura com outro.

cle·men·cia *s.f.* Clemência.

clep·tó·ma·no/a *adj.* Cleptomaníaco.

cle·ro *s.m.* Clero.

cli·ché *s.m.* **1.** Clichê, negativo, placa fotográfica. **2.** *Fig.* Clichê, frase feita, batida. **3.** *Tip.* Clichê. ∎ *Tb.: clisé.*

clien·te *s.2g.* **1.** Cliente. **2.** Freguês.

clien·te·la *s.f.* **1.** Clientela. **2.** Freguesia.

cli·ma *s.m.* Clima.

clí·ni·co/a *adj. Med.* **1.** Clínico. ● *s.* **2.** Médico. ∎ *s.f.* **3.** Clínica, consultório, hospital. ♦ **Tener ojo clínico.** Ter olho clínico.

clip *s.m. Angl.* **1.** Clipe. **2.** Pinça de cabelo, grampo. **3.** Videoclipe.

cloa·ca *s.f.* **1.** Cloaca, esgoto. **2.** Bueiro.

clo·ro *s.m. Quím.* Cloro.

clo·ro·fi·la *s.f. Bot.* Clorofila.

clo·ru·ro *s.m. Quím.* Cloreto.

club *s.m.* Clube, associação.

clue·co/a *adj.* **1.** Choco (ovo, galinha). ● *s.f.* **2.** Galinha choca.

co·ac·ción *s.f.* Coação, coerção, constrangimento.

co·ac·cio·nar *v.t.* Coagir, pressionar.

co·ad·yu·van·te *adj.* Coadjuvante.

coa·gu·lar *v.t.* Coagular. ∎ **coagularse** *v.p.* Coagular-se.

coá·gu·lo *s.m. Med.* Coágulo.

co·ar·ta·da *s.f. For.* Álibi.

co·ar·tar *v.t.* Restringir, tolher, constranger. *Coartar la libertad.* Tolher a liberdade.

co·bar·de *adj. e s.2g.* Covarde, medroso, pusilânime.

co·bar·día *s.f.* Covardia, medo.

co·ber·ti·zo *s.m.* Cobertura, telhado saliente.

co·ber·tu·ra *s.f.* **1.** Coberta, cobertor. **2.** *Fig.* Cobertura (jornalística). **3.** Cobertura (seguros).

co·bi·ja *s.f.* **1.** Cobertura, abrigo, amparo, proteção. **2.** *Amer.* Manta, cobertor.

co·bra·dor/·do·ra *s.* Cobrador.

co·bran·za *s.f. Com.* Cobrança. ∎ *Tb.: cobro.*

co·brar *v.t.* **1.** Cobrar, receber. *Hoy cobro.* Hoje recebo. **2.** Recobrar, recuperar (sentidos). **3.** Cobrar, adquirir (vigor, ânimo). ∎ **cobrarse** *v.p.* Recobrar-se, recuperar-se, cobrar-se. ♦ **Cobrar valor.** Criar coragem.

co·bre *s.m. Quím.* Cobre.

co·bro *s.m. Com.* Cobrança. ♦ **Cobro revertido.** A cobrar. *Llamada con cobro revertido.* Ligação a cobrar.

co·ca·í·na *s.f.* Cocaína. ∎ *Tb.: coca.*

coc·ción *s.f.* Cozimento.

co·cer *v.t. e v.i.* **1.** Cozer, cozinhar. **2.** Ferver, ferventar. ∎ **cocerse** *v.p.* Cozinhar-se, cozer-se. ∎ *C.mod. 03.* ♦ **En todas partes cuecen habas.** Em todos os lugares há problemas.

co·che *s.m.* **1.** Carro, veículo, automóvel. **2.** Carruagem. **3.** Vagão (de trem). ♦ **Coche blindado.** Carro-forte. **Coche cama.** Vagão-dormitório, leito (trem, ônibus). **Coche de plaza.** Carro de praça, táxi. **Coche restaurante.** Vagão-restaurante.

co·che·ro/a *s.m.* **1.** Cocheiro. ∎ *s.f.* **2.** Garagem.

co·chi·ni·llo *s.m.* Leitão.

co·chi·no/a *s.* **1.** Porco, animal suíno. ∎ *s. e adj.* **2.** *Dep.* Porco, sujo, imundo.

co·ci·do/a *adj.* **1.** Cozido. ● *s.m.* **2.** Prato típico espanhol à base de carnes, batatas, legumes e grão-de-bico.

co·cien·te *s.m. Mat.* Quociente.

co·ci·na *s.f.* **1.** Cozinha. **2.** Fogão. **3.** Gastronomia.

co·ci·nar *v.t.* Cozinhar.

co·ci·ne·ro/a *s.* Cozinheiro.

co·co *s.m.* **1.** *Bot.* Coco, fruto. **2.** *Bot.* Coqueiro. ∎ *Tb.: cocotero.* **3.** *Col.* Coco, cabeça. **4.** *Biol.* Bactéria. **5.** Bicho-papão, assombra-

ção. *Si no eres bueno, niño, te lleva el coco.* Se você não for bonzinho, o bicho-papão vai pegar você. **6.** Gesto, careta.
co·co·dri·lo *s.m.* Crocodilo.
cóc·tel *s.m. Angl.* Coquetel.
co·da·zo *s.m.* Cotovelada.
co·di·cia *s.f.* Cobiça, ambição, ganância.
co·di·ciar *v.t.* Cobiçar, ambicionar.
co·di·fi·ca·ción *s.f.* Codificação.
co·di·fi·car *v.t.* **1.** Codificar, reunir em código. **2.** *Inform.* Codificar, pôr em linguagem de computador.
có·di·go *s.m.* **1.** Código, regulamento. **2.** Código, conjunto de signos. **3.** Código, cifra. ♦ **Código de circulación.** Leis de trânsito. **Código de identificación fiscal.** CPF. **Código de procedimiento civil/penal.** *For.* Código de processo civil/penal. **Código postal.** CEP. **Código territorial.** Código DDD.
co·do *s.m.* Cotovelo. ♦ **Codo a codo.** Lado a lado. **Alzar/Empinar el codo.** Beber muito. **Hablar por los codos.** Falar pelos cotovelos.
co·dor·niz *s.f.* Codorna.
co·fra·dí·a *s.f.* Confraria, irmandade.
co·fre *s.m.* Cofre, baú, arca. ♦ **Cofre fuerte.** Caixa-forte.
co·ger[1] *v.t.* **1.** Pegar, segurar, apanhar. *Cogió el lápiz.* Pegou o lápis. **2.** Pegar, agarrar, apanhar. *Me cogió de la mano.* Agarrou na minha mão. **3.** Pegar, tirar, tomar, apanhar. *Ha cogido mi coche.* Tomou o meu carro. **4.** Pegar, colher. *Coger los frutos.* Colher os frutos. **5.** Pegar, prender, deter, apanhar. *Cogieron al bandido.* Prenderam o bandido. **6.** Pegar, atacar. *El toro lo cogió.* O touro o pegou. **7.** Atropelar, pegar. *Aquel coche lo cogió.* Aquele carro o atropelou. **8.** Arranjar, conseguir, pegar (trabalho). *He cogido unas traducciones.* Arranjei umas traduções para fazer. **9.** Pegar, tomar, apanhar, subir (em veículo). *Coger un taxi.* Tomar um táxi. **10.** Pegar, empreender, iniciar. *Ha cogido el estudio con interés.* Pegou no estudo com interesse. **11.** Pegar, encontrar, surpreender. *La guerra lo cogió en lo mejor de la vida.* A guerra pegou-o no melhor da vida. **12.** Pegar, adquirir, comprar. *Cogimos entradas para el teatro.* Compramos entradas para o teatro. **13.** Pegar, reter. *Este tejido coge mucha suciedad.* Este tecido pega muita sujeira. **14.** Pegar, contrair, apanhar. *Cogí un resfrío.* Peguei um resfriado. **15.** Pegar, entender, captar. *Hemos cogido la indirecta.* Entendemos a indireta. **16.** Pegar, aproveitar, escolher (o momento oportuno). *Lo cogieron de buen humor.* Pegaram-no de bom humor. **17.** *Fig.* Pegar, dedicar-se, empenhar-se. *No coge la costura y por eso no aprende.* Não pega na costura e, por isso, não aprende. **18.** Pegar, contratar, empregar. *Esta tienda cogió una dependienta muy simpática.* Esta loja contratou uma vendedora muito simpática. **19.** Acolher, receber. *Cogieron muy bien la noticia.* Receberam muito bem a notícia. ■ *v.i.* **20.** Pegar, vingar. *El árbol cogió.* A árvore pegou. **21.** *Col. e vulg.* Pegar. *Si no me llama, cojo y me voy.* Se ele não ligar, pego e vou embora. ■ **cogerse** *v.p.* Prensar, prender. *Se cogió el dedo en la puerta.* Prensou o dedo na porta. ❙ Verbo muito usado na Espanha mas deturpado na América. *V.* coger[2]. ♦ **Coger bajo su manto.** Proteger. **Coger (a alguien) con las manos en la masa.** Pegar (alguém) com as mãos na massa. **Coger el truco.** Pegar a manha. **Coger in fraganti.** Flagrar. **Coger la delantera.** Adiantar-se. **Coger la palabra.** Tomar a palavra, pronunciar-se. **Coger por los pelos.** Pegar por um triz. **Cogerlas al vuelo.** Pegar no ar.
co·ger[2] *v.t. e v.i. Vulg. Amer.* Copular, fornicar.
co·go·llo *s.m.* **1.** Miolo (de fruta, verdura, legume). **2.** Núcleo.
co·go·te *s.m.* Cogote, nuca, cangote.
co·he·ren·te *adj.* Coerente.
co·he·sión *s.f.* Coesão.

co·he·te *s.m.* **1.** Foguete. **2.** Fogo de artifício, rojão.
co·hi·bir *v.t.* Coibir, intimidar, reprimir. ■ **cohibirse** *v.p.* Coibir-se, conter-se, refrear-se.
coin·ci·den·cia *s.f.* Coincidência.
coin·ci·dir *v.i.* **1.** Coincidir, convergir, calhar. **2.** Coincidir, concordar.
coi·to *s.m.* Coito, cópula.
co·je·ar *v.i.* **1.** Mancar, coxear, ter uma perna mais curta do que a outra. **2.** Balançar (móvel). **3.** *Col.* Ter algum vício ou tendência. *Ese noticiero cojea siempre para el lado del gobierno.* Esse noticiário sempre tende para o lado do governo. **4.** *Col.* Andar mal. *Las exportaciones cojean.* As exportações vão mal. ♦ **Saber de qué pie cojea.** Saber de que mal padece.
co·jín *s.m.* **1.** Almofada. **2.** Almofadão.
co·ji·ne·te *s.m. Mec.* **1.** Mancal. **2.** Rolamento. ♦ **Cojinete de bolas.** *Mec.* Rolamento de esferas.
co·jo/a *adj. e s.* Manco, coxo, aleijado de uma perna.
co·jón *s.m. Vulg.* Testículo. ■ Usado geralmente no *pl.* ♦ **Con cojones.** Com coragem. **Estar hasta los mismísimos cojones.** Estar de saco cheio. **Importar un cojón/tres cojones.** Não ligar a mínima. **Pasarse (algo) por los cojones.** Desprezar, encarar com desdém.
col *s.f. Bot.* Couve.
☞ **co·la** *s.f.* **1.** Rabo, cauda (de animal). **2.** Cauda (de vestido). **3.** Último lugar (em uma classificação). **4.** Fila. **5.** Apêndice, cauda (de um cometa). **6.** *Col. Arg.* Bunda. ♦ **Cola de caballo.** Rabo de cavalo. **A la cola.** Atrás, no fim da fila. **En la cola.** Na fila. **Hacer cola.** Fazer fila.
co·la·bo·ra·ción *s.f.* Colaboração. ♦ **En colaboración.** Em coautoria.
co·la·bo·rar *v.i.* **1.** Colaborar, cooperar, auxiliar. **2.** Colaborar, escrever para jornal ou revista.
co·la·dor *s.m.* Coador, passador, peneira (de cozinha). ■ Não tem sentido de "pessoa que cola".

co·lap·so *s.m.* **1.** *Med.* Colapso (do sistema nervoso). **2.** *Fig.* Colapso, decadência, ruína.
☞ **co·lar** *v.t.* **1.** Coar, peneirar (líquidos). **2.** *Col.* Introduzir ilegalmente ou com artifício. *Colaron bebidas falsificadas.* Passaram bebidas falsificadas. ■ *v.i.* **3.** Convencer, colar. *Esa historia no coló.* Essa história não colou. **4.** Passar (por lugar estreito). *El aire cuela por la rendija.* O ar passa pela fenda. ■ **colarse** *v.p.* **1.** Introduzir-se sem ser convidado, penetrar. *Los muchachos se colaron en el baile.* Os rapazes entraram de penetra no baile. **2.** Equivocar-se, errar. ❚ *C.mod. 03*.
col·cha *s.f.* Colcha.
col·chón *s.m.* Colchão. ♦ **Colchón de muelles.** Colchão de molas. **Colchón neumático.** Colchão de borracha, inflável. **Servir de colchón.** Ser saco de pancadas.
co·lec·ción *s.f.* Coleção.
co·lec·cio·nar *v.t.* Colecionar.
co·lec·ti·vo/a *adj.* **1.** Coletivo. ● *s.m.* **2.** *Gram.* Coletivo. **3.** *Rio-plat.* Ônibus.
co·lec·tor *s.m.* **1.** Coletor, cobrador (de impostos). **2.** Coletor, condutor, tubulação subterrânea (de lixo, esgoto).
co·le·gial/·gia·la *adj. e s.* Colegial, estudante. ■ Não tem sentido de "curso colegial".
co·le·gio *s.m.* **1.** Colégio, escola de nível básico (fundamental) e/ou médio. **2.** Colégio, associação profissional. *Colegio de Arquitectos.* Colégio de Arquitetos. ♦ **Colegio electoral.** Colégio eleitoral. **Colegio Mayor.** Residência universitária.
có·le·ra *s.f.* **1.** Ira, fúria, cólera. ■ *s.m.* **2.** *Med.* Cólera. ♦ **Descargar la cólera en.** Descarregar a raiva em. **Montar en cólera.** Ficar furioso.
col·gan·te *adj.* **1.** Suspenso, pendente. ● *s.m.* **2.** Pingente.
col·gar *v.t.* **1.** Pendurar, dependurar (roupa, quadros, plantas). **2.** *Col.* Enforcar. *Lo colgaron en la plaza.* Foi enforcado na praça. **3.** Desligar (o telefone). *Me colgó el teléfono en la cara.* Desligou o telefone na minha

cara. **4.** Abandonar uma profissão. *Colgó los hábitos.* Largou a batina. **5.** *Col.* Responsabilizar, acusar. *Siempre me cuelgan todo lo malo que ocurre.* Sempre sou acusado de tudo o que acontece de ruim. **6.** *Col.* Ser reprovado (em exame, curso). *Me colgaron el examen de matemáticas.* Fui reprovado no exame de matemática. ■ *v.i.* **7.** Pender (frutos). ■ **colgarse** *v.p.* **1.** Pendurar-se. **2.** *Col. Am.C.* Ficar gamado. ■ *C.mod. 03.*

co·li·brí *s.m.* Beija-flor.

có·li·co *s.m. Med.* Cólica.

co·li·flor *s.f. Bot.* Couve-flor.

co·li·ga·ción *s.f.* Coligação, coalizão.

co·li·lla *s.f.* Toco de cigarro, bituca.

co·li·na *s.f.* Colina.

co·lin·dar *v.i.* Confinar, ter limites ou fronteiras. *Mi parcela colinda con la tuya.* O meu lote faz limite com o seu.

co·li·sión *s.f.* Colisão, choque.

co·li·tis *s.f. Med.* Colite.

co·llar *s.m.* **1.** Colar, ornato para o pescoço. **2.** Coleira, argola para prender animais ou escravos. **3.** *Mec.* Anel, argola.

col·mar *v.t.* **1.** Colmar, encher até a borda. **2.** *Fig.* Cumular, prodigar, dar em abundância. *Nos colmó de regalos.* Cumulou-nos de presentes.

col·me·na *s.f.* **1.** Colmeia. **2.** *Fig.* Aglomeração de pessoas.

col·mi·llo *s.m.* Dente canino, presa. ♦ **Enseñar los colmillos.** Assumir atitude ameaçadora, mostrar os dentes.

col·mo *s.m.* Cúmulo, grau máximo, auge. ♦ **¡Es el colmo!** É o cúmulo, o fim da picada. **Para colmo.** Para piorar as coisas, ainda por cima.

co·lo·ca·ción *s.f.* **1.** Colocação. **2.** Emprego, situação, ocupação. *Tiene buena colocación en la empresa.* Tem boa situação na empresa. **3.** *Com.* Aplicação financeira. ■ Não tem sentido de "enunciado, proposição".

co·lo·car *v.t.* **1.** Colocar, pôr, instalar. **2.** *Com.* Aplicar, colocar, investir. *Coloqué el dinero en acciones.* Apliquei o dinheiro em ações. **3.** Proporcionar ou conseguir emprego, arranjar colocação. **4.** *Fig.* Vender, arranjar comprador. *Logró colocar las camisas con defecto.* Conseguiu vender as camisas com defeito. ■ **colocarse** *v.p.* Colocar-se. ♦ **Estar bien colocado.** Ter um bom emprego.

co·lo·nia *s.f.* **1.** Colônia, protetorado. **2.** Colônia, povoação de colonos. **3.** Colônia, grupo de pessoas de uma nação que vive em outra. **4.** *Biol.* Colônia, conjunto de células. **5.** Água-de-colônia. **6.** *Mex.* e *Am.C.* Ampliação de uma cidade, bairro novo. ♦ **Colonia de vacaciones.** Colônia de férias.

co·lo·ni·zar *v.t.* Colonizar.

co·lo·no *s.m.* **1.** Colono. **2.** Lavrador.

co·lo·quial *adj.* Coloquial.

co·lor *s.m.* **1.** Cor, tinta. **2.** Ideologia, cor política. **3.** Colorido. *Ropa de color.* Roupa colorida. **4.** *Fig.* Realce, brilho. *Fiesta sin color.* Festa sem brilho. **5.** Tonalidade. ■ **colores** *s.m.pl.* **1.** Bandeira nacional, cores. *Saludar los colores nacionales.* Saudar as cores nacionais (a bandeira). **2.** *Desp.* Camiseta de time de futebol. *Defender los colores de la casa.* Defender a camiseta do clube. ♦ **Color local.** Cor local. **A todo color.** Em cores. *En vivo y a todo color.* Ao vivo e em cores. **Dar color. 1.** Pintar. **2.** Animar. **De color.** De cor, negro, mulato. **De color de rosa.** Cor-de-rosa. **En color.** Colorido, em cores (filmes, tecidos). **Ponerse de mil colores.** Ficar vermelho ou furioso. **Sacar los colores a la cara.** Deixar envergonhado ou ruborizado. **Subido de color.** Cena ou piada picante.

co·lo·ra·ción *s.f.* **1.** Coloração. **2.** *Fig.* Característica, tendência. *Un libro de coloración socialista.* Um livro de tendência socialista.

co·lo·ra·do/a *adj.* **1.** Colorido, que tem cor. **2.** *Fig.* Picante (piadas, cenas). ■ *adj.* e *s.* **3.** Vermelho. ♦ **Colorado de vergüenza.** Vermelho de vergonha. **Ponerse colorado.** Ficar vermelho, envergonhar-se.

co·lo·ran·te *adj.* e *s.2g.* Corante.

co·lo·re·ar *v.t.* **1.** Colorir. **2.** *Fig.* Disfarçar, atenuar algo ruim. *No sirve colorear el fracaso.* Não adianta disfarçar o fracasso. ■ *v.i.* **3.** Amadurecer (frutos). *Ya colorea el tomate.* O tomate está começando a amadurecer. ∎ *Tb.:* colorir.

co·lo·ri·do *s.m.* **1.** Colorido, conjunto de cores. *Este tapiz tiene mucho colorido.* Esta tapeçaria tem muita cor. **2.** *Fig.* Colorido, vivacidade, brilho. *Discurso de mucho colorido.* Discurso de muito brilho. ∎ Não tem sentido de "feito em cores".

co·lum·na *s.f.* **1.** Coluna, pilar. **2.** Pilha. *Una columna de cajas.* Uma pilha de caixas. **3.** *Tip.* Coluna, divisão vertical de uma página. **4.** *Mil.* Coluna, tropa em formatura. **5.** *Med.* Coluna, espinha dorsal. **6.** *Fig.* Apoio, sustentação, coluna. ♦ **Columna de dirección.** *Mec.* Eixo do volante (do carro). **Columna militar.** Coluna militar. **Columna vertebral.** *Med.* Coluna vertebral. **En columna de a dos.** Em coluna de dois.

co·lum·nis·ta *s.2g.* Colunista, jornalista encarregado de uma coluna especial.

co·lum·pio *s.m.* Balanço, aparelho de diversão para crianças.

co·ma *s.f.* **1.** *Gram.* Vírgula, sinal ortográfico. ■ *s.m.* **2.** *Med.* Coma, estupor profundo. ♦ **Punto y coma.** Ponto e vírgula.

co·ma·dre *s.f.* **1.** Parteira. **2.** Comadre. ∎ Não tem sentido de "urinol".

co·mal *s.m. Mex. e Am.C.* Prato de barro usado para assar.

co·man·dar *v.t. Mil.* Comandar. ∎ Não tem sentido de "mandar".

co·man·do *s.m. Mil.* Comando, tropa com uma missão especial.

com·ba *s.f.* **1.** Curvatura, empenamento. **2.** Corda de saltar. *Jugar a la comba.* Brincar de pular corda.

com·ba·te *s.m.* Combate. ♦ **Fuera de combate.** Fora de combate, derrotado.

com·ba·tien·te *s.m. Mil.* Combatente.

com·ba·tir *v.t.* **1.** Combater, lutar. **2.** *Fig.* Opor-se, resistir, combater.

com·bés *s.m. Mar.* Convés.

com·bi·na·ción *s.f.* **1.** Combinação, composição, arranjo. **2.** Combinação, roupa usada embaixo do vestido. ♦ **Combinación de una caja fuerte.** Segredo de um cofre.

com·bi·nar *v.t.* **1.** Combinar, compor, aliar, integrar, unir. **2.** Combinar, harmonizar, fazer conjunto. *La camisa no combina con el pantalón.* A camisa não combina com as calças. **3.** Combinar, concertar. ■ **combinarse** *v.p.* **1.** Combinar, fazer um acordo. *Se combinaron para crear una asociación.* Puseram-se de acordo para criar uma associação. **2.** *Quím.* Misturar-se, combinar-se.

com·bus·ti·ble *adj. e s.m.* Combustível.

com·bus·tión *s.f.* Combustão.

co·me·dia *s.f.* **1.** *Liter. e teat.* Comédia. **2.** *Fig.* Farsa, comédia. ♦ **Hacer comedia.** Fingir, simular.

co·me·dian·te/a *adj. e s.* **1.** Comediante, ator. **2.** *Fig.* Farsante.

co·me·di·mien·to *s.m.* Moderação, comedimento.

co·me·dor/·do·ra *adj.* **1.** Comedor, comilão. ● *s.m.* **2.** Sala de jantar. **3.** Refeitório. **4.** Restaurante simples, cantina.

co·me·jén *s.m.* Cupim, broca.

co·men·tar *v.t.* Comentar.

co·men·ta·rio *s.m.* **1.** Comentário, observação. **2.** Crítica, análise, comentário.

co·men·zar *v.t. e v.i.* Começar, iniciar. *Comenzar a llorar.* Começar a chorar. ∎ *C. mod. 01.*

co·mer *v.t. e v.i.* **1.** Comer, ingerir alimentos. **2.** Comer, almoçar. **3.** Comer, corroer, enferrujar. **4.** *Fig.* Comer, dilapidar, gastar. **5.** Comer, tomar peças do adversário (no jogo). **6.** *Fig.* Comer, consumir (uma paixão, um vício). ♦ **Comer por comer.** Comer sem vontade. **Comer por cuatro.** Comer muito. **Comerse los unos a los otros.** Comerem-se vivos. **No come ni deja comer.** Não faz nem deixa que outros façam (algo). **No tener de qué comer.** Não ganhar o suficiente para viver. **Ser de buen comer.** Ser um bom garfo.

co·mer·cial *adj.* **1.** Comercial. ● *s.m.* **2.** *Mex.* Comercial, anúncio publicitário. ∎ Não tem sentido de "prato de comida".

co·mer·cia·li·za·ción *s.f.* Comercialização.

co·mer·cian·te *adj. e s.2g.* **1.** Comerciante. **2.** *Fig.* Interesseiro.

co·mer·ciar *v.i.* Comerciar, negociar.

co·mer·cio *s.m.* **1.** Comércio. **2.** Transação, negócio. **3.** Loja, estabelecimento comercial. *Tiene un comercio en la calle principal.* Tem uma loja na rua principal. **4.** Conjunto de estabelecimentos comerciais.

co·me·ta *s.m.* **1.** Cometa. ∎ *s.f.* **2.** Pipa, papagaio. ∎ *Sin.:* barrilete.

co·me·ter *v.t.* **1.** Cometer. **2.** Encomendar, incumbir. *Nos cometió la ejecución del proyecto.* Encomendou-nos a execução do projeto.

co·me·ti·do/a *adj.* **1.** Cometido. ● *s.m.* **2.** Propósito, tarefa, compromisso. *Tiene el cometido de orientar a los alumnos.* Tem o propósito de orientar os alunos. ♦ **Desempeñar un cometido.** Realizar uma tarefa.

co·me·zón *s.m.* **1.** Coceira, comichão. **2.** *Fig.* Ansiedade, comichão.

co·mic *s.m.* Gibi, história em quadrinhos. ∎ *Pl.: comics.*

có·mi·co/a *adj.* **1.** Cômico, divertido, engraçado. ● *s.* **2.** Cômico, comediante.

co·mi·da *s.f.* **1.** Comida. **2.** Refeição. *Hacer tres comidas al día.* Fazer três refeições ao dia. **3.** Almoço. *La comida será a las 12:30h.* O almoço será às 12h30. ♦ **Comida rápida.** Fast-food.

co·mien·zo *s.m.* Começo, início, princípio. ♦ **A comienzos de (año, mes).** No começo do (ano, mês). **Dar comienzo a.** Dar início a.

co·mi·llas *s.f.pl. Gram.* Aspas, sinal ortográfico. *Entre comillas.* Entre aspas.

co·mi·lón/·lo·na *adj. e s.* **1.** Comilão. ∎ *s.f.* **2.** Comilança.

co·mi·no *s.m.* **1.** *Bot.* Cominho. **2.** *Fig.* Coisa insignificante. *No vale un comino.* Não vale nada.

co·mi·sa·rí·a *s.f.* Delegacia.

co·mi·sa·rio *s.m.* **1.** Delegado. **2.** Comissário.

co·mi·sión *s.f.* **1.** Comissão, missão, incumbência. **2.** Comissão, comitê, delegação. **3.** Comissão, gratificação.

co·mi·ti·va *s.f.* Comitiva, séquito.

co·mo *adv.* **1.** Como, da forma que. *Hazlo como te parezca.* Faça como achar melhor. **2.** Como, igual a. *Tengo un aparato como éste.* Tenho um aparelho como este. **3.** Como, por que motivo. *No comprendo cómo lo soportas.* Não compreendo como consegue suportá-lo. **4.** Como, na qualidade de. *Vino como emisario de la noticia.* Veio como emissário da notícia. **5.** Cerca de, aproximadamente. *Tardé como dos horas en llegar.* Demorei umas duas horas para chegar. **6.** Como, já que. *Como no oías, te grité.* Como você não ouvia, gritei. **7.** Como, porque, por que. *¿Cómo no habló conmigo?* Por que não falou comigo? ∎ **a.** Usado enfaticamente para indicar semelhança. *Estaba como disgustado.* Parecia chateado. *El jugo sabía como a naranjada.* O suco tinha sabor de laranjada. **b.** Acentuado em frases *interr.* e *excl.* **¡¿Cómo?! Como?! Hem?! ¿Cómo así?** Como assim? **¡Cómo no!** Pois não! **Como para.** Como se fosse para (justifica o que se afirma a seguir). *Lo que dijiste es como para pegarte.* Pelo que disse dá vontade de bater em você. **Como que.** Como se. **Como quiera que.** Já que, posto que. **Como ser.** *Amer.* Como por exemplo. **¡Pero cómo!** Mas como!

có·mo·da *s.f.* Cômoda.

co·mo·di·dad *s.f.* **1.** Comodidade, conforto. **2.** Tranquilidade, satisfação. ∎ **comodidades** *s.f.pl.* Facilidades, vantagens. *Esta agencia de viajes ofrece muchas comodidades.* Esta agência de viagens oferece muitas facilidades. ♦ **Con comodidad. 1.** Com conforto. **2.** Tranquilamente.

co·mo·dín *s.m.* **1.** Curinga. **2.** *Fig.* Pretexto. *Usa la enfermedad de la madre como co-*

có·mo·do/a *modín para todo.* Usa a doença da mãe como pretexto para tudo.

có·mo·do/a *adj.* Cômodo, confortável. ∎ Não tem sentido de "aposento".

com·pa·de·cer *v.t.* Compadecer, lamentar. ∎ **compadecerse** *v.p.* Compadecer-se, condoer-se, penalizar-se. ∎ *C.mod. 06.*

com·pa·dre *s.m.* **1.** Compadre. **2.** *Col.* Amigo, camarada.

com·pa·ñe·ro/a *s.* **1.** Companheiro, parceiro. **2.** Colega (de escola, trabalho). **3.** *Fig.* Coisa que forma conjunto com outra. *Perdí el compañero de ese aro.* Perdi um dos brincos (do par).

com·pa·ñí·a *s.f.* **1.** Companhia, acompanhante. **2.** *Teat.* Companhia, conjunto de atores. **3.** *Com.* Companhia, sociedade mercantil ou industrial. **4.** Companhia, ordem religiosa. **5.** *Mil.* Companhia, pelotão. ∎ *Abrev.: Cía.* ♦ **En compañía de.** Na companhia de, junto com.

com·pa·rar *v.t.* Comparar, estabelecer semelhança, conferir. ∎ **compararse** *v.p.* Comparar-se.

com·par·tir *v.t.* Compartilhar.

com·pás *s.m.* **1.** Compasso, instrumento de desenho. **2.** *Mus.* Compasso, ritmo. ♦ **Compás de espera.** Ritmo de espera, pausa. **Llevar el compás.** Levar a batuta.

com·pa·sión *s.f.* Compaixão. ♦ **Dar compasión.** Causar pena, dar dó.

com·pa·trio·ta *s.2g.* Compatriota, patriota.

com·pen·dio *s.m.* Compêndio, resumo.

☞ **com·pe·ne·trar·se** *v.p.* **1.** Compartilhar, combinar. **2.** *Fig.* Identificar-se, entender-se. **3.** *Arg.* Convencer-se, persuadir-se.

com·pen·sa·ción *s.f.* **1.** Compensação, indenização. **2.** *Com.* Compensação, confronto de débitos e créditos, bonificações. ♦ **En compensación.** Em compensação.

com·pen·sar *v.t.* **1.** Compensar, equivaler, igualar. **2.** Compensar, recompensar. **3.** *Com.* Compensar, indenizar, ressarcir. **4.** Compensar, satisfazer.

com·pe·ten·cia *s.f.* **1.** Concorrência. *Los precios de la competencia son más bajos.* Os preços da concorrência são mais baixos. **2.** Competência, capacidade. **3.** Incumbência, alçada, competência.

com·pe·ter *v.i.* Competir, incumbir, caber. *Le compete parte del patrimonio.* Cabe-lhe parte do patrimônio. ∎ Não tem sentido de "concorrer".

com·pe·ti·ción *s.f. Desp.* Competição, torneio, disputa, páreo.

com·pe·ti·dor/·do·ra *adj. e s.* **1.** *Desp.* Competidor. **2.** Concorrente.

com·pe·tir *v.i.* **1.** Concorrer, competir. *Cien películas compiten por el premio.* Cem filmes concorrem ao prêmio. **2.** Concorrer, fazer concorrência. *Este producto no compite con el otro.* Este produto não faz concorrência ao outro. **3.** *Desp.* Competir. ∎ *C.mod. 10.*

com·pin·che *s.2g. Col.* **1.** Cupincha, amigo, parceiro. **2.** Cúmplice.

com·pla·cen·cia *s.f.* Complacência, benevolência.

com·pla·cer *v.t.* **1.** Comprazer, condescender, satisfazer um desejo. *Te complace en todo.* Satisfaz todos os seus desejos. **2.** Ter o agrado, o prazer. *Me complace informar que (...).* Tenho o prazer de informar que (...). ∎ **complacerse** *v.p.* Comprazer-se. ∎ *C.mod. 47.*

com·ple·jo/a *adj.* **1.** Complexo, complicado, intrincado. • *s.m.* **2.** Complexo, conjunto de diversos elementos. *Complejo industrial.* Complexo industrial. **3.** Complexo, tendência inconsciente, mania. *Complejo de inferioridad.* Complexo de inferioridade.

com·ple·men·tar *v.t.* **1.** Complementar. **2.** Completar. ∎ **complementarse** *v.p.* **1.** Complementar-se. **2.** Completar-se.

com·ple·men·ta·rio/a *adj.* Complementar.

com·ple·tar *v.t.* **1.** Completar, integrar. **2.** Terminar, concluir. *Completó el trabajo en dos horas.* Terminou o trabalho em duas horas. **3.** Complementar. **4.** Preencher. *Completar un impreso.* Preencher um formulário. ∎ **completarse** *v.p.* Completar-se. ∎ Não se aplica a "completar anos".

com·ple·to/a *adj.* **1.** Completo. **2.** Concluído. **3.** Preenchido. **4.** Lotado. *El teatro está completo.* O teatro está lotado. **5.** *Fig.* Completo, total. *Un completo fracaso.* Um fracasso total. ♦ **Por completo.** Completamente, totalmente.

com·ple·xión *s.f.* Compleição, constituição física.

com·pli·ca·ción *s.f.* **1.** Complicação, complexidade. **2.** Complicação, dificuldade. **3.** Complicação, confusão. **4.** *Med.* Complicação, agravamento (de doença).

com·pli·car *v.t.* **1.** Complicar, dificultar. **2.** *Fig.* Complicar, envolver. ■ **complicarse** *v.p.* **1.** Complicar-se, dificultar-se. **2.** *Fig.* Complicar-se, enredar-se.

cóm·pli·ce *adj. e s.2g.* Cúmplice.

com·plot *s.m.* Complô, intriga. ❙ *Pl.:* complots.

com·po·ner *v.t.* **1.** Compor, formar, fazer parte. **2.** *Tip.* Dispor os caracteres tipográficos. **3.** Compor, criar, inventar (obras). **4.** Consertar. *Hay que componer la escalera.* Precisa consertar a escada. ■ **componerse** *v.p.* **1.** Compor-se, constituir-se, estar composto. *La obra se compone de tres partes.* A obra está composta de três partes. **2.** Reconciliar-se. *¿Lograste componerte con tu marido?* Conseguiu reconciliar-se com o seu marido? **3.** Arrumar-se, enfeitar-se. *Voy a componerme el pelo.* Vou arrumar o cabelo. **4.** Sarar. *La abuela ya se compuso de la gripe.* A vovó já sarou da gripe. **5.** *Col. Mex. e Am.C.* Dar à luz. ❙ *C.mod. 14.* ♦ **Componérselas.** Arranjar-se, virar-se.

com·por·ta·mien·to *s.m.* Comportamento, conduta.

com·por·tar *v.t.* Conter em si, comportar, implicar. *Ese compromiso comporta diversas obligaciones.* Esse compromisso implica diversas obrigações. ■ **comportarse** *v.p.* Comportar-se, conduzir-se. ♦ **Saber comportarse.** Saber agir adequadamente.

com·po·si·tor/·to·ra *s. Mus.* Compositor.

com·pos·tu·ra *s.f.* **1.** Compostura, composição. **2.** Conserto. *¿Cuánto costó la compostura de la máquina?* Quanto custou o conserto da máquina? **3.** Compostura, bom comportamento. **4.** Compostura, alinho.

com·po·ta *s.f.* Compota.

com·pra *s.f.* Compra. ♦ **Hacer la compra de la semana/mes/día.** Fazer a compra da semana/mês/dia. **Ir de compras.** Sair para fazer compras.

com·pra·dor/·do·ra *adj. e s.* Comprador.

com·prar *v.t. e v.i.* **1.** Comprar, adquirir. *Compró unos discos nuevos.* Comprou alguns discos novos. **2.** *Fig.* Comprar, subornar. ■ **comprarse** *v.p.* Comprar (para si mesmo). *¿Qué te compraste?* O que você comprou?

com·pra·ven·ta *s.f.* Compra e venda.

com·pren·der *v.t. e v.i.* **1.** Compreender, entender. ■ *v.t.* **2.** Compreender, abranger, incluir, envolver. ■ **comprenderse** *v.p.* Compreender-se, entender-se. *No nos prendemos.* Não nos entendemos. ♦ **Hacerse comprender.** Fazer-se entender.

com·pren·sión *s.f.* Compreensão.

com·pre·sa *s.f.* **1.** Compressa. **2.** *Esp.* Absorvente higiênico.

com·pro·ba·ción *s.f.* Verificação, comprovação.

com·pro·ban·te *s.m. Com.* Comprovante, recibo, protocolo.

com·pro·bar *v.t.* Verificar, comprovar, constatar, conferir, checar. ❙ *C.mod. 03.*

com·pro·me·ter *v.t.* **1.** Comprometer, expor ao perigo, arriscar. **2.** Comprometer, obrigar. **3.** *For.* Designar, constituir. *Comprometer en árbitros.* Constituir árbitros. ■ **comprometerse** *v.p.* Comprometer-se.

com·pro·mi·so *s.m.* **1.** Compromisso, acordo, pacto. **2.** Situação embaraçosa. ♦ **Compromiso matrimonial.** Noivado, promessa de casamento. **Anillo de compromiso.** Anel de noivado. **Contraer/Cancelar un compromiso.** Assumir/Desfazer um compromisso. **Poner en un compromiso.** Colocar em situação constrangedora. **Sin compromiso.** Sem compromisso.

com·puer·ta *s.f.* Comporta.
com·pues·to *s.m. Quím.* Composto, complexo. ∎ *Part. irreg.* de *componer.*
com·pu·ta·ción *s.f.* **1.** *Inform.* Computação. **2.** Cômputo, contagem.
com·pu·ta·dor/·do·ra *s. Inform. Amer.* Computador. ∎ Mais usado como *f.*
com·pu·ta·do·ri·zar *v.t. Inform.* Computadorizar, processar no computador. ∎ *Tb.:* computarizar.
co·mul·gar *v.t. e v.i.* **1.** Comungar. **2.** *Fig.* Compartilhar, coincidir ideias ou princípios, ser compatível. *No comulgamos en nada.* Não coincidimos em nada.
co·mún *adj. e s.m.* **1.** Comum, normal, habitual. **2.** Comum, vulgar, ordinário. **3.** Comum, abundante, frequente. **4.** Comum, coletivo. ♦ **Común denominador.** Denominador comum. **El común de la gente.** A maioria das pessoas. **En común.** Em comum. **Lugar común.** Lugar-comum, chavão. **Por lo común.** Geralmente. **Sentido común.** Senso comum.
co·mu·ni·ca·ción *s.f.* **1.** Comunicação, relação, trato. **2.** Comunicação, aviso, comunicado. **3.** Comunicação, ligação, via de acesso. *La hacienda tiene comunicación con la ciudad por carretera de tierra.* A fazenda tem comunicação com a cidade por uma estrada de terra. ∎ **comunicaciones** *s.f.pl.* Comunicações, sistemas de comunicação de um país (correios, telégrafos, telefones, transportes). *Las comunicaciones son pésimas en esta región.* Os sistemas de comunicação são péssimos nesta região. ♦ **Comunicación telefónica.** Ligação telefônica. **Estar en comunicación.** Estar em contato. **Medios de comunicación masiva.** Mídia, meios de comunicação de massa.
co·mu·ni·ca·do *s.m.* **1.** Comunicado, pronunciamento, aviso ou carta enviados aos meios de comunicação para torná-los públicos. *Un comunicado de prensa.* Um pronunciamento à imprensa. **2.** Comunicado, aviso, informação.

co·mu·ni·car *v.t.* **1.** Comunicar, notificar, transmitir. **2.** Comunicar, participar, informar, fazer saber. **3.** Comunicar, propagar. ∎ *v.i.* **4.** Completar a ligação, chamar (telefone). *El teléfono no comunica.* O telefone não completa a ligação. **5.** Estar ligado por uma via de acesso. *La cocina comunica con el área de servicio.* A cozinha dá para a área de serviço. ∎ **comunicarse** *v.p.* **1.** Comunicar-se, relacionar-se. **2.** Comunicar-se, transmitir-se, propagar-se. ♦ **Comunicarse por señas.** Falar por sinais.
co·mu·ni·dad *s.f.* Comunidade.
co·mu·nión *s.f.* Comunhão. ♦ **Comunión de bienes.** Comunhão de bens. **Primera comunión.** Primeira comunhão.
co·mu·nis·mo *s.m.* Comunismo.
co·mu·nis·ta *adj. e s.2g.* Comunista.
co·mún·men·te *adv.* Comumente, geralmente.
con *prep.* **1.** Com. *Cortar con cuchillo.* Cortar com faca. *Café con leche.* Café com leite. *Salir con el padre.* Sair com o pai. *Este libro no se compara con el otro.* Este livro não se compara com o outro. **2.** Apesar de, embora. *Con tener tanto no se siente feliz.* Apesar de tudo o que tem não se sente feliz. ∎ Usado com *inf.* assume valor de *ger. Esto se resuelve con salir temprano.* Isto se resolve saindo cedo. ♦ **Con lo que/Con tanto como.** Com tudo que/quanto. *¡Con lo que hemos hecho por ella!* Com tudo que fizemos por ela! **Con que/Con tal de que/Con sólo que.** Desde que/Com a condição de que/Contanto que.
con·ce·bir *v.i. e v.t.* **1.** Conceber, gerar. **2.** Conceber, idear, imaginar, entender. *No concibo cómo pudiste hablarle así.* Não entendo como você pôde falar-lhe assim. **3.** *Fig.* Alimentar. *Concebir esperanzas.* Alimentar esperanças. ∎ *C.mod. 10.*
con·ce·der *v.t.* **1.** Conceder, outorgar, investir, deferir. **2.** Admitir, conceder. *Concedió que no era caro, pero no lo compró.* Admitiu que não era caro, mas não o comprou.

con·ce·jal/·ja·la *s.* Vereador.

con·ce·jo *s.m.* 1. Câmara de vereadores. 2. Prefeitura, municipalidade.

con·cen·tra·ción *s.f.* Concentração.

con·cen·trar *v.t.* 1. Concentrar, reunir. 2. Concentrar, condensar. ■ **concentrarse** *v.p.* Concentrar-se, compenetrar-se, absorver-se.

con·cep·ción *s.f.* 1. Concepção, geração. 2. Concepção, produção da inteligência. 3. Conceição, dogma católico.

con·cep·to *s.m.* 1. Conceito, ideia. 2. Concepção, conceito, opinião, ponto de vista. *Mi concepto es diferente.* O meu ponto de vista é diferente. 3. *Com.* Item de lançamento orçamentário. *Por concepto de gastos.* Na coluna (no item) de despesas. ♦ **En concepto de.** Por conta de, a título de, para. *Me dieron 100 dólares en concepto de viáticos.* Deram-me 100 dólares para cobrir as diárias. **En mi/tu concepto.** Na minha/sua opinião. **Por ningún concepto.** De forma nenhuma. **Tener en buen/mal concepto.** Ter boa/má opinião (de alguém).

con·cer·nir *v.i.* Concernir, dizer respeito, referir-se. ♦ **Por/En lo que concierne a.** No que diz respeito a. ■ *C.mod. 46.*

con·cer·tar *v.t. Com.* Concordar, estabelecer, contratar, ajustar.

con·ce·sión *s.f.* 1. Concessão, admissão de um ponto de vista diferente. *Es difícil negociar sin hacer concesiones.* É difícil negociar sem fazer concessões. 2. *For.* Concessão, privilégio de exploração de bem ou serviço. *Tiene la mina en concesión.* Tem a concessão da mina. 3. Concessão, o bem explorado. 4. Deferimento.

con·ce·sio·na·rio/a *adj. e s.* Concessionário/a.

con·cha *s.f.* 1. Concha. 2. Madrepérola. 3. *Vulg. Arg.* Órgão sexual feminino.

con·cien·cia *s.f.* Consciência. ■ *Tb.: consciencia.* ♦ **Conciencia limpia/sucia.** Consciência tranquila/pesada. **A conciencia.** Com consciência, com seriedade. **A conciencia de que.** Sabendo que. **En conciencia.** Sinceramente, honestamente. **Remorder la conciencia.** Sentir remorso. **Tener conciencia.** Estar consciente.

con·cier·to *s.m.* 1. Acordo, disposição. 2. *Mus.* Concerto.

con·ci·liar *adj.* 1. Conciliar, *rel.* a concílio. ● *v.t.* 2. Conciliar, harmonizar. 3. *Com.* Conciliar, ajustar as contas. ■ **conciliarse** *v.p.* 1. Conciliar-se. 2. Ganhar, angariar. *Se concilió la simpatía de todos.* Angariou a simpatia de todos.

con·cluir *v.t.* 1. Concluir, terminar, encerrar, desfechar. 2. Concluir, inferir. ■ *C. mod. 13.*

con·clu·sión *s.f.* 1. Conclusão, término. 2. Conclusão, inferência. ♦ **En conclusión.** Para finalizar. **Llegar a una conclusión.** Chegar a uma conclusão. **Sacar las conclusiones.** Tirar as conclusões.

con·cor·dan·cia *s.f.* 1. Concordância, harmonia. 2. *Gram.* Concordância.

con·cor·dar *v.t.* 1. Conciliar. *Concordar a dos adversarios.* Conciliar dois adversários. ■ *v.i.* 2. Concordar, estar de acordo, convir. ■ *C.mod. 03.*

con·cor·da·to *s.m. Com. Amer.* Concordata.

con·cor·dia *s.f.* Concórdia.

con·cre·tar *v.t.* Concretizar, efetivar. *Vamos a concretar el acuerdo.* Vamos efetivar o acordo. ■ **concretarse** *v.p.* Limitar-se. *Se concretó a rezar.* Limitou-se a rezar.

con·cre·to/a *adj.* 1. Concreto, efetivo, real. 2. Concreto, consistente. ♦ **En concreto.** Concretamente.

con·cu·bi·na *s.f.* Concubina, amásia.

con·cu·rren·cia *s.f.* 1. Concorrência, afluência de pessoas, comparecimento. *La concurrencia al mitin fue grande.* A concorrência ao comício foi grande. 2. Público, assistência. *La concurrencia aplaudió en pie.* O público aplaudiu de pé. 3. Concomitância. *Hubo concurrencia de dos atracos en el mismo edifício.* Houve concomitância de dois assaltos no mesmo prédio.

con·cu·rrir *v.i.* 1. Comparecer, frequentar. *Mucha gente concurre al cine.* Muitas pes-

soas frequentam o cinema. *Concurrir a clases.* Comparecer às aulas. **2.** Concorrer, participar. **3.** Contribuir, colaborar. *Concurrir al éxito de un plan.* Contribuir para o sucesso de um plano.
con·cur·so *s.m.* **1.** Concurso, ajuda, cooperação. *Prestar concurso.* Prestar ajuda. **2.** *Desp.* Concurso, competição. **3.** Concurso, exame para um cargo. **4.** Afluência de pessoas, concurso. **5.** *Com.* Concorrência, licitação. ♦ **Concurso civil.** *Arg.* Concordata. **Concurso de precios.** Licitação, cotação de preços. **Concurso preventivo.** Concordata preventiva.
con·de/·de·sa *s.* Conde.
con·de·co·ra·ción *s.f.* Condecoração.
con·de·na *s.f. For.* Condenação, sentença.
con·de·na·ción *s.f.* Condenação, censura, desaprovação.
con·de·nar *v.t.* **1.** *For.* Condenar, sentenciar. **2.** Censurar, desaprovar. *Condena todo lo que hago.* Desaprova tudo o que faço. **3.** Condenar, declarar imprestável, enclausurar. *Condenaron el edificio.* O edifício foi condenado.
con·den·sa·dor *s.m. Fís. e Eletr.* Condensador.
con·den·sar *v.t.* **1.** Condensar, comprimir. **2.** Condensar, liquefazer. **3.** *Fig.* Condensar, resumir.
con·des·cen·der *v.i.* Condescender. ■ *C. mod. 01.*
con·des·cen·dien·te *adj.* Condescendente.
con·di·ción *s.f.* **1.** Condição, estado, situação. **2.** Condição, cláusula, requisito. **3.** Condição, posição social. ■ **condiciones** *s.f.pl.* Condições, circunstâncias, situação. ♦ **Condición sine qua non.** Condição *sine qua non,* requisito indispensável. **A condición de que.** Desde que. **(No) Estar en condiciones.** (Não) Estar em (boas) condições. **Pliego de condiciones.** Edital de concorrência. **Rendirse sin condiciones.** Render-se incondicionalmente.
con·di·cio·nal *adj.* **1.** Condicional. ● *s.m.* **2.** *Gram.* Modo verbal correspondente ao futuro do pretérito.

con·di·men·tar *v.t.* Temperar, condimentar.
con·di·men·to *s.m.* Tempero, condimento.
con·do·len·cia *s.f.* **1.** Condolência. **2.** Pêsame. *Mis condolencias.* Meus pêsames.
con·dón *s.m. Col.* Preservativo, camisa de vênus.
cón·dor *s.m.* Condor.
con·duc·ción *s.f.* **1.** Condução, direção, administração. **2.** Tubulação. ■ Não tem sentido de "ônibus" nem de "meio de transporte".
con·du·cir *v.i.* **1.** Dirigir veículo, guiar. *No me gusta conducir por la noche.* Não gosto de dirigir à noite. ■ *v.t.* **2.** Conduzir, levar. **3.** Conduzir, governar, orientar. **4.** Conduzir, transmitir (energia, calor). ■ **conducirse** *v.p.* Comportar-se. ■ *C.mod. 09.*
con·duc·ta *s.f.* **1.** Conduta, comportamento. **2.** Governo, direção, condução.
con·duc·to *s.m.* **1.** Conduto, ducto, canal. **2.** Caminho, via. ♦ **Por conducto de.** Por meio de, através de.
con·duc·tor/·to·ra *adj. e s.* **1.** Motorista. ■ *s.m.* **2.** *Eletr.* Condutor, cabo transmissor. ♦ **Conductor eléctrico.** Condutor elétrico.
co·nec·tar *v.t.* **1.** Ligar, acender (aparelho, mecanismo). *Conectar la luz.* Acender a luz. *Conectar la radio.* Ligar o rádio. ■ *v.i.* **2.** Entrar em contato. *Conectar por teléfono.* Entrar em contato por telefone.
co·ne·jo/a *s.* Coelho. ♦ **Conejo/Conejillo de Indias.** Porquinho-da-índia, cobaia.
co·ne·xión *s.f.* **1.** Conexão, relação, nexo. **2.** *Eletr.* Conexão, ligação (elétrica, mecânica). ■ **conexiones** *s.f.pl.* Contatos, relações.
con·fec·ción *s.f.* **1.** Confecção, preparação, realização. **2.** Confecção, fabricação de roupa. ♦ **De confección.** Roupa feita. **Taller de confección.** Oficina de costura.
con·fe·de·ra·ción *s.f.* Confederação.
con·fe·ren·cia *s.f.* **1.** Conferência, discurso, dissertação pública, colóquio. **2.** Conferência, reunião internacional. **3.** *Esp.* Ligação telefônica interurbana. ■ Pouco usado no sen-

tido de "confronto, comparação". ♦ **Conferencia de prensa.** Entrevista coletiva.

con·fe·ren·cian·te *s.2g.* Conferencista.

con·fe·rir *v.t.* Conceder, outorgar, conferir. ■ **a.** Pouco usado no sentido de "comparar". **b.** *C.mod. 11.*

con·fe·sar *v.t.* **1.** Confessar, revelar, admitir (culpa, crime). **2.** Professar, proclamar (fé religiosa). ■ **confesarse** *v.p.* Confessar-se. ■ *C.mod. 01.*

con·fe·sión *s.f.* **1.** Confissão. **2.** Credo religioso, seita.

con·fian·za *s.f.* **1.** Confiança, crédito, fé. **2.** Confiança, segurança em si mesmo. **3.** Confiança, esperança firme. **4.** Confiança, familiaridade, intimidade. **5.** Confiança, sinceridade. ■ **confianzas** *s.f.pl.* Atrevimento, excesso de liberdade, confiança. *Tomarse confianzas.* Tomar liberdades. ♦ **Con confianza.** Com confiança. **En confianza. 1.** Confiadamente. **2.** Sem-cerimônia. **Ser de confianza.** Ser de confiança.

con·fiar *v.t.* **1.** Confiar, entregar ou deixar em mãos de outro. **2.** Confiar, revelar. ■ *v.i.* **3.** Confiar, esperar com tranquilidade. **4.** Confiar, acreditar. ■ **confiarse** *v.p.* Fiar-se, acreditar.

con·fi·den·cia *s.f.* Confidência.

con·fi·gu·ra·ción *s.f.* Configuração, feitio.

con·fín *adj.* **1.** Limítrofe. ● *s.m.* **2.** Limite, confim. **3.** Confim, extremo longínquo.

con·fi·nar *v.i.* **1.** Confinar, fazer limite. *Brasil confina con Perú.* O Brasil faz limite com o Peru. ■ *v.t.* **2.** Confinar, desterrar, enclausurar. ■ **confinarse** *v.p.* Confinar-se, encerrar-se.

con·fir·ma·ción *s.f.* **1.** Confirmação. **2.** Crisma.

con·fir·mar *v.t.* **1.** Confirmar, corroborar. **2.** Crismar.

con·fis·ca·ción *s.f.* Confisco, apreensão.

con·fis·car *v.t.* Confiscar.

con·fi·te *s.m.* Guloseima, confeito, bala.

con·fi·te·rí·a *s.f.* **1.** Confeitaria, doceria. **2.** *Amer.* Lanchonete.

con·fla·gra·ción *s.f.* **1.** Conflagração, incêndio. **2.** *Fig.* Conflagração, revolução, guerra.

con·flic·ti·vo/a *adj.* Conflitante, problemático. *La adolescencia es una edad conflictiva.* A adolescência é uma idade problemática.

con·flic·to *s.m.* **1.** Conflito, embate, choque. **2.** Conflito, desordem, tumulto. **3.** *Fig.* Conflito, problema, dificuldade.

con·for·ma·ción *s.f.* Conformação, configuração, constituição. ■ Não tem sentido de "resignação". ♦ **Vicio de conformación.** Defeito físico.

con·for·me *adj.* **1.** Conforme, análogo. **2.** Conforme, concorde. **3.** *Fig.* Conforme, conformado, acomodado. ● *s.m.* **4.** Ciente, de acordo, visto. *Poner el conforme al final del documento.* Pôr o ciente no final do documento. ● *adv.* **5.** Conforme, tal como, da mesma forma. *Te entrego el libro conforme me lo diste.* Entrego-lhe o livro da mesma forma que o deu a mim. **6.** Conforme, à medida que. *Conforme iban saliendo las luces se apagaban.* À medida que saíam, as luzes se apagavam. ■ Não tem sentido de "em conformidade". ♦ **Conforme a/con.** De acordo com. **Quedarse conforme.** Contentar-se, ficar satisfeito.

con·for·mi·dad *s.f.* Aceitação, deferimento, concordância.

con·fort *s.m. Gal.* Conforto, comodidade, aconchego.

con·for·ta·ble *adj.* **1.** Confortável. **2.** Confortador.

con·fra·ter·ni·dad *s.f.* **1.** Confraternidade. **2.** Confraternização. *Encuentro de confraternidad.* Encontro de confraternização.

con·fron·tar *v.t.* **1.** Confrontar, comparar, conferir. **2.** Confrontar, defrontar. ■ **confrontarse** *v.p.* Enfrentar-se.

con·fun·dir *v.t.* **1.** Confundir, transtornar. **2.** Confundir, misturar, baralhar. **3.** Confundir, não distinguir. **4.** *Fig.* Confundir, encabular, constranger. ■ **confundirse** *v.p.* Confundir-se, atrapalhar-se.

con·fu·sión *s.f.* Confusão.

con·ge·la·ción *s.f.* **1.** Congelamento, congelação. **2.** *Com.* Congelamento, estancamento de certos fatores econômicos. *Congelación de precios.* Congelamento de preços. ∎ *Tb.: congelamiento.*

con·ge·la·dor *s.m.* **1.** Congelador. **2.** *Freezer.*

con·ge·lar *v.t.* **1.** Congelar. **2.** *Com.* Congelar, bloquear (créditos, salários). ∎ **congelarse** *v.p.* Congelar-se.

con·gé·ni·to/a *adj.* Congênito.

con·ges·tión *s.f.* **1.** *Med.* Congestão. **2.** *Fig.* Congestionamento. *Congestión de tráfico.* Congestionamento de trânsito.

con·go·ja *s.f.* Angústia, aflição.

con·gra·tu·la·ción *s.f.* Congratulação, felicitação. ● **¡congratulaciones!** *interj.* Parabéns!

con·gra·tu·lar *v.t.* Congratular, parabenizar. ∎ **congratularse** *v.p.* Congratular-se.

con·gre·ga·ción *s.f.* Congregação.

con·gre·so *s.m.* **1.** Congresso, seminário. **2.** Congresso, parlamento.

con·gruen·cia *s.f.* Congruência, coerência.

con·je·tu·ra *s.f.* Conjetura, suposição.

con·ju·ga·ción *s.f. Gram.* Conjugação.

con·ju·gar *v.t.* **1.** Conjugar, harmonizar. **2.** *Gram.* Conjugar, flexionar.

con·jun·ción *s.f.* **1.** Conjunção, ajuntamento. **2.** *Gram.* Conjunção.

con·jun·ti·vi·tis *s.f. Med.* Conjuntivite. ∎ *Pl.:* invariável.

con·jun·to/a *adj.* **1.** Conjunto, junto, em co-autoria. ● *s.m.* **2.** Conjunto, combinação. *Un conjunto de pantalón y chaqueta.* Um conjunto de calça e jaqueta. **3.** Conjunto, totalidade. ◆ **Conjunto musical.** Conjunto de músicos/cantores. **En conjunto.** Na totalidade, em geral. **Teoría de conjuntos.** *Mat.* Teoria dos conjuntos.

con·ju·ro *s.m.* **1.** Conjuro, exorcismo. **2.** Esconjuro, imprecação. **3.** Súplica.

con·lle·var *v.t.* **1.** Suportar, sofrer. **2.** Resignar-se.

con·me·mo·rar *v.t.* Comemorar.

con·mi·go *p.pess.* 1ª *pess.sing.* Comigo.

con·mo·ción *s.f.* **1.** Comoção. **2.** *Fig.* Perturbação, transtorno, choque.

con·mo·ver *v.t.* Comover, sacudir, perturbar. ∎ **conmoverse** *v.p.* Comover-se, compadecer-se. ∎ *C.mod. 03.*

con·mu·ta·dor *s.m. Eletr.* Interruptor, chave, comutador.

con·ni·ven·cia *s.f.* Conivência, cumplicidade.

con·no·ta·ción *s.f.* Conotação.

co·no *s.m. Geom.* Cone. ◆ **Cono Sur.** Cone Sul.

co·no·cer *v.t.* **1.** Conhecer, ter noção, entender. **2.** Conhecer, distinguir, reconhecer. **3.** *For.* Conhecer. *Conocer un proceso.* Conhecer um processo. ∎ **conocerse** *v.p.* Conhecer-se. ∎ *C.mod. 07.* ◆ **Conocer al dedillo/palmo a palmo.** Conhecer com todos os detalhes. **Dar a conocer.** Divulgar, dar a conhecer.

co·no·ci·do/a *adj.* **1.** Conhecido, famoso. ● *s.* **2.** Conhecido.

co·no·ci·mien·to *s.m.* **1.** Conhecimento, discernimento. **2.** Conhecimento, sentido. **3.** Conhecimento, noção, saber. ◆ **Conocimiento de causa.** Conhecimento de causa. **Conocimiento de embarque.** *Com.* Conhecimento de embarque. **Con conocimiento.** Com sensatez. **Estar en pleno conocimiento.** Ter plena consciência. **Llegar (algo) a conocimiento (de alguien).** Ficar sabendo. **Perder/Recobrar el conocimiento.** Perder/Recuperar os sentidos. **Tener conocimiento de.** Estar ciente de.

con·que *conj.* Então, portanto. *Conque ya sabes, la reunión es el miércoles.* Então você já sabe, a reunião é na quarta-feira.

con·quis·ta·dor/-do·ra *adj. e s.* Conquistador.

con·quis·tar *v.t.* **1.** Conquistar, ganhar, adquirir. **2.** Conquistar, invadir, tomar. **3.** *Fig.* Conquistar, seduzir, cantar.

con·sa·bi·do/a *adj.* Sabido, notório.

con·sa·grar *v.t.* Consagrar. ∎ **consagrarse** *v.p.* Consagrar-se.

cons·cien·te *adj.* **1.** Consciente, cônscio. **2.** Ciente. ◆ **Estar consciente.** Estar de posse dos sentidos. **Ser consciente.** Ser sensato.

con·se·cuen·cia *s.f.* **1.** Consequência, resultado, decorrência. **2.** Consistência, coerência. *Actuar con consecuencia.* Agir com coerência. **3.** Consequência, sequela. ♦ **En consecuencia.** Consequentemente. **Sacar en/como consecuencia.** Tirar conclusões. **Ser (algo) de consecuencia.** Ter importância (algo). **Tener consecuencias.** Ter consequências, deixar sequela.

con·se·guir *v.t.* Conseguir, arranjar, arrumar.

con·se·je·ro/a *s.* Conselheiro.

con·se·jo *s.m.* **1.** Conselho, aviso, recomendação. **2.** Conselho, órgão administrativo ou deliberativo. ♦ **Consejo de Estado.** Conselho de Estado. **Consejo de família.** Tutoria familiar de um menor. **Consejo de Seguridad.** Conselho de Segurança.

con·sen·so *s.m.* Consenso.

con·sen·ti·mien·to *s.m.* Consentimento, anuência, deferimento. ♦ **Dar el consentimiento.** Dar autorização, permitir.

con·sen·tir *v.i.* **1.** Consentir, aprovar, autorizar, aceitar, anuir, deferir. ■ *v.t.* **2.** Mimar. *No hay que consentir tanto a los hijos.* Não se deve mimar tanto os filhos. **3.** Consentir, admitir, tolerar. ■ *C.mod. 11.*

con·ser·je *s.m.* Zelador, porteiro.

con·ser·je·rí·a *s.f.* Portaria.

con·ser·va *s.f.* Conserva.

con·ser·va·ción *s.f.* **1.** Conservação, manutenção. **2.** Conservação, preservação.

con·ser·va·do <bien> *loc.* Bem conservado, de aparência jovem.

con·ser·va·dor/·do·ra *adj. e s.* **1.** Conservador, que conserva ou preserva. **2.** Conservador, tradicionalista. ■ *s.m.* **3.** Conservador, encarregado da conservação. **4.** Conservante.

con·ser·var *v.t.* **1.** Conservar, guardar, manter. **2.** Conservar, preservar. ■ **conservarse** *v.p.* Conservar-se, manter-se, durar.

con·ser·va·to·rio *s.m. Mus.* Conservatório.

con·si·de·ra·ción *s.f.* **1.** Consideração, reflexão. **2.** Consideração, respeito. **3.** Apreciação. ♦ **En consideración a.** Tendo em vista, levando em consideração. **Falta de consideración.** Falta de consideração. **Ser de consideración.** Ser importante, considerável. **Tomar en consideración.** Levar em consideração.

con·si·de·rar *v.t.* **1.** Considerar, examinar, encarar. **2.** Considerar, tratar com respeito. ■ **considerarse** *v.p.* Considerar-se, julgar-se, achar-se.

con·sig·nar *v.t.* **1.** Alocar, destinar. *Consignaron 10% para el sector de educación.* Destinaram 10% para o setor de educação. **2.** Designar, incumbir. *Me consignó esa tarea.* Designou-me essa tarefa. **3.** Consignar, registrar, assinalar. *Vamos a consignar su queja.* Vamos registrar a sua queixa. **4.** Consignar, deixar em depósito. **5.** Enviar, destinar (mercadoria). **6.** *Com.* Lançar em contabilidade. *Ese monto se consigna como pérdida.* Essa quantia é lançada como prejuízo. **7.** *For.* Depositar judicialmente.

con·si·go *p.pess.* 3ª *pess.sing.* Consigo. *Hablaba consigo mismo.* Falava consigo mesmo. ♦ **No tenerlas todas consigo.** Não estar muito seguro de si.

con·si·guien·te *adj.* Conseguinte. ♦ **Por consiguiente.** Por conseguinte, consequentemente.

con·sis·ten·cia *s.f.* **1.** Consistência, resistência. **2.** Consistência, densidade. **3.** *Fig.* Consistência, coerência.

con·sis·tir *v.i.* Consistir, estar constituído. *El proyecto consiste de tres partes.* O projeto consiste em três partes.

con·so·lar *v.t.* Consolar. ■ **consolarse** *v.p.* Consolar-se. ■ *C.mod. 03.*

con·so·li·dar *v.t.* **1.** Consolidar, fortalecer, assegurar. **2.** *Com.* Consolidar, transformar uma dívida flutuante em permanente. ■ **consolidarse** *v.p.* Consolidar-se, fortalecer-se.

con·so·nan·te *adj.* **1.** Consonante, que tem consonância. ■ *s.f.* **2.** *Gram.* Consoante.

con·sor·cio *s.m.* **1.** Consórcio, associação. **2.** Condomínio. *Las expensas del consorcio.* Os gastos de condomínio.

cons·pi·ra·ción *s.f.* Conspiração.

cons·pi·rar *v.i.* **1.** Conspirar, tramar. **2.** *Fig.* Fazer intriga, falar mal, pelas costas. *No hicieron más que conspirar durante la fiesta.* Só ficaram falando mal dos outros durante a festa.

cons·tan·cia *s.f.* **1.** Constância, perseverança. **2.** *For.* Atestado, testemunho, declaração. **3.** *Amer.* Prova, evidência de um fato. *No hay constancia del robo.* Não há prova do roubo. ♦ **Dejar constancia.** Fazer constar por escrito.

cons·tar *v.i.* **1.** Constar, ser certo ou verdadeiro. *No consta nada que lo desacredite.* Não consta nada que o desabone. **2.** Constar, consistir, estar composto. *La colección consta de varios volúmenes.* A coleção consta de vários volumes. **3.** Constar, figurar. *Eso consta de los archivos.* Isso consta nos arquivos. ♦ **Constar por escrito.** Registrar em documento. **Hacer constar.** Manifestar, proclamar. **Me consta que.** Estou sabendo que/Estou ciente de que. *Me consta que no lo invitaron.* Pelo que sei não foi convidado.

cons·ta·tar *v.t.* **1.** Constatar, verificar. **2.** Constatar, perceber.

cons·te·la·ción *s.f.* Constelação.

cons·ti·tu·ción *s.f.* **1.** Constituição, compleição física. **2.** *For.* Constituição, estatuto de uma nação. **3.** Constituição, composição.

cons·ti·tuir *v.t.* **1.** Constituir, compor. **2.** Constituir, fundar, organizar. **3.** Determinar, alocar. *Constituyeron una asignación para forestación.* Determinaram uma verba para reflorestamento. ■ **constituirse** *v.p.* **1.** Constituir-se, estar composto. **2.** Constituir-se, organizar-se. ■ *C.mod. 13.*

cons·truc·ción *s.f.* Construção.

cons·truc·tor/to·ra *adj. e s.* Construtor.

cons·truir *v.t.* **1.** Construir, edificar. **2.** Construir, fabricar. **3.** *Gram.* Construir, compor. *Debes construir la frase en el pasado.* Você deve construir a frase no passado. **4.** *Fig.* Construir, elaborar. ■ *C.mod. 13.*

con·sue·lo *s.m.* Consolo, alívio, conforto. ♦ **Sin consuelo.** Inconsolável.

cón·sul *s.m.* Cônsul. ■ *F.: consulesa.*

con·su·la·do *s.m.* Consulado.

con·sul·ta *s.f.* **1.** Consulta. *Hacer una consulta.* Pedir uma opinião. **2.** Junta (médica, de advogados). **3.** *Med.* Consultório, clínica. *Ir a la consulta.* Ir à clínica.

con·sul·tar *v.t.* Consultar.

con·sul·to·rio *s.m.* **1.** Despacho, escritório de atendimento. **2.** *Med.* Consultório.

con·su·ma·ción *s.f.* Consumação, realização, efetivação.

con·su·mar *v.t.* Consumar, realizar, cumprir. ■ **consumarse** *v.p.* Consumar-se.

con·su·mi·ción *s.f.* **1.** Consumo, gasto. **2.** Consumação, *couvert.* **3.** Consumição, esgotamento.

con·su·mi·dor/do·ra *adj. e s.* Consumidor.

con·su·mir *v.t.* **1.** Consumir, destruir, corroer. **2.** Consumir, gastar, desgastar. ■ **consumirse** *v.p.* Extinguir-se, consumir-se, corroer-se.

con·su·mis·mo *s.m.* Consumismo.

con·su·mo *s.m.* Consumo.

con·ta·bi·li·dad *s.f. Com.* Contabilidade.

con·tac·to *s.m.* **1.** Contato, toque. **2.** Contato, contágio. **3.** Contato, conexão, ligação. **4.** *Eletr.* Contato, interruptor. *Dejé las llaves en el contacto.* Deixei as chaves no contato. **5.** Contato, relação. *Tengo buenos contactos en el banco.* Tenho bons contatos no banco. ■ Não tem sentido de "profissional de propaganda". ♦ **Estar en contacto.** Manter o contato/vínculo. **Lentes de contacto.** Lentes de contato. **Perder el contacto.** Perder o contato. **Ponerse en contacto.** Entrar em contato.

con·ta·do <al> *loc. Com.* À vista.

con·ta·dor/do·ra *s.* **1.** *Com.* Contador, contabilista. ■ *s.m.* **2.** Medidor, contador (de luz, água).

con·ta·giar *v.t.* Contagiar. ■ **contagiarse** *v.p.* Contagiar-se.

con·ta·gio·so/a *adj.* Contagioso.

con·ta·mi·na·ción *s.f.* **1.** *Med.* Contaminação, contágio. **2.** Poluição. *La contaminación del agua.* A poluição da água.

con·ta·mi·nar *v.t.* **1.** *Med.* Contaminar, infeccionar. **2.** Poluir. **3.** *Fig.* Corromper. ■ **contaminarse** *v.p.* Contaminar-se.

con·tar *v.t.* **1.** Contar, calcular. **2.** Contar, narrar. **3.** Contar, atribuir números. *Contó los que estaban presentes.* Contou as pessoas presentes. **4.** Contar, considerar. **5.** Contar, ter, dispor. *Cuenta con equipo de aire acondicionado.* Dispõe de equipamento de ar-condicionado. ■ *v.i.* **6.** Contar, dizer os números em ordem. *Sé contar hasta diez en alemán.* Sei contar até dez em alemão. **7.** Contar, importar, levar em consideração. *Lo que cuenta es tu empeño.* O que importa é a sua dedicação. **8.** Contar, confiar. *Puedes contar conmigo.* Pode contar comigo. ■ **contarse** *v.p.* Estar entre, ser considerado. *Rio de Janeiro se cuenta entre las ciudades más hermosas del mundo.* O Rio de Janeiro está entre as cidades mais belas do mundo. ■ *C.mod. 03.* ♦ **¿Qué cuentas?** Quais as novidades? **Sin contar con que.** Sem contar que.

con·tem·plar *v.t.* **1.** Considerar, medir, contemplar. *Hay que contemplar todas las posibilidades.* É preciso considerar todas as possibilidades. **2.** Contemplar, observar demoradamente. **3.** Comprazer, mimar. ■ Não tem sentido de "outorgar".

con·tem·po·rá·ne·o/a *adj. e s.* Contemporâneo.

con·te·ner *v.t.* **1.** Conter, abranger, incluir. **2.** Conter, refrear. ■ **contenerse** *v.p.* Conter-se, refrear-se. ■ *C.mod. 35.*

con·te·ni·do/a *adj.* **1.** Contido. ● *s.m.* **2.** Conteúdo.

con·ten·to/a *adj.* Contente. ♦ **Darse por contento.** Dar-se por contente, conformar-se. **Ponerse contento.** Ficar contente. **Quedarse contento.** Sentir-se satisfeito.

con·tes·ta·ción *s.f.* **1.** Resposta. *Aguardo su contestación a la brevedad.* Aguardo a sua resposta o mais breve possível. **2.** *For.* Contestação, réplica.

con·tes·tar *v.t.* **1.** Responder. *Contestar una pregunta/carta.* Responder a uma pergunta/carta. **2.** Atender. *Contestar el teléfono.* Atender o telefone. ■ *v.i.* **3.** *For.* Contestar, impugnar. **4.** Contestar, objetar. **5.** Contestar, contradizer.

con·tex·to *s.m.* Contexto.

con·ti·go *p.pess.* 2^a *pess.sing.* Contigo.

con·ti·nen·te *adj.* **1.** Continente, abstêmio. ● *s.m.* **2.** Continente, recipiente. **3.** Continente, divisão geográfica da Terra. **4.** *Fig.* Aparência, aspecto, compleição. *Persona de continente robusto.* Pessoa de aspecto robusto.

con·ti·nua·ción *s.f.* Continuação. ♦ **A continuación.** A seguir.

con·ti·nua·men·te *adv.* **1.** Continuamente, ininterruptamente. **2.** Continuamente, constantemente. ■ *Tb.: continuadamente.*

con·ti·nuar *v.t.* **1.** Continuar, seguir, prosseguir. ■ *v.i.* **2.** Continuar, durar, persistir.

con·ti·nuo/a *adj.* Contínuo, constante, ininterrupto. ♦ **Corriente continua.** *Eletr.* Corrente contínua. **De continuo.** Continuamente.

con·tor·sión *s.f.* Contorção.

con·tra *prep.* **1.** Contra, em oposição. *El uno contra el otro.* Um contra o outro. **2.** Contra, junto. *El mueble está contra la pared.* O móvel está contra a parede. ● *s.m.* **3.** Contra, contrário, oposto. *El pro y el contra.* O pró e o contra. ■ *s.f.* **4.** Objeção, oposição. *Me hace siempre la contra.* Sempre se opõe a mim. ♦ **En contra de.** Contra, em oposição a. *Votaré en contra de ese candidato.* Votarei contra esse candidato. **Llevar la contra.** Opor-se sistematicamente.

con·tra·ba·jo *s.m. Mus.* **1.** Contrabaixo. **2.** Contrabaixista.

con·tra·ba·lan·ce·ar *v.t.* Contrabalançar.

con·tra·ban·dis·ta *adj. e s.2g.* Contrabandista.

con·tra·ban·do *s.m.* Contrabando. ♦ **Pasar de contrabando.** Introduzir clandestinamente.

con·trac·ción *s.f.* **1.** *Med.* Contração, espasmo. **2.** *Gram.* Contração, sinalefa, crase.
con·tra·cep·ti·vo/a *adj. e s.m.* Anticoncepcional, contraceptivo.
con·tra·de·cir *v.t.* **1.** Contradizer. **2.** Desmentir. ■ **contradecirse** *v.p.* Contradizer-se. ■ *C.mod. 20.*
con·tra·dic·ción *s.f.* Contradição.
con·tra·er *v.t.* **1.** Contrair, encolher, retrair. *Contraer los músculos.* Contrair os músculos. **2.** Contrair, adquirir (doença, costume). **3.** *Fig.* Contrair, assumir (compromisso). *Contraer una deuda.* Assumir uma dívida. ■ **contraerse** *v.p.* Contrair-se, retrair-se. ■ *C.mod. 36.* ♦ **Contraer matrimonio.** Casar-se.
con·tra·ma·no *s.f.* Contramão. ♦ **A contramano.** Na contramão. **Mano y contramano.** Pista de duas vias, mão e contramão.
con·tra·par·ti·da *s.f.* **1.** *Com.* Contrapartida. **2.** Compensação.
con·tra·pe·so *s.m.* Contrapeso.
con·tra·ri·ar *v.t.* **1.** Contrariar, contradizer. **2.** Causar/Sentir desgosto, desagradar, contrariar. *Me contraría ver la destrucción de los árboles.* Desagrada-me ver a destruição das árvores.
con·tra·rio/a *adj.* **1.** Contrário, oposto, avesso. ● *s.* **2.** Adversário, rival, contrário. ♦ **Al/Por el contrario.** Pelo contrário. **Llevar la contraria.** Contrariar, contradizer sistematicamente.
con·tra·rres·tar *v.t.* **1.** Compensar, contrabalançar. *Hay que contrarrestar el progreso de la devastación.* É preciso deter o avanço da depredação. ■ *v.i.* **2.** *Desp.* Devolver a bola.
con·tra·sen·ti·do *s.m.* Contrassenso.
con·tra·se·ña *s.f.* **1.** *Mil.* Senha, palavra de ordem. **2.** Canhoto, protocolo, cautela. **3.** Senha (de acesso).
con·tras·tar *v.t.* **1.** Aferir (pesos, medidas). **2.** Contrastar-se, opor-se.
con·tras·te *s.m.* **1.** Contraste. **2.** Aferição (de pesos e medidas).
con·tra·ta *s.f.* Empreitada.
con·tra·tar *v.t.* Contratar.
con·tra·tis·ta *s.2g.* Empreiteiro.
con·tra·to *s.m.* Contrato. ♦ **Contrato de compraventa.** Contrato de compra e venda.
con·tra·ven·ción *s.f. For.* Contravenção.
con·tri·bu·ción *s.f.* **1.** Contribuição, cota. **2.** *Com.* Contribuição, imposto, taxa. ♦ **Contribución industrial.** Imposto sobre produtos industrializados. **Contribución territorial.** Imposto territorial. **Contribución urbana.** Imposto predial.
con·tri·buir *v.t.* Contribuir. *La lectura contribuye al desarrollo mental.* A leitura contribui para o desenvolvimento mental. ■ *C.mod. 13.*
con·tri·bu·yen·te *s.2g.* Contribuinte.
con·trin·can·te *s.2g.* Adversário, oponente.
con·trol *s.m.* **1.** Controle, inspeção, vistoria. **2.** Controle, comando. ♦ **Control de aduanas.** Vistoria de alfândega. **Control de calidad.** Controle de qualidade. **Llevar el control.** Mandar, estar no comando. **Tablero de control.** Painel de comando.
con·tro·lar *v.t.* **1.** Controlar, fiscalizar. **2.** Vistoriar. **3.** Controlar, dominar. **4.** Testar, verificar. ■ **controlarse** *v.p.* Controlar-se, dominar-se.
con·tun·den·te *adj.* **1.** Contundente, que produz contusão. **2.** *Fig.* Convincente, consistente. *Un motivo contundente.* Um motivo convincente.
con·tu·sión *s.f. Med.* Contusão.
con·va·le·cen·cia *s.f. Med.* Convalescença.
con·va·li·da·ción *s.f.* Convalidação, revalidação.
con·ven·cer *v.t. e v.i.* Convencer, persuadir. ■ **convencerse** *v.p.* Convencer-se.
con·ven·ci·do/a *adj.* **1.** Convencido. **2.** Convicto. ■ Não tem sentido de "presunçoso".
con·ven·ción *s.f.* **1.** Convenção, acordo. **2.** Convenção, norma, hábito. **3.** Convenção, congresso de um partido político.
con·ve·nien·cia *s.f.* Conveniência. ♦ **Faltar a las conveniencias.** Não respeitar as convenções sociais.

con·ve·nio *s.m.* Convênio. ♦ **Convenio colectivo.** Ajuste salarial entre patrões e empregados, dissídio coletivo.

con·ve·nir *v.i.* **1.** Convir. ■ *v.t.* **2.** Combinar, estabelecer, pactuar. *Convinimos encontrarnos mañana.* Combinamos de nos encontrar amanhã. ■ *v.impess.* **3.** Convir, ser conveniente. *Conviene aclarar lo siguiente.* Convém esclarecer o seguinte. ■ **convenirse** *v.p.* Concordar, combinar, chegar a um acordo. *No me convine con él sobre el precio.* Não cheguei a um acordo com ele sobre o preço. ■ *C.mod. 37.*

con·ver·sa·ción *s.f.* **1.** Conversa. **2.** Conversação.

con·ver·sar *v.i.* Conversar, dialogar.

con·ver·ti·ble *adj.* **1.** Conversível, convertível. **2.** Conversível, de capota dobrável (carros).

con·ver·tir *v.t.* Converter, transformar, tornar. ■ **convertirse** *v.p.* **1.** Converter-se, tornar-se. **2.** *Fig.* Converter-se, mudar de religião, opinião. ■ *C.mod. 11.*

con·vic·ción *s.f.* Convicção. ■ **convicciones** *s.f.pl.* Ideias políticas, religiosas.

con·vi·dar *v.t.* **1.** Oferecer. *Me convidó con café.* Ofereceu-me café. **2.** Convidar. ■ *Sin.* mais usual: *invitar.*

con·vi·ven·cia *s.f.* Convivência.

con·vi·vir *v.i.* Conviver.

con·vo·car *v.t.* Convocar.

con·vo·ca·to·ria *s.f.* Convocação, citação.

con·voy *s.m.* Comboio. ■ *Pl.: convoyes.*

con·vul·sión *s.f.* **1.** *Med.* Convulsão. **2.** *Fig.* Transtorno, agitação. *Una convulsión política.* Uma agitação política.

cón·yu·ge *s.2g.* Cônjuge.

co·ñac *s.m.* Conhaque.

co·ño *s.m. Vulg.* **1.** Cono, vulva. ● *interj.* **2.** Caramba! Nossa! (expressão de surpresa, desgosto). *¡Coño! ¿Qué pasó aquí?* Nossa! Que aconteceu aqui? ■ Tem uso enfático. *¿Dónde coño te metiste?* Onde diabos você se enfiou?

co·o·pe·rar *v.i.* Cooperar.

co·o·pe·ra·ti·va *s.f.* Cooperativa.

co·or·di·na·dor/·do·ra *adj. e s.* Coordenador.

co·or·di·nar *v.t.* Coordenar.

co·pa *s.f.* **1.** Taça. *Una copa de champán.* Uma taça de champanha. **2.** *Desp.* Copa, troféu. **3.** *Desp.* Copa, competição. **4.** Trago, bebida, drinque. **5.** Copa (de árvore, de chapéu). ■ **copas** *s.f.pl.* Copas, naipe do baralho. ♦ **Sombrero de copa.** Cartola. **Tener una copa de más.** Estar embriagado.

co·pia *s.f.* **1.** Cópia. **2.** Cópia, reprodução. **3.** Via, cópia. **4.** *For.* Traslado. **5.** *Fig.* Cópia, imitação. ♦ **Copia certificada.** Cópia autenticada.

co·piar *v.t.* **1.** Copiar, reproduzir. **2.** Copiar, transcrever. **3.** Copiar, imitar. ■ *v.i.* **4.** Colar (em exame).

☞ **co·po** *s.m.* Floco, tufo. *Copo de nieve.* Floco de neve.

có·pu·la *s.f.* Cópula, coito.

co·que·ta *adj.* **1.** Frívola, volúvel. **2.** Vaidosa.

co·que·te·ar *v.i.* **1.** Paquerar, flertar. **2.** Namorar, cortejar.

co·ra·je *s.m.* **1.** Coragem. **2.** Raiva. ♦ **Dar coraje.** Ficar com raiva.

co·ral *adj.* **1.** *Mus.* Coral, relativo a coro. ● *s.f.* **2.** *Mus.* Coro, coral. **3.** Coral, cobra venenosa. ■ *s.m.* **4.** Coral, animal marítimo.

co·ra·za *s.f.* Couraça.

co·ra·zón *s.m.* **1.** Coração, víscera animal. **2.** *Fig.* Coração, centro. *En el corazón de la selva.* No coração da mata. **3.** *Fig.* Coração, caráter. **4.** *Fig.* Coração, alma, sentimento. ♦ **Con el corazón en la mano.** Com o coraçao na mão. **De corazón.** De coração, sinceramente. **Ser duro de corazón.** Ter o coração duro. **Ser todo corazón.** Ser muito bom. **Sin corazón.** Sem coração.

co·ra·zo·na·da *s.f.* Palpite, pressentimento.

cor·ba·ta *s.f.* Gravata.

cor·che·te *s.m.* Colchete.

cor·cho *s.m.* **1.** Cortiça. **2.** Rolha.

cor·co·va *s.f.* Corcunda, giba, corcova.

cor·dal *adj. e s.f. Med.* Dente de siso.

cor·del *s.m.* Cordel, barbante.

cor·de·ro/a *s.* **1.** Cordeiro, carneiro novo. **2.** *Fig.* Cordeiro, pessoa dócil.

cor·dia·li·dad *s.f.* Cordialidade.

cor·di·lle·ra *s.f.* Cordilheira.

cor·dón *s.m.* **1.** Corda. **2.** Corrente. **3.** Cordão. **4.** *Eletr.* Fio (de aparelhos). **5.** Cadarço (de sapato). *Atarse los cordones.* Amarrar os cadarços. **6.** *Mil.* Galão, divisa. **7.** Barreira (de proteção). *Cordón policial.* Barreira policial. **8.** *Rio-plat.* Guia, sarjeta. ♦ **Cordón sanitario.** Área de isolamento, de quarentena.

co·reo·gra·fi·a *s.f. Teat.* Coreografia.

cor·ne·ta *s.f. Mus.* **1.** Corneta. ■ *s.m.* **2.** Corneteiro.

cor·nu·do/a *adj.* **1.** Que tem chifres. ● *s.m.* **2.** *Fig.* e *col.* Cornudo, chifrudo.

co·ro *s.m. Mus.* e *teat.* Coro, coral. ♦ **A coro.** Em coro, ao mesmo tempo. **Hacer coro.** Fazer eco.

co·ro·na *s.f.* **1.** Coroa, diadema. **2.** Coroa, cimo. **3.** Coroa, aro luminoso. **4.** *Med.* Coroa dentária. **5.** *Mec.* Arruela, coroa, engrenagem. **6.** *Fig.* Coroa, reino, monarquia. ♦ **Corona de laurel.** Coroa de louros.

co·ro·na·mien·to *s.m.* **1.** Coroamento, coroação. **2.** *Arq.* Coroamento, remate de um edifício. ■ *Tb.: coronación.*

co·ro·nel *s.m. Mil.* Coronel.

cor·po·ra·ción *s.f.* Corporação.

☞ **co·rral** *s.m.* **1.** Cercado ao ar livre para animais domésticos. *Las gallinas en el corral.* As galinhas no cercado. **2.** Pátio. **3.** *Fig.* Lugar sujo, chiqueiro. **4.** *Amer.* Depósito de materiais de construção. *Corral de madera.* Madeireira.

co·rrea *s.f.* **1.** Correia, tira de couro. **2.** *Mec.* Correia, polia. ♦ **Correa de transmisión.** *Mec.* Correia de transmissão.

co·rrec·ción *s.f.* **1.** Correção, emenda, retificação. **2.** Correção, repreensão. *Merecer una corrección.* Merecer uma repreensão, um castigo. **3.** Correção, justeza.

co·rrec·to/a *adj.* **1.** Correto, certo, exato. *Una respuesta correcta.* Uma resposta cor-

ta. **2.** Correto, cortês, educado. ■ *Part. irreg.* de *corregir.*

co·rre·dor/·do·ra *adj.* e *s.* **1.** *Desp.* Corredor, esportista. ■ *s.m.* **2.** Corretor, agente (de imóveis, seguros). **3.** Corredor, passagem interior. ■ *Sin.: pasillo.* **4.** Galeria.

co·rre·gir *v.t.* **1.** Corrigir, emendar, retificar. **2.** Corrigir, repreender, castigar. **3.** *Fig.* Corrigir, moderar hábitos. ■ **corregirse** *v.p.* Corrigir-se, emendar-se. *¡A tu edad, ya no te corriges!* Na sua idade, você não se emenda mais! ■ *C.mod.* 10.

co·rreo *s.m.* **1.** Correio. **2.** Carteiro. **3.** Correspondência. ■ **correos** *s.m.pl.* Repartição e edifício de correio. *Retirar el paquete en Correos.* Retirar o pacote no Correio. ♦ **Correo aéreo.** Via aérea. **Correo electrónico.** Correio eletrônico. **Apartado de correos.** Caixa postal. **A vuelta de correo.** Na remessa do correio do mesmo dia. *Contestar a vuelta de correo.* Responder no mesmo dia. **Echar al correo.** Pôr no correio.

co·rrer *v.i.* **1.** Correr, caminhar com velocidade. **2.** Correr, transcorrer (tempo). **3.** Correr, fluir, escoar (líquidos). *Deja correr el agua.* Deixe a água correr. **4.** Correr, divulgar. *Las noticias corren.* As notícias correm. **5.** Percorrer. **6.** Correr, apressar-se. **7.** Correr, circular (moeda). ■ *v.t.* **8.** *Inform.* Rodar (programas no computador). **9.** Deslocar, empurrar. *Corre la mesa para que te puedas sentar.* Empurre a mesa para pode sentar- -se. ■ **correrse** *v.p.* **1.** Ultrapassar o ponto máximo (de um mecanismo). *La aguja se corrió y se trabó.* O ponteiro avançou muito e ficou travado. **2.** Diluir, escorrer (materiais). *Se corrió la pintura del coche.* Escorreu a pintura do carro. ♦ **Correr con los gastos.** Arcar com as despesas. **Correr por cuenta de (alguien).** Correr por conta de (alguém). **A todo correr.** A toda velocidade. **Echarse a correr.** Sair correndo. **El que no corre, vuela.** Quem não corre, voa.

co·rres·pon·den·cia *s.f.* **1.** Correspondência, relação, ligação. **2.** Correspondência, cartas.

co·rres·pon·der *v.i.* **1.** Corresponder, cumprir, fazer jus a. **2.** Corresponder, ajustar (-se). **3.** Corresponder, incumbir, caber. ■ **corresponderse** *v.p.* **1.** Corresponder-se, escrever cartas. **2.** Corresponder-se, comunicar-se. **3.** Ser correspondido.

co·rres·pon·dien·te *adj.* Correspondente, respectivo.

co·rres·pon·sal *adj. e s.2g.* Correspondente, representante (de jornal, empresa).

co·rri·do/a *adj.* **1.** Corrido. **2.** Contínuo, seguido. *Por tres días corridos.* Por três dias seguidos. **3.** Deslocado. *El sillón está corrido.* A poltrona está deslocada, fora do lugar. **4.** *Fig.* Envergonhado. *Quedó muy corrida.* Ficou muito envergonhada. ● *s.f.* **5.** *Desp.* Corrida. ▮ *Sin.* mais usual: *carrera*. **6.** Tourada. **7.** *Inform.* Rodada no computador. ♦ **De corrido. 1.** Sem parar, em forma seguida. *Leer de corrido.* Ler tudo sem parar. **2.** De cor. *Saber de corrido.* Saber de cor. **En una corrida.** Logo, num momento. **Letra corrida.** Letra cursiva.

co·rrien·te *adj.* **1.** Corrente, comum, habitual, corriqueiro. **2.** Corrente, em curso (ano, mês). **3.** Corrente, que flui (líquido). **4.** Corrente, vigente (moeda). ● *s.f.* **5.** Correnteza. **6.** *Fís.* Corrente, energia elétrica. **7.** Corrente, tendência artística. **8.** Corrente, vento. ▮ Não tem sentido de "cadeia de metal, grilhão". ♦ **Corriente alterna/continua.** *Eletr.* Corrente alternada/contínua. **Corriente eléctrica.** *Eletr.* Força, corrente elétrica. **Corriente y moliente.** Comum e corrente. **Cuenta corriente.** *Com.* Conta-corrente. **Estar/Ponerse al corriente.** Estar/Ficar a par. **Ir contra (la) corriente.** Remar contra a maré. **Seguir/Llevar la corriente.** Deixar-se levar pela opinião alheia.

co·rrom·per *v.t.* **1.** Corromper, estragar. **2.** *Fig.* Corromper, depravar. **3.** Corromper, subornar. ■ **corromperse** *v.p.* **1.** Corromper-se, perverter-se. **2.** Corromper-se, estragar-se.

co·rro·si·vo/a *adj.* Corrosivo.

co·rrup·ción *s.f.* **1.** Corrupção. **2.** Putrefação.

co·rrup·to/a *adj.* Corrupto. ▮ *Part. irreg.* de *corromper*.

cor·ta·plu·mas *s.m.* Pequena navalha de bolso, canivete. ▮ *Pl.:* invariável.

cor·tar *v.t.* **1.** Cortar, dividir. **2.** Cortar, aparar. **3.** Cortar, cruzar, atravessar. **4.** Cortar, interromper. **5.** Cortar, diminuir, encurtar. **6.** Cortar, recortar. **7.** Cortar, rachar. **8.** Cortar, dividir o baralho. ■ **cortarse** *v.p.* **1.** Cortar-se, ferir-se. **2.** Cortar-se, rachar-se (pele, lábios). **3.** Coalhar. *Se cortó la leche.* O leite coalhou. **4.** Talhar, separar os ingredientes (de molho, de maionese). **5.** *Fig.* Ficar atordoado. ♦ **Cortar por lo sano.** Arrancar o mal pela raiz. **Cortarse los huevos.** *Vulg.* Apostar, ter certeza de algo.

cor·te *s.m.* **1.** Corte, talho, incisão. **2.** Corte, pedaço de tecido. **3.** Corte, gume. **4.** Corte, interrupção, suspensão, quebra. **5.** Corte, feitio, confecção. **6.** *Arq.* Corte, plano. ■ *s.f.* **7.** Corte, residência de soberano. **8.** Corte, séquito. **9.** Corte, tribunal. **10.** Corte, galanteio. ■ **cortes** *s.f.pl.* Congresso, parlamento. ♦ **Corte de mangas.** *Vulg.* Uma banana. **Corte y confección.** Corte e costura. **Cortes constituyentes.** Assembleia constituinte. **Hacer la corte.** Cortejar.

cor·tés *adj.* Cortês, atencioso. ♦ **Lo cortés no quita lo valiente.** Ser cortês não significa ser covarde.

cor·te·sí·a *s.f.* **1.** Cortesia, amabilidade. **2.** *Com.* Carência, prazo concedido para pagar. **3.** Palavras de encerramento (cartas). ♦ **De cortesía.** Por cortesia. **Tratamiento de cortesía.** Forma atenciosa de tratamento.

cor·te·za *s.f.* **1.** Cortiça. **2.** Casca (de algumas frutas e do pão). **3.** *Fig.* Aparência exterior, casca. **4.** Crosta. ♦ **Corteza terrestre.** Crosta terrestre.

cor·ti·na *s.f.* **1.** Cortina. **2.** *Fig.* Véu. **3.** Cortina, muro de sustentação. ♦ **Cortina de agua.** Chuva intensa. **Cortina de humo.** Cortina de fumaça.

cor·to/a *adj.* **1.** Curto, pequeno. **2.** Curto, breve. **3.** *Fig.* Curto, limitado. *Corto de inteligencia.* Pouco inteligente. **4.** Insuficiente, escasso, curto. *La comida resultó corta y no alcanzó para todos.* A comida foi insuficiente e não deu para todos. ● *s.m.* **5.** Café concentrado, café puro. **6.** *Trailer*, trechos de filmes. ♦ **Corto de vista/oído.** Que tem pouca visão/audição. **A la corta o a la larga.** Mais cedo ou mais tarde. **De corto.** De vestido curto. **Quedarse corto. 1.** Calcular mal, ser pouco. **2.** Não dizer tudo.

cor·to·cir·cui·to *s.m. Eletr.* Curto-circuito.

co·sa *s.f.* Coisa. ♦ **Cosa que.** *Amer.* De maneira que. **A cosa hecha.** De propósito. **A otra cosa mariposa.** Mudando de assunto. **Como quien no quiere la cosa.** Como quem não quer nada. **Como si tal cosa.** Com facilidade, como se não fosse nada. **No sea cosa que.** Esperar que algo não aconteça. **No ser (la cosa) para menos.** Não ser para menos (o assunto, a coisa). **No valer gran cosa.** Não valer grande coisa. **Ser cosa de días/meses.** Ser questão de dias/meses.

co·se·cha *s.f.* **1.** Colheita. **2.** *Fig.* Coleção. ♦ **Ser de la cosecha de alguien.** Ser farinha do saco, ser próprio de alguém.

co·se·char *v.t. e v.i.* **1.** Colher, fazer a colheita. **2.** *Fig.* Colher, recolher.

co·ser *v.t. e v.i.* **1.** Costurar, coser. **2.** Costurar, pregar (botão, zíper). **3.** *Fig.* Crivar, furar. *Le cosieron a cuchilladas.* Foi furado a facadas. ♦ **Máquina de coser.** Máquina de costura.

cos·mé·ti·co/a *adj.* **1.** Cosmético. ● *s.f.* **2.** Cosmética.

cos·mos *s.m.* Cosmo.

cos·qui·llas *s.f.pl.* Cócegas. ♦ **Hacer cosquillas (una cosa).** Despertar a curiosidade.

cos·ta *s.f.* **1.** Costa, litoral. **2.** Custo. *A poca costa.* A baixo custo. ■ **costas** *s.f.pl.* **1.** *For.* Gastos judiciais, custas. *Tuvo que pagar las costas del juicio.* Teve que pagar as custas do processo. **2.** Ajuda de custo. ♦ **A costa de.** À custa de. **A toda costa.** A qualquer custo.

cos·ta·do *s.m.* Lado, lateral, banda (corpo, objeto). ♦ **Al costado.** Ao lado. **De costado.** De lado. **Por los cuatro costados.** Por todos os lados.

cos·tar *v.t. e v.i.* **1.** Custar, valer. **2.** *Fig.* Custar, dar trabalho, ser difícil. *Me costó convencerlo.* Foi difícil convencê-lo. ■ *C.mod. 03.* ♦ **Costar caro.** Custar caro. **Costar trabajo.** Ser trabalhoso. **Cueste lo que cueste.** Custe o que custar.

cos·te *s.m. Esp.* Custo.

cos·te·ar *v.t. e v.i.* **1.** Pagar, custear. **2.** *Mar.* Costear, navegar beirando a praia. ■ **costearse** *v.p.* Custear-se, financiar-se.

cos·ti·lla *s.f.* **1.** Costela. **2.** *Fig. e col.* Patroa, esposa. ■ **costillas** *s.f.pl. Col.* Costas. ♦ **Sobre mis/tus costillas.** Nas minhas/suas costas.

cos·to *s.m.* Custo, preço. ♦ **A precio de costo.** A preço de custo.

cos·to·so/a *adj.* **1.** Oneroso, caro, custoso. **2.** *Fig.* Difícil, trabalhoso, custoso, puxado.

cos·tra *s.f.* **1.** Crosta. **2.** Casca.

cos·tum·bre *s.f.* Costume, hábito. ■ **costumbres** *s.f.pl.* Costumes, conjunto de tradições. ♦ **De costumbre.** Normalmente. **La fuerza de las costumbres.** A força do hábito. **Regirse por las costumbres.** Ater-se aos costumes.

cos·tu·ra *s.f.* Costura.

cos·tu·re·ro/a *s.m.* **1.** Cesto de costura. ■ *s.f.* **2.** Costureira.

co·ta *s.f.* Cota, nível, altura.

co·te·jo *s.m.* Conferência, confronto, cotejo.

co·ti·dia·no/a *adj.* Cotidiano.

co·ti·za·ción *s.f. Com.* Cotação. *La cotización del dólar.* A cotação do dólar. ♦ **Cotización de precios.** Levantamento/Cotação de preços.

co·ti·zar *v.t. Com.* **1.** Avaliar, cotar, calcular preço. ■ *v.i.* **2.** Contribuir em dinheiro.

co·to·rra *s.f.* **1.** Maritaca. **2.** *Fig. e col.* Pessoa que fala muito.

co·yun·tu·ra *s.f.* 1. Conjuntura. 2. *Med.* Junta, articulação.

coz *s.f.* 1. Coice. 2. Culatra. ♦ **Dar coces contra el aguijón.** Dar murros em ponta de faca. **Tratar (a alguien) a coces.** Tratar mal (alguém).

crá·ne·o *s.m. Med.* Crânio.

crá·ter *s.m.* Cratera.

crea·ción *s.f.* 1. Criação, universo. 2. *Fig.* Criação, invenção, origem, elaboração. 3. Obra, invento, produção. 4. Criação, fundação, instituição. ■ Não tem sentido de "amamentação, alimentação" nem de "educação".

crea·dor/·do·ra *adj.* 1. Criativo. ■ *adj. e s.* 2. Criador, autor, inventor. ■ *s.m.* 3. Criador, Deus. ■ Não se aplica a "criador de animais".

cre·ar *v.t.* 1. Criar, conceber, gerar. 2. *Fig.* Criar, inventar. 3. Criar, abrir, fundar. ■ Não tem sentido de "educar" nem de "criar animais".

crea·ti·vi·dad *s.f.* Criatividade.

cre·cer *v.i.* 1. Crescer, aumentar. 2. Crescer, desenvolver-se, encorpar. ■ *C.mod. 06.*

cre·ci·mien·to *s.m.* Crescimento.

cre·den·cial *s.f.* 1. Credencial, título, referência. *Presentar las credenciales.* Apresentar as credenciais. 2. *Amer.* Carteira profissional. *Credencial de periodista.* Carteira de jornalista. 3. *Amer.* Crachá.

cre·di·tar *v.t.* Credenciar, comprovar.

cré·di·to *s.m.* 1. Crédito, credibilidade. 2. *Com.* Crédito, solvência. 3. Crédito, disciplina universitária. 4. Aceitação, prestígio. *Poeta de gran crédito.* Poeta de grande prestígio. ♦ **A crédito.** *Com.* A prazo. **Abrir crédito.** *Com.* Autorizar o saque. **Carta de crédito.** *Com.* Carta de crédito. **Dar crédito.** Dar crédito, dar ouvidos. **Línea de crédito.** *Com.* Linha de crédito. **Ser digno de crédito.** Ser digno de crédito, de confiança. **Tarjeta de crédito.** *Com.* Cartão de crédito. **Tener crédito.** *Com.* Ter crédito na praça.

cre·en·cia *s.f.* 1. Crença, convicção. 2. Crença, religião.

cre·er *v.t. e v.i.* 1. Crer, ter fé. 1. Acreditar, crer, confiar. *No creo en tus promesas.* Não acredito nas suas promessas. 3. Crer, achar, estimar. *Creo que no vendrá.* Acho que não virá. ■ **creerse** *v.p.* Ser convencido, ter presunção. ♦ **Hacer creer.** Convencer. ¿*Qué se cree ése?* Quem ele pensa que é? ¡**Ya lo creo!** Sem dúvida!

cre·í·do/a *adj.* 1. Presunçoso, convencido. *Es muy creído.* É muito convencido. 2. Confiante. *Está muy creído.* Está muito confiante.

cre·ma *s.f.* 1. Creme, nata. *Crema de leche.* Creme de leite. 2. Creme, pomada. 3. Creme, pasta. 4. *Fig.* Nata, coisa fina. 5. Creme, cor branco-amarelada. 6. *Gram.* Trema, sinal gráfico.

cre·ma·lle·ra *s.f.* 1. Zíper. 2. *Mec.* Cremalheira.

cre·pús·cu·lo *s.m.* Crepúsculo.

cres·ta *s.f.* 1. Crista, saliência no alto da cabeça, penacho. 2. *Fig.* Crista, cume. ♦ **Alzar la cresta.** Tornar-se altivo, empinar o nariz.

crí·a *s.f.* 1. Criação de animais. *Cría de conejos.* Criação de coelhos. 2. Ninhada. *Una cría de ocho cachorros.* Uma ninhada de oito filhotes. 3. Cria, animal recém-nascido, filhote.

cria·de·ro *s.m.* 1. Viveiro, criadouro, criação (de plantas, animais). *Un criadero de ranas.* Uma criação de rãs. 2. Jazida, mina. *Un criadero de oro.* Uma mina de ouro.

cria·di·lla *s.f.* Testículo bovino.

cria·do/a *adj.* 1. Criado, educado. *Niño mal criado.* Menino malcriado. ● *s.* 2. Criado, serviçal.

cria·dor/·do·ra *adj. e s.* 1. Criador (de animais). 2. Vinicultor. ■ Não tem sentido de "autor, inventor".

☞ **crian·za** *s.f.* Criação, educação, formação.

criar *v.t.* 1. Criar, nutrir, sustentar (filhos). 2. Criar, educar. 3. Criar, desenvolver. 4. Criar, exercer atividade pecuária. 5. Criar, crescer.

6. Processar o vinho. ■ Não tem sentido de "inventar". ♦ **Dios los cría y ellos se juntan.** Deus os cria e o diabo os amontoa.

cria·tu·ra *s.f.* **1.** Criatura. **2.** Recém-nascido. **3.** Criança.

cri·men *s.m.* **1.** *For.* Crime, delito grave. **2.** *Col.* Crime, coisa malfeita.

cri·mi·nal *adj. For.* **1.** Criminal. ● *s.2g.* **2.** Criminoso.

crio·llo/a *adj. e s.* **1.** Crioulo, nativo da América, descendente de brancos europeus ou negros africanos. **2.** Produtos e costumes típicos da América. *Comida criolla.* Comida típica, regional. ■ Não se aplica ao "indivíduo de raça negra".

cri·san·te·mo *s.m. Bot.* Crisântemo.

cri·sis *s.f.* **1.** *Med.* Crise, manifestação aguda de uma doença. *Crisis de reuma.* Crise de reumatismo. **2.** Crise, momento de conflito. **3.** Crise, escassez. ■ *Pl.:* invariável. **Crisis aguda.** *Med.* Crise aguda. **Crisis de obreros.** Escassez de mão de obra. **Crisis financiera.** Crise financeira. **Estar en crisis.** Estar/Sofrer uma crise. **Pasar por una crisis.** Atravessar/Enfrentar uma crise.

cris·tal *s.m.* **1.** Cristal. *Vaso de cristal.* Copo de cristal. **2.** Vidro. *El cristal de la ventana.* O vidro da janela.

cris·ta·le·ra *s.f.* **1.** Cristaleira. **2.** Vitrine.

cris·tian·dad *s.f.* Cristandade.

cris·tia·no/a *adj. e s.* Cristão. ♦ **Cristiano nuevo.** Cristão-novo. **Hablar en cristiano.** Falar na língua local e de forma clara.

cri·te·rio *s.m.* **1.** Critério, norma, regra. **2.** Critério, discernimento. **3.** Critério, julgamento, opinião.

crí·ti·ca *s.f.* Crítica.

cri·ti·car *v.t.* **1.** Criticar, julgar. **2.** Criticar, censurar. ■ *v.i.* **3.** Falar pelas costas, pichar.

crí·ti·co/a *adj. e s.* Crítico.

cro·ché *s.m.* Crochê. ■ *Tb.: crochet.*

cro·mo·so·ma *s.m. Biol.* Cromossomo.

cró·ni·ca *s.f. Liter.* Crônica. *Crónica deportiva.* Crônica esportiva.

cró·ni·co/a *adj.* Crônico, arraigado.

cro·no·lo·gí·a *s.f.* Cronologia.

cro·nó·me·tro *s.m.* Cronômetro.

cro·quis *s.m.* Esboço.

cru·ce *s.m.* **1.** Cruzamento, encruzilhada, entroncamento. *Dos cuadras después del cruce.* Duas quadras após o cruzamento. **2.** Interferência (no rádio, no telefone). *Cuelga que hay cruce de líneas.* Desligue porque há linhas cruzadas. **3.** Cruzamento, miscigenação.

cru·ce·ro *s.m.* **1.** *Mar.* Cruzeiro, passeio marítimo. **2.** *Mil.* Cruzador, navio de guerra. **3.** Travessia. **4.** Encruzilhada. **5.** *Arq.* Tipo de arco. **6.** *Arq.* Nave transversal. ♦ **Velocidad de crucero.** Velocidade de cruzeiro.

cru·ci·fi·jo *s.m.* Crucifixo.

cru·ci·gra·ma *s.m.* Palavras cruzadas.

cru·do/a *adj.* **1.** Cru, não cozido. **2.** *Fig.* Inclemente, rigoroso. *Un invierno crudo.* Um inverno rigoroso. **3.** *Fig.* Imaturo, jovem. *Estás muy crudo para hacerme frente.* Você ainda é muito jovem para enfrentar-me.

cruel·dad *s.f.* Crueldade.

cru·ji·do *s.m.* Rangido.

cru·jien·te *adj.* Crocante.

crus·tá·ce·o/a *adj. e s.* Crustáceo.

cruz *s.f.* **1.** Cruz. **2.** *Fig.* Cruz, pena, infortúnio. **3.** Cruz, brasão de algumas ordens e congregações. ♦ **Cruz roja.** Cruz vermelha. **Cruz y raya.** Expressão para dar por terminado um assunto, uma amizade. **Cara o cruz.** Cara ou coroa. **En cruz.** Em forma de cruz. **Hacerse la señal de la cruz.** Fazer o sinal da cruz.

cru·za·da *s.f.* **1.** Cruzada, expedição, bandeira. **2.** *Fig.* Cruzada, campanha.

cru·zar *v.t. e v.i.* **1.** Cruzar, atravessar. **2.** Cruzar, acasalar (animais). **3.** Cruzar, encontrar. *La crucé en el mercado.* Cruzei com ela no mercado. **4.** *Com.* Cruzar, colocar duas barras no cheque. ♦ **Cruzarse de brazos.** Cruzar os braços.

cua·der·no *s.m.* **1.** Caderno. **2.** Caderneta.

cua·dra *s.f.* **1.** Cocheira. **2.** Haras. **3.** Quarteirão, quadra.

cua·dra·do/a *adj.* **1.** Quadrado, de forma quadrangular. **2.** *Fig.* Corpulento. ● *s.m.* **3.** *Mat. e geom.* Quadrado. ♦ **Al cuadrado.** Ao quadrado. **Tener la cabeza cuadrada.** Ser um quadrado.

cua·drar *v.t.* **1.** Esquadrar, aparelhar. *Cuadrar unos maderos.* Esquadrar umas tábuas de madeira. **2.** Quadricular. ■ *v.i.* **3.** Enquadrar, encaixar, condizer. *Su actitud no cuadra con sus palabras.* A sua atitude não condiz com as suas palavras. **4.** *Com.* Aferir, conferir, coincidir. *Los costos han de cuadrar con los gastos.* Os custos devem coincidir (bater) com as despesas. ■ **cuadrarse** *v.p.* **1.** *Mil.* Bater continência, assumir a posição firme. *El soldado se cuadró ante el comandante.* O soldado bateu continência diante do comandante. **2.** *Fig.* Obstinar-se, teimar.

cua·dril *s.m.* **1.** Quadril. **2.** Alcatra.

cua·dri·lla *s.f.* **1.** Quadrilha, bando, patrulha. **2.** Quadrilha, tipo de dança.

cua·dro *s.m.* **1.** Quadro, pintura, desenho. **2.** Quadro, quadrilátero. **3.** *Teat.* Quadro, cena. **4.** *Fig.* Quadro, vista, panorama. **5.** Quadro, conjunto de funcionários. **6.** Quadro, gráfico, tabela. **7.** Executivo, dirigente, pessoal, equipe. *El sindicato tiene buenos cuadros.* O sindicato tem bons dirigentes. **8.** Batente, moldura, esquadria. **9.** Canteiro (de flores). *Un cuadro de margaritas.* Um canteiro de margaridas. **10.** *Mil.* Conjunto de chefes. *Cuadros militares.* Oficiais. **11.** Painel. *Cuadro de mandos.* Painel de controle. **12.** *Mil.* Formação militar. **13.** Quadro, armação de bicicleta. **14.** *Desp.* Quadro, time. ♦ **Cuadro de distribución.** *Eletr.* Caixa de distribuição. **A cuadros.** Xadrez, quadriculado (tecido).

cua·drú·pe·do/a *adj. e s.m.* Quadrúpede.

cuá·dru·ple *adj.* Quádruplo. ■ *Tb.:* **cuádruplo.**

cua·jar *v.t.* **1.** Coalhar, coagular. ■ *v.i.* **2.** *Fig.* Dar certo, ter sucesso, vingar. *La propuesta no cuajó.* A proposta não deu certo. ■ **cuajarse** *v.p.* **1.** Coagular-se, coagular. **2.** *Fig.* Encher-se, cobrir-se, povoar-se. *El jardín se cuajó de flores/gente.* O jardim ficou coberto de flores/cheio de gente. **3.** *Col.* Adormecer profundamente.

cual *p.rel.* **1.** Qual, que. *Llamaba a su madre, la cual no oía.* Chamava pela mãe, a qual não ouvia. ■ **cuál** *p.interr.* **1.** Qual, que pessoa/coisa. *¿Cuáles son tus amigos?* Quais são os seus amigos? ■ *p.indef.* **2.** Quem, algum. *Todos aportaron, cuál más, cuál menos.* Todos contribuíram, alguns mais, outros menos. ■ **cual** *adv.* Como, assim como. *Escribe tal cual habla.* Escreve tal como fala. *Habla cual una dama.* Fala como uma dama. ■ **a.** Acentuado em frases *interr.* e *excl.* **b.** *Pl.:* **cuales.** ♦ **A cuál más.** Um mais que outro. *Tiene muchos discos, a cuál más precioso.* Tem muitos discos, um melhor do que outro. **Cada cual.** Cada um. **Por lo cual.** Por essa razão. **Sea cual fuere/sea.** Seja qual for.

cua·li·dad *s.f.* Qualidade, atributo, virtude.

cual·quier/·quie·ra *p.indef.* **1.** Qualquer. *A cualquier momento.* Em qualquer momento. **2.** Qualquer um/uma. *Cualquiera de ellas.* Qualquer uma delas. ■ **a.** Usa-se *cualquier* apenas quando precede o substantivo e *cualquiera* nos casos restantes. *Cualquier cosa.* Qualquer coisa. *Una cosa cualquiera.* Uma coisa qualquer. **b.** *Pl.:* **cualesquier** e **cualesquiera.** ♦ **Ser un cualquiera.** Ser um joão-ninguém.

cuan *adv.* **1.** Tão. *Hablaba cuan rápidamente podía.* Falava tão rápido quanto podia. **2.** Como, quão. *¡Cuán triste estaba cuando llegué!* Como estava triste quando cheguei! ■ **a.** Forma apocopada de *cuanto.* **b.** Acentuado em frases *interr.* e *excl.*

cuan·do *adv.* **1.** Quando. *¿Cuándo vendrá?* Quando virá? ● *conj.* **2.** Quando. *Iremos al cine cuando quieras.* Iremos ao cinema quando quiser. **3.** Já que. *Cuando insistes tanto, ¿qué puedo hacer?* Já que insiste tanto, que posso fazer? **4.** Se. *Cuando no* fuera porque llueve, saldría. Se não fosse por estar chovendo, sairia. ■ Acentuado em frases *interr.* e *excl.* ♦ **Cuando más/mucho.** Se muito, quando muito. **Cuando menos.** Pelo menos. **Aun cuando.** Mesmo que, por mais que. *Aun cuando pudiese, no lo haría.* Mesmo que pudesse, não o faria. **¿De cuándo acá?** Desde quando? **De cuando en cuando.** De vez em quando.

cuan·ti·ta·ti·vo/a *adj.* Quantitativo.

cuan·to/a *adj.* **1.** Quanto, quantidade indeterminada. *¡Cuánta gente en la calle!* Quanta gente na rua! ● *p.rel.* **2.** Que, quanto. *Compra todo cuanto quieras.* Compre tudo o que quiser. ■ *p.interr.* **3.** Quanto. *Había cinco manzanas, ¿cuántas quedaron?* Havia cinco maçãs, quantas sobraram? ● **cuanto** *adv.* **1.** Como. *¡Cuánto me alegro!* Como fico contente!/Fico muito contente! **2.** Quanto (quantidade). *¿Cuánto cuesta?* Quanto custa? ■ Acentuado em frases *interr.* e *excl.* ♦ **Cuanto antes.** Quanto antes. **Cuanto más (que).** Tanto mais (que). **¿A cuánto?** A que preço?/Quanto? **En cuanto. 1.** Imediatamente, assim que. *En cuanto pueda.* Assim que puder. **2.** Como. *En cuanto pintor es un desastre.* Como pintor é um desastre. **En cuanto a.** No tocante a, com relação a. **Por cuanto (que).** Porquanto, posto que. **Unos cuantos/Unas cuantas.** Alguns/Algumas.

cua·ren·tón/to·na *adj. e s.* Quarentão.

cuar·tel *s.m.* **1.** *Mil.* Quartel. **2.** Quarto, quarta parte. **3.** Bairro. ♦ **Cuartel general.** Quartel-general. **De cuartel.** Reformado (oficial).

cuar·te·to *s.m. Mus.* Quarteto.

cuar·ti·lla *s.f.* **1.** Folha de papel tamanho carta. **2.** Medida de peso e capacidade.

cuar·to/a *adj.* **1.** Quarto, quarto lugar. ● *s.m.* **2.** Quarto, aposento. **3.** Quarto de hora, quinze minutos. *Son las tres y cuarto.* São três e quinze. **4.** Quarto de lua. **5.** *Mil.* Plantão. **6.** *Col.* Dinheiro. **7.** Uma das quatro partes em que se divide o corpo dos animais. *Cuarto delantero/trasero.* Quarto dianteiro/traseiro. **8.** *Desp.* Quarta de final *(cuarto de final).* ♦ **Cuarto de aseo.** Lavabo. **Cuarto de baño.** Banheiro. **Cuarto de dormir.** Dormitório. **Cuarto de estar.** Sala. **Cuarto trastero.** Quarto de despejo. **¡Ni que cuatro u ocho cuartos!** Não me venha com essa! **No tener un cuarto.** Estar sem um centavo.

cua·te/a *adj. e s. Mex. e Am.C.* **1.** Irmão gêmeo. **2.** Amigo, colega.

cu·be·ta *s.f.* Bacia, travessa.

cu·bier·to¹/a *adj.* **1.** Coberto, tampado. **2.** *Fig.* Coberto, repleto. **3.** *Fig.* Coberto, protegido. **4.** Nublado, encoberto (tempo). ● *s.m.* **5.** Teto pequeno, coberto. ■ *s.f.* **6.** Cobertura. **7.** Cobertor, coberta. **8.** *Mar.* Ponte de navio, coberta. **9.** Pneu de carro. *Tengo la cubierta pinchada.* Meu pneu está furado. **10.** Capa (de livro). **11.** Telhado. ■ *Part. irreg.* de *cubrir.* ♦ **A cubierto.** Embaixo de teto. **Tener las espaldas cubiertas. 1.** Ter costas quentes. **2.** Estar prevenido.

cu·bier·to² *s.m.* **1.** Talher. *No pusiste los cubiertos en la mesa.* Não colocou os talheres na mesa. **2.** Serviço de mesa, bufê, refeição. *Un cubierto para 20 personas.* Uma refeição para 20 pessoas. **3.** Prato do dia.

cu·bo/a *s.m.* **1.** *Mat. e geom.* Cubo. **2.** Balde. *Un cubo de agua.* Um balde de água. *El cubo de la basura.* A lata de lixo. **3.** *Mec.* Tambor. ■ *s.f.* **4.** Barril, pipa. **5.** *Col.* Bêbado.

cu·bre·ca·ma *s.f.* Colcha.

cu·brir *v.t.* **1.** Cobrir, tampar, abafar. **2.** Cobrir, revestir. **3.** Encobrir, ocultar. **4.** Percorrer. *Cubrió los 50 km en diez minutos.* Percorreu os 50 km em dez minutos. **5.** Acasalar (animais). **6.** Fazer cobertura jornalística. *Los reporteros que cubrieron la guerra mintieron.* Os repórteres que fizeram a cobertura da guerra mentiram. **7.** Preencher, satisfazer, cobrir. *Ese dinero no cubre mis necesidades.* Esse dinheiro não preenche as minhas necessidades. **8.** *Fig.* Cobrir, encher. *Cubrieron las paredes de* *cuadros.* Encheram as paredes de quadros. **9.** *Mil.* Defender, cobrir. *Cubrir el flanco izquierdo.* Defender a ala esquerda. **10.** Encobrir, fechar (tempo, céu). ■ **cubrirse** *v.p.* **1.** Cobrir-se, agasalhar-se. **2.** Resguardar-se, prevenir-se, armar-se. *Me tengo que cubrir antes que me acusen.* Preciso resguardar-me antes que me acusem. **3.** Encobrir-se, ocultar-se.

cu·ca·ra·cha *s.f.* **1.** Barata. **2.** *Fig.* Pessoa vil.

cu·cha·ra *s.f.* Colher. ♦ **Cuchara de palo.** Colher de pau. **Cuchara sopera. 1.** Colher de sopa. **2.** Concha. **Meter con cuchara.** Explicar nos mínimos detalhes. **Meter la cuchara.** Meter o bedelho.

cu·cha·ra·da *s.f.* Colherada.

cu·cha·rón *s.m.* Concha (de sopa).

cu·chi·cheo *s.m.* Cochicho.

cu·chi·lla·da *s.f.* Facada.

cu·chi·llo/a *s.m.* **1.** Faca. **2.** *Arq.* Caibro. **3.** *Fig.* Nesga (tecido, terreno). **4.** Navalha. ■ *s.f.* **5.** Cutelo. **6.** Facão. **7.** Lâmina de corte. ♦ **En casa de herrero, cuchillo de palo.** Em casa de ferreiro, espeto de pau. **Pasar a cuchillo.** Matar.

☞ **cue·ca** *s.f. Amer.* Dança popular chilena.

☞ **cue·llo** *s.m.* **1.** Pescoço. **2.** Gargalo. **3.** Colo. **4.** Colarinho. **5.** Gola. ♦ **Cuello duro.** Colarinho engomado. **Cuello uterino.** Colo uterino. **Cortar el cuello.** Cortar o pescoço. **Estar con el agua al cuello.** Estar com a corda no pescoço.

cuen·co/a *s.m.* **1.** Vasilha. **2.** Cavidade da mão. ■ *s.f.* **3.** Bacia (de rio).

cuen·ta *s.f.* **1.** *Mat.* Conta, cálculo, operação. **2.** Conta, fatura, débito. *La cuenta de teléfono.* A conta do telefone. **3.** *Com.* Conta, operação bancária. **4.** Conta, atribuição, encargo. *No es cuenta mía.* Não é atribuição minha. **5.** Conta, bolinha perfurada com que se fazem colares. *Collar de cuentas.* Colar de contas. ♦ **Cuenta corriente.** *Com.* Conta-corrente. **Cuenta de resaca.** *Com.* Conta de retorno. **Cuentas incobrables.** *Com.* Contas de clientes duvidosos, que não se receberão. **A cuenta.** A/Por conta, sinal ou parte de um pagamento. **Ajustar cuentas.** Dizer as verdades, ajustar contas. **Caer en la cuenta/Darse cuenta.** Perceber. **Dar cuenta (de algo).** Informar, dar satisfação, prestar conta. **Dar la cuenta.** Despedir. **En resumidas cuentas.** No final das contas. **Hacer cuentas.** Calcular a situação financeira. **Hacer de cuenta.** Fazer de conta. **Pedir cuentas.** Pedir satisfação. **Perder la cuenta.** Perder a conta. **Por cuenta de.** 1. Por conta de. 2. A nome de. **Rendir cuentas.** Prestar contas. **Salir bien las cuentas.** Dar certo. **Tener en cuenta.** Levar em conta, em consideração. **Tomar en cuenta.** Prestar atenção.

cuen·ta·go·tas *s.m.* Conta-gotas. ■ *Pl.:* invariável. ♦ **Con cuentagotas.** Aos poucos.

cuen·to *s.m.* **1.** Conto, relato. **2.** *Liter.* Conto, história, caso. **3.** *Fig.* Conto, história maliciosa, fofoca. **4.** *Fig.* Fricote. **5.** Contagem. *Hacer el cuento.* Fazer a contagem. ♦ **Cuento chino.** História inacreditável. **Cuento de hadas.** Conto de fadas. **Cuento de nunca acabar.** História interminável. **Cuento de viejas.** História da carochinha. **Cuento del tío.** Conto do vigário. **Dejarse de cuentos.** Deixar de rodeios. **Ir/Venir con cuentos.** Vir com histórias. **Ser de cuento.** Ser próprio de conto infantil, inacreditável. **Sin cuento.** Incontável. **Tener mucho cuento.** Inventar muita história.

cuer·da *s.f.* **1.** Corda. **2.** *Fig.* Amarra. **3.** *Amer.* Medida agrária. **4.** *Mus.* Corda. ♦ **Cuerda falsa.** *Mus.* Corda desafinada. **Cuerda floja.** Corda bamba. **Cuerdas vocales.** Cordas vocais. **Apretar/Aflojar la cuerda.** Apertar/Afrouxar a rédea. **Dar cuerda.** Incentivar, estimular, dar corda. **Instrumento de cuerda.** *Mus.* Instrumento de corda. **Tocar la cuerda sensible.** Tocar o ponto fraco.

cuer·do/a *adj. e s.* Sensato, em seu juízo, ajuizado.

cuer·no *s.m.* Corno, chifre. ♦ **Importar un cuerno.** Não ligar a mínima. **Irse al cuer-**

cuerno no. Fracassar. **Mandar al cuerno.** Mandar para o diabo. **Poner los cuernos.** Pôr chifres, ser infiel. **Romperse los cuernos.** Dar duro.

cue·ro *s.m.* 1. Couro. 2. Pele. ♦ **Cuero cabelludo.** Couro cabeludo. **En cueros.** Em pelo, completamente nu.

cuer·po *s.m.* 1. Corpo, estrutura física animal. 2. Corpo, objeto, matéria. 3. Corpo, cadáver. 4. Corpo, tronco. 5. Corpo, parte principal e central. 6. Ala, divisão. *El edificio tiene tres cuerpos.* O edifício tem três alas. 7. Corpo, consistência, espessura (de bebidas). *Ese vino no tiene cuerpo.* Esse vinho não tem consistência. 8. Corpo, corporação. *Cuerpo diplomático.* Corpo diplomático. 9. *Tip.* Corpo, unidade de medida. 10. *Mil.* Corpo, batalhão. ♦ **Cuerpo a cuerpo.** Corpo a corpo. **Cuerpo de baile.** Corpo de baile. **Cuerpo de bomberos.** Corpo de bombeiros. **Cuerpo legal.** *For.* Conjunto de leis. **De cuerpo entero.** De corpo inteiro. **De cuerpo presente.** De corpo presente. **De medio cuerpo.** De cabeça e tronco (retratos). **Entregarse en cuerpo y alma.** Entregar-se de corpo e alma. **Tener buen cuerpo.** Ter o corpo bem-feito. **Tomar cuerpo.** Começar a realizar-se, crescer, encorpar.

cuer·vo *s.m.* Corvo.

cues·ta *s.f.* 1. Ladeira, encosta. 2. Tipo de coleta anual. ♦ **Cuesta abajo.** 1. Ladeira abaixo. 2. Em decadência. **A cuestas.** Nas costas, nos ombros. **Hacerse cuesta arriba.** Ser difícil.

cues·tión *s.f.* 1. Questão, tema, assunto. 2. Questão, problema. 3. Questão, controvérsia. 4. Questão, pergunta. ♦ **Cuestión candente.** Questão polêmica, empolgante. **Cuestión de.** Coisa de, aproximadamente. **Cuestión de confianza.** Questão de confiança. **Cuestión de principio.** Questão de princípio. **Cuestión personal.** Questão pessoal. **Cuestión previa.** Questão prévia. **En cuestión de.** Em matéria de. **Eso ya es otra cuestión.** Isso já é outra coisa. **La cuestión es.** A questão é. **No es cuestión de que.** Não se trata de. **Ser cuestión de.** Ser questão de.

cues·tio·nar *v.t.* Questionar, colocar em dúvida, discutir. ■ **cuestionarse** *v.p.* Questionar-se.

cues·tio·na·rio *s.m.* Questionário.

cue·va *s.f.* 1. Cova, buraco. 2. Gruta. 3. Caverna, cova. ♦ **Cueva de ladrones.** Covil de ladrões.

cui·da·do/a *adj.* 1. Cuidado, arrumado. *Tiene el jardín cuidado.* O seu jardim está em ordem, arrumado. ● *s.m.* 2. Solicitude, atenção, cuidado. *El cuidado de la ropa.* A arrumação da roupa. 3. Cuidado, esmero. 4. Cuidado, precaução. ● *interj.* 5. Cuidado! ♦ **Cuidados intensivos.** *Med.* Terapia intensiva. **Andar con cuidado.** Agir com precaução. **Estar de cuidado.** Estar em estado grave. **Tener cuidado.** Tomar cuidado.

cui·dar *v.t.* 1. Cuidar, atender. 2. Cuidar, prestar atenção, ocupar-se. 3. Cuidar, tomar conta. ■ **cuidarse** *v.p.* 1. Cuidar-se, precaver-se. 2. Cuidar-se, tratar-se. ♦ **Cuidarse del qué dirán.** Precaver-se dos falatórios. **Cuida que.** Preste atenção, cuidado. *Cuida que no te vean.* Cuidado para não ser visto.

cu·la·ta *s.f. Mil.* Culatra. ♦ **Salir (el tiro) por la culata.** Sair (o tiro) pela culatra.

cu·le·bra *s.f.* Cobra, serpente.

cu·lo *s.m. Vulg.* 1. Cu, ânus. 2. Bunda, traseiro. 3. *Fig.* Fundo, extremidade posterior. *Culo de botella.* Fundo de garrafa. 4. Resto de líquido. *Quedó un culito de vino.* Sobrou um restinho de vinho. ■ Na acepção 4, usa-se geralmente no *dim.* ♦ **Tomar por el culo.** Tomar no cu. **De culo.** De costas. **Lamer el culo (a alguien).** Puxar o saco de alguém). **¡Metételo en el culo!** Enfia no cu! **¡Qué culo!** *Arg.* Que rabo!

cul·pa *s.f.* Culpa. ♦ **Echar la culpa (a alguien).** Pôr a culpa (em alguém). **Tener la culpa.** Ser culpado, responsável, ter culpa. *Él tiene la culpa.* Ele é o culpado./A culpa é dele.

cul·pa·ble *adj.* **1.** Culpável. ● *s.2g.* **2.** Culpado. *Hay que castigar al culpable.* Deve-se castigar o culpado.

cul·par *v.t.* Culpar.

cul·ti·var *v.t.* **1.** Cultivar, plantar. **2.** *Fig.* Cultivar, aperfeiçoar, aprofundar. *Cultivar las amistades.* Cultivar as amizades. **3.** Cultivar, criar.

cul·ti·vo *s.m. Bot. e biol.* Cultivo.

cul·to/a *adj.* **1.** Culto, erudito, instruído. **2.** Cultivado. ● *s.m.* **3.** Culto, crença, ritual. **4.** *Fig.* Culto, veneração, admiração. ♦ **Libertad de culto.** Liberdade de crença. **Tributar/Rendir culto a.** Prestar/Render culto a.

cul·tu·ra *s.f.* Cultura. ♦ **Cultura física.** Musculação.

cum·bre *s.f.* **1.** Cume, ápice. **2.** *Fig.* Cúpula, alto escalão. *Reunión de cumbre.* Reunião de cúpula.

cum·ple·a·ños *s.m.* Aniversário (de pessoa). *Fiesta de cumpleaños.* Festa de aniversário.

cum·pli·mien·to *s.m.* **1.** Cumprimento, atendimento, observância. **2.** Cumprimento, felicitação.

cum·plir *v.t.* **1.** Cumprir, executar, obedecer. **2.** Cumprir, executar, realizar. **3.** Completar (anos). *Mi hija ya cumplió los 20.* A minha filha já completou 20 anos. **4.** Cumprir, convir, corresponder, caber. *A mí no me cumple hacerlo.* Não me cabe fazê-lo. ■ *v.i.* **5.** Cumprir, vencer (prazo). **6.** *Mil.* Fazer o serviço militar. *Este año me toca cumplir.* Este ano tenho que servir no exército. ■ **cumplirse** *v.p.* **1.** Cumprir, vencer (prazo). **2.** Realizar-se, acontecer. *Se cumplió lo previsto.* Aconteceu o que estava previsto. ♦ **Cumplir con uno.** Responder às expectativas de alguém. **Por cumplir.** Para satisfazer as normas convencionais.

☞ **cú·mu·lo** *s.m.* Acúmulo.

cu·na *s.f.* **1.** Berço. **2.** Origem, berço. *De cuna humilde.* De berço humilde. **3.** *Mec.* Cavidade. **4.** *Fig.* Berço, pátria. ♦ **Canción de cuna.** Cantiga de ninar.

cu·ne·ta *s.f.* Valeta.

cu·ña·do/a *s.* Cunhado.

cuo·ta *s.f.* **1.** Cota, quinhão, quota. **2.** *Com.* Cota, fração de capital. **3.** Cota, taxa, mensalidade. **4.** Parcela de pagamento.

cu·pé *s.m.* Cupê, carro esportivo de dois assentos.

cu·po *s.m.* **1.** Quota. **2.** *Amer.* Vaga, acomodação. *No hay cupo.* Não tem vaga.

cu·pón *s.m.* Cupom.

cú·pu·la *s.f.* Cúpula.

cu·ra *s.m.* **1.** Sacerdote, padre (geralmente católico). ■ *s.f. Med.* **2.** Cura, recuperação da saúde. ▌ *Tb.: curación.* **3.** Tratamento, regime. **4.** Curativo. ♦ **No tener cura.** Ser incorrigível, não ter remédio. **Ponerse en cura.** Começar um tratamento.

cu·ran·de·ro/a *s.* Curandeiro.

cu·rar *v.t.* **1.** *Med.* Curar, tratar, medicar. **2.** Fazer curativo. **3.** Curtir (peles, alimentos, tabaco). ■ **curarse** *v.p. Med.* Curar-se, sarar.

cu·rio·se·ar *v.i. Col.* **1.** Xeretar, investigar, intrometer-se. **2.** Olhar, vagar. *Fui al centro a curiosear.* Fui dar uma olhada no centro.

cu·rio·so/a *adj.* **1.** Curioso, indiscreto. **2.** Abelhudo, xereta. **3.** Estranho, curioso. *Ese asunto me resulta muy curioso.* Acho esse assunto muito estranho.

cur·sar *v.t.* **1.** Encaminhar (documentos). **2.** Cursar, estudar, frequentar (aulas).

cur·si *adj. e s.2g. Col.* **1.** Brega, cafona. ■ *adj.* **2.** Piegas.

cur·so *s.m.* **1.** Curso, percurso, trajetória. **2.** Curso, transcurso. **3.** Curso, carreira de estudos. **4.** Curso, ano escolar. ♦ **Dar curso.** Tramitar, encaminhar. **En curso. 1.** Vigente, em circulação. **2.** Em tramitação.

cur·tir *v.t.* Curtir (peles, carnes). ■ **curtirse** *v.p.* **1.** *Fig.* Bronzear-se. **2.** *Fig.* Curtir, padecer, sofrer. ▌ Não tem sentido de "desfrutar, gozar".

cur·var *v.t.* Curvar, arcar, dobrar. ■ **curvarse** *v.p.* **1.** Curvar-se, dobrar-se. **2.** *Fig.* Curvar-se, submeter-se.

cur·va·tu·ra *s.f.* Curvatura, ondulação.

cur·vo/a *adj.* **1.** Curvo. • *s.f.* **2.** *Geom.* Curva. **3.** Curva, volta. ♦ **Curva de nivel.** Curva de nível.

cus·to·dia *s.f.* **1.** Custódia, guarda. *El juez le dio la custodia de los hijos.* O juiz deu-lhe a guarda dos filhos. **2.** Vigilância.

cu·tí·cu·la *s.f.* Cutícula.

cu·tis *s.m.* Cútis.

cu·yo/a *p.rel.* Cujo. *La señora cuyo marido murió vino ayer.* A senhora cujo marido morreu veio ontem.

D

d *s.f.* **1.** D, quarta letra do alfabeto. **2.** Quinhentos (em maiúscula, no sistema romano de numeração). ▪ Recebe o nome *de.*

dac·ti·lar *adj.* Digital. *Huella dactilar.* Impressão digital.

da·do/a *adj.* **1.** Dado, pressuposto. *Dadas las circunstancias.* Dadas as circunstâncias. • *s.m.* **2.** Dado, peça cúbica. ▪ **dados** *s.m.pl.* Dados (jogo). ▪ Não tem sentido de "gratuito", "propenso" nem de "informação". ♦ **Dado que.** 1. Dado que. 2. Se, no caso de.

da·dor/do·ra *adj. e s.* **1.** Doador. **2.** *Com.* Sacado. **3.** Portador.

da·ma *s.f.* **1.** Dama, mulher nobre. **2.** Dama, senhora (forma de tratamento de cortesia). **3.** Dama, acompanhante (de rainha, noiva). **4.** *Teat.* Dama, atriz. **5.** Dama, peça de jogos (damas, xadrez). ♦ **Dama de honor.** Dama de honra. **Juego de damas.** Jogo de damas. **Primera dama.** Primeira-dama.

da·mas·co *s.m.* **1.** Damasco, tipo de tecido. **2.** *Bot.* Damasco, abricó.

dam·ni·fi·car *v.t.* Danificar, prejudicar.

dan·za *s.f.* **1.** Dança, baile. **2.** Dança, forma ou estilo de dançar. **3.** *Fig.* Dança, movimento rápido, agitação. **4.** *Fig.* Dança, confusão, rolo. ♦ **Meterse en la danza.** Entrar no rolo.

dan·zar *v.t. e v.i.* **1.** Dançar, bailar. ▪ *v.i. Fig.* **2.** Girar. **3.** Intrometer-se. *Siempre danza en las conversaciones particulares.* Sempre se intromete nas conversas particulares. ▪ Não tem sentido de "sair-se mal".

dan·za·rín/·ri·na *adj. e s.* **1.** Dançarino. **2.** Bailarino. **3.** *Fig.* Intrometido.

da·ñar *v.t. e v.i.* **1.** Danificar. **2.** *Fig.* Prejudicar, danar. ▪ **dañarse** *v.p.* **1.** Ferir-se, machucar-se. **2.** *Fig.* Estragar-se, danar-se.

da·ño *s.m.* **1.** Dano, estrago. **2.** *Med.* Dano, lesão, doença. **3.** Dano, dor, mal. **4.** *For.* Dano, prejuízo. ♦ **Daños y perjuicios.** Perdas e danos. **Hacer daño.** 1. Fazer mal (alimentos). 2. Produzir dor. 3. Ofender.

dar *v.t.* **1.** Dar, doar, ceder. **2.** Dar, presentear, entregar. **3.** Dar, produzir, frutificar. **4.** Dar, fazer adquirir. *Dale brillo a la plata.* Dê brilho à prataria. **5.** Dar, repartir as cartas (de baralho). **6.** Dar, informar. **7.** Dar, fazer (algo). *Voy a dar un paseo.* Vou dar uma volta. **8.** Dar, oferecer, realizar. **9.** Dar, aplicar. *Le dio una bofetada.* Deu-lhe uma bofetada. **10.** *Fig.* Dar, manifestar, revelar. *Ha dado muestras de pesar.* Deu mostras de pesar. **11.** *Fig.* Dar, emitir, formular. *Darán una solución al caso.* Darão uma solução ao caso. **12.** Dar, justificar. *Han dado motivos para eso.* Deram motivos para isso. **13.** *Fig.* Dar, exibir, apresentar. **14.** Dar, soar, emitir. *El reloj dio la una.* O relógio deu uma hora. **15.** *Fig.* Dar, expressar, dizer. *Ya le di los buenos días.* Já lhe disse bom-dia. **16.** Fornecer, ligar (luz, água). *Ya nos dieron el agua.* Já ligaram a água. **17.** Dar, acometer, sofrer. *Le dio un ataque al corazón.* Teve um ataque de coração. ▪ *v.i.* **18.** Dar, adquirir o hábito, obstinar-se. *Diste en salir todos los días.*

Você deu para sair todos os dias. **19.** Dar, cair. *Disteis de rodillas en el suelo.* Deram com os joelhos no chão. **20.** Dar, conduzir. *Esta puerta da al pasillo.* Esta porta dá para o corredor. **21.** Encontrar, achar, dar. *No doy con el vestido rojo.* Não acho o vestido vermelho. ■ **darse** *v.p.* **1.** Entregar-se, render-se. **2.** Dar, aparecer, acontecer. *Se dan muchos casos como este todos los años.* Acontecem muitos casos como este todos os anos. **3.** Dar, brotar, frutificar. **4.** *Fig.* Dar-se, dedicar-se. **5.** Dar-se, considerar-se, julgar-se. *Usted se las da de importante.* O senhor se dá ares de importante. **6.** Dar, bater(-se). *Me di con la cabeza contra la ventana.* Bati com a cabeça na janela. ■ *C.mod. 19.* ♦ **Dar clases.** Dar aulas. **Dar en prenda.** *For.* Penhorar. **Dar igual (algo).** Dar na mesma, não fazer diferença. *A él le gusta más el cine que el teatro. A mí me da igual.* Ele gosta mais do cinema do que do teatro. Para mim, tanto faz. **Dar(se) por entendido (algo).** Considerar que (algo) é sabido por todos. **Darle (a alguien) por hacer algo.** Dar para, começar ou ter vontade de fazer algo. *A Juan le ha dado ahora por viajar.* João deu agora para viajar. **Darse prisa.** Apressar-se. **Dárselas de (algo).** Dar uma de. **¡Ahí me las den todas!** Para mim tanto faz/dá na mesma. **¡Dale!/¡Dale que dale!/¡Y dale!** Expressa desgosto pela teimosia, insistência ou burrice de alguém. **Donde las dan las toman.** Aqui se faz, aqui se paga. **No dar una.** Não acertar uma, errar sempre.

da·tar *v.t.* **1.** Datar, pôr data. **2.** Datar, principiar, originar.

dá·til *s.m. Bot.* Tâmara.

da·to *s.m.* **1.** Dado, detalhe, informação, dica. **2.** Documento, fundamento, testemunho, dado. *Dato histórico.* Dado histórico.

de *prep.* **1.** De. *Soy de Londres.* Sou de Londres. *Vestido de verano.* Vestido de verão. *Morirse de miedo.* Morrer de medo. *La casa de Juan.* A casa de João. *Copa de cristal.* Taça de cristal. *Hombre de principios.* Homem de princípios. **2.** Se. *De habérselo dicho, no hubiera pasado nada.* Se tivesse contado a ele, nada teria acontecido. ♦ **De día.** De dia. **De espaldas/frente.** De costas/frente. **De memoria.** De cor. **De pie.** Em pé. **De pronto.** De repente. **De veras.** Realmente. **¡Ay de mí!** Ai de mim! **Hacer de.** Fazer as funções de, atuar. *Ella hace de secretaria.* Ela atua como secretária.

de·ba·jo *adv.* **1.** Embaixo, em lugar inferior, sob. *La caja está debajo de la mesa.* A caixa está embaixo da mesa. **2.** *Fig.* Debaixo, abaixo, em situação inferior. *Juan es el jefe; estoy debajo de él.* João é o chefe; estou abaixo dele.

de·ba·tir *v.t. e v.i.* Debater, discutir. ■ **debatirse** *v.p.* Debater-se, agitar-se, resistir.

de·ber *s.m.* **1.** Dever, obrigação. ● *v.t.* **2.** Dever, ter dívidas. **3.** Dever, precisar, estar obrigado. ● *v.aux.* **4.** Dever, supor. *Debe de haber mucha gente en el restaurante.* Deve haver muita gente no restaurante. ♦ **Deberes.** Dever, lição, tarefa escolar. **Faltar a su deber.** Faltar com o dever. **Quedar a deber.** Ficar devendo.

de·bi·do/a *adj.* Devido, conveniente, obrigado. ♦ **Como es debido.** Devidamente.

dé·bil *adj. e s.2g.* **1.** Débil, fraco, franzino. **2.** Débil, debilitado. **3.** Débil, suave. ■ Não tem sentido de "deficiente mental".

de·bi·li·dad *s.f.* **1.** Debilidade, fraqueza. **2.** *Fig.* Debilidade, falta de vigor moral. **3.** *Fig.* Fraqueza, ponto fraco.

de·bi·li·tar *v.t.* Debilitar, abalar, abater. ■ **debilitarse** *v.p.* Debilitar-se.

de·bu·tar *v.i.* Debutar, iniciar-se. Estrear.

dé·ca·da *s.f.* Década.

de·ca·er *v.i.* Decair. ■ *C.mod. 16.*

de·cai·mien·to *s.m.* **1.** Decaimento, decadência, declínio, declinação. **2.** *Fig.* Depressão, abatimento.

de·can·tar *v.t.* **1.** Decantar, verter. **2.** Decantar, exaltar, celebrar. ■ **decantarse** *v.p.* **1.** Preferir, inclinar-se. **2.** Manifestar-se, evidenciar-se.

de·ce·na *s.f.* Dezena.

de·cen·te *adj.* **1.** Decente, honrado, honesto. **2.** Decente, decoroso, limpo. **3.** Decente, digno, suficiente.

de·cep·ción *s.f.* Decepção, desengano, desilusão.

de·ci·be·lio *s.m. Fís.* Decibel.

de·ci·di·do/a *adj.* **1.** Decidido, resolvido. **2.** Decidido, enérgico.

de·ci·dir *v.t. e v.i.* **1.** Decidir, determinar, resolver. **2.** Decidir, julgar, sentenciar. **3.** Decidir, ser a causa decisiva. **4.** Decidir, influir. ■ **decidirse** *v.p.* **1.** Decidir-se, optar. **2.** Decidir-se, dispor-se.

dé·ci·mo/a *adj.* **1.** Décimo. • *s.m.* **2.** Décima parte de um bilhete de loteria, fração.

de·cir *s.m.* **1.** Dito, frase. *Un decir popular.* Um dito popular. • *v.t.* **2.** Dizer, falar, expressar. **3.** Dizer, afirmar, assegurar. **4.** *Fig.* Dizer, mostrar, indicar. **5.** Condizer, dizer, harmonizar. *Tal comportamiento no dice contigo.* Tal comportamento não condiz com você. **6.** Dizer, relatar, contar. **7.** Dizer, ordenar, mandar. ■ **decirse** *v.p.* Dizer, falar consigo mesmo. ■ *C.mod. 20.* ♦ **Decir de memoria.** Dizer de cor. **Decir por decir.** Falar por falar. **Como quien dice.** Por assim dizer. **Como quien no dice nada.** Como quem não quer nada. **Como si dijéramos.** Por assim dizer. **Como si no hubiera dicho nada.** Como se não tivesse dito nada. **Dar que decir.** Dar o que falar. **¿Diga?/¿Dígame?** Alô? (usado ao telefone). **Es decir.** Isto é, ou seja, então. **Es un decir.** **1.** Por exemplo. **2.** É uma forma de dizer. **No decir (algo) nada.** Não importar. **Por decirlo así.** Por assim dizer.

de·ci·sión *s.f.* **1.** Decisão, resolução, determinação. **2.** Decisão, firmeza. **3.** *For.* Decisão, sentença.

de·ci·si·vo/a *adj.* Decisivo, contundente, definitivo.

de·cla·ra·ción *s.f.* **1.** Declaração, afirmação, comunicação. **2.** Declaração, depoimento, explicação. ■ Não tem sentido de "atestado".

♦ **Declaración de importación.** *Com. Arg.* Guia de importação. **Declaración de mar.** Protesto marítimo. **Declaración de renta.** Declaração de imposto de renda. **Prestar declaración.** *For.* Prestar depoimento.

de·cla·rar *v.t.* **1.** Declarar, manifestar, dizer. *Declararon sus necesidades.* Disseram quais eram as suas necessidades. **2.** *For.* Depor. *El reo declarará mañana.* O réu vai depor amanhã. **3.** Declarar, revelar, confessar. *Declaré ser la responsable.* Confessei ser a responsável. ■ *v.i.* **4.** Declarar, proclamar. ■ *v.t. e v.i.* **5.** *For.* Declarar, sentenciar. ■ **declararse** *v.p.* **1.** Declarar-se, confessar-se. **2.** Declarar-se, anunciar-se. *Se declaró la guerra.* Declarou-se a guerra. **3.** Declarar-se, expressar amor.

de·cli·na·ción *s.f.* **1.** *Gram.* Declinação. **2.** Declínio, queda.

de·cli·nar *v.i.* **1.** Declinar, inclinar. **2.** Desviar. *El barco declinó de la roca.* O navio desviou da rocha. **3.** *Fig.* Declinar, diminuir, decair. ■ *v.t.* **4.** *Gram.* Declinar, flexionar. **5.** Declinar, recusar, rejeitar. *Declinó la invitación.* Recusou o convite.

de·co·di·fi·car *v.t. Inform.* Decodificar.

de·co·ra·do/a *adj.* **1.** Decorado, enfeitado. • *s.m.* **2.** Decoração. *El decorado de la casa.* A decoração da casa. ■ Não tem sentido de "aprendido de cor".

de·co·ra·ti·vo/a *adj.* **1.** Decorativo, que orna. **2.** *Fig.* Decorativo, que só serve de enfeite.

de·co·ro *s.m.* **1.** Decoro, decência. **2.** Decoro, dignidade. **3.** Decoro, recato, honestidade. **4.** *Arq.* Decoração de prédios.

de·cre·cien·te *adj.* Decrescente.

de·cre·to *s.m.* **1.** Decreto, resolução, disposição, portaria. **2.** Decreto, ordem. ♦ **Decreto ley.** *For.* Decreto-lei.

de·dal *s.m.* Dedal.

de·di·ca·ción *s.f.* **1.** Dedicação, devotamento, interesse. **2.** Consagração. **3.** Dedicação, entrega, abnegação.

de·di·car *v.t.* **1.** Dedicar, homenagear, comemorar. **2.** Dedicar, consagrar, devotar. **3.**

Dedicar, entregar. ■ **dedicarse** *v.p.* **1.** Dedicar-se, entregar-se. **2.** Dedicar-se, aplicar-se, devotar-se, destinar-se.

de·do *s.m.* Dedo. ♦ **Contar con los dedos de las manos.** Contar nos dedos, ser em número reduzido. **Chuparse el dedo.** Ser muito ingênuo. **Chuparse los dedos.** Estar muito satisfeito/feliz. **Escapar entre los dedos.** Escapar das mãos. **Estar a dos dedos.** Estar a dois passos. **Poner el dedo en la llaga.** Pôr o dedo na ferida.

de·duc·ción *s.f.* **1.** *Com.* Dedução, diminuição, desconto. **2.** Dedução, conclusão, inferência. **3.** Dedução, suposição, consequência.

de·du·cir *v.t.* **1.** *Com.* Deduzir, diminuir, descontar. **2.** Deduzir, concluir, inferir. ■ **deducirse** *v.p.* **1.** Deduzir-se, diminuir-se, descontar-se. **2.** Deduzir-se, concluir-se, inferir-se. ▌ *C.mod. 09.*

de·fec·to *s.m.* **1.** Falta, ausência. *El defecto de la fecha anula el cheque.* A falta de data anula o cheque. **2.** Defeito, deficiência, falha. ♦ **En defecto de.** Na falta de.

de·fen·der *v.t.* **1.** Defender, proteger, amparar. **2.** Defender, apoiar, auxiliar. **3.** Defender, advogar. **4.** Defender, aparar. ■ **defenderse** *v.p.* Defender-se, proteger-se, amparar-se. ▌ *C.mod. 01.*

de·fen·sa *s.f.* **1.** Defesa, auxílio, apoio. **2.** Defesa, proteção. **3.** Defesa, fortificação. **4.** Defesa, argumento. **5.** *For.* Defesa, defensor, advogado. **6.** Defesa, resistência. **7.** Presas, caninos. *Las defensas de los elefantes son de marfil.* As presas dos elefantes são de marfim. **8.** *Amer.* Para-choque. ■ *s.m.* **9.** *Desp.* Defesa, jogador que atua na defensiva. ♦ **En legítima defensa.** *For.* Em legítima defesa. **Salir en defensa de.** Ir em defesa de.

de·fen·si·vo/a *adj.* **1.** Defensivo. *Tuvo una actitud defensiva.* Teve uma atitude defensiva. ● *s.m.* **2.** Proteção, defensivo. *No uses defensivos agrícolas.* Não use defensivos agrícolas. ■ *s.f.* **3.** Defensiva, defesa. ♦ **A la defensiva.** Na defensiva.

de·fe·rir *v.i.* **1.** Deferir, aderir. *Defirió con mi opinión.* Aderiu à minha opinião. **2.** Deferir, atender, condescender. *Defirieron a la petición.* Deferiram o pedido. ■ *v.t.* **3.** Deferir, delegar. *Deferí los poderes a mi auxiliar.* Deleguei os poderes ao meu auxiliar. ▌ *C.mod. 11.*

de·fi·cien·te *adj.* **1.** Deficiente, imperfeito. ■ *adj. e s.2g.* **2.** Deficiente, portador de defeitos congênitos ou adquiridos. *Niños deficientes.* Crianças deficientes.

de·fi·ni·ción *s.f.* **1.** Definição, enunciado. **2.** Definição, descrição, conceito. **3.** Definição, resolução, decisão. **4.** Definição, acepção. **5.** *Eletr.* Resolução. *Pantalla de alta definición.* Tela de alta resolução.

de·fi·ni·do/a *adj.* **1.** Definido, claro, preciso. **2.** *Fig.* Definido, que não deixa dúvida. **3.** *Gram.* Artigo definido.

de·fi·nir *v.t.* **1.** Definir, explicar, esclarecer. **2.** Definir, determinar, precisar. **3.** Definir, delimitar. ■ **definirse** *v.p.* **1.** Definir-se, esclarecer-se. **2.** Definir-se, optar, escolher, posicionar-se.

de·fi·ni·ti·vo/a *adj.* Definitivo, decisivo. ♦ **En definitiva. 1.** Decididamente. **2.** Em resumo. **3.** No fim das contas.

de·fla·ción *s.f. Com.* Deflação.

de·for·mar *v.t.* **1.** Deformar, modificar, alterar. **2.** *Fig.* Deformar, deturpar. ■ **deformarse** *v.p.* Deformar-se, modificar-se, alterar-se. *Estos zapatos se han deformado.* Estes sapatos se deformaram.

de·frau·dar *v.t.* **1.** Defraudar, espoliar, fraudar. **2.** *Fig.* Frustrar, decepcionar, desapontar. **3.** Defraudar, lesar, roubar. ♦ **Defraudar la Hacienda.** *Esp.* Sonegar.

de·fun·ción *s.f.* Falecimento. ♦ **Certificado/ Partida de defunción.** Atestado de óbito.

de·ge·ne·ra·ción *s.f.* Degeneração, degradação.

de·ge·ne·ra·do/a *adj.* Degenerado, pervertido.

de·gra·da·ción *s.f.* **1.** Degradação, rebaixamento, diminuição. *Degradación militar.* Rebaixamento militar. **2.** Degradação, humilhação. *Sufrió una degradación pública.* Passou por uma humilhação pública.

de·gra·dar *v.t.* **1.** Degradar, despojar, destituir (de grau, cargo). **2.** Degradar, diminuir, rebaixar. **3.** Degradar, humilhar. ■ **degradarse** *v.p.* Degradar-se, rebaixar-se, aviltar-se.

de·he·sa *s.f.* Campo cultivado, pastagem.

de·ja·dez *s.f.* Negligência, preguiça.

de·ja·do/a *adj.* **1.** Largado, descuidado, negligente. **2.** Abatido, melancólico.

de·jar *v.t.* **1.** Deixar, separar, soltar. **2.** Deixar, colocar, pôr. *Dejaste el libro encima de la mesa.* Deixou o livro em cima da mesa. **3.** Deixar, dar, entregar. **4.** Deixar, produzir, causar efeito. **5.** Deixar, legar. **6.** Deixar, emprestar. **7.** Deixar, largar, abandonar. **8.** Deixar, permitir, consentir. ■ **dejarse** *v.p.* **1.** Descuidar-se, relaxar, largar-se. **2.** Deixar, omitir, não fazer. **3.** Deixar, esquecer. **4.** Deixar, permitir. *Me dejé crecer el pelo.* Deixei crescer o cabelo. ♦ **Dejar aparte.** Deixar de lado. **Dejar caer. 1.** Soltar. **2.** Dar uma indireta. **Dejarse caer. 1.** Cair. **2.** Aparecer. **Dejarse de cuentos.** Deixar de história. **Dejarse llevar.** Deixar-se levar. ¡Déjame en paz! Deixe-me em paz!

de·jo *s.m.* **1.** Entoação, sotaque. *Tiene un dejo del sur.* Tem sotaque sulista. ■ *Tb.: deje.* **2.** Gosto, sabor. *Tengo un dejo amargo en la boca.* Estou com um gosto amargo na boca. **3.** *Fig.* Sensação de prazer ou desgosto. *Con su partida me quedó un dejo de soledad.* Com a sua partida tive uma sensação de solidão.

del *contr. prep. de* + *art.m. el.* Do. *Los libros del alumno.* Os livros do aluno.

de·lan·tal *s.m.* Avental.

de·lan·te *adv.* **1.** Parte frontal, na frente. *Estaba sentado delante de mí en el cine.* Estava sentado na minha frente no cinema. **2.** Em frente. *Pedro vive aquí delante.* Pedro mora aqui em frente. **3.** Antes, primeiro. *Ellos entraron delante.* Eles entraram primeiro. **4.** Diante de, na presença de. *Habló delante del presidente.* Falou na presença do presidente. ♦ **De delante.** Da frente, primeiro. **Llevarse por delante.** Atropelar, bater, arrastar com impulso. *Se quedó sin frenos y se llevó por delante una farola.* Ficou sem freios e bateu num poste. **Quitarse de delante.** Sair da frente.

de·lan·te·ro/a *adj.* **1.** Dianteiro, parte frontal. ● *s.f.* **2.** Dianteira, primeiras filas (teatro, cinema). **3.** Dianteira, frente. **4.** Dianteira, vantagem. ■ *s.m.* **5.** *Desp.* Centroavante. ♦ **Coger/Tomar la delantera.** Tomar a dianteira.

de·le·ga·ción *s.f.* **1.** Delegação, missão. *Vino con la delegación de pedir un préstamo.* Veio com a missão de pedir um empréstimo. **2.** Delegação, comissão. **3.** Filial. *Trabaja en la delegación de Buenos Aires.* Trabalha na filial de Buenos Aires.

de·le·ga·do/a *adj. e s.* **1.** Preposto. **2.** Representante. **3.** Delegado, pessoa a quem se delegou algo.

de·le·gar *v.t.* **1.** Delegar, comissionar, incumbir. **2.** *For.* Substabelecer.

de·le·tre·ar *v.t.* Soletrar.

del·ga·do/a *adj.* **1.** Magro, delgado. **2.** Fino, estreito. **3.** Suave, tênue.

de·li·be·ra·ción *s.f.* Deliberação, resolução.

de·li·be·rar *v.t. e v.i.* Deliberar, examinar, considerar.

de·li·ca·de·za *s.f.* **1.** Delicadeza, sutileza. **2.** Delicadeza, cortesia.

de·li·ca·do/a *adj.* **1.** Delicado, frágil. **2.** Delicado, fraco, doente. **3.** Delicado, exigente. **4.** Delicado, difícil. **5.** Delicado, suave. **6.** Delicado, atencioso, amável.

de·lin·cuen·cia *s.f.* Delinquência, criminalidade.

de·lin·cuen·te *adj. e s.2g.* Delinquente.

de·li·ne·a·ción *s.f.* Delineamento, esboço.

de·li·rar *v.i.* **1.** Delirar, praticar desvarios. **2.** *Fig.* Delirar, disparatar. **3.** *Fig.* Delirar, sentir ou manifestar intensamente algo. *Él delira de felicidad.* Ele delira de felicidade.

de·li·rio *s.m.* **1.** Delírio, desvario. **2.** Delírio, loucura. **3.** *Fig.* Delírio, paixão. ♦ **Delirio de grandeza.** Mania de grandeza.

de·li·to *s.m. For.* Delito, infração.

de·ma·go·gia *s.f.* Demagogia.

de·man·da *s.f.* **1.** *For.* Demanda, ação, processo. *Presentó una demanda por calumnia.* Entrou com uma ação por calúnia. **2.** *Com.* Demanda, pedido, procura. **3.** Coleta, vaquinha. *Hicieron una demanda por los niños huérfanos.* Fizeram uma coleta pelas crianças órfãs. ♦ **En demanda de.** À procura de. **Ley de la oferta y la demanda.** *Com.* Lei da oferta e da procura.

de·man·da·do/a *adj. e s. For.* **1.** Réu. **2.** Suscitado. **3.** Requerido.

de·man·dan·te *adj. e s.2g. For.* **1.** Autor. **2.** Requerente. **3.** Peticionário.

de·man·dar *v.t.* **1.** Demandar, pedir, solicitar. **2.** Demandar, reclamar, pleitear. **3.** *For.* Demandar, abrir ação judicial.

de·mar·car *v.t.* Demarcar, delimitar.

de·más *adj. e p.* Demais, restante, outro. *Los demás no trabajan hoy.* Os outros não trabalham hoje. ■ **a.** Usado geralmente com *art. lo/la.* **b.** Não tem sentido de "excesso". ♦ **Por demás. 1.** Em vão, inutilmente. **2.** Excessivamente. **Por lo demás.** No/De resto, além disso, aliás. **Y demás.** E outras coisas do gênero. *Vende mesas, sillas y demás.* Vende mesas, cadeiras e outras coisas do gênero.

de·ma·sí·a *s.f.* Demasia, excesso. ♦ **En demasía.** Demais.

de·ma·sia·do/a *adj.* Demais, excessivo, demasiado. *Tiene demasiadas actividades.* Tem atividades demais. ● **demasiado** *adv.* Demais, excessivamente. *Es demasiado temprano.* É cedo demais.

de·men·te *adj. e s.2g.* Demente, louco.

de·mo·cra·cia *s.f.* Democracia.

de·mó·cra·ta *adj. e s.2g.* Democrata.

de·mo·grá·fi·co/a *adj.* Demográfico.

de·mo·le·dor/·do·ra *adj. e s.* Demolidor.

de·mo·ler *v.t.* Demolir. ■ *C.mod. 03.*

de·mo·li·ción *s.f.* Demolição.

de·mo·nio *s.m.* **1.** Demônio, diabo. ● *interj.* **2.** Diabo! ♦ **Llevarse (a alguien) (todos) los demonios.** Ficar muito nervoso ou indignado. **¡Qué demonio!** Que diabo! **¿Qué/Dónde demonios (…)?** Que/Onde diabos (…)? **Ser el mismísimo demonio.** Ser o próprio demônio. **Ser más malo que el demonio.** Ser muito ruim, pior do que o diabo. **¡Vete al demonio!** Vá para o diabo/inferno!

de·mo·ra *s.f.* **1.** Demora, dilação, adiamento. **2.** Demora, espera, atraso. *Las consultas tienen una hora de demora.* As consultas têm uma hora de espera.

de·mo·rar *v.t.* **1.** Demorar, retardar. ■ *Sin.* mais usual: *tardar.* ■ *v.i.* **2.** Demorar-se, deter-se a contemplar. *No demores.* Não se demore. ■ **demorarse** *v.p.* Demorar-se, retardar-se. *Se demoró a ver el desfile.* Parou para ver o desfile.

de·mos·tra·ción *s.f.* **1.** Demonstração, prova, confirmação. **2.** Demonstração, explicação, argumentação. **3.** Demonstração, manifestação. **4.** Demonstração, exibição.

de·mos·trar *v.t.* **1.** Demonstrar, provar, evidenciar. **2.** Demonstrar, indicar. **3.** Demonstrar, manifestar, expressar.

de·no·mi·nar *v.t.* Denominar. ■ **denominarse** *v.p.* Denominar-se.

de·no·tar *v.t.* Denotar.

den·si·dad *s.f.* Densidade. ♦ **Densidad de población.** Densidade demográfica.

den·so/a *adj.* **1.** Denso, compacto, comprimido. **2.** Denso, espesso, grosso. **3.** *Fig.* Denso, difícil, obscuro, profundo.

den·ta·do/a *adj.* Dentado, denteado. ♦ **Rueda dentada.** *Mec.* Engrenagem.

den·ta·du·ra *s.f.* Dentadura.

den·te·lla·da *s.f.* Dentada, mordida.

den·tí·fri·co/a *adj. e s.m.* Dentifrício.

den·tis·ta *s.2g. Med.* Dentista.

den·tro *adv.* **1.** Dentro, no interior. **2.** Dentro, no espaço de. ♦ **Dentro de poco.** Daqui a pouco. **A/Hacia dentro.** Para dentro. **Por dentro.** No interior.

de·nun·ciar v.t. **1.** Denunciar, divulgar, revelar. **2.** *For.* Denunciar, delatar, acusar, dar queixa. **3.** *Fig.* Denunciar, evidenciar, demonstrar.

de·pa·rar v.t. **1.** Deparar, oferecer. *La vida nos depara sorpresas.* A vida nos depara surpresas. **2.** Deparar-se, avistar. *La deparé en la calle.* Deparei-me com ela na rua.

de·par·ta·men·to s.m. **1.** Departamento, divisão, compartimento. **2.** Departamento, seção, repartição. **3.** Departamento, divisão territorial. **4.** *Amer.* Apartamento.

de·pen·den·cia s.f. **1.** Dependência, subordinação. **2.** Seção, departamento. **3.** Filial. **4.** Repartição.

de·pen·dien·te/a adj. **1.** Dependente. • s. **2.** Balconista, vendedor.

de·plo·ra·ble adj. Deplorável, lamentável.

de·po·ner v.t. **1.** Depor, destituir. **2.** Depor, abaixar. **3.** Depor, afastar, abandonar. ■ v.i. **4.** *For.* Depor, declarar. ■ *C.mod. 14.*

de·por·tar v.t. Deportar.

de·por·te s.m. Esporte, desporto.

de·por·tis·ta adj. e s.2g. Desportista, esportista.

de·por·ti·vo/a adj. Esportivo, desportivo.

de·po·si·tar v.t. **1.** Depositar, pôr, colocar. **2.** Depositar, custodiar, guardar. **3.** Depositar, assentar. **4.** *Fig.* Depositar, confiar. ■ **depositarse** v.p. Depositar-se, sedimentar-se.

de·pó·si·to s.m. **1.** Depósito, entrega, consignação. **2.** Depósito, provisão, armazenamento. **3.** Depósito, armazém. **4.** Depósito, sedimento.

de·pra·var v.t. Depravar, corromper. ■ **depravarse** v.p. Depravar-se, corromper-se.

de·pre·cia·ción s.f. *Com.* Depreciação, desvalorização.

de·pre·da·ción s.f. **1.** Depredação, devastação, pilhagem. **2.** Extorsão, malversação. *Depredación de impuestos.* Extorsão de impostos.

de·pre·sión s.f. **1.** Depressão, baixa de terreno. **2.** *Fig.* Depressão, abatimento. **3.** Depressão, diminuição, redução. **4.** Depressão, zona de baixa pressão. **5.** Depressão, crise econômica.

de·pre·si·vo/a adj. **1.** Depressivo. **2.** Deprimente.

de·pri·mir v.t. **1.** Deprimir, abaixar, afundar. **2.** *Fig.* Deprimir, abater. ■ **deprimirse** v.p. **1.** Deprimir-se, reduzir-se. **2.** *Fig.* Deprimir-se, abater-se, enfraquecer-se.

de·pri·sa adv. Depressa, rapidamente.

de·pu·rar v.t. **1.** Depurar, expurgar, purificar. **2.** *Fig.* Retocar, refinar, depurar. **3.** Reabilitar, reinstaurar.

de·re·cho/a adj. **1.** Direito, relativo ao lado destro do corpo. **2.** Direito, lado correspondente à direita de um observador. **3.** Direito, reto, plano. **4.** Direito, aprumado, ereto. **5.** Direito, justo, correto. **6.** *Fig.* Direito, direto. • s.m. **7.** Direito, anverso. **8.** Direito, poder, faculdade. **9.** Direito, lei, justiça. **10.** *For.* Direito, advocacia. ■ s.f. **11.** Direita, mão direita. **12.** Direita, lado direito. **13.** Direita, regime político conservador e moderado. • **derecho** adv. **1.** Direito, diretamente. *Ir derecho al punto.* Ir direto ao ponto. **2.** Em frente. *Seguir derecho.* Seguir em frente. ■ **derechos** s.m.pl. **1.** Direito, taxa, imposto. **2.** Direitos, honorários. ♦ **Derecho laboral.** Direito trabalhista. **Derechos de autor.** Direitos autorais. **Al derecho.** Para o lado direito. **A mi/tu derecha.** À minha/sua direita. **De derecho.** Por direito. **Estar en su derecho.** Estar no seu direito. **¡No hay derecho!** Não é justo! **Tener derecho a.** Ter direito de.

de·ri·var v.t. e v.i. **1.** Derivar, decorrer, proceder. **2.** Derivar, desviar. *El avión derivó de la ruta.* O avião desviou da rota. **3.** *Gram.* Derivar, formar. *Muchas palabras derivan del latín.* Muitas palavras derivam do latim. ■ **derivarse** v.p. **1.** Derivar-se, originar-se, decorrer. *De nuestra charla se derivó la confusión.* A confusão decorreu da nossa conversa. **2.** Derivar-se, desviar-se. **3.** *Gram.* Derivar-se, formar-se. ♦ **A la deriva.** À deriva.

der·ma·tó·lo·go/a *s. Med.* Dermatologista.
de·rra·ma·mien·to *s.m.* Derramamento.
de·rra·mar *v.t.* **1.** Derramar, verter, entornar, despejar. **2.** Derramar, espalhar. **3.** *Fig.* Derramar, repartir, distribuir. *Derramó sonrisas.* Distribuiu sorrisos. ■ **derramarse** *v.p.* **1.** Derramar-se, verter-se. **2.** Espalhar-se, dispersar-se. *Los niños se derramaron por el patio.* As crianças espalharam-se pelo quintal.
de·rra·me *s.m.* **1.** Derrame, derramamento. **2.** *Med.* Derrame.
de·rra·par *v.i.* Derrapar, escorregar.
de·rre·dor *s.m.* Redor, contorno, derredor. ♦ **Al derredor de.** Ao redor de.
de·rre·tir *v.t.* **1.** Derreter. **2.** *Fig.* Consumir, gastar. ■ **derretirse** *v.p.* Derreter-se. ❙ *C. mod. 10.*
de·rri·bar *v.t.* **1.** Derrubar, abater. **2.** Derrubar, vencer, derrotar. **3.** Derrubar, demolir. **4.** *Fig.* Derrubar, destituir.
de·rro·car *v.t.* **1.** Derrocar, ruir, desmoronar. **2.** *Fig.* Derrocar, destituir, derrubar. *Derrocaron al presidente.* Derrubaram o presidente. ■ **derrocarse** *v.p.* Desabar, despencar, cair. *Me derroqué de la escalera.* Despenquei da escada.
de·rro·char *v.t.* **1.** Esbanjar, desperdiçar. **2.** *Fig.* Esbanjar, ter em profusão. *Derrocha salud.* Esbanja saúde.
de·rro·che *s.m.* **1.** Desperdício, esbanjamento. **2.** *Fig.* Abundância, profusão.
de·rro·tar *v.t.* **1.** Derrotar, vencer. **2.** Destroçar, destruir. *Derrotó mis cuadernos.* Destroçou os meus cadernos. ■ **derrotarse** *v.p. Mar.* Derrotar, desviar-se da rota.
de·rrum·ba·mien·to *s.m.* **1.** Desmoronamento. **2.** Derrubada. *El derrumbamiento del poder.* A derrubada do poder.
de·rrum·bar *v.t.* Derrubar, desmoronar. ■ **derrumbarse** *v.p.* Derrubar-se, desmoronar, desabar.
de·rrum·be *s.m.* Desmoronamento. *Hay derrumbes en la carretera.* Há desmoronamentos na estrada.

de·sa·bo·to·nar *v.t.* **1.** Desabotoar. ■ *v.i.* **2.** Desabrochar. ■ **desabotonarse** *v.p.* Desabotoar-se. ❙ *Tb.: des·a·bo·to·nar/·se.*
☞ **de·sa·bro·char** *v.t.* **1.** Desabotoar. **2.** Soltar, abrir (fivela, broche). ■ **desabrocharse** *v.p.* Desabotoar-se, soltar, abrir (fivela, broche). *Desabróchate el cinturón.* Abra o cinto. ❙ *Tb.: des·a·bro·char/·se.*
de·sa·ca·to *s.m.* Desacato. ❙ *Tb.: des·a·ca·to.*
de·sa·cier·to *s.m.* Desacerto. ❙ *Tb.: des·a·cier·to.*
de·sa·co·plar *v.t.* Desencaixar. ❙ *Tb.: des·a·co·plar.*
de·sa·cre·di·tar *v.t.* Desacreditar, desabonar. ■ **desacreditarse** *v.p.* Desacreditar-se, desabonar-se. ❙ *Tb.: des·a·cre·di·tar/·se.*
de·sac·ti·var *v.t.* Desativar. ❙ *Tb.: des·ac·ti·var.*
de·sa·cuer·do *s.m.* Desacordo. ❙ *Tb.: des·a·cuer·do.*
de·sa·fi·na·do/a *adj.* Desafinado. ❙ *Tb.: des·a·fi·na·do/a.*
de·sa·fi·o *s.m.* Desafio.
de·sa·fo·rar *v.t. For.* Privar de direitos, desaforar. *El juez le desaforó la tenencia de la casa.* O juiz privou-o da posse da casa. ❙ **a.** Não tem sentido de "ser insolente, atrevido". **b.** *C.mod. 03.* **c.** *Tb.: des·a·fo·rar.*
de·sa·for·tu·na·da·men·te *adv.* Infelizmente. ❙ *Tb.: des·a·for·tu·na·da·men·te.*
de·sa·for·tu·na·do/a *adj.* **1.** Desafortunado, infeliz. **2.** Azarado. ❙ *Tb.: des·a·for·tu·na·do/a.*
de·sa·fue·ro *s.m.* **1.** Transgressão, brutalidade. **2.** Desatino. ❙ **a.** Não tem sentido de "atrevimento" nem de "insolência". **b.** *Tb.: des·a·fue·ro.*
de·sa·gra·de·ci·do/a *adj.* Mal-agradecido, ingrato. ❙ *Tb.: des·a·gra·de·ci·do/a.*
de·sa·gra·do *s.m.* Desagrado, desgosto. ❙ *Tb.: des·a·gra·do.*
de·sa·gra·vio *s.m.* Desagravo. ❙ *Tb.: des·a·gra·vio.*
de·sa·guar *v.t. e v.i.* Desaguar, escoar. ❙ *Tb.: des·a·guar.*
de·sa·güe *s.m.* Conduto, canal, esgoto. ❙ *Tb.: des·a·güe.* ♦ **Desagüe pluvial.** Bueiro.

desahogado/a 137 **desarrollar**

de·sa·ho·ga·do/a *adj.* 1. Amplo, espaçoso. *Un comedor desahogado.* Um refeitório espaçoso. 2. Desafogado, folgado (dinheiro). ■ *Tb.: des·a·ho·ga·do/a.*

de·sa·ho·gar *v.t.* Desafogar, aliviar. ■ **desahogarse** *v.p.* 1. Desafogar-se, aliviar-se. 2. Desafogar-se, recuperar-se, refazer-se. *Fue al cine para desahogarse de tanto trabajar.* Foi ao cinema para se refazer de tanto trabalhar. 3. Desafogar-se, sair do aperto. *Necesitas un préstamo para desahogarte un poco.* Você precisa de um empréstimo para sair do aperto. 4. Desafogar-se, desabafar. ■ *Tb.: des·a·ho·gar/·se.*

de·sa·ho·go *s.m.* 1. Desabafo. 2. Tranquilidade, comodidade. *Vive con desahogo.* Vive com comodidade. 3. Folga. ■ *Tb.: des·a·ho·go.*

de·sa·hu·ciar *v.t.* 1. *For.* Despejar (de imóvel), desabrigar. 2. Desenganar. *Los médicos lo desahuciaron.* Foi desenganado pelos médicos. ■ *Tb.: des·a·hu·ciar.*

de·sa·hu·cio *s.m.* Despejo.

de·sai·re *s.m.* Desprezo, indelicadeza. *Nos hizo el desaire de no venir.* Teve a indelicadeza de não vir. ■ *Tb.: des·ai·re.*

de·sa·jus·tar *v.t.* Desajustar, desencaixar. ■ **desajustarse** *v.p.* Desajustar-se. ■ *Tb.: des·a·jus·tar/·se.*

de·sa·jus·te *s.m.* Desajuste, desconcerto. ■ *Tb.: des·a·jus·te.*

de·sa·lien·to *s.m.* Desalento, desânimo. ■ *Tb.: des·a·lien·to.*

de·sa·li·ñar *v.t.* Desarrumar, desordenar. ■ **desaliñarse** *v.p.* Desarrumar-se, desordenar-se. ■ *Tb.: des·a·li·ñar/·se.*

de·sa·lo·jar *v.t.* 1. Despejar. 2. Desocupar. ■ *Tb.: des·a·lo·jar.*

de·sa·ma·rrar *v.t.* Desamarrar. ■ *Tb.: des·a·ma·rrar.*

de·sam·bien·ta·do/a *adj.* Desambientado. ■ *Tb.: des·am·bien·ta·do/a.*

de·sam·pa·ra·do/a *adj.* 1. Desamparado, abandonado. 2. Desamparado, solitário. 3. Descoberto. ■ *Tb.: des·am·pa·ra·do/a.*

de·sá·ni·mo *s.m.* Desânimo, abatimento. ■ *Tb.: des·á·ni·mo.*

de·sa·pa·ci·ble *adj.* Desagradável. ■ *Tb.: des·a·pa·ci·ble.*

de·sa·pa·ri·ción *s.f.* Desaparecimento. ■ *Tb.: des·a·pa·ri·ción.*

de·sa·per·ci·bi·do/a *adj.* 1. Desapercebido, desprovido. 2. Despercebido. 3. Desprevenido. ■ *Tb.: des·a·per·ci·bi·do/a.*

de·sa·pre·tar *v.t.* Desapertar, afrouxar. ■ **desapretarse** *v.p.* Desapertar-se, afrouxar. ■ **a.** *Tb.: des·a·pre·tar/·se.* **b.** *C.mod. 01.*

de·sa·pro·bar *v.t.* Desaprovar. ■ **a.** *Tb.: des·a·pro·bar.* **b.** *C.mod. 03.*

de·sar·mar *v.t.* 1. Desarmar, desguarnecer de armas. 2. Desmontar. *Desarmar un mecanismo.* Desmontar um mecanismo. 3. *Fig.* Desarmar, apaziguar, serenar. *Su tranquilidad desarmó a todos.* A sua calma desarmou a todos. ■ **desarmarse** *v.p.* 1. Desarmar-se, desguarnecer-se de armas. 2. Desmontar-se. ■ *Tb.: des·ar·mar/·se.*

de·sar·me *s.m.* Desarmamento. ■ *Tb.: des·ar·me.*

de·sa·rrai·gar *v.t.* 1. Arrancar, extirpar, desarraigar. 2. *Fig.* Desterrar. ■ **desarraigarse** *v.p.* Desarraigar. ■ *Tb.: des·a·rrai·gar/·se.*

de·sa·rra·pa·do/a *adj.* Esfarrapado. ■ *Tb.:* **a.** *des·ha·rra·pa·do/a.* **b.** *des·a·rra·pa·do/a.*

de·sa·rre·glar *v.t.* Desarrumar, desordenar. *No desarregles la habitación.* Não desarrume o quarto. ■ **desarreglarse** *v.p.* Desarrumar-se, desordenar. ■ *Tb.: des·a·rre·glar/·se.*

de·sa·rre·glo *s.m.* 1. Desordem. 2. Desarranjo. ■ *Tb.: des·a·rre·glo.*

de·sa·rri·mar *v.t.* 1. Desencostar, afastar. 2. *Fig.* Dissuadir, convencer. ■ *Tb.: des·a·rri·mar.*

de·sa·rro·llar *v.t.* 1. Desenrolar. *Desarrolla el mapa.* Desenrole o mapa. 2. *Fig.* Desenvolver, aumentar, ampliar. *Desarrollar la industria.* Desenvolver a indústria. 3. Desenvolver, impulsionar. 4. Desenvolver, realizar. 5. *Fig.* Desenvolver, expor, explicar. *Desarrollar una tesis.* Desenvolver uma tese. ■

desarrollarse *v.p.* **1.** Crescer, desenvolver-se. *La planta se ha desarrollado rápidamente.* A planta cresceu rapidamente. **2.** Acontecer, desenrolar-se. *La historia se desarrolla en el siglo XIX.* A história desenrola-se no século XIX. ∎ *Tb.: des·a·rro·llar/·se.*

de·sa·rro·llo *s.m.* Desenvolvimento. *País en desarrollo.* País em vias de desenvolvimento. ∎ *Tb.: des·a·rro·llo.*

de·sa·rru·gar *v.t.* Desenrugar, desamassar. ∎ **desarrugarse** *v.p.* Desamassar-se. ∎ *Tb.: des·a·rru·gar/·se.*

de·sa·so·sie·go *s.m.* Inquietação. ∎ *Tb.: des·a·so·sie·go.*

de·sas·tra·do/a *adj.* **1.** Desastrado, desajeitado. **2.** Sujo, desarrumado.

de·sas·tre *s.m.* **1.** Desastre, calamidade, catástrofe. **2.** *Col.* Desastre, fracasso. **3.** *Col.* Desastre, desastrado, desajeitado. ∎ Não tem sentido de "acidente de trânsito".

de·sas·tro·so/a *adj.* **1.** Desastroso, calamitoso, catastrófico. **2.** *Col.* Desastroso, ruim, péssimo. *Él es desastroso para conducir.* Ele é péssimo para dirigir.

de·sa·tar *v.t.* **1.** Soltar, desatar, desprender. **2.** Desencadear, desatar. **3.** Desamarrar, desatar. *Tienes los cordones desatados.* Você está com os cadarços desamarrados. ∎ **desatarse 1.** Soltar-se, desatar-se, desprender-se. *Se le desató la lengua.* Soltou a língua. **2.** Desencadear-se, desatar-se. **3.** *Fig.* Lançar-se, atirar-se, desatar-se. *Nos desatamos detrás de él.* Lançamo-nos atrás dele. ∎ *Tb.: des·a·tar/·se.*

de·sa·tas·car *v.t.* Desobstruir, desentupir, desencalhar. ∎ **desatascarse** *v.p.* Desobstruir-se, desentupir-se. ∎ *Tb.: des·a·tas·car/·se.*

de·sa·ten·to/a *adj.* **1.** Desatento, distraído. **2.** Descortês, desatento. ∎ *Tb.: des·a·ten·to/a.*

de·sa·to·llar *v.t.* Desatolar. ∎ **desatollarse** *v.p.* Desatolar-se. ∎ *Tb.: des·a·to·llar/·se.*

de·sa·tor·ni·llar *v.t.* Desparafusar. ∎ *Tb.: des·a·tor·ni·llar.*

de·sa·tran·car *v.t.* **1.** Destrancar. **2.** Desentupir. ∎ *Tb.: des·a·tran·car.*

de·sa·ve·nen·cia *s.f.* Desavença, desentendimento. ∎ **desavenencias** *s.f.pl.* Diferenças. ∎ *Tb.: des·a·ve·nen·cia.*

de·sa·yu·nar *v.t. e v.i.* Tomar o café da manhã. ∎ *Tb.: des·a·yu·nar.*

de·sa·yu·no *s.m.* Café da manhã, desjejum. ∎ *Tb.: des·a·yu·no.*

de·sa·zón *s.f.* **1.** Dissabor, falta de sabor. **2.** Mal-estar, desgosto. *Sintió gran desazón al recibir la noticia.* Teve um grande mal-estar quando recebeu a notícia.

des·ban·car *v.t.* **1.** Desbancar. **2.** *Fig.* Substituir, sobrepor-se, tirar do caminho. *En un mes desbancó a todos y llegó a jefe.* Em um mês sobrepôs-se a todos e atingiu o cargo de chefe.

des·ban·dar·se *v.p.* Debandar.

des·ba·ra·jus·te *s.m.* Caos, desordem, confusão.

des·ba·ra·tar *v.t.* **1.** Desordenar, desbaratar. **2.** Esbanjar, desbaratar. **3.** *Fig.* Frustrar, estragar, desbaratar. ∎ **desbaratarse** *v.p.* **1.** Desordenar-se, desbaratar-se. **2.** *Fig.* Frustrar-se, estragar-se, desbaratar-se.

des·bas·tar *v.t.* **1.** Tirar rebarba, desbastar, aparar. **2.** *Fig.* Polir, retocar.

des·blo·queo *s.m.* Desbloqueio.

des·bo·car *v.t.* **1.** Quebrar ou deformar a boca de um objeto. *Desbocar un jarrón.* Quebrar a boca de um vaso. ∎ *v.i.* **2.** Desembocar. *Esta calle desboca en la plaza.* Esta rua desemboca na praça. ∎ **desbocarse** *v.p. Fig.* Prorromper em injúrias, xingar. *Se puso nerviosa y se desbocó.* Ficou nervosa e começou a xingar.

des·bor·da·mien·to *s.m.* Extravasamento.

des·bor·dar *v.i. e v.t.* **1.** Transbordar, desbordar, extravasar. **2.** *Fig.* Exceder, desbordar. ∎ **desbordarse** *v.p.* **1.** Transbordar, desbordar-se, extravasar. **2.** *Fig.* Exceder-se, desbordar-se.

des·bro·zar *v.t.* Desmatar.

des·ca·be·lla·do/a *adj.* **1.** Descabelado, desgrenhado. **2.** *Fig.* Absurdo, insensato.

des·cal·ci·fi·ca·ción *s.f.* Descalcificação.

des·ca·li·fi·car *v.t.* **1.** Desqualificar. **2.** Desclassificar. ■ **descalificarse** *v.p.* Desclassificar-se.

des·cal·zo/a *adj.* Descalço.

des·ca·mi·nar *v.t.* Desencaminhar, desviar do caminho certo.

des·cam·pa·do/a *adj. e s.* Descampado.

des·can·sar *v.t. e v.i.* **1.** Descansar, repousar. **2.** Descansar, dormir. *Le gusta descansar por la tarde.* Gosta de dormir de tarde. **3.** *Fig.* Descansar, tranquilizar-se, aliviar(-se). *Descansó cuando el hijo ingresó en la universidad.* Ficou aliviado quando o filho entrou na universidade. **4.** Descansar, fiar-se, confiar. *Descansa en su hermana.* Confia na irmã. **5.** Encostar, apoiar, descansar. **6.** *Fig.* Descansar, morrer, jazer.

des·can·so *s.m.* **1.** Descanso, repouso. **2.** Descanso, folga. **3.** Patamar, plataforma (de escada). **4.** Intervalo. *Tenemos quince minutos de descanso entre una clase y otra.* Temos quinze minutos de intervalo entre uma aula e outra.

des·ca·po·ta·ble *adj. e s.m.* Conversível (carro).

des·car·gar *v.t.* **1.** Descarregar, retirar carga (de veículo, arma). **2.** Descarregar, disparar, desfechar. **3.** *Eletr.* Descarregar, liberar ou anular carga elétrica. *Descargar la batería.* Descarregar a bateria. **4.** Descarregar, desfechar, desferir (golpes violentos). *Le descargué dos bofetones.* Desfechei-lhe dois bofetões. **5.** *Fig.* Descarregar, aliviar, liberar. *Me descargó de mis obrigaciones.* Liberou-me das minhas obrigações. **6.** *For.* Inocentar, absolver. ■ *v.i.* **7.** Descarregar, desaguar, escoar. ■ **descargarse** *v.p.* **1.** Demitir-se. **2.** Defender-se, desculpar-se. **3.** Livrar-se.

des·car·go *s.m.* **1.** Descarga, descarregamento. **2.** Desculpa, justificativa, desencargo. *Descargo de conciencia.* Desencargo de consciência. **3.** *Com.* Desobrigação, quitação, recibo.

des·ca·ro *s.m.* Descaramento, desaforo.

des·car·tar *v.t.* **1.** Descartar, pôr de lado, rejeitar, encostar, desprezar. **2.** *Fig.* Descartar, deixar de fora, eliminar. *Descarté cuatro capítulos del libro.* Eliminei quatro capítulos do livro. ■ **descartarse** *v.p.* Descartar-se, pôr de lado, livrar-se.

des·cen·den·te *adj.* Descendente, decrescente. *La moneda tiene tendencia descendente.* A moeda tem tendência descendente.

des·cen·der *v.i.* **1.** Descender, descer, baixar. **2.** Descender, proceder, originar-se. **3.** Descender, diminuir, abaixar. *La temperatura descendió.* A temperatura abaixou. **4.** *Fig.* Descender, derivar, proceder. **5.** Fluir, correr, descer (rios). **6.** *Fig.* Decair. *El nivel de enseñanza descendió.* O nível de ensino decaiu. ■ *C.mod. 01.*

des·cen·dien·te *adj. e s.2g.* Descendente, pessoa que descende de outros.

des·cen·so *s.m.* **1.** Baixa, queda. **2.** Descida.

des·cen·tra·li·zar *v.t.* Descentralizar, transferir poderes de uma central a várias entidades.

des·cen·trar *v.t.* Descentralizar, sair do centro. ■ **descentrarse** *v.p.* Descentralizar-se, sair do centro.

des·ci·frar *v.t.* Decifrar.

des·cla·var *v.t.* Despregar, soltar.

des·co·di·fi·ca·ción *s.f. Inform.* Decodificação.

des·col·gar *v.t.* **1.** Desprender, recolher, retirar (algo pendurado). *Descolgar la ropa.* Recolher a roupa pendurada. *Descuelga el cuadro de esta pared.* Retire o quadro desta parede. **2.** Levantar ou tirar o telefone do gancho. *Descuelgue el teléfono.* Tire o telefone do gancho. ■ **descolgarse** *v.p.* Cair, soltar-se, desprender-se (algo pendurado). *La cortina se descolgó.* A cortina soltou-se. ■ *C.mod. 03.*

des·co·lo·rir *v.t.* Descolorir, desbotar. *El sol ha descolorido las cortinas.* O sol descoloriu as cortinas. *Descolorir una tela.* Desbotar um tecido. ■ **descolorirse** *v.p.* **1.** Descolorir-se. **2.** Desbotar-se. ■ *C.mod. 45.*

des·com·po·ner *v.t.* **1.** Decompor. **2.** Descompor. ■ **descomponerse** *v.p.* **1.** Decom-

descompostura 140 **descubrir**

por-se, deteriorar-se, estragar-se. **2.** Enguiçar. **3.** Descompor-se. **4.** Ficar doente, sentir-se mal. **5.** *Fig.* Transtornar-se. ■ *C. mod. 14.*

des·com·pos·tu·ra *s.f.* **1.** Descompostura. **2.** Pane (em motor). **3.** Mal-estar, desarranjo.

des·com·pues·to/a *adj.* **1.** Decomposto, estragado. *La leche está descompuesta.* O leite está estragado. **2.** *Fig.* Alterado, irritado, transtornado. *Tiene las facciones descompuestas.* Está com a cara transtornada. **3.** *Am.C.* Doente.

des·con·cer·tar *v.t.* **1.** Desorganizar, confundir, desconcertar. **2.** Deslocar, desconcertar (ossos). ■ **desconcertarse** *v.p.* **1.** Desnortear-se, perturbar-se, desconcertar-se. **2.** Desconcertar-se, desentender-se. **3.** *Fig.* Desconcertar-se, confundir-se, atrapalhar-se. ■ *C.mod. 01.*

des·con·char *v.t.* Descascar, raspar (superfícies, paredes). *Hemos desconchado el techo para poder pintarlo.* Tivemos que raspar o teto para poder pintá-lo. ■ **desconcharse** *v.p.* Descascar, lascar (o acabamento de algo). *La taza se cayó y se desconchó en el asa.* A xícara caiu e lascou na asa.

des·co·nec·tar *v.t.* Desligar, interromper ligações (telefônicas, elétricas). *Desconecta la radio.* Desligue o rádio. ■ **desconectarse** *v.p. Fig.* Desligar-se, separar-se. *Me desconecté de todos mis amigos.* Desliguei-me de todos os meus amigos.

des·con·fian·za *s.f.* Desconfiança.

des·con·ge·lar *v.t.* **1.** Descongelar, derreter. **2.** Descongelar, liberar preços. ■ **descongelarse** *v.p.* Descongelar-se, derreter-se.

des·con·ges·tio·nar *v.t.* Descongestionar. ■ **descongestionarse** *v.p.* Descongestionar-se.

des·co·no·ci·do/a *adj.* **1.** Desconhecido, ignorado. **2.** Mudado, transformado. ● *s.* **3.** *Fig.* Desconhecido, anônimo. **4.** Desconhecido, estranho.

des·co·no·ci·mien·to *s.m.* Desconhecimento, ignorância.

des·con·so·la·do/a *adj.* Desconsolado, triste.

des·con·sue·lo *s.m.* Desconsolo.

des·con·tar *v.t.* **1.** Descontar, abater, reduzir. **2.** Descontar, pressupor, não levar em conta. **3.** *Com.* Descontar, adiantar o valor de uma promissória/cheque. ■ *C.mod. 03.* ♦ **Dar por descontado.** Supor.

des·con·ten·to/a *adj.* **1.** Descontente, insatisfeito. ● *s.m.* **2.** Descontentamento, desgosto.

des·con·tro·lar·se *v.p.* Descontrolar-se.

des·cor·cha·dor *s.m.* Saca-rolhas.

des·co·ser *v.t.* Descosturar. ■ **descoserse** *v.p.* **1.** Descosturar-se. **2.** *Fig.* Revelar, falar demais.

des·co·si·do/a *adj.* **1.** Descosturado. **2.** *Fig.* Desenfreado. *Habló como un descosido.* Falou como um desenfreado. ● *s.m.* **3.** Rasgo, parte descosturada (de roupa).

des·co·te *s.m.* Decote.

des·co·yun·tar *v.t.* Desconjuntar. ■ **descoyuntarse** *v.p.* Desconjuntar-se.

des·cré·di·to *s.m.* Descrédito.

des·cre·er *v.t.* **1.** Desacreditar. **2.** Faltar fé.

des·cri·bir *v.t.* **1.** Descrever, definir, explicar. **2.** Descrever, desenhar, esboçar. **3.** Descrever, traçar.

des·crip·ción *s.f.* Descrição.

des·cuar·ti·zar *v.t.* Esquartejar.

des·cu·bier·to/a *adj.* **1.** Descoberto, destampado. **2.** Limpo, claro (tempo). ♦ **Al descubierto. 1.** Ao ar livre. **2.** Em evidência. **En descubierto.** *Com.* Com déficit bancário, no vermelho, no negativo.

des·cu·brir *v.t.* **1.** Descobrir, destampar. *Descubre la cazuela.* Destampe a panela. **2.** Descobrir, revelar. *Descubrir un secreto.* Descobrir um segredo. **3.** Descobrir, encontrar. *Colón descubrió América.* Colombo descobriu a América. **4.** Descobrir, inventar. *Ya descubrieron muchos aparatos.* Já inventaram muitos aparelhos. **5.** *Fig.* Descobrir, denunciar, delatar. *Los documentos nos descubrieron.* Os documentos delataram-nos. ■ **descubrirse** *v.p.* **1.** Desanuviar-se, limpar, clarear (tempo). *El tiempo se ha descubierto.* O tempo clareou. **2.** Tirar o chapéu.

des·cuen·to *s.m. Com.* **1.** Desconto, abatimento. ∎ *Sin.: rebaja.* **2.** Deságio.
des·cui·da·do/a *adj.* **1.** Descuidado, relaxado, negligente. **2.** Abandonado, sujo. *Una habitación descuidada.* Um quarto sujo. **3.** Desprevenido. *Mi visita la cogió descuidada.* A minha visita pegou-a desprevenida.
des·cui·dar *v.t.* **1.** Descuidar, abandonar, relaxar. ∎ *v.i.* **2.** Descuidar(-se), despreocupar-se. *Descuida que yo haré la comida.* Despreocupe-se, pois eu farei o almoço. ∎ **descuidarse** *v.p.* Descuidar-se, esquecer-se.
des·cui·do *s.m.* **1.** Descuido, negligência, desleixo. **2.** Descuido, erro, falha. **3.** Descuido, desalinho.
des·de *prep.* **1.** De, desde, a começar de, a partir. *Vendré desde la escuela a pie.* Virei da escola a pé. **2.** Desde. *Lo esperé desde las ocho.* Esperei por ele desde as oito horas. ♦ **Desde ahora. 1.** De agora em diante. **2.** Desde já. **3.** Doravante. **Desde entonces.** Desde então. **Desde lejos.** De longe. **Desde luego.** Evidentemente, claro. *Desde luego iré a tu casa.* É claro que irei à sua casa. **Desde mi/tu punto de vista.** Do meu/seu ponto de vista.
des·de·ñar *v.t.* Desdenhar, desprezar. ∎ **desdeñarse** *v.p.* Negar-se, recusar-se. *Me desdeñé a saludarla.* Neguei-me a cumprimentá-la.
des·di·cha *s.f.* **1.** Infelicidade, azar, desgraça. **2.** Miséria. **3.** Calamidade. ♦ **Por desdicha.** Por infelicidade.
des·do·blar *v.t.* **1.** Desdobrar, desenrolar, abrir, despregar. **2.** Dividir em dois, desdobrar. ∎ **desdoblarse** *v.p.* **1.** Desdobrar-se, abrir-se. **2.** Dividir-se em dois, desdobrar. *El camino se desdobla en dos en el cruce.* A estrada se desdobra no entroncamento. ∎ Não tem sentido de "fazer esforço". ∎
de·sea·ble *adj.* Desejável.
de·se·ar *v.t.* Desejar, ambicionar, cobiçar. ♦ **Dejar mucho que desear.** Deixar muito a desejar.
de·se·cha·ble *adj.* Descartável.

de·se·char *v.t.* **1.** Descartar, rejeitar, repudiar. **2.** *Fig.* Descartar, afastar, desaprovar.
de·se·cho *s.m.* Resíduo, dejeto.
de·sem·ba·lar *v.t.* Desembalar, desembrulhar. ∎ *Tb.: des·em·ba·lar.*
de·sem·ba·ra·zo *s.m.* Desembaraço. ∎ *Tb.: des·em·ba·ra·zo.*
de·sem·bo·car *v.i.* Desembocar. ∎ *Tb.: des·em·bo·car.*
de·sem·bol·sar *v.t.* Desembolsar. ∎ *Tb.: des·em·bol·sar.* ♦ **Desembolsar acciones.** *Com. Esp.* Integralizar.
de·sem·bo·zar *v.t.* **1.** Desentupir. **2.** *Fig.* Desmascarar. *Desembozó al culpable.* Desmascarou o culpado. ∎ **desembozarse** *v.p.* **1.** Desentupir, estar desentupido. **2.** *Fig.* Desmascarar-se. ∎ *Tb.: des·em·bo·zar/·se.*
de·sem·bra·gue *s.m. Mec.* Desengate. ∎ *Tb.: des·em·bra·gue.*
de·sem·pa·que·tar *v.t.* Desempacotar, desembrulhar. ∎ *Tb.: des·em·pa·que·tar.*
de·sem·pa·tar *v.t. e v.i.* Desempatar. ∎ *Tb.: des·em·pa·tar.*
de·sem·pe·ñar *v.t.* **1.** Desempenhar, resgatar, recuperar. *Desempeñó el reloj.* Desempenhou o relógio. **2.** Desempenhar, livrar de dívidas. **3.** Desempenhar, realizar, executar, exercer. **4.** Desempenhar, representar, interpretar. ∎ **desempeñarse** *v.p.* **1.** Desempenhar-se, livrar-se de dívidas. **2.** Desempenhar-se, realizar satisfatoriamente (algo). *Se desempeña muy bien en el nuevo trabajo.* Está saindo-se muito bem no novo trabalho. ∎ *Tb.: des·em·pe·ñar/·se.*
de·sem·pleo *s.m.* Desemprego. ∎ *Tb.: des·em·pleo.*
de·sen·ca·de·nar *v.t.* Desencadear. ∎ **desencadenarse** *v.p.* Desencadear-se. ∎ *Tb.: des·en·ca·de·nar/·se.*
de·sen·ca·jar *v.t.* Desencaixar. ∎ **desencajarse** *v.p.* Desencaixar-se. ∎ *Tb.: des·en·ca·jar/·se.*
de·sen·ca·mi·nar *v.t.* Desencaminhar. ∎ *Tb.: des·en·ca·mi·nar.*
de·sen·can·to *s.m.* Desencanto. ∎ *Tb.: des·en·can·to.*

de·sen·ce·rrar *v.t.* **1.** Destrancar, abrir. **2.** Libertar. ■ **a.** *Tb.: des·en·ce·rrar.* **b.** *C.mod. 01.*

de·sen·chu·far *v.t.* Tirar, desligar de tomada elétrica. ■ *Tb.: des·en·chu·far.*

de·sen·fo·car *v.t. e v.i.* Tirar do foco. ■ **desenfocarse** *v.p.* Sair do foco. ■ *Tb.: des·en·fo·car/·se.*

de·sen·fre·na·do/a *adj.* Desenfreado. ■ *Tb.: des·en·fre·na·do/a.*

de·sen·gan·char *v.t.* Desenganchar, soltar. ■ **desengancharse** *v.p.* Desenganchar-se, soltar-se. ■ *Tb.: des·en·gan·char/·se.*

de·sen·ga·ñar *v.t.* Desenganar, decepcionar. ■ **desengañarse** *v.p.* Desenganar-se, decepcionar-se. ■ *Tb.: des·en·ga·ñar/·se.*

de·sen·ga·ño *s.m.* Desengano, decepção. ■ *Tb.: des·en·ga·ño.*

de·sen·gra·sar *v.t.* Desengordurar. ■ *Tb.: des·en·gra·sar.*

de·sen·la·ce *s.m.* Desenlace, fim, conclusão, desfecho. ■ *Tb.: des·en·la·ce.*

de·sen·re·dar *v.t.* **1.** Desenrolar, desenredar, desembaraçar. *Desenreda la lana.* Desenrole a lã. **2.** *Fig.* Esclarecer, desvendar, destrinchar. *Desenredar un misterio.* Esclarecer um mistério. ■ **desenredarse** *v.p.* **1.** Desenrolar-se, desenredar-se. **2.** Esclarecer-se. **3.** Sair de uma dificuldade. *Logré desenredarme de la situación.* Consegui sair da situação. ■ *Tb.: des·en·re·dar/·se.*

de·sen·ro·llar *v.t.* **1.** Desenrolar, estender. **2.** Desenrolar, desenvolver. ■ **desenrollarse** *v.p.* **1.** Desenrolar-se, estender-se. **2.** Desenrolar-se, desenvolver-se. ■ *Tb.: des·en·ro·llar/·se.*

de·sen·ros·car *v.t.* Desenroscar. ■ **desenroscarse** *v.p.* Desenroscar-se. ■ *Tb.: des·en·ros·car/·se.*

de·sen·ten·der·se *v.p.* Desinteressar-se, não querer se preocupar, abandonar. *Se desentendió del problema y se marchó.* Desinteressou-se pelo assunto e foi embora. *Se desentendieron de la escuela.* Abandonaram a escola. ■ **a.** *Tb.: des·en·ten·der·se.* **b.** *C.mod. 01.*

de·sen·to·nar *v.i.* Destoar. ■ **desentonarse** *v.p.* Descompor-se. ■ *Tb.: des·en·to·nar/·se.*

de·sen·vol·ver *v.t.* **1.** Desempacotar, desembrulhar, abrir. *Desenvuelva el regalo.* Desembrulhe o presente. **2.** *Fig.* Desenvolver, desenrolar. *Desenvolver un asunto.* Desenrolar um assunto. **3.** Explicar, desenvolver. *Desenvolvimos el proyecto.* Explicamos o projeto. **4.** Ampliar, estender. *Desenvolvieron la campana a la zona rural.* Estenderam a campanha à zona rural. ■ **desenvolverse** *v.p.* **1.** Estender-se. *La enfermedad se desenvuelve hacia el sur.* A doença estende-se para o sul. **2.** Desenvolver, progredir. *Los negocios se desenvuelven poco a poco.* Os negócios progridem pouco a pouco. ■ *Sin.* mais usual: *desarrollar.* **3.** *Fig.* Atuar com desenvoltura, ter bom desempenho. *Te desenvuelves bien en el nuevo puesto.* Você desempenha bem o novo cargo. **4.** Desenrolar-se, desenvolver-se. *Aquí se desenvuelve la acción.* A ação desenrola-se aqui. ■ **a.** Não tem sentido de "incrementar" nem de "adiantar". **b.** *C.mod. 03.* **c.** *Tb.: des·en·vol·ver/·se.*

de·sen·vol·vi·mien·to *s.m.* **1.** Desenvolvimento, desempenho, desenvoltura. **2.** Desenvolvimento, explanação. ■ **a.** Não tem sentido de "adiantamento" nem de "crescimento". **b.** *Tb.: des·en·vol·vi·mien·to.*

de·sen·vuel·to/a *adj.* Desenvolto, ágil, desembaraçado. ■ *Tb.: des·en·vuel·to/a.*

de·seo *s.m.* Desejo.

de·se·qui·li·brar *v.t.* Desequilibrar. ■ **desequilibrarse** *v.p.* Desequilibrar-se. ■ *Tb.: des·e·qui·li·brar/·se.*

de·ses·pe·ra·ción *s.f.* **1.** Desesperação, desesperança. **2.** Desespero. ■ *Tb.: des·es·pe·ra·ción.* ♦ **Con desesperación.** Desesperadamente.

de·ses·pe·rar *v.t. e v.i.* **1.** Desesperar, desanimar. **2.** *Fig.* Desesperar, irritar. ■ **desesperarse** *v.p.* **1.** Desesperar-se, desanimar-se. **2.** *Fig.* Desesperar-se, irritar-se. ■ *Tb.: des·es·pe·rar/·se.*

des·fa·cha·tez *s.f.* Cinismo, descaramento, insolência.

des·fal·co *s.m.* Desfalque.

des·fa·sar *v.t.* Defasar. ■ **desfasarse** *v.p.* Defasar, estar defasado.

des·fa·se *s.m.* Defasagem.

des·fa·vo·ra·ble *adj.* Desfavorável.

des·fi·le *s.m.* Desfile.

des·flo·rar *v.t.* **1.** Desflorar, deflorar. **2.** Desflorar, estuprar.

des·ga·na *s.f.* **1.** Inapetência, falta de apetite. **2.** *Fig.* Desinteresse. **3.** *Fig.* Fraqueza, debilidade.

des·ga·rrar *v.t.* **1.** Rasgar. *Desgarré la tela.* Rasguei o tecido. **2.** *Fig.* Destroçar. ■ **desgarrarse** *v.p.* Separar-se, afastar-se. *Te desgarraste de nosotros.* Você se afastou de nós.

des·glo·sar *v.t.* **1.** Desmembrar, separar, discriminar. *Desglosar un presupuesto por apartados.* Discriminar um orçamento por tópicos. **2.** *For.* Desentranhar (documentos, autos). **3.** *Com.* Parcelar (pagamentos).

des·glo·se *s.m.* Desmembramento, separação, discriminação, decomposição.

des·gra·cia *s.f.* **1.** Desgraça, desventura. **2.** Desgraça, tragédia. **3.** Desgraça, contratempo. ♦ **Caer en desgracia.** Perder a amizade ou consideração de alguém, cair em desgraça. **Por desgracia.** Desgraçadamente. **Ser una desgracia. 1.** Ser inútil, incapaz. **2.** Ser uma desgraça.

des·gra·cia·do/a *adj. e s.* **1.** Desgraçado, infeliz. **2.** Desgraçado, miserável. **3.** *Fig.* Desgraçado, incapaz. **4.** *Col.* Desgraçado, desprezível. ♦ **Desgraciado en el juego, afortunado en amores.** Infeliz no jogo, feliz no amor.

des·ha·bi·ta·do/a *adj.* Desabitado, despovoado.

des·ha·cer *v.t.* **1.** Desfazer, desmontar, desarrumar. *No deshagas la cama.* Não desarrume a cama. **2.** *Fig.* Desfazer, quebrar. *El niño deshizo el juguete.* O menino quebrou o brinquedo. **3.** *Fig.* Desfazer, frustrar. *Deshicieron el proyecto.* Frustraram o projeto. **4.** Desfazer, estragar, desmanchar. *Estás deshaciendo el pan.* Você está desmanchando o pão. **5.** Desfazer, derreter, dissolver. *Hay que deshacer bien la harina antes.* Primeiro é preciso dissolver bem a farinha. ■ **deshacerse** *v.p.* **1.** Desfazer-se, deformar-se, quebrar-se. **2.** Desfazer-se, desprender-se, livrar-se. *Nos hemos deshecho de los muebles viejos.* Livramo-nos dos móveis velhos. **3.** *Fig.* Desfazer-se, derreter-se, desmanchar-se. *Te deshaces cuando la ves.* Você se derrete quando a vê. ■ *C.mod. 25.*

des·ha·rra·pa·do/a *adj.* Esfarrapado. ■ *Tb.: desarrapado.*

des·he·cho/a *adj.* **1.** Desfeito, desarrumado. **2.** *Fig.* Desfeito, quebrado. *Estoy deshecha.* Estou quebrada (de cansaço). **3.** Deprimido, abatido. ■ *Part. irreg.* de *deshacer.*

des·he·re·dar *v.t.* Deserdar.

des·hi·dra·ta·ción *s.f.* Desidratação.

des·hie·lo *s.m.* Degelo.

des·hi·la·char *v.t.* Desfiar, puxar fios (tecidos). ■ **deshilacharse** *v.p.* Desfiar-se, estar com fios puxados (tecidos).

des·hin·char *v.t. Med.* Desinchar.

des·ho·nes·to/a *adj.* Desonesto.

des·hon·rar *v.t.* Desonrar.

des·ho·ra *s.f.* Desoras, fora de hora.

de·sier·to/a *adj.* **1.** Deserto, desabitado. **2.** Deserto, solitário. ● *s.m.* **3.** Deserto, lugar árido. ♦ **Predicar/Clamar en desierto.** Pregar no deserto.

de·sig·nar *v.t.* **1.** Designar, denominar. **2.** Designar, nomear, eleger.

de·si·gual·dad *s.f.* Desigualdade. ■ *Tb.: des·i·gual·dad.*

de·si·lu·sio·nar *v.t.* **1.** Desiludir. **2.** Decepcionar. ■ **desilusionarse** *v.p.* **1.** Desiludir-se. **2.** Decepcionar-se. ■ *Tb.: des·i·lu·sio·nar/·se.*

de·si·nen·cia *s.f. Gram.* Desinência.

de·sin·fec·tan·te *adj. e s.m.* Desinfetante. ■ *Tb.: des·in·fec·tan·te.*

de·sin·flar *v.t.* Desinflar, esvaziar, retirar o ar. ■ **desinflarse** *v.p.* **1.** Desinflar-se. **2.** Desanimar-se, murchar. ■ *Tb.: des·in·flar/·se.*

de·sin·te·rés *s.m.* **1.** Desinteresse, indiferença. **2.** Desinteresse, generosidade. ■ *Tb.: des·in·te·rés.*

de·sis·tir *v.i.* Desistir.

des·li·gar *v.t.* **1.** Desligar, soltar. **2.** Desligar, separar, desunir. **3.** *Fig.* Desligar, liberar, desvincular. ● **desligarse** *v.p.* **1.** Desligar-se, soltar-se. **2.** Desligar-se, separar-se, desunir-se. **3.** *Fig.* Desligar-se, liberar-se, desvincular-se. ■ Não tem sentido de "interromper circuito elétrico".

des·lin·dar *v.t.* **1.** Delimitar, demarcar (terrenos). **2.** *Fig.* Averiguar, apurar, deslindar. *Quiero deslindar los hechos.* Quero apurar os fatos.

des·liz *s.m.* Deslize.

des·li·za·mien·to *s.m.* Deslizamento.

des·lum·brar *v.t. e v.i.* **1.** Deslumbrar, cegar, ofuscar. **2.** *Fig.* Deslumbrar, confundir. **3.** *Fig.* Deslumbrar, impressionar.

des·ma·dre *s.m. Col.* Caos, confusão, bagunça.

des·ma·yar *v.t. e v.i.* Desmaiar. ■ **desmayarse** *v.p.* Desmaiar.

des·ma·yo *s.m.* Desmaio.

des·me·di·do/a *adj.* Desmedido, excessivo.

des·mem·brar *v.t.* Desmembrar. ■ **desmembrarse** *v.p.* Desmembrar-se. ■ *C.mod. 01.*

des·men·tir *v.t.* **1.** Desmentir, negar, contradizer. **2.** Desmentir, disfarçar. **3.** *Fig.* Desmentir, destoar. ■ *C.mod. 10.*

des·me·nu·zar *v.t.* **1.** Esmiuçar, dividir, esfarelar. **2.** *Fig.* Pormenorizar. ■ **desmenuzarse** *v.p.* Esmiuçar-se, dividir-se, esfarelar-se.

des·me·re·cer *v.i.* **1.** Desmerecer, desvalorizar-se. *Los inmuebles no desmerecen.* Os imóveis não se desvalorizam. **2.** Desmerecer, ser inferior, desvalorizar. *El sofá desmerece de la mesa.* O sofá é de qualidade inferior à da mesa. ■ *v.t.* **3.** Desmerecer, ser indigno. *Desmerezco tu amistad.* Sou indigno da sua amizade. ■ *C.mod. 06.*

des·mi·rria·do/a *adj.* Mirrado.

des·mon·tar *v.t.* **1.** Desmontar, decompor, desarmar. **2.** Aplainar, desmontar (terrenos). **3.** Desmatar. *Desmontaron el terreno para plantar trigo.* Desmataram o terreno para plantar trigo. ■ *v.t. e v.i.* **4.** Desmontar, descer, apear. ■ **desmontarse** *v.p.* **1.** Desmontar, descer, apear-se. **2.** Desmontar-se, desarmar-se.

des·mon·te *s.m.* Desmatamento.

des·mo·ra·li·zar *v.t.* Desmoralizar. ■ **desmoralizarse** *v.p.* Desmoralizar-se, descambar.

des·mo·ro·na·mien·to *s.m.* Desmoronamento.

des·ni·vel *s.m.* Desnível.

des·nu·dar *v.t.* Despir. ■ **desnudarse** *v.p.* Despir-se.

des·nu·dez *s.f.* Nudez.

des·nu·do/a *adj.* **1.** Nu, despido, pelado. **2.** Nu, despojado. **3.** *Fig.* Nu, claro. **4.** *Fig.* Nu, pobre, desabrigado. **5.** *Fig.* Nu, desprovido. ● *s.m.* **6.** Nu, retrato ou pintura, de figura humana despida. ♦ **Verdad desnuda.** Verdade nua e crua.

des·nu·tri·ción *s.f.* Desnutrição.

de·so·be·de·cer *v.t.* e *v.i.* Desobedecer. ■ **a.** *Tb.: des·o·be·de·cer.* **b.** *C.mod. 06.*

de·so·be·dien·te *adj. e s.2g.* Desobediente. ■ *Tb.: des·o·be·dien·te.*

de·so·bs·truir *v.t.* **1.** Desobstruir, desimpedir, desembaraçar. **2.** Desentupir. ■ **a.** *Tb.: des·obs·tru·ir.* **b.** *C.mod. 13.*

de·so·cu·pa·do/a *adj. e s.* **1.** Desocupado. **2.** Desempregado. ■ *Tb.: des·o·cu·pa·do/a.*

de·so·cu·par *v.t.* **1.** Desocupar, liberar. **2.** Desocupar, esvaziar. **3.** Desocupar, evacuar. ■ **desocuparse** *v.p.* **1.** Desocupar-se, liberar-se. **2.** Desocupar-se, esvaziar-se. ■ *Tb.: des·o·cu·par/·se.*

de·so·do·ran·te *adj. e s.m.* Desodorante. ■ *Tb.: des·o·do·ran·te.*

de·so·lar *v.t.* **1.** Desolar, arruinar. **2.** Devastar, assolar. *Los saltamontes desolaron el campo.* Os gafanhotos devastaram a plantação. ■ **desolarse** *v.p. Fig.* Desolar-se, afligir-se. ■ *C.mod. 03.*

de·sor·den *s.m.* **1.** Desordem, desarrumação. **2.** Desordem, desorganização, bagunça. ■

desórdenes *s.m.pl.* Perturbação, confusão. ∎ *Tb.: des·or·den.*

de·sor·ga·ni·za·ción *s.f.* Desorganização. ∎ *Tb.: des·or·ga·ni·za·ción.*

de·so·rien·tar *v.t.* **1.** Desorientar, desnortear. **2.** *Fig.* Desorientar, perturbar, confundir. ∎ **desorientarse** *v.p.* **1.** Desorientar-se, desnortear-se. **2.** *Fig.* Desorientar-se, perturbar-se, confundir-se. ∎ *Tb.: des·o·rien·tar/·se.*

des·pa·bi·lar *v.t.* **1.** Atiçar (chama, fogo). ∎ *v.t. e v.i. Fig.* **2.** Avivar, animar. **3.** Acordar, ficar atento, não ser ingênuo. ∎ **despabilarse** *v.p. Fig.* **1.** Avivar-se, animar-se. **2.** Acordar. *A la mañana no me despabilo sino después del desayuno.* De manhã só acordo plenamente depois do café.

des·pa·char *v.t.* **1.** Resolver, despachar. **2.** Atender. *No despachan los domingos.* Não atendem aos domingos. **3.** Vender. *No despacha cigarrillos.* Não vende cigarros. **4.** Despachar, enviar, remeter (mensagem). *Hay que despachar las cartas.* É preciso enviar as cartas. **5.** *Fig. e col.* Despachar, demitir. *Despaché a la secretaria.* Demiti a secretária. **6.** *Fig. e col.* Despachar, matar. ∎ *v.i.* **7.** Concluir, terminar. *Despacha el trabajo, o llegaremos tarde.* Termine logo o trabalho, ou chegaremos tarde. ∎ **despacharse** *v.p.* **1.** Despachar-se, apressar-se. **2.** Desabafar. *Me despaché con mi hermana.* Desabafei com a minha irmã.

des·pa·cho *s.m.* **1.** Resolução, despacho. **2.** Despacho, comunicação oficial. **3.** Escritório, gabinete. **4.** Expediente. **5.** Mensagem telefônica ou telegráfica. **6.** Ponto de venda. *Un despacho de bebidas.* Uma venda de bebidas. ♦ **Horario de despacho.** *Com.* Horário de atendimento/expediente. **Mesa de despacho.** Mesa de escritório, escrivaninha.

des·pa·cio *adv.* Devagar. ♦ **Despacito.** Devagarinho.

des·par·pa·jo *s.m.* **1.** Desembaraço. *Habla con gran desparpajo.* Fala com muito desembaraço. **2.** *Amer.* Desordem, confusão. *Se produjo un desparpajo en la plaza.* Houve uma confusão na praça.

des·pa·rra·mar *v.t.* **1.** Esparramar, espalhar. **2.** Derramar, esparramar. **3.** *Fig.* Esparramar, esbanjar. **4.** *Fig.* Dispersar. ∎ **desparramarse** *v.p.* Esparramar-se, espalhar-se.

des·pa·rra·mo *s.m. Amer.* **1.** Derramamento. **2.** *Fig.* Esbanjamento.

des·pa·ta·rrar *v.t.* **1.** Abrir muito as pernas. **2.** *Fig. e col.* Assombrar. ∎ **despatarrarse** *v.p.* **1.** Ficar com as pernas muito abertas. **2.** *Fig. e col.* Assombrar-se.

des·pe·cho *s.m.* Rancor, desilusão, despeito. ♦ **A despecho de.** A despeito de.

des·pec·ti·vo/a *adj.* Depreciativo, pejorativo.

des·pe·da·zar *v.t.* Despedaçar. ∎ **despedazarse** *v.p.* Despedaçar-se.

des·pe·dir *v.t.* **1.** Lançar, expelir, liberar. *Las rosas despiden un aroma suave.* As rosas expelem um aroma suave. **2.** Expedir, emitir, produzir. **3.** Despedir, demitir. **4.** Mandar embora. *Despide a ese limosnero.* Mande embora esse mendigo. ∎ **despedirse** *v.p.* Despedir-se, separar-se. *Fueron a despedirse de mí.* Foram despedir-se de mim. ∎ *C. mod. 10.* ♦ **Despedir con cajas destempladas.** Expulsar.

des·pe·gar *v.t.* **1.** Descolar, despegar, desgrudar, despregar. **2.** Despegar, desunir, separar. ∎ *v.i.* **3.** Decolar. ∎ **despegarse** *v.p.* **1.** Desenganchar-se, descolar-se, despegar-se, desgrudar-se. *La tapa del libro se despegó.* A capa do livro descolou-se. **2.** *Fig.* Desentender-se, afastar-se.

des·pe·gue *s.m.* Decolagem.

des·pei·nar *v.t.* Despentear, descabelar. ∎ **despeinarse** *v.p.* Despentear-se.

☞ **des·pe·ja·do/a** *adj.* **1.** Vivo, esperto, inteligente. **2.** Desembaraçado. **3.** Claro, sereno, limpo, aberto (tempo). *Cielo despejado.* Céu limpo. **4.** Livre, folgado (espaço).

☞ **des·pe·jar** *v.t.* **1.** Desobstruir, desocupar. **2.** Esvaziar (ambientes). *Vamos a despejar la sala para la fiesta.* Vamos esvaziar a sala

despeñar   146   **desquitar**

para a festa. **3.** *Fig.* Esclarecer. *Despejar las dudas.* Esclarecer as dúvidas. ■ **despejarse** *v.p.* **1.** Melhorar, limpar, abrir (tempo). **2.** Acordar.

des·pe·ñar *v.t.* Despencar, despenhar, descambar. ■ **despeñarse** *v.p.* Despencar(-se), despenhar(-se).

des·per·di·cio *s.m.* **1.** Desperdício. **2.** Resíduo, dejeto, detrito. *¿Dónde tiro los desperdicios?* Onde jogo os resíduos?

des·pe·re·zar·se *v.p.* Espreguiçar-se.

des·per·fec·to *s.m.* **1.** Imperfeição, defeito, falha. *La mesa tiene unos desperfectos.* A mesa tem alguns defeitos. **2.** Avaria, dano.

des·per·ta·dor *s.m.* Despertador.

des·per·tar *v.t.* **1.** Acordar, despertar. **2.** *Fig.* Despertar, provocar, suscitar. **3.** *Fig.* Despertar, despontar, revelar-se. ■ *v.i.* **4.** Acordar, despertar. ■ **despertarse** *v.p.* Acordar, despertar. ▮ *C.mod. 01.*

☞ **des·pi·do** *s.m.* Demissão. ♦ **Despido justificado.** Demissão por justa causa.

des·pier·to/a *adj.* **1.** Desperto, acordado. **2.** *Fig.* Alerta.

des·pil·fa·rrar *v.t. e v.i.* Esbanjar.

des·pis·ta·do/a *adj. e s.* Distraído, esquecido, avoado.

des·pis·tar *v.t.* **1.** Despistar. **2.** *Fig.* Confundir, desorientar. *Su actitud me despistó.* A sua atitude confundiu-me. ■ **despistarse** *v.p.* Perder-se, extraviar-se.

des·pis·te *s.m.* **1.** Desorientação. **2.** Distração.

des·pla·za·mien·to *s.m.* Deslocamento, transporte.

des·pla·zar *v.t.* **1.** Deslocar, mudar de lugar, movimentar. *Desplazó la mesa hacia el rincón.* Deslocou a mesa para o canto. **2.** Deslocar, substituir (de cargo, função). ■ **desplazarse** *v.p.* Deslocar-se, ir, viajar, locomover-se. *Me desplazo al campo todos los fines de semana.* Vou para o campo todos os fins de semana.

des·ple·gar *v.t.* **1.** Desdobrar. *Despliega los mapas.* Desdobre os mapas. **2.** *Fig.* Fazer alarde. **3.** *Fig.* Realizar, empenhar, aplicar. *Desplegar esfuerzos.* Aplicar esforços. ■ **desplegarse** *v.p.* Desdobrar-se. ▮ *C.mod. 01.*

des·plo·mar·se *v.p.* **1.** Inclinar-se. **2.** Cair, despencar. **3.** *Fig.* Arruinar, afundar.

des·po·bla·do/a *adj.* **1.** Despovoado. ● *s.m.* **2.** Despovoado, lugar desabitado, deserto.

des·po·jar *v.t.* Despojar, tirar, roubar, depenar. ■ **despojarse** *v.p.* **1.** Despojar-se, despir-se. **2.** *Fig.* Despojar-se, renunciar espontaneamente. *Se despojó de la herencia.* Renunciou à herança. **3.** *Fig.* Despojar-se, livrar-se, liberar-se, desprender-se (de sentimentos).

des·pre·cia·ble *adj.* Desprezível.

des·pre·ciar *v.t.* Desprezar.

des·pre·cio *s.m.* Desprezo, desdém, descaso.

des·pren·der *v.t.* Desprender, desligar, soltar. ■ **desprenderse** *v.p.* **1.** Desprender-se, desligar-se, soltar-se. **2.** Desfazer-se (de bens). **3.** *Fig.* Deduzir-se, induzir-se, inferir-se.

des·preo·cu·par·se *v.p.* **1.** Despreocupar-se, tranquilizar-se. *Despreocúpate: ella llamará.* Fique tranquilo: ela vai ligar. **2.** Desinteressar-se, abandonar. *Se despreocupó de los problemas familiares.* Desinteressou-se dos problemas familiares.

des·pro·por·ción *s.f.* Desproporção.

des·pro·vis·to/a *adj.* Desprovido.

des·pués *adv.* Depois, mais tarde, posteriormente, após. *Primero voy al cine, después a cenar.* Primeiro vou ao cinema, depois vou jantar. *Vino dos días después.* Veio dois dias depois.

des·pun·tar *v.t. e v.i.* **1.** Despontar, desabrochar. **2.** Destacar-se.

☞ **des·qui·tar** *v.t.* **1.** Vingar. *Desquitar un agravio.* Vingar uma ofensa. **2.** Pedir satisfação, revanche. *Quieren desquitar el partido.* Pedem uma revanche da partida. ■ **desquitarse** *v.p.* **1.** Vingar-se. *Se desquitó de la calumnia.* Vingou-se da calúnia. **2.** Fazer uma revanche, desforrar-se, descontar.

des·ta·car *v.t.* **1.** *Mil.* Destacar, destinar, enviar. **2.** *Fig.* Destacar, realçar. ■ *v.i.* **3.** Destacar, sobressair. ■ **destacarse** *v.p.* Destacar-se, despontar, sobressair.

des·ta·jo *s.m.* Empreitada. ♦ **A destajo. 1.** Por empreitada. *Contratará nuestros servicios a destajo.* Contratará os nossos serviços por empreitada. **2.** Às pressas, a toque de caixa. *Hizo la investigación a destajo.* Fez a pesquisa a toque de caixa.

des·ta·par *v.t.* **1.** Destampar, abrir. **2.** *Fig.* Descobrir. **3.** *Fig.* Surpreender. **4.** *Fig.* Desabrigar, desagasalhar. ■ **destaparse** *v.p.* **1.** Destampar-se. **2.** *Fig.* Descobrir-se. **3.** *Fig.* Desabrigar-se, desagasalhar-se, tirar o que está cobrindo. *Me destapé anoche porque tenía calor.* Ontem à noite me descobri porque estava com calor.

des·ta·pe *s.m.* **1.** *Striptease.* **2.** Abertura social, liberalização.

des·tar·ta·la·do/a *adj.* **1.** Desarrumado, desorganizado. **2.** Desengonçado, desajeitado, capenga.

des·te·llo *s.m.* **1.** Brilho, resplendor. **2.** Raio luminoso, faísca. **3.** *Fig.* Indício, sinal.

des·tem·plar *v.t.* **1.** Destemperar, perder a rigidez (metais). **2.** *Mus.* Destemperar, desafinar. **3.** Destemperar, desorganizar, perturbar. ■ **destemplarse** *v.p.* **1.** Destemperar-se, enfraquecer-se. **2.** *Fig.* Sentir indisposição. **3.** *Fig.* Alterar-se. *Se me destemplaron los nervios.* Fiquei com os nervos alterados.

des·te·ñir *v.t. e v.i.* Desbotar, descolorir. ■ **desteñirse** *v.p.* Desbotar-se. ▮ *C.mod. 10.*

des·tiem·po <a> *loc.* Fora de hora.

des·tie·rro *s.m.* Desterro, exílio.

des·ti·le·rí·a *s.f.* Destilaria.

des·ti·nar *v.t.* **1.** Destinar, determinar. **2.** Designar, destinar. *La han destinado para la secretaría.* Foi designada para a secretaria. **3.** *Com.* Alocar (verba, recursos). **4.** Destinar, enviar.

des·ti·no *s.m.* **1.** Destino, fim, finalidade. *¿Qué destino le vas a dar a este ropero?* Que fim você vai dar a este armário? **2.** Destino, rumo, direção. **3.** Destino, sina, futuro. *Tiene un gran destino por delante.* Tem um grande futuro pela frente. **4.** Destino, sorte, fortuna. **5.** Local onde se exerce um cargo ou atividade profissional. *Si ingresa en la empresa, le darán México como destino.* Se ele entrar na empresa, irá trabalhar no México. **6.** *Com.* Destinação (recursos, resultados contábeis).

des·ti·tuir *v.t.* **1.** Destituir, despedir, demitir. **2.** Destituir, privar. ▮ *C.mod. 13.*

des·tor·ni·lla·dor *s.m.* Chave de fenda.

des·tor·ni·llar *v.t.* Desparafusar.

des·tra·bar *v.t.* Destravar.

des·tre·za *s.f.* Destreza, habilidade.

des·tro·zar *v.t.* **1.** Destroçar, quebrar, estraçalhar, espatifar. **2.** Destroçar, devastar. **3.** Destroçar, destruir.

des·tro·zo *s.m.* Destroço.

des·truc·ción *s.f.* Destruição.

des·truir *v.t.* **1.** Destruir, inutilizar. **2.** *Fig.* Destruir, arruinar. **3.** *Fig.* Destruir, dilapidar, esbanjar. *Destruyó la herencia.* Esbanjou a herança. **4.** *Fig.* Destruir, aniquilar. ■ **destruirse** *v.p.* **1.** Destruir-se, inutilizar-se. **2.** *Fig.* Destruir-se, arruinar-se. ▮ *C.mod. 13.*

de·su·nión *s.f.* **1.** Desunião. **2.** *Fig.* Discórdia. ▮ *Tb.: des·u·nión.*

de·su·so *s.m.* Desuso. ▮ *Tb.: des·u·so.* ♦ **Caer en desuso.** Sair da moda.

des·va·í·do/a *adj.* Desbotado.

des·va·li·do/a *adj.* Desvalido, desprotegido.

des·ván *s.m.* Desvão, sótão.

des·va·ne·cer *v.t.* **1.** Desvanecer, dissipar. **2.** *Fig.* Desvanecer, extinguir. **3.** Desvanecer, apagar. **4.** *Fig.* Desvanecer, desaparecer. ■ **desvanecerse** *v.p.* **1.** Desvanecer-se, dissipar-se. **2.** *Fig.* Desvanecer-se, extinguir-se. **3.** Desvanecer-se, apagar-se. **4.** *Fig.* Desvanecer-se, desaparecer, evaporar-se. **5.** Desmaiar. ▮ *C.mod. 06.*

des·va·rí·o *s.m.* Desvario, delírio.

des·ve·lar *v.t. e v.i.* **1.** Acordar, desvelar-se. **2.** Perder o sono, desvelar. **3.** Desvelar, zelar, cuidar. **4.** Passar a noite em claro, desvelar. ■ **desvelarse** *v.p.* **1.** Acordar, desvelar-se. **2.** Perder o sono, desvelar-se. **3.** Desvelar-se, zelar, cuidar. **4.** Passar a noite em claro, desvelar-se. *Me desvelé estudiando.* Passei a noite estudando.

des·ven·ta·ja *s.f.* Desvantagem.

des·ver·gon·za·do/a *adj.* Desavergonhado.

des·via·ción *s.f.* **1.** Desvio. **2.** *Fig.* Anomalia.

des·vin·cu·lar *v.t.* Desvincular. ■ **desvincularse** *v.p.* Desvincular-se.

des·ví·o *s.m.* **1.** Desvio, afastamento. **2.** Desvio, bifurcação. **3.** Desvio, rodeio. **4.** Desvio, fraude.

des·vi·vir·se *v.p.* Esforçar-se, dedicar-se, fazer todo o possível. *Me desvivo por contentarla pero no hay caso.* Faço de tudo para alegrá-la mas não tem jeito.

de·tall <al> *loc. Gal.* No varejo. *Ventas al detall.* Vendas no varejo.

de·ta·lle *s.m.* **1.** Detalhe, pormenor, minúcia, particular. **2.** Amabilidade, delicadeza, gentileza. *Siempre tuvo muchos detalles conmigo.* Sempre teve muitas gentilezas comigo. **3.** *Com.* Conta, listagem ou lista discriminada. *Necesito el detalle de las compras.* Preciso de uma lista discriminada das compras. **4.** *Amer.* Varejo. ♦ **Dar detalles.** Dar detalhes, pormenores.

de·ta·llis·ta *adj.* **1.** Detalhista. ● *s.2g.* **2.** Varejista.

de·tec·tar *v.t.* Detectar.

de·tec·ti·ve *s.2g.* Detetive.

de·ten·ción *s.f.* **1.** Detenção. **2.** Retenção. **3.** *For.* Prisão, apreensão. ♦ **Detención preventiva.** Prisão preventiva.

de·te·ner *v.t.* **1.** Deter, parar, estancar, sustar. **2.** Deter, prender, aprisionar. **3.** Deter, reter, possuir. *Detiene muchas tierras.* Possui muitas terras. ■ **detenerse** *v.p.* **1.** Deter-se, parar, estancar. **2.** Deter-se, demorar-se. *Me detuve en el centro de la ciudad.* Demorei-me no centro da cidade. ■ *C.mod.* 35.

de·ter·gen·te *adj. e s.m.* Detergente.

de·te·rio·ro *s.m.* **1.** Deterioração. **2.** Decomposição.

de·ter·mi·nar *v.t.* **1.** Determinar, fixar, delimitar. **2.** Determinar, definir, precisar, apurar. **3.** Determinar, decidir, resolver. **4.** Provocar, ocasionar. ■ **determinarse** *v.p.* Determinar-se, decidir-se.

de·tes·tar *v.t.* Detestar, odiar.

de·trás *adv.* **1.** Atrás, detrás, na parte posterior. *Estaba sentado detrás de mí.* Estava sentado atrás de mim. *Llevaba un lazo detrás.* Tinha um laço atrás. **2.** Atrás, depois, detrás. *Yo entré primero y él entró detrás.* Eu entrei primeiro e ele entrou depois. ♦ **Ir detrás.** Ir atrás. **Por detrás. 1.** Pela parte posterior, pelos fundos. *Entré en el edificio por detrás.* Entrei no prédio pelos fundos. **2.** Pelas costas. *Habló mal de ti por detrás.* Falou mal de você pelas costas.

de·tri·men·to *s.m.* Detrimento. ♦ **En detrimento de.** Em detrimento de.

deu·da *s.f.* **1.** Dívida, débito. **2.** *Fig.* Pecado. ♦ **Deuda exterior/externa.** Dívida externa. **Deuda pública.** Dívida pública.

deu·dor/do·ra *adj. e s.* Devedor.

de·va·lua·ción *s.f.* Desvalorização. ■ *Sin.: desvalorización.*

de·va·luar *v.t.* Desvalorizar.

de·va·na·de·ra *s.f. Eletr.* Bobinador.

de·va·na·do *s.m. Eletr.* **1.** Bobina. **2.** Bobinagem. **3.** *Mec.* Enrolamento.

de·vas·ta·ción *s.f.* Devastação, depredação.

de·ven·gar *v.t. Com.* **1.** Obter, auferir. **2.** Incidir, recair, incorrer. *Este pago no devenga intereses.* Neste pagamento não incidem juros.

de·vo·ción *s.f.* **1.** Devoção, culto. **2.** Devoção, dedicação. **3.** Devoção, afeto. **4.** Costume. *Es mi devoción caminar todas las mañanas.* É meu costume caminhar todas as manhãs.

de·vo·lu·ción *s.f.* Devolução.

de·vol·ver *v.t.* **1.** Devolver, restituir. **2.** Devolver, recusar, rejeitar. *Devolví el regalo.* Devolvi o presente. **3.** Devolver, mandar de volta. *Devolvimos el niño a su casa.* Mandamos o menino de volta para casa. **4.** Restabelecer. ■ *v.i. e v.t.* **5.** Vomitar. *La comida le sentó mal y devolvió.* A comida caiu mal e ele vomitou. ■ *C.mod. 03.*

de·vo·rar *v.t. e v.i.* Devorar.

dí·a *s.m.* Dia. ■ **días** *s.m,pl. Fig.* Dias, existência. ♦ **Día a día.** Dia a dia. **Día hábil/laborable.** *Com.* Dia útil. **Día por medio.** Dia sim, dia não. **Día y noche.** Dia e noite. **Al día.** Em dia. **Al otro día.** No dia seguinte. **Buenos días.** Bom dia. **Cosa de días.** Questão de dias. **Dar el día (a uno).** Estragar o dia (de alguém). **Dar los buenos días.** Cumprimentar, dizer bom-dia. **Del día.** Recente, fresco, atual. **El día menos pensado.** O dia que menos se imagina. **El otro día.** No/O outro dia. **En su día.** No momento oportuno. **Estar al día.** Estar em dia. **Hoy (en) día.** Hoje em dia. **Tal día hará un año.** *Fig.* Não ter importância. **Todo el santo día.** O dia inteiro. **Todos los santos días.** Todos os dias. **Un buen día.** Um belo dia. **Un día de estos.** Um dia destes. **Vivir al día.** Viver apertado, contando o dinheiro.

dia·be·tes *s.f. Med.* Diabetes. ■ **a.** *Pl.:* invariável. **b.** *Tb.:* diabetis.

diá·blo *s.m.* **1.** Diabo, demônio, capeta. **2.** *Fig.* Diabo, astuto, travesso. **3.** Diabo, feio. ♦ **¡Diablos!** Diabos! **¡Al diablo!** Para o diabo! **Andar el diablo suelto.** Estar a bruxa solta. **¡Con mil diablos!** Com os diabos! **Más sabe el diablo por viejo que por diablo.** O diabo sabe mais por ser velho do que por ser diabo, a experiência é mais importante que tudo. **Pobre diablo.** Pobre-diabo, joão-ninguém. **¿Qué/Dónde diablos?** Que/Onde diabo? **¡Qué diablos!** Que diabo! **¡Vete al diablo!** Vá para o diabo!

dia·blu·ra *s.f.* Travessura, diabrura.

dia·crí·ti·co/a *adj. Gram.* Diacrítico, diferencial.

dia·de·ma *s.f.* Diadema, tiara.

dia·frag·ma *s.m.* **1.** Diafragma, músculo. **2.** Diafragma, abertura fotográfica. **3.** *Med.* Diafragma, dispositivo anticoncepcional.

dia·go·nal *adj. e s.f.* Diagonal.

diá·lo·go *s.m.* Diálogo.

dia·man·te *s.m. Geol.* Diamante.

diá·me·tro *s.m. Geom.* Diâmetro.

dia·po·si·ti·va *s.f.* Diapositivo, *slide*, transparência.

dia·rio/a *adj.* **1.** Diário, cotidiano. ● *s.m.* **2.** Jornal, diário, folha. **3.** Diária, gasto diário. **4.** Diário, memórias. **5.** *Com.* Livro-caixa, diário. ♦ **A diario.** Diariamente. **De diario.** Do dia a dia.

dia·rrea *s.f. Med.* Diarreia.

di·bu·jan·te *adj. e s.2g.* Desenhista.

di·bu·jar *v.t. e v.i.* **1.** Desenhar. **2.** *Fig.* Descrever. ■ **dibujarse** *v.p.* Desenhar-se.

di·bu·jo *s.m.* Desenho. ♦ **Dibujos animados.** Desenhos animados.

dic·cio·na·rio *s.m.* Dicionário.

di·cha *s.f.* Sorte, fortuna, dita, felicidade. ♦ **Nunca es tarde si la dicha es buena.** A felicidade nunca chega tarde.

di·cho/a *adj.* **1.** Dito, pronunciado, referido. ● *s.m.* **2.** Dito, palavra, expressão. *Un dicho gracioso.* Uma expressão engraçada. **3.** Ditado, provérbio. ■ *Part. irreg.* de *decir.* ♦ **Dicho popular.** Ditado popular. **Dicho y hecho.** Dito e feito. **Del dicho al hecho hay mucho trecho.** De dizer a fazer há muita diferença. **Mejor dicho.** Ou seja, isto é, aliás.

di·cho·so/a *adj.* Feliz, afortunado.

di·ciem·bre *s.m.* Dezembro.

dic·ta·do *s.m.* Ditado. ■ Não tem sentido de "provérbio".

dic·ta·du·ra *s.f.* Ditadura.

dic·tar *v.t.* **1.** Ditar, ler. **2.** Ditar, proferir (leis, sentenças, ordens). **3.** *Fig.* Ditar, inspirar.

di·dác·ti·co/a *adj.* **1.** Didático, pedagógico. **2.** Didático, instrutivo. ● *s.f.* **3.** Didática.

dien·te *s.m.* Dente. ♦ **Diente de ajo.** Dente de alho. **Diente de leche.** Dente de leite. **Armado hasta los dientes.** Armado até os

dentes. **Decir (algo) entre dientes.** Falar entre os dentes. **Enseñar los dientes (a alguien).** Mostrar os dentes (a alguém), ameaçar. **Hablar entre dientes.** Resmungar. **Pelar los dientes.** *Amer.* Sorrir.
dié·re·sis *s.f.* **1.** *Gram.* Trema. **2.** *Med. e liter.* Diérese. ▮ *Pl.:* invariável.
die·sel *s.m. Germ.* Diesel.
dies·tro/a *adj.* **1.** Destro, direito. **2.** Destro, hábil. **3.** Destro, astuto. ● *s.f.* **4.** Mão direita, destra. ◆ **A diestro y siniestro.** A torto e a direito.
die·ta *s.f.* **1.** Dieta, regime. **2.** Dieta, alimentação. **3.** Dieta, jejum. ▮ **dietas** *s.f.pl.* Diária. *Las dietas de viaje.* As diárias de viagem.
di·fa·mar *v.t.* Difamar.
di·fe·ren·cia *s.f.* **1.** Diferença, desigualdade, defasagem. **2.** Diferença, desavença. **3.** *Mat.* Diferença, resto. ◆ **A diferencia de.** Ao contrário de.
di·fe·ren·cial *s.m. Mat. e mec.* Diferencial.
di·fe·ren·ciar *v.t.* **1.** Diferenciar, diversificar, diferençar. **2.** *Mat.* Diferenciar, calcular o diferencial. ▮ *v.i. e v.t.* **3.** Diferenciar, distinguir, diferençar-se. ▮ *v.i.* **4.** Discordar. ▮ **diferenciarse** *v.p.* Diferenciar-se, distinguir-se, diferençar-se.
di·fí·cil *adj.* **1.** Difícil, complicado, complexo. **2.** Difícil, pouco provável.
di·fi·cul·tad *s.f.* **1.** Dificuldade, complexidade. **2.** Dificuldade, aperto. *Se quedó sin trabajo y está en dificultades.* Ficou desempregado e está em dificuldades. **3.** Dificuldade, contrariedade, obstáculo.
di·fun·dir *v.t.* **1.** Difundir, espalhar, alastrar. **2.** *Fig.* Difundir, divulgar. ▮ **difundirse** *v.p.* **1.** Difundir-se, espalhar-se. **2.** *Fig.* Difundir-se, divulgar-se, alastrar-se.
di·fun·to/a *adj. e s.* Defunto.
di·fu·sión *s.f.* Difusão, divulgação.
di·ges·tión *s.f.* Digestão.
di·gi·ta·li·zar *v.t. Inform.* Digitalizar, digitar.
dig·no/a *adj.* Digno.
di·la·ce·rar *v.t.* Dilacerar. ▮ **dilacerarse** *v.p.* Dilacerar-se.

di·la·ción *s.f.* **1.** Adiamento. **2.** Demora. **3.** *For.* Dilação.
di·la·pi·dar *v.t.* Dilapidar, gastar, esbanjar.
di·la·tar *v.t.* **1.** *Fís.* Dilatar, ampliar, aumentar as dimensões. **2.** Dilatar, prolongar. *Dilataron la reunión hasta las seis.* Prolongaram a reunião até as seis horas. **3.** Dilatar, adiar. ▮ **dilatarse** *v.p.* **1.** *Fís.* Dilatar-se, ampliar-se, aumentar as dimensões. **2.** Dilatar-se, prolongar-se. **3.** Dilatar-se, adiar. **4.** *Amer.* Demorar. *Me dilaté mirando los cuadros.* Fiquei um tempão olhando os quadros.
di·le·ma *s.m.* Dilema. ◆ **Verse/Encontrarse en un dilema.** Estar num dilema.
di·li·gen·cia *s.f.* **1.** Diligência, cuidado, zelo. **2.** Diligência, providência, tramitação. **3.** *For.* Diligência, atuação. **4.** Diligência, carruagem. ◆ **Hacer unas diligencias.** Tomar umas providências.
di·luir *v.t.* Diluir. ▮ **diluirse** *v.p.* Diluir-se. ▮ *C.mod. 13.*
di·men·sión *s.f.* Dimensão, extensão. ▮ **dimensiones** *s.f.pl.* **1.** Dimensão, proporção. **2.** *Fig.* Dimensão, importância.
di·mi·nu·ti·vo/a *adj. e s.m. Gram.* Diminutivo.
di·mi·sión *s.f.* Demissão.
di·mi·tir *v.t. e v.i.* Demitir-se, renunciar. *Dimitió de la política.* Renunciou à política. *El gerente dimitió.* O gerente demitiu-se. ▮ Não tem sentido de "despedir".
di·ná·mi·co/a *adj.* **1.** Dinâmico. ● *s.f.* **2.** *Mec.* Dinâmica.
di·na·mo *s.m. Fís.* Dínamo. ▮ *Tb.: dínamo.*
di·ne·ral *s.m.* Dinheirama, dinheirada, dinheirão.
di·ne·ro *s.m.* Dinheiro. ◆ **Dinero contante y sonante.** Dinheiro vivo. **Dinero llama dinero.** Dinheiro chama dinheiro. **Dinero suelto.** Dinheiro trocado, miúdo. **Estar mal de dinero.** Estar sem dinheiro. **Hacer dinero.** Fazer dinheiro.
dios *s.m.* **1.** Deus, Senhor. **2.** Deus, divindade. ◆ **Dios aprieta pero no ahoga.** Tudo tem solução. **Dios dirá.** Veremos. **Dios los**

cría y ellos se juntan. Juntar a fome com a vontade de comer. **¡Dios mío!** Meu Deus! **¡Dios quiera!** Queira Deus! **Dios te bendiga.** Deus te abençoe. **Dios te lo pague.** Deus lhe pague. **A la buena de Dios.** Ao deus-dará. **Como Dios manda.** Como Deus manda. **¡Por Dios!** Pelo amor de Deus! **Que sea lo que Dios quiera.** Seja o que Deus quiser. **¡Santo Dios!** Santo Deus! **Si Dios quiere.** Se Deus quiser. **¡Válgame Dios!** Valha-me Deus! **¡Vaya con Dios!** Vá com Deus!

di·plo·ma·cia *s.f.* **1.** Diplomacia. **2.** *Fig.* Diplomacia, astúcia.

di·plo·má·ti·co/a *adj.* **1.** Diplomático. ● *s.m.* **2.** Diplomata.

dip·ton·go *s.m. Gram.* Ditongo.

di·pu·ta·do/a *s.* Deputado.

di·rec·ción *s.f.* **1.** Direção, guia. **2.** Endereço. *Necesito la dirección del abogado.* Preciso do endereço do advogado. **3.** Direção, administração. **4.** Direção, diretoria. **5.** *Mec.* Direção, volante. **6.** Direção, caminho, rumo. **7.** Conduta, orientação, direção. ♦ **Dirección general.** Diretoria geral. **Dirección electrónica postal.** Endereço eletrônico postal.

di·rec·ti·vo/a *adj.* **1.** Diretivo, diretor. ● *s.f.* **2.** Diretoria. **3.** Diretriz. *Nos dieron las nuevas directivas.* Deram-nos as novas diretrizes. ■ *s.m.* **4.** Executivo. *Es uno de los directivos de la empresa.* É um dos executivos da empresa. **5.** Dirigente. *Habló con los directivos.* Falou com os dirigentes. ♦ **Junta directiva.** Conselho diretor.

di·rec·to/a *adj.* **1.** Direto, direito, reto. **2.** Direto, sem intermediário, imediato. **3.** Direto, sem rodeios, objetivo. **4.** *Fig.* Direto, franco. ● *s.m.* **5.** Direto, expresso, sem escalas. **6.** *Desp.* Direita, golpe de boxe. ♦ **En directo.** Ao vivo.

di·rec·tor/to·ra *adj.* **1.** Diretor, orientador. ● *s.* **2.** Diretor, administrador, chefe. **3.** *Mus.* Regente.

di·rec·to·rio/a *adj.* **1.** Diretório, diretivo, que dirige. ● *s.m.* **2.** Diretório, manual. *Necesito un directorio con las instrucciones de montaje.* Preciso de um manual com as instruções de montagem. **3.** Diretório, comissão, corporação. **4.** Agenda ou lista de endereços. *Busca el teléfono en el directorio.* Procure o telefone na lista. **5.** Diretoria. *El directorio se reúne todos los días.* A diretoria se reúne todos os dias.

di·rec·triz *s.f.* Diretriz.

di·ri·gir *v.t.* **1.** Dirigir, conduzir, levar. **2.** Dirigir, guiar, orientar. **3.** Dirigir, voltar, virar. *Dirigió la vista hacia el mar.* Dirigiu o olhar para o mar. **4.** Dirigir, endereçar, enviar. **5.** Dirigir, dedicar. **6.** Dirigir, governar. ■ **dirigirse** *v.p.* **1.** Dirigir-se, encaminhar-se, destinar-se. **2.** Dirigir-se, falar. *Dirígete al jefe.* Fale com o chefe. ■ Não tem sentido de "conduzir veículo". ♦ **Dirigir la palabra.** Dirigir a palavra, falar. **Dirigir tesis.** Orientar teses.

dis·cer·ni·mien·to *s.m.* Discernimento, discriminação.

dis·cer·nir *v.t.* e *v.i.* Discernir. ■ *C.mod. 01.*

dis·ci·pli·na *s.f.* **1.** Disciplina, ordem, método. **2.** Disciplina, conjunto de regras. *La disciplina militar.* A disciplina militar. **3.** Disciplina, matéria escolar. **4.** Disciplina, instrução, educação. *Los niños necesitan disciplina.* As crianças precisam de instrução.

dis·co *s.m.* **1.** Disco. **2.** Semáforo. **3.** História batida. *¡Otra vez el disco ése del accidente!* Outra vez essa história do acidente! *Inform.* Disquete. ● *s.f.* Discoteca ♦ **Disco compacto.** CD. **Disco duro.** *Inform.* Disco rígido. **Freno de disco.** *Mec.* Freio a disco.

dis·cor·dar *v.i.* **1.** Discordar, não combinar, destoar. *Los zapatos discuerdan del vestido.* Os sapatos não combinam com o vestido. **2.** Discordar, discrepar, divergir. *Discuerdo de tu opinión.* Discordo da sua opinião. ■ *C.mod. 03.*

dis·co·te·ca *s.f.* Discoteca. ■ *Tb.: disco.*

dis·cre·ción *s.f.* Discrição.

dis·cri·mi·na·ción *s.f.* Discriminação. ♦ **Discriminación racial.** Discriminação racial.

dis·cri·mi·nar *v.t. e v.i.* **1.** Discriminar, discernir, distinguir. **2.** Discriminar, segregar. ■ Não tem sentido de "especificar".

dis·cul·pa *s.f.* Desculpa.

dis·cu·rrir *v.i.* **1.** Discorrer, refletir, meditar. *Discurrió mucho sobre el problema.* Refletiu muito sobre o problema. **2.** *Fig.* Discorrer, transcorrer, acontecer. ■ *v.t.* **3.** Discorrer, tramar, maquinar. *Discurrimos una forma de salir del apuro.* Tramamos uma forma de sair do apuro. ■ Não tem sentido de "discursar".

dis·cur·so *s.m.* **1.** Discurso, dissertação, conferência. **2.** Discurso, raciocínio, reflexão. **3.** Discurso, exposição, relato. **4.** Discurso, sermão. **5.** Transcurso.

dis·cu·sión *s.f.* Discussão.

dis·cu·tir *v.t.* **1.** Discutir, examinar. *El profesor discutió el texto con los alumnos.* O professor examinou o texto com os alunos. **2.** Discutir, debater. **3.** Discutir, contestar, replicar. ■ *v.i.* **4.** Discutir, deliberar. *Llevan dos horas discutiendo el mismo asunto.* Há duas horas estão discutindo o mesmo assunto. **5.** Discutir, replicar.

di·se·mi·nar *v.t.* Disseminar, espalhar, difundir. ■ **diseminarse** *v.p.* Disseminar-se, espalhar-se, difundir-se.

di·se·ñar *v.t. e v.i.* **1.** Projetar, fazer desenho industrial. **2.** Delinear, traçar.

di·se·ño *s.m.* **1.** Desenho, planta, projeto (arquitetônico, industrial). **2.** *Fig.* Descrição. *Hizo un diseño claro de la situación.* Fez uma descrição clara da situação.

di·ser·ta·ción *s.f.* **1.** Dissertação. **2.** Discurso. **3.** Tratado.

dis·fraz *s.m.* **1.** Disfarce. **2.** Fantasia. **3.** Máscara.

dis·fru·tar *v.t. e v.i.* **1.** Divertir(-se), usufruir. *Disfruté mucho con ese viaje.* Diverti-me muito nessa viagem. **2.** Gozar, usufruir, ter. *Disfruto de buena salud.* Gozo de boa saúde. **3.** Desfrutar, aproveitar, usufruir. *Disfrutamos de ciertos beneficios.* Usufruímos de certos benefícios.

dis·gus·tar *v.t.* **1.** Contrariar, zangar, magoar. *Su actitud la disgustó.* A atitude dele magoou-a. **2.** Aborrecer, brigar. ■ **disgustarse** *v.p.* **1.** Contrariar-se, zangar-se, magoar-se. **2.** Aborrecer-se, brigar. *Me disgusté con mi novio.* Briguei com o meu namorado.

dis·gus·to *s.m.* **1.** Desgosto, tristeza, mágoa. **2.** Desgosto, pesar, preocupação, aborrecimento. **3.** Briga, discussão. ♦ **A disgusto.** Contra a vontade, sem prazer, a contragosto.

di·si·mu·lar *v.t.* **1.** Dissimular, ocultar, encobrir. *Yo disimulé su mentira.* Eu encobri a sua mentira. *Disimularon la falta de dinero.* Ocultaram a falta de dinheiro. **2.** Tolerar, permitir. ■ *v.i.* **3.** Fingir, disfarçar. *Se sentía a disgusto pero disimuló.* Sentia-se incomodado, mas disfarçou.

di·si·mu·lo *s.m.* **1.** Fingimento, dissimulação, disfarce. **2.** Astúcia. ♦ **Con disimulo.** Disfarçadamente.

di·si·par *v.t.* **1.** Dissipar, dispersar. **2.** *Fig.* Dissipar, desaparecer. ■ **disiparse** *v.p. Fig.* **1.** Dissipar-se, esbanjar. **2.** Dissipar-se, eliminar (sentimentos, sensações).

dis·mi·nui·do/a *adj.* **1.** Diminuído. ● *s.* **2.** Deficiente (físico ou mental).

dis·mi·nuir *v.t.* **1.** Diminuir, reduzir. **2.** *Com.* Debitar. ■ *v.i.* **3.** Diminuir, amainar, decrescer. ■ *C.mod.* 13.

di·sol·ver *v.t.* **1.** Dissolver, diluir. **2.** Dissolver, dissipar. **3.** Dissolver, anular, separar. ■ **disolverse** *v.p.* **1.** Dissolver-se, diluir-se. **2.** Dissolver-se, dissipar-se. **3.** Dissolver-se, anular-se, separar-se. ■ *C.mod.* 03.

dis·pa·rar *v.t. e v.i.* **1.** Disparar, atirar. **2.** Disparar, lançar, arremessar. **3.** *Fig. Amer.* Disparar, sair em disparada. **4.** *Fig.* Explodir, desabafar. ■ **dispararse** *v.p.* **1.** Disparar, atirar. **2.** *Fig.* Disparar-se, lançar-se, arremessar-se. **3.** *Fig. Amer.* Sair correndo.

dis·pa·ra·te *s.m.* **1.** Disparate, absurdo, asneira, desatino. *Este chico cuando habla sólo*

dispendioso/a 153 **diverso/a**

dice disparates. Este garoto quando fala só diz asneiras. **2.** Disparate, desvario, cabeçada. ♦ **¡Qué disparate!** Que absurdo!
dis·pen·dio·so/a *adj.* Dispendioso, custoso, caro.
dis·pen·sar *v.t.* **1.** Dispensar, conceder. **2.** Dispensar, desobrigar, isentar. **3.** Dispensar, dedicar, destinar. *Le dispensó muchos cuidados.* Dedicou-lhe muitos cuidados. ▪ Não tem sentido de "demitir".
dis·pen·sa·rio *s.m. Med.* Ambulatório.
dis·per·sar *v.t.* **1.** Dispersar, espalhar. **2.** *Fig.* Dispersar, dividir, fragmentar. **3.** *Mil.* Dispersar, afugentar. ▪ **dispersarse** *v.p.* **1.** Dispersar-se, espalhar-se. **2.** *Fig.* Dispersar-se, dividir-se, fragmentar-se. **3.** *Mil.* Dispersar-se, debandar.
dis·po·ner *v.t.* **1.** Dispor, arrumar, organizar. *Dispuso la mesa para la cena.* Arrumou a mesa para o jantar. **2.** Dispor, preparar, habilitar. **3.** Dispor, ordenar, decidir, resolver. ▪ *v.i.* **4.** Dispor, ter, possuir. **5.** Dispor, utilizar, servir-se. ▪ **disponerse** *v.p.* **1.** Dispor-se, organizar-se, agrupar-se. **2.** Dispor-se, preparar-se. **3.** Prontificar-se, dispor-se. *Me dispuse a oír su historia.* Prontifiquei-me a ouvir a sua história. ▪ *C.mod. 14.* ♦ **Disponer lo necesario.** Tomar as providências necessárias.
dis·po·si·ción *s.f.* **1.** Disposição, arrumação, ordem. **2.** Disposição, posição, arranjo. **3.** *Fig.* Disposição, ânimo, vontade. **4.** Disposição, subordinação. **5.** Disposição, habilidade, vocação. **6.** Disposição, ordem, determinação, deliberação. **7.** *For.* Deliberação, disposição. ♦ **Disposición legal.** Dispositivo legal. **En disposición de.** Disposto a. **Poner a disposición de.** Pôr à disposição de.
dis·pues·to/a *adj.* **1.** Disposto, preparado, pronto. **2.** Habilidoso. ▪ *Part. irreg.* de *disponer.* ♦ **Estar bien/mal dispuesto. 1.** Ter boa/má vontade. **2.** Estar bem/mal disposto. **Ser bien dispuesto.** Ter boa aparência.
dis·pu·ta *s.f.* Disputa.

dis·tan·cia *s.f.* **1.** Distância, espaço, intervalo. **2.** *Fig.* Distância, diferença. **3.** Distância, afastamento. ♦ **A distancia.** A distância. **Guardar las distancias.** Manter as diferenças de classes sociais.
dis·tin·ción *s.f.* **1.** Distinção, diferenciação, diferença. **2.** Distinção, honraria. **3.** Distinção, dignidade, amabilidade. ♦ **A distinción de.** Diferentemente de. **Hacer distinciones.** Fazer distinções. **Sin distinción.** Sem distinção.
dis·tin·gui·do/a *adj.* **1.** Distinto, ilustre, notável. **2.** Distinto, elegante, educado.
dis·tin·guir *v.t.* **1.** Distinguir, diferenciar. **2.** Distinguir, ver, vislumbrar. **3.** Distinguir, destacar. **4.** *Fig.* Distinguir, preferir. ▪ **distinguirse** *v.p.* **1.** Distinguir-se, diferenciar-se. **2.** Distinguir-se, ver-se, vislumbrar-se. **3.** Distinguir-se, destacar-se.
dis·tin·to/a *adj.* **1.** Diferente, distinto. **2.** Claro, nítido, distinto. ▪ Não tem sentido de "elegante" nem de "ilustre, notável".
dis·tor·sión *s.f.* Distorção.
dis·trac·ción *s.f.* **1.** Distração, entretenimento, diversão. **2.** Distração, desatenção, descuido.
dis·tra·er *v.t.* **1.** Distrair, desviar a atenção. **2.** Distrair, divertir. **3.** *Fig. e col.* Desviar dinheiro. ▪ *v.i.* **4.** Entreter, distrair. ▪ **distraerse** *v.p.* **1.** Distrair-se, desconcentrar-se. **2.** Distrair-se, entreter-se. **3.** Distrair-se, descuidar-se. ▪ *C.mod. 36.*
dis·tri·bu·ción *s.f.* **1.** Distribuição, classificação. **2.** Distribuição, entrega, repartição. **3.** *Com.* Distribuição, alocação. ♦ **Distribución de fondos.** *Com.* Alocação de verbas. **Distribución de ganancias.** *Com.* Distribuição de lucros.
dis·tri·buir *v.t.* Distribuir, repartir. ▪ **distribuirse** *v.p.* Distribuir-se. ▪ *C.mod. 13.*
dis·yun·tor *s.m. Eletr.* Disjuntor.
diur·no/a *adj.* Diurno.
di·va·ga·ción *s.f.* Divagação.
di·ver·sión *s.f.* Diversão.
di·ver·so/a *adj.* **1.** Diverso, diferente. **2.** Di-

verso, variado. ■ **diversos** *adj.pl.* Diversos, numerosos.

di·ver·ti·mien·to *s.m.* 1. Divertimento, diversão. 2. *Mus.* Composição ligeira.

di·ver·tir *v.t.* Divertir. ■ **divertirse** *v.p.* Divertir-se. ■ *C.mod. 11.*

di·vi·dir *v.t.* 1. Dividir, fracionar. 2. Dividir, repartir. 3. *Fig.* Dividir, separar. 4. *Fig.* Dividir, classificar. 5. Dividir, divergir, discordar. 6. *Mat.* Dividir, realizar uma divisão. ■ **dividirse** *v.p.* 1. Dividir-se, fracionar-se. 2. Dividir-se, repartir-se. 3. *Fig.* Dividir-se, separar-se. 4. *Fig.* Dividir-se, classificar-se. 5. Dividir-se, divergir, discordar.

di·vi·ni·dad *s.f.* Divindade.

di·vi·sar *v.t.* Divisar, avistar.

di·vi·sión *s.f.* 1. Divisão, fragmentação. 2. *Mat.* Divisão, operação matemática. 3. Divisão, divisória. 4. Divisão, parte. 5. *Fig.* Divisão, desavença, discórdia. 6. *Mil.* Divisão, conjunto de tropas. 7. Divisão, setor.

di·vor·cio *s.m.* Divórcio.

di·vul·gar *v.t.* 1. Divulgar, publicar. 2. Divulgar, anunciar, revelar. ■ **divulgarse** *v.p.* 1. Divulgar-se, publicar-se. 2. Divulgar-se, revelar-se.

do *s.m. Mus.* Dó, nota musical.

do·bla·di·llo *s.m.* Barra, bainha (de roupa). *Esta falda tiene el dobladillo descosido.* A bainha desta saia está descosturada.

do·bla·je *s.m.* Dublagem.

do·blar *v.t.* 1. Dobrar, encurvar. 2. Dobrar, duplicar. 3. Dobrar, aumentar. 4. Dobrar, rodear. 5. *Fig.* Dobrar, convencer, persuadir. 6. Dublar. ■ *v.i.* 7. Dobrar, repicar os sinos (por morte). 8. Dobrar, virar. ■ **doblarse** *v.p.* 1. Dobrar-se, encurvar-se. 2. *Fig.* Dobrar-se, convencer-se.

do·ble *adj. e s.2g.* 1. Duplo, dobro. 2. Duplo, duplicado. 3. Duplo, réplica. 4. Dobrado. 5. Dublê. 6. Dobra. 7. *Fig.* Hipócrita. ♦ **Doble vía.** Mão dupla.

do·ble·gar *v.t.* 1. Dobrar. 2. *Fig.* Abater, dominar, subjugar. ■ **doblegarse** *v.p.* 1. Dobrar-se. 2. *Fig.* Render-se, submeter-se. *Te doblegaste a sus caprichos.* Você submeteu-se aos seus caprichos.

do·blez *s.m.* 1. Dobra, prega. ■ *s.2g.* 2. Fingimento, hipocrisia.

do·ce·na *s.f.* Dúzia. ♦ **Media docena.** Meia dúzia.

doc·tor/·to·ra *s.* 1. Doutor, pessoa que defendeu tese de doutorado. 2. Doutor, médico.

doc·tri·na *s.f.* 1. Doutrina, conhecimentos. 2. Doutrina, sabedoria. 3. Doutrina, princípios. 4. Doutrina, religião. 5. Doutrina, teorias, ideias.

do·cu·men·tal *adj.* 1. Documental. ■ *adj. e s.m.* 2. Documentário (filme).

do·cu·men·tar *v.t.* 1. Documentar, provar. 2. Informar. ■ **documentarse** *v.p.* Informar-se.

do·cu·men·ta·rio *adj. e s.m.* Documentário. ♦ **Crédito documentario.** *Com.* Crédito documentário.

do·cu·men·to *s.m.* Documento.

dó·lar *s.m.* Dólar, moeda de vários países.

do·ler *v.i.* 1. Doer, causar ou sentir dor. *Me duele la cabeza.* Estou com dor de cabeça. 2. Doer, pesar. ■ **dolerse** *v.p.* 1. Doer-se, compadecer-se. 2. Doer-se, arrepender-se. 3. Queixar-se, lamentar-se. ■ *C.mod. 03.*

do·lor *s.m.* 1. Dor, moléstia. 2. Dor, pesar.

do·mes·ti·car *v.t.* Domesticar, amansar.

do·més·ti·co/a *adj. e s.* 1. Doméstico, caseiro. *Quehaceres domésticos.* Tarefas domésticas. 2. Criado, empregado, doméstico. 3. Doméstico, interno (viagem). *Vuelo doméstico.* Voo doméstico.

do·mi·ci·liar *v.t.* 1. Domiciliar. 2. Sediar. ■ **domiciliarse** *v.p.* Domiciliar-se, fixar residência.

do·mi·ci·lio *s.m.* 1. Domicílio. 2. Sede. ♦ **Con domicilio en.** Com sede em. **Domicilio social.** Sede social.

do·mi·nar *v.t. e v.i.* 1. Dominar, imperar. 2. *Fig.* Predominar, destacar, sobressair. 3. *Fig.* Dominar, conhecer bem. 4. Dominar, submeter. 5. Dominar, controlar. ■ **dominarse** *v.p. Fig.* Dominar-se, conter-se.

do·min·go *s.m.* Domingo.

do·min·gue·ro/a *adj.* **1.** Domingueiro, de uso aos domingos. ■ *adj. e s.* **2.** Que se diverte aos domingos. ■ *s.m.* **3.** Motorista de domingo.

do·mi·nio *s.m.* **1.** Domínio, dominação. **2.** Domínio, possessão. **3.** Domínio, poder, soberania. **4.** Domínio, campo, âmbito. ■ **dominios** *s.m.pl.* Domínios, posse territorial.

do·mi·nó *s.m.* Dominó. ❙ *Tb.:* <u>dó·mi·no</u>.

don¹ *s.m.* **1.** Dom, dádiva. **2.** Dom, habilidade.

don²/do·ña *s.* Dom, senhor, seu. *Don Pedro I.* Dom Pedro I. *Doña Carmen.* Dona Carmem. *Don Antonio.* Senhor/Seu Antônio. ❙ **a.** Usado como forma de tratamento. **b.** Não pode ser usado seguido apenas do sobrenome.

do·na·ción *s.f.* Doação, donativo.

☞ **don·de** *adv.* **1.** Onde. *La casa donde vives.* A casa onde você mora. **2.** Aonde. *¿Dónde vas?* Aonde você vai? **3.** *Amer.* Na casa de, na loja de. *Voy donde Laura.* Vou à casa de Laura. *Lo compré donde Ana.* Comprei isto na loja da Ana. ❙ Acentuado quando funciona como *p.interr. ¿Dónde está el libro?* Onde está o livro? ◆ **Dondequiera.** Onde quer que. *Dondequiera que vayas, avísame.* Onde quer que você vá, avise-me.

do·par *v.t.* Dopar, drogar. ■ **doparse** *v.p.* Dopar-se, drogar-se.

do·ra·do/a *adj.* **1.** Dourado. • *s.f.* **2.** Dourado (certo peixe).

do·rar *v.t.* **1.** Dourar. **2.** Refogar, dourar (alimentos). **3.** *Fig.* Amenizar, adoçar (problemas, situações). ◆ **Dorar la píldora.** Dourar a pílula, tornar agradável algo que não o é.

dor·mi·lón/lo·na *adj.* Dorminhoco.

dor·mir *v.i.* **1.** Dormir, repousar, descansar. **2.** *Fig.* Dormir, descuidar-se. *Si uno duerme, le quitan el lugar.* Se a gente se descuida perde a vez. **3.** Pernoitar. *Dormimos en Madrid.* Passamos a noite em Madri. ■ *v.t.* **4.** Ninar. *La madre durmió al niño.* A mãe ninou o menino. **5.** *Med.* Anestesiar. *Los médicos lo durmieron.* Os médicos anestesiaram-no. ■ **dormirse** *v.p.* **1.** Adormecer. *Se durmió.* Adormeceu. **2.** *Fig.* Dormir, entorpecer um membro do corpo. *Se me ha dormido el pie.* Meu pé dormiu. ❙ *C.mod.* **12.** ◆ **Dormirse en/sobre los laureles.** Desleixar (de algo) após o triunfo.

do·si·fi·car *v.t.* Dosar, dosificar.

do·sis *s.f.* Dose. ❙ *Pl.:* invariável.

do·ta·ción *s.f.* **1.** Dotação. **2.** Verba. **3.** Quadro de funcionários.

do·tar *v.t.* **1.** Dotar. **2.** Designar. **3.** Equipar, dotar. *Dotado de maquinaria moderna.* Equipado com maquinaria moderna.

dra·ma·ti·zar *v.t. e v.i.* Dramatizar.

drás·ti·co/a *adj.* Drástico.

dre·na·je *s.m.* Drenagem.

dro·ga *s.f.* Droga.

dro·ga·dic·to/a *adj. e s.* **1.** Drogado, dopado. **2.** Drogado, viciado.

dro·gue·rí·a *s.f.* Drogaria.

du·cha *s.f.* **1.** Ducha, chuveiro. **2.** Ducha, banho. ◆ **Ducha de agua fría.** Banho/Balde de água fria. **Tomar/Darse una ducha.** Tomar banho.

du·char *v.t.* Dar banho, lavar. ■ **ducharse** *v.p.* Tomar banho, lavar-se.

du·da *s.f.* Dúvida. ◆ **Ante la duda.** Perante/Na/Diante da dúvida. **No caber (ninguna) duda.** Ser indiscutível. **Poner en duda.** Duvidar. **Salir de dudas.** Evitar/Esclarecer dúvidas. **Sin duda (alguna). 1.** Sem dúvida. **2.** Talvez.

du·da·ble *adj.* Duvidável.

du·dar *v.i.* Duvidar, desconfiar. ◆ **¡Lo dudo!** Duvido!

due·ño/ña *s.* **1.** Dono, proprietário. **2.** Dono, chefe de família. ◆ **Hacerse dueño.** Apropriar-se. **Ser dueño de sí mismo.** Ser dono de si mesmo/do seu nariz.

dul·ce *adj.* **1.** Doce, adocicado. **2.** *Fig.* Doce, agradável, suave. **3.** *Fig.* Doce, afável. • *s.m.* **4.** Doce, guloseima, bala. **5.** Doce, compota. **6.** *Arg.* Geleia. ◆ **Dulce de leche.**

Doce de leite. **Dulce de membrillo.** Marmelada.

dul·ce·rí·a *s.f.* Doceria, confeitaria.

dul·ci·fi·car *v.t.* Adoçar.

dul·zón/·zo·na *adj.* Melado.

dul·zu·ra *s.f.* Doçura.

dum·ping *s.m. Angl. Com.* Dumping.

du·pli·ca·do/a *adj.* Duplicado. ♦ **En/Por duplicado.** Em duas vias.

du·ra·ción *s.f.* Duração.

du·ra·de·ro/a *adj.* Duradouro.

du·ran·te *adv.* Durante.

du·rar *v.i.* Durar.

du·raz·no *s.m. Bot.* Pêssego ∎ *Sin.:* melocotón.

dur·mien·te *adj. e s.m.* Dormente.

du·ro/a *adj.* **1.** Duro, forte, sólido. **2.** Duro, rígido. **3.** *Fig.* Duro, difícil. **4.** *Fig.* Duro, rigoroso. **5.** *Fig.* Duro, resistente. **6.** *Fig.* Duro, rude, áspero. ● *s.m.* **7.** *Esp.* Antiga moeda de cinco pesetas. ● **duro** *adv.* Duro, duramente. *Lo trató duro.* Tratou-o duramente.

E

e *s.f.* **1.** E, quinta letra do alfabeto. ● *conj.* **2.** E. *Padre e hijo.* Pai e filho. ∎ **a.** Usa-se antes de palavras que começam por *i* e *hi* em frases declarativas. *Bonita e inteligente.* Bonita e inteligente. **b.** Recebe o nome *e*.

e·ba·nis·te·rí·a *s.f.* Marcenaria.

e·brio/a *adj.* Bêbado, ébrio.

e·bu·lli·ción *s.f.* **1.** Ebulição, fervura. **2.** *Fig.* Ebulição, agitação.

e·cha·do/a *adj.* **1.** Expulso, jogado. *Encontré la lata echada en el armario.* Achei a lata jogada no armário. **2.** Deitado. **3.** Mandado embora, demitido.

e·char *v.t.* **1.** Jogar, lançar, atirar. *Echa esto a la basura.* Jogue isto no lixo. **2.** Colocar, pôr. *Echó la carta en correos.* Colocou a carta no correio. **3.** Produzir, soltar. *El agua en ebullición echa humo.* A água em ebulição solta fumaça. **4.** Demitir. *Lo echaron de la empresa.* Foi demitido da empresa. **5.** Expulsar, afugentar. *Me echó de su casa.* Expulsou-me da sua casa. **6.** Dirigir. *Le echó una mirada triste.* Dirigiu-lhe um olhar triste. **7.** Inclinar. *Echó el cuerpo hacia atrás.* Inclinou o corpo para trás. **8.** Jogar. *Voy y echar una partida.* Vou jogar uma partida. **9.** *Col.* Apostar, jogar. *No me gusta echar a la lotería.* Não gosto de jogar na loteria. **10.** Exibir, representar, apresentar. *Echan Romeo y Julieta en la tele.* Vão passar Romeu e Julieta na tevê. **11.** *Fig.* Calcular, fazer as contas. *Echó cuentas y vio que era muy caro.* Fez as contas e viu que era muito caro. **12.** Despender, gastar (tempo, esforço). *Eché una hora en llegar.* Gastei uma hora para chegar. **13.** Realizar uma ação expressa por um *s. Echó un trago.* Tomou um gole. *Eché una carrera.* Corri. **14.** *Fig.* Tirar, disputar na sorte. *Lo echamos en cara o cruz.* Tiramos no cara ou coroa. **15.** *Fig.* Destruir, arruinar, frustrar. *Echaron mis planes por tierra.* Frustraram os meus planos. **16.** Taxar, tributar, cobrar. *El gobierno nos echa muchos impuestos.* O governo nos cobra muitos impostos. **17.** Dirigir-se, caminhar, ir, seguir. *Echa por la derecha.* Vá pela direita. **18.** Começar, iniciar. *Echó a correr.* Começou a correr. **19.** Encarar, levar em consideração. *Lo eché a mal.* Levei a mal. ∎ **echarse** *v.p.* **1.** Deitar-se. *Se echó a las diez.* Deitou-se às dez horas. **2.** Inclinar-se, debruçar-se. **3.** Lançar-se, atirar-se. **4.** Deitar-se (para descansar), cochilar. *Acabo de echarme.* Acabei de deitar-me para descansar. ♦ **Echar a bro-**

ma. Levar na brincadeira. **Echar abajo. 1.** Derrubar (prédios). **2.** Frustrar (planos). **Echar de menos. 1.** Sentir falta/saudade. **2.** Dar pela falta. **Echar las cartas.** Ler a sorte nas cartas. **Echar la llave.** Trancar, fechar a chave. **Echarse a perder.** Deteriorar-se, estragar-se, degenerar-se. **Echarse (algo) encima.** Ocorrer (algo) inesperadamente. **Echárselas de.** Dar uma de, fingir-se de, aparentar ser.

e·clip·se *s.m.* Eclipse. ♦ **Eclipse lunar.** Eclipse da Lua. **Eclipse solar.** Eclipse do Sol.

e·co *s.m.* **1.** *Fís.* Eco, reflexão acústica. **2.** Eco, ressonância. **3.** *Fig.* Eco, repercussão. **4.** *Fig.* Eco, boato, rumor. ♦ **Hacer eco.** Repercutir, ecoar. **Hacerse eco.** Divulgar. **Tener eco.** Ter ressonância, ser ouvido.

e·co·lo·gí·a *s.f.* Ecologia.

e·co·no·ma·to *s.m.* Cooperativa.

e·co·no·mí·a *s.f.* **1.** Economia, administração de valores. **2.** Economia, ciências econômicas. **3.** Economia, riquezas, bens. **4.** Economia, contenção de despesas, gastos. ■ **economías** *s.f.pl.* Economias, poupança. ♦ **Economía doméstica/política.** Economia doméstica/política.

e·co·nó·mi·co/a *adj.* **1.** Econômico, da economia. **2.** Econômico, controlado nos gastos. **3.** Econômico, barato. *Un mueble económico.* Um móvel barato.

e·cua·ción *s.f. Mat.* Equação.

e·cua·dor *s.m.* Equador.

ec·ze·ma *s.m. Med.* Eczema. ■ *Tb.: eccema.*

e·dad *s.f.* Idade. ♦ **Edad adulta.** Idade adulta. **Edad avanzada.** Idoso/Idade avançada. **Edad de la piedra/de los metales/del bronce.** Idade da pedra/dos metais/do bronze. **Edad del pavo.** Pré-adolescência. **Edad Media.** Idade Média. **De edad.** Idoso. **Estar en edad de.** Estar na idade de, poder fazer algo. **Mayor/Menor de edad.** Maior/Menor de idade.

e·de·ma *s.m. Med.* Edema.

e·dén *s.m.* Éden, paraíso.

e·di·ción *s.f.* **1.** Edição. **2.** Tiragem.

e·dic·to *s.m.* Edital, aviso.

e·di·fi·car *v.t.* **1.** Edificar, construir, levantar (edifícios). **2.** *Fig.* Edificar, infundir bons sentimentos.

e·di·fi·cio *s.m.* Edifício, prédio.

e·di·to·rial *adj.* **1.** Editorial. *Firma editorial.* Empresa editorial. ● *s.m.* **2.** Editorial, artigo. ■ *s.f.* **3.** Editora.

e·du·ca·ción *s.f.* **1.** Educação, instrução, ensino. **2.** Educação, civilidade, cortesia. **3.** Educação, cultura.

e·du·car *v.t.* **1.** Educar, instruir, ensinar. **2.** Educar, formar, ensinar. *Educó bien a la niña.* Educou bem a menina. **3.** Educar, acostumar, treinar. *Hay que educar el oído para escuchar música clásica.* É preciso acostumar o ouvido para ouvir música clássica. ■ **educarse** *v.p.* **1.** Educar-se, instruir-se. **2.** Educar-se, adquirir bons hábitos. **3.** Educar-se, acostumar-se, treinar-se.

e·fec·ti·vi·dad *s.f.* **1.** Efetividade, autenticidade. **2.** Validade, vigência. *Este documento ya no tiene efectividad.* Este documento não tem mais validade. **3.** Efetivação.

e·fec·ti·vo/a *adj.* **1.** Efetivo, eficaz, positivo. **2.** Efetivo, autêntico, verdadeiro. **3.** Efetivo, estável, fixo. *Está como efectivo en la empresa.* É efetivo na empresa. ● *s.m.* **4.** Dinheiro vivo. **5.** Quantidade, número. *El efectivo de los alumnos llega a mil.* O número de alunos chega a mil. ■ **efectivos** *s.m.pl. Mil.* Efetivo, forças de um exército, tropa. ♦ **En efectivo.** Em dinheiro.

e·fec·to *s.m.* **1.** Efeito, resultado, consequência. **2.** Efeito, impressão, sensação. **3.** *Desp.* Efeito, direção que segue uma bola. **4.** *Com.* Produto, artigo. *Aquí tienen buenos efectos.* Aqui há bons produtos. **5.** *Com.* Documento de crédito. ■ **efectos** *s.m.pl.* Efeitos, bens, valores. ♦ **Efectos estancados.** Produtos monopolizados. **Efectos públicos.** Títulos públicos. **A efectos de.** Para efeito de. **A tal efecto.** Para esse objetivo, para essa finalidade, para tal. **Con efecto de.** Com data de. **En efecto.** Efetivamente. **Llevar a efecto.**

Efetivar, realizar. **Ser de mal efecto.** Ser de mau gosto. **Surtir efecto.** Surtir/Fazer efeito. **Tener efecto.** Realizar-se.

e·fec·tuar *v.t.* Efetuar, realizar, efetivar. ■ **efectuarse** *v.p.* Efetuar-se, realizar-se, efetivar-se.

e·fer·ves·cen·cia *s.f.* **1.** Efervescência, ebulição, fervura. **2.** *Fig.* Efervescência, agitação, exaltação.

e·fi·caz *adj.* Eficaz.

e·fi·cien·cia *s.f.* Eficiência.

e·fu·sión *s.f.* **1.** Efusão, derramamento. **2.** *Fig.* Efusão, demonstração de afeto ou emoção.

e·go·ís·mo *s.m.* Egoísmo.

e·go·ís·ta *adj. e s.2g.* Egoísta.

e·gre·so *s.m.* **1.** *Com.* Saída, retirada. **2.** *Amer.* Formatura, conclusão de curso.

¡eh! *interj.* Ei! *¡Eh, te olvidas el paraguas!* Ei, você está esquecendo o guarda-chuva! ■ Usado com valor enfático ao final de orações. *No vengas tarde, ¿eh?* Não venha tarde, tá?

e·je *s.m.* **1.** *Mec.* Eixo, barra que atravessa uma peça giratória. **2.** Eixo, linha imaginária. **3.** *Geom.* Eixo, centro de uma curva. **4.** Eixo, aliança política entre países. **5.** *Fig.* Eixo, centro (de atenções, assuntos).

e·je·cu·ción *s.f.* **1.** Execução, fuzilamento. **2.** Execução, realização. **3.** *Mus.* Execução, interpretação. **4.** *For.* Execução, ajuizamento de dívida.

e·je·cu·tar *v.t.* **1.** Executar, realizar. **2.** Executar, cumprir, obedecer. **3.** *Mus.* Executar, interpretar. **4.** Executar, matar. **5.** *For.* Executar, realizar cobrança judicial.

e·je·cu·ti·vo/a *adj.* **1.** Executivo, que executa (tarefas, leis, sentenças). **2.** Executivo, ativo. ● *s.* **3.** Executivo, diretor ou funcionário de alto nível. ■ *s.f.* **4.** Executiva, comissão ou junta executiva. ♦ **Poder Ejecutivo.** Poder Executivo.

e·jem·plar *adj.* **1.** Exemplar, modelar. ● *s.m.* **2.** Exemplar, variedade, tipo. *Es un bonito ejemplar.* É um bonito exemplar. **3.** *Tip.* Exemplar, número, via, cópia (de publicação, documento).

e·jem·plo *s.m.* **1.** Exemplo, modelo. *La lección le sirvió de ejemplo.* A lição serviu-lhe de exemplo. **2.** Exemplo, exemplificação. *El profesor dio dos ejemplos.* O professor deu dois exemplos. ♦ **Ejemplo vivo.** Exemplo vivo. **Dar ejemplo.** Dar o exemplo, comportar-se exemplarmente. **Poner por ejemplo.** Mencionar como modelo, dar como exemplo. **Por ejemplo.** Por exemplo.

e·jer·cer *v.t.* **1.** Exercer, praticar, atuar. **2.** Exercer, influenciar, atuar sobre.

e·jer·ci·cio *s.m.* **1.** Exercício, desempenho de profissão. **2.** Exercício, atividade física, prática de esportes. **3.** *Mil.* Exercício, treinamento. **4.** *Com.* Exercício, período de vigência (balanços, orçamentos, leis). **5.** Exercício, trabalho ou atividade escolar. **6.** Item de exame ou prova escolar. ♦ **Ejercicio práctico.** Exercício prático/Prova prática. **Ejercicios espirituales.** Retiro espiritual. **En ejercicio.** Em exercício/atividade (profissional).

e·jer·ci·tar *v.t.* Exercitar, exercer. ■ **ejercitarse** *v.p.* Exercitar-se, treinar, praticar.

e·jér·ci·to *s.m.* **1.** *Mil.* Exército, tropa, força de combate. **2.** *Fig.* Exército, multidão, agrupamento de pessoas.

el *art.def.m.* O. *El libro.* O livro. ■ **a.** *F.: la.* **b.** *Pl.: los. Los libros.* Os livros.

él *p.pess. 3ª pess.sing.m.* Ele. *Él es mi hermano.* Ele é meu irmão. ■ **a.** *F.: ella.* **b.** *Pl.: ellos. Ellos no vienen.* Eles não vêm.

e·la·bo·rar *v.t.* **1.** Elaborar, preparar, trabalhar (matéria-prima). *Elaboran el barro para hacer objetos.* Elaboram o barro para fazer objetos. **2.** Elaborar, produzir substâncias. *El cuerpo elabora hormonas.* O corpo produz hormônios. **3.** Elaborar, planejar, idealizar.

e·lás·ti·co/a *adj.* **1.** Elástico, flexível. **2.** *Fig.* Elástico, ajustável, que se presta a várias interpretações. ● *s.m.* **3.** Elástico, goma-elástica.

e·lec·ción *s.f.* **1.** Eleição, nomeação por votos. **2.** Eleição, escolha, seleção. **3.** Opção, alternativa. ■ **elecciones** *s.f.pl.* Eleições, votação.

e·lec·tor/·to·ra *adj. e s.* Eleitor.
e·lec·tri·ci·dad *s.f.* **1.** *Fís.* Eletricidade, energia, magnetismo. **2.** *Eletr.* Eletricidade, força, corrente elétrica.
e·lec·tri·cis·ta *adj. e s.2g.* Eletricista.
e·léc·tri·co/a *adj.* Elétrico.
e·lec·tri·zar *v.t.* **1.** *Eletr.* Eletrizar, eletrificar. ▌ *Tb.: electrificar.* **2.** *Fig.* Eletrizar, entusiasmar, encantar. ■ **electrizarse** *v.p.* **1.** *Eletr.* Eletrizar-se, eletrificar-se. **2.** *Fig.* Eletrizar-se, entusiasmar-se, encantar-se.
e·lec·tro·car·dio·gra·ma *s.m. Med.* Eletrocardiograma.
e·lec·tro·do·més·ti·co/a *adj. e s.m.* Eletrodoméstico.
e·lec·tro·mo·tor/·to·ra *adj. Eletr.* Eletromotor, eletromotriz. ▌ *Tb.: electromotriz.*
e·lec·trón *s.m. Fís.* Elétron.
e·lec·tró·ni·co/a *adj.* **1.** Eletrônico. ● *s.f.* **2.** Eletrônica.
e·lec·tro·quí·mi·co/a *adj. Fís.* **1.** Eletroquímico. ● *s.f.* **2.** Eletroquímica.
e·lec·tros·tá·ti·co/a *adj. Fís.* **1.** Eletrostático. ● *s.f.* **2.** Eletrostática.
e·le·fan·te *s.m.* **1.** Elefante. **2.** *Fig. e col.* Muito gordo. ♦ **Elefante blanco.** Elefante branco, algo custoso e sem utilidade.
e·le·gan·te *adj. e s.2g.* **1.** Elegante, chique. **2.** Elegante, distinto. **3.** Elegante, fino. **4.** Elegante, de boas maneiras, educado. **5.** Elegante, harmonioso.
e·le·gi·do/a *adj.* **1.** Eleito, escolhido. **2.** Selecionado. *Vino elegido.* Vinho selecionado. ● *s.* **3.** *Fig.* Eleito, preferido, favorito. *Es la elegida de su madre.* É a preferida da sua mãe.
e·le·gir *v.t.* **1.** Escolher, selecionar. **2.** Eleger, votar, nomear por votação. ▌ **a.** *Part. reg. elegido.* **b.** *Part. irreg. electo.* Usa-se para designar aquele que foi eleito ou nomeado para um cargo mas ainda não tomou posse. **c.** *C.mod. 10.*
e·le·men·tal *adj.* **1.** Elementar, fundamental, básico. **2.** Elementar, simples, primário. **3.** *Fig.* Elementar, evidente, óbvio.
e·le·men·to *s.m.* **1.** Elemento, parte de um conjunto. **2.** Elemento, módulo, corpo. *Un mueble de tres elementos.* Um móvel de três módulos. **3.** Elemento, ambiente. **4.** *Quím.* Elemento, substância simples. **5.** Elemento, fundamento, base. **6.** *Fís.* Elemento, corpos heterogêneos que produzem eletricidade. **7.** *Fig.* Elemento, pessoa, indivíduo. ■ **elementos** *s.m.pl.* **1.** Elementos, forças da natureza. **2.** Elementos, dados, informações.
e·le·va·ción *s.f.* **1.** Elevação, subida, ascensão. **2.** Elevação, desnível de um terreno. **3.** *Fig.* Elevação, grandeza, distinção.
e·le·var *v.t.* **1.** Elevar, subir, ascender. *Elevaron el precio de la leche.* Elevaram o preço do leite. **2.** Elevar, erguer, tornar mais alto. *Elevó el paquete.* Ergueu o pacote. **3.** *Fig.* Promover (cargo, função). **4.** *For.* Transformar, tornar, fazer lavrar. *Elevar a público.* Tornar público. **5.** *Fig.* Enviar, encaminhar. ■ **elevarse** *v.p.* **1.** Elevar-se, subir. **2.** *Fig.* Elevar-se, alcançar uma posição social. **3.** *Fig.* Elevar-se, exaltar-se.
e·li·mi·nar *v.t.* **1.** Eliminar, suprimir, excluir. **2.** Eliminar, desclassificar. **3.** *Med.* Eliminar, expelir. **4.** *Fig.* Eliminar, descartar, banir.
e·li·mi·na·to·rio/a *adj.* **1.** Eliminatório. ● *s.f.* **2.** *Desp.* Eliminatória.
e·lip·se *s.f. Geom.* Elipse.
e·lip·sis *s.f. Gram.* Elipse, supressão de palavras. ▌ *Pl.:* invariável.
é·li·te *s.f. Gal.* Elite. ▌ *Tb.: elite.*
e·lla *p.pess. 3ª pess.f.* Ela. *Ella no sabe.* Ela não sabe. ▌ *Pl.: ellas. Ellas me lo dijeron.* Elas disseram-me isso.
e·lle *s.f.* Nome da letra *ll,* que para efeitos de ordenação, de acordo com o alfabeto latino universal, considera-se dígrafo (conjunto de duas consoantes agrupadas e indivisíveis que têm um único som).
e·llo *p.pess. 3ª pess. neutro.* Isto, isso, aquilo. *Ello no es razón para discusión.* Isso não é motivo para discussão. ▌ Como neutro, não admite *pl.*
e·lo·cuen·cia *s.f.* **1.** Eloquência, faculdade de persuadir ou convencer por palavras. **2.** Eloquência, expressividade, persuasão.

e·lo·gio *s.m.* Elogio, louvor.
e·lu·ci·dar *v.t.* Elucidar, esclarecer.
e·ma·nar *v.i.* **1.** Emanar, desprender, exalar. **2.** Emanar, provir, originar-se. ■ *v.t.* **3.** *Fig.* Emanar, demonstrar (sentimentos, sensações).
e·man·ci·par *v.t.* Emancipar. ■ **emanciparse** *v.p.* Emancipar-se.
em·ba·ja·dor/-do·ra *s.* Embaixador.
em·ba·la·je *s.m.* Embalagem.
em·ba·lar *v.t.* Embalar, empacotar, embrulhar. ■ **embalarse** *v.p.* **1.** Embalar, empacotar, embrulhar. **2.** Embalar-se, acelerar (veículo). ❙ Não tem sentido de "balançar" nem de "acalentar".
em·bal·se *s.m.* Açude, represa, dique, laguna.
☞ **em·ba·ra·za·da** *adj. e s.f.* Grávida, gestante. ■ Pouco usado com o sentido de "constrangido, confuso".
☞ **em·ba·ra·zar** *v.t.* Engravidar. ■ **embarazarse** *v.p.* Engravidar. ■ Pouco usado com o sentido de "confundir(-se), atrapalhar(-se)".
☞ **em·ba·ra·zo** *s.m.* Gravidez. ■ Pouco usado com o sentido de "perturbação, constrangimento".
em·bar·car *v.t.* **1.** Embarcar, subir a bordo. **2.** *Fig.* Embarcar, entrar em situação difícil ou arriscada. ■ **embarcarse** *v.p.* **1.** Embarcar, subir a bordo. **2.** *Fig.* Embarcar, entrar em situação difícil ou arriscada.
em·bar·gar *v.t.* **1.** Embargar, impedir, reter. **2.** *For.* Embargar, confiscar bens. **3.** *Fig.* Embargar, absorver, dominar. ■ **embargarse** *v.p.* Entreter-se, ocupar-se.
em·bar·go *s.m.* **1.** Embargo, impedimento, empecilho. **2.** *For.* Embargo, confisco, arresto. ♦ **Sin embargo.** Mas, no entanto, contudo, não obstante, entretanto. *Se empeñó, sin embargo no le dieron el empleo.* Esforçou-se, contudo não conseguiu o emprego.
em·be·ber *v.t.* **1.** Embeber, absorver, empapar, banhar. **2.** Embeber, impregnar. **3.** Franzir, encolher (tecidos). *La lana embebe con agua caliente.* A lã encolhe na água quente. ■ **embeberse** *v.p.* **1.** Embeber-se, empapar-se. **2.** Embeber-se, impregnar-se. **3.** *Fig.* Empapar-se, instruir-se.
☞ **em·be·le·sar** *v.t.* Fascinar, maravilhar, encantar. ■ **embelesarse** *v.p.* Fascinar-se, maravilhar-se, encantar-se.
em·be·lle·cer *v.t.* **1.** Embelezar. **2.** Idealizar. ❙ *C.mod. 06.*
em·be·rren·chi·nar·se *v.p. Col.* Embirrar, teimar. *Se emberrenchinó porque no le dejamos ver la tele.* Ficou embirrado porque não o deixamos assistir a TV. ■ *Tb.:* **emberrincharse.**
em·bes·tir *v.t. e v.i.* **1.** Investir, atacar, acometer, avançar. **2.** *Fig. e col.* Pedir dinheiro insistentemente. ❙ *C.mod. 10.*
em·blan·de·cer *v.t.* **1.** Amaciar, abrandar, suavizar. **2.** *Fig.* Amansar, enternecer. ■ **emblandecerse** *v.p.* **1.** Amaciar-se, abrandar-se. **2.** *Fig.* Amansar-se, enternecer-se. ❙ *C.mod. 06.*
em·ble·ma *s.m.* **1.** Emblema, insígnia. **2.** Emblema, símbolo, representação. **3.** Emblema, logotipo.
em·bo·car *v.t. e v.i.* **1.** Embocar, engolir. **2.** Embocar, penetrar, entrar. **3.** Encestar, enfiar na rede. *Embocó la pelota.* Meteu a bola na cesta/no gol. **4.** *Col.* Acertar.
em·bo·lar *v.t.* Embolar, pôr bolas nos cornos de touro. ■ **embolarse** *v.p.* **1.** *Mex. e Am.C.* Embebedar-se. **2.** *Arg.* Chatear-se, encher-se. ❙ Não tem sentido de "enrolar".
em·bo·lia *s.f. Med.* Embolia.
ém·bo·lo *s.m.* **1.** *Mec.* Êmbolo, pistão. **2.** *Med.* Êmbolo, coágulo.
em·bol·sar *v.t.* **1.** Embolsar, guardar em bolsa. **2.** Embolsar, receber dinheiro. ■ **embolsarse** *v.p.* Embolsar, ganhar dinheiro. *Se embolsó un millón jugando a los caballos.* Ganhou um milhão nas corridas de cavalo.
☞ **em·bo·rra·char** *v.t.* **1.** Embriagar, embebedar. **2.** *Fig.* Embriagar, enjoar, entorpecer (odores). **3.** Misturar cores. ■ **emborracharse** *v.p.* **1.** Embriagar-se, embebedar-se. **2.** *Fig.* Embriagar-se, enjoar-se, entorpecer-se (odores). **3.** Misturar cores.

emboscada 161 **emocionar**

em·bos·ca·da *s.f.* Emboscada, cilada, armadilha, arapuca.

em·bos·car *v.t.* **1.** *Mil.* Emboscar, esconder (para surpreender o inimigo). **2.** *Fig.* Emboscar, infiltrar (como espião), tocaiar. ■ **emboscarse** *v.p.* **1.** *Mil.* Emboscar-se, esconder-se. **2.** *Fig.* Emboscar-se, infiltrar-se.

em·bo·tar *v.t.* **1.** Embotar, tirar ou perder o corte. *Si cortas cartón, embotarás las tijeras.* Se você cortar papelão, as tesouras perderão o corte. **2.** Enlatar, pôr em lata. *Embota el azúcar.* Ponha o açúcar na lata. **3.** *Fig.* Embotar, enfraquecer, insensibilizar. **4.** *Fig.* Perder o discernimento, a clareza de pensamento. **5.** *Col.* Embotar, pôr as botas. ■ **embotarse** *v.p.* **1.** Embotar-se, tirar ou perder o corte. **2.** Enlatar, pôr em lata. **3.** *Fig.* Embotar-se, enfraquecer-se, insensibilizar-se. **4.** *Fig.* Perder o discernimento, a clareza de pensamento. **5.** *Col.* Embotar-se, pôr as botas.

em·bo·te·lla·do/a *adj.* **1.** Engarrafado, colocado em garrafa. **2.** *Fig.* Estudado, preparado com antecedência. *El director trajo la conferencia embotellada.* O diretor trouxe a conferência preparada. **3.** *Fig.* Engarrafado, congestionado, obstruído (trânsito).

em·bo·te·lla·mien·to *s.m.* **1.** Engarrafamento, ação de engarrafar. **2.** *Fig.* Engarrafamento, congestionamento.

em·bo·te·llar *v.t.* **1.** Engarrafar, pôr em garrafa. **2.** *Fig.* Engarrafar, congestionar, obstruir (trânsito). **3.** *Fig.* Impedir ou dificultar o desenvolvimento (de algo). **4.** *Fig. e col.* Memorizar apressadamente, decorar (conhecimentos).

em·bo·zar *v.t.* **1.** Cobrir a parte inferior do rosto. **2.** *Fig.* Disfarçar, dissimular. **3.** Entupir. ■ **embozarse** *v.p.* **1.** Cobrir-se a parte inferior do rosto. **2.** *Fig.* Disfarçar, dissimular. **3.** Entupir, ficar entupido. *Esta cañería siempre se emboza.* Este encanamento sempre entope.

em·bra·gar *v.t.* **1.** Prender com abraçadeira. **2.** *Mec.* Embrear, acionar a embreagem, engatar.

em·bra·gue *s.m. Mec.* Embreagem.
em·bre·ñar·se *v.p.* Embrenhar-se.
em·bria·gar *v.t.* **1.** Embriagar, embebedar. **2.** *Fig.* Embriagar, entorpecer. **3.** *Fig.* Embriagar, extasiar, fascinar. ■ **embriagarse** *v.p.* Embriagar-se, embebedar-se, ficar bêbado.

em·brión *s.m.* **1.** *Med.* Embrião, feto. **2.** *Fig.* Embrião, germe. **3.** *Fig.* Causa, origem, embrião.

☞ **em·bro·mar** *v.t.* **1.** Brincar, caçoar, zombar. **2.** *Amer.* Prejudicar (alguém). ■ **embromarse** *v.p. Amer.* Chatear-se, zangar-se.

em·bru·jo *s.m.* Feitiço, encanto.
em·bu·do *s.m.* **1.** Funil. **2.** *Fig.* Armadilha.
em·bus·te *s.m.* Mentira, embuste, fraude.
em·bus·te·ro/a *adj. e s.* Mentiroso, enganador, embusteiro.

em·bu·ti·do/a *adj.* **1.** Embutido. **2.** Incrustado, encaixado. ● *s.m.* **3.** Frio, conserva. *Tengo que comprar embutidos.* Tenho que comprar frios.

em·bu·tir *v.t.* **1.** Preparar frios. **2.** Embutir, incrustar. **3.** *Fig.* Fazer acreditar, impingir. **4.** *Fig. e col.* Comer muito e apressadamente.

e·mer·gen·cia *s.f.* Emergência.
e·mi·grar *v.i.* Emigrar.
e·mi·nen·te *adj.* **1.** Eminente, elevado. **2.** Eminente, ilustre, superior.
e·mi·ra·to *s.m.* Emirado.
e·mi·sión *s.f.* **1.** Emissão. **2.** Veiculação (propaganda por rádio ou televisão). **3.** Transmissão (programas de televisão).
e·mi·sor/so·ra *adj. e s.* Emissor, emitente.
e·mi·so·ra *s.f.* Emissora, estação de rádio/TV.
e·mi·tir *v.t.* **1.** Emitir, irradiar, transmitir, veicular. *Emiten un buen concierto hoy.* Transmitem um bom concerto hoje. **2.** Emitir, soltar, lançar. *Emitió un grito.* Soltou um grito. **3.** Emitir, fabricar e pôr dinheiro em circulação. **4.** *Fig.* Emitir, pronunciar, proferir. **5.** *Com.* Expedir, lavrar. *Emitir finiquito.* Dar quitação/recibo.

e·mo·ción *s.f.* Emoção.
e·mo·cio·nar *v.t.* Emocionar. ■ **emocionarse** *v.p.* Emocionar-se.

e·mo·ti·vo/a *adj.* **1.** Emotivo, emocionante. **2.** Emotivo, emocional. **3.** Emotivo, sensível.

em·pa·car *v.t.* **1.** Empacotar, embrulhar. **2.** *Mex. e Am.C.* Fazer as malas. ■ **empacarse** *v.p. Col.* Empacar(-se), emperrar-se, teimar.

em·pa·char *v.t.* **1.** Causar indigestão. **2.** Constranger. **3.** *Fig.* Encher, saturar, cansar. ■ **empacharse** *v.p.* **1.** Sofrer indigestão, saturar-se. **2.** Constranger-se, envergonhar-se.

em·pa·cho *s.m.* **1.** Indigestão. **2.** Constrangimento, vergonha. ♦ **No tener empacho en hablar.** Não ter papas na língua.

em·pa·dro·na·mien·to *s.m.* **1.** Censo. **2.** Cadastramento, inscrição.

em·pa·dro·nar *v.t.* **1.** Submeter ou incluir em censo. **2.** Cadastrar. ■ **empadronarse** *v.p.* Submeter-se ou incluir-se em censo.

em·pa·jar *v.t.* Empalhar.

em·pa·la·gar *v.t. e v.i.* **1.** Enjoar (por comer algo muito doce). **2.** *Fig.* Aborrecer, enjoar (por ser muito afetivo, meloso). *Su cariño empalaga.* O seu carinho enjoa. ■ **empalagarse** *v.p.* **1.** Enjoar-se (por comer algo muito doce). **2.** *Fig.* Aborrecer-se ou enjoar (por ser muito afetivo, grudento).

em·pa·la·go·so/a *adj.* **1.** Enjoativo. **2.** *Fig.* Meloso, grudento (pessoas).

☞ **em·pal·mar** *v.t.* **1.** Conectar, juntar, emendar. ■ *v.i.* **2.** Ajustar-se em sequência, encaixar(-se). *Esta página empalma con la otra.* Esta página encaixa-se com a outra. **3.** Combinar horários, ter conexão. *El vuelo 570 empalma con el 820.* O voo 570 faz conexão com o 820.

em·pal·me *s.m.* **1.** Conexão, entroncamento. **2.** Encaixe. **3.** Cruzamento (de estradas). **4.** Emenda. ♦ **Empalme dentado.** *Mec.* Encaixe dentado.

em·pa·na·da *s.f.* **1.** Empada. **2.** *Fig. e col.* Armadilha, rolo. **3.** *Amer.* Tipo de salgadinho, espécie de pastel caseiro.

em·pa·na·do/a *adj. Amer.* À milanesa. *Un bistec empanado.* Um bife à milanesa.

em·pa·ñar *v.t.* **1.** Embaçar. **2.** Colocar fralda. **3.** *Fig.* Macular.

em·pa·par *v.t. e v.i.* **1.** Empapar, absorver. **2.** Empapar, ensopar. **3.** Empapar, impregnar. ■ **empaparse** *v.p.* **1.** Empapar-se, absorver. **2.** Empapar-se, ensopar-se, encharcar-se. **3.** Empapar-se, impregnar-se.

☞ **em·pa·pu·zar** *v.t.* Empanturrar. ■ **empapuzarse** *v.p.* Empanturrar-se. ❚ *Tb.:* empapujar.

em·pa·que *s.m.* **1.** Embalagem, pacote. **2.** Aparência, aspecto. **3.** Dignidade. **4.** *Amer.* Descaramento.

em·pa·que·tar *v.t. e v.i.* **1.** Empacotar. **2.** Acondicionar. **3.** *Fig.* Amontoar.

em·pa·re·da·do/a *adj. e s.* **1.** Enclausurado (por vontade própria). ■ *s.m.* **2.** Sanduíche feito com pão de fôrma.

em·pa·re·jar *v.t. e v.i.* **1.** Emparelhar, formar pares ou casais. **2.** Emparelhar, nivelar. **3.** Emparelhar, ajustar. ■ **emparejarse** *v.p.* **1.** Emparelhar-se, formar pares ou casais. **2.** Emparelhar-se, nivelar-se. **3.** Emparelhar-se, ajustar-se.

em·pas·tar *v.t.* **1.** Empastar, cobrir de pasta. **2.** Empastar, aplicar tintas em grande quantidade. **3.** *Med.* Obturar, restaurar (dentes). **4.** Encadernar. **5.** *Amer.* Plantar grama.

em·pa·tar *v.i.* Empatar, igualar (em votos, pontos). ❚ Não tem sentido de "aplicar dinheiro" nem de "impedir o seguimento".

em·pe·dra·do/a *adj.* **1.** Pavimentado com paralelepípedos. ● *s.m.* **2.** Chão ou pavimento de pedra.

em·pe·ñar *v.t.* **1.** Empenhar, hipotecar. **2.** *Fig.* Empenhar, prometer. **3.** Penhorar, empenhar. **4.** Empreender. ■ **empeñarse** *v.p.* **1.** Teimar, obstinar-se. **2.** Empenhar-se, endividar-se. **3.** Empenhar-se, comprometer-se. **4.** Empenhar-se, esmerar-se.

em·pe·ño *s.m.* **1.** Empenho, penhora. **2.** Empenho, aplicação, decisão, obstinação. **3.** Tentativa, empresa. **4.** Empenho, compromisso, obrigação.

em·peo·rar *v.i.* Piorar. ■ **empeorarse** *v.p.* Piorar.

em·pe·que·ñe·cer *v.t. e v.i.* **1.** Diminuir, tornar pequeño. **2.** *Fig.* Desmerecer, apocar, diminuir a importância. ■ **empequeñecerse** *v.p.* Diminuir-se, tornar-se pequeno. ■ *C.mod. 06.*

em·pe·ra·dor/·ra·triz *s.* Imperador.

em·pe·rrar·se *v.p.* Obstinar-se, teimar. ■ Não tem sentido de "entravar".

em·pe·zar *v.t. e v.i.* Começar, iniciar, principiar. *Ella empieza a trabajar a las nueve.* Ela começa a trabalhar às nove. ■ *C.mod. 01.* ◆ **Para empezar. 1.** Em primeiro lugar. **2.** Para começar.

em·pi·nar *v.t.* **1.** Endireitar, empinar. **2.** Suspender, erguer, empinar. **3.** Empinar, emborcar (copos, garrafas). **4.** *Fig. e col.* Beber muito, encher a cara. ■ **empinarse** *v.p.* **1.** Ficar na ponta dos pés. **2.** Elevar-se, empinar-se. ◆ **Empinar el codo/Empinarla.** Embriagar-se.

em·plas·to *s.m. Med.* Emplasto.

em·plea·do¹/a *adj.* Empregado, utilizado, aplicado. ◆ **Dar (algo) por bien empleado.** Estar satisfeito com a realização (de algo). **Estar (algo) bien empleado (a alguien).** Ser bem feito, ser um bom castigo (para alguém).

em·plea·do²/a *adj. e s.* **1.** Empregado, que tem emprego, funcionário. ■ *s.f.* **2.** Empregada, doméstica. ◆ **Empleado de banca.** Bancário.

em·ple·ar *v.t.* **1.** Empregar, dar emprego, trabalho. **2.** Empregar, aproveitar, fazer uso de. *Empleó el dinero en un coche.* Empregou o dinheiro num carro. **3.** Empregar, gastar, consumir. **4.** Empregar, utilizar, aplicar. ■ **emplearse** *v.p.* **1.** Empregar-se, conseguir trabalho. **2.** Empregar-se, utilizar-se.

em·pleo *s.m.* **1.** Emprego, uso. **2.** Emprego, serviço, trabalho.

em·po·bre·ci·mien·to *s.m.* Empobrecimento.

em·po·llar *v.t. e v.i.* **1.** Chocar. **2.** *Fig. e col.* Estudar muito.

em·po·llón/·llo·na *adj. e s. Col.* Excessivamente dedicado ao estudo, caxias, cê-dê-efe.

em·pol·var *v.t.* **1.** Passar pó, talco. **2.** Empoeirar. ■ **empolvarse** *v.p.* **1.** Passar-se pó, talco. **2.** Empoeirar-se.

em·por·car *v.t.* Emporcalhar. ■ **emporcarse** *v.p.* Emporcalhar-se, lambuzar-se. ■ *C.mod. 03.*

em·po·trar *v.t.* **1.** Embutir. *Hay que empotrar el armario.* É preciso embutir o armário. **2.** Chumbar. *Empotré los ganchos para la hamaca.* Chumbei os ganchos para a rede.

em·po·zar *v.t.* Empoçar. ■ **empozarse** *v.p. Fig. e col.* Parar, não dar andamento (a um assunto).

em·pren·der *v.t.* Empreender, iniciar, começar.

em·pre·sa *s.f.* **1.** Empresa, empreendimento, obra, empreitada. **2.** Empresa, firma, organização comercial. **3.** Insígnia.

em·pre·sa·rial *adj.* Empresarial.

em·pre·sa·rio/a *s.* Empresário.

em·pu·jar *v.t.* **1.** Empurrar. **2.** *Fig.* Pressionar. **3.** Instigar. **4.** *Fig. e col.* Incentivar.

em·pu·je *s.m.* **1.** Empurrão. **2.** *Arq.* Empuxo. **3.** *Fig.* Vigor, iniciativa, garra. **4.** *Fig.* Influência, poder.

em·pu·jón *s.m.* **1.** Empurrão, esbarrão. **2.** *Fig.* Impulso, incentivo. ◆ **A empujones. 1.** Aos empurrões. **2.** De forma descontínua.

em·pu·ñar *v.t.* Empunhar.

en *prep.* **1.** Em. *Está en España.* Está na Espanha. *Hizo el trabajo en dos días.* Fez o trabalho em dois dias. *Artículos en rebaja.* Produtos em liquidação. *Me habló en secreto.* Falou comigo em particular. **2.** Por, em forma de. *La conozco en el hablar.* Conheço-a pelo falar. **3.** De. *Viajó en tren.* Viajou de trem. *Vine en bicicleta.* Vim de bicicleta.

e·na·gua *s.f.* Anágua. ■ Usado geralmente no *pl.*

e·na·je·nar *v.t.* **1.** Alienar, transferir, ceder. *Enajenaron la casa.* Alienaram a casa. **2.** *Fig.* Alienar, alucinar, enlouquecer. *La notícia lo enajenó.* Ficou alucinado com a notícia. **3.** *Fig.* Alhear, desviar, afastar (sentimentos). ■ **enajenarse** *v.p.* **1.** Alienar-se, alhear-se, privar-se. *Algunos religiosos se enajenan de sus bienes.* Alguns religiosos

privam-se dos seus bens. 2. *Fig.* Brigar, estranhar-se.
e·na·mo·rar *v.t.* Apaixonar, enamorar, fascinar. ■ **enamorarse** *v.p.* Apaixonar-se, enamorar-se, fascinar-se.
e·na·no/a *adj. e s.* 1. Anão. 2. *Fig. e col.* Baixinho, tratamento carinhoso para crianças.
e·nar·de·cer *v.t.* 1. Arder, inflamar, exaltar. 2. Arder, excitar sexualmente. ■ **a.** *Tb.: en·ar·de·cer.* **b.** *C.mod. 06.*
en·ca·be·zar *v.t.* 1. Encabeçar, vir à frente, ser o primeiro. 2. *Amer.* Encabeçar, comandar, chefiar. 3. Epigrafar, pôr cabeçalho.
en·ca·de·nar *v.t.* 1. Encadear, acorrentar. 2. *Fig.* Encadear, concatenar, coordenar (fatos, ideias). 3. *Fig.* Encadear, prender, atar.
en·ca·jar *v.t.* 1. Encaixar, embutir, engastar. 2. *Fig. e col.* Encaixar, acertar, desfechar. *Le encajó tres bofetones.* Acertou-lhe três bofetões. 3. Encaixar, coincidir, casar. 4. *Fig. e col.* Impingir, obrigar a suportar. 5. *Fig.* Encaixar, dizer algo oportuna ou inoportunamente. 6. Passar. *Le encajó un billete falso.* Passou-lhe uma nota falsa. 7. *Fig. e col.* Aceitar, conformar-se. *Encajó bien la noticia.* A notícia foi bem aceita. ■ **encajarse** *v.p. Fig. e col.* 1. Travar (mecanismos, objetos). 2. Enfiar. *Me encajé la gorra y salí.* Enfiei o gorro e saí.
en·ca·je *s.m.* 1. Encaixe. 2. Renda, passamanaria.
en·ca·llar *v.i.* 1. Encalhar, ficar em seco (embarcação). 2. *Fig.* Encalhar, parar, interromper o andamento. *El asunto encalló en la dirección.* O assunto encalhou na diretoria.
en·ca·mar *v.t.* Pôr ou estender no chão. ■ **encamarse** *v.p.* 1. Acamar, cair de cama. 2. *Col.* Dormir junto, fazer amor.
en·ca·mi·nar *v.t.* 1. Encaminhar, mostrar o caminho, guiar. 2. Encaminhar, dirigir, conduzir, enveredar. 3. *Fig.* Encaminhar, orientar, pôr no bom caminho. ■ **encaminarse** *v.p.* 1. Encaminhar-se, guiar-se. 2. Encaminhar-se, dirigir-se. 3. *Fig.* Encaminhar-se, tomar o bom caminho.

☞ **en·ca·nar·se** *v.p.* 1. Exceder-se, permanecer muito tempo (num acesso de riso, choro). *Se encanó a llorar.* Ficou chorando um tempão. 2. *Col.* Demorar-se, entreter-se muito conversando.
en·can·ta·do/a *adj.* 1. Encantado, satisfeito, contente. *Está encantado con el coche nuevo.* Está encantado com o carro novo. 2. Encantado, assombrado. 3. *Fig.* Distraído, enfeitiçado. ♦ **¡Encantado/a!** Muito prazer!
en·can·tar *v.t.* 1. Encantar, enfeitiçar. 2. *Fig.* Encantar, fascinar, seduzir, cativar. 3. Gostar muito, adorar. *Me encanta leer.* Adoro ler.
en·ca·ñar *v.t.* Canalizar, encanar.
en·ca·pri·char·se *v.p.* 1. Enfiar na cabeça, esforçar-se ou teimar para conseguir algo, embirrar. 2. Apaixonar-se.
en·ca·rar *v.i.* 1. Encarar, afrontar. 2. *Fig.* Encarar, enfrentar. 3. Apontar.
en·ca·re·cer *v.t. e v.i.* 1. Encarecer, elevar o preço, tornar caro. ■ *v.t.* 2. *Fig.* Encarecer, elogiar. 3. *Fig.* Encarecer, insistir. ■ **encarecerse** *v.p.* Encarecer, elevar o preço, tornar-se caro. ■ *C.mod. 06.*
en·ca·re·ci·mien·to *s.m.* 1. Encarecimento, aumento, elevação (preços). 2. Encarecimento, insistência. 3. *Fig.* Encarecimento, elogio.
en·car·ga·do/a *adj.* 1. Encomendado, encarregado. ■ *adj. e s.* 2. Encarregado, supervisor, responsável. ♦ **Encargado de negocios.** Encarregado de negócios.
en·car·gar *v.t.* 1. Encarregar, incumbir, recomendar. *Le encargo que no la deje sola.* Recomendo-lhe que não a deixe sozinha. 2. Encomendar. *Encargué dos pares de zapatos.* Encomendei dois pares de sapatos. ■ **encargarse** *v.p.* Encarregar-se, incumbir-se, cuidar.
en·car·go *s.m.* 1. Encomenda. 2. Encargo, incumbência, responsabilidade. 3. Cargo, ocupação. ■ Não tem sentido de "imposto". ♦ **De encargo.** Por encomenda. **Hecho de encargo.** Feito por/sob encomenda.

en·ca·ri·ñar *v.t.* Afeiçoar, apegar. ■ **encariñarse** *v.p.* Afeiçoar-se, apegar-se.

en·car·na·do/a *adj.* **1.** Encarnado, que encarnou. **2.** Encarnado, personificado. ● *adj. e s.m.* **3.** Vermelho, encarnado.

en·car·nar *v.t.* **1.** Encarnar, representar, personificar. **2.** *Fig.* Encarnar, simbolizar ou ter (virtudes, qualidades). **3.** Encarnar, dar cor de carne a (pintura, escultura). ■ *v.i.* **4.** Cicatrizar, encarnar. **5.** Tornar carne, encarnar. ■ **encarnarse** *v.p.* Tornar-se carne, encarnar-se.

en·ca·rri·lar *v.t.* **1.** Encarrilhar, pôr nos trilhos. **2.** *Fig.* Encaminhar, encarrilhar, dar andamento. ■ **encarrilarse** *v.p. Fig.* Funcionar, avançar, encarrilhar. ■ *Tb.: encarrillar.*

en·car·tar *v.t.* **1.** *For.* Condenar. **2.** Convocar por edital. **3.** *For.* Arrolar num processo. **4.** Arrolar para o pagamento de tributos. ■ *v.i.* **5.** Envolver, implicar. *Encartaron a Ernesto en el caso.* Envolveram o Ernesto no caso. **6.** Inserir. *Encartó los mapas.* Inseriu os mapas. **7.** Encartar. ■ **encartarse** *v.p.* Encartar.

en·cas·que·tar *v.t.* **1.** Encasquetar, pôr gorro ou chapéu. **2.** *Fig.* Persuadir, encasquetar. ■ **encasquetarse** *v.p.* **1.** Encasquetar-se, pôr gorro ou chapéu. **2.** *Fig.* Encasquetar-se, obstinar-se, teimar.

en·cau·zar *v.t.* **1.** Canalizar. **2.** *Fig.* Encaminhar. ■ **encauzarse** *v.p. Fig.* Encaminhar-se.

en·ce·bo·lla·do/a *adj.* Acebolado.

en·ce·fa·li·tis *s.f. Med.* Encefalite. ■ *Pl.:* invariável. ♦ **Encefalitis letárgica.** Encefalite letárgica.

en·cel·dar *v.t.* Encarcerar. ■ *Sin.: encarcelar.* ■ **enceldarse** *v.p.* Trancar-se, enclausurar-se.

en·cen·de·dor *s.m.* Isqueiro, acendedor.

en·cen·der *v.t.* **1.** Acender, produzir fogo, queimar. **2.** Acender, ligar (sistema elétrico). *Enciende la luz.* Acenda a luz. **3.** *Fig.* Acender, animar, entusiasmar. ■ **encenderse** *v.p.* Acender-se. ■ *C.mod. 01.*

en·cen·di·do/a *adj.* **1.** Aceso. ● *s.m.* **2.** Ignição. *Encendido electrónico.* Ignição eletrônica.

en·ce·ra·do/a *adj.* **1.** Encerado, coberto de cera. ● *s.m.* **2.** Encerado, lona. **3.** Quadro-negro, lousa.

en·ce·ra·do·ra *s.f.* Enceradeira.

en·ce·rrar *v.t.* **1.** Encerrar, aprisionar. **2.** Encerrar, trancar. **3.** *Fig.* Encerrar, conter, incluir. **4.** *Fig.* Encurralar. ■ **encerrarse** *v.p.* Trancar-se, trancafiar-se. ■ **a.** Não tem sentido de "concluir, terminar". **b.** *C.mod. 01.*

en·cha·pa·do *s.m.* Laminado, chapa.

en·char·car *v.t.* **1.** Encharcar, inundar. **2.** Encher o estômago de água. **3.** *Fig.* Viciar, desencaminhar. ■ **encharcarse** *v.p.* Encharcar-se, inundar-se.

en·chu·far *v.t.* **1.** *Eletr.* Conectar, ligar na tomada. **2.** Unir, ligar, enlaçar. **3.** *Fig. e col.* Enfiar, encaixar, impingir. *Nos enchufaron un nuevo impuesto.* Impingiram-nos um novo imposto. ■ **enchufarse** *v.p. Fig.* Conseguir, obter por recomendação (cargo, favor). *Me enchufé en el ministerio.* Consegui um posto no ministério.

en·chu·fe *s.m.* **1.** *Eletr.* Tomada. **2.** Plugue. **3.** Junção, ligação. **4.** *Fig. e col.* Recomendação, indicação, padrinho. **5.** *Fig. e col.* Emprego ou cargo recomendado. ♦ *Tener enchufe. Col.* Ter pistolão, ser apadrinhado.

en·cí·a *s.f.* Gengiva.

en·ci·ma *adv.* **1.** Em cima, em local superior, sobre. *El lápiz está encima de la mesa.* O lápis está em cima da mesa. **2.** *Fig.* Além de, ademais, ainda por cima. *Le gritó y encima le dio una bofetada.* Gritou e ainda por cima deu-lhe uma bofetada. **3.** *Fig.* Acima, em posição superior. *Encima de él está el gerente general.* Acima dele está o gerente geral. ♦ **Encima de. 1.** Sobre. **2.** Além de. **De encima.** De cima. **Echar encima.** Cair em cima. **Estar encima.** Ficar em cima. **Llevar encima.** Carregar, arcar. **Por encima.** Por cima, superficialmente. **Y encima.** Ainda por cima.

en·cin·ta *adj. e s.f.* Grávida.

en·cin·ta·do *s.m.* Guia da calçada.

en·cla·va·do/a *adj.* **1.** Encravado, ajustado, encaixado. **2.** Encravado, localizado, situado.

én·cli·sis *s.f. Gram.* Ênclise. ■ *Pl.:* invariável.
en·co·bar *v.i.* Incubar, chocar, cobrir (ovos). ■ **encobarse** *v.p.* Incubar.
en·co·ger *v.t.* **1.** Encolher, reduzir o tamanho. **2.** Encolher, contrair, retrair (parte do corpo). *Encoge las piernas.* Encolha as pernas. **3.** *Fig.* Encolher, acanhar, reprimir. ■ **encogerse** *v.p.* **1.** Encolher(-se), reduzir(-se) o tamanho. **2.** Encolher-se, contrair-se, retrair-se (parte do corpo). **3.** *Fig.* Encolher-se, acanhar-se, reprimir-se. ♦ **Encogerse de hombros.** Encolher os ombros, dar de ombros, resignar-se.
en·co·gi·do/a *adj.* **1.** Encolhido, retraído, contraído. ■ *adj. e s.* **2.** Encolhido, tímido. **3.** Encolhido, covarde.
en·co·men·dar *v.t.* Encomendar, incumbir. ■ *Sin.: encargar.* ■ **encomendarse** *v.p.* Encomendar-se, confiar-se. ■ *C.mod. 01.*
en·co·mien·da *s.f.* **1.** Encomenda. **2.** Comenda. **3.** Recomendação.
en·con·tra·do/a *adj.* **1.** Encontrado, achado, descoberto. **2.** Oposto, contrário, desencontrado. *Informaciones encontradas.* Informações desencontradas.
en·con·trar *v.t.* **1.** Encontrar, achar. **2.** Encontrar, descobrir por acaso, deparar-se com, esbarrar. **3.** *Fig.* Notar, considerar, achar. *Lo encuentro simpático.* Acho-o simpático. ■ **encontrarse** *v.p.* **1.** Encontrar-se, defrontar-se. **2.** Encontrar-se, marcar um encontro. **3.** Encontrar-se, estar em certa condição. *El edificio se encuentra en ruinas.* O edifício encontra-se em ruínas. **4.** Encontrar-se, chocar-se, bater. **5.** *Fig.* Estar em desacordo, contrariar-se, opor-se. *Sus opiniones sobre política se encuentran.* As suas opiniões sobre política divergem. ■ *C.mod. 03.* ♦ **Encontrárselo todo hecho.** Receber tudo de mão beijada.
en·con·trón *s.m. Col.* Encontrão. ■ *Tb.: encontronazo.*
en·cor·var *v.t.* Curvar, encurvar, dobrar. ■ **encorvarse** *v.p.* Encurvar-se, dobrar-se.
en·cres·par *v.t.* **1.** Encrespar, enrolar. **2.** Encrespar, agitar (mar). **3.** Irritar, encrespar. ■ **encresparse** *v.p.* **1.** Encrespar-se, enrolar-se. **2.** Encrespar-se, agitar-se (mar). **3.** Arrepiar-se. **4.** Encrespar-se, irritar-se.
en·cru·ci·ja·da *s.f.* **1.** Encruzilhada, cruzamento. **2.** *Fig.* Encruzilhada, emboscada. **3.** *Fig.* Encruzilhada, dificuldade, beco sem saída.
en·cua·der·na·ción *s.f.* Encadernação.
en·cua·drar *v.t.* **1.** Enquadrar, emoldurar. **2.** *Fig.* Enquadrar, incorporar, filiar (a grupo, categoria). **3.** Prender o gado no curral. ■ **encuadrarse** *v.p.* Enquadrar-se, encaixar-se, ajustar-se.
en·cu·brir *v.t.* **1.** Encobrir, ocultar, esconder. **2.** Encobrir, disfarçar, dissimular. **3.** *For.* Encobrir, não revelar, silenciar.
en·cuen·tro *s.m.* **1.** Encontro, entrevista. **2.** Encontro, colisão. **3.** Encontro, achado, descobrimento. ♦ **Ir/Salir al encuentro. 1.** Ir ao encontro. **2.** Apoiar.
en·cues·ta *s.f.* **1.** Enquete, pesquisa. *Encuesta de opinión.* Pesquisa de opinião. **2.** Investigação, levantamento. *Vamos a hacer una encuesta en todas las casas.* Vamos fazer um levantamento em todas as casas.
en·de·mia *s.f. Med.* Endemia.
☞ **en·den·tar** *v.t. Mec.* Engrenar, encaixar os dentes.
en·de·re·zar *v.t.* **1.** Endereçar, dirigir, encaminhar. *Voy a enderezar la carta a la casa central.* Vou encaminhar a carta à matriz. **2.** Endireitar, desentortar. **3.** Erguer, levantar. **4.** *Fig.* Retificar, corrigir, emendar, endireitar. ■ **enderezarse** *v.p.* Endireitar-se, entesar-se.
en·deu·dar·se *v.p.* Endividar-se.
en·dia·bla·do/a *adj.* **1.** Endiabrado, possuído pelo demônio. **2.** *Fig. e col.* Endiabrado, travesso. ■ *Sin.: endemoniado.*
en·dio·sar *v.t.* **1.** Endeusar, deificar, divinizar. **2.** *Fig.* Endeusar, exaltar. ■ **endiosarse** *v.p.* **1.** Endeusar-se, deificar-se, divinizar-se. **2.** *Fig.* Endeusar-se, exaltar-se.
en·do·cri·nó·lo·go/a *s. Med.* Endocrinologista.

en·do·sar *v.t.* Endossar.

en·do·so *s.m. Com.* Endosso, aceite.

en·dro·gar·se *v.p. Amer.* 1. Drogar-se. 2. Endividar-se.

en·dul·zar *v.t.* 1. Adoçar. 2. *Fig.* Amenizar, suavizar. ■ **endulzarse** *v.p.* 1. Adoçar-se. 2. *Fig.* Amenizar-se, suavizar-se.

en·du·re·cer *v.t.* 1. Endurecer, enrijecer. 2. *Fig.* Endurecer, tornar duro, cruel. 3. *Fig.* Endurecer, tornar resistente. ■ **endurecerse** *v.p.* 1. Endurecer-se, enrijecer-se. 2. *Fig.* Endurecer-se, tornar-se duro, cruel. ■ *C.mod. 06.*

e·ne·mi·go/a *adj. e s.* 1. Inimigo, adversário, rival. 2. Inimigo, contrário, não partidário. *Soy enemigo de fiestas.* Sou inimigo de festas. ■ *s.m.* 3. Inimigo, forças inimigas.

e·ne·mis·tar *v.t.* Inimizar, inimistar. ■ **enemistarse** *v.p.* Perder a amizade de, inimizar-se.

e·ner·gí·a *s.f. Fís.* Energia, potência, força para realizar um trabalho. 2. Energia, ânimo, vigor, fortaleza. 3. *Fig.* Energia, poder, capacidade. ♦ **Energía atómica/eléctrica/nuclear.** Energia atômica/elétrica/nuclear.

e·ner·gi·zar *v.t.* 1. *Fís.* Energizar. 2. *Amer.* Animar, fortalecer. ■ **energizarse** *v.p. Amer.* Agir energicamente.

e·ne·ro *s.m.* Janeiro.

e·ner·var *v.t.* 1. *Med.* Enervar, abalar o sistema nervoso. 2. *Fig.* Enervar, enfraquecer, tirar força moral. 3. Enervar, irritar. ■ **enervarse** *v.p. Med.* Enervar-se, abalar(-se) (o sistema nervoso).

en·fa·dar *v.t.* Chatear, aborrecer, irritar. ■ **enfadarse** *v.p.* Chatear-se, aborrecer-se, irritar-se. *Se enfadó con la actitud del jefe.* Ficou chateado com a atitude do chefe. ❚ *Sin.:* enojar.

en·fa·do *s.m.* Chateação, aborrecimento, irritação, desgosto. *Su enfado viene de que no le dieron el recado.* Sua irritação deve-se a não lhe terem dado o recado. ❚ *Sin.:* enojo.

én·fa·sis *s.m.* 1. Ênfase, importância. 2. Ênfase, maneira empolada de falar. ❚ *Pl.:* invariável. ♦ **Hacer/Poner énfasis.** Enfatizar.

en·fer·mar *v.i. e v.t.* Adoecer.

en·fer·me·dad *s.f.* 1. *Med.* Doença, moléstia, enfermidade. 2. *Fig.* Doença, perturbação (no bom funcionamento de algo). *La delincuencia es una enfermedad seria.* A delinquência é uma doença séria. 3. *Fig.* Doença, mania.

en·fer·me·rí·a *s.f. Med.* 1. Enfermaria. 2. Enfermagem.

en·fer·mo/a *adj. e s. Med.* Doente.

en·fer·mu·cho/a *adj.* Adoentado, doentio.

en·fi·lar *v.t.* 1. Enfileirar. 2. Dirigir-se, encaminhar-se. 3. Mirar, apontar.

en·fla·que·cer *v.t. e v.i.* 1. Enfraquecer. 2. Emagrecer. ■ **enflaquecerse** *v.p.* 1. Enfraquecer-se. 2. Emagrecer. ■ *C.mod. 06.*

en·fla·que·ci·mien·to *s.m.* 1. Enfraquecimento. 2. Emagrecimento.

en·fo·car *v.t.* 1. Enfocar, focalizar. 2. Enfocar, lançar um foco de luz sobre, iluminar. 3. *Fig.* Enfocar, analisar, examinar, abordar.

en·fo·que *s.m.* 1. Enfoque, foco. 2. *Fig.* Abordagem, enfoque.

en·fras·car *v.t.* Engarrafar, colocar em frascos. ■ **enfrascarse** *v.p. Fig.* Envolver-se, abstrair-se, absorver-se.

en·fren·tar *v.t.* 1. Enfrentar, defrontar. 2. Enfrentar, afrontar. 3. Enfrentar, atacar, brigar. ■ **enfrentarse** *v.p.* 1. Enfrentar-se, defrontar-se. 2. Enfrentar-se, afrontar-se. 3. Enfrentar-se, atacar-se, brigar.

en·fren·te *adv.* 1. Em frente, diante. *El coche está enfrente de la casa.* O carro está na frente da casa. 2. Defronte, face a face. ♦ **Seguir enfrente.** Seguir adiante.

en·fria·mien·to *s.m.* 1. Esfriamento. 2. Resfriado.

en·friar *v.t.* 1. Esfriar, diminuir a temperatura. *Enfría la leche.* Esfrie o leite. 2. *Fig.* Esfriar, esmorecer, diminuir. ■ **enfriarse** *v.p.* 1. Esfriar, diminuir a temperatura. 2. Esfriar, pegar friagem, resfriar-se. 3. *Fig.* Esfriar, esmorecer, diminuir.

en·fun·dar *v.t.* Colocar na bainha, estojo ou capa protetora.

en·fu·re·cer *v.t.* Enfurecer, irritar. ■ **enfurecerse** *v.p.* Enfurecer-se, irritar-se, zangar-se. ▮ *C.mod.* 06.

en·fu·rru·ñar·se *v.p. Col.* Zangar-se, ficar carrancudo, mal-humorado.

en·gan·char *v.t.* 1. Enganchar, prender, pendurar num gancho. 2. *Fig.* Conquistar, seduzir. 3. *Fig. e col.* Obrigar, comprometer. ■ **engancharse** *v.p.* 1. Enganchar-se, prender-se, pendurar-se num gancho, enroscar-se. 2. *Mil.* Alistar-se voluntariamente.

en·gan·che *s.m.* 1. *Mil.* Recrutamento. 2. *Mec.* Engate, acoplamento.

en·ga·ñar *v.t.* 1. Enganar, enrolar, mentir, embrulhar. 2. Enganar, iludir, induzir a erro. 3. Enganar, burlar, lograr, embromar. 4. Enganar, acalmar, aliviar. *Engañar el hambre.* Enganar a fome. 5. Enganar, seduzir. 6. Enganar, trair, ser infiel. 7. Enganar, fraudar. ■ **engañarse** *v.p.* 1. Enganar-se, iludir-se. 2. Enganar-se. ▮ Não tem sentido de "errar".

en·ga·ñi·fa *s.f. Col.* Artifício, truque, logro.

en·ga·ño *s.m.* 1. Engano, mentira. 2. Engano, farsa, fraude. 3. Engano, ilusão. ♦ **Por engaño.** Por engano. ▮ Não tem sentido de "erro".

en·gar·zar *v.t.* 1. Encadear, unir, ligar. 2. Engastar. 3. Enrolar (cabelo). 4. *Fig.* Concatenar (ideias). ■ **engarzarse** *v.p. Fig. e col.* Meter-se em briga ou confusão.

en·gen·drar *v.t.* 1. Engendrar, gerar, procriar. 2. *Fig.* Engendrar, produzir, provocar. ■ **engendrarse** *v.p.* Engendrar-se, gerar-se, procriar-se.

en·glo·bar *v.t.* Englobar.

en·go·mar *v.t.* 1. Passar cola. 2. Engomar.

en·gor·dar *v.t. e v.i.* 1. Engordar. 2. *Fig.* Enriquecer.

en·gra·na·je *s.m. Mec.* Engrenagem.

en·gra·nar *v.t.* 1. Engrenar. 2. *Fig.* Encadear ideias. 3. Entrosar.

en·gran·de·cer *v.t.* 1. Engrandecer, aumentar, ampliar. 2. *Fig.* Engrandecer, elogiar, exaltar. ■ **engrandecerse** *v.p.* Engrandecer-se, enaltecer-se. ▮ *C.mod.* 06.

en·gra·sar *v.t.* Engraxar, lubrificar. ■ **engrasarse** *v.p.* Sujar-se com graxa.

en·greí·do/a *adj.* Convencido, presunçoso.

en·gro·sar *v.t. e v.i.* 1. Engrossar, aumentar, incrementar. 2. Engordar.

en·gru·do *s.m.* Grude.

en·gu·llir *v.t.* Engolir, devorar.

en·he·brar *v.t.* Enfiar a linha na agulha.

en·ho·ra·bue·na *s.f.* Parabéns. *Dar la enhorabuena.* Dar os parabéns.

e·nig·ma *s.m.* 1. Enigma, adivinhação. 2. Enigma, segredo, mistério.

en·ja·bo·nar *v.t.* 1. Ensaboar. 2. *Fig.* Bajular. 3. *Fig.* Repreender. ■ **enjabonarse** *v.p.* Ensaboar-se.

en·jam·bre *s.m.* 1. Enxame. 2. *Fig.* Multidão.

en·jau·lar *v.t.* Enjaular, aprisionar, engaiolar.

en·jer·to *s.m.* Enxerto.

en·jua·gar *v.t.* Enxaguar.

en·jui·cia·mien·to *s.m. For.* Ajuizamento.

en·jui·ciar *v.t.* 1. Julgar, arbitrar, opinar. 2. *For.* Julgar, instruir, submeter a juízo. 3. *For.* Julgar, sentenciar.

en·la·ce *s.m.* 1. Enlace, união, ligação. 2. Enlace, casamento. 3. Enlace, conexão. 4. Enlace, relação, vinculação.

en·la·dri·llar *v.t.* Ladrilhar, pavimentar, revestir com tijolos.

en·la·tar *v.t.* Enlatar.

en·la·zar *v.t.* 1. Enlaçar, atar, prender com laços. 2. Enlaçar, ligar, unir, engatar 3. *Fig.* Relacionar. ■ *v.i.* 4. Fazer ou ter conexão. *Este avión enlaza con el de las cinco.* Este avião tem conexão com o das cinco horas. ■ **enlazarse** *v.p.* 1. Enlaçar-se, unir-se, ligar-se. 2. Enlaçar-se, casar-se.

en·lo·que·cer *v.t. e v.i.* 1. Enlouquecer, endoidecer, endoidar. 2. *Fig. e col.* Enlouquecer, apaixonar. ■ **enloquecerse** *v.p.* Enlouquecer-se, ficar louco. ▮ *C.mod.* 06.

en·lu·cir *v.t.* 1. Rebocar (paredes). 2. Polir (metais). ▮ *C.mod.* 08.

en·ma·de·ra·do/a *adj.* 1. Recoberto de madeira. ● *s.m.* 2. Madeiramento.

en·ma·ra·ñar *v.t.* Emaranhar, complicar, enredar. ■ **enmarañarse** *v.p.* Emaranhar-se, complicar-se.

en·mar·car *v.t.* **1.** Emoldurar. **2.** Enquadrar.

en·mas·ca·rar *v.t.* **1.** Mascarar. **2.** *Fig.* Disfarçar, dissimular. ■ **enmascararse** *v.p.* Mascarar-se.

en·me·lar *v.t. e v.i.* **1.** Melar, untar com mel. **2.** Melar, produzir mel. **3.** *Fig.* Suavizar, tornar agradável, melar.

en·men·dar *v.t.* **1.** Emendar, corrigir. **2.** *For.* Emendar, retificar uma sentença. ■ **enmendarse** *v.p.* Emendar-se, corrigir-se, arrepender-se. ▌*C.mod. 01.*

en·mien·da *s.f.* **1.** Emenda, correção. **2.** Aditamento (contrato). **3.** *For.* Emenda, retificação de uma sentença. **4.** Emenda, modificação ou acréscimo num projeto. ♦ **No tener enmienda.** Não ter jeito/conserto.

en·mu·de·cer *v.t. e v.i.* **1.** Emudecer, silenciar, calar-se. **2.** Emudecer, tornar-se mudo. ▌*C.mod. 06.*

en·ne·gre·cer *v.t.* **1.** Enegrecer, escurecer. **2.** *Fig.* Entristecer. ■ **ennegrecerse** *v.p.* **1.** Enegrecer-se, escurecer-se. **2.** *Fig.* Entristecer-se. ▌*C.mod. 06.*

☞ **e·no·jar** *v.t.* Aborrecer, zangar, irritar. ■ **enojarse** *v.p.* Aborrecer-se, zangar-se, irritar-se, chatear-se. *Se enojó con su hermana.* Aborreceu-se com a sua irmã.

☞ **e·no·jo** *s.m.* Raiva, aborrecimento, irritação, chateação. *Su error me causó mucho enojo.* O seu erro causou-me muita irritação.

e·nor·mi·dad *s.f.* **1.** Enormidade, grandeza. **2.** *Fig.* Enormidade, absurdo, descabido.

en·rai·zar *v.t. e v.i.* Enraizar, arraigar. ■ **enraizarse** *v.p.* Enraizar-se, arraigar-se.

en·ra·sar *v.t. e v.i.* **1.** Nivelar, desempenar. **2.** Aplainar, alisar.

en·re·da·de·ra *s.f. Bot.* Trepadeira, enredadeira.

en·re·dar *v.t.* **1.** Enredar, prender em rede. **2.** Enredar, emaranhar. **3.** *Fig.* Enredar, intrigar. **4.** *Fig.* Enredar, complicar, enrolar. ■ *v.i.* **5.** Enredar, incomodar, perturbar. **6.** Distrair, entreter. ■ **enredarse** *v.p.* **1.** Enredar-se, enroscar-se, emaranhar-se. **2.** Entrelaçar, embaraçar (cabelo). *Se enredó mi pelo.* Meu cabelo embaraçou. **3.** *Fig.* Complicar-se, enrolar-se, envolver-se. **4.** *Fig.* Amancebar--se, enredar-se.

en·re·do *s.m.* **1.** Enredo, emaranhado. **2.** *Fig.* Enredo, argumento, trama. **3.** Travessura, arte. **4.** *Fig.* Encrenca, rolo, embrulhada, enrascada. ■ **enredos** *s.m.pl.* Tralhas, trastes.

en·re·ja·do/a *adj.* **1.** Gradeado. ● *s.m.* **2.** Cerca, rede. **3.** Conjunto de grades (de uma casa ou edifício).

en·re·ve·sa·do/a *adj.* Intrincado, complicado, difícil.

en·ri·que·ci·mien·to *s.m.* Enriquecimento.

en·ro·je·cer *v.t. e v.i.* Avermelhar. ■ **enrojecerse** *v.p.* Ruborizar(-se), corar. ▌*C.mod. 06.*

en·ro·llar *v.t.* **1.** Enrolar, dobrar. **2.** *Fig. e col.* Enrolar, envolver em confusão, intriga. ■ **enrollarse** *v.p.* **1.** Enrolar-se, dobrar-se, encaracolar-se. **2.** *Fig. e col.* Enrolar-se, envolver-se em confusão, intriga. **3.** *Fig. e col.* Conversar durante muito tempo. **4.** *Col.* Envolver-se numa atividade. *Se enrolló con la política.* Envolveu-se na política. **5.** *Fig. Vulg.* Viver como marginal.

en·ros·car *v.t.* Enroscar. ■ **enroscarse** *v.p.* Enroscar-se.

en·sa·la·da *s.f.* **1.** Salada, prato frio. **2.** *Fig.* Salada, confusão, desordem. ♦ **Ensalada/ Ensaladilla rusa.** Salada russa. **En ensalada.** Preparado como salada.

en·sam·blar *v.t.* **1.** Acoplar, encaixar, ensamblar. **2.** *Inform.* Traduzir linguagem de computador.

en·san·char *v.t.* **1.** Alargar, tornar mais largo, dilatar. **2.** *Fig. e col.* Estar satisfeito, feliz. **3.** *Col.* Sentar confortavelmente. ■ **ensancharse** *v.p.* **1.** Alargar-se, tornar-se mais largo, dilatar-se. **2.** *Fig. e col.* Sentir-se satisfeito, feliz.

en·san·che *s.m.* **1.** Alargamento. **2.** Ampliação de uma cidade ou bairro.

en·san·gren·tar *v.t.* **1.** Ensanguentar, cobrir

ensartar 170 **enterar**

ou manchar de sangue. **2.** *Fig.* Ensanguentar, macular, assolar. ■ **ensangrentarse** *v.p.* **1.** Ensanguentar-se, cobrir-se de sangue. **2.** *Fig.* Irritar-se, enervar-se.

en·sar·tar *v.t.* **1.** Passar/Enfiar num fio contas, pérolas. **2.** Varar, espetar, atravessar (um corpo). **3.** *Fig.* Soltar, falar, dizer. *Estuvo ensartando tonterías todo el día.* Passou o dia todo dizendo bobagens.

en·sa·yar *v.t.* **1.** Ensaiar, testar, provar. **2.** Ensaiar, estudar, treinar (obras, espetáculos).

en·sa·yo *s.m.* **1.** Ensaio, experiência, teste. **2.** Ensaio, estudo, treino. **3.** Ensaio, análise de produto (químico, mineral). **4.** Ensaio, tratado.

en·se·gui·da *adv.* Imediatamente, já. *Voy enseguida.* Já vou. ■ *Tb.:* **en seguida**.

en·se·na·da *s.f.* Enseada, baía, angra.

en·se·ñan·za *s.f.* **1.** Ensino, instrução. **2.** Ensino, ensinamento. **3.** Ensino, didática, método. **4.** Ensino, cultura, educação. **5.** Ensino, docência. ♦ **Enseñanza primaria/media.** Ensino fundamental/médio. **Enseñanza superior.** Ensino superior.

en·se·ñar *v.t. e v.i.* **1.** Ensinar, lecionar. **2.** Ensinar, instruir. **3.** Mostrar. *Quiso enseñarme sus muñecas.* Quis mostrar-me as suas bonecas. ♦ **Enseñar los dientes.** Mostrar os dentes, demonstrar agressividade.

en·se·res *s.m.pl.* **1.** Utensílios. **2.** Mobília.

en·si·mis·ma·do/a *adj.* Ensimesmado, introvertido, absorto.

en·som·bre·cer *v.t.* **1.** Sombrear. **2.** Ensombrear, cobrir de sombra. **3.** *Fig.* Entristecer. ■ **ensombrecerse** *v.p.* **1.** Ensombrear-se, cobrir-se de sombra. **2.** *Fig.* Entristecer-se. ■ *C.mod.* 06.

en·sor·de·cer *v.t. e v.i.* Ensurdecer. ■ **ensordecerse** *v.p.* Ensurdecer-se. ■ *C.mod.* 06.

en·su·ciar *v.t.* **1.** Sujar, manchar. **2.** *Fig.* Sujar, macular, desonrar, prejudicar. ■ **ensuciarse** *v.p.* **1.** Sujar-se, manchar-se. **2.** *Col.* Sujar-se, defecar sujando a roupa. **3.** Sujar-se, macular-se, prejudicar-se.

en·sue·ño *s.m.* **1.** Sonho. **2.** Ilusão, fantasia.

en·ta·bla·do *s.m.* Tablado.

en·ta·blar *v.t.* **1.** Revestir ou cercar com tábuas. **2.** Pôr tipoia. **3.** Ordenar as peças do xadrez. **4.** Iniciar, entabular. ■ **entablarse** *v.p.* Iniciar-se, entabular-se.

en·ta·llar *v.t.* **1.** Entalhar, esculpir. **2.** Talhar, abrir fendas. **3.** Ajustar, modelar (roupas).

en·ta·ri·ma·do *s.m.* **1.** Piso revestido de madeira, soalho. **2.** Suporte de tábuas, palete.

en·te *s.m.* **1.** Ente, ser, pessoa. **2.** Entidade, ente, organismo.

en·ten·der *s.m.* **1.** Entender, juízo, opinião. *Según mi entender, esta es la mejor solución.* No meu entender, esta é a melhor solução. ● *v.t.* **2.** Entender, compreender, captar o sentido (de algo, de um idioma). **3.** *Fig.* Entender, interpretar. **4.** Entender, considerar, achar, opinar. ■ *v.i.* **5.** Entender, ser especialista, perito. *Entiende de finanzas.* Entende de finanças. ■ **entenderse** *v.p.* **1.** Entender-se, conhecer bem (alguém), conviver. *Los cuatro nos entendemos muy bien.* Os quatro nos conhecemos muito bem. **2.** Entender-se, conspirar. **3.** Entender-se, ter um caso amoroso. **4.** Saber o que faz, estar consciente. *Él se entiende, tendrá sus motivos para dimitir.* Ele sabe o que faz, deve ter seus motivos para demitir-se. ■ *C.mod.* 01. ♦ **Entender en.** Ser perito em. **¿Cómo se entiende?** Como é possível? **Dar a entender.** Insinuar, dar a entender.

en·ten·di·do/a *adj.* Entendido, especialista, perito. ♦ **¡Entendido!** De acordo! Certo! **Bien entendido.** Bem entendido. **(No) Darse por entendido.** (Não) Dar-se por aludido. *Le dije que estaba cansado y no se dio por entendido.* Eu disse que estava cansado e ele não se deu por aludido.

en·ten·di·mien·to *s.m.* Entendimento, inteligência, razão.

☞ **en·te·ra·do/a** *adj.* **1.** Informado, conhecedor. ● *s.* **2.** Ciente. ♦ **Darse por enterado.** Estar ciente.

en·te·ra·men·te *adv.* Inteiramente, totalmente.

en·te·rar *v.t.* **1.** Notificar, avisar, comunicar. **2.** *Amer.* Inteirar, dar dinheiro a alguém para

en·te·re·za *s.f.* **1.** Inteireza, integridade, retidão. **2.** Inteireza, decisão, firmeza.

en·te·ri·zo/a *adj.* Inteiriço, em uma só peça.

en·ter·ne·cer *v.t.* Enternecer, comover, sensibilizar. ■ **enternecerse** *v.p.* Enternecer-se, comover-se, sensibilizar-se. ∎ *C.mod. 06.*

en·te·ro/a *adj.* **1.** Inteiro, completo, intacto. **2.** *Fig.* Inteiro, íntegro. **3.** *Fig.* Inteiro, são, ileso. ● *s.m.* **4.** *Mat.* Inteiro, número não fracionário. ♦ **Por entero. 1.** Por inteiro, inteiramente. **2.** Na íntegra.

en·te·rrar *v.t.* **1.** Enterrar, sepultar. **2.** *Fig.* Enterrar, esquecer. ■ **enterrarse** *v.p. Fig.* Enterrar-se, isolar-se. ∎ *C.mod. 01.*

en·ti·dad *s.f.* **1.** *Fil.* Entidade, ser, ente. **2.** Entidade, essência, qualidade. **3.** Entidade, associação, corporação.

en·tie·rro *s.m.* Enterro, funeral. ∎ *Tb.: enterramiento.*

en·to·na·ción *s.f.* **1.** Entoação. **2.** Entonação.

en·to·nar *v.t.* **1.** Entoar, cantar. **2.** *Fig.* Elogiar, entoar. ■ *v.t. e v.i.* **3.** *Mus.* Entoar, dar o tom. **4.** Combinar, harmonizar (tons, cores). ■ **entonarse** *v.p.* **1.** Tonificar-se, fortalecer-se. **2.** Entonar-se, orgulhar-se.

en·ton·ces *adv.* **1.** Então, naquele momento. *Llamaron y entonces me desperté.* Chamaram e então eu acordei. **2.** Então, nesse caso, assim sendo. *Como tú no quieres salir, entonces yo tampoco.* Como você não quer sair, então eu também não. ∎ Não tem valor enfático. ♦ **¡(Pues) Entonces!** (Pois) Então! **En aquel entonces.** Naquele tempo.

☞ **en·tor·nar** *v.t.* Fechar parcialmente, deixar entreaberto, encostar (porta, janela).

en·tor·no *s.m.* **1.** Entorno, contexto. **2.** Entorno, ambiente, atmosfera.

en·tor·pe·cer *v.t.* **1.** Entorpecer, causar torpor. **2.** *Fig.* Entorpecer, dificultar. **3.** Entorpecer, atontar, deixar tonto. ■ **entorpecerse** *v.p.* Entorpecer-se, causar torpor. ∎ *C.mod. 06.*

en·tra·do/a *adj.* **1.** Avançado, adiantado. *Se trata de persona ya entrada en años.* Trata-se de pessoa de idade avançada. ● *s.f.* **2.** Entrada, acesso, ato de entrar. *La entrada del público fue lenta.* A entrada do público foi lenta. **3.** Entrada, porta, portão. **4.** Público, bilheteria. **5.** Entrada, receita, renda. **6.** Entrada, ingresso. *Saqué las entradas.* Comprei as entradas. **7.** *Mus.* Entrada (de instrumento, voz). **8.** Entrada, admissão (como membro, sócio). **9.** Entrada, primeiro prato de uma refeição. **10.** Entrada, reentrância na testa por calvície. **11.** *Fig.* Entrada, início, começo (de obra, ano). ■ **entradas** *s.f.pl.* Entradas, receita, renda. ♦ **Dar entrada.** Admitir. **De entrada.** Primeiramente. **Tener entrada.** Ser aceito, admitido.

en·tran·te *adj.* **1.** Que entra. *El año entrante.* O ano que vem. ● *s.m.* **2.** Encaixe.

en·tra·ña *s.f.* **1.** *Med.* Entranha, víscera. **2.** Entranhas, interior, centro. **3.** *Fig.* Entranhas, âmago, cerne. ■ **entrañas** *s.f.pl.* **1.** *Fig.* Entranhas, índole, caráter. **2.** Entranhas, sentimento, compaixão. ♦ **De mis entrañas.** Do meu coração. **No tener entrañas.** Não ter sentimento/coração. **Sacar las entrañas.** Tirar até o último centavo.

en·tra·ñar *v.t.* **1.** Entranhar, penetrar, introduzir no âmago. **2.** *Fig.* Entranhar, compreender, entender. ■ **entrañarse** *v.p.* **1.** *Fig.* Apaixonar-se. **2.** Introduzir-se, penetrar.

en·trar *v.i. e v.t.* **1.** Entrar, introduzir-se, ingressar, adentrar. *Entré en la cocina.* Entrei na cozinha. ■ *v.i.* **2.** Entrar, encaixar, caber. *Este cuaderno no entra en el cajón.* Este caderno não entra na gaveta. **3.** *Fig.* Entrar, começar (período, época, etapa). **4.** *Fig.* Entrar, ter acesso. *Entró en la universidad.* Entrou na universidade. **5.** *Mus.* Entrar, juntar-se à execução. **6.** *Mil.* Entrar, incorporar.

7. *Fig. e col.* Entrar, participar. *Ha entrado en un negocio sospechoso.* Entrou num negócio suspeito. **8.** Entrar, incluir-se. *En la cuenta no entró la propina.* Na conta não entrou a gorjeta. **9.** *Fig. e col.* Entrar, envolver-se. *No me gusta entrar en asuntos políticos.* Não gosto de entrar em assuntos políticos. **10.** Atacar, acometer. **11.** *Fig.* Acompanhar a moda. **12.** *Fig.* Ter sentimentos, emoções, reações. *Le entró calor.* Ficou com calor. *Me entró una duda.* Tive uma dúvida. ♦ **Hacer entrar. 1.** Recepcionar, receber. **2.** Encaixar, enfiar. **No entrar ni salir.** Não se compromete, ficar em cima do muro. **No entrarle (algo a alguien). 1.** Não aprender, não entrar na cabeça. **2.** Rejeitar, não aceitar. **No entrarle (alguien).** Não agradar, não aceitar.

en·tre *prep.* Entre. *Entre la mesa y la estantería.* Entre a mesa e a estante. *Estaba entre los invitados.* Estava entre os convidados.

en·tre·di·cho *s.m.* **1.** Interdição eclesiástica. **2.** Suspeita. ♦ **En entredicho.** Sob suspeita. **Poner entredicho.** Interditar.

en·tre·ga *s.f.* **1.** Entrega, concessão, doação. **2.** Entrega, remessa. **3.** Fascículo, capítulo. **4.** *Fig.* Entrega, dedicação, devoção.

en·tre·gar *v.t.* **1.** Entregar, dar, fornecer. **2.** Entregar, ceder, conceder. **3.** *Fig.* Entregar, confiar. ■ **entregarse** *v.p.* **1.** Entregar-se, render-se, submeter-se, abandonar-se. **2.** *Fig.* Entregar-se, dedicar-se, devotar-se.

en·tre·la·za·mien·to *s.m.* Entrelaçamento.

en·tre·me·dias *adv.* Enquanto isso, entrementes, nesse meio-tempo. *Estábamos en el cine y entremedias ella fue a casa.* Estávamos no cinema e nesse meio-tempo ela foi para casa.

en·tre·me·ter *v.t.* **1.** Entremeter, misturar. **2.** Entremeter, introduzir. **3.** *Fig. e col.* Entremeter, intervir, mediar. **4.** Intrometer. ■ **entremeterse** *v.p.* **1.** Entremeter-se, misturar-se. **2.** Entremeter-se, introduzir-se. **3.** Intrometer-se.

en·tre·na·dor/·do·ra *s.* Treinador, técnico.

en·tre·na·mien·to *s.m.* Treinamento.

en·tre·nar *v.t.* Treinar, exercitar, preparar, ensinar. ■ **entrenarse** *v.p.* Treinar, exercitar-se, preparar-se.

en·tre·pa·ño *s.m.* **1.** Prateleira. **2.** Travessa.

en·tre·sue·lo *s.m.* Sobreloja, mezanino.

☞ **en·tre·tan·to** *adv.* **1.** Enquanto, ao mesmo tempo. *Lee entretanto oye música.* Lê enquanto ouve música. ● *s.m.* **2.** Entrementes, enquanto isso. *En el entretanto lo pensaré.* Entrementes pensarei nisso.

en·tre·te·jer *v.t.* **1.** Tecer. **2.** Entrelaçar. **3.** Intercalar, introduzir.

en·tre·te·ner *v.t.* **1.** Demorar, retardar, entreter. *Me entretuvieron en la oficina.* Entretiveram-me no escritório. **2.** Entreter, divertir, distrair. *La música entretiene.* A música distrai. **3.** Enganar, iludir, entreter, desviar a atenção. *La entretuve toda la tarde.* Entretive-a a tarde toda. **4.** Manter, conservar, prolongar, entreter. ■ **entretenerse** *v.p.* **1.** Demorar-se, retardar-se, entreter-se. **2.** Entreter-se, divertir-se, distrair-se. **3.** Entreter-se, passar o tempo, ocupar-se. ▌ *C.mod.* 35.

en·tre·te·ni·mien·to *s.m.* Entretenimento, diversão, distração, lazer.

en·tre·tiem·po *s.m.* Meia-estação. *Ropa de entretiempo.* Roupa de meia-estação.

en·tre·ver *v.t.* **1.** Entrever, vislumbrar, perceber. **2.** *Fig.* Entrever, pressentir, intuir. ▌ *C. mod.* 38.

en·tre·vis·ta *s.f.* **1.** Entrevista. **2.** Encontro.

en·tris·te·cer *v.t.* Entristecer. ■ **entristecerse** *v.p.* Entristecer-se. ▌ *C.mod.* 06.

en·tro·me·ter *v.t.* Intrometer. ■ **entrometerse** *v.p.* Intrometer-se.

en·tro·me·ti·do/a *adj. e s.* Intrometido, enxerido.

en·tron·ca·mien·to *s.m.* Entroncamento.

en·tron·car *v.t.* **1.** Entroncar, afirmar parentesco, reunir em árvore genealógica. ■ *v.i.* **2.** Entroncar, unir por parentesco. **3.** *Fig.* Entroncar-se, relacionar-se, ligar-se. **4.** *Amer.* Entroncar-se, unir estradas de ferro.

en·tu·sias·mar *v.t.* **1.** Entusiasmar, animar,

alegrar. **2.** *Col.* Entusiasmar, apaixonar. ■
entusiasmarse *v.p.* **1.** Entusiasmar-se, animar-se, alegrar-se, empolgar-se. **2.** *Col.* Entusiasmar-se, apaixonar-se.
e·nu·me·ra·ción *s.f.* **1.** Enumeração, indicação, relação detalhada. **2.** Enumeração, conta, cômputo.
e·nun·ciar *v.t.* Enunciar, expor, explicar.
en·va·sar *v.t.* **1.** Engarrafar, envasilhar. **2.** Acondicionar em vasilhames. **3.** Enlatar. **4.** *Fig.* Beber excessivamente.
en·va·se *s.m.* Embalagem, vasilhame. ♦ **Envase de repuesto.** Refil.
en·ve·je·cer *v.t.* Envelhecer. ■ **envejecerse** *v.p.* Envelhecer. ■ *C.mod. 06.*
en·ve·je·ci·mien·to *s.m.* Envelhecimento.
en·ve·ne·na·mien·to *s.m.* Envenenamento.
en·ve·ne·nar *v.t.* **1.** Envenenar, intoxicar. **2.** *Fig.* Perverter, corromper. **3.** *Fig.* Inimizar, inimistar, indispor. ■ **envenenarse** *v.p.* **1.** Envenenar-se, intoxicar-se. **2.** *Fig.* Perverter-se, corromper-se.
en·ver·ga·du·ra *s.f.* **1.** Envergadura, dimensão, tamanho, porte. **2.** *Fig.* Envergadura, importância, relevância.
en·via·do/a *s.* Enviado, emissário, correspondente. ♦ **Enviado especial.** Enviado especial. **Enviado extraordinario.** Agente diplomático de nível equivalente ao de ministro.
en·viar *v.t.* Enviar, mandar, remeter, endereçar, encaminhar.
en·vi·dia *s.f.* Inveja.
en·vi·diar *v.t. e v.i.* Invejar.
en·vi·dio·so/a *adj. e s.* Invejoso.
en·viu·dar *v.i.* Enviuvar, ficar viúvo.
en·vol·to·rio *s.m.* Invólucro, envoltório, pacote.
en·vol·ven·te *adj.* Que rodeia ou cerca. *En una acción envolvente, la policía agarró a los bandidos.* Fazendo um cerco, a polícia agarrou os bandidos.
en·vol·ver *v.t.* **1.** Rodear, cercar, abraçar. **2.** Embrulhar, empacotar. ■ **envolverse** *v.p.* **1.** Envolver-se, cobrir-se, embrulhar-se (com roupa). **2.** Viver maritalmente. ■ *C.mod. 03.*

en·ye·sar *v.t.* **1.** Engessar, cobrir com gesso. **2.** *Med.* Engessar.
en·zi·ma *s.f. Quím. e biol.* Enzima.
e·pi·de·mia *s.f. Med.* Epidemia, surto, praga.
e·pi·lep·sia *s.f. Med.* Epilepsia.
e·pi·so·dio *s.m.* Episódio, incidente, fato.
é·po·ca *s.f.* **1.** Época, período, momento histórico. **2.** Época, tempo, fase.
e·qui·li·bra·do/a *adj.* **1.** Equilibrado, estável. **2.** *Fig.* Equilibrado, sensato.
e·qui·li·brar *v.t.* Equilibrar, contrabalançar. ■ **equilibrarse** *v.p.* Equilibrar-se, contrabalançar, aguentar-se.
e·qui·li·brio *s.m.* **1.** Equilíbrio, estabilidade, nivelamento. **2.** *Fig.* Equilíbrio, harmonia. **3.** *Fig.* Equilíbrio, sensatez, comedimento. ■ **equilibrios** *s.m.pl.* Malabarismos.
e·qui·pa·je *s.m.* **1.** Bagagem. **2.** *Mar.* Equipagem, tripulação.
e·qui·par *v.t.* Equipar, prover, guarnecer. ■ **equiparse** *v.p.* Equipar-se, prover-se, guarnecer-se.
e·qui·pa·rar *v.t.* Equiparar, igualar, comparar.
e·qui·po *s.m.* **1.** Equipamento. *Equipo industrial.* Equipamento industrial. **2.** Equipe, grupo. *Equipo de ingenieros.* Equipe de engenheiros. **3.** Enxoval. **4.** *Desp.* Equipe, time. **5.** Aparelho de som. *Un equipo estéreo.* Um aparelho de som estéreo.
e·qui·ta·ción *s.f. Desp.* Equitação.
e·qui·va·len·te *adj.* **1.** Equivalente, semelhante. ● *s.m.* **2.** Equivalente, correspondente. *Le tienes que dar el equivalente en moneda extranjera.* Você precisa dar-lhe o equivalente em moeda estrangeira.
e·qui·va·ler *v.i.* **1.** Equivaler, ter o mesmo valor, ser igual. **2.** *Fig.* Equivaler, significar. ■ *C. mod. 15.*
e·qui·vo·ca·ción *s.f.* Erro, engano, equivocação. ♦ **Por equivocación.** Por engano.
e·qui·vo·car *v.t.* Errar, enganar(-se), confundir, equivocar. ■ **equivocarse** *v.p.* Errar, enganar-se, confundir-se, equivocar-se. *Si no me equivoco.* Se não me engano.

e·quí·vo·co/a *adj.* **1.** Equívoco, ambíguo. **2.** Equívoco, duvidoso, suspeito. ● *s.m.* **3.** Trocadilho, jogo de palavras. **4.** Equívoco, confusão.

e·ra *s.f.* Era, tempo, época.

e·rec·to/a *adj.* Ereto, rígido.

er·guir *v.t.* Erguer, levantar, endireitar. ■ **erguirse** *v.p.* Erguer-se, levantar-se, endireitar-se. ■ **a.** *Sin.:* alzar. **b.** *C.mod. 21.*

e·ri·gir *v.t.* **1.** Erigir, construir, edificar, erguer. **2.** Erigir, criar, instituir, fundar. **3.** Erigir, nomear. ■ **erigirse** *v.p.* Erigir-se, promover-se.

e·ri·zar *v.t.* **1.** Arrepiar, encrespar, eriçar. **2.** *Fig.* Encher de problemas, dificultar. ■ **erizarse** *v.p.* Arrepiar-se, encrespar-se, eriçar-se.

e·ri·zo *s.m.* **1.** Ouriço. **2.** *Fig.* Pessoa insociável, arisca.

er·mi·ta *s.f.* Ermida, capela.

er·mi·ta·ño/a *s.* Ermitão.

e·ro·sión *s.f.* Erosão.

e·rrar *v.t.* **1.** Errar, equivocar, enganar. ■ *v.i.* **2.** Errar, vagar, andar sem destino. ■ *C. mod. 22.*

e·rror *s.m.* Erro, engano, confusão. *Cometí un error.* Cometi um erro. ♦ **Error de bulto.** Erro importante, significativo. **Cometer un error.** Errar, cometer/fazer um erro. **Estar en un error.** Estar errado, enganado. **Ser un error.** Ser um engano.

e·ruc·tar *v.i.* Arrotar.

e·ru·di·ción *s.f.* Erudição, conhecimento, cultura.

e·rup·ción *s.f.* Erupção.

es·bo·zo *s.m.* **1.** Esboço, esquema, projeto. **2.** Esboço, descrição vaga ou sumária. **3.** *Fig.* Esboço, insinuação.

es·ca·bro·so/a *adj.* **1.** Escabroso, pedregoso, áspero. *Un terreno escabroso.* Um terreno pedregoso. **2.** *Fig.* Escabroso, difícil. **3.** *Fig.* Escabroso, obsceno, escandaloso.

es·ca·bu·llir·se *v.p.* Escapulir, fugir, escapar, escafeder-se.

es·ca·cha·rrar *v.t.* **1.** *Col.* Estragar, quebrar, despedaçar. **2.** *Fig.* Malograr, frustrar. ■ **escacharrarse** *v.p.* **1.** *Col.* Estragar-se, quebrar-se, despedaçar-se. **2.** *Fig.* Malograr-se, frustrar-se.

es·ca·fan·dra *s.f.* Escafandro. ■ *Tb.:* escafandro.

es·ca·la *s.f.* **1.** Escada rústica. **2.** Escala, graduação, medição graduada. **3.** *Mus.* Escala, série de notas. **4.** *Mil.* Escala, escalão, hierarquia. **5.** Escala, proporção de um mapa. **6.** Escala, parada durante viagem. ♦ **Escala de temperatura.** Escala de temperatura. **En gran escala.** Em grande escala.

es·ca·la·fón *s.m.* Escalão, escala hierárquica.

es·ca·lar *v.t.* **1.** Escalar, subir. **2.** Escalar, arrombar, entrar com violência. **3.** *Fig.* Escalar, ascender, subir na vida.

es·cal·dar *v.t.* **1.** Escaldar, introduzir ou cozinhar em água fervente. **2.** Escaldar, queimar, arder. **3.** *Fig.* Escaldar, humilhar. ■ **escaldarse** *v.p.* Escaldar-se, queimar-se.

es·ca·le·ra *s.f.* Escada. ♦ **Escalera de caracol.** Escada em caracol. **Escalera mecánica/rodante.** Escada rolante.

es·ca·lo·frí·o *s.m.* Calafrio, arrepio.

es·ca·lón *s.m.* Degrau.

es·ca·lo·nar *v.t.* **1.** Escalonar, pôr em forma de escada. **2.** Escalonar, dosar. ■ **escalonarse** *v.p.* Escalonar-se, agrupar-se, dividir-se.

es·ca·ma *s.f.* **1.** Escama. **2.** *Fig. e col.* Receio, suspeita.

es·ca·mar *v.t.* **1.** Escamar, tirar as escamas. **2.** Escamar, cobrir com escamas. **3.** *Fig. e col.* Escamar, provocar receio, suspeita, desconfiança. ■ **escamarse** *v.p. Fig. e col.* Recear, suspeitar, desconfiar.

es·ca·mo·te·ar *v.t.* **1.** Escamotear, fazer desaparecer. **2.** *Fig.* Escamotear, roubar, furtar. **3.** *Fig.* Escamotear, esquivar.

es·can·da·li·zar *v.t. e v.i.* **1.** Escandalizar, provocar escândalo. **2.** Escandalizar, tumultuar, provocar confusão. ■ **escandalizarse** *v.p.* Escandalizar-se, irritar-se, ofender-se.

es·cán·da·lo *s.m.* **1.** Escândalo, imoralidade, mau exemplo. **2.** *Fig.* Escândalo, confusão, tumulto. **3.** *Fig.* Escândalo, assombro. ♦ **Dar escándalo.** Dar/Fazer escândalo.

es·ca·ño *s.m.* **1.** Banco/Bancada de espaldar alto. **2.** *Fig.* Conjunto de deputados eleitos, bancada.

es·ca·par *v.i.* **1.** Escapar, fugir, escapulir. **2.** Escapar, livrar-se, sobreviver, sair ileso. ■ **escaparse** *v.p.* **1.** Escapar, fugir. **2.** Escapar-se, esquivar-se. **3.** Vazar. *Se escapa el gas de la cocina.* Está vazando gás do fogão. ♦ **Dejar escapar/Escaparse (algo).** Deixar escapar. *Dejó escapar/Se le escapó el secreto.* Deixou escapar o segredo.

es·ca·pa·ra·te *s.m.* **1.** Cristaleira, aparador. **2.** Vitrina.

es·ca·pe *s.m.* **1.** Fuga, perda, vazamento. *Escape de gas.* Vazamento de gás. **2.** Fuga, saída, escapatória, escape. **3.** *Mec.* Escapamento. *Cambié el tubo de escape del coche.* Troquei o escapamento do carro. ♦ **No tener escape.** Não ter saída.

es·ca·ra·ba·jo *s.m.* **1.** Escaravelho. **2.** *Fig. e col.* Pessoa feia e baixa. **3.** *Fig.* Defeito em tecidos. ■ **escarabajos** *s.m.pl. Fig.* Rabiscos, garranchos.

es·car·bar *v.t.* **1.** Escarvar, cavar superficialmente. **2.** *Fig.* Investigar, inquirir, xeretar.

es·car·cha·do/a *adj.* **1.** Escarchado, coberto de gelo. **2.** Cristalizado. *Frutas escarchadas.* Frutas cristalizadas.

es·car·la·ta *adj. e s.* **1.** Escarlate. ■ *s.f.* **2.** *Med.* Escarlatina. ▮ *Tb.*: *escarlatina.*

es·car·men·tar *v.t.* **1.** Escarmentar, castigar ou repreender severamente. ■ *v.i.* **2.** Escarmentar, aprender com os próprios erros, corrigir-se, emendar-se. ▮ *C.mod. 01.*

es·ca·ro·la *s.f. Bot.* Escarola.

es·ca·se·ar *v.t. e v.i.* Escassear, diminuir, minguar.

es·ca·so/a *adj.* **1.** Escasso. **2.** *Fig.* Mesquinho.

es·ca·yo·la *s.f.* Gesso.

es·ca·yo·lar *v.t. Med.* Engessar.

es·ce·na *s.f.* **1.** Cena, palco. **2.** *Teat.* Cena, quadro ou parte de um ato. **3.** *Fig.* Cena, acontecimento, incidente. *Se puso nerviosa y armó una escena.* Ficou nervosa e fez uma cena. ♦ **Desaparecer de escena. 1.** Ir embora. **2.** Morrer. **Poner en escena (una obra).** Encenar, montar (uma obra).

es·ce·na·rio *s.m.* **1.** Cenário, palco. **2.** Cenário, local onde se desenvolve uma ação, pano de fundo. **3.** Cenário, atmosfera, panorama. **4.** Cena, perspectiva.

es·ce·ni·fi·ca·ción *s.f.* Encenação.

es·ce·ni·fi·car *v.t.* Encenar.

es·ce·no·gra·fí·a *s.f.* Cenografia.

es·cla·vi·tud *s.f.* Escravidão, cativeiro.

es·cla·vi·zar *v.t.* **1.** Escravizar, cativar. **2.** *Fig.* Dominar. ■ **esclavizarse** *v.p.* Escravizar-se, submeter-se, sujeitar-se.

es·cla·vo/a *adj. e s.* Escravo, cativo.

es·cle·ro·sis *s.f. Med.* Esclerose. ▮ *Pl.*: invariável.

☞ **es·co·ba** *s.f.* Vassoura.

es·co·cer *v.i.* **1.** Arder, irritar. **2.** *Fig.* Causar irritação ou ressentimento. ■ **escocerse** *v.p.* **1.** Assar-se, ter assaduras (pele). **2.** *Fig.* Ressentir-se. ▮ *C.mod. 03.*

es·co·fi·na *s.f.* Lima (ferramenta).

es·co·gi·do/a *adj.* **1.** Escolhido, eleito. **2.** Seleto, selecionado. ● *s.m.* **3.** Seleção, escolha.

es·co·lar *adj.* **1.** Escolar. ● *s.2g.* **2.** Colegial, estudante.

es·com·bro *s.m.* Entulho, escombro. ♦ **En escombros.** Destruído, arruinado.

es·con·der *v.t.* **1.** Esconder, ocultar. **2.** Esconder, tampar, encobrir. **3.** *Fig.* Esconder, disfarçar. ■ **esconderse** *v.p.* Esconder-se, ocultar-se.

es·con·di·do/a *adj.* **1.** Escondido, oculto. **2.** Escondido, afastado, longínquo. ♦ **A escondidas.** Às escondidas.

es·con·di·te *s.m.* **1.** Esconderijo. ▮ *Tb.*: *escondrijo.* **2.** Jogo de esconde-esconde.

es·co·ria *s.f.* **1.** Escória, resíduo. **2.** *Fig.* Escória, ralé.

es·cor·pión *s.m.* **1.** Escorpião, artrópode venenoso. ▮ *Sin.*: *alacrán.* **2.** Escorpião, signo do zodíaco. **3.** Tipo de chicote.

es·co·tar *v.t.* **1.** Recortar, talhar (tecido). **2.** Decotar, cavar. **3.** Cotizar. **4.** Escoar (líquido).

es·co·te *s.m.* **1.** Decote. **2.** Colo. **3.** Quota. ♦ **Pagar a escote.** Pagar cada um a sua parte, cotizar-se.

es·co·ti·llón *s.m.* Alçapão.

es·co·zor *s.m.* **1.** Ardor, coceira. **2.** Assadura. **3.** *Fig.* Ressentimento.

es·cri·ba·ní·a *s.f.* **1.** Tabelionato, cartório. **2.** Escrivaninha.

es·cri·ba·no *s.m.* Tabelião, escrivão.

es·cri·bien·te *s.2g.* **1.** Escrevente. **2.** Escriturário.

es·cri·bir *v.t.* **1.** Escrever, grafar. **2.** Escrever, redigir, compor. ■ *v.i.* **3.** Escrever, dirigir carta a alguém. *Hace tiempo que no me escribe.* Faz tempo que não me escreve. ■ **escribirse** *v.p.* **1.** Corresponder-se. **2.** Associar-se, inscrever-se. ♦ **Máquina de escribir.** Máquina de escrever.

es·cri·to/a *adj.* **1.** Escrito. ● *s.m.* **2.** Texto. **3.** Comunicado. **4.** *Liter.* Obra, tratado. **5.** *For.* Petição. ■ *Part. irreg.* de *escribir.* ♦ **Por escrito.** Por escrito. ■ Não tem sentido de "escrita".

☞ **es·cri·to·rio** *s.m.* **1.** Escrivaninha. **2.** Porta-joias. **3.** Escritório, sala, despacho.

es·cri·tu·ra *s.f.* **1.** Escrita. **2.** Letra. *Tiene una escritura muy clara.* Tem uma letra bem clara. **3.** *For.* Escritura. **4.** Redação, texto. ■ **escrituras** *s.f.pl.* Bíblia, escrituras, livros sagrados. ♦ **Escritura de apoderamiento.** Escritura de procuração.

es·cri·tu·rar *v.t.* **1.** *For.* Escriturar. **2.** Escalar, contratar. *Lo escrituraron para la próxima película.* Foi escalado para o próximo filme.

es·crú·pu·lo *s.m.* Escrúpulo.

es·cru·ti·nio *s.m.* Apuração.

es·cua·dra *s.f.* **1.** Esquadro. **2.** Esquadria. **3.** *Mil.* Esquadra. **4.** *Col.* Pistola automática. ♦ **A escuadra.** Em esquadro.

es·cua·dri·lla *s.f. Mil.* e *mar.* Esquadrilha.

es·cua·drón *s.m. Mil.* Esquadrão.

es·cua·lo *s.m.* Cação, tubarão.

es·cu·cha *s.f.* **1.** Escuta, audição. **2.** *Mil.* Soldado que faz reconhecimento prévio. **3.** Janelinha, visor por onde se espia. ♦ **Escucha telefónica.** Escuta telefônica, telefone grampeado. **Estación de escucha.** Radioescuta. **Estar/Quedarse a la escucha.** Estar/Ficar na escuta.

es·cu·char *v.t.* e *v.i.* **1.** Escutar, ouvir. **2.** Escutar, prestar atenção.

es·cu·dar *v.t.* Escudar, defender com escudo. ■ **escudarse** *v.p.* **1.** Escudar-se, defender-se. **2.** *Fig.* Escorar-se, apoiar-se, achar pretexto para não fazer algo.

es·cu·do *s.m.* **1.** Escudo. **2.** Brasão. **3.** *Fig.* Amparo, escora, âncora.

es·cu·dri·ñar *v.t.* Perscrutar, sondar, examinar, escrutar.

es·cue·la *s.f.* **1.** Escola, colégio. **2.** Escola, faculdade. *Escuela Politécnica.* Escola Politécnica. **3.** *Fil.* Escola, doutrina, ensinamento. *La escuela positivista.* A escola positivista. **4.** Escola, método, estilo. **5.** Escola, conhecimento, saber. ♦ **Escuela de artes y oficios.** Escola profissionalizante. **Escuela militar.** Escola militar. **Escuela normal.** Instituição que forma professores do ensino fundamental.

es·cul·pir *v.t.* Esculpir, entalhar.

es·cu·pir *v.i.* e *v.t.* **1.** Cuspir. **2.** *Fig.* Cuspir, lançar, soltar. *Escupir fuego.* Cuspir fogo. **3.** *Fig. e col.* Desembuchar. ♦ **Escupir a la cara.** Cuspir na cara, insultar grosseiramente.

es·cu·pi·ta·jo *s.m. Col.* Cuspida, cusparada.

es·cu·rre·pla·tos *s.m.* Escorredor de pratos. ■ *Pl.:* invariável.

es·cu·rri·di·zo/a *adj.* Escorregadio.

es·cu·rri·dor *s.m.* Escorredor. *Escurridor de fideos.* Escorredor de macarrão.

es·cu·rri·mien·to *s.m.* **1.** Escoamento (líquidos). **2.** *Fig.* Deslize.

es·cu·rrir *v.t.* **1.** Escorrer, esvaziar, escoar. **2.** Torcer (roupa). ■ *v.i.* **3.** Deslizar, patinar, derrapar. ■ **escurrirse 1.** Escorrer-se, esgotar-se. **2.** *Fig. e col.* Esfumar-se, escapulir. **3.** Escorregar, deslizar.

es·drú·ju·lo/a *adj. e s. Gram.* Proparoxítono. ■ Não tem sentido de "extravagante".

e·se/a *adj. e p.dem.* Esse. *Ya leí ese libro.* Já li esse livro. *Esa casa es mía.* Essa casa é minha. ■ **a.** Usados quando se relacionam a coisa ou pessoa próxima do interlocutor. **b.** Acentuados quando funcionam como *p.* em caso de ambiguidade. *Ésa es mi casa.* Essa é a minha casa. **c.** *Pl.: esos, esas. Esos coches son muy caros.* Esses carros são muito caros. ♦ **Esa.** Essa cidade, esse lugar. *Llegaré a esa por la mañana.* Chegarei a essa cidade pela manhã (avisando por carta a alguém). **De ese.** Desse. **Ni por esas.** Nem por isso, nem assim.

e·sen·cia *s.f.* **1.** *Fil.* Essência, ser, natureza. **2.** Essência, ideia principal, âmago, cerne. **3.** *Fig.* Essência, extrato, concentrado. ♦ **Quinta esencia.** Quinta-essência.

es·fe·ra *s.f.* **1.** Esfera, círculo. **2.** *Fig.* Esfera, âmbito, ambiente. ♦ **Esfera celeste.** Céu, firmamento. **Esfera de actividad.** Área de atividade. **Esfera social.** Camada social. **Esfera terrestre.** Globo terrestre.

es·fe·ro·grá·fi·co/a *s.* Caneta esferográfica. ■ *Sin.: bolígrafo.*

es·for·zar *v.t.* Forçar. *No hay que esforzar el mecanismo.* Não se deve forçar o mecanismo. ■ **esforzarse** *v.p.* Esforçar-se, empenhar-se, animar-se. ■ *C.mod. 03.*

es·fuer·zo *s.m.* Esforço, batalha, custo.

es·fu·mar *v.t.* Esfumar, sombrear (desenho). ■ **esfumarse** *v.p. Fig.* Desaparecer, esfumar-se.

es·gri·ma *s.f. Desp.* Esgrima.

es·la·bón *s.m.* Elo, ligação.

es·mal·te *s.m.* Esmalte.

es·me·ral·da *s.f. Geol.* Esmeralda.

es·me·rar *v.t.* Polir (pedra, metal). ■ **esmerarse** *v.p.* Esmerar-se, aplicar-se, esforçar-se, aprimorar-se.

es·me·ri·lar *v.t.* Esmerilhar, polir.

es·me·ro *s.m.* Esmero, capricho, cuidado, apuro.

es·mi·rria·do/a *adj.* Mirrado, fraco.

e·so *p.dem. neutro.* Isso. *¿Qué es eso?* O que é isso? ■ Não admite *pl.* ♦ **¡Eso!** Isso mesmo! Aí! Apoiado! **A eso de.** Por volta de. **De eso.** Disso. **En eso.** Nisso, então. **Y eso que.** Por mais que. *¿Y eso qué?* E daí?

e·so·te·ris·mo *s.m. Fil.* Esoterismo.

es·pa·bi·lar *v.t.* **1.** Atiçar o fogo. **2.** *Fig.* Provocar insônia. *El café me espabila.* O café me tira o sono. **3.** *Fig.* Avivar, ensinar a ser/tornar esperto. *La vida lo espabilará.* A vida o ensinará a ser esperto. ■ **espabilarse** *v.p. Fig.* **1.** Acordar, perder o sono, ter insônia. **2.** Acordar, mexer-se, ficar esperto. *Si no te espabilas te quedarás sin trabajo.* Se você não se mexer, ficará sem trabalho. ■ *Sin.: despabilar.*

es·pa·cia·dor *s.m.* Barra de espaço (teclado de computador, máquina de escrever).

es·pa·ciar *v.t.* **1.** Espaçar, separar deixando espaço ou intervalo. *Han espaciado las comidas.* Espaçaram as refeições. **2.** *Tip.* Espacejar. ■ **espaciarse** *v.p. Fig.* Estender-se, prolongar-se. *Se espació mucho en la charla.* Estendeu-se muito na conferência.

es·pa·cio *s.m.* **1.** Espaço, universo, infinito. **2.** Espaço, área, volume. **3.** Espaço, intervalo, lapso. **4.** Espaço, lugar vazio. *Deja un espacio en blanco.* Deixe um espaço em branco. ♦ **Espacio aéreo.** Espaço aéreo.

es·pa·da *s.f.* **1.** Espada. ■ *s.m.* **2.** Toureiro. ■ **espadas** *s.f.pl.* Espadas, naipe do baralho. ♦ **Espada de dos filos.** Faca de dois gumes. **Estar entre la espada y la pared.** Estar entre a espada e a parede, entre a cruz e a caldeirinha. **Pez espada.** Peixe-espada.

es·pa·gue·ti *s.m. Ital.* Macarrão, espaguete. ■ **a.** *Sin.: fideos.* **b.** Mais usado no *pl.*

es·pal·da *s.f.* Costas. ■ Usa-se tanto no *sing.* quanto no *pl.* ♦ **A espaldas de (alguien).** Pelas costas, na ausência de (alguém). **Caerse de espaldas.** Cair de costas, levar um susto. **Echarse (algo) a las espaldas.** Carregar (algo) nas costas. **Guardar(se) las espaldas.** Proteger-se. **Por la espalda.** Pelas costas, à traição. **Volver/Dar las espaldas.** Virar/Dar as costas.

es·pal·dar *s.m.* **1.** Espádua (de animal). **2.** Encosto (de cadeira), espaldar. **3.** Estrutura para plantas trepadeiras.

es·pan·ta·pá·ja·ros *s.m.* Espantalho. ■ **a.** *Pl.:* invariável. **b.** *Tb.:* espantajo.

es·pan·tar *v.t.* **1.** Espantar, assustar. **2.** Espantar, afugentar, enxotar. ■ **espantarse** *v.p.* **1.** Espantar-se, assustar-se. **2.** *Fig.* Espantar-se, maravilhar-se, admirar-se.

es·pan·to *s.m.* **1.** Espanto, pavor, horror. *Un frío de espanto.* Um frio horrível, espantoso. **2.** *Amer.* Fantasma, assombração. ♦ **Estar curado de espantos.** Não se assustar facilmente, ter vivência.

es·pan·to·so/a *adj.* **1.** Espantoso, horroroso, assustador, horrendo. **2.** *Fig.* Assombroso, maravilhoso. **3.** *Fig.* Espantoso, muito grande, tremendo. *Tengo un hambre espantosa.* Estou com uma fome tremenda. ♦ **¡Espantoso!** De arrepiar.

es·pa·ra·dra·po *s.m.* Esparadrapo.

es·par·cir *v.t.* **1.** Espalhar, dispersar. *Esparció los libros sobre la mesa.* Espalhou os livros sobre a mesa. **2.** *Fig.* Espalhar, divulgar, difundir. **3.** Borrifar, esborrifar. ■ *v.i.* **4.** Distrair-se, divertir-se, espairecer. *Salimos a esparcir un rato.* Saímos para distrair-nos um pouco. ■ **esparcirse** *v.p.* **1.** Espalhar-se, dispersar-se. **2.** *Fig.* Espalhar-se, divulgar-se. **3.** Divertir-se.

es·pá·rra·go *s.m.* **1.** *Bot.* Aspargo. **2.** Vara de sustentação. ♦ **¡Vete a freír espárragos!** Vá plantar batata!

es·par·to *s.m.* Cânhamo.

es·pas·mo *s.m. Med.* Espasmo, contração muscular.

es·pe·cia *s.f.* Especiaria.

es·pe·cial *adj.* **1.** Especial, peculiar. **2.** Especial, fora do normal. **3.** Especial, raro, incomum, diferente. ♦ **En especial.** Especialmente.

es·pe·cia·li·zar *v.t.* Especializar. ■ **especializarse** *v.p.* Especializar-se.

es·pe·cie *s.f.* **1.** Espécie, classe, família de indivíduos. **2.** Espécie, qualidade, tipo, laia. **3.** *Fig.* Notícia, acontecimento. *Una especie increíble.* Uma notícia incrível. **4.** Especiaria, tempero. ♦ **En especie.** Em espécie, pagamento em artigos.

es·pe·ci·fi·car *v.t.* **1.** Especificar, explicar, detalhar. **2.** Especificar, definir, mencionar.

es·pe·cí·fi·co/a *adj.* **1.** Específico, típico. **2.** *Med.* Específico, sintomático. ● *s.m.* **3.** *Med.* Remédio específico.

es·pé·ci·men *s.m.* Espécime. ■ *Pl.:* especímenes.

es·pec·ta·cu·lar *adj.* Espetacular, impressionante.

es·pec·tá·cu·lo *s.m.* **1.** Espetáculo, ato público, diversão. **2.** *Col.* Espetáculo, escândalo.

es·pe·cu·la·ción *s.f.* **1.** Especulação, ponderação, raciocínio. **2.** Teoria. **3.** *Com.* Especulação, negócio, tráfico.

es·pe·cu·lar *v.t.* **1.** Especular, ponderar, raciocinar. **2.** Especular, averiguar, pesquisar. **3.** *Com.* Especular, negociar, comerciar. **4.** *Com.* Especular, lucrar, beneficiar-se.

es·pe·jo *s.m.* **1.** Espelho. **2.** *Fig.* Modelo, espelho. ♦ **Mirarse en un espejo.** Servir de modelo, de exemplo, de advertência.

es·pe·luz·nan·te *adj.* Horripilante, pavoroso.

es·pe·ra *s.f.* **1.** Espera, demora. **2.** Espera, calma, paciência. **3.** Espera, expectativa. **4.** Espera, cilada. **5.** *Com.* Trégua para pagamento de dívidas, carência. ♦ **A la espera de.** À espera de. **En espera de.** Na espera de. **Plazo de espera.** Prazo de carência. **Sala de espera.** Sala de espera.

es·pe·ran·za *s.f.* Esperança. ♦ **Alimentarse de esperanzas.** Viver de esperanças. **Dar esperanza.** Dar esperanças.

es·pe·ran·za·do/a *adj.* Esperançoso.

es·pe·rar *v.t.* **1.** Esperar, aguardar. **2.** Confiar, esperar. *Esperar en alguien.* Confiar em alguém. **3.** Esperar, desejar. ■ **esperarse** *v.p.* Esperar-se, ser iminente. ♦ **Esperar sentado.** Esperar sentado. **Quien espera desespera.** Quem espera, fica desesperado. **Ser de esperar.** Ser de se esperar.

es·per·ma·to·zoi·de *s.m. Med.* Espermatozoide.

es·pe·sar *v.t.* Espessar, engrossar. ■ **espesarse** *v.p.* Espessar-se, ficar grosso/denso.

es·pe·sor *s.m.* Espessura.

es·pe·tar *v.t.* **1.** Espetar. **2.** *Fig.* Lançar, soltar. *Me espetó unas palabras hirientes.* Lançou-me umas palavras ferinas.

es·pí·a *s.2g.* **1.** Espião, agente secreto. **2.** *Fig.* Xereta, curioso. **3.** Dedo-duro, alcaguete. ■ *s.f.* **4.** *Mar.* Espia.

es·piar *v.t. e v.i.* **1.** Espiar, espreitar, vigiar ocultamente, espionar. **2.** *Mar.* Espiar, segurar navio com espias.

es·pi·ga *s.f. Bot.* Espiga.

es·pi·gón *s.m.* **1.** Espigão, ferro pontiagudo. **2.** *Bot.* Espiga de milho. **3.** Espigão, montanha pontiaguda. **4.** Quebra-mar, píer.

es·pi·na *s.f.* **1.** Espinho. **2.** Espinha. **3.** *Med.* Espinha, coluna vertebral. **4.** *Fig.* Obstáculo, inconveniente, dificuldade. **5.** Lasca (de madeira). *Se clavó una espina en el dedo.* Espetou o dedo com uma lasca. ■ Não tem sentido de "acne". ♦ **Espina dorsal.** Espinha dorsal. **Dar (algo) mala espina.** Inspirar desconfiança. **Sacarse la espina. 1.** Desforrar-se, não levar desaforo para casa. **2.** Pôr em pratos limpos, esclarecer uma dúvida.

es·pi·na·ca *s.f. Bot.* Espinafre.

es·pi·ni·lla *s.f.* **1.** Canela. **2.** Espinha, acne.

☞ **es·pi·no** *s.m. Bot.* Espinheiro. ♦ **Alambre de espino.** Arame farpado.

es·pi·no·so/a *adj.* **1.** Espinhoso. **2.** *Fig.* Delicado, polêmico.

es·pio·na·je *s.m.* Espionagem.

es·pi·ral *adj. e s.f.* **1.** Espiral. **2.** Repercussão recíproca de dois fenômenos. *La espiral de precios y salarios aumenta la inflación.* O aumento progressivo de preços e salários aumenta a inflação. ■ *s.m.* **3.** *Med.* Espiral, dispositivo anticoncepcional. ♦ **En espiral.** Em forma de espiral.

es·pi·ri·tis·ta *adj. e s.2g.* Espírita.

es·pí·ri·tu *s.m.* **1.** Espírito, alma. **2.** Espírito, gênio, caráter. **3.** Espírito, assombração. **4.** *Fig.* Ânimo. **5.** *Fig.* Espírito, essência. **6.** Agilidade mental, sagacidade. *Tiene mucho espíritu.* É muito sagaz. **7.** *Fig.* Espírito, âmago, princípio. ♦ **Espíritu maligno.** Demônio. **Espíritu Santo.** Espírito Santo. **Evocar los espíritus.** Invocar os espíritos. **Exhalar el espíritu.** Morrer. **Levantar el espíritu.** Levantar o ânimo. **Pobre de espíritu.** Pobre de espírito. **Ser el espíritu de la contradicción.** Ser do contra.

es·plén·di·do/a *adj.* **1.** Esplêndido, generoso, farto. **2.** Esplêndido, magnífico, admirável.

es·pol·vo·re·ar *v.t.* Polvilhar, pulverizar. ■ *Tb.:* espolvorizar. ■ **espolvorearse** *v.p.* Sacudir o pó. *Espolvoréate las botas antes de entrar.* Sacuda as botas antes de entrar.

es·pon·ja *s.f.* **1.** Esponja. **2.** *Fig. e col.* Aproveitador, parasita. ♦ **Beber como una esponja.** Beber muito. **Pasar la esponja.** Passar uma esponja, esquecer.

es·pon·jo·so/a *adj.* **1.** Poroso, esponjoso. **2.** Fofo, macio. *El pastel está muy esponjoso.* O bolo está muito fofo.

es·pon·tá·ne·o/a *adj.* **1.** Espontâneo, natural. **2.** Espontâneo, sincero, franco. **3.** Espontâneo, voluntário.

es·po·rá·di·co/a *adj.* Esporádico, ocasional.

☞ **es·po·sar** *v.t.* Algemar.

☞ **es·po·sas** *s.f.pl.* Algemas.

es·po·so/a *s.* Esposo, cônjuge.

es·pue·la *s.f.* **1.** Espora. **2.** Esporão. **3.** *Fig.* Estímulo.

es·pu·ma *s.f.* Espuma.

es·pu·ma·de·ra *s.f.* Escumadeira.

es·pu·mo·so/a *adj. e s.m.* Espumoso, espumante.

es·que·le·to *s.m.* **1.** Esqueleto, estrutura óssea, arcabouço. **2.** *Fig.* Esqueleto, armação. **3.** *Fig. e col.* Esqueleto, pessoa muito magra. **4.** *Amer.* Molde, modelo.

es·que·ma *s.m.* **1.** Esquema, gráfico. **2.** Esquema, esboço, resumo.

es·que·ma·ti·zar *v.t. e v.i.* Esquematizar.

es·quí *s.m. Desp.* Esqui. ■ *Pl.:* esquís, esquíes.

es·qui·lar *v.t.* Tosar, tosquiar.

es·qui·mal *adj. e s.2g.* Esquimó.

es·qui·na *s.f.* **1.** Esquina. **2.** Canto, quina. *La esquina de la mesa.* O canto da mesa. ♦ **Doblar la esquina. 1.** Virar a esquina. **2.** *Amer.* Morrer. **Hacer esquina.** Formar ângulo.

es·qui·ne·ra *s.f.* Cantoneira.

es·qui·var *v.t.* **1.** Esquivar, evitar, eludir. **2.** *Desp.* Driblar. ■ **esquivarse** *v.p.* Esquivar-se.

es·qui·zo·fre·nia *s.f. Med.* Esquizofrenia.

es·ta·bi·li·zar *v.t.* Estabilizar. ■ **estabilizarse** *v.p.* Estabilizar-se.

es·ta·ble *adj.* **1.** Estável, firme, preso. **2.** Estável, inalterável. **3.** Estável, seguro, duradouro.

es·ta·ble·cer *v.t.* **1.** Estabelecer, instituir, assentar. **2.** Estabelecer, estipular, determinar. **3.** Estabelecer, iniciar, entabular. ■ **establecerse** *v.p.* **1.** Estabelecer-se, fixar residência. **2.** Abrir um negócio. *No hace mucho que se estableció pero le va bien.* Não faz muito tempo que abriu a loja, mas tudo vai indo bem. ■ *C.mod. 06.*

es·ta·ble·ci·mien·to *s.m.* Estabelecimento. ♦ **Establecimiento comercial.** Loja.

es·ta·blo *s.m.* Estábulo, cocheira, estrebaria.

es·ta·ca·da *s.f.* **1.** Estacada, cerca. **2.** Estacada, paliçada. **3.** Palanque, tablado.

es·ta·car *v.t.* Estacar, espetar estacas. ■ **estacarse** *v.p. Fig.* Estacar, parar, ficar imóvel.

es·ta·ción *s.f.* **1.** Estação, parada (trem, metrô). **2.** Estação, emissora (rádio, televisão). **3.** Estação, temporada. *La estación de veraneo.* A temporada de férias de verão. **4.** Posto, agência. *Estación de correos.* Agência de correio. **5.** Estação, centro de coleta de dados. *Estación meteorológica.* Estação meteorológica. **6.** Estação, época do ano. ♦ **Estación de servicio.** Posto de gasolina. **Estación de teléfonos.** Central telefônica. **De media estación.** *Amer.* De meia-estação.

es·ta·cio·na·mien·to *s.m.* Estacionamento.

es·ta·cio·nar *v.t.* Estacionar. ■ *Sin.: aparcar.* ■ **estacionarse** *v.p. Fig.* Estancar, parar, deter (um processo).

es·ta·da *s.f.* Estada, permanência transitória.

es·ta·dí·a *s.f.* Estadia, estada.

es·ta·dio *s.m.* **1.** *Desp.* Estádio, campo, arena. **2.** Estágio, estado, fase.

es·ta·dís·ti·co/a *adj.* **1.** Estatístico. ● *s.f.* **2.** Estatística, levantamento.

es·ta·do *s.m.* **1.** Estado, situação, condição. *Este aparato se encuentra en mal estado.* Este aparelho está em mau estado. **2.** Estado, nação. **3.** Estado, poderes políticos. **4.** Estado, unidade federativa. **5.** *Com.* Quadro demonstrativo. *Estado de ganancias y pérdidas.* Demonstrativo de lucros e perdas. ♦ **Estado civil.** Estado civil. **Estado de alarma.** Estado de alerta. **Estado de ánimo.** Estado de ânimo. **Estado de sitio.** Estado de sítio. **Estado de situación/contable.** *Com.* Balanço. **Estado financiero.** *Com.* Demonstrativo financeiro. **Estado físico.** Estado físico. **Estado interesante.** Gravidez. **Estado Mayor.** *Mil.* Estado-Maior. **Asunto de Estado.** Negócio de Estado. **Estar en estado de.** Estar em condição de. **Golpe de Estado.** Golpe de Estado.

☞ **es·ta·fa·dor/do·ra** *adj. e s.* **1.** Fraudador, ladrão, caloteiro. **2.** Estelionatário.

☞ **es·ta·far** *v.t. e v.i.* Fraudar, lograr, ludibriar.

es·ta·fe·ta *s.f.* **1.** Agência de correio. **2.** Correio diplomático. **3.** Estafeta.

es·ta·llar *v.i.* **1.** Estourar, explodir. *Estallaron una bomba.* Estouraram uma bomba. **2.** Estourar, arrebentar. *Estalló la tubería.* Estourou o encanamento. **3.** *Fig.* Estourar, estalar, rebentar. *Estalló la guerra.* Estourou a guerra.

es·tam·pa *s.f.* **1.** Estampa, gravura, ilustração, padrão. **2.** *Fig.* Quadro, episódio. *Estampas de la vida real.* Episódios da vida real. **3.** *Fig.* Aspecto, traços, figura. *Tener fina estampa.* Ter traços delicados. **4.** *Fig.* Marca, sinal. **5.** *Mec.* Estampa, molde. ♦ **En estampa.** *Tip.* No prelo. **Ser la estampa de.** Ser a cara de.

es·tam·pa·do/a *adj.* **1.** Estampado. ● *s.m.* **2.** Estampagem.

es·tam·par *v.t.* **1.** Estampar, imprimir. **2.** *Col.*

estampería   181   **estilar**

Atirar, lançar. *Estampó la pelota contra la pared.* Atirou a bola contra a parede.

es·tam·pe·rí·a *s.f.* Estamparia.

es·tam·pi·do *s.m.* Estampido, estalo, estouro. ∎ *Sin.: estallido.*

es·tam·pi·lla *s.f.* 1. Carimbo. 2. *Amer.* Selo postal, estampilha fiscal.

es·tan·car *v.t.* 1. Estancar, estagnar, paralisar, estacionar. 2. Monopolizar. 3. Proibir, vedar. 4. Estancar, deter.

es·tan·cia *s.f.* 1. Estadia, permanência. 2. Estância, morada, moradia. 3. *Rio-plat.* Estância, fazenda de gado.

es·tan·co/a *adj.* 1. Estanque, fechado, hermético. • *s.m.* 2. Bloqueio, proibição (venda de mercadorias). 3. Local de venda de produtos monopolizados pelo governo (cigarros, selos). 4. *Fig.* Depósito, almoxarifado.

es·tán·dar *s.m.* 1. Standard, modelo. 2. Nível, padrão. *Estándar internacional.* Padrão internacional. *Estándar de vida.* Nível de vida.

es·tan·da·ri·zar *v.t.* Padronizar. ∎ *Tb.: estandardizar.*

es·tan·te *s.m.* 1. Estante. 2. Prateleira. 3. Pontalete, escora.

es·tan·te·rí·a *s.f.* Conjunto de estantes. *La estantería de la biblioteca.* As estantes da biblioteca.

es·ta·ño *s.m. Quím.* Estanho.

es·tar *v.i.* 1. Estar, ficar, permanecer. 2. Estar, existir. 3. Estar, achar, encontrar-se. 4. Estar, custar. *El tomate está a 100 el kilo.* O tomate está a 100 o quilo. *La falda te está muy bien.* A saia fica muito bem em você. 6. Fazer (temperatura). *Estábamos a 20 grados bajo cero.* Fazia 20 graus negativos. 7. Ser (datas). *Estamos a 15 de febrero.* Hoje é 15 de fevereiro. ∎ **a.** Usado com *ger.* para expressar ação continuada. *Está durmiendo.* Está dormindo. **b.** Usado com *part.* em forma passiva. *Está previsto que.* Está previsto que. **c.** *C.mod.* 23. ♦ **Estar a oscuras.** Ignorar. **Estar al corriente.** Estar quites (com dívida, obrigação). **Estar bien.** Estar bem. **Estar bien/mal de algo.** Ter/Não ter suficiente. **Estar bien empleado.** Ser merecido, ser bem-feito. **Estar de.** Exercer a função de. *Hoy estoy de cocinera.* Hoje sou a cozinheira. **Estar de más.** Sobrar, ser inútil. **Estar en sí.** Ter pleno domínio de si mesmo. **Estar en una cosa.** Estar ciente. **Estar para.** Estar disposto a. **Estar por.** Estar a ponto de. **Estar verde.** Estar longe de se conseguir. ¿**Estamos?** Estamos entendidos? De acordo?

es·ta·tal *adj.* Estatal.

es·tá·ti·co/a *adj.* 1. Estático. • *s.f.* 2. *Fís.* Estática.

es·ta·ti·za·ción *s.f.* Estatização.

es·ta·tua *s.f.* Estátua.

es·ta·tu·ra *s.f.* Estatura, envergadura.

es·ta·tu·to *s.m.* Estatuto.

es·te¹ *s.m.* Leste, este. ∎ *Abrev.: L.*

es·te²/a *adj.* e *p.dem.* Este. *Tenemos que analizar este escrito.* Temos que analisar este texto. ∎ **a.** Usados quando se relacionam a pessoa ou objeto próximo do falante. **b.** Acentuados quando funcionam como *p.* em caso de ambiguidade. *Aquella casa es más grande que ésta.* Aquela casa é maior do que esta. **c.** *Pl.: estos, estas. Debo leer todos estos artículos.* Tenho que ler todos estes artigos. ♦ **Este era…** Era uma vez… **De este.** Deste.

es·te·no·gra·fí·a *s.f.* Estenografia, taquigrafia.

es·te·ra *s.f.* Esteira.

es·té·reo *s.m.* Estéreo. ∎ Forma apocopada de *estereofonía.*

es·te·reo·ti·po *s.m.* Estereótipo.

es·té·ril *adj.* 1. Estéril, árido. 2. *Med.* Estéril, não fecundo. 3. *Fig.* Estéril, inútil, improdutivo.

es·te·ri·li·zar *v.t.* Esterilizar.

es·ter·nón *s.m. Med.* Esterno.

es·té·ti·co/a *adj.* 1. Estético. • *s.f.* 2. Estética.

es·te·tos·co·pio *s.m. Med.* Estetoscópio.

es·tia·je *s.m.* Estiagem.

es·ti·ba·dor/·do·ra *s.* Estivador.

es·tiér·col *s.m.* Esterco, bosta.

es·ti·lar *v.i.* Usar, ter por costume. ∎ **estilarse**

estilete ... **estrellar**

v.p. Ser costume, estar em uso/na moda. *Ya no se estila llevar vestido largo.* Não se usa mais vestido longo.

es·ti·le·te *s.m.* Estilete.

es·ti·lís·ti·co/a *adj.* **1.** Estilístico. ● *s.f.* **2.** Estilística.

es·ti·lo *s.m.* Estilo. ♦ **Al estilo de.** À moda de. **Por el estilo.** Do gênero. *Vi muchas películas por el estilo.* Assisti muitos filmes do gênero.

es·ti·lo·grá·fi·ca *s.f.* Caneta-tinteiro.

es·ti·ma·ción *s.f.* **1.** Estima, apreço. ▌ *Tb.:* *estima.* **2.** Estimativa. *Una estimación aproximada.* Uma estimativa aproximada.

es·ti·mar *v.t.* **1.** Estimar, prezar. **2.** Estimar, avaliar, calcular, julgar. **3.** Considerar, achar. *Estimo importante que vengas.* Considero importante que você venha.

es·ti·ma·ti·vo/a *adj.* **1.** Estimativo, aproximado. ● *s.f.* **2.** Estimativa, avaliação.

es·ti·mu·lar *v.t.* Estimular, incentivar.

es·tí·mu·lo *s.m.* Estímulo, incentivo, motivação.

es·ti·pu·lar *v.t.* Estipular, estabelecer.

es·ti·ra·do/a *adj.* **1.** Esticado, puxado. **2.** *Fig.* Empertigado, presunçoso. **3.** *Fig.* Apertado, justo.

es·ti·rar *v.t.* **1.** Esticar. **2.** *Fig. Amer.* Matar. ▪ **estirarse** *v.p.* **1.** Espreguiçar-se. **2.** Alongar-se, prolongar-se. ♦ **Estirar la pata.** Esticar a canela, morrer.

es·ti·rón *s.m.* **1.** Puxão. **2.** *Col.* Esticada.

es·to *p.dem. neutro.* Isto. *¿Qué es esto?* O que é isto? ▌ Não admite *pl.* ♦ **Esto era…** Era uma vez… **De esto.** Disto. **En esto.** Nisto, então.

☞ **es·to·fa·do** *s.m.* **1.** Ensopado, carne de panela. **2.** Bordado acolchoado.

es·tó·ma·go *s.m. Med.* Estômago. ♦ **Revolver el estómago.** Virar o estômago.

es·to·pa *s.f.* Estopa.

es·to·pín *s.m.* Estopim.

es·tor·bar *v.t. e v.i.* **1.** Dificultar, estorvar, impedir, atrapalhar. *Estorbar el paso.* Impedir a passagem. **2.** *Fig.* Incomodar.

es·tor·bo *s.m.* **1.** Incômodo. *Perdone el estorbo.* Desculpe o incômodo. **2.** Obstáculo, estorvo, empecilho.

es·tor·nu·dar *v.i.* Espirrar.

es·tor·nu·do *s.m.* Espirro.

es·tra·bis·mo *s.m. Med.* Estrabismo.

es·tra·do *s.m.* Estrado, tablado.

es·tra·fa·la·rio/a *adj. Col.* Extravagante, excêntrico.

es·tram·bó·ti·co/a *adj.* Estrambótico, extravagante.

es·tran·gu·lar *v.t.* **1.** Estrangular, asfixiar, enforcar. **2.** *Med.* Estrangular, comprimir.

es·tra·ta·ge·ma *s.f.* Estratagema, ardil.

es·tra·te·gia *s.f.* Estratégia, tática.

es·tra·ti·fi·ca·ción *s.f.* **1.** *Geol.* Estratificação, disposição em camadas. **2.** *Fig.* Estratificação, formação de classes sociais.

es·tra·to *s.m.* **1.** *Geol.* Estrato, camada. **2.** Estrato, classe social.

es·tre·cha·mien·to *s.m.* Estreitamento, afunilamento.

es·tre·char *v.t.* **1.** Estreitar, apertar. **2.** *Fig.* Estreitar, consolidar (laços). ▪ **estrecharse** *v.p.* **1.** Estreitar-se, apertar-se. **2.** Reduzir gastos. ♦ **Estrecharse el cinturón.** Apertar o cinto.

es·tre·chez *s.f.* **1.** Estreiteza. **2.** *Fig.* Escassez, aperto.

es·tre·cho/a *adj.* **1.** Estreito, apertado. **2.** *Fig.* Estreito, limitado. **3.** Estreito, íntimo, profundo. **4.** *Fig.* Estrito, rigoroso, exato. ● *s.m.* **5.** Estreito, canal, desfiladeiro.

es·tre·lla *s.f.* **1.** Estrela, astro. **2.** *Fig. e col.* Estrela, celebridade. **3.** *Fig.* Destino, sina, estrela. ♦ **Estrella de cine.** Estrela de cinema. **Estrella de mar.** Estrela-do-mar. **Estrella de rabo.** Cometa. **Estrella fugaz.** Estrela cadente. **Tener buena/mala estrella.** Ter boa/má sorte. **Ver las estrellas.** Ver estrelas, sentir dor aguda.

es·tre·llar *v.t.* **1.** Estrelar. **2.** Fritar ovos, estalar, estrelar. **3.** *Col.* Arremessar com violência, esborrachar. ▪ **estrellarse** *v.p.* **1.** Bater, espatifar-se, chocar-se, esborrachar-se. *La* *moto se estrelló contra el poste.* A moto espatifou-se contra o poste. **2.** *Fig.* Fracassar. ❚ Não tem sentido de "representar o papel principal".

es·tre·me·cer *v.t.* **1.** Estremecer, sacudir, abalar. **2.** Estremecer, tremer. **3.** *Fig.* Estremecer, comover, sensibilizar. ■ **estremecerse** *v.p.* Estremecer-se. ❚ *C.mod. 06.*

es·tre·me·ci·mien·to *s.m.* Estremecimento.

es·tre·nar *v.t.* Estrear, inaugurar, debutar. *Voy a estrenar mis zapatillas nuevas.* Vou estrear meus tênis novos.

es·tre·no *s.m.* Estreia. ♦ **Andar/Estar de estreno.** Usar (algo) pela primeira vez, estrear. **Cine de estreno.** Estreia cinematográfica.

es·tre·ñi·mien·to *s.m. Med.* Prisão de ventre.

es·trés *s.m. Angl. Med.* Estresse.

es·trí·a *s.f.* Estria.

es·tri·bar *v.i.* **1.** Apoiar-se, estribar-se. **2.** *Fig.* Consistir, basear-se.

es·tri·bo *s.m.* **1.** Estribo. **2.** Estribeira. **3.** *Arq.* Contraforte, anteparo. **4.** Escora. **5.** *Fig.* Apoio, amparo. ♦ **Perder los estribos.** Perder as estribeiras.

es·tric·to/a *adj.* **1.** Estrito, restrito. **2.** Estrito, rigoroso, rígido.

es·tro·fa *s.f. Liter. e mus.* Estrofe.

es·tro·pa·jo *s.m.* **1.** Esfregão, vassoura de fiapos que serve para esfregar o chão. **2.** Palha ou esponja de aço. **3.** Bucha.

☞ **es·tro·pe·ar** *v.t.* **1.** Estragar, deteriorar. **2.** Estragar, danificar. **3.** Estragar, frustrar, fracassar. **4.** Maltratar. *Tiene la piel estropeada.* Está com a pele maltratada. ■ **estropearse** *v.p.* **1.** Estragar-se, deteriorar-se, quebrar. *Con el calor se estropeó la comida.* Com o calor a comida estragou. **2.** Frustrar-se, pôr a perder, não dar certo.

es·tro·pi·cio *s.m. Col.* **1.** Destroço, devastação, estropício. **2.** Baderna, estrondo, estrupício.

es·truc·tu·ra *s.f.* **1.** Estrutura, armação. **2.** *Fig.* Estrutura, forma, disposição. **3.** Estrutura, conjunto de fenômenos estáveis. *Estructura social/económica.* Estrutura social/econômica.

es·truc·tu·rar *v.t.* Estruturar. ■ **estructurarse** *v.p.* Estruturar-se, articular-se.

es·truen·do *s.m.* Estrondo, estouro.

es·tru·jar *v.t.* **1.** Espremer, apertar. *Estrujar una naranja.* Espremer uma laranja. **2.** Amassar, amarrotar. *Estrujó todas las hojas que había redactado.* Amassou todas as folhas que havia redigido. **3.** *Fig.* Espremer, sugar.

es·tu·che *s.m.* Estojo, caixa ou embalagem para acondicionar objetos delicados. *El estuche de los lentes.* O estojo dos óculos.

es·tu·co *s.m.* Estuque.

es·tu·dia·do/a *adj.* **1.** Estudado, culto. **2.** Estudado, afetado. *Ademanes estudiados.* Gestos estudados.

es·tu·dian·te *s.2g.* Estudante.

es·tu·diar *v.t.* **1.** Estudar, cursar. **2.** Estudar, analisar. ■ *v.i.* **3.** Estudar, instruir-se.

es·tu·dio *s.m.* **1.** Estudo, educação, instrução. **2.** Estudo, análise, pesquisa. **3.** Estudo, tratado, monografia. **4.** *Mus.* Tipo de composição. **5.** Esboço (de pintura). **6.** Curso, carreira. **7.** Estúdio, ateliê, escritório. **8.** Escritório de advocacia. ■ **estudios** *s.m.pl.* Estúdio, sala (filmagem, fotografia). ♦ **Estudios de cine.** Estúdios cinematográficos. **Dar estudios (a alguien).** Custear os estudos (de alguém). **Estar en estudio.** Estar em estudo. **Tener estudios.** Ter feito estudos superiores.

es·tu·fa *s.f.* **1.** Aquecedor. **2.** Estufa. **3.** Viveiro de plantas. **4.** *Am.C.* Fogão.

es·tu·pe·fa·cien·te *adj. e s.m.* Entorpecente, droga.

es·tu·pe·fac·to/a *adj.* Estupefato, atônito.

es·tu·pen·do/a *adj.* Admirável, magnífico, estupendo.

es·tu·pi·dez *s.f.* Estupidez, burrice.

es·tu·pro *s.m.* Estupro, curra.

e·ta·pa *s.f.* **1.** Etapa, época. **2.** Etapa, fase, estágio. **3.** *Mil.* Escala, parada. ♦ **Ganar una etapa.** Vencer uma etapa. **Por etapas.**

Por partes. **Quemar etapas.** Queimar etapas, avançar rápido demais (num processo).
et·cé·te·ra *s.m.* Etecétera. ■ *Abrev.: etc.*
e·ter·ni·dad *s.f.* **1.** Eternidade. **2.** *Fig.* Muito tempo. *Hace una eternidad que no lo veo.* Há muito tempo que não o vejo.
e·ter·ni·zar *v.t.* Eternizar, prolongar. ■ **eternizarse** *v.p.* Eternizar-se, perpetuar-se.
e·ter·no/a *adj.* **1.** Eterno, interminável, perpétuo. **2.** *Fig. e col.* Eterno, constante.
é·ti·co/a *adj.* **1.** Ético. ● *s.f.* **2.** Ética.
e·ti·mo·lo·gí·a *s.f.* Etimologia.
e·ti·que·ta *s.f.* **1.** Etiqueta, rótulo. **2.** Etiqueta, norma, regra. **3.** Etiqueta, solenidade, cerimônia. ♦ **De etiqueta. 1.** De gala. *Traje de etiqueta.* Roupa de gala. **2.** De cortesia. *Visita de etiqueta.* Visita de cortesia.
et·nia *s.f.* Etnia.
eu·ca·lip·to *s.m. Bot.* Eucalipto.
eu·fo·ria *s.f.* Euforia.
e·va·cuar *v.t.* **1.** Evacuar, desocupar, esvaziar. **2.** Evacuar, expelir fezes. **3.** *For.* Cumprir, executar.
e·va·dir *v.t.* Evadir, evitar. ■ **evadirse** *v.p.* Escapar, fugir, evadir-se.
e·va·lua·ción *s.f.* **1.** Avaliação, estimativa. **2.** Avaliação, nota de aproveitamento. **3.** Julgamento.
e·va·luar *v.t.* **1.** Avaliar, calcular, valorar. **2.** Avaliar, qualificar, julgar.
e·van·ge·lio *s.m.* Evangelho.
e·va·po·rar *v.t.* Evaporar, vaporizar. ■ **evaporarse** *v.p.* **1.** Evaporar-se, vaporizar-se. **2.** *Fig. e col.* Evaporar-se, desaparecer.
e·va·sión *s.f.* **1.** Evasão, perda, desvio. **2.** Evasão, fuga. ♦ **Evasión fiscal.** Sonegação de impostos.
e·va·si·vo/a *adj.* **1.** Evasivo. ● *s.f.* **2.** Evasiva, desculpa, subterfúgio.
e·ven·to *s.m.* Evento, acontecimento, passagem.
e·ven·tual *adj.* Eventual, ocasional.
e·ven·tua·li·dad *s.f.* Eventualidade, possibilidade.
e·vi·den·cia *s.f.* Evidência. ♦ **Poner en evidencia.** Pôr em evidência. **Quedar en evidencia.** Ficar em evidência, chamar a atenção. **Rendirse a la evidencia.** Render-se às evidências.
e·vi·den·ciar *v.t.* Evidenciar, provar, demonstrar.
e·vi·tar *v.t.* Evitar, furtar-se.
e·vo·car *v.t.* **1.** Evocar, invocar. **2.** Evocar, lembrar, reviver.
e·vo·lu·ción *s.f.* **1.** Evolução, desenvolvimento, progresso. **2.** *Fig.* Evolução, transformação. ■ **evoluciones** *s.f.pl.* Evoluções, movimentos harmônicos.
e·vo·lu·cio·nar *v.i.* Evoluir.
ex *prep.* **1.** Ex-, anterior. *El ex presidente.* O ex-presidente. ● *pref.* **2.** Ex-, exprime movimento para fora. ● *s.* Cônjuge, companheiro. *Desde aquel día no le hablo a mi ex.* Desde aquele dia não falo com meu ex-marido.
e·xac·ti·tud *s.f.* Exatidão.
e·xac·to/a *adj.* **1.** Exato, preciso. **2.** Exato, correto. ● *interj.* **3.** Exatamente! ♦ **Ciencias exactas.** Ciências exatas.
e·xa·ge·ra·ción *s.f.* Exagero, excesso. *Ese precio es una exageración.* Esse preço é um exagero.
e·xa·ge·ra·do/a *adj.* **1.** Exagerado, excessivo. ■ *adj. e s.* **2.** Exagerado, exagerador. *Es una exagerada.* É uma exagerada.
e·xal·tar *v.t.* Exaltar, louvar. ■ **exaltarse** *v.p.* **1.** Exaltar-se, excitar-se. **2.** Irritar-se, ferver.
e·xa·men *s.m.* **1.** Exame, inspeção, análise. **2.** Exame, prova, exercício.
e·xa·mi·na·dor/do·ra *adj. e s.* Examinador. *Mesa examinadora.* Banca examinadora.
e·xa·mi·nar *v.t.* **1.** Examinar, analisar minuciosamente. **2.** *Med.* Examinar, fazer controle médico. *El doctor la examinó ayer.* O médico examinou-a ontem. ■ **examinarse** *v.p.* **1.** Fazer ou submeter-se a exame. *Me examiné del corazón.* Fiz exame de coração. **2.** Fazer ou prestar exame. *Se examinó de matemáticas.* Prestou exame de matemática.
e·xas·pe·ra·ción *s.f.* Exasperação, desespero.

e·xas·pe·rar *v.t. e v.i.* Exasperar. ■ **exasperar-se** *v.p.* Exasperar-se, enfurecer-se, descabelar-se.

ex·ca·va·ción *s.f.* Escavação.

ex·ca·va·do·ra *s.f.* Cavadeira, escavadeira.

ex·ce·den·te *adj. e s.m.* **1.** Excedente. **2.** Funcionário afastado do cargo, em disponibilidade. **3.** Supranumerário.

ex·ce·der *v.t. e v.i.* **1.** Exceder, ultrapassar. *Esto excede las medidas.* Isto ultrapassa as medidas. **2.** Exceder, ser superior, superar. *Ella lo excede en gramática.* Ela é melhor do que ele em gramática. ■ **excederse** *v.p.* Exceder-se, exagerar, extrapolar. *Te excediste comiendo.* Você exagerou na comida.

ex·ce·len·cia *s.f.* Excelência. ♦ **Por excelencia.** Por excelência, no mais alto grau. **Su/Vuestra Excelencia.** Sua/Vossa Excelência.

ex·ce·len·tí·si·mo/a *adj.* Excelentíssimo. ■ *Abrev.:* Excmo./a.

ex·cén·tri·co/a *adj.* **1.** Excêntrico, fora do centro. **2.** Excêntrico, extravagante, esquisito. ● *s.f.* **3.** *Mec.* Excêntrica.

ex·cep·ción *s.f.* Exceção. ♦ **Con/A excepción de.** Exceto. **De excepción.** Extraordinário. **Estado de excepción.** Estado de alerta (público).

ex·cep·cio·nal *adj.* **1.** Excepcional, insólito, invulgar. **2.** Excepcional, excelente. ■ Não tem sentido de "deficiente mental".

ex·cep·to *adv.* Exceto, menos, salvo. *Compré todos los libros, excepto uno.* Comprei todos os livros, exceto um.

ex·cep·tuar *v.t.* Excetuar, isentar, excluir.

ex·ce·so *s.m.* **1.** Excesso, excedente, sobra. *Exceso de equipaje.* Excesso de bagagem. **2.** Excesso, exagero. **3.** Excesso, abuso. *Comete muchos excesos.* Comete muitos abusos. ♦ **En/Con exceso.** Excessivamente.

ex·ci·tar *v.t. e v.i.* **1.** Excitar, incitar, provocar. **2.** *Eletr.* Energizar. ■ **excitarse** *v.p.* Excitar-se, inquietar-se.

ex·cla·ma·ción *s.f.* Exclamação. ♦ **Signo de exclamación.** *Gram.* Ponto/Sinal de exclamação.

ex·cluir *v.t.* Excluir, descartar, eliminar. ■ *C. mod. 13.*

ex·clu·sión *s.f.* Exclusão.

ex·clu·si·vis·mo *s.m.* Exclusivismo, exclusividade. ♦ **Con exclusivismo.** Com exclusividade.

ex·clu·si·vo/a *adj.* **1.** Exclusivo, único. **2.** Exclusivo, total, absoluto. ● *s.f.* **3.** Concessão exclusiva, monopólio, exclusividade. *Tiene la exclusiva de la venta de anchoas.* Tem o monopólio da venda de anchovas. **4.** Entrevista/reportagem exclusiva. ♦ **Dedicación exclusiva.** Dedicação exclusiva.

ex·co·ria·ción *s.f. Med.* Escoriação.

ex·cre·men·to *s.m.* Excremento.

ex·cur·sión *s.f.* Excursão. ♦ **Ir de excursión.** Sair em excursão.

ex·cu·sa *s.f.* **1.** Desculpa. **2.** *Fig.* Pretexto, desculpa. ♦ **Buscar excusas.** Procurar pretextos. **Ofrecer sus excusas.** Apresentar as suas desculpas.

ex·cu·sa·do/a *adj.* **1.** Desculpado. **2.** Liberado, isento. **3.** Inútil, supérfluo. *Excusado es pedirle que no vaya.* É inútil pedir-lhe que não vá. ● *s.m.* **4.** Banheiro.

ex·cu·sar *v.t.* Desculpar, escusar. ■ **excusarse** *v.p.* Desculpar-se.

e·xen·ción *s.f.* Isenção.

e·xen·tar *v.t.* Isentar.

e·xen·to/a *adj.* Isento.

ex·ha·lar *v.t.* Exalar, emanar.

ex·haus·to/a *adj.* **1.** Esgotado. *Presupuesto exhausto.* Orçamento esgotado. **2.** Exausto, extenuado.

ex·hi·bi·ción *s.f.* **1.** Exibição, exposição. **2.** Exibição, projeção de filme. **3.** *Fig.* Exibição, ostentação. ♦ **En exhibición.** Em cartaz.

ex·hi·bir *v.t.* **1.** Exibir, apresentar. **2.** Exibir, expor. **3.** Projetar, exibir. *Exhiben buenas películas por la noche.* Passam bons filmes à noite. ■ **exhibirse** *v.p.* Exibir-se, mostrar-se, aparecer. *Le gusta exhibirse.* Gosta de aparecer.

ex·hor·to *s.m. For.* Carta rogatória.

ex·hu·ma·ción *s.f.* Exumação.

e·xi·gen·cia *s.f.* Exigência. ♦ **Tener exigencias.** Ter pretensões, caprichos.

e·xi·gir *v.t.* 1. Exigir, reivindicar, reclamar. 2. *Fig.* Exigir, requerer, necessitar, implicar. 3. Exigir, obrigar, impor, intimar.

e·xi·guo/a *adj.* Exíguo.

e·xi·lia·do/a *adj. e s.* Exilado.

e·xi·liar *v.t.* Exilar. ■ **exiliarse** *v.p.* Exilar-se.

e·xi·mio/a *adj.* Exímio.

e·xi·mir *v.t.* Eximir, isentar, exonerar, poupar. ■ **eximirse** *v.p.* Eximir-se.

e·xis·ten·cia *s.f.* 1. Existência, fato de existir. 2. Existência, vida. ■ **existencias** *s.f.pl.* Estoque. *Las existencias de discos se agotaron.* O estoque de discos esgotou-se.

e·xis·tir *v.i.* 1. Existir, viver. 2. Existir, ser real. 3. Existir, haver.

é·xi·to *s.m.* Sucesso, triunfo, êxito. *El estreno fue un éxito.* A estreia foi um sucesso. ♦ **Tener éxito.** Fazer sucesso.

e·xo·ne·rar *v.t.* 1. Exonerar, destituir, demitir. 2. Exonerar, liberar, eximir.

ex·or·bi·tan·te *adj.* Exorbitante. ■ *Tb.: exorbitante.*

ex·or·ci·zar *v.t.* Exorcizar. ■ *Tb.: exorcizar.*

e·xó·ti·co/a *adj.* Exótico.

ex·pan·dir *v.t.* 1. Expandir, dilatar. 2. *Fig.* Expandir, difundir. ■ **expandirse** *v.p.* Expandir-se.

ex·pan·sión *s.f.* 1. Expansão, propagação. 2. *Fig.* Expansão, ampliação. 3. *Fig.* Expansão, efusão de sentimentos. ♦ **Política de expansión.** Política expansionista.

ex·pan·si·vo/a *adj.* Expansivo.

ex·pa·triar *v.t.* Expatriar, exilar. ■ **expatriarse** *v.p.* Expatriar-se, exilar-se.

ex·pec·ta·ción *s.f.* Expectativa, espera curiosa, tensa ou com ansiedade.

ex·pec·ta·ti·va *s.f.* Expectativa. ♦ **Estar a la expectativa.** Estar na expectativa. **Tener expectativa.** Ter expectativa, esperança.

ex·pec·to·ran·te *adj. e s.2g. Med.* Expectorante.

ex·pe·di·ción *s.f.* 1. Expedição, envio, remessa. 2. Expedição, viagem, excursão.

ex·pe·dien·te *s.m.* 1. *For.* Expediente, processo, sumário. 2. Expediente, recurso. 3. Histórico escolar. *El expediente de un alumno.* O histórico escolar de um aluno. ■ Não tem sentido de "horário de atendimento". ♦ **Dar expediente.** Tramitar, despachar. **Formar/ Instruir expediente.** Abrir processo.

ex·pe·dir *v.t.* 1. Expedir, despachar. 2. Emitir, lavrar (documentos). ■ *C.mod. 10.*

ex·pe·ler *v.t.* Expelir.

ex·pen·der *v.t.* 1. Despender, gastar. 2. Vender no varejo. 3. *For.* Fazer circular moeda falsa.

ex·pen·dio *s.m.* 1. Gasto, consumo. 2. *Amer.* Mercearia, armazém.

ex·pen·sas *s.f.pl.* 1. Gastos, despesas. 2. *For.* Custas. ♦ **A expensas de.** À custa de.

ex·pe·rien·cia *s.f.* 1. Experiência, vivência, saber. 2. Experiência, conhecimento, perícia. 3. Experiência, experimento. 4. Experiência, tentativa.

ex·pe·ri·men·ta·ción *s.f.* Experimentação, experimento.

ex·pe·ri·men·tar *v.t.* 1. Experimentar, testar. 2. Experimentar, sentir, padecer. *Experimenté una flojera súbita.* Senti uma fraqueza repentina. ■ Não se aplica a "experimentar roupa ou comida".

ex·pe·ri·men·to *s.m.* Experimento, ensaio, teste.

ex·per·to/a *adj.* 1. Experto, hábil, capacitado. *Es muy experto en periodismo.* É muito hábil em jornalismo. • *s.m.* 2. Especialista, perito. *Han designado una comisión de expertos para el caso.* Foi designada uma comissão de peritos para o caso.

ex·pia·to·rio/a *adj.* Expiatório. ♦ **Chivo expiatorio.** Bode expiatório.

ex·pi·rar *v.i.* 1. Expirar, morrer. 2. *Fig.* Expirar, caducar, vencer (prazo).

ex·pla·na·ción *s.f.* 1. Nivelamento. 2. *Fig.* Explanação, explicação.

ex·pla·nar *v.t.* 1. Tornar plano, nivelar. 2. *Fig.* Explanar, explicar, expor, discorrer.

ex·pli·car *v.t.* 1. Explicar, esclarecer. 2. Explicar, justificar. 3. Explicar, ensinar. ■ **ex-**

plicarse *v.p.* **1.** Explicar-se, justificar-se. **2.** Compreender, perceber. *No me explico qué pasó.* Não compreendo o que aconteceu.

ex·plí·ci·to/a *adj.* Explícito, claro.

ex·plo·ra·ción *s.f.* Exploração, reconhecimento, sondagem. ■ Não tem sentido de "tirar proveito" nem de "obter vantagem".

ex·plo·ra·dor/·do·ra *adj. e s.* **1.** Explorador, conquistador. ■ *s.m.* **2.** Escoteiro.

ex·plo·rar *v.t. e v.i.* Explorar, examinar, sondar, desbravar. ■ Não tem sentido de "abusar" nem de "tirar proveito".

ex·plo·sión *s.f.* **1.** Explosão, detonação, estouro. **2.** *Fig.* Explosão, manifestação efusiva. **3.** Explosão, aumento repentino. *Explosión demográfica.* Explosão demográfica. ♦ **Explosión nuclear/atómica.** Explosão nuclear/atômica.

ex·plo·ta·ción *s.f.* **1.** Exploração, extração, explotação. *Explotación petrolífera/mineral.* Extração de petróleo/minérios. **2.** *Fig.* Exploração, abuso. *¡Es una explotación!* É um abuso!

ex·plo·ta·dor/·do·ra *adj. e s.* Explorador, especulador.

ex·plo·tar *v.t.* **1.** Explodir. *Explotó la garrafa de gas.* Explodiu o bujão de gás. **2.** Explorar, extrair matéria-prima, explotar. **3.** *Fig.* Explorar, tirar proveito. *Explotar la mano de obra.* Explorar a mão de obra.

ex·po·nen·te *adj. e s.m.* **1.** Expoente, expositor. **2.** *Mat.* Expoente.

ex·po·ner *v.t.* **1.** Expor, explicar. **2.** Expor, apresentar, mostrar. **3.** Expor, arriscar. ■ **exponerse** *v.p.* **1.** Desproteger-se, arriscar-se, ficar exposto. **2.** Expor-se, mostrar-se. ❙ *C. mod. 14.*

ex·por·ta·ción *s.f.* Exportação. *Empresa de importación/exportación.* Firma de importação/exportação.

ex·por·tar *v.t.* Exportar.

ex·po·si·ción *s.f.* **1.** Exposição, mostra, feira. **2.** Exposição, narração, relato. **3.** Exposição, risco. ♦ **Exposición de razones.** Arrazoado. **Quedar en exposición.** Ficar exposto ao perigo, arriscar-se. **Tiempo de exposición.** Tempo de exposição (na revelação fotográfica).

ex·prés *adj. e s.m. Angl.* Expresso. ♦ **Café exprés.** Café expresso. **Olla exprés.** Panela de pressão. **Transporte exprés.** Meio de transporte direto, sem escalas. **Tren exprés.** Trem expresso.

ex·pre·sar *v.t.* Exprimir, expressar. ■ **expresarse** *v.p.* Expressar-se, exprimir-se.

ex·pre·sión *s.f.* **1.** Expressão, palavra, frase. **2.** Expressão, manifestação do pensamento. **3.** Expressão, aspecto facial. **4.** *Mat.* Expressão, fórmula. ♦ **Expresión algebraica.** *Mat.* Expressão algébrica. **Reducir a la mínima expresión.** Minimizar.

ex·pre·si·vo/a *adj.* **1.** Expressivo, significativo. **2.** Expressivo, afetuoso.

ex·pre·so/a *adj.* **1.** Expresso, claro, manifesto. ● *s.m.* **2.** Trem expresso. ❙ *Part. irreg.* de *expresar* ♦ **Correo expreso.** Entrega rápida. **Voluntad expresa.** Vontade expressa.

ex·pri·mi·dor *s.m.* Espremedor. *Exprimidor de naranja.* Espremedor de laranja.

☞ **ex·pri·mir** *v.t.* **1.** Espremer, comprimir. *Exprime los limones.* Esprema os limões. **2.** *Fig.* Espremer, sugar.

ex·pro·pia·ción *s.f.* Desapropriação, expropriação.

ex·pro·piar *v.t.* Desapropriar, expropriar.

ex·pues·to/a *adj.* **1.** Exposto. **2.** Perigoso, arriscado. *Un barrio muy expuesto.* Um bairro muito perigoso. ❙ *Part. irreg.* de *exponer.*

ex·pul·sar *v.t.* Expulsar.

ex·pul·sión *s.f.* Expulsão.

☞ **ex·qui·si·tez** *s.f.* **1.** Coisa deliciosa, iguaria, quitute. *Sirvieron exquisiteces de la cocina francesa.* Serviram delícias da cozinha francesa. **2.** Refinamento, primor. *Toca piano con exquisitez.* Toca piano com primor.

☞ **ex·qui·si·to/a** *adj.* **1.** Excelente, delicioso. *Un almuerzo exquisito.* Um almoço delicioso. **2.** Primoroso.

ex·ta·siar·se *v.p.* Extasiar-se, maravilhar-se, embriagar-se.

éx·ta·sis *s.m.* Êxtase, enlevo. ■ *Pl.*: invariável.

ex·tá·ti·co/a *adj.* Extático, enlevado.

ex·ten·der *v.t.* **1.** Estender, ampliar, expandir. **2.** Estender, esticar. *Extiende bien la sábana.* Estique bem o lençol. **3.** Estender, esparramar, divulgar. **4.** Expedir, emitir, lavrar (documentos, cheques). **5.** Estender, ocupar lugar. ■ **extenderse** *v.p.* **1.** Estender-se, durar, prolongar-se. **2.** *Fig.* Estenderse, abranger, ser extensivo. *El saludo se extiende a todos.* A saudação é extensiva a todos. **3.** *Fig.* Espalhar-se, propagar-se. ■ *C.mod. 01.*

ex·ten·sión *s.f.* **1.** Extensão, superfície. **2.** Extensão, comprimento. **3.** Extensão, duração. **4.** Extensão, abrangência. ♦ **Por extensión.** Por associação.

ex·te·nuar *v.t.* Extenuar, esgotar, estafar. ■ **extenuarse** *v.p.* Fatigar-se, ficar extenuado.

ex·te·nua·ti·vo/a *adj.* Extenuante.

ex·te·rior *adj. e s.m.* Exterior (espaço, aspecto). ♦ **Comercio exterior.** Comércio exterior.

ex·te·rio·ri·zar *v.t.* Exteriorizar, manifestar.

ex·ter·mi·nar *v.t.* Exterminar.

ex·ter·no/a *adj.* **1.** Externo, exterior. • *s.m.* **2.** Aluno externo.

ex·tin·guir *v.t.* **1.** Extinguir, apagar. **2.** Extinguir, acabar. **3.** *Fig.* Morrer, esmorecer. ■ **extinguirse** *v.p.* Extinguir-se, apagar-se.

ex·tin·to/a *adj.* **1.** Extinto, apagado. • *s.* **2.** *Amer.* Morto, finado. ■ *Part. irreg.* de *extinguir.*

ex·tin·tor *s.m.* Extintor. ♦ **Extintor de incendio.** Extintor de incêndio.

ex·tir·par *v.t.* **1.** Extirpar, arrancar, extrair. **2.** *Fig.* Extirpar, exterminar.

ex·tor·sión *s.f.* Extorsão.

ex·tor·sio·nar *v.t.* Extorquir.

ex·tra *pref.* **1.** Extra, fora, além de. *Extramuros.* Além dos limites, extramural. • *adj.* **2.** Extraordinário, de qualidade superior. *Un licor extra.* Um licor superior. • *s.m.* **3.** Extra, agregado. *Gana unos extras dando clases por la noche.* Ganha algum extra dando aulas à noite. **4.** Figurante cinematográfico. **5.** Acompanhamento (de comida). *Hay huevo frito y ensalada como extras.* Tem ovo frito e salada como acompanhamento.

ex·trac·ción *s.f.* **1.** Extração, separação. *Hoy día no se hace extracción de muelas sin anestesia.* Atualmente não se faz extração de molares sem anestesia. **2.** *Fig.* Origem social, procedência. *Es de extracción humilde.* É de procedência humilde. **3.** Extração, sorteio de loteria.

ex·trac·to *s.m.* **1.** Extrato, resumo. **2.** Extrato, essência aromática. **3.** Extrato, substância condensada. *Extracto de tomate.* Extrato de tomate. **4.** *For.* Sumário.

ex·trac·tor *s.m.* Exaustor, extrator. *Extractor de humo.* Exaustor de fumaça.

ex·tra·di·ción *s.f. For.* Extradição.

ex·tra·er *v.t.* Extrair. ■ *C.mod. 36.*

ex·tran·je·ro/a *adj. e s.* **1.** Estrangeiro, forasteiro. ■ *s.m.* **2.** Exterior. *Todos los años viaja al extranjero.* Viaja para o exterior todos os anos.

ex·tra·ñar *v.t.* **1.** Desterrar, banir. **2.** Estranhar. *Extrañó la cama.* Estranhou a cama. **3.** Sentir/Ter saudades. *Los extraño a todos.* Tenho saudades de todos. **4.** Assombrar. ■ **extrañarse** *v.p.* Surpreender-se, admirar-se, assombrar-se. *Se extrañó de verme allí.* Surpreendeu-se ao me ver ali.

ex·tra·ño/a *adj.* **1.** Estranho, estrangeiro. **2.** Estranho, alheio. **3.** Estranho, surpreendente, anormal, esquisito. *Me parece muy extraño todo eso.* Acho muito estranho tudo isso. • *s.* **4.** Estranho, desconhecido.

ex·tra·or·di·na·rio/a *adj.* **1.** Extraordinário, excepcional. **2.** Extraordinário, singular. • *s.m.* **3.** Extra, prato de acompanhamento. **4.** Extra, publicação avulsa. ♦ **Edición extraordinaria.** Edição extra. **Horas extraordinarias.** Horas extras.

ex·tra·po·lar *v.t.* Extrapolar.

ex·tra·va·gan·te *adj. e s.2g.* Extravagante.

ex·tra·viar *v.t.* **1.** Extraviar, desviar. **2.** Extraviar, perder. ■ **extraviarse** *v.p.* **1.** Extraviar-se, desviar-se. **2.** Extraviar-se, perder-se.

ex·tra·ví·o *s.m.* **1.** Extravio, perda. **2.** Extravio, desvio, desvario.
ex·tre·ma·da·men·te *adv.* Extremamente.
ex·tre·ma·do/a *adj.* **1.** Extremado, distinto. **2.** Exagerado. **3.** Cuidadoso.
ex·tre·mar *v.t.* Extremar, levar ao extremo. ▪ **extremarse** *v.p.* Esmerar-se, empenhar-se.
ex·tre·ma·un·ción *s.f.* Extrema-unção.
ex·tre·mi·dad *s.f.* Extremidade, ponta, extremo. ▪ **extremidades** *s.f.pl.* Extremidades, membros do corpo.
ex·tre·mo/a *adj.* **1.** Extremo, último, remoto. **2.** Extremo, máximo, elevado. **3.** Extremo, final. **4.** Extremo, excesso. ● *s.m.* **5.** Extremidade. **6.** *Desp.* Lateral. *Extremo izquierdo.* Lateral esquerdo. ▪ **extremos** *s.m.pl.* Extremos, demonstrações ou atitudes exageradas. *Llegar a los extremos.* Chegar a extremos. ♦ **Extrema derecha/izquierda.** Extrema direita/esquerda. **Extremo Oriente.** Extremo Oriente. **De extremo a extremo.** De ponta a ponta/De fora a fora. **En extremo.** Extremamente. **En último extremo.** Em último caso. **Los extremos se tocan.** Os contrários se atraem. **Pasar de un extremo a otro.** Ser oito ou oitenta. **Por extremo.** Excessivamente.
ex·trín·se·co/a *adj.* Extrínseco.
ex·tro·ver·ti·do/a *adj. e s.* Extrovertido.
e·xu·be·ran·te *adj.* Exuberante.
e·ya·cu·lar *v.t. e v.i.* Ejacular.
e·yec·tor *s.m.* Ejetor.

F

f *s.f.* F, sexta letra do alfabeto. Recebe o nome *efe*.
fa *s.m. Mus.* Fá, quarta nota musical. ♦ **Ni fu ni fa.** Não chove nem molha, tanto faz.
fá·bri·ca *s.f.* **1.** Fábrica. **2.** Obra de alvenaria. *Una pared de fábrica.* Uma parede de alvenaria. ♦ **Marca de fábrica.** Marca (registrada). **Precio de fábrica.** Preço de fábrica.
fa·bri·car *v.t.* **1.** Fabricar, produzir, manufaturar. **2.** Construir, fabricar (edifícios). *Vamos a fabricar una casa más pequeña.* Vamos construir uma casa menor. **3.** *Fig.* Inventar, elaborar. *Fabricar cuentos.* Inventar histórias. ♦ **Fabricar en serie.** Produzir em série.
fá·bu·la *s.f.* **1.** *Liter.* Fábula, narrativa alegórica ou mitológica. **2.** *Fig.* Invenção, disparate. **3.** *Fig.* Boato. ▪ Não tem sentido de "quantia elevada".
fac·ción *s.f.* Facção, seita, bando. ▪ **facciones** *s.f.pl.* Feição, aspecto. *Tiene las facciones muy expresivas.* Tem a feição muito expressiva.
fa·ce·ta *s.f.* **1.** Faceta, lado de um poliedro, face. **2.** *Fig.* Faceta, aspecto de um assunto.
fa·cha·da *s.f.* **1.** Fachada, lado externo de um edifício. **2.** *Fig.* Fachada, aparência.
☞ **fa·cho/a** *adj. e s. Col.* **1.** Reacionário, fascista. ▪ *s.f.* **2.** *Col.* Aspecto, aparência. *Tiene buena facha.* Está com cara boa. **3.** Aparência ridícula, de mau gosto. *¿Vas a trabajar con esa facha?* Você vai trabalhar com essa roupa ridícula?
fá·cil *adj.* **1.** Fácil. **2.** Provável. *Es más fácil que no venga.* É mais provável que não venha. **3.** Dócil, suave, agradável. *Carácter fácil.* Caráter agradável. ♦ **Más fácil que.** Mais fácil do que. **Mujer de vida fácil.** Mulher de vida fácil. **Muy fácil.** Muito fácil.
fa·ci·li·dad *s.f.* **1.** Facilidade, qualidade de fácil. **2.** Facilidade, aptidão. ▪ **facilidades** *s.f.pl.* **1.** Comodidade, meios fáceis. *El transporte moderno tiene muchas facilidades.* O transporte moderno tem muitas comodidades. **2.** Prazo concedido para pa-

facilitar 190 **faltar**

gamento, facilidades. ♦ **Dar facilidades.** Facilitar.

fa·ci·li·tar *v.t.* **1.** Facilitar, simplificar. **2.** Facilitar, proporcionar, fornecer. *Facilitar datos.* Fornecer dados.

fac·sí·mi·le *s.m.* Fac-símile, fax. ■ *Tb.: facsímil.*

fac·ti·bi·li·dad *s.f.* Viabilidade.

fac·ti·ble *adj.* Viável, factível. *Un proyecto factible.* Um projeto viável.

fac·tor *s.m.* **1.** Fator. **2.** Feitor. **3.** Encarregado de bagagem e mercadoria (trem).

fac·to·rí·a *s.f.* **1.** Estabelecimento comercial de representações. **2.** Fábrica.

fac·tu·ra *s.f.* **1.** Feitio, feitura. **2.** *Com.* Fatura, nota fiscal, duplicata. **3.** Conta, recibo. *Le presentó la factura.* Apresentou-lhe a conta. **4.** *Arg.* Doces, *petits-fours. Esta panadería prepara ricas facturas.* Esta padaria prepara doces bem gostosos.

fac·tu·ra·ción *s.f.* **1.** *Com.* Faturamento. **2.** Envio, despacho (de bagagem e mercadoria por trem ou avião).

fac·tu·rar *v.t.* **1.** *Com.* Faturar, emitir nota fiscal. **2.** Faturar, cobrar. **3.** Despachar (bagagem, encomendas). ■ Não tem sentido de "levar vantagem".

fa·cul·tad *s.f.* **1.** Faculdade, autorização, poder. **2.** Faculdade, talento, capacidade. *Facultades mentales.* Faculdades mentais. **3.** Faculdade, estabelecimento de ensino superior.

fa·cul·tar *v.t.* Facultar, autorizar, permitir. *Le facultaron la entrada.* Permitiram o seu ingresso.

fae·na *s.f.* **1.** Serviço, afazeres, faina. *Las faenas de la casa.* Os afazeres domésticos. **2.** Malabarismos, passes de toureiro. **3.** *Arg.* Abate de gado. ♦ **Hacerle una faena (a uno).** Aprontar uma boa (para alguém).

fa·ja *s.f.* **1.** Faixa, fita, tira. **2.** Cinta. **3.** Faixa, venda, atadura. **4.** Faixa, friso. **5.** Faixa, porção de terra. ■ Não tem sentido de "categoria" nem de "onda de rádio".

fa·jo *s.m.* Feixe, pilha. ■ **fajos** *s.m.pl.* Enxoval de recém-nascido.

fa·lan·ge *s.f.* **1.** *Mil.* Falange, infantaria, legião. **2.** *Med.* Falange, cada um dos ossos dos dedos. **3.** Falange, partido político.

fal·da *s.f.* **1.** Saia. **2.** Colo, regaço. **3.** Sopé, aba (de montanha). **4.** Tipo de carne, acém. ■ **faldas** *s.f.pl. Fig.* Saias, mulheres. *Le gustan las faldas.* Gosta de rabo de saia. ♦ **Falda pantalón.** Saia-calça.

fal·dón *s.m.* **1.** Parte inferior de uma roupa, aba, fralda. **2.** *Arq.* Água triangular de telhado. **3.** Coifa (de chaminé).

☞ **fa·len·cia** *s.f.* Afirmação errônea, engano.

fa·llar *v.t.* **1.** *For.* Dar a sentença, julgar, decretar. ■ *v.i.* **2.** Falhar, fracassar. **3.** Falhar, não funcionar. ♦ **Fallar a favor/en contra.** Dar a sentença a favor/contra. **Sin fallar.** Infalivelmente.

fa·lle·cer *v.i.* Falecer. ■ *C.mod. 06.*

fa·lle·ci·mien·to *s.m.* Falecimento, óbito.

fa·llo/a *s.* **1.** Falha, defeito. ■ *s.m.* **2.** *For.* Sentença, laudo. **3.** Opinião, parecer. *El fallo de los auditores.* O parecer dos auditores. **4.** Erro, fracasso. ■ *s.f.* **5.** Falha, fenda, fratura. *Falla geológica.* Falha geológica. ■ **fallas** *s.f.pl.* Festa popular valenciana.

fal·se·ar *v.t.* **1.** Falsear, tergiversar, distorcer, forjar. **2.** Falsificar, adulterar. ■ *v.i.* **3.** *Mus.* Destoar, desafinar. *Las cuerdas falseaban.* Os instrumentos de corda desafinavam. **4.** Perder firmeza, balançar. *La pared falsea.* A parede balança.

fal·si·fi·ca·ción *s.f.* Falsificação, alteração.

fal·so/a *adj.* **1.** Falso, fingido, fictício. **2.** Falso, falsificado, fajuto. **3.** Falso, mentiroso. **4.** Falso, postiço, artificial. *Dientes falsos.* Dentes postiços. ● *s.* **5.** Falso, hipócrita. ♦ **Falso testimonio.** *For.* Falso testemunho. **En falso. 1.** Falsamente. **2.** Sem firmeza, sem acerto.

fal·tar *v.i.* **1.** Faltar, escassear. **2.** Faltar, necessitar, precisar. **3.** Faltar, não comparecer. **4.** Faltar, ofender. *Nos faltó al respeto.* Faltou-nos com o respeito. **5.** Faltar, deixar de cumprir. **6.** Faltar, consumir-se. *Le faltaron fuerzas.* Faltaram-lhe forças. ♦ **Faltar poco/**

mucho. Faltar pouco/muito. **¡No faltaba más!** Só faltava isso! (expressa rejeição). **¡No faltaría más!** Imagine, não por isso! (expressa agradecimento). **No faltaría más que (…).** Só falta que (…). (expressa temor, receio). *No faltaría más que empiece a llover.* Agora só falta que comece a chover. ●

fal·to/a *adj.* **1.** Carente, falto, necessitado. ● *s.f.* **2.** Falta, carência, escassez. **3.** Falta, transgressão. **4.** Erro. **5.** Falta, ausência. ♦ **Falta de educación.** Falta de educação. **A falta de pan, buenas son tortas.** Quem não tem cão, caça com gato. **Echar en falta. 1.** Dar pela falta. **2.** Sentir saudades. **Hacer falta.** Ser preciso/necessário. **Poner falta.** Dar falta. *El profesor me puso falta porque llegué atrasado.* O professor deu-me falta porque cheguei atrasado. **Sin falta.** Sem falta.

fa·ma *s.f.* Fama, reputação, prestígio. ♦ **Cobra buena fama y échate a dormir.** Cria fama e deita na cama. **Dar fama.** Tornar famoso. **Ser de mala fama.** Ter má reputação. **Unos tienen la fama y otros cardan la lana.** Uns ganham fama enquanto outros fazem o trabalho.

fa·mi·lia *s.f.* **1.** Família. **2.** Filhos, prole. *Mi nuera no quiso tener familia.* A minha nora não quis ter filhos. ♦ **Cabeza de familia.** Chefe de família. **En familia.** Na intimidade, em família. **Ser de la familia.** Ser da família.

fa·mi·liar *adj.* **1.** Familiar, da família, íntimo. **2.** Familiar, conhecido, sabido. **3.** Familiar, informal, coloquial. *Lenguaje familiar.* Linguagem coloquial. ● *s.m.* **4.** Parente. *Estuve en casa de unos familiares.* Estive na casa de uns parentes.

fa·mi·lia·ri·zar *v.t.* Familiarizar. ■ **familiarizarse** *v.p.* Familiarizar-se, acostumar-se.

fan·fa·rria *s.f.* **1.** *Mus.* Fanfarra. **2.** *Col.* Fanfarrice.

fan·fa·rrón/·rro·na *adj. e s.* Fanfarrão, valentão.

fan·fa·rro·na·da *s.f.* Fanfarrice, cascata, conversa fiada, papo. ■ *Tb.: fanfarronería.*

fan·ta·se·ar *v.t. e v.i.* Fantasiar, devanear, imaginar, inventar. ■ Não tem sentido de "vestir fantasia".

fan·ta·sí·a *s.f.* **1.** Fantasia, devaneio, ilusão. **2.** Enfeite. ■ Não tem sentido de "traje de carnaval". ♦ **De fantasía.** De enfeite. **Joya de fantasía.** Bijuteria.

fan·tas·ma *s.m.* **1.** Fantasma, aparição, espírito, assombração. **2.** *Fig.* Fantasia, ilusão. **3.** *Fig.* Sem personalidade própria, fantoche. ♦ **Andar como un fantasma.** Andar como um zumbi, transtornado. **Forjarse fantasmas.** Alimentar pensamentos ilusórios ou medos.

fan·to·che *s.m.* **1.** Fantoche, marionete. **2.** Espantalho. **3.** *Fig.* Pessoa presunçosa. ■ Não tem sentido de "pessoa mandada por outra".

far·do *s.m.* Fardo, pilha. *Un fardo de ropa.* Uma pilha de roupa. ■ *Tb.: farda.*

far·fu·lla *adj. e s.2g. Col.* **1.** Falar atropeladamente. ■ *s.f.* **2.** Pessoa que fala atropeladamente.

fa·rin·gi·tis *s.f. Med.* Faringite. ■ *Pl.:* invariável.

far·ma·céu·ti·co/a *adj. e s.* Farmacêutico.

far·ma·cia *s.f.* **1.** Farmácia. **2.** Drogaria.

☞ **fa·ro** *s.m.* **1.** Farol, torre que guia os navios. **2.** Farol, lanterna de automóvel. **3.** *Fig.* Guia, rumo.

fa·rol *s.m.* **1.** Lanterna, farol (automóvel). **2.** *Fig.* Fanfarronice. ■ Não tem sentido de "sinal de trânsito". ♦ **¡Adelante con los faroles!** Em frente! (expressão de incentivo). **Tirarse un farol.** Fanfarrear, vangloriar-se.

fa·ro·la *s.f.* Poste de luz.

fa·ro·le·ro/a *adj. e s. Col.* Presunçoso, fanfarrão, faroleiro.

fa·rra *s.f. Col.* Farra, gandaia.

far·sa *s.f.* **1.** *Teat.* Farsa, pantomima, peça cômica. **2.** *Fig.* Farsa, fraude, simulacro.

far·san·te *adj. e s.* **1.** Farsante, comediante. **2.** *Fig.* Farsante, embusteiro.

fas·ci·na·dor/·do·ra *adj.* Fascinante. ■ *Tb.: fascinante.*

fas·ci·nar *v.t.* **1.** Fascinar, deslumbrar, seduzir, empolgar. **2.** Fascinar, encantar, adorar. *Me fascina el pescado.* Adoro peixe.

fa·se *s.f.* **1.** Fase, etapa, período. **2.** Fase, estágio. **3.** *Eletr.* Fase, circuito de sistema elétrico.

fas·ti·diar *v.t.* Aborrecer, desagradar, amolar. *Me fastidia que vuelvas tan tarde.* Desagrada-me que você volte tão tarde. ■ **fastidiarse** *v.p.* Aborrecer-se, enfadar-se.

fas·ti·dio *s.m.* **1.** Aborrecimento, desgosto. **2.** Tédio.

fas·ti·dio·so/a *adj.* **1.** Enfadonho, cansativo. *Un libro fastidioso.* Um livro cansativo. **2.** Desagradável. *Un ruido fastidioso.* Um barulho desagradável.

fa·tal *adj.* **1.** Fatal, desastroso. **2.** Fatal, inevitável. **3.** Fatal, letal. **4.** Fatal, inadiável. **5.** *Col.* Horrível. *Una película fatal.* Um filme horrível. ♦ *adv.* **6.** *Col.* Muito mal, péssimo. *Me siento fatal.* Sinto-me péssimo.

fa·tí·di·co/a *adj.* **1.** Fatídico, profético. **2.** Fatídico, funesto.

fa·ti·ga *s.f.* **1.** Fadiga, cansaço físico. Falta de ar, respiração ofegante. *Si fumas mucho vas a sentir fatiga.* Se você fumar muito, vai sentir falta de ar. ■ **fatigas** *s.f.pl.* Sacrifícios, penas.

fa·ti·gar *v.t.* **1.** Fatigar, cansar. **2.** *Fig.* Fatigar, importunar. ■ **fatigarse** *v.p.* Fatigar-se, cansar-se.

fa·vor *s.m.* **1.** Favor, ajuda, graça, obséquio. **2.** Favor, benefício, boas graças. *Goza del favor del director.* Goza das boas graças do diretor. **3.** Favor, parcialidade. ■ **favores** *s.m.pl.* Favores, relações amorosas. *La secretaria le concede sus favores.* A secretária concede-lhe os seus favores. ♦ **A/En favor de.** A favor de. **De favor.** Grátis. **Por favor.** Por favor.

fa·vo·re·cer *v.t.* **1.** Favorecer, proteger, privilegiar. **2.** *Fig.* Ficar bem. *Este pantalón no te favorece.* Esta calça não fica bem em você. ■ **favorecerse** *v.p.* Favorecer-se, valer-se, usufruir, beneficiar-se, tirar proveito. *Favorecerse de una situación.* Tirar proveito de uma situação. ■ *C.mod. 06.*

fa·vo·ri·to/a *adj.* e *s.* **1.** Favorito, preferido, predileto. **2.** Favorito, cotado. *El caballo favorito.* O cavalo favorito.

faz *s.f.* Face.

fe *s.f.* **1.** Fé, confiança, fidelidade. **2.** Fé, dogma religioso. **3.** Fé, confirmação, prova. **4.** Certidão. *Fe de bautismo.* Certidão de batismo. ♦ **Fe de erratas.** Lista de erros de imprensa, errata. **Fe de vida.** Atestado de vida. **Fe pública.** Autoridade de tabelião. **A fe.** Em verdade. **A fe mía.** Dou fé. **Dar fe.** Dar fé. **De buena/mala fe.** De boa/má-fé.

feal·dad *s.f.* Feiura, fealdade.

fe·bre·ro *s.m.* Fevereiro.

fe·cha *s.f.* Data. ♦ **Hasta la fecha.** Até hoje, até agora. **Poner la fecha.** Colocar a data.

fe·cha·dor *s.m.* Carimbo datador.

☞ **fe·char** *v.t.* Datar.

fe·cun·dar *v.t.* **1.** Fecundar, gerar. **2.** Fecundar, fertilizar.

fe·cun·do/a *adj.* **1.** Fecundo, fértil. **2.** *Fig.* Fecundo, produtivo, criativo.

fe·de·ra·ción *s.f.* Federação, liga, confederação.

fe·de·ral *adj.* Federal. *Distrito federal.* Distrito federal.

fe·ha·cien·te *adj. For.* Fidedigno, autêntico. *Un testimonio fehaciente.* Um depoimento fidedigno.

fe·li·ci·ta·ción *s.f.* **1.** Felicitação, cumprimento. **2.** Cartão de congratulações. *Recibí una felicitación de cumpleaños.* Recebi um cartão de aniversário. ♦ **¡Felicitaciones!** Parabéns!

fe·li·ci·tar *v.t.* Parabenizar, cumprimentar, felicitar, congratular-se com. *¡Te felicito por la cena, estaba exquisita!* Parabéns pelo jantar, estava delicioso!

fe·liz *adj.* **1.** Feliz, alegre, contente. **2.** Feliz, acertado, oportuno.

fel·pa *s.f.* Pelúcia, felpa. *Muñeco de felpa.* Bichinho de pelúcia.

☞ **fel·pu·do** *s.m.* Capacho.
fe·me·ni·no/a *adj.* **1.** Feminino, próprio de mulher ou fêmea. ● *s.m.* **2.** *Gram.* Feminino, gênero gramatical.
fe·mi·ni·dad *s.f.* Feminilidade. ∎ *Tb.: femineidad.*
fe·ne·cer *v.i.* Fenecer, falecer. ∎ **a.** Não tem sentido de "murchar". **b.** *C.mod. 06.*
fe·no·me·nal *adj.* **1.** Fenomenal, fantástico. ● *adv.* **2.** *Col.* Maravilhosamente. *Lo pasé fenomenal durante las vacaciones en Europa.* Passei as férias maravilhosamente bem na Europa.
fe·nó·me·no *s.m.* **1.** Fenômeno, acontecimento, fato. **2.** Fenômeno, maravilha. **3.** *Fig.* Fenômeno, pessoa anormal ou extraordinária. ● *adj.* **4.** *Col.* Fenomenal, maravilhoso. *Tuvimos un día fenómeno.* Tivemos um dia maravilhoso. ● *adv.* **5.** *Col.* Muito bem. *Me fue fenómeno en el examen.* Fui muito bem na prova.
feo/a *adj.* **1.** Feio, de aspecto desagradável. **2.** *Fig.* Feio, ruim. *Eso se está poniendo feo.* Isso está ficando feio. **3.** *Col.* Mal, ruim. *Eso huele feo.* Isso cheira mal. ● *s.m.* **4.** *Col.* Grosseria, grossura. *No tengo por qué aguantar tus feos.* Não preciso ficar aguentando as suas grosserias. ◆ **Dejar feo.** Ridicularizar. **Hacer un feo.** Ofender.
fé·re·tro *s.m.* Féretro.
fe·ria *s.f.* **1.** Feira, mercado. **2.** Feira, exposição. **3.** Festa regional. ∎ Não tem sentido de "arrecadação do dia".
fer·men·ta·ción *s.f.* **1.** Fermentação, processo de decomposição. **2.** *Fig.* Efervescência, excitação.
fer·men·to *s.m.* **1.** Fermento, levedura. **2.** *Fig.* Estímulo, germe. *El fermento de la sublevación.* O germe da rebelião.
fe·roz *adj.* Feroz. *Mirada feroz.* Olhar feroz.
fé·rre·o/a *adj.* **1.** Férreo. **2.** *Fig.* Ferrenho. *Voluntad férrea.* Vontade ferrenha. ◆ **Vía férrea.** Ferrovia.
fe·rre·te·rí·a *s.f.* **1.** Serralheria. **2.** Loja de ferragens.
fe·rro·ca·rril *s.m.* **1.** Estrada de ferro, ferrovia. **2.** Trem. *Viajar en ferrocarril.* Viajar de trem. ◆ **Ferrocarril funicular.** Funicular, bondinho.
fe·rro·via·rio/a *adj.* **1.** Ferroviário, da estrada de ferro. ● *s.m.* **2.** Ferroviário, trabalhador em ferrovia.
fér·til *adj.* **1.** Fértil, fecundo. **2.** *Fig.* Fértil, produtivo.
fer·ti·li·zar *v.t.* Fertilizar, adubar.
fer·vien·te *adj.* Fervoroso, veemente, fervente. ∎ Não tem sentido de "em ebulição".
fer·vor *s.m.* Ardor, zelo, fervor. ∎ Não tem sentido de "fervura".
fes·te·jar *v.t.* **1.** Festejar, comemorar, celebrar. **2.** *Col.* Aplaudir, aprovar, fazer festa. *Le festejan todas sus payasadas.* Aplaudem todas as suas palhaçadas. ∎ *v.i.* **3.** Cortejar, namorar. *Festeja pero no se casa.* Namora mas não casa.
fes·ti·val *s.m.* Festival, espetáculo artístico.
fes·ti·vi·dad *s.f.* **1.** Festividade. **2.** Feriado. *La festividad del Día de la Independencia.* O feriado do Dia da Independência.
fes·ti·vo/a *adj.* **1.** Festivo, próprio de festa. *Día festivo.* Dia festivo, feriado. **2.** Festivo, alegre. *Una reunión festiva.* Uma reunião alegre.
fe·ti·che *s.m.* Fetiche, ídolo, amuleto.
fe·to *s.m.* *Med.* Feto.
fia·ble *adj.* Confiável.
fia·do/a *adj.* **1.** Fiado, confiado. **2.** Fiado, comprado ou vendido a crédito. ◆ **Comprar/ Vender al fiado.** Comprar/Vender fiado.
fia·dor/·do·ra *s.* **1.** Pessoa que vende fiado. **2.** *Com.* Fiador, avalista. ∎ *s.m.* **3.** Trava, presilha.
fiam·bre *s.m.* **1.** Frios em geral. **2.** *Mex. e Am.C.* Prato típico mexicano à base de carne e picles. **3.** *Col.* Cadáver, presunto.
fiam·bre·ra *s.f.* Marmita.
fian·za *s.f. Com.* Fiança, caução, abono.
fiar *v.t. Com.* **1.** Fiar, vender a crédito. **2.** Fiar, garantir, ser fiador. ∎ **fiarse** *v.p.* Confiar. *No me fío de la suerte.* Não confio na sorte. ◆ **Ser de fiar.** Ser de confiança.

fias·co *s.m.* Fiasco, fracasso, papelão.
fi·bra *s.f.* **1.** Fibra, filamento. **2.** *Fig.* Fibra, energia, vigor, garra. ♦ **Fibra de vidrio.** Fibra de vidro.
fic·ción *s.f.* Ficção. ♦ **Ficción científica.** Ficção científica.
fi·cha *s.f.* **1.** Ficha, tento (de jogo). **2.** Ficha, cartão de anotações. ■ *Sin.:* tarjeta. **3.** Ficha, moeda que aciona um mecanismo. *Ficha de teléfono.* Ficha telefônica.
fi·char *v.t.* **1.** Fichar, anotar em ficha. **2.** *For.* Fichar, incluir em arquivo policial. ■ *v.i.* **3.** Marcar cartão de ponto. *En la fábrica fichan a la entrada y a la salida.* Na fábrica marcam cartão na entrada e na saída.
fi·che·ro *s.m.* **1.** Fichário. **2.** *Inform.* Arquivo.
fi·de·li·dad *s.f.* **1.** Fidelidade, lealdade. **2.** Fidelidade, exatidão. ♦ **Fidelidad conyugal.** Fidelidade conjugal. **Alta fidelidad.** Alta-fidelidade.
fi·deo *s.m.* **1.** Macarrão. *Fideos con salsa de tomate.* Macarrão com molho de tomate. **2.** *Fig. e col.* Muito magro. *Se puso a dieta y ahora está que parece un fideo.* Fez regime e agora está magro feito uma vara. ■ Usado geralmente no *pl.*
fie·bre *s.f.* **1.** *Med.* Febre, aumento de temperatura. **2.** *Fig.* Febre, ânsia de possuir. **3.** *Fig.* Febre, agitação. ♦ **Fiebre amarilla.** *Med.* Febre amarela. **Fiebre palúdica.** *Med.* Paludismo. **Fiebre tifoidea.** *Med.* Febre tifoide.
fiel *adj.* **1.** Fiel, leal. **2.** Fiel, exato, preciso. *Una copia fiel.* Uma cópia exata. ● *s.m.* **3.** Fiel, crente, devoto. **4.** Fiel, ponteiro (balança). **5.** Fiscal que faz aferição (pesos, medidas).
fiel·tro *s.m.* Feltro.
fie·ro/a *adj.* **1.** Feroz, selvagem. **2.** *Fig.* Cruel. *Corazón fiero.* Coração duro. **3.** *Fig.* Intenso. *Un calor fiero.* Um calor intenso. ● *s.f.* **4.** Fera. **5.** *Fig.* Pessoa irascível. ♦ **Ponerse hecho una fiera.** Ficar furioso.
fies·ta *s.f.* **1.** Festa. **2.** Feriado. ♦ **Fiesta de guardar.** Festividade religiosa. **Fiestas navideñas.** Festas natalinas. **Hacer fiesta.** Fazer festa. **No estar para fiestas.** Não estar para brincadeiras.
fi·gu·ra *s.f.* **1.** Figura, forma exterior. *Un dibujo con figura de árbol.* Um desenho com forma de árvore. **2.** Figura, aparência. *Tiene mala figura.* Tem mau aspecto. **3.** Figura, imagem, estampa. **4.** *Mus.* Figura, nota escrita. **5.** *Geom.* Figura, espaço geométrico. **6.** *Teat.* Figura, personagem. **7.** *Fig.* Figura, pessoa notável. *Las grandes figuras del cine.* Os grandes nomes do cinema. **8.** *Col.* Figura, pessoa afetada ou ridícula. **9.** *Gram.* Figura, combinação especial de palavras. ♦ **Figura de construcción.** *Gram.* Figura de construção, de linguagem. **Figura decorativa.** Figura decorativa (que não exerce suas funções). **Figura retórica.** *Gram.* Figura retórica, estilística.
fi·gu·ra·do/a *adj.* Figurado, representado, imaginado. ♦ **Lenguaje figurado.** Linguagem figurada.
fi·gu·rar *v.t.* **1.** Figurar, representar. ■ *v.i.* **2.** Constar, estar incluído. *Tu nombre no figura en la lista.* Seu nome não consta na lista. ■ **figurarse** *v.p.* Supor, imaginar. *Me figuro que no vendrá.* Suponho que não virá. ♦ **¡Figúrate!/¡Figúrese!** Veja só! Imagine!
fi·gu·rín *s.m.* Figurino. ♦ **Estar hecho un figurín.** Estar na última moda.
fi·ja·dor/·do·ra *adj. e s.m.* Fixador.
fi·jar *v.t.* **1.** Fixar, firmar, assentar. *Fijar una escalera.* Assentar uma escada. **2.** Fixar, prender, segurar. *Fijar una ventana.* Prender uma janela. **3.** Fixar, estabelecer. *Fijar residencia.* Fixar residência. **4.** *Fig.* Determinar, marcar, fixar. *Fijar el precio.* Determinar o preço. *Fijar una fecha.* Marcar uma data. **5.** Fixar, fitar. *Fijar la mirada.* Fixar o olhar. **6.** Fixar, submergir em fixador (fotografia). **7.** Afixar. *Fijar un aviso.* Afixar um anúncio. ■ **fijarse** *v.p.* **1.** Reparar, observar. *No se fijó en mí.* Não reparou em mim. **2.** Prestar atenção. *Debes fijarte más.* Você deve prestar mais atenção. ♦ **¡Fíjate!/¡Fíjese usted!** Olhe! Ouça! Veja só! (ex-

pressa vontade de chamar a atenção do interlocutor).

fi·jo/a *adj.* **1.** Fixo, preso, seguro. **2.** Fixo, invariável. ● *s.m.* **3.** Fixo, base salarial. ∎ *Part. irreg.* de *fijar*. ♦ **De fijo.** Com certeza.

fi·la *s.f.* **1.** Fileira. *En la cuarta fila.* Na quarta fileira. **2.** Fila. *Ponerse en fila.* Colocar-se em fila. ∎ *Sin.:* cola. ∎ **filas** *s.f.pl.* **1.** *Mil.* Exército. **2.** *Fig.* Facção, alas, fileiras. *En las filas del nacionalismo.* Nas alas do nacionalismo. ♦ **Fila india.** Fila indiana. **En filas.** *Mil.* No serviço militar. **Estrechar/ Cerrar filas.** Fazer oposição. **Romper filas.** *Mil.* Debandar.

fi·lán·tro·po *s.m.* Filantropo.

fi·lar·mó·ni·co/a *adj. e s.* **1.** Filarmônico, amante da música. ∎ *s.f.* **2.** Gaita. ♦ **Orquesta filarmónica.** Orquestra filarmônica.

fi·la·te·lia *s.f.* Filatelia.

fi·le·te *s.m.* **1.** *Arq.* Filete, listel, friso, nervura. **2.** *Tip.* Filete, listra. **3.** Bife, filé. **4.** Sopro de vento.

fi·lia·ción *s.f.* **1.** Filiação. **2.** Dados pessoais. *Aquí los miden y allí les toman la filiación.* Aqui tiram as suas medidas e ali anotam os dados pessoais.

fi·lial *adj.* **1.** Filial, próprio de filho. ● *s.f.* **2.** Filial, estabelecimento dependente de outro.

fi·liar *v.t.* Fichar, tomar os dados pessoais. ∎ **filiarse** *v.p.* **1.** Afiliar-se, filiar-se. **2.** Alistar-se. ∎ Não tem sentido de "adotar".

fil·mar *v.t. e v.i.* Filmar, gravar.

fi·lo *s.m.* **1.** Gume, fio. *El filo de la navaja.* O fio da navalha. **2.** Ponto ou linha divisória. **3.** *Col. Mex. e Am.C.* Fome. ♦ **Filo del viento.** Direção do vento. **Al filo.** Em ponto. **Arma de dos filos.** Faca de dois gumes. **Herir por los mismos filos.** Dar o troco, pagar na mesma moeda. **Sacar filo.** Afiar, amolar.

fi·lón *s.m.* **1.** Veio, filão. **2.** *Fig.* Bom negócio, mina. *Un filón de dinero.* Uma mina de dinheiro.

fi·lo·so·fí·a *s.f.* Filosofia.

fil·tra·ción *s.f.* Filtração, vazamento, infiltração.

fil·trar *v.t.* **1.** Filtrar, coar, escoar. ∎ *v.i.* **2.** Infiltrar, penetrar. *La lluvia filtra por la tierra.* A chuva penetra através da terra. ∎ **filtrarse** *v.p.* **1.** Infiltrar-se. **2.** *Fig.* Sumir, extraviar (haveres). *Se filtró todo el dinero.* Sumiu todo o dinheiro. **3.** *Fig.* Vazar (informações).

fil·tro *s.m.* **1.** Filtro. **2.** *Fig.* Peneira, seleção. ♦ **Filtro de aire/aceite.** Filtro de ar/óleo.

fi·mo·sis *s.f. Med.* Fimose. ∎ *Pl.:* invariável.

fin *s.m.* **1.** Fim, término, conclusão. **2.** Fim, objetivo, finalidade. **3.** *Fig.* Fim, morte. ♦ **Fin de semana.** Fim de semana. **Fin último.** Objetivo principal. **A fin de (que).** Com o objetivo de. **A fines de.** No final de. **Al fin.** Enfim, afinal. **Al fin y al cabo.** Afinal de contas. **Dar/Poner fin.** Acabar, terminar. **En fin.** Em resumo. **En fin de cuentas. 1.** Afinal de contas. **2.** Em resumo. **Por fin.** Finalmente, até que enfim. **Sin fin.** Sem fim.

fi·nal *adj.* **1.** Final, derradeiro. ● *s.m.* **2.** Final, fim, término. **3.** Final, limite de espaço ou tempo. *Al final de la calle/de la tarde.* No fim da rua/da tarde. ● *s.f.* **4.** *Desp.* Final, prova decisiva em competição. ♦ **Al final.** No fim. **Cuarto de final.** *Desp.* Quarta de final. **Punto final.** Ponto final.

fi·na·li·zar *v.t. e v.i.* Finalizar, completar(-se), terminar.

fi·nan·cia·ción *s.f. Com.* Financiamento, parcelamento. ∎ *Tb.: financiamiento.*

fi·nan·ciar *v.t.* Financiar, custear.

fi·nan·cie·ro/a *adj. Com.* **1.** Financeiro. ● *s.m.* **2.** Financista. ∎ *s.f.* **3.** Financeira (empresa).

fi·nan·cis·ta *s.2g.* Financiador.

fi·nan·zas *s.f.pl.* Finanças.

☞ **fin·ca** *s.f.* **1.** Propriedade (urbana ou rural). **2.** *Amer.* Fazenda, chácara.

fi·ne·za *s.f.* **1.** Fineza, finura. **2.** Fineza, gentileza, delicadeza.

fin·gi·mien·to *s.m.* Fingimento, simulação.
fin·gir *v.t. e v.i.* Fingir, aparentar, simular.
fi·ni·qui·to *s.m. Com.* **1.** Documento ou extrato de liquidação de uma conta. **2.** Quitação. **3.** Recibo.
fi·no/a *adj.* **1.** Fino, leve. *Una chaqueta fina.* Um paletó leve. **2.** Fino, de boa qualidade. **3.** Fino, agudo, afiado. *Punta fina.* Ponta fina. **4.** Fino, sagaz, engenhoso. **5.** Fino, suave ao tato. **6.** Fino, refinado, bacana. **7.** Fino, amável, cortês.
fi·nu·ra *s.f.* **1.** Finura, fineza. **2.** Finura, refinamento.
fir·ma *s.f.* **1.** Assinatura, firma. **2.** Firma, empresa, razão social. ♦ **Firma en blanco.** Carta branca. **Poner la firma.** Colocar a assinatura.
fir·man·te *adj. e s.2g.* Pessoa que assina ou subscreve.
☞ **fir·mar** *v.t. e v.i.* Assinar.
fir·me *adj.* **1.** Firme, fixo, estável. **2.** Firme, sólido. **3.** *Fig.* Firme, invariável. *Voluntad firme.* Vontade firme. ● *s.m.* **4.** Camada de cascalho nas estradas. ● *adv.* **5.** Firme, com firmeza. *Estudia firme.* Estuda com firmeza. ♦ **¡Firmes!** *Mil.* Sentido! **En firme.** Definitivo, firme. **Tierra firme.** Terra firme.
fis·cal *adj.* **1.** Fiscal, relativo ao fisco. ● *s.m.* **2.** Fiscal, funcionário do fisco. **3.** *For.* Promotor público. **4.** Inspetor. *Fiscal de obras.* Inspetor de obras.
fis·ca·li·za·ción *s.f.* **1.** Fiscalização. **2.** Inspeção, vistoria.
fis·ca·li·zar *v.t.* **1.** Fiscalizar. **2.** Inspecionar.
fis·gar *v.t.* **1.** Fisgar. **2.** Xeretar. *¿Qué vienes a fisgar en la cocina?* O que você veio xeretar na cozinha? ■ *Tb.: fisgonear.* ■ *v.i.* **3.** Zombar, fazer gozação de forma disfarçada ou sutil.
fis·gón/·go·na *adj. e s.* Curioso, xereta, bisbilhoteiro.
fí·si·co/a *adj.* **1.** Físico, material. ● *s.m.* **2.** Físico, corpo, constituição externa. *Tener buen físico.* Ter bom corpo. **3.** Físico, profissional de Física. ■ *s.f.* **4.** Física.

fi·sio·te·ra·pia *s.f. Med.* Fisioterapia.
fi·so·no·mí·a *s.f.* Fisionomia. ■ *Tb.: fisionomía.*
fi·so·no·mis·ta *s.2g.* Fisionomista.
fi·su·ra *s.f.* **1.** Fissura, fenda. **2.** *Med.* Fissura, fratura.
fla·ci·dez *s.f.* Flacidez.
fla·co/a *adj.* **1.** Magro. *Estás muy flaca.* Você está muito magra. **2.** *Fig.* Fraco, débil. ● *s.m.* **3.** Fraqueza, ponto fraco.
fla·ge·lo *s.m.* **1.** Flagelo, látego. **2.** Flagelo, calamidade, praga. **3.** *Biol.* Flagelo, filamento celular.
fla·gran·te *adj.* **1.** Flagrante, evidente, manifesto. **2.** Flagrante, ardente, inflamado. ♦ **En flagrante.** Em flagrante.
flan *s.m.* Flã, pudim de leite.
flan·co *s.m.* Flanco, banda.
flan·que·ar *v.t.* **1.** Flanquear, rodear. *Flanquear de árboles.* Flanquear de árvores. **2.** Flanquear, defender.
fla·que·ar *v.i.* Fraquejar, afrouxar.
fla·que·za *s.f.* **1.** Magreza. **2.** *Fig.* Fraqueza, fragilidade. **3.** *Fig.* Fraqueza, ponto fraco.
flash *s.m. Angl.* **1.** Flash, lâmpada para fotografia. **2.** *Fig.* Flash, notícia recente, furo. *Van a pasar los últimos flashes de la guerra.* Vão dar as últimas notícias da guerra.
flau·ta *s.f. Mus.* Flauta. ■ *s.2g.* **2.** *Mus.* Flautista. ● *adj.* **3.** *Fig.* Queixoso. ♦ **Flauta dulce.** *Mus.* Flauta doce. **¡La gran flauta!** Puxa vida! **Sonar la flauta.** Ter um golpe de sorte.
fle·cha *s.f.* Flecha, seta.
fle·char *v.t.* **1.** Flechar, ferir ou matar com flechas. **2.** *Fig. e col.* Conquistar. *Flechó su corazón a primera vista.* Conquistou o seu coração à primeira vista.
fle·cha·zo *s.m.* Flechada.
fle·co *s.m.* Franja (tecido).
fle·má·ti·co/a *adj.* Fleumático, impassível.
fle·qui·llo *s.m.* Franja (cabelo).
fle·tar *v.t.* Fretar, alugar veículo de transporte.
fle·te *s.m.* **1.** Frete, carreto. **2.** Fretamento.

fle·xi·ble *adj.* **1.** Flexível, brando, dobrável. **2.** *Fig.* Flexível, dócil, maleável. ● *s.m.* **3.** *Eletr.* Condutor elétrico, chicote.

fle·xión *s.f.* Flexão.

fle·xio·nar *v.t.* Flexionar. ■ **flexionarse** *v.p.* Flexionar-se, dobrar-se.

flo·je·ar *v.i.* Fraquejar, amolecer.

flo·je·dad *s.f.* **1.** Moleza, frouxidão. **2.** *Fig.* Negligência, preguiça.

flo·je·ra *s.f.* Moleza, preguiça.

flo·jo/a *adj.* **1.** Frouxo, folgado. *El cinturón está flojo.* O cinto está folgado. **2.** Fraco. *La temporada fue floja.* A temporada foi fraca. **3.** *Fig.* Mole, preguiçoso, banana, molenga, frouxo.

flor *s.f.* **1.** *Bot.* Flor, planta. **2.** *Fig.* Flor, nata. *La flor de la sociedad.* A nata da sociedade. **3.** *Fig.* Flor, frescor. *La flor de la edad.* A flor da idade. **4.** Floreio, galanteio. *Un discurso lleno de flores.* Um discurso cheio de floreios. ♦ **Flor de.** *Arg.* Excelente, muito bom. **Flores de maíz.** Pipoca. **A flor de.** Na superfície de. **Dar en la flor.** Adotar um hábito. **Echar flores.** Dizer galanteios, jogar confete. **Estar en la flor.** Estar no melhor momento. **La flor de la canela.** O melhor da espécie. **La flor y nata.** A fina flor.

flo·re·cer *v.i.* **1.** *Bot.* Florescer, brotar, abrir, florir. **2.** *Fig.* Florescer, prosperar. *La filosofía floreció en Grecia.* A filosofia floresceu na Grécia. ■ **florecerse** *v.p.* Mofar (pão, queijo). ▮ *C.mod. 06.*

flo·re·o *s.m.* **1.** Floreio, expressão decorativa. **2.** *Mus.* Ponteio. **3.** Movimento decorativo, ornato (dança, esporte).

flo·re·ro *s.m.* Jarra ou vaso para flores.

flo·res·ta *s.f. Bot.* Floresta.

flo·ris·te·rí·a *s.f.* Floricultura, estabelecimento onde se vendem flores.

flo·ta *s.f. Mar.* e *mil.* Frota.

flo·ta·dor/·do·ra *adj.* **1.** Flutuador, flutuante. ● *s.m.* **2.** Boia. **3.** Salva-vidas.

flo·tar *v.i.* **1.** Flutuar, boiar. *Nada, pero no sabe flotar.* Nada, mas não sabe boiar. **2.** *Fig.* Flutuar, pairar no ar. *Flotaba una duda en el ambiente.* Pairava uma dúvida no ambiente. ▮ Não tem sentido de "oscilar".

fluc·tua·ción *s.f.* Flutuação, oscilação.

fluc·tuar *v.i.* **1.** Flutuar, boiar, ondular. *La madera fluctúa.* A madeira flutua. **2.** *Fig.* Vacilar, hesitar. *Fluctuaba entre dos opiniones.* Hesitava entre duas opiniões. **3.** *Fig.* Flutuar, variar, oscilar.

fluen·cia *s.f.* **1.** Fluência. **2.** Nascente (de rio).

flui·dez *s.f.* **1.** Fluidez. **2.** Fluência. *Hablar con fluidez.* Falar com fluência.

flui·do/a *adj.* **1.** Fluido, líquido, diluído. **2.** Fluido, fluente. *Lenguaje fluido.* Linguagem fluente. ● *s.m.* **3.** Fluido, líquido ou gás. **4.** Fluxo. *Fluido magnético.* Fluxo magnético. ▮ *Tb.: flúido.*

fluir *v.i.* Fluir. ▮ *C.mod. 13.*

flu·jo *s.m.* **1.** Fluxo. **2.** Jato. *Flujo de sangre.* Jato de sangue. **3.** Fluxo, escoamento, saída.

fluo·res·cen·te *adj.* **1.** Fluorescente. ● *s.m.* **2.** Lâmpada de neon.

fo·bia *s.f.* Fobia, aversão.

fo·co *s.m.* **1.** Foco, centro, ponto de convergência. *Fuera de foco.* Fora de foco. **2.** *Fís.* Foco, fonte de luz. **3.** *Fig.* Foco, origem. *Un foco de infección.* Um foco de infecção. **4.** Refletor. *Los focos de la calle.* Os refletores da rua.

fo·fo/a *adj.* Fofo, macio.

fo·ga·ta *s.f.* Fogueira.

☞ **fo·gón** *s.m.* **1.** Boca de fogão, queimador. *Una cocina con dos fogones.* Um fogão de duas bocas. **2.** Boca de caldeira.

fo·lio *s.m.* Fólio, folha numerada. ♦ **Folio verso/vuelto.** Verso da folha.

fol·klo·re *s.m. Angl.* Folclore.

fo·lla·je *s.m.* **1.** *Bot.* Folhagem. **2.** *Fig.* Enfeite supérfluo. *El vestido de la novia tenía mucho follaje.* O vestido da noiva tinha muitos penduricalhos. **3.** *Fig.* Palavrório, verborreia. *Nos encajó un follaje retórico.* Soltou para cima de nós uma verborreia retórica.

fo·lle·to *s.m.* Folheto, impresso.

fo·llón/llo·na *adj.* e *s. Col.* **1.** Preguiçoso, folgado. ■ *s.m.* **2.** Baderna, bagunça, folia, fuzuê.

3. Espécie de rojão. 4. Apuro, situação complicada.

fo·llo·ne·ro/a *adj. e s. Col.* 1. Bagunceiro. 2. Que provoca situações complicadas.

fo·men·tar *v.t.* 1. Aquecer, esquentar. *La gallina fomenta los huevos.* A galinha aquece os ovos. 2. *Fig.* Fomentar, promover, estimular.

fon·dea·de·ro *s.m.* Ancoradouro.

fon·di·llos *s.m.pl.* Fundilho.

fon·do *s.m.* 1. Fundo, parte inferior. *El fondo del pozo/del vaso.* O fundo do poço/do copo. 2. *Fig.* Fundo, essência, âmago. *El fondo del problema.* A essência do problema. 3. Profundidade. *Tres de ancho por dos de fondo.* Três de largura por dois de profundidade. 4. Fundos. *Vive al fondo de la casa.* Mora nos fundos da casa. 5. Conteúdo, tema, mensagem. *El fondo del libro.* A mensagem do livro. 6. Fundo, leito (rio, mar). 7. *Mar.* Parte submersa do navio. 8. Fundo, em plano posterior. *Un cuadro sobre fondo oscuro.* Um quadro sobre fundo escuro. ■ **fondos** *s.m.pl. Com.* Fundos, recursos, verba. *No tenemos fondos para el proyecto.* Não temos fundos para o projeto. ■ Não tem sentido de "profundo". ♦ **Fondos públicos.** Fundos públicos. **A fondo.** Profundamente. **Al fondo.** Nos fundos. **Artículo de fondo.** Artigo de fundo, de opinião. **En el fondo.** No fundo. **Irse a fondo.** Afundar, naufragar.

fo·né·ti·co/a *adj. Gram.* 1. Fonético. ● *s.f.* 2. Fonética.

fo·no·lo·gí·a *s.f. Gram.* Fonologia.

fon·ta·ne·rí·a *s.f.* Tubulação para adução de água.

fon·ta·ne·ro *s.m.* Encanador.

fo·ra·ji·do/a *adj. e s.* Foragido.

fo·ras·te·ro/a *adj. e s.* Forasteiro.

for·ce·je·ar *v.i.* Forcejar. ■ *Tb.:* forcejar.

fo·res·ta·ción *s.f.* Reflorestamento.

fo·res·tal *adj.* Florestal.

for·ja *s.f.* 1. Forja, frágua, fornalha. 2. Forja, ferraria. 3. Forjadura.

for·jar *v.t.* 1. Forjar, fraguar (ferro). 2. *Fig.* Forjar, criar, constituir. *Forjó un imperio.* Forjou um império. 3. *Fig.* Forjar, inventar, criar.

for·ma *s.f.* 1. Forma, figura, formato. *En forma de estrella.* Em forma de estrela. 2. *Fig.* Forma, modo, maneira. *De buena forma.* Com bons modos. 3. Molde, modelo, fôrma. *Una forma de yeso.* Um molde de gesso. 4. Forma, estilo. 5. *Amer.* Formulário. ■ Não tem sentido de "assadeira". ♦ **Dar forma a.** Arrumar. **De forma que.** De maneira que. **En debida forma.** Como manda o figurino. **Estar en forma.** Estar em forma. **No hay forma.** Não tem jeito.

for·ma·ción *s.f.* 1. Formação, criação, constituição. 2. *Fig.* Formação, instrução. 3. Formação, camada geológica. 4. *Mil.* Formação.

for·mal *adj.* 1. Formal, relativo à forma. *Esta observación es de carácter formal.* Esta observação é de caráter formal. 2. Sério, ajuizado. *Es un hombre muy formal.* É um homem muito sério.

for·ma·li·zar *v.t.* Formalizar, oficializar. ■ **formalizarse** *v.p.* Criar juízo. *No se formalizó ni después que le nació el hijo.* Não criou juízo nem depois que nasceu o filho.

for·mar *v.t.* 1. Formar, dar forma. 2. Formar, constituir. *Formar una sociedad.* Formar uma sociedade. 3. Formar, instruir. ■ *v.i.* 4. *Mil.* Formar, entrar em formação. ■ **formarse** *v.p.* 1. Formar-se, educar-se. 2. Imaginar, conceber. *Me formé una buena idea de la situación.* Obtive uma boa ideia da situação. ♦ **Formar parte.** Fazer parte.

for·mi·da·ble *adj.* Formidável.

for·mol *s.m. Quím.* Formol.

for·món *s.m.* Formão.

fór·mu·la *s.f.* 1. Fórmula, preceito, regra. 2. *Fig.* Fórmula, procedimento. 3. *Med.* Fórmula, receita, bula. 4. *Mat.* Fórmula, expressão algébrica.

for·mu·lar *v.t.* 1. Formular, preparar quimicamente. 2. Formular, expressar formalmente, enunciar, propor. ♦ **Formular excepciones.** *For.* Alegar exceções. **Formular recurso.** *For.* Interpor recurso.

for·mu·la·rio/a *adj.* 1. Rotineiro. ● *s.m.* 2. Formulário, coletânea de fórmulas.

fo·ro *s.m.* 1. *For.* Fórum, foro. 2. Debate, simpósio. 3. *Teat.* Fundo do cenário.

fo·rra·je *s.m.* Forragem.

fo·rrar *v.t.* 1. Forrar, revestir. 2. Encapar. *Forrar un cuaderno.* Encapar um caderno. ■ **forrarse** *v.p. Col. Amer.* Forrar o estômago, comer. ■ Não tem sentido de "alforriar". ♦ **Forrarse de dinero.** Encher-se de dinheiro.

fo·rro *s.m.* 1. Forro, revestimento (teto, parede). 2. Forro, capa. 3. Forro, forração (vestimenta, sapato). 4. *Col. Arg.* Preservativo.

for·ta·le·cer *v.t.* Fortalecer, consolidar. ■ **fortalecerse** *v.p.* Fortalecer-se. ■ *C.mod. 06.*

for·ta·le·ci·mien·to *s.m.* Fortalecimento.

for·ti·fi·ca·ción *s.f.* 1. *Mil.* Fortificação, fortaleza. 2. Fortalecimento.

for·ti·fi·car *v.t.* 1. Fortificar, fortalecer. 2. *Mil.* Fortificar, guarnecer de defesas. ■ **fortificarse** *v.p.* Fortalecer-se.

for·tui·to/a *adj.* Fortuito, acidental.

for·tu·na *s.f.* 1. Fortuna, sorte, destino. 2. Fortuna, ventura. 3. Fortuna, bens, riqueza. ♦ **Por fortuna.** Felizmente. **Probar fortuna.** Tentar a sorte.

fo·rún·cu·lo *s.m. Med.* Furúnculo.

for·za·do/a *adj.* 1. Forçado, não espontâneo. ● *s.m.* 2. *For.* Forçado, condenado a trabalhos forçados.

for·zar *v.t.* 1. Forçar, compelir. 2. Forçar, arrombar, quebrar. *Los ladrones forzaron la ventana.* Os ladrões forçaram a janela. 3. *Fig.* Forçar, coagir, constranger. *Me forzaron a aceptar.* Forçaram-me a aceitar. ■ *C.mod. 03.*

fos·fo·res·cen·te *adj.* Fosforescente.

fós·fo·ro *s.m.* Fósforo. *Caja de fósforos.* Caixa de fósforos. ■ *Sin.: cerilla.*

fó·sil *adj. e s.m.* Fóssil.

fo·so/a *s.m.* 1. Fosso, buraco. 2. Fosso, escavação. 3. Fosso, cavidade inferior ao nível do chão. ■ *s.f.* 4. Fossa, cavidade. *Fosas nasales.* Fossas nasais. 5. Fossa, cova, vala. *Fosa común.* Vala comum. ♦ **Fosa séptica.** Fossa séptica.

fo·to *s.f.* Foto. ■ Forma apocopada de *fotografía.*

fo·to·co·pia *s.f.* Fotocópia, xerox. *Sacar fotocopia.* Tirar fotocópia.

fo·to·co·pia·do·ra *s.f.* Máquina para tirar fotocópias.

fo·to·co·piar *v.t.* Xerocar.

fo·to·gé·ni·co/a *adj.* Fotogênico.

fo·to·gra·ba·do *s.m.* Fotogravura.

fo·to·gra·fía *s.f.* Fotografia.

fo·to·gra·fiar *v.t.* Fotografar.

fo·to·sín·te·sis *s.f. Biol.* Fotossíntese. ■ *Pl.:* invariável.

frac *s.m.* Fraque. ■ *Pl.: fracs, fraques.*

fra·ca·sar *v.i.* Fracassar.

fra·ca·so *s.m.* Fracasso.

frac·ción *s.f.* 1. Fração. 2. Segmento, faixa. *Una fracción del mercado.* Um segmento do mercado.

frac·cio·nar *v.t.* Fracionar.

frac·tu·ra *s.f.* Fratura.

frac·tu·rar *v.t.* Fraturar. ■ **fracturarse** *v.p.* Fraturar. *Me fracturé el brazo.* Fraturei o braço.

fra·gan·cia *s.f.* Fragrância, aroma.

frá·gil *adj.* 1. Frágil, quebradiço. 2. *Fig.* Frágil, fraco. *Memoria frágil.* Memória fraca.

frag·men·tar *v.t.* Fragmentar, fracionar, segmentar. ■ **fragmentarse** *v.p.* Fragmentar-se.

frag·men·to *s.m.* 1. Fragmento, partícula, fração. 2. *Fig.* Fragmento, trecho (de obra). *Un fragmento del concierto.* Um trecho do concerto. ■ **fragmentos** *s.m.pl.* Fragmentos, resíduos, ruínas. *Excavaron y encontraron fragmentos de una pirámide.* Fizeram escavações e encontraram fragmentos de uma pirâmide.

fra·guar *v.t.* 1. Fraguar, forjar. ■ *v.i.* 2. Endurecer, consolidar-se, secar/curar (cimento). *No se puede pisar antes que el cemento fragüe.* Não se pode pisar até que o cimento esteja curado. **3.** *Fig.* Idealizar, inventar, bolar (projeto, plano).

frai·le *s.m.* Frade, freire. *Fraile benedictino.* Frade beneditino.

fram·bue·sa *s.f. Bot.* Framboesa (fruto).

fran·co/a *adj.* **1.** Franco, livre, gratuito. *Puerto franco.* Porto livre. **2.** Franco, sincero, leal. **3.** Franco, claro, patente.

fra·ne·la *s.f.* Flanela.

fran·ja *s.f.* **1.** Franja, guarnição de passamanaria. *Una cortina con franjas.* Uma cortina com franjas. **2.** Faixa, listra, filete. ■ Não se aplica a "franja de cabelo".

fran·que·ar *v.t.* **1.** Franquear, liberar, desvincular. **2.** Franquear, selar. **3.** Atravessar, cruzar. *Franquear un río/una puerta.* Cruzar um rio/uma porta. ■ **franquearse** *v.p.* Abrir-se com alguém.

fran·qui·cia *s.f.* Franquia.

fras·co *s.m.* Frasco.

fra·se *s.f.* Frase. ♦ **Frase hecha.** Frase feita.

fra·ter·ni·zar *v.i.* Fraternizar, confraternizar.

frau·de *s.m.* Fraude, logro.

fray *s.m.* Frei. ■ Forma apocopada de *fraile*.

fra·za·da *s.f. Amer.* Cobertor.

fre·cuen·cia *s.f.* **1.** Frequência, repetição. **2.** *Fís.* Frequência, movimento vibratório. ■ Não tem sentido de "afluência de pessoas".

fre·cuen·ta·ción *s.f.* **1.** Frequência, afluência de pessoas a um lugar. **2.** Companhia. *Malas frecuentaciones.* Más companhias.

fre·cuen·tar *v.t.* **1.** Frequentar, ir amiúde a um lugar. *Frecuentar el teatro.* Frequentar o teatro. **2.** Frequentar, relacionar-se. ■ Não tem sentido de "cursar, estudar".

fre·cuen·te *adj.* **1.** Frequente, reiterado. **2.** Frequente, usual.

fre·ga·de·ro *s.m.* Pia de cozinha, lugar para lavar louça.

fre·ga·do/a *adj.* **1.** Esfregado. **2.** Lavado. *Dejó el piso bien fregado.* Deixou o chão bem lavado. **3.** *Col. Am.C.* Estrepado, ruim. *¡Estoy fregado!* Estrepei-me! ● *s.m.* **4.** *Col.* Disputa, confusão.

fre·gar *v.t.* **1.** Esfregar. **2.** Lavar. *Fregar las ollas.* Lavar as panelas. **3.** *Col. Amer.* Encher, importunar. *¡No me friegues!* Não me enche! **4.** *Col. Am.C.* Estragar tudo, entrar bem, estrepar-se. *¡Te fregaste!* Você entrou bem! ■ *C.mod. 01.*

fre·go·na *s.f. Col.* Esfregão.

fre·ír *v.t.* e *v.i.* **1.** Fritar. **2.** *Col.* Matar a tiros. ■ **freírse** *v.p. Fig.* Assar-se, queimar-se, torrar-se. *Hacía tanto calor en el coche que nos freímos.* Fazia tanto calor no carro que ficamos torrados. ■ *C.mod. 31.*

fre·nar *v.t.* **1.** Brecar, frear. **2.** *Fig.* Refrear, conter. *Frenar el crecimiento.* Conter o crescimento. ■ **frenarse** *v.p. Fig.* Reprimir-se, conter-se, refrear-se.

fre·na·zo *s.m.* Freada, brecada brusca.

fre·ni·llo *s.m. Med.* Freio (da língua).

fre·no *s.m.* **1.** *Mec.* Breque, freio. **2.** Freio, peça metálica das rédeas de cavalo. ♦ **Frenos de disco.** *Mec.* Freios a disco. **Poner freno.** Colocar regras, ordem.

fren·te *s.f.* **1.** Testa, frente. *Bajar la frente.* Abaixar a testa. **2.** *Fig.* Semblante, fisionomia. ■ *s.m.* **3.** Frente, fachada, parte frontal. *El frente de la casa.* A frente da casa. **4.** *Mil.* Zona de combate, *front.* **5.** Frente, cara (folha, moeda). *Frente y vuelto.* Frente e verso. **6.** Frente, coalizão de partidos. **7.** Frente, massa de ar. **8.** Frente, vanguarda. ♦ **Frente a.** Diante de. **Frente a frente.** Cara a cara. **Al frente.** Adiante, à/na frente. **Arrugar/Fruncir la frente.** Enrugar/Franzir a testa. **De frente.** De frente, de cara. **En frente.** Em frente. **Escrito en la frente.** Escrito na testa. **Hacer frente.** Enfrentar. **No tener dos dedos de frente.** Ser muito burro. **Ponerse al frente.** Tomar as rédeas.

fre·sa *s.f.* **1.** *Bot. Esp.* Morango, morangueiro. **2.** *Mec.* Fresa.

fre·sa·do·ra *s.f. Mec.* Fresa.

fres·co/a *adj.* **1.** Fresco, moderadamente frio. **2.** Fresco, leve, arejado (roupa). **3.** *Fig.* Fresco, recente. *Noticia/Fruta/Pintura fresca.* Notícia/Fruta/Tinta fresca. **4.** *Fig.* Sereno, tranquilo. *Quedarse tan fresco.* Ficar imperturbável. **5.** *Fig. e col.* Descarado, insolente, cara de pau. ● *s.m.* **6.** Frio moderado. *Hoy hace fresco.* Hoje está um pouco frio. **7.** Brisa fresca. *Tomar el fresco.* Sair para arejar. **8.** Afresco, mural. **9.** *Mex. e Am.C.* Refresco. ■ Não tem sentido de "homossexual" nem de "pessoa caprichosa". ♦ **Al fresco.** Ao relento.

fres·cor *s.m.* **1.** Frescor, frescura. **2.** Frescor, viço.

fres·cu·ra *s.f.* **1.** Frescura, frescor. **2.** *Col.* Descaramento. *¡Qué frescura la tuya!* Que cara de pau que você tem! ■ Não tem sentido de "capricho, mania".

fre·za *s.f.* Desova.

frial·dad *s.f.* **1.** Frialdade, frio, friagem. **2.** *Fig.* Frieza, indiferença. **3.** *Fig.* Frialdade, frigidez.

fric·ción *s.f.* **1.** Fricção. **2.** Atrito.

fric·cio·nar *v.t.* Friccionar.

fri·go·rí·fi·co/a *adj.* **1.** Frigorífico. *Cámara frigorífica.* Câmara frigorifica. ● *s.m.* **2.** Frigorífico. **3.** Geladeira.

fri·jol *s.m. Amer.* Feijão. ■ *Tb.: fríjol, fréjol.*

frí·o/a *adj.* **1.** Frio, ausência de calor. *Café frío.* Café frio. **2.** Frio, gelado. *Una cerveza bien fría.* Uma cerveja bem gelada. **3.** *Fig.* Frio, indiferente. **4.** *Fig.* Frio, insensível, impassível. **5.** *Fig.* Frio, frígido. **6.** *Fig.* Frio, rude. ● *s.m.* **7.** Frio, baixa temperatura. **8.** *Fig.* Frieza, frialdade. ■ Não tem sentido de "produtos de salsicharia". ♦ **Coger frío.** Pegar friagem. **Quedarse frío.** Ficar frio, indiferente.

frio·le·ro/a *adj. e s.* Friorento. ■ *s.f.* Quinquilharia, ninharia.

fri·sar *v.t.* **1.** *Arq.* Frisar, encrespar. ■ *v.i.* **2.** *Fig.* Beirar, aproximar-se. *Frisa a los cincuenta años.* Está beirando os cinquenta anos. ■ Não tem sentido de "enfatizar".

fri·so *s.m.* **1.** *Arq.* Friso. **2.** Rodapé.

fri·to/a *adj.* **1.** Frito. *Huevo frito.* Ovo frito. ● *s.m.* **2.** Fritura. ■ *Part. irreg.* de *freír.* ♦ **Tener/ Llevar (a alguien) frito.** Incomodar muito (alguém), encher. *Marta me lleva frita con sus manías.* A Marta vive me enchendo com as suas manias.

fron·te·ra *s.f.* Fronteira.

fron·te·ri·zo/a *adj.* Fronteiriço, limítrofe.

fro·ta·mien·to *s.m.* Atrito, fricção. ■ *Tb.: frote, frotación.*

fro·tar *v.t. e v.i.* Esfregar, friccionar. ■ **frotarse** *v.p.* Esfregar(-se), friccionar(-se). *Me froté las manos para entrar en calor.* Esfreguei as mãos para me aquecer.

fruc·tí·fe·ro/a *adj.* **1.** Frutífero, relativo à fruta. **2.** *Fig.* Frutífero, proveitoso, lucrativo.

fruc·ti·fi·car *v.i.* **1.** Frutificar, dar fruto. **2.** *Fig.* Frutificar, ser vantajoso ou produtivo.

fru·gal *adj.* Frugal, moderado, comedido.

frui·ción *s.f.* Fruição, prazer, regozijo.

frun·cir *v.t.* Franzir, crispar. *La falda te sentará mejor si la frunces un poco.* A saia ficará melhor em você se for um pouco franzida. ■ **fruncirse** *v.p.* Franzir-se.

frus·le·rí·a *s.f.* **1.** Ninharia, quinquilharia. **2.** *Fig. e col.* Bobagem.

frus·trar *v.t.* Frustrar, malograr. ■ **frustrarse** *v.p.* Frustrar-se, ficar frustrado, gorar.

fru·ta *s.f. Bot.* Fruta. ♦ **Fruta del tiempo.** Fruta da época. **Fruta escarchada.** Fruta cristalizada. **Fruta prohibida.** Fruto proibido.

fru·tal *adj. Bot.* Frutífero. *Árbol frutal.* Árvore frutífera.

fru·te·rí·a *s.f.* Estabelecimento de venda de frutas.

fru·te·ro/a *adj. e s.* **1.** Fruteiro. ■ *s.m.* **2.** Fruteira. *Las manzanas están en el frutero.* As maçãs estão na fruteira.

fru·ti·lla *s.f. Bot. Rio-plat.* Morango.

fru·to *s.m.* **1.** *Bot.* Fruto, fruta. **2.** *Fig.* Fruto, consequência, resultado. ♦ **Dar fruto. 1.** Dar fruto, frutificar. **2.** Dar resultado. **Sacar fruto.** Tirar proveito.

fue·go *s.m.* **1.** Fogo, lume. **2.** Fogo, chama. *Cocinar a fuego lento.* Cozinhar em fogo lento. **3.** Fogo, lareira, fogão, fogueira. *No te acerques del fuego.* Não chegue perto do

fogo. *La sartén está en el fuego*. A frigideira está no fogo. **4.** Fogo, disparo, tiro. **5.** Fogo, incêndio. **6.** *Fig.* Energia, entusiasmo. ♦ **¡Fuego!** Fogo! **Fuegos artificiales/de artificio.** Fogos de artifício. **A fuego lento. 1.** A fogo brando. **2.** Lentamente. **Arma de fuego.** Arma de fogo. **Avivar el fuego.** Atiçar o fogo. **Echar fuego por los ojos.** Cuspir fogo pelos olhos. **Estar entre dos fuegos.** Estar entre a espada e a parede. **Hacer fuego.** *Mil.* Fazer fogo. **Jugar con fuego.** Brincar com fogo. **Pegar/Prender fuego.** Pegar/Botar fogo.

fue·lle *s.m.* Fole, sanfona. ♦ **Puerta de fuelle.** Porta sanfonada.

fuen·te *s.f.* **1.** Fonte, manancial, bica. **2.** Fonte, chafariz. **3.** Fonte, pia batismal. **4.** *Fig.* Fonte, origem, causa. **5.** Tigela. **6.** Assadeira, fôrma. **7.** Fonte, referência. ♦ **Fuente de información.** Fonte de informação. **De buena fuente.** De fonte limpa.

fue·ra *adv.* **1.** Fora, para fora. *Pon la silla fuera*. Ponha a cadeira lá fora. *El tren está fuera del horario*. O trem está fora do horário. **2.** *Col.* De viagem, em local distante de casa. *Saldremos fuera mañana*. Sairemos de viagem amanhã. ■ *interj.* **3.** Fora! ♦ **Fuera de.** Fora de, exceto. **Fuera de combate.** Fora de combate. **Fuera de sí.** Fora de si. **De fuera.** De fora, de outro lugar. **Desde fuera.** De fora para dentro. **Hacia fuera.** Para fora.

fue·ro *s.m.* **1.** *For.* Foro, jurisdição. **2.** Privilégio, direito. **3.** *For.* Conjunto de leis. ■ **fueros** *s.m.pl. Fig.* e *col.* Arrogância. ■ Não tem sentido de "fórum". ♦ **Fuero interno/de la conciencia.** Foro íntimo.

fuer·te *adj.* **1.** Forte, resistente, sólido. **2.** Forte, vigoroso, robusto. **3.** Forte, firme. **4.** Forte, violento. **5.** Forte, concentrado. *Un café fuerte*. Um café forte. **6.** Forte, intenso. **7.** Forte, de valor. *Es una moneda fuerte*. É uma moeda forte. **8.** Forte, de peso. *Tenía motivos fuertes*. Tinha motivos fortes. **9.** *Fig.* Forte, valente. **10.** *Fig.* Forte, entendido, instruído. *Fernando es muy fuerte en historia*. O Fernando é muito forte em história. **11.** *Fig.* Forte, rebelde. *Tiene un genio fuerte*. Tem um gênio forte. **12.** *Fig.* Forte, poderoso. **13.** *Fig.* Forte, áspero, pesado. *Me dijo cosas muy fuertes*. Disse-me coisas muito fortes. **14.** Alto (som). *La radio está muy fuerte*. O rádio está muito alto. ● *s.m.* **15.** Forte, fortaleza. **16.** Forte, matéria ou tema que se domina. *Geografía es el fuerte de Juan*. O forte de João é a geografia. ● *adv.* **17.** Forte, fortemente. *Golpeó fuerte*. Bateu com força. ♦ **Hacerse fuerte.** Resistir.

fuer·za *s.f.* **1.** *Mec.* e *fís.* Força, energia, impulso. **2.** *Mec.* e *fís.* Força, resistência. **3.** Força, vigor. **4.** Força, poder, autoridade. *Esas normas no tienen fuerza*. Essas normas não têm força. **5.** Força, violência. **6.** Força, esforço. **7.** Força, pressão. **8.** A parte mais importante ou numerosa, o grosso. *La fuerza del pueblo participó de las elecciones*. O grosso da população participou das eleições. **9.** *Fig.* Força, energia moral. **10.** *Fig.* Força, potência. **11.** *Eletr.* Força, energia elétrica. **12.** *Fig.* Força, momento de maior intensidade, auge. ■ **fuerzas** *s.f.pl. Mil.* Forças, tropas. ♦ **Fuerza de voluntad.** Força de vontade. **Fuerza mayor.** Força maior. **Fuerzas de choque.** Tropas de choque. **A fuerza de.** À força de. **A/Por la fuerza.** À força. **Por fuerza.** Por força. **Por fuerza de la costumbre.** Por força do hábito.

fu·ga *s.f.* **1.** Fuga, retirada rápida, fugida. **2.** Fuga, vazamento, perda. **3.** *Mus.* Fuga, tipo de composição.

fu·gar·se *v.p.* Fugir, evadir-se.

fu·gi·ti·vo/a *adj.* **1.** Fugitivo, foragido. **2.** Fugaz. ● *s.* **3.** Fugitivo.

fu·la·na *s.f. Col.* Prostituta.

fu·la·no/a *s.* Fulano.

ful·gu·ran·te *adj.* Fulgurante, resplandecente.

fu·lle·rí·a *s.f.* Logro, artimanha, engodo.

ful·mi·nar *v.t.* **1.** Fulminar, lançar raios. **2.** Ful-

minar, destruir, ferir. **3.** *Fig.* Fulminar, aniquilar. **4.** *Fig.* Ameaçar. *Me fulminó con la mirada.* Lançou-me um olhar fulminante.
fu·ma·da *s.f.* Fumada, tragada.
fu·ma·dor/·do·ra *adj. e s.* Fumante.
fu·mar *v.t. e v.i.* Fumar. ■ **fumarse** *v.p.* **1.** *Fig. e col.* Esbanjar, gastar. *Se fumó todo el sueldo en tonterías.* Gastou o salário todo em bobagens. **2.** *Fig. e col. Esp.* Cabular (aula). *Me fumé la clase de geometría.* Cabulei a aula de geometria.
fu·ma·ra·da *s.f.* Baforada.
fun·ción *s.f.* **1.** *Biol.* Função, atividade de um órgão. **2.** Função, finalidade, objetivo. *La función de este aparato es reducir el calor.* A função deste aparelho é reduzir o calor. **3.** Função, exercício de um cargo. *Tiene la función de gerente.* Tem a função de gerente. **4.** *Mat.* Função, correspondência entre conjuntos. **5.** Função, festividade, ato público. **6.** Sessão. *La función de la tarde.* A sessão da tarde. ♦ **En función de.** Em função de.
fun·cio·na·mien·to *s.m.* Funcionamento.
fun·cio·nar *v.i.* Funcionar.
☞ **fun·cio·na·rio/a** *s.* Servidor público.
☞ **fun·da** *s.f.* **1.** Estojo, cobertura (de couro, tecido, plástico) para proteger certos objetos. **2.** Fronha. **3.** Revestimento, forração, capa. *Le puse una funda a la máquina de escribir.* Coloquei uma capa na máquina de escrever.
fun·da·ción *s.f.* **1.** Fundação, instituição. **2.** Fundação, estabelecimento (cidade, firma).
fun·da·men·tal *adj.* Fundamental, básico, essencial.
fun·da·men·ta·lis·mo *s.m.* Fundamentalismo, movimento religioso.
fun·da·men·tar *v.t.* **1.** Fundamentar, lançar os alicerces (construção). **2.** *Fig.* Fundamentar, basear.
fun·da·men·to *s.m.* **1.** Fundamento, alicerce, fundação. **2.** Fundamento, argumento. **3.** *Fig.* Seriedade. ■ **fundamentos** *s.m.pl.* Conhecimentos básicos, noções.

fun·dar *v.t.* **1.** Fundar, edificar. **2.** Fundar, criar, instituir. **3.** *Fig.* Fundar, basear, fundamentar. ■ **fundarse** *v.p.* Fundar-se, fundamentar-se.
fun·di·ción *s.f.* Fundição.
fun·dir *v.t.* **1.** Fundir, derreter. **2.** Fundir, queimar (motor, lâmpada). *La falta de aceite puede fundir el motor.* A falta de óleo pode fundir o motor. **3.** *Fig.* Fundir, incorporar, unir. **4.** *Fig.* Fulminar. *Lo fundí con la mirada.* Fulminei-o com o olhar. ■ **fundirse** *v.p.* **1.** Fundir-se, derreter-se. **2.** Fundir-se, queimar(-se). *Se fundió el fusible.* Queimou o fusível. **3.** *Fig.* Fundir-se, incorporar-se, unir-se. **4.** *Amer.* Falir.
fu·ne·ra·rio/a *adj.* **1.** Funerário, fúnebre. ● *s.f.* **2.** Funerária.
fu·ni·cu·lar *adj.* **1.** Funicular, transporte por cabo. ● *s.m.* **2.** Funicular, bondinho.
fur·gón *s.m.* **1.** Furgão, perua. **2.** Vagão de carga.
fur·go·ne·ta *s.f.* Pequeno furgão, caminhonete, *pickup*.
fu·ria *s.f.* **1.** Fúria, ira, raiva. **2.** *Fig.* Fúria, violência, ímpeto. **3.** *Fig.* Fúria, força, vigor.
fu·rio·so/a *adj.* Furioso, bravo, danado.
fu·ror *s.m.* **1.** Furor, ira. **2.** *Fig.* Furor, violência. **3.** *Fig. e col.* Furor, energia, ímpeto. ♦ **Hacer furor.** Causar impacto.
fu·si·ble *adj.* **1.** Que pode fundir-se. ● *s.m.* **2.** *Eletr.* Fusível.
fu·sil *s.m. Mil.* Fuzil.
fu·si·lar *v.t.* **1.** Fuzilar. ■ *v.t. e v.i.* **2.** *Fig. e col.* Plagiar. *En tu trabajo intentas fusilar a este poeta.* No seu trabalho você tenta plagiar este poeta.
fu·sión *s.f.* **1.** Fusão, derretimento. **2.** *Fig.* Fusão, união.
fu·sio·nar *v.t.* **1.** Fusionar, fundir, derreter. **2.** *Fig.* Fusionar, unir. ■ **fusionarse** *v.p.* **1.** Fusionar, fundir-se, derreter-se. **2.** *Fig.* Fusionar, unir-se.
fus·tán *s.m.* **1.** Fustão. **2.** *Amer.* Saiote, anágua.
fus·te *s.m.* **1.** Fuste, madeira. **2.** Fuste, vara.

3. *Fig.* Fundamento, base. 4. *Fig.* Importância. *Un asunto de poco fuste.* Um assunto de pouca importância.

fút·bol *s.m. Desp.* Futebol.
fu·tu·ro/a *adj. e s.m.* Futuro.

G

g *s.f.* G, sétima letra do alfabeto. ■ Recebe o nome *ge*.
ga·bi·ne·te *s.m.* **1.** Gabinete, escritório. **2.** Gabinete, conselho de ministros. **3.** Sala de estudos. *Gabinete de anatomía.* Sala de anatomia.
ga·fa *s.f.* Gancho. ■ **gafas** *s.f.pl. Esp.* Óculos.
gai·ta *s.f.* **1.** *Mus.* Gaita, tipo de flauta. **2.** *Fig. e col.* Trabalho difícil. **3.** *Fig. e col.* Pessoa que reclama ou se queixa muito. ■ Não tem sentido de "dinheiro".
ga·je *s.m.* **1.** Salário. **2.** Bico, trabalho extra. ♦ **Gajes del oficio.** Ossos do ofício.
ga·jo *s.m.* **1.** Gomo. *Un gajo de naranja.* Um gomo de laranja. **2.** Cacho. *Un gajo de uvas.* Um cacho de uvas. **3.** *Bot.* Ramo, galho.
ga·lan·teo *s.m.* Galanteio.
ga·lá·pa·go *s.m.* Réptil aquático parecido com a tartaruga.
ga·le·ra *s.f.* **1.** *Mar.* Galera. **2.** Espécie de camarão. **3.** Sala de hospital. **4.** Prisão feminina. **5.** Carruagem. ■ Não tem sentido de "torcida" nem de "turma".
ga·le·rí·a *s.f.* **1.** Galeria, local para exposições. **2.** Galeria, corredor subterrâneo. **3.** *Teat.* Galeria, balcão, poleiro, geral. **4.** *Fig.* Público, galera.
gá·li·bo *s.m.* **1.** Gabarito. **2.** *Mec.* Aferidor. **3.** Bitola.
ga·li·ma·tí·as *s.m.* **1.** Linguagem incompreensível. **2.** Desordem, confusão. ■ *Pl.:* invariável.
ga·llar·do/a *adj.* **1.** Galhardo, garboso, elegante. **2.** *Fig. e col.* Galhardo, valente, corajoso. **3.** *Fig.* Importante.

ga·lle·ta *s.f.* **1.** Bolacha, biscoito. **2.** *Col.* Bofetada, bolacha.
ga·lli·na *s.f.* **1.** Galinha. ■ *adj. e s.2g.* **2.** *Fig.* Pessoa covarde, galinha. ♦ **Gallina ciega.** Cabra-cega. **Acostarse con/como las gallinas.** Deitar-se com as galinhas, muito cedo. **Estar como gallina en corral ajeno.** Sentir-se como peixe fora d'água. **Matar la gallina de los huevos de oro.** Matar a galinha dos ovos de ouro. **Piel/Carne de gallina.** Pele arrepiada.
ga·lli·ne·ro *s.m.* **1.** Galinheiro. **2.** *Fig. e col. Teat.* Poleiro. **3.** *Fig. e col.* Lugar barulhento.
ga·llo *s.m.* **1.** Galo. **2.** *Fig.* Homem vaidoso e provocador. **3.** *Fig.* Homem presunçoso, mandão. ■ *Tb.: gallito.* **4.** *Col.* Escarro. ● *adj.* **5.** *Fig.* Agressivo. ♦ **Gallo de pelea.** Galo de briga. **Alzar el gallo.** Mostrar-se arrogante. **Bajar el gallo.** Abaixar a crista.
ga·lón *s.m.* **1.** Galão, fita. **2.** *Mil.* Galão, distintivo. **3.** Galão, medida de capacidade.
ga·lo·pe *s.m.* Galope. ♦ **A/Al galope.** A passo de galope, com muita pressa.
gal·pón *s.m.* Galpão.
gal·va·no·plas·tí·a *s.f. Fís.* Galvanoplastia.
ga·ma *s.f.* **1.** *Mus.* Gama, escala. **2.** *Fig.* Gama, série, gradação. ♦ **Amplia gama.** Grande variedade.
☞ **gam·ba** *s.f.* Espécie de camarão.
gam·be·rro/a *adj. e s.* **1.** Bagunceiro, baderneiro, desordeiro. **2.** Vândalo. ♦ **Hacer el gamberro.** Agir escandalosamente ou praticar vandalismos, desordens.
ga·me·to *s.m. Biol.* Gameta.

ga·mu·za *s.f.* **1.** Camurça. **2.** Flanela para limpeza.

ga·na *s.f.* **1.** Vontade, gana, desejo, afã. *Trabajar con gana.* Trabalhar com vontade. *Gana de viajar.* Desejo de viajar. **2.** Fome, apetite. ▪ Usado *tb.* no *pl.* ♦ **Darle (a alguien) la (real) gana.** Querer, dar na telha/veneta. **De buena/mala gana.** De boa/má vontade. **Tener ganas de.** Ter vontade de. **Venir en gana.** Apetecer.

ga·na·de·rí·a *s.f.* Criação de gado, pecuária.

ga·na·de·ro/a *adj. e s.m.* **1.** Boiadeiro. **2.** Criador de gado. **3.** Pecuário.

ga·na·do *s.m.* **1.** Gado. **2.** *Fig., col. e dep.* Boiada.

ga·na·dor/·do·ra *adj. e s.* Ganhador, vencedor.

☞ **ga·nan·cia** *s.f.* Ganho. ▪ **ganancias** *s.f.pl.* Lucro, benefício. ♦ **Ganancias acumuladas.** *Com.* Lucros acumulados. **Ganancias y pérdidas.** *Com.* Lucros e perdas.

ga·nar *v.t. e v.i.* **1.** Ganhar, vencer. **2.** Ganhar, superar. **3.** Ganhar, atingir, alcançar. *Gané la frontera tras tres días de viaje.* Atingi a fronteira após três dias de viagem. **4.** *Fig.* Ganhar, progredir, melhorar. **5.** Ganhar, obter, receber. *Ganar en la lotería.* Ganhar na loteria. *Ganamos poco.* Ganhamos pouco. **6.** *Fig.* Ganhar, convencer, conquistar. *La ganó para ayudarlo en el trabajo.* Convenceu-a a ajudá-lo no trabalho. ▪ **ganarse** *v.p.* **1.** Ganhar, obter, receber. **2.** *Fig.* Ganhar, convencer, conquistar. **3.** Ganhar, merecer. *Te lo ganaste.* Você mereceu. ♦ **Ganarse la vida.** Ganhar a vida. **No ganar para disgustos.** Acontecer sempre desgraças. **Salir ganando.** Sair ganhando.

gan·chi·llo *s.m.* **1.** Agulha de crochê. ▪ *Tb.: gancho.* Crochê.

gan·cho *s.m.* **1.** Gancho. **2.** Agulha de crochê. **3.** Cabide. **4.** *Fig. e col.* Atrativo (*rel.* a mulheres).

gan·dul/·du·la *adj. e s.* Folgado, vadio.

gan·ga *s.f.* **1.** *Quím.* Ganga, escória, borra. **2.** *Fig.* Pechincha. **3.** Inutilidade.

gan·go·so/a *adj.* Fanhoso.

gan·so/a *s.* **1.** Ganso. ▪ *adj. e s.* **2.** *Fig. e col.* Estúpido. ♦ **Hacer el ganso.** Fazer palhaçadas para divertir os outros.

ga·ra·ba·to *s.m.* **1.** Gancho. **2.** Traço. ▪ **garabatos** *s.m.pl.* Rabisco, garrancho, letra ilegível.

ga·ra·je *s.m.* Garagem.

ga·ran·te *adj. e s.2g. Com.* Aval, fiador.

ga·ran·tí·a *s.f.* **1.** Garantia, segurança. **2.** *Com.* Garantia, aval, fiança. ♦ **Garantías constitucionales.** Garantias constitucionais.

ga·ran·ti·zar *v.t.* **1.** Garantir, assegurar, afiançar. **2.** Garantir, responsabilizar-se.

gar·ban·zo *s.m. Bot.* Grão-de-bico. ♦ **Ser un garbanzo negro.** Destoar dos demais.

☞ **gar·fio** *s.m.* Forcado, forquilha.

gar·gan·ta *s.f.* **1.** Garganta, parte do pescoço, goela. **2.** Garganta, faringe. **3.** Garganta, desfiladeiro. ♦ **Tener/Hacerse un nudo en la garganta.** Ter um nó na garganta.

gár·ga·ra *s.f.* Gargarejo. ♦ **Mandar a hacer gárgaras.** Mandar plantar batata.

ga·ri·ta *s.f.* Guarita.

ga·rra *s.f.* **1.** Garra, pata (fera, ave de rapina). **2.** Garra, unha. **3.** *Fig.* Garra, poder, domínio. **4.** *Fig.* Garra, entusiasmo. ♦ **Caer en las garras (de alguien).** Cair nas garras (de alguém).

☞ **ga·rra·fa** *s.f.* **1.** *Amer.* Bujão de gás. **2.** Garrafão.

ga·rra·fal *adj. Col.* Garrafal, enorme.

ga·rra·fón *s.m.* Garrafão. ▪ *Sin.: damajuana.*

ga·rra·pa·ta *s.f.* Carrapato.

ga·rro·ta·zo *s.m.* Paulada.

ga·rro·te *s.m.* **1.** Estaca, pau, garrote. **2.** Garrote, torniquete. **3.** Garrote, tipo de tortura. ♦ **Dar garrote.** Atormentar.

☞ **ga·rru·cha** *s.f. Mec.* Polia.

ga·rú·a *s.f. Amer.* Garoa.

gas *s.m.* Gás. ♦ **Gas carbónico.** Gás carbônico. **Gas hilariante/lacrimógeno.** Gás hilariante/lacrimogênio. **Gasoil.** Óleo diesel. **Gas pobre.** Gás pobre.

ga·sa *s.f.* Gaze.

ga·seo·so/a *adj.* Gasoso. ∎ *s.f.* **1.** Refrigerante. **2.** *Esp.* Espécie de soda.
ga·si·fi·ca·ción *s.f.* Gaseificação.
gas·oil *s.m. Quím.* Óleo diesel. ∎ *Tb.: gasóleo.*
ga·so·li·na *s.f.* Gasolina.
ga·so·li·ne·ra *s.f.* Posto de gasolina.
gas·ta·do/a *adj.* **1.** Gasto, usado, desgastado. **2.** Gasto, batido. **3.** *Fig.* Gasto, abatido. *Tiene una cara gastada.* Está com a cara abatida.
gas·tar *v.t. e v.i.* **1.** Gastar, usar. **2.** Gastar, despender, desembolsar. **3.** Gastar, consumir. *Este coche gasta poca gasolina.* Este carro gasta pouca gasolina. **4.** *Fig.* Gastar, desperdiçar, esbanjar. *Gastar palabras.* Desperdiçar palavras. ∎ **gastarse** *v.p.* **1.** Gastar, estragar. *El niño se gasta los zapatos con mucha facilidad.* O menino estraga os sapatos facilmente. **2.** *Fig.* Desgastar-se. *Me gasté haciendo esta revisión.* Desgastei-me fazendo esta revisão. ♦ **Gastar bromas.** Fazer brincadeiras, brincar.
gas·to *s.m.* **1.** Gasto, uso, consumo. **2.** Gasto, despesa. ∎ Não tem sentido de "usado". ♦ **Gastos de representación.** Despesas de representação. **Gastos de residencia. 1.** Diária. **2.** Ajuda de custo (transporte, viagem). **Cubrir gastos.** Cobrir as despesas.
gas·tri·tis *s.f. Med.* Gastrite. ∎ *Pl.:* invariável.
gas·tro·no·mí·a *s.f.* Gastronomia.
ga·te·ar *v.i.* Engatinhar.
ga·ti·llo *s.m.* **1.** *Med.* Alicate de dentista. **2.** Gatilho.
ga·to/a *s.* **1.** Gato, animal felino. **2.** *Col.* Gato, gatuno. **3.** *Fig. e col.* Gato, astuto. ∎ *s.m.* **4.** *Mec.* Macaco (de automóvel). **5.** *Arg.* Música e dança popular. ♦ **Gato de Angora.** Gato angorá. **Gato escaldado del agua fría huye.** Gato escaldado tem medo de água fria. **Andar a gatas.** Andar de quatro, engatinhar. **Dar gato por liebre.** Dar gato por lebre. **Haber cuatro gatos.** Haver uns gatos-pingados. **Haber gato encerrado.** Nesse mato tem coelho.

gau·cha·da *s.f. Col. Arg.* Favor. *¿Me hacés una gauchada?* Você pode me fazer um favor?
gau·cho/a *adj. e s.* **1.** *Rio-plat.* Habitante dos pampas. **2.** Cavaleiro.
ga·vi·lán *s.m.* Gavião.
ga·vio·ta *s.f.* Gaivota.
ga·za·po *s.m.* **1.** Coelho novo. **2.** *Fig. e col.* Erro, lapso (na fala ou na escrita).
gaz·pa·cho *s.m.* Gaspacho, prato típico espanhol, espécie de sopa fria.
ge·ma *s.f.* Pedra preciosa, gema. ∎ Não se aplica à "gema de ovo".
ge·me·lo/a *adj. e s.* Gêmeo. ∎ **gemelos** *s.m.pl.* **1.** Abotoadura. **2.** Binóculo.
gé·mi·nis *s.m.* Gêmeos, signo do zodíaco.
ge·mir *v.i.* Gemer. ∎ *C.mod.* 10.
gen *s.m. Biol.* Gene. ∎ *Tb.:* gene.
gen·dar·me·rí·a *s.f. Mex.* Delegacia de polícia.
ge·nea·ló·gi·co/a *adj.* Genealógico.
ge·ne·ra·ción *s.f.* Geração.
ge·ne·ra·dor/·do·ra *adj.* **1.** Gerador, provocador, estimulador. ∎ *adj. e s.m.* **2.** *Eletr.* Gerador, produtor de energia, fonte.
ge·ne·ral *adj.* **1.** Geral, total. **2.** Geral, comum, frequente. **3.** Geral, global. ● *s.m.* **4.** *Mil.* General. ♦ **General de división.** General de divisão. **En/Por lo general.** Em geral.
ge·ne·ra·li·dad *s.f.* **1.** Generalidade, maioria, geral. *La generalidad de la gente.* A maioria das pessoas. **2.** Generalidade, amplitude. ∎ **generalidades** *s.f.pl.* Generalidades, noções.
ge·ne·ra·li·zar *v.t. e v.i.* **1.** Generalizar, difundir, propagar. **2.** Generalizar, tornar comum, geral. ∎ **generalizarse** *v.p.* **1.** Generalizar-se, difundir-se, propagar-se. **2.** Generalizar-se, tornar-se comum, geral.
ge·ne·ral·men·te *adv.* Geralmente.
ge·ne·rar *v.t.* Gerar, produzir.
gé·ne·ro *s.m.* **1.** Gênero, espécie, classe. **2.** Gênero, forma, maneira, estilo. **3.** *Com.* Gênero, mercadoria, produto. *Géneros de alimentación.* Gêneros alimentícios. **4.** *Gram.*

Gênero, flexão de palavras (masculino, feminino, neutro). **5.** Tecido.
ge·ne·ro·si·dad *s.f.* Generosidade.
ge·né·ti·co/a *adj. Biol.* **1.** Genético. ● *s.f.* **2.** Genética.
ge·nial *adj.* **1.** Genial. **2.** *Col.* Ótimo, muito agradável. *Unas vacaciones geniales.* Umas férias muito agradáveis.
ge·nio *s.m.* **1.** Gênio, temperamento, caráter. **2.** Gênio, pessoa inteligente, criativa. **3.** Gênio, divindade, ser fabuloso. **4.** Talento, inspiração. *Tiene genio para el dibujo.* Tem talento para o desenho. **5.** *Col.* Ânimo.
gen·te *s.f.* **1.** Gente, pessoas em geral. **2.** Gente, equipe, empregados. **3.** Gente, familiares. **4.** Gente, povo de uma nação. **5.** *Col. Amer.* Pessoa decente. ■ Não tem sentido de "eu", "nós" nem de "as pessoas". ♦ **Gente (de) bien.** Gente bem. **Gente de la calle.** Gente da rua. *Ande yo caliente y ríase la gente.* Não dar importância à opinião alheia.
gen·ti·le·za *s.f.* **1.** Amabilidade, cortesia, gentileza. **2.** Elegância, garbo.
gen·tu·za *s.f. Dep.* Gentalha, gentinha.
geo·gra·fí·a *s.f.* Geografia.
geo·lo·gí·a *s.f.* Geologia.
geo·me·trí·a *s.f.* Geometria.
ge·ra·nio *s.m. Bot.* Gerânio.
ge·ren·cia *s.f.* **1.** Gerência, administração. **2.** Gerência, função de gerente.
ge·ren·te *s.2g.* Gerente.
ger·men *s.m.* **1.** Germe, princípio de todo ser vivo. **2.** *Fig.* Germe, origem, causa. **3.** Germe, micróbio. ■ *Pl.: gérmenes.*
ger·mi·nar *v.i.* **1.** *Bot.* Germinar, brotar, nascer. **2.** *Fig.* Germinar, originar-se.
ge·run·dio *s.m. Gram.* Gerúndio.
ges·ta·ción *s.f.* **1.** Gestação, gravidez. **2.** *Fig.* Gestação, elaboração, amadurecimento.
ges·tión *s.f.* **1.** Tramitação, trâmites, providências. **2.** Gestão, administração, gerência.
ges·tio·nar *v.t.* **1.** Tramitar, providenciar. **2.** Administrar, gerir.
ges·to *s.m.* **1.** Gesto, sinal, trejeito. **2.** Gesto, atitude.

ges·tor/·to·ra *adj. e s.* **1.** Gestor, administrador, gerente. **2.** Despachante.
ges·to·rí·a *s.f. Com.* **1.** Escritório administrativo. **2.** Escritório de despachante.
gi·ba *s.f.* **1.** Giba, corcunda. **2.** *Fig.* Saliência. *No compres esa mesa porque tiene una giba en la madera.* Não compre essa mesa porque tem uma saliência na madeira. **3.** *Fig. e col.* Incômodo, mal-estar.
gi·gan·te *s.2g.* Gigante.
gi·li·po·llas *adj. e s.m. Col. Esp.* Estúpido, imbecil. ■ **a.** *Pl.:* invariável. **b.** *Tb.:* gili.
gim·na·sia *s.f. Desp.* Ginástica.
gim·na·sio *s.m. Desp.* Ginásio esportivo. ■ Não tem sentido de "estabelecimento de ensino" nem de "curso ginasial".
gi·ne·bra *s.f.* Gim, genebra.
gi·ne·co·lo·gí·a *s.f. Med.* Ginecologia.
gi·ne·có·lo·go/a *s. Med.* Ginecologista.
gin·gi·vi·tis *s.f. Med.* Gengivite. ■ *Pl.:* invariável.
gi·ra *s.f.* **1.** Volta, giro. *Una gira por el centro.* Uma volta pelo centro. **2.** Excursão. **3.** Turnê. *Gira artística por Europa.* Turnê pela Europa. ■ Não tem sentido de "louco".
gi·rar *v.i.* **1.** Girar, rodar. **2.** Girar, rodear. **3.** *Fig.* Girar, tratar, versar. ● *v.i. e v.t.* **4.** Girar, virar, dobrar. *Girar a la izquierda.* Virar à esquerda. **5.** *Com.* Sacar (fundos, dinheiro, títulos). **6.** *Com.* Transferir fundos de uma conta para outra. **7.** *Com.* Enviar ou expedir ordens de pagamento. **8.** *Com.* Negociar, funcionar (empresa ou estabelecimento comercial). **9.** *Com.* Girar (créditos, títulos).
gi·ra·sol *s.m. Bot.* Girassol.
gi·ro *s.m.* **1.** Giro, rotação, volta. **2.** *Fig.* Giro, direção, rumo. **3.** *Com.* Saque. **4.** *Com.* Transferência de fundos. **5.** *Com.* Expedição de ordens de pagamento. **6.** *Com.* Conjunto de operações mercantis, giro. **7.** *Gram.* Estrutura ou locução idiomática. ♦ **Giro bancario.** *Com.* Ordem de pagamento. **Giro postal.** Ordem de pagamento feita pelo correio, vale postal.

gi·ta·no/a *adj. e s.* **1.** Cigano. **2.** *Fig. e col.* Desonesto. **3.** *Fig. e col.* Relaxado, descuidado, sujo.
gla·ciar *s.m.* Geleira.
glán·du·la *s.f. Med. e bot.* Glândula. ♦ **Glándula endocrina/exocrina.** Glândula endócrina/exócrina. **Glándula pineal/pituitaria.** Glândula pineal/pituitária. **Glándula suprarrenal.** Glândula suprarrenal.
glo·bal *adj.* Global, total, geral.
glo·bo *s.m.* **1.** Globo, esfera, bola. **2.** Globo, Terra. **3.** Balão, bola, bexiga. *Los globos se usan en fiestas de chicos.* Em festas de crianças usam-se balões. **4.** Balão com falas de personagens (história em quadrinhos). ♦ **Globo dirigible.** Dirigível. **Globo ocular.** *Med.* Globo ocular. **Globo terrestre/terráqueo.** Globo terrestre.
gló·bu·lo *s.m.* **1.** *Biol.* Glóbulo. **2.** Bolha. *Glóbulo de agua/aire.* Bolha de água/ar. ♦ **Glóbulo blanco/rojo.** *Med.* Glóbulo branco/vermelho.
glo·ria *s.f.* **1.** Glória, fama, celebridade. **2.** Glória, esplendor. **3.** Glória, paraíso, céu. **4.** Glória, contemplação, bem-aventurança. **5.** *Col.* Glória, alegria, prazer. ♦ **Estar en la gloria.** Estar nas nuvens.
glo·rio·so/a *adj.* **1.** Celestial, divino, santo. **2.** Glorioso, ilustre, famoso. **3.** *Col.* Glorioso, ótimo, sensacional.
glo·sa·rio *s.m.* Glossário.
glo·tón/·to·na *adj. e s.* Glutão, comilão.
glu·ce·mia *s.f. Med.* Glicemia.
glu·co·sa *s.f. Quím.* Glicose.
go·ber·na·dor/·do·ra *adj. e s.* **1.** Governador. ■ *s.m.* **2.** Representante do governo numa instituição pública, presidente. *Gobernador del Banco Estatal.* Presidente do Banco Estatal.
go·ber·nan·ta *s.f.* **1.** Governanta. **2.** Camareira (hotel).
go·ber·nan·te *adj. e s.2g.* Governante, dirigente.
go·ber·nar *v.t. e v.i.* **1.** Governar, dirigir, mandar. **2.** Governar, conduzir, guiar. ■ **gobernarse** *v.p.* Governar-se, administrar-se. ■ *C.mod. 01.*
go·bier·no *s.m.* **1.** Governo, direção, administração. **2.** Governo, domínio (território, distrito). **3.** Governo, regime, sistema político. *Gobierno militar.* Governo militar. **4.** Governo, gabinete, conjunto de ministros. **5.** Governo, mandato. **6.** Sede do governo. *El palacio del gobierno.* O palácio do governo.
go·ce *s.m.* Gozo, prazer, deleite.
gol *s.m. Desp.* Gol.
go·le·ar *v.t. Desp.* Golear.
golf *s.m. Angl. Desp.* Golfe.
gol·fo/a *s.* **1.** *Mar.* Golfo, baía. **2.** Pessoa ardilosa, astuta. **3.** Sem-vergonha, vigarista.
go·lon·dri·na *s.f.* Andorinha. ♦ **Una golondrina no hace verano.** Uma andorinha só não faz verão.
go·lo·si·na *s.f.* Guloseima.
go·lo·so/a *adj. e s.* Guloso.
gol·pe *s.m.* **1.** Golpe, pancada, paulada. **2.** Ataque, acesso. *Golpe de tos.* Ataque de tosse. **3.** Golpe, choque, batida. *Le dieron un golpe a la moto.* Bateram na moto. **4.** *Fig.* Golpe, plano. **5.** *Fig.* Golpe, desgraça, tragédia. **6.** Golpe, soco. ♦ **Golpe bajo.** Golpe baixo. **Golpe de Estado.** Golpe de Estado. **Golpe de fortuna.** Golpe de sorte. **Golpe de vista.** Golpe de vista. **A golpes. 1.** Dando pancadas. **2.** De maneira intermitente. **Acusar el golpe.** Sentir a paulada. **Caer de golpe.** Surgir inesperadamente. **Dar el golpe.** Surpreender. **De golpe.** De golpe, de repente. **De un golpe.** De uma vez. **Errar/Fallar el golpe.** Não acertar. **No dar golpe.** Não trabalhar.
gol·pe·ar *v.t.* **1.** Bater, dar golpes. *Golpear la puerta antes de entrar.* Bater na porta antes de entrar. **2.** Bater, esmurrar, espancar. ■ **golpearse** *v.p.* Machucar-se (por batida). *Me golpeé la rodilla.* Bati o joelho.
go·ma *s.f.* **1.** Goma. **2.** Elástico. **3.** Borracha (para apagar). **4.** *Am.C.* Ressaca (de bebe-

deira). ♦ **Goma arábiga.** Goma arábica. **Goma de borrar.** Borracha de apagar. **Goma de pegar.** Cola.

gor·do/a *adj.* **1.** Gordo, obeso. **2.** Gordo, gorduroso. *Carne gorda.* Carne gordurosa. **3.** *Fig. e col.* Influente. *No te metas con ellos que son gordos.* Não se meta com eles que são peixes graúdos. ■ *s.m.* **4.** Sebo. *No quiero la carne con gordo.* Não quero a carne com sebo. **5.** *Col.* Prêmio maior da loteria. ♦ **Armar(se) la gorda.** Fazer uma confusão. **Caer gordo.** Cair mal, ser antipático. **Hacer la vista gorda.** Fazer vista grossa. **No tener ni gorda.** Não ter nem um vintém. **Ser (algo) muy gordo.** Ser (algo) muito grave, muito sério.

go·rra *s.f.* Gorro, boné.

go·rrión *s.m.* Pardal.

go·rro *s.m.* **1.** Gorro, barrete. **2.** *Fig.* Aproveitador, parasita. ♦ **Estar hasta el gorro.** Estar cheio, farto, por aqui.

go·rrón/·rro·na *adj. e s.* **1.** Aproveitador. ■ *s.m.* **2.** *Mec.* Pivô.

go·ta *s.f.* **1.** Gota, partícula de líquido. **2.** *Fig.* Gota, pingo, pequena quantidade. *No tenían ni gota de vino.* Não tinham nem uma gota de vinho. **3.** *Med.* Gota, inflamação articulatória. ■ **gotas** *s.f.pl.* Medicamento, remédio. *Gotas para el oído.* Remédio para o ouvido. ♦ **Gota a gota.** Aos poucos. **Caer unas/cuatro gotas.** Garoar, cair uns pingos d'água. **No ver ni gota.** Não ver quase nada. **Ser la última gota.** Ser a gota d'água.

go·te·ar *v.i.* Pingar, gotejar.

go·zar *v.i.* **1.** Gozar, deliciar-se, adorar. *Gocé mucho ese viaje.* Adorei essa viagem. ■ *v.i. e v.t.* **2.** Gozar, possuir, usufruir. *Gozan de buena salud.* Gozam de boa saúde. ¶ Não tem sentido de "zombar" nem de "ter orgasmo".

goz·ne *s.m.* Dobradiça.

go·zo *s.m.* Gozo, prazer. ♦ **Dar gozo.** Dar gosto. **Mi gozo en un pozo.** Alegria de pobre dura pouco. **No caber en sí de gozo.** Não caber em si de alegria.

gra·ba·ción *s.f.* Gravação.

gra·ba·do/a *adj.* **1.** Gravado. ● *s.m.* **2.** Procedimento e arte de gravar, gravura.

gra·ba·dor/·do·ra *s.* **1.** Que faz gravuras. ■ *s.f.* **2.** Gravador, aparelho para registrar sons.

gra·bar *v.t. e v.i.* **1.** Gravar, imprimir, estampar. **2.** Gravar, esculpir, talhar. **3.** Gravar, registrar sons em fita ou disco. *Quiero grabar esa música.* Quero gravar essa música. **4.** *Fig.* Gravar, fixar, memorizar. ■ **grabarse** *v.p. Fig.* Gravar-se, fixar-se, memorizar-se.

gra·cia *s.f.* **1.** Graça, dádiva, milagre. **2.** Graça, simpatia, elegância. **3.** Graça, brincadeira, piada. **4.** Graça, benevolência. **5.** Graça, favor, benefício. **6.** *For.* Graça, clemência, indulto. ♦ **¡(Muchas) Gracias!** (Muito) Obrigado/a! **Gracias a.** Graças a. **¡Gracias a Dios!** Graças a Deus! **Caer en gracia.** Agradar. **Dar las gracias.** Agradecer. **No estar para gracias.** Não estar para brincadeiras. **Período de gracia.** Período de carência. **¡Qué gracia!/¡Vaya una gracia!** Muito engraçado! **Tiro de gracia.** Tiro de misericórdia.

gra·cio·so/a *adj. e s.* **1.** Engraçado. **2.** Gratuito, de graça.

gra·da *s.f.* **1.** Degrau. **2.** Escada. **3.** Anfiteatro, arquibancada. **4.** Fancho, ancinho, grade. ■ **gradas** *s.f.pl.* Escadaria.

gra·da·ción *s.f.* Gradação, progressão.

gra·de·rí·o *s.m.* **1.** Escadaria. **2.** Arquibancada.

gra·do *s.m.* **1.** Grau, ponto ou estágio de uma progressão. **2.** Grau, título. *Tiene o grado de doctor.* Tem o grau de doutor. **3.** Grau, nível de parentesco. *Son primos en segundo grado.* São primos em segundo grau. **4.** *Mil.* Grau, posição hierárquica, escalão. **5.** *Geom.* Grau, unidade de medida de ângulo. **6.** *Gram.* Grau, categoria que exprime a intensidade de um *s.* ou *adj.* **7.** *Mat.* Grau, expoente. **8.** *For.* Instância. **Grado alcohólico.** Teor alcoólico. **Grado centígrado.** Grau centígrado. **De buen/mal grado.** De bom/mau grado. **En alto grado.** Em alto grau.

gra·dua·ción *s.f.* **1.** Graduação. **2.** Obtenção de grau acadêmico. **3.** Grau hierárquico.

gra·duar *v.t.* **1.** Graduar, dispor em graus. *Hay que graduar el compás para poder usarlo.* É preciso graduar o compasso para poder usá-lo. **2.** Graduar, classificar. **3.** Graduar, controlar, regular. ■ **graduarse** *v.p.* Graduar-se, receber título acadêmico, formar-se.

grá·fi·co/a *adj.* **1.** Gráfico (*rel.* à escrita). **2.** Gráfico (*rel.* a desenho ou impressão). **3.** Gráfico, esquemático. ● *s.m.* **4.** Gráfico, esquema. ♦ **Artes gráficas.** Artes gráficas.

gra·fi·to *s.m.* Grafite.

gra·gea *s.f. Med.* Drágea.

gra·má·ti·co/a *adj.* **1.** Gramatical. ■ *s.m.* **2.** Gramático. ● *s.f.* **3.** Gramática.

gra·mo *s.m.* Grama, unidade de peso. ■ Símbolo: *g.*

gran *adj.* **1.** Grande. *Una gran ciudad.* Uma grande cidade. **2.** Grão. *Gran duque.* Grão-duque. ■ **a.** Apócope de *grande.* **b.** Usado antes de *s.*

gra·na·da *s.f.* **1.** *Mil.* Granada. **2.** *Bot.* Romã.

gran·de *adj.* **1.** Grande, em tamanho ou número acima do normal. *Una mesa grande.* Uma mesa grande. **2.** Grande, de proporções excessivas para a sua função. **3.** *Fig.* Grande, surpreendente, extraordinário. **4.** Grande, importante, magnífico. **5.** *Amer.* De idade avançada. *Una señora grande.* Uma senhora de idade. ● *s.m.* **6.** Grande, nobre, ilustre. ♦ **A lo grande.** Em grande estilo. **En grande. 1.** De forma divertida. **2.** Com luxo.

gran·do·te/a *adj. Col.* Grandalhão. ■ **a.** *Aum.* de *grande.* **b.** *Tb.:* **grandullón.**

gra·nel <a> *loc.* A granel.

gra·ne·ro *s.m.* Celeiro, granel, paiol.

gra·ni·zo *s.m.* Granizo.

gran·ja *s.f.* **1.** Granja, sítio. **2.** Local de criação de porcos ou aves. **3.** Local de venda de laticínios, leiteria.

gran·je·ar *v.t.* **1.** Granjear, obter algo com trabalho ou esforço. **2.** *Fig.* Granjear, conquistar, angariar. ■ **granjearse** *v.p. Fig.* Granjear, conquistar, atrair. *Se granjeó la simpatía de la suegra.* Conquistou a simpatia da sogra.

gra·no *s.m.* **1.** Grão, semente. **2.** Grão, partícula. **3.** *Fig.* Grão, pequena quantidade, pingo. *No tiene ni un grano de inteligencia.* Não tem nem um pingo de inteligência. **4.** Grão, saliência na superfície de papel, madeira ou tecido. **5.** Acne, espinha, cravo. *Tiene la cara llena de granos.* Está com o rosto cheio de espinhas. ♦ **Ir al grano.** Ir direto ao ponto.

gra·nu·ja *s.f.* **1.** *Bot.* Uva solta. **2.** *Bot.* Semente de uva e outras frutas. **3.** *Fig. e col.* Molecada, bando de pivetes. ■ *s.* **4.** *Col.* Moleque astuto, pícaro.

gra·nu·lar *adj.* **1.** Granular. ■ *v.t.* **2.** *Quím. e mec.* Granular, reduzir a grãos. ■ **granularse** *v.p.* Granular-se, cobrir-se de espinhas. *Granularse la cara.* Ficar com o rosto cheio de espinhas.

gra·pa *s.f.* **1.** Grampo (para papéis). **2.** *Rio-plat.* Aguardente de bagaço de uva.

gra·pa·do·ra *s.f.* Grampeador.

gra·par *v.t.* Grampear.

gra·so/a *adj.* **1.** Gorduroso, oleoso. ■ *Tb.:* **grasiento, grasoso. 2.** Gordo, com banha. *Un animal muy graso.* Um animal muito gordo. ● *s.m.* **3.** *Col.* Gordura. ● *s.f.* **4.** Gordura, óleo, banha. **5.** Graxa, lubrificante.

gra·ti·fi·ca·ción *s.f.* **1.** Gratificação, recompensa, bonificação. **2.** Gratificação, pagamento extra. **3.** Gratificação, gorjeta.

gra·ti·fi·car *v.t.* **1.** Gratificar, recompensar. **2.** Agradar.

gra·tis *adv.* Grátis.

gra·ti·tud *s.f.* Gratidão.

gra·tui·to/a *adj.* **1.** Gratuito, grátis, dado. **2.** *Fig.* Gratuito, sem fundamento, arbitrário.

gra·va·men *s.m. Com.* **1.** Encargo, obrigação, ônus. **2.** Tributo.

gra·var *v.t.* **1.** Gravar, onerar, taxar. **2.** Gravar, hipotecar. ■ Não se aplica a "gravar som", nem à *Inform.*

gra·ve *adj.* **1.** Grave, importante, difícil. **2.** Grave, sério, austero. *Fisionomía grave.*

Fisionomia grave. **3.** Grave, perigoso. *Enfermedad grave.* Doença grave. **4.** *Mus.* Grave, som baixo. **5.** *Gram.* Paroxítono. ♦ **Grave de cuidado.** Em estado grave.
gra·ve·dad *s.f.* Gravidade.
gra·vi·dez *s.f.* Gravidez.
gre·mio *s.m.* **1.** Grêmio, associação. **2.** *Col.* Bando. **3.** *Arg.* Sindicato.
gre·ña *s.f.* Cabelo desgrenhado, juba.
grie·ta *s.f.* Fenda, greta, rachadura.
grie·tar·se *v.p.* Fender-se, rachar-se. ■ *Tb.: grietearse.*
gri·fo/a *adj.* **1.** *Tip.* Grifo, itálico. **2.** Tipo de letra, itálico. **3.** Encaracolado, crespo (cabelo). ● *s.m.* **4.** *Esp.* Torneira. ■ Não tem sentido de "sublinhado".
gri·llo *s.m.* Grilo. ■ **grillos** *s.m.pl.* Grilhões. ■ Não tem sentido de "preocupação". ♦ **Tener la cabeza llena de grillos.** Estar maluco.
grin·go/a *adj. e s.* Gringo, estrangeiro.
gri·pe *s.f. Med.* Gripe.
gris *adj.* **1.** A cor cinza. **2.** Cinzento, nublado (tempo). **3.** *Fig.* Apagado, sem graça.
gri·tar *v.i. e v.t.* Gritar, berrar.
gri·te·rí·a *s.f.* Gritaria, berreiro, espalhafato. ■ *Tb.: griterío.*
gri·to *s.m.* Grito, berro. ♦ **A gritos.** Aos berros. **Pedir a gritos.** Precisar/pedir com veemência. **Ser el último grito.** Ser a última moda.
gro·se·rí·a *s.f.* **1.** Grosseria. **2.** Grossura, expressão soez.
gro·sor *s.m.* Grossura, espessura.
grú·a *s.f. Mec.* Guincho, grua, guindaste.
grue·sa *s.f.* Grosa (doze dúzias).
grue·so/a *adj.* **1.** Gordo, obeso. *Se puso muy gruesa durante el embarazo.* Ficou muito gorda durante a gravidez. **2.** Grosso, volumoso, denso. **3.** Grosso, pesado, grosseiro. ● *s.m.* **4.** Espessura, dimensão. *El grueso de la madera.* A espessura da madeira. **5.** Grosso, a maior parte.
gru·ñir *v.i.* **1.** Rosnar, grunhir. ■ *v.t.* **2.** *Fig.* Grunhir, resmungar.
gru·ñón/·ño·na *adj. e s.* Resmungão.

gru·po *s.m.* **1.** Grupo, reunião de pessoas, agrupação. **2.** Grupo, categoria, classe. ♦ **Grupo sanguíneo.** *Med.* Grupo sanguíneo.
gua·ca·mo·le *s.m. Mex. e Am.C.* Salada de abacate.
gua·gua *s.f.* **1.** Objeto de pouco valor, bugiganga. **2.** *Amer.* Ônibus. **3.** *Amer.* Criança, nenê. ♦ **De guagua.** Grátis.
gua·ji·ro/a *s.* **1.** Camponês de Cuba. ■ *s.f.* **2.** Canção típica cubana.
gua·ná·ba·na *s.f. Bot. Mex. e Am.C.* Fruta-do--conde.
guan·ta·zo *s.m. Col.* Bofetada, tapa. ■ *Tb.: guantada.*
guan·te *s.m.* Luva. ■ **guantes** *s.m.pl.* Luvas, gratificação. ♦ **Venir/Estar/Sentar como un guante.** Cair como uma luva.
guan·te·ra *s.f.* Porta-luvas.
gua·pe·tón/·to·na *adj. e s. Col.* Bonitão. ■ **a.** *Tb.: guapote.* **b.** *Aum.* de *guapo.*
gua·po/a *adj. Esp.* Bonito. ■ Usado para pessoas.
guar·da *s.m.* **1.** Guarda, vigia. *Hable con el guarda del edificio.* Fale com o vigia do prédio. ■ *s.f.* **2.** Guarda, amparo, proteção. *Mi ángel de la guarda.* Meu anjo da guarda. **3.** Observância, cumprimento. **4.** Guarda, guarnição de espada. **5.** Tutela, custódia, guarda. ■ **guardas** *s.f.pl.* Guardas de fechadura. ■ Não tem sentido de "policial".
guar·da·ba·rros *s.m.* Para-lama. ■ *Pl.:* invariável.
guar·da·co·ches *s.m.* Manobrista. ■ *Pl.:* invariável.
guar·da·es·pal·das *s.m.* Guarda-costas, capanga. ■ *Pl.:* invariável.
guar·da·jo·yas *s.m.* Porta-joias. ■ *Pl.:* invariável.
guar·dar *v.t.* **1.** Guardar, cuidar, vigiar. *Guarde los animales.* Vigie os animais. **2.** Guardar, proteger, resguardar. *El paraguas guarda de la llovizna.* O guarda-chuva protege da garoa. **3.** Guardar, respeitar, cumprir. **4.** Guardar, pôr. *Guardó el libro en el cajón.* Guardou o livro na gaveta. **5.** Guardar, con-

guardarropa 212 **guita**

servar, preservar. **6.** Guardar, reservar. *Guárdame un ejemplar.* Guarde um exemplar para mim. **7.** Guardar, dar mostras, ter (sentimento, atitude). **8.** *Fig.* Guardar, manter, conservar. *Guardó silencio.* Guardou silêncio. ■ *v.i.* **9.** Guardar, não gastar dinheiro, economizar. ■ **guardarse** *v.p.* **1.** Guardar, ocultar, esconder. **2.** Guardar-se, precaver-se, resguardar-se, proteger-se. ♦ **Guardársela (a alguien).** Esperar o momento oportuno para vingar-se. **¡Guarda!** Cuidado! Preste atenção!

guar·da·rro·pa *s.m.* **1.** Guarda-roupa, local onde se deixam casacos em lugares públicos, chapelaria. **2.** Guarda-roupa, conjunto do vestuário. **3.** Guarda-roupa, armário.

guar·de·rí·a *s.f.* Creche.

guar·dia *s.f.* **1.** Guarda, polícia, patrulha. **2.** Guarda, sentinela. **3.** Guarda, custódia, tutela. **4.** Plantão. *Él estará de guardia mañana en la clínica.* Ele estará de plantão amanhã na clínica. ■ *s.m.* **5.** Guarda, policial. ♦ **Guardia civil.** Guarda/Policial civil. **Guardia de tráfico.** Policial de trânsito. **Guardia municipal/urbana.** Guarda/Polícia municipal. **Descuidar la guardia.** Descuidar a vigilância. **Estar en guardia.** Estar em guarda, na defensiva. **Montar guardia.** Ficar de guarda. **Ponerse en guardia.** Ficar alerta.

gua·ri·da *s.f.* **1.** Guarida. **2.** Covil.

gua·ris·mo *s.m. Mat.* Algarismo.

guar·ne·cer *v.t.* **1.** Guarnecer, revestir, enfeitar. **2.** Rebocar, revestir (parede). **3.** *Mil.* Guarnecer, fortalecer, munir. **4.** Guarnecer, fornecer, suprir. ■ *C.mod.* 06.

guar·ni·ción *s.f.* **1.** Guarnição, enfeite. **2.** Guarnição, acompanhamento de um prato. **3.** *Mil.* Guarnição, tropa, guarda.

gua·rre·rí·a *s.f.* **1.** *Col.* Porcaria, imundície. **2.** *Fig.* Cachorrada, sujeira. ■ *Tb.: guarrada.*

gua·rro/a *adj. e s.* Porco, sujo.

gua·se·ar·se *v.p. Col.* Zombar, brincar.

gua·són/so·na *adj. e s. Col.* Brincalhão, zombeteiro, gozador.

gua·ya·bo/a *s.m. Bot.* **1.** Goiabeira. ■ *s.f.* **2.** Goiaba.

gu·ber·na·men·tal *adj.* Governamental.

gue·rra *s.f.* **1.** Guerra, batalha, conflito. **2.** *Fig.* Guerra, rivalidade, hostilidade. ♦ **Guerra fría.** Relação hostil. **Dar (mucha) guerra.** Dar (muito) trabalho. **Declarar la guerra.** Declarar guerra. **Nombre de guerra.** Nome de guerra.

gue·rri·lla *s.f.* Guerrilha.

guí·a *s.2g.* **1.** Guia, cicerone. **2.** *Fig.* Guia, modelo, orientação. ■ *s.m.* **3.** Guidão. ■ *s.f.* **4.** Guia, publicação normativa ou instrutiva, almanaque. *Guía telefónica.* Lista telefônica. **5.** *Com.* Guia, documento para transporte de mercadorias. **6.** *Mec.* Guia, peça que dirige o movimento de outra. ■ **guías** *s.f.pl.* Rédeas. ■ Não tem sentido de "meio-fio" nem de "formulário".

guiar *v.t. e v.i.* **1.** Guiar, conduzir, orientar. **2.** Guiar, dirigir. ■ **guiarse** *v.p.* Guiar-se, conduzir-se, orientar-se.

gui·ja·rro *s.m.* Cascalho.

guin·da *s.f. Bot.* Espécie de cereja.

guin·di·lla *s.f. Bot.* Pimenta muito ardida.

gui·ñar *v.t.* Piscar (olhos). *No me guiñes.* Não pisque para mim. ■ **guiñarse** *v.p.* Piscar (olhos), trocar piscadas.

gui·ño *s.m.* **1.** Piscada, piscadela. **2.** *Rio-plat.* Pisca-pisca.

gui·ñol *s.m.* Teatro de marionetes.

guión *s.m.* **1.** Esboço, esquema. **2.** Roteiro (filme, peça). **3.** *Gram.* Hífen. **4.** *Gram.* Travessão.

guio·nis·ta *s.2g.* Roteirista (cinema).

gui·par *v.t. e v.i.* **1.** *Col.* Ver, enxergar. **2.** Entender, compreender.

guir·nal·da *s.f.* Grinalda.

gui·sa *s.m.* Maneira, modo, guisa. ♦ **A guisa de.** À guisa de.

gui·san·te *s.m. Bot. Esp.* Ervilha.

gui·sar *v.t. e v.i.* **1.** Cozinhar. **2.** Refogar.

gui·so *s.m.* **1.** Refogado, ensopado. **2.** Prato, comida. *Este guiso está muy bueno.* Este prato está muito bom.

gui·ta *s.f.* **1.** Corda fina. **2.** *Col.* Dinheiro, grana.

gui·ta·rra *s.f. Mus.* **1.** Violão. **2.** Guitarra. ♦ **Chafar la guitarra (a alguien).** Estragar os planos (de alguém).

gu·sa·no *s.m.* **1.** Verme, minhoca. **2.** Lombriga. ♦ **Gusano/Gusanillo de la conciencia.** Peso de consciência. **Matar el gusano/gusanillo.** Matar/Enganar a fome.

gus·tar *v.t.* **1.** Degustar, provar. ■ *v.i.* **2.** Gostar, agradar, satisfazer. *Me gusta viajar.* Gosto de viajar. **3.** Gostar, ter amizade ou simpatia. *Me gustas mucho.* Gosto muito de você. ■ Não requer a *prep. de.* ♦ **Gustar con locura.** Gostar demais.

gus·to *s.m.* **1.** Gosto, paladar. **2.** Gosto, sabor. **3.** Gosto, prazer, satisfação. **4.** Gosto, vontade, critério. *Lo haré a mi gusto.* Farei isso ao meu gosto. **5.** Gosto, estilo, moda. **6.** Gosto, simpatia, inclinação. ♦ **Gusto amargo.** Sabor amargo. **A gusto de.** Segundo o gosto de. **Con mucho gusto.** Pois não, com prazer. **Dar gusto.** Dar gosto. **De buen/mal gusto.** De bom/mau gosto. **Estar a gusto.** Estar à vontade. **¡Mucho gusto!** Muito prazer! **Por gusto.** À toa. **Sobre gustos no hay nada escrito.** Gosto não se discute. **(No) Tener gusto.** **1.** (Não) Ter sabor. **2.** (Não) Ter bom gosto.

gus·to·so/a *adj.* **1.** Gostoso, saboroso. ■ *Sin.: sabroso.* **2.** Com gosto, de bom grado, de boa vontade. *Te haré muy gustoso el favor.* Farei o favor de bom grado.

H

h *s.f.* H, oitava letra do alfabeto. ■ **a.** Símbolo de *hora.* **b.** Recebe o nome *hache.* **c.** Não se pronuncia.

ha·ba *s.f.* **1.** *Bot.* Fava. **2.** *Med.* Nódulo, caroço que surge na pele. *A causa de una alergia me salieron unas habas en la cara.* Devido a uma alergia apareceram uns caroços no meu rosto. ■ Usado no *sing.* com *art.m. el. El haba.* A fava. *Las habas.* As favas. ♦ **En todas partes cuecen habas.** Isso acontece nas melhores famílias. **Ser habas contadas. 1.** Ser favas contadas. **2.** Ser pouco, reduzido.

ha·ba·no *s.m.* Charuto.

ha·ber *s.m.* **1.** Haveres, bens, propriedades. **2.** *Com.* Haver, bens, crédito. **3.** *Com.* Saldo positivo em conta corrente, saldo credor. ● *v.impess.* **4.** Haver, existir. *Hay poca gente aquí.* Há pouca gente aqui. **5.** Haver, ocorrer, acontecer. *Hubo un accidente en la carretera.* Houve um acidente na estrada. *¿Qué hubo?* Que aconteceu? ■ *v.aux.* **6.** Precisar, ter necessidade. *Has de obrar con calma.* Você precisa agir com calma. *Había que levantarse pronto.* Era preciso levantar cedo. ■ **a.** Usado como *v.aux.* na formação de tempos compostos. *Ha estado aquí.* Esteve aqui. **b.** *Haber de.* Ter de, precisar (expressa obrigação). *Habrán de trabajar mucho.* Terão de trabalhar muito. **c.** *Haber que.* Usado só na *3ª p.sing.* para expressar obrigação. Equivale a "ter que", "precisar". *Había que estudiar.* Era preciso estudar. **d.** *C.mod. 24.* ♦ **Habérselas con alguien.** Enfrentar-se com alguém. **He dicho.** Tenho dito.

ha·bi·chue·la *s.f. Bot.* Feijão. ■ *Sin.: frijol, judía.*

há·bil *adj.* **1.** Hábil, habilidoso, jeitoso. **2.** Hábil, astuto, esperto. **3.** Hábil, capaz, apto. ♦ **Día hábil.** Dia útil.

ha·bi·li·dad *s.f.* Habilidade, arte, jeito, manha.

ha·bi·li·tar *v.t.* **1.** *For.* Habilitar, tornar apto do ponto de vista legal. **2.** Fornecer recursos ou condições para que alguém possa realizar algo. **3.** Destinar um espaço para um fim, preparar, habilitar. *Habilitaron el salón para joyería.* Prepararam o salão para joalheria.

ha·bi·ta·ción *s.f.* **1.** Habitação, casa, moradia. **2.** Quarto, dormitório, aposento, cômodo. *Esta casa tiene tres habitaciones.* Esta casa tem três quartos. **3.** *For.* Habitação, direito legal de habitar casa alheia. **4.** Hábitat.
ha·bi·tar *v.i.* **1.** Habitar, residir, morar. **2.** Habitar, povoar.
há·bi·to *s.m.* **1.** Hábito, costume. **2.** Hábito, batina. ♦ **Colgar los hábitos.** Largar o hábito, abandonar o sacerdócio. **El hábito no hace al monje.** O hábito não faz o monge.
ha·bi·tual *adj.* Habitual, costumeiro.
ha·bla *s.f.* Fala. ■ Usado no *sing.* com *art.m. el. El habla.* A fala. *Las hablas.* As falas. ♦ **Al habla. 1.** Em comunicação verbal. *Tenemos que ponernos al habla.* Precisamos entrar em contato. **2.** Falando (resposta telefônica). – *Deseo hablar con Felipe.* – *Al habla.* – Gostaria de falar com o Felipe. – Falando.
ha·bla·dor/·do·ra *adj. e s.* Falador, tagarela.
ha·bla·du·rí·a *s.f.* Falatório.
ha·blan·te *adj. e s.2g.* Falante.
ha·blar *v.i.* **1.** Falar, expressar, comunicar. **2.** Falar, conversar. **3.** Falar, fazer-se entender. **4.** Falar, pronunciar (discurso, palestra). **5.** Falar, referir-se. *No le hablé de la deuda.* Não falei a ele da dívida. **6.** Falar, relembrar, recordar. **7.** Falar, interceder. **8.** Chamar, dar uma fórmula de tratamento, tratar. *Háblame de tú.* Trate-me por você. **9.** Falar, combinar, tratar. *Ya hablaremos de eso.* Depois trataremos disso. **10.** Falar, relacionar-se. ■ *v.t.* **11.** Falar, saber expressar-se num idioma. ■ **hablarse** *v.p.* Falar-se, relacionar-se. *No nos hablamos hace días.* Faz dias que não nos falamos. ♦ **Hablar claro.** Falar às claras. **Hablar en cristiano.** Falar de forma inteligível. **Hablar por hablar.** Falar por falar. **Hablar por los codos.** Falar pelos cotovelos. **Dar que hablar.** Dar o que falar. **Ni hablar.** Nem pensar.
ha·cer *v.t.* **1.** Fazer, fabricar, produzir. **2.** Fazer, compor, escrever. **3.** Fazer, provocar, causar. *Estos árboles hacen mucha sombra.* Estas árvores dão muita sombra. **4.** Fazer, abrir espaço. *Hizo lugar para los libros.* Abriu espaço para os livros. **5.** Fazer, edificar, construir. **6.** Fazer a ação expressa pelo *s.* que segue. *Hacer punto.* Fazer tricô. **7.** Fazer, conseguir, obter. **8.** Convidar. *La hizo pasar al despacho.* Convidou-a a entrar no escritório. **9.** Obrigar. *La hizo firmar.* Obrigou-a a assinar. **10.** Fazer, preparar. **11.** Fazer, arrumar. *Hacer la cama.* Fazer a cama. **12.** Fazer, praticar. **13.** Fazer, representar um papel. ■ *v.impess.* **14.** Fazer, estar (clima). *Hace calor.* Faz calor. **15.** Fazer, haver, ter decorrido (tempo). ■ **hacerse** *v.p.* **1.** Fazer-se, fingir. *Me hice la sorda.* Fiz-me de surda. **2.** Fazer, deixar, tornar. *Ese peinado te hace más joven.* Esse penteado deixa você mais jovem. **3.** Alcançar, chegar a ser, tornar-se, virar. *Se ha hecho médico.* Tornou-se médico. *Se hizo un ídolo.* Virou um ídolo. ■ *C.mod. 25.* ♦ **Hacer bien/mal.** Fazer bem/mal. **Hacer de.** Desempenhar uma função. **Hacer el amor.** Fazer amor. **Hacer números.** Fazer contas. **Hacer una buena.** Aprontar uma boa. **Hacer una de las suyas.** Fazer uma das suas. **Hacer saber.** Comunicar. **Hacerse a.** Acostumar-se. **Hacerse atrás.** Dar para trás. **Hacerse cargo.** Arcar. **Hacerse (de) rogar.** Fazer-se rogar. **A medio hacer.** Incompleto. **Haberla hecho buena.** Ter feito uma boa. **¡Qué le vamos a hacer!** Fazer o quê! **Se me hace que (...).** Parece-me que (...).
ha·cha *s.f.* Machado. ■ Usado no *sing.* com *art.m. el. El hacha del leñador.* O machado do lenhador. *Las hachas están oxidadas.* Os machados estão enferrujados.
ha·cia *prep.* **1.** Para, em direção a. *Voy hacia el centro.* Vou em direção ao centro. *Miró hacia la calle.* Olhou para a rua. **2.** Para, perto de, por volta de. *Vendrá hacia final de año.* Virá para o fim do ano. *Volveré hacia las seis.* Voltarei perto das seis. ♦ **Hacia arriba/abajo.** Para cima/baixo. **Hacia dentro/fuera.** Para dentro/fora.
ha·cien·da *s.f.* **1.** Fazenda. **2.** Bens, fortuna. ♦ **Hacienda pública.** Bens do Estado. **Ministerio de Hacienda.** Ministério da Fazenda.

ha·da·do/a *adj.* **1.** Fadado, predestinado. **2.** Maravilhado, encantado.

¡ha·la! *interj.* **1.** Indica ânimo, encorajamento. *¡Hala, fuerza!* Eia, força! **2.** Indica pressa. *¡Hala, rápido!* Vamos, rápido! **3.** Indica fastídio, chateação, cansaço. *¡Hala! Otra vez ese asunto del viaje.* Pombas! Outra vez essa conversa da viagem. **4.** Indica exagero. *¡Hala! No puede ser tan caro.* Ora, não pode ser tão caro. ■ Usada repetida, indica expulsão ou incredulidade. *¡Hala hala! Márchate ya.* Fora, vá embora de uma vez!

¡ha·le! *interj.* Indica pressa. *¡Hale! Ya es tarde.* Vamos, já é tarde!

há·li·to *s.m.* Hálito.

ha·llar *v.t.* **1.** Achar, encontrar(-se), topar. **2.** Achar, inventar. **3.** Achar, perceber, dar-se conta. *Halló un error en la suma.* Percebeu que havia um erro na soma. ■ **hallarse** *v.p.* Achar-se, estar, situar-se. *Se hallan en la playa.* Estão na praia. ■ Não tem sentido de "pensar" nem de "crer".

ha·llaz·go *s.m.* Achado, descoberta, descobrimento.

ha·ma·ca *s.f.* **1.** Rede (de descanso). **2.** Cadeira de balanço.

ham·bre *s.f.* **1.** Fome. **2.** *Fig.* Desejo veemente. ■ Usado no *sing.* com *art.m. el. El hambre.* A fome. *Las hambres.* As fomes. ♦ **Entretener/Engañar el hambre.** Enganar a fome. **Huelga de hambre.** Greve de fome. **Matar de hambre.** Matar de fome. **Matar el hambre.** Matar a fome. **Morirse de hambre.** Morrer de fome. **Pasar hambre.** Passar fome.

ham·brien·to/a *adj. e s.* **1.** Faminto, esfomeado. **2.** *Fig.* Faminto, desejoso.

ham·bur·gue·sa *s.f.* Hambúrguer.

ha·ra·pien·to/a *adj.* Esfarrapado, maltrapilho, molambento.

ha·ri·na *s.f.* Farinha. ♦ **Estar metido en harina.** Estar absorto ou imerso (em algo). **Ser harina de otro costal.** Não ser farinha do mesmo saco.

ha·ri·no·so/a *adj.* Farinhento.

har·tar *v.t.* **1.** Fartar, encher, empanturrar. **2.** *Fig.* Fartar, cansar, encher a paciência, saturar. ■ **hartarse** *v.p.* **1.** Fartar-se, encher-se, empanturrar-se. **2.** *Fig.* Fartar-se, cansar-se, saturar-se.

har·to/a *adj.* Farto, cheio. ● **harto** *adv.* Fartamente, amplamente, muito. *Ese asunto es harto conocido.* Esse assunto é muito conhecido. ♦ *Part. irreg.* de *hartar.* ♦ **Estar harto.** Estar farto.

has·ta *prep.* **1.** Até. *La cortina llega hasta el techo.* A cortina chega até o teto. *Irá hasta la esquina.* Irá até a esquina. *Estará en casa hasta las seis.* Estará em casa até as seis horas. ● *conj. e adv.* **2.** Inclusive, até. *Hasta su mejor amigo faltó.* Até o seu melhor amigo faltou. ♦ **Hasta la vista.** Até a vista. **Hasta luego.** Até logo. **Hasta mañana.** Até amanhã. **Hasta pronto.** Até breve.

haz *s.m.* **1.** Feixe. **2.** Facho. *Haz de luz.* Facho de luz. ■ *s.f.* **3.** Face, superfície, rostro. ♦ **La/El haz de la Tierra.** A face da Terra.

ha·za·ña *s.f.* Façanha, proeza.

he·bi·lla *s.f.* Fivela, presilha.

he·bra *s.f.* **1.** Fio (linha, lã). *Lana de cuatro hebras.* Lã de quatro fios. **2.** Fibra. **3.** Veio, filão. **4.** *Fig.* Fio (discurso). **5.** Fio (cabelo).

he·chi·ce·rí·a *s.f.* **1.** Feitiçaria. **2.** Feitiço. **3.** Superstição.

he·chi·zo *s.m.* **1.** Feitiço, bruxaria. **2.** *Fig.* Fascinação, sedução.

he·cho/a *adj.* **1.** Feito, adulto, crescido. *Es un hombre hecho.* É um homem feito. **2.** *Fig.* Feito, como, tal qual. *Salió hecho una fiera.* Saiu feito uma fera. **3.** Feito, realizado, pronto. **4.** Passado, cozido. *Prefiero la carne poco hecha.* Prefiro a carne malpassada. ● *s.m.* **5.** Feito, fato, ato, ação. *Hechos históricos.* Fatos históricos. **6.** Feito, façanha, proeza. *Los hechos de los caballeros medievales.* As façanhas dos cavaleiros medievais. **7.** Feito, acontecimento, evento. *Relataron los hechos importantes del mes.* Relataram os acontecimentos importantes do mês. ● *interj.* **8.** Combinado! ■ *Part. irreg.* de *hacer.*

♦ **Hecho consumado.** Fato consumado. **Hecho y derecho.** Maior e vacinado. **A lo hecho, pecho.** Indica que se deve assumir o que se faz. **Bien hecho.** Bem-feito. **De hecho.** De fato. **Ir/Volver al hecho.** Ir/Voltar ao assunto. **Vías de hecho.** Vias de fato.

he·chu·ra *s.f.* **1.** Feitio, talho (roupa). **2.** Feitio, maneira, jeito. **3.** *Fig.* Obra, produto.

he·dion·do/a *adj.* **1.** Hediondo, fedorento, fedido. **2.** *Fig.* Hediondo, repugnante, imundo. **3.** *Fig.* Hediondo, cansativo, insuportável. ∎ Não tem sentido de "sinistro, pavoroso".

he·la·da *s.f.* Geada.

he·la·de·ra *s.f. Amer.* Geladeira.

he·la·de·rí·a *s.f.* Sorveteria.

he·la·de·ro/a *s.* Sorveteiro.

he·la·do/a *adj.* **1.** Gelado, muito frio. **2.** *Fig.* Gelado, atônito, aturdido. ● *s.m.* **3.** Sorvete.

he·lar *v.t.* **1.** Gelar. **2.** Congelar. ∎ *v.impess.* **3.** Gear. ∎ **helarse** *v.p.* **1.** Gelar, ficar gelado. **2.** *Fig.* Congelar(-se), ficar congelado. ∎ *C.mod. 01 ou 41.*

he·le·cho *s.m. Bot.* Samambaia.

he·li·puer·to *s.m. Bot.* Heliporto.

he·ma·to·ma *s.m. Med.* Hematoma.

hem·bra *s.f.* **1.** Fêmea. **2.** Pessoa do sexo feminino, mulher.

he·mis·fe·rio *s.m.* Hemisfério.

he·mo·rra·gia *s.f. Med.* Hemorragia.

he·mo·rroi·de *s.f. Med.* Hemorroide. ∎ Geralmente usado no *pl. hemorroides*.

hen·der *v.t.* **1.** Fender, rachar. **2.** *Fig.* Fender, cortar, perfurar. **3.** *Fig.* Abrir caminho entre a multidão. ∎ **henderse** *v.p.* **1.** Fender-se, rachar-se. **2.** *Fig.* Fender-se, cortar-se, perfurar-se. ∎ *C.mod. 01.*

hen·di·du·ra *s.f.* Rachadura, fenda. ∎ *Tb.:* hendedura.

he·no *s.m.* Feno.

he·pa·ti·tis *s.f. Med.* Hepatite. ∎ *Pl.:* invariável.

her·ba·rio/a *adj.* **1.** Herbário. ● *s.m.* **2.** Jardim Botânico.

he·re·dar *v.t.* Herdar.

he·re·de·ro/a *adj. e s.* Herdeiro.

he·ren·cia *s.f.* Herança.

he·ri·do/a *adj. e s.* **1.** Ferido. ∎ *s.f.* **2.** Ferida, ferimento, lesão, machucado. **3.** *Fig.* Ferida, ofensa. **4.** *Fig.* Ferida, dor, sofrimento (moral). ♦ **Mal herido/Malherido.** Gravemente ferido. **Tocar en la herida.** Pôr o dedo na ferida.

he·rir *v.t. e v.i.* **1.** Ferir, machucar. **2.** *Fig.* Ferir, provocar sofrimento (moral). **3.** *Fig.* Ferir, ofender. ∎ **herirse** *v.p.* Ferir-se, machucar-se. ∎ *C.mod. 11.*

her·ma·nar *v.t.* Irmanar, unir. ∎ **hermanarse** *v.p.* Irmanar-se, unir-se.

her·ma·no/a *s.* Irmão. ♦ **Hermano gemelo/mellizo.** Irmão gêmeo. **Medio hermano.** Meio-irmão.

her·mé·ti·co/a *adj.* **1.** Hermético, bem fechado, impenetrável. **2.** *Fig.* Hermético, reservado, calado. **3.** *Fig.* Hermético, difícil, complexo.

her·mo·so/a *adj.* **1.** Muito bonito, lindo, formoso. **2.** Grande, magnífico, formoso. *Tienen una casa hermosa.* Têm uma casa magnífica. **3.** Esplêndido, formoso, claro (clima). *Hace un día hermoso.* Está um dia esplêndido. **4.** Robusto, forte, saudável. *El niño está hermoso.* A criança está forte.

her·mo·su·ra *s.f.* Beleza, formosura.

her·nia *s.f. Med.* Hérnia.

hé·roe *s.m.* Herói. ∎ *F.:* heroína.

he·ro·í·na *s.f.* **1.** *Quím.* Heroína, substância extraída da morfina. **2.** Heroína, *f.* de *héroe.*

her·pes *s.m. Med.* Herpes. ∎ **a.** *Tb.:* herpe. **b.** *Pl.:* invariável.

he·rra·du·ra *s.f.* Ferradura.

he·rra·je *s.m.* Ferragem, esquadria.

he·rra·mien·ta *s.f.* Ferramenta. ♦ **Caja de (las) herramientas.** Caixa de ferramentas. **Máquina herramienta.** *Mec.* Máquina-ferramenta.

he·rre·ro *s.m.* Ferreiro, serralheiro.

he·rrum·bre *s.f.* Ferrugem.

hertz *s.m. Fís.* Hertz. ∎ **a.** *Tb.:* hertzio. **b.** Símbolo: *Hz.*

her·vi·de·ro *s.m.* **1.** Efervescência, ebulição,

fervura. *Un hervidero de burbujas.* Uma efervescência de bolhas. **2.** *Fig.* Efervescência, agitação, multidão. *En el salón había un hervidero de gente.* No salão havia uma multidão de pessoas.

her·vi·do/a *adj.* **1.** Fervido. ● *s.m.* **2.** Prato cozido. *Haré un hervido de cena.* Farei alguma coisa cozida no jantar.

her·vir *v.i. e v.t.* Ferver. ■ *C.mod. 11.*

her·vor *s.m.* Fervura. ♦ **Dar un hervor.** Ferver ligeiramente, dar uma fervida.

hez *s.f.* **1.** Borra, sedimento. *Las heces del vino quedaron en el vaso.* A borra do vinho ficou no copo. **2.** *Fig.* Ralé, fezes. *Son la hez del pueblo.* São a ralé da cidade. ■ **heces** *s.f.pl.* Fezes, excremento, matéria fecal.

hia·to *s.m.* **1.** *Gram.* Hiato, encontro vocálico. **2.** *Fig.* Hiato, intervalo, lacuna.

hi·ber·nar *v.i.* Hibernar, invernar.

hi·dra·tar *v.t.* Hidratar. ■ **hidratarse** *v.p.* Hidratar-se.

hi·dráu·li·co/a *adj.* **1.** Hidráulico. ● *s.f.* **2.** *Mec.* Hidráulica.

hi·dro·a·vión *s.m.* Hidroavião.

hi·dro·di·ná·mi·co/a *adj.* **1.** Hidrodinâmico. ● *s.f.* **2.** *Mec.* Hidrodinâmica.

hi·dro·e·léc·tri·co/a *adj.* Hidrelétrico. ♦ **Central hidroeléctrica.** Usina hidrelétrica.

hi·dro·fo·bia *s.f. Med.* Hidrofobia.

hi·dró·ge·no *s.m. Quím.* Hidrogênio.

hi·dró·me·tro *s.m.* Hidrômetro.

hi·dró·xi·do *s.m. Quím.* Hidróxido.

hie·dra *s.f. Bot.* Hera.

hiel *s.f.* **1.** *Med.* Fel, bílis. **2.** *Fig.* Fel, amargura, raiva.

hie·lo *s.m.* **1.** Gelo. **2.** Geada. **3.** *Fig.* Gelo, frieza. ♦ **Romper el hielo.** Quebrar o gelo.

hie·na *s.f.* Hiena.

hier·ba *s.f. Bot.* **1.** Erva. **2.** Capim.

hier·ba·bue·na *s.f. Bot.* Hortelã.

hie·rro *s.m.* Ferro. ♦ **Hierro forjado/fundido.** Ferro forjado/fundido. **Agarrarse a un hierro ardiendo.** Aproveitar todas as oportunidades para sair de uma situação difícil. **De hierro.** De ferro. **Machacar/Martillar en hierro frío.** Malhar em ferro frio. **Quien a hierro mata a hierro muere.** Quem com ferro fere com ferro será ferido.

hí·ga·do *s.m.* Fígado. ♦ **Higadillo.** Fígado de aves.

hi·gié·ni·co/a *adj.* Higiênico. ♦ **Compresa higiénica.** Absorvente higiênico. **Papel higiénico.** Papel higiênico.

hi·go *s.m. Bot.* Figo. ♦ **De higos a brevas.** De vez em quando. **Hecho un higo.** Amassado, estragado, enrugado. **Importar un higo.** Não importar/interessar.

hi·jas·tro/a *s.* Enteado.

hi·jo/a *s.* Filho. ♦ **Hijo adoptivo.** Filho adotivo. **Hijo de Dios.** Filho de Deus. **Hijo de papá.** Filhinho de papai. **Hijo legítimo.** Filho legítimo. **Hijo(a) político(a).** Genro (nora). **Hijo (de) puta.** Filho da puta. **Hijo único.** Filho único.

hi·jue·lo *s.m. Bot.* Muda, broto.

hi·la·cha *s.f.* Fiapo, fio pendente (em roupa).

hi·la·do *adj.* **1.** Desfiado, esfiapado. ● *s.m.* **2.** Fio, linha. **3.** Fiação. ♦ **Huevo hilado.** Fios de ovos.

hi·lar *v.t.* **1.** Fiar, tecer. **2.** *Fig.* Encadear. *Hilar las ideas.* Encadear as ideias.

hi·la·ran·te *adj.* Hilariante.

hi·le·ra *s.f.* Fileira. ■ *Tb.:* hilada.

hi·lo *s.m.* **1.** Fio, linha, fibra têxtil. **2.** Fio, filete. **3.** Fio, gume. **4.** *Eletr.* Fio, condutor elétrico. ♦ **Hilo de cobre.** Fio de cobre. **Coger el hilo.** Pegar o fio da meada. **Cortar el hilo.** Interromper. **No tocar un hilo de la ropa.** Não tocar num fio de cabelo. **Perder el hilo.** Perder o fio da meada. **Seguir el hilo.** Acompanhar, entender.

hil·ván *s.f.* Alinhavo.

hil·va·nar *v.t.* **1.** Alinhavar. **2.** *Fig.* Encadear.

him·no *s.m.* Hino. ♦ **Himno Nacional.** Hino Nacional.

hin·ca·pié *s.m.* Ação de fincar os pés. ♦ **Hacer hincapié.** **1.** Insistir, teimar. **2.** Ressaltar, enfatizar. *Hizo hincapié en estos dos puntos.* Ressaltou estes dois itens.

hin·car *v.t.* Fincar, cravar. ■ **hincarse** *v.p.* Fin-

car-se, cravar-se. ♦ **Hincarse de rodillas.** Ajoelhar-se.
hin·cha *s.2g.* **1.** *Col.* Torcedor, fã. ■ *s.f.* **2.** *Col.* Antipatia.
hin·cha·da *s.f. Col.* Torcida, galera.
hin·cha·do/a *adj.* **1.** Inchado. **2.** *Fig.* Pomposo, grandiloquente.
hin·char *v.t.* **1.** Inflar. **2.** Inchar. **3.** *Fig.* Aumentar, exagerar. *Ese noticiero hincha las noticias.* Esse noticiário exagera as notícias. ■ **hincharse** *v.p.* **1.** Inchar-se. **2.** *Col.* Encher-se (de dinheiro, comida). ♦ **Hincharse las narices.** Chatear-se, encher-se.
hin·cha·zón *s.m.* Inchaço.
hi·no·jo *s.m.* **1.** *Bot.* Aipo. **2.** Joelho.
hi·pér·bo·le *s.f. Gram. e geom.* Hipérbole. ■ *Tb.:* hipérbola.
hi·per·ten·sión *s.f. Med.* Hipertensão.
hi·per·tro·fia *s.f. Med.* Hipertrofia.
hí·pi·co/a *adj.* **1.** Hípico. ● *s.f.* **2.** Hípica.
hip·no·sis *s.f.* Hipnose. ■ *Pl.:* invariável.
hi·po *s.m.* Soluço.
hi·po·con·dria·co/a *adj. e s. Med.* Hipocondríaco.
hi·po·co·rís·ti·co/a *adj. e s.* Nome ou apelido carinhoso, familiar, hipocorístico. *Paco es el hipocorístico de Francisco.* Paco é o apelido familiar de Francisco. ■ Alguns hipocorísticos frequentes: *Chayo (Mex. e Am.C.) = Rosario; Chus = Jesús; Concha (Esp.) = Concepción; Lola = Dolores; Lucho (Amer.) = Luis; Manoli = Manuela; Manolo = Manuel; Maruja (Mex. e Am.C.) = Maria Eugenia; Merche = Mercedes; Pancho (Mex.) = Francisco; Pepe = José; Quincho (Mex. e Am.C.) = Joaquín.*
hi·po·cre·sí·a *s.f.* Hipocrisia.
hi·po·te·ca *s.f. Com.* Hipoteca.
hi·pó·te·sis *s.f.* Hipótese. ■ *Pl.:* invariável.
hi·rien·te *adj.* **1.** Que fere, lacerante, dilacerante. **2.** *Fig.* Maldoso, ferino.
hir·vien·te *adj.* Fervente.
hi·so·po *s.m.* Cotonete.
his·pá·ni·co/a *adj.* Hispânico. *Cultura hispánica.* Cultura hispânica. ■ *Tb.:* hispano.

his·pa·no·ha·blan·te *adj. e s.2g.* Hispanofalante.
his·te·ria *s.f.* **1.** *Med.* Histeria. **2.** Excitação, delírio.
his·to·ria *s.f.* História. ♦ **Historia natural.** História natural. **Dejarse de historias.** Deixar de histórias, não enrolar. **Pasar a la historia.** Ficar na história.
his·to·rial *adj.* **1.** Histórico. ● *s.m.* **2.** Antecedentes, ficha, currículo. *El reo tiene un historial vergonzoso.* O réu tem uma ficha vergonhosa.
his·to·rie·ta *s.f.* **1.** Conto, narração, fábula. **2.** Historieta, anedota. ♦ **Historieta ilustrada.** História em quadrinhos.
hi·to *s.m.* **1.** Estaca, mourão, marco. **2.** *Fig.* Marco histórico. **3.** *Fig.* Alvo, mira. *Dar en el hito.* Acertar no alvo. ♦ **Mirar de hito en hito.** Olhar fixamente.
ho·ci·co *s.m.* **1.** Focinho. **2.** *Col.* Bico, beiço. ♦ **Meter el hocico.** Meter o bedelho. **Poner hocico.** Fazer bico.
ho·gar *s.m.* **1.** Lar, casa. **2.** Lareira. **3.** Forno. ♦ **¡Hogar, dulce hogar!** Lar, doce lar!
ho·gue·ra *s.f.* Fogueira.
ho·ja *s.f.* **1.** *Bot.* Folha, órgão das plantas. **2.** *Bot.* Folha, pétala. **3.** Folha, lâmina (papel, madeira). **4.** Folha, página. **5.** Folha, lâmina cortante de instrumentos, gume. **6.** Folha, lado ou divisão móvel de janelas ou portas. ♦ **Hoja de afeitar.** Lâmina de barbear, gilete. **Hoja de servicios.** Folha de serviço. **No haber/tener vuelta de hoja.** Não haver/ter outra possibilidade, não ter jeito. **Volver la hoja.** Mudar de assunto.
ho·ja·la·ta *s.f.* **1.** Chapa, lâmina de ferro ou aço. **2.** Folha de flandres.
ho·jal·dre *s.m.* Massa folhada, mil-folhas.
ho·je·ar *v.t.* Folhear.
¡ho·la! *interj.* **1.** *Col.* Oi! Olá! Oba! *¡Hola! ¿Cómo te va?* Oi, como vai? **2.** *Rio-plat.* Alô?
hol·gar *v.i.* **1.** Folgar, sobrar. **2.** Folgar, descansar. ■ *C.mod. 03.*
hol·ga·zán/·za·na *adj. e s.* Vagabundo, folgado.

hol·gu·ra *s.f.* **1.** Folga. **2.** Conforto.
ho·llín *s.m.* Fuligem.
hom·bre *s.m.* Homem. ♦ **Hombre de acción/bien/suerte.** Homem de ação/bem/sorte. **Hombre de ciencia.** Cientista. **Hombre de Estado.** Homem de Estado. **Hombre de la calle.** Homem da rua. **Hombre de letras/negocios.** Homem de letras/negócios. **Hombre de mundo.** Homem do mundo. **Hombre público.** Homem público. **Hombre rana.** Homem-rã. **De hombre a hombre.** De homem para homem. **Gran hombre.** Grande homem. **Pobre hombre.** Pobre homem, coitado.
hom·bre·ra *s.f.* Ombreira.
hom·bro *s.m.* Ombro. ♦ **A hombros.** Carregar nos hombros. **Al hombro.** Pendurado no ombro. **Echarse al hombro.** Incumbir-se, assumir. **Encogerse de hombros.** Encolher os ombros. **Mirar por encima del hombro.** Olhar por cima do ombro. **Sacar a hombros.** Carregar nos ombros. **Tener la cabeza sobre los hombros.** Ser sensato, ter a cabeça no lugar.
ho·me·na·je *s.m.* Homenagem. ♦ **Rendir homenaje.** Prestar homenagem.
ho·meó·pa·ta *adj. e s.2g. Med.* Homeopata.
ho·meo·pá·ti·co/a *adj.* **1.** *Med.* Homeopático, relativo à homeopatia. **2.** *Fig.* Homeopático, em pequenas doses.
ho·mi·ci·dio *s.m.* Homicídio, assassinato, crime.
ho·mó·fo·no/a *adj. e s. Gram.* Homófono.
ho·mo·gé·ne·o/a *adj.* Homogêneo.
ho·mó·gra·fo/a *adj. e s. Gram.* Homógrafo.
ho·mo·lo·ga·ción *s.f. For.* Homologação.
ho·mó·ni·mo/a *adj. e s.* Homônimo.
ho·mo·se·xual *adj. e s.2g.* Homossexual.
hon·da *s.f.* Estilingue.
hon·de·ar *v.t.* Sondar o fundo (do mar).
hon·di·llos *s.m.pl.* Fundilhos.
hon·do/a *adj.* **1.** Fundo, profundo. *La piscina es muy honda.* A piscina é muito funda. **2.** *Fig.* Fundo, intenso. ♦ **Plato hondo.** Prato fundo/de sopa.
ho·nes·ti·dad *s.f.* Honestidade.
ho·nes·to/a *adj.* Honesto.

hon·go *s.m. Bot.* Fungo.
ho·nor *s.m.* **1.** Honra, dignidade, retidão. *Atentado contra el honor.* Atentado à honra. **2.** Honra, recato, pudor. *Ser celosa de su honor.* Zelar pela sua honra. **3.** Honra, prestígio. *Honor profesional.* Prestígio profissional. **4.** Honra, reputação. *Ese trabajo le dio mucho honor.* Esse trabalho conferiu-lhe muita reputação. **5.** Honra, distinção, honraria. *Fue un honor poder hablarle.* Foi uma honra poder falar com ele. ♦ **En honor a la verdad. 1.** For. Em testemunho da verdade. **2.** Para dizer a verdade. **Hacer los honores.** Fazer as honras. **Medalla de honor.** Medalha de honra.
ho·no·ra·rio/a *adj.* Honorário, que exerce uma função sem proveito material. *Presidente honorario.* Presidente honorário. ● **honorarios** *s.m.pl.* Honorários, remuneração.
hon·ra *s.f.* **1.** Honra, estima. **2.** Honra, pudor. *Defendió su honra.* Defendeu sua honra. **3.** Honra, prestígio. *El cargo no le dio honra.* O cargo não lhe trouxe prestígio. ■ **honras** *s.f.pl.* Exéquias, honrarias.
hon·ra·do/a *adj.* **1.** Honrado. **2.** Honesto. *Sería incapaz de robar; es un hombre muy honrado.* Ele seria incapaz de roubar; é um homem muito honesto. **3.** Íntegro. *Siempre ha tenido un comportamiento honrado.* Sempre teve um comportamento íntegro.
hon·rar *v.t.* **1.** Honrar. **2.** Respeitar. *Honrar la memoria de los antepasados.* Respeitar a memória dos antepassados. **3.** Enaltecer. *Sus actitudes lo honran mucho.* As suas atitudes o enaltecem. ■ **honrarse** *v.p.* Honrar-se, orgulhar-se.
ho·ra *s.f.* Hora. ♦ **Hora punta.** Horário de pico, de maior movimento. **Horas extraordinarias.** Horas extras. ¡**A buena hora!** Tarde demais! **A estas horas.** Nestas alturas. **A la hora de.** Na hora de. **A su hora.** No seu devido tempo. **A todas horas.** A toda hora. **A última hora.** Na última hora. **Dar hora.** Marcar entrevista/consulta. **Dar la hora.** Tocar o relógio. **De hora en hora.** De hora em hora. **En buena/mala hora.** Em

boa/má hora. **Entre horas.** Entre as refeições. **La hora de la verdad.** A hora da verdade. **Pedir hora.** Pedir horário (para consulta/entrevista). **Poner en hora.** Acertar e dar corda (relógio). **Por horas.** Por hora. **¿Qué hora es?** Que horas são?
ho·ra·dar *v.t.* Perfurar.
ho·ra·rio/a *adj. e s.m.* Horário.
hor·cha·ta *s.f.* Refresco à base de chufas ou amêndoas.
ho·ri·zon·te *s.m.* Horizonte.
hor·ma *s.f.* Fôrma, molde.
hor·mi·ga *s.f.* Formiga.
hor·mi·gón *s.m.* Concreto. ♦ **Hormigón armado.** Concreto armado.
hor·mi·go·ne·ra *s.f.* Betoneira.
hor·mi·gue·ar *v.i.* **1.** Formigar, adormecer (partes do corpo). **2.** Mover-se, agitar-se, pulular (pessoas, animais).
hor·mi·gueo *s.m.* **1.** Formigamento. **2.** Agitação.
hor·mo·na *s.f. Biol.* Hormônio. ■ *Tb.: hormón.*
hor·na·da *s.f.* Fornada.
hor·ne·ro *s.m.* João-de-barro.
hor·ni·llo/a *s.* **1.** Boca de fogão, queimador. **2.** Fogareiro.
hor·no *s.m.* Forno. ♦ **Alto horno.** Alto-forno. **No está el horno para bollos.** A maré não está para peixe.
hor·qui·lla *s.f.* **1.** Forquilha. **2.** Grampo (de cabelo).
ho·rri·ble *adj.* Horrível, medonho.
ho·rror *s.m.* **1.** Horror, medo, pavor. **2.** Horror, repulsa, aversão. **3.** *Col.* Horror, monstruosidade. ♦ **¡Qué horror!** Que horror!
ho·rro·ri·zar *v.t.* Horrorizar. ■ **horrorizarse** *v.p.* Horrorizar-se.
hor·ta·li·za *s.f. Bot.* Hortaliça.
hor·te·la·no/a *adj. Bot.* **1.** Relativo às hortaliças. ● *s.* **2.** Horticultor, hortelão.
hor·ten·sia *s.f. Bot.* Hortênsia.
hor·te·ra *adj. e s.2g. Col. Esp.* Brega, de mau gosto, vulgar.
hos·pe·da·je *s.m.* **1.** Hospedagem. **2.** Diária, custo de hospedagem.

hos·pe·de·rí·a *s.f.* Hospedaria.
☞ **hos·pi·cio** *s.m.* **1.** Orfanato. **2.** Albergue (para pobres, peregrinos, deficientes).
hos·pi·tal *s.m.* Hospital.
hos·pi·ta·la·rio/a *adj.* **1.** Hospitalar. *Atención hospitalaria.* Atendimento hospitalar. **2.** Hospitaleiro.
hos·tal *s.m.* Hospedaria de categoria inferior ao hotel, pousada.
hos·te·le·rí·a *s.f.* Hotelaria.
hos·tia *s.f.* **1.** Hóstia. ● *interj.* **2.** *Col. ou vulg.* Expressa surpresa, alegria, dor. **Dar(se) una hostia.** *Col.* Dar uma pancada, bater. **Ser la hostia.** *Col.* Ser o cúmulo.
hos·ti·li·dad *s.f.* Hostilidade.
ho·tel *s.m.* Hotel.
hoy *adv.* **1.** Hoje. **2.** Atualmente. ♦ **Hoy (en) día.** Hoje em dia. **Hoy por hoy.** Atualmente. **De hoy a mañana.** De hoje para amanhã. **De hoy en adelante.** De hoje em diante, doravante. **Por hoy.** Por hoje.
ho·ya *s.f. Amer.* **1.** Bacia fluvial. **2.** Vale.
ho·yo/a *s.* **1.** Buraco. **2.** Sepultura, cova. *Un pie en la hoya.* Um pé na cova.
hu·cha *s.f.* **1.** Pequeno cofre. **2.** *Fig.* Dinheiro economizado, de reserva, economias.
hue·co/a *adj.* **1.** Oco, vazio. **2.** *Fig.* Vazio, fútil. ● *s.m.* **3.** Buraco. **4.** *Fig.* Espaço vago (em locais, horários). *Hizo un hueco en su agenda para recibirme.* Abriu um espaço na sua agenda para me receber. **5.** Vão, abertura. **6.** *Am.C.* Homossexual, *gay.* ♦ **Hacer (un) hueco.** Abrir um espaço. **Llenar un hueco.** Preencher uma lacuna importante, ser útil, proveitoso. **Tener la cabeza hueca.** Ser um cabeça-oca.
huel·ga *s.f.* Greve. ♦ **Huelga de brazos caídos.** Greve de braços cruzados. **Huelga de hambre.** Greve de fome. **Huelga general.** Greve geral.
huel·go *s.m. Mec.* Folga. ■ *Tb.: juego.*
huel·guis·ta *s.2g.* Grevista.
hue·lla *s.f.* **1.** Passo, pegada, rasto, rastro. **2.** Sinal, marca, cunho. **3.** *Fig.* Vestígio, pegada. ♦ **Huella dactilar/digital.** Impressão digital.

Perder las huellas. Perder o rastro/a pista.
Seguir las huellas. Seguir o exemplo, imitar.
huér·fa·no/a *adj. e s.* Órfão.
☞ **huer·ta** *s.f. Bot.* **1.** Grande terreno destinado ao cultivo de legumes e frutas. **2.** Região, terreno, zona de irrigação.
huer·to *s.m. Bot.* Terreno pequeno destinado ao cultivo de legumes e frutas.
hue·so *s.m.* **1.** Osso. **2.** Caroço (de fruta). **3.** *Fig.* Chato, desagradável. ♦ **Calado/Empapado/Mojado hasta los huesos.** Encharcado/Molhado até os ossos. **Estar en los huesos.** Estar muito magro. **Tener los huesos molidos.** Estar muito cansado.
hués·ped/·pe·da *s.* Hóspede.
hue·vo *s.m.* Ovo. ♦ **Huevo duro/estrellado/frito.** Ovo cozido/estrelado/frito. **Huevo pasado por agua/tibio.** Ovo quente. **Estar hasta los (mismísimos) huevos.** *Vulg.* Estar de saco cheio, estar farto. **Ir pisando huevos.** Pisar em ovos. **Parecerse como un huevo a una castaña.** Ser muito diferente.
hui·da *s.f.* Fuga, evasão, escapada.
hui·di·zo/a *adj.* Fugidio, arredio.
huir *v.i.* **1.** Fugir, retirar-se. **2.** Fugir, escapar. **3.** Fugir, desviar-se, evitar. *Huyeron de la fiesta para quedarse solos.* Fugiram da festa para ficar sozinhos. **4.** *Fig.* Fugir, passar rapidamente, voar. ▪ *C.mod. 13.*
hu·le *s.m.* **1.** Borracha, goma. **2.** Oleado, lona impermeabilizada.
hu·ma·ni·dad *s.f.* **1.** Humanidade, espécie humana. **2.** Humanidade, benevolência. ▪ **humanidades** *s.f.pl.* Humanidades, estudos filosóficos e filológicos, humanísticos.
hu·ma·no/a *adj.* **1.** Humano, próprio do homem. **2.** Humano, benevolente, sensível. • **humanos** *s.m.pl.* Humanos, os homens, humanidade.
hu·ma·re·da *s.f.* Fumaceira, fumarada. ▪ *Tb.: humarada.*
hu·me·ar *v.i.* Fumegar.
hu·me·dad *s.f.* Umidade.
hu·me·de·cer *v.t.* Umedecer. ▪ **humedecerse** *v.p.* Umedecer-se. ▪ *C.mod. 06.*

hú·me·do/a *adj.* Úmido.
hu·mil·dad *s.f.* Humildade.
hu·mil·de *adj.* Humilde.
hu·mi·lla·ción *s.f.* Humilhação.
hu·mi·llar *v.t.* **l.** Humilhar, rebaixar, submeter. **2.** Humilhar, envergonhar, arrasar, desmoralizar. ▪ **humillarse** *v.p.* **1.** Humilhar-se, rebaixar-se, submeter-se, agachar-se. **2.** Humilhar-se, envergonhar-se.
hu·mo *s.m.* **1.** Fumaça. **2.** *Fig.* Presunção, jactância. *¡Qué humos tiene!* Quanta presunção! ♦ **Bajar los humos.** Baixar a crista. **Cortina de humo.** Cortina de fumaça. **Subirle el humo a las narices (a uno).** Irritar-se, chatear-se.
hu·mor *s.m.* Humor. ♦ **Estar de (buen) humor.** Estar de bom humor. **Estar de humor (para algo).** Estar com humor (para algo). **Mal humor.** Mau humor. **Sentido del humor.** Senso de humor.
hun·di·do/a *adj.* **1.** Afundado. **2.** *Fig.* Decaído, abatido. **3.** *Fig.* Falido.
hun·di·mien·to *s.m.* **1.** Afundamento, naufrágio. **2.** *Fig.* Afundamento, depressão.
hun·dir *v.t.* **1.** Afundar, naufragar, submergir. **2.** Derrubar (construções, prédios). **3.** Afundar, fazer ceder (superfícies). *La obra ha hundido la acera.* A obra afundou a calçada. **4.** *Fig.* Prejudicar. **5.** *Fig.* Levar à falência, arruinar. ▪ **hundirse** *v.p.* **1.** Afundar, naufragar, submergir. **2.** Afundar, ceder (superfícies). **3.** *Fig.* Fracassar, arruinar-se, falir. *La empresa se hundió.* A firma faliu. ♦ **Hundirse el mundo.** Cair o mundo.
hu·ra·cán *s.m.* Furacão.
hur·gar *v.t.* **1.** Mexer, remexer. **2.** *Fig.* Olhar ou pegar coisas de outra pessoa. **3.** *Fig.* Atiçar.
hu·rón *s.m.* **1.** Gambá. **2.** *Col.* Bisbilhoteiro.
hur·tar *v.t.* **1.** Furtar, roubar. **2.** Furtar, esconder, ocultar. ▪ **hurtarse** *v.p.* Furtar-se, esquivar-se.
hur·to *s.m.* Furto.
hus·me·ar *v.t.* **1.** Farejar. **2.** *Fig.* Xeretar, cheirar, fuçar.
hu·so *s.m.* **1.** Fuso. **2.** *Mec.* Eixo. ♦ **Huso horario.** Fuso horário.

I

i *s.f.* **1.** I, nona letra do alfabeto. **2.** Um (em maiúscula, no sistema romano de numeração). ■ **a.** *Pl.:* íes. **b.** Recebe o nome *i*. ♦ **Poner los puntos sobre las íes.** Pôr os pingos nos is.

i·be·ro·a·me·ri·ca·no/a *adj. e s.* Ibero-americano.

i·dea *s.f.* **1.** Ideia, representação mental, conceito. *La idea de belleza.* A ideia de beleza. **2.** Ideia, conhecimento, concepção. *Si lees la obra tendrás una idea del asunto.* Se você ler a obra, terá uma ideia do assunto. **3.** Ideia, plano, projeto. *Tengo idea de viajar.* Estou com ideia de viajar. **4.** Ideia, opinião, juízo. *Ideas políticas.* Ideias políticas. **5.** Pressentimento, palpite. *Tengo idea de que no vendrá.* Meu palpite é de que ela não virá. ♦ **Idea fija.** Ideia fixa. **Idea preconcebida.** Ideia preconcebida/preconceituosa. **Apartar(se) de una idea.** Desistir de uma ideia. **Dar una idea.** Dar uma ideia, uma visão geral. **Formarse/Hacerse una idea.** Ter uma ideia, visualizar. **Hacerse a la idea de.** Aceitar/Acostumar-se com a ideia de. **No tener la menor idea.** Não ter a mínima ideia.

i·de·al *adj.* **1.** Ideal, imaginário. **2.** Ideal, único, perfeito. ● *s.m.* **3.** Ideal, aspiração, desejo. *Su ideal es ser profesor.* O seu sonho é ser professor. **4.** Ideal, protótipo, modelo. ■ **ideales** *s.m.pl.* Ideais, sistema de valores. *Nunca va en contra a sus ideales.* Nunca vai contra os seus ideais.

i·dea·li·zar *v.t.* Idealizar, fantasiar. *Cuando uno idealiza mucho las cosas, normalmente se defrauda.* Quando a gente idealiza muito as coisas, geralmente se decepciona. ■ Não tem sentido de "programar, planejar".

i·de·ar *v.t.* Idealizar, planejar, programar, arquitetar, inventar. *Miguel ideó el proyecto.* Miguel idealizou o projeto.

i·dén·ti·co/a *adj.* Idêntico.

i·den·ti·dad *s.f.* Identidade. ♦ **Carné de identidad.** Carteira/Cédula de identidade.

i·den·ti·fi·ca·ción *s.f.* Identificação.

i·den·ti·fi·car *v.t.* **1.** Identificar, reconhecer, determinar a identidade. *No han identificado al ladrón.* Não identificaram o ladrão. **2.** Identificar, tornar igual, idêntico. ■ **identificarse** *v.p.* **1.** Identificar-se, coincidir (opinião, gosto). **2.** Identificar-se, provar a identidade. *Tienes que identificarte al entrar.* É necessário identificar-se para entrar.

i·deo·lo·gí·a *s.f.* Ideologia.

i·di·lio *s.m.* **1.** *Liter.* Idílio, pequena composição poética. **2.** *Fig.* Idílio, amor poético, relações amorosas. *Los dos viven un idilio.* Os dois estão vivendo um idílio.

i·dio·ma *s.m.* Idioma.

i·dio·ta *adj. e s.2g.* **1.** Idiota, imbecil, estúpido. **2.** *Med.* Idiota, deficiente mental. ♦ **Hacer el idiota.** Bancar o bobo.

i·dio·tez *s.f.* **1.** *Med.* Idiotice. **2.** Idiotice, bobagem.

i·dio·tis·mo *s.m. Gram.* Idiotismo, locução idiomática.

í·do·lo *s.m.* Ídolo.

i·do·nei·dad *s.f.* Idoneidade.

i·dó·ne·o/a *adj.* Idôneo.

i·gle·sia *s.f.* **1.** Igreja, templo. **2.** Igreja, crença cristã. **3.** Igreja, comunidade cristã. **4.** Igreja, clero.

ig·ni·ción *s.f. Mec.* Ignição.

ig·no·ran·cia *s.f.* Ignorância, desconhecimento. ♦ **Perdonar la ignorancia.** Perdoar a ignorância.

ig·no·rar *v.t.* **1.** Ignorar, desconhecer. *Ignora-*

ba sus planes. Ignorava os seus planos. **2.** Ignorar, ser indiferente.

i·gual *adj.* **1.** Igual, idêntico. *Estos documentos son iguales.* Estes documentos são iguais. **2.** Igual, invariável, inalterável. **3.** Igual, semelhante, parecido. *Es igual que su hermano.* É igual ao irmão. ● *adv.* **4.** Do mesmo modo, como. *Trabaja igual que tú.* Trabalha como você. ■ **iguales** *s.m.pl.* Iguais, da mesma categoria ou condição. *Así hablarás con tus iguales pero no conmigo.* Você pode falar assim com os da sua turma, mas não comigo. ♦ **A partes iguales.** Em partes iguais. **Al igual que.** Do mesmo modo que. **Dar/Ser igual.** Dar na mesma, tanto faz. **De igual a igual.** De igual para igual. **De igual manera.** Do mesmo modo. **¡Es igual!** Não tem importância!/Não se preocupe!/Tanto faz! **Por igual.** Por igual/uniformemente. **Signo igual.** Sinal de igual. **Sin igual.** Sem igual.

i·gual·dad *s.f.* **1.** Igualdade, paridade, identidade. *La igualdad de carácter.* A igualdade de caráter. **2.** Igualdade, equivalência, equilíbrio. *Estamos en igualdad.* Estamos em igualdade. **3.** *Mat.* Igualdade, expressão de relação de dois valores.

i·le·gal *adj.* Ilegal, ilícito.

i·le·gi·ble *adj.* **1.** Ilegível, incompreensível. **2.** *Fig.* Cansativo, intragável. *Este libro es tan monótono que resulta ilegible.* Este livro é tão monótono que acaba sendo intragável.

i·le·gí·ti·mo/a *adj.* **1.** Ilícito, imoral, ilegítimo. *Actitudes ilegítimas.* Atitudes imorais. **2.** Ilegítimo, bastardo. **3.** Adúltero, ilícito. **4.** Ilegítimo, falso. *Productos ilegítimos.* Produtos falsos.

i·le·so/a *adj.* Ileso, incólume.

i·lí·ci·to/a *adj.* **1.** Ilícito, ilegal. **2.** Ilegítimo, ilícito, adúltero.

i·lu·mi·na·ción *s.f.* **1.** Iluminação, ato de iluminar, luz. **2.** Conjunto de luzes decorativas. ■ Não se aplica à "iluminação pública".

i·lu·mi·nar *v.t.* **1.** Iluminar, ter ou dar luz. **2.** *Fig.* Clarear, iluminar. **3.** Instalar luzes decorativas, iluminar. ■ **iluminarse** *v.p.* **1.** Alegrar-se, iluminar-se. **2.** *Fig.* Inspirar-se, iluminar-se.

i·lu·sión *s.f.* **1.** Ilusão, sonho, fantasia. **2.** Ilusão, esperança. **3.** Ilusão, engano. ♦ **Hacerse ilusiones.** Sonhar, ter esperanças. **Tener ilusión.** Ter desejo.

i·lu·sio·nar *v.t.* Iludir, enganar. *No nos ilusiones con tus promesas.* Não nos iluda com as suas promessas. ■ **ilusionarse** *v.p.* **1.** Entusiasmar-se. *Me ilusionó la posibilidad de viajar.* Fiquei entusiasmada com a possibilidade de viajar. **2.** Iludir-se. *Se ilusiona fácilmente.* Ilude-se facilmente.

i·lus·tra·ción *s.f.* **1.** Ilustração, instrução, cultura. *Es una persona de poca ilustración.* É uma pessoa de pouca cultura. **2.** Ilustração, figura, desenho. *Muchos libros infantiles tienen ilustraciones.* Muitos livros infantis têm ilustrações. **3.** Exemplificação, explicação, ilustração. *Pon algunos ejemplos como ilustración.* Inclua alguns exemplos a título de ilustração. **4.** Ilustração, movimento filosófico.

i·lus·tre *adj.* Ilustre, famoso, importante.

i·ma·gen *s.f.* **1.** Imagem, representação gráfica. **2.** Imagem, escultura sagrada. **3.** Ideia, imagem, opinião (sobre instituições, personagens). *Haremos una campaña para mejorar la imagen del producto.* Faremos uma campanha para melhorar a imagem do produto. **4.** Imagem, reflexo de um objeto, projeção. **5.** Aspecto, aparência, imagem. **6.** *Fig.* Imagem, descrição próxima à realidade. *Me dio una muy buena imagen de su pueblo.* Deu-me uma imagem muito boa da sua cidade. **7.** Imagem, metáfora. *El autor utiliza muchas imágenes en su obra.* O autor utiliza muitas imagens na sua obra. **8.** Imagem, símbolo. *La suástica es una imagen de la Segunda Guerra.* A suástica é um símbolo da Segunda Guerra. ♦ **A la imagen y semejanza.** À imagem e semelhança. **Ser la viva imagen de.** Ser a imagem viva de.

i·ma·gi·na·ción *s.f.* **1.** Imaginação, fantasia, invenção. **2.** Devaneio, suposição, imaginação.

i·ma·gi·nar *v.t.* **1.** Imaginar, criar mentalmente, fantasiar, fazer de conta. **2.** Imaginar, supor, pensar. ■ **imaginarse** *v.p.* **1.** Imaginar, criar mentalmente, fantasiar. *Imaginese que esto es un libro.* Imagine que isto é um livro. **2.** Imaginar, supor, acreditar. *No nos imaginábamos que podría pasar algo así.* Não imaginávamos que pudesse acontecer algo assim.

i·mán *s.m.* **1.** Ímã, ferro imantado. **2.** *Fig.* Ímã, atrativo, magnetismo.

im·bé·cil *adj. e s.2g.* **1.** *Med.* Imbecil, retardado mental. **2.** Imbecil, bobo, idiota.

im·bo·rra·ble *adj.* **1.** Indelével, permanente. *Colores imborrables.* Cores indeléveis. **2.** Inesquecível. *Recuerdos imborrables.* Lembranças inesquecíveis.

i·mi·ta·ción *s.f.* Imitação. *Imitación cuero.* Material que imita o couro. ♦ **A imitación de.** A exemplo de. **De imitación.** De imitação.

i·mi·tar *v.t.* **1.** Imitar, copiar. **2.** Imitar, assemelhar, parecer.

im·pa·cien·cia *s.f.* Impaciência, ansiedade.

im·pac·tar *v.t.* Produzir impacto, impressionar.

im·pac·to *s.m.* **1.** Impacto, choque. **2.** *Fig.* Impacto, repercussão. *Una noticia de impacto.* Uma notícia de impacto.

im·pa·go *s.m.* *Com.* Inadimplência.

im·par *adj. e s.2g.* Ímpar.

im·par·cial *adj.* Imparcial, justo, neutro, isento.

im·par·tir *v.t.* **1.** Comunicar, transmitir, distribuir. **2.** Dar, outorgar, conceder. ♦ **Impartir clases.** Dar aula, lecionar. *Imparte clases de alemán.* Dá aulas de alemão. **Impartir órdenes.** Dar ordens. **Impartir su aprobación.** Aprovar, consentir.

☞ **im·pe·di·do/a** *adj. e s.* Inválido, paralítico. *Después del accidente quedó impedido.* Depois do acidente ficou inválido.

im·pe·di·men·to *s.m.* Impedimento, obstáculo, dificuldade. ■ Não tem sentido de "infração no futebol".

im·pe·dir *v.t.* **1.** Impedir, impossibilitar. **2.** Impedir, obstruir, dificultar. ■ *C.mod. 10.*

im·pe·ne·tra·ble *adj.* **1.** Impenetrável, inacessível, hermético. **2.** *Fig.* Impenetrável, indecifrável. *Un misterio impenetrable.* Um mistério indecifrável. **3.** *Fig.* Impenetrável, reservado, fechado. *Es una persona impenetrable.* É uma pessoa reservada.

im·pe·ra·ti·vo/a *adj.* **1.** Imperativo, imperioso. ■ *adj. e s.m.* **2.** *Gram.* Imperativo, modo verbal. ■ **imperativos** *s.m.pl.* Necessidade veemente, exigência, imperiosidade.

im·per·fec·to/a *adj.* **1.** Imperfeito, defeituoso, incompleto. ■ *adj. e s.m.* **2.** *Gram.* Imperfeito, tempo ou aspecto verbal.

im·pe·ria·lis·mo *s.m.* Imperialismo.

im·pe·rio *s.m.* Império.

im·per·mea·bi·li·za·ción *s.f.* Impermeabilização.

im·per·mea·ble *adj.* **1.** Impermeável, impenetrável. ● *s.m.* **2.** Capa de chuva, impermeável.

im·per·so·nal *adj.* **1.** Impessoal, neutro, geral. **2.** *Gram.* Impessoal, forma verbal.

im·per·ti·nen·cia *s.f.* **1.** Impertinência, insolência. **2.** Impertinência, inconveniência.

ím·pe·tu *s.m.* Ímpeto, impulso, arroubo.

im·pla·ca·ble *adj.* Implacável, inflexível.

im·plan·tar *v.t.* **1.** Implantar, instalar, estabelecer. *Implantaron la fábrica en la provincia.* Instalaram a fábrica no interior. **2.** *Med.* Implantar, fazer implante. ■ **implantarse** *v.p.* Implantar-se, estabelecer-se, generalizar-se. *La mininifalda se implantó rápidamente.* A minissaia implantou-se rapidamente.

im·plan·te *s.m.* *Med.* Implante.

im·ple·men·ta·ción *s.f.* *Angl.* Implementação, aplicação, realização.

im·ple·men·tar *v.t.* *Angl.* Implementar, realizar, pôr em prática.

im·pli·car *v.t.* **1.** Implicar, comprometer, envolver. *Me implicaron en el escándalo.* Envolveram-me no escândalo. **2.** Implicar, significar, ter como consequência, supor. *Aceptar el trabajo implica tener menos tiempo libre.* Aceitar o trabalho significa ter menos tempo livre. ■ Não tem sentido de "amolar, incomodar".

im·plí·ci·to/a *adj.* Implícito.

im·plo·rar *v.t.* Implorar, suplicar.

im·po·ner *v.t.* **1.** Impor, obrigar, forçar, impingir. **2.** Impor, fixar, instituir (leis, impostos). *Impusieron un tributo nuevo.* Instituíram um novo imposto. **3.** Investir, aplicar (valores). *Imponer (capital) a réditos.* Aplicar (capital) para receber juros. ■ *v.t. e v.i.* **4.** Impor, provocar respeito. *Su figura impone mucho.* Seu porte impõe muito respeito. ■ **imponerse** *v.p.* **1.** Impor-se, generalizar-se. *Se impuso la moda.* A moda impôs-se. **2.** Impor-se, obrigar-se, ser necessário. *Se imponen medidas preventivas.* São necessárias medidas preventivas. **3.** Impor-se, fazer-se respeitar. *Os impusisteis a la multitud.* Vocês impuseram-se diante da multidão. ■ *C.mod. 14.*

im·po·pu·la·ri·dad *s.f.* Impopularidade.

im·por·ta·ción *s.f.* Importação.

im·por·ta·dor/·do·ra *adj. e s.* Importador.

im·por·tan·cia *s.f.* Importância, relevância. ■ Não tem sentido de "quantia em dinheiro" nem de "arrogância".

im·por·tar *v.t.* **1.** Importar, trazer produtos do exterior. **2.** Custar, valer, importar. *El flete importa más que la mercancía.* O frete custa mais do que a mercadoria. ■ *v.i.* **3.** Importar, interessar, ligar, ter importância. *No me importan tus motivos.* Não me interessam as suas razões. ♦ **Lo que importa es que.** O que interessa é que. **Meterse en lo que no le importa.** Meter o nariz onde não é chamado. **No importar.** Não ter importância. **¿Y a mí qué me importa?** E o que é que eu tenho com isso?

im·por·te *s.m.* **1.** Custo, preço, importe. **2.** Montante, valor, importância, quantia.

im·por·tu·nar *v.t.* Importunar, incomodar.

im·po·si·ble *adj.* **1.** Impossível, impraticável, inviável. ■ *Fig. e col.* Impossível, insuportável, de mau gênio. **3.** *Fig.* Difícil, impossível. *Hoy el tráfico está imposible.* Hoje o trânsito está impossível. ♦ **Hacer lo imposible. Fazer o possível e o impossível. Parecer imposible.** Parecer impossível/mentira.

im·po·si·ción *s.f.* **1.** Imposição, exigência, obrigação, imperativo. **2.** Mandato, ordem, imposição. **3.** *Com.* Aplicação, investimento, depósito (financeiro, bancário). **4.** Recolhimento, contribuição.

im·pos·tor/·to·ra *adj. e s.* **1.** Caluniador, difamador. **2.** Impostor, farsante, embusteiro.

im·po·ten·te *adj.* **1.** Impotente, incapaz, inútil. ■ *adj. e s.* **2.** Estéril. ■ *s.m.* **3.** *Med.* Impotente, incapaz para a cópula.

im·prac·ti·ca·ble *adj.* **1.** Impraticável, irrealizável, inviável. **2.** Intransitável. *Hay tantos baches que las calles están impracticables.* Há tantos buracos que as ruas estão intransitáveis.

im·preg·nar *v.t.* **1.** Impregnar, ensopar, embeber. **2.** Penetrar, impregnar. ■ **impregnarse** *v.p.* Impregnar-se.

im·pren·ta *s.f.* Imprensa, tipografia. ■ Não tem sentido de "meios de comunicação de massa". ♦ **En imprenta.** No prelo. **Letra de imprenta.** Letra de imprensa/fôrma.

im·pres·cin·di·ble *adj.* Imprescindível, indispensável, essencial.

im·pre·sión *s.f.* **1.** Impressão, edição, ação ou efeito de imprimir. *La impresión de una obra.* A impressão de uma obra. **2.** Impressão, vestígio, rastro, marca. *Impresión digital/dactilar.* Impressão digital. **3.** *Fig.* Impressão, sensação. *Tengo la impresión de que estás triste.* Estou com a impressão de que você está triste. ♦ **Buena/Mala impresión.** Boa/Má impressão. **Cambiar impresiones.** Trocar opiniões. **Dar la impresión.** Dar a impressão, parecer. **Tener la impresión.** Ter a impressão.

im·pre·sio·nar *v.i.* **1.** Impressionar, abalar, comover. ■ *v.t.* **2.** Registrar, gravar. *Me mostró cómo impresionan los discos.* Mostrou-me como gravam os discos. ■ **impresionarse** *v.p.* Ficar impressionado, emocionar-se, comover-se. *Me impresiono mucho cuando* *veo sangre.* Fico muito impressionado quando vejo sangue.

im·pre·so/a *adj.* **1.** Impresso. ● *s.m.* **2.** Formulário, papel ou material impresso em geral. *Rellena el impreso.* Preencha o formulário. ∎ *Part. irreg.* de *imprimir.* ♦ **Circuito impreso.** *Eletr.* Circuito impresso. **Enviar/ Mandar como impreso.** Remeter (por correio) como impresso.

im·pre·vis·to/a *adj.* **1.** Imprevisto, inesperado. ● *s.m.* **2.** Despesa inesperada.

im·pri·mir *v.t.* **1.** *Tip.* Imprimir, fazer a impressão. **2.** Imprimir, editar, publicar. **3.** *Fig.* Imprimir, gravar, fixar. **4.** *Fig.* Imprimir, provocar uma impressão, impor. *Imprimir miedo.* Impor medo. **5.** Comunicar, transmitir. *Imprimir movimiento.* Transmitir movimento.

im·pro·pio/a *adj.* Impróprio, inadequado.

im·pro·vi·sar *v.t.* Improvisar.

im·pru·den·cia *s.f.* Imprudência, indiscrição, falta de reflexão.

im·pues·to/a *adj.* **1.** Imposto, forçado, obrigado. **2.** *Col.* Que sabe muito, conhecedor. *Pablo está impuesto en historia.* Paulo é cobra em história. ● *s.m.* **3.** Imposto, tributo, taxa. ∎ *Part.irreg.* de *imponer.* ♦ **Impuesto directo/indirecto.** Imposto direto/indireto. **Impuesto sobre la renta.** Imposto de renda.

im·pul·sar *v.t.* **1.** Impulsionar, impelir. **2.** *Fig.* Impulsionar, incitar, incentivar. *Él nos impulsó a viajar.* Ele incentivou-nos a viajar. **3.** Impulsionar, desenvolver, incrementar. *Tenemos que impulsar las ventas.* Temos que incrementar as vendas.

im·pul·so *s.m.* **1.** Impulso, empurrão. **2.** *Fig.* Impulso, estímulo, ânimo. **3.** *Fig.* Impulso, interesse, dedicação. ♦ **Al primer impulso.** De saída, na primeira tentativa. **Tomar impulso.** Pegar impulso.

im·pu·ni·dad *s.f.* Impunidade.

im·pu·re·za *s.f.* Impureza.

im·pu·tar *v.t.* **1.** Imputar, culpar, atribuir. **2.** *Com.* Lançar em contabilidade.

i·na·de·cua·do/a *adj.* Inadequado, impróprio. ∎ *Tb.: in·a·de·cua·do/a.*

i·nad·mi·si·ble *adj.* Inadmissível, intolerável, inaceitável. ∎ *Tb.: in·ad·mi·si·ble.*

i·nad·ver·ti·do/a *adj.* Desapercebido, inadvertido, desprevenido, desavisado. ∎ *Tb.: in·ad·ver·ti·do/a.*

i·na·go·ta·ble *adj.* Inesgotável, interminável, infinito. ∎ *Tb.: in·a·go·ta·ble.*

i·na·guan·ta·ble *adj.* Insuportável, intragável. *Un calor inaguantable.* Um calor insuportável. ∎ *Tb.: in·a·guan·ta·ble.*

i·na·pla·za·ble *adj.* Inadiável. ∎ *Tb.: in·a·pla·za·ble.*

i·na·sis·ten·cia *s.f.* Falta de frequência, ausência. *Tuvo tres inasistencias este mes.* Teve três faltas este mês. ∎ *Tb.: in·a·sis·ten·cia.*

i·nau·di·to/a *adj.* Inaudito, inacreditável. ∎ *Tb.: in·au·di·to/a.*

i·nau·gu·ra·ción *s.f.* Inauguração, abertura. ∎ *Tb.: in·au·gu·ra·ción.*

in·ca *adj. e s.2g.* Inca, povo andino.

in·cal·cu·la·ble *adj.* Incalculável, inestimável, imenso.

in·ca·li·fi·ca·ble *adj.* Inqualificável, censurável.

in·can·sa·ble *adj.* **1.** Incansável, infatigável. **2.** Laborioso.

in·ca·paz *adj.* **1.** Incapaz, incompetente, inapto. **2.** Incapaz, ignorante. **3.** Incapaz, inábil. **4.** Insuficiente, pequeno demais. *Ese auditorio es incapaz para tantos concurrentes.* Esse auditório é pequeno demais para tantos assistentes.

in·cen·diar *v.t.* Incendiar, inflamar, queimar. ∎ Não tem sentido de "excitar, entusiasmar".

in·cen·dio *s.m.* Incêndio.

in·cen·ti·vo *s.m.* Incentivo, estímulo, motivação.

in·cer·ti·dum·bre *s.f.* Incerteza, dúvida, insegurança.

in·ci·den·cia *s.f.* **1.** *Mec. e fís.* Incidência, ponto de encontro. *El punto de incidencia de dos cuerpos.* O ponto de encontro de dois corpos. **2.** Incidência, consequência, repercussão. *El* *precio de la materia prima tiene fuerte incidencia en el coste final del producto.* O preço da matéria-prima tem grande incidência sobre o custo final do produto. **3.** Incidente, acontecimento. *Una incidencia sorprendente.* Um acontecimento surpreendente.

in·ci·den·te *adj.* **1.** Incidente, que incide. ● *s.m.* **2.** Incidente, acontecimento, fato circunstancial. **3.** Discussão, briga.

in·ci·dir *v.i.* **1.** Incidir, incorrer. **2.** Incidir, refletir, atingir. **3.** *Med.* Incidir, fazer uma incisão, um corte. **4.** *Fig.* Incidir, destacar.

in·cien·so *s.m.* Incenso.

in·ci·pien·te *adj.* Incipiente, principiante, nascente.

in·ci·sión *s.f. Med.* Incisão, corte.

in·ci·si·vo/a *adj.* **1.** Incisivo, cortante. **2.** *Fig.* Incisivo, mordaz, direto. ● *s.m.* **3.** Dente incisivo.

in·ci·tar *v.t.* Incitar, instigar, estimular.

in·cli·na·ción *s.f.* **1.** Inclinação, ato de inclinar(-se). **2.** Inclinação, declive. **3.** *Fig.* Inclinação, carinho, afeto, apego. **4.** *Fig.* Inclinação, tendência, vocação. **5.** Ângulo, inclinação.

in·cli·nar *v.t.* Inclinar, reclinar, debruçar. ■ **inclinarse** *v.p.* **1.** Inclinar-se, debruçar-se. **2.** Decidir(-se), predispor-se. *Ante tus argumentos me incliné a aceptar el cargo.* Diante dos seus argumentos decidi aceitar o cargo.

in·cluir *v.t.* **1.** Incluir, compreender, abranger. **2.** Incluir, introduzir, inserir, enquadrar. ■ **incluirse** *v.p.* **1.** Incluir-se, compreender-se. **2.** Incluir-se, introduzir-se, inserir-se. ▮ *C.mod. 13.*

in·clu·si·ve *adv.* **1.** Inclusive, com inclusão. *Estará aquí del día 5 al 10 inclusive.* Estará aqui do dia 5 ao 10, inclusive. **2.** Inclusive, também. *Trajo, inclusive, los documentos.* Trouxe, inclusive, os documentos.

in·clu·so *adv.* **1.** Inclusive, também, ainda. *Si llegas pronto puedes, incluso, cenar aquí.* Se você chegar cedo pode, inclusive, jantar aqui. ● *prep.* **2.** Até. *Llovió incluso en el norte.* Choveu até no norte. ▮ *Part. irreg.* de *incluir.*

in·cóg·ni·to/a *adj.* **1.** Incógnito, desconhecido, ignorado. ● *s.f.* **2.** *Mat.* Incógnita, valor desconhecido. **3.** *Fig.* Incógnita, segredo, mistério. ♦ **De incógnito.** Secretamente, disfarçado. **Despejar la incógnita.** Desvendar o segredo, encontrar a chave.

in·co·mo·dar *v.t.* Incomodar, aborrecer, zangar. ■ **incomodarse** *v.p.* Incomodar-se, aborrecer-se, zangar-se. ▮ *Sin.:* molestar.

in·có·mo·do/a *adj.* **1.** Incômodo, desconfortável. ● *s.m.* **2.** Incomodidade. ▮ *Tb.:* incomodidad.

in·com·pe·ten·te *adj.* Incompetente, incapaz.

in·com·ple·to/a *adj.* Incompleto, inacabado, imperfeito.

in·com·pren·si·ble *adj.* **1.** Incompreensível, obscuro, confuso. **2.** Incompreensível, inexplicável, surpreendente.

in·co·mu·ni·ca·do/a *adj.* **1.** Isolado. **2.** Diz-se do preso incomunicável.

in·con·ce·bi·ble *adj.* **1.** Inconcebível, inexplicável, incompreensível. **2.** Inconcebível, surpreendente, absurdo.

in·con·for·me *adj.* Inconformado.

in·cons·cien·te *adj. e s.2g.* **1.** Inconsciente, desmaiado, desacordado. **2.** Inconsciente, inconsequente, irresponsável. **3.** Inconsciente, instintivo, automático. ■ *s.m.* **4.** Inconsciente, subconsciente.

in·con·so·la·ble *adj.* Inconsolável, desconsolado.

in·cons·tan·te *adj.* Inconstante, volúvel, instável.

in·cons·ti·tu·cio·nal *adj.* Inconstitucional.

in·con·ta·ble *adj.* **1.** Incontável, inumerável. **2.** Inenarrável, indescritível.

in·con·tro·la·ble *adj.* Incontrolável.

in·con·ve·nien·te *adj.* **1.** Inconveniente, inadequado, inoportuno, constrangedor. *Tuvo una actitud muy inconveniente.* Teve uma atitude bastante inconveniente. ● *s.m.* **2.** Inconveniente, dificuldade, empecilho. *El caso presenta varios inconvenientes.* O caso apresenta vários inconvenientes.

in·cor·po·rar *v.t.* **1.** Incorporar, incluir, agrupar. **2.** Incorporar, erguer, levantar o tronco. ■ **incorporarse** *v.p.* **1.** Apresentar-se para o trabalho, assumir um cargo, engajar-se. *Mañana se incorpora el nuevo director.* O novo diretor assume amanhã. **2.** Incorporar-se, juntar-se a um grupo, ingressar em. *Me incorporé al equipo.* Incorporei-me à equipe. **3.** Erguer-se, levantar o tronco. *El enfermo se incorporó en la cama.* O doente ergueu-se na cama. ♦ **Incorporarse a filas.** *Mil.* Alistar-se.

in·co·rrec·to/a *adj.* **1.** Incorreto, errado, falho. **2.** Grosseiro, descortês, indelicado.

in·co·rre·gi·ble *adj.* Incorrigível.

in·cre·í·ble *adj.* **1.** Incrível, inacreditável, inconcebível. **2.** *Fig.* Incrível, extraordinário, surpreendente.

in·cre·men·tar *v.t.* Incrementar, crescer, aumentar. *Incrementar las ventas.* Incrementar as vendas. ■ **incrementarse** *v.p.* Incrementar(-se), crescer, aumentar. *Se incrementaron las exportaciones.* As exportações foram incrementadas. ■ Não tem sentido de "enfeitar".

in·cre·men·to *s.m.* **1.** Incremento, aumento, acréscimo. **2.** Incremento, desenvolvimento, crescimento. ♦ **Incremento de capital.** *Com.* Aumento de capital.

in·cu·ba·do·ra *s.f.* Incubadora.

in·cul·car *v.t.* Inculcar, infundir, inspirar, impingir, incutir.

in·cul·par *v.t.* Incriminar, acusar, inculpar.

in·cul·to/a *adj.* **1.** Inculto, não cultivado. *Un terreno inculto.* Um terreno agreste. **2.** Inculto, ignorante, analfabeto.

in·cum·pli·mien·to *s.m.* **1.** Transgressão, quebra de acordo ou contrato. **2.** Inadimplência.

in·cur·sión *s.f.* **1.** *Mil.* Incursão, invasão. **2.** Incursão, entrada rápida (num lugar), penetração.

in·da·ga·ción *s.f.* Indagação.

in·da·gar *v.t.* Indagar, perguntar.

in·de·bi·do/a *adj.* **1.** Indevido, impróprio, inoportuno. *Llegó a una hora indebida.* Chegou numa hora inoportuna. **2.** Indevido, ilícito,

ilegal. *Un impuesto indebido.* Um imposto indevido.

in·de·cen·te *adj.* **1.** Indecente, indecoroso, obsceno. **2.** Indecente, indelicado, grosseiro. *Una respuesta indecente.* Uma resposta grosseira.

in·de·ci·so/a *adj.* **1.** Indeciso, inseguro. *Está indeciso con relación al nuevo trabajo.* Está indeciso em relação ao novo trabalho. **2.** Incerto, vacilante, duvidoso. *Negociaciones indecisas.* Negociações incertas. **3.** Indeciso, impreciso, vago. *Ideas indecisas.* Ideias vagas.

in·de·fen·so/a *adj.* Indefeso, desprotegido, desarmado.

in·de·fi·ni·do/a *adj.* **1.** Indefinido, vago, impreciso. *Imágenes indefinidas.* Imagens indefinidas. **2.** Indefinido, indeterminado. *Viajó por tiempo indefinido.* Viajou por um período indefinido. ● *s.m.* **3.** *Gram.* Nome simplificado do pretérito indefinido, tempo verbal.

in·dem·ni·za·ción *s.f.* Indenização.

in·dem·ni·zar *v.t.* Indenizar, compensar por danos ou prejuízos.

in·de·pen·den·cia *s.f.* Independência, autonomia.

in·de·pen·dien·te *adj.* **1.** Independente, autônomo. **2.** Independente, individualista, emancipado. ● *adv.* **3.** Independentemente. *Independiente de lo que digas, no te creo.* Independentemente do que você disser, não acredito em você.

in·de·se·a·ble *adj. e s.2g.* Indesejável.

in·des·truc·ti·ble *adj.* Indestrutível, inabalável, firme.

in·de·ter·mi·na·do/a *adj.* Indeterminado, indefinido, vago.

in·de·xa·ción *s.f.* **1.** *Com.* Indexação, correção monetária. **2.** Indexação, catalogação, classificação.

in·de·xar *v.t.* **1.** *Com.* Indexar. **2.** *Inform.* Indexar, atribuir índices a variáveis. **3.** Indexar, catalogar, classificar.

in·di·ca·ción *s.f.* **1.** Indicação, sinal. **2.** Indicação, instrução. *Me dio unas indicaciones*

in·di·ca·dor/do·ra *adj. e s.m.* **1.** Indicador. *Indicador de voltaje.* Indicador de voltagem. **2.** Índice. *Indicador económico.* Índice econômico. ■ Não se aplica ao "dedo indicador".

in·di·car *v.t.* **1.** Indicar, mostrar (com gestos, movimentos). *Me indicó que me callara.* Fez um sinal para que eu me calasse. **2.** Indicar, informar, instruir. *Le indiqué el camino.* Indiquei-lhe o caminho. **3.** *Fig.* Indicar, revelar, insinuar. *Su expresión indica tristeza.* A sua expressão revela tristeza.

in·di·ca·ti·vo/a *adj.* **1.** Indicativo, que indica. ● *s.m.* **2.** *Gram.* Indicativo, modo verbal.

ín·di·ce *s.m.* **1.** Índice, lista de assuntos de uma obra. **2.** Índice, indício, sinal. **3.** Índice, indicador, relação entre valores. *El índice de inflación.* O índice de inflação. **4.** *Mat.* Indicador do grau de uma raiz, índice. **5.** Ponteiro de relógio. **6.** Catálogo de livros. ♦ **Dedo índice.** Dedo indicador.

in·di·cio *s.m.* Indício, sinal, vestígio, pista.

in·di·fe·ren·te *adj.* **1.** Indiferente, indistinto, igual. **2.** Indiferente, desinteressado, apático.

in·dí·ge·na *adj. e s.2g.* Indígena.

in·di·gen·te *adj. e s.2g.* Indigente.

in·di·ges·tar·se *v.p.* **1.** Ter indigestão, indigestar(-se), não digerir bem. **2.** Fazer mal. *Me indigesté con el pescado.* O peixe me fez mal.

in·di·ges·tión *s.f.* Indigestão.

in·dig·na·ción *s.f.* Indignação, irritação, raiva.

in·dig·nar *v.t.* Indignar, irritar, revoltar. ■ **indignarse** *v.p.* Indignar-se, irritar-se, revoltar-se.

in·dio/a *adj. e s.* Índio. ♦ **En fila india.** Em fila indiana. **Hacer el indio. 1.** Fazer bobagens, palhaçadas. **2.** Fazer papel de bobo, ser ridículo. **Subírsele el indio (a uno).** Ferver o sangue.

in·di·rec·to/a *adj.* **1.** Indireto, com rodeios, com desvios. ● *s.f.* **2.** Indireta, alusão, insinuação. ♦ **Echar indirectas.** Dar/Jogar indiretas.

in·dis·ci·pli·na *s.f.* Indisciplina.

in·dis·cre·ción *s.f.* Indiscrição, imprudência, inconveniência.

in·dis·cu·ti·ble *adj.* Indiscutível, incontestável.

in·dis·pen·sa·ble *adj.* Indispensável, imprescindível, essencial. ♦ **Lo (más) indispensable.** O indispensável/essencial.

in·dis·po·ner *v.t.* **1.** Indispor, inimizar. **2.** Indispor, provocar mal-estar. *La bebida lo indispone.* A bebida causa-lhe mal-estar. ■ **indisponerse** *v.p.* **1.** Indispor-se, inimizar-se, implicar. *Me indispuse con Luis.* Briguei com o Luís. **2.** Indispor-se, sofrer mal-estar. ■ *C.mod. 14.*

in·dis·pues·to/a *adj.* **1.** Indisposto, que tem mal-estar. *No dormí bien y me encuentro indispuesta.* Não dormi bem e estou indisposta. **2.** Indisposto, zangado, aborrecido. *Está indispuesto conmigo.* Está aborrecido comigo. ■ *Part. irreg.* de indisponer.

in·dis·tin·to/a *adj.* **1.** Indiferente, igual. *Es indistinto que él venga o no.* É indiferente que ele venha ou não. **2.** Indistinto, vago, difuso. *La pintura tiene unos colores indistintos.* A pintura tem cores difusas.

in·di·vi·dual *adj.* Individual, particular, singular. ♦ **Habitación individual.** Quarto individual (em hotéis).

in·di·vi·dua·lis·ta *adj. e s.2g.* Individualista.

in·di·vi·duo *s.m.* **1.** Indivíduo, ser, pessoa. *Es un buen individuo.* É um bom indivíduo. **2.** Indivíduo, membro, participante. *Un individuo de la sociedad.* Um membro da sociedade. **3.** *Dep.* Indivíduo, cara, sujeito, cidadão. *Está ahí un individuo que quiere hablar contigo.* Há um sujeito aí que quer falar com você.

ín·do·le *s.f.* Índole, caráter, personalidade.

in·do·len·cia *s.f.* Indolência, apatia, preguiça.

in·do·lo·ro/a *adj.* Indolor.

in·dó·mi·to/a *adj.* Indomável.
in·du·cir *v.t.* **1.** Induzir, convencer, incitar. *Me indujo a que lo acompañara a la fiesta.* Induziu-me a acompanhá-lo à festa. **2.** Induzir, causar, provocar. **3.** Induzir, raciocinar indutivamente. **4.** *Eletr.* Induzir, produzir indução eletromagnética. ■ *C.mod. 09.*
in·du·da·ble *adj.* Indubitável, incontestável, evidente.
in·dul·gen·cia *s.f.* Indulgência, clemência, tolerância.
in·du·men·ta·rio/a *adj.* **1.** Indumentário, relativo ao vestuário. ● *s.f.* **2.** Indumentária, vestimenta.
in·dus·tria *s.f.* **1.** Indústria, fábrica. **2.** *Amer.* Habilidade, destreza, indústria.
in·dus·trial *adj.* **1.** Industrial. *Productos industriales.* Produtos industriais. **2.** Industrial, que possui indústrias. *Zona industrial.* Zona industrial. ● *s.m.* **3.** Industrial, empresário.
in·dus·tria·li·za·ción *s.f.* Industrialização.
i·né·di·to/a *adj.* **1.** Inédito, não publicado. **2.** Inédito, desconhecido. ■ *Tb.: in·é·di·to/a.*
i·ne·fi·caz *adj.* **1.** Ineficaz, ineficiente, inútil. *Tu trabajo es ineficaz.* O seu trabalho é inútil. **2.** Ineficaz, incompetente, incapaz. *Es un profesor ineficaz.* É um professor incompetente. ■ *Tb.: in·e·fi·caz.*
i·ne·lu·di·ble *adj.* Inevitável. ■ *Tb.: in·e·lu·di·ble.*
i·nep·to/a *adj.* Inapto, incompetente, incapaz, inepto.
i·ner·cia *s.f.* **1.** Inércia, letargia, apatia. **2.** *Mec.* Inércia, capacidade de manutenção de um corpo em estado de repouso ou de movimento. ♦ **Por inercia.** Por inércia, por costume.
i·ner·te *adj.* **1.** Inerte, sem vida. **2.** Inerte, estático.
i·nes·pe·ra·do/a *adj.* Inesperado, imprevisto. ■ *Tb.: in·es·pe·ra·do/a.*
i·nes·ta·bi·li·dad *s.f.* Instabilidade. *Inestabilidad política.* Instabilidade política. ■ *Tb.: in·es·ta·bi·li·dad.*
i·nes·ta·ble *adj.* Instável, variável, volúvel. *Tiempo inestable.* Tempo instável. ■ *Tb.: in·es·ta·ble.*
i·ne·vi·ta·ble *adj.* Inevitável, fatal. ■ *Tb.: in·e·vi·ta·ble.*
i·ne·xis·ten·cia *s.f.* Inexistência, ausência, falta. ■ *Tb.: in·e·xis·ten·cia.*
i·nex·pe·rien·cia *s.f.* Inexperiência. ■ *Tb.: in·ex·pe·rien·cia.*
i·nex·pli·ca·ble *adj.* **1.** Inexplicável, incompreensível. **2.** Inexplicável, surpreendente. *Se repuso de la enfermedad con una rapidez inexplicable.* Refez-se da doença com uma rapidez surpreendente. ■ *Tb.: in·ex·pli·ca·ble.*
in·fa·li·ble *adj.* Infalível, eficaz, perfeito.
in·fa·me *adj. e s.2g.* Infame, abjeto, indecente.
in·fa·mia *s.f.* Infâmia, desonra, calúnia.
in·fan·cia *s.f.* Infância.
in·fan·te/a *s.* Infante.
in·fan·te·rí·a *s.f. Mil.* Infantaria.
in·far·to *s.m. Med.* Infarto, enfarte.
in·fec·ción *s.f. Med.* Infecção.
in·fec·tar *v.t.* **1.** *Med.* Infectar, contagiar, infeccionar. **2.** *Fig. e col.* Infestar, invadir. ■ **infectarse** *v.p. Med.* Infectar-se, contagiar-se, infeccionar-se.
in·fe·li·ci·dad *s.f.* Infelicidade.
in·fe·liz *adj. e s.2g.* **1.** Infeliz, triste, desafortunado. **2.** Infeliz, ingênuo, inocente.
in·fe·rior *adj.* **1.** Inferior, situado abaixo. **2.** Inferior, de baixa qualidade. **3.** Inferior, de menor valor. *Los precios aquí son inferiores.* Aqui os preços são inferiores. **4.** Inferior, de menor importância. ● *s.2g.* **5.** Subalterno.
in·fe·rio·ri·dad *s.f.* Inferioridade. ♦ **Complejo de inferioridad.** Complexo de inferioridade.
in·fe·rir *v.t.* Inferir, deduzir. ■ **inferirse** *v.p.* Inferir-se, deduzir-se. ■ *C.mod. 11.*
in·fes·tar *v.t.* Infestar.
in·fiel *adj. e s.2g.* **1.** Infiel, adúltero. **2.** Infiel, desleal. **3.** Infiel, impreciso, inexato. *Una descripción infiel.* Uma descrição inexata. **4.** Infiel, pagão.

in·fier·no *s.m.* **1.** Inferno. **2.** *Fig.* Inferno, lugar desordenado. **3.** *Fig.* Inferno, suplício. ♦ ¡Vete al infierno! Vá para o inferno!

in·fil·tra·ción *s.f.* Infiltração.

in·fil·trar *v.t.* **1.** Infiltrar, penetrar, impregnar. **2.** Infiltrar, incutir. *Infiltraron sus opiniones entre los alumnos.* Incutiram as suas opiniões nos alunos. ■ **infiltrarse** *v.p.* **1.** Infiltrar-se, penetrar. *El agua se infiltra por la pared.* A água infiltra-se pela parede. **2.** *Fig.* Infiltrar-se, introduzir-se. *Te infiltraste en el sindicato.* Você infiltrou-se no sindicato.

ín·fi·mo/a *adj.* Ínfimo, insignificante, minúsculo.

in·fi·ni·ti·vo/a *adj. Gram.* Infinitivo, forma verbal.

in·fi·ni·to/a *adj.* **1.** Infinito, ilimitado. **2.** Infinito, eterno. **3.** Infinito, incontável. ● *s.m.* **4.** Infinito, espaço, céu, firmamento. ♦ **A lo infinito.** Infinitamente.

in·fla·ción *s.f. Com.* Inflação.

in·fla·cio·na·rio/a *adj. Com.* Inflacionário.

in·fla·ma·ción *s.f.* **1.** Inflamação, combustão, ardor. **2.** *Med.* Inflamação, irritação.

in·fla·mar *v.i.* **1.** Inflamar, arder, queimar. *El alcohol inflama.* O álcool inflama. ■ *v.t.* **2.** *Fig.* Estimular, entusiasmar. *Inflamar los ánimos.* Inflamar os ânimos. ■ **inflamarse** *v.p.* **1.** Inflamar-se, arder, queimar-se. *Algunas substancias se inflaman fácilmente.* Algumas substâncias inflamam-se facilmente. **2.** *Fig.* Inflamar-se, exaltar-se, entusiasmar-se. *Nos inflamamos durante el discurso.* Inflamamo-nos durante o discurso. **3.** *Med.* Inflamar(-se), irritar(-se), inchar(-se). *Se inflamó la herida.* A ferida inflamou.

in·flar *v.t.* **1.** Inflar, encher de ar. *Infla el globo.* Infle o balão. **2.** *Fig.* Exagerar, aumentar. *No infles los hechos.* Não aumente os fatos. ■ **inflarse** *v.p.* **1.** Inflar-se, encher-se de ar. **2.** *Fig. e col.* Fartar-se, empanturrar-se. *Me inflé de bombones.* Empanturrei-me de bombons.

in·fle·xión *s.f.* **1.** Inflexão, curvatura, desvio. **2.** Inflexão, modulação de voz.

in·fluen·cia *s.f.* **1.** Influência, influxo. **2.** Influência, importância, autoridade. ♦ **Tener influencia.** Ter influência.

in·fluir *v.i. e v.t.* Influir, influenciar, persuadir. ■ **influirse** *v.p.* Influir-se, influenciar-se, convencer-se. ■ *C.mod. 13.*

in·flu·yen·te *adj.* Influente.

in·for·ma·ción *s.f.* **1.** Informação, comunicação, notícia. **2.** Informação, relatório, dado. *Ya tengo las informaciones de la empresa.* Já tenho as informações da empresa. ♦ **Tratamiento de la información.** *Inform.* Processamento da informação.

in·for·mal *adj. e s.2g.* **1.** Irresponsável. *Ese chico es muy informal, no se le puede confiar.* Esse rapaz é muito irresponsável, não se pode confiar nele. **2.** Informal, descontraído, não cerimonioso.

in·for·mar *v.t.* Informar, notificar, comunicar. ■ **informarse** *v.p.* Informar-se, inteirar-se. ♦ **Estar bien/mal informado.** Estar bem/mal informado.

in·for·má·ti·ca *s.f.* Informática.

in·for·ma·ti·vo/a *adj.* **1.** Informativo. ● *s.m.* **2.** Programa de informação (rádio, televisão), boletim, resenha de notícias.

in·for·me *adj.* **1.** Disforme, grosseiro, sem forma. ● *s.m.* **2.** Informe, comunicação, informação. **3.** Relatório. *Un informe de los gastos.* Um relatório das despesas. ■ **informes** *s.m.pl.* Referências, informações. *Los informes sobre él no son favorables.* As referências dele não são favoráveis. ♦ **Informe de recepción.** *Com.* Guia de recebimento. **Informe del auditor.** Parecer do auditor.

in·frac·ción *s.f. For.* Infração, violação da lei.

in·fra·es·truc·tu·ra *s.f.* Infraestrutura.

in·fra·rro·jo/a *adj.* Infravermelho. ♦ **Rayos infrarrojos.** Raios infravermelhos.

in·fruc·tí·fe·ro/a *adj.* Infrutífero, improdutivo, inútil.

ín·fu·las *s.f.pl.* Presunção, soberba. ♦ **Tener muchas ínfulas.** Andar de nariz empinado.

in·fun·da·do/a *adj.* Infundado, sem fundamento.

in·fun·dir *v.t.* Infundir, inspirar, incutir.

in·fu·sión *s.f.* **1.** *Quím.* Infusão, dissolução de uma substância em água quente. **2.** Infusão, chá.

in·ge·nie·rí·a *s.f.* Engenharia.

in·ge·nie·ro/a *s.* Engenheiro.

in·ge·nio *s.m.* **1.** Talento, habilidade, engenho. **2.** Máquina ou artefato mecânico, engenho. **3.** *Amer.* Engenho de açúcar.

in·ge·nuo/a *adj. e s.* Ingênuo, inocente, incauto.

in·ge·rir *v.t.* Ingerir, engolir. ■ *C.mod. 11.*

in·gle *s.f.* Virilha.

in·gra·to/a *adj.* **1.** Ingrato, desagradável, cansativo. *Un trabajo ingrato.* Um trabalho ingrato. **2.** Ingrato, mal-agradecido, desagradecido.

in·gre·dien·te *s.m.* Ingrediente, componente.

in·gre·sar *v.t.* **1.** *Com.* Investir, aplicar, depositar valores. **2.** Internar, hospitalizar. *Lo ingresaron ayer.* Foi hospitalizado ontem. **3.** Receber (salário, dinheiro). ■ *v.i.* **4.** Ingressar, dar entrada.

in·gre·so *s.m.* **1.** Ingresso, entrada. **2.** Internação, hospitalização. **3.** *Com.* Receita. *Ingreso bruto.* Receita bruta. ■ **ingresos** *s.m.pl.* Salário, renda, rendimentos. *Mis ingresos son insuficientes.* Minha renda é insuficiente. ♦ **Examen de ingreso.** Exame de admissão (escolar). **Hacer un ingreso.** *Com.* Fazer um depósito (bancário). **Población de bajos ingresos.** População de baixa renda.

in·há·bil *adj.* **1.** Inábil, incapaz, inapto. **2.** Dia ou horário em que não há expediente. *Los domingos son días inhábiles.* Aos domingos não há expediente.

in·ha·lar *v.t.* Inalar, aspirar, cheirar.

in·he·ren·te *adj.* Inerente, característico, próprio.

in·hi·bir *v.t.* **1.** *For.* Inibir, proibir, vetar. **2.** Inibir, reprimir. *Inhibió las lágrimas.* Reprimiu as lágrimas. ■ **inhibirse** *v.p.* Abster-se. ■ Não tem sentido de "embaraçar, intimidar".

in·hu·ma·no/a *adj.* Desumano.

i·ni·cia·ción *s.f.* **1.** Iniciação, começo. **2.** Iniciação, introdução.

i·ni·cia·li·zar *v.t. Inform.* Inicializar, começar a execução de programa.

i·ni·ciar *v.t.* **1.** Iniciar, começar, principiar. *Inicié el trabajo.* Comecei o trabalho. **2.** Iniciar, introduzir, instruir. *Quiere iniciar a su hijo en piano.* Quer iniciar o seu filho no piano. **3.** *For.* Interpor, mover ação. *Iniciar una demanda.* Mover uma ação. ■ **iniciarse** *v.p.* Iniciar-se, introduzir-se, instruir-se. *Nos iniciamos en política.* Iniciamo-nos na política.

i·ni·cia·ti·va *s.f.* **1.** Iniciativa, inventiva. *La iniciativa del proyecto fue de José.* A iniciativa do projeto foi do José. **2.** Iniciativa, decisão, impulso. *Es una persona de mucha iniciativa.* É uma pessoa de muita iniciativa. ♦ **Tener/Tomar la iniciativa.** Ter/Tomar a iniciativa.

i·ni·cio *s.m.* Início, origem.

in·jer·to *s.m.* Enxerto, implante.

in·jus·ti·cia *s.f.* Injustiça.

in·jus·to/a *adj.* **1.** Injusto, falto de justiça. **2.** Injusto, arbitrário, parcial.

in·ma·cu·la·do/a *adj.* **1.** Imaculado, limpo, sem mancha. *Llevaba un vestido blanco inmaculado.* Usava um vestido branco imaculado. **2.** *Fig.* Imaculado, puro. *Belleza inmaculada.* Beleza imaculada.

in·ma·du·rez *s.f.* Imaturidade.

in·ma·du·ro/a *adj.* **1.** Verde, não maduro (frutos). **2.** Imaturo.

in·me·dia·to/a *adj.* **1.** Imediato, rápido, instantâneo. **2.** Imediato, próximo, contíguo. ♦ **De inmediato.** Imediatamente. **La inmediata.** A consequência imediata.

in·men·so/a *adj.* Imenso, enorme.

in·mer·so/a *adj.* Imerso.

in·mi·gra·ción *s.f.* Imigração.

in·mi·gran·te *adj. e s.2g.* Imigrante.

in·mo·bi·lia·rio/a *adj.* **1.** Imobiliário. ● *s.f.* **2.** Imobiliária.

in·mo·ral *adj.* **1.** Imoral, indigno. *Es inmoral la situación financiera de muchas familias.* A situação financeira de muitas famílias é indigna. **2.** Imoral, obsceno. *Presentan un espectáculo inmoral.* Estão apresentando um espetáculo imoral.

in·mor·tal *adj. e s.2g.* Imortal, eterno.

in·mó·vil *adj.* Imóvel, estático, parado. ■ Não tem sentido de "propriedade, casa".

in·mo·vi·li·zar *v.t.* **1.** Imobilizar, paralisar. **2.** *Com.* Imobilizar capital, investir a longo prazo. ■ **inmovilizarse** *v.p.* Imobilizar-se, paralisar-se.

in·mue·ble *adj. e s.m.* Imóvel, propriedade. *Bienes inmuebles.* Bens imóveis. *Un inmueble en el campo.* Um imóvel no campo. ■ Não tem sentido de "estático".

in·mun·di·cia *s.f.* **1.** Imundice. **2.** *Fig.* Imoralidade.

in·mu·ni·dad *s.f.* **1.** *Med.* Imunidade, resistência a uma doença. **2.** *For.* Imunidade, isenção, privilégio. ♦ **Inmunidad parlamentaria.** Imunidade parlamentar.

in·mu·ta·ble *adj.* Imutável, inalterável.

in·na·to/a *adj.* Inato, congênito, nato.

in·ne·ce·sa·rio/a *adj.* Desnecessário, supérfluo.

in·ne·ga·ble *adj.* Inegável, indiscutível, incontestável.

in·no·va·ción *s.f.* Inovação.

in·no·va·dor/do·ra *adj. e s.* Inovador.

in·nu·me·ra·ble *adj.* Inúmero, inumerável, incalculável. *Innumerables críticos confirman mi opinión.* Inúmeros críticos confirmam a minha opinião.

i·no·cen·cia *s.f.* **1.** Inocência, ingenuidade. **2.** Inocência, sem culpabilidade. *No pudo probar su inocencia.* Não pôde provar a sua inocência.

i·no·cen·te *adj.* **1.** Inocente, ingênuo. *Es un niño muy inocente.* É uma criança muito ingênua. **2.** Inocente, sem culpa. *El reo se declaró inocente.* O réu declarou-se inocente. **3.** Inocente, inofensivo, sem malícia. *Me gastó una broma inocente.* Fez uma brincadeira inocente comigo. ● *s.m.* **4.** Criança. ♦ **Día de los Santos Inocentes.** O dia da mentira (28 de dezembro – equivale ao 1º de abril no Brasil).

i·no·do·ro *adj.* **1.** Inodoro. ● *s.m.* **2.** Sanitário, privada.

i·nol·vi·da·ble *adj.* Inesquecível. ■ *Tb.: inolvidable.*

i·no·pi·na·do/a *adj.* Inesperado, imprevisto. ■ *Tb.: inopinado/a.*

i·no·por·tu·no/a *adj.* Inoportuno, inconveniente. ■ *Tb.: inoportuno/a.*

i·no·xi·da·ble *adj.* Inoxidável. ♦ **Acero inoxidable.** Aço inoxidável. ■ *Tb.: inoxidable.*

in·quie·tar *v.t.* **1.** Inquietar, intranquilizar, desassossegar. *Me inquieta no poder hablarle.* Inquieta-me não poder falar com ela. **2.** Inquietar, preocupar, apoquentar. *El corto plazo que tiene para hacer el trabajo no la inquieta.* O pouco prazo que tem para fazer o trabalho não a preocupa. ■ **inquietarse** *v.p.* Inquietar-se, intranquilizar-se, desassossegar-se.

in·quie·tud *s.f.* **1.** Inquietude, desassossego, aflição. **2.** Inquietação, agitação. **3.** Inquietação, preocupação. *La inquietud por los hijos.* A preocupação com os filhos.

in·qui·li·no/a *s.* Inquilino.

in·qui·si·ción *s.f.* Inquisição.

in·sa·lu·bri·dad *s.f.* Insalubridade.

in·sa·tis·fe·cho/a *adj.* **1.** Insatisfeito, não saciado. **2.** Insatisfeito, descontente.

ins·cri·bir *v.t.* **1.** Inscrever, talhar, gravar. **2.** Inscrever, registrar, assentar, alistar. **3.** *Geom.* Inscrever, inserir uma figura em outra. ■ **inscribirse** *v.p.* **1.** Inscrever-se, matricular-se. **2.** Inserir-se, vincular-se, relacionar-se. ♦ **Inscribir el acta.** Lavrar a ata.

ins·crip·ción *s.f.* **1.** Inscrição, matrícula, registro, assento. **2.** Inscrição, gravação, legenda. ♦ **Inscripción de nacimiento.** Registro de nascimento.

in·sec·ti·ci·da *adj. e s.m.* Inseticida.

in·sec·to *s.m.* Inseto.

in·se·gu·ri·dad *s.f.* Insegurança.

in·sen·sa·to/a *adj. e s.* Insensato, imprudente, irreflexivo.

in·sen·si·ble *adj.* **1.** Insensível, indiferente, impassível. **2.** Insensível, insignificante, imperceptível.

in·se·pa·ra·ble *adj.* **1.** Inseparável, unido. *Estas*

piezas son inseparables. Estas peças são unidas. **2.** Inseparável, íntimo. *Son amigos inseparables.* São amigos inseparáveis.
in·ser·tar *v.t.* Inserir, introduzir, incluir. ■ **insertarse** *v.p.* Inserir-se, introduzir-se, incluir-se.
in·ser·vi·ble *adj.* **1.** Imprestável, velho, estragado. **2.** Inútil, não apropriado, inservível.
in·sig·nia *s.f.* **1.** Insígnia, distintivo, emblema. **2.** Insígnia, estandarte, bandeira.
in·sig·ni·fi·can·te *adj.* Insignificante, sem importância, mínimo.
in·si·nua·ción *s.f.* Insinuação, alusão, indireta.
in·si·nuar *v.t.* Insinuar, sugerir, aludir. *Insinuó que quería viajar.* Insinuou que queria viajar. ■ **insinuarse** *v.p.* Insinuar-se, provocar o sexo oposto.
in·sí·pi·do/a *adj.* **1.** Insípido, insosso. **2.** Insípido, tedioso, enfadonho.
in·sis·ten·cia *s.f.* Insistência, reiteração. ♦ **Con insistencia.** Com insistência, insistentemente.
in·sis·tir *v.i.* **1.** Insistir, perseverar, teimar, aferrar-se. *Insiste en quedarse en casa.* Teima em ficar em casa. **2.** Insistir, reiterar, enfatizar. *Insistió en la importancia del tema.* Enfatizou a importância do assunto.
in·so·la·ción *s.f.* Insolação.
in·so·len·cia *s.f.* Insolência, atrevimento, petulância.
in·só·li·to/a *adj.* **1.** Insólito, raro. **2.** Insólito, extraordinário.
in·so·lu·ble *adj.* **1.** Insolúvel, indissolúvel. **2.** Insolúvel, indecifrável, sem solução.
in·sol·ven·cia *s.f. Com.* Insolvência, inadimplemento, inadimplência.
in·som·nio *s.m.* Insônia.
in·so·por·ta·ble *adj.* **1.** Insuportável, intolerável, desagradável. *Hace un frío insoportable.* Está um frio insuportável. **2.** Insuportável, tedioso, antipático. *Es una persona insoportable.* É uma pessoa insuportável.
in·sos·te·ni·ble *adj.* **1.** Insustentável, perigoso, inseguro. *La situación de la empresa es insostenible.* A situação da empresa é insus-tentável. **2.** Insustentável, inconsistente. *Esa idea es insostenible.* Essa ideia é insustentável.
ins·pec·ción *s.f.* **1.** Inspeção, fiscalização, vistoria, auditoria. *Harán la inspección mañana.* A inspeção será feita amanhã. **2.** Inspeção, inspetoria. *Trabaja en la inspección, en el cuarto piso.* Trabalha na inspetoria, no quarto andar. **3.** *For.* Inspeção, devassa. ♦ **Inspección ocular.** *For.* Vistoria.
ins·pec·cio·nar *v.t.* Inspecionar, fiscalizar, vistoriar.
ins·pec·tor/·to·ra *s.* **1.** Inspetor, fiscal. **2.** Inspetor, auditor. ♦ **Inspector de cuenta.** Auditor. **Inspector de policía.** Inspetor de polícia.
ins·pi·ra·ción *s.f.* **1.** Inspiração, aspiração (ar). *Inspiración de oxígeno.* Inspiração de oxigênio. **2.** Inspiração, estímulo criativo. *Es un compositor de mucha inspiración.* É um compositor que tem muita inspiração. **3.** Inspiração, influência, sugestão. *Su inspiración fueron los clásicos.* Os clássicos foram a sua inspiração.
ins·pi·rar *v.t.* **1.** Inspirar, aspirar (ar). **2.** Inspirar, estimular a criatividade. **3.** Inspirar, infundir, despertar. *Juan no me inspira confianza.* João não me inspira confiança. ■ **inspirarse** *v.p.* Inspirar-se, fundamentar-se, basear-se.
ins·ta·la·ción *s.f.* **1.** Instalação, colocação, disposição. **2.** Instalação, dispositivo, sistema. *Instalación eléctrica.* Instalação elétrica. ■ **instalaciones** *s.f.pl.* Instalações, dependências, acomodações.
ins·ta·lar *v.t.* **1.** Instalar, pôr em funcionamento. *Instalar el equipo.* Instalar o equipamento. **2.** Instalar, montar. *Instalaron un supermercado en el barrio.* Montaram um supermercado no bairro. **3.** Instalar, acomodar. *Instaló su despacho en el salón principal.* Instalou o seu escritório na sala principal. ■ **instalarse** *v.p.* **1.** Instalar-se, fixar residência. **2.** Instalar(-se), montar, estabelecer(-se).

ins·tan·cia *s.f.* **1.** *For.* Instância, requerimento. **2.** Solicitação, súplica. ■ **instancias** *s.f.pl. For.* Instância, jurisdição, foro. ♦ **En primera instancia.** Em primeiro lugar. **En última instancia.** Em última instância.

ins·tan·tá·ne·a *s.f.* Instantâneo, fotografia instantânea.

ins·tan·tá·ne·o/a *adj.* **1.** Instantâneo, momentâneo, fugaz. **2.** Instantâneo, imediato.

ins·tan·te *s.m.* Instante, momento. ♦ **A cada instante.** A todo instante. **Al instante.** Logo, rápido. **En aquel (mismo) instante.** Então, naquele instante. **En este (mismo) instante.** Agora, neste instante. **En un instante.** Num instante.

ins·tau·rar *v.t.* Instaurar, estabelecer, implantar. ♦ **Instaurar declaratoria de quiebra.** *Com.* Pedir declaração de falência.

ins·ti·gar *v.t.* Instigar, incitar.

ins·tin·to *s.m.* Instinto. ♦ **Instinto de conservación.** Instinto de conservação/sobrevivência. **Por instinto.** Instintivamente.

ins·ti·tor *s.m.* Preposto.

ins·ti·tu·ción *s.f.* **1.** Instituição, estabelecimento, criação. **2.** Instituição, entidade, corporação. ■ **instituciones** *s.f.pl.* Instituições, organizações políticas. ♦ **Instituciones de bien público.** Instituições de utilidade pública.

ins·ti·tuir *v.t.* **1.** Instituir, criar, fundar. *Instituyeron una sociedad.* Instituíram uma sociedade. **2.** Instituir, nomear, designar. *Instituyó heredero a su ahijado.* Nomeou o seu afilhado como herdeiro. ■ *C.mod. 13.*

ins·ti·tu·to *s.m.* **1.** Instituto. **2.** Instituição cultural/de pesquisa. **3.** *Esp.* Escola pública de 2º grau. **4.** *Mil.* Instituição militar.

ins·truc·ción *s.f.* **1.** Instrução, ensino, educação. **2.** Instrução, conhecimento, cultura. **3.** *For.* Instrução, sumário, inquérito. ■ **instrucciones** *s.f.pl.* Instruções, indicações, explicações. ♦ **Instrucción militar.** *Mil.* Treinamento militar. **Dar/Recibir instrucciones.** Dar/Receber instruções. **Juez de instrucción.** *For.* Juiz de instrução.

ins·truc·tor/·to·ra *adj. e s.* Instrutor.

ins·truir *v.t.* **1.** Instruir, educar, ensinar. *Lo van a instruir en un buen colegio.* Será instruído num bom colégio. **2.** Instruir, orientar, informar. *Tienes que instruirme sobre el funcionamiento de la máquina.* Você precisa instruir-me sobre o funcionamento da máquina. **3.** *For.* Instruir, comandar, tramitar (ações). *Este es el juez que instruirá el proceso.* Este é o juiz que instruirá o processo. ■ *C.mod. 13.*

ins·tru·men·tal *adj.* **1.** *Mus.* Instrumental, acompanhamento musical. ● *s.m.* **2.** Instrumental, aparelhagem. ♦ **Instrumental odontológico.** Instrumental odontológico.

ins·tru·men·to *s.m.* **1.** Instrumento, utensílio, ferramenta. **2.** *Mus.* Instrumento. **3.** *Fig.* Instrumento, meio, recurso.

in·su·fi·cien·cia *s.f.* **1.** Insuficiência, falta, escassez. **2.** *Med.* Insuficiência, deficiência. *Insuficiencia renal.* Insuficiência renal. ■ **insuficiencias** *s.f.pl.* Insuficiência, deficiência, inadequação. *Se marcaron las insuficiencias del proyecto.* Destacaram-se as deficiências do projeto.

in·sul·so/a *adj.* **1.** Insulso, insosso, sem sabor. **2.** *Fig.* Insulso, sem graça, tedioso.

in·sul·tar *v.t.* Insultar, xingar, ofender, injuriar.

in·sul·to *s.m.* Insulto, xingamento, injúria, ultraje.

in·su·rrec·ción *s.f.* Insurreição, rebelião, levante.

in·sus·ti·tui·ble *adj.* Insubstituível. ■ *Tb.:* insubstituible.

in·tac·to/a *adj.* Intacto, íntegro, inteiro.

in·te·gra·ción *s.f.* Integração, entrosamento.

in·te·gran·te *adj. e s.2g.* Integrante.

in·te·grar *v.t.* **1.** Integrar, compor, constituir. **2.** *Amer.* Pagar, reembolsar. **3.** Integrar, incorporar, ingressar. ■ **integrarse** *v.p.* Integrar-se, incorporar-se, ingressar. ♦ **Integrar capital.** *Com.* Integralizar capital.

ín·te·gro/a *adj.* **1.** Íntegro, inteiro, completo. **2.** *Fig.* Íntegro, honesto, idôneo.

intelectual   236   **intermedio/a**

in·te·lec·tual *adj.* **1.** Intelectual, mental, racional. ● *s.2g.* **2.** Intelectual, estudioso, sábio.

in·te·li·gen·cia *s.f.* **1.** Inteligência, intelecto, mente. **2.** Inteligência, perspicácia. **3.** Inteligência, pessoa inteligente.

in·te·li·gen·te *adj. e s.2g.* Inteligente, esperto, engenhoso.

in·tem·pe·rie *s.f.* Intempérie. ♦ **A la intemperie. 1.** Ao ar livre. **2.** Ao relento.

in·ten·ción *s.f.* Intenção, propósito, objetivo. ♦ **Con intención.** Intencionalmente, de propósito. **De buena/mala intención.** Com boa/má intenção. **La intención era buena.** O que vale é a intenção. **Segundas intenciones.** Segundas intenções.

in·ten·den·cia *s.f.* **1.** Administração de certos órgãos públicos. **2.** *Arg.* Prefeitura.

in·ten·den·te *s.m.* **1.** Administrador público. **2.** *Arg.* Prefeito.

in·ten·si·dad *s.f.* Intensidade, força, energia.

in·ten·si·fi·car *v.t.* Intensificar, incrementar, aumentar. ■ **intensificarse** *v.p.* Intensificar-se, incrementar-se, aumentar.

in·ten·tar *v.t.* **1.** Tentar, intentar. **2.** Tencionar, pretender.

in·ten·to *s.m.* **1.** Tentativa. **2.** Intenção, projeto.

in·ter·ac·ción *s.f.* Interação. ❙ *Tb.: in·te·rac·ción.*

in·ter·ca·lar *v.t.* Intercalar, inserir, introduzir.

in·ter·cam·bio *s.m.* Intercâmbio.

in·ter·ce·der *v.i.* Interceder, intervir, mediar.

in·ter·cep·tar *v.t.* Interceptar, interromper, deter.

in·ter·co·ne·xión *s.f.* **1.** Interligação. **2.** *Inform.* Interface.

in·te·rés *s.m.* **1.** Interesse, importância, valor. *Es una obra de interés público.* É uma obra de interesse público. **2.** Interesse, curiosidade, inclinação. *Tiene interés en encontrarse con Paulo.* Tem interesse em encontrar-se com Paulo. **3.** Interesse, benefício, proveito. *Hizo eso en interés propio.* Fez isso em benefício próprio. **4.** Interesse, ganância, cobiça. **5.** *Com.* Juros, ágio. *Cobran el 10% de interés.* Cobram 10% de juros. ■ **intereses** *s.m.pl.* **1.** *Com.* Rendimentos. *Cobraré los intereses de la inversión.* Receberei os rendimentos da aplicação. **2.** Interesses, intenções, aspirações. ♦ **Colocar a interés.** *Com.* Aplicar (dinheiro) a juros. **Dar a interés.** *Com.* Emprestar dinheiro a juros. **Tener interés.** Ter interesse.

in·te·re·sa·do/a *adj. e s.* **1.** Interessado, preocupado, entusiasmado. **2.** Interesseiro, egoísta, ganancioso.

in·te·re·sar *v.i.* **1.** Interessar, atrair. ■ *v.t.* **2.** Interessar, causar interesse, importar. **3.** Afetar, ferir, atingir. ■ **interesarse** *v.p.* Interessar-se, ter interesse, importar-se. ♦ **¡No te interesa!** Não é da sua conta!

in·ter·fa·se *s.f. Fís. e inform.* Interface.

in·ter·fe·ren·cia *s.f.* **1.** Interferência, intervenção. **2.** *Fís.* Interferência, superposição de sinais, ondas ou frequências.

in·ter·fe·rir *v.i.* **1.** *Fís.* Interferir, produzir interferência (sinais, ondas, frequências). **2.** Interferir, interpor, afetar. *Su opinión no interfiere en los resultados.* A sua opinião não interfere nos resultados. ■ **interferirse** *v.p.* Intrometer-se, interferir. ❙ *C.mod. 11.*

in·te·rior *adj.* **1.** Interior, interno. **2.** Interior, íntimo, espiritual. ● *s.m.* **3.** Interior, parte interna (de algo, país). *Pintó el interior del armario.* Pintou o interior do armário. **4.** Interior, intimidade, íntimo. ♦ **Ministerio del Interior.** Ministério do Interior. **Ropa interior.** Roupa íntima.

in·ter·jec·ción *s.f. Gram.* Interjeição, exclamação.

in·ter·lo·cu·tor/·to·ra *s.* Interlocutor, ouvinte. ■ **Interlocutores** *s.m.pl.* Interlocutores, falantes.

in·ter·me·dia·rio/a *adj. e s.* **1.** Mediador, intermediário. **2.** Intermediário, médio. ■ *s.m.* **3.** Intermediário, atravessador.

in·ter·me·dio/a *adj.* **1.** Intermédio, médio. *Precios intermedios.* Preços médios. ● *s.m.* **2.** Intervalo. *Hablamos en el intermedio de* *la película.* Falamos durante o intervalo do filme. ♦ **Por intermedio de.** Por intermédio de, por mediação de.

in·ter·na·cio·nal *adj.* Internacional. ♦ **Derecho internacional.** Direito internacional.

in·ter·na·da *s.f. Desp.* Ataque, ofensiva, avanço com a bola. *El delantero hizo una internada y tiró a gol.* O centroavante avançou com a bola e marcou o gol.

in·ter·na·do/a *adj.* 1. Internado. ● *s.m.* 2. Internato. ♦ **Régimen de internado.** Regime de internato.

in·ter·nar *v.t.* 1. Internar, introduzir, penetrar. 2. Internar, hospitalizar. ■ **internarse** *v.p.* 1. Internar-se, introduzir-se, penetrar. 2. *Desp.* Atacar, avançar.

in·ter·no/a *adj.* 1. Interno, interior. 2. Interno, residente, pensionista. *Alumno interno.* Aluno interno. *Médico interno.* Médico residente.

in·ter·po·ner *v.t.* 1. Interpor, intercalar, entremeter. 2. *For.* Interpor, entrar com ação judicial. *Interponer un recurso.* Interpor um recurso. ■ **interponerse** *v.p.* Interpor-se, interferir, intervir. ■ *C.mod. 14.*

in·ter·pre·tar *v.t.* 1. Interpretar, explicar, traduzir. 2. Interpretar, representar, encenar. 3. Interpretar, julgar, entender.

in·tér·pre·te *s.2g.* 1. Intérprete, tradutor. 2. Intérprete, comentarista. 3. *Mus.* Intérprete, cantor.

in·te·rro·ga·ción *s.f.* 1. Interrogação, pergunta, incógnita. 2. *Gram.* Interrogação, frase interrogativa. ♦ **Signo de interrogación.** *Gram.* Ponto/Sinal de interrogação. ■ Em espanhol, o sinal gráfico, em frases interrogativas diretas, é usado obrigatoriamente em posição normal ao final da frase e invertido ao início. *¿Cómo te llamas?* Como você se chama?

in·te·rro·gar *v.t.* Interrogar, perguntar, inquirir.

in·te·rro·ga·to·rio *s.m.* Interrogatório.

in·te·rrum·pir *v.t.* Interromper, suspender, cessar.

in·te·rrup·tor/·to·ra *adj.* 1. Interruptor, que interrompe. ● *s.m.* 2. *Eletr.* Interruptor, comutador, chave. *Interruptor de luz.* Interruptor de luz.

in·te·rur·ba·no/a *adj.* Interurbano. *Conferencia interurbana.* Ligação interurbana. ■ *Tb.: in·te·rur·ba·no/a.*

in·ter·va·lo *s.m.* 1. Intervalo, lapso, pausa. 2. Intervalo, lapso, período. *En el intervalo de un mes ha enviado dos cartas.* No período de um mês enviou duas cartas. 3. *Mus.* Intervalo, diferença de tom. ♦ **A intervalos.** Espaçadamente.

in·ter·ven·ción *s.f.* 1. Intervenção, participação, atuação. *Su intervención en la clase fue oportuna.* A sua intervenção na aula foi oportuna. 2. *Med.* Intervenção, operação, cirurgia. 3. *Esp.* Auditoria. *Estuve en intervención esta mañana.* Passei na auditoria hoje de manhã. 4. Intromissão de um país em outro com a pretensão de orientá-lo.

in·ter·ve·nir *v.i.* 1. Intervir, participar. *Intervino en el trabajo.* Participou do trabalho. 2. Intervir, mediar. *Intervino en la discusión.* Interveio na discussão. 3. Intervir, afetar, interferir. *Eso no interviene en mi decisión.* Isso não interfere na minha decisão. ■ *v.t.* 4. *Med.* Operar, fazer intervenção cirúrgica. 5. Interceptar, confiscar, apreender. *En aduana intervinieron la mercancia a los contrabandistas.* Na alfândega apreenderam a mercadoria dos contrabandistas. 6. Cassar. *Le intervinieron el mandato.* Cassaram o seu mandato. ■ *C.mod. 37.*

in·tes·ti·no *s.m. Med.* Intestino. ♦ **Intestino delgado/grueso.** Intestino delgado/grosso.

in·ti·mar *v.i.* 1. Fazer amizade íntima. 2. *For.* Intimar, interpelar, requerer.

in·ti·mi·dad *s.f.* 1. Intimidade, amizade íntima. 2. Privacidade, vida íntima. ♦ **En la intimidad.** Na intimidade.

in·ti·mi·dar *v.t.* Intimidar, amedrontar, inibir. ■ **intimidarse** *v.p.* Intimidar-se, amedrontar-se, inibir-se.

ín·ti·mo/a *adj.* 1. Íntimo, particular, pessoal.

intolerancia 238 **inventario**

2. Íntimo, familiar, de relação pessoal forte. *Es un amigo íntimo.* É um amigo íntimo. ♦ **En lo más íntimo.** No fundo, no íntimo.

in·to·le·ran·cia *s.f.* **1.** Intolerância, intransigência, incompreensão. **2.** *Med.* Alergia.

in·tran·si·ti·vo/a *adj. Gram.* Intransitivo.

in·tra·ta·ble *adj.* **1.** Intratável. **2.** Antipático, grosseiro, intratável. **3.** *Fig.* Intransitável.

in·tré·pi·do/a *adj.* Intrépido, destemido, valente.

in·tri·ga *s.f.* **1.** Intriga, conspiração, trama. **2.** Curiosidade, interesse, mistério. **3.** Intriga, enredo.

in·tri·gan·te *adj. e s.2g.* **1.** Intrigante, conspirador. **2.** Intrigante, curioso, interessante.

in·trín·se·co/a *adj.* Intrínseco, próprio, característico.

in·tro·duc·ción *s.f.* **1.** Introdução, implantação, ingresso. **2.** *Liter.* Introdução, prefácio. **3.** Introdução, iniciação.

in·tro·du·cir *v.t.* **1.** Introduzir, fazer entrar, penetrar. *Introducir un tornillo en una tuerca.* Introduzir um parafuso numa porca. **2.** Introduzir, apresentar, anunciar. *Nos introdujeron en el club.* Apresentaram-nos no clube. **3.** Introduzir, adotar. *Introducir una moda.* Introduzir uma moda. *Introducir nuevos términos.* Introduzir novos termos. ■ **introducirse** *v.p.* **1.** Introduzir-se, invadir, infiltrar-se. *Se introdujo en el país hace años.* Infiltrou-se no país há anos. **2.** Introduzir-se, entrar, ser admitido. ❚ *C.mod. 09.*

in·tro·ver·ti·do/a *adj. e s.* Introvertido.

in·tru·so/a *adj. e s.* Intruso, intrometido.

in·tui·ción *s.f.* Intuição, pressentimento, instinto, faro.

i·nun·da·ción *s.f.* **1.** Inundação, alagamento, enchente, cheia. **2.** *Fig.* Invasão, grande número (pessoas, coisas).

i·nun·dar *v.t.* **1.** Inundar, alagar. *Las fuertes lluvias inundaron la ciudad.* As fortes chuvas inundaram a cidade. **2.** *Fig.* Inundar, ocupar, invadir. *En las vacaciones las personas inundan la costa.* Nas férias as pessoas invadem o litoral. ■ **inundarse** *v.p.* Inundar-se, alagar-se. *Se inundó la habitación.* O quarto alagou-se.

i·nu·si·ta·do/a *adj.* Inusitado, insólito, incomum.

i·nú·til *adj.* **1.** Inútil, imprestável. **2.** Inútil, ineficaz. **3.** Inútil, improdutivo, ocioso. **4.** *Col.* Inválido, paralítico. *Está inútil desde que sufrió el accidente.* Ficou paralítico depois que sofreu o acidente. ● *s.2g.* **5.** Inútil, incapaz, inábil. *¡Eres un inútil! ¡No haces nada bien!* Você é inútil! Não faz nada direito! ❚ *Tb.: in·ú·til.* ♦ **Declarar inútil.** Declarar incapaz (física ou mentalmente).

in·va·dir *v.t.* **1.** Invadir, ocupar, conquistar. **2.** Invadir, alastrar, espalhar. **3.** *Fig.* Invadir, dominar. *Me invadió una gran tristeza.* Invadiu-me uma grande tristeza. **4.** Entrar com veículo em local destinado a pedestres. *El autobús invadió la acera.* O ônibus subiu na calçada.

in·va·li·dar *v.t.* Invalidar, anular, inutilizar, cancelar.

in·vá·li·do/a *adj. e s.* **1.** Inválido, paralítico, incapaz. **2.** Inválido, nulo, sem validade.

in·va·ria·ble *adj.* **1.** Invariável, constante, estável. **2.** *Gram.* Invariável, sem flexão gramatical.

in·va·sión *s.f.* Invasão, ocupação. *Una invasión de turistas.* Uma invasão de turistas.

in·va·sor/·so·ra *adj. e s.* Invasor, conquistador.

in·ven·ción *s.f.* **1.** Invenção, invento. **2.** Invenção, mentira.

in·ven·tar *v.t.* **1.** Inventar, criar, idear, projetar. *¿Quién inventó este aparato?* Quem inventou este aparelho? **2.** *Fig.* Inventar, fantasiar, tramar. *Inventa unas historias fantásticas.* Inventa umas histórias fantásticas. ■ **inventarse** *v.p.* **1.** Inventar-se, criar-se, idear-se. *Todavía no se ha inventado una forma más fácil que esta.* Ainda não foi inventada uma forma mais fácil do que esta. **2.** *Fig.* Inventar, fantasiar, tramar-se. *Siempre te inventas unas excusas geniales.* Você sempre inventa desculpas geniais.

in·ven·ta·rio *s.m.* **1.** Inventário, descrição ou

enumeração minuciosa. **2.** Relação, classificação, lista. **3.** Relação de bens de uma pessoa ou empresa.

in·ven·to *s.m.* Invento, criação, invenção.

in·ven·tor/·to·ra *s.* Inventor, autor, criador.

in·ver·na·de·ro *s.m.* Estufa, hibernáculo.

in·ve·ro·si·mi·li·tud *s.f.* Inverossimilhança.

in·ver·sión *s.f.* **1.** Inversão, alteração. **2.** *Com.* Investimento, aplicação (financeira). ♦ **Inversión sexual.** Desvio sexual.

in·ver·sio·nis·ta *s.2g. Com.* Aplicador, investidor.

in·ver·so/a *adj.* Inverso, contrário, oposto. ♦ **A la inversa.** Ao contrário. **Traducción inversa.** Versão.

in·ver·te·bra·do/a *adj. e s.m. Biol.* Invertebrado.

in·ver·ti·do/a *adj.* **1.** Invertido, inverso. • *s.* **2.** Homossexual.

in·ver·tir *v.t.* **1.** Inverter, mudar, trocar. **2.** *Com.* Investir, aplicar (valores). **3.** Investir, gastar, consumir. ∎ *C.mod. 11.*

in·ves·ti·ga·ción *s.f.* **1.** Investigação, indagação, verificação. **2.** Pesquisa, estudo, consulta. ♦ **Investigación policial.** Inquérito policial.

in·ves·ti·ga·dor/·do·ra *adj.* **1.** Investigador. • *s.* **2.** Pesquisador, estudioso.

in·ves·ti·gar *v.t.* **1.** Investigar, verificar, inquirir. **2.** Pesquisar, estudar, investigar, consultar.

in·vier·no *s.m.* Inverno.

in·vi·ta·ción *s.f.* **1.** Convite. **2.** Convite, participação, cartão. *Mandará la invitación de la boda.* Mandará o convite de casamento. **3.** *Col.* Consumação, rodada, convite. *La próxima bebida es una invitación mía.* A próxima rodada é por minha conta.

in·vi·ta·do/a *s.* Convidado.

in·vi·tar *v.t.* **1.** Convidar, solicitar a presença. *Nos invitó a su casa.* Convidou-nos para ir à sua casa. **2.** *Col.* Pagar uma conta, consumação. *Te invito con un café.* Eu pago um café. **3.** Convidar, pedir, solicitar. *Los invitó a sentarse.* Pediu-lhes que se sentassem. **4.** Convidar, estimular, incitar. *Este tiempo invita a pasear.* Este tempo estimula a passear.

in·vo·car *v.t.* **1.** Invocar, pedir, implorar. **2.** Invocar, apelar, recorrer.

in·vo·lu·crar *v.t.* Envolver, implicar, complicar. *Nos involucró en un mal negocio.* Implicou-nos num mau negócio. ∎ **involucrarse** *v.p.* Envolver-se, implicar-se, complicar-se. *Se involucró en ese asunto.* Envolveu-se nesse assunto.

in·vo·lun·ta·rio/a *adj.* Involuntário, inconsciente, automático.

in·yec·ción *s.f.* Injeção.

ir *v.i.* **1.** Ir, dirigir-se, mover-se, transitar. *Voy a la confitería.* Vou à confeitaria. **2.** Ir, deslocar-se (para fazer algo). *Fue a beber agua.* Foi tomar água. **3.** Ir, frequentar. *Ella va a la escuela.* Ela vai à escola. **4.** Ir, caminhar. *Voy por la avenida central.* Vou pela avenida central. **5.** Estar em algum ponto ou local. *Va por la lección tres.* Está na terceira lição. **6.** Ir, funcionar. *Este aparato va muy mal.* Este aparelho funciona muito mal. **7.** Ir, desempenhar-se, desenvolver-se. *Les va muy bien en el nuevo trabajo.* Tudo vai indo bem com eles no novo trabalho. **8.** Ir, levar, conduzir. *Este camino va a la playa.* Este caminho leva à praia. ∎ **irse** *v.p.* **1.** Ir, dirigir-se (uso enfático). *Me voy a casa.* Vou para casa. **2.** Ir-se, morrer. **3.** Ir-se, sair, partir. *Nos iremos mañana.* Partiremos amanhã. *Se fueron a Europa.* Foram para a Europa. ∎ **a.** Com *ger.* enfatiza a duração. *Me iba cansando cada vez más.* Estava ficando cada vez mais cansado. **b.** Com a *prep. a* expressa ação prestes a começar. *Iba a salir cuando llegaste.* Eu estava saindo quando você chegou. **c.** *C.mod. 26.* ♦ **Ir a parar.** Terminar, ir parar. *¿Dónde vamos a parar con estos precios?* Aonde vamos parar com estes preços? **Ir con.** Combinar. **Ir de compras.** Ir fazer compras. **Ir de escopeta/mochila.** Segurar vela. **Ir de mal en peor.** Ir de mal a pior. **Ir de paseo.** Dar uma volta. **Ir demasiado lejos.** Ir longe demais. **Ir en.** Ir de (relativo a veículos). *Voy en avión.* Vou de avião. **Ir para largo.** Demorar. *Esta obra* *va para largo.* Esta obra demora. **Ir por.** Ir buscar. *Voy por mi hermano.* Vou buscar o meu irmão. **Ir tirando.** Ir levando. **Irse a pique.** Ir a pique, fracassar. **Irse la mano (a alguien).** Exceder-se. *¿Cómo te/le va?* Como vai? **No vaya a (ser) que.** Para o caso de. *Llévate el abrigo, no vaya a ser que enfríe.* Leve o casaco para o caso de que esfrie. **¡Qué va!** Imagine! Nem pensar! **Vamos a ver.** Vejamos, vamos ver. **Vamos/Vayamos por partes.** Vamos por partes. **¡Vaya!** Ora! Vá! (indica desgosto, desagrado, surpresa).

i·ra *s.f.* Ira, raiva, cólera.

i·ris *s.m.* **1.** Íris. **2.** Arco-íris.

i·ro·ní·a *s.f.* Ironia.

i·rra·cio·nal *adj.* **1.** Irracional, sem razão. **2.** Irracional, ilógico, absurdo.

i·rra·diar *v.t.* **1.** Irradiar, expedir raios ou radiação. *Irradiar luz.* Irradiar luz. **2.** *Fig.* Irradiar, propagar, difundir. *Irradiaron la noticia.* Irradiaram a notícia. **3.** Irradiar, expor à radiação.

i·rre·gu·lar *adj.* **1.** Irregular, desigual, assimétrico. **2.** Irregular, inconstante. **3.** Irregular, anormal. **4.** *Gram.* Irregular, que não segue a regra geral.

i·rre·le·van·te *adj.* Irrelevante, insignificante.

i·rre·pro·cha·ble *adj.* Irrepreensível, impecável, perfeito.

i·rres·pon·sa·ble *adj. e s.2g.* Irresponsável, inconseqüente.

i·rre·vo·ca·ble *adj.* Irrevogável.

i·rri·ga·ción *s.f.* Irrigação.

i·rri·tar *v.t.* **1.** Irritar, enfurecer, enervar. **2.** *Med.* Irritar, inflamar. ■ **irritarse** *v.p.* **1.** Irritar-se, enfurecer-se, enervar-se. **2.** *Med.* Irritar-se, inflamar-se.

i·rrum·pir *v.i.* Irromper, invadir.

is·la *s.f.* Ilha.

í·tem *s.m.* Item.

i·ti·ne·ra·rio *s.m.* Itinerário, trajeto, percurso, caminho.

iz·quier·do/a *adj.* **1.** Esquerdo, lado oposto ao direito. ● *s.f.* **2.** Esquerda, canhota, mão esquerda. *Pablo escribe con la izquierda.* Paulo escreve com a mão esquerda. **3.** Esquerda, parte esquerda. *La puerta queda a la izquierda.* A porta fica à esquerda. **4.** Esquerda, corrente política. ♦ **A la izquierda.** À esquerda. **De izquierda a derecha.** Da esquerda para a direita. **Extrema izquierda.** Extrema esquerda. **Levantarse con el pie izquierdo.** Levantar com o pé esquerdo. **Ser un cero a la izquierda.** Ser um zero à esquerda.

J

j *s.f.* J, décima letra do alfabeto. ■ Recebe o nome *jota.*

ja·ba·lí *s.m.* Javali.

ja·bón *s.m.* **1.** Sabão. **2.** Sabonete. ♦ **Jabón de olor.** Sabonete. **Jabón de sastre.** Giz de costura, de alfaiate. **Jabón de tocador.** Sabonete. **Dar jabón a.** Bajular, jogar confete. **Dar un jabón a.** Repreender, passar um sabão.

ja·bo·ne·ra *s.f.* **1.** Saboneteira. **2.** *Bot.* Saboeiro.

ja·de·ar *v.i.* Ofegar, arfar, arquejar.

ja·guar *s.m.* Jaguar, onça.

ja·lar *v.t.* **1.** Puxar. **2.** *Fig.* Comer com apetite.

ja·lea *s.f.* **1.** Geleia. **2.** Gel, unguento. ♦ **Jalea de membrillo.** Marmelada. **Jalea real.** Geleia real. **Hacerse una jalea.** Desmanchar-se em amabilidades.

ja·leo *s.m.* Algazarra, bagunça, baderna, confusão.

ja·lón *s.m.* **1.** Pontalete, estaca. **2.** *Amer.* Puxão. **3.** *Amer.* Trecho, distância. **4.** *Mex. e Am.C.* Tragada, baforada. ♦ **Jalón de orejas.** Puxão de orelhas. **Dar jalón.** *Amer.* Dar carona. **Dar un jalón.** Dar uma tragada (cigarro). **De un jalón.** *Amer.* **1.** De um gole só. **2.** De uma puxada só.

ja·más *adv.* Jamais, nunca. *Jamás hagas eso.* Nunca faça isso. *No volverá jamás.* Não voltará nunca mais. ♦ **Jamás de los jamases.** Nunca jamais. **Por siempre jamás.** Nunca mais.

ja·món *s.m.* Presunto cru. *Huevos con jamón.* Ovos com presunto. *Jamón en dulce.* Presunto cozido em vinho branco. ♦ **Jamón cocido/de York.** Presunto cozido. **Jamón serrano.** Presunto defumado.

ja·que *adj.* **1.** Valentão, fanfarrão. ● *s.m.* **2.** Xeque. ♦ **Jaque mate.** Xeque-mate. **Poner/Tener/Traer en jaque.** Pôr em xeque, encostar na parede.

ja·que·ca *s.f. Med.* Enxaqueca. ♦ **Dar una jaqueca.** Insistir, teimar (em algo), dar dor de cabeça a alguém.

ja·ra·be *s.m.* **1.** Xarope, remédio. **2.** Xarope, calda. **3.** *Mex. e Am.C.* Dança popular.

jar·dín *s.m.* Jardim. ♦ **Jardín botánico.** Jardim botânico. **Jardín de (la) infancia.** Jardim de infância.

jar·di·ne·rí·a *s.f.* Jardinagem.

ja·rro/a *s.m.* **1.** Jarro, cântaro. ■ *s.f.* **2.** Jarra, moringa. ♦ **Echar un jarro de agua fría.** Jogar um balde de água fria. **En jarras.** Com as mãos na cintura em forma de alças.

ja·rrón *s.m.* **1.** Vaso para flores, jarro. **2.** Ânfora.

jau·la *s.f.* **1.** Jaula. **2.** Gaiola. **3.** Engradado. **4.** *Amer.* Vaga na garagem.

jaz·mín *s.m. Bot.* Jasmim.

je·fa·tu·ra *s.f.* **1.** Chefia, direção. *Tiene un puesto de jefatura.* Tem um cargo de chefia. **2.** Chefatura, o lugar do chefe. *Vaya hasta la jefatura y hable con el encargado.* Vá à chefatura e fale com o encarregado.

je·fe/a *s.* **1.** Chefe, superior, mandachuva. **2.** *Mil.* Comandante. ♦ **Jefe de familia/gobierno.** Chefe de família/governo.

je·jén *s.m. Amer.* Cupim, broca.

jen·gi·bre *s.m. Bot.* Gengibre.

je·rar·quí·a *s.f.* Hierarquia.

je·rez *s.m.* Xerez (tipo de vinho).

jer·ga *s.f.* Gíria, jargão.

je·rin·ga *s.f.* **1.** Seringa. **2.** Bisnaga (usada para encher embutidos).

je·ro·glí·fi·co/a *adj.* **1.** Hieroglífico (escrita). ● *s.m.* **2.** Hieróglifo (caracteres). **3.** Adivinhação, passatempo. ■ Não tem sentido de "letra ilegível".

☞ **jer·sey** *s.m. Angl.* Pulôver, malha de lã.

je·ta *s.f.* **1.** Focinho de porco, fuça. **2.** *Vulg.* Boca grande, tromba. **3.** *Col.* Cara. ♦ **Poner jeta.** Fazer cara feia. **Tener jeta.** Ser/Ter cara de pau.

jil·gue·ro *s.m.* Pintassilgo.

ji·ne·te *s.m.* **1.** Ginete, cavaleiro. **2.** Jóquei. **3.** Cavalo adestrado.

ji·ra·fa *s.f.* Girafa.

ji·rón *s.m.* **1.** Retalho. **2.** Pedaço. **3.** Emblema triangular. ♦ **Hecho jirones.** Em frangalhos.

jo·der *v.t. Vulg.* **1.** Foder, copular. **2.** Incomodar, encher a paciência. ■ **joderse** *v.p.* **1.** *Col.* Estragar-se, arruinar-se. **2.** *Col.* Dar-se mal, levar a pior, estrepar-se. *Me jodí en el examen.* Fui mal na prova. ♦ **¡Joder!** Porra! (expressão de satisfação ou desgosto). **¡Jódete!** Dane-se! Problema seu, aguenta!

¡jo·li·nes! *interj.* Caramba! Puxa vida!

jor·na·da *s.f.* **1.** Jornada, dia de trabalho. **2.** Jornada, expedição, viagem. **3.** *Fig.* Período de vida ou existência. ♦ **Jornada completa.** Turno completo. **Jornada laboral.** Jornada de trabalho.

jor·nal *s.m.* **1.** Salário por dia. **2.** Ordenado. ■ Não tem sentido de "publicação periódica".

jo·ro·ba *s.f.* **1.** Corcunda, deformação física. **2.** *Fig.* Protuberância, saliência. **3.** *Fig. e col.* Chatice.

jo·ro·bar *v.t. Vulg.* Encher a paciência, irritar. ■ **jorobarse** *v.p.* **1.** Suportar, aguentar. *¿No*

te gusta? ¡Joróbate! Não gosta? Problema seu! **2.** Arruinar(-se), frustrar(-se), estragar. *Se jorobó nuestra fiesta.* Nossa festa gorou.
jo·ven *adj. e s.2g.* Jovem, moço, novo.
jo·ya *s.f.* **1.** Joia. **2.** *Fig.* Coisa linda, preciosa. *Esa casa es una joya.* Essa casa é uma preciosidade. **3.** *Fig.* Joia, pessoa de grandes qualidades. ■ Não tem sentido de "taxa de admissão".
jo·ye·rí·a *s.f.* Joalheria.
jo·ye·ro/a *s.* **1.** Joalheiro, ourives. ■ *s.m.* **2.** Porta-joias.
☞ **ju·bi·la·ción** *s.f.* Aposentadoria.
☞ **ju·bi·la·do/a** *adj. e s.* Aposentado.
☞ **ju·bi·lar** *v.t.* **1.** Aposentar, conceder aposentadoria. *Trabajó hasta que lo jubilaron.* Trabalhou até que foi aposentado. **2.** *Fig.* Descartar, dispensar, desfazer-se. *Voy a jubilar el traje azul porque está muy desteñido.* Vou me desfazer do terno azul porque está muito desbotado. ■ **jubilarse** *v.p.* **1.** Aposentar-se. *Mi papá se jubila el año entrante.* O meu pai se aposenta no ano que vem. **2.** Alegrar-se, jubilar-se.
ju·dí·o/a *s.* **1.** Judeu. ■ *s.f.* **2.** *Bot. Esp.* Feijão. ◆ **Judías verdes.** *Bot. Esp.* Vagem.
jue·go *s.m.* **1.** Jogo, diversão, brincadeira. **2.** Jogo (de azar, cartas). **3.** Jogo, partida. **4.** Jogo, conjunto de objetos. *Un juego de café.* Um jogo de café. **5.** Jogo, combinação, disposição. *Juego de luces.* Jogo de luzes. **6.** *Mec.* Folga. **7.** *Fig.* Jogo, intriga. ■ **juegos** *s.m.pl.* Jogos, competição pública. *Juegos olímpicos.* Jogos olímpicos. ◆ **Juego de azar.** Jogo de azar. **Juego de barajas/cartas/naipes.** Jogo de cartas, baralho. **Juego de damas.** Jogo de damas. **Juego de palabras.** Trocadilho. **Juego de pelota.** Jogo de bola. **Conocer/Descubrir el juego.** Descobrir o jogo (de alguém). **Entrar en juego.** Interferir, intervir. **Estar en juego.** Estar em jogo, afetar. **Hacer el juego.** Fazer o jogo, participar das manobras. **Hacer juego.** Combinar. *La corbata hace juego con el saco.* A gravata combina com o paletó. **¡Hagan juego!** Façam o seu jogo! (Frase que abre as apostas de jogo.) **Mostrar el juego.** Abrir o jogo. **Poner en juego.** Pôr em jogo. **Sala de juegos.** Sala de jogos. **Tener juego.** *Mec.* Ter folga.
jue·ves *s.m.* Quinta-feira. ◆ **Jueves Santo.** Quinta-feira Santa. **No ser cosa del otro jueves.** Não ser nada do outro mundo. ■ *Pl.:* invariável.
ju·ez *s.m.* **1.** *Desp.* Juiz, árbitro. **2.** *For.* Juiz, magistrado. ■ Não tem sentido de "membro do júri". ◆ **Juez de campo.** *Desp.* Juiz de competição, árbitro. **Juez de instrucción.** *For.* Juiz de primeira instância. **Juez de las cortes de apelación.** *For.* Desembargador. **Juez de paz.** *For.* Juiz de paz.
ju·ga·da *s.f.* **1.** Jogada, lance de jogo. **2.** *Fig.* Jogada, intriga. *Armaron una jugada para que lo echasen del trabajo.* Armaram uma intriga para que fosse despedido do trabalho. **3.** *Fig.* Jogada, negócio. *Eso del tráfico de drogas es una jugada peligrosa.* Esse negócio de tráfico de drogas é uma jogada perigosa. ◆ **Mala jugada.** Golpe baixo, jogo sujo.
ju·ga·dor/·do·ra *s.* **1.** Jogador, participante do jogo. **2.** Jogador, que tem o vício do jogo.
ju·gar *v.t. e v.i.* **1.** Jogar, participar em jogo, em esportes. *Jugar a las cartas.* Jogar baralho. *Jugar al fútbol.* Jogar futebol. **2.** Brincar. *Los niños juegan con pelotas y las niñas juegan con muñecas.* Os meninos brincam com bola e as meninas brincam com bonecas. **3.** Brincar, fazer troça, não levar a sério. *No se debe jugar con los sentimientos.* Não se deve brincar com os sentimentos. **4.** Negociar, aplicar, investir. *Jugar a la Bolsa.* Aplicar na Bolsa. **5.** Jogar, fazer uma jogada. *Te toca jugar.* É a sua vez de jogar. **6.** Combinar, funcionar harmoniosamente. *Las sillas no juegan con la mesa.* As cadeiras não combinam com a mesa. **7.** Jogar, arriscar, apostar. **8.** *Mec.* Estar frouxo, ter folga (peças). ■ **jugarse** *v.p.* **1.** Sortear. *Hoy se juega el gran premio.* Hoje será sorteado o grande prêmio. **2.** *Fig.* Arriscar(-se), apostar, jogar. *Me jugué la vida en eso.* Arrisquei a

vida nisso. ■ a. Não tem sentido de "lançar, arremessar". b. *C.mod. 04.* ♦ **Jugar con (alguien).** Brincar com (alguém), fazer gozação. **Jugar el todo por el todo.** Ser tudo ou nada, arriscar tudo. **Jugar limpio.** Fazer jogo limpo. **Jugar sucio.** Jogar sujo, trapacear. **Jugarse.** Arriscar, dar tudo de si. **Por jugar.** De brincadeira. ¿**Qué te juegas a que (...)?** Quanto quer apostar que (...)?

ju·go *s.m.* **1.** Suco, extrato. *Jugo de naranja.* Suco de laranja. **2.** *Fig.* Essência, substância. **3.** *Med.* Suco, líquido produzido por certos órgãos. *Jugo gástrico/pancreático.* Suco gástrico/pancreático. ♦ **Sacar el jugo.** Tirar o máximo proveito, aproveitar, sugar.

ju·gue·te *s.m.* **1.** Brinquedo. **2.** *Fig.* Joguete, objeto de zombaria, de troça. **3.** *Teat.* Peça musical.

ju·gue·te·rí·a *s.f.* Loja de brinquedos.

ju·gue·tón/to·na *adj.* Brincalhão.

jui·cio *s.m.* **1.** Juízo, razão, faculdade de julgar. **2.** Juízo, opinião, conceito. *A mi juicio.* Na minha opinião. **3.** Juízo, siso, sensatez. *Persona de juicio.* Pessoa de juízo. **4.** *For.* Julgamento. *El juicio duró diez horas.* O julgamento demorou dez horas. **5.** *For.* Juízo, processo. ■ Não tem sentido de "tribunal". ♦ **Juicio criminal.** *For.* Processo criminal. **Juicio de testamentaría.** *For.* Ação de inventário. **Juicio ejecutivo.** *For.* Execução judicial de uma dívida. **Juicio temerario.** Difamação sem provas. **En juicio.** Judicialmente. **Estar en su sano juicio.** Gozar de pleno juízo. **Llevar a juicio.** Levar a julgamento. **Perder el juicio.** Perder o juízo, ficar louco. **Poner en tela de juicio.** Analisar, verificar, julgar.

jui·cio·so/a *adj.* Ajuizado, sensato.

ju·lio *s.m.* **1.** Julho. **2.** *Fís.* Joule, unidade de medida de energia.

ju·nio *s.m.* Junho.

jun·ta *s.f.* **1.** Junta, reunião, conselho (de uma entidade). **2.** Junção, juntura, articulação. **3.** *For. e com.* Assembleia, reunião de sócios/executivos. ♦ **Junta de accionistas.** Assembleia de acionistas. **Junta de facultad.** Conselho de professores. **Junta de gobierno.** Junta de governo.

jun·tar *v.t.* **1.** Juntar, reunir, agrupar. *Junté todos los documentos.* Juntei todos os documentos. **2.** Juntar, amontoar. *Juntar dinero.* Juntar dinheiro. **3.** Encostar (porta, janela). *Junta la ventana que hay mucho aire.* Encoste a janela porque está ventando muito. **4.** Anexar, ajuntar. ■ **juntarse** *v.p.* **1.** Juntar-se, reunir-se. *Nos juntamos en el aeropuerto.* Reunimo-nos no aeroporto. **2.** Juntar-se, associar-se. *Las empresas se juntaron.* As empresas juntaram-se. **3.** Juntar-se, amasiar-se. ♦ **Juntarse con.** Acumular, ter determinada quantidade de uma coisa. *Te juntaste con tres licuadoras.* Você acabou juntando três liquidificadores.

jun·to/a *adj.* Junto, unido. ● **junto** *adv.* **1.** Junto, em conjunto. **2.** Junto, perto, próximo. *Junto a la mesa.* Perto da mesa. **3.** Junto, ao lado. ♦ **Junto a.** Perto de. **Junto con.** Em companhia de. **Todo junto.** Tudo junto, ao mesmo tempo.

ju·ra·do/a *adj.* **1.** Jurado, juramentado. *Traductor jurado.* Tradutor juramentado. ● *s.m.* **2.** Júri. *Jurado de un juicio/de un concurso.* Júri de um julgamento/de um concurso. **3.** Jurado, juiz, membro de júri.

ju·ra·men·to *s.m.* **1.** Juramento, jura. **2.** Jura, maldição, blasfêmia.

ju·rar *v.t.* **1.** Jurar, prometer, proferir juramento. ■ *v.i.* **2.** Blasfemar. ♦ **Jurársela (a alguien).** Jurar vingança.

ju·ris·dic·ción *s.f.* **1.** *For.* Jurisdição, poder, autoridade para julgar. **2.** *For.* Jurisdição, alçada. **3.** Jurisdição, distrito.

jus·ti·cia *s.f.* **1.** Justiça, retidão, equilíbrio. **2.** Justiça, direito. **3.** *For.* Justiça, Poder Judiciário. ♦ **En justicia.** Por justiça. **Hacer justicia.** Fazer justiça.

jus·ti·fi·ca·ción *s.f.* **1.** Justificação, fundamento, razão. **2.** Justificativa, pretexto. **3.** *Tip.* Alinhamento de parágrafos.

jus·ti·fi·car *v.t.* **1.** Justificar, declarar justo. **2.**

Justificar, legitimar. **3.** Justificar, provar, demonstrar (inocência). **4.** *Tip.* Justificar, alinhar parágrafos. ▪ **justificarse** *v.p.* Justificar-se, desculpar-se.
jus·to/a *adj.* **1.** Justo, imparcial. **2.** Justo, legal. **3.** Justo, exato, preciso. **4.** Justo, estreito, apertado. ● **justo** *adv.* Justamente, precisamente, logo. ♦ **Muy justo. 1.** Apertado, estreito. **2.** Escasso. *Andar muy justo.* Estar apertado, com o dinheiro contado.

ju·ve·nil *adj.* **1.** Juvenil, relativo à juventude. **2.** *Desp.* Juvenil, diz-se do atleta júnior.
ju·ven·tud *s.f.* **1.** Juventude, adolescência, mocidade. **2.** Juventude, conjunto de jovens.
juz·ga·do/a *adj.* Julgado. ● *s.m.* **2.** *For.* Juizado, juízo, tribunal.
juz·gar *v.t.* **1.** *For.* Julgar, sentenciar. **2.** Julgar, considerar, supor. *Juzgar como valedero.* Considerar válido. ♦ **A juzgar por (como).** Levando em consideração, a julgar por.

K

k *s.f.* **1.** K, décima primeira letra do alfabeto. **2.** K, abreviatura de *kilo*. ▪ Recebe o nome *ka*.
ka·yak *s.m.* Caiaque.
ki·butz *s.m.* Kibutz.
ki·lo *s.m.* **1.** Quilo. **2.** *Col.* Quilo, montão. ▪ **a.** Forma abreviada de *kilogramo*. **b.** Símbolo: *k*. **c.** *Tb.*: quilo.

ki·lo·gra·mo *s.m.* Quilograma. ▪ Símbolo: *kg*.
ki·lo·me·tra·je *s.m.* Quilometragem.
ki·ló·me·tro *s.m.* Quilômetro. ▪ Símbolo: *km*.
kios·ko *s.m.* Banca de jornal, quiosque. ▪ *Tb.*: quiosco.
knock out *s.m. Angl. Desp.* Fora de combate.
kraft *s.m. Germ.* Papel de embrulho.

L

l *s.f.* **1.** L, décima segunda letra do alfabeto. **2.** Cinquenta (em maiúscula, no sistema romano de numeração). **a.** Símbolo de *litro*. **b.** Recebe o nome *ele*.
la *art.def.f.* **1.** A. *La casa.* A casa. ● *p.pess. 3ª pess.f.* **2.** A. *Yo siempre la veía.* Eu a via sempre. ● *s.m.* **3.** *Mus.* Lá, nota musical. ▪ **a.** Em espanhol não ocorrem as variações la/na. *Fue a buscarla.* Foi buscá-la. *La vieron ayer.* Viram-na ontem. **b.** Em posição enclítica não se separa do verbo. **c.** *Pl.*: *las*.
la·be·rin·to *s.m.* Labirinto.
la·bio *s.m.* **1.** Lábio. **2.** Borda de certos objetos/coisas. ♦ **Labio leporino.** Lábio leporino. **Estar pendiente de los labios.** Estar atento às palavras de alguém. **Morderse los labios.** Morder a língua. **No despegar los labios.** Não abrir a boca. **Sellar/Cerrar los labios.** Ficar calado.
la·bor *s.f.* **1.** Labor, trabalho. *Las labores del campo.* O trabalho na roça. **2.** Labor, atividade. **3.** Lavor, renda, aplicação, bordado. *Una tela con labores.* Um tecido com aplicações. ♦ **Labor de punto.** Tricô. **Labores domésticas.** Prendas domésticas. **Hacer labores.** Fazer trabalhos manuais. **Sus la-**

bo·res. Do lar (profissão). **Tierra de labor.** Terra para cultivo, roça.

la·bo·ral *adj.* Trabalhista. *Derecho laboral.* Direito trabalhista.

la·bo·ra·to·rio *s.m.* Laboratório.

la·bra·dor/·do·ra *adj. e s.* Lavrador, agricultor.

la·brar *v.t.* **1.** Lavrar, entalhar, lapidar. **2.** Lavrar, cultivar a terra. **3.** *Fig.* Cavar, provocar.

la·cio/a *adj.* **1.** Liso (cabelo). **2.** Murcho, flácido.

la·cón *s.m.* **1.** *Bacon.* **2.** Pernil.

la·crar *v.t.* Lacrar.

la·cre *s.m.* Lacre.

la·cri·mó·ge·no/a *adj.* **1.** Lacrimogêneo. **2.** *Fig.* Obra melodramática.

lac·tan·cia *s.f.* Lactância, período de amamentação.

lac·tan·te *adj. e s.2g.* **1.** Lactente. **2.** Lactante.

lác·te·o/a *adj.* Lácteo. *Productos lácteos.* Produtos lácteos. ♦ **Vía Láctea.** Via Láctea.

la·de·ra *s.f.* Ladeira, encosta. ■ Não tem sentido de "rua íngreme".

la·di·no/a *adj. e s.* **1.** Ladino, astuto. **2.** Língua romance, castelhano antigo. **3.** Relativo ao sefardita, o dialeto judeu espanhol. **4.** *Amer.* Índio que assimilou costumes ocidentais. **5.** *Am.C.* Descendente de espanhol com indígena.

la·do *s.m.* **1.** Lado, lateral. *Lado izquierdo/derecho.* Lado esquerdo/direito. **2.** Lado, flanco, setor. *Para este lado está la dirección.* Deste lado fica a diretoria. **3.** *Geom.* Lado (figura). **4.** Lado, face. **5.** Lado, aspecto, ângulo. *Hay que ver la cuestión por ese lado.* É preciso ver a coisa por esse lado. ■ **lados** *s.m.pl.* Bandas, lugares. *No lo encontrarás por estos lados.* Você não vai achá-lo por estas bandas. ♦ **A ambos lados.** Em ambos os lados. **A mi/tu lado.** Ao meu/seu lado. **A todos lados.** Em toda parte, a todos os lugares. **Al lado.** Do lado, muito perto. **Cada cosa por un lado.** Em desordem, fora do lugar. **Cada uno por su lado.** Cada um na sua, seguir caminhos diferentes. **De lado.** De lado. **De medio lado.** Meio de lado. **De un lado para otro.** De lá para cá. **Dejar de/a un lado.** Deixar de lado. **Echarse/Hacerse a un lado.** Afastar-se, desviar-se. **Ponerse/Estar del lado de.** Apoiar, tomar o partido de. **Por otro lado.** Por outro lado, além disso.

la·drar *v.i.* **1.** Latir. **2.** *Fig.* Berrar, vociferar.

la·dri·do *s.m.* Latido, ladrido.

la·dri·llo *s.m.* **1.** Tijolo. **2.** Ladrilho, lajota. ♦ **Ladrillo hueco.** Tijolo furado. **Ladrillos vistos.** Tijolos aparentes. **Color ladrillo.** De cor ferrugem.

la·drón/·dro·na *adj. e s.* **1.** Ladrão, assaltante. ■ *s.m.* **2.** Ladrão, tubo de escoamento de água. **3.** *Eletr.* Benjamim, extensão elétrica. ♦ **Cueva de ladrones.** Covil de ladrões. **El que roba a un ladrón tiene cien años de perdón.** Ladrão que rouba ladrão tem cem anos de perdão. **La ocasión hace al ladrón.** A ocasião faz o ladrão.

la·gar·ti·ja *s.f.* Lagartixa.

la·gar·to *s.m.* **1.** Lagarto (tipo de réptil). **2.** Lagarto (bíceps). **3.** *Amer.* Jacaré.

la·go *s.m.* Lago.

lá·gri·ma *s.f.* Lágrima. ♦ **Lágrimas de cocodrilo.** Lágrimas de crocodilo. **Costar/Llorar lágrimas de sangre.** Custar/Chorar lágrimas de sangue. **Deshacerse en lágrimas.** Desmanchar-se em lágrimas, chorar amargamente. **Ser (el) paño de lágrimas.** Ser o muro das lamentações. **Valle de lágrimas.** Vale de lágrimas.

la·gri·me·ar *v.i.* Lacrimejar.

la·gu·na *s.f.* **1.** Lagoa, laguna. **2.** *Fig.* Lacuna, falha. *Un proyecto lleno de lagunas.* Um projeto cheio de lacunas. **3.** *Fig.* Lacuna, espaço em branco. *Rellenar las lagunas.* Preencher as lacunas.

la·ma *s.f.* **1.** Lama, lodo. **2.** Alga, planta aquática. **3.** *Amer.* Musgo.

la·men·ta·ción *s.f.* Lamentação, queixume, choradeira.

la·men·tar *v.t.* Lamentar, sentir muito. *Lo lamento.* Sinto muito. ■ **lamentarse** *v.p.* Lamentar-se, queixar-se.

la·mer *v.t.* **1.** Lamber. **2.** *Fig.* Roçar, tocar suavemente.

lá·mi·na *s.f.* **1.** Lâmina, chapa. **2.** Gravura, ilustração. ■ Não tem sentido de "objeto cortante".

lám·pa·ra *s.f.* **1.** Lustre. **2.** Lâmpada elétrica. **3.** Abajur. **4.** *Col.* Mancha de óleo. ♦ **Lámpara de pie.** Abajur. **Lámpara electrónica.** Válvula eletrônica.

la·na *s.f.* **1.** Lã, pelo de ovelha ou de carneiro. **2.** Lã, fio têxtil. **3.** *Col. Amer.* Dinheiro. ♦ **Lana de vidrio.** Lã de vidro. **Ir por lana y volver trasquilado.** Ir buscar lã e sair tosquiado.

lan·ce *s.m.* **1.** Lance, lançamento. *Lance de pesas.* Lançamento de pesos. **2.** Lance, jogada. *Hizo un buen lance con la torre de la reina.* Fez uma boa jogada com a torre da rainha. **3.** Lance, acontecimento. *La inauguración fue un lance notable.* A inauguração foi um acontecimento notável. **4.** Lance, circunstância, conjuntura. *Un lance crítico.* Uma conjuntura crítica. **5.** Passe, evolução. *El torero hizo lindos lances con la capa.* O toureiro fez lindos passes com a capa. ■ Não tem sentido de "lance de escada" nem de "oferta em leilão". ♦ **Lance de fortuna.** Golpe de sorte. **Lance de honor.** Desafio, duelo.

lan·cha *s.f.* **1.** *Mar.* Lancha. **2.** Pedra plana, laje. ♦ **Lancha motora.** Lancha a motor.

lan·gos·ta *s.f.* **1.** Lagosta. **2.** *Arg.* Gafanhoto.

lan·za *s.f.* Lança. ♦ **Lanza en ristre.** Preparado para o ataque. **A punta de lanza.** A ferro e fogo. **Romper lanzas por (alguien).** Pôr a mão no fogo por (alguém).

lan·za·mien·to *s.m.* **1.** Lançamento, arremesso. **2.** Lançamento, divulgação, publicação. **3.** *For.* Execução de despejo.

lan·zar *v.t.* **1.** Lançar, arremessar. **2.** Lançar, divulgar. *Lanzaron su último disco.* Foi lançado o seu último disco. ■ **lanzarse** *v.p.* Lançar-se, precipitar-se sobre, avançar. ■ Não tem sentido de "registrar em livro".

la·pi·ce·ro/a *s.* **1.** Lapiseira. **2.** Lápis. ■ *s.f.* **3.** *Amer.* Caneta esferográfica.

lá·piz *s.m.* **1.** Lápis. **2.** Grafite. **3.** Barra ou bastão para pintar. ♦ **Lápiz de color.** Lápis de cor. **Lápiz de labios.** Batom. **Lápiz de ojos.** Sombra. **A lápiz.** A lápis.

lap·so *s.m.* **1.** Lapso, período. **2.** Lapso, falha.

lar·gar *v.t.* **1.** Largar, soltar. **2.** *Mar.* Afrouxar os cabos. **3.** *Mar.* Soltar as velas. **4.** *Col.* Soltar, proferir. *Largó una palabrota.* Soltou um palavrão. **5.** *Col.* Soltar, dar, aplicar. *Le largó un puntapié.* Soltou-lhe um pontapé. ■ **largarse** *v.p. Col.* Ir embora. *Se largó sin despedirse.* Foi embora sem se despedir.

☞ **lar·go/a** *adj.* **1.** Longo, comprido. *Lleva el pelo largo.* Está de cabelo comprido. **2.** Longo, duradouro, demorado. *Un discurso largo.* Um discurso longo. **3.** Altura (tecido). ● *s.m.* **4.** Comprimento. *Tiene 5 m de largo.* Tem 5 m de comprimento. **5.** *Mus.* Lento, largo. ● **largo** *adv.* Longe. ♦ **¡Largo de aquí!** Fora daqui! **Largo de lengua.** Linguarudo. **Largo y tendido.** Demoradamente. **A la larga.** No fim das contas. **A lo largo. 1.** Ao longo de, durante. **2.** Ao longe. **A todo lo largo.** Em toda a extensão. **Hacerse largo.** Demorar. **Pasar de largo.** Passar rapidamente, sem parar. **Ponerse/Vestirse de largo.** Debutar, ser apresentado à sociedade.

☞ **lar·gu·ra** *s.f.* Comprimento, extensão.

la·rin·ge *s.f. Med.* Laringe.

la·rin·gi·tis *s.f. Med.* Laringite. ■ *Pl.:* invariável.

lar·va *s.f. Biol.* Larva.

la·sa·ña *s.f.* Lasanha.

lá·ser *s.m. Angl. Laser*, luz com radiação.

lás·ti·ma *s.f.* **1.** Pena, dó, lástima. *Es una lástima que no puedas venir.* É uma pena que não possa vir. **2.** Pena, piedade. **3.** Lamento. ♦ **Dar lástima.** Dar dó. **Hecho una lástima.** Em estado deplorável, feito um trapo. **Llorar lástimas.** Chorar as mágoas. **¡Qué lástima!** Que pena!

las·ti·mar *v.t.* **1.** Machucar, lastimar. **2.** *Fig.* Magoar, ofender. *Palabras que lastiman.* Palavras que magoam. ■ **lastimarse** *v.p.* Machucar(-se), ferir(-se). *Me lastimé el dedo.* Machuquei o dedo.

la·ta *s.f.* **1.** Lata. *Una lata de sardinas.* Uma lata de sardinhas. **2.** *Fig. e col.* Chatice. ♦ **Dar la lata.** Encher a paciência, azucrinar. **¡Qué lata!** Que droga!/Que chato! **Ser una lata.** Ser uma droga.

la·te·ral *adj.* **1.** Lateral, que fica ao lado. **2.** Indireto na linha genealógica. ● *s.m.* **3.** *Desp.* Jogador que defende a lateral do campo, ponta. **4.** Lateral, parte externa.

☞ **la·ti·do** *s.m.* Pulsação, batida do coração.

la·ti·fun·dio *s.m.* Latifúndio.

lá·ti·go *s.m.* Chicote, látego.

☞ **la·tir** *v.i.* **1.** Bater (coração), palpitar, pulsar. *El corazón me latía fuerte después del ejercicio.* Meu coração batia forte depois do exercício na ginástica. **2.** Latejar (ferida).

la·ti·tud *s.f.* Latitude.

la·tón *s.m.* Latão, liga de cobre e zinco.

la·to·so/a *adj. Col.* **1.** Chato, cansativo. *¡Qué niños latosos!* Que crianças chatas! **2.** Assunto complicado ou difícil, abacaxi.

lau·cha *s.f. Rio-plat.* **1.** Camundongo. **2.** *Fig.* Astuto.

lau·do *s.m. For.* Laudo.

lau·rel *s.m. Bot.* Louro, planta utilizada como condimento. ■ **laureles** *s.m.pl. Fig.* Louros, coroa, glórias. ♦ **Laurel cerezo.** *Bot.* Louro-cereja. **Corona de laureles.** Coroa de louros. **Dormirse sobre los laureles.** Viver de glórias passadas.

la·va *s.f.* Lava, material vulcânico.

la·va·bo *s.m.* **1.** Lavatório, pia. **2.** Lavabo, banheiro. ■ Não tem acepção religiosa.

la·va·de·ro *s.m.* **1.** Tanque de lavar roupa. **2.** Local onde se lava o ouro na bateia.

la·va·do/a *adj.* **1.** Lavado. ● *s.m.* **2.** Lavagem. ♦ **Lavado de cerebro.** Lavagem cerebral. **Lavado intestinal.** Lavagem intestinal.

la·va·dor/-do·ra *adj. e s.* **1.** Lavador. ■ *s.f.* **2.** Máquina de lavar roupa. *Caben 4 kg de ropa en la lavadora.* Cabem 4 kg de roupa na máquina de lavar.

la·va·ma·nos *s.m.* Pia (banheiro). ■ *Pl.:* invariável.

la·van·de·ra *s.f.* Lavadeira.

la·van·de·rí·a *s.f.* Lavanderia.

la·va·pla·tos *s.m.* Lava-louça. ■ *Pl.:* invariável.

la·var *v.t.* Lavar. ■ **lavarse** *v.p.* Lavar-se, lavar parte do corpo. *Lávate la cara antes de acostarte.* Lave o rosto antes de deitar. ♦ **Lavarse las manos.** Lavar as mãos, fugir da responsabilidade. **Echar a lavar.** Pôr para lavar. **La ropa sucia se lava en familia.** Roupa suja se lava em casa.

la·zo *s.m.* **1.** Laço, nó que serve de enfeite. *Lleva un lazo en el pelo.* Está com um laço no cabelo. **2.** Laço, corda com nó corredio. **3.** *Fig.* Laço, vínculo sentimental. *Los lazos de la amistad.* Os laços da amizade. **4.** Laço, armadilha. ♦ **Caer en el lazo.** Cair na armadilha. **Cazar a lazo.** Ser difícil de achar.

le *p.pess.* 3ª *pess.2g.* **1.** Lhe. *Le presté el libro.* Emprestei-lhe o livro. ■ *p.pess.* 3ª *pess.m.* **2.** O. *No le molestes.* Não o perturbe. ■ **a.** Em espanhol não ocorrem as variações no/lo. *Le vieron ayer.* Viram-no ontem. *Necesito verle.* Preciso vê-lo. **b.** O uso como *ob.dir.* (acepção 2) é mais comum na *Esp.* **c.** Na posição enclítica não se separa do *v. Dale una propina.* Dê-lhe uma gorjeta. **d.** *Pl.: les.*

leal·tad *s.f.* Lealdade.

lec·ción *s.f.* **1.** Lição, ponto ou matéria de estudo. **2.** Lição, ensinamento, conselho. **3.** Lição, aula. **4.** Discurso, conferência. **5.** Lição, advertência. ♦ **Dar lecciones de.** Dar aula de, lecionar. **Dar una lección.** Dar uma lição, repreender.

le·cha·da *s.f.* Argamassa.

le·che *s.f.* **1.** Leite. **2.** *Bot.* Seiva, leite (de algumas plantas). **3.** *Vulg.* Sêmen. ♦ **Leche condensada.** Leite condensado. **Leche en polvo.** Leite em pó. **Diente de leche.** Dente de leite. **Mamar (una cosa) en la leche.** Aprender desde muito pequeno. **¡Qué mala leche! 1.** Que azar! **2.** *Esp.* Que mau-caráter! **3.** Que má vontade!

le·che·ro/a *adj.* **1.** De leite, que produz leite. *Vaca lechera.* Vaca para produção de leite. ● *s.* **2.** Leiteiro, que vende leite. ■ *s.f.* **3.** Leiteira, vasilha que contém leite.

le·cho *s.m.* **1.** Leito, cama. **2.** Leito, fundo de rio, canal. *La construcción de la presa va a desviar el lecho del río.* A construção da barragem vai desviar o leito do rio. **3.** *Geol.* Camada estratificada. *Un lecho de sedimentos.* Uma camada de sedimentos. **4.** Colchão, forro, camada. *Puso un lecho de paja en el piso.* Colocou uma camada de palha no chão. **5.** Leito (estrada, via). ♦ **Lecho de muerte.** Leito de morte. **Lecho de rosas.** Mar de rosas, situação confortável.

le·chón *s.m.* Leitão.

le·chu·ga *s.f.* **1.** *Bot.* Alface. *Ensalada de lechuga.* Salada de alface. **2.** Punho com babados. ♦ **Fresco como una lechuga.** Relaxado, sem tensões.

le·chu·za *s.f.* Coruja.

lec·ti·vo/a *adj.* Letivo.

lec·tor/·to·ra *adj. e s.* **1.** Leitor. **2.** Professor de língua estrangeira (em algumas universidades). **3.** Professor nativo enviado pelos países do idioma em questão ao exterior. ■ *s.m.* **4.** *Eletr.* Reprodutor de som gravado. **5.** *Inform.* Leitora.

lec·tu·ra *s.f.* Leitura. ♦ **Cabeza de lectura.** *Inform.* Cabeçote de leitura.

le·er *v.t.* Ler. ♦ **Leer de corrido. 1.** Ler sem dificuldade. **2.** Ler sem interrupção. **Leer el pensamiento.** Adivinhar o pensamento. **Leer entre líneas.** Ler nas entrelinhas.

le·ga·jo *s.m.* **1.** Coleção de papéis ou documentos. **2.** Dossiê, prontuário. **3.** Arquivo, pasta.

le·gal *adj.* **1.** Legal, legítimo. **2.** *For.* Legal, conforme a lei. ■ Não tem sentido de "ótimo, bom".

le·ga·li·za·ción *s.f.* **1.** Legalização. **2.** Autenticação. **3.** Reconhecimento de firma e cargo de autoridade.

le·ga·li·zar *v.t.* **1.** Legalizar, tornar legal. **2.** Legalizar, autenticar, certificar. *Legalizar la firma.* Reconhecer a assinatura.

le·gión *s.f.* **1.** *Mil.* Legião, tropas. **2.** *Fig.* Legião, multidão.

le·gis·la·ción *s.f.* Legislação. *Legislación laboral.* Legislação trabalhista.

le·gis·la·ti·vo/a *adj.* Legislativo.

le·gí·ti·mo/a *adj.* **1.** Legítimo, legal. **2.** Legítimo, genuíno. ● *s.f.* **3.** *For.* Legítima, herança aos herdeiros legítimos. ♦ **En legítima defensa.** Em legítima defesa. **Hijo legítimo.** Filho legítimo.

le·go/a *adj. e s.* **1.** Leigo, laico. **2.** *Fig.* Leigo, não entendido em um assunto.

le·gua *s.f.* Légua, medida itinerária. ♦ **A la legua/A cien leguas.** De longe, que se percebe de longe.

le·gum·bre *s.f.* Legume.

le·í·do/a *adj.* **1.** Lido, instruído, erudito. ● *s.f.* **2.** Lida. *Dar una leída.* Dar uma lida.

le·ja·no/a *adj.* Afastado, distante, remoto, longe, longínquo. *Tiempos lejanos.* Tempos remotos.

le·jí·a *s.f.* Água sanitária, cândida.

le·jos *adv.* Longe, distante (em tempo e espaço). *Lejos del centro.* Longe do centro. ♦ **Lejos de.** Muito pelo contrário, longe de. **A lo lejos.** Ao longe. **De lejos.** De longe. **Ir demasiado lejos.** Ir longe demais. **Llegar lejos.** Chegar longe.

le·ma *s.f.* **1.** Lema, *slogan.* **2.** Lema, símbolo, emblema.

len·ce·rí·a *s.f.* Roupa íntima, *lingerie.*

len·gua *s.f.* **1.** *Med.* Língua, órgão da cavidade bucal. **2.** Língua, idioma. ♦ **Lengua de fuego.** Chama. **Lengua de tierra.** Faixa de terra que penetra no mar. **Lengua materna.** Língua materna. **Lengua muerta.** Língua morta. **Con la lengua fuera.** Com a língua de fora. **En la punta de la lengua.** Na ponta da língua. **Escaparse/Irse la lengua.** Dizer o que não deve. **Las malas lenguas.** As más línguas. **Morderse la lengua.** Morder a língua. **No tener pelos en la lengua.** Não ter papas na língua. **Sacar la lengua.** Mostrar a língua. **Tirar de la lengua.** Fazer falar, puxar assunto. **Trabarse la lengua.** Falar com dificuldade.

len·gua·je *s.m.* **1.** Linguagem, fala. **2.** Linguagem, meio de expressão. **3.** Linguagem, língua.

len·te s.2g. Lente. ■ **lentes** s.m.pl. Óculos. ♦ **Lente de contacto.** Lente de contato.

len·te·ja s.f. Bot. Lentilha.

len·te·jue·la s.f. Lantejoula.

☞ **len·ti·lla** s.f. Lente de contato.

len·ti·tud s.f. Lentidão.

len·to/a adj. Lento, vagaroso, lerdo, mole. ● **lento** adv. Lentamente, devagar. Camina más lento que no te puedo seguir. Ande mais devagar que não posso acompanhar você. ♦ **A fuego lento.** Em fogo brando. **A paso lento.** Em marcha lenta.

le·ña·dor/·do·ra s. Lenhador.

le·ño/a s.m. 1. Tronco, lenho. ■ s.f. 2. Madeira, lenha. ♦ **Echar leña al fuego.** Pôr lenha na fogueira. **Hacer leña.** Cortar madeira (para queimar).

leo s.m. Leão, signo do zodíaco.

le·ón s.m. 1. Leão, mamífero felídeo. 2. Fig. Leão, homem valente. ∎ F.: leona. ♦ **León marino.** Leão-marinho. **Diente de león.** Bot. Dente-de-leão. **Llevarse la parte del león.** Ficar com a parte do leão.

leo·par·do s.m. Leopardo.

le·pro·so/a adj. e s. Med. Leproso.

ler·do/a adj. 1. Lerdo, lento. 2. Fig. Lerdo, torpe, bobalhão.

les·bia·na s.f. Lésbica, lesbiana.

le·sión s.f. 1. Med. Lesão, ferida. 2. Med. Lesão, contusão. 3. Fig. Lesão, dano, prejuízo.

le·sio·nar v.t. Lesar, prejudicar. Lesionar los intereses/derechos. Lesar os interesses/direitos. ■ **lesionarse** v.p. Med. 1. Lesar-se, ferir-se, machucar-se. 2. Lesar-se, contundir(-se). El jugador se lesionó la rodilla. O jogador contundiu o joelho.

le·tar·go s.m. 1. Letargia, sonolência, torpor. 2. Letargia, hibernação.

le·tra s.f. 1. Letra, símbolo (gráfico, tipográfico). 2. Letra, caligrafia. 3. Letra, sentido literal, textual. 4. Letra, versos acompanhados de melodia. Esa canción tiene una letra romántica. Essa música tem uma letra romântica. 5. Com. Letra, documento financeiro ou mercantil. ■ **letras** s.f.pl. 1. Letras, ciências humanas. 2. Letras, instrução. Hombre de letras. Homem instruído. ♦ **Letra cursiva.** Tip. Itálico. **Letra de cambio.** Com. Letra de câmbio. **Letra de imprenta/molde.** Tip. Letra de fôrma. **Letra mayúscula/minúscula.** Letra maiúscula/minúscula. **Al pie de la letra.** Ao pé da letra. **Girar/Protestar una letra.** Com. Emitir/Protestar uma letra de câmbio. **Tener buena/mala letra.** Ter boa/má letra. **Unas/Cuatro letras.** Algumas linhas (em carta).

le·tre·ro s.m. 1. Letreiro. 2. Cartaz. 3. Legenda (filme).

le·tri·na s.f. Latrina, privada.

leu·ce·mia s.f. Med. Leucemia.

le·va·du·ra s.f. Levedura, fermento.

le·van·ta·mien·to s.m. 1. Levantamento, suspensão. 2. Levante, rebelião, levantamento.

le·van·tar v.t. 1. Levantar, erguer. 2. Levantar, construir. Levantar una pared. Levantar uma parede. 3. Levantar, elevar. 4. Levantar, suspender, anular. Levantar una prohibición. Suspender uma proibição. 5. Levantar, suscitar. Levantar los ánimos. Levantar os ânimos. 6. Levantar, terminar, encerrar. Levantar la sesión. Levantar a sessão. 7. Recolher, apanhar, desmontar. Levantar la basura. Recolher o lixo. 8. Tirar, arrumar. Levantar la mesa/la cama. Tirar a mesa/Arrumar a cama. 9. Lavrar, registrar. Levantar mediante acta. Tomar por termo. ■ **levantarse** v.p. 1. Levantar-se, erguer-se. 2. Levantar-se, ficar de pé. 3. Levantar(-se), sair da cama. Me levanté temprano. Levantei cedo. 4. Revoltar-se, rebelar-se. 5. Descolar-se, soltar-se. Los ladrillos se levantaron. Os azulejos se soltaram. 6. Col. Roubar e fugir. La muchacha se levantó con mis joyas. A empregada fugiu com as minhas joias. ♦ **Levantar acta.** Lavrar ata. **Levantar campamento.** Levantar acampamento. **Levantar el vuelo.** Levantar voo. **Levantar falso testimonio.** Inventar uma calúnia. **Levantar la voz.** Levantar a voz.

le·ve *adj.* Leve, tênue, suave. ■ *Sin.: liviano.*
lé·xi·co/a *adj. e s.m. Gram.* Léxico.
ley *s.f.* **1.** Lei, preceito, norma. **2.** *For.* Lei, prescrição do Poder Legislativo. *Promulgar una ley.* Promulgar uma lei. **3.** Lei, princípio científico. *La ley de la gravedad.* A lei da gravidade. ♦ **Ley del más fuerte.** Lei do mais forte. **Ley marcial.** Lei marcial. **Ley orgánica.** Lei orgânica. **Ley seca.** Lei seca. **Al margen/Fuera de la ley.** Fora da lei. **Con todas las de la ley.** Com tudo o que a lei exige. **De ley.** De lei (ouro e prata). **Decreto ley.** *For.* Decreto-lei. **Tablas de la ley.** Tábuas da lei.
le·yen·da *s.f.* **1.** Lenda. **2.** Legenda.
li·be·ra·ción *s.f.* **1.** Libertação. *La liberación de un territorio/prisionero.* A libertação de um território/prisioneiro. **2.** Liberação, quitação de dívida.
li·be·ral *adj. e s.2g.* Liberal. *Profesión/Profesional liberal.* Profissão/Profissional liberal.
li·be·rar *v.t.* **1.** Liberar, libertar. **2.** Liberar, livrar de restrições, eximir. ■ **liberarse** *v.p.* Liberar-se, livrar-se, libertar-se. *Ya me liberé de mis obligaciones.* Já me liberei das minhas obrigações.
li·ber·tad *s.f.* **1.** Liberdade, livre-arbítrio. **2.** Liberdade, autonomia, independência. **3.** Liberdade, facilidade, desembaraço. *Libertad de movimientos.* Liberdade de movimentos. **4.** Liberdade, permissão, licença. *Le di la libertad de elegir.* Dei-lhe a liberdade de escolher. **5.** Liberdade, confiança, familiaridade. ♦ **Libertad condicional.** Liberdade condicional. **Libertad de cátedra.** Liberdade de cátedra. **Libertad de expresión.** Liberdade de expressão. **Libertad de prensa.** Liberdade de imprensa. **Con (entera) libertad.** Com confiança. **Tomarse la libertad.** Tomar a liberdade. **Tomarse muchas libertades.** Tomar liberdades, ser atrevido.
li·ber·tar *v.t.* **1.** Libertar. **2.** Alforriar (escravos).
li·ber·ti·na·je *s.m.* Libertinagem, devassidão.

li·bra *s.f.* **1.** Libra, unidade de peso. **2.** Libra, moeda inglesa. **3.** Libra, balança, signo do zodíaco.
li·brar *v.t.* **1.** Livrar. **2.** *Com.* Emitir (faturas, duplicatas). ■ *v.i.* **3.** Folgar. *El restaurant libra los lunes.* O restaurante folga às segundas-feiras. ■ **librarse** *v.p.* Livrar-se, salvar-se, desembaraçar-se.
li·bre *adj.* **1.** Livre, libertado, absolvido. **2.** Livre, vago, desocupado. *Lugar libre.* Lugar vago. **3.** Livre, desimpedido. *Tráfico libre.* Trânsito livre. *Comercio libre.* Comércio livre. **4.** Autônomo, independente. *Universidad libre.* Universidade autônoma. **5.** Livre, licencioso, desregrado. *Lleva una vida muy libre.* Leva uma vida muito desregrada. **6.** Livre, franqueado, desembaraçado. *Entrada libre.* Entrada livre. ♦ **Libre albedrío.** Livre-arbítrio. **Libre cambio.** Câmbio livre. **Libre de.** Desembaraçado, isento de. **Aire libre.** Ar livre. **Dejar el campo libre.** Deixar o campo livre. **Nado libre.** *Desp.* Nado livre. **Traducción libre.** Tradução livre. **Verso libre.** Verso livre.
li·bre·rí·a *s.f.* **1.** Livraria. **2.** Estante (móvel).
li·bre·to/a *s.m.* **1.** Livreto, libreto. ■ *s.f.* **2.** Caderneta. ♦ **Libreta de ahorros.** Caderneta de poupança.
li·bro *s.m.* Livro. ♦ **Libro de caballerías.** Romance, literatura de cavalaria. **Libro de caja.** Livro-caixa. **Libro de texto.** Livro didático. **Libros de comercio.** Livros de contabilidade. **Libros Sagrados.** Sagradas Escrituras.
li·cen·cia *s.f.* **1.** Licença, autorização. **2.** Alvará. ■ Não se usa para "pedir licença". ♦ **Licencia de conductor.** Carteira de motorista. **Licencia de importación.** *Com.* Guia de importação. **Licencia poética.** Licença poética.
li·cen·cia·do/a *adj.* **1.** Licenciado. ● *s.* **2.** Bacharel, título universitário. **3.** *Amer.* Forma de tratamento usada para os profissionais (universitários) liberais. *Con la palabra el Licenciado Maldonado, de la Asociación de Prensa.* Com a palavra o jornalista Maldo-

nado, da Associação de Imprensa. ■ *Abrev.: Lic.* ■ *adj.* e *s.m.* **4.** *Mil.* Reservista.
li·cen·cia·tu·ra *s.f.* **1.** Grau e curso universitário em nível de graduação, bacharelado, licenciatura. *Licenciatura en Geografía.* Graduação em Geografia. *Licenciatura en Pedagogía.* Licenciatura em Pedagogia. **2.** Ato de receber esse grau.
li·ci·ta·ción *s.f.* Licitação, concorrência.
lí·ci·to/a *adj.* Lícito, legal.
li·cor *s.m.* Licor.
li·cua·do·ra *s.f.* Liquidificador.
li·cuar *v.t.* **1.** Bater no liquidificador. **2.** Liquefazer, derreter, fundir.
lí·der *s.2g.* **1.** Líder, dirigente. **2.** Líder, campeão.
li·de·raz·go *s.m.* Liderança.
li·diar *v.i.* **1.** Combater, lutar. ■ *v.t.* **2.** Tourear.
lie·bre *s.f.* Lebre. ♦ **Dar gato por liebre.** Dar gato por lebre. **Donde menos se piensa salta la liebre.** As coisas acontecem quando menos se espera. **Levantar la liebre.** Levantar a lebre.
li·gar *v.t.* **1.** Atar, unir, ligar. ■ *v.i.* e *v.p.* **2.** Vincular(-se), relacionar-se. **3.** *Col.* Paquerar.
li·ge·ro/a *adj.* **1.** Ligeiro, rápido. *Es muy ligero en contestar.* É muito rápido em responder. **2.** Leve, ligeiro. *Una ropa/comida ligera.* Uma roupa/refeição leve. *Sueño ligero.* Sono leve. **3.** *Fig.* Superficial, vago. ● *ligero adv.* Rapidamente. *Caminar/Hablar ligero.* Andar/Falar rápido. ♦ **A la ligera.** Superficialmente. **Mujer ligera.** Mulher leviana. **Peso ligero.** *Desp.* Peso leve.
li·ja *s.f.* Lixa. ♦ **Papel de lija.** Lixa.
li·jar *v.t.* Lixar.
li·la *s.f.* **1.** *Bot.* Lilás. **2.** A cor lilás.
li·ma *s.f.* **1.** *Mec.* Lima, instrumento para polir, grosa. **2.** *Bot.* Lima, fruta cítrica.
li·mar *v.t.* **1.** Limar, desbastar, polir (metais). **2.** *Fig.* Limar, aperfeiçoar, depurar (texto).
li·mi·tar *v.i.* **1.** Limitar, confinar. ■ *v.t.* **2.** Limitar, delimitar, restringir. ■ **limitarse** *v.p.* **1.** Limitar-se, restringir-se. **2.** Limitar-se, ater-se.

lí·mi·te *s.m.* **1.** Limite, linha de demarcação. **2.** Limite, fronteira. **3.** Limite, extremo, fim. *Llegar al límite de sus fuerzas/de su capacidad.* Atingir o limite de suas forças/de sua capacidade. ♦ **Límite de velocidad.** Limite de velocidade. **Pasarse del límite.** Passar do limite. **Precio límite.** Preço máximo.
li·món *s.m. Bot.* Limão.
li·mo·na·da *s.f.* Limonada.
li·mos·na *s.f.* Esmola.
li·mos·ne·ro/a *adj.* **1.** Caridoso. ● *s.* **2.** *Amer.* Mendigo, pedinte.
lim·pia·pa·ra·bri·sas *s.m.* Limpador de para-brisa. ■ *Pl.:* invariável.
lim·piar *v.t.* **1.** Limpar, assear. *Limpiar la cocina.* Limpar a cozinha. **2.** *Fig.* Limpar, livrar. *Limpiaron la ciudad de ladrones.* Limparam a cidade de ladrões. **3.** *Col.* Limpar, roubar. **4.** *Fig.* Podar, peneirar, selecionar. ■ **limpiarse** *v.p.* Limpar-se, lavar-se.
lim·pie·za *s.f.* Limpeza. ♦ **Hacer limpieza.** Fazer faxina.
lim·pio/a *adj.* **1.** Limpo, asseado. **2.** *Fig.* Limpo, sem dinheiro. ● *s.f.* **3.** Limpeza. **4.** *Fig.* Poda, triagem. ♦ **Escribir/Pasar/Poner en limpio.** Passar a limpo. **Hacer una limpia.** Podar, selecionar. **Sacar en limpio.** Tirar a limpo.
lin·char *v.t.* Linchar.
lin·dar *v.t.* Limitar.
lin·de·ro/a *adj.* **1.** Fronteiriço. ● *s.m.* **2.** Margem, beira, limite.
lin·do/a *adj.* Lindo. ♦ **De lo lindo.** Maravilhosamente.
lí·ne·a *s.f.* **1.** Linha, traço. *Línea recta.* Linha reta. **2.** Linha, fileira. *Línea de azulejos.* Fileira de azulejos. **3.** Linha, via, rota. *Línea aérea.* Linha aérea. *Línea férrea.* Estrada de ferro. **4.** Linha, orientação, conduta. *Línea política.* Linha política. **5.** *Mat.* Linha, intersecção de dois planos. **6.** *Fig.* Linha, forma, silhueta. **7.** Linha, série. **8.** Linha (em caderno, papel). ■ **líneas** *s.f.pl.* **1.** *Mil.* Trincheiras. **2.** Linhas, carta. ■ Não tem sentido de "fio". ♦ **Línea de ataque/combate.** Linha

de ataque/combate. **Línea de comunicación.** Vía de comunicação. **Línea de conducta.** Linha de comportamento. **En líneas generales.** Em linhas gerais. **En/De primera línea.** Da melhor qualidade. **Entre líneas.** Entrelinhas. **Escribir unas líneas.** Escrever algumas linhas. **Guardar la línea.** Manter a forma. **Por línea materna/paterna.** Por parte de mãe/pai.

li·ne·al *adj.* Linear.

lin·güís·ti·co/a *adj.* 1. Linguístico. ● *s.f.* 2. Linguística.

li·no *s.m.* Linho.

lin·ter·na *s.f.* Lanterna.

lí·o *s.m.* 1. Pilha de coisas. 2. *Col.* Situação difícil, problema. *Meterse en un lío.* Meter-se em confusão. 3. *Col.* Desordem (física, mental). 4. *Col.* Caso amoroso. ♦ **Hacerse un lío.** Confundir-se, atrapalhar-se.

li·qui·da·ción *s.f. Com.* Liquidação. ♦ **Liquidación de haberes.** *Com.* Liquidação de ativos.

li·qui·dar *v.t.* 1. *Com.* Liquidar, saldar contas. 2. *Com.* Liquidar, vender a preço reduzido. 3. *Fig.* Liquidar, aniquilar, matar.

lí·qui·do/a *adj.* 1. Líquido, que flui ou corre. 2. Líquido, livre de descontos, disponível. *Deducidas las cargas, el salario líquido es una bagatela.* Descontados os impostos, o salário líquido é uma ninharia. ■ *Sin.: neto.* ● *s.m.* 3. Líquido, substância líquida. ♦ **Dinero líquido.** Dinheiro líquido, disponível.

li·so/a *adj.* Liso. ♦ **Liso y llano.** Simples e fácil. **Decir lisa y llanamente.** Falar sem rodeios, sendo direto e claro.

li·son·ja *s.f.* Lisonja.

lis·ta *s.f.* 1. Listra, lista, faixa. *Listas azules y rojas.* Listras azuis e vermelhas. 2. Lista, catálogo, relação. *Lista de precios.* Lista de preços. 3. Lista (de chamada), rol de assistência. *Pasar lista.* Fazer chamada, passar a lista de chamada. ♦ **Lista de embarque.** *Com.* Lista de embalagem, romaneio. **Lista negra.** Lista negra. **A listas.** Listrado/a.

lis·tar *v.t.* Listar, enumerar, relacionar. *Voy a listar las razones.* Vou enumerar os motivos.

lis·to/a *adj.* 1. Pronto, preparado. *Ya estoy lista.* Já estou pronta. 2. Esperto, perspicaz, vivo. *Un muchacho muy listo.* Um garoto muito vivo. ♦ **¡Listo!** Pronto! Acabei! **Pasarse de listo.** Considerar-se muito vivo, esperto.

li·te·ra *s.f.* 1. Beliche. 2. Cama de trem. 3. Liteira.

li·te·ra·tu·ra *s.f.* 1. Literatura, arte de compor escritos. 2. Literatura, conjunto de obras literárias. *La literatura medieval.* A literatura medieval. 3. Literatura, conjunto de obras sobre um tema. *Literatura científica.* Literatura científica.

li·to·ral *adj.* Litorâneo. *Paisaje litoral.* Paisagem litorânea. ● *s.m.* 2. Litoral, beira-mar.

li·tro *s.m.* Litro. ■ Símbolo: *l.*

li·tur·gia *s.f.* Liturgia.

li·via·no¹/a *adj.* Leve. *Una valija liviana.* Uma mala leve.

li·via·no²/a *adj.* e *s.f. Fig.* Leviano, inconstante, volúvel.

liv·ing *s.m. Angl.* Sala de estar.

lla·ga *s.f.* Chaga, lesão, ferida.

lla·ma *s.f.* 1. Chama, fogo, labareda. 2. *Fig.* Chama, paixão, desejo veemente. 3. Lhama, animal ruminante.

lla·ma·do/a *adj.* 1. Chamado, denominado. ● *s.f.* 2. Chamada, ligação telefônica. 3. Chamado, apelo. *Una llamada a la población.* Um chamado à população. 4. *Mil.* Chamada, toque de reunir. 5. Chamada, signo ou número remissivo em um texto. ♦ **Estar llamado a.** Ser chamado/convocado a.

lla·mar *v.t.* 1. Chamar, denominar. 2. Chamar, convocar. 3. Chamar, invocar, apelar. *Voy a llamar a mi mamá.* Vou chamar a minha mãe. ■ *v.i.* 4. Tocar, chamar (campainha, telefone). *El teléfono está llamando.* O telefone está tocando. 5. Comunicar-se por telefone, ligar. *Te llamo mañana.* Ligo para você amanhã. ■ **llamarse** *v.p.* Chamar-se, denominar-se. *¿Cómo te llamas?* Como você se chama? *Me llamo Juana.* Meu nome é Joana. ♦ **Llamar a la puerta.** Bater na porta. **Llamar al orden.** Repreender. **Llamar la atención.** Chamar a atenção.

lla·no¹/a *adj.* **1.** Plano, liso, chão, raso, chato. *Superficie llana.* Superfície plana. **2.** *Fig.* Simples, sem enfeites. *Los campesinos son tipos llanos.* Os camponeses são pessoas simples. **3.** *Fig.* Claro. *Me habló en tono llano.* Falou-me em tom claro. • *s.m.* **4.** Planície. ♦ **Plato llano.** Prato raso.

lla·no²/a *adj. e s.f. Gram.* Paroxítona.

llan·ta *s.f.* **1.** Roda, aro metálico da roda de automóvel. **2.** Pneu.

llan·to *s.m.* Pranto, choro.

lla·ve *s.f.* **1.** Chave, instrumento para abrir/ fechar. **2.** *Mec.* Chave, ferramenta. **3.** *Eletr.* Chave, interruptor, tecla. *Desconectar la llave.* Desligar o interruptor. **4.** *Fig.* Chave, código, convenção. **5.** Chave, sinal ortográfico, colchete. **6.** *Mus.* Clave. **7.** Torneira. *Cerrar la llave.* Fechar a torneira. ♦ **Llave de paso.** Válvula. **Llave del negocio.** *Com.* Luvas. **Llave en mano.** (Vendido) Pronto para usar ou para morar. *Vendemos departamentos llave en mano.* Vendemos apartamentos prontos para morar. **Llave inglesa.** Chave-inglesa, de boca. **Llave maestra.** Chave mestra. **Echar llave.** Trancar. **Poner/Tener bajo llave.** Guardar, esconder.

lle·gar *v.i.* **1.** Chegar, vir. *Llegó ayer.* Chegou ontem. **2.** Chegar, atingir. *Llegar a viejo.* Chegar à velhice. **3.** Chegar, bastar, ser suficiente. *Todo esto no le llega.* Tudo isto não lhe basta. **4.** Chegar, começar. *Llegó el otoño.* O outono chegou. ■ *v.aux.* **5.** Chegar, ser capaz de, conseguir. *Llegó a realizar lo que quería.* Chegou a realizar o que queria. **6.** Chegar, acabar. *Me llegó a gustar.* Cheguei a gostar. ■ **llegarse** *v.p.* Achegar-se. ♦ **Llegar a la conclusión.** Chegar à conclusão. **Llegar a oídos (de alguien).** Chegar aos ouvidos (de alguém). **Llegar a ser.** Tornar-se. **Llegar lejos.** Chegar longe. **Estar por llegar.** Estar para chegar.

lle·nar *v.t.* **1.** Encher, ocupar um espaço, recipiente, superfície. *Llenar el vaso.* Encher o copo. **2.** Encher, abarrotar. *Llenó el bolsillo de medicamentos.* Encheu o bolso de remédios. **3.** Preencher. *Llenar un impreso.* Preencher um formulário. **4.** Cumprir, satisfazer. *Llenamos nuestro cometido.* Cumprimos o nosso propósito. ■ **llenarse** *v.p.* **1.** *Col.* Encher-se, satisfazer-se, fartar-se (de comida). *Ya me llené.* Já estou satisfeito. **2.** Ficar lotado. *El teatro se llenó ayer.* O teatro ficou lotado ontem. **3.** Experimentar algum sentimento. *Llenarse de tristeza/alegría.* Ficar muito triste/alegre. **4.** *Col.* Acumular, ter em quantidade. *Me llené de discos de ópera.* Tenho um monte de discos de ópera.

lle·no/a *adj.* **1.** Cheio, repleto. **2.** Cheio, ocupado. **3.** Cheio, lotado. • *s.m.* **4.** Lotação completa. ♦ **A manos llenas.** Em abundância. **De lleno.** Em cheio. **Estar lleno.** Estar satisfeito (de comida).

lle·var *v.t.* **1.** Levar, conduzir. *Te llevo a la escuela.* Levo você à escola. **2.** Levar, transportar. *Llevar a arreglar.* Levar para consertar. **3.** Levar, induzir, impelir. *Lo llevó a decidirse.* Levou-o a decidir-se. **4.** Levar, demorar. *Llevó tres horas en llegar.* Levou três horas para chegar. **5.** Usar, vestir. *Llevaba un sombrero.* Usava um chapéu. **6.** Levar, seguir, acompanhar (ritmo, passo). *No logra llevar el compás.* Não consegue acompanhar o compasso. **7.** Levar, resultar. *Esto no lleva a nada.* Isto não leva a nada. **8.** Estar, permanecer em um lugar ou situação. *Llevo un año en este puesto.* Estou neste cargo há um ano. **9.** Ultrapassar, estar mais adiantado (em idade, tarefa). *Le llevo seis años.* Sou seis anos mais velho do que ele. *Me lleva 20 páginas.* Fez 20 páginas a mais. **10.** Desempenhar, estar, conduzir. *Lleva la dirección de la firma.* Dirige a empresa. ■ *v.aux.* **11.** Ter. *Lleva clasificados 2.000 libros.* Tem 2.000 livros classificados. **12.** Estar. *Lleva dos horas durmiendo.* Está dormindo há duas horas. ■ **llevarse** *v.p.* **1.** Levar, sentir, experimentar. *Se llevó un susto.* Levou um susto. **2.** Dar-se, relacionar-se. *Me llevo muy bien con él.* Dou-me muito bem com ele. **3.** Levar, tirar, arrastar. *Se llevaron el televisor.* Levaram a televisão. ♦ **Llevar a cabo/efecto.** Realizar. **Llevar a la práctica.** Pôr em prática. **Llevar adelante.** Realizar, implementar. **Llevar la batuta.** Dirigir, comandar. **Llevar la contraria.** Fazer oposição. **Llevar la corriente.** Assentir, tolerar. **Llevar la cuenta.** Anotar os gastos. **Llevar las de perder.** Não ter chance. *Ese equipo lleva las de perder en el campeonato.* Esse time não tem chance no campeonato. **Llevar prisa.** Estar com pressa. **Llevarse bien/mal.** Dar-se bem/mal (pessoas entre si). **Llevarse la mejor/peor parte.** Levar a melhor/a pior. **Llevarse por delante.** Arrastar, empurrar o que há na frente. *El coche no frenó y se llevó la bicicleta por delante.* O carro não brecou e arrastou a bicicleta. **Dejarse llevar.** Deixar-se levar.

llo·rar *v.i.* **1.** Chorar, derramar lágrimas. ■ *v.t.* **2.** Chorar, prantear. ♦ **El que no llora no mama.** Quem não chora não mama.

llo·ver *v.impess.* Chover. *Se largó a llover fuerte.* Começou a chover forte. ■ **lloverse** *v.p.* Pingar, infiltrar água. *Esta teja se llueve.* Por esta telha pinga. ■ *C.mod.* 42. ♦ **Llover a cántaros.** Chover a cântaros. **Llover sobre mojado.** Chover no molhado. **Llovido del cielo.** Caído do céu.

llo·viz·na *s.f.* Garoa, chuvisco, chuva leve.

llu·via *s.f.* Chuva.

lo[1] *art. neutro.* O. *Lo mejor es viajar.* O melhor é viajar. *El pájaro estaba en lo alto del árbol.* O pássaro estava no alto da árvore. ■ **a.** Usado diante de *adj., adv.* e orações *adj.* para substantivá-los. *Me gusta lo sincero que es.* Gosto da sua sinceridade. *Es un aficionado a lo extranjero.* É amante das coisas estrangeiras. **b.** Nunca se usa diante de *s.* ♦ **Lo que.** Quão, quanto, como. *Ya verás lo bien que trabaja.* Você vai ver como ele trabalha bem. **A lo lejos.** Ao longe.

lo[2] *p.pess. 3ª pess.m.* **1.** O. ¿*Encontraste el libro? No lo encontré.* Achou o livro? Não o achei. **2.** No, lo. *Lo vieron en el jardín.* Viram-no no jardim. *Ya fui a buscarlo.* Já fui procurá-lo. ■ **a.** Em espanhol não ocorre a variação no. *Lo trajeron ayer.* Trouxeram-no ontem. **b.** Em posição enclítica não se separa do *v.* **c.** *Pl.*: *los.* ♦ **Lo de. 1.** O assunto de, o caso, a história. ¿*Cómo resultó lo de tu hermano?* No que deu o caso do seu irmão? **2.** *Amer.* Casa de. *Voy a lo de Paco.* Vou à casa do Chico. **(Yo) Lo sé/No lo sé.** (Eu) Sei/Não sei.

lo·bo/a *s.* Lobo. ♦ **Lobo de mar.** Lobo do mar, velho marinheiro. **Meterse en la boca del lobo.** Meter-se na boca do lobo.

lo·cal *adj.* **1.** Local, próprio do lugar. *Población local.* População local. *Anestesia local.* Anestesia local. ● *s.m.* **2.** Loja, negócio. *Tiene un local en la galería.* Tem uma loja na galeria. **3.** Salão de festas. ■ Não tem sentido de "sítio, localidade".

lo·ca·li·dad *s.f.* **1.** Localidade, povoado. **2.** Lugar, assento. *El estadio tiene 500 localidades.* O estádio tem 500 lugares.

lo·ca·li·za·ción *s.f.* Localização.

lo·ca·li·zar *v.t.* **1.** Localizar. **2.** Encerrar em limites determinados. ■ **localizarse** *v.p.* Localizar-se.

lo·ca·ta·rio/a *s.* Locatário, arrendatário.

lo·ción *s.f.* Loção.

lo·co/a *adj. e s.* **1.** Louco, doido. **2.** Louco, arrebatado. *Loco de amor/rabia.* Louco de amor/raiva. **3.** Louco, imprudente. **4.** *Fig.* Louco, extraordinário. *Una suerte loca.* Uma sorte muito grande/louca. ♦ **Loco de atar.** Louco varrido/de pedra/de amarrar. **Loco de remate.** Doido varrido. **A lo loco.** Loucamente. **Cada loco con su tema.** Cada louco com a sua mania. **Estar loco de contento.** Estar louco de alegria. **Hacerse el loco.** Dar uma de bobo, disfarçar. **Volverse loco.** Ficar louco.

lo·co·mo·to·ra *s.f.* Locomotiva.

lo·cro *s.m. Amer.* Cozido típico à base de carnes, milho, grão-de-bico.

lo·cu·ción *s.f. Gram.* Locução.

lo·cu·ra *s.f.* **1.** Loucura, desarranjo mental. **2.** Loucura, extravagância, insensatez.

lo·cu·tor/·to·ra s. Locutor.
lo·do s.m. Lodo, lama.
ló·gi·co/a adj. **1.** Lógico. ● s.f. **2.** Lógica.
lo·gís·ti·co/a adj. **1.** Logístico. ● s.f. **2.** Logística.
lo·go·ti·po s.m. Logotipo.
lo·grar v.t. Conseguir, atingir, lograr. *No logré terminar el trabajo.* Não consegui terminar o trabalho. ■ Não tem sentido de "enganar". ♦ **Lograr éxito.** Fazer sucesso.
lo·gro s.m. **1.** Sucesso, êxito. *Los logros del trabajo.* Os êxitos do trabalho. **2.** Fruto, resultado. *Sus investigaciones tuvieron logros importantes.* As suas pesquisas tiveram resultados importantes. **3.** Lucro, benefício. ■ Não tem sentido de "fraude".
lo·ma s.f. **1.** Colina. **2.** Lombada.
lom·briz s.f. Lombriga. ♦ **Lombriz de tierra.** Minhoca.
lo·mo s.m. **1.** Lombo. *Lomo de cerdo.* Lombo de porco. **2.** Lombada (livro). **3.** Lombo, costas.
lon·cha s.f. Fatia. *Una loncha de jamón.* Uma fatia de presunto. ■ *Tb.:* **lonja**.
lon·ga·ni·za s.f. Linguiça.
lon·gi·tud s.f. **1.** Comprimento, extensão. *La parcela tiene 50 m de longitud.* O lote tem 50 m de comprimento. **2.** Longitude. ♦ **Salto de longitud.** *Desp.* Salto em distância.
lord s.m. *Angl.* Lorde. ■ *Pl.:* **lores**.
lo·ro s.m. Louro, papagaio. ■ Não tem sentido de "loureiro" nem de "loiro". ♦ **Hablar como un loro.** Falar como um papagaio. **Ni el loro.** Ninguém.
lo·sa s.f. **1.** Laje. **2.** Lousa.
lo·te s.m. **1.** Lote, terreno. **2.** Lote, conjunto de objetos vendidos juntos.
lo·te·rí·a s.f. Loteria. ♦ **Sacarse la lotería. 1.** Ganhar na loteria. **2.** Ganhar algo valioso, tirar o grande prêmio.
lu·bri·can·te adj. e s.m. Lubrificante. ■ *Tb.:* **lubrificante**.
lu·bri·car v.t. Lubrificar, azeitar. ■ *Tb.:* **lubrificar**.

lu·cha s.f. Luta. ♦ **Lucha de clases.** Luta de classes. **Lucha libre.** *Desp.* Luta livre.
lu·cha·dor/·do·ra adj. e s. **1.** Lutador. **2.** *Fig.* Batalhador.
lu·char v.i. **1.** Lutar. **2.** *Fig.* Batalhar. ♦ **Luchar cuerpo a cuerpo.** Lutar corpo a corpo.
lu·ciér·na·ga s.f. Vaga-lume.
lu·cir v.i. **1.** Luzir, emitir luz. **2.** Ser proveitoso, notado. *Este es un trabajo que no luce.* Este é um trabalho que não se nota. ■ v.t. **3.** Mostrar, ostentar. *Lucían sus uniformes de gala.* Ostentavam seus uniformes de gala. **4.** Ficar bem, ornar. *Te luce muy bien ese peinado.* Esse penteado fica muito bem em você. ■ **lucirse** v.p. **1.** Mostrar-se. *Le gusta lucirse.* Gosta de se mostrar. **2.** Distinguir-se, brilhar. *El pianista se lució en el concierto.* O pianista brilhou no concerto. ■ *C.mod. 08.*
lu·crar v.t. Lucrar, beneficiar-se.
lu·cra·ti·vo/a adj. Lucrativo.
lue·go adv. **1.** Logo, depois, em seguida, mais tarde. *Vamos al cine y luego a cenar.* Vamos ao cinema e depois vamos jantar. ● *conj.* **2.** Logo, portanto. *Pienso, luego existo.* Penso, logo existo. ■ Pouco usado no sentido de "imediatamente" ou "daqui a pouco". ♦ **Luego de.** Depois de. **Desde luego.** Naturalmente, sem dúvida. **Hasta luego.** Até logo.
lu·gar s.m. **1.** Lugar, espaço, ponto. **2.** Lugar, posição em uma escala. *Quedó en quinto lugar.* Ficou em quinto lugar. **3.** Lugar, região, localidade. *En ese lugar producen trigo.* Nesse lugar produzem trigo. **4.** Lugar, cargo, posto. **5.** Local. *En el lugar de los hechos.* No local dos fatos. ♦ **Lugar común.** Lugar-comum. **Dar lugar a.** Ser motivo de. **En lugar de.** Em vez de. **En primer lugar.** Em primeiro lugar. **Fuera de lugar.** Fora de lugar. **Hacer lugar.** Fazer espaço. **No dejar lugar a dudas.** Não deixar lugar para dúvidas. **Tener lugar.** Acontecer.
lu·jo s.m. Luxo. ♦ **Lujo de detalles.** Riqueza de detalhes. **De lujo.** De luxo. **Permitirse el lujo de.** Dar-se ao luxo de.
lum·bre s.f. Lume, clarão.

lu·mi·na·ria *s.f.* Luminária, lustre.
lu·mi·no·so/a *adj.* **1.** Luminoso, que emite luz. **2.** *Fig.* Luminoso, brilhante, oportuno. *Una idea luminosa.* Uma ideia brilhante.
lu·na *s.f.* Lua. ♦ **Luna creciente/menguante.** Lua crescente/minguante. **Luna de miel.** Lua de mel. **Luna llena/nueva.** Lua cheia/nova. **Estar en la luna.** Estar distraído, com a cabeça na Lua. **Fase de la Luna.** Fase da Lua.
lu·nes *s.m.* Segunda-feira. ∎ *Pl.:* invariável.
lun·far·do *s.m. Arg.* Lunfardo, jargão usado em Buenos Aires.
lus·trar *v.t.* **1.** Lustrar, dar brilho, polir. **2.** Engraxar (sapatos).
lus·tre *s.m.* **1.** Lustre, brilho, lustro. **2.** *Amer.* Engraxadela. ∎ Não tem sentido de "candelabro suspenso do teto".
lu·to *s.m.* Luto. ♦ **Llevar/Ponerse el luto.** Vestir luto.
luz *s.f.* **1.** Luz, claridade natural. *La luz del día.* A luz do dia. **2.** Luz, energia artificial. *Encender/Apagar la luz.* Acender/Apagar a luz. **3.** *Fig.* Luz, ilustração, saber. *El Renacimiento fue un período de muchas luces.* A Renascença foi um período de muito saber. **4.** Farol de automóvel. *No prendas las luces altas si tienes otro coche en sentido contrario.* Não ligue os faróis altos quando há outro carro em sentido contrário. **5.** *Arq.* Vão livre, luz. ♦ **Luz de carretera.** Farol alto. **Luz de posición.** Lanterninha. **Luz eléctrica.** Luz elétrica. **Luces de tráfico.** Semáforo. **A la luz de.** De acordo com. **A la luz del día.** À luz do dia. **A media luz.** Na penumbra. **A todas luces.** Evidentemente. **Con luz.** De dia. *Viajar con luz.* Viajar de dia. **Dar a luz. 1.** Dar à luz, parir. **2.** Publicar obra. **Dar luz verde.** Autorizar, dar sinal verde. **Sacar a la luz.** Desvendar. **Ver la luz. 1.** Nascer. **2.** Ser publicado.

M

m *s.f.* **1.** M, décima terceira letra do alfabeto. **2.** Mil (em maiúscula, no sistema romano de numeração). ∎ **a.** *Abrev.* de **minuto. b.** Símbolo de **metro. c.** Recebe o nome *eme.*
ma·ca·nu·do/a *adj.* **1.** *Col.* Admirável, fantástico. **2.** *Col. Arg.* Boa gente, pessoa legal.
ma·ca·rrón *s.m.* Macarrão semelhante ao espaguete. ∎ **a.** Usado geralmente no *pl.* **b.** *Sin.: fideo.*
ma·ce·ta *s.f.* Vaso para plantas.
ma·cha·car *v.t.* **1.** Triturar, moer, britar. **2.** Pisar, calcar. **3.** *Fig.* Esmagar, derrotar. **4.** *Fig.* Insistir, repetir, pisar. *¡Y dale machacar ese asunto!* De novo com esse assunto! ♦ **Asunto machacado.** Assunto batido. **Piedra machacada.** Pedra britada. **Tierra machacada.** Terra batida.
ma·che·te *s.m.* Facão.
ma·chi·hem·bro *s.m. Amer.* Lambril, lambris.
ma·chis·mo *s.m.* Machismo.
ma·cho *adj.* e *s.m.* **1.** Macho. **2.** *Fig.* Másculo, viril. **3.** *Fig.* Homem tolo/néscio. **4.** *Mec.* Macho, ferramenta para abrir roscas. **5.** *Mec.* Macho, peça que encaixa em outra. ♦ **¡Macho!** *Col. Esp.* Rapaz! *¡Macho, qué apuro he pasado!* Rapaz, que apuro que eu passei!
ma·chu·car *v.t.* **1.** Espremer. **2.** Esmagar, pisar. ∎ Não tem sentido de "ferir".
ma·ci·zo/a *adj.* **1.** Maciço, sólido, compacto. *Oro macizo.* Ouro maciço. **2.** Forte, robusto. ● *s.m.* **3.** Canteiro (flores, plantas). **4.** Maciço, conjunto de montanhas. **5.** Maciço, obra de alvenaria compacta.

ma·de·ja *s.f.* **1.** Meada (lã, linha). **2.** *Fig.* Cacho, madeixa (cabelo).

ma·de·ra·men *s.m.* Madeiramento.

ma·de·ro/a *s.m.* **1.** Tora, tronco de madeira esquadriado. ■ *s.f.* **2.** Madeira. ♦ **Madera aglomerada.** Aglomerado de madeira. **Madera dura.** Madeira de lei. **Madera terciada.** Compensado de madeira. **Tener madera de.** Ter aptidão, estofo para. **Tocar madera.** Bater na madeira.

ma·dras·tra *s.f.* Madrasta.

ma·dre *s.f.* **1.** Mãe. **2.** Madre, freira. **3.** *Fig.* Mãe, origem, berço. ♦ **Madre de familia.** Mãe de família. **¡Madre mía!** Nossa Senhora! **Madre patria.** Pátria mãe. **Madre política.** Sogra. **Madre soltera.** Mãe solteira. **Madre superiora.** Madre superiora. **Como su madre lo echó al mundo.** Do jeito que veio ao mundo, nu.

ma·dri·na *s.f.* Madrinha.

ma·dru·ga·da *s.f.* Madrugada.

ma·dru·gar *v.i.* **1.** Madrugar. **2.** *Fig.* Ganhar tempo, adiantar-se. **3.** *Col. Arg.* Passar a perna. ♦ **Al que madruga Dios le ayuda.** Deus ajuda a quem cedo madruga. **No por mucho madrugar amanece más temprano.** Não adianta se apressar em certas coisas.

ma·du·ra·ción *s.f.* **1.** Maturação. **2.** Amadurecimento.

ma·du·rar *v.t.* **1.** *Bot.* Madurar, sazonar. **2.** *Fig.* Amadurecer, meditar, refletir. *Hay que madurar mejor ese plan.* É preciso amadurecer melhor esse plano. ■ *v.i.* **3.** *Fig.* Amadurecer. *La muerte del padre lo hizo madurar.* A morte do pai fez com que ele amadurecesse.

ma·du·rez *s.f.* **1.** *Bot.* Maturação. **2.** Maturidade. **3.** *Fig.* Sensatez.

ma·du·ro/a *adj.* **1.** *Bot.* Maduro. **2.** *Fig.* Amadurecido, ponderado. **3.** Maduro, de idade avançada. ♦ **Edad madura.** Idade madura, maturidade.

ma·es·tro/a *adj.* **1.** Mestre, principal. *Viga maestra.* Viga mestra. **2.** Amestrado. *Leones maestros.* Leões amestrados. ● *s.* **3.** Mestre, professor de ensino fundamental. *La maestra me puso "sobresaliente".* A professora me deu nota "excelente". **4.** Mestre, perito (arte, ciência). *Los grandes maestros de la literatura.* Os grandes mestres da literatura. **5.** *Mus.* Maestro, regente. **6.** Oficial (trabalhos manuais). *Maestro carpintero.* Oficial carpinteiro. **7.** *Fig.* Mestre, modelo, guia. ♦ **Maestro de ceremonias.** Mestre de cerimônias. **Maestro de obras.** Mestre de obras. **Maestro mayor de obra.** Técnico em edificações. **Golpe maestro.** Golpe de mestre. **Obra maestra.** Obra-prima.

☞ **ma·gia** *s.f.* **1.** Mágica. *Hacer magia con las manos.* Fazer mágica com as mãos. **2.** Magia, ritual secreto. **3.** *Fig.* Magia, encanto. ♦ **Magia negra/blanca.** Magia negra/branca. **Por arte de magia.** Num passe de mágica.

má·gi·co/a *adj.* **1.** Mágico, maravilhoso. ● *s.* **2.** Mágico, mago. ♦ **Varita mágica.** Vara de condão.

ma·gis·te·rio *s.m.* **1.** Magistério: cargo e profissão do professor. *Me dedico al magisterio hace diez años.* Dedico-me ao magistério há dez anos. **2.** Magistério, ensino. **3.** Magistério, conjunto de professores.

mag·na·te *s.m.* Magnata.

mag·ní·fi·co/a *adj.* **1.** Magnífico, glorioso. **2.** Magnífico, excelente. ♦ **Rector magnífico.** Magnífico reitor.

mag·ni·tud *s.f.* **1.** Magnitude, grandeza, amplitude. **2.** *Fig.* Magnitude, importância, envergadura, porte.

mag·no·lia *s.f. Bot.* Magnólia.

ma·go/a *s.* **1.** Mágico, ilusionista. **2.** Mago, que tem poderes mágicos.

ma·gu·lla·du·ra *s.f.* Contusão, batida, machucado.

ma·íz *s.m. Bot.* Milho. ♦ **Tortilla de maíz.** *Mex. e Am.C.* Pasta de farinha de milho assada.

ma·ja·da *s.f.* **1.** Curral. **2.** Esterco, excremento animal.

ma·jes·tad *s.f.* Majestade.

ma·jo/a *adj. e s. Esp.* **1.** Lindo, bonito. *Una*

chica maja. Uma garota bonita. **2.** Elegante. *Va muy majo.* Está muito bem-arrumado.
mal¹ *adj.* Mau, ruim. *Un mal momento.* Um mau momento. ■ **a.** Forma apocopada de *malo*. *Tuve un mal día.* Tive um dia ruim. **b.** Usado somente diante de *s.m.sing*. *Mal hombre.* Homem mau.
mal² *s.m.* **1.** Mal, contrário ao bem, maldade. *El bien y el mal.* O bem e o mal. **2.** Mal, dano, calamidade. *Los males de la guerra.* Os males da guerra. **3.** Mal, doença. *Ese nuevo mal avanza rápidamente.* Essa nova doença avança rapidamente. ● *adv.* **4.** Mal, de modo errado. *Lo comprendiste mal.* Você entendeu mal. **5.** Mal, apenas. *Mal tocó la comida.* Apenas tocou a comida. **6.** Mal, de forma inadequada. *Lo trató mal.* Tratou-o mal. ♦ **Mal de montaña.** Mal de altitude. **Mal de muchos, consuelo de todos/tontos.** Quando o mal afeta a muitos, é mais fácil de suportar. **Mal de ojo.** Mau-olhado. **¡Mal haya!** Maldição! (exclamação imprecatória). **Mal que bien.** Bem ou mal. **Caer mal.** Antipatizar, não ir com a cara. **Del mal, el menos.** Dos males, o menor. **Estar mal. 1.** Estar errado. **2.** Sentir-se mal. **Ir de mal en peor.** Ir de mal a pior. **Menos mal que.** Ainda bem que. *Menos mal que no ha llovido hoy.* Ainda bem que hoje não choveu. **No hay mal que por bien no venga.** Há males que vêm para bem. **Sentar mal.** Não gostar, aborrecer-se, não cair bem. **Sentirse mal.** Passar mal. **Tomar a mal.** Levar a mal.
ma·la *s.f.* Malote (espécie de correio). ♦ **Por las malas.** Por mal, à força.
mal·a·gra·de·ci·do/a *adj.* Ingrato. ■ *Tb.: ma·la·gra·de·ci·do.*
ma·la·ria *s.f. Med.* Malária.
mal·cria·do/a *adj.* Malcriado.
mal·criar *v.t.* Educar mal, mimar excessivamente. *Malcría al hijo.* Mima demais o filho.
mal·dad *s.f.* **1.** Maldade, ruindade. **2.** Malvadeza. *Hizo una maldad sin tamaño.* Fez uma malvadeza sem tamanho.

mal·de·cir *v.t.* **1.** Amaldiçoar. ■ *v.i.* **2.** Praguejar, maldizer. *Vive maldiciendo.* Vive praguejando. **3.** Maldizer, falar mal, criticar. *Maldice de todos.* Fala mal de todos. ■ *C.mod.* 20.
mal·di·ción *s.f.* Maldição, praga.
ma·le·an·te *adj. e s.2g.* Delinquente.
mal·en·ten·di·do *s.m.* Mal-entendido, equívoco. ■ *Tb.: ma·len·ten·di·do.*
mal·es·tar *s.m.* Mal-estar. ■ *Tb.: ma·les·tar.*
☞ **ma·le·ta** *s.f.* Mala. ♦ **Hacer la maleta. 1.** Fazer a mala. **2.** Ir embora.
ma·le·te·ro *s.m.* **1.** Porta-malas. **2.** Bagageiro. **3.** Carregador de malas. **4.** Maleiro, fabricante ou vendedor de malas.
ma·le·tín *s.m.* Valise, pasta. *Guardé los documentos en el maletín.* Guardei os documentos na pasta.
ma·le·za *s.f.* **1.** Erva daninha. **2.** Mato.
mal·gas·tar *v.t.* Desperdiçar, dissipar (dinheiro, energia).
mal·ha·bla·do/a *adj. e s.* Desbocado, boca-suja.
mal·he·chor/·cho·ra *adj. e s.* Malfeitor.
mal·hu·mor *s.m.* Mau humor.
ma·li·cia *s.f.* **1.** Malícia, manha, astúcia, maldade. **2.** Malícia, desconfiança. **3.** Malícia, má-fé.
ma·lig·no/a *adj.* **1.** *Med.* Maligno, nocivo. *Tumor maligno.* Tumor maligno. **2.** Maligno, malévolo.
ma·lla *s.f.* **1.** Malha, rede. **2.** Malha, trama. **3.** Malha, urdidura. **4.** Malha, tecido. **5.** Malha, roupa colante de ginástica. **6.** Malha, tela metálica. **7.** *Amer.* Maiô.
mal·nu·tri·ción *s.f.* Subnutrição, subalimentação.
ma·lo/a *adj.* **1.** Mau, malvado, ruim. *Es un chico malo.* É um menino mau. **2.** Doente. *El viejo está muy malo.* O velho está muito doente. **3.** Mau, de má qualidade, ruim. *Una mala película.* Um filme ruim. **4.** Mau, prejudicial. *Fumar es malo para la salud.* Fumar é prejudicial à saúde. **5.** Mau, inoportuno, inadequado. *Llegó en mala hora.* Chegou numa hora inoportuna. **6.** Ruim, estragado.

Este queso está malo. Este queijo está estragado. **7.** Mau, desagradável aos sentidos. *La coliflor despide un olor malo cuando se hierve.* A couve-flor solta mau cheiro enquanto é fervida. ■ Diante de *s.m.sing.* usa-se a forma apocopada *mal.* ● *s.m.* **8.** *Liter.* Bandido. ♦ **Mala fama/reputación.** Má reputação. **Mala jugada/pasada.** Jogo sujo, golpe baixo. **Mala palabra.** Palavrão. **¡Mala suerte!** Azar! **Malos modales.** Maus modos. **De mala gana.** De má vontade. **De mala manera.** Com maus modos. **Lo malo es que (…).** O pior é que (…).

ma·lo·li·en·te *adj.* Fedorento, malcheiroso. ■ *Tb.:* ma·lo·lien·te.

mal·pen·sa·do/a *adj. e s.* Malicioso.

mal·sa·no/a *adj.* Insalubre.

mal·tra·tar *v.t.* Maltratar, judiar.

mal·tra·to *s.m.* Ação de maltratar.

mal·tre·cho/a *adj.* Maltratado, danificado, caindo aos pedaços.

mal·ver·sa·ción *s.f.* Malversação, desvio de fundos.

mal·vón *s.m. Bot. Arg. e Mex.* Gerânio.

ma·ma *s.f.* Mama, seio.

ma·má *s.f.* Mamãe.

ma·ma·da *s.f.* Mamada, refeição de recém-nascido.

ma·ma·de·ra *s.f.* **1.** Instrumento para extrair leite do seio. **2.** *Amer.* Mamadeira.

ma·ma·do/a *adj. Col.* Bêbado.

ma·mar *v.t.* Mamar, sugar o leite materno. ■ **mamarse** *v.p. Col.* Embebedar-se.

ma·mí·fe·ro *adj. e s.m.* Mamífero.

ma·mo·tre·to *s.m. Col.* **1.** Grande pilha de folhas, calhamaço. **2.** Coisa desengonçada.

mam·pa·ra *s.f.* **1.** Divisória (de ambiente). **2.** Biombo.

mam·pos·te·rí·a *s.f.* Alvenaria.

ma·na·da *s.f.* **1.** Manada, rebanho. **2.** *Fig. e col.* Bando.

má·na·ger *s.m. Angl.* **1.** Gerente, diretor. **2.** *Teat.* Agente, empresário.

ma·nan·tial *s.m.* **1.** Fonte, manancial, nascente. **2.** *Fig.* Mina, fonte.

man·cha *s.f.* **1.** Mancha, borrão. **2.** *Fig.* Mácula, mancha. **3.** *Tip.* Superfície impressa de uma página. **4.** Parte de um terreno ou vegetação diferente do resto.

man·char *v.t.* **1.** Manchar, borrar. **2.** *Fig.* Desonrar. ■ **mancharse** *v.p.* Manchar-se, borrar-se.

☞ **man·co/a** *adj. e s.* **1.** Diz-se de quem não tem o braço ou a mão. **2.** *Fig.* Coisa defeituosa ou incompleta. *Un argumento manco.* Um argumento falho.

man·co·mu·na·da·men·te *adv.* **1.** De comum acordo. **2.** Em comum, em colaboração. *Hicieron el proyecto mancomunadamente.* Fizeram o projeto em colaboração.

man·da·de·ro/a *s.* Mensageiro, bói, *office boy.*

☞ **man·da·do** *s.m.* **1.** Recado. *¿Quiere dejar el mandado?* Quer deixar recado? **2.** Encargo, tramitação. ♦ **Hacer los mandados.** Fazer as compras/pagamentos em banco/pequenas tramitações.

man·da·más *s. Col.* Mandachuva.

man·da·mien·to *s.m.* **1.** Mandamento, ordem, mandado. **2.** Mandamento, preceito da igreja. **3.** *For.* Mandado judicial.

man·dar *v.t.* **1.** Mandar, ordenar. **2.** Mandar, enviar. *Te mandé una fotocopia del artículo.* Enviei-lhe uma xerox do artigo. **3.** Mandar, governar, chefiar, comandar. **4.** Mandar, encomendar. *Mandé traer una botella de vino.* Mandei trazer uma garrafa de vinho. ♦ **Mandar al cuerno/al diablo/a paseo.** Mandar para o diabo. **Lo que usted mande.** Às suas ordens.

man·da·to *s.m.* **1.** Mandato, preceito. **2.** Mandato, período de governo. *No hizo nada en todo su mandato.* Não fez nada durante todo o mandato. **3.** *For.* Mandato, incumbência. ♦ **Mandato judicial.** *For.* Procuração, mandato *ad judicia.*

man·dí·bu·la *s.f.* Mandíbula, queixada.

man·do *s.m.* **1.** Comando, mando. *Estar al mando.* Estar no comando. **2.** Mandato de governo. **3.** Comando, controle. *Accionar*

el mando. Acionar o comando. ♦ **Tablero de mando.** Painel de controle.
man·do·li·na *s.f. Mus.* Bandolim.
ma·ne·ci·lla *s.f.* **1.** Ponteiro (relógio). **2.** *Mec.* Pequena alavanca.
ma·ne·jar *v.t.* **1.** Manejar, manusear. **2.** Manejar, manipular, utilizar com destreza. *Maneja muy bien la computadora.* Manipula muito bem o computador. **3.** *Fig.* Manejar, dirigir, administrar. *Maneja la casa sola.* Administra a casa sozinha. **4.** *Amer.* Dirigir (veículo). *Él no sabe manejar.* Ele não sabe dirigir. **5.** *Fig.* Dominar e manipular pessoas, manejar. *La maneja a su antojo.* Manipula-a a seu bel-prazer. ■ **manejarse** *v.p.* **1.** *Fig.* Conduzir-se, comportar-se, virar-se. *Saber manejarse.* Saber se virar. **2.** Funcionar, operar. *¿Cómo se maneja esto?* Como se opera isto?
ma·ne·jo *s.m.* **1.** Manuseio, uso. **2.** *Fig.* Direção de um negócio. *Tiene el manejo de la compañía.* Tem a direção da companhia. **3.** Funcionamento. *En cuatro días aprenderás el manejo de la máquina.* Em quatro dias você aprenderá o funcionamento da máquina. **4.** *Fig.* Tramoia, intriga. *Armaron un manejo para derribar al director.* Fizeram uma tramoia para derrubar o diretor. ♦ **Instrucciones para el manejo.** Instruções de uso.
ma·ne·ra *s.f.* Maneira, modo, forma. ■ **maneras** *s.f.pl.* Modos. ♦ **Manera de actuar/ pensar.** Maneira de agir/pensar. **Manera de ver las cosas.** Forma de ver as coisas. **A la manera (de).** À moda (de). **A manera de.** Como, a título de. **A mi/tu manera.** A meu/seu modo. **A mi manera de ver.** Na minha opinião. **Buenas maneras.** Bons modos. **De cualquier manera.** De qualquer maneira. **De esta manera.** Desta maneira. **De igual/ De la misma manera.** Da mesma forma. **De manera que.** De maneira que. **De ninguna manera.** De jeito nenhum. **De otra manera. 1.** De outra maneira. **2.** Senão. *Llévate el paraguas de otra manera te vas a mojar.* Leve o guarda-chuva, senão vai se molhar. **De todas maneras.** De qualquer maneira. **No haber manera.** Não ter jeito. **¡Qué manera de!** Como! (expressão que enfatiza a ação do verbo). *¡Qué manera de llorar!* Como chora! **Sobre manera.** Excessivamente.

man·ga *s.f.* **1.** Manga, parte da roupa que cobre o braço. **2.** Tubo flexível usado em encanamentos. **3.** *Mar.* Largura de um navio. **4.** Mangueira de ventilação/irrigação. **5.** Ponte de embarque (avião). ♦ **Manga corta/larga.** Manga curta/comprida. **Manga de agua.** Tromba-d'água. **Manga de viento.** Redemoinho, tufão. **En mangas de camisa.** Em mangas de camisa. **Sacarse (algo) de la manga.** Tirar ou mostrar (algo) que estava oculto, tirar do bolso do colete. **Tener algo en la manga.** Ter uma carta na manga.
man·ga·ne·so *s.m. Quím.* Manganês.
man·go *s.m.* **1.** Cabo, empunhadura (panela, faca). *El martillo se sujeta por el mango.* O martelo se segura pelo cabo. **2.** *Bot.* Mangueira (árvore). **3.** *Bot.* Manga (fruto). ♦ **Tener la sartén por el mango.** Estar com a faca e o queijo na mão.
man·gue·ra *s.f.* Mangueira, esguicho.
ma·ní *s.m. Amer.* Amendoim. ■ *Pl.:* manises.
ma·ní·a *s.f.* **1.** *Med.* Mania, obsessão. **2.** Mania, hábito esquisito. ♦ **Manía de grandeza.** Mania de grandeza. **Manía persecutoria.** Mania de perseguição.
ma·nia·tar *v.t.* Atar as mãos de alguém, manietar.
ma·niá·ti·co/a *adj. e s.* Maníaco, excêntrico. *Es un maniático de la música.* É fanático por música.
ma·ni·co·mio *s.m.* Hospício, manicômio.
ma·ni·fes·ta·ción *s.f.* **1.** Manifestação, ocorrência. **2.** Passeata. *La manifestación del 1º de Mayo fue muy concurrida.* Na passeata de 1º de Maio houve muita gente.
ma·ni·fes·tar *v.t.* **1.** Manifestar, expressar. **2.** Declarar. ■ **manifestarse** *v.p.* **1.** Manifestar-se, expressar-se. **2.** Fazer passeata

manifiesto/a — 261 — **mantener**

de protesto. **3.** Manifestar-se, revelar-se. ■ *C.mod. 01.*

ma·ni·fies·to/a *adj.* **1.** Manifesto, evidente. • *s.m.* **2.** Manifesto, comunicado à opinião pública. ♦ **Poner de manifiesto.** Evidenciar.

ma·ni·ja *s.f.* **1.** Maçaneta (fechadura). **2.** Puxador, empunhadura. **3.** Abraçadeira, manilha.

ma·nio·bra *s.f.* **1.** Manobra, operação de uma máquina. **2.** *Fig.* Manobra, artimanha, artifício. *Maniobra política.* Manobra política. ■ **maniobras** *s.f.pl. Mil.* Manobras, exercícios militares.

ma·nio·brar *v.i.* Manobrar. *Maniobró para salir del garaje.* Manobrou para sair da garagem.

ma·ni·pu·lar *v.t.* **1.** Manipular, manusear. **2.** *Fig.* Manipular, tergiversar. *Manipular la información.* Manipular a informação.

ma·ni·quí *s.m.* **1.** Manequim, boneco. ■ *s.2g.* **2.** Modelo, manequim, pessoa que desfila.

ma·no *s.f.* **1.** Mão, parte do corpo. **2.** Demão. *Una mano de cal.* Uma demão de cal. **3.** Nos jogos, a vez de jogar, mão. *Él es mano.* É a vez dele. **4.** Lado, mão. *El baño queda en el pasillo a mano derecha.* O banheiro fica no corredor do lado direito. **5.** Pata dianteira de alguns animais. **6.** *Amer.* Pequena quantidade de produtos para a venda. *Una mano de aguacates.* Uma bacia de abacates. **7.** Partida, jogo. *Una mano de canasta.* Uma partida de canastra. **8.** *Fig.* Mão, habilidade, jeito. ♦ **Mano a mano. 1.** Cara a cara. **2.** Meio a meio. **Mano de obra.** Mão de obra. **Mano dura/de hierro.** Mão de ferro. ¡**Manos a la obra!** Mãos à obra! ¡**Manos arriba!** Mãos para cima! **A mano. 1.** À mão, sem máquina. **2.** À mão, próximo. **Al alcance de la mano.** Ao alcance da mão. **Alzar la mano a/contra.** Levantar a mão (para bater). **Caer en manos de.** Cair nas mãos de. **Cambiar de manos.** Mudar de mão. **Cargar/Írsele la mano.** Exagerar. **Con las manos en la masa.** Com as mãos na massa. **Con una mano atrás y otra delante.** Com uma mão na frente e outra atrás. **Dar la mano.** Dar a mão, cumprimentar. **De la mano.** De mãos dadas. **De primera/segunda mano.** De primeira/segunda mão. **Echar mano de.** Recorrer a. **Echar una mano.** Dar uma mão/força, ajudar. **En mano.** Em mãos. **Estrechar las manos.** Apertar as mãos. **Meter la mano hasta el codo.** Estar muito comprometido, envolvido até o pescoço. **Meter (la) mano.** Intervir. **Pedir la mano.** Pedir a mão (em casamento). **Poner la mano en el fuego.** Pôr a mão no fogo. **Quitar (algo a alguien) de las manos.** Disputar a posse, a compra (de algo). **Sentar la mano.** Descer o braço, bater. **Tender la mano.** Estender a mão. **Tener buena mano.** Ter boa mão. **Traer/Llevar entre manos.** Planejar, maquinar algo. **Untar las manos.** Molhar a mão, subornar.

ma·no·jo *s.m.* Maço, molho, feixe. *Manojo de flores.* Maço de flores. *Manojo de llaves.* Molho de chaves.

ma·no·se·ar *v.t.* **1.** Manusear. **2.** *Fig.* Repetir, bater na mesma tecla. ¡*Cómo manosean ese asunto!* Como batem nessa tecla!

man·sión *s.f.* **1.** Mansão. **2.** Permanência, estadia. *Nuestra mansión en Francia fue corta.* A nossa estadia na França foi curta.

☞ **man·te·ca** *s.f.* **1.** Banha, gordura animal. **2.** Nata. **3.** *Arg.* Manteiga. ♦ **Manteca de cacao.** Manteiga de cacau. **Como manteca.** Muito macio.

man·tel *s.f.* Toalha de mesa.

man·te·ner *v.t.* **1.** Manter, conservar, preservar. *Mantiene la casa limpia.* Mantém a casa limpa. **2.** Manter, sustentar. *Esta viga mantiene el techo.* Esta viga sustenta o teto. **3.** Manter, afirmar, defender. *Mantuvo su argumento hasta el final.* Manteve o seu argumento até o fim. **4.** Manter, criar, sustentar. *Mantengo dos hijos.* Sustento dois filhos. **5.** Manter, ter, realizar. *Mantuve una entrevista con él.* Tive uma entrevista com ele. ■ **mantenerse** *v.p.* **1.** Manter-se, sustentar-se.

2. Manter-se, alimentar-se. *Me mantengo con legumbres.* Alimento-me de legumes. **3.** Permanecer, ficar. *Se mantuvo cinco minutos debajo del agua.* Ficou cinco minutos embaixo d'água. ■ *C.mod. 35.* ♦ **Mantener a distancia/a raya.** Manter afastado.

man·te·ni·mien·to *s.m.* **1.** Mantimento, alimento. **2.** Manutenção, conservação. *Hacer el mantenimiento de un equipo.* Fazer a manutenção de um equipamento. ■ *Sin.:* **manutención.** • **mantenimientos** *s.m.pl.* Víveres.

man·te·qui·lla *s.f.* Manteiga. *Pan con mantequilla.* Pão com manteiga.

man·to/a *s.m.* **1.** Manto, capa, abrigo. **2.** Manto, hábito religioso. **3.** Capa usada em cerimônias solenes. **4.** *Fig.* Manto, proteção. **5.** *Fig.* Manto, que cobre ou encobre. *El manto de la noche.* O manto da noite. **6.** Pequena jazida mineral. ■ *s.f.* **7.** Manta, cobertor. **8.** Mantelete. **9.** Espécie de xale.

man·tón *s.m.* Xale.

ma·nual *adj.* **1.** Manual, que se faz à mão. • *s.m.* **2.** Manual, livro de instruções.

ma·nu·brio *s.m.* Manivela. ■ *Sin.:* **manivela.**

ma·nu·fac·tu·ra *s.f.* **1.** Fábrica, manufatura, estabelecimento industrial. **2.** Manufatura, produto industrial.

man·za·na *s.f.* Quarteirão, quadra. *Dar la vuelta a la manzana.* Dar a volta no quarteirão.

man·za·no/a *s.m. Bot.* **1.** Macieira. ■ *s.f.* **2.** Maçã.

ma·ña·na *s.f.* **1.** Manhã. ■ *s.m.* **2.** Amanhã, futuro. *Pensar en el mañana.* Pensar no amanhã. • *adv.* **3.** Amanhã, dia seguinte. *Las clases empiezan mañana.* As aulas começam amanhã. ♦ **Mañana por la mañana.** Amanhã de manhã. **A partir de mañana.** De amanhã em diante. **Ayer por la mañana.** Ontem de manhã. **Cambiar de la noche a la mañana.** Mudar da noite para o dia. **De mañana en (tres, cuatro) días.** Daqui a (três, quatro) dias. **¡Hasta mañana!** Até amanhã! **No dejes para mañana lo que puedes hacer hoy.** Não deixe para amanhã o que pode fazer hoje. **Pasado mañana.** Depois de amanhã. **Por la mañana.** De manhã, durante a manhã.

ma·pa *s.m.* Mapa. ♦ **No estar en el mapa.** Ser desconhecido. **Perderse/Desaparecer del mapa.** Desaparecer do mapa.

ma·qui·lla·je *s.m.* Maquiagem, maquilagem.

má·qui·na *s.f.* **1.** Máquina, aparelho, instrumento mecânico ou elétrico. *Máquina de coser.* Máquina de costura. *Máquina de escribir.* Máquina de escrever **2.** Máquina, locomotiva. **3.** Máquina, motor, mecanismo. **4.** *Fig.* Máquina, conjunto de órgãos/de elementos. *Máquina del Estado.* Máquina do Estado. **5.** *Fig.* Máquina, robô. **6.** *Fig.* Projeto, maquinação. ♦ **Máquina de vapor.** Máquina a vapor. **Máquina fotográfica.** Câmera fotográfica. **Máquina herramienta.** *Mec.* Máquina-ferramenta.

ma·qui·nar *v.t.* Maquinar, tramar.

ma·qui·na·ria *s.f.* Maquinário, maquinaria.

mar *s.m.* **1.** Mar, oceano. **2.** *Fig.* Mar, grande quantidade. *Mar de sangre.* Mar de sangue. ■ Usado também no *f.* ♦ **Mar gruesa.** Mar com ondas grandes. **A mares.** Em abundância. **Alta mar.** Alto-mar. **Arar en el mar.** Malhar em ferro frio. **Hacerse a la mar.** Zarpar. **La mar de.** Muito. *Una fiesta la mar de divertida.* Uma festa muito divertida. **Picarse el mar.** Ficar bravo o mar.

ma·ra·ca *s.f. Mus.* Maraca.

ma·ra·cu·yá *s.m. Bot.* Maracujá.

ma·ra·ñón *s.m. Bot.* Caju.

ma·ra·tón *s.m. Desp.* Maratona.

ma·ra·vi·lla *s.f.* Maravilha, prodígio. ♦ **A las mil maravillas.** Às mil maravilhas. **De maravilla.** Maravilhosamente. **Decir maravillas de.** Falar muito bem de. **Venir de maravilla.** Vir a calhar.

ma·ra·vi·llar *v.t.* Maravilhar, assombrar. ■ **maravillarse** *v.p.* Maravilhar-se, admirar-se.

mar·ca *s.f.* **1.** Marca, sinal, vestígio. *El mueble dejó una marca en la alfombra.* O móvel deixou marca no tapete. **2.** Marca, etiqueta, griffe. *Esa marca es muy buena.* Essa marca é muito boa. **3.** Marca, limite, recorde. ♦ **Marca de fábrica.** Logotipo, marca. **Marca registrada.** Marca registrada. **De marca.** De marca conhecida. **De marca mayor.** Do tamanho de um bonde.

mar·ca·do/a *adj.* **1.** Marcado. **2.** Marcante. *Una diferencia marcada.* Uma diferença marcante.

mar·ca·dor/·do·ra *adj. e s.* **1.** Marcador. ■ *s.m.* **2.** Placar. *El marcador indica 2 a 0.* O placar indica 2 a 0. **3.** *Mec.* Aferidor.

mar·car *v.t.* **1.** Marcar, assinalar, indicar. *Marcar el trayecto.* Indicar o trajeto. **2.** Marcar, anotar. *Marcar los gastos.* Anotar os gastos. **3.** Discar. *Marcar el número de teléfono.* Discar o número de telefone. **4.** *Desp.* Fazer pontos. **5.** *Desp.* Fazer marcação.

mar·cha *s.f.* **1.** Marcha, caminhada. **2.** Marcha, posição do câmbio de velocidade. *Coche de cinco marchas.* Carro de cinco marchas. **3.** *Fig.* Andamento, desenvolvimento. *El proyecto está en marcha.* O projeto está em andamento. **4.** *Mus.* Marcha, peça musical. **5.** *Fig. e col.* Bagunça, farra. ♦ **Marcha atrás.** Marcha a ré. **Marcha Real.** Hino Nacional Espanhol. **A marchas forzadas.** A passo forçado. **Abrir la marcha.** Abrir o desfile. **Dar marcha atrás.** Retroceder. **Estar en marcha. 1.** Estar em funcionamento. **2.** Estar em andamento. **Poner en marcha.** Dar partida, colocar em funcionamento (mecanismos). **Sobre la marcha.** À medida que ocorre, que for necessário. *Tomaremos las medidas del caso sobre la marcha.* Tomaremos as providências à medida que for necessário.

☞ **mar·char** *v.i.* **1.** Caminhar, locomover-se. *Tengo que marchar más despacio.* Tenho que andar mais devagar. **2.** Funcionar (mecanismos). *Ese reloj no marcha bien.* Esse relógio não funciona direito. **3.** *Fig.* Desenvolver-se, progredir, andar. *¿Cómo marchan los negocios?* Como vão os negócios? **4.** *Mil.* Marchar. ■ **marcharse** *v.p.* **1.** Ir embora. *Me marcho mañana.* Vou embora amanhã.
2. Ir a um lugar determinado. *Se marcharon al cine.* Foram ao cinema. ♦ **Marchar bien/mal.** Funcionar bem/mal. **Marchar sobre ruedas.** Ir muito bem. *La construcción marcha sobre ruedas.* A construção vai indo de vento em popa.

mar·chi·tar *v.t.* Secar, murchar. ■ **marchitarse** *v.p.* Ficar murcho, murchar.

mar·chi·to/a *adj.* Murcho.

mar·co *s.m.* **1.** Moldura. *El espejo tiene un marco antiguo.* O espelho tem uma moldura antiga. **2.** Marco, batente, caixilho. *El marco de la ventana es de madera.* O caixilho da janela é de madeira. **3.** *Fig.* Marco, âmbito. ■ Não tem sentido de "baliza".

ma·rea *s.f.* **1.** Maré. **2.** Maresia. *La marea oxida los coches.* A maresia enferruja os carros. **3.** *Fig.* Abundância, monte, maré. *Había una marea de gente.* Havia um monte de gente. ♦ **Marea alta/baja.** Maré alta/baixa. **Marea negra.** Mancha de petróleo no mar.

ma·re·ar *v.t.* Perturbar, aturdir, deixar tonto. *Lo marean con tantas preguntas.* Deixam-no tonto com tantas perguntas. ■ **marearse** *v.p.* **1.** Sentir enjoo, tontura. *Se marearon durante el viaje.* Sentiram enjoo durante a viagem. **2.** Embriagar-se ligeiramente. *Si tomo vino me mareo.* Fico tonto se tomar vinho.

ma·reo *s.m.* **1.** Enjoo. **2.** Tontura, vertigem.

mar·ga·ri·na *s.f.* Margarina.

mar·ga·ri·ta *s.f. Bot.* Margarida.

mar·gen *s.2g.* **1.** Margem, beira (rio, lago). *El camino bordea la margen derecha.* A estrada contorna a margem direita. **2.** Margem, espaço não escrito no papel. *Una nota al margen.* Uma anotação à margem. ■ *s.m.* **3.** Margem de lucro, de erro. *Vender con margen.* Vender com margem de lucro. **4.** Ocasião, oportunidade. *No le di margen para decirme cualquier cosa.* Não lhe dei oportunidade de dizer-me qualquer coisa. ♦ **Al margen.** À margem, afastado, de fora. **Dar margen.** Dar margem, motivo, lugar. **Por escaso margen.** Por pouca/pequena diferença.

mar·gi·na·do/a *adj. e s.* **1.** Marginalizado. **2.** Marginal, fora da lei.
mar·gi·nar *v.t.* **1.** Margear, deixar margem no papel. **2.** *Fig.* Marginalizar. *La sociedad margina a los viejos.* A sociedade marginaliza os velhos.
ma·ria·chi *s.m. Mus. Mex. e Am.C.* Conjunto de música popular.
ma·ri·cón/·co·na *s. Col.* **1.** Covarde. ■ *s.m.* **2.** Maricas, efeminado. ▌ *Tb.: marica.*
ma·ri·do *s.m.* Marido.
ma·ri·gua·na *s.f.* Maconha, erva. ▌ *Tb.: marihuana, marijuana.*
ma·rim·ba *s.f. Mus. Am.C.* Instrumento folclórico de percussão.
ma·ri·ne·ro/a *adj.* **1.** *Mar.* Marinheiro, relativo à arte de navegar. **2.** Tipo de molho branco com vinho. ● *s.m.* **3.** *Mar.* Marinheiro. ♦ **Marinero de agua dulce.** Marinheiro de primeira viagem.
ma·ri·no/a *adj.* **1.** *Mar.* Marinho, do mar. *Brisa marina.* Brisa marinha. **2.** Marinho, azul-escuro, azul-marinho. ● *s.m.* **3.** *Mar.* Marinheiro, navegante. ■ *s.f.* **4.** Marinha. ♦ **Marina mercante.** Marinha mercante.
ma·ri·po·sa *s.f.* **1.** Borboleta, mariposa (termo genérico). **2.** *Mec.* Tipo de válvula. **3.** *Mec.* Tipo de porca. **4.** Lamparina. **5.** Globo de algumas lâmpadas. **6.** *Col. Amer.* Homossexual. ♦ **Braza mariposa.** *Esp.* Nado borboleta.
ma·ri·qui·ta *s.f.* Joaninha.
ma·ris·cal *s.m. Mil.* Marechal.
ma·ris·co *s.m.* Marisco, fruto do mar.
már·mol *s.m.* Mármore.
mar·qués/·que·sa *s.* Marquês.
mar·que·si·na *s.f.* **1.** Marquise. **2.** Canapé, divã. ▌ *Tb.: marquesa.*
ma·rra·no/a *s.* **1.** Porco. **2.** *Col.* Sujo.
ma·rras·qui·no *s.m.* Marasquino, licor de cereja.
ma·rrón *adj. e s.m.* Marrom.
mar·tes *s.m.* Terça-feira.
mar·ti·llar *v.t.* **1.** Martelar, bater. **2.** *Fig.* Insistir, bater na mesma tecla, martelar. ▌ *Tb.: martillear.*
mar·ti·llo *s.m.* **1.** Martelo. **2.** *Fig.* Lugar onde se realiza leilão.
már·tir *s.2g.* Mártir. ♦ **Hacerse el/la mártir.** Fazer-se de mártir.
mar·xis·mo *s.m.* Marxismo.
mar·xis·ta *adj. e s.2g.* Marxista.
mar·zo *s.m.* Março.
más *adv.* **1.** Mais. *Le pedí más dinero.* Pedi-lhe mais dinheiro. *El más famoso.* O mais famoso. *Había más espacio aquí.* Havia mais espaço aqui. **2.** Mais, tão. *¡Qué cosa más asquerosa!* Que coisa mais nojenta! ● *adj.* **3.** *Col.* Melhor, mais. *Este es más vestido que el otro.* Este vestido é melhor do que o outro. ● *s.m.* **4.** *Mat.* Mais, sinal de adição. ▌ Usado nas formas comparativas: *Más grande.* Maior. *Más pequeño.* Menor. ♦ **Más bien.** Antes, melhor dizendo. *¿Es joven? No, es más bien viejo.* É jovem? Não, é meio velho. **Más de.** Mais (do) que. **Más de la cuenta.** A mais da conta, em excesso. *Hablé más de la cuenta.* Falei demais da conta. **Más de lo normal.** Mais do que o normal. **Más o menos.** Mais ou menos. **Más tarde o más temprano.** Mais cedo ou mais tarde. **Aquí no más.** *Amer.* Aqui pertinho. **A lo más.** Quando muito. **A/Cuanto/Mientras más.** Quanto mais. **A más tardar.** No mais tardar. **¿Algo más?** Mais alguma coisa? **Aún más/ Más aún.** Ainda mais. *Llévate el abrigo, más aún si vas a volver tarde.* Leve o casaco, ainda mais se vai voltar tarde. **Cada vez más.** Cada vez mais. **De lo más.** Muito. *Fue una reunión de lo más aburrida.* Foi uma reunião muito enfadonha. **De más.** A mais. *Te di dinero de más.* Dei dinheiro a mais para você. **En lo más mínimo.** Por pouco/ pequeno que seja. **Es más.** E tem mais. **Lo más posible.** O mais possível, quanto mais. **Lo más tarde.** Quanto mais tarde. **Mucho más.** Muito mais. **Nada más.** Mais nada. **Ni más ni menos.** Nem mais nem menos. **No más.** *Amer.* Somente. *No diga nada; váyase no más.* Não diga nada; só vá embora. **No (...) más de.** Não chega a. *No tie-*

ne más de diez años. Não chega a dez anos./ Não ultrapassa os dez anos. **No (...) más que.** Só, apenas. *No tiene más que diez años.* Tem apenas dez anos. **Poco más o menos.** Aproximadamente. **Por más que.** Por mais que.

ma·sa *s.f.* **1.** Massa, conjunto de partículas. **2.** Massa, corpo sólido. **3.** Massa, pasta de farinha. **4.** Argamassa, massa. **5.** Massa, multidão, povo. **6.** *Fís.* Massa, grandeza. ∎ Não tem sentido de "macarrão". ♦ **Masa atómica.** *Quím.* Massa atômica. **Masa de la herencia.** *For.* Espólio. **En masa.** Em massa, maciçamente. **La gran masa.** A massa popular. **Medios de comunicación de masas.** Meios de comunicação de massa/Mídia.

ma·sa·cre *s.f. Gal.* Massacre, chacina.

ma·sa·je *s.m.* Massagem.

ma·sa·jis·ta *s.2g.* Massagista.

más·ca·ra *s.f.* **1.** Máscara. **2.** Fantasia, disfarce. *Una máscara de Arlequín.* Uma fantasia de Arlequim. **3.** *Fig.* Máscara, pretexto. *Bajo la máscara de la moral.* Sob a máscara da moral. ♦ **Quitarse la máscara.** Tirar a máscara.

mas·ca·ra·da *s.f.* **1.** Baile a fantasia. **2.** Desfile de fantasias, mascarada. **3.** *Fig.* Simulação, fingimento, disfarce. *La calurosa acogida era una mascarada.* A efusiva acolhida era uma simulação.

mas·cu·li·no/a *adj. e s.* **1.** Masculino, próprio do homem. ∎ *s.m.* **2.** *Gram.* Masculino, gênero gramatical.

ma·si·vo/a *adj.* Em massa, maciço. *Migración masiva.* Migração em massa. ♦ **Comunicación masiva.** Comunicação de massa.

ma·so·ne·rí·a *s.f.* Maçonaria.

ma·so·quis·ta *adj. e s.2g.* Masoquista.

mas·ti·car *v.t.* **1.** Mastigar. **2.** *Fig.* Ruminar, meditar.

más·til *s.m.* **1.** *Mar.* Mastro (navio). **2.** Haste (bandeira). **3.** *Mus.* Braço de alguns instrumentos.

mas·tur·bar *v.t.* Masturbar. ∎ **masturbarse** *v.p.* Masturbar-se.

☞ **ma·ta** *s.f.* **1.** Moita, mato, arbusto. **2.** Pé de alguma planta. *Una mata de perejil.* Um pé de salsinha. **3.** Pomar.

ma·ta·de·ro *s.m.* Matadouro, abate.

ma·ta·dor/·do·ra *adj. e s.* **1.** Matador. ∎ *adj.* **2.** *Col. Amer.* Cansativo. ∎ *s.m.* **3.** Toureiro.

ma·tan·za *s.f.* **1.** Matança, carnificina. **2.** Abate de animais para consumo caseiro, matança. **3.** Produtos do abate, carne embutida. *Tenemos matanza para todo el invierno.* Temos carne para todo o inverno.

ma·tar *v.t.* **1.** Matar, tirar a vida. **2.** Abater animais. **3.** *Fig. e col.* Cansar. *Eso de cargar leña lo mata a cualquiera.* Esse negócio de carregar lenha cansa qualquer um. **4.** *Fig. e col.* Matar, acabar com. *Esa noticia me mató.* Essa notícia acabou comigo. **5.** Bater (nos jogos de baralho). **6.** Tirar o brilho de algo, opacar, lixar. *Antes de pintar hay que matar el color.* Antes de pintar é preciso lixar a pintura. **7.** Matar, secar (plantas). ∎ **matarse** *v.p.* **1.** Matar-se, suicidar-se. **2.** Morrer. *Se mató en accidente de avión.* Morreu em acidente de avião. **3.** *Fig.* Matar-se, cansar-se trabalhando. *No te mates.* Não se mate.
♦ **Matar el hambre/la sed.** Matar a fome/a sede. **Matar el tiempo.** Matar o tempo.

ma·te *adj.* **1.** Fosco, mate. ● *s.m.* **2.** Mate (no jogo de xadrez). **3.** Cabaça, cuia. **4.** Chá-mate, erva-mate, chimarrão. **5.** *Col.* Cuca, cabeça. ♦ **Jaque mate.** Xeque-mate.

ma·te·má·ti·co/a *adj. e s.* **1.** Matemático. ∎ *s.f.* **2.** Matemática. ∎ Como *s.f.* também usado no *pl. Enseña matemáticas.* Ensina matemática.

ma·te·ria *s.f.* **1.** Matéria, substância. **2.** Material. *¿De qué materia se hizo?* De que material foi feito? **3.** Matéria, coisa concreta, não espiritual. **4.** *Fig.* Assunto. *La materia que nos ocupa es la salud.* O assunto que nos interessa é a saúde. **5.** *Fig.* Matéria, disciplina. ♦ **Materia prima.** Matéria-prima. **En materia de.** Em matéria de, em se tratando de. **Entrar en materia.** Entrar no assunto.

ma·te·ria·lis·ta *adj. e s.2g.* Materialista.

ma·te·ria·li·zar *v.t.* Materializar, concretizar.

ma·ter·ni·dad *s.f.* **1.** Maternidade, condição de mãe. **2.** *Med.* Maternidade, clínica.

ma·ter·no/a *adj.* Materno. ♦ **Lengua materna.** Língua materna.

ma·tiz *s.m.* **1.** Matiz, tom, nuança. **2.** *Fig.* Matiz, ângulo, aspecto. *Ese problema presenta diversos matices.* Esse problema apresenta diversos aspectos.

ma·to·rral *s.m. Bot.* **1.** Mato. **2.** Matagal.

ma·trí·cu·la *s.f.* **1.** Listagem, registro de inscrição, cadastro. *La matrícula de los detenidos.* A listagem dos presos. **2.** Placa, chapa (automóvel). **3.** Matrícula, inscrição.

ma·tri·cu·lar *v.t.* Matricular, registrar. ■ **matricularse** *v.p.* Matricular-se, inscrever-se.

ma·tri·mo·nio *s.m.* **1.** Matrimônio, casamento, núpcias. **2.** Casal. *Matrimonio sin hijos.* Casal sem filhos. ■ *Matrimonio* usa-se para referir-se a casal de marido e mulher. *V. pareja.* ♦ **Cama de matrimonio.** Cama de casal.

ma·triz *s.f.* **1.** *Med.* Matriz, útero. **2.** Matriz, molde. **3.** Canhoto. *Hay que conservar la matriz de los cheques.* É preciso conservar o canhoto dos cheques. **4.** Original de um documento. **5.** Matriz, sede.

ma·tu·ti·no/a *adj.* **1.** Matutino, relativo à manhã. ● *s.m.* **2.** Jornal matutino.

mau·llar *v.i.* Miar.

mau·lli·do *s.m.* Miado.

ma·xi·lar *adj. e s.m.* Maxilar.

má·xi·ma *s.f.* **1.** Máxima, axioma. **2.** Máxima, sentença moral.

ma·xi·mi·zar *v.t.* Maximizar.

má·xi·mo/a *adj.* **1.** Máximo. ● *s.m.* **2.** Máximo, limite. *Su paciencia llegó al máximo.* A sua paciência chegou ao limite. ● *s.f.* **3.** Temperatura máxima. ♦ **Como máximo.** No máximo. **Grado máximo.** Grau máximo.

ma·ya *adj. e s.2g.* Maia (povo, língua e cultura).

ma·yo *s.m.* Maio.

ma·yo·ne·sa *s.f.* Maionese. ■ *Tb.: mahonesa.*

ma·yor *adj.* **1.** Maior, de tamanho ou número superior. *Este pollo es mayor.* Este frango é maior. **2.** Mais velho. *Tengo una hermana mayor.* Tenho uma irmã mais velha. ■ *adj. e s.2g.* **3.** Maior de idade. ■ *s.m.* **4.** *Mil.* Major. **5.** Maioral, chefe. ■ **mayores** *s.m.pl.* **1.** Pessoas mais velhas. **2.** Antepassados. ♦ **Al por mayor.** Por atacado. **La mayor parte.** A maior parte. **Libro mayor.** *Com.* Livro-razão. **Persona mayor.** Pessoa de idade.

☞ **ma·yo·ral** *s.m.* Capataz.

ma·yor·do·mo *s.m.* Mordomo.

ma·yo·rí·a *s.f.* Maioria. ♦ **Mayoría absoluta.** Maioria absoluta. **Mayoría de edad.** Maioridade. **Mayoría de votos.** Maioria de votos.

ma·yo·ris·ta *adj. e s.m.* Atacadista.

ma·yo·ri·ta·rio *adj.* Majoritário.

ma·yús·cu·lo/a *adj. e s.* **1.** Maiúsculo. **2.** *Fig. e col.* Muito grande. *Un error mayúsculo.* Um erro garrafal.

ma·za·co·te *s.m.* **1.** Argamassa. **2.** *Fig. e col.* Grude.

ma·zo *s.m.* **1.** Marreta, malho. **2.** Maço, punhado.

ma·zor·ca *s.f.* Sabugo, espiga de milho.

me *p.pess. 1ª pess.sing.* **1.** Me. *Dime una cosa.* Diga-me uma coisa. *Me parece que no me contesta.* Parece-me que não me responde. **2.** A/Para mim. *Me dio un regalo.* Deu um presente para mim. ■ Na forma enclítica não se separa do *v.*

☞ **mea·da** *s.f. Vulg.* Mijada.

☞ **me·ar** *v.i. Vulg.* Mijar. ■ **mearse** *v.p.* Mijar-se. ♦ **Mearse de risa.** Mijar de rir.

me·cá·ni·co/a *adj.* **1.** Mecânico, relativo às máquinas. *Gato mecánico.* Macaco mecânico. **2.** Mecânico, maquinal. ● *s.m.* **3.** Mecânico, que conserta máquinas. *Llevar el coche al mecánico.* Levar o carro ao mecânico. ■ *s.f.* **4.** Mecânica (ciência). **5.** Mecânica, funcionamento, mecanismo. *La mecánica de una empresa.* O funcionamento de uma empresa. ♦ **Mecánica cuántica.** Mecânica quântica. **Mecánica de suelos.** Mecânica dos solos. **Escalera mecánica.** Escada rolante.

me·ca·nis·mo *s.m.* **1.** Mecanismo, combinação de dispositivos mecânicos, elétricos. *El mecanismo de un aparato.* O mecanismo de um aparelho. **2.** *Fig.* Mecanismo, estruturas abstratas. *El mecanismo del razonamiento.* O mecanismo do raciocínio.

me·ca·no·gra·fiar *v.t.* Datilografar. *La secretaria mecanografió la carta.* A secretária datilografou a carta.

me·ca·nó·gra·fo/a *s.* Datilógrafo. ■ *Sin.: dactilógrafo.*

me·cha *s.f.* **1.** Pavio, mecha. **2.** Mecha, estopim. **3.** Fatia de toicinho/*bacon* para rechear carnes.

me·char *v.t.* Introduzir *bacon* na carne, rechear.

me·chón *s.m.* Mecha, tufo de cabelo, chumaço.

me·da·lla *s.f.* Medalha. *Medalla de oro/plata/bronce.* Medalha de ouro/prata/bronze.

me·da·llón *s.m.* Medalhão.

mé·da·no *s.m.* **1.** Duna. **2.** Banco de areia.

me·dia *s.f.* Meia. *Medias de lana.* Meias de lã.

me·dia·dor/·do·ra *adj. e s.* Mediador, intermediário.

me·dia·no/a *adj.* **1.** Médio, meio-termo entre dois extremos. *Los talles de confección son: grande, mediano y pequeño.* Os tamanhos das roupas são: grande, médio e pequeno. *Estatura mediana.* Estatura média. **2.** Médio, de qualidade intermediária, regular. **3.** *Col.* Medíocre.

me·dia·no·che *s.f.* Meia-noite.

me·dian·te *prep.* Mediante, por meio de.

me·di·ca·ción *s.f. Med.* **1.** Medicação, tratamento terapêutico. **2.** Curativo.

me·di·ca·men·to *s.m. Med.* Remédio, medicamento.

me·di·car *v.t. Med.* **1.** Medicar, prescrever um tratamento. **2.** Fazer cuidados, tratar. ■ **medicarse** *v.p.* Medicar-se, tomar remédios.

me·di·ci·na *s.f.* **1.** Medicina, ciência de curar doenças. **2.** Medicina, profissão de médico. **3.** Remédio, medicamento. *Tomar la medicina.* Tomar o remédio. ♦ **Medicina forense/legal.** Medicina legal. **Medicina interna.** Clínica geral.

mé·di·co/a *adj.* **1.** Médico, relativo à medicina. ● *s.m.* **2.** Médico, doutor. ♦ **Médico de cabecera.** Médico de família. **Médico forense/legista.** Médico legista. **Médico interno.** Médico residente.

me·di·da *s.f.* **1.** Medida, grandeza, padrão. **2.** Dose, medida. *Dos medidas de agua y una de azúcar.* Duas doses de água e uma de açúcar. **3.** Moderação, comedimento. *Hablar con medida.* Falar com moderação. **4.** Providência. *Tomar las medidas necesarias.* Tomar as providências necessárias. ♦ **A la medida.** Sob medida. **A medida que.** À medida que, na medida em que. **En cierta medida.** Até certo ponto. **En gran medida.** Em grande parte. **En la medida de lo posible.** Na medida do possível. **Sin medida.** Desenfreadamente. **Tomar las medidas.** Tomar as medidas, medir as dimensões. **Tomar medidas.** Tomar providências.

me·dio¹/a *adj.* **1.** Meio, metade. *Media botella.* Meia garrafa. **2.** Médio, que se calcula tirando a média. *Temperatura media.* Temperatura média. **3.** Médio, comum, regular. *Tiene una cultura media.* Tem uma cultura média. **4.** Médio, entre duas grandezas. *Las temperaturas pueden ser altas, medias y bajas.* As temperaturas podem ser altas, médias e baixas. **5.** Médio, moderado. *Precio medio.* Preço médio. ● *s.m.* **6.** Meio, centro, equidistante. *En medio de la habitación.* No meio do quarto. **7.** Dedo médio. **8.** Médium. ■ *s.f.* **9.** Média. ■ *Sin.: promedio.* ● **medio** *adv.* Meio, semi. *Medio borracho.* Meio bêbado. ♦ **A medias. 1.** Pela metade. **2.** Meio a meio. **Día por medio.** Dia sim, dia não. **En medio (de). 1.** No meio (de). **2.** No centro (de). **Quitarse de en medio.** Sair do caminho. **Término medio.** Meio-termo.

me·dio² *s.m.* **1.** Meio, ambiente. **2.** Meio, modo, recurso. *Encontré un medio para salir del* *apuro.* Achei um meio para sair do sufoco. **3.** Meio, núcleo. ■ **medios** *s.m.pl.* Meios, recursos (econômicos, materiais). ♦ **Medio ambiente.** Meio ambiente. **Medios de comunicación.** Meios de comunicação. **Medios de transporte/locomoción.** Meios de transporte. **Medios de vida.** Meios de vida. **En medio de todo.** Apesar de tudo. **Estar de por medio.** Intervir. **No ahorrar/escatimar medios.** Fazer todo o possível, não poupar esforços. **No hay medio de.** Não há meio de, não tem jeito de. **Por medio de.** Por meio de.

me·di·o·cre *adj.* Medíocre.

me·dio·día *s.m.* Meio-dia.

me·dir *v.t.* **1.** Medir, calcular a medida. *Medir la parcela.* Medir o terreno. **2.** Medir, considerar, meditar. *Medir las consecuencias.* Medir as consequências. **3.** Comedir, moderar. *Medir las palabras.* Moderar as palavras. **4.** Medir, comparar. *Medir fuerzas.* Medir forças. ■ *v.i.* **5.** Ter determinada medida. *Mide 40 metros.* Mede 40 metros. ■ **medirse** *v.p.* **1.** Bater-se, competir, medir as forças. *Nos mediremos en la cancha.* Mediremos as nossas forças na quadra. **2.** Moderar-se, controlar-se. *Tienes que medirte cuando hablas.* Você precisa medir as palavras quando fala. **3.** *Amer.* Experimentar roupa. *Me medí antes de comprarlo.* Experimentei antes de comprá-lo. ■ *C.mod. 10.*

me·di·tar *v.t.* Meditar, refletir.

mé·dium *s.2g.* Médium. ■ *Tb.: medio.*

me·ji·lla *s.f.* Bochecha. *Tenía las mejillas coloradas.* Estava com as bochechas vermelhas.

me·jor *adj.* **1.** Melhor, comparativo de bom. *Hoy la comida está mejor.* Hoje a comida ficou melhor. **2.** Melhor, preferível. *(Es) Mejor dejarle en paz.* É melhor deixá-lo em paz. *Mejor comprar queso.* É melhor comprar queijo. ● *adv.* **3.** Melhor, comparativo de bem. *Estoy mejor.* Estou melhor. **4.** Preferivelmente, de preferência. *Mejor quiero una taza de té.* Acho melhor tomar uma xícara de chá. ♦ **Mejor así.** Melhor assim. **A lo mejor.** Talvez. *A lo mejor no le conviene.* Talvez não lhe convenha. **Eso está mejor.** Assim está melhor. **Mucho mejor.** Muito melhor. **Tanto mejor.** Melhor ainda.

me·jo·ra *s.f.* **1.** Melhora, melhoria. *Su comportamiento tuvo una mejora.* Seu comportamento teve uma melhoria. **2.** Melhoramento, benfeitoria. *Hizo diversas mejoras en la casa.* Fez diversas benfeitorias na casa.

me·jo·rar *v.t.* **1.** Melhorar, aperfeiçoar, beneficiar. **2.** Melhorar, superar. *Este equipo mejora el otro.* Este equipamento supera o outro. ■ *v.i.* **3.** Melhorar de saúde. **4.** Melhorar o tempo. ■ **mejorarse** *v.p.* Melhorar, recuperar-se, restabelecer-se. *Me mejoré mucho con esta medicación.* Melhorei muito com este tratamento.

me·lan·co·lí·a *s.f.* Melancolia, nostalgia.

me·le·nu·do/a *adj.* Cabeludo.

me·lli·zo/a *adj. e s.* Gêmeo.

me·lo·co·tón *s.m. Bot.* Pêssego.

me·lo·dí·a *s.f. Mus.* Melodia.

me·lo·dra·má·ti·co/a *adj.* Melodramático.

me·lón *s.m. Bot.* Melão.

mem·bra·na *s.f.* Membrana.

mem·bre·te *s.m.* **1.** Timbre (em papel de carta). **2.** Anotação, recado. *Le dejé el membrete sobre el escritorio.* Deixei o recado sobre a escrivaninha. ♦ **Papel con membrete/membreteado.** Papel timbrado.

mem·bri·llo *s.m. Bot.* **1.** Marmeleiro. **2.** Marmelo. ♦ **Dulce/Carne de membrillo.** Marmelada.

me·mo·ria *s.f.* **1.** Memória. **2.** Estudo, tese ou dissertação escrita sobre alguma matéria. **3.** Memorial. **4.** Lista de gastos, relação, relatório. *Memoria de cálculo.* Relatório de cálculo. **5.** Memória, nota diplomática. **6.** *Inform.* Memória de computador. ■ **memorias** *s.f.pl.* Memórias, autobiografia. ♦ **A la memoria de.** À memória de. **Borrar(se) de la memoria.** Apagar da memória, esquecer. **De memoria.** De cor. *Sabe la lección de memoria.* Sabe a lição de cor. **Refrescar la memoria.** Refrescar a memória.

me·mo·ri·zar *v.i. e v.t.* Memorizar, decorar.
men·ción *s.f.* Menção. ♦ **Mención honorífica.** Menção honrosa. **Hacer mención.** Fazer menção, mencionar.
men·cio·nar *v.t.* Mencionar, citar, referir-se.
men·di·gar *v.t.* **1.** Mendigar, pedir esmola. **2.** *Fig.* Mendigar, suplicar.
men·di·go/a *s.* Mendigo.
me·ne·ar *v.t.* **1.** Mexer, movimentar, chacoalhar. *El perro meneaba la cola.* O cachorro movia o rabo. **2.** Mexer, agitar, balançar. *Meneaba todo el cuerpo.* Mexia o corpo inteiro. **3.** *Fig.* Manejar, administrar. *Menea bien su casa.* Administra bem a sua casa. ■ **menearse** *v.p.* **1.** Mexer-se, mover-se. *Tienes que menearte más.* Você tem que se mexer mais. **2.** Bambolear-se.
men·ga·no/a *s.* Beltrano. ♦ **Fulano y mengano.** Fulano e beltrano.
men·guan·te *adj.* **1.** Minguante. *Luna menguante.* Lua minguante. ● *s.f.* **2.** Refluxo da maré. **3.** Estiagem. **4.** *Fig.* Decadência.
me·nin·gi·tis *s.f. Med.* Meningite.
me·no·pau·sia *s.f.* Menopausa.
me·nor *adj.* **1.** Menor, de tamanho ou número inferior. *Esa habitación es menor que la otra.* Esse quarto é menor do que o outro. **2.** Menor, de menos idade. *Mi hermano menor.* Meu irmão mais novo. ■ *adj. e s.2g.* **3.** Menor de idade. ♦ **Al por menor.** A varejo. **No (ser) apto para menores.** Impróprio para menores. **No tener la menor idea.** Não ter a menor ideia.
me·nos *adv.* **1.** Menos. *Esa librería tiene menos libros.* Essa livraria tem menos livros. *Ella es menos egoísta que su hermana.* Ela é menos egoísta do que a sua irmã. ● *prep.* **2.** Menos, exceto. *Fueron todos menos mi sobrina.* Foram todos menos a minha sobrinha. ● *s.m.* **3.** *Mat.* Menos, sinal de subtração. ♦ **Menos aún.** Menos ainda. **Menos de.** Menos de/(do) que. *Había menos de 100 personas.* Havia menos de 100 pessoas. **A menos que.** A não ser que. **Al menos/Por lo menos.** Pelo menos, como mínimo. *Si no viene, al menos llamará.* Se ele não vier, pelo menos vai telefonar. **Cada vez menos.** Cada vez menos. **De menos.** A menos. *Tengo dos libros de menos.* Estou com dois livros a menos. **Echar de menos.** Sentir falta, ter saudades. *Echo de menos a mi novio.* Sinto falta do meu namorado. **Nada menos.** Nada menos. **Ni mucho menos.** Nem, nem sequer, nem nada disso, ao contrário (uso enfático). *No quiere trabajar ni mucho menos estudiar.* Ele não quer trabalhar e, menos ainda, estudar. **Ser lo de menos.** Ser o menos importante, o de menos. **Venir a menos.** Decair, perder prestígio.
me·nos·ca·bo *s.m.* Míngua, deterioração. ♦ **En menoscabo de.** Em detrimento de.
me·nos·pre·cio *s.m.* Menosprezo, desdém.
men·sa·je *s.m.* **1.** Mensagem, comunicado. **2.** Recado. *¿Quiere dejar mensaje?* Quer deixar recado? **3.** Mensagem, conteúdo, tema. **4.** *Inform.* Mensagem.
men·sa·je·ro/a *adj. e s.* **1.** Mensageiro. **2.** *Office boy,* contínuo, bói.
mens·trua·ción *s.f.* Menstruação.
men·sual *adj.* Mensal.
men·sua·li·dad *s.f.* **1.** Mensalidade, pagamento mensal. **2.** Prestação. *Comprar en 12 mensualidades.* Comprar em 12 prestações.
men·ta *s.f. Bot.* Menta, hortelã.
men·tar *v.t.* Mencionar, citar. ♦ **Mentar la madre.** Xingar a mãe. ❚ *C.mod. 01.*
men·te *s.f.* Mente. ♦ **Tener en mente.** Ter em mente, pensar, considerar.
men·tir *v.i.* Mentir. ❚ *C.mod. 11.*
men·ti·ra *s.f.* Mentira, invenção, lorota. ♦ **De mentira.** De mentirinha. **Parece mentira.** É incrível.
men·ti·ro·so/a *adj. e s.* Mentiroso.
men·tón *s.m.* Queixo.
me·nú *s.m. Gal.* Cardápio. ❚ *Sin.: carta, minuta.*
me·nu·den·cia *s.f.* **1.** Miudeza. **2.** Ninharia. ■ **menudencias** *s.f.pl.* Miúdos de porco.
me·nu·deo *s.m.* Varejo.

me·nu·do/a *adj.* **1.** Miúdo, pequeno. **2.** *Fig.* Insignificante. ● **menudos** *s.m.pl.* Miúdos de animal, entranhas. ♦ **A menudo.** Amiúde, com frequência.

me·ñi·que *adj.* Mindinho, dedo mínimo.

meo·llo *s.m.* **1.** Miolo, medula. **2.** *Fig.* Âmago, cerne, essência. *El meollo de la cuestión.* O âmago da questão.

mer·ca·do *s.m.* **1.** Mercado, posto de venda. **2.** Mercado, centro de comércio, praça. *El mercado americano.* O mercado americano. **3.** Feira livre. ♦ **Mercado de mostrador.** Mercado de balcão (bolsa de valores). **Mercado negro.** Mercado negro, comércio ilegal.

mer·can·cí·a *s.f.* Mercadoria, artigo comercializado, produto. ■ *Tb.: mercadería.*

mer·ced *s.f.* Graça, favor, mercê. ♦ **Merced a.** Graças a. **A merced de.** À mercê de.

mer·ce·na·rio/a *adj. e s.* Mercenário. ■ *Tb.: mercedario.*

☞ **mer·ce·rí·a** *s.f.* Bazar, armarinho.

mer·cu·rio *s.m. Quím.* Mercúrio.

me·re·cer *v.t.* **1.** Merecer, ser digno de. *Merezco un castigo.* Mereço um castigo. **2.** Valer, merecer consideração. ■ *C.mod. 06.* ♦ **Merecer la pena.** Valer a pena.

me·ren·gue *s.m.* **1.** Suspiro. **2.** Dança típica do Caribe.

me·rien·da *s.f.* Lanche, merenda.

mé·ri·to *s.m.* Mérito, valor.

mer·mar *v.t. e v.i.* Diminuir, minguar.

☞ **mer·me·la·da** *s.f.* Geleia. *Mermelada de durazno.* Geleia de pêssego.

me·ro/a *adj.* **1.** Simples, puro, mero. *Por mera casualidad.* Por mero acaso. **2.** *Mex. e Am.C.* Verdadeiro, exato. *Fueron sus meras palabras.* Foram as suas palavras exatas. ● **mero** *adv. Mex. e Am.C.* Mesmo. *Ya mero.* Agora mesmo.

mes *s.m.* Mês.

me·sa *s.f.* **1.** Mesa. **2.** Banca, junta. **3.** Chapadão. ♦ **Mesa de montaje.** Mesa de montagem. **Mesa de noche.** Criado-mudo. **Mesa directiva.** Junta diretiva. **Mesa redonda. 1.** Mesa-redonda. **2.** Painel (conferência, debate). **Levantarse de la mesa.** Levantar da mesa. **Poner la mesa.** Pôr a mesa. **Quitar/Levantar la mesa.** Tirar a mesa. **Sentarse a la mesa.** Sentar à mesa.

me·se·ta *s.f.* **1.** Planalto, chapada, chapadão. **2.** Patamar (escada).

me·són *s.m.* **1.** Hospedagem, pousada. **2.** Bar, lanchonete.

mes·ti·zo/a *adj. e s.* Mestiço.

me·ta *s.f.* **1.** Meta, objetivo. **2.** *Desp.* Meta, ponto de chegada. **3.** *Desp.* Gol, meta.

me·tá·fo·ra *s.f. Gram.* Metáfora.

me·tal *s.m.* **1.** Metal. **2.** *Fig.* Dinheiro. ■ **metales** *s.m.pl. Mus.* Metais, instrumentos de sopro. ♦ **Metal noble.** Metal duro, resistente. **Metal precioso.** Metal precioso.

me·ta·lur·gia *s.f.* Metalurgia.

me·ta·mor·fo·sis *s.f.* Metamorfose. ■ *Pl.:* invariável.

me·teo·ro·lo·gí·a *s.f.* Meteorologia.

me·ter *v.t.* **1.** Meter, introduzir, enfiar. *Meter la mano en el bolsillo.* Enfiar a mão no bolso. **2.** *Fig.* Meter, inspirar, causar. *Meter miedo.* Meter medo. **3.** Apertar, ajustar, diminuir as costuras de uma roupa. *Hay que meterle al pantalón.* Precisa apertar a calça. **4.** *Col.* Dar, aplicar. *Meter un cachetazo.* Dar uma pancada. **5.** Empurrar mercadoria, forçar a venda. *Me metió un vino horrible.* Vendeu-me um vinho horrível. **6.** Introduzir ilegalmente. **7.** Inventar. *Meter cuentos.* Inventar histórias. ■ **meterse** *v.p.* **1.** Meter-se, intrometer-se, palpitar. **2.** Meter-se, aventurar-se. *Se metieron a exploradores.* Resolveram dar uma de exploradores. **3.** Entrar, enfiar-se. *Me metí en la tienda.* Entrei na loja. **4.** *Col.* Ter uma ideia fixa, enfiar na cabeça. *Se me metió que quiero hacer teatro.* Enfiei na cabeça que quero fazer teatro. **5.** Meter-se, esconder-se, ocultar-se. ♦ **Meterse con.** Brigar, provocar. **Meterse donde no lo llaman.** Meter-se onde não é chamado. **Meterse por medio.** Meter-se no meio.

me·ti·do/a *adj.* **1.** Metido. **2.** *Amer.* Intrometido. ● *s.m.* **3.** Empurrão. ♦ **Estar muy me-**

tido con alguien. Estar muito envolvido com alguém. **Estar muy metido en (algo).** Estar comprometido, absorto, participar ativamente de alguma situação.

mé·to·do *s.m.* **1.** Método, procedimento. **2.** Método, manual. ♦ **Con método.** Metodicamente.

me·to·do·lo·gí·a *s.f.* Metodologia.

me·to·ni·mia *s.f. Gram.* Metonímia.

me·tra·je *s.m.* Metragem.

me·tra·lle·ta *s.f. Mil.* Fuzil automático.

me·tro *s.m.* **1.** Metro, unidade de comprimento. ■ *Símbolo:* m. **2.** Metrô, trem subterrâneo. ■ Forma apocopada de *metropolitano*. ♦ **Metro cuadrado/cúbico.** Metro quadrado/cúbico.

me·tró·po·li *s.f.* Metrópole.

mez·cla *s.f.* **1.** Mistura. **2.** Mescla, tipo de tecido. **3.** *Fig. e col.* Bagunça, salada. **4.** Massa, argamassa.

mez·clar *v.t.* Misturar, unir, mesclar. *Mezcle los huevos con la harina.* Misture os ovos com a farinha. ■ **mezclarse** *v.p.* **1.** Misturar-se, introduzir-se. **2.** Meter-se, intervir, participar. *No me mezclo en tus cosas.* Não me meto nos seus assuntos.

mez·quin·dad *s.f.* Mesquinhez, mesquinharia.

mi[1] *s.m. Mus.* Mi, nota musical.

mi[2] *adj.* Meu, minha. *Mi mamá.* Minha mãe. *Mi tío.* Meu tio. ■ **a.** Forma apocopada de *mío/mía.* **b.** Usada somente diante de *s.* **c.** *Pl.:* mis.

mí *p.pess. 1ª pess.sing.* Mim. *Eso es para mí.* Isso é para mim. ■ Exige *prep.* ♦ **¡A mí qué!** E eu com isso! **Para mí que.** Eu acho que. *Para mí que no vendrá.* Eu acho que ele/ela não virá. **Por mí.** Por mim.

mi·co·sis *s.f. Med.* Micose.

mi·cro·bio *s.m. Biol.* Micróbio, micro-organismo.

mi·cró·fo·no *s.m.* Microfone.

mi·cro·on·da *s.f. Eletr.* Micro-onda. ♦ **Horno microondas.** Forno (de) micro-ondas.

mi·cro·or·de·na·dor *s.m. Inform. Esp.* Microcomputador.

mi·cros·co·pio *s.m.* Microscópio.

mie·do *s.m.* **1.** Medo, pavor. **2.** Medo, receio. ♦ **Cagarse/Morirse/Temblar de miedo.** Cagar-se/Morrer/Tremer de medo.

mie·do·so/a *adj.* Medroso.

miel *s.f.* Mel. ♦ **Miel de caña.** Melaço. **Luna de miel.** Lua de mel. **Suave como la miel.** Doce como o mel.

miem·bro *s.m.* **1.** Membro, apêndice do tronco animal, extremidade. **2.** Membro, participante de um grupo, integrante. *Miembro del directorio.* Membro da diretoria. **3.** Membro genital. ♦ **Miembro titular.** Membro efetivo.

mien·tras *conj.* **1.** Enquanto, durante o tempo em que. *Habla mientras duerme.* Fala enquanto dorme. ■ *conj. e adv.* **2.** Ao passo que, enquanto que. *Para tí no es nada, mientras que para mí es mucho.* Para você não é nada, ao passo que para mim é muito. ♦ **Mientras más.** Quanto mais. *Mientras más tarda, más nerviosa me pongo.* Quanto mais demora, mais nervosa eu fico. **Mientras tanto.** Entrementes, enquanto isso. *Yo preparo la ensalada y mientras tanto tú fríes los huevos.* Eu preparo a salada e enquanto isso você frita os ovos.

miér·co·les *s.m.* Quarta-feira. ♦ **Miércoles de ceniza.** Quarta-feira de Cinzas.

mier·da *s.f. Vulg.* **1.** Merda. **2.** Porcaria, droga. *La película es una mierda.* O filme é uma droga. ♦ **Estar hecho una mierda.** Estar muito cansado ou abatido. **Irse a la mierda.** Ir embora. **Mandar a la mierda.** Mandar à merda.

mi·ga *s.f.* **1.** Miga, migalha, farelo. **2.** Miolo de pão. ■ **migas** *s.f.pl.* Prato feito à base de pão desmanchado embebido em água.

mi·ga·ja *s.f.* **1.** Migalha, partícula de pão, farelo. **2.** *Fig.* Ninharia. ■ **migajas** *s.f.pl. Fig.* Migalhas, sobras. *De su fortuna no quedaron más que las migajas.* Da sua fortuna só ficaram as migalhas.

mi·gra·ción *s.f.* Migração.

mil *adj.* **1.** Mil. ■ *s.m.* **2.** Milhar. *Miles de veces.* Milhares de vezes. ♦ **(De) A miles.** Aos milhares.

mi·la·gro *s.m.* Milagre. ♦ **De milagro.** Por milagre. **Hacer milagros.** Fazer maravilhas.
mi·le·na·rio/a *adj.* Milenar.
mi·le·nio *s.m.* Milênio.
mil·ho·jas *s.2g.* Massa folheada, mil-folhas.
mi·lí·me·tro *s.m.* Milímetro. ▌ Símbolo: *mm.*
mi·li·tan·te *adj.* e *s.2g.* Militante.
mi·li·tar *adj.* **1.** Militar, relativo à milícia e ao exército. *Operación militar.* Operação militar. ● *s.m.* **2.** Militar, aquele que pertence ao exército, soldado. ● *v.i.* **3.** Militar, servir no exército. **4.** *Fig.* Militar, participar ativamente em associação política. *Militar en el Partido Republicano.* Militar no Partido Republicano.
mi·li·ta·ris·mo *s.m.* Militarismo.
mi·lla *s.f.* Milha, medida itinerária.
mi·llón *s.m.* Milhão.
mi·llo·na·rio/a *s.* Milionário.
mi·lon·ga *s.f. Rio-plat.* Música e dança popular.
mi·mar *v.t.* **1.** Mimar, satisfazer os caprichos, papariçar. *Los abuelos miman mucho a los nietos.* Os avós mimam muito os netos. **2.** Acariciar, fazer carinho.
mim·bre *s.m.* Vime. *Canasto de mimbre.* Cesta de vime.
mi·na *s.f.* **1.** Mina, jazida mineral. **2.** Mina, escavação, garimpo. **3.** Mina, cavidade subterrânea, galeria. **4.** Mina, cavidade onde se coloca pólvora. **5.** Mina, explosivo camuflado. **6.** *Fig.* Fonte de informações. **7.** Mina, grafite. **8.** *Col. Arg.* Mulher, mina.
mi·ne·ral *adj.* **1.** Mineral. *Agua mineral.* Água mineral. ● *s.m.* **2.** *Quím.* Mineral, substância inorgânica. **3.** Minério. *Mineral de hierro.* Minério de ferro.
mi·ne·rí·a *s.f.* Mineração.
mi·nia·tu·ra *s.f.* Miniatura. ♦ **En miniatura.** De miniatura. *Botella en miniatura.* Garrafa de miniatura.
mi·ni·mi·zar *v.t.* Minimizar.
mí·ni·mo/a *adj.* **1.** Mínimo, o menor. *Precio mínimo.* Preço mínimo. ● *s.m.* **2.** Mínimo, o menor grau ou valor. *Hay que tener un mínimo de honestidad.* É preciso ter um mínimo de honestidade. ▌ *s.f.* **3.** *Mus.* Mínima. **4.** Temperatura mínima. ♦ **Mínimo vital/ Salario mínimo.** Salário mínimo. **Como mínimo.** No mínimo. **Lo más mínimo.** A mínima, nada, nem um pouco. *Tu opinión no me interesa lo más mínimo.* A sua opinião não me interessa nem um pouco.
mi·nis·te·rio *s.m.* **1.** Ministério, cargo, incumbência. **2.** Ministério, órgão administrativo do governo. **3.** Ministério, edifício onde se situa um órgão administrativo. **4.** Cargo e mandato de ministro. **5.** Ministério, conjunto de ministros.
mi·nis·tro/a *s.* **1.** Ministro, que exerce uma função. **2.** Ministro, oficial de justiça. **3.** Ministro, diácono. **4.** Ministro, chefe de delegação, de categoria diplomática. **5.** Ministro, pastor protestante. **6.** Ministro, membro de um ministério. ♦ **Ministro sin cartera.** Ministro sem pasta. **Primer ministro.** Primeiro-ministro.
mi·no·rí·a *s.f.* Minoria.
mi·no·ri·dad *s.f.* Menoridade.
mi·no·ris·ta *adj.* e *s.2g. Com.* Varejista.
mi·no·ri·ta·rio/a *adj.* Minoritário.
mi·nús·cu·lo/a *adj.* **1.** Minúsculo, muito pequeno. ▌ *adj.* e *s.f.* **2.** Letra minúscula.
mi·nus·vá·li·do/a *adj.* e *s.* Inválido, deficiente (físico ou mental).
mi·nu·ta *s.f.* **1.** *Com.* Recibo ou fatura emitida por um profissional pelos seus serviços. **2.** Minuta, rascunho. **3.** Anotação. **4.** Cardápio, menu. **5.** *Arg.* Prato rápido, lanche.
mi·nu·te·ro *s.m.* Ponteiro (relógio).
mi·nu·to *s.m.* Minuto. ▌ *Abrev.: m.*
mí·o/a *adj.* e *p.poss.* Meu. *El cuaderno es mío.* O caderno é meu. *Es una amiga mía.* É uma amiga minha. ▌ **a.** *Pl.: míos, mías.* **b.** Usa-se posposto ao *s.*, pois anteposto apocopa-se em *mi.* *Mi libro/Libro mío.* Meu livro/Livro meu. *Tu casa queda lejos de la mía.* A sua casa fica longe da minha. ♦ **Los míos.** Minha família, meus amigos. *Voy a ver a los míos.* Vou visitar a minha família.
mio·pí·a *s.f. Med.* Miopia.

mi·ra *s.f.* **1.** Mira, dispositivo para dirigir a pontaria. **2.** Mira, objetivo, propósito. ♦ **Con miras a.** Tendo em vista, visando. **Estar a la mira de.** Estar à espreita de. **Hacer mira.** Fazer pontaria.

mi·ra·da *s.f.* **1.** Olhar, aspecto dos olhos. *Una mirada triste.* Um olhar tristonho. **2.** Olhada, vista. *Una mirada general.* Uma olhada geral. ♦ **Devorar con la mirada.** Devorar com os olhos. **Echar una mirada.** Dar uma olhada. **Levantar la mirada.** Levantar os olhos/a vista.

mi·ra·dor *s.m.* **1.** Mirante. **2.** Sacada, balcão fechado com vidros ou venezianas.

mi·rar *v.t.* **1.** Olhar, mirar, fitar. *Mira el cuadro.* Olhe o quadro. *Miraba hacia la puerta.* Olhava para a porta. **2.** Olhar, procurar. *Ya miré en la mesa y el cuaderno no está allí.* Já olhei na mesa e o caderno não está lá. **3.** Olhar, prestar atenção, observar. *Mira bien el documento para no ter problemas.* Olhe bem o documento para não ter problemas. **4.** Olhar, visar, objetivar. *Siempre mira a sus intereses.* Sempre visa aos seus interesses. **5.** Olhar, dar, estar direcionado. *La puerta mira al norte.* A porta está direcionada para o norte. **6.** Olhar, ver, considerar. *Lo miran muy bien en la empresa.* É muito bem-visto na empresa. ■ **mirarse** *v.p.* Olhar-se, contemplar-se. *Mirarse al espejo.* Olhar-se no espelho. ■ Não tem sentido de "fazer pontaria". ♦ **Mirar (a ver).** Procurar, ir ver. *Mira a ver si ya llegó el periódico.* Vá ver se o jornal já chegou. **Mirar atrás.** Olhar para trás. **Mirar con buenos/malos ojos.** Olhar com bons/maus olhos. **Mirar lo que hace. 1.** Refletir, ver o que se faz. *Siempre mira muy bien lo que hace.* Sempre reflete bem antes de fazer alguma coisa. **2.** Olhar o que se faz, advertir. *Mira lo que haces no vayas a arrepentirte.* Olhe bem o que você vai fazer para não se arrepender depois. **Mirar por.** Olhar por, cuidar. **Mirar por encima.** Olhar por cima/superficialmente. **Mirar por encima del hombro.** Olhar por cima do ombro. ¡**Mira!** Olhe! Veja! *¡Mira! Aquél es Antonio.* Olhe! Aquele é o Antônio. ¡**Mira quien habla!** Olha quem fala! **Mirándolo bien.** Olhando/Pensando bem. **No mirar nada.** Agir sem reflexão. **Quedarse mirando/Mirarse unos a otros.** Ficar olhando uns aos outros.

mi·sa *s.f.* Missa. ♦ **Misa de campaña.** Missa campal. **Misa de cuerpo presente.** Missa de corpo presente. **Misa del gallo.** Missa do galo. **Decir misa.** Celebrar, rezar a missa. **Oír misa.** Assistir à missa.

mi·se·ra·ble *adj. e s.2g.* **1.** Miserável, mísero, pobre. **2.** Miserável, lastimável, deplorável. **3.** Miserável, mesquinho, avaro. **4.** Miserável, infeliz, desafortunado. ■ *s.2g.* **5.** Canalha, miserável.

mi·se·ria *s.f.* **1.** Miséria, pobreza, indigência. **2.** *Fig.* Miséria, insignificância. *Mi sueldo es una miseria.* O meu salário é uma miséria. **3.** Miséria, avareza, mesquinharia. ■ **miserias** *s.f.pl.* Infortúnios, desgraças. *Las miserias de la vida.* Os infortúnios da vida.

mi·se·ri·cor·dia *s.f.* Misericórdia, compaixão.

mi·sil *s.m. Mil.* Míssil.

mi·sión *s.f.* **1.** Missão, encargo, incumbência. **2.** Missão, obrigação. *Su misión es servir a la humanidad.* A sua missão é servir à humanidade. **3.** Missão, estabelecimento destinado à pregação. **4.** Missão, delegação. *Llegó la misión europea.* Chegou a delegação eurpoeia.

mi·sio·ne·ro/a *adj. e s.* Missionário.

mis·mo/a *adj.* **1.** Mesmo, igual, semelhante. *Hacemos el mismo trabajo.* Fazemos o mesmo trabalho. **2.** Mesmo, próprio. *Se lo dijo el mismo director.* Foi o próprio diretor que lhe disse. **3.** Palavra de valor enfático. *Se acercó a la entrada misma.* Aproximou-se da/até a entrada. ● *p.* **4.** Mesmo, igual, tal qual. *Los problemas son siempre los mismos.* Os problemas são sempre os mesmos. ● **mismo** *adv.* Mesmo. *¿Podemos hablar aquí mismo?* Podemos falar aqui mesmo? ■ Não tem sentido de "ainda que". ♦ **Ahora mismo.** Agora mesmo, já. **Al mismo tiempo.** Ao mesmo tempo, simultaneamente. **Así mismo. 1.** Desta forma. **2.** Também. **Donde mismo.** No mesmo lugar. *El libro está donde mismo lo dejaste.* O livro está no mesmo lugar que você deixou. **Es lo mismo/Lo mismo da.** Tanto faz, dá na mesma. *Lo mismo da ir al cine que al teatro.* Dá na mesma ir ao cinema ou ao teatro. **Lo mismo.** A mesma coisa. *Si llueve la fiesta no será lo mismo.* Se chover, a festa não será a mesma coisa. **Lo mismo que. 1.** Igual, tanto quanto, como. *Te quiero lo mismo que antes.* Gosto de você igual a antes. **2.** Também, assim como. *Quiere pasear, lo mismo que yo.* Quer passear, assim como eu. **Por lo/eso mismo.** Por isso mesmo. **Por mí mismo.** Por mim mesmo.

mis·te·rio *s.m.* **1.** Mistério, enigma. **2.** Mistério, segredo. *Las dos andan con muchos misterios.* As duas andam com muitos segredinhos. **3.** Mistério, dogma religioso.

mís·ti·co/a *adj. e s.* **1.** Místico. ■ *s.f.* **2.** Mística.

mis·ti·fi·car *v.t.* Mistificar, falsear, iludir.

mi·tad *s.f.* **1.** Metade, cada uma das duas partes iguais de um todo. **2.** Metade, meio. *Mi casa está a mitad de la calle.* A minha casa fica na metade da rua. ♦ **Mitad y mitad.** Meio a meio. **A mitad de precio.** Pela metade do preço. **Cara mitad.** Cara-metade. **En mitad de.** No meio de. **Partir por la mitad.** Dividir ao meio. **Por la mitad.** Pela metade, ao meio.

mi·tin *s.m. Angl.* Concentração, comício. ■ *Pl.:* mítines.

mi·to *s.m.* Mito.

mix·to/a *adj.* **1.** Misto, formado por elementos diferentes. ● *s.m.* **2.** Fósforo.

mo·chi·la *s.f.* Mochila.

mo·co·so/a *adj.* **1.** Que está com o nariz escorrendo. ■ *adj. e s.* **2.** *Fig.* Criança mal-educada, pestinha. *Ese mocoso se pasa el día chillando.* Esse pestinha fica o dia inteiro gritando. ♦ **Ser un mocoso.** Ser insignificante, um pobre-diabo.

mo·da *s.f.* Moda. ♦ **A la (última) moda.** Na (última) moda. **De moda.** Na moda. *Esta blusa está de moda.* Esta blusa está na moda. **Estar/Ir a la moda.** Andar na moda. **Pasarse de moda.** Sair/Cair de moda.

mo·dal *adj. Gram.* Modal, relativo ao modo verbal. ● **modales** *s.m.pl.* Modos, comportamento, maneiras.

mo·de·lar *v.t.* Moldar, modelar.

mo·de·lo *s.m.* **1.** Modelo, exemplo, mostra, modelar. **2.** Modelo, tipo, variedade. *Aquí tienen varios modelos de vestidos.* Aqui há vários modelos de vestidos. ■ *s.2g.* **3.** Modelo, manequim.

mo·de·ra·dor/·do·ra *adj. e s.* Moderador, mediador.

mo·de·rar *v.t.* Moderar, refrear, conter. ■ **moderarse** *v.p.* Moderar-se, refrear-se, conter-se.

mo·der·ni·zar *v.t.* Modernizar, inovar. ■ **modernizarse** *v.p.* Modernizar-se, inovar-se.

mo·der·no/a *adj.* **1.** Moderno, relativo à época moderna. **2.** Moderno, atual, recente. ● **modernos** *s.m.pl.* Modernos, homens de hoje. ♦ **A la moderna.** De maneira atual.

mo·des·tia *s.f.* Modéstia.

mo·di·fi·ca·ción *s.f.* Modificação, alteração.

mo·di·fi·car *v.t.* Modificar, transformar, alterar. ■ **modificarse** *v.p.* Modificar-se, transformar-se, alterar-se.

mo·dis·mo *s.m. Gram.* Modismo, expressão idiomática.

mo·dis·to/a *s.* Modista, costureiro.

mo·do *s.m.* **1.** Modo, maneira, jeito. **2.** *Gram.* Modo (verbal). *Modo indicativo/imperativo.* Modo indicativo/imperativo. ■ **modos** *s.m.pl.* Modos, maneiras, comportamento. ♦ **Modo de empleo.** Forma de uso. **Modo de pensar.** Forma de pensar. **Modo de ser.** Jeito de ser. **A mi modo.** À minha maneira, do meu jeito. **Con modos.** Com bons modos. **De cualquier modo. 1.** De qualquer maneira. **2.** De qualquer jeito, sem cuidado. **De modo que.** De modo que. **De ningún modo.** De jeito nenhum. **De otro modo.** De outro modo. **De tal modo que.** De tal maneira que. **De todos modos.** De qualquer maneira. **De un modo**

o de otro. De um jeito ou de outro. **En cierto modo.** De certa forma.

mo·far *v.i.* Zombar, mofar. ■ **mofarse** *v.p.* Zombar, gozar. *No te mofes de mí.* Não zombe de mim. ▪ Não tem sentido de "encher-se de mofo".

mo·ho *s.m.* **1.** Fungo. **2.** Mofo, bolor. **3.** *Fig.* Moleza. ♦ **No criar moho.** Não criar mofo, ter muita atividade.

mo·jar *v.t.* **1.** Molhar, empapar, umedecer. **2.** *Col.* Umedecer pão em molho, caldo. *Moja el pan en el aceite.* Molhe o pão no óleo. **3.** *Col.* Festejar, beber. *¡Tenemos que mojar tu nombramiento!* Precisamos festejar a sua promoção! **4.** *Col.* Molhar, urinar. *El niño siempre moja la cama.* O garoto sempre molha a cama. ■ **mojarse** *v.p.* Molhar-se, empapar-se, umedecer-se.

mol·de *s.m.* Molde, modelo, fôrma. ♦ **(Como) De molde.** Como uma luva. **Pan de molde.** *Esp.* Pão de fôrma.

mo·lé·cu·la *s.f. Quím. e biol.* Molécula.

mo·ler *v.t.* **1.** Moer, triturar. **2.** *Fig. e col.* Moer, cansar, saturar. *Este trabajo me muele.* Este trabalho me deixa moído. **3.** *Fig.* Moer, bater, maltratar. ■ *C.mod. 03.*

mo·les·tar *v.t.* **1.** Incomodar, perturbar, irritar, aborrecer, chatear. *No me molestes con el ruido.* Não me irrite com o barulho. *Molestó a los mayores con sus gritos.* Os seus gritos perturbaram os adultos. **2.** Desgostar, chatear, molestar. *Su forma de ser molesta.* Seu jeito de ser chateia. *Te molesta que él llegue tarde.* Você não gosta que ele chegue tarde. **3.** Provocar ou sentir dor, incomodar, magoar. *Le molesta la rodilla.* Está com dor no joelho. *El dolor de cabeza molesta mucho.* A dor de cabeça incomoda muito. ■ **molestarse** *v.p.* **1.** Incomodar-se, preocupar-se. *No te molestes por mí.* Não se incomode por minha causa. **2.** Ofender-se, chatear-se, incomodar-se. *Se molestó porque no le presté el libro.* Ofendeu-se porque não lhe emprestei o livro.

mo·les·tia *s.f.* **1.** Aborrecimento, incômodo. **2.** Moléstia, achaque, mal-estar.

mo·les·to/a *adj.* **1.** Molesto, prejudicial à saúde. **2.** Pouco à vontade, incômodo, constrangedor. *Me siento molesta en este sillón.* Estou incômoda nesta poltrona. **3.** Chateado, aborrecido. ♦ **Estar molesto.** Estar chateado, sentido. **Persona molesta.** Pessoa chata, irritante.

mo·li·ne·te *s.m.* **1.** Moinho. **2.** Depurador de ar, molinete. **3.** Cata-vento. **4.** Catraca, torniquete, molinete.

mo·li·no *s.m.* Moinho.

mo·lle·ja *s.f.* **1.** Moela. **2.** Porção carnuda (animal). **3.** Glândula do pescoço (animal).

mo·lus·co *adj. e s.m. Biol.* Molusco.

mo·men·to *s.m.* **1.** Momento, ocasião, hora. *Hay un momento para cada cosa.* Há um momento para cada coisa. **2.** Momento, instante. *Espera un momento.* Espere um momento. **3.** Momento, circunstância, situação. *En aquel momento, no sabía qué hacer.* Naquele momento não sabia o que fazer. **4.** Momento, época atual. *En el momento pasamos por una crisis económica.* No momento atravessamos uma crise econômica. **5.** Momento, oportunidade. *No pierdas este momento.* Não perca este momento. **6.** *Fís.* Momento (de força). ♦ **Momento crucial/fatídico.** Momento crucial/fatídico. **A cada momento.** A todo instante. **A/Por momentos.** Às vezes. **A partir de/Desde ese momento.** A partir desse momento. **De un momento a otro.** De uma hora para outra. **Del momento.** Do momento, atual. **Dentro de un momento.** Daqui a pouco, logo. **Desde el momento en que.** A partir do momento que. **En cualquier momento.** A qualquer momento. **En el momento menos pensado.** Quando menos se espera. **En el/un primer momento.** A princípio. **En este momento.** Neste momento. **En un momento.** Num instante. **Hace un momento.** Faz um minuto, agora há pouco. **Por el/De momento.** Por enquanto. **¡Un momento!** Um momento!/Um minuto!

mo·na·gui·llo *s.m.* Coroinha.

mo·nar·ca *s.m.* Monarca, rei, soberano.

mo·nar·quí·a *s.f.* Monarquia.
mo·nas·te·rio *s.m.* Mosteiro.
mon·da·dien·tes *s.m.* Palito de dente. ▪ *Pl.*: invariável.
mo·ne·da *s.f.* Moeda. ♦ **Moneda corriente.** Moeda corrente. **Pagar con/en la misma moneda.** Pagar na mesma moeda. **Papel moneda.** Papel-moeda.
mo·ne·de·ro *s.m.* Porta-níqueis.
mo·ni·tor/·to·ra *s.* **1.** Monitor, instrutor. *Monitor de natación.* Instrutor de natação. ▪ *s.m.* **2.** Monitor, receptor de televisão. **3.** *Inform.* Programa de controle. **4.** *Med.* Monitor, visor.
mon·je/a *s.* Monge, religioso.
mo·no¹/a *adj. Esp.* Bonito, gracioso, fofo. *Es un vestido muy mono.* É um vestido muito bonito. ▪ *s.f. Col.* Bebedeira, fogo, porre. ♦ **Coger una mona.** Tomar um porre. ♦ **Aunque la mona se vista de seda, mona se queda.** Não se esconde a feiura com roupa bonita. **¡Qué mono!** Que bonito!
mo·no² *s.m.* **1.** Macaco. **2.** *Fig.* Pessoa que gesticula muito. ♦ **Ser el último mono.** Ser o menos importante.
mo·no³ *s.m.* Macacão, roupa de uma só peça.
mo·no·ga·mia *s.f.* Monogamia.
mo·no·gra·fí·a *s.f.* Monografia.
mo·nó·lo·go *s.m. Teat.* Monólogo.
mo·no·pa·tín *s.m.* **1.** Patim. **2.** Skate.
mo·no·po·lio *s.m.* Monopólio.
mo·nó·to·no/a *adj.* Monótono, de um só tom. **2.** *Fig.* Monótono, uniforme. **3.** Monótono, enfadonho, cansativo.
mon·se·ñor *s.m.* Monsenhor.
mons·truo *s.m.* **1.** Monstro, ser deformado. **2.** *Fig.* Monstro, pessoa muito feia. **3.** *Fig.* Monstro, pessoa perversa, cruel. **4.** *Fig.* Monstro, de qualidades excepcionais, gênio, crânio. *Es un monstruo de las matemáticas.* É um gênio da matemática.
mon·ta·dor/·do·ra *s.m.* Montador.
mon·ta·je *s.m.* **1.** Montagem, acoplamento de peças. *El montaje de una máquina.* A montagem de uma máquina. **2.** Montagem, seleção e ajuste dos planos de um filme. **3.** *Teat.* Montagem, encenação de um espetáculo. ♦ **Montaje fotográfico.** Montagem fotográfica.
mon·ta·ña *s.f.* **1.** Montanha, elevação (terreno). **2.** Montanha, zona montanhosa. *Pasé las vacaciones en la montaña.* Passei as férias na montanha. **3.** *Fig.* Montanha, montão, grande quantidade. *Una montaña de papeles.* Um montão de papéis. ♦ **Montaña rusa.** Montanha-russa.
mon·tar *v.t. e v.i.* **1.** Montar, subir sobre animal ou veículo. *Montó en la bicicleta.* Montou na bicicleta. **2.** Montar, cavalgar. *No sé montar.* Não sei montar a cavalo. **3.** Montar, empilhar, sobrepor. *Montó los bultos unos sobre otros.* Empilhou os pacotes uns sobre os outros. **4.** Montar, somar, atingir (certo valor). *Los gastos montan a mil euros.* As despesas atingem mil euros. **5.** Montar, ter relações sexuais (animais). **6.** Montar, armar, instalar (peças). *Montó el juguete.* Montou o brinquedo. **7.** Montar, engastar. *Montará las perlas en oro.* Engastará as pérolas em ouro. **8.** Carregar (armas de fogo). **9.** Montar, instalar, estabelecer. *Montaron un supermercado en la esquina.* Montaram um supermercado na esquina. **10.** Montar, fazer a montagem de um filme. ▪ **montarse** *v.p.* **1.** Montar-se, remontar-se, sobrepor-se. *Los nervios de la pierna se montaron.* Os nervos da perna remontaram-se. **2.** Montar(-se), subir sobre animal ou veículo. *Se montó en la moto.* Montou na moto.
mon·te *s.m.* **1.** Monte, elevação (terreno). **2.** Bosque. *A la entrada del pueblo hay un monte de eucaliptos.* Na entrada do povoado há um bosque de eucaliptos. **3.** Monte, porção de cartas que sobram depois de repartidas entre os jogadores. **4.** Montes, cadeia montanhosa. **5.** Mato, moita. *El monte cubrió el camino.* O mato tomou conta da estrada. **6.** *Amer.* Campo, região fora da cidade. *Pasé unos días en el monte.* Passei uns dias no campo. **7.** Monte, certo jogo de baralho. ♦ **Monte de Piedad.** Casa de penhores.

mon·to/a *s.m.* **1.** Montante, valor total, soma. ■ *s.f.* **2.** Valor, preço, alcance. **3.** *Fig.* Valor, importância.

mon·tón *s.m.* **1.** Montão, quantidade desordenada. **2.** *Fig. e col.* Montão, grande quantidade, monte. ♦ **A montones.** Aos montes. **Del montón.** Mais um, comum, ordinário.

mon·tu·ra *s.f.* **1.** Montaria, cavalgadura, sela. **2.** Montaria, animal para montar. **3.** Armação, suporte. *La montura de las gafas.* A armação dos óculos.

mo·nu·men·to *s.m.* Monumento.

mo·ño *s.m.* **1.** Birote, coque (penteado). **2.** *Amer.* Laço de fita.

mo·que·ta *s.f.* Carpete.

mo·ra *s.f.* **1.** *Bot.* Amora. **2.** *For.* Mora, moratória.

mo·ra·da *s.f.* Morada, moradia.

mo·ra·do/a *adj.* **1.** Roxo. ■ *adj. e s.m.* **2.** A cor roxa. ♦ **Pasarlas moradas.** Passar apuros.

mo·ral¹ *adj.* **1.** Moral, relativo à moralidade. *Cuestiones morales.* Questões morais. **2.** Moral, decente, conforme com a moral. *Tuvo una actitud muy moral y pagó sus deudas.* Teve uma atitude muito decente e pagou as suas dívidas. **3.** Moral, espiritual. *Valor moral.* Valor moral. **4.** Moral, baseado na consciência. *Obligación moral.* Obrigação moral. ● *s.f.* **5.** Moral, conjunto de regras de conduta, ética. **6.** Moral, disposição, ânimo.

mo·ral² *s.m. Bot.* Amoreira.

mo·ra·to·ria *s.f. For.* Moratória.

mor·ci·lla *s.f.* Morcela, embutido feito à base de sangue.

mor·da·za *s.f.* Mordaça.

mor·der *v.t.* **1.** Morder, fincar os dentes. **2.** *Fig.* Morder, penetrar, corroer. *La sosa cáustica muerde el acero.* A soda cáustica corrói o aço. **3.** *Fig.* Morder, falar mal. *Abre la boca sólo para morder.* Abre a boca só para falar mal. ■ **morderse** *v.p.* Morder-se. *Me mordí la lengua.* Mordi a língua. ◆ *C.mod. 03.*

mor·dis·co *s.m.* Mordida.

mo·re·no/a *adj.* **1.** Moreno, bronzeado. **2.** Moreno, de cor escura. *Un color moreno.* Uma cor morena. **3.** Moreno, de pele escura. ♦ **Azúcar morena.** Açúcar mascavo.

mor·fi·na *s.f. Quím.* Morfina.

mor·gue *s.f.* Necrotério.

mo·ri·bun·do/a *adj. e s.* Moribundo.

mo·rir *v.i.* **1.** Morrer, falecer. *Murió ayer.* Morreu ontem. **2.** *Fig.* Morrer, estar dominado por um sentimento. **3.** *Fig.* Morrer, extinguir-se, terminar suavemente. *Muere el día.* O dia morre. **4.** *Fig.* Morrer, acabar, terminar. ■ **morirse** *v.p.* **1.** Morrer, falecer. *Se murió hace un mes.* Morreu há um mês. **2.** *Fig.* Morrer, estar dominado por um sentimento. *Me muero de alegría.* Morro de alegria. ◆ *C.mod. 12.* ♦ **Morir de hambre/sed.** Morrer de fome/sede. **Morirse de ganas.** Morrer de vontade.

mo·ro/a *adj. e s.* **1.** Mouro, mourisco. **2.** Mouro, muçulmano. **3.** Tipo de cavalo manchado.

mo·rrón *adj. Bot.* Pimentão vermelho.

mor·ta·de·la *s.f.* Mortadela.

mor·tan·dad *s.f.* **1.** Mortalidade. **2.** Mortandade.

mor·tí·fe·ro/a *adj.* Mortífero, letal.

mo·sai·co *s.m.* Mosaico.

mos·ca *s.f.* **1.** Mosca. **2.** *Col.* Dinheiro, grana. *Soltar la mosca.* Soltar a grana. ■ Não tem sentido de "alvo". ♦ **Mosca/Mosquita muerta.** Mosca-morta. **Estar con la mosca en/detrás de la oreja.** Estar com a pulga atrás da orelha. **Por si las moscas.** Para o caso de, por precaução. *Me llevo el abrigo, por si las moscas.* Levarei o casaco por via das dúvidas.

mos·qui·to *s.m.* Mosquito, pernilongo.

mos·ta·cho *s.m.* Bigode.

mos·ta·za *s.f.* Mostarda.

mos·tra·dor/do·ra *adj.* **1.** Mostrador, que mostra. ● *s.m.* **2.** Balcão, mostrador. *En el mostrador de la derecha están los relojes.* No balcão da direita estão os relógios. **3.** Quadrante, mostrador de relógio.

mos·trar *v.t.* **1.** Mostrar, expor, exibir. **2.** Demonstrar, refletir, revelar. *Su expresión muestra cansancio.* A sua expressão demonstra cansaço. **3.** Mostrar, demonstrar. ■ *C.mod. 03.*

mo·tel *s.m.* Motel, hotel à beira de estrada. ■ Não tem sentido de "hotel de alta rotatividade".

mo·ti·var *v.t.* **1.** Motivar, causar, originar. **2.** Motivar, estimular, incentivar.

mo·ti·vo/a *adj.* **1.** Motivo, motor, que move. *Energía motiva.* Energia motora. ● *s.m.* **2.** Motivo, causa, fundamento. **3.** Motivo, pretexto. **4.** Motivo, tema. ♦ **Con motivo de.** Por ocasião de. **Dar motivo a.** Dar razão/lugar para. *Su forma de obrar da motivos a cotilleos.* A sua forma de agir dá lugar a fofocas.

mo·to·ci·cle·ta *s.f.* Motocicleta. ■ *Tb.: moto.*

mo·tor/to·ra *adj.* **1.** Motor, que move. ● *s.m.* **2.** *Mec.* Motor, mecanismo que produz movimento. **3.** *Fig.* Motor, causa, alma. ♦ **Motor de combustión interna/explosión.** Motor de combustão interna/explosão. **Motor diesel/eléctrico/hidráulico.** Motor diesel/elétrico/hidráulico.

mo·ver *v.t.* **1.** Mover, deslocar, remover. **2.** Mover, movimentar. **3.** Mover, mexer, agitar. **4.** Mexer, movimentar (peças num jogo). *Mueve el rey.* Mexa o rei. **5.** *Fig.* Mover, induzir, persuadir. **6.** Mover, incitar, suscitar. *Mover intrigas.* Suscitar intrigas. **7.** Mover, causar, motivar. *Mover a compasión.* Causar compaixão. ■ **moverse** *v.p.* **1.** Mover-se, deslocar-se, remover-se. **2.** Mover-se, movimentar-se, mexer-se. *¡Nadie se mueva!* Ninguém se mexa! **3.** Mover-se, agitar-se. ■ *C.mod. 03.*

mó·vil *adj.* **1.** Móbil, móvel, que se move, que não está fixo. *Este coche tiene asiento móvil.* Este carro tem assento móvel. **2.** *Fig.* Móvel, inconstante. ● *s.m.* **3.** *Fig.* Móbil, motivo, causa, mola. *Los móviles de un crimen.* Os motivos de um crime. ■ Não tem sentido de "peça de mobília".

mo·vi·li·zar *v.t.* **1.** *Mil.* Mobilizar, recrutar, alistar. **2.** *Com.* Mobilizar, pôr títulos ou capitais em circulação, movimentar. **3.** *Fig.* Mobilizar, pôr em ação. ■ **movilizarse** *v.p.* Mobilizar-se, movimentar-se.

mo·vi·mien·to *s.m.* **1.** Movimento, ação de mover, deslocamento. **2.** *Fig.* Movimento, rebelião, levantamento. **3.** Movimentação, alteração de valores numéricos. *El movimiento de la cuenta corriente.* A movimentação da conta corrente. **4.** Movimento, tendência. **5.** Movimento, andamento (obra). **6.** *Mus.* Movimento, compasso. **7.** *Mus.* Movimento, parte de uma obra musical. ♦ **Movimiento acelerado/continuo.** Movimento acelerado/contínuo. **Movimiento de rotación/traslación.** Movimento de rotação/translação. **Movimiento retardado.** Movimento retardado. **Movimiento sísmico.** Movimento sísmico, terremoto.

mu·cha·cho/a *s.* **1.** Jovem, moço, rapaz. ■ *s.f.* **2.** Empregada doméstica.

mu·che·dum·bre *s.f.* Multidão.

mu·cho/a *adj.* Muito, abundante, numeroso. *Muchas personas.* Muitas pessoas. ● **mucho** *adv.* **1.** Muito, profundamente, intensamente. *Estudia mucho.* Estuda muito. **2.** Muito, demais. *Te quiero mucho.* Gosto muito de você. ● **muchos** *s.m.pl. e p.* Muitos, a maioria. *Muchos no fueron a la fiesta.* Muitos não foram à festa. ■ Não se usa diante de *adj.* e *adv.* exceto com *mejor, peor, mayor, menor, más, menos, antes, después. Es mucho mejor escribirle.* É muito melhor escrever-lhe. *Ella es mucho menor que yo.* Ela é muito menor do que eu. *Llegó mucho antes de lo previsto.* Chegou muito antes do previsto. ♦ **¡Mucho!** Muito bem! Bravo! **Como mucho.** Quando muito. **Es mucho.** É muito/demais. **Ni mucho menos.** Nem pensar, de jeito nenhum. **Por mucho que.** Por mais que.

mu·da *s.f.* **1.** Troca de pele (animais). **2.** Troca de voz (na adolescência). **3.** Roupa para trocar. *Me llevo dos mudas para el viaje.* Levo dois jogos de roupa para a viagem. ■ Não tem sentido de "broto de planta".

mu·dan·za *s.f.* **1.** Mudança, modificação, alteração. **2.** Mudança, troca de residência.

mu·dar v.t. **1.** Mudar, transformar, modificar. *No muda la forma de ser.* Não muda o jeito de ser. **2.** Mudar, trocar (pele, pluma, pelo). **3.** Mudar, trocar, transferir (de casa, lugar). **4.** Mudar, trocar (roupa). **5.** Mudar, substituir. ■ **mudarse** v.p. **1.** Mudar-se, transferir-se (de casa, lugar). **2.** Trocar-se, mudar (roupa). *Voy a mudarme antes de salir.* Vou me trocar antes de sair.

mu·do/a adj. e s. **1.** Mudo, impossibilitado de falar. ● adj. **2.** *Fig.* Mudo, calado, quieto. **3.** *Gram.* Letra muda, que não se pronuncia. *En español, la h es muda.* Em espanhol, o h é mudo. ♦ **Cine mudo.** Cinema mudo.

mue·ble adj. **1.** Móvel, móbil (bens). ● s.m. **2.** Móvel, peça de mobília.

mue·ca s.f. Expressão facial, careta.

mue·la s.f. **1.** Molar, dente molar. **2.** Pedra de moinho. ♦ **Muela cordal/del juicio.** Dente do siso.

mue·lle adj. **1.** Suave, tranquilo, confortável. ● s.m. **2.** Mola. **3.** *Mar.* Cais, doca. **4.** Plataforma de carga e descarga ferroviária.

muer·te s.f. Morte. ♦ **Muerte natural/violenta.** Morte natural/violenta. **A muerte. 1.** Até a morte. *Luchar a muerte.* Lutar até a morte. **2.** Mortalmente. *Herido a muerte.* Ferido mortalmente. **A vida o muerte.** De vida ou morte. **Estar a (las puertas de) la muerte.** Estar à beira da morte.

muer·to/a adj. **1.** Morto, sem vida. **2.** *Fig.* Morto, apagado. *Es un color muerto.* É uma cor muito apagada. **3.** *Fig.* Morto, inativo. *Lengua muerta.* Língua morta. **4.** Morto, tomado por uma emoção ou sensação. *Muerto de cansancio.* Morto de cansaço. ● s. **5.** Morto, defunto. ■ *Part. irreg.* de *morir.* ♦ **Cargar con el muerto.** Pagar o pato. **Estar más muerto que vivo.** Estar mais morto do que vivo. **Estar muerto.** Estar muito cansado. **Hacer el muerto.** Boiar (na água).

mues·tra s.f. **1.** Amostra, porção, fragmento. *Una muestra de tejido.* Uma amostra de tecido. **2.** Amostra, parte representativa de um conjunto. *Una muestra de los habitantes.* Uma amostra dos habitantes. **3.** Amostra, sinal, indício, mostra. *Su actitud fue una muestra de su carácter.* A sua atitude foi uma amostra do seu caráter. **4.** *Vernissage,* exposição de arte, mostra. ♦ **Como botón de muestra.** Como exemplo. **Dar muestras de.** Dar sinais de.

mues·tra·rio s.m. Mostruário.

mues·treo s.m. Amostragem.

mu·gre s.f. Sujeira gordurosa.

mu·grien·to/a adj. Sujo, gorduroso.

mu·jer s.f. **1.** Mulher, pessoa do sexo feminino. **2.** Mulher, esposa. ♦ **Mujer de mala vida/perdida/pública/de la vida.** Mulher da vida, prostituta. **Mujer de su casa.** Mulher que aprecia/sabe fazer o trabalho doméstico. **Mujer fatal.** Mulher fatal.

mu·je·rie·go/a adj. Mulherengo.

mu·la·to/a adj. e s. **1.** Mulato. **2.** Moreno.

mu·lo/a s. **1.** Mulo, burro. **2.** *Fig.* Mulo, besta.

mul·ta s.f. Multa, sanção.

mul·tar v.t. Multar, penalizar.

mul·ti·na·cio·nal adj. e s.f. Multinacional.

múl·ti·ple adj. Múltiplo, variado, diversificado. ■ **múltiples** adj.pl. Múltiplos, vários. *Múltiples trabajos.* Vários trabalhos.

mul·ti·pli·ca·ción s.f. Multiplicação.

mul·ti·pli·car v.t. **1.** Multiplicar, aumentar a quantidade (de algo). *Hay que multiplicar las ventas.* É preciso multiplicar as vendas. **2.** *Mat.* Multiplicar, efetuar operação aritmética. ■ v.i. **3.** Multiplicar, reproduzir (animais, plantas). ■ **multiplicarse** v.p. **1.** Multiplicar-se, proliferar. *Se multiplicaron los problemas.* Multiplicaram-se os problemas. **2.** Multiplicar-se, ser muito ativo, desdobrar-se. *Se multiplicó en atenciones.* Desdobrou-se em atenções.

múl·ti·plo/a adj. e s. *Mat.* Múltiplo, produto de um número inteiro.

mul·ti·tud s.f. **1.** Multidão. **2.** Infinidade, grande quantidade. *Tengo una multitud de compromisos.* Tenho uma infinidade de compromissos.

mun·dial adj. Mundial, universal.

mun·do *s.m.* **1.** Mundo, universo, cosmos. **2.** Mundo, planeta Terra. **3.** Mundo, outros planetas. **4.** Mundo, parte específica de um todo. *El mundo de las finanzas.* O mundo das finanças. **5.** Mundo, vida. *El mundo moderno.* O mundo moderno. **6.** Mundo, humanidade. *El mundo está perdido.* O mundo está perdido. **7.** Mundo, experiência. *Es una persona del mundo.* É uma pessoa do mundo. **8.** Mundo, ambiente próprio de alguém. *Su mundo son los libros.* O seu mundo são os livros. ♦ **Mundo antiguo.** Velho mundo. **Aunque se hunda el mundo.** Mesmo que o mundo acabe. **Como todo el mundo.** Como todas as pessoas. **Correr/Rodar mundo.** Correr mundo. **Desde que el mundo es mundo.** Desde que o mundo é mundo. **Este mundo es un pañuelo./¡Qué pequeño es el mundo!** O mundo é pequeno. **Hacer un mundo (de algo).** Fazer tempestade em copo d'água. **Hundirse el mundo.** Cair/Acabar o mundo, vir o mundo abaixo. **Irse de este mundo.** Ir para o outro mundo. **Lejos del mundo.** Longe do mundo. **Medio mundo.** Muita gente. **No ser de este mundo.** Não ser deste mundo. **No ser (nada) del otro mundo.** Não ser (nada) do outro mundo. **Nuevo Mundo.** Novo Mundo. **Por nada del mundo.** Por nada do mundo. **Tercer Mundo.** Terceiro Mundo. **Todo el mundo.** Todo o mundo. **Venir al mundo.** Vir ao mundo. **Ver mundo.** Viajar. **Vivir en otro mundo.** Viver no mundo da Lua.

mu·ni·ción *s.f.* Munição.

mu·ni·ci·pa·li·dad *s.f.* Administração municipal, prefeitura.

mu·ni·ci·pio *s.m.* Município.

mu·ñe·co/a *s.* **1.** Boneco. **2.** Manequim usado em vitrines, boneco. ■ *s.f.* **3.** Munheca, pulso. **4.** *Fig.* Boneca, mulher bonita e delicada. **5.** *Fig.* Mulher frívola. ■ *s.m.* **6.** Espantalho. **7.** Boneco, marionete.

mu·ral *s.m.* Mural, painel.

mu·ra·lla *s.f.* Muralha.

mur·cié·la·go *s.m.* Morcego.

mur·mu·ra·ción *s.f.* **1.** Murmuração, murmúrio. **2.** Murmuração, maledicência.

mur·mu·rar *v.i.* **1.** Murmurar, sussurrar. **2.** *Fig.* Murmurar, falar mal (de alguém). **3.** Murmurar, cochichar.

mu·ro *s.m.* **1.** Muro, parede. **2.** *Fig.* Muro, proteção, defesa. ♦ **Muro de contención.** Muro de arrimo.

mús·cu·lo *s.m. Med.* Músculo. ■ **músculos** *s.m.pl.* Músculos, musculatura.

mu·seo *s.m.* Museu.

mus·go *s.m. Bot.* Musgo.

mú·si·co/a *adj.* **1.** Músico, musical. ● *s.2g.* **2.** Músico, compositor, cantor. ■ *s.f.* **3.** Música, melodia. **4.** Música, harmonia. **5.** Música, conjunto de músicos. **6.** Música, qualquer conjunto de sons. ♦ **Irse/Marcharse con la música a otra parte.** Ir cantar em outra freguesia.

mu·si·tar *v.t.* Sussurrar.

mus·lo *s.m.* Coxa.

mus·tio/a *adj.* **1.** Murcho, mirrado. *Las flores están mustias.* As flores estão murchas. **2.** *Fig.* Murcho, triste, melancólico.

mu·ti·lar *v.t.* **1.** *Med.* Mutilar, aleijar, privar (de membro, órgão). **2.** *Fig.* Mutilar, truncar. *Mutilar un texto.* Mutilar um texto.

mu·tua·lis·ta *adj. e s.2g.* Mutualista, associado (especialmente da Previdência).

muy *adv.* Muito. *Muy guapa.* Muito bonita. *Muy mal.* Muito mal. ■ **a.** Forma apocopada de *mucho*. **b.** Usado diante de *adj.* e *adv.* ♦ **Muy señor mío.** Prezado senhor, fórmula de abertura de cartas comerciais convencionais.

N

n *s.f.* N, décima quarta letra do alfabeto. ■ Recebe o nome *ene*.
na·bo *s.m. Bot.* Nabo.
na·cer *v.i.* **1.** Nascer, vir ao mundo. **2.** *Fig.* Nascer, brotar, surgir. *Ha nacido una flor más.* Nasceu mais uma flor. **3.** *Fig.* Nascer, aparecer. *No ha nacido el sol todavía.* O sol ainda não apareceu. **4.** *Fig.* Nascer, iniciar, principiar. **5.** *Fig.* Nascer, originar-se. ■ *C. mod. 05.* ♦ **Nacer de pie.** Ter muita sorte. **Nacer para.** Nascer para, ter dom para. **Recién nacido.** Recém-nascido. **Volver a nacer.** Nascer de novo.
na·ci·mien·to *s.m.* **1.** Nascimento, nascença. **2.** *Fig.* Nascimento, começo, princípio. **3.** *Fig.* Nascimento, origem, procedência. **4.** Presépio. **5.** Nascimento, estirpe, linhagem. *De nacimiento humilde.* De origem humilde. **6.** Fonte, manancial, nascente. ♦ **De nacimiento.** De nascença. **Partida de nacimiento.** Certidão de nascimento.
na·ción *s.f.* **1.** Nação, país, pátria. **2.** Nação, raça, povo.
na·cio·na·li·dad *s.f.* Nacionalidade.
na·cio·na·lis·mo *s.m.* Nacionalismo.
na·cio·na·lis·ta *s.2g.* Nacionalista, partidário do nacionalismo. ■ Não tem sentido de "patriota".
na·cio·na·li·zar *v.t.* **1.** Nacionalizar, naturalizar. *Hay que nacionalizar a los hijos menores de 18 años.* É preciso naturalizar os filhos menores de 18 anos. **2.** Nacionalizar, estatizar, tornar nacional. *Nacionalizaron los servicios telefónicos.* Estatizaram os serviços telefônicos. ■ **nacionalizarse** *v.p.* Nacionalizar-se, naturalizar-se. *Me nacionalicé inglés.* Naturalizei-me inglês.
na·da *p.indef.* **1.** Nada, nenhuma coisa. *No dijo nada.* Não disse nada. **2.** Nada, ninharia. *Discuten por nada.* Discutem por nada. ● *adv.* **3.** Nada, nem um pouco. *No trabaja nada bien.* Não trabalha nada bem. ● *s.f.* **4.** Nada, a não existência. *Esto surgió de la nada.* Isto apareceu do nada. ♦ **Nada como.** Nada como. *¡Nada como unas buenas vacaciones!* Nada como umas boas férias! **¡Nada de eso!** Nada disso! **Nada más.** Mais nada. **Nada más y nada menos.** Nem mais nem menos. *Dijo nada más y nada menos que no le importaba el asunto.* Disse, nem mais nem menos, que não lhe interessava o assunto. **Casi nada.** Quase nada. **Con nada.** Com muito pouco, com quase nada. **De nada.** De nada. **No pasa nada. 1.** Não acontece nada. **2.** Não tem problema. **Para nada.** Para nada, inutilmente. **Por nada.** Por nada, por pouco dinheiro.
na·da·dor/·do·ra *adj. e s.* Nadador.
na·dar *v.i.* **1.** Nadar, manter-se ou movimentar-se na água. **2.** Nadar, boiar num líquido. *El tomate nadaba en el aceite.* O tomate nadava no óleo. **3.** *Fig.* Nadar, ter em abundância. *Nada en dinero.* Nada em dinheiro.
na·die *p.indef.* Ninguém, nenhuma pessoa. *No vino nadie.* Não veio ninguém. ♦ **Un don nadie.** Um joão-ninguém.
naf·ta *s.f.* **1.** *Quím.* Nafta. **2.** *Arg.* Gasolina.
nai·pe *s.m.* **1.** Naipe. **2.** *Fig.* Baralho. ♦ **Un castillo de naipes.** Um castelo de areia.
nal·ga *s.f.* Nádega.
na·ran·ja *s.f.* **1.** *Bot.* Laranja, fruta. ■ *adj. e s.m.* **2.** A cor laranja. ♦ **Encontrar/Ser la media naranja.** Achar/Ser a outra metade da laranja.
na·ran·ja·do/a *adj.* **1.** Alaranjado, de cor laranja. **2.** Laranjada, suco de laranja.
nar·có·ti·co/a *adj. e s.m.* Narcótico.
nar·co·trá·fi·co *s.m.* Tráfico de drogas, narcotráfico.

na·riz *s.f.* Nariz. ■ **narices** *s.f.pl.* Narinas. ♦ **Nariz respingada/respingona.** Nariz arrebitado. **Dar con la puerta en las narices.** Bater com o nariz/a cara na porta. **Meter las narices (en algo).** Meter o focinho/nariz (em algo). **No ver más allá de sus narices.** Não enxergar um palmo à frente do nariz. **Restregar/Refregar por las narices.** Esfregar no nariz/na cara. **Tener (algo) delante de las narices.** Ter (algo) embaixo do nariz, muito próximo.

na·rra·ción *s.f.* **1.** Narração, relato. **2.** Narração, narrativa.

na·rrar *v.t.* Narrar, contar, relatar.

na·rra·ti·vo/a *adj.* **1.** Narrativo, expositivo. ● *s.f.* **2.** Narrativa, conto, história.

na·ta *s.f.* **1.** Nata, creme. **2.** *Fig.* Nata, a melhor parte de algo. ♦ **La flor y nata.** A fina flor.

na·ta·ción *s.f. Desp.* Natação.

na·tal *adj.* Natal, natalício. *Volvió a la ciudad natal.* Voltou à cidade natal. ■ Não tem sentido de "dia do nascimento de Cristo".

na·ta·li·dad *s.f.* Natalidade.

na·ti·vo/a *adj.* **1.** Nativo, nacional. **2.** Nativo, procedente. **3.** Inato, congênito. ● *s.* **4.** Nativo, natural de uma terra ou país.

na·to/a *adj.* **1.** Nato, congênito, de nascença. **2.** Nato, inerente à sua natureza. *Es un médico nato.* É um médico nato.

na·tu·ral *adj.* **1.** Natural, relativo à natureza. **2.** Natural, produzido pela natureza. *Gas natural.* Gás natural. **3.** Natural, sem intervenção do homem ou sem manufaturar. **4.** Natural, espontâneo, sem afetações. *Es una persona muy natural.* É uma pessoa muito natural. **5.** Natural, nativo, oriundo. *Natural de Barcelona.* Natural de Barcelona. **6.** Natural, lógico. *Es natural que estés contenta.* É natural que você esteja contente. **7.** Natural, instintivo. ♦ **Al natural.** Ao natural. **De tamaño natural.** De tamanho real. **¡Es natural!** É claro! **Hijo natural.** Filho ilegítimo. **Ser lo más natural del mundo.** Ser a coisa mais normal do mundo.

na·tu·ra·le·za *s.f.* **1.** Natureza, mundo físico. *Las leyes/fuerzas de la naturaleza.* As leis/forças da natureza. **2.** Natureza, vegetação, paisagem. *Le gusta estar en contacto con la naturaleza.* Gosta de ficar em contato com a natureza. **3.** Natureza, índole, temperamento. *Su naturaleza no le permite obrar así.* O seu temperamento não lhe permite agir assim. **4.** Natureza, essência. *La naturaleza humana.* A natureza humana. **5.** Cidadania, naturalização. ♦ **Naturaleza muerta.** Natureza-morta. **Por naturaleza.** Por natureza.

na·tu·ra·li·zar *v.t.* Naturalizar. ■ **naturalizarse** *v.p.* Naturalizar-se. ■ *Tb.:* nacionalizar.

nau·fra·gar *v.i.* **1.** *Mar.* Naufragar, afundar. **2.** *Fig.* Naufragar, fracassar.

nau·fra·gio *s.m. Mar.* Naufrágio.

náu·sea *s.f.* **1.** Náusea, enjoo, ânsia. **2.** Náusea, repugnância.

na·va·ja *s.f.* Navalha.

na·ve *s.f.* **1.** *Mar.* Navio, embarcação, nave. **2.** Astronave. **3.** *Arq.* Nave (de igreja). **4.** Depósito industrial. ♦ **Nave espacial.** Nave espacial.

na·ve·ga·ción *s.f.* Navegação. ♦ **Navegación aérea.** Navegação aérea. **Navegación de cabotaje.** Navegação costeira/de cabotagem.

na·ve·gan·te *adj. e s. Mar.* Navegante, navegador.

na·vi·dad *s.f.* Natal. ■ **navidades** *s.f.pl.* Festas natalinas (entre 25 de dezembro e 6 de janeiro). ♦ **¡Feliz Navidad!** Feliz Natal!

na·vi·de·ño/a *adj.* Natalino.

na·ví·o *s.m. Mar.* Navio. ■ *Sin.:* barco.

na·zis·mo *s.m.* Nazismo.

ne·bli·na *s.f.* Neblina.

ne·ce·dad *s.f.* Disparate, bobagem, estupidez.

ne·ce·sa·rio/a *adj.* Necessário, indispensável, essencial. ♦ **Hacer(se) necesario.** Tornar(-se) necessário.

ne·ce·ser *s.m. Gal.* Frasqueira, maleta ou bolsa para objetos de toalete.

ne·ce·si·dad *s.f.* **1.** Necessidade, privação, falta. *Tengo necesidad de cariño.* Tenho necessidade de carinho. **2.** Necessidade, exigência. **3.** Necessidade, pobreza. *La necesidad lo obligó a cambiarse a una casa menor.* A necessidade obrigou-o a mudar-se para uma casa menor. **4.** Necessidade, excremento. ■ **necesidades** *s.f.pl.* Necessidades fisiológicas. ♦ **De primera necesidad.** De primeira necessidade. **Estado de necesidad.** Estado de penúria. **Por necesidad. 1.** Por obrigação. **2.** Por necessidade, por falta de recursos.

ne·ce·si·tar *v.t. e v.i.* **1.** Necessitar, precisar. *Necesito dinero.* Preciso de dinheiro. *Necesito hablar contigo.* Preciso falar com você. ■ *v.impess.* **2.** Precisar. *Se necesita empleada.* Precisa-se de empregada.

ne·cio/a *adj. e s.* Tonto, bobo, estúpido.

ne·fas·to/a *adj.* Nefasto, funesto.

ne·gar *v.t.* **1.** Negar, não admitir, contestar a existência ou veracidade. *Niega haber estado allí.* Nega ter estado ali. **2.** Negar, renegar, repudiar. *Negó al hijo.* Repudiou o filho. **3.** Não cumprimentar. **4.** Proibir, vedar. ■ **negarse** *v.p.* Negar-se, recusar-se. *Me niego a seguir.* Recuso-me a continuar. ■ *C. mod. 01.*

ne·ga·ti·vo¹/a *adj.* **1.** Negativo, que expressa negação. *Hizo un gesto negativo.* Fez um gesto negativo. **2.** Negativo, desfavorável. *Opinión negativa.* Opinião desfavorável. **3.** *Mat.* Negativo, número negativo. ● *s.f.* **4.** Negativa, negação. **5.** Recusa.

ne·ga·ti·vo² *s.m.* **1.** Negativo, imagem fotográfica invertida. **2.** Filme fotográfico sem revelar.

ne·gli·gen·cia *s.f.* Negligência, descuido, indolência.

ne·go·cia·ción *s.f.* Negociação.

ne·go·cia·do *s.m.* **1.** Departamento, seção, setor. **2.** *Amer.* Negociata, negócio ilícito, mamata.

ne·go·cian·te *adj. e s.2g.* Negociante, comerciante.

ne·go·ciar *v.i.* **1.** *Com.* Negociar, comerciar. ■ *v.t.* **2.** Negociar, dialogar. **3.** *Com.* Negociar títulos bancários.

ne·go·cio *s.m. Com.* **1.** Negócio, atividade comercial. *Cuida de los negocios de la familia.* Cuida dos negócios da família. **2.** Negócio, transação vantajosa. **3.** Negócio, loja, estabelecimento comercial. *Ha montado su negocio en la avenida principal.* Montou o seu negócio na avenida principal. ♦ **Negocio redondo.** Negócio da China. **Negocio sucio.** Negócio sujo. **Hacer negocio.** Obter grande lucro. **Hacer un buen/mal negocio.** Fazer bom/mau negócio.

ne·gro/a *adj.* **1.** Preto, negro. *Una falda negra.* Uma saia preta. **2.** *Fig.* Negro, triste, lúgubre. ● *s.m.* **3.** A cor preta, negro. *El negro te queda bien.* Você fica bem de preto. ■ *adj. e s.* **4.** Negro, raça negra, crioulo. **5.** *Col. e fig. Arg.* Pessoa de nível social baixo, ignorante, rude. ♦ **Cambio negro.** *Com.* Câmbio paralelo. **Trabajar como un negro.** Trabalhar como condenado. **Verse negro.** Ficar preta (coisa, situação).

ne·ne/a *s. Col.* **1.** Menino, garoto. **2.** Nenê, bebê.

ner·vio *s.m.* **1.** *Med.* Nervo, tendão. **2.** Nervo, nervura. *Esta planta tiene muchos nervios.* Esta planta tem muitas nervuras. **3.** *Fig.* Nervo, energia, ímpeto. **4.** *Fig.* Nervo, motor, alma. *El dinero es el nervio de la sociedad capitalista.* O dinheiro é o motor da sociedade capitalista. ♦ **Nervio óptico.** *Med.* Nervo ótico. **Alterar los nervios (a alguien). 1.** Enervar. **2.** Desgostar, chatear. **Poner los nervios de punta.** Deixar de cabelo em pé.

ner·vio·so/a *adj.* **1.** Nervoso, relativo aos nervos. **2.** Nervoso, que sofre dos nervos. **3.** Nervoso, irritado, agitado. ♦ **Sistema nervioso.** *Med.* Sistema nervoso.

☞ **ne·to/a** *adj.* **1.** Claro, nítido. **2.** Líquido. *Peso neto.* Peso líquido.

neu·má·ti·co/a *adj.* **1.** *Mec.* Pneumático, relativo a máquinas de ar comprimido. ● *s.m.* **2.** Pneumático, pneu.

neu·mo·ní·a *s.f. Med.* Pneumonia. ■ *Sin.:* pulmonía.

neu·ró·lo·go/a *s. Med.* Neurologista.
neu·ro·sis *s.f. Med.* Neurose. ■ *Pl.:* invariável.
neu·ró·ti·co/a *adj. e s. Med.* Neurótico.
neu·tral *adj. e s.* Neutro, imparcial, neutral. *Una posición neutral.* Uma postura neutra.
neu·tro/a *adj.* **1.** Neutro, indefinido, vago. *Un color neutro.* Uma cor neutra. **2.** Neutro, neutral. **3.** *Gram.* Neutro, gênero que não é masculino nem feminino.
ne·var *v.impess.* Nevar. ■ *C.mod. 41.*
ne·ve·ra *s.f.* Geladeira, refrigerador. ■ *Sin.: heladera, refrigerador.*
ni *conj.* **1.** Nem. *No escribió ni telefoneó.* Não escreveu nem telefonou. **2.** Nem, sequer. *No pretendo ni hablarle.* Não pretendo nem falar com ele. ♦ **Ni que.** Nem que (uso enfático). *¡Ni que fueras el rey!* Nem que você fosse o rei!
ni·do *s.m.* **1.** Ninho. **2.** Ninhada. **3.** *Fig.* Ninho, lar. **4.** *Fig.* Ninho, covil.
nie·bla *s.f.* **1.** Névoa. **2.** *Fig.* Assunto obscuro ou confuso.
nie·to/a *s.* Neto.
nie·ve *s.f.* **1.** Neve. **2.** Nevada.
ni·lón *s.m. Angl.* Náilon. ■ *Tb.: nailon, nylon.*
nin·gún *adj.* Nenhum. *Ningún libro.* Nenhum livro. ■ **a.** Forma apocopada de *ninguno.* **b.** Usado antes de *s.m.sing.*
nin·gu·no/a *adj e p.indef.* **1.** Nenhum, nenhuma pessoa, ninguém. *Ninguno de los presentes habló.* Nenhum dos presentes falou. *A ninguno se le antojó salir.* Ninguém teve vontade de sair. **2.** Nenhum, algum. *No tiene valor ninguno.* Não tem valor algum. **3.** Qualquer. *Este libro es mejor que ninguno.* Este livro é melhor do que qualquer outro. ■ Diante de *s.m.sing.* usa-se a forma apocopada *ningún.*
ni·ñe·ro/a *adj.* **1.** Pessoa que gosta de crianças. ● *s.f.* **2.** Babá.
ni·ñez *s.f.* Infância, meninice.
☞ **ni·ño/a** *adj. e s.* **1.** Criança. ■ *s.* **2.** Menino, garoto. ♦ Jovem. ♦ **La niña de los ojos.** A menina dos olhos, pupila.
nís·pe·ro *s.m. Bot.* **1.** Nêspera, ameixa. **2.** Nespereira, ameixeira.
ní·ti·do/a *adj.* **1.** Nítido, puro, transparente. **2.** Nítido, claro, bem definido.
ni·tró·ge·no *s.m. Quím.* Nitrogênio.
ni·vel *s.m.* **1.** Nível, altura, elevação. **2.** *Fig.* Nível, situação, estado. **3.** Nível, categoria, grau, patamar. **4.** Nível, instrumento de medição. ♦ **Nivel de vida.** Nível de vida. **A/Al nivel.** Ao nível. **Estar al nivel.** Estar no mesmo nível. **Paso a nivel.** Passagem de nível.
ni·ve·lar *v.t.* **1.** Nivelar, aplanar. **2.** Nivelar, igualar. **3.** Nivelar, medir com nível. ■ **nivelarse** *v.p.* Nivelar-se, equiparar-se, igualar-se.
☞ **no** *adv.* **1.** Não. *No quiere salir.* Não quer sair. *¿No dijiste que irías a la fiesta?* Você não disse que iria à festa? **2.** Não? Não é? Né? *Te gustó el regalo, ¿no?* Você gostou do presente, não é? ♦ **No bien.** Nem bem. *No bien entró en casa, me llamó.* Nem bem entrou em casa, telefonou-me. **No más.** Nada mais. **¡A que no!** Aposto que não! (desafio) *¡A que no te atreves!* Duvido que você tenha coragem! **Allí no más.** Logo ali. *Vivo allí no más.* Moro logo ali. **Así no más.** Só isso, assim mesmo. **¡Cómo no!** Pois não! **O, si no.** Ou então. **¡Que no!** Não e não! Não e basta! (negação enfática).
no·ble *adj. e s.2g.* **1.** Nobre, aristocrata. **2.** *Fig.* Nobre, magnânimo, altruísta. **3.** Nobre, ótimo, de boa qualidade. *Metal noble.* Metal nobre.
no·che *s.f.* **1.** Noite, parte do dia que não tem luz natural. **2.** *Fig.* Noite, trevas, sombras. ♦ **Noche Buena/Nochebuena.** Noite de Natal. **Noche Vieja.** Noite do dia 31 de dezembro. **Noche y día.** Dia e noite. **Al caer la noche.** Ao cair da noite. **Ayer/Mañana (por la) noche.** Ontem/Amanhã à noite. **¡Buenas noches!** Boa-noite! **Dar las buenas noches.** Dar boa-noite. **De la noche a la mañana.** Do dia para a noite. **De noche.** De noite. **De noche todos los gatos son pardos.** À noite

todos os gatos são pardos. **Hacerse de noche.** Anoitecer, escurecer. **Media noche.** Meia-noite. **Pasar buena/mala noche.** Dormir bem/mal. **Pasar la noche en claro/en vela.** Passar a noite em claro. **Por la noche.** À/De noite.

no·ción *s.f.* Noção, ideia, conhecimento.

no·ci·vo/a *adj.* Nocivo, prejudicial, daninho.

noc·tur·no/a *adj. e s.m.* Noturno.

no·gal *s.m. Bot.* Nogueira.

nó·ma·da *adj. e s.2g.* Nômade.

nom·bra·mien·to *s.m.* Nomeação.

nom·brar *v.t.* **1.** Nomear, dar nome. **2.** Nomear, citar. *Te nombraron varias veces.* Seu nome foi citado várias vezes. **3.** Nomear, designar.

nom·bre *s.m.* **1.** Nome, palavra com que se designa um ser. **2.** Nome, prenome. **3.** Nome completo de uma pessoa, prenome e sobrenome. **4.** *Fig.* Nome, fama. **5.** *Gram.* Nome, substantivo. ♦ **Nombre de guerra.** Nome de guerra. **Nombre de pila.** Nome de batismo, prenome. **Nombre propio.** Nome próprio. **A/En nombre de.** Em nome de. **Dar su nombre (a alguien).** Dizer o seu nome, apresentar-se (a alguém). **Dar su nombre (a otra persona).** Dar seu nome (a outra pessoa), reconhecer como filho. **Llamar a las cosas por su nombre.** Dar nome aos bois. **No tener nombre.** Não ter tamanho.

☞ **nó·mi·na** *s.f.* **1.** Lista nominal, nominata. **2.** Folha de pagamento.

non *adj. e s.m. Mat.* Ímpar. *Números nones.* Números ímpares. ♦ **Jugar a pares o nones.** Tirar par ou ímpar.

no·res·te *s.m.* Nordeste. ■ *Tb.: nor·es·te* e *nor·des·te.*

nor·ma *s.f.* **1.** Norma, regra, princípio. **2.** Padrão, modelo. **3.** *Fig.* Hábito, costume. *Tiene por norma leer antes de dormir.* Tem o hábito de ler antes de dormir.

nor·mal *adj.* **1.** Normal, usual, habitual. **2.** Normal, que segue a norma. **3.** Normal, de boa saúde mental. ● *s.f.* **4.** Normal, denominação do curso destinado a formar professores para os anos iniciais do ensino fundamental.

nor·ma·li·zar *v.t.* **1.** Normalizar, regularizar. **2.** Normalizar, padronizar, normatizar. ■ **normalizarse** *v.p.* Normalizar-se.

nor·mar *v.t. e v.i. Amer.* Regulamentar.

no·ro·es·te *s.m.* Noroeste. ■ *Tb.: nor·o·es·te.*

nor·te *s.m.* **1.** Norte, polo norte. **2.** Norte, ponto cardeal. **3.** Norte, região setentrional. *Vive en el norte.* Mora no norte. ■ *Abrev.:* N.

nos *p.pess. 1ª pess.pl.* **1.** Nos. *Nos dijo la verdad.* Disse-nos a verdade. *Háblenos de su vida.* Fale-nos da sua vida. **2.** A/Para nós. *Nos trajo las revistas.* Trouxe as revistas para nós. ■ Na forma enclítica não se separa do *v.*

no·so·tros/as *p.pess. 1ª pess.pl.* Nós. *Nosotras iremos al cine.* Nós iremos ao cinema. ■ *Tb.: nos·o·tros.* ♦ **Con nosotros.** Conosco. **Entre nosotros.** Entre nós.

nos·tal·gia *s.f.* Nostalgia, saudade.

no·ta *s.f.* **1.** Nota, apontamento, anotação. **2.** Nota, comentário feito à margem de um texto. **3.** Nota, bilhete. **4.** Nota, conceito, avaliação (exames, provas). **5.** *Mus.* Nota, som. **6.** Nota, detalhe, característica. **7.** Matéria (jornal). *Redactó una nota sobre la inundación.* Escreveu uma matéria sobre a inundação. **8.** Circular, comunicado. ♦ **Nota al pie de página.** Nota de rodapé. **Tomar (buena) nota (de algo).** Levar em conta.

no·tar *v.t.* **1.** Notar, perceber, reparar. *El profesor notó que no habíamos hecho el ejercicio.* O professor percebeu que não tínhamos feito o exercício. **2.** Sentir. *Noto un poco de frío.* Sinto um pouco de frio. ■ **notarse** *v.p.* Notar-se, perceber-se. ♦ **Hacerse notar.** Destacar-se.

no·ta·rí·a *s.f.* Notariado, tabelionato. ♦ **Notaría judicial.** *For.* Cartório, ofício de uma vara ou juizado.

no·ta·rio/a *s.* Notário, tabelião.

no·ti·cia *s.f.* Notícia. ♦ **No tener noticia.** Não ter notícias.

no·ti·cia·rio *s.m.* Noticiário, jornal, noticioso, telejornal.

no·ti·fi·ca·ción *s.f.* 1. Notificação, comunicação, aviso. 2. *For.* Intimação.

no·ti·fi·car *v.t.* 1. Notificar, avisar, comunicar. 2. *For.* Intimar.

no·va·to/a *adj. e s.* 1. Novato, inexperiente, principiante. 2. Calouro, novato.

no·ve·dad *s.f.* 1. Novidade, inovação. 2. Nova, notícia. *¿Qué novedades hay?* Quais são as novas? ♦ **Sin novedad.** Sem novidade.

no·ve·do·so/a *adj.* Novo, recente, inovador. *Una tecnología novedosa.* Uma tecnologia inovadora.

no·ve·la *s.f.* 1. *Liter.* Romance. 2. Novela. 3. *Fig.* História.

☞ **no·ve·lis·ta** *s.2g. Liter.* Romancista.

no·viaz·go *s.m.* 1. Noivado. 2. Namoro.

no·vi·cio/a *s.* Noviço.

no·viem·bre *s.m.* Novembro.

no·vio/a *s.* 1. Noivo. 2. Namorado.

nu·be *s.f.* Nuvem. ♦ **Nube de verano.** Nuvem de verão. **Andar por/Estar en las nubes.** Andar nas nuvens. **Estar por las nubes.** Ser muito caro. **Poner por las nubes.** Falar maravilhas (de alguém).

nu·blar *v.t.* 1. Nublar, cobrir de nuvens. 2. *Fig.* Nublar, obscurecer, turvar. *Nublar el pensamiento.* Nublar o pensamento. ■ **nublarse** *v.p.* Nublar-se, ficar nublado, cobrir de nuvens. *El cielo se nubló.* O céu ficou nublado.

nu·ca *s.f.* Nuca.

nú·cleo *s.m.* 1. Núcleo, centro. 2. *Bot.* Caroço de frutas. 3. Núcleo, parte mais densa e luminosa de um astro. 4. *Fig.* Núcleo, parte fundamental, essência. ♦ **Núcleo atómico.** *Quím.* Núcleo atômico.

nu·do *s.m.* 1. Nó, entrelaçamento de fios. 2. *Fig.* Nó, união, ligação, vínculo. 3. Nó, a parte mais dura da madeira. 4. Nó, ponto de articulação. 5. *Fig.* Nó, problema, dificuldade. 6. *Mar.* Nó, unidade de velocidade. ♦ **El nudo de la cuestión.** O nó do problema, o xis da questão. **Tener/Hacerse un nudo en la garganta.** Ter/Ficar com um nó na garganta.

nue·ra *s.f.* Nora.

nues·tro/a *p.poss.* *1ª pess.pl.* Nosso. *Nuestros padres.* (Os) Nossos pais. *Nuestra casa.* (A) Nossa casa. ■ Não se usa com *art.*

nue·vo/a *adj.* 1. Novo, recente, atual. 2. Novo, que não foi usado. *Un vestido nuevo.* Um vestido novo. 3. Novo, outro. *Hizo un nuevo viaje.* Fez uma nova viagem. 4. Novo, com pouco uso. ■ *adj. e s.* 5. Novo, inexperiente, novato. ■ *s.f.* 6. Nova, notícia. ♦ **Año Nuevo.** Ano-Novo. **De nuevo.** De novo. **Quedar como nuevo.** Ficar novo.

nuez *s.f.* 1. *Bot.* Noz. 2. Pomo de adão. ♦ **Nuez moscada.** Noz-moscada.

nu·lo/a *adj.* 1. Nulo, sem valor, sem efeito. 2. Nulo, incapacitado, inútil.

nu·me·ra·rio/a *adj. e s.* 1. Empregado fixo, efetivo de uma instituição. ■ *s.m.* 2. Numerário, dinheiro efetivo, *cash*.

nú·me·ro *s.m.* 1. *Mat.* Número, expressão de quantidade. 2. Número, algarismo, cifra. 3. Número, parcela. 4. *Teat.* Número, quadro, cena. 5. Número, fascículo. 6. Bilhete de loteria/rifa. ♦ **Número cardinal/ordinal.** *Mat.* Número cardinal/ordinal. **Número entero/fraccionario/primo.** *Mat.* Número inteiro/fracionário/primo. **Número par/impar.** *Mat.* Número par/impar. **Barajar/Hacer números.** Fazer cálculos. **En números redondos.** Em números redondos. **Hacer número.** Figurar, constar. **Sin número.** Inumeráveis. **Un buen número.** Um bom número.

nun·ca *adv.* Nunca. ♦ **Nunca jamás.** Nunca, jamais. *Nunca jamás supo qué pasó.* Nunca jamais ele soube o que aconteceu. **Nunca más.** Nunca mais.

nup·cias *s.f.pl.* Núpcias.

nur·se *s.f.* Babá. ■ *Sin.: niñera.*

nu·tria *s.f.* Nútria, ratão-do-banhado, lontra.

nu·tri·ción *s.f.* Nutrição.

nu·trir *v.t.* Nutrir.

Ñ

ñ *s.f.* Décima quinta letra do alfabeto, particular do abecedário espanhol. Equivale ao *nh* do português. *Español.* Espanhol. ■ Recebe o nome *eñe* (enhe).

ñan·dú *s.m.* Ema, nhandu.

ña·to/a *adj. Amer.* **1.** Fanhoso. **2.** Que tem nariz chato e curto.

ño·ño/a *adj. e s. Col.* **1.** Sem graça. **2.** Bobo.

ño·qui *s.m. Ital.* Nhoque. ■ *Tb.: ñoque.*

O

o *s.f.* **1.** O, décima sexta letra do alfabeto. ● *conj.* **2.** Ou. *Iremos al club o a la playa.* Iremos ao clube ou à praia. *Tendrá unos 20 ó 21 años.* Terá uns 20 ou 21 anos. **3.** Ou, de outro modo, por outras palavras. *El interés o motivación es fundamental.* O interesse ou motivação é fundamental. ■ **a.** Entre cifras é acentuado: *5 ó 6*. 5 ou 6. **b.** Antes de palavras iniciadas por *o* e por *ho* utiliza-se *u*. *Siete u ocho.* Sete ou oito. **c.** *Pl.: oes.* **d.** Recebe o nome *o*. ◆ **O sea.** Ou seja.

o·be·de·cer *v.t.* **1.** Obedecer, submeter-se à vontade de alguém. *Tienes que obedecerme.* Você tem que me obedecer. **2.** Obedecer, acatar, cumprir. *Obedezcan las leyes.* Obedeçam as leis. **3.** *Fig.* Obedecer, sujeitar-se. *Obedecer a los principios morales.* Obedecer aos princípios morais. **4.** *Fig.* Derivar-se, provir, decorrer. *Eso obedece a factores climáticos.* Isso decorre de fatores climáticos. ■ *C.mod. 06.*

o·be·dien·cia *s.f.* Obediência.

o·be·so/a *adj. e s.* Obeso.

o·bis·po *s.m.* Bispo.

ó·bi·to *s.m.* Óbito.

ob·je·ción *s.f.* Objeção. ◆ **Hacer objeción.** Fazer objeção.

ob·je·tar *v.t.* Objetar.

ob·je·ti·vo/a *adj.* **1.** Imparcial, justo, neutro. **2.** Objetivo, concreto. ● *s.m.* **3.** Objetivo, finalidade, meta. **4.** Objetivo, alvo. **5.** Objetiva, lente fotográfica. ● **ob·je·ti·var** *v.t.* objetivar.

ob·je·to *s.m.* **1.** Objeto, peça. **2.** Objeto, agente, causa. *Sus hijos son objeto de preocupación.* Os seus filhos são objeto de preocupação. **3.** Objetivo, objeto, finalidade. **4.** Objeto, matéria, assunto. *El principal objeto de la conferencia será la ecología.* O assunto principal da conferência será a ecologia. ◆ **Con objeto de.** Com o objetivo de, para. **Ser objeto de.** Ser objeto de. **Tener por objeto.** Ter como objetivo.

o·bli·cuo/a *adj.* Oblíquo, inclinado.

o·bli·ga·ción *s.f.* **1.** Obrigação, dever, imposição. **2.** Obrigação, encargo, compromisso. **3.** *For. e com.* Obrigação, documento que obriga a cumprir um ato. *En la obligación se detalla el importe total.* Na obrigação está especificado o valor total. **4.** *For.* Obrigação, título, letra. ◆ **Cumplir con mi/su obligación.** Cumprir a minha/sua obrigação. **Tener la obligación de.** Ter a obrigação de.

o·bli·ga·do/a *adj.* **1.** Obrigado, forçado, compelido. **2.** Obrigatório. *Paso obligado de camiones.* Passagem obrigatória de caminhões. ▪ Não tem sentido de "agradecido".

o·bli·gar *v.t.* **1.** Obrigar, impor, exigir. **2.** *Fig.* Obrigar, mover, impelir. ▪ **obligarse** *v.p.* Obrigar-se, comprometer-se. ♦ **Obligarse al saneamiento.** *For.* Responder pela evicção.

o·boe *s.m. Mus.* Oboé.

o·bra *s.f.* **1.** Obra, trabalho, criação. **2.** Obra, trabalho literário. **3.** *Teat.* Obra, peça. **4.** Obra, edifício em construção. **5.** Reforma, conserto (edifícios). *Estamos de obras en la cocina.* Estamos reformando a cozinha. **6.** Obra, ação moral. ♦ **Obra de fábrica.** Obra de arte, obra de infraestrutura em edificações. **Obra de tierras.** Terraplenagem. **Obra maestra.** Obra-prima. **Obra social.** *Arg.* Previdência social. **En obras.** Em obras. **Estar de/en obra(s).** Estar em reforma. **Por obra (y gracia) de.** Por obra e graça de.

o·brar *v.i.* **1.** Agir, atuar, proceder. *Siempre obra mal.* Sempre age mal. **2.** Fazer efeito. *La medicina ha obrado rápidamente.* O remédio fez efeito rapidamente. **3.** Estar, encontrar-se. *El documento obra en mi poder.* O documento está em meu poder. **4.** Constar. **5.** *Col.* Obrar, defecar. ▪ *v.t.* **6.** Obrar, realizar, fazer. *Este producto obra maravillas.* Este produto faz maravilhas.

o·bre·ro/a *s.* **1.** Trabalhador, assalariado. **2.** Operário. *Obrero cualificado.* Operário qualificado.

obs·ce·no/a *adj. e s.* Obsceno.

ob·se·quio *s.m.* **1.** Presente, gratificação. **2.** Brinde. ▪ Não tem sentido de "favor".

ob·ser·va·ción *s.f.* **1.** Observação, advertência, reparo. *Siempre le hacen observaciones sobre su forma de vestir.* Sempre fazem observações sobre a sua forma de vestir. **2.** Observação, nota, explicação. *Incluye una observación al final con el nombre del autor.* Inclua uma observação no fim com o nome do autor. **3.** Observância, obediência, observação. *La observación de las leyes.* A observância às leis. **4.** Observação, análise, exame. *Hay que mantenerlo en observación durante 48 horas.* Ficará em observação por 48 horas.

ob·ser·var *v.t.* **1.** Observar, examinar, contemplar. **2.** Observar, perceber, notar, fisgar. **3.** Obedecer, cumprir, respeitar. ▪ **observarse** *v.p.* Observar-se, examinar-se.

ob·ser·va·to·rio *s.m.* Observatório.

ob·se·sión *s.f.* Obsessão, ideia fixa.

ob·se·sio·nar *v.t.* Obcecar.

ob·so·le·to/a *adj.* Obsoleto, antiquado, arcaico.

obs·tá·cu·lo *s.m.* Obstáculo, dificuldade, inconveniente. ♦ **Obstáculo infranqueable.** Obstáculo insuperável. **Carrera de obstáculos.** *Desp.* Corrida com obstáculos.

obs·tan·te <no> *loc.* Não obstante, contudo, entretanto, apesar de. *Está enfermo, no obstante trabaja.* Está doente, não obstante trabalha.

obs·te·tra *s.2g. Med.* Obstetra.

obs·ti·nar·se *v.p.* Obstinar-se, teimar.

obs·truc·ción *s.f.* **1.** Obstrução, fechamento. **2.** *Med.* Obstrução, impedimento. **3.** Obstrução, entupimento.

obs·truir *v.t.* **1.** Obstruir, bloquear, entupir (passagens). **2.** Obstruir, impedir, dificultar. ▪ **obstruirse** *v.p.* Ficar entupido. ▪ *C.mod. 13.*

ob·ten·ción *s.f.* Obtenção, aquisição.

ob·te·ner *v.t.* Obter, atingir, conseguir. ▪ **obtenerse** *v.p.* Obter-se. *Así se obtiene el valor real.* Obtém-se assim o valor real. ▪ *C.mod. 35.*

ob·vio/a *adj.* Óbvio, evidente.

o·ca·sión *s.f.* **1.** Ocasião, momento, instante. **2.** Ocasião, oportunidade. **3.** Pechincha. ♦ **Buena/Mala ocasión.** Bom/Mau momento. **Con ocasión de.** Por ocasião de. **Dar ocasión. 1.** Dar motivo. **2.** Facilitar a realização (de algo). **De ocasión.** De ocasião, em liquidação. **Dejar escapar la ocasión.** Perder a oportunidade. **En ocasiones.** Ocasionalmente. **No tener/haber ocasión de.** Não ter ocasião de.

o·ca·so *s.m.* Ocaso.

oc·ci·den·te *s.m.* Ocidente.

o·céa·no *s.m.* **1.** Oceano, mar. **2.** *Fig.* Oceano, imensidade, grande quantidade.

o·cio *s.m.* **1.** Ócio, folga, descanso. **2.** Ócio, lazer. *En los momentos de ocio.* Nos momentos de lazer.

oc·tu·bre *s.m.* Outubro.

o·cu·lis·ta *s.2g. Med.* Oculista. ▪ *Sin.:* oftalmólogo.

o·cul·tar *v.t.* **1.** Ocultar, esconder, encobrir. **2.** Ocultar, silenciar, abafar. ▪ **ocultarse** *v.p.* Ocultar-se, esconder-se.

o·cul·tis·mo *s.m.* Ocultismo.

o·cul·to/a *adj.* **1.** Oculto, escondido, encoberto. **2.** Oculto, desconhecido. **3.** Oculto, esotérico. ♦ **Ciencias ocultas.** Ciências ocultas.

o·cu·pa·ción *s.f.* **1.** Ocupação, trabalho, atividade. **2.** *Mil.* Ocupação, conquista. **3.** *For.* Ocupação, invasão, posse. ♦ **Ocupación judicial.** *For.* Arresto.

o·cu·par *v.t.* **1.** Ocupar, cobrir certo espaço. *Los papeles ocupan toda la mesa.* Os papéis ocupam a mesa toda. **2.** Ocupar, invadir, apossar-se. **3.** Ocupar, exercer uma função. *Ocupa el puesto de director.* Ocupa o cargo de diretor. **4.** Ocupar, dar trabalho. **5.** Ocupar, consumir, levar (tempo). **6.** Ocupar, trabalhar, dedicar-se. ▪ **ocuparse** *v.p.* **1.** Ocupar-se, cuidar. **2.** Tratar, versar. *Esta obra se ocupa de problemas sociales.* Esta obra trata de problemas sociais.

o·cu·rren·cia *s.f.* **1.** Ocorrência, fato, circunstância. **2.** Frase ou ideia graciosa, aguda, repente. *Ese chico tiene muchas ocurrencias.* Esse garoto sempre faz gracinhas.

o·cu·rrir *v.i.* Ocorrer, acontecer, suceder. ▪ **ocurrirse** *v.p.* Ocorrer, vir à mente, ter a ideia. *Se me ocurrió vender el coche.* Tive a ideia de vender o carro. ▪ Usado apenas na *3ª pess.* ♦ **¡Cómo se te ocurre!** Como pode pensar nisso! **Lo que ocurre es que.** O que acontece é que. **¡No se te ocurra!** Não se atreva! **¿Qué ocurre?** Que está acontecendo?

o·diar *v.t.* Odiar. ♦ **Odiar a muerte.** Ter ódio mortal.

o·dio *s.m.* Ódio.

o·don·to·lo·gí·a *s.f. Med.* Odontologia.

o·don·tó·lo·go/a *s. Med.* Odontologista.

oes·te *s.m.* Oeste. ▪ *Abrev.:* O.

o·fen·der *v.t.* **1.** Ofender, insultar, ultrajar. *Nos ofendió públicamente.* Ofendeu-nos publicamente. **2.** *Fig.* Ofender, desagradar, desgostar. *Ese color ofende a la vista.* Essa cor ofende a vista. **3.** *Fig.* Magoar. *Su actitud me ofendió.* A sua atitude me magoou. ▪ **ofenderse** *v.p.* Ofender-se, considerar-se injuriado, insultado. *Me ofendí porque no me habló.* Fiquei ofendido porque não falou comigo.

o·fen·sa *s.f.* Ofensa, insulto, injúria.

o·fen·si·vo/a *adj.* **1.** Ofensivo, injurioso. **2.** Ofensivo, que ataca. ● *s.f.* **3.** Ofensiva, ataque.

o·fer·ta *s.f.* **1.** Oferta, oferecimento. **2.** Oferta, promoção. *En esta tienda siempre hay ofertas.* Nesta loja sempre há promoções. ♦ **Ley de la oferta y la demanda.** *Com.* Lei da oferta e da procura.

o·fi·cial/cia·la *s.* **1.** Oficial, operário inferior a mestre, ajudante. *Oficial de albañil.* Ajudante de pedreiro. **2.** Oficial, certo grau no funcionalismo público. **3.** *Mil.* Oficial, certa patente. ● **oficial** *adj.* **1.** Oficial, relativo à autoridade. *Documento oficial.* Documento oficial. **2.** Oficial, formal. *Visita oficial.* Visita oficial.

o·fi·cia·li·zar *v.t.* Oficializar.

☞ **o·fi·ci·na** *s.f.* **1.** Escritório. *Trabaja en una oficina.* Trabalha num escritório. **2.** Repartição. *Quiero que se presente en una oficina de Hacienda.* Quero que se apresente numa repartição da Fazenda. **3.** Agência. *La oficina de correos es cerca de aquí.* A agência do correio é perto daqui. **4.** Sala, conjunto. *La empresa está situada en la calle Europa, número 5, oficina 2.* A empresa está localizada na rua Europa, número 5, sala 2.

o·fi·ci·nis·ta *s.2g.* **1.** Escriturário. **2.** Auxiliar de escritório.

o·fi·cio *s.m.* **1.** Ofício, ocupação, profissão. **2.**

Ofício, função, missão. **3.** Ofício, comunicação escrita oficial. **4.** Ofício, cerimônia religiosa. **5.** Repartição pública.

o·fre·cer *v.t.* **1.** Oferecer, dar. **2.** Oferecer, dedicar, ofertar. **3.** Oferecer, exibir. **4.** Oferecer, proporcionar. ■ **ofrecerse** *v.p.* **1.** Oferecer-se, dar-se. **2.** Oferecer-se, dedicar-se. ■ *C.mod. 06.* ♦ **¿Qué se le ofrece?** Que deseja?

o·fre·ci·mien·to *s.m.* Oferecimento, oferta, cortesia.

o·fren·da *s.f.* Oferenda, brinde.

of·tal·mó·lo·go/a *s. Med.* Oftalmologista, oculista.

o·fus·car *v.t.* **1.** Ofuscar, cegar, obscurecer. **2.** *Fig.* Transtornar, alucinar. ■ **ofuscarse** *v.p.* Ofuscar-se, deslumbrar-se.

o·gro *s.m.* Ogro, bicho-papão.

oh·mio *s.m. Fís.* Ohm.

o·í·das <de> *loc.* De orelhada, de ouvir falar.

o·í·do *s.m.* **1.** Ouvido, sentido da audição. **2.** Ouvido, orelha. ♦ **Aguzar el oído.** Apurar o ouvido. **Aprender de oído.** Aprender de ouvido. **Cerrar los oídos (a algo).** Tapar os ouvidos. **Dar/Prestar oídos.** Dar ouvido. **Decir/Hablar al oído.** Falar no ouvido. **Entrar por un oído y salir por el otro.** Entrar por um ouvido e sair pelo outro. **Llegar (algo) a los oídos (de alguien).** Chegar (algo) aos ouvidos (de alguém). **Ser todo oídos.** Ser todo ouvidos. **Tener (buen) oído.** Ter (bom) ouvido.

oi·mien·to *s.m. For.* Ouvida, oitiva. *Se procedió al oimiento de los testigos.* Procedeu-se à ouvida das testemunhas.

o·ír *v.t.* **1.** Ouvir, escutar. **2.** Ouvir, atender, considerar. *No quiso oír mis explicaciones.* Não quis ouvir as minhas explicações. **3.** *Jur.* Ouvir, inquirir. ■ *C.mod. 28.* ♦ **Oír campanas pero no saber dónde.** Saber de orelhada, ouvir falar mas não ter certeza. **Oír con mis/sus propios oídos.** Ouvir com meus/seus próprios ouvidos. **¡Oye!/¡Oiga!** Escuta!/Escute! **¿Oyes?/¿Me oye?** Está (me) ouvindo? **¡Dios te oiga!** Deus te ouça!

o·jal *s.m.* **1.** Casa de botão. **2.** Ilhós.

¡o·ja·lá! *interj.* Oxalá! Tomara!

o·je·a·da *s.f.* Olhada, espiada. ♦ **Echar/Dar una ojeada.** Dar uma olhada.

o·jo *s.m.* **1.** Olho, vista, órgão da visão. **2.** Olho, aro, orifício. *El ojo de la cerradura.* O olho da fechadura. ♦ **¡Ojo!** Cuidado! Atenção! **Ojo de la aguja.** Buraco da agulha. **Ojo mágico.** *Eletr.* Olho mágico. **Ojo por ojo.** Olho por olho. **Ojos que no ven, corazón que no siente.** O que os olhos não veem o coração não sente. **A ojo.** A olho. **A ojos vistas.** A olhos vistos. **Abrir/Cerrar los ojos.** Abrir/Fechar os olhos. **Alzar/Bajar los ojos.** Levantar/Abaixar a vista. **Costar un ojo de la cara.** Custar os olhos da cara. **Cuatro ojos ven más que dos.** Duas cabeças pensam melhor do que uma. **Echar el ojo.** **1.** Botar os olhos, desejar. **2.** Vigiar, cuidar. **No pegar ojo.** Não pregar olho. **No quitar ojo.** Não tirar o olho. **Saltar a los ojos.** Saltar aos olhos. **Tener (mucho) ojo.** Ter (bom) olho, ser perspicaz.

o·la *s.m.* **1.** Onda, vaga (mar). **2.** *Fig.* Onda, grande quantidade. ♦ **Ola de calor/frío.** Onda de calor/frio. **Nueva ola.** Nova onda.

¡o·le! *interj.* Olé. ■ *Tb.:* olé.

o·leo·duc·to *s.m.* Oleoduto.

o·ler *v.t.* **1.** Cheirar, sentir cheiros, odores. **2.** *Fig.* Cheirar, bisbilhotar. **3.** *Fig.* Cheirar, suspeitar, pressentir. ■ *v.i.* **4.** Cheirar, exalar cheiro. ■ **olerse** *v.p.* Cheirar, despertar suspeitas. *Esto me huele a venganza.* Isto (me) cheira a vingança. ■ *C.mod. 27.* ♦ **Oler mal.** Cheirar mal. **Oler que apesta.** Cheirar muito mal, feder.

ol·fa·te·ar *v.t.* **1.** Cheirar. **2.** *Fig.* Farejar. *Olfatear un buen negocio.* Farejar um bom negócio. **3.** *Fig.* Fuçar. **4.** *Fig.* Pressentir, suspeitar, farejar.

ol·fa·to *s.m.* **1.** Olfato. **2.** Faro. ♦ **Tener olfato.** Ter faro.

o·li·gar·quí·a *s.f.* Oligarquia.

o·lim·pi·a·da *s.f. Desp.* Olimpíada.

o·li·vo/a *s.m. Bot.* **1.** Oliveira. ■ *s.f.* Oliva, azeitona.

o·lla *s.f.* **1.** Caldeirão, panela alta com duas alças. **2.** Prato típico espanhol à base de carnes e legumes. ♦ **Olla exprés/a presión.** Panela de pressão. **Olla podrida.** Prato típico espanhol à base de carnes e embutidos.
o·lor *s.m.* Cheiro, odor. ♦ **Buen/Mal olor.** Bom/Mau cheiro.
o·lo·ro·so/a *adj.* Cheiroso, aromático.
ol·vi·da·di·zo/a *adj.* **1.** Esquecido, que esquece facilmente. **2.** *Fig.* Ingrato.
ol·vi·dar *v.t.* **1.** Esquecer, não reter na memória. **2.** Esquecer, perder o amor/a estima. ■ **olvidarse** *v.p.* Esquecer(-se). *Me olvidé el paraguas.* Esqueci o guarda-chuva. ♦ **¡Olvídame!** Deixe-me em paz! Veja se me esquece!
ol·vi·do *s.m.* Esquecimento.
om·bli·go *s.m.* Umbigo.
o·mi·sión *s.f.* **1.** Omissão, falha. **2.** Negligência.
o·mi·tir *v.t.* Omitir.
óm·ni·bus *s.m. Amer.* Ônibus. ■ *Pl.:* invariável.
om·ni·po·ten·te *adj.* Onipotente.
om·nis·cien·te *adj.* Onisciente.
on·da *s.f.* **1.** Onda, vaga (mar). **2.** Onda, ondulação. **3.** *Fís.* Onda. ♦ **Onda corta/ultracorta.** *Fís.* Onda curta/ultracurta. **Onda electromagnética/ultrasonora.** *Fís.* Onda eletromagnética/ultrassônica.
o·ne·ro·so/a *adj.* Oneroso.
ó·nix *s.f. Geol.* Ônix.
o·no·ma·to·pe·ya *s.f. Gram.* Onomatopeia.
on·za *s.f.* Onça, unidade de medida de peso. ■ Não tem sentido de "espécie de animal felino".
o·pa·co/a *adj.* **1.** Opaco, turvo, que impede a passagem da luz. **2.** *Fig.* Sem brilho, triste. ♦ **Proyector de opacos.** Retroprojetor.
op·ción *s.f.* Opção, escolha.
op·cio·nal *adj.* **1.** Opcional. **2.** Optativo, facultativo.
ó·pe·ra *s.f. Teat. e mus.* Ópera.
o·pe·ra·ción *s.f.* **1.** Operação, ação. **2.** *Med.* Operação, intervenção cirúrgica. **3.** *Com.* Operação, transação. **4.** *Mat.* Operação, cálculo. ♦ **Operación aritmética/matemática.** *Mat.* Operação aritmética/matemática. **Operación financiera.** *Com.* Operação financeira. **Operación mercantil.** *Com.* Operação comercial. **Operación quirúrgica.** *Med.* Cirurgia.
o·pe·ra·dor/·do·ra *adj. e s.* **1.** *Med.* Operador, cirurgião. ■ *s.* **2.** Operador cinematográfico. **3.** Operador de projetor de filmes. ■ *v.i.* **4.** Telefonista. **5.** *Inform.* Operador de computador. **6.** Operador, técnico que comanda um aparelho. ♦ **Operador de entrada de datos.** *Inform.* Digitador.
o·pe·ra·do·ra *s.f.* Agência de viagens.
o·pe·rar *v.i.* **1.** Operar, agir, atuar. **2.** *Com.* Operar, comercializar. *Operan con créditos a largo plazo.* Operam com créditos a longo prazo. **3.** *Mat.* Realizar operação, fazer contas. **4.** Colocar em operação, em funcionamento, acionar. ■ *v.t.* **5.** *Med.* Operar, fazer cirurgia. ■ **operarse** *v.p.* **1.** Operar-se, produzir-se um efeito. **2.** *Med.* Sofrer intervenção cirúrgica. *Me operé de las várices.* Fui operada das varizes.
o·pe·ra·rio/a *s.* Operário, trabalhador.
o·pi·nión *s.f.* **1.** Opinião. **2.** Palpite. ♦ **Opinión ajena.** Opinião alheia. **Opinión general.** Opinião geral. **Opinión pública.** Opinião pública. **Cambiar de opinión.** Mudar de opinião. **En mi/su opinión.** Na minha/sua opinião. **Tener buena/mala opinión.** Ter boa/má opinião.
o·po·ner *v.t.* Opor, contrapor. ■ **oponerse** *v.p.* Opor-se, ser contrário, não estar de acordo. ■ *C.mod. 14.* ♦ **Oponer demandas.** *For.* Opor-se às ações.
o·por·to *s.m.* Vinho do Porto.
o·por·tu·ni·dad *s.f.* **1.** Oportunidade, ocasião, chance. **2.** Oportunidade, conveniência. **3.** *Com.* Oferta, liquidação.
o·po·si·ción *s.f.* **1.** Oposição, obstáculo, objeção. **2.** Oposição, antagonismo. **3.** Oposição, de opinião contrária à do governo. ■ **oposiciones** *s.f.pl. Esp.* Concurso público; exame de seleção.

o·po·si·tor/·to·ra *s.* **1.** Concorrente, candidato, opositor. *Se presentaron cinco opositores al puesto.* Apresentaram-se cinco candidatos ao cargo. **2.** *Amer.* Oponente, contrário. *El gobierno tiene muchos opositores.* O governo tem muitos oponentes.

o·pre·sión *s.f.* Opressão.

o·pri·mir *v.t.* **1.** Apertar, oprimir, comprimir. **2.** *Fig.* Oprimir, tiranizar, subjugar.

op·tar *v.i. e v.t.* **1.** Optar, escolher. **2.** Pretender, aspirar.

op·ta·ti·vo/a *adj.* Optativo, opcional.

op·ti·mis·ta *adj. e s.2g.* Otimista.

op·ti·mi·zar *v.t.* Otimizar.

óp·ti·mo/a *adj.* Ótimo.

o·pues·to/a *adj.* Oposto, contrário. ■ *Part. irreg.* de *oponer.*

o·ra·ción *s.f.* **1.** Oração, reza. **2.** *Gram.* Oração, frase.

o·ra·dor/·do·ra *s.* Orador, palestrante.

o·ran·gu·tán *s.m.* Orangotango.

o·rar *v.i.* **1.** Orar, rezar. **2.** Orar, falar em público.

ór·bi·ta *s.f.* **1.** *Fís.* Órbita. **2.** *Fig.* Âmbito, esfera de ação.

or·den *s.m.* **1.** Ordem, ordenação, arrumação. *Deja la habitación en orden.* Deixe o quarto em ordem. **2.** Ordem, disposição, arranjo. *Orden numérico.* Ordem numérica. **3.** Ordem, disciplina, tranquilidade. *Mantener el orden.* Manter a ordem. **4.** *Biol.* Ordem, categoria. ■ *s.f.* **5.** Ordem, comando, instrução. *Obedecer una orden.* Obedecer a uma ordem. **6.** Ordem, congregação religiosa. **7.** Ordem, grêmio. ♦ **Orden de pago.** *Com.* Ordem de pagamento. **Orden de registro.** *For.* Ordem/Mandado de busca. **A sus órdenes.** Às suas ordens, a seu dispor. **Dar órdenes.** Dar ordens. **Del orden de.** Da ordem de. **En orden.** Em ordem. **Estar (algo) a la orden del día.** Estar (algo) na ordem do dia. **Llamar al orden.** Chamar a atenção. **Poner (en) orden.** Pôr (em) ordem. **Por orden de.** Por ordem de.

or·de·na·do/a *adj.* **1.** Ordenado, arrumado, organizado. **2.** Dirigido para um fim determinado. ■ Não tem sentido de "salário".

or·de·na·dor/·do·ra *adj. e s.* **1.** Ordenador, organizador. ■ *s.m.* **2.** *Inform. Esp.* Computador.

or·de·nar *v.t.* **1.** Ordenar, organizar, pôr em ordem. **2.** Ordenar, mandar. ■ **ordenarse** *v.p.* Ordenar-se, receber ordens religiosas.

or·de·ñar *v.t.* Ordenhar.

or·di·na·rio/a *adj.* **1.** Ordinário, habitual, normal. **2.** Ordinário, reles, vulgar. ■ *adj. e s.* **3.** Ordinário, grosso, grosseiro. **4.** Cafajeste. ♦ **Correo ordinario.** Correio normal/simples. **De ordinario.** Normalmente, geralmente.

o·re·ar *v.t.* Arejar, ventilar.

o·ré·ga·no *s.m. Bot.* Orégano.

o·re·ja *s.f.* Orelha. ♦ **Agachar/Bajar las orejas.** Abaixar as orelhas. **Aguzar las orejas.** Apurar os ouvidos.

or·fa·na·to *s.m.* Orfanato.

or·fe·bre *s.m.* Ourives.

or·ga·ni·gra·ma *s.m.* Organograma.

or·ga·nis·mo *s.m.* **1.** Organismo, conjunto de órgãos dos seres vivos. **2.** *Fig.* Organismo, órgão, instituição social. ♦ **Organismos de gobierno.** Órgãos do governo. **Organismos internacionales.** Órgãos internacionais.

or·ga·ni·za·ción *s.f.* **1.** Organização, estruturação, disposição. **2.** Organização, ordenação. **3.** Organização, corporação internacional.

or·ga·ni·zar *v.t.* **1.** Organizar, dispor, preparar. *Organizamos la fiesta.* Organizamos a festa. **2.** Organizar, criar uma organização. *Organizar una empresa.* Organizar uma empresa. ■ **organizarse** *v.p.* Organizar-se, ordenar-se.

ór·ga·no *s.m.* **1.** *Biol.* Órgão, aparelho, parte do organismo que desempenha uma função. **2.** *Fig.* Órgão, parte de uma máquina. **3.** *Fig.* Órgão, instituição. *Órgano administrativo.* Órgão administrativo. **4.** *Mus.* Órgão, instrumento de sopro, com tubos alimentados por foles. **5.** Órgão, publicação de um partido ou grupo.

or·gí·a *s.f.* Orgia.

or·gu·llo *s.m.* **1.** Orgulho, satisfação. **2.** Orgulho, arrogância.

o·rien·ta·ción *s.f.* **1.** Orientação, diretriz. *La orientación política.* A orientação política. **2.** Orientação, direção. *La orientación del edificio es hacia el norte.* A orientação do edifício é para o norte. **3.** Orientação, conselho. ♦ **Orientación profesional.** Orientação profissional.

o·rien·tar *v.t.* **1.** Orientar, direcionar. *Orientó la lancha hacia el sur.* Orientou a lancha para o sul. **2.** *Fig.* Orientar, dirigir, guiar. *Orientaron los esfuerzos a la lucha contra el cáncer.* Dirigiram os esforços para a luta contra o câncer. **3.** Orientar, indicar, encaminhar. *Oriéntame para que pueda llegar al centro.* Oriente-me para que eu possa chegar ao centro. **4.** *Fig.* Orientar, aconselhar. ■ **orientarse** *v.p.* **1.** Orientar-se, reconhecer, situar-se. **2.** Orientar-se, dirigir-se, guiar-se.

o·rien·te *s.m.* Oriente, levante, nascente.

o·ri·fi·cio *s.m.* Orifício, abertura.

o·ri·gen *s.m.* **1.** Origem, princípio, começo. **2.** *Fig.* Origem, germe, causa. *El origen del problema.* A origem do problema. **3.** Origem, ascendência. **4.** Origem, procedência. ♦ **Dar origen.** Provocar, originar. **De origen.** De origem.

o·ri·gi·nal *adj.* **1.** Original, relativo à origem. **2.** Original, originário. *Soy original de Europa.* Sou originário da Europa. **3.** Original, novo, inédito. *Un trabajo original.* Um trabalho original. **4.** Original, insólito, diferente. *Su forma de vestir es muy original.* O seu jeito de vestir é muito original. ● *s.m.* **5.** Original, primeiro escrito. *Tengo que revisar el original de este libro.* Preciso revisar o original deste livro. ♦ **Original de imprenta.** Material destinado à preparação editorial, originais.

o·ri·lla *s.f.* **1.** Borda, beira, beirada. *No dejes el vaso en la orilla de la mesa.* Não deixe o copo na beira da mesa. **2.** Orla, margem. *Estamos a la orilla del río.* Estamos na margem do rio. ♦ **Orilla del mar.** Beira-mar.

o·ri·na *s.f.* Urina.

o·ri·nal *s.m.* Urinol, penico.

o·ri·nar *v.i.* Urinar.

o·riun·do/a *adj.* Oriundo, originário.

or·na·to *s.m.* Ornato, enfeite, ornamento. ■ *Tb.:* ornamento.

o·ro *s.m.* **1.** *Quím.* Ouro, elemento metálico. **2.** Ouro, joia, objetos de ouro. **3.** *Fig.* Ouro, riqueza. ■ **oros** *s.m.pl.* Ouros, naipe do baralho. ♦ **Oro bajo/blanco.** Ouro baixo/branco. **Oro de ley.** Ouro de lei. **De oro.** De ouro. **No es oro todo lo que reluce.** Nem tudo o que reluz é ouro. **Pagar a peso de oro.** Pagar muito caro, a peso de ouro.

or·ques·ta *s.f. Mus.* Orquestra.

or·ques·ta·ción *s.f. Mus.* Orquestração.

or·quí·dea *s.f. Bot.* Orquídea.

or·to·do·xo/a *adj. e s.* **1.** Ortodoxo, dogmático. **2.** Que professa a religião ortodoxa.

or·to·gra·fi·a *s.f. Gram.* Ortografia.

or·to·pe·dia *s.f. Med.* Ortopedia.

or·zue·lo *s.m. Med.* Terçol.

☞ **os** *p.pess.* 2^a *pess.pl.* **1.** Lhes. *Ya os conté todo lo que sabía.* Já lhes contei tudo o que sabia. **2.** Vocês. *¿Os gusta el cine?* Vocês gostam de cinema? **3.** Se. *Sentaos a la mesa.* Sentem-se à mesa. *¡Idos de aquí!* Vão(-se) embora daqui! **4.** Os, as, nos, nas, los, las. *Iré a veros mañana.* Irei vê-los amanhã. *Os vieron en el cine.* Viram-nos no cinema. **5.** Vos. *Os daré un ejemplo.* Dar-vos-ei um exemplo.

o·sa·dí·a *s.f.* **1.** Ousadia, arrojo, coragem. **2.** Ousadia, atrevimento, insolência.

o·sa·men·ta *s.f.* Ossada, esqueleto, ossamenta.

o·sar *v.i.* Ousar.

os·ci·lar *v.i.* **1.** Oscilar, balançar, movimentar(-se). *Los barcos pequeños suelen oscilar.* Os navios pequenos costumam balançar. **2.** *Fig.* Oscilar, alternar, variar. *Los precios oscilan mucho.* Os preços oscilam muito.

os·cu·re·cer *v.t.* **1.** Escurecer, privar de luz. **2.** *Fig.* Obscurecer, apagar o brilho, toldar. *Su belleza oscurece a las demás candidatas.* A sua beleza obscurece as outras candidatas.

3. *Fig.* Escurecer, tornar obscuro, ininteligível. ■ *v.impess.* **4.** Escurecer, anoitecer. ■
oscurecerse *v.p.* **1.** Ficar escuro, ofuscar-se, turvar-se. **2.** Nublar-se. ■ **a.** *Tb.: obscurecer* **b.** *C.mod. 06 e 39.*
os·cu·ri·dad *s.f.* **1.** Escuridão, falta de luz. **2.** *Fig.* Obscuridade, escuro. ■ *Tb.: obscuridad.*
os·cu·ro/a *adj.* **1.** Escuro, falto de luz. **2.** Escuro, que tende a preto. *Un color oscuro.* Uma cor escura. **3.** Nublado (tempo). *Hace un día oscuro.* O dia está nublado. **4.** Escuro (céu). *Vámonos que ya está oscuro.* Vamos embora porque já está escuro. **5.** *Fig.* Obscuro, confuso. *Tienes unas ideas oscuras.* Você tem umas ideias confusas. **6.** *Fig.* Obscuro, misterioso, suspeito. *Actitudes oscuras.* Atitudes suspeitas. **7.** *Fig.* Obscuro, desconhecido. *Un asunto oscuro.* Um assunto obscuro. ■ *Tb.: obscuro.* ♦ **Estar a oscuras/ obscuras. 1.** Estar no escuro/sem luz. **2.** Desconhecer, não estar a par.
☞ **o·so/a** *s.* Urso. ♦ **Osa Mayor/Menor.** Ursa Maior/Menor. **Hacer el oso.** Bancar o palhaço.
os·ten·tar *v.t.* Ostentar.
os·tra *s.f.* Ostra. ♦ **¡Ostras!** Pombas! **Aburrirse como una ostra.** Chatear-se, ficar muito entediado, sem nada para fazer.
o·ti·tis *s.f. Med.* Otite. ■ *Pl.:* invariável.
o·to·ño *s.m.* Outono.
o·tor·gar *v.t.* **1.** Outorgar, consentir. **2.** Outorgar, dar, conceder, contemplar. **3.** *For.* Outorgar, estipular, estabelecer. ♦ **Otorgar el consentimiento.** Dar o consentimento. **Otorgar finiquito.** *Com.* Dar quitação. **Otorgar un título.** Conceder/Conferir um diploma. **Quien calla, otorga.** Quem cala, consente.
o·to·rri·no·la·rin·gó·lo·go/a *s. Med.* Otorrinolaringologista.
o·tro/a *adj. e p.indef.* Outro, diferente, diverso. *Hablé con otra persona.* Falei com outra pessoa. *Tengo otros libros.* Tenho outros livros. ■ **otros** *p.indef.pl.* Outrem. ♦ **Por otra parte.** Além disso, por outro lado. ■ Nunca é precedido por *un.*
o·tro·ra *adv.* Outrora.
o·va·cio·nar *v.i.* Aclamar.
ó·va·lo *s.m.* Figura de formato oval.
o·va·rio *s.m. Med.* Ovário.
o·ve·ja *s.f.* Ovelha. ♦ **Oveja negra.** Ovelha negra.
o·ve·rol *s.m. Amer.* Macacão.
o·vi·llo *s.m.* Novelo.
ó·vu·lo *s.m. Biol.* Óvulo.
o·xi·da·ción *s.f. Quím.* Oxidação, ferrugem.
o·xi·dar *v.t. Quím.* Oxidar, enferrujar. ■ **oxidarse** *v.p.* Enferrujar(-se), ficar enferrujado. *El martillo se oxidó.* O martelo ficou enferrujado.
ó·xi·do *s.m. Quím.* Óxido.
o·xí·ge·no *s.m. Quím.* Oxigênio.
o·yen·te *adj. e s.2g.* Ouvinte. ♦ **Libre oyente.** Aluno ouvinte.
o·zo·no *s.m. Quím.* Ozônio.

P

p *s.f.* **1.** P, décima sétima letra do alfabeto. ■ **a.** *Abrev.* de *padre* (em maiúscula). **b.** Recebe o nome *pe.*
pa·bi·lo *s.m.* Pavio.
pa·cien·cia *s.f.* **1.** Paciência, serenidade, calma. **2.** Paciência, resignação. **3.** Paciência, perseverança. *Hay que tener paciencia para leer todo esto.* Haja paciência para ler tudo isto. ♦ **¡Paciencia!** Paciência! Que se há de fazer! **Abusar de la paciencia (de alguien).** Abusar da paciência (de alguém). **Acabar/ Agotar la paciencia.** Perder/Esgotar a pa-

ciência. **Revestirse de paciencia.** Precisar de toda a paciência.
pa·cien·te *adj.* **1.** Paciente, que tem paciência. ● *s.2g.* **2.** Paciente, doente.
pac·to *s.m.* **1.** Pacto, acordo, tratado. **2.** Contrato. ♦ **Pacto social.** Contrato social. **Hacer un pacto.** Fazer um convênio.
pa·de·cer *v.i. e v.t.* Padecer, sofrer, suportar. ■ *C.mod. 06.*
pa·dras·tro *s.m.* **1.** Padrasto. **2.** *Fig.* Empecilho, obstáculo. **3.** *Fig.* Pele que se levanta junto às unhas e causa dor.
pa·dre¹ *s.m.* **1.** Pai, progenitor. *Mi padre es abogado.* Meu pai é advogado. **2.** Animal reprodutor. *En el rebaño tenemos dos padres.* Temos dois reprodutores no rebanho. **3.** Pai, criador, Deus. **4.** *Fig.* Pai, inventor, precursor. **5.** Padre, sacerdote. ■ **padres** *s.m.pl.* **1.** Pais. **2.** Antepassados. ♦ **Padre de família.** Pai de família. **Padre de la patria.** Pai da pátria, pessoa célebre. **Padre espiritual.** Pai espiritual. **Padre Nuestro.** Pai-nosso. **Padre político.** Sogro.
pa·dre² *adj. Col.* Enorme. *Llevarse un susto padre.* Levar um susto enorme.
pa·dri·no *s.m.* **1.** Padrinho. **2.** Paraninfo. **3.** Patrono. **4.** *Fig.* Protetor. ♦ **Tener padrinos.** Ser apadrinhado.
pa·drón *s.m.* **1.** Censo. **2.** *Col.* Pai indulgente, paizão. **3.** Modelo, padrão.
pae·lla *s.f.* Paelha, prato típico espanhol à base de carnes, mariscos e arroz.
pa·gar *v.t.* **1.** Pagar, remunerar. *Pagar el sueldo.* Pagar o salário. **2.** Pagar, recompensar. **3.** Pagar, expiar. *Pagar las consecuencias.* Pagar as consequências. ♦ **Pagar a crédito.** Pagar em prestações. **Pagar a escote.** Pagar cada um a sua parte, fazer vaquinha. **Pagar al contado/a plazos.** *Com.* Pagar à vista/a prazo. **Pagarla(s).** Sofrer as consequências. **A pagar.** A pagar, a ser pago. **El que la hace la paga.** Quem faz, paga.
pa·ga·ré *s.m. Com.* Nota promissória.
pá·gi·na *s.f.* **1.** Página, lauda. **2.** *Fig.* Obra (literária, musical).

pa·go *s.m.* **1.** Pagamento, remuneração. *Día de pago.* Dia de pagamento. **2.** *Fig.* Paga, recompensa. **3.** Propriedade rural, fazenda. **4.** *Arg.* Aldeia ou casa natal. ♦ **Pagos al Estado.** Impostos. **Pagos fraccionados.** *Com. Esp.* Parcelas, prestações. **En pago de.** Em troca de.
pa·ís *s.m.* País. ♦ **País natal.** Pátria, país natal.
pai·sa·je *s.m.* **1.** Paisagem, panorama. **2.** Paisagem, quadro. **3.** Paisagem, configuração topográfica.
pa·ja *s.f.* **1.** Palha, junco seco. **2.** *Fig.* Bagatela. **3.** Canudinho de refresco. **4.** *Fig.* Cisco. **5.** *Vulg.* Masturbação.
pá·ja·ro *s.m.* **1.** Pássaro, passarinho, ave. **2.** *Fig.* Pessoa astuta. ♦ **Pájaro carpintero.** Pica-pau. **Pájaro gordo.** Peixe gordo. **Más vale pájaro en mano que ciento volando.** Mais vale um pássaro na mão do que dois voando. **Matar dos pájaros de una pedrada/de un tiro.** Matar dois coelhos com um tiro só.
☞ **pa·la** *s.f.* **1.** Pá, ferramenta. **2.** Pá (hélice, moinho, remo). **3.** *Mil.* Ombreira de uniforme com indicação da graduação/do posto. **4.** Pala, parte superior dianteira do sapato. **5.** Raquete de madeira. **6.** Chapa larga de algumas ferramentas. **7.** Espátula. **8.** *Mus.* Palheta. **9.** *Fig.* Habilidade, destreza. ♦ **La pala y el azadón.** A pá e a enxada, relativo ao trabalho braçal.
pa·la·bra *s.f.* **1.** Palavra, vocábulo, termo. **2.** Palavra, fala, linguagem. **3.** Palavra, promessa verbal. *Dio su palabra.* Deu a sua palavra. **4.** Palavra, eloquência, oratória. *Tiene el don de la palabra.* Tem o dom da palavra. ■ **palabras** *s.f.pl.* **1.** Palavras, mensagem, discurso. *Decir unas palabras.* Dizer umas palavras. ♦ **Palabra de honor.** Palavra de honra. **Palabra por palabra.** Palavra por palavra. **A medias palabras.** Com meias palavras. **A palabras necias, oídos sordos.** Não dar ouvido a bobagens. **Cogerle la palabra. 1.** Tomar ao pé da letra. **2.** Cobrar a palavra dada. **De palabra. 1.** Verbalmente.

2. Que cumpre a palavra. **De pocas palabras.** De poucas palavras, lacônico. **Decir la última palabra.** Dar a última palavra. **Dejar con la palabra en la boca.** Deixar falando sozinho. **Dirigir la palabra a.** Dirigir a palavra a. **Dos palabras.** Duas palavrinhas. **En dos/cuatro/pocas palabras.** Em poucas palavras. **En una palabra.** Em resumo. **Faltar a su palabra.** Faltar com a palavra dada, não cumprir o prometido. **Faltarle/No encontrar palabras.** Não ter palavras (para expressar-se). **Gastar palabras en vano.** Gastar saliva à toa. **Medir las palabras.** Medir as palavras. **No decir (ni) palabra.** Não abrir o bico. **No perder palabra.** Não perder uma palavra, prestar muita atenção. **No tener palabra.** Não ter palavra, não cumprir. **Pedir la palabra.** Pedir a palavra. **Quitar la(s) palabra(s) de la boca.** Tirar as palavras da boca. **Tener la palabra.** Estar com a palavra. **Tomar la palabra.** Fazer uso da palavra. **Torcer las palabras.** Deturpar as palavras.

pa·la·bro·ta *s.f.* Palavrão.

pa·la·cio *s.m.* **1.** Palácio, construção luxuosa. **2.** Palácio, sede de um setor do governo. ♦ **Palacio de Justicia.** Palácio da Justiça. **Palacio Real.** Palácio real.

pa·la·dar *s.m.* **1.** Paladar, céu da boca. **2.** *Fig.* Paladar, sabor, gosto. *Esta comida no tiene paladar.* Esta refeição não tem gosto. **3.** *Fig.* Gosto apurado para a arte. ♦ **Buen paladar.** Sabor agradável.

☞ **pa·lan·ca** *s.f.* **1.** Alavanca. **2.** *Fig.* Apoio, influência. ♦ **Palanca de mando.** Alavanca de controle.

pa·lan·ga·na *s.f.* **1.** Bacia. **2.** Vasilha, caçamba.

☞ **pal·co** *s.m.* **1.** *Teat.* Plateia. **2.** Arquibancada, palanque. **3.** *Teat.* Camarote.

pa·lia·ti·vo/a *adj. e s.* Paliativo, lenitivo.

pá·li·do/a *adj.* **1.** Pálido, descorado. **2.** Pálido, suave, tênue. *Amarillo pálido.* Amarelo-claro. **3.** Sem brilho, pouco expressivo. *Una pálida presentación.* Uma apresentação fraca.

pa·li·llo *s.m.* **1.** Palito (de dentes). **2.** Suporte de madeira para cerzir. **3.** *Mus.* Baqueta.

pa·li·za *s.f.* **1.** Surra. **2.** Cansaço físico. *Pegarse una paliza.* Ficar extenuado. **3.** *Desp.* Derrota, surra. *Dar una paliza.* Dar uma surra.

pa·li·za·da *s.f.* **1.** Paliçada, cerca de estacas. **2.** Tapume, tabique. **3.** Dique de madeira.

pal·ma *s.f.* **1.** *Bot.* Palmeira, palma. **2.** *Bot.* Tamareira. **3.** Palma da mão. *Batir palmas.* Bater palmas. ■ **palmas** *s.f.pl.* **1.** *Fig.* Palmas, aplausos. **2.** *Fig.* Palmas, glória. ♦ **Palma enana.** Palmito. **Palma indiana.** Coqueiro. **Como la palma de la mano.** Liso, plano. **Ganar/Llevarse la palma.** Destacar-se (em algo), vencer (concurso).

pal·me·ra *s.f. Bot.* Palmeira.

pal·mi·to *s.m. Bot.* Palmito.

pal·mo *s.m.* Palmo.

pa·lo *s.m.* **1.** Pau, estaca. **2.** Pau, madeira. *Cuchara de palo.* Colher de pau. **3.** Mastro das velas. **4.** Paulada, pancada. *Agarrar a palos.* Encher de pancada. **5.** Tronco de árvore, graveto. *Ese palo está torcido.* Esse tronco está torto. **6.** Cada naipe do baralho. **7.** *Fig.* Crítica, repreensão. *Le dieron palo al autor.* O autor foi muito criticado. ■ Não tem sentido de "pênis". ♦ **Palo a pique.** *Rio-plat.* Pau a pique. **Palo brasil.** Pau-brasil. **Palo de rosa.** Peroba. **Palo mayor.** *Mar.* Mastro principal. **Dar palos de ciego.** Agir impensadamente, dar com os burros n'água. **De tal palo tal astilla.** Tal pai, tal filho. **Echar a palos.** Pôr para fora a pontapés. **Moler a palos.** Moer de pancada.

pa·lo·ma *s.f.* **1.** Pombo. **2.** Constelação austral. ♦ **Paloma de la paz.** Pomba da paz. **Paloma mensajera.** Pombo-correio. **La paloma y el gavilán.** A pomba e o gavião.

pa·lo·mi·ta *s.f.* **1.** Pipoca. **2.** Bebida à base de anis.

pal·pi·tar *v.i.* **1.** Palpitar, pulsar, latejar. **2.** Palpitar, estremecer. ■ Não tem sentido de "dar palpite".

pál·pi·to *s.m.* **1.** Pressentimento, palpite. **2.** *Med.* Palpitação.

pal·ta *s.f. Bot. Amer.* Abacate.

pa·lu·dis·mo *s.m. Med.* Paludismo, malária.

pan *s.m.* **1.** Pão. **2.** *Fig.* Pão, alimento em geral. **3.** *Fig.* Trigo. **4.** Massa de farinha e água, fermentada e cozida. ♦ **Pan de azúcar. 1.** Pão de açúcar, montanha de granito. **2.** Torrão de açúcar. **Pan de molde/rodaja.** Pão de fôrma. **Pan dulce.** Rosca, pão doce. **Pan rallado.** Farinha de rosca. **A pan y agua.** A pão e água. **Al pan, pan y al vino, vino.** Pão, pão, queijo, queijo. **Ganarse el pan.** Ganhar o sustento. **Por un pedazo de pan.** A troco de um pedaço de pão. **Ser pan comido.** Ser coisa decidida.

pa·na *s.f.* Veludo cotelê.

pa·na·de·rí·a *s.f.* **1.** Padaria. **2.** Panificação.

pa·nal *s.m.* Colmeia.

pan·car·ta *s.f.* Cartaz, faixa (geralmente de protesto).

pán·creas *s.m. Med.* Pâncreas.

pan·de·ar *v.i.* Empenar, entortar. ■ **pandearse** *v.p.* Ficar empenado, torto. *La tabla se pandeó con el sol.* A tábua ficou empenada com o sol.

pan·de·re·ta *s.f. Mus.* Pandeiro.

pan·di·lla *s.f.* Turma, patota, galera, gangue.

pa·nel *s.m.* **1.** Painel, placa (porta, parede). **2.** Painel, tabuleiro. ♦ **Panel de control.** Painel de comando. **Panel solar.** Célula solar de aquecimento.

pan·fle·to *s.m.* Panfleto, impresso político ou difamatório.

pá·ni·co *s.m.* Pânico, pavor.

pa·no·ra·ma *s.m.* **1.** Panorama, quadro circular. **2.** Panorama, paisagem. *Se ve un lindo panorama desde el puente.* Da ponte vê-se um lindo panorama. **3.** *Fig.* Panorama, perspectiva. *El panorama económico se agudiza con la recesión.* O panorama econômico agrava-se com a recessão.

pan·que·que *s.m. Amer.* Panqueca.

pan·ta·lla *s.f.* **1.** Tela de projeção. **2.** Telão. **3.** Pantalha, abajur. **4.** *Fig.* Cobertura, fachada. *Servir de pantalla.* Servir de cobertura, de disfarce. **5.** Painel. **6.** *Inform.* Tela, quadro informativo. *Los datos salen en la pantalla.* Os dados saem na tela. ♦ **Pantalla acústica.** Painel acústico. **Estrella de la pantalla.** Estrela de cinema, de televisão.

pan·ta·lón *s.m.* **1.** Calça comprida. **2.** Calcinha que cobre até metade da coxa. ♦ **Pantalón bombacho.** Bombacha. **Pantalón corto.** Calça curta. **Llevar (bien puestos) los pantalones. 1.** Ser a pessoa que manda. **2.** Ser macho. **Ponerse los pantalones. 1.** Assumir as funções de homem. **2.** Mandar na mulher/esposa.

pan·ta·no *s.m.* **1.** Pântano, brejo. **2.** Represa.

pan·te·ra *s.f.* Pantera. ♦ **Pantera negra.** Pantera-negra.

pan·to·rri·lla *s.f.* Barriga da perna, panturrilha.

pan·tu·flo/a *s.* Chinelo.

pan·za *s.f.* **1.** Bucho, estômago (animais). **2.** Barriga. *Llenar la panza.* Encher a barriga. **3.** *Fig.* Bojo (recipientes).

pan·zón/·zo·na *adj.* Barrigudo.

pa·ñal *s.m.* **1.** Fralda, cueiro. **2.** *Fig.* Berço, origem, infância. ■ **pañales** *s.m.pl.* Enxoval de recém-nascido. ♦ **Estar en pañales.** Estar por fora.

pa·ño *s.m.* **1.** Tecido de lã. **2.** Tecido, fazenda. **3.** Pano, trapo. **4.** Tapeçaria, mural. **5.** Largura (tecido). ■ **paños** *s.m.pl.* Vestimenta, roupa. ♦ **Paño de cocina.** Pano de prato. **Paños calientes. 1.** Toalhas aquecidas para uso curativo. **2.** *Fig.* Panos quentes, paliativo. **En paños menores.** Em trajes menores, com a roupa de baixo. **Haber paño que cortar.** Dar pano para manga.

pa·ñue·lo *s.m.* **1.** Lenço (nariz, cabeça). **2.** Mantô, echarpe.

pa·pa[1] *s.m.* **1.** Papa, Santo Padre. **2.** *Col.* Papai. **3.** *Fig.* Chefe, personalidade importante. ♦ **Ser más papista que el papa.** Ser mais realista que o rei.

pa·pa[2] *s.f.* **1.** *Bot. Amer.* Batata. *Papa frita.* Batata frita. **2.** Papinha de nenê, mingau. **3.** Papa, massa pouco consistente.

pa·pá *s.m.* Papai. ■ **papás** *s.m.pl.* Pais. *Los papás de María.* Os pais da Maria.

pa·pa·ga·yo/a *s.* **1.** Papagaio, louro. **2.** *Fig.* Papagaio, tagarela.

pa·pa·ya *s.f. Bot. Amer.* Tipo de mamão, papaia.

pa·pel *s.m.* **1.** Papel, folha. **2.** Papel-moeda. **3.** *Com.* Papel, título negociável. **4.** *Fig.* Papel, função. *Tu papel es educar.* O seu papel é educar. **5.** *Fig. Teat.* Papel, personagem representado pelo ator. ■ **papeles** *s.m.pl.* **1.** Papéis, documentos. *Perdí mis papeles.* Perdi os meus documentos. ♦ **Papel biblia/carbón.** Papel-bíblia/papel-carbono. **Papel celo.** Fita adesiva. **Papel celofán.** Celofane. **Papel de embalar/envolver.** Papel de embrulho. **Papel de filtro.** Filtro. **Papel de lija.** Lixa. **Papel de pagos.** Guia de recolhimento ao Estado. **Papel de periódico/plata.** Papel de jornal/papel-alumínio. **Papel de regalo/seda.** Papel de presente/seda. **Papel del Estado.** Bônus do Estado. **Papel en blanco.** Folha em branco. **Papel higiénico.** Papel higiênico. **Papel moneda.** Papel-moeda. **Papel pintado.** Papel de parede decorado. **Papel secante.** Mata-borrão. **Papel sellado/membreteado.** Papel timbrado. **Blanco como el papel.** Branco como cera. **Hacer buen papel.** Sair-se bem. **Hacer el papel.** Fingir, simular. **Hacer su papel.** Cumprir a sua função. **Invertirse los papeles.** Inverter os papéis.

pa·pe·le·rí·a *s.f.* **1.** Papelaria. **2.** Papelada.

pa·pe·le·ta *s.f.* **1.** Cédula, caderneta, papeleta. **2.** Cédula eleitoral. **3.** Ficha. **4.** Canhoto.

pa·pe·ra *s.f. Med.* **1.** Caxumba. **2.** Bócio. **3.** Papeira.

☞ **pa·que·te** *s.m.* **1.** Pacote, embrulho. *Un paquete para regalo.* Um pacote para presente. **2.** Pacote, maço. **3.** *Tip.* Paquê. **4.** *Mar.* Tipo de navio, paquebote. **5.** Pacote, conjunto de medidas, de dados. *Un paquete económico.* Um pacote econômico. **6.** *Fig.* Homem muito arrumado. ■ *adj.* **7.** *Col.* Elegante, luxuoso. ♦ **Paquete postal.** Encomenda postal. **Paquete turístico.** Pacote turístico, excursão.

par *adj.* **1.** Par, divisível por dois. *Número par.* Número par. **2.** Par, dois, dupla. **3.** Par, parceiro, igual. ● *s.m.* **4.** Par, conjunto. *Un par de zapatos.* Um par de sapatos. **5.** Par, título de nobreza. **6.** *Arq.* Armação de madeira para telhado, ripa. **7.** *Fís.* Par, conjugado. **8.** Igualdade de câmbio de moedas. ■ Não se usa para "ficar ou estar a par". ♦ **Par de fuerzas.** *Mec.* Forças paralelas e contrárias, conjugado, binário. **A la par. 1.** Ao mesmo tempo. **2.** Ao mesmo nível. **A pares.** Aos pares. **De par en par.** De par em par. **Sin par.** Sem igual.

pa·ra *prep.* **1.** Para. *Llévalo para fuera.* Leve-o para fora. *Quiero esto para mañana.* Quero isto para amanhã. *El lápiz es para escribir.* O lápis é para escrever. *El dulce es para ti.* O doce é para você. *Para mí es importante.* Para mim é importante. **2.** De, em. *Alberto es bueno para matemáticas.* Alberto é bom de matemática. ♦ **Para qué.** Para quê. **Que para qué (te cuento).** Que nem (lhe conto) (expressão ponderativa enfática). *Tenía un mal humor que para qué.* Estava num mau humor que nem lhe conto.

pa·ra·bri·sas *s.m.* Para-brisa. ■ *Pl.:* invariável.

pa·ra·ca·í·das *s.m.* Paraquedas. ■ *Pl.:* invariável.

pa·ra·cho·ques *s.m.* Para-choque. ■ *Pl.:* invariável.

pa·ra·de·ro *s.m.* **1.** Paradeiro, destino. **2.** *Amer.* Parada, estação ferroviária.

pa·ra·do/a *adj.* **1.** Parado, estático, quieto. **2.** Desempregado, parado. **3.** *Amer.* De pé. *Trabajo parado todo el día.* Trabalho de pé o dia inteiro. ● *s.f.* **4.** Parada, pausa. **5.** Ponto, parada (ônibus, táxi). **6.** Parada, paralisação. **7.** Desfile cívico. **8.** Curral. ♦ **Parada de taxi.** Ponto de táxi. **Parada militar.** Desfile militar.

pa·ra·do·ja *s.f.* **1.** Paradoxo, contrassenso. **2.** Paradoxo, contradição.

pa·rá·fra·sis *s.f. Gram.* Paráfrase. ■ *Pl.:* invariável.

pa·ra·guas *s.m.* Guarda-chuva. ■ *Pl.:* invariável.

pa·ra·í·so *s.m.* **1.** Paraíso. **2.** *Teat.* Galeria, poleiro.

pa·ra·le·lo/a *adj.* **1.** Paralelo, equidistante. **2.** Paralelo, simultâneo. **3.** Paralelo, semelhante, correspondente. **4.** Paralelo, clandestino. ● *s.m.* **5.** Paralelo, círculo do globo terrestre. **6.** *Fig.* Paralelo, comparação. ■ *s.f.* **7.** *Mat.* Reta paralela. ■ **paralelas** *s.f.pl. Desp.* Barras paralelas. ♦ **Mercado paralelo.** Com. Mercado negro.

pa·rá·li·sis *s.f.* **1.** *Med.* Paralisia. **2.** *Fig.* Paralisação. ■ *Pl.:* invariável. ♦ **Parálisis infantil.** *Med.* Paralisia infantil.

pa·ra·lí·ti·co/a *adj. e s.* Paralítico.

pa·ra·li·zar *v.t.* **1.** Paralisar, imobilizar, deter. **2.** *Fig.* Paralisar, obstruir, entorpecer.

pa·rá·me·tro *s.m.* **1.** *Mat.* Parâmetro. **2.** Parâmetro, dado.

pa·ran·gón *s.m.* Comparação, cotejo, paralelo.

pa·ra·nin·fo *s.m.* Paraninfo.

pa·ra·noi·co/a *adj. e s. Med.* Paranoico.

pa·ra·nor·mal *adj. e s.2g.* Paranormal.

pa·ra·pe·to *s.m.* **1.** *Arq.* Parapeito, balaustrada. **2.** Peitoril. **3.** Trincheira.

pa·ra·plé·ji·co/a *adj. e. s. Med.* Paraplégico.

pa·ra·psi·co·lo·gí·a *s.f.* Parapsicologia. ■ *Tb.: parasicología.*

pa·rar *v.i.* **1.** Parar, imobilizar, estacionar. *Parar en mitad de la calle.* Parar na metade da rua. **2.** Parar, deter, impedir. *Nada me hará parar.* Nada me deterá. **3.** Parar, chegar a determinada situação, acabar. *¿Adónde va a parar todo eso?* Aonde vai acabar tudo isso? **4.** Hospedar-se, ficar. *Pararemos en un albergue de estudiantes.* Ficaremos em uma hospedagem estudantil. **5.** *Fig.* Tornar-se, virar. *La conversación paró en riña.* A conversa virou briga. ■ *v.t.* **6.** Parar, deter. *Parar la moto.* Parar a moto. **7.** Esquivar. *Parar un golpe.* Esquivar um murro. ■ **pa·rarse** *v.p.* **1.** Deter-se, parar. *Me paré a mirar las tiendas.* Parei para olhar as lojas. **2.** *Amer.* Levantar-se, ficar de pé. *Todos se pararon para oír el himno.* Ficaram todos de pé para ouvir o hino. ♦ **Parar mal.** Acabar mal. *¿Adónde habrá ido a parar?/¿Dónde parará?* Onde será que foi parar? **Ir a parar a.** Ir parar em. **Sin parar.** Sem parar.

pa·rá·si·to/a *adj. e s.* **1.** *Biol. e bot.* Parasita. **2.** *Fig.* Parasita, que vive à custa alheia. ■ *s.m.* **3.** *Eletr.* Interferência em transmissões de rádio.

pa·ra·sol *s.m.* Guarda-sol.

par·ce·la *s.f.* **1.** Lote, terreno. *Compró una parcela al lado de la mía.* Comprou um lote ao lado do meu. **2.** Parcela, fragmento. ■ Não tem sentido de "prestação".

par·ce·la·ción *s.f.* **1.** Loteamento. **2.** Parcelamento, fragmentação.

par·che *s.m.* **1.** Curativo, emplastro. **2.** Remendo, emenda. *Puso un parche en la rodilla del pantalón.* Colocou um remendo no joelho da calça. *La carretera está llena de parches.* A estrada está cheia de remendos. **3.** Pele de tambor. **4.** *Fig.* Solução precária, gambiarra.

par·cial *adj.* **1.** Parcial, que é parte de um todo. *Pago parcial.* Pagamento parcial. **2.** Parcial, incompleto. **3.** Parcial, tendencioso, injusto. *Dictamen parcial.* Laudo parcial. **4.** Partidário. ● *s.m.* **5.** Exame escolar periódico, prova parcial.

par·co/a *adj.* **1.** Parco, sóbrio. **2.** Parco, escasso.

pa·re·cer *s.m.* **1.** Opinião, juízo, avaliação. **2.** Feição, aspecto. ● *v.i.* **3.** Parecer, calcular, achar. *Parece que va a llover.* Parece que vai chover. **4.** Achar certo/bom/conveniente. *¿Te parece si vamos al cine?* Você acha bom irmos ao cinema? **5.** Parecer, opinar, achar. *Me parece feo.* Acho feio. ■ **parecerse** *v.p.* Parecer(-se), ser semelhante. *Se parece mucho al padre.* Parece muito com o pai. ■ *C. mod. 06.* ♦ **Parece que quiere.** Há indícios de, parece que vai. **A lo que parece.** Pelo que parece. **Al parecer.** Aparentemente. **Aunque no lo parezca.** Mesmo que não pareça. ¿Cómo/Qué te parece? O que você acha? Me parece (muy) bien/mal. Acho ótimo/péssimo. Según parece. Ao que parece.

pa·red s.f. 1. Parede, muro. 2. Divisória. 3. Fig. Lado de um objeto. ♦ Pared de asta entera. Parede de tijolo inteiro. Pared de media asta. Parede de meio-tijolo. Pared medianera. Parede interna, divisória. Pared por medio. Em casa ou quarto vizinho. Mi abuela vive pared por medio con nosotros. A minha avó mora no quarto ao lado. Entre cuatro paredes. Entre quatro paredes, trancado, recluso. Las paredes oyen. As paredes têm ouvidos. Quedarse pegado a la pared. Ficar estarrecido. Subirse por las paredes. Subir pelas paredes.

pa·re·ja s.f. 1. Casal, dupla, par. Una pareja de hijos. Um casal de filhos. 2. Par, parceiro (dança). 3. Par de cartas, de dados. Una pareja de sotas. Um par de valetes. 4. Parelha. ♦ Por parejas. De dois em dois.

pa·re·jo/a adj. 1. Idêntico, igual. 2. Parecido, semelhante. 3. Liso, uniforme, regular. Una escritura pareja. Uma letra regular. ♦ Por parejo. Por igual.

pa·ren·tes·co s.m. 1. Parentesco. 2. Fig. Afinidade.

pa·rén·te·sis s.m. 1. Gram. Parêntese, sinal gráfico. 2. Fig. Parêntese, pausa, digressão. ■ Pl.: invariável. ♦ Abrir/Cerrar el paréntesis. Abrir/Fechar parêntese. Entre paréntesis. Entre parênteses.

pa·rien·te/a adj. 1. Parente. 2. Col. Parecido, semelhante. ● s. 3. Col. Cônjuge.

pa·rir v.t. e v.i. 1. Parir, dar à luz. 2. Fig. Produzir, criar.

par·la·men·ta·rio/a adj. 1. Parlamentar. 2. Parlamentarista. Régimen parlamentario. Regime parlamentarista. ● s.m. 3. Parlamentar, membro do parlamento. 4. Parlamentário, mediador.

par·la·men·ta·ris·mo s.m. Parlamentarismo.

par·la·men·to s.m. 1. Parlamento. 2. Discurso, fala. 3. Teat. Monólogo.

par·me·sa·no adj. e s. Parmesão. Queso parmesano. Queijo parmesão.

pa·ro s.m. 1. Parada, suspensão de atividades, interrupção do funcionamento. 2. Greve. 3. Desemprego. ♦ Paro cardíaco. Med. Parada cardíaca. Paro laboral. Greve.

par·pa·de·ar v.i. 1. Piscar, pestanejar. No te puedo echar colirio si parpadeas tanto. Não consigo pingar o colírio se você pisca tanto. 2. Fig. Piscar, cintilar. La bombilla parpadea. A lâmpada está piscando.

pár·pa·do s.m. Pálpebra.

par·que s.m. 1. Parque, jardim. 2. Mil. Depósito de munição, paiol. 3. Parque, complexo de instalações. 4. Chiqueirinho. ♦ Parque de atracciones. Parque de diversões. Parque nacional. Reserva ecológica. Parque zoológico. Jardim zoológico.

par·que·ar v.t. Amer. Estacionar (carro).

pa·rra s.f. 1. Bot. Parreira, videira. 2. Vasilha de barro.

pá·rra·fo s.m. 1. Gram. Parágrafo. 2. Col. Papo. Echar un párrafo. Bater um papo.

pa·rran·da s.f. 1. Col. Folia, farra. 2. Banda musical. ♦ Ir/Andar de parranda. Cair na farra.

pa·rri·lla s.f. 1. Churrasqueira. 2. Grelha. 3. Churrascaria. 4. Moringa. ♦ Carne a la parrilla. Carne na brasa.

pa·rri·lla·da s.f. 1. Arg. Prato típico à base de miúdos de boi. 2. Peixes ou carnes na brasa, churrasco.

pá·rro·co s.m. Pároco, vigário.

pa·rro·quia s.f. 1. Paróquia (instituição). 2. Paróquia, conjunto de paroquianos. 3. Fig. Clientela, freguesia. 4. Jurisdição, distrito, bairro.

par·te s.f. 1. Parte, porção, faixa. 2. Parte, quinhão, quota. 3. Lugar. En cualquier parte. Em qualquer lugar. 4. Parte, divisão de uma obra. 5. Parte, procedência. De/Por parte de madre. Por parte de mãe. 6. Lado, partido. Ponerse de parte de los pobres. Tomar o partido dos pobres. 7. For. Parte, participante de um ato jurídico, processual.

Un arreglo entre las partes. Um acordo entre as partes. **8.** Notificação. ■ *s.m.* **9.** Relatório. *Envió el parte al jefe.* Enviou o relatório ao chefe. ■ **partes** *s.f.pl.* Partes íntimas. ♦ **Partes sociales.** *Com.* Quotas (de uma sociedade). **Dar parte.** Informar, notificar. **De/Por mi parte.** No que me diz respeito, por mim. **De parte a parte.** De um lado a outro. **De parte de. 1.** Do lado de, a favor de. **2.** Em nome de. **¿De parte de quién?** Quem deseja falar com ele/ela? **El que parte y reparte, se lleva la mejor parte.** Quem reparte fica com a melhor parte. **En parte.** Em parte. **Formar parte.** Fazer parte. **Hacer partes.** Dividir em partes. **La parte del león.** A parte do leão. **Llevarse la mejor/peor parte.** Ficar com a melhor/pior parte. **Sin arte ni parte.** Sem eira nem beira. **Tener/Tomar parte.** Participar. **¡Vamos por partes!** Vamos por partes/com cuidado.

par·ti·ci·pa·ción *s.f.* **1.** Participação, colaboração. **2.** Participação, quota, quinhão. **3.** Notificação, comunicado, aviso. **4.** Fração de bilhete de loteria.

par·ti·ci·par *v.t. e v.i.* **1.** Participar, tomar parte. *Todos participaron de la reunión.* Todos participaram da reunião. **2.** Participar, compartilhar. *Participo de sus problemas.* Compartilho os seus problemas. **3.** Comunicar, participar. *Le participé mi decisión.* Comuniquei-lhe a minha decisão. **4.** Participar, contribuir. *Participan de la elaboración del plan.* Participam na elaboração do plano.

par·ti·ci·pio *s.m. Gram.* Particípio.

par·tí·cu·la *s.f.* Partícula. ♦ **Partícula atómica.** Partícula atômica.

par·ti·cu·lar *adj.* **1.** Particular, peculiar, específico. **2.** Particular, pessoal, íntimo. **3.** Particular, privado, não público. *Audiencia particular* Audiência privada. ● *s.m.* **4.** Indivíduo, particular. **5.** Particular, assunto, aspecto. ♦ **En particular.** Particularmente. **Hablar en particular.** Falar em particular, a sós.

par·ti·da *s.f.* **1.** Partida, saída. **2.** Certidão, registro. **3.** *Com.* Lote, carregamento, partida (mercadorias). *Una partida de arroz.* Um carregamento de arroz. **4.** *Com.* Parcela de uma conta, lançamento. **5.** Bando, grupo. **6.** Partida, jogo, jogada. **7.** Verba. *Asignar una partida.* Destinar verba. **8.** *Desp.* Largada, partida. **9.** *Fig.* Morte. ♦ **Partida de caza.** Caçada. **Partida de nacimiento/defunción.** Certidão de nascimento/óbito. **Partida doble.** *Com.* Lançamento simultâneo em duas contas.

par·ti·do/a *adj.* **1.** Partido, dividido. ● *s.m.* **2.** Partido, organização política. **3.** *Desp.* Partida, jogo, competição. *Partido de fútbol.* Jogo de futebol. **4.** Distrito, jurisdição. **5.** *Fig.* Posição assumida, opinião. **6.** *Desp.* Time. **7.** Partido, vantagem, proveito. ♦ **Buen/mal partido.** Bom/mau partido. **Formar partido.** Conseguir adeptos. **Hacer partido con.** Fazer parceria com. **Sacar partido.** Tirar proveito. **Tomar partido.** Tomar partido, inclinar-se por.

par·tir *v.t.* **1.** Dividir, partir, cortar. *Parte el pastel.* Corte o bolo. **2.** Partir, quebrar. *Partí la puerta sin querer.* Quebrei a porta sem querer. **3.** Repartir, partir, distribuir. *Partió el pan entre los hijos.* Repartiu o pão entre os filhos. **4.** Cortar as cartas do baralho. ■ *v.i.* **5.** Basear-se, partir. *Partir de los hechos concretos.* Basear-se nos fatos concretos. **6.** Partir, ir embora, sair. *Partirá mañana.* Partirá amanhã. ■ **partirse** *v.p.* Partir-se, quebrar(-se). *La taza se partió.* A xícara quebrou. ♦ **A partir de. 1.** A partir de. **2.** Partindo de, com base em.

par·ti·tu·ra *s.f. Mus.* Partitura.

par·to *s.m.* **1.** *Med.* Parto. **2.** *Fig.* Parto, realização difícil.

pár·vu·lo/a *adj. e s.* Criança, párvulo. ■ Não tem sentido de "tonto". ♦ **Escuela de párvulos.** Escola de educação infantil.

pa·sa *s.f.* **1.** Fruta seca, passa. *Pasa de uva/Uva pasa.* Passa de uva/Uva-passa. **2.** Pequeno canal. **3.** *Fig.* Diz-se do cabelo crespo dos negros. ♦ **Quedarse hecho una pasa.** Ficar todo enrugado.

pa·sa·da[1] *s.f.* **1.** Passada, ação de passar. *Una pasada de tinta.* Uma passada de tinta. **2.** Passada, passo. **3.** Passagem. ♦ **De pasada.** De passagem.

pa·sa·da[2] *s.f.* **1.** Carreira de tricô. **2.** Alinhavo. *Le di una pasada al dobladillo.* Alinhavei a barra.

pa·sa·da[3] *s.f.* Partida de jogo.

pa·sa·do[1]**/a** *adj.* **1.** Passado, decorrido, ido. **2.** Passado, anterior. *La semana pasada.* A semana passada. **3.** Obsoleto, antigo, passado. *Pasado de moda.* Fora de moda. **4.** Passado, murcho, estragado. *Los tomates están pasados.* Os tomates estão estragados. ● *s.m.* **5.** Passado, tempo ou vida anterior. **6.** *Gram.* Pretérito, tempo verbal. ■ **pasados** *s.m.pl.* Antepassados. ♦ **Pasado mañana.** Depois de amanhã. **Lo pasado, pasado.** O que passou, passou.

pa·sa·do[2] *s.m.* Soldado traidor.

pa·sa·je *s.m.* **1.** Passagem, transição. **2.** Pedágio. **3.** Passagem, caminho, viela. *Hay un pasaje hasta la caverna.* Há uma passagem até a caverna. **4.** Passagem, bilhete (navio, avião). *Tengo el pasaje para el vuelo nocturno.* Estou com a passagem para o voo noturno. **5.** Conjunto de passageiros. *Tenemos todo el pasaje a bordo.* Todos os passageiros estão a bordo. **6.** Passagem, trecho, fragmento. *El pasaje en que describe la casa.* O trecho em que descreve a casa. ■ Não tem sentido de "acontecimento".

pa·sa·je·ro/a *adj.* **1.** Passageiro, transitório. **2.** Local movimentado. ● *s.* **3.** Passageiro, viajante. ♦ **Ave pasajera.** Ave migratória.

pa·sa·ma·no *s.m.* **1.** Corrimão. **2.** Balaustrada. **3.** Passamanes. **4.** *Mar.* Passagem junto à borda do navio.

pa·san·tí·a *s.f.* Estágio, prática profissional.

pa·sa·por·te *s.m.* **1.** Passaporte. **2.** Salvo-conduto. **3.** *Fig.* Licença, permissão.

pa·sar *v.t.* **1.** Passar, atravessar, transpor. *Pasar el lago.* Atravessar o lago. **2.** Passar, entregar. *Pásame el lápiz.* Passe-me o lápis. **3.** Passar, ultrapassar, avançar. *Pasó al otro caballo.* Ultrapassou o outro cavalo. **4.** Passar, contagiar (doença). *Le pasó el resfrío.* Passou-lhe o resfriado. **5.** Passar, coar. *Pase la harina por el tamiz.* Passe a farinha pela peneira. **6.** Passar, padecer. *Pasaron muchas dificultades.* Passaram muitas dificuldades. **7.** Passar, ser aprovado. *Pasé el examen de ingreso.* Passei no exame de seleção. **8.** Passar, introduzir. *Pasar el hilo por la aguja.* Passar a linha na agulha. **9.** Passar, contrabandear. *Se dedica a pasar bebidas.* Dedica-se ao contrabando de bebidas. **10.** Passar, dissecar, secar. *Pasar ciruelas.* Secar ameixas. **11.** Passar, fazer vista grossa. *Esta vez pasa.* Por esta vez passa. **12.** Passar, transcorrer. *La semana pasó rápidamente.* A semana passou depressa. **13.** Passar, deslizar. *He pasado la mano por la mesa.* Passei a mão na mesa. ● *v.i.* **14.** Passar, deslocar-se, transitar. *Pasaron tres veces con el coche.* Passaram três vezes com o carro. **15.** Entrar. *Puedes pasar.* Pode entrar. **16.** Levar, viver modestamente. *Voy pasando.* Vou levando. **17.** Passar, não jogar. *Juega, porque ella pasó.* Jogue, porque ela passou. **18.** Acontecer. *¿Qué pasó?* Que aconteceu? **19.** Passar o tempo, ocupar-se. *Me lo paso limpiando.* Passo o tempo limpando. **20.** Passar, morrer. *Pasar a una vida mejor.* Passar desta para melhor. **21.** Passar, cessar. *Pasó la rabia.* Passou a raiva. **22.** Parecer, aparentar, fazer-se passar por. *Pasa por adinerado.* Faz-se passar por rico. **23.** Passar, transferir. *Pasamos el negocio a los hijos.* Passamos a loja para os filhos. ■ **pasarse** *v.p.* **1.** Mudar de lado, converter-se. *Te pasaste a otro partido.* Você mudou de partido. **2.** Esquecer. *Se me pasó.* Esqueci. **3.** Passar, acabar, deixar de ser. *Ya se le pasó el dolor.* Já passou a dor. **4.** Ficar passado, apodrecer, estragar. *La salsa se está pasando.* O molho está estragando. **5.** Exceder-se, exagerar. *¡Te pasaste!* Você exagerou! **6.** Temperar ou cozinhar demais, passar do ponto. *Se pasaron los fideos.* O macarrão passou do ponto. ■ Não tem sentido de "passar a ferro". ♦ **Pasar a/en limpio.** Passar a limpo. **Pasar de largo.** Passar direto, sem parar. **Pasar por alto/en blanco.** Passar por cima, omitir. **Pasar por encima.** Passar por cima, desrespeitar. **Pasarlo bien/mal.** Ter bons/maus momentos. **Pasarse de listo.** Extrapolar por querer ser muito esperto. **¡Pase adelante!** Entre! **Pase lo que pase.** Aconteça o que acontecer. **Como si no hubiese pasado nada.** Como se não tivesse acontecido nada. **Lo que pasa es que (...).** Ocorre/Acontece que (...). **Poder pasar.** Ser passável, aceitável. **¿Qué pasa?** O que está havendo? **¿Qué te pasa?** O que há com você?

pa·sa·re·la *s.f.* Passarela.

pa·sa·tiem·po *s.m.* Passatempo, *hobby*.

pas·cua *s.f.* Páscoa. ■ **pascuas** *s.f.pl.* 1. Festas natalinas. 2. Período entre o Natal e o Dia de Reis. ♦ **Dar las pascuas.** Saudar pelo Ano-Novo. **De Pascuas a Ramos.** De vez em quando, quase nunca. **Estar como unas pascuas.** Estar feliz da vida. **¡Felices Pascuas!** Feliz Natal!

pa·se·ar *v.i.* 1. Passear. ■ *v.t.* 2. Levar a passeio. *Pasea al bebé en el cochecito.* Leva o bebê para passear no carrinho. 3. *Fig.* Mostrar, exibir. *La estuvo paseando por toda la ciudad.* Ficou exibindo-a pela cidade inteira. ■ **pasearse** *v.p.* 1. Vagar. *Me paseé por toda Nueva York.* Vaguei por Nova York inteira. 2. *Am.C.* Arruinar, estragar. *Te paseaste en tu vida.* Você arruinou a sua vida.

pa·seo *s.m.* 1. Passeio. 2. Calçadão, passeio. 3. *Desp.* Desfile anterior à competição. ♦ **Mandar a paseo.** Mandar passear, mandar embora.

pa·si·llo *s.m.* 1. Corredor. 2. *Teat.* Pequena peça teatral, auto. 3. Ponto de bordado.

pa·sión *s.f.* 1. Paixão, sentimento forte. 2. Paixão, entusiasmo, furor. 3. Paixão de Cristo.

pa·si·vo/a *adj.* 1. Passivo, paciente. 2. Passivo, apático, submisso. 3. Tipo de aposentadoria. ● *s.m.* 4. *Com.* Passivo. *El pasivo de esta empresa es superior al activo.* O passivo desta empresa é superior ao ativo. ■ *s.f.* 5. *Gram.* Voz passiva. ♦ **Pasivo corriente.** *Com.* Passivo circulante.

pa·so *s.m.* 1. Passo, passada. 2. Passagem. 3. Passe. *¿Tienen el paso para cruzar la frontera?* Têm o passe para cruzar a fronteira? 4. *Teat.* Pequena obra de teatro, auto. 5. Ritmo, cadência. 6. Passo de dança. ■ **pasos** *s.m.pl.* Passos, procedimentos. ♦ **Paso a nivel.** Passagem de nível. **Paso a paso.** Passo a passo. **Paso de peatones.** Passagem de pedestres. **Paso lento.** Marcha lenta. **Paso libre.** Passagem livre. **A ese/este paso.** Nesse/Neste ritmo. **A grandes pasos/A paso largo.** A grandes passos. **A paso de tortuga.** A passo de tartaruga. **A pocos/unos pasos.** A poucos passos, bem perto. **Abrir(se) paso.** 1. Abrir passagem, caminho. 2. Triunfar, ter sucesso. **Acelerar el paso.** Apertar o passo. **Al paso.** 1. Pausadamente. 2. De passagem, no caminho. **Cerrar el paso.** Fechar o caminho. **Dar los primeros pasos.** Dar os primeiros passos. **Dar un mal paso.** Cometer um erro, um deslize. **Dar un paso atrás.** Dar um passo atrás. **Dar un paso en falso.** Dar um passo em falso. **De paso.** 1. De passagem, em trânsito. *Estamos de paso hacia Madrid.* Estamos de passagem para Madri. 2. Por cima, por alto. *Leí el diario de paso.* Li o jornal por cima. 3. Aproveitar a ocasião para. *Voy al mercado y de paso entro a la farmacia.* Vou ao mercado e aproveito para entrar na farmácia. **No dar un paso atrás.** Não recuar, não ceder. **No poder dar un paso sin.** Não conseguir fazer nada sem. **Quitar del paso.** Tirar do caminho. **Salir del paso.** Livrar-se de um compromisso/uma situação. **Salirle al paso.** Cortar a passagem de alguém. **Seguir los pasos a.** Seguir os passos, vigiar. **Seguir los pasos de.** Seguir os passos, imitar.

pas·ta *s.f.* 1. Massa (de farinha). 2. Macarrão, massa. *Las pastas engordan.* As massas engordam. 3. Pasta, creme. 4. Capa dura de livro. 5. *Col.* Dinheiro. 6. Bolacha. ■ Não tem sentido de "pomada", "valise para documentos", nem de "cargo de ministro". ♦ **Pasta de dientes.** Creme dental. **Pasta de hojaldre.** Massa folheada.

☞ **pas·tel** *s.m.* **1.** Bolo, torta doce. *Los novios cortaron el pastel.* Os noivos cortaram o bolo. **2.** Empadão, torta salgada. **3.** Pastel, lápis de cor. **4.** *Fig.* Tramoia, mutreta. **5.** *Tip.* Pastel, caracteres tipográficos misturados. ♦ **Descubrir el pastel.** Desvendar a trama.

pas·te·le·rí·a *s.f.* Confeitaria, doceira.

pas·ti·lla *s.f.* **1.** *Med.* Drágea, comprimido, pastilha. **2.** Tablete, coisa pastosa. *Pastilla de chocolate.* Tablete de chocolate. *Pastilla de jabón.* Sabonete. **3.** *Mec.* Pastilha (freio).

pas·to *s.m.* **1.** Pasto, pastagem. **2.** *Fig.* Alimento espiritual. **3.** *Arg.* Grama.

pas·tor/·to·ra *s.* **1.** Pastor, que cuida do gado. ■ *s.m.* **2.** Pastor, prelado. ♦ **Pastor protestante.** Pastor protestante.

pa·ta *s.f.* **1.** Pata, pé e/ou perna (animais). **2.** *Col.* Pé ou perna (humanos). **3.** Pé (de móvel). *Las patas de la mesa.* Os pés da mesa. ♦ **Pata de gallo.** Pé de galinha. **Pata de rana.** Pé de pato. **Pata delantera/trasera.** Pata dianteira/traseira. **Patas arriba.** De pernas para o ar. **A pata.** A pé. **Estirar la pata.** Bater as botas, morrer. **Meter la pata.** Ser indiscreto ou inconveniente, dar um fora/ uma mancada. **Tener mala pata.** Ter azar, ter pé-frio.

pa·ta·da *s.f.* Chute, patada, pontapé. ■ Não tem sentido de "ingratidão". ♦ **A patadas.** **1.** Aos montes. **2.** Aos pontapés. **En dos patadas.** Em dois segundos, rapidamente. **Pegar una patada.** Dar um chute.

pa·ta·le·ar *v.i.* **1.** Patear, agitar as pernas e/ou os pés. *Patalear en el agua.* Bater as pernas na água. **2.** *Fig.* Protestar, queixar-se, fazer birra. *¿De que te sirve patalear?* De que adianta você protestar?

pa·ta·ta *s.f. Bot.* Batata. *Patata frita a la inglesa.* Batata frita em rodelas finas.

pa·ta·tús *s.m. Col.* Chilique, faniquito nervoso. ■ *Th.:* pataleta.

pa·té *s.m. Gal.* Patê.

pa·te·ar *v.i.* e *v.t.* **1.** Chutar, dar pontapés. *Patear la pelota.* Chutar a bola. **2.** *Fig.* Tratar mal, chutar. **3.** *Fig.* Andar muito (para conseguir algo), rodar. **4.** *Col.* Vaiar. **5.** *Amer.* Dar coices. **6.** *Rio-plat.* Dar choque.

pa·ten·te *adj.* **1.** Patente, claro, evidente. ● *s.f.* **2.** Patente, registro de invenção. ♦ **Hacer patente.** Tornar patente, evidenciar.

pa·ter·no/a *adj.* Paterno.

pa·ti·lla *s.f.* **1.** Costeleta, barba junto à orelha. **2.** Pequena haste, vara. **3.** *Mec.* Gonzo.

pa·tín *s.m.* **1.** Patim. **2.** Patinete. **3.** Patim, pequeno patamar.

pa·ti·nar *v.i.* **1.** Patinar, andar de patins. **2.** Derrapar, patinar. *El coche patinó en la curva.* O carro derrapou na curva. **3.** *Fig.* e *col.* Cometer um deslize.

pa·tio *s.m.* **1.** Quintal, pátio. **2.** Pátio, átrio. ♦ **Patio de butacas.** *Teat.* Plateia.

pa·to/a *s.* Pato. ♦ **Pato a la naranja.** Pato à Califórnia. **Pagar el pato.** Pagar o pato.

pa·to·jo/a *adj.* **1.** Que tem as pernas tortas. ● *s.* **2.** *Mex.* e *Am.C.* Criança.

pa·triar·ca *s.m.* **1.** Patriarca, chefe de família. **2.** *Fig.* Patriarca, ancião respeitável. ♦ **Vivir como un patriarca.** Viver com muita mordomia.

pa·tri·mo·nio *s.m.* Patrimônio.

pa·trio/a *adj.* **1.** Pátrio. ● *s.f.* **2.** Pátria. ♦ **Patria potestad.** *For.* Pátrio poder, direito paterno sobre os filhos menores.

pa·trio·ta *s.2g.* Patriota, nacionalista.

pa·trio·tis·mo *s.m.* Patriotismo.

pa·trón/·tro·na *s.* **1.** Patrono, defensor. *Patrón de las artes.* Patrono das artes. **2.** Padroeiro, patrono. *La santa patrona de la ciudad.* A santa padroeira da cidade. **3.** Dono de casa, hospedeiro. *La patrona es muy rigurosa con el horario.* A dona de casa é muito rigorosa no horário. ■ *s.m.* **4.** Padrão, modelo. *Usaron un patrón más moderno.* Usaram um padrão mais moderno. **5.** Molde (costura). *Para cortar la falda, usa el patrón.* Para cortar a saia, use o molde. **6.** *Mar.* Capitão de navio mercante. **7.** Amo, senhor, patrão, chefe. *Sí,* *mi patrón.* Sim, patrão. **8.** Planta que recebe enxerto. **9.** *Amer.* Patrão, forma de tratamento popular. *El patrón se levanta temprano.* O patrão acorda cedo. ♦ **Cortado por el mismo patrón.** Pessoa que se parece muito com outra; feito no mesmo molde. **Donde hay patrón no manda marinero.** Onde manda capitão, não manda marinheiro.

pa·tro·no/a *s.* **1.** Patrão, empresário, dono, chefe. **2.** Amo, senhor, patrão. **3.** Padroeiro.

pa·tru·lla *s.f.* **1.** *Mil.* Patrulha, ronda. **2.** *Mil.* Pequena esquadra. **3.** *Fig.* Pequeno grupo de pessoas. ♦ **Coche patrulla.** Carro de patrulha.

pau·sa *s.f.* **1.** Pausa, interrupção. **2.** Pausa, intervalo. **3.** Lentidão.

pau·ta *s.f.* **1.** Pauta, linha para escrever. **2.** *Mus.* Pauta, pentagrama. **3.** *Fig.* Padrão, modelo, norma, pauta. *Pauta de comportamiento.* Norma de comportamento. **4.** *Fig.* Guia, diretriz, pauta. *El dará las pautas.* Ele dará as diretrizes. **5.** Pauta, ordem do dia. ♦ **En pauta.** Em questão.

pa·va *s.f. Rio-plat.* Chaleira. ♦ **Pelar la pava.** Conversar longamente (namorados).

pa·vi·men·ta·ción *s.f.* Pavimentação.

pa·vi·men·to *s.m.* **1.** Pavimento, revestimento. **2.** Pavimento, superfície transitável, com revestimento. ■ Não tem sentido de "andar de edifício".

pa·vo/a *s.* **1.** Peru. ■ *adj. e s.* **2.** *Fig.* Tonto, ingênuo. ♦ **Pavo real.** Pavão. **Comer pavo.** Tomar chá de cadeira em um baile.

pa·vor *s.m.* Pavor, pânico.

pa·ya·da *s.f. Amer.* Desafio musical, repente.

pa·ya·sa·da *s.f.* Palhaçada.

pa·ya·so *s.m.* Palhaço.

paz *s.f.* **1.** Paz, concórdia. **2.** Paz, tranquilidade, sossego. **3.** Tratado de paz. **4.** Paz interior. ♦ **Dar paz.** Dar sossego. **Dejar en paz.** Deixar em paz, não perturbar. **¡Descanse en paz!/¡En paz descanse!** Que Deus o tenha! **Firmar la paz.** Fazer tratado de paz. **Hacer las paces.** Fazer as pazes, reconciliar-se.

pea·je *s.m.* Pedágio.

pea·tón *s.m.* Pedestre.

pe·ca *s.f.* Sarda. *Tiene la cara llena de pecas.* O seu rosto está cheio de sardas.

pe·ca·do *s.m.* **1.** Pecado, transgressão de preceito religioso. **2.** *Fig.* Pecado, deslize, erro. **3.** Pecado, pena, lástima. *¡Qué pecado, con el calor se echó a perder toda la carne!* Que pena, a carne toda estragou com o calor! **4.** *Fig.* Diabo. *La tentación del pecado.* A tentação do demônio. ♦ **Pecado capital/mortal.** Pecado capital/mortal. **Pecado contra natura.** Sodomia. **Pagar su pecado.** Pagar os pecados.

pe·ca·dor/·do·ra *adj. e s.* **1.** Pecador. ■ *s.f.* **2.** Pecadora, adúltera. ♦ **¡Pecador de mí!** Pobre de mim!

pe·car *v.i.* Pecar.

pe·ce·ra *s.f.* Aquário.

pe·cho *s.m.* **1.** Peito, tórax. **2.** Peito, pulmão. **3.** Peito, seio. **4.** *Fig.* Peito, coragem. ♦ **A lo hecho, pecho.** Assumir as consequências do que se fez. **A pecho descubierto.** De peito aberto. **Abrir su pecho.** Abrir o coração. **Dar el pecho. 1.** Dar de mamar. **2.** Enfrentar, pôr a cara. **Echarse entre pecho y espalda.** Botar no estômago, tomar, ingerir. **Niño de pecho.** Criança de colo. **Tomar a pecho.** Levar a sério, empenhar-se. **Tomar el pecho.** Mamar.

pe·chu·ga *s.f.* **1.** Peito (aves). *Me gusta la pechuga del pollo.* Gosto de peito de frango. **2.** *Fig. e col.* Peito.

pe·cu·liar *adj.* Peculiar, próprio, característico.

pe·da·go·gí·a *s.f.* Pedagogia.

pe·da·go·go/a *s.* Pedagogo.

pe·dal *s.m.* Pedal. *Pedal de bicicleta/piano.* Pedal de bicicleta/piano.

pe·da·le·ar *v.i.* Pedalar.

pe·dan·te·rí·a *s.f.* Pedantismo, pedanteria.

pe·da·zo *s.m.* **1.** Pedaço, fragmento. **2.** Pedaço, bocado, porção. ♦ **Pedazo de alcornoque/ animal.** Burro, idiota. **Pedazo de mi alma.** Meu bem. **A pedazos.** Descontínuo, por partes. **Caerse a pedazos.** Cair aos pedaços.

Hacer pedazos. Fazer em pedaços. **Hecho pedazos. 1.** Desfeito, quebrado. **2.** Feito um caco, cansado.

pe·des·tal *s.m.* **1.** Pedestal, base, suporte. **2.** Pedestal, apoio. ♦ **Tener/Poner a alguien sobre un pedestal.** Colocar alguém em um pedestal, ter admiração por alguém.

pe·dia·tra *s.2g. Med.* Pediatra. ■ *Tb.: pediatra.*

pe·dia·trí·a *s.f. Med.* Pediatria.

pe·di·do/a *adj.* **1.** Pedido, solicitado. ● *s.m.* **2.** Pedido, solicitação, requerimento.

pe·dir *v.t.* **1.** Pedir, solicitar. *Pidió un vaso de agua.* Pediu um copo de água. **2.** Pedir, interceder. *Pide por mí ante el director.* Interceda por mim junto ao diretor. **3.** Pedir, cobrar (preço). *Pide 200 mil por el anillo.* Está pedindo 200 mil pelo anel. **4.** Pedir, necessitar, precisar. *El cuerpo me lo pide.* O meu corpo precisa. **5.** Pedir (em casamento). *Viene a pedirla mañana.* Virá amanhã para pedir a sua mão. **6.** *For.* Reclamar judicialmente. **7.** Pedir esmola. *Pide en la puerta de la iglesia.* Pede esmola na porta da igreja. ■ *C.mod. 10.* ♦ **Pedir peras al olmo.** Tirar leite de pedra. **Pedir prestado.** Pedir emprestado.

pe·do *s.m.* **1.** *Vulg.* Peido. **2.** *Col. Arg.* Bebedeira. ♦ **Tirarse pedos/un pedo.** Peidar.

pe·dra·da *s.f.* **1.** Pedrada. **2.** *Fig.* Ofensa, pedrada.

pe·dris·co *s.m.* **1.** Granizo (chuva de). **2.** Cascalho, seixo.

☞ **pe·ga·da** *s.f. Desp.* Batida, golpe, murro. *Ese luchador tiene buena pegada.* Esse lutador tem um murro bom.

pe·ga·men·to *s.m.* Cola.

☞ **pe·gar** *v.t.* **1.** Colar, grudar, unir. *Pegué los sobres.* Colei os envelopes. **2.** Pregar, costurar. *Pegar un botón.* Pregar um botão. **3.** Passar, transmitir (doença). *Nos pegó el catarro.* Passou-nos o resfriado. **4.** Dar. *Pegar un golpe/un tiro.* Dar uma pancada/um tiro. ■ *v.i.* **5.** Bater. *Le pegó con fuerza.* Bateu nele com força. **6.** Combinar, pegar bem. *Esa corbata no pega con la camisa.* Essa gravata não combina com a camisa. ■ **pegarse** *v.p.* **1.** Grudar, aderir (comida à panela). *El arroz se pegó.* O arroz grudou. **2.** Levar uma batida, pancada, machucar-se. *Me pegué con el martillo.* Machuquei-me com o martelo. **3.** *Fig.* Intrometer-se. **4.** *Fig.* Apegar-se, afeiçoar-se. *Se pegó mucho conmigo.* Apegou-se muito a mim. **5.** Grudar, encostar. *Me pegué a la pared.* Encostei na parede. **6.** Seguir, grudar (em alguém). ♦ **Pegar fuego.** Pôr fogo, incendiar. *Le pegó fuego a la casa.* Pôs fogo na casa.

pe·ga·ti·na *s.f.* Adesivo.

pe·go·te *s.m. Col.* **1.** Grude. **2.** Remendo malfeito. **3.** Pessoa grudenta, que não solta a outra. ■ *Tb.: pegoste.*

pei·na·do/a *adj. e s.* Penteado. ♦ **Echar(se) una peinada.** Passar um pente.

pei·nar *v.t.* **1.** Pentear, arrumar o cabelo. **2.** Cardar. **3.** *Mil.* Vascular uma área, passar pente-fino. **4.** *Fig.* Tocar, roçar levemente. ■ **peinarse** *v.p.* Pentear-se.

pei·ne *s.m.* **1.** Pente. **2.** Carda, pente. **3.** Pente de tear. **4.** Pente de balas (armas de fogo).

☞ **pe·la·do/a** *adj.* **1.** Sem cabelo, sem pelo. **2.** Sem casca, sem pele. *Manzana pelada.* Maçã descascada. **3.** *Fig.* Desprovido de algo fundamental. *Hueso pelado.* Osso limpo, sem carne. **4.** Número redondo. ● *s.* **5.** Careca, calvo. **6.** *Mex.* Tipo, indivíduo. ■ *s.f.* **7.** Calva.

pe·lar *v.t.* **1.** Pelar, raspar. *Pelar el bigote.* Raspar o bigode. **2.** Descascar. *Ya pelé las papas.* Já descasquei as batatas. **3.** Depenar. **4.** *Fig.* Despojar de bens, depenar. **5.** *Fig.* Criticar, meter o pau. ■ **pelarse** *v.p.* Cortar o cabelo. *Me tengo que pelar.* Preciso cortar o cabelo. ■ Não tem sentido de "queimar". ♦ **Pelar los ojos.** *Amer.* Arregalar os olhos. **Duro de pelar.** Difícil de realizar. **Un frío que pela.** Um frio penetrante.

pel·da·ño *s.m.* Degrau (escada).

pe·lea *s.f.* **1.** Briga, luta, peleja. *Pelea de gallos.* Briga de galos. **2.** Briga, discussão. *Pelea de novios.* Briga de namorados.

pe·le·ar *v.i.* **1.** Lutar, combater. *Pelea por mejores salarios.* Luta por melhores salários. **2.** *Fig.* Batalhar, esforçar-se. ■ **pelearse** *v.p.* **1.** Brigar, bater-se. *Se pelearon en la calle.* Brigaram na rua. **2.** Romper relações, brigar, desentender-se. *Me peleé con mi mamá.* Briguei com a minha mãe.

pe·lí·ca·no *s.m.* Pelicano. ■ *Tb.: pelicano.*

pe·lí·cu·la *s.f.* **1.** Filme cinematográfico. **2.** Película, membrana. ♦ **Película del Oeste.** Filme de faroeste. **De película.** Extraordinário, incrível, que parece acontecer só nos filmes. **Hacer una película. 1.** Dirigir um filme. **2.** Atuar em um filme.

pe·li·gro *s.m.* **1.** Perigo, risco. **2.** Perigo, ameaça. ♦ **Correr peligro.** Correr perigo. **Fuera de peligro.** Fora de perigo. **Poner en peligro.** Pôr em perigo.

pe·li·rro·jo/a *adj.* Ruivo.

pe·lle·jo *s.m.* **1.** Pele, couro (animais). **2.** Pele, casca de certas frutas. **3.** Pele curtida usada como recipiente. **4.** *Fig.* Pele, vida. *Cada quien cuida su pellejo.* Cada um cuida da sua pele. ♦ **Quitar el pellejo.** Cair em cima, criticar. **Salvar el pellejo.** Salvar a pele.

pe·lliz·car *v.t.* Beliscar.

pe·lliz·co *s.m.* **1.** Beliscão. **2.** Pitada, pequena porção. *Un pellizco de sal.* Uma pitada de sal.

☞ **pe·lo** *s.m.* **1.** Cabelo. *Cortarse el pelo.* Cortar o cabelo. **2.** Pelo, penugem, lanugem. *El durazno tiene pelos.* O pêssego tem lanugem. **3.** Pele, pelagem de animal. *Un abrigo de pelo de zorro.* Um casaco de pele de raposa. **4.** Fio (lã, seda). *Un vestido de pelo.* Um vestido de lã. ♦ **Al pelo. 1.** A calhar, oportuno. **2.** Tudo bem, o.k. **Colgado de un pelo.** Por um fio. **Con pelos y señales.** Com luxo de detalhes. **De pelo en pecho.** Valente, corajoso. **Faltar un pelo.** Faltar muito pouco. **No tener pelos en la lengua.** Não ter papas na língua. **No tocar un pelo de la ropa.** Não encostar um dedo. **Por los pelos.** Por pouco. **Tirarse de los pelos.** Arrancar os cabelos. **Tomar el pelo.** Gozar, tirar sarro.

pe·lo·ta *s.f.* **1.** Bola. **2.** Jogo de bola, pelada. **3.** Bolota, grumo. ■ **pelotas** *s.f.pl. Vulg.* Testículos. ♦ **Devolver la pelota.** Jogar os argumentos de volta. **Echarse la pelota.** Passar a bola de mão em mão, passar um problema adiante sem resolvê-lo. **En pelota(s).** Nu, pelado.

pe·lo·tón *s.m.* **1.** *Mil.* Pelotão, companhia. **2.** *Fig.* Pelotão, multidão. *Un pelotón de candidatos.* Uma multidão de candidatos.

pe·lo·tu·do/a *adj. Vulg. Arg.* Bobo.

pel·tre *s.m. Quím.* Liga de chumbo, zinco e estanho, peltre.

pe·lu·ca *s.f.* Peruca.

pe·lu·do/a *adj.* **1.** Cabeludo. **2.** Peludo. ● *s.m.* **3.** Capacho. **4.** *Rio-plat.* Tatu.

pe·lu·que·rí·a *s.f.* **1.** Salão de beleza (cabeleireiro). **2.** Barbearia.

pel·vis *s.f. Med.* Pélvis, bacia, pelve.

pe·na *s.f.* **1.** Pena, dó. **2.** Pena, castigo, judiação. **3.** Pena, aflição, tormento. **4.** Pena, dificuldade, esforço. **5.** *Mex. e Am.C.* Vergonha, timidez. **6.** Pena, pluma. ♦ **Pena capital/ de muerte.** Pena de morte. **A duras penas.** A duras penas, com dificuldade. **Ahogar las penas.** Afogar as mágoas. **Sin pena ni gloria.** Em brancas nuvens, sem destaque. **So pena de.** Sob pena de, expondo-se às consequências de. **Valer la pena.** Valer a pena.

pe·na·li·zar *v.t.* Castigar, penalizar. ■ Não tem sentido de "sentir pena".

pe·nal·ty *s.m. Angl. Desp.* Pênalti. ■ *Tb.: penalti* e *penal.*

pe·nar *v.t.* **1.** Penalizar, condenar. *Lo penaron a cuatro años de prisión.* Foi condenado a quatro anos de prisão. ■ *v.i.* **2.** Padecer, penar. **3.** Penar, sofrer no purgatório.

pen·de·jo/a *adj. e s.* **1.** Covarde. **2.** *Col.* Bobalhão. **3.** *Rio-plat.* Garoto, fedelho, frangote. ■ *s.m.* **4.** Pentelho.

pen·der *v.i.* **1.** Pender, estar pendurado. **2.** *Fig.* Pairar, gravitar. ■ Não tem sentido de "propender".

pen·dien·te *adj.* **1.** Pendente, pendurado. **2.** *Fig.* Pendente, ainda não resolvido. ● *s.m.*

3. Brinco, pingente. ■ s.f. **4.** Ladeira, aclive. **5.** Declive, inclinação.

pe·ne s.m. Med. Pênis.

pe·ne·trar v.t. **1.** Penetrar, infiltrar-se, atravessar. *La lluvia penetra la tierra.* A chuva penetra na terra. **2.** Penetrar, entrar, internar-se, furar. *El clavo no penetra en esta madera.* O prego não penetra nesta madeira. **3.** *Fig.* Penetrar, desvendar, descobrir. *Penetraron el secreto de la fórmula.* Descobriram o segredo da fórmula. **4.** *Fig.* Penetrar, comover. *Su llanto me penetra el corazón.* O seu pranto me comove. ■ **penetrarse** v.p. Compenetrar-se, imbuir-se.

pe·ni·ci·li·na s.f. Med. Penicilina.

pe·nín·su·la s.f. Península.

pe·no·so/a adj. Penoso, amargo.

pen·sa·mien·to s.m. **1.** Pensamento, meditação, reflexão. **2.** Pensamento, ideia. **3.** Pensamento, mente, intelecto. **4.** Pensamento, máxima, sentença. **5.** *Bot.* Amor-perfeito.

pen·sar[1] v.t. **1.** Pensar, meditar, refletir. *Hay que pensar las palabras antes de hablar.* Deve-se pensar as palavras antes de falar. **2.** Pensar, achar, opinar, supor. *Pienso que puedes hacerlo.* Acho que você pode fazê-lo. **3.** Pensar, tencionar, pretender. *Pienso viajar el jueves.* Pretendo viajar na quinta. ■ *C.mod. 01.* ♦ **Pensar de modo distinto.** Ter conceitos diferentes, divergir. **Pensar para si.** Falar com os seus botões. **Cuando menos se piensa.** Quando menos se pensa/imagina. **Dar que pensar.** Dar o que pensar. **Ni pensarlo.** Nem pensar, de jeito nenhum. **Ser para pensarlo/a.** Ser para/de se pensar. **Sin pensar.** Sem pensar.

pen·sar[2] v.t. Pensar, dar ração aos animais.

pen·sión s.f. **1.** Pensão, pagamento por aposentadoria. **2.** Pensão, pequeno hotel. **3.** Diária, paga por estadia. **4.** Bolsa de estudos. **5.** Imposto sobre propriedade rural. ♦ **Pensión completa.** Diária que inclui hospedagem e refeições. **Pensión de viuvedad.** Pensão de viuvez. **Media pensión.** Diária que inclui hospedagem e uma refeição.

pen·sio·na·do/a adj. e s. **1.** Aposentado, pensionista. ■ s.m. **2.** Pensionato, internato.

pen·tá·go·no s.m. Geom. Pentágono.

pen·ta·gra·ma s.m. Mus. Pentagrama.

pe·núl·ti·mo/a adj. Penúltimo.

pe·num·bra s.f. Penumbra.

pe·ña s.f. **1.** Rocha, penha, penhasco. **2.** Roda de amigos, tertúlia. *Hicieron una peña y se pusieron a cantar.* Fizeram uma roda e começaram a cantar. **3.** *Amer.* Bar, cantina folclórica.

pe·ón s.m. **1.** Peão, pedestre. **2.** Peão, trabalhador braçal. **3.** *Amer.* Peão, trabalhador da roça. **4.** Peão, peça do jogo de xadrez. **5.** Pião, brinquedo que gira. ♦ **Peón de albañil.** Servente de pedreiro. **Peón caminero.** Trabalhador que conserva estradas.

pe·or adj. **1.** Pior, comparativo de mau. *Uno peor que el otro.* Um pior do que o outro. ● adv. **2.** Pior, comparativo de mal. *Me siento peor que ayer.* Sinto-me pior do que ontem. ♦ **Peor que peor.** Pior impossível. **Tanto peor.** Pior ainda.

pe·pián s.m. Mex. e Am.C. Prato típico com molho escuro picante.

pe·pi·no s.m. Bot. Pepino. ♦ **Importar un pepino.** Não ligar a mínima.

pe·pi·ta s.f. **1.** Semente de certas frutas. *El melón y la pera tienen pepitas.* O melão e a pera têm sementes. **2.** Pepita de metal bruto.

pe·que·ño/a adj. **1.** Pequeno, diminuto, mirim. **2.** *Fig.* Pequeno, insignificante. **3.** Pequeno, muito jovem. **4.** Pequeno, curto, escasso. ● s. **5.** Criança.

per cá·pi·ta loc. Lat. Per capita.

pe·ra s.f. **1.** Bot. Pera, fruta. **2.** Cavanhaque. **3.** Eletr. Pera, tipo de interruptor. **4.** Bomba de borracha usada em lavagens.

per·can·ce s.m. **1.** Percalço, lucro, provento. **2.** Percalço, contratempo, dificuldade.

per·ca·tar·se v.p. Notar, perceber, reparar. *Me percaté que me faltaba dinero.* Percebi que me faltava dinheiro.

per·cep·ción s.f. **1.** Percepção, sensação. **2.** *Com.* Arrecadação, recebimento, receita.

☞ **per·cha** *s.f.* **1.** Cabide. **2.** Laço, armadilha. **3.** Carda.
per·ci·bir *v.t.* **1.** Receber, ganhar, perceber. *Percibe un buen sueldo.* Recebe um bom salário. **2.** Perceber, sentir, captar. *Percibir un sonido.* Captar um som. **3.** Perceber, compreender, notar.
per·co·la·dor/·do·ra *s.* Máquina de fazer café.
per·cu·dir *v.t.* Manchar, sujar, encardir. ■ **percudirse** *v.p.* Ficar encardido. *Las medias se percudieron.* As meias ficaram encardidas.
per·cu·sión *s.f.* Percussão. *Arma/Instrumento de percusión.* Arma/Instrumento de percussão.
per·der *v.t.* **1.** Perder, deixar de ter, extraviar. *Perdí las llaves de casa.* Perdi as chaves de casa. **2.** Perder, ser privado por morte. *Perdió al hijo en un accidente.* Perdeu o filho em um acidente. **3.** Perder, ser derrotado, apanhar. *Nuestro equipo perdió el campeonato.* O nosso time perdeu o campeonato. **4.** Perder, desperdiçar. *No pierdas más tiempo.* Não perca mais tempo. **5.** Perder, danificar, prejudicar. *Si la máquina no está lubricada pierde velocidad.* Se a máquina não estiver lubrificada, perde velocidade. ■ *v.i.* **6.** Vazar, pingar. *La ducha pierde.* O chuveiro está pingando. **7.** Perder, piorar, ser prejudicado. *Todos perderán con esa medida.* Todos serão prejudicados com essa medida. **8.** Desbotar. *Ese color no pierde.* Essa cor não desbota. ■ **perderse** *v.p.* **1.** Perder-se, não achar o caminho. *Nos perdimos en el cerro.* Ficamos perdidos no morro. **2.** Estragar. *La leche se va a perder.* O leite vai estragar. **3.** *Fig.* Ficar perdido, desorientar-se. *Me perdí en la mitad de la charla.* Fiquei perdido no meio da palestra. **4.** *Fig.* Perder-se, arruinar-se. ∎ *C.mod. 01.* ♦ **Perderse por alguien.** Estar perdidamente apaixonado por alguém. **Perdérselo/a.** Perder uma oportunidade. **Echar(se) a perder.** Pôr a perder, estragar.
pér·di·da *s.f.* **1.** Perda, privação. **2.** Perda, extravio. **3.** *Com.* Perda, prejuízo. *El negocio tuvo pérdida.* A loja deu prejuízo. **4.** Vazamento, fuga. *La tubería tiene pérdida.* A tubulação está com vazamento. ♦ **Ganancias y pérdidas.** *Com.* Lucros e perdas.
per·dón *s.m.* Perdão. ♦ **¡Perdón!** Desculpe! **¿Perdón?** Como disse? **Con perdón. 1.** Com o perdão da palavra. **2.** Com licença. **Pedir perdón. 1.** Pedir desculpas. **2.** Pedir licença.
per·do·nar *v.t.* **1.** Perdoar, desculpar. **2.** Relevar as faltas, abonar. *El jefe le perdonó los tres días de ausencia.* O chefe abonou-lhe os três dias que faltou. **3.** Perdoar, absolver, redimir. ♦ **¡Perdona!/¡Perdone usted!** Desculpe! **No perdonar ocasión/esfuerzo/medio.** Não medir/poupar esforços.
pe·re·ce·de·ro/a *adj.* **1.** Perecível. *Las legumbres son perecederas.* Os legumes são perecíveis. ● *s.m.* **2.** Miséria, pobreza.
pe·re·cer *v.i.* **1.** Perecer, acabar, morrer. **2.** *Fig.* Padecer. ■ **perecerse** *v.p.* Desejar intensamente. *Me perecía por ir al concierto.* Morria de vontade de ir ao concerto. ∎ *C.mod. 06.*
pe·re·gri·no/a *adj.* e *s.* **1.** Peregrino, viajante. **2.** *Fig.* Singular, surpreendente. ■ *s.* **3.** Peregrino, romeiro.
pe·re·jil *s.m.* **1.** *Bot.* Salsinha, cheiro-verde. **2.** *Fig.* Penduricalho.
pe·ren·ga·no/a *s.* Sicrano, pessoa de nome ignorado.
pe·ren·ne *adj.* Perene, perpétuo.
pe·re·za *s.f.* **1.** Preguiça. **2.** Folga. ∎ Não denomina o animal.
pe·re·zo·so/a *adj.* **1.** Preguiçoso. ● *s.m.* **2.** Bicho-preguiça.
per·fec·ción *s.f.* Perfeição, esmero, primor.
per·fec·cio·na·mien·to *s.m.* **1.** Aperfeiçoamento. **2.** Melhoria, benfeitoria. ♦ **Curso de perfeccionamiento.** Curso de aperfeiçoamento.
per·fec·cio·nar *v.t.* Aperfeiçoar, melhorar, aprimorar. ■ **perfeccionarse** *v.p.* **1.** Aperfeiçoar-se, aprimorar-se. **2.** Especializar-se, cultivar-se.
per·fec·to/a *adj.* **1.** Perfeito, impecável, magistral. **2.** Perfeito, completo. **3.** *Gram.* Perfeito, tempo verbal.

pér·fi·do/a *adj.* Pérfido, desleal.
per·fil *s.m.* **1.** Perfil, contorno, silhueta. **2.** Perfil, desenho em corte lateral. **3.** Corte transversal do terreno. **4.** *Fig.* Perfil, características gerais de algo. ♦ **De perfil.** De perfil. **De medio perfil.** De meio lado.
per·fo·ra·dor/·do·ra *adj.* **1.** Perfurador. ● *s.* **2.** *Inform.* Máquina que perfura cartões. **3.** Furador de papéis. ■ *s.f.* **4.** *Mec.* Perfuratriz, furadeira.
per·fo·rar *v.t.* Perfurar, furar.
per·fu·mar *v.t. e v.i.* Perfumar. ■ **perfumarse** *v.p.* Perfumar-se.
per·fu·me *s.m.* Perfume.
per·fu·me·rí·a *s.f.* Perfumaria. ❚ Não tem sentido de "coisa sem importância".
pér·go·la *s.f.* Caramanchão.
pe·ri·cia *s.f.* Perícia, destreza. ❚ Não tem sentido de "vistoria".
pe·ri·co¹ *s.m.* Periquito.
pe·ri·co² *s.m.* Cavalo de paus no truco.
pe·ri·co³ *s.m. Col.* Penico. ♦ **Perico de los palotes.** Um indivíduo qualquer, joão-ninguém.
pe·ri·fe·ria *s.f.* **1.** Periferia, circunferência. **2.** Periferia, arredores da cidade.
pe·ri·fé·ri·co/a *adj.* **1.** Periférico, da periferia. **2.** *Inform.* Periférico, elemento acoplado à unidade de processamento. ♦ **Anillo periférico.** Via marginal.
pe·ri·lla *s.f.* **1.** Cavanhaque. **2.** *Eletr.* Tipo de interruptor. **3.** Puxador ou maçaneta redonda.
pe·rí·me·tro *s.m.* Perímetro.
pe·ri·no·la *s.f.* Pião, brinquedo que gira.
pe·ri·ó·di·co/a *adj.* **1.** Periódico, que ocorre ou aparece regularmente. *Publicación periódica.* Publicação periódica. **2.** *Mat.* Fração decimal. ● *s.m.* **3.** Jornal. *Salió en el periódico.* Saiu no jornal. **4.** Revista, semanário.
pe·rio·dis·mo *s.m.* Jornalismo.
pe·rio·dis·ta *s.2g.* Jornalista.
pe·rí·o·do *s.m.* **1.** Período, etapa, fase. **2.** Período, intervalo. **3.** Menstruação. **4.** *Gram.* Período, conjunto de orações. ❚ *Tb.:* **periodo.**
pe·ri·pues·to/a *adj.* Emperiquitado, muito arrumado, rebuscado.
pe·ri·ta·je *s.m.* Perícia, laudo pericial.
pe·ri·to/a *adj. e s.* **1.** Perito, conhecedor. ■ *s.m.* **2.** Perito, experto. **3.** Técnico em engenharia ou comércio. ♦ **Perito contador.** Técnico em contabilidade.
pe·ri·to·ni·tis *s.f. Med.* Peritonite. ❚ *Pl.:* invariável.
per·ju·di·car *v.t.* Prejudicar.
per·jui·cio *s.m.* Prejuízo, perda, dano. *Daños y perjuicios.* Danos e prejuízos. ❚ Não tem sentido de "preconceito".
per·ju·ro/a *adj. e s.* Perjuro.
per·la *s.f.* **1.** Pérola. **2.** *Fig.* Coisa preciosa. ♦ **De perlas.** Às mil maravilhas.
per·ma·ne·cer *v.i.* **1.** Permanecer, ficar. *Permanecí allí.* Fiquei ali. **2.** Permanecer, persistir. *Permanecía inmutable.* Permanecia imutável. ❚ *C.mod.* 06.
per·ma·nen·cia *s.f.* **1.** Permanência, estadia. **2.** Permanência, duração.
per·mi·so *s.m.* **1.** Permissão, autorização, consentimento. *Pidió permiso al padre.* Pediu autorização ao pai. **2.** Licença, afastamento do trabalho. ♦ **Permiso de cese.** Afastamento do cargo. **Con permiso.** Com licença.
per·mi·tir *v.t.* **1.** Permitir, autorizar, consentir. **2.** Permitir, tolerar, admitir. **3.** Permitir, tornar possível. ■ **permitirse** *v.p.* **1.** Permitir-se, tomar a liberdade. *Me permito hacer una crítica.* Tomo a liberdade de fazer uma crítica. **2.** Ser permitido. *No se permite fumar aquí.* Não é permitido fumar aqui.
per·mu·ta·ción *s.f.* **1.** Permuta, troca. **2.** *Mat.* Permutação.
per·no *s.m.* Parafuso. ♦ **Perno de anclaje.** *Mec.* Chumbador.
per·noc·tar *v.i.* Pernoitar, passar a noite.
pe·ro *conj.* **1.** Mas, porém. *Me gusta, pero está muy caro.* Gosto, mas está muito caro. *Es caro, pero bueno.* É caro, mas é bom.

¡Pero qué haces aquí! Mas o que você está fazendo aqui! ● *s.m.* **2.** Objeção, empecilho, porém. *Le pone peros a todo.* Acha defeito em tudo. ■ Pode ser usado no início da oração. ♦ **¡Pero cómo!** Mas como! **Pero sí.** Mas se (expressa ênfase). *¡Pero si dijo que vendría a las nueve! No debe de tardar.* Mas se disse que viria às nove! Não deve demorar. **Poner peros.** Achar defeitos.

per·pen·di·cu·lar *adj.* **1.** Perpendicular. ● *s.f.* **2.** *Geom.* Linha perpendicular.

per·pe·tua *s.f. Bot.* Perpétua-roxa.

per·pe·tuo/a *adj.* **1.** Perpétuo, constante. **2.** Perpétuo, eterno, vitalício. *Prisión perpetua.* Prisão perpétua.

per·ple·jo/a *adj.* Perplexo, confuso, indeciso.

pe·rra *s.f. Col.* Dinheiro, grana. *El viejo aflojó la perra.* O velho soltou a grana. ♦ **Estar sin una perra.** Estar sem um tostão.

pe·rra·da *s.f.* **1.** Cachorrada, grupo de cães. **2.** *Fig. e col.* Cachorrada, ação vil.

pe·rre·ra *s.f.* **1.** Canil. **2.** *Col.* Teimosia, choradeira.

pe·rro/a *s.m.* **1.** Cachorro, cão. **2.** *Fig.* Cão, pessoa servil e fiel. **3.** *Fig.* Cachorro, pessoa má. ■ *s.f.* **4.** Cadela. **5.** *Fig.* Choradeira, berreiro. *Como no le di el helado, armó la perra.* Como não lhe dei o sorvete, começou o berreiro. ● *adj.* **6.** *Fig.* Difícil, atormentado. *Una vida perra.* Uma vida atormentada. ♦ **Perro caliente.** Cachorro-quente. **Perro ladrador poco mordedor.** Cão que late não morde. **Perro marino.** Cação. **Perro viejo.** Pessoa astuta, raposa velha. **A perro flaco todo son pulgas.** A desgraça nunca vem sozinha. **Andar como perros y gatos.** Viver como gato e cachorro. **Atar los perros con longanizas.** Amarrar cachorro com linguiça. **De perros.** Muito ruim. **Morir como un perro.** Morrer sem os sacramentos, morrer à míngua. **Muerto el perro, se acabó la rabia.** Acabando o motivo, acabam os efeitos. **Tratar como a un perro.** Tratar como cachorro, desprezar.

per·se·cu·ción *s.f.* Perseguição.

per·se·guir *v.t.* **1.** Perseguir, acossar, acuar. **2.** *Fig.* Perseguir, pretender, persistir. **3.** Perseguir, atormentar. *El remordimiento lo persigue.* O remorso o persegue. ■ *C.mod. 10.*

per·se·ve·ran·cia *s.f.* Perseverança, persistência.

per·sia·na *s.f.* Persiana.

per·sig·nar·se *v.p.* Persignar-se, benzer-se.

per·sis·ten·cia *s.f.* Persistência, constância.

per·sis·tir *v.i.* **1.** Persistir, insistir. **2.** Persistir, perdurar.

per·so·na *s.f.* **1.** Pessoa, indivíduo. **2.** *Gram.* Pessoa, categoria gramatical. ♦ **Persona de categoría.** Pessoa de classe. **Persona de cuidado.** Pessoa que inspira desconfiança. **Persona grata/non grata.** Pessoa desejável/indesejável em um lugar. **Persona jurídica.** Pessoa jurídica. **En persona.** Em pessoa, pessoalmente. **Por tercera persona.** Por terceiros, por um intermediário.

per·so·na·je *s.m.* **1.** Personagem, personalidade ilustre. **2.** *Liter.* Personagem.

per·so·nal *adj.* **1.** Pessoal, íntimo, privado. **2.** Pessoal, próprio, peculiar. ● *s.m.* **3.** Pessoal, conjunto de funcionários. **4.** *Col.* Público, gente. ♦ **Pronombre personal.** *Gram.* Pronome pessoal. **Ser personal.** Ser original, ter personalidade.

per·so·na·li·dad *s.f.* **1.** Personalidade, caráter. **2.** Personalidade, celebridade. ♦ **Personalidad jurídica.** Personalidade jurídica.

per·so·ni·fi·car *v.t.* **1.** Personificar, personalizar. **2.** Personificar, encarnar. **3.** Representar.

pers·pec·ti·va *s.f.* **1.** Perspectiva, prisma. **2.** Perspectiva, panorama. **3.** *Fig.* Perspectiva, expectativa. **4.** *Fig.* Perspectiva, aspecto, ponto de vista. *Desde una perspectiva realista.* De um ponto de vista realista. ♦ **Perpectiva aérea.** Vista aérea. **En perspectiva.** *Geom.* Em perspectiva. **Tener en perspectiva.** Ter em vista.

per·sua·dir *v.t.* Persuadir, convencer. ● **persuadirse** *v.p.* Persuadir-se, convencer-se.

per·sua·sión *s.f.* Persuasão, convicção. *Habló con persuasión.* Falou com convicção.

per·te·ne·cer *v.i.* **1.** Pertencer, ser propriedade de. **2.** Pertencer, fazer parte de. **3.** Pertencer, caber, corresponder. *Esta actividad no pertenece a mi sector.* Esta atividade não corresponde ao meu setor. ■ *C.mod. 06.*

per·te·nen·cia *s.f.* **1.** Direito de propriedade, pertença, posse. *Tengo la pertenencia de esta casa.* Tenho a posse desta casa. **2.** Hectare para concessões mineiras. ■ **pertenencias** *s.f.pl.* Pertences, bens. *Se llevó todas sus pertenencias.* Levou consigo todos os seus pertences.

per·tre·chos *s.m.pl.* **1.** Apetrechos, munição. **2.** Apetrechos, utensílios.

per·tur·ba·ción *s.f.* Perturbação, transtorno, distúrbio. *Perturbaciones sociales.* Distúrbios sociais. *Perturbación mental.* Transtorno mental.

per·tur·bar *v.t.* **1.** Perturbar, desarranjar. **2.** Produzir perturbação mental. ■ Não tem sentido de "interromper" nem de "atrapalhar".

per·ver·sión *s.f.* **1.** Perversão, corrupção, transtorno. *La perversión de las costumbres.* A perversão dos costumes. **2.** Perversão, maldade, degeneração.

per·ver·tir *v.t.* **1.** Perverter, transtornar, perturbar. *Pervertir el orden.* Perturbar a ordem. **2.** Perverter, corromper. *El poder pervierte a los hombres.* O poder corrompe os homens. ■ **pervertirse** *v.p.* Perverter-se, corromper-se. ■ *C.mod. 11.*

pe·sa *s.f.* **1.** Peso, peça de metal com peso aferido. **2.** Peso de relógio de corda. **3.** Balança. ■ **pesas** *s.f.pl. Desp.* Peso, haltere.

pe·sa·di·lla *s.f.* **1.** Pesadelo, mau sonho. **2.** *Fig.* Preocupação.

pe·sa·do/a *adj.* **1.** Pesado, que pesa. **2.** *Fig.* Pesado, lento. **3.** Pesado, carregado, denso. *Atmósfera pesada.* Atmosfera pesada. **4.** Pesado, profundo. *Sueño pesado.* Sono pesado. **5.** *Fig.* Duro, trabalhoso, difícil, pesado. *Este texto es pesado.* Este texto é difícil. **6.** *Fig.* Maçante, chato. *Una clase/persona pesada.* Uma aula/pessoa chata.

pe·sa·dum·bre *s.f.* Pesar, pena.

pé·sa·me *s.m.* Pêsames, condolências. ♦ **Dar el pésame.** Dar os pêsames.

pe·sar *s.m.* **1.** Pesar, pena. **2.** Arrependimento, remorso. ● *v.i.* **3.** Pesar, ter certo peso. *La madera mojada pesa mucho.* A madeira molhada é muito pesada. ■ *v.t.* **4.** *Fig.* Causar ou sentir pesar, arrependimento. *Me pesa no haber ido al entierro.* Arrependo-me de não ter ido ao enterro. **5.** *Fig.* Exercer pressão, fazer peso. *Las deudas le pesaban.* As dívidas o oprimiam. **6.** Pesar, ter importância, influir. *Eso pesa en mi decisión.* Isso pesa na minha decisão. **7.** Ter ônus ou dívida. *Sobre el coche pesa la mitad de la deuda.* Ainda temos metade da dívida do carro para pagar. **8.** Pesar, determinar o peso. *En el aeropuerto pesan las valijas.* No aeroporto pesam as malas. **9.** *Fig.* Pesar, ponderar. *Hay que pesar todas las desventajas.* É preciso pesar todas as desvantagens. ■ **pesarse** *v.p.* Pesar-se, determinar o próprio peso. ♦ **A pesar de.** Apesar de/A despeito de. **A pesar de los pesares.** Apesar dos pesares. **A pesar mío/tuyo.** Contra a minha/sua vontade. **Pese a.** Apesar de. *Pese a la enfermedad, sigue trabajando.* Apesar da doença, continua trabalhando. **Pese a que.** Apesar de que. **Pese a quien pese.** Doa a quem doer.

pes·ca *s.f.* Pesca, pescaria.

☞ **pes·ca·da** *s.f.* Merluza.

pes·ca·de·rí·a *s.f.* Peixaria.

pes·ca·do *s.m.* Peixe comestível, peixe que já foi pescado e destinado à alimentação. *Me gusta más el pescado que la carne.* Gosto mais de peixe do que de carne. *Cenaremos pescado.* Vamos ter peixe no jantar. ♦ **Carne de pescado.** Carne de peixe.

pes·ca·dor/·do·ra *adj. e s.* Pescador.

pes·ca·do·ra *s.f.* Tipo de camisa usada fora da calça.

pes·car *v.t.* **1.** Pescar, fisgar. **2.** *Fig. e col.* Pescar, surpreender, pegar. **3.** *Fig. e col.* Pescar, apanhar, agarrar.

pes·cue·zo *s.m.* Pescoço de animais. ■ Não se

aplica a "pescoço de pessoa". ♦ **Retorcer el pescuezo.** Torcer o pescoço.

pe·si·mis·ta *adj. e s.2g.* Pessimista.

pé·si·mo/a *adj.* Péssimo.

pe·so *s.m.* **1.** Peso, medida da força da gravidade sobre um corpo. **2.** *Fig.* Peso, cansaço, indisposição. **3.** *Desp.* Peso, categoria de boxe. **4.** *Com.* Peso, encargo, ônus. **5.** Peso, unidade monetária de vários países latino-americanos. **6.** *Fig.* Peso, importância, consideração. **7.** Balança. *Un peso para camiones.* Uma balança para caminhões. **8.** *Fig.* Peso, preocupação. *La educación de los hijos es un peso.* A educação dos filhos é uma preocupação. **9.** Pesagem. ♦ **Peso bruto/neto.** *Com.* Peso bruto/líquido. **Peso gallo/pluma/ligero/pesado.** *Desp.* Peso-gallo/peso-pena/peso leve/pesado. **Peso muerto.** Peso morto, carga inútil. **A peso de oro.** A peso de ouro. **Caer por su propio peso.** Ser mais que óbvio. **De peso.** De valor, de importância.

pes·ta·ña *s.f.* **1.** Cílio, pestana. **2.** Tira de tecido deixada dentro da costura. **3.** Rebarba. ♦ **Quemarse las pestañas.** Queimar as pestanas, estudar muito.

pes·te *s.f.* **1.** *Med.* Peste, epidemia. **2.** *Med.* Peste, doença infecciosa. **3.** *Fig.* Pestilência, mau cheiro. **4.** *Fig.* Praga, abundância de algo ruim. *Estas hormigas en la cocina son una peste.* Estas formigas na cozinha são uma praga. **5.** *Fig.* Peste, coisa nociva, perniciosa. *El poder es una peste.* O poder é pernicioso. ♦ **Peste bubónica.** *Med.* Peste bubônica. **Echar pestes.** Rogar praga.

pé·ta·lo *s.m. Bot.* Pétala.

pe·ta·te *s.m.* **1.** Esteira. **2.** Trouxa de roupa.

pe·ti·ción *s.f.* **1.** Petição, pedido. **2.** *For.* Requerimento, petição. ♦ **Petición de principio.** Petição de princípio. **A petición de.** A pedido de.

pe·ti·so/a *adj. Amer.* Baixinho. ■ *Tb.: petizo.*

pe·tró·leo *s.m.* Petróleo.

pe·tro·quí·mi·co/a *adj.* **1.** Petroquímico. ● *s.f.* **2.** Petroquímica.

pe·tu·lan·te *adj. e s.2g.* Petulante, insolente, presunçoso.

pe·yo·ra·ti·vo/a *adj.* Pejorativo.

pez[1] *s.m.* Peixe (quando não foi pescado para fins alimentares). *Hay muchos peces en aquel río.* Há muitos peixes naquele rio. ■ *Pl.:* peces. ♦ **Pez espada.** Peixe-espada. **Pez gordo.** *Fig.* Personagem importante. **Como el pez en la agua.** Como o peixe na água.

pez[2] *s.f.* Betume, piche, pez.

pe·zón *s.m.* **1.** *Bot.* Pedúnculo. **2.** Bico do seio, mama, mamilo.

pia·nis·ta *s.2g. Mus.* Pianista.

pia·no *s.m. Mus.* Piano. ♦ **Piano de cola.** Piano de cauda. **Piano de manubrio.** Pianola.

pi·be/a *s. Rio-plat.* Garoto.

pi·ca·da *s.f. Amer.* Trilha.

pi·ca·di·llo *s.m.* Picadinho (de carne).

pi·ca·do[1]**/a** *adj.* **1.** Picado, mordido. **2.** Beliscado. **3.** Cortado em pedacinhos. *Papel picado.* Papel picado. **4.** Crespo, diz-se do mar agitado. **5.** Diz-se de bebida azeda. *Vino picado.* Vinho azedo. **6.** *Amer.* Alto, ébrio. ● *s.m.* **7.** Picadinho. ■ *s.f.* **8.** Picada, picadura. **9.** Bicada. **10.** *Arg.* Petisco, antepasto. **11.** *Amer.* Trilha. ♦ **Carne picada.** Carne moída.

pi·ca·do[2] *s.m.* Picada, queda vertical. ♦ **En picado.** A pique.

pi·ca·du·ra *s.f.* **1.** Picada. *Una picadura de mosquito.* Uma picada de mosquito. **2.** Furo feito por traças. **3.** Início de cárie. *Una picadura en el diente.* Uma pequena cárie no dente. **4.** Machucado nas frutas.

pi·ca·flor *s.m.* Beija-flor.

pi·can·te *adj.* Apimentado, ardido.

pi·car *v.t.* **1.** Picar, morder. *Las pulgas pican.* As pulgas picam. **2.** Bicar. **3.** Picar, espetar, aguilhoar. *Picar con un alfiler/con la espada.* Espetar com um alfinete/com a espada. **4.** Picar, morder a isca (peixe). **5.** Picar, cortar em pedacinhos. *Picar la cebolla.* Picar a cebola. **6.** Esporear (cavalo). **7.** Picotar. *Picar el boleto de tren.* Picotar a passagem

picardía 314 **pierna**

de trem. **8.** *Fig.* Irritar. **9.** Lançar-se em picada. ■ *v.i.* **10.** Sentir coceira, coçar. *Me pica la espalda.* Estou com coceira nas costas. **11.** Ser picante (ao paladar). *La pimienta pica.* A pimenta arde. **12.** Beliscar, comer pouco. **13.** Arder, queimar. *El sol pica.* O sol arde. ■ **picarse** *v.p.* **1.** Agitar-se (mar). **2.** *Fig.* Enfurecer-se. **3.** Ser furado por traças (roupa).

pi·car·dí·a *s.f.* **1.** Astúcia, malícia. **2.** Malandragem, travessura.

pí·ca·ro/a *adj. e s.* **1.** Patife, vigarista, pícaro, picareta. **2.** *Fig.* Travesso, astuto, pícaro.

pi·car·se *v.p.* **1.** Azedar (vinho). **2.** *Amer.* Embriagar-se. ♦ **Picar alto.** Sonhar alto.

pi·ca·zón *s.f.* **1.** Comichão, coceira. **2.** *Fig.* Mágoa, desgosto.

pi·chón *s.m.* **1.** Filhote de pombo. **2.** *Fig. e col.* Gato (forma de se referir ao namorado). **3.** *Col.* Criança, filhote.

pic·nic *s.m. Angl.* Piquenique.

pi·co[1] *s.m.* **1.** Bico, pico (aves). **2.** Bico, ponta. **3.** Pico, cume. **4.** Picareta. **5.** *Vulg. Chile.* Órgão sexual masculino. ♦ **Pico carpintero.** Pica-pau. **Cerrar el pico.** Fechar o bico.

pi·co[2] *s.m.* **1.** Pouco (em relação a determinada hora). *Llegó a las cuatro y pico.* Chegou às quatro e pouco. **2.** *Col.* Bolada, fortuna. ♦ **Salir por un pico.** Sair/Custar caro.

pi·co·te·ar *v.t.* **1.** Bicar. **2.** *Fig.* Petiscar, beliscar, lambiscar.

pie *s.m.* **1.** Pé, membro terminal do corpo. **2.** Pé, base. **3.** *Bot.* Tronco. *Ese árbol tiene el pie torcido.* Essa árvore está com o tronco torto. **4.** *Bot.* Pé, planta pequena. *Un pie de albahaca.* Um pé de manjericão. **5.** Parte de meias, calçados, etc. que cobre o pé. **6.** Pé, medida inglesa. **7.** Pé, medida poética. **8.** Pé, parte oposta à cabeceira. ♦ **Pie de cabra.** Pé de cabra. **Pie de imprenta.** Dados de impressão em um livro. **Pie plano.** Pé chato. **Pies ligeros.** Pés leves, pessoa que anda rápido. **A cuatro pies.** (Andar) De quatro. **A pie.** A pé. **A pie de texto/página.** No rodapé (em textos). **A pie juntillas. 1.** Com os pés juntos. **2.** Piamente. **Al pie de fábrica.** A preço de fábrica. **Al pie de la letra.** Ao pé da letra. **Besar los pies.** Beijar os pés. **Buscarle tres/cinco pies al gato.** Procurar pelo em ovo. **Cojear del mismo pie.** Sofrer do mesmo mal. **Con un pie en el hoyo.** Com o pé na cova. **Dar pie.** Dar motivo. **De pie. 1.** De pé, acordado. **2.** De pé, ereto. **De pies a cabeza.** Da cabeça aos pés. **Echar pie atrás.** Voltar atrás. **Echarse a los pies de.** Jogar-se aos pés de. **En pie. 1.** De pé, ereto. **2.** De pé, válido. **En pie de guerra.** Em pé de guerra. **Hacer (algo) con los pies.** Fazer (algo) nas coxas. **Hacer pie. 1.** Tocar o fundo (na água), dar pé. **2.** Abrir-se caminho. **Ir(se) de a pie.** Ir a pé, caminhando. **No dar pie con bola.** Não fazer nada certo, não dar uma dentro. **No poder tenerse en pie.** Não se aguentar em pé. **No poner los pies en.** Não pôr os pés em, não pisar. **Ponerse de pie. 1.** Ficar de pé. **2.** Recuperar-se de uma doença. **Quedarse a pie. 1.** Ficar a pé. **2.** Ficar na mão.

pie·dra *s.f.* **1.** Pedra, rocha. **2.** Pedra, lápide. **3.** Pedra, granizo. **4.** *Med.* Pedra, cálculo. ■ Não tem sentido de "peça de jogo". ♦ **Piedra angular.** Pedra angular, fundamental. **Piedra artificial.** Pedra de bijuteria, que imita a pedra preciosa. **Piedra de mechero.** Pedra de isqueiro. **Piedra de molino.** Mó. **Piedra pómez.** Pedra-pomes. **Piedra preciosa.** Pedra preciosa. **Piedra tallada.** Pedra lascada. **No dejar piedra sobre piedra.** Não deixar pedra sobre pedra. **Tirar la piedra y esconder la mano.** Fazer algo errado e não assumir a culpa, fazer cara de inocente.

piel *s.f.* **1.** Pele, epiderme. **2.** Pele, couro animal. *Un abrigo de piel.* Um casaco de pele. **3.** Casca de certas frutas, pele. *La piel de la manzana.* A casca da maçã. ♦ **Pagar con la piel.** Pagar com a própria pele.

pier·na *s.f.* **1.** Perna, membro inferior do corpo. **2.** Pernil, coxa de animal. **3.** Perna, haste das letras. ■ Não se aplica a "perna de mesa ou cadeira". ♦ **A pierna suelta/tendida**. À perna solta, à vontade. **Con las piernas cruzadas**. De pernas cruzadas. **Estirar las piernas**. Esticar as pernas.

pie·za *s.f.* **1.** Peça, componente (de mecanismo, estrutura). **2.** Peça, pedaço, parte. *Una pieza de tela*. Um corte de tecido. **3.** Quarto, aposento. *Tengo el libro en mi pieza*. O livro está no meu quarto. **4.** Peça, pedra (de jogo). **5.** Animal caçado ou pescado. *La pesquería fue buena: traje cinco piezas*. A pescaria foi boa: trouxe cinco peixes. **6.** Peça, obra artística. ♦ **Pieza de artillería**. *Mil.* Peça de artilharia. **Pieza de auto**. *For.* Documento de um processo. **Pieza de recambio**. Peça de reposição. **Quedarse de una pieza**. Ficar pasmo, paralisado.

pig·men·to *s.m.* Pigmento, corante.

pi·ja·ma *s.m.* Pijama. ■ *Tb.: piyama*.

pi·jo·te·ro/a *adj. Amer.* Mesquinho, miserável.

pi·la *s.f.* **1.** Pia, lavabo. **2.** Tanque de lavar. **3.** Banheira. **4.** *Eletr.* Pilha, bateria. **5.** Pilha, objetos amontoados. ♦ **Nombre de pila**. Nome de batismo.

pi·lar *s.m.* **1.** Estaca. **2.** Pilar, coluna. **3.** Tanque, reservatório de água. ● *v.t.* **4.** Pilar, esmagar no pilão.

píl·do·ra *s.f.* **1.** Pílula, drágea, comprimido. **2.** Pílula anticoncepcional. **3.** *Fig. e col.* Notícia desagradável. ♦ **Dorar la píldora**. Dourar a pílula. **Tragar la píldora**. Engolir uma mentira.

pi·le·ta *s.f. Amer.* **1.** Pia pequena. **2.** Piscina.

pi·lo·tar *v.t.* Pilotar, dirigir (veículo, avião).

pi·lo·te *s.m.* Estaca.

pi·lo·to *adj.* **1.** Modelo, piloto. *Proyecto piloto*. Projeto piloto. ● *s.m.* **2.** *Mar.* Imediato (navio mercante). **3.** *Mar.* Timoneiro. **4.** Piloto. **5.** Bico de gás, piloto. **6.** *Eletr.* Luz indicadora de ligado/desligado. **7.** Lanterninha vermelha (automóvel). ♦ **Piloto automático**. Piloto automático.

pi·men·tón *s.m.* **1.** Colorau. **2.** Pimentão. ■ Pouco usado na acepção 2.

pi·mien·to/a *s.m. Bot.* **1.** Pimentão. **2.** Pimenteiro. **3.** Pimenteira. ■ *s.f.* **4.** Pimenta.

pim·po·llo *s.m.* **1.** *Bot.* Broto, rebento. **2.** *Bot.* Botão de rosa. **3.** *Bot.* Árvore nova. **4.** *Fig. e col.* Pessoa atraente.

pi·nar *s.m. Bot.* Pinhal, pinheiral.

pin·cel *s.m.* **1.** Pincel. **2.** *Fig.* Estilo de um pintor. *Parece el pincel de Picasso*. Parece o estilo de Picasso.

☞ **pin·char** *v.t.* **1.** Furar, cravar. *Pinchó un neumático*. Furou um pneu. **2.** Espetar, segurar com espeto, garfo. *Pinchó un trozo de queso con el palillo*. Pegou um pedaço de queijo com o palito. **3.** *Inform.* Clicar. ■ *v.i.* **4.** Fracassar. **5.** *Fig.* Cutucar, irritar. ■ **pincharse** *v.p.* **1.** Espetar-se. *Vas a pincharte con ese clavo*. Você vai se espetar com esse prego. **2.** Furar-se, cravar-se. **3.** *Arg.* Drogar-se, consumir droga injetável, picar-se. **4.** *Col.* Tomar injeção.

pin·cha·zo *s.m.* **1.** Espetada, aguilhoada, agulhada. **2.** Furo (pneu). **3.** Agulhada, injeção.

ping·pong *s.m.* Pingue-pongue.

pin·gui·no *s.m.* Pinguim.

☞ **pi·no/a** *adj.* **1.** Vertical, a pino. **2.** Íngreme. ● *s.m.* **3.** *Bot.* Pinheiro. ♦ **Hacer el pino**. Plantar bananeira.

pin·ta *s.f.* **1.** Pinta, sinal, marca na pele. **2.** Sinal no canto das cartas de baralho, naipe. **3.** Aspecto, aparência, pinta. *Esa chica tiene buena pinta*. Essa moça tem boa aparência. **4.** *Med.* Tifo. **5.** Gota, pingo. *No hay ni pinta de aceite*. Não há nem uma gota de óleo. ♦ **A pintas**. De bolinhas.

pin·tar *v.t.* **1.** Pintar, cobrir de tinta. **2.** *Fig.* Descrever, pintar, retratar. **3.** Desenhar. ■ *v.i.* **4.** Amadurecer, madurar (frutos). *Ya pintan las manzanas*. As maçãs já estão amadurecendo. **5.** Sinalizar, marcar, escrever. *Este lápiz no pinta*. Este lápis não está escrevendo. **6.** *Fig. e col.* Surgir, aparecer, pintar. **7.** *Fig. e col.* Significar, ter importância. *Él no pinta nada*. Ele é um zero à esquerda. ■ **pintarse** *v.p.* Maquiar-se, pintar-se.

pin·tor/·to·ra *s.* Pintor. ♦ **Pintor de brocha gorda.** Pintor de paredes.

pin·tu·ra *s.f.* **1.** Pintura, revestimento com tinta. *La pintura de la pared es nueva.* A pintura da parede é nova. **2.** Pintura, quadro, tela. **3.** Tinta. *Pintura fresca.* Tinta fresca. *Una mano de pintura.* Uma demão de tinta. **4.** *Fig.* Pintura, descrição. ♦ **No poder ver ni en pintura.** Não poder ver nem pintado.

pin·za *s.f.* **1.** Pinça. **2.** Pregador (de roupa).

pi·ña *s.f.* **1.** *Bot.* Abacaxi. **2.** *Bot.* Pinha, fruto do pinheiro. **3.** *Fig.* Turma, grupo de pessoas. **4.** *Fig.* Bofetada. ♦ **Dar(se) una piña.** Bater o carro.

pí·o/a *adj.* **1.** Pio, piedoso. ▪ *s.m.* **2.** Pio, piado. **3.** *Col.* Desejo veemente. ♦ **No decir ni pío.** Não dar um pio. **Obra pía.** Obra beneficente.

pio·jo *s.m.* Piolho.

pio·ne·ro/a *s.* Pioneiro.

pi·pa *s.f.* **1.** Cachimbo. **2.** Pipa, barril, tonel. **3.** *Bot.* Semente (girassol, melão, melancia). **4.** *Mus.* Boquilha de instrumentos de sopro. **5.** Espoleta.

pi·ra·ña *s.f.* Piranha.

pi·ra·ta *adj.* **1.** Pirata, clandestino. ▪ *adj. e s. 2g. Fig. e col.* **2.** Pirata, ladrão. **3.** Cruel, desalmado. ▪ *s.m.* **4.** Pirata, corsário.

pi·ro·po *s.m.* **1.** Elogio, confete. **2.** Galanteio, cantada. **3.** *Quím.* Piropo, mineral de cor vermelha. **4.** Rubi.

pi·rue·ta *s.f.* **1.** Pirueta, salto, rodopio. **2.** Pirueta, volta rápida do cavalo, reviravolta. **3.** *Fig.* Artifício, ardil.

pi·ru·lí *s.m.* Pirulito.

pis *s.m. Col.* Pipi, xixi.

pi·sar *v.t.* **1.** Pisar, tocar com os pés. *¡No pises ahí!* Não pise aí! **2.** Pisar, esmagar com os pés. *Pisó la hormiga.* Pisou a formiga. **3.** Pressionar as teclas de um instrumento. **4.** *Fig.* Pisar, humilhar, desprezar. **5.** Copular (animais).

pis·ci·na *s.f.* Piscina.

pis·cis *s.m.* Peixes, signo do zodíaco.

pis·co *s.m. Amer.* Aguardente de uva.

pi·so *s.m.* **1.** Chão, piso, solo. *El libro cayó al piso.* O livro caiu no chão. **2.** Piso, pavimento, revestimento, assoalho. **3.** Sola de sapato. **4.** Andar, pavimento (de edifício). *Viven en el segundo piso.* Moram no segundo andar. **5.** Apartamento. *Es un piso pequeño.* É um apartamento pequeno. ♦ **Derecho de piso. 1.** *Amer.* Direito de admissão/permanência. **2.** Pagar para ter esse direito.

pi·so·te·ar *v.t.* **1.** Pisotear, esmagar. **2.** *Fig.* Pisotear, humilhar. **3.** *Fig.* Transgredir, infringir (leis).

pis·ta *s.f.* **1.** Pista, rastro. **2.** Pista, superfície preparada para um fim. *Pista de baile.* Pista de dança. *Pista de aterrizaje.* Pista de aterrissagem. **3.** Pista, estrada. **4.** Faixa de gravação (fita, disco). ♦ **Seguir la pista.** Seguir a pista/o rastro.

pis·to·la *s.f.* **1.** *Mil.* Pistola, revólver. **2.** Pulverizador, pistola.

pis·tón *s.m.* **1.** Peça de arma de fogo. **2.** *Mus.* Pistom, dispositivo em certos instrumentos de sopro. **3.** *Mec.* Êmbolo, pistão.

pi·ta *s.f.* **1.** Assovio de protesto ou desagrado, vaia. **2.** Bolinha de gude. **3.** Agave, sisal. **4.** *Amer.* Linha, barbante.

pi·tar *v.i.* **1.** Apitar, tocar um apito. **2.** Assoviar, vaiar. **3.** *Col.* Apitar, mandar, ter influência. **4.** *Desp. e col.* Apitar, arbitrar (jogos). **5.** *Amer.* Fumar, pitar. ♦ **Salir pitando.** Sair correndo.

pi·to *s.m.* **1.** Apito. **2.** Silvo, apito. **3.** Cigarro. **4.** Buzina de carro. **5.** *Vulg.* Pênis. **6.** *Amer.* Carrapato. **7.** *Amer.* Cachimbo. ♦ **Entre pitos y flautas.** Entre uma coisa e outra. **Importar un pito.** Não dar a mínima. **No valer un pito.** Não valer nada. **¿Qué pito toca?** O que é que tem a ver?

pi·za·rra *s.f.* **1.** *Geol.* Ardósia. **2.** Lousa, quadro-negro.

piz·ca *s.f.* Pitada, pingo, porção muito pequena de algo. ♦ **Ni pizca.** Nenhuma gota. *No sobró ni pizca de café.* Não sobrou nenhuma gota de café.

pla·ca *s.f.* **1.** Placa, chapa, lâmina. **2.** Placa, letreiro, cartaz. **3.** Placa, condecoração. **4.** Insígnia, distintivo policial. **5.** Placa de vidro usada em fotografia. ■ Não se aplica a "placa de automóvel".

pla·cer *s.m.* **1.** Prazer, deleite, gozo. **2.** Prazer, satisfação, gosto. **3.** Diversão, entretenimento, prazer. **4.** Banco de areia. **5.** Depósito de minerais. ● *v.i.* **6.** Agradar, aprazer. *Me place estar contigo.* Agrada-me estar com você. ■ *C.mod. 05.*

pla·ga *s.f.* **1.** Praga, peste, calamidade. **2.** *Fig.* Praga, abundância de coisas ou pessoas desagradáveis ou nocivas. **3.** Plaga, região climática. **4.** Praga, epidemia.

pla·gio *s.m.* Plágio, cópia, imitação.

plan *s.m.* **1.** Plano, nível, altura. *Su propuesta está en un plan superior a la tuya.* A proposta dele está num plano superior à sua. **2.** Plano, projeto. *Presentaron un nuevo plan.* Apresentaram um novo projeto. **3.** Plano, intenção, ideia. *Su plan es viajar.* A sua intenção é viajar. **4.** *Fig.* Plano, programa, encontro. *No tengo ningún plan para hoy.* Não tenho nenhum programa para hoje. **5.** Plano, esquema. *Hizo el plan de la conferencia.* Fez um esquema da conferência. ♦ **Plan económico.** Plano econômico, pacote de medidas. **En plan de.** Com intenção de.

plan·cha *s.f.* **1.** Lâmina, chapa, placa. **2.** Ferro de passar roupa. **3.** Ação de passar roupa. *No me gusta la plancha.* Não gosto de passar roupa. **4.** Roupa passada ou a ser passada. *Tiene mucha plancha hoy.* Tem muita roupa para passar hoje. **5.** *Tip.* Molde para impressão. **6.** Prancheta, tábua. **7.** *Fig.* Fora, gafe, mancada. ♦ **Poner una plancha.** Dar/ Passar uma rasteira.

plan·char *v.t.* Passar roupa.

pla·ne·ar *v.t.* **1.** Planejar, projetar. ■ *Tb.:* planificar. ● *v.i.* **2.** Planar.

pla·ne·ta *s.m.* Planeta.

pla·ni·cie *s.f.* Planície.

pla·ni·fi·ca·ción *s.f.* Planejamento, planificação. ♦ **Planificación familiar.** Planejamento familiar.

pla·ni·fi·car *v.t.* Planejar, idealizar, planificar.

pla·ni·lla *s.f. Amer.* **1.** Listagem, planilha, chapa. **2.** *Com.* Demonstrativo financeiro. ♦ **Planilla de pagos.** Folha de pagamento.

pla·no/a *adj.* **1.** Liso, plaino, plano. ● *s.m.* **2.** Plano, superfície plana. **3.** Planta, mapa, plano. *Un plano de la ciudad/una casa.* Uma planta da cidade/de uma casa. **4.** Altura, nível, plano. *Los dos están situados en el mismo plano.* Os dois estão situados no mesmo nível. **5.** Classe/Nível social. *José y yo somos de planos diferentes.* José e eu somos de classes sociais diferentes. **6.** Ângulo fotográfico, plano. ■ *s.f.* **7.** Desempenadeira. **8.** Folha de papel. **9.** Planície. **10.** *Tip.* Página impressa. ♦ **De plano.** Certamente, claramente. **Primer plano.** Primeiro plano. **Primera plana.** Primeira página (jornal).

plan·ta *s.f.* **1.** Planta, parte inferior do pé. **2.** *Bot.* Planta, vegetal, árvore. **3.** *Bot.* Plantação, plantio, planta. **4.** *Arq.* Planta, representação de uma construção. **5.** Andar, pavimento. *Vivo en la tercera planta.* Moro no terceiro andar. **6.** Quadro de funcionários de uma empresa. **7.** Usina, fábrica. *Planta siderúrgica.* Usina siderúrgica. ♦ **Planta baja.** Térreo.

plan·ta·ción *s.f. Bot.* Plantação.

plan·tar *v.t.* **1.** *Bot.* Plantar, semear, cultivar. **2.** Fincar, plantar, fixar no solo. **3.** Plantar, assentar, colocar. **4.** Implantar, estabelecer, fundar. **5.** *Fig. e col.* Bater. *Le plantó una bofetada.* Deu-lhe um tapa. **6.** *Fig.* Pôr alguém contra a vontade num lugar, enfiar. *Lo plantaron en el despacho.* Enfiaram-no no escritório. ■ **plantarse** *v.p.* **1.** Deter, ficar firme, interpor-se. *Se plantó ante él para evitar la pelea.* Ficou na frente dele para evitar a briga. **2.** Plantar-se, ficar imóvel. *Nos plantamos ante el general.* Ficamos imóveis na frente do general. **3.** Chegar rapidamente a algum lugar. ♦ **Plantar (a al-**

guien). Deixar plantado, não ir a um encontro ou compromisso.

plan·tea·mien·to *s.m.* **1.** Plano, projeto, esboço. *El planteamiento de una obra.* O projeto de uma obra. **2.** Exposição, formulação, estabelecimento. *Hizo un claro planteamiento de la cuestión.* Fez uma exposição clara da questão. **3.** Proposição, colocação, abordagem. *Vamos a analizar todos los planteamientos.* Analisaremos todas as proposições.

plan·te·ar *v.t.* **1.** Projetar, planejar, esboçar, formular. **2.** Implantar, estabelecer. **3.** Propor, sugerir. *Él planteó la discusión.* Ele sugeriu a discussão. **4.** Expor um assunto, colocar, abordar. *Planteó bien el tema.* Expôs bem o assunto. ● *v.i.* **5.** Chorar, prantear.

plan·ti·lla *s.f.* **1.** Sola de sapato. **2.** Palmilha. **3.** Fôrma, modelo, molde. **4.** Gabarito para correção de testes, respostas. **5.** Quadro de funcionários de uma empresa. **6.** *Fig.* Arrogância, presunção. ♦ **De plantilla.** Efetivo (funcionário).

plan·tón *s.m.* **1.** *Bot.* Muda (planta). **2.** *Mil.* Plantão. ♦ **Dar un plantón.** Dar o bolo, não comparecer a um encontro. **Estar de plantón.** Estar/Ficar parado durante muito tempo, em pé, esperando. ▪ Não se aplica a "plantão médico".

plás·ti·co/a *adj.* **1.** Maleável, moldável, plástico. ● *s.m.* **2.** Material plástico. ▪ *s.f.* **3.** Arte plástica. **4.** Arte de modelar, plástica. ♦ **Cirugía plástica.** *Med.* Cirurgia plástica.

pla·ta *s.f.* **1.** *Quím.* Prata, metal branco. **2.** *Fig. Amer.* Prata, dinheiro. ♦ **Bodas de plata.** Bodas de prata. **En plata.** Em dinheiro. **Manos de plata.** Mãos de fada.

pla·ta·for·ma *s.f.* **1.** Tablado, tribuna. **2.** Plataforma, terraço. **3.** Plataforma, truque (vagão de trem). **4.** Plataforma, estrado sem assento em alguns veículos. **5.** Plataforma, programa político. **6.** Posto petrolífero. ▪ Não tem sentido de "local de embarque e desembarque em estações".

plá·ta·no *s.m. Bot.* **1.** Bananeira. **2.** Banana. **3.** Plátano.

pla·tea *s.f.* Plateia, parte inferior dos teatros, cinemas. ▪ Não tem sentido de "público".

plá·ti·ca *s.f. Amer.* **1.** Conversa, diálogo. **2.** Discurso breve, palestra.

pla·ti·car *v.i. Amer.* Conversar, bater papo.

pla·ti·no *s.m.* **1.** Platina (metal). **2.** *Mec.* Platinado.

pla·to *s.m.* **1.** Prato, recipiente para comida. **2.** Comida, prato, menu. **3.** Prato de balança. **4.** *Mec.* Disco. **5.** *Fig.* Assunto, motivo de comentário. **6.** *Eletr.* Prato de toca-discos. ♦ **Plato fuerte.** Prato principal de uma refeição. **Plato hondo/sopero.** Prato fundo/de sopa. **Plato llano.** Prato raso. **Plato volador.** Disco voador. **Ser un plato.** Ser uma figura.

pla·ya *s.f.* Praia. ♦ **Playa de estacionamiento.** *Amer.* Pátio de estacionamento.

pla·za *s.f.* **1.** Praça, largo. **2.** Praça, local público para festas, exposições. **3.** Mercado, feira, praça. **4.** Espaço, lugar, vaga. *El cine tiene 200 plazas.* O cinema tem 200 lugares. **5.** Posto, cargo, vaga. *En esa empresa tienen una plaza de secretaria.* Nessa empresa há uma vaga de secretária. ♦ **Plaza de abastos.** Mercado de vendas por atacado. **Plaza de toros.** Arena, local onde se realizam touradas. **Sacar (algo) a la plaza.** Lançar (algo) na praça.

pla·zo *s.m.* **1.** Prazo, período de tempo para realizar algo. **2.** *Com.* Prestação, parcela de pagamento. *Ya pagué cuatro plazos del coche.* Já paguei quatro prestações do carro. ♦ **A plazo.** A prazo.

ple·bis·ci·to *s.m.* Plebiscito.

ple·ga·di·zo/a *adj.* Fácil de dobrar, dobrável. *Silla plegadiza.* Cadeira dobrável.

ple·gar *v.t.* **1.** Fazer pregas, dobrar. **2.** *Col.* Encerrar (trabalho, expediente). *Hoy plegaremos a las cuatro.* Hoje encerraremos o expediente às quatro. ▪ **plegarse** *v.p.* Submeter-se, ceder, curvar-se. ▪ *C.mod. 01.*

ple·ga·ria *s.f.* **1.** Súplica, prédica. **2.** Toque do sino para oração.

plei·to *s.m.* **1.** *For.* Pleito, litígio, processo,

questão. **2.** Discussão, briga. ♦ **Pleito civil/criminal.** *For.* Causa cível/criminal. **Perder/Ganar el pleito.** Perder/Ganhar uma causa/ação. **Poder para pleitos.** *For.* Procuração *ad judicia.* **Poner pleito.** *For.* Processar.

ple·no/a *adj.* **1.** Pleno, cheio, completo. • *s.m.* **2.** Sessão plenária.

pleo·nas·mo *s.m. Gram.* Pleonasmo, redundância.

plie·go *s.m.* **1.** Folha de papel. **2.** Folha de papel de forma quadrangular, dobrada ao meio. **3.** Documento lacrado. **4.** *Tip.* Caderno de folhas usadas na confecção de livros. ♦ **Pliego común.** Folha de papel (43,5 cm x 31,5 cm). **Pliego de cargos.** *For. Esp.* Rol de acusação. **Pliego de condiciones.** Edital (concorrência, leilão). **Pliego de cordel.** Livros de cordel.

plie·gue *s.m.* **1.** Dobra, ruga. **2.** Prega.

plo·me·ro *s.m.* Encanador, bombeiro. ■ *Sin.: fontanero, lampista.*

plo·mo *s.m.* **1.** *Quím.* Chumbo. **2.** Prumo. **3.** *Fig.* Bala, projétil, chumbo. **4.** *Fig.* Pessoa chata, cansativa. *Esa chica es un plomo.* Essa garota é uma chata. ♦ **A plomo.** A prumo.

plu·ma *s.f.* **1.** Pluma, pena. *Las plumas de las aves.* As penas das aves. *Una almohada de plumas.* Um travesseiro de plumas. **2.** Caneta-tinteiro. **3.** *Fig.* Caligrafia, pena. **4.** *Fig.* Estilo, linguagem, pena. **5.** *Fig.* Escritor. *Cervantes fue una de las mejores plumas de la lengua española.* Cervantes foi um dos melhores escritores da língua espanhola. ♦ **Pluma estilográfica/fuente.** Caneta-tinteiro. **Al correr de la pluma.** Ao correr da pena. **Peso pluma.** *Desp.* Peso-pena.

plu·me·ro *s.m.* **1.** Espanador (de pó). **2.** Penacho. **3.** Porta-lápis, estojo.

plu·ral *adj. e s.m. Gram.* Plural.

plus·cuam·per·fec·to *adj. e s.m. Gram.* Tempo verbal equivalente ao pretérito mais-que-perfeito do português.

po·bla·ción *s.f.* **1.** Povoação, povoamento. **2.** População, povo, habitantes. **3.** Povoado, vila, povoação. **4.** População, amostra, universo estatístico.

po·bla·do/a *adj.* **1.** Povoado, ocupado, habitado. • *s.m.* **2.** Povoado, vila.

po·blar *v.t.* **1.** Povoar, fundar. **2.** Povoar, habitar. **3.** Procriar, aumentar, expandir. ■ **poblarse** *v.p.* Povoar-se, expandir-se. ❚ *C.mod. 03.*

po·bre *adj. e s.2g.* **1.** Pobre, sem recursos econômicos, necessitado. **2.** *Fig.* Pobre, parco, maldotado. **3.** *Fig.* Pobre, modesto, de pouco valor. *Un discurso pobre.* Um discurso pobre. ■ *s.2g.* **4.** Pobre, mendigo. **5.** *Fig.* Pobre, infeliz, coitado. *La pobre está siempre enferma.* A coitada está sempre doente. • *interj.* **6.** Coitado! ♦ **¡Pobre de mí! ¡Pobre de mim!** Ai de mim!

po·bre·za *s.f.* Pobreza, necessidade, carência.

po·ci·llo *s.m.* Xícara, caneca (chá, chocolate). *Se tomó dos pocillos de té.* Tomou duas xícaras de chá.

po·co/a *adj. e p.* **1.** Pouco, escasso, reduzido. *Unas pocas líneas.* Umas poucas linhas. • *s.m.* **2.** Pouco, pequena quantidade. *Un poco de sal.* Um pouco de sal. • *poco adv.* **1.** Pouco, em pequena quantidade ou intensidade. *Me cansé un poco.* Fiquei um pouco cansado. **2.** Pouco, em pouco tempo, logo. *Tardó poco.* Demorou pouco. ♦ **Poco a poco.** Pouco a pouco. **Poco más o menos.** Mais ou menos, aproximadamente. **A poco de.** Logo, pouco depois. **A/Por/Con poco que.** Por pouco que, ainda que seja pouco. **Como hay pocos.** Como poucos. **Dentro de poco.** Daqui a pouco. **Hace poco.** Faz/Há pouco tempo. **Por poco.** Por pouco, por um triz.

po·dar *v.i. Bot.* Podar, cortar, carpir. ❚ Não tem sentido de "cortar, rejeitar".

po·der *s.m.* **1.** Poder, capacidade, possibilidade. **2.** Poder, vigor, potência, força. **3.** Poder, autoridade, influência, domínio. **4.** *For.* Procuração, autorização para agir em nome de outro. *Le dejó un poder al abogado.* Deixou uma procuração ao advogado. **5.** Poder, governo, mandato político. *Está en el poder hace dos años.* Está no poder há dois anos. **6.** Poder, posse. *Los documentos están en* *mi poder.* Os documentos estão em meu poder. ● *v.t.* **7.** Poder, conseguir, ter capacidade ou possibilidade. *Puedo hacerlo sin ayuda de nadie.* Posso fazê-lo sem a ajuda de ninguém. **8.** Poder, dominar, ter mais força. *Él podía con el adversario.* Ele tinha mais força do que o adversário. ■ *v.t. e v.impess.* **9.** Poder, ser provável, ser possível. *Puede ser que llueva.* Pode ser que chova. *Puede que venga mañana.* Pode ser que venha amanhã. ■ *v.aux.* **10.** Poder, ser permitido. *Puedes viajar.* Pode viajar. **11.** Poder, ser possível. *Podemos llamar o escribir.* Podemos telefonar ou escrever. ■ *C.mod. 29.* ♦ **Poder absoluto.** Poder absoluto. **Poder adquisitivo.** Poder aquisitivo. **Poder Ejecutivo/Legislativo.** Poder Executivo/Legislativo. **Poder Judicial/público.** Poder Judiciário/público. **Poder para pleitos/juicios/judicial.** *For.* Procuração *ad judicia.* **A más no poder.** Até não poder mais/Até dizer chega. **Caer/Estar bajo el poder de.** Estar sob o poder de. **No poder con.** Não aguentar, não suportar. *No puedo con las mentiras.* Não suporto mentiras. **No poder más.** Não dar mais, estar esgotado. **Por poder.** *For.* Por procuração. **¿Se puede?** Com licença! Posso entrar?

po·dri·do/a *adj.* **1.** Podre, deteriorado. **2.** *Fig.* Podre, imoral. **3.** *Arg. Col.* Cheio, farto.

poe·ma *s.m. Liter.* Poema.

poe·sí·a *s.f. Liter.* Poesia.

poe·ta *s.m. Liter.* Poeta. ■ *F.: poetisa.*

po·lai·na *s.f.* Polaina.

po·lea *s.f. Mec.* Polia, roldana.

po·lé·mi·co/a *adj.* **1.** Polêmico, discutível. ● *s.f.* **2.** Polêmica, discussão, controvérsia.

po·len *s.m. Bot.* Pólen.

po·li·cí·a *s.f.* **1.** Polícia, corporação encarregada de manter a ordem pública. **2.** Polícia, ordem pública, disciplina. ■ *s.m.* **3.** Policial, polícia. *Hay un policía en la esquina.* Tem um policial na esquina. ♦ **Policía de tráfico.** Guarda de trânsito. **Policía secreta.** Polícia secreta. **Policía urbana.** Polícia municipal.

po·li·cial *adj.* **1.** Policial. ● *s.m.* **2.** *Amer.* Policial, guarda. ■ *Tb.: Esp. Policiaco, policíaco.*

po·li·és·ter *s.m. Quím.* Poliéster.

po·li·ga·mia *s.f.* Poligamia.

po·lí·glo·to/a *adj. e s.* Poliglota. ■ *Tb.: polígloto.*

po·lí·go·no/a *adj.* **1.** Poligonal. ● *s.m.* **2.** *Geom.* Polígono. ♦ **Polígono industrial.** Polígono industrial.

po·li·lla *s.f.* Traça.

po·lio·mie·li·tis *s.f. Med.* Poliomielite. ■ *Pl.:* invariável.

po·li·téc·ni·co/a *adj.* Politécnico.

po·lí·ti·co/a *adj.* **1.** Político, relativo à política. *Partido político.* Partido político. **2.** Parentesco familiar por casamento. *Es su padre político.* É seu sogro. *Es su prima política.* É casada com o seu primo. ■ *adj. e s.* **3.** Político, que entende ou trata de política. **4.** Político, hábil, ardiloso. **5.** Político, educado, cortês. ■ *s.f.* **6.** Política, arte e ciência de governar. **7.** Política, atividade relativa a assuntos públicos. **8.** *Fig.* Política, habilidade para conseguir algo, diplomacia. **9.** *Fig.* Política, cortesia, polidez. *Es persona de poca política.* É pessoa pouco polida.

po·li·ti·queo *s.m.* Politicagem.

pó·li·za *s.f.* **1.** Selo para pagamento de tributos. **2.** *Com.* Apólice (seguros).

po·li·zon·te *s.m. Dep.* Tira, policial.

po·lle·ra *s.f.* **1.** Galinheiro, granja. **2.** Andador. **3.** *Amer.* Saia.

po·llo/a *s.* **1.** Frango. ■ *s.m.* **2.** Pintinho, pinto. **3.** *Fig.* Frangote, moço, jovem. **4.** *Fig.* Astuto, inteligente. ■ *s.f.* **5.** Galinha. **6.** *Vulg.* Pênis.

po·lo *s.m.* **1.** Polo, cada um dos extremos do eixo terrestre. *Polo Sur/Norte.* Polo Sul/Norte. **2.** Polo, região polar. **3.** *Fís.* Polo, cada um dos extremos de um corpo magnético. **4.** Picolé, sorvete de palito. **5.** Polo, extremo oposto. **6.** *Fig.* Polo, centro de atenção. **7.** Camisa polo. **8.** *Desp.* Jogo de polo. ♦ **Polo de desarrollo.** Área que goza de incentivos econômicos. **Polo magnético.** Polo magnético. **Polo negativo/positivo.** *Fís.* Polo negativo/positivo.

pol·va·re·da *s.f.* Poeira, nuvem de pó, poeirada.

☞ **pol·vo** *s.m.* **1.** Pó, poeira. **2.** Pequena quantidade, pitada. **3.** Substância pulverizada. **4.** *Amer. Col.* Coito. ♦ **Polvos de talco.** Talco. **Polvos de tocador.** Pó de arroz. **Hacer morder el polvo.** Fazer beijar o chão. **Hacer polvo (algo).** Destruir, reduzir (algo) a pó. **Hecho polvo.** Exausto, cansado.

pól·vo·ra *s.f.* **1.** *Quím.* Pólvora, pó explosivo. **2.** Fogos de artifício. **3.** *Fig.* Pavio curto, mau gênio, irritadiço. ♦ **Gastar pólvora en salvas.** Gastar saliva à toa. **No haber inventado (uno) la pólvora.** Não ter inventado a roda.

pol·vo·re·ar *v.t.* Polvilhar.

pol·vo·rón *s.m.* Biscoito amanteigado.

po·me·lo *s.m. Bot.* Toranja, *grapefruit*.

po·mo *s.m.* **1.** *Bot.* Pomo, fruto carnoso. **2.** Maçaneta, puxador de porta, de gaveta. **3.** Vidro de perfume.

pon·che *s.m.* Ponche, bebida à base de rum, limão e açúcar.

pon·cho *s.m.* Poncho.

pon·de·rar *v.t.* **1.** Elogiar, exaltar. *Ponderaron mucho ese libro.* Elogiaram muito esse livro. **2.** Ponderar, pesar. **3.** *Fig.* Ponderar, pensar, refletir.

po·nen·cia *s.f.* **1.** Comunicação apresentada em congresso. **2.** Comissão relatora.

po·ner *v.t.* **1.** Colocar, pôr, botar. *Puso el libro sobre la mesa.* Pôs o livro sobre a mesa. **2.** Pôr, dispor, arrumar. *Voy a poner la mesa.* Vou arrumar a mesa. **3.** Pôr, deixar, ficar. *Los comentarios me pusieron nerviosa.* Fiquei nervosa com os comentários. **4.** Pôr, posicionar, situar. **5.** Supor, imaginar. *Pon que estás sin dinero.* Imagine que você está sem dinheiro. **6.** Dedicar, prestar (atenção). *Pongan atención, niños.* Prestem atenção, crianças. **7.** Fazer, assumir certo aspecto. *Puso cara de enfado.* Fez cara de aborrecimento. **8.** Exibir, apresentar. *Ponen una buena película hoy.* Hoje vão passar um bom filme. **9.** Impor, obrigar. *Me han puesto otro trabajo.* Impuseram-me outro trabalho. **10.** Estabelecer, instalar, montar. *Ha puesto un quiosco.* Montou uma banca de jornais. **11.** Escrever ou enviar (carta, telegrama). *Pone una carta todas las semanas.* Escreve uma carta todas as semanas. **12.** Ligar, ativar, pôr em funcionamento, acionar. *Puso la televisión.* Ligou a televisão. **13.** Apresentar, mostrar. *Lo pongo como ejemplo.* Apresento isso como exemplo. **14.** Contribuir, pagar, arcar. *Yo tengo que poner la comida.* Eu tenho que pagar a comida. **15.** Opinar, considerar, julgar. **16.** Botar, pôr ovos. ■ **ponerse** *v.p.* **1.** Ficar, tornar-se. *Se puso colorada.* Ficou vermelha. **2.** Opor-se, competir, enfrentar. **3.** Pôr-se (sol). *En invierno el sol se pone más pronto.* No inverno o sol se põe mais cedo. **4.** Vestir, pôr, usar, colocar. *Voy a ponerme la chaqueta.* Vou pôr o paletó. ■ *C.mod. 14.* ♦ **Poner(se) al corriente.** Informar(-se) das novidades. **Poner de manifiesto.** Evidenciar. **Poner en claro.** Esclarecer. **Poner por escrito.** Apresentar por escrito. **Poner en marcha.** Colocar em funcionamento. **Ponerse al día.** Atualizar-se, ficar a par. **Ponerse bien.** Recuperar-se, melhorar de saúde. **Ponerse de acuerdo.** Combinar, concordar. **Ponerse de largo.** Debutar. **Ponerse de pie.** Ficar de pé, levantar-se. **Ponerse en contra.** Ficar contra. **Pongamos que.** Suponhamos que. **¿Dónde habré puesto?** Onde será que deixei?

po·nien·te *s.m.* Poente, ocidente.

pon·zo·ña *s.f.* Veneno, peçonha.

po·pa *s.f.* **1.** *Mar.* Popa. **2.** *Vulg.* Poupança, traseiro.

po·pu·la·cho *s.m.* Ralé, povão.

po·pu·lar *adj.* **1.** Popular, relativo ao povo. **2.** Popular, comum. **3.** Popular, famoso, conhecido.

pó·quer *s.m.* Pôquer.

por *prep.* **1.** Por. *Viajó por unos días.* Viajou por alguns dias. *Camina dos horas por día.*

Caminha duas horas por dia. *Dejó las instrucciones por escrito.* Deixou as instruções por escrito. *Vive por aquí.* Mora por aqui. *Una botella por persona.* Uma garrafa por pessoa. *Hace todo por él.* Faz tudo por ele. *Opté por el rojo.* Decidi-me pelo vermelho. **2.** Por ser. *Nos castigó por mentirosos.* Castigou-nos por sermos mentirosos. *Le pegó por malcriado.* Bateu nele por ter sido malcriado. **3.** Em. *Vendrá por las vacaciones.* Virá nas férias. *Estuvo por la playa.* Esteve na praia. **4.** De. *Las cartas siempre vienen por avión.* As cartas sempre vêm de avião. **5.** Para. *Nos marchamos por no oírlo.* Fomos embora para não ter que escutá-lo. *El libro está por leer.* O livro está para ser lido. **6.** Vezes. *Dos por dos son cuatro.* Duas vezes dois são quatro. ♦ **¿Por?** Por quê? **Por ahí.** Por aí. **(Dar) Por descontado.** (Ser) Ponto pacífico. **Por fin.** Até que enfim, finalmente. **Por la mañana/tarde/noche.** De manhã/tarde/noite. **Por si.** No caso de. **Por (lo) tanto.** Portanto. **Estar por.** Estar a ponto de. **Ir por.** Ir à procura de, ir buscar. *Voy por café.* Vou buscar café. **Tener por.** Considerar, taxar.

por·cen·ta·je *s.m. Mat.* Porcentagem, percentagem.

por·cen·tual *adj. Mat.* Percentual.

por·ción *s.f.* **1.** Porção, parte, fração. **2.** Porção, grande quantidade.

por·dio·se·ro/a *adj. e s.* Mendigo, pedinte.

por·me·nor *s.m.* Pormenor, detalhe.

por·no·gra·fí·a *s.f.* Pornografia.

po·ro *s.m.* Poro.

po·ro·to *s.m. Rio-plat.* Feijão.

por·que *conj.* **1.** Porque. *No estudia porque es perezoso.* Não estuda porque é preguiçoso. *Fui a la fiesta porque quería divertirme.* Fui à festa porque queria me divertir. **2.** Para que. *Clavó la silla porque no se rompiera.* Pregou a cadeira para que não quebrasse.

por·qué[1] *s.m.* Porquê, causa, motivo. *Quiero saber el porqué de esa actitud.* Quero saber o porquê dessa atitude. ∎ Admite *pl.: porqués.*

por qué[2] *p.interr.* Por que. *¿Por qué no vienes a casa?* Por que voce não vem à minha casa? *No hiciste el trabajo ¿por qué?* Não fez o trabalho por quê?

por·que·rí·a *s.f.* **1.** Sujeira, imundície, porcaria, droga. **2.** Grosseria, cachorrada, sujeira. *Fue una porquería lo que le hicieron.* Foi uma cachorrada o que fizeram com ele. **3.** *Col.* Bobagem, porcaria. *No comas porquerías en la calle.* Não coma bobagens na rua. ♦ **Estar hecho una porquería.** Estar imundo.

po·rra·zo *s.m.* Porrada, pancada, cacetada. ♦ **Dar(se) un porrazo.** Levar um tombo/uma batida/um golpe. *Me di un porrazo contra la pared.* Dei uma batida na parede.

por·ta·da *s.f.* **1.** Portada, fachada principal, frontispício. **2.** *Tip.* Página de rosto de um livro, portada. **3.** *Amer. Tip.* Capa (de publicação).

por·ta·e·qui·pa·je *s.m.* **1.** Porta-malas. **2.** Bagageiro. ∎ *Tb.: portaequipajes.*

por·ta·fo·lio *s.m.* **1.** Porta-fólio, pasta para guardar papéis. **2.** Carteira de clientes.

por·tal *s.m.* **1.** Saguão, *hall* de entrada. *Dejé el abrigo en el portal.* Deixei o casaco no *hall.* **2.** Pórtico, portal. **3.** Entrada de uma cidade. **4.** Átrio. **5.** *Inform.* Portal.

por·ta·lám·pa·ras *s.m.* Soquete, suporte para lâmpadas. ∎ *Pl.:* invariável.

por·tar *v.t.* Portar, carregar. ∎ **portarse** *v.p.* Comportar-se, portar-se.

por·ta·voz *s.m.* Porta-voz.

por·te *s.m.* **1.** Porte, transporte, carreto. **2.** Porte, taxa de transporte. **3.** Porte, postura, aparência, andar. **4.** *Fig.* Porte, tamanho, envergadura. ♦ **Carta de porte.** *Com.* Carta de transporte.

por·te·rí·a *s.f.* **1.** Residência de porteiro. **2.** Portaria. **3.** *Desp.* Gol, meta.

por·te·ro/a *s.* **1.** Porteiro. **2.** *Desp.* Goleiro. ♦ **Portero electrónico/automático.** Porteiro eletrônico.

por·tón *s.m.* Portão.

por·ve·nir *s.m.* Porvir, futuro.

po·sa·da *s.f.* **1.** Pousada, albergue, hospedaria. **2.** Pousada, residência, moradia.

po·sar *v.i.* **1.** Pousar, hospedar-se. **2.** Posar, fazer pose. **3.** Repousar, descansar. **4.** Pousar (aves, aviões). ■ *v.t.* **5.** Pousar as mãos, tocar levemente. **6.** Olhar rapidamente.

pos·da·ta *s.f.* Pós-escrito, pós-data. ■ *Abrev.:* P.D.

po·se *s.f.* **1.** Pose, postura, posição. **2.** Pose, aparência, afetação.

po·se·e·dor/·do·ra *adj. e s.* Possuidor.

po·se·er *v.t.* **1.** Possuir, ter. **2.** Possuir sexualmente.

po·se·í·do/a *adj. e s.* **1.** Dominado por um sentimento, possuído. *Poseído de rabia.* Possuído pela raiva. **2.** Possesso, endemoninhado, encolerizado.

po·se·sión *s.f.* **1.** Posse, domínio, retenção. **2.** Posse, bem, haver. **3.** Possessão. ♦ **Dar posesión.** Empossar, dar posse. **Tomar posesión. 1.** Tomar posse. **2.** Apoderar-se.

po·se·sio·nar *v.t.* Empossar, dar posse. ■ **posesionarse** *v.p.* **1.** Empossar-se, tomar posse. **2.** Apossar-se. **3.** Apropriar-se indevidamente.

po·se·si·vo/a *adj.* **1.** Possessivo, dominador. **2.** *Gram.* Possessivo. **Pronombre posesivo.** Pronome possessivo.

pos·gra·do *s.m.* Pós-graduação. ■ *Tb.:* postgrado.

po·si·bi·li·tar *v.t.* Possibilitar.

po·si·ble *adj.* **1.** Possível, provável. **2.** Possível, viável. ● **posibles** *s.m.pl.* Possibilidades, recursos. ♦ **¿Es posible?** Pode? Verdade? **Es (muy) posible.** É (muito) possível/provável. **Hacer (todo) lo posible.** Fazer (todo) o possível. **¡No es posible!** Não é possível!

po·si·ción *s.f.* **1.** Posição, localização, colocação. **2.** Hierarquia, posição social. **3.** Posição, ponto de vista, postura. **4.** *Mil.* Posição estratégica. ♦ **Posición económica.** Situação econômica. **Posición social.** Posição social. **De posición.** De posses. **En posición.** Na posição correta ou ideal.

po·si·cio·nar *v.t.* Posicionar, pôr em posição. ■ **posicionarse** *v.p.* **1.** Posicionar-se, colocar-se. **2.** Posicionar-se, assumir uma posição.

po·si·ti·vis·mo *s.m.* **1.** *Fil.* Positivismo. **2.** Realismo, pragmatismo.

po·si·ti·vo/a *adj.* **1.** Positivo, afirmativo, certo. **2.** Positivo, eficaz, produtivo. **3.** Positivo, evidente, indiscutível. *Deberás presentar pruebas positivas del caso si quieres que lo absuelvan.* Você deverá apresentar provas evidentes do caso se quiser que ele seja absolvido. **4.** *Gram.* Positivo, grau do adjetivo. **5.** *Mat.* Positivo, acima de zero. ● *s.m.* **6.** Positivo, cópia de um negativo fotográfico.

post me·rí·diem *loc. Lat.* Após o meio-dia. ■ Usado na *Amer.* para informar as horas. *A las 9 p.m.* Às 21h00.

pos·ta *s.f.* **1.** Fatia, posta. **2.** Estábulo para pernoite. **3.** Entreposto, posto. *Posta de Salud.* Posto de Saúde. ♦ **A posta.** De propósito.

pos·tal *adj.* **1.** Postal, relativo ao correio. ● *s.f.* **2.** Cartão-postal.

pos·te *s.m.* Poste, estaca, pilar.

pos·ter·gar *v.t.* Adiar, postergar.

pos·te·rior *adj.* **1.** Posterior, ulterior, seguinte. **2.** Posterior, traseiro.

pos·ti·zo/a *adj.* **1.** Postiço, artificial. **2.** Postiço, falso. ● *s.m.* **3.** Peruca, aplique.

pos·tor *s.m.* **1.** Proponente, concorrente (licitação). **2.** Arrematante (leilão).

pos·tre *s.m.* Sobremesa.

pos·tre·ro/a *adj.* Último, ulterior, derradeiro. *Le habló en la postrera hora.* Falou com ele na derradeira hora.

pos·tu·la·do *s.m. Fil.* Postulado.

pos·tu·lan·te/a *adj.* **1.** Aspirante, candidato, postulante. ● *s.* **2.** Noviço, aspirante a fazer votos religiosos.

pós·tu·mo/a *adj.* Póstumo.

pos·tu·ra *s.f.* **1.** Postura, posição (corpo). **2.** Postura, posição, ponto de vista. **3.** Postura, atitude. **4.** Lance feito em leilão. **5.** Base de preço (leilão). **6.** Quantia apostada, bolão. **7.** Ação de pôr ovos.

po·ta·sio *s.m. Quím.* Potássio.

po·te *s.m.* **1.** Pote, recipiente de barro. **2.** Pote, vasilha de metal com alças. **3.** Vaso para plantas. **4.** Caldeirão.

po·ten·cia *s.f.* **1.** Potência, capacidade. **2.** Potência, poder, força política. **3.** Potência, possibilidade. **4.** *Mat.* Potência, multiplicação de um número por ele mesmo. **5.** *Fig.* Potência, nação. ♦ **Potencia instalada/nominal.** *Fís.* Potência instalada/nominal. **Elevación a potencias.** *Mat.* Elevação a uma potência. **En potencia.** Potencialmente, em potencial.

po·ten·cial *adj.* **1.** Potencial, relativo à potência. **2.** Potencial, latente, virtual. ● *s.m.* **3.** Potencial, poder, capacidade. **4.** *Eletr.* Potencial elétrico, energia elétrica. **5.** *Fís.* Potencial, determinação da intensidade das forças de um campo. **6.** *Gram.* Modo verbal, equivalente ao futuro do pretérito do indicativo.

po·zo *s.m.* **1.** Poço, escavação. **2.** *Fig.* Poço, alto grau de uma qualidade. *Es un pozo de simpatía.* É um poço de simpatia. ♦ **Pozo artesiano.** Poço artesiano. **Pozo de ciencia.** Sábio. **Pozo negro.** Fossa negra. **Pozo sin fondo.** Saco sem fundo. **Caer (algo) en un pozo.** Cair no esquecimento.

prac·ti·car *v.t.* **1.** Praticar, realizar, exercer. *Practica deportes.* Pratica esportes. **2.** Praticar, pôr em prática. ■ *v.i.* **3.** Praticar, estagiar. *El curso exige que se practique durante un año.* O curso exige que se faça estágio durante um ano.

prác·ti·co¹/a *adj.* **1.** Prático, funcional. **2.** Prático, não teórico. ■ *adj. e s.* **3.** Experiente. ■ *s.f.* **4.** Prática, exercício, função. **5.** Prática, experiência, habilidade. **6.** Prática, uso, hábito. **7.** Prática, aplicação da teoria. **8.** Estágio, treinamento. ♦ **En la práctica.** Na prática. **Poner en práctica.** Pôr em prática.

prác·ti·co² *s.m.* Assistente de piloto.

pra·de·ra *s.f.* Campina.

pra·xis *s.f. Fil.* Práxis, prática.

pre·ám·bu·lo *s.m.* **1.** *Liter.* Prefácio, preâmbulo. **2.** Preâmbulo, rodeio, digressão. ♦ **Sin preámbulos.** Sem rodeios.

pre·ca·rio/a *adj.* **1.** Precário, escasso, insuficiente. **2.** Temporário, precário.

pre·cau·ción *s.f.* **1.** Precaução, prevenção. **2.** Precaução, cuidado, atenção, resguardo.

pre·ca·ver *v.t.* Precaver, prevenir. ■ **precaverse** *v.p.* Precaver-se, prevenir-se. ◾ *C.mod. 38.*

pre·ce·den·te *adj.* **1.** Precedente, anterior. ● *s.m.* **2.** Precedente, antecedente. ♦ **Sentar precedentes/un precedente.** Estabelecer precedentes. **Servir de precedente.** Usar como precedente.

pre·cio *s.m.* **1.** Preço, valor, custo. **2.** *Fig.* Preço, custa, pena. **3.** Valor, mérito. ♦ **Precio alzado.** *Com.* Preço fechado. **Precio prohibitivo.** Preço proibitivo, muito elevado. **Precio tope.** *Com.* Preço máximo. **A cualquier precio.** A qualquer preço. **Al precio de.** À custa de. **No tener precio.** Não ter preço, ser de valor inestimável. **Poner precio.** Estabelecer o preço. **Poner precio a la cabeza.** Pôr a cabeça a prêmio.

pre·ci·pi·cio *s.m.* **1.** Precipício, abismo, despenhadeiro. **2.** *Fig.* Precipício, grande perigo. **3.** *Fig.* Precipício, ruína.

pre·ci·pi·ta·ción *s.f.* **1.** Precipitação, ação de precipitar(-se). **2.** Precipitação, pressa. **3.** Precipitação, chuva. ♦ **Con precipitación.** Precipitadamente, apressadamente, sem refletir.

pre·ci·pi·tar *v.t.* **1.** Precipitar, cair num abismo, despenhar. **2.** Precipitar, apressar. **3.** *Quím.* Precipitar, causar a sedimentação de uma solução. ■ **precipitarse** *v.p.* **1.** Precipitar-se, atirar-se. **2.** Precipitar-se, agir irrefletidamente.

pre·ci·sar *v.t.* **1.** Precisar, definir, especificar. *Tienes que precisar la fecha del viaje.* Você tem que definir a data da viagem. **2.** Necessitar, precisar.

pre·ci·sión *s.f.* Precisão, exatidão. *Instrumento de precisión.* Instrumento de precisão.

pre·con·ce·bi·do/a *adj.* **1.** Preconcebido, premeditado. **2.** Preconceituoso.

pre·coz *adj.* **1.** Precoce, adiantado. **2.** Prematuro.

pre·cur·sor/so·ra *adj. e s.* **1.** Precursor, que precede, que antecipa. **2.** Pioneiro.

pre·de·cir *v.t.* Predizer, prever. ◾ *C.mod. 20.*

pre·di·ca·ción *s.f.* **1.** Pregação, predicação, sermão. **2.** Doutrina pregada, ensinamento.

pre·di·ca·do *s.m. Gram.* Predicado. ♦ **Predicado nominal/verbal.** Predicado nominal/verbal.

pre·di·car *v.t.* **1.** Pregar, predicar, apregoar, dizer um sermão. *Predicar el cristianismo.* Pregar o cristianismo. **2.** Aconselhar, recomendar, predicar. **3.** Elogiar, louvar, pregar. **4.** *Gram.* Pôr predicado. **5.** Repreender, censurar.

pre·di·lec·to/a *adj.* Predileto, preferido, favorito.

pre·dis·po·ner *v.t.* Predispor, induzir, convencer. ■ **predisponerse** *v.p.* Predispor-se, convencer-se. ❙ *C.mod. 14.*

pre·do·mi·nar *v.t.* **1.** Predominar, prevalecer, imperar. **2.** Predominar, sobressair, destacar-se.

pre·e·mi·nen·cia *s.f.* Proeminência, superioridade.

pre·fa·cio *s.m. Liter.* Prefácio.

pre·fe·ren·cia *s.f.* **1.** Preferência, predileção, favoritismo. **2.** Preferência, primazia, precedência. **3.** *Teat.* Assentos preferenciais (teatro, cinema). ♦ **De preferencia.** De preferência. **Mostrar preferencia.** Mostrar preferência, inclinação, parcialidade.

pre·fe·ren·te *adj.* **1.** Preferente. **2.** Preferencial. *Acciones preferentes.* Ações preferenciais. *Tarifa preferente.* Tarifa preferencial.

pre·fe·rir *v.t.* Preferir, escolher. *Prefiero los zapatos negros.* Prefiro os sapatos pretos. **2.** Superar, exceder. ❙ *C.mod. 11.*

pre·fi·jar *v.t.* Prefixar.

pre·fi·jo/a *adj.* **1.** Prefixado. • *s.m.* **2.** *Gram.* Prefixo. ❙ *Part. irreg.* de *prefijar.*

pre·gun·ta *s.f.* Pergunta, questão, interrogação. ♦ **Pregunta capciosa.** Pergunta capciosa.

pre·gun·tar *v.t.* Perguntar, interrogar, indagar. ■ **preguntarse** *v.p.* Perguntar-se, questionar-se.

☞ **pre·jui·cio** *s.m.* Preconceito. *Prejuicio racial.* Preconceito racial.

pre·li·mi·nar *adj.* **1.** Preliminar, precedente. • *s.m.* **2.** Preliminar, preâmbulo. ■ **preliminares** *s.m.pl.* Preliminares, negociação prévia.

pre·lu·dio *s.m.* **1.** *Mus.* Prelúdio. **2.** Prenúncio.

pre·ma·tu·ro/a *adj.* **1.** Prematuro, precoce. ■ *adj. e s.* **2.** Prematuro, temporão.

pre·me·di·tar *v.t.* Premeditar.

pre·mia·ción *s.f. Amer.* Premiação, entrega de prêmios.

pre·miar *v.t.* Premiar.

pre·mio *s.m.* **1.** Prêmio, recompensa. **2.** *Com.* Luvas, taxa diferencial, ágio. **3.** Prêmio (loteria, rifa). ♦ **Premio de consolación.** Prêmio de consolação.

pre·mi·sa *s.f. Fil.* Premissa.

pren·da *s.f.* **1.** *Com.* Penhor, fiança, garantia. *Dejó el anillo como prenda.* Deixou o anel como garantia. **2.** Peça de vestuário. *Esa prenda te sienta mal.* Essa roupa não fica bem em você. **3.** *Fig.* Prenda, dádiva. **4.** *Fig.* Prenda, virtude, dom. *Esa chica tiene muchas prendas.* Essa moça tem muitas virtudes. **5.** Pessoa amada. *Mi prenda.* Meu bem. **6.** Castigo ou penalidade em certos jogos. ♦ **Dar en prenda.** Penhorar. **En prenda de.** Como prova de.

pren·de·dor *s.m.* **1.** Prendedor, broche. **2.** Pregador (de roupa).

pren·der *v.t.* **1.** Prender, atar. **2.** Prender, aprisionar. **3.** Prender, segurar. **4.** Prender, pregar. ■ *v.i.* e *v.t.* **5.** Pegar, brotar (plantas). *La mata de orégano prendió.* O pé de orégano pegou. **6.** *Amer.* Acender, ligar (luz). *Prendí la lámpara del comedor.* Acendi a lâmpada da sala de jantar. **7.** Botar, pegar (fogo). *Prendió fuego la cortina.* A cortina pegou fogo. **8.** Pegar, espalhar, fazer efeito. *La idea prendió.* A ideia pegou. ■ **prenderse** *v.p.* Acender(-se).

pren·sa *s.f.* **1.** *Mec.* Prensa. **2.** *Tip.* Imprensa, prelo. **3.** Imprensa, conjunto de meios informativos. *La noticia salió en la prensa.* A notícia saiu nos jornais. ♦ **En prensa.** No prelo.

pre·ñar *v.t.* Engravidar uma fêmea.
preo·cu·par *v.t.* Preocupar, inquietar. ■ **preocuparse** *v.p.* **1.** Preocupar-se, inquietar-se. **2.** *Fig.* Predispor-se, prevenir-se. **3.** Ocupar-se, incumbir-se. *Preocúpate del almuerzo.* Ocupe-se do almoço.
pre·pa·ra·ción *s.f.* **1.** Preparo. **2.** Preparação.
pre·pa·rar *v.t.* **1.** Preparar, aparelhar, aprontar, aviar. **2.** Preparar, predispor. **3.** Preparar, estudar. **4.** *Quím.* Preparar, dosar elementos químicos. ■ **prepararse** *v.p.* **1.** Preparar-se, aprontar-se. **2.** Preparar-se, prevenir-se.
pre·pa·ra·ti·vo/a *adj. e s.m.* Preparativo. ■ **preparativos** *s.m.pl.* Preparativos, arranjos.
pre·pa·ra·to·rio/a *adj.* **1.** Preparatório. ● *s.f.* **2.** Curso de nível médio em alguns países. **3.** Cursinho para vestibular.
pre·po·si·ción *s.f. Gram.* Preposição.
pre·pu·cio *s.m. Med.* Prepúcio.
pre·rro·ga·ti·va *s.f.* Prerrogativa, regalia.
pre·sa *s.f.* **1.** Presa, saque, coisa apreendida. **2.** Presa, garra de ave. **3.** Barragem. *La presa de la central hidroeléctrica.* A barragem da usina hidrelétrica. **4.** Presa, dente canino, colmilho.
pre·sa·gio *s.m.* **1.** Presságio, indício, sinal. **2.** Presságio, pressentimento.
pres·cin·dir *v.i.* **1.** Prescindir, abstrair. **2.** Prescindir, dispensar, descontar. ♦ **Prescindiendo de.** Independentemente de.
pres·cri·bir *v.t.* **1.** Prescrever, receitar. *Le prescribió un tratamiento caro.* Prescreveu-lhe um tratamento caro. ■ *v.i.* **2.** *For. e com.* Vencer o prazo, caducar, prescrever. *La carta de crédito prescribe mañana.* A carta de crédito vence amanhã.
pres·crip·ción *s.f.* **1.** Prescrição, receita. **2.** *For. e com.* Vencimento, prescrição.
pre·sen·cia *s.f.* **1.** Presença, comparecimento, frequência. **2.** Presença, figura, porte. *Tener buena presencia.* Ter boa presença. ♦ **Presencia de ánimo.** Presença de espírito.
pre·sen·ta·ción *s.f.* Apresentação. ♦ **Carta de presentación.** Carta de recomendação, de apresentação.
pre·sen·ta·dor/·do·ra *adj. e s.* Apresentador. *Un presentador de TV.* Um apresentador de TV.
pre·sen·tar *v.t.* **1.** Apresentar, mostrar, exibir. *Presentamos un trabajo.* Apresentamos um trabalho. **2.** Apresentar, expor. *Le presenté mis motivos.* Apresentei-lhe as minhas razões. **3.** Apresentar, pôr em presença de. *Te presento a mi hermana.* Apresento-lhe a minha irmã. **4.** Apresentar, submeter à apreciação, propor. *Me presentaron la maqueta.* Apresentaram-me a maquete. **5.** Instalar provisoriamente para estudar os efeitos. *Presentó los cuadros para ver cómo quedaban.* Colocou os quadros para ver como ficavam. ■ **presentarse** *v.p.* **1.** Apresentar-se, comparecer. *Se presentó en la oficina ayer.* Veio ao escritório ontem. **2.** Apresentar-se, oferecer-se voluntariamente. **3.** *For.* Apresentar-se, comparecer.
pre·sen·te *adj.* **1.** Presente, em presença de. ● *s.m.* **2.** *Gram.* Presente, tempo verbal. **3.** Presente, doação. **4.** Presente, atualidade. ■ *s.2g.* **5.** Por este meio. *Por la/el presente.* Pela/Pelo presente. ● *interj.* **6.** Presente! ■ Na acepção 3, *regalo* é mais usado. ♦ **Hasta el presente.** Até agora. **Tener presente.** Levar em consideração, lembrar.
pre·sen·ti·mien·to *s.m.* Pressentimento.
pre·sen·tir *v.t.* Pressentir. ■ *C.mod. 11.*
pre·ser·var *v.t.* Preservar, conservar, proteger. *Preservar los bosques.* Preservar as matas.
pre·ser·va·ti·vo *s.m.* Preservativo.
pre·si·den·cia *s.f.* Presidência.
pre·si·den·cia·lis·mo *s.m.* Presidencialismo.
pre·si·den·te/a *s.* Presidente.
pre·si·dia·rio/a *s.* Presidiário.
pre·si·dio *s.m.* **1.** Presídio, cárcere. **2.** *For.* Pena, condenação.
pre·si·dir *v.t.* **1.** Presidir, dirigir. **2.** Predominar.
pre·sión *s.f.* **1.** Pressão, compressão. **2.** *Fig.* Pressão, coação. **3.** *Fís.* Pressão, tensão. ♦ **Presión arterial.** *Med.* Pressão arterial. **Presión atmosférica.** Pressão atmosférica. **A presión.** A pressão. **Bajo presión.** Sob pres-

são. **Grupo de presión.** Grupo de pressão, *lobby*. **Hacer presión.** Pressionar, constranger.

pre·sio·nar *v.t.* **1.** Pressionar, apertar. *Presione el botón.* Aperte o botão. **2.** *Fig.* Pressionar, coagir.

pre·so/a *adj. e s.* Preso, prisioneiro. ∎ *Part. irreg.* de *prender.*

prés·ta·mo *s.m.* Empréstimo. *Un préstamo a largo plazo.* Um empréstimo a longo prazo.

pres·tar *v.t.* **1.** Emprestar. *Préstame tu cuaderno.* Empreste-me o seu caderno. **2.** Prestar, oferecer. *Prestar ayuda.* Oferecer ajuda. **3.** Prestar, comunicar. *Prestó declaración ayer.* Prestou declaração ontem. ∎ *v.i.* **4.** Prestar, ser útil, servir. ∎ **prestarse** *v.p.* **1.** Prestar-se, oferecer-se. **2.** Prestar-se, dar motivo. *Eso se presta a malentendidos.* Isto se presta a mal-entendidos. ♦ **Prestar atención.** Prestar atenção. **Prestar declaración de testigo.** *For.* Prestar testemunho. **Prestar fianza.** *Com.* Prestar fiança.

pres·ti·giar *v.t.* Prestigiar.

pres·ti·gio *s.m.* **1.** Prestígio, fama, crédito. **2.** Prestidigitação, prestígio.

pre·su·mi·do/a *adj. e s.* Vaidoso, presunçoso.

pre·su·mir *v.t.* **1.** Presumir, supor. ∎ *v.i.* **2.** Jactar-se, vangloriar-se. *Presume de importante.* Quer parecer importante. **3.** Arrumar-se em excesso.

☞ **pre·sun·to/a** *adj.* Presumível, suposto. *El presunto asesino.* O suposto assassino.

pre·su·pues·tar *v.t.* **1.** Fazer orçamento. **2.** Orçar.

pre·su·pues·to/a *adj.* **1.** Pressuposto, dado. • *s.m.* **2.** Pressuposto, suposição. **3.** *Com.* Orçamento. *El presupuesto de una obra.* O orçamento de um empreendimento. **4.** *Com.* Balanço comercial.

pre·ten·der *v.t.* **1.** Pretender, requerer. **2.** Pretender, aspirar. **3.** Pretender, tencionar, objetivar.

pre·ten·dien·te/a *adj. e s.* Pretendente.

pre·ten·sión *s.f.* **1.** Pretensão, aspiração, direito suposto. **2.** Pretensão, presunção.

pre·té·ri·to *s.m. Gram.* Pretérito, tempo verbal. ♦ **Pretérito imperfecto.** *Gram.* Pretérito imperfeito. **Pretérito indefinido.** *Gram.* Pretérito perfeito.

pre·tex·to *s.m.* Pretexto. ♦ **So pretexto de.** A pretexto de.

pre·va·le·cer *v.i.* **1.** Prevalecer, predominar. **2.** Sobressair, destacar-se. *Su voz prevalecía entre las demás.* A sua voz destacava-se das demais. ∎ *C.mod. 06.*

pre·ven·ción *s.f.* **1.** Prevenção, precaução. **2.** Prevenção, preconceito. **3.** Reserva, provisão.

pre·ve·nir *v.t.* **1.** Prevenir, prever. **2.** Prevenir, dispor, preparar. **3.** Prevenir, evitar. ∎ **prevenirse** *v.p.* Precaver-se. ∎ *C.mod. 37.* ♦ **Es mejor prevenir que remediar/lamentar.** É melhor prevenir do que remediar.

pre·ver *v.t.* Prever, prevenir, precaver. ∎ *C. mod. 38.*

pre·vio/a *adj.* Prévio.

pre·vi·sión *s.f.* **1.** Previsão. *Previsión del tiempo.* Previsão do tempo. **2.** Previdência.

pri·ma *s.f. Com.* Prêmio (seguro).

pri·mar *v.t.* **1.** Privilegiar. **2.** Prevalecer.

pri·ma·rio/a *adj.* **1.** Primário, primeiro. **2.** Escola de nível básico (fundamental). **3.** Rudimentar, elementar, primário.

pri·ma·ve·ra *s.f.* **1.** Primavera. **2.** *Bot.* Prímula.

pri·mer *adj.* Primeiro. *Primer ministro.* Primeiro-ministro. ∎ **a.** Forma apocopada de *primero.* **b.** Usado diante de *s.m.sing. El primer día.* O primeiro dia.

pri·me·ro/a *num.* **1.** Primeiro, inicial, primitivo. *¿Quién es el primero?* Quem é o primeiro? • *adj.* **2.** Primeiro, melhor. • *s.f.* **3.** Primeira, marcha de veículo. • *primero adv.* Primeiro, primeiramente. ♦ **¡Primero Dios!** Se Deus quiser! **A las primeras/De buenas a primeras.** Logo de cara. **A primeros de.** Nos primeiros dias de, no começo de (mês, ano). **De primera.** Muito bom, muito bem, de primeira. **Una atención de primera.** Um atendimento de primeira.

pri·mi·ti·vo/a *adj.* **1.** Primitivo, rudimentar. ● *s.m.* **2.** Primitivo, inculto. **3.** Primitivista (arte).

pri·mo/a *adj.* **1.** Primo, primeiro. ● *s.* **2.** Primo, filho do tio. ♦ **Materia prima.** Matéria-prima. **Número primo.** *Mat.* Número primo.

prin·ci·pal *adj.* **1.** Principal, fundamental. **2.** Principal, ilustre. ● *s.m.* **3.** *Com.* Principal, capital emprestado (em uma dívida). **4.** Chefe, encarregado.

prín·ci·pe *s.m.* Príncipe. ■ *F.: princesa.* ♦ **Príncipe encantado/azul.** Príncipe encantado. **Príncipe heredero.** Príncipe herdeiro.

prin·ci·pian·te/a *adj. e s.* Aprendiz, principiante.

prin·ci·pio *s.m.* **1.** Princípio, início. **2.** *Fil.* Princípio, fundamento. **3.** Princípio, norma. *En contra de mis principios.* Contra os meus princípios. **4.** Princípio, causa. ■ **principios** *s.m.pl.* Princípios, rudimentos, noções. ♦ **A principio(s) de.** No começo de (ano, mês). **Al principio.** No começo. **Dar principio a.** Dar início a. **En principio.** Em princípio. **Por principio.** Por norma, por costume. **Sin principios.** Sem princípios, sem escrúpulos.

prio·ri·dad *s.f.* Prioridade.

pri·sa *s.f.* Pressa. ♦ **A/De prisa.** Depressa. **A toda prisa.** Muito depressa. **Correr prisa.** Ser urgente. **Darse prisa.** Apressar-se. **Tener prisa.** Estar com pressa.

pri·sión *s.f.* **1.** Prisão, cárcere. **2.** *Fig.* Elo, laço, coisa que prende. **3.** *For.* Pena, condenação. ■ **prisiones** *s.f.pl.* Grilhões. ♦ **Prisión mayor/menor.** *For.* Pena de 6 a 12 anos/ Pena de 1 dia a 6 anos. **Prisión preventiva.** *For.* Prisão preventiva.

pri·sio·ne·ro/a *s.* **1.** Prisioneiro, preso, detento. **2.** *Fig.* Prisioneiro, cativo.

pri·va·ción *s.f.* **1.** Privação, supressão. *Privación de la libertad.* Supressão da liberdade. **2.** Privação, penúria. *Estado de privación.* Estado de penúria.

pri·var *v.t.* **1.** Privar, despojar. **2.** Proibir, privar. ■ *v.i.* **3.** Prevalecer. *En televisión privan programas mediocres.* Prevalecem programas medíocres na televisão. ■ **privarse** *v.p.* Privar-se, abster-se.

pri·va·ti·zar *v.t.* Privatizar.

pri·vi·le·gio *s.m.* Privilégio, prerrogativa, mordomia.

pro *prep.* **1.** Pró, prol. ● *s.m.* **2.** Pró, proveito. ♦ **El pro y el contra/Los pros y los contras.** Os prós e os contras. **En pro de.** A favor de, em prol de. **Estar en pro o en contra.** Estar a favor ou contra.

proa *s.f. Mar.* Proa.

pro·ba·ble *adj.* **1.** Provável, verossímil. **2.** Provável, viável.

pro·ba·dor *s.m.* Provador, local para experimentar roupa.

pro·bar *v.t.* **1.** Provar, comprovar, demonstrar. *Eso no prueba nada.* Isso não prova nada. **2.** Provar, experimentar. *Prueba el vestido/ café.* Experimente o vestido/café. **3.** Pôr à prova, testar. *Hay que probar el equipo.* É preciso testar o equipamento. ■ *v.i.* **4.** Tentar. *Probó a caminar pero no logró.* Tentou andar mas não conseguiu. ■ *C.mod. 03.*

pro·be·ta *s.f.* Proveta, tubo de ensaio.

pro·ble·ma *s.m.* **1.** Problema, situação difícil. **2.** *Mat.* Problema, questão.

pro·ce·der *s.m.* **1.** Procedimento, conduta, comportamento, proceder. *Su proceder fue muy criticado.* O seu procedimento foi muito criticado. ● *v.i.* **2.** Proceder, agir, comportar-se. *Procediste muy mal.* Você agiu muito mal. **3.** Provir, vir, proceder. *Ese avión procede de Barcelona.* Esse avião vem de Barcelona. **4.** Proceder, ser oportuno. *Ese argumento no procede.* Esse argumento não procede. **5.** Dar procedimento. *Se reunieron para proceder a la elección.* Reuniram-se para dar procedimento à eleição. ♦ **Proceder contra.** *For.* Processar.

pro·ce·di·mien·to *s.m.* **1.** Procedimento, conduta. **2.** Procedimento, método. **3.** *For.* Procedimento, processo. ♦ **Procedimiento de quiebra.** *For.* Processo falimentar. **Procedimiento policial.** *For. Arg.* Batida policial.

pro·ce·sa·dor *s.m. Inform.* Processador, unidade de processamento de dados. ♦ **Procesador de texto.** Editor de texto.

pro·ce·sa·mien·to *s.m.* **1.** *Inform.* Processamento, tratamento da informação. **2.** *For.* Processo, autuação judicial. **3.** Processamento, beneficiamento.

pro·ce·sar *v.t.* **1.** *For.* Processar, autuar. **2.** Processar, submeter a um processo de elaboração/transformação. **3.** *Inform.* Processar (informações). ♦ **Procesar industrialmente.** Beneficiar.

pro·ce·sión *s.f.* Procissão.

pro·ce·so *s.m.* **1.** *For.* Processo, auto. **2.** Processo, método, sistema. *Proceso de fabricación.* Processo de fabricação. **3.** Processo, etapa. *Un proceso de transición.* Um processo de transição. **4.** Processamento.

pro·cla·ma *s.f.* Proclama, edital.

pro·cla·mar *v.t.* Proclamar.

pró·cli·sis *s.f. Gram.* Próclise. ▪ *Pl.:* invariável.

pro·cre·ar *v.t.* Procriar.

pro·cu·rar *v.t.* **1.** Tentar, tratar, procurar. *Procura comer menos.* Tente comer menos. **2.** Proporcionar, facilitar. *Le procuré toda la información.* Facilitei-lhe todas as informações. ▪ **procurarse** *v.p.* Obter, conseguir. *Se procuró un buen trabajo.* Conseguiu um bom trabalho.

pro·di·gio *s.m.* Prodígio, fenômeno extraordinário.

pro·duc·ción *s.f.* **1.** Produção, fabricação. **2.** Produção, conjunto de produtos. **3.** Produção, filme, programa de TV. **4.** Produção, elaboração, confecção. ♦ **Medios de producción.** Meios de produção.

pro·du·cir *v.t.* **1.** Produzir, criar. **2.** Produzir, fabricar. *Esta máquina produce clavos.* Esta máquina produz pregos. **3.** *Fig.* Produzir, causar, ocasionar. **4.** *Fig.* Produzir, elaborar. **5.** *For.* Produzir, apresentar. *Producir pruebas.* Apresentar provas. ▪ **producirse** *v.p.* Acontecer, criar-se. *Se produjo una confusión.* Criou-se uma confusão. ▪ **a.** Não tem sentido de "vestir-se com esmero". **b.** *C.mod.* 09.

pro·duc·to *s.m.* **1.** Produto, fruto, resultado. **2.** Produto, mercadoria, artigo. **3.** Produto, rendimento. **4.** *Mat.* Produto, resultado da multiplicação. ♦ **Producto de belleza/tocador.** Produto de beleza. **Producto interior bruto.** *Com.* Produto interno bruto.

pro·duc·tor/·to·ra *adj. e s.* **1.** Produtor, que produz. **2.** Produtor, patrocinador de filmes e programas.

pro·fa·nar *v.t.* **1.** Profanar, desrespeitar. **2.** *Fig.* Profanar, macular.

pro·fe·rir *v.t.* Proferir, pronunciar, articular. *Profirió una charla en la facultad.* Pronunciou uma palestra na faculdade. ▪ *C.mod. 11.*

pro·fe·sar *v.t.* **1.** Professar, exercer uma arte ou ciência. *Profesa la medicina.* Exerce a medicina. **2.** Professar, seguir uma religião ou crença. **3.** *Fig.* Nutrir sentimentos, devotar. *Le profesa una amistad profunda.* Nutre por ele uma amizade profunda.

pro·fe·sión *s.f.* **1.** Profissão, ocupação, ofício. **2.** Profissão, consagração à vida religiosa. ♦ **Profesion de fé.** Profissão de fé. **Profesión liberal.** Profissão liberal. **De profesión.** Profissional.

pro·fe·sio·nal *adj. e s.2g.* **1.** Profissional, que exerce uma profissão. **2.** Profissional, que não é amador.

pro·fe·sor/·so·ra *s.* Professor.

pro·fe·ta *s.m.* Profeta. ▪ *F.: profetisa.*

pro·fi·lác·ti·co/a *adj.* **1.** *Med.* Profiláctico. ▪ *adj. e s.m.* **2.** Preservativo, profiláctico.

pro·fun·di·zar *v.t.* **1.** Aprofundar, cavar. **2.** *Fig.* Aprofundar(-se), examinar atentamente. *Debemos profundizar el tema.* Devemos aprofundar o tema.

pro·fun·do/a *adj.* **1.** Profundo, fundo. *Un hoyo profundo.* Um buraco profundo. **2.** *Fig.* Profundo, intenso. *Un odio profundo.* Um ódio profundo. **3.** *Fig.* Profundo, difícil, complexo. *Un pensamiento profundo.* Um pensamento profundo. **4.** *Fig.* Profundo, notável. *Una profunda diferencia.* Uma profunda diferença.

pro·ge·ni·tor/·to·ra *s.* Progenitor.

pro·gra·ma *s.m.* **1.** Programa, plataforma política. **2.** Programa, conteúdo de matéria escolar. **3.** *Teat.* Programa, libreto com informações de peça ou espetáculo. **4.** Programa, emissão de TV, cinema. **5.** Programa, projeto de atividades, cronograma. **6.** *Inform.* Programa, conjunto de instruções.

pro·gra·ma·dor/·do·ra *adj. e s.* **1.** Programador, planejador. **2.** *Inform.* Programador, especialista em programas de computação.

pro·gra·mar *v.t.* **1.** Programar, planejar, preparar. **2.** *Inform.* Programar, dar instruções ao computador.

pro·gre·sar *v.i.* Progredir. *Ha progresado en sus estudios.* Progrediu nos seus estudos.

pro·gre·sis·ta *adj. e s.2g.* Progressista, de ideias políticas avançadas.

pro·gre·so *s.m.* Progresso, evolução, avanço.

pro·hi·bi·ción *s.f.* Proibição.

pro·hi·bir *v.t.* **1.** Proibir. **2.** Interditar.

pró·ji·mo *s.m.* Próximo, semelhante. *Amar al prójimo.* Amar o próximo.

pro·le·ta·ria·do *s.m.* Proletariado.

pro·le·ta·rio/a *adj. e s.* Proletário.

pro·li·fe·rar *v.i.* Proliferar.

pro·li·jo/a *adj.* **1.** Prolixo. **2.** Arrumado, ordenado. *Mantiene la casa muy prolija.* Conserva a casa muito ordenada.

pró·lo·go *s.m. Liter.* Prólogo.

pro·lon·gar *v.t.* **1.** Prolongar, alongar, aumentar. *Prolongaron el puente.* Prolongaram a ponte. **2.** Prolongar, estender, esticar. *Prolongaron la reunión.* Prolongaram a reunião. ■ **prolongarse** *v.p.* Prolongar-se, estender-se.

pro·me·dio *s.m. Mat.* Média. *El promedio de ventas mensuales.* A média das vendas mensais.

pro·me·sa *s.f.* **1.** Promessa, voto, compromisso. **2.** *Com.* Promessa de compra e venda.

pro·me·te·dor/·do·ra *adj.* Promissor.

pro·me·ter *v.t.* **1.** Prometer, empenhar a palavra. *Prometiste regalarme una muñeca.* Você prometeu que me daria uma boneca de presente. **2.** Prometer, garantir, assegurar. *Me prometió que vendría.* Prometeu-me que viria. ● *v.i.* **3.** Prometer, ser promissor. *Este alumno promete.* Este aluno promete. ■ **prometerse** *v.p.* Comprometer-se, ficar noivo. *Nos prometimos la semana pasada.* Ficamos noivos a semana passada.

pro·me·ti·do/a *adj.* **1.** Prometido. ● *s.* **2.** Noivo.

pro·mi·nen·cia *s.f.* Proeminência, saliência.

pro·mo·ción *s.f.* **1.** *Com.* Promoção, oferta. **2.** Turma de alunos formados no mesmo ano. *Los compañeros de mi promoción.* Os colegas da minha turma. **3.** Promoção, ascensão. **4.** Aprovação (em curso).

pro·mo·cio·nar *v.t.* **1.** Promover, patrocinar, fomentar. *Promocionar el desarrollo.* Promover o desenvolvimento. **2.** Fazer promoção de um produto.

pro·mo·tor/·to·ra *adj. e s. For.* **1.** Promotor. **2.** Requerente. ♦ **Promotor de ventas.** *Com.* Promotor de vendas.

pro·mo·ver *v.t.* **1.** Promover, ativar, fomentar. *Promover la producción.* Ativar a produção. **2.** Promover, ascender de categoria. *Lo promovieron a director.* Foi promovido a diretor. **3.** *For.* Pedir, solicitar, mover. *Promover concursos y quiebras.* Pedir concordatas e falências. *Promover una demanda.* Mover uma ação. ■ *C.mod. 03.*

pro·mul·gar *v.t.* Promulgar, publicar, divulgar oficialmente.

pro·nom·bre *s.m. Gram.* Pronome.

pro·nós·ti·co *s.m.* **1.** Prognóstico, presságio. **2.** *Med.* Prognóstico, diagnóstico.

pron·ti·tud *s.f.* Prontidão, presteza.

pron·to/a *adj.* **1.** Pronto, rápido, breve. *Un pronto regreso.* Um breve regresso. **2.** Pronto, preparado. *La cena está pronta.* O jantar está pronto. ● **pronto** *adv.* **1.** Logo, em breve. *Llegará pronto.* Chegará logo. **2.** Logo, em seguida. **3.** Cedo. *No me gusta levantarme pronto.* Não gosto de levantar cedo. ♦ **De pronto.** De repente, de chofre. ¡**Hasta pronto!** Até breve! **Por lo/de pronto.** Por enquanto. **Tan pronto como.** Assim que.

pro·nun·cia·ción *s.f.* Pronúncia, articulação.
pro·nun·ciar *v.t.* **1.** Pronunciar, articular. *Pronunciar bien las palabras.* Pronunciar bem as palavras. **2.** Pronunciar, proferir. *El juez pronunció la sentencia.* O juiz proferiu a sentença. **3.** Pronunciar, discursar. **4.** Pronunciar, acentuar. ■ **pronunciarse** *v.p.* **1.** *Mil.* Revoltar-se, rebelar-se. **2.** Pronunciar-se, manifestar-se. *No quiso pronunciarse sobre el tema.* Não quis pronunciar-se sobre o assunto.
pro·pa·gan·da *s.f.* Propaganda.
pro·pen·so/a *adj.* Propenso, predisposto.
pro·pi·cio/a *adj.* Propício, favorável, oportuno.
pro·pie·dad *s.f.* **1.** Propriedade, posse, domínio. **2.** Propriedade, atributo. **3.** Propriedade, bem imóvel. ♦ **Propiedad intelectual.** Propriedade intelectual. **Propiedad particular.** Propriedade privada. **Con propiedad.** Com acerto, adequadamente. **De propiedad de.** De propriedade de, que pertence a.
pro·pie·ta·rio/a *adj. e s.* Proprietário.
pro·pi·na *s.f.* Gorjeta, caixinha.
pro·pio/a *adj.* **1.** Próprio, pertencente a. *Con las propias manos.* Com as próprias mãos. **2.** Próprio, característico, típico. *Es propio de los tiempos modernos.* É típico dos tempos modernos. **3.** Mesmo, próprio, em pessoa. *Ella propia.* Ela mesma. **4.** Próprio, natural. **5.** Próprio, adequado. ● *s.m.* **6.** Mensageiro. ♦ **En defensa propia.** Em defesa própria. **En provecho propio.** Em benefício próprio. **Nombre propio.** *Gram.* Nome próprio.
pro·po·ner *v.t.* **1.** Propor, sugerir. **2.** Propor, apresentar, submeter à consideração. *Le propuse mi plan.* Apresentei-lhe o meu plano. ■ **proponerse** *v.p.* Dispor-se a, propor-se, resolver. *Me propuse terminar el libro.* Resolvi terminar o livro. ■ *C.mod. 14.*
pro·por·ción *s.f.* **1.** Proporção, relação. **2.** Proporção, dimensão, intensidade. **3.** Ocasião, oportunidade. ♦ **Proporción geométrica.** *Mat.* Proporção geométrica. **A proporción que.** À medida que.

pro·por·cio·nar *v.t.* **1.** Proporcionar, tornar proporcional, adaptar. **2.** Proporcionar, fornecer. *Proporcionar los datos.* Fornecer os dados. **3.** Proporcionar, causar, provocar.
pro·po·si·ción *s.f.* **1.** Proposição, proposta. **2.** *Gram.* Proposição, oração. **3.** *Mat.* Teorema.
pro·pó·si·to *s.m.* **1.** Propósito, objetivo. **2.** Propósito, intenção. ♦ **¡A propósito!** A propósito! **A propósito de.** A respeito de. **A/De propósito.** De propósito, intencionalmente. **Fuera de propósito.** Fora de propósito, inoportuno.
pro·pues·to/a *adj.* **1.** Proposto. ● *s.f.* **2.** Proposta, projeto. ■ *Part. irreg. de proponer.*
pro·pul·sión *s.f.* Propulsão, impulso. ♦ **Propulsión a chorro.** *Mec.* Propulsão a jato.
pro·rra·te·ar *v.t.* **1.** Dividir, repartir proporcionalmente. *Vamos a prorratear los costos.* Vamos dividir os custos. **2.** *Com.* Fazer rateio.
pro·rra·teo *s.m.* Rateio. ■ *Tb.: prorrata.*
pró·rro·ga *s.f.* Prorrogação, adiamento.
pro·rro·gar *v.t.* **1.** Prorrogar, prolongar. **2.** Prorrogar, adiar.
pro·sa *s.f.* **1.** *Liter.* Prosa, tipo de escrita. **2.** *Fig.* Prosa, palavreado, lábia.
pros·cri·bir *v.t.* **1.** Proscrever, desterrar. **2.** Proscrever, proibir. *Proscribieron el uso de drogas.* Proibiram o uso de drogas.
pro·se·guir *v.t.* Prosseguir, continuar. ■ *C. mod. 10.*
pro·so·po·pe·ya *s.f.* *Gram.* Prosopopeia.
pros·pec·ción *s.f.* Prospecção.
pros·pec·to *s.m.* Prospecto, folheto.
pros·pe·rar *v.t. e v.i.* Prosperar, progredir.
prós·ta·ta *s.f.* *Med.* Próstata.
pros·tí·bu·lo *s.m.* Prostíbulo.
pros·ti·tu·ción *s.f.* Prostituição.
pros·ti·tuir *v.t.* Prostituir, corromper, degradar. ■ **prostituirse** *v.p.* Prostituir-se. ■ *C.mod. 13.*
pros·ti·tu·ta *s.f.* Prostituta.
pro·ta·go·nis·ta *s.2g.* Protagonista, herói, estrela, ator.

pro·ta·go·ni·zar *v.t.* Estrelar, ser personagem ou ator principal.

pro·tec·ción *s.f.* **1.** Proteção, amparo, cobertura. **2.** Patrocínio, subsídio.

pro·tec·tor/-to·ra *adj. e s.* **1.** Protetor, benfeitor. **2.** Protetor, padrinho.

pro·te·ger *v.t.* Proteger, defender, amparar. ■ **protegerse** *v.p.* Proteger-se.

pro·te·í·na *s.f. Quím.* Proteína.

pró·te·sis *s.f.* Prótese. ■ *Pl.:* invariável. ◆ **Prótesis dental.** Prótese dentária.

pro·tes·tan·te *adj. e s.2g.* Protestante.

pro·tes·tan·tis·mo *s.m.* Protestantismo.

pro·tes·tar *v.t.* **1.** Protestar, manifestar publicamente, asseverar. *Protestaba su inocencia.* Protestava a sua inocência. **2.** *Com.* Protestar um título. ■ *v.i.* **3.** Protestar, contestar, espernear. *Los jóvenes protestan siempre.* Os jovens sempre reclamam. **4.** *Amer.* Jurar.

pro·tes·to/a *s.m.* **1.** *Com.* Protesto, exigência de pagamento. ■ *s.f.* **2.** Protesto. *Canción de protesta.* Música de protesto. ◆ **Hacer protestas de.** Fazer juras de.

pro·to·co·lo *s.m.* **1.** Protocolo, livro de registro. **2.** Protocolo, cerimonial. ■ Não tem sentido de "canhoto, cupom".

pro·to·ti·po *s.m.* Protótipo.

pro·ve·cho *s.m.* **1.** Proveito, benefício, vantagem. **2.** Provento, lucro. ◆ **¡Buen provecho!** Bom apetite! **En provecho de.** Em benefício de.

pro·ve·e·dor/-do·ra *s.* Fornecedor. *Somos proveedores de máquinas industriales.* Somos fornecedores de máquinas industriais.

pro·ve·er *v.t.* **1.** Prover, providenciar. *Hay que proveer la comida.* É preciso providenciar a comida. **2.** Fornecer, abastecer, prover. **3.** Atender às necessidades. **4.** Proporcionar, fornecer. *Me proveyó datos importantes.* Forneceu-me dados importantes. ■ **proveerse** *v.p.* Abastecer-se, munir-se. *Tenemos que proveernos antes del invierno.* Temos de abastecer-nos antes do inverno.

pro·ver·bio *s.m.* Provérbio, máxima.

pro·vi·den·cia *s.f.* Providência, resolução, medida. *Tomar las providencias.* Tomar as providências ◆ **Divina Providencia.** Providência Divina.

pro·vin·cia *s.f.* **1.** Província, divisão territorial. **2.** Interior. *Vive en las provincias.* Mora no interior.

pro·vi·sión *s.f.* **1.** Provisão, abastecimento. **2.** Provimento, providência. **3.** Estoque, reserva, provisão. ■ **provisiones** *s.f.pl.* Provisões, comestíveis, mantimentos. ◆ **Provisión de fondos.** *Com.* Reserva/Provisão de fundos.

pro·vi·sio·nal *adj.* Provisório, temporário, interino.

pro·vis·to/a *adj.* Equipado, dotado de, provido. ■ *Part. irreg.* de *proveer.*

pro·vo·car *v.t.* **1.** Provocar, instigar, irritar. **2.** Provocar, causar, espalhar. **3.** *Amer.* Apetecer.

pró·xi·mo/a *adj.* **1.** Próximo, que está perto, vizinho. *Queda próximo al mercado.* Fica perto do mercado. **2.** Próximo, seguinte. *El próximo domingo.* No próximo domingo. ■ Não tem sentido de "semelhante".

pro·yec·ción *s.f.* **1.** Projeção, arremesso. **2.** Projeção, exibição (filme). **3.** *Fig.* Projeção, destaque. **4.** *Geom.* Projeção.

pro·yec·tar *v.t.* **1.** Projetar, arremessar. **2.** Projetar, exibir (na tela). **3.** Planejar, projetar, preparar. *Proyectar un viaje.* Planejar uma viagem. **4.** *Geom.* Projetar, figurar.

pro·yec·til *s.m. Mil.* Projétil.

pro·yec·to *s.m.* **1.** Projeto, planta, plano. *Proyecto de construcción.* Projeto de construção. **2.** Projeto, intenção, propósito. **3.** Projeto, redação provisória. *Proyecto de ley.* Projeto de lei. ◆ **En proyecto.** Que não se realizou ainda.

pru·den·cia *s.f.* Prudência. *Obrar con prudencia.* Agir com prudência.

prue·ba *s.f.* **1.** Prova, demonstração, testemunho. *Presentar las pruebas de acusación.* Apresentar as provas de acusação. **2.** Prova, teste, ensaio. *Hagamos una prueba antes de ponerlo en marcha.* Façamos um teste antes de colocá-lo em funcionamento. **3.** Prova, competição. *Prueba de velocidad.* Prova de velocidade. **4.** *Tip.* Prova, folha impressa para correções tipográficas. **5.** *Mat.* Prova, operação. **6.** Prova, exame. ♦ **Prueba de imprenta.** *Tip.* Prova de prelo. **Prueba positiva.** Chapa fotográfica. **Prueba testifical.** *For.* Prova testemunhal. **A prueba de.** À prova de, resistente a. **En prueba de.** Como prova de. **Poner/Someter a prueba.** Pôr/Submeter à prova.

psi·co·a·ná·li·sis *s.2g.* Psicanálise. ∎ **a.** *Pl.:* invariável. **b.** *Tb.:* sicoanálisis.

psi·co·lo·gí·a *s.f.* Psicologia. ∎ *Tb.: sicología.*

psi·có·lo·go/a *s.* Psicólogo. ∎ *Tb.: sicólogo.*

psi·có·pa·ta *s.2g. Med.* Psicopata. ∎ *Tb.: sicópata.*

psi·co·sis *s.f. Med.* Psicose. ∎ **a.** *Pl.:* invariável. **b.** *Tb.: sicosis.*

psi·co·téc·ni·co/a *adj.* Psicotécnico. ∎ *Tb.: sicotécnico.*

psi·co·te·ra·pia *s.f. Med.* Psicoterapia. ∎ *Tb.: sicoterapia.*

psi·quia·tra *s.2g. Med.* Psiquiatra. ∎ *Tb.: siquiatra, psiquiátra, siquiátra.*

psi·quia·trí·a *s.f. Med.* Psiquiatria. ∎ *Tb.: siquiatría.*

pu·ber·tad *s.f.* Puberdade.

pu·bis *s.m. Med.* Púbis.

pu·bli·car *v.t.* **1.** Publicar, tornar público, divulgar. **2.** *Tip.* Publicar, imprimir, editar.

pu·bli·ci·dad *s.f.* **1.** Publicidade, divulgação. **2.** Propaganda comercial. ♦ **Publicidad directa.** *Com. Esp.* Mala direta. **Agencia de publicidad.** Agência de propaganda. **Dar publicidad a.** Divulgar.

pu·bli·cis·ta *s.2g.* Publicitário, profissional de propaganda.

pu·bli·ci·ta·rio/a *adj.* Publicitário, comercial. ♦ **Anuncio publicitario.** Anúncio comercial.

pú·bli·co/a *adj.* **1.** Público, notório, conhecido. **2.** Público, que não é privado, coletivo. *Transporte público.* Transporte coletivo. ● *s.m.* **3.** Público, assistência, auditório. *Un público selecto.* Um público seleto. **4.** Público, povo em geral. ♦ **Dar al público.** Publicar. **En público.** Em público. **Opinión pública.** Opinião pública. **Sector público.** Setor público.

pu·che·ro *s.m.* **1.** Cozido, prato típico espanhol, à base de grão-de-bico, carne e legumes. **2.** Vasilha de barro. **3.** *Col.* Careta, beicinho.

pu·dor *s.m.* Pudor.

pu·drir *v.t.* Apodrecer. ∎ **pudrirse** *v.p.* **1.** Ficar podre, apodrecer. *La comida se pudrió.* A comida apodreceu. **2.** *Fig. e col.* Ficar cheio, enjoar, entediar-se. *Me pudrí de tantas cuentas.* Enjoei de tanta conta.

pue·blo *s.m.* **1.** Povo, população. *El pueblo elige a sus representantes.* O povo escolhe os seus representantes. **2.** Povoado, cidade pequena.

puen·te *s.m.* **1.** Ponte, passarela. **2.** *Mar.* Ponte, coberta. **3.** *Med.* Ponte dentária. **4.** *Mec.* Eixo de transmissão. ♦ **Puente aéreo.** Ponte aérea. **Puente colgante/levadizo.** Ponte pênsil/levadiça. **Puente grúa.** *Mec.* Ponte rolante. **Puente trasero.** *Mec.* Eixo traseiro. **Hacer puente.** Fazer ponte, juntar feriados.

pue·rro *s.m. Bot.* Alho-poró.

puer·ta *s.f.* **1.** Porta. **2.** *Fig.* Entrada. **3.** *Desp.* Gol. ♦ **Puerta a puerta.** Porta a porta, entrega expressa. **A las puertas.** Muito próximo, muito perto. **A las puertas de la muerte.** Às portas da morte. **A puerta cerrada.** De portas fechadas, em segredo. **Abrir/Cerrar la puerta.** Abrir/Fechar a porta. **Cerrarse todas las puertas.** Fecharem-se todas as portas, ser rejeitado. **Dar con la puerta en la cara/en las narices.** Bater com a porta na cara. **Echar las puertas abajo.** Derrubar as portas. **Enseñar la puerta.** Mostrar a porta, pôr para fora. **Ir de puerta en puerta.** Bater de porta em porta. **Llamar a la puerta.** Pedir ajuda, bater na porta.

puer·to *s.m.* **1.** *Mar.* Porto. **2.** Cidade portuária. **3.** Desfiladeiro. **4.** *Fig.* Asilo, refúgio, amparo. ♦ **Puerto franco/libre.** Porto livre.

pues *conj.* **1.** Pois, porque. *Que le escriba a él pues lo conoce mejor.* Ela que lhe escreva, pois o conhece melhor. **2.** Pois, então. *Vá-*

monos pues. Então vamos embora. **3.** Ora, pois. *Pues, ¿cómo te diré?* Ora, como vou dizer? ■ Tem amplo uso enfático no início ou final de orações. ♦ **Pues no/No pues.** Não. **Pues sí/Sí pues.** Sim.
pues·to/a *adj.* **1.** Posto, arrumado, disposto. *La mesa está puesta.* A mesa está arrumada. ● *s.m.* **2.** Posto, cargo. *Ocupa un puesto importante.* Desempenha um cargo importante. **3.** Ponto, barraca, quiosque. *Tiene un puesto en la feria.* Tem uma barraca na feira. **4.** Lugar em uma escala, posto. *El primer puesto.* O primeiro lugar. ■ *s.f.* Aposta de jogo. ■ **a.** Não tem sentido de "agência" nem de "estação". **b.** *Part. irreg.* de *poner.* ♦ **Puesto de mando.** Posto de comando. **Puesto de periódicos.** *Esp.* Banca de jornal. **Puesto que.** Porquanto. **Puesta del sol.** Pôr do sol. **Puesta en escena.** Montagem teatral. **Puesta en marcha.** *Mec.* Partida.
pul·ga *s.f.* Pulga. ♦ **Tener la pulga detrás de la oreja.** Estar com/Ter a pulga atrás da orelha. **Tener malas pulgas.** Estar de mau humor.
pul·ga·da *s.f.* Polegada.
pul·gar *s.m.* Polegar, dedão.
pu·lir *v.t.* **1.** Polir, brunir, lustrar. **2.** *Fig.* Polir, civilizar. **3.** *Fig.* Polir, aprimorar, aperfeiçoar.
pu·lló·ver *s.m. Angl.* Malha de lã.
pul·món *s.m. Med.* Pulmão.
pul·mo·ní·a *s.f. Med.* Pneumonia.
pul·pa *s.f.* Polpa.
pul·pe·rí·a *s.f. Amer.* Mercearia.
pul·po *s.m.* Polvo.
pul·sa·ción *s.f.* **1.** Pulsação, latejo. **2.** *Eletr.* Impulso (elétrico, telefônico).
pul·sar *v.t.* **1.** Tanger, tocar. *Pulsar la guitarra.* Tanger o violão. **2.** *Med.* Medir o pulso. **3.** *Fig.* Sondar um assunto. **4.** Pressionar, apertar botão ou tecla. ■ *v.i.* **5.** Pulsar, latejar.
pul·se·ra *s.f.* Pulseira.
pul·so *s.m.* **1.** Pulso, latejo. **2.** Pulso, munheca. **3.** Segurança, firmeza. ♦ **A pulso.** Sozinho, sem a ajuda de ninguém. **Tomar el pulso. 1.** Medir o pulso. **2.** Sondar um assunto.

pul·ve·ri·zar *v.t.* **1.** Pulverizar, reduzir a pó. **2.** *Fig.* Pulverizar, destroçar. **3.** Pulverizar, espalhar (líquido, inseticida).
pu·nir *v.t.* Punir, penalizar.
pun·ta *s.f.* **1.** Ponta, extremidade. *La punta del cuchillo.* A ponta da faca. **2.** Ponta, vértice. **3.** Ponta, língua de terra. **4.** Ponta de cigarro. **5.** *Fig.* Pontinha, pequena quantidade. **6.** Primeiro lugar nas corridas. ■ Não se aplica a "posição no futebol". ♦ **A punta de lanza.** A ferro e fogo. **De punta a cabo.** De fio a pavio. **De punta a punta.** De ponta a ponta. **De punta en blanco.** Bem-vestido, impecável. **Sacar punta. 1.** Apontar lápis. **2.** Interpretar com malícia. **Tener en la punta de la lengua.** Estar na ponta da língua.
pun·ta·da *s.f.* **1.** Ponto, costura. *Se descosió la manga y le di unas puntadas a mano.* A manga descosturou e dei-lhe uns pontos à mão. **2.** Pontada, aguilhoada. *Sentí una puntada en el corazón.* Senti uma pontada no coração.
pun·tal *s.m. Arq.* Pontalete.
pun·ta·pié *s.m.* Pontapé, chute.
pun·te·ar *v.t.* **1.** *Mus.* Dedilhar. **2.** Assinalar com pontos, pontilhar.
pun·te·rí·a *s.f.* Pontaria.
pun·te·ro/a *adj.* **1.** Que tem boa pontaria. **2.** Que se destaca ou está na frente. *Va puntero en la carrera.* É o primeiro da corrida. ● *s.m.* **3.** Haste, ponteiro, varinha. **4.** Cinzel. **5.** Ponteiro (relógio). **6.** *Desp.* Ponta.**7.** *Inform.* Cursor. ■ *s.f.* **8.** Ponteira (em sapatos).
pun·ti·llas <de> *loc.* Na ponta dos pés.
pun·to *s.m.* **1.** *Gram.* Ponto, sinal gráfico. *La frase termina con un punto.* A frase termina com um ponto. **2.** *Gram.* Pingo, sinal gráfico. *Poner un punto sobre la i.* Pôr os pingos nos is. **3.** Ponto de costura, furo da agulha. **4.** Tricô. *Guantes de punto.* Luvas de tricô. **5.** Ponto, lugar. *Punto de reunión.* Ponto de reunião. **6.** Ponto, unidade de avaliação, de contagem. *Marcar los puntos del juego.* Anotar os pontos do jogo. **7.** Ponto, questão, assunto. *Éste no es el punto.* Esta não é a ques-

tão. **8.** *Tip.* Ponto, medida tipográfica. **9.** Ponto, momento, instante. **10.** Ponto de táxi, parada. **11.** *Med.* Ponto (em procedimentos cirúrgicos). **12.** Ponto, grau (temperatura, cozimento). **13.** Ponto, item, tópico. *El punto 3 no está claro.* O item 3 não está claro. ♦ **Punto cardinal.** Ponto cardeal. **Punto de arranque/partida.** Ponto de partida. **Punto de caramelo.** Ponto de bala. **Punto de cruz.** Ponto cruz. **Punto de fusión.** Ponto de fusão. **Punto de mira.** Alvo. **Punto de nieve.** Ponto de neve. **Punto de vista.** Ponto de vista. **Punto débil/flaco.** Ponto fraco. **Punto final.** Ponto final. **Punto muerto.** Ponto morto. **Punto por punto.** Ponto por ponto. **Punto y aparte.** *Gram.* Ponto e parágrafo. **Punto y coma.** *Gram.* Ponto e vírgula. **Punto y seguido.** *Gram.* Ponto, na mesma linha. **Puntos suspensivos.** *Gram.* Reticências, pontos suspensivos. **A punto.** Pronto, em ordem. **A punto de.** A ponto de. **Con puntos y comas.** Com precisão, com todos os detalhes. **De medio punto.** Em semicírculo, meia curvatura. **Dos puntos.** *Gram.* Dois-pontos. **En punto.** Em ponto. **En su punto.** No ponto. **Hasta cierto punto.** Até certo ponto. **Hasta tal punto.** A tal ponto. **Perder puntos.** Perder prestígio. **Subir de punto.** Tornar mais intenso, aumentar (sentimentos).

pun·tua·ción *s.f.* Pontuação.
pun·tua·li·dad *s.f.* Pontualidade.
pun·za·da *s.f.* Aguilhoada, alfinetada.
pun·zón *s.m.* **1.** Punção, buril. **2.** Chancela, selo.
pu·ña·do *s.m.* Punhado, porção.
pu·ñal *s.m.* Punhal.
pu·ña·la·da *s.f.* **1.** Punhalada. **2.** *Fig.* Facada.
pu·ñe·ta·zo *s.m.* Soco, murro.
pu·ño *s.m.* **1.** Punho. **2.** Empunhadura. ♦ **De su puño y letra.** De próprio punho.
pu·pi·la *s.f. Med.* Pupila.
pu·pi·tre *s.m.* Carteira escolar.
pu·ré *s.m.* Purê. *Puré de manzana.* Purê de maçã.
pu·re·za *s.f.* Pureza.
pur·ga *s.f.* **1.** Purgante. **2.** Expurgação.
pur·ga·to·rio *s.m.* Purgatório.
pu·ri·fi·car *v.t.* **1.** Purificar. **2.** Afinar (metais).
pu·ri·ta·no/a *adj. e s.* Puritano.
pu·ro/a *adj.* **1.** Puro, não alterado. *Aire puro.* Ar puro. **2.** *Fig.* Puro, casto. **3.** *Fig.* Puro, simples. *La pura verdad.* A pura verdade. **4.** *Fig.* Puro, íntegro. • *s.m.* **5.** Charuto.
pus *s.m. Med.* Pus.
pu·to/a *s.m. Vulg.* **1.** *Amer.* Travesti, bicha. ■ *s.f.* **2.** Puta. ♦ **Hijo de puta.** Filho da puta. **La puta que te parió.** A puta que o pariu.

Q

q *s.f.* Q, décima oitava letra do alfabeto. ■ Recebe o nome *cu.*
que *p.rel.* **1.** Que, o qual, a qual. *El muchacho que te presenté.* O rapaz que lhe apresentei. **2.** Quem, aquele que. *El que pierde paga la cuenta.* Quem perder, paga a conta. **3.** Que, aquele que, aquela que. *¿Viste mi falda, la que me puse ayer?* Viu a minha saia, aquela que vesti ontem? • *conj.* **4.** Que. *Te pedí que vinieras.* Pedi-lhe que viesse. *Me gusta el rojo más que el azul.* Gosto mais do vermelho do que do azul. **5.** Ou. *Que quieras, que no quieras.* Querendo ou não. ■ Acentuado em frases *interr.* e *excl.* ♦ **Qué de.** Quanto, quantos/as. *¡Qué de cosas lindas!* Quantas coisas lindas! **¡Qué sé yo!** Sei lá eu! **Así que.** Assim que. *Así que termines el trabajo, avísame.* Assim que você termi-

nar o trabalho, avise-me. **Con lo que.** Com tudo quanto. *Con lo que hice por él y no me lo agradece.* Com tudo quanto eu fiz por ele e ele nem agradece. **Con tal (de) que.** Desde que. **Mientras que.** Ao passo que, enquanto. *Voy a comprar mientras que tú terminas la lectura.* Vou fazer as compras enquanto você termina a leitura. **Por más que.** Por mais que. **¿Y qué?** E daí?

que·bra·do/a *adj. e s.* **1.** Falido, quebrado. **2.** *Med.* Que tem fratura ou hérnia. ■ *adj.* **3.** Alquebrado. **4.** Desnivelado (terreno). **5.** Quebrado, partido, fragmentado. **6.** *Mat.* Número decimal. ● *s.f.* **7.** Quebrada, desfiladeiro. **8.** Quebrada, brecha, trilha.

que·bran·tar *v.t.* **1.** Quebrar, despedaçar, partir (com ajuda de ferramenta). *Quebrantar piedras.* Quebrar pedras. **2.** Quebrar, transgredir, violar. **3.** *Fig.* Quebrantar, amansar, domar. **4.** *Fig.* Alquebrar, debilitar, quebrar. ■ **quebrantarse** *v.p.* Debilitar-se, quebrantar-se.

que·bran·to *s.m.* **1.** Moléstia, achaque, mal-estar. **2.** *Fig.* Abatimento, desânimo, quebranto. ▌Não tem sentido de "mau-olhado".

que·brar *v.t.* **1.** Quebrar, despedaçar, partir. **2.** *Fig.* Quebrar, interromper. ■ *v.i.* **3.** *Com.* Falir, ir à falência. **4.** *Mex. e Am.C.* Virar, dobrar. *Quiebre a la derecha.* Vire à direita. ■ **quebrarse** *v.p.* **1.** Quebrar-se, despedaçar-se. **2.** Haver quebradas no terreno. ▌**a.** Pouco usado na acepção 1. *V. romper.* **b.** *C.mod. 01.*

que·chua *adj. e s.* Quíchua (povo, cultura e língua). ▌*Tb.: quichua.*

☞ **que·da** *s.f.* Sirene noturna. ♦ **Toque de queda.** Toque de recolher.

que·dar *v.i.* **1.** Ficar, permanecer. *Quedé en la fila.* Fiquei na fila. **2.** Ficar, sobrar. *No quedó harina.* Não sobrou farinha. **3.** Ficar, combinar. *Quedaron en venir mañana.* Ficaram de vir amanhã. **4.** Ficar, restar. *Queda muy lejos.* Fica muito longe. **5.** Restar, faltar. *Sólo quedan tres días para Navidad.* Só faltam três dias para o Natal. ■ **quedarse** *v.p.* **1.** Ficar, permanecer. *Se quedó en casa.* Ficou em casa. **2.** Ficar, reter, apoderar-se. *Te quedaste con mi bolígrafo.* Você ficou com a minha caneta. ♦ **Quedar a deber.** Ficar devendo. **Quedar atrás.** Ficar para trás. **Quedar bien/mal. 1.** Ficar, assentar bem/mal. **2.** Sair-se bem/mal. **Quedar en.** Ficar de. **Quedar en nada.** Não chegar a um acordo. **Quedarse sin nada.** Ficar sem nada, perder tudo.

que·do/a *adj.* Quieto, sossegado. ● **quedo** *adv.* Em voz baixa. *Hablar quedo.* Falar em voz baixa.

que·ha·cer *s.m.* Tarefa, ocupação, afazeres, deveres. *Los quehaceres domésticos.* As tarefas domésticas.

que·ja *s.f.* **1.** Queixa, lamento. **2.** Mágoa, ressentimento.

que·jar·se *v.p.* **1.** Queixar-se, lamentar-se. **2.** Queixar-se, resmungar, protestar. **3.** Sentir mágoa. *Se quejó porque no la dejaron salir.* Ficou magoada porque não a deixaram sair. **4.** *For.* Apresentar queixa, protestar.

que·ji·do *s.m.* Gemido, lamúria.

que·ma *s.f.* **1.** Queima, queimada. **2.** Fogo, incêndio. ♦ **Huir de la quema.** *Fig.* Evitar uma situação difícil ou comprometedora, fugir da raia.

que·ma·du·ra *s.f.* Queimadura.

que·mar *v.t.* **1.** Queimar, consumir pelo fogo. **2.** Queimar, bronzear. **3.** Queimar, arder. **4.** Queimar, secar (plantas). **5.** Queimar, cozinhar demais. **6.** *Fig.* Queimar, deteriorar a imagem. **7.** *Fig.* Dissipar, desperdiçar. ■ **quemarse** *v.p.* **1.** Queimar-se, pegar fogo. **2.** Queimar-se, bronzear-se. **3.** *Fig.* Queimar-se, deteriorar-se.

que·ma·rro·pa <a> *loc.* À queima-roupa.

que·ma·zón *s.f.* **1.** Queima. **2.** Calor excessivo. **3.** *Fig.* Comichão.

que·pis *s.m.* Quepe. ▌*Pl.:* invariável.

que·rer *s.m.* **1.** Bem-querer. **2.** Afeto, carinho. ● *v.t.* **3.** Querer, desejar, ter vontade. **4.** Gostar, sentir afeto, amar. *Te quiero mucho.* Gosto muito de/Amo você. **5.** Querer, resolver, decidir. *No quiso venir.* Não quis vir. **6.** Querer, pedir um preço. *¿Cuánto quiere por el coche?*

querido/a 337 **quizá**

Quanto quer pelo carro? **7.** Precisar, requerer, necessitar. *Las plantas quieren agua.* As plantas precisam de água. ■ *v.impess.* **8.** Estar querendo, estar a ponto de. *Quiere llover.* Está ameaçando chuva. ■ *C.mod. 30.* ♦ **Queriendo.** De propósito. *Lo hice queriendo.* Fiz de propósito. **Quieras que no. 1.** Querendo ou não. **2.** Acredite ou não. **Como quiera que.** De qualquer maneira. *Como quiera que sea, tendrá que darnos una explicación.* De qualquer maneira, ele/ela terá que dar uma explicação. **Donde quiera.** Em qualquer lugar. *Donde quiera que se presente, siempre la reciben bien.* Em qualquer lugar onde ela vai, sempre é bem recebida. **¿Qué quiere decir eso?** O que significa isso? **¿Qué quieres que le haga?** O que é que eu posso fazer? **Sin querer.** Sem querer.

que·ri·do/a *adj.* **1.** Querido, amado. ● *s.* **2.** Amante.

que·ro·se·no *s.m. Quím.* Querosene. ■ *Tb.: kerosén.*

que·so *s.m.* Queijo. ♦ **Queso parmesano/rallado.** Queijo parmesão/ralado.

qui·cio *s.m.* Gonzo(s), dobradiça(s) (porta, janela). ♦ **Fuera de quicio.** *Fig.* Fora do normal. **Sacar de quicio.** *Fig.* Exasperar, fazer perder a cabeça.

quie·bra *s.f.* **1.** *Com.* Falência, quebra. *Se declaró en quiebra.* Entrou em falência. **2.** Fenda, abertura, quebrada. **3.** Quebra, rompimento, ruptura.

quien *p.indef.* **1.** Quem. *¿Quién te lo dijo?* Quem lhe disse isso? *Pregunta a quien quieras.* Pergunte a quem quiser. ■ *p.rel.* **2.** Quem, o qual, a qual. *La amiga de quien te hablé.* A amiga da qual lhe falei. ■ **quienes** *p.rel. pl.* Os quais, as quais. *Preguntó a los padres, quienes no contestaron.* Perguntou aos pais, os quais não responderam. ■ Acentuado em frases *interr.* e *excl.* ♦ **¡Quién tuviera/fuera!** Quem me dera! **Como quien no quiere la cosa.** De mansinho, disfarçadamente, como quem não quer nada.

quien·quie·ra *p.indef.* Pessoa indeterminada, qualquer um. *Quienquiera que sea.* Quem quer que seja. ■ **a.** Só se usa seguido de *que.* *Quienquiera que tenga tiempo que haga el resumen.* Qualquer um que tiver tempo que faça o resumo. **b.** *Pl.: quienesquiera.*

quie·to/a *adj.* Quieto, tranquilo, sossegado.

qui·la·te *s.m.* Quilate.

quí·mi·co/a *adj.* e *s.* **1.** Químico. ■ *s.f.* **2.** Química. ♦ **Química orgánica/inorgánica.** Química orgânica/inorgânica.

qui·mio·te·ra·pia *s.f. Med.* Quimioterapia.

qui·na *s.f.* **1.** Quina, conjunto de cinco objetos. **2.** *Med.* Remédio antitérmico. **3.** Quina, cinco números de loteria.

quin·ca·lla *s.f.* Ferro-velho.

quin·ce·na *s.f.* Quinzena.

qui·nie·la *s.f.* Espécie de loteria esportiva. ■ *Tb.: quinielas.*

quin·ta *s.f.* **1.** Granja, chácara. **2.** Casa de campo, quinta.

quios·co *s.m.* Banca de jornal. ■ *Tb.: kiosco.*

qui·ró·fa·no *s.m. Med.* Sala de cirurgia.

qui·ro·man·cia *s.f.* Quiromancia. ■ *Tb.: quiromancía.*

qui·rúr·gi·co/a *adj. Med.* Cirúrgico.

quis·qui·llo·so/a *adj.* e *s. Col.* Suscetível, cheio de frescuras.

qui·ta·man·chas *s.m.* Tira-manchas.

☞ **qui·tar** *v.t.* **1.** Tirar, retirar. *Quita la cáscara antes de comer.* Tire a casca antes de comer. **2.** Tirar, despojar. *Le quitó la vida.* Tirou-lhe a vida. **3.** Tirar, afastar. *Quita la silla de en medio.* Tire a cadeira do meio do caminho. **4.** Tirar, suprimir, privar. *El café me quita el sueño.* O café me tira o sono. **5.** Tirar, abolir, proibir. **6.** *Fig.* Desviar, tirar, despregar (olhar). ■ **quitarse** *v.p.* **1.** Sair, afastar-se. *Quítate de ahí.* Saia daí. **2.** Tirar, despir-se. *Quitarse la ropa.* Tirar a roupa. ♦ **Quitar(se) de delante/de en medio.** Sair do caminho. **Quitar de la cabeza.** Tirar da cabeça. **Quitarse de encima.** Livrar-se de. **¡Quita!** Saia!

qui·ta·sol *s.m.* Guarda-sol.

qui·zá *adv.* Talvez, possivelmente, quiçá. *Quizá no venga.* Talvez não venha. ■ *Tb.: quizás.*

R

r *s.f.* R, décima nona letra do alfabeto. ▪ Recebe o nome *ere* ou *erre*, conforme seja vibrante simples ou múltipla.

rá·ba·no *s.m. Bot.* Rabanete. ♦ **Importar un rábano.** Não ter importância. **Me importa un rábano tu opinión.** Para mim não tem importância a sua opinião. ¡**Un rábano!** Uma ova!

ra·bia *s.f.* **1.** *Med.* Raiva, doença infecciosa. **2.** *Fig.* Raiva, cólera, ira.

ra·biar *v.i.* **1.** *Med.* Padecer de raiva. **2.** *Fig.* Exasperar-se, desesperar-se (de dor). *Rabiaba de dolor de muela.* Estava desesperado de dor de dente (molar). **3.** *Fig.* Esbravejar, enraivecer-se, ficar bravo. *Rabia por cualquier cosa.* Fica bravo com qualquer coisa. ♦ **Hacer rabiar.** Enervar, irritar.

ra·bie·ta *s.f. Col.* Birra, capricho.

ra·bio·so/a *adj.* **1.** *Med.* Raivoso. **2.** *Fig.* Furioso.

ra·bo *s.m.* **1.** Rabo (animal). **2.** *Fig.* Cabo (folha, fruta). ♦ **Con el rabo entre las piernas.** Com o rabo no meio das pernas. **De cabo a rabo.** De cabo a rabo, de ponta a ponta.

☞ **ra·cha** *s.f.* **1.** Rajada. **2.** *Col.* Fase, etapa. *Lleva una racha muy mala.* Está passando uma fase muito ruim.

ra·ci·mo *s.m.* Cacho, penca. *Un racimo de uva.* Um cacho de uva.

ra·cio·ci·nar *v.i.* Raciocinar. ▪ *Sin.: razonar.*

ra·cio·ci·nio *s.m.* Raciocínio. ▪ *Sin.: razonamiento.*

ra·ción *s.f.* **1.** Ração, porção (comida). **2.** Porção, dose, quota. ▪ Não tem sentido de "comida preparada para animais".

ra·cio·nal *adj.* **1.** *Fil.* Racional, próprio da razão. **2.** Razoável, lógico. • *s.m.* **3.** *Fil.* Racional, ser pensante.

ra·cio·na·li·zar *v.t.* Racionalizar, tornar eficiente e racional.

ra·cio·na·mien·to *s.m.* Racionamento.

ra·cio·nar *v.t.* **1.** Racionar, distribuir rações. **2.** Racionar, limitar o consumo.

ra·cis·mo *s.m.* Racismo.

ra·dar *s.m. Angl. Eletr.* Radar. ▪ *Tb.: rádar.*

ra·dia·ción *s.f. Fís.* Radiação.

ra·dia·dor *s.m.* **1.** Radiador, serpentina de aquecimento. **2.** *Mec.* Radiador, dispositivo de refrigeração.

ra·dian·te *adj.* **1.** *Fís.* Radiante, que emite radiação. **2.** *Fig.* Radiante, cheio de alegria.

ra·diar *v.i.* **1.** *Fís.* Radiar, emitir radiações. ▪ *v.t.* **2.** *Med.* Curar ou tratar com raios X. **3.** *Eletr.* Irradiar, transmitir por rádio.

ra·di·ca·ción *s.f.* Radicação, estabelecimento, permanência. *Obtuvo la radicación en EE. UU.* Conseguiu a permanência nos EUA.

ra·di·cal *adj.* **1.** Radical, próprio da raiz. **2.** *Fig.* Radical, intransigente. *Un cambio radical.* Uma mudança radical. ▪ *adj. e s.2g.* **3.** Radical, partidário de reformas políticas. ▪ *s.m.* **4.** *Gram.* Radical, parte de uma palavra sem a desinência. **5.** *Mat.* Radical, signo de raiz quadrada.

ra·di·car *v.i.* **1.** Radicar, enraizar, arraigar. **2.** Consistir. *El problema radica en eso.* O problema consiste nisso. ▪ **radicarse** *v.p.* Radicar-se, estabelecer-se, fixar residência.

ra·dio[1] *s.m. Geom.* Raio (circunferência).

ra·dio[2] *s.m. Quím.* Rádio, elemento metálico.

ra·dio[3] *s.m. Med.* Rádio, osso.

ra·dio[4] *s.f.* **1.** Rádio, aparelho receptor. *Conecta la radio.* Ligue o rádio. **2.** Rádio, emissora.

ra·dio·ac·ti·vi·dad *s.f. Quím.* Radioatividade. ▪ *Tb.: radiactividad.*

ra·dio·a·fi·cio·na·do/a *s.* Radioamador.
ra·dio·ca·se·te *s.f.* Radiogravador.
ra·dio·di·fu·sión *s.f. Eletr.* Radiodifusão. ■ *Tb.: radioemisión.*
ra·dio·fó·ni·co/a *adj.* Radiofônico.
ra·dio·gra·fi·a *s.f. Med.* Radiografia, chapa (de raios X).
ra·dio·ta·xi *s.m.* Radiotáxi.
rá·fa·ga *s.f.* **1.** Rajada, vento impetuoso, lufada. **2.** Rajada (metralhadora). **3.** Raio de luz.
ra·í·do/a *adj.* Puído, usado, batido (roupa).
ra·íl *s.m. Angl.* Linha férrea, via, trilho.
ra·íz *s.f.* **1.** *Bot.* Raiz, órgão dos vegetais. **2.** *Med.* Raiz, parte de um órgão implantada no tecido. **3.** *Fig.* Causa, origem, raiz. **4.** *Gram.* Raiz, radical. ♦ **Raíz cuadrada/cúbica.** *Mat.* Raiz quadrada/cúbica. **A raíz de.** Em virtude de. **Arrancar de raíz.** Arrancar pela raiz. **Bienes raíces.** Bens imóveis. **Echar raíces.** Estabelecer-se, radicar-se.
ra·ja *s.f.* **1.** Racha, rachadura, fenda. ■ *Tb.: rajadura.* **2.** Racha, lasca. **3.** Fatia (de algumas frutas).
ra·já *s.m.* Rajá, marajá.
ra·jar *v.t.* **1.** Fatiar, cortar. *Rajar una sandía.* Cortar uma melancia. **2.** Rachar, partir. ■ **rajarse** *v.p.* **1.** Rachar-se, fragmentar-se. **2.** *Col.* Acovardar-se, voltar atrás. ■ Não tem sentido de "repartir".
ra·lea *s.f.* Ralé.
ra·lla·dor *s.m.* Ralador.
ra·llar *v.t.* Ralar, moer. *Rallar queso.* Ralar queijo.
ra·ma *s.f.* **1.** *Bot.* Ramo, galho. **2.** Ramo, família genealógica. **3.** Ramo, área, setor. **4.** Ramal, ramificação. **5.** *Tip.* Rama. ♦ **Andarse/lrse por las ramas.** Desviar do assunto. **En rama.** Produto não beneficiado.
ra·mal *s.m.* Ramal, ramificação (ferrovia, estrada). ■ Não tem sentido de "extensão telefônica".
ra·mi·fi·car·se *v.p.* **1.** Ramificar-se, subdividir-se. **2.** *Fig.* Divulgar-se, propagar-se.
ra·mo *s.m.* **1.** *Bot.* Galho seco, cortado. **2.** Ramo, ramalhete, buquê, arranjo de flores.
■ *Sin.: ramillete.* **3.** *Fig.* Ramo, campo, área.
ram·pa *s.f.* **1.** Rampa, aclive. **2.** Rampa, passarela. ♦ **Rampa de lanzamiento.** Rampa de lançamento.
ram·plón/·plo·na *adj.* Vulgar, ordinário.
ra·na *s.f.* Rã.
ran·ca·jo *s.m.* Lasca de madeira, estilhaço.
ran·cho *s.m.* **1.** Rancho, refeição. **2.** Acampamento. **3.** Refeitório rústico. **4.** Rancho, choça. **5.** *Amer.* Propriedade rural.
ran·cio/a *adj.* **1.** Rançoso. **2.** *Fig.* Antiquado, rançoso.
ran·go *s.m.* **1.** Categoria, classe social. **2.** Casta, linhagem. **3.** Faixa, categoria.
ra·nu·ra *s.f.* Fissura, ranhura.
☞ **ra·pa·du·ra** *s.f.* Raspadura, raspagem.
ra·par *v.t.* Rapar, raspar. ■ **raparse** *v.p.* Raspar (-se). *Se rapó el pelo.* Raspou o cabelo.
rá·pi·do/a *adj.* **1.** Rápido, veloz. ● *s.m.* **2.** Trem expresso.
rap·to *s.m.* **1.** Rapto, sequestro. **2.** *Fig.* Arrebatamento, ataque. *Un rapto de furia.* Um ataque de fúria.
ra·que·ta *s.f. Desp.* Raquete.
ra·quí·ti·co/a *adj. e s.* Raquítico, mirrado.
ra·re·za *s.f.* **1.** Raridade. **2.** Extravagância, mania.
ra·ro/a *adj.* **1.** Raro, pouco frequente, insólito. **2.** Estranho, esquisito. *Un muchacho raro.* Um rapaz esquisito. ♦ **¡Qué raro!** Que estranho!
ra·sar *v.t.* **1.** Rasar, nivelar, igualar. **2.** Passar rente, roçar.
ras·ca·cie·los *s.m.* Arranha-céu. ■ *Pl.:* invariável.
ras·car *v.t.* **1.** Coçar. *¿Me puedes rascar la espalda?* Pode coçar as minhas costas? **2.** Raspar, rascar. *Rasca el piso antes de encerar.* Raspe o chão antes de encerar. ■ **rascarse** *v.p.* Coçar-se.
ra·se·ra *s.f.* Escumadeira.
ra·se·ro/a *adj.* Rasante.
ras·gar *v.t.* Rasgar, partir, romper. *Rasgó la carta.* Rasgou a carta. ■ **a.** Não tem senti-

do de "ferir" nem de "sulcar". **b.** *Sin.: romper.*

☞ **ras·go** *s.m.* **1.** Traço, risco. **2.** *Fig.* Arroubo, ímpeto. *Rasgo de generosidad.* Ímpeto de generosidade. ■ **rasgos** *s.m.pl.* **1.** Traços, feição, linhas. **2.** *Fig.* Traço, sinal, vestígio. *Rasgos de violencia.* Traços de violência. ♦ **A grandes rasgos.** Em linhas gerais.

☞ **ras·gu·ñar** *v.t.* **1.** Arranhar. *El gato la rasguñó.* O gato a arranhou. **2.** Esboçar um desenho.

☞ **ras·gu·ño** *s.m.* Arranhão.

ra·so/a *adj.* **1.** Raso, plano, liso. **2.** Límpido, sem nuvens. *Cielo raso.* Céu claro. **3.** Rasante, rasteiro, raso. *Un vuelo raso.* Um voo rasante. ● *s.m.* **4.** Cetim (tecido). ∎ Não tem sentido de "pouco profundo".

ras·pa *s.f.* **1.** Espinha de peixe. **2.** Raspa, apara, lasca. **3.** *Fig.* Repreensão.

ras·pa·do *s.m.* **1.** Raspagem. **2.** *Med.* Curetagem.

ras·pa·du·ra *s.f.* Rasura.

ras·par *v.t.* **1.** Raspar, lixar, alisar. **2.** Pinicar, irritar, ser áspero. *Ese tejido raspa la piel.* Esse tecido pinica a pele. **3.** Raspar, roçar, passar raspando.

ras·pón *s.m.* Raspão, arranhão.

ras·que·ta *s.f.* Plaina.

ras·tre·ar *v.t.* **1.** Rastejar, vasculhar, dar busca. **2.** *Fig.* Investigar, averiguar pelos indícios. *El periodista rastreó la información.* O jornalista investigou a informação. **3.** Arrastar. **4.** Rastelar, rastrear. ● *v.i.* **5.** Voar raso. **6.** Rastejar.

ras·treo *s.m.* Rastreamento, busca, sondagem, exploração.

ras·tre·ro/a *adj.* **1.** Rasteiro. **2.** *Fig.* Abjeto, vil. ∎ Não tem sentido de "embuste".

ras·tri·llo *s.m.* **1.** Rastelo, ancinho. **2.** Carda. **3.** Rastrilho, grade levadiça.

ras·tro¹/a *s.m.* **1.** Rastrilho. ∎ *Tb.:* rastrillo. ■ *s.f.* **2.** Espécie de arado. ♦ **A rastras. 1.** À força. **2.** A rastos.

ras·tro² *s.m.* Rasto, vestígio. ♦ **Ni rastro.** Nem sinal.

ras·tro³ *s.m.* Abate, matadouro.

ra·ta *s.f.* **1.** Ratazana, rata. ■ *s.m.* **2.** *Col.* Vigarista. ∎ Não tem sentido de "gafe".

ra·te·ar *v.t.* **1.** Repartir, dividir proporcionalmente, ratear. **2.** Furtar, roubar. ■ *v.i.* **3.** Rastejar, engatinhar. **4.** *Col.* Falhar, ratear. *El carburador está sucio y el motor ratea.* O carburador está sujo e o motor está falhando.

ra·teo *s.m.* Divisão, rateio.

ra·ti·fi·car *v.t.* Ratificar, comprovar, validar.

☞ **ra·to** *s.m.* **1.** Curto espaço de tempo. *Se marchó hace un rato.* Foi embora há pouco. *Esperé un rato largo.* Esperei um bocado de tempo. **2.** Período, momentos. *Tuvimos un rato agradable.* Tivemos momentos agradáveis. ♦ **A cada rato.** A toda hora. **A ratos.** Às vezes. **Al rato.** Pouco depois. **De rato en rato.** De tempos em tempos. **Haber para rato.** Levar muito tempo. *Con tantas cartas que contestar, hay trabajo para rato.* Com tantas cartas para serem respondidas, temos trabalho para um bom tempo. **¡Hasta otro rato!** Até outra hora! **Pasar el rato.** Passar o tempo. **Pasar un buen/mal rato.** Ter bons/maus momentos.

ra·tón *s.m.* **1.** Rato. **2.** Camundongo.

ra·to·ne·ra *s.f.* **1.** Ratoeira. **2.** *Fig.* Armadilha, cilada. ♦ **Caer en la ratonera.** Cair na madilha.

rau·dal *s.m.* **1.** Correnteza. **2.** *Fig.* Abundância. ♦ **A raudales.** Em abundância.

ra·vio·lis *s.m.pl. Ital.* Ravióli.

ra·ya *s.f.* **1.** Traço, listra, raia, estria. **2.** Risca no cabelo. **3.** Raia, limite, termo, linha. **4.** Vinco de calça. **5.** *Gram.* Travessão. **6.** Faixa, sulco. **7.** Raia, certo peixe. ♦ **A rayas.** Listrado. **Pasar de la raya.** Passar dos limites. **Tener a raya.** Manter dentro dos limites. **Tres en raya.** Jogo da velha.

ra·yar *v.t.* **1.** Riscar, traçar linhas. **2.** Rabiscar, rasurar. ■ *v.i.* **3.** Lindar, confinar. **4.** Raiar, brilhar. **5.** *Fig.* Aproximar-se, beirar. *Rayaba en los 80 años.* Beirava os 80 anos. **6.** *Fig.* Destacar-se, sobressair. ♦ **Papel rayado.** Papel pautado.

ra·yo *s.m.* **1.** Raio luminoso. **2.** Raio, relâmpago, faísca. **3.** *Fig.* Rápido, veloz. **4.** *Fig.* Desgraça imprevista. ♦ **Rayo de luz.** Ideia luminosa. **Rayos X.** *Med.* Raios X. **Echar rayos.** Estar furioso.
ra·yue·la *s.f.* Amarelinha (jogo infantil).
ra·za *s.f.* Raça.
ra·zón *s.f.* **1.** *Fil.* Razão, faculdade mental de raciocinar. **2.** Razão, argumento, motivo. **3.** Recado, mensagem. *No dejó razón.* Não deixou recado. **4.** *Mat.* Razão, proporção. ♦ **Razón de Estado.** Razão de Estado. **Razón social.** *Com.* Razão social. **A razón de.** À razão de, na proporção de. **Asistirle la razón.** Estar coberto de razão. **Atender a razones.** Dar ouvidos. **Cargarse de razones.** Encher-se de razões. **En razón de.** Em função de. **Estar fuera de razón.** Não ter motivo. **Libro Razón.** *Com.* Livro-razão. **Perder la razón.** Perder a razão. **Tener razón.** Ter razão.
ra·zo·na·do/a *adj.* Arrazoado, fundamentado.
ra·zo·na·mien·to *s.m.* **1.** *Fil.* Raciocínio. **2.** *Gram.* Argumentação.
ra·zo·nar *v.i.* **1.** *Fil.* Raciocinar, pensar. ■ *v.t.* **2.** *Gram.* Argumentar, fundamentar, arrazoar.
re *s.m.* **1.** *Mus.* Ré, nota musical. ● *pref.* **2.** Re. ∎ Não tem sentido de "marcha a ré".
re·ac·ción *s.f.* **1.** Reação, resposta a um estímulo. **2.** *Mec.* Reação, resistência. **3.** *Quím.* Reação. **4.** *Med.* Reação orgânica. **5.** Reação, tendência política. ♦ **Reacción en cadena.** Reação em cadeia. **Avión/Motor de reacción.** Avião/Motor a jato.
re·ac·cio·nar *v.i.* Reagir.
rea·cio/a *adj.* Obstinado, que se recusa ou resiste a, renitente, relutante. *Es reacio a aceptar sugerencias.* Recusa-se a aceitar sugestões.
re·ac·ti·var *v.t.* Reativar, reavivar.
re·ac·ti·vo/a *adj.* **1.** Reativo. ● *s.m.* **2.** *Quím.* Reativo, reagente.
re·ac·tor *s.m. Mec.* Reator. ♦ **Reactor nuclear.** *Fís.* Reator nuclear.
re·a·fir·mar *v.t.* **1.** Reafirmar, reiterar. **2.** Reforçar, consolidar.

re·a·gru·par *v.t.* Reagrupar.
re·a·jus·tar *v.t.* **1.** Reajustar, recompor. **2.** Reajustar, corrigir preços, remarcar.
re·al *adj.* **1.** Real, verdadeiro, concreto. **2.** Real, régio. **3.** *Fig.* Muito bom. *Una real cena.* Um jantar muito bom. ● *s.m.* **4.** *Mil.* Acampamento. **5.** Antiga moeda espanhola.
re·al·ce *s.m.* **1.** Realce, relevo. **2.** *Fig.* Distinção, brilhantismo.
rea·li·dad *s.f.* **1.** Realidade, existência efetiva. **2.** Realidade, verdade. ♦ **En realidad.** Na realidade.
rea·li·za·ble *adj.* Realizável, viável.
rea·li·zar *v.t.* **1.** Realizar, executar, efetuar. **2.** *Com.* Realizar, converter em dinheiro. ∎
realizarse *v.p.* **1.** Realizar-se, atingir o objetivo. **2.** Realizar-se, tornar-se real.
re·al·zar *v.t.* Realçar, destacar, enfatizar.
re·a·ni·mar *v.t.* Reanimar, reavivar. ∎ **reanimarse** *v.p.* Reanimar-se, recuperar-se.
re·a·nu·dar *v.t.* **1.** *Fig.* Reatar, retomar, reiniciar. *Reanudar una conversación.* Reatar uma conversa. **2.** *Fig.* Reatar, restabelecer.
re·a·pa·ri·ción *s.f.* Reaparecimento.
re·ar·me *s.m.* Rearmamento.
re·a·tar *v.t.* Atar bem, reatar. ∎ Não se aplica para "reatar conversa".
re·a·vi·var *v.t.* Reavivar, reanimar.
re·ba·ba *s.f.* Rebarba, saliência, aresta.
re·ba·ja *s.f. Com.* Desconto de preço, baixa. ∎ **rebajas** *s.f.pl.* Liquidação, venda de mercadoria com desconto.
re·ba·jar *v.t.* **1.** Rebaixar, tornar mais baixo. **2.** Reduzir peso. **3.** *Com.* Baixar preço, fazer abatimento. *Rebajaron los artículos domésticos.* Baixaram o preço dos artigos domésticos. **4.** Reduzir a intensidade. *Tienes que rebajar ese color.* Você precisa diluir essa cor. **5.** *Fig.* Rebaixar, humilhar, depreciar. ∎ **rebajarse** *v.p.* Rebaixar-se, humilhar-se.
re·ba·jo *s.m.* Rebaixamento.
☞ **re·ba·na·da** *s.f.* Fatia. *Rebanada de pan/ queso.* Fatia de pão/queijo.
re·ba·ñar *v.t.* Arrebanhar, recolher.

re·ba·ño *s.m.* Rebanho.
re·ba·sar *v.t.* **1.** Passar do limite, ultrapassar. **2.** *Amer.* Ultrapassar com o carro.
re·ba·tir *v.t.* Rebater, replicar, refutar. ■ Não tem sentido de "reprimir, censurar" nem de "repelir a bola".
re·ba·to *s.m.* **1.** Rebate, chamamento. **2.** *Mil.* Rebate, ataque repentino. **3.** *Fig.* Alarme, comoção. ■ Não tem sentido de "anúncio, pressentimento".
☞ **re·be·ca** *s.f.* Blusa de lã aberta na frente, cardigã.
re·be·lar·se *v.p.* **1.** Rebelar-se, insurgir-se. **2.** Revoltar-se, rebelar-se.
re·bel·dí·a *s.f.* **1.** Rebeldia, revolta. **2.** Rebeldia, resistência. ♦ **En rebeldía.** *For.* Desobediência.
re·be·lión *s.f.* **1.** Rebelião, desobediência. **2.** Rebelião, revolta, insurreição.
re·blan·de·cer *v.t.* Abrandar. ■ **reblandecerse** *v.p.* Abrandar-se. ■ *C.mod. 06.*
re·bo·bi·na·do *s.m. Eletr.* Enrolamento.
re·bo·bi·nar *v.t.* Voltar a enrolar, enrolar para trás. *Rebobinar la cinta casete.* Voltar a fita cassete (até o início).
re·bor·de *s.m.* Rebordo, saliência.
re·bo·sar *v.i.* **1.** Derramar, transbordar (líquido). ■ *v.t.* **2.** *Fig.* Derramar, esbanjar. *Rebosaba belleza.* Esbanjava beleza.
re·bo·tar *v.i.* **1.** Ricochetear, saltar. *La pelota rebotó tres veces.* A bola saltou três vezes. ■ *v.t.* **2.** Torcer a ponta de algo, envergar. *Al primer martillazo rebotó el clavo.* Na primeira martelada o prego envergou. **3.** Rebotar, repelir, rejeitar. ■ **rebotarse** *v.p. Col.* Irritar-se.
re·bo·te *s.m.* Ricochete, ressalto. ♦ **De rebote. 1.** De quebra. **2.** De volta, rejeitado.
re·bo·zar *v.t.* Passar no ovo e na farinha, preparar à milanesa. *Rebozar unos bistecs.* Preparar alguns bifes à milanesa. ■ **rebozarse** *v.p.* Envolver, cobrir o rosto.
re·bus·car *v.t.* Rebuscar.
re·ca·bar *v.t.* **1.** Coletar, arrecadar, apurar. **2.** Conseguir com súplicas.

re·ca·de·ro/a *s.* Mensageiro.
re·ca·do *s.m.* **1.** Recado, mensagem. **2.** Diligência, tramitação. *La secretaria salió a un recado.* A secretária saiu para uma diligência. **3.** Provisão diária, compras do dia. *Mandé a la muchacha por el recado.* Mandei a empregada fazer as compras. **4.** *Amer.* Apetrechos de montaria. ■ **recados** *s.m.pl.* Lembranças, saudações. ♦ **Coger/Tomar el recado.** Anotar o recado.
re·ca·er *v.i.* **1.** Recair, reincidir. **2.** *Med.* Ter uma recaída, voltar a mesma doença. **3.** Recair, incidir, pesar sobre. ■ *C.mod. 16.*
re·cal·car *v.t.* **1.** Recalcar, comprimir. **2.** *Fig.* Recalcar, enfatizar, acentuar. *Recalcó la importancia de la obra.* Enfatizou a importância da obra.
re·ca·len·tar *v.t.* Requentar, esquentar. ■ **recalentarse** *v.p.* **1.** Esquentar demais, passar do ponto. *El motor se recalentó.* O motor esquentou muito. **2.** Fermentar(-se), apodrecer (por excesso de calor). **3.** *Vulg.* Excitar-se sexualmente. ■ *C.mod. 01.*
re·cam·bio *s.m.* Reposição, substituição. ■ **a.** *Sin.: repuesto.* **b.** Não tem sentido de "devolução de títulos ou de dinheiro". ♦ **Pieza de recambio.** Peça (de reposição).
re·ca·pa·ci·tar *v.t. e v.i.* Reconsiderar, repensar. *Conviene que recapacites tu decisión.* Convém que você reconsidere a sua decisão.
re·ca·pi·tu·lar *v.t.* Recapitular, resumir.
re·car·ga·do/a *adj.* **1.** Recarregado. **2.** *Fig.* Sobrecarregado, saturado. **3.** *Com.* Sobretaxado.
re·car·gar *v.t.* **1.** Recarregar, pôr carga. *Recargar la batería.* Recarregar a bateria. **2.** *Fig.* Sobrecarregar. **3.** *Com.* Aumentar, sobretaxar (contribuição, imposto). **4.** *Fig.* Enfeitar excessivamente, sobrecarregar. ■ **recargarse** *v.p.* Sobrecarregar-se.
re·car·go *s.m.* **1.** *Com.* Acréscimo. *Con recargo del 3%.* Com acréscimo de 3%. **2.** *For.* Aumento de pena. **3.** *Med.* Aumento de febre. *El paciente tiene recargo.* A febre do paciente aumentou.

re·ca·tar v.t. Recatar, resguardar. ■ **recatarse** v.p. Recatar-se, acautelar-se.
re·ca·to s.m. Recato, cautela. ♦ **Guardar recato**. Recatar-se. **Sin recato**. Abertamente, sem inibições.
re·cau·chu·ta·do/a adj. **1.** Recauchutado. ● s.m. **2.** Recauchutagem.
re·cau·da·ción s.f. Com. **1.** Arrecadação, coleta, receita. **2.** Recebedoria.
re·cau·dar v.t. Com. Arrecadar, angariar, apurar.
re·cau·do s.m. **1.** Com. Arrecadação, recolhimento. **2.** Precaução, cuidado. **3.** For. Fiança.
re·ce·lar v.t. **1.** Recear, temer. **2.** Recear, desconfiar. *Recelo que me engaña.* Desconfio que está me enganando.
re·ce·lo s.m. **1.** Receio, temor. **2.** Receio, desconfiança.
re·cep·ción s.f. **1.** Recepção, recebimento. **2.** Recepção, acolhida. **3.** Recepção, cerimônia oficial. **4.** Recepção, admissão. **5.** Recepção, portaria.
re·cep·cio·nar v.t. Recepcionar, receber.
re·cep·ta·dor/·do·ra adj. e s. Receptador, que oculta objetos roubados.
re·cep·ti·vo/a adj. Receptivo.
re·cep·tor/·to·ra adj. **1.** Receptor. ● s.m. **2.** Aparelho de rádio. **3.** For. Recebedor, coletor. **4.** Eletr. Receptor (sinais).
re·ce·sión s.f. Recessão.
re·ce·so s.m. Recesso.
re·ce·ta s.f. **1.** Receita, fórmula, bula. **2.** Med. Receita, prescrição médica. ■ Não tem sentido de "entrada de dinheiro".
re·ce·tar v.t. Receitar, prescrever.
re·cha·zar v.t. **1.** Rejeitar, recusar, não aceitar. *Rechacé la propuesta.* Recusei a proposta. **2.** Rebater, rechaçar. *Rechazó la pelota.* Rebateu a bola. **3.** Rejeitar, opor-se, reprovar. **4.** Rejeitar, resistir. *Rechazar la tentación.* Resistir à tentação. **5.** Rejeitar, repelir.
re·cha·zo s.m. **1.** Rejeição, recusa. **2.** Rejeição, repúdio. **3.** Rebatimento.
re·chi·flar v.i. Vaiar. ■ **rechiflarse** v.p. Zombar.
re·chi·nar v.i. Chiar, ranger.
re·ci·bí s.m. Com. Carimbo de "recebido" que se coloca em documentos.
re·ci·bi·dor/·do·ra adj. e s. **1.** Recebedor. ■ s.m. **2.** Vestíbulo.
re·ci·bi·mien·to s.m. **1.** Recebimento, recepção. **2.** Vestíbulo. **3.** Am.C. Formatura.
re·ci·bir v.t. **1.** Receber, entrar na posse (de algo). **2.** Receber, cobrar. **3.** Receber, acolher. **4.** Receber, aceitar. *Recibieron bien la noticia.* Receberam bem a notícia. **5.** Atender, despachar. *El alcalde recibe los lunes.* O prefeito atende às segundas-feiras. ■ **recibirse** v.p. Formar-se, colar grau. *Se recibió de abogado.* Formou-se advogado.
re·ci·bo s.m. **1.** Recebimento, recepção. **2.** Com. Recibo, comprovante. ♦ **Acusar recibo.** Com. Acusar recebimento. **Acuse de recibo.** Com. Aviso de recebimento.
re·ci·cla·je s.m. **1.** Reciclagem, atualização profissional. **2.** Reciclagem, reaproveitamento industrial.
re·cién adv. **1.** Recém-, recentemente. *Recién nacido.* Recém-nascido. *Recién comprado.* Comprado recentemente. **2.** Amer. Recentemente, há pouco. *¿Ya vino el diario? – Recién llegó.* Já veio o jornal? – Acabou de chegar.
re·cien·te adj. Recente, fresco, atual.
re·cin·to s.m. Recinto.
re·cio/a adj. **1.** Robusto, vigoroso. **2.** Intenso, grave. **3.** Rigoroso (tempo). **4.** Áspero (caráter). ● **recio** adv. Forte, com força. *Golpear recio.* Bater com força. ♦ **Hablar recio.** Falar alto.
re·cí·pro·co/a adj. Recíproco, mútuo.
re·ci·tar v.t. Declamar, recitar.
re·cla·ma·ción s.f. Reclamação.
re·cla·mar v.t. **1.** Reclamar, reivindicar. **2.** Reclamar, implorar, pedir. *Reclamar auxilio.* Pedir socorro. **3.** Reclamar, exigir, requerer. ■ v.i. **4.** Reclamar, protestar. *Reclamar contra una arbitrariedad.* Reclamar contra uma arbitrariedade.
re·cla·mo s.m. **1.** Reclamo, instrumento que

imita a voz das aves. **2.** Berrante. **3.** *For.* Reclamação. **4.** Reclame, anúncio comercial. **5.** *Fig.* Chamariz.

re·cli·nar *v.t.* Reclinar, inclinar. ■ **reclinarse** *v.p.* Reclinar-se, inclinar-se, apoiar-se.

re·cluir *v.t.* Enclausurar, trancar. ■ **recluirse** *v.p.* Enclausurar-se, trancar-se. ■ *C.mod. 13.*

re·clu·sión *s.f.* **1.** Reclusão, prisão. **2.** Reclusão, clausura.

re·clu·ta *s.m. Mil.* **1.** Recruta. ■ *s.f.* **2.** Recrutamento, alistamento.

re·clu·tar *v.t. Mil.* Recrutar.

re·co·brar *v.t.* Recuperar, recobrar, retomar, reaver. *Recobrar la autoridad.* Recuperar a autoridade. ■ **recobrarse** *v.p.* **1.** *Med.* Recuperar-se, restabelecer-se. *Se recobró rápidamente.* Recuperou-se rapidamente. **2.** Ressarcir-se.

re·co·ge·de·ro *s.m.* Pá de lixo. ■ *Tb.: recogedor.*

re·co·ger *v.t.* **1.** Apanhar algo que caiu, catar. *Recoge ese bolígrafo.* Apanhe essa caneta. **2.** Recolher, reunir, juntar. *Recogí todos los documentos.* Juntei todos os documentos. **3.** Recolher, acolher. **4.** Recolher, coletar. *Recogeré más datos.* Coletarei mais dados. **5.** *Com.* Recolher, arrecadar. **6.** Recolher, fazer a colheita. **7.** Recolher, tirar de circulação. **8.** *Fig.* Recolher, colher os frutos. **9.** Recolher, encerrar, enclausurar, guardar. ■ **recogerse** *v.p.* **1.** Recolher-se, ir para casa. **2.** Recolher-se, ir para a cama. **3.** Recolher-se, retirar-se, isolar-se.

re·co·gi·do/a *adj.* **1.** Recolhido, isolado. ● *s.f.* **2.** *Com.* Coleta, recolhimento. **3.** Colheita.

re·co·lec·ción *s.f.* **1.** Coleta. **2.** *Com.* Arrecadação, recolhimento. **3.** Colheita.

re·co·lec·tar *v.t.* **1.** Coletar. **2.** *Com.* Arrecadar, recolher. **3.** Colher.

re·co·men·da·ción *s.f.* **1.** Recomendação, conselho. **2.** Recomendação, elogio, apresentação.

re·co·men·dar *v.t.* **1.** Recomendar, aconselhar, sugerir. **2.** Recomendar, apresentar uma pessoa. ■ *C.mod. 01.*

re·co·men·zar *v.t.* Recomeçar. ■ *C.mod. 01.*

re·com·pen·sa *s.f.* Recompensa, prêmio, gratificação.

re·com·po·ner *v.t.* **1.** Recompor. **2.** Refazer, restaurar. ■ **recomponerse** *v.p.* Refazer-se, restabelecer-se, compor-se. ■ *C.mod. 14.*

re·con·ci·liar *v.t.* Reconciliar. ■ **reconciliarse** *v.p.* Reconciliar-se.

re·con·for·tar *v.t.* Reconfortar, consolar.

re·co·no·cer *v.t.* **1.** Reconhecer, distinguir, identificar. **2.** Reconhecer, admitir. *Reconocieron que era un buen trabajo.* Admitiram que era um bom trabalho. **3.** Reconhecer, confessar. **4.** Reconhecer, autenticar. *Reconocer la firma.* Reconhecer a assinatura. **5.** Reconhecer, aceitar, legitimar. ■ **reconocerse** *v.p.* Perceber. *Ya se reconocen algunos cambios.* Já se percebem algumas mudanças. ■ *C.mod. 07.*

re·co·no·ci·mien·to *s.m.* **1.** Reconhecimento, exame. **2.** Reconhecimento, gratidão. **3.** Reconhecimento, notoriedade, aceitação. **4.** Reconhecimento, autenticação. ♦ **Reconocimiento médico.** Exame médico.

re·con·si·de·rar *v.t.* Reconsiderar.

re·cons·ti·tuir *v.t.* Reconstituir. *Reconstituir el atraco.* Reconstituir o assalto. ■ *C.mod. 13.*

re·cons·ti·tu·yen·te *s.m. Med.* Reconstituinte, tônico.

re·cons·truir *v.t.* **1.** Reconstruir. **2.** Reconstituir. ■ *C.mod. 13.*

re·con·tar *v.t.* Recontar. ■ *C.mod. 03.*

re·co·pi·la·ción *s.f.* **1.** Recopilação, resumo. **2.** Coleta, compilação.

re·cor·da·ción *s.f.* Recordação, rememoração, lembrança.

re·cor·dar *v.t.* **1.** Recordar, lembrar(-se). *No recuerdo su nombre.* Não lembro o seu nome. **2.** Recordar, fazer lembrar, parecer. *Ese estilo me recuerda un poeta famoso.* Esse estilo me faz lembrar um poeta famoso. ■ **cordarse** *v.p.* Recordar-se, lembrar-se. ■ *C.mod. 03.* ♦ **Si mal no recuerdo.** Se bem me lembro.

☞ **re·co·rrer** *v.t.* **1.** Percorrer. *Recorrí todo el barrio.* Percorri o bairro inteiro. **2.** Dar uma olhada. *Recorrió la revista.* Deu uma olhada na revista.

re·co·rri·do *s.m.* Percurso, trajeto. *El recorrido de la excursión.* O trajeto da excursão.

re·cor·tar *v.t.* **1.** Recortar, aparar. **2.** *Com.* Reduzir, cortar (volume, preço). ■ **recortarse** *v.p.* Perfilar-se.

re·cor·te *s.m.* **1.** Recorte. **2.** *Fig.* Redução, corte. ■ **recortes** *s.m.pl.* Retalhos.

re·cos·tar *v.t.* Recostar, inclinar, reclinar. ■ **recostarse** *v.p.* Deitar-se, recostar-se. ◧ *C. mod. 03.*

re·co·ve·co *s.m.* **1.** Ângulo, canto. **2.** *Fig.* Artifício, rodeio. **3.** *Mex.* Badulaque. *El vestido tenía unos recovecos en la cintura.* O vestido tinha uns badulaques na cintura. ♦ **Sin recovecos.** Sem rodeios.

re·cre·ar *v.t.* **1.** Recrear, divertir. **2.** Recriar. ■ **recrearse** *v.p.* Espairecer, relaxar, arejar.

re·creo *s.m.* **1.** Recreio. **2.** Lazer.

re·cri·mi·nar *v.t.* Recriminar. ■ **recriminarse** *v.p.* Recriminar-se.

re·cru·de·cer *v.i.* Recrudescer, intensificar. ◧ *C.mod. 06.*

rec·tán·gu·lo *s.m. Geom.* Retângulo.

rec·ti·fi·ca·dor/·do·ra *adj.* **1.** Retificador, que retifica. ● *s.m.* **2.** *Eletr.* Retificador, transdutor. **3.** Retificador, destilador, alambique. ■ *s.f.* **4.** *Mec.* Retificadora, retífica.

rec·ti·fi·car *v.t.* **1.** Retificar, tornar reto. **2.** Retificar, corrigir, emendar. **3.** *Mec.* Retificar, revestir, calibrar. **4.** Retificar, purificar, destilar.

rec·ti·tud *s.f.* **1.** Retidão, correção. **2.** Retidão, legalidade.

rec·to/a *adj.* **1.** Reto, direito, alinhado. **2.** *Fig.* Reto, justo. **3.** Reto, direto. **4.** Direito, ereto. ● *s.m.* **5.** *Med.* Reto, ânus. ■ *s.f.* **6.** *Geom.* Linha reta. ♦ **(Todo) Recto.** Direto, em frente. *Para llegar a la plaza, siga todo recto.* Para chegar à praça, siga em frente.

rec·tor/·to·ra *adj. e s.* Reitor.

re·cua·drar *v.t.* **1.** Enquadrar (pintura). **2.** Quadricular (pintura).

re·cua·dro *s.m.* **1.** Filete, boxe (em texto). **2.** *Inform.* Janela. **3.** Quadro, moldura.

re·cu·brir *v.t.* **1.** Recobrir. **2.** Revestir.

re·cuen·to *s.m.* **1.** Contagem. **2.** Recontagem.

re·cuer·do *s.m.* **1.** Lembrança, recordação. **2.** Lembrança, *souvenir*. *Compré unos recuerdos en el viaje.* Comprei algumas lembranças na viagem. ■ **recuerdos** *s.m.pl.* Lembranças. *Te mandó recuerdos.* Mandou lembranças a você.

re·cu·lar *v.i.* **1.** Recuar, retroceder. **2.** *Fig.* Recuar, ceder.

re·cu·lo·nes <a> *loc.* Para trás, recuando. *El perro ladraba pero caminaba a reculones.* O cão latia, mas caminhava para trás.

re·cu·pe·rar *v.t.* **1.** Recuperar, reaver. **2.** Recuperar, restaurar. ■ **recuperarse** *v.p.* Recuperar-se, restabelecer-se.

re·cu·rrir *v.i.* **1.** Recorrer, apelar. **2.** *For.* Recorrer, interpor recurso. ♦ **No tener a quien recurrir.** Não ter a quem apelar.

re·cur·so *s.m.* **1.** Recurso, meio. **2.** *For.* Recurso, apelação. ■ **recursos** *s.m.pl.* **1.** Recursos, meios de subsistência, fundos. **2.** Recursos, elementos. *El agua y el aire son recursos indispensables.* A água e o ar são recursos indispensáveis. ♦ **Recursos económicos/humanos/naturales.** Recursos econômicos/humanos/naturais.

re·cu·sar *v.t.* Recusar. ◧ *Sin.: rechazar, negar, rehusar.*

red *s.f.* **1.** Rede, malha. *Tender la red.* Esticar a rede. **2.** Rede, conjunto de cabos. *Red eléctrica/telefónica.* Rede elétrica/telefônica. **3.** Rede, conjunto organizado, cadeia. *Red de restaurantes.* Cadeia de restaurantes. **4.** Rede, trama, malha. *Red vial.* Malha viária. **5.** *Fig.* Rede, armadilha. ♦ **Caer en la red.** Cair na rede.

re·dac·ción *s.f.* **1.** Redação, composição. **2.** Redação, lugar onde se redige. *Estos son los últimos flashes que llegaron a la redacción.* Estas são as últimas notícias que chegaram à redação.

re·dac·tar *v.t.* Redigir.

re·de·dor <al> *loc.* Ao redor, em volta. *La casa tiene un alero al rededor.* A casa tem uma varanda em volta. ■ *Tb.: alrededor.*

re·di·mir *v.t.* Remir, isentar, redimir. ■ **redimirse** *v.p.* Redimir-se.

ré·di·to *s.m.* Com. Rédito, juro, lucro.

re·do·blar *v.t.* 1. Redobrar. 2. Intensificar, recrudescer. ■ *v.i.* 3. Repicar, rufar (tambores, sinos).

re·don·de·ar *v.t.* 1. Com. Arredondar (preços, valores). 2. *Fig.* Quitar dívidas.

re·don·do/a *adj.* 1. Redondo, circular. 2. *Fig.* Perfeito, completo. *Una transacción redonda.* Uma transação perfeita. ● *s.f.* 3. Redondeza. ♦ **A la redonda.** Ao redor, em volta. **En redondo.** Em círculo. **Número redondo.** Número redondo.

re·duc·ción *s.f.* 1. Redução, diminuição. 2. Reserva indígena.

re·du·cir *v.t.* 1. Reduzir, diminuir. 2. Reduzir, afinar (espessura). 3. Reduzir, resumir. 4. Reduzir, submeter, vencer. 5. Reduzir, transformar. *Reducir a polvo.* Reduzir a pó. ■ **reducirse** *v.p.* Reduzir-se, limitar-se. ■ *C. mod. 09.*

re·dun·dar *v.i.* Redundar, reverter.

re·em·bol·so *s.m.* Reembolso. ♦ **A/Contra reembolso.** Pelo reembolso postal.

re·em·pla·zar *v.t.* Substituir, trocar.

re·em·pla·zo *s.m.* 1. Substituição, troca. 2. *Mil.* Troca de guarda.

re·en·car·nar *v.i.* Reencarnar. ■ **reencarnarse** *v.p.* Reencarnar-se.

re·en·cuen·tro *s.m.* Reencontro.

re·es·truc·tu·rar *v.t.* Reestruturar.

re·fac·ción *s.f.* 1. Lanche, refeição ligeira. 2. *Amer.* Conserto, reparação. *Taller de refacción.* Oficina de conserto.

re·fe·ren·cia *s.f.* Referência, alusão. ■ **referencias** *s.f.pl.* Referências, carta de apresentação. ♦ **Con referencia a.** Em relação a.

re·fe·rir *v.t.* 1. Referir, mencionar. 2. Referir, atribuir. ■ **referirse** *v.p.* 1. Referir-se, aludir. 2. Referir-se, relacionar-se. ■ *C.mod. 11.*

re·fi·lón <de> *loc.* 1. De esguelha. *Me miró de refilón.* Olhou-me de esguelha. 2. *Fig.* De raspão. *Le pegó de refilón.* Bateu-lhe de raspão.

re·fi·na·do/a *adj.* 1. Refinado, distinto, requintado. 2. Refinado, processado. ● *s.m.* 3. Refinação, beneficiamento.

re·fi·nar *v.t.* Refinar, purificar, processar.

re·fi·ne·rí·a *s.f.* Refinaria.

re·fi·no *s.m.* Refino, refinação.

re·flec·tor/to·ra *adj.* e *s.m.* Eletr. Refletor.

re·fle·jar *v.t.* 1. Refletir, espelhar. *El espejo refleja las imágenes.* O espelho reflete as imagens. 2. *Fig.* Refletir, manifestar, deixar ver. *Esto refleja tu indolencia.* Isto reflete a sua indolência. ■ **reflejarse** *v.p.* Refletir-se, espelhar-se. ■ Não tem sentido de "meditar, pensar".

re·fle·jo/a *adj.* 1. Reflexo, refletido. *Sus ideas sobre el asunto son reflejas.* As suas ideias sobre o assunto são refletidas. 2. Reflexivo. ● *s.m.* 3. Reflexo, reação súbita, reação nervosa. 4. Reflexo, luz.

re·fle·xión *s.f.* 1. Reflexão, retorno da luz ou do som. 2. Reflexão, meditação, ponderação.

re·fle·xio·nar *v.t.* Refletir, meditar, ponderar, cogitar. *Tengo que reflexionar antes de darle una respuesta.* Preciso refletir antes de responder-lhe.

re·fle·xi·vo/a *adj.* 1. Reflexivo, que medita. 2. Reflexivo, que reflete. ♦ **Verbo reflexivo.** *Gram.* Verbo reflexivo.

re·fo·res·ta·ción *s.f.* Reflorestamento.

re·for·mar *v.t.* 1. Reformar, modificar. 2. Reformar, restaurar. 3. *Mil.* Reformar, dar baixa. ■ **reformarse** *v.p.* Reformar-se, corrigir-se.

re·for·ma·to·rio/a *adj.* 1. Reformatório, que reforma. ● *s.m.* 2. Reformatório, estabelecimento de reeducação.

re·for·zar *v.t.* Reforçar. ■ *C.mod. 03.*

re·frac·ta·rio/a *adj.* 1. Refratário. 2. *Fig.* Rebelde, opositor.

re·frán *s.m.* Provérbio, ditado, refrão. *Refrán popular.* Ditado popular. ■ Não tem sentido de "estribilho".

re·fre·gar *v.t.* **1.** Esfregar, lavar. **2.** *Col.* Esfregar, jogar na cara. ❚ *C.mod. 01.*

re·fre·nar *v.t.* Refrear, conter.

re·fren·dar *v.i.* **1.** Referendar, autorizar. **2.** *Fig.* Apoiar, aprovar.

re·fres·car *v.t.* **1.** Refrescar, baixar a temperatura. **2.** *Fig.* Refrescar, lembrar. ■ **refrescarse** *v.p.* **1.** Refrescar-se, tomar ar fresco. **2.** Tomar refresco.

re·fres·co *s.m.* **1.** Lanche, merenda. **2.** Refresco, refrigerante. **3.** Petisco.

re·fri·ge·ra·ción *s.f.* Refrigeração.

re·fri·ge·ra·dor/do·ra *adj.* **1.** Refrigerador. **2.** Refrigerante. ● *s.* **3.** Geladeira.

re·fri·ge·rio *s.m.* **1.** Refresco, refrigério. *Tomar un refrigerio.* Tomar um refresco. **2.** Refeição ligeira. **3.** *Fig.* Refrigério, alívio.

re·fuer·zo *s.m.* Reforço.

re·fu·giar *v.t.* Acolher, dar asilo. *Algunos países refugian políticos.* Alguns países dão asilo a políticos. ■ **refugiarse** *v.p.* Refugiar-se, receber asilo.

re·fu·gio *s.m.* **1.** Refúgio, asilo. **2.** Abrigo, albergue de montanha. **3.** *Fig.* Amparo. ♦ **Refugio antiaéreo.** Abrigo antiaéreo.

re·fun·fu·ñar *v.i.* Resmungar.

re·fu·tar *v.t.* Refutar, rebater, desmentir.

re·ga·de·ra *s.f.* Regador.

re·ga·dí·o *s.m.* Terreno destinado ao cultivo de produtos que requerem irrigação.

re·ga·lar *v.t.* **1.** Presentear. *Me regaló este anillo.* Deu-me este anel de presente. **2.** Regalar, deleitar. *Sus palabras regalan el oído.* As suas palavras deleitam o ouvido. ■ **regalarse** *v.p.* Regalar-se, deliciar-se. ♦ **Estar regalado.** Estar/Ser muito barato. *Me compré el vestido porque estaba regalado.* Comprei o vestido porque era muito barato.

re·ga·lí·a *s.f.* Regalia, privilégio. ■ **regalías** *s.f.pl.* **1.** *Com.* Royalties. **2.** Gratificações, benefícios.

re·ga·lo *s.m.* **1.** Presente. *Es mi regalo de cumpleaños.* É meu presente de aniversário. **2.** Regalo, deleite.

re·ga·ña·dien·tes <a> *loc.* A contragosto. *Se llevó a la hermana al cine a regañadientes.* Levou a irmã ao cinema a contragosto.

re·ga·ñar *v.i.* **1.** Arreganhar, mostrar os dentes (cães). **2.** *Col.* Brigar, dar bronca, repreender. *Regañó a los hijos.* Deu bronca nos filhos. **3.** *Col.* Resmungar, manifestar mau humor.

re·gar *v.t.* **1.** Regar, irrigar, aguar. **2.** Regar, banhar. ❚ *C.mod. 01.*

re·ga·te·ar *v.t.* **1.** Pechinchar, regatear. **2.** Poupar, economizar, regatear. *Regatear esfuerzos.* Poupar esforços. ■ *v.i.* **3.** *Desp.* Participar de regatas.

re·gen·cia *s.f.* Regência, tipo de governo. ❚ Não tem sentido de "direção de orquestra" nem de "regência gramatical".

re·ge·ne·rar *v.t.* **1.** Regenerar, renovar. **2.** *Fig.* Regenerar, reabilitar. ■ **regenerarse** *v.p.* Regenerar-se, reabilitar-se.

re·gen·te *adj.* **1.** Regente, que rege ou orienta. *Normas regentes.* Normas regentes. ■ *adj. e s.2g.* **2.** Regente, chefe de governo durante uma regência. ■ *s.2g.* **3.** Gerente, encarregado. ❚ Não tem sentido de "maestro".

ré·gi·men *s.m.* **1.** Regime, dieta. **2.** Regime, forma de governo. **3.** *Gram.* Regência. *Régimen verbal.* Regência verbal. **4.** Regime, modo, sistema. **5.** Regime, fluxo. *Régimen pluviométrico.* Regime pluviométrico. ❚ *Pl.:* regímenes.

re·gi·men·tar *v.t.* Arregimentar, recrutar. ❚ *C.mod. 01.*

re·gio/a *adj.* **1.** Régio, real. **2.** Régio, magnífico.

re·gión *s.f.* **1.** Região, território. **2.** Espaço, área, região. **3.** Divisão territorial (militar, econômica). **4.** *Med.* Região, parte do corpo.

re·gio·na·lis·mo *s.m.* **1.** Regionalismo, doutrina. **2.** Regionalismo, vocábulo ou expressão próprios de uma região.

re·gir *v.t.* **1.** Reger, administrar, governar. **2.** *Gram.* Ter determinada regência. ■ *v.i.* **3.** Estar vigente, vigorar. *Esa ley ya no rige.* Essa lei não vigora mais. ■ **regirse** *v.p.* Guiar-se, reger-se, regular-se. *Me rijo por tus di-*

rectrices. Guio-me pelas suas diretrizes. ■ a. Não tem sentido de "dirigir orquestra". b. *C.mod. 10.*

re·gis·trar *v.t.* **1.** Vistoriar, revisar, inspecionar. **2.** *Com.* Lançar nos livros, registrar, escriturar, consignar. **3.** Registrar, anotar. **4.** Registrar, marcar. *El termómetro registra 22 grados.* O termômetro marca 22 graus. ■ *v.i.* **5.** Vasculhar, revistar. ■ **registrarse** *v.p.* **1.** Inscrever-se. **2.** Haver, ocorrer. *Ayer se registró un cambio.* Houve uma mudança ontem.

re·gis·tro *s.m.* **1.** Registro, livro de transcrições. **2.** Registro, válvula, chave. **3.** Cartório, registro. **4.** *Mus.* Registro, timbre. **5.** Registro, sinal. **6.** *Inform.* Registro, dado, informação. **7.** Registro, inscrição. ♦ **Registro civil.** Registro civil. **Registro de entrada/salida.** *Com.* Livro de entrada/saída. **Registro de la propiedad.** Registro de imóveis.

re·gla *s.f.* **1.** Régua. **2.** Regra, norma, regulamento. **3.** Pauta. **4.** Ordem, disciplina. **5.** Regra, menstruação. ♦ **Regla de cálculo.** Régua de cálculo. **Poner en regla.** Arrumar, ordenar. **Por regla general.** Via de regra.

re·gla·men·tar *adj. e v.t.* Regulamentar, regular. ■ *Tb.:* reglamentario (*adj.*).

re·gla·men·to *s.m.* Regulamento, estatuto, regra.

re·glar *v.i.* **1.** Regrar, riscar. **2.** Regrar, ajustar às normas, disciplinar. *Reglar la conducta.* Disciplinar o comportamento. ■ **reglarse** *v.p.* **1.** Ajustar-se às normas. **2.** Regrar-se, guiar-se.

re·go·ci·jar *v.t.* Regozijar, alegrar-se muito. ■ **regocijarse** *v.p.* Regozijar-se, congratular-se, exultar. ■ *Tb.:* regodearse.

re·gor·de·te/a *adj. Col.* Rechonchudo, gorducho.

re·gre·sar *v.i.* Voltar, regressar, retornar.

re·gre·sión *s.f.* Regressão, retrocesso.

re·gre·so *s.m.* Volta, regresso.

re·gue·ro *s.m.* **1.** Fluxo contínuo que desliza sobre uma superfície (líquidos). *Un reguero de sangre.* Um fio de sangue. **2.** Rasto, trilha.

re·gu·la·ción *s.f.* Regulagem.

re·gu·lar *adj.* **1.** Regular, simétrico, uniforme. **2.** Regular, médio, moderado. *Un sueldo regular.* Um salário regular. **3.** *Gram.* Regular, que segue o paradigma. ● *adv.* **4.** Não muito bem, mais ou menos. – *¿Cómo te fue en el examen? ¡Regular!* – Como se saiu na prova? Mais ou menos! ● *v.t.* **5.** Regular, medir, regrar. **6.** Regular, regulamentar. ♦ **Por lo regular.** Geralmente.

re·gu·la·ri·zar *v.t.* Regularizar, normalizar.

re·ha·bi·li·tar *v.t.* **1.** Reabilitar, restabelecer. **2.** Reabilitar, restaurar. ■ **rehabilitarse** *v.p.* Reabilitar-se, restabelecer-se.

re·ha·cer *v.t.* Refazer. ■ **rehacerse** *v.p.* Refazer-se, restabelecer-se. ■ *C.mod. 25.*

re·hén *s.m.* Refém.

re·hi·le·te *s.m.* **1.** Peteca. **2.** Dardo (de tiro ao alvo).

re·ho·gar *v.t.* Refogar.

re·huir *v.t.* Evitar, esquivar. ■ *C.mod. 13.*

rei·na *s.f.* **1.** Rainha. **2.** Dama (xadrez, baralho). **3.** Bem, benzinho (apelativo carinhoso). *Venga acá mi reina.* Venha aqui meu bem. ♦ **Abeja reina.** Abelha-rainha.

rei·nar *v.i.* **1.** Reinar, governar. **2.** Reinar, vigorar.

re·in·ci·den·cia *s.f.* Reincidência, recaída.

re·in·cor·po·rar *v.t.* Reincorporar, tornar a incorporar. ■ **reincorporarse** *v.p.* Reincorporar-se, reassumir um cargo. *Mañana me reincorporo a la universidad.* Amanhã reassumo na universidade.

rei·no *s.m.* Reino. ♦ **Reino de los Cielos.** Reino do Céu.

re·ins·ta·lar *v.t.* Reinstalar. ■ **reinstalarse** *v.p.* Reinstalar-se.

re·in·te·grar *v.t.* **1.** Devolver, reembolsar. *Reintegrar los gastos.* Reembolsar as despesas. **2.** Reintegrar, reincorporar. **3.** Recolher taxas oficiais colocando estampilhas. ■ **reintegrarse** *v.p.* Reintegrar-se, reassumir um cargo.

re·in·te·gro *s.m.* **1.** Reembolso. **2.** Reintegro, prêmio. *Reintegro de la lotería.* Prêmio da

re·in·ver·tir *v.t.* Reinvestir, reaplicar. *Reinvierta todo el dinero en acciones.* Reaplique todo o dinheiro em ações. ■ *C.mod. 11.*

re·ír *v.i.* Rir. ■ **reírse** *v.p.* **1.** Zombar, rir. *No me río de ti.* Não estou rindo de você. **2.** Rir, dar risada. *Nos reímos mucho.* Demos muitas risadas. ■ *C.mod. 31.*

rei·te·rar *v.t.* Reiterar, repetir.

rei·vin·di·ca·ción *s.f.* Reivindicação, exigência.

rei·vin·di·car *v.t.* Reivindicar, reclamar.

re·ja *s.f.* **1.** Grade, tabique. *Hay que poner una reja en la ventana.* É preciso colocar uma grade na janela. **2.** Grade, instrumento agrícola.

re·ji·lla *s.f.* **1.** Grade, dispositivo metálico ou de concreto. **2.** Gradil. **3.** Grelha. *La rejilla del horno.* A grelha do forno. **4.** Portinhola, visor. **5.** Bagageiro. **6.** Palhinha. *La silla tiene el respaldo de rejilla.* A cadeira tem o encosto de palhinha. **7.** Ralo.

re·jun·tar *v.t.* Rejuntar.

re·ju·ve·ne·ci·mien·to *s.m.* Rejuvenescimento.

re·la·ción *s.f.* **1.** Relação, referência. **2.** Relação, conexão, ligação, nexo. **3.** Relacionamento. **4.** Relação, relato. **5.** Relação, lista. **6.** Relação, analogia. ■ **relaciones** *s.f.pl.* Relações, amizades. ♦ **Relaciones amorosas/formales/sexuales.** Relações amorosas/formais/sexuais. **Estar en buenas/malas relaciones.** Ter bom/mau relacionamento.

re·la·cio·nar *v.t.* **1.** Relacionar, enumerar, referir. **2.** Relacionar, incluir em lista ou relação. ■ **relacionarse** *v.p.* Relacionar-se, travar conhecimento.

re·la·ja·ción *s.f.* Relaxamento, distensão.

re·la·jar *v.t.* **1.** Relaxar, afrouxar, abrandar, descontrair. **2.** *Fig.* Relaxar, espairecer. **3.** *For.* Relaxar, transigir. **4.** Relaxar, desleixar. ■ **relajarse** *v.p.* **1.** Relaxar, tornar-se frouxo. **2.** Relaxar, descansar, descontrair. **3.** Relaxar, depravar-se, desleixar.

re·la·jo *s.m.* **1.** Relaxamento, desleixo. **2.** *Amer.* Bagunça, desordem.

re·lám·pa·go *s.m.* **1.** Relâmpago, clarão. **2.** *Fig.* Relâmpago, que passa velozmente. *Pasó por aquí como un relámpago.* Passou por aqui feito um relâmpago.

re·la·tar *v.t.* **1.** Relatar, narrar. **2.** Detalhar, explicar.

re·la·ti·vo/a *adj.* **1.** Relativo, proporcional. *La dificultad del tema es relativa a su complejidad.* A dificuldade do assunto é proporcional à sua complexidade. **2.** Relativo, escasso, pouco. *Es una persona de relativa capacidad.* É uma pessoa de pouca capacidade. **3.** Relativo, referente. *Normas relativas a la educación.* Normas relativas à educação. **4.** *Gram.* Relativo. *Pronombre relativo.* Pronome relativo.

re·lé *s.m. Eletr.* Relé.

re·le·er *v.t.* Reler.

re·le·gar *v.t.* Relegar.

re·le·var *v.t.* **1.** Relevar, exonerar. *Le relevaron la deuda/la pena.* Foi exonerado da dívida/do castigo. **2.** Revezar, substituir, render. *Yo la relevo a las seis.* Eu me revezo com ela às seis horas. **3.** Exonerar, destituir (de cargo). **4.** Relevar, dar relevo, destacar. ■ **relevarse** *v.p.* Revezar-se.

☞ **re·le·vo** *s.m.* Revezamento.

re·lie·ve *s.m.* **1.** Relevo (acidentes geográficos). **2.** Relevo, saliência. **3.** Destaque, prestígio, realce. *Merece relieve su buena administración.* Merece destaque a sua boa administração. ♦ **Alto/Bajo relieve.** Alto-relevo/Baixo-relevo. **De relieve.** De destaque. **Poner de relieve.** Destacar.

re·li·gión *s.f.* Religião.

re·li·gio·so/a *adj.* **1.** Religioso, piedoso, crente. **2.** *Fig.* Religioso, exato, pontual. ● *s.* **3.** Religioso, que pertence a uma ordem religiosa, irmão.

re·lin·char *v.i.* Relinchar, rinchar.

re·lla·no *s.m.* Patamar (de escada).

re·lle·nar *v.t.* **1.** Encher. *Rellenar la botella de agua.* Encher a garrafa de água. **2.** Rechear. *Rellenar una tarta de pollo.* Rechear uma torta de frango. **3.** Preencher. *Rellenar un impreso.* Preencher um formulário. **4.** Aterrar, encher de terra.

re·lle·no *s.m.* **1.** Recheio. **2.** *Fig.* Supérfluo, perfumaria. *Las telenovelas tienen unas escenas que son mero relleno.* As telenovelas têm umas cenas que são só para encher linguiça. ♦ **Poner de relleno.** Encher linguiça.

re·loj *s.m.* Relógio. ♦ **Reloj de arena.** Ampulheta. **Reloj de bolsillo/pulsera.** Relógio de bolso/pulso. **Carrera contra reloj.** Corrida contra o relógio. **Funcionar como un reloj.** Funcionar como um relógio.

re·lo·je·rí·a *s.f.* Relojoaria. ♦ **Bomba de relojería.** Bomba-relógio.

re·lu·cien·te *adj.* Reluzente.

re·lu·cir *v.i.* **1.** Reluzir, brilhar. **2.** *Fig.* Sobressair, destacar-se. ■ *C.mod. 08.* ♦ **Sacar a relucir.** Revelar, trazer à tona.

re·luc·tan·te *adj.* Relutante.

re·ma·char *v.t.* **1.** Rebitar. **2.** *Fig.* Insistir, reforçar. *Remachar las palabras.* Reforçar as palavras.

re·ma·che *s.m.* Rebite.

re·ma·nen·te *adj. e s.m.* **1.** Remanescente. **2.** Residual, restante.

re·man·gar *v.t.* Arregaçar as mangas.

re·mar *v.i.* Remar.

re·ma·tar *v.t.* **1.** Rematar, arrematar. *Rematar la pelota.* Arrematar a bola. **2.** Rematar, concluir. *Rematar un discurso.* Concluir um discurso. **3.** Rematar, dar acabamento (costura). **4.** Consumir, liquidar. *Rematé lo que quedaba en la heladera.* Liquidei tudo o que havia na geladeira. **5.** Arrematar, dar lance em leilão.

re·ma·te *s.m.* **1.** Remate, acabamento. **2.** Extremidade de algo. **3.** *Arq.* Remate, adorno que finaliza uma peça. **4.** *Desp.* Lance ao gol. **5.** Arrematação. ♦ **Remate de bienes.** Arrematação de bens. **Dar remate.** Arrematar. **Loco de remate.** Louco varrido. **Para remate.** Ainda por cima.

re·me·diar *v.t.* **1.** Remediar, emendar, corrigir. **2.** Remediar, socorrer, aliviar. **3.** Remediar, evitar, impedir.

re·me·dio *s.m.* **1.** *Med.* Remédio, medicamento. **2.** Remédio, expediente, recurso. **3.** *Fig.* Remédio, alívio. **4.** *Fig.* Remédio, emenda, correção. *Yo tengo el remedio para ese mal humor.* Eu tenho o remédio para esse mau humor. ♦ **Remedio casero.** Remédio caseiro. **Como último remedio.** Como último recurso. **No haber más remedio que.** Não haver outro remédio, não ter outra opção. **No tener más remedio.** Não ter mais remédio, ser incorrigível, inevitável. **Poner remedio.** Pôr fim. **Sin remedio.** Sem solução.

re·men·dar *v.t.* **1.** Remendar. **2.** Emendar, corrigir. ■ *C.mod. 01.*

re·me·sa *s.f.* Remessa.

re·mien·do *s.m.* **1.** Remendo. **2.** Emenda.

re·mi·sión *s.f.* **1.** Remessa. **2.** Remissão, expiação. **3.** Remissão, referência a outro item.

re·mi·te *s.m.* Nome e endereço do remetente.

re·mi·ten·te *adj. e s.2g.* **1.** Remetente. **2.** *Med.* Remitente.

re·mi·ti·do *s.m.* Matéria paga (jornal).

re·mi·tir *v.t.* **1.** Remeter, enviar, mandar. **2.** Remeter, fazer referência (a algo). **3.** Remitir, perdoar. *Le remitió las ofensas.* Perdoou-lhe as ofensas. **4.** Adiar. *Remitieron la reunión.* Adiaram a reunião. **5.** Remitir, afrouxar. *Remitió el dolor.* A dor afrouxou. **6.** Confiar, entregar. ■ **remitirse** *v.p.* Referir-se, reportar-se. *Me remito a la filosofía oriental.* Refiro-me à filosofia oriental.

re·mo *s.m.* Remo.

re·mo·ción *s.f.* Remoção.

re·mo·de·lar *v.t.* Remodelar.

re·mo·jar *v.t.* **1.** Embeber, molhar. *Remojar el pan en la leche.* Molhar o pão no leite. **2.** Deixar de molho. ♦ **Cuando las barbas de tu vecino veas pelar, pon las tuyas a remojar.** Pôr as barbas de molho.

re·mo·jo *s.m.* Imerso em água ou outro líquido, molho. *Estas sábanas no tienen necesidad*

de remojo. Estes lençóis não precisam ficar de molho. ♦ **A/En remojo.** De molho. *Este bacalao se tiene que poner a remojo*. Este bacalhau precisa ficar de molho. *Pon la ropa en remojo*. Ponha a roupa de molho.
re·mo·la·cha *s.f. Bot.* Beterraba.
re·mol·car *v.t.* **1.** Rebocar, levar a reboque. **2.** *Fig.* Convencer, persuadir.
re·mo·li·no *s.m.* **1.** Redemoinho, remoinho. **2.** Grenha, cabelo em desalinho, embaraçado. **3.** *Fig.* Multidão.
re·mol·que *s.m.* **1.** Reboque, guincho, rebocador. **2.** Veículo rebocado. **3.** Corda para rebocar, reboque. ♦ **A remolque.** A reboque.
re·mon·ta *s.f.* **1.** Reforma de calçados ou roupas. **2.** Reforço de calça. **3.** *Mil.* Remonta, gado cavalar.
re·mon·tar *v.t.* **1.** Subir, escalar. *Remontar la cuesta*. Subir a ladeira. **2.** Vencer, superar. **3.** Reforçar. **4.** *Fig.* Enaltecer. ■ **remontarse** *v.p.* **1.** Remontar-se, elevar-se muito. **2.** Reportar, voltar atrás no passado. *Esto se remonta a la Edad Media*. Isto remonta à Idade Média. **3.** Atingir, somar.
re·mor·der *v.t.* **1.** Remorder. **2.** *Fig.* Ter remorso, sentir culpa, afligir-se. ■ **remorderse** *v.p.* Torturar-se, corroer-se. ▌ *C.mod. 03.*
re·mor·di·mien·to *s.m.* Remorso.
re·mo·to/a *adj.* **1.** Remoto, distante. **2.** *Fig.* Remoto, pouco provável.
re·mo·ver *v.t.* **1.** Remover, mudar (de lugar). **2.** Remover, afastar (dificuldades, problemas). **3.** Remover, demitir, destituir. ▌ *C. mod. 03.*
re·mu·ne·ra·ción *s.f.* Remuneração.
re·na·ci·mien·to *s.m.* **1.** Renascimento, ressurgimento. **2.** Renascimento, renascença (movimento artístico).
re·na·cua·jo *s.m.* **1.** Girino. **2.** *Fig. e col.* Baixinho. **3.** *Fig. e col.* Criança pequena, bebê.
ren·cor *s.m.* Rancor, ressentimento. ♦ **Guardar rencor.** Sentir rancor.
ren·di·ción *s.f.* **1.** Rendição. **2.** Prestação. *Rendición de cuentas*. Prestação de contas.

ren·di·do/a *adj.* **1.** Rendido, vencido. **2.** Cansado, esgotado. **3.** Devotado, submisso.
ren·di·ja *s.f.* Fresta.
ren·di·mien·to *s.m.* **1.** Rendimento, submissão. *Manifiesta rendimiento hacia el marido*. Manifesta submissão perante o marido. **2.** Rendimento, produtividade, lucro. **3.** Cansaço extremo, esgotamento.
ren·dir *v.t.* **1.** Render, vencer, dominar. **2.** Render, produzir lucro, resultado. **3.** Render, realizar, avançar. *Hoy el trabajo no rindió*. Hoje o trabalho não rendeu. **4.** *Mil.* Render, substituir, revezar. **5.** Prestar. *Rendir homenaje/ cuentas*. Prestar homenagem/contas. **6.** Devolver. ■ **rendirse** *v.p.* **1.** Ficar cansado, fatigar-se. **2.** Render-se, capitular. ▌ *C.mod. 10.*
re·ne·gar *v.t.* **1.** Renegar, detestar. ■ *v.i.* **2.** Renegar, abjurar. **3.** Renegar, repudiar. *No reniegues de tu familia*. Não renegue a sua família. **4.** Protestar, reclamar. ▌ *C.mod. 01.*
ren·glón *s.m.* **1.** Uma linha inteira escrita. **2.** Linha horizontal. **3.** Tópico, item. *El café es un renglón importante de la economía*. O café é um item importante da economia. ■ **renglones** *s.m.pl.* Linhas, carta. ♦ **Unos renglones.** Algumas linhas.
re·no *s.m.* Rena.
re·nom·bre *s.m.* Renome, reputação, fama.
re·no·var *v.t.* **1.** Renovar, transformar, modificar. **2.** Renovar, substituir por novo. **3.** Renovar, consertar, restaurar. **4.** Renovar, revigorar. ■ **renovarse** *v.p.* Renovar-se, transformar-se. ▌ *C.mod. 03.*
ren·ta *s.f.* **1.** Renda, lucro. **2.** Aluguel. *Este mes aumenta la renta del departamento*. Este mês aumenta o aluguel do apartamento. **3.** Taxa, imposto. ♦ **Renta per cápita.** Renda *per capita*. **Impuesto sobre la renta.** Imposto de renda.
☞ **ren·tar** *v.t. e v.i.* **1.** Produzir renda, render. **2.** *Amer.* Alugar.
ren·tis·ta *s.2g.* **1.** Que recebe dividendos. **2.** Que vive de rendas.
re·nun·ciar *v.t.* **1.** Renunciar, desistir, abdicar, abandonar. ■ *v.i.* **2.** Demitir-se, pedir demis-

são. *La secretaria renunció.* A secretária pediu demissão.

re·ñir *v.i.* **1.** Brigar, discutir. *Riñó con el hermano.* Brigou com o irmão. ■ *v.t.* **2.** Repreender. *No le riñas porque rompió el vaso.* Não o repreenda porque quebrou o copo. ▌ *C. mod. 10.*

reo *s.2g. For.* Réu, acusado.

re·o·jo <de> *loc.* De esguelha, de soslaio. ♦ **Mirar de reojo. 1.** Olhar de soslaio. **2.** Olhar com desconfiança.

re·or·ga·ni·za·ción *s.f.* Reorganização.

re·pa·rar *v.t.* **1.** Reparar, consertar. **2.** Reparar, corrigir. **3.** Reparar, observar, notar. **4.** Reparar, fortificar, recuperar.

re·pa·ro *s.m.* **1.** Reparo, conserto. ▌ *Tb.: reparación.* **2.** Crítica, objeção, ressalva, reparo. **3.** Reserva, resguardo. ♦ **Poner reparos.** Fazer objeção.

re·par·ti·ción *s.f.* **1.** Repartição, partilha. **2.** *Amer.* Repartição, dependência pública.

re·par·tir *v.i.* Repartir, dividir, distribuir.

re·par·to *s.m.* **1.** Repartição, partilha, distribuição. **2.** Elenco. *Un reparto de estrellas.* Um elenco de estrelas. ♦ **Reparto de utilidades.** *Com.* Distribuição de lucros.

re·pa·sar *v.t.* **1.** Repassar, passar de novo. **2.** Repassar, estudar de novo, reexaminar. **3.** Dar uma olhada, revisar, conferir. **4.** Costurar de novo.

re·pa·so *s.m.* **1.** Olhada, ligeiro exame. **2.** Revisão, recapitulação.

re·pa·triar *v.t.* Repatriar, voltar à pátria.

re·pe·lar *v.t.* **1.** Puxar o cabelo. **2.** *Fig.* Cercear, reduzir, cortar. **3.** *Col.* Limpar. *Repeló el plato.* Limpou o prato.

re·pe·len·te *adj.* Repelente, repulsivo.

re·pe·luz·no *s.m.* Calafrio.

re·pen·sar *v.t.* Repensar, refletir. ▌ *C.mod. 01.*

re·pen·te *s.m. Col.* Repente, movimento brusco, impulso. ♦ **De repente.** De repente.

re·per·cu·tir *v.i.* **1.** Rebotar. **2.** Repercutir, reverberar. **3.** Repercutir, refletir. *Su política repercute hasta la fecha.* A sua política repercute até hoje.

re·per·to·rio *s.m.* Repertório.

re·pe·ti·dor/-do·ra *adj. e s.* **1.** Repetidor, que repete. ■ *s.* **2.** Repetente. ■ *s.f.* **3.** *Eletr.* Estação retransmissora (rádio, TV).

re·pe·tir *v.t.* **1.** Repetir, reiterar. **2.** Repetir, ser reprovado. ■ *v.i.* **3.** Arrotar, ter ânsias. ▌ *C.mod. 10.*

re·pi·car *v.t. e v.i.* **1.** Repicar, tanger (sino). ■ *v.t.* **2.** Cortar em pedacinhos.

re·pi·sa *s.f.* **1.** Prateleira. **2.** *Arq.* Pequena laje.

re·plan·tar *v.t.* Replantar, transplantar.

re·plan·te·ar *v.t.* **1.** Tornar a apresentar um problema/assunto. **2.** Reformular (colocação, ideia, projeto). *Tenemos que replantear toda la cuestión de los salarios.* Temos que reformular toda a questão dos salários.

re·ple·to/a *adj.* Repleto, cheio.

ré·pli·ca *s.f.* **1.** Réplica, resposta. **2.** Réplica, cópia. ♦ **Derecho de réplica.** Direito de resposta.

re·pli·car *v.t.* **1.** Replicar, responder, retrucar. **2.** Replicar, impugnar, objetar.

re·po·llo *s.m. Bot.* Repolho.

re·po·ner *v.t.* **1.** Repor, reintegrar. **2.** Repor, colocar de novo no lugar. **3.** Repor, devolver, restituir. **4.** Reprisar. **5.** Replicar, responder, retrucar. ■ **reponerse** *v.p.* Restabelecer-se. ▌ *C.mod. 14.*

re·por·ta·je *s.m.* Reportagem.

☞ **re·por·tar** *v.t.* **1.** Reprimir, conter. **2.** Representar, significar, trazer. *Eso no reporta ningún beneficio.* Isso não representa nenhum beneficio. ■ **reportarse** *v.p.* Reportar-se, conter-se.

re·por·te *s.m.* **1.** Notícia. **2.** *Mex. e Am.C.* Relatório.

re·por·te·ro/a *adj. e s.* Repórter.

re·po·sar *v.i.* Repousar.

re·po·si·ción *s.f.* Reposição.

re·po·so *s.m.* Repouso.

re·pos·te·rí·a *s.f.* Confeitaria, doceria.

re·pren·der *v.t.* Repreender.

re·pren·sión *s.f.* Repreensão. ▌ *Tb.: reprimenda.*

re·pre·sa·lia *s.f.* Represália.

re·pre·sar *v.t.* Represar, deter um curso de água.

re·pre·sen·ta·ción *s.f.* **1.** *Teat.* Representação, apresentação. **2.** Representação, imagem, quadro. **3.** Representação, delegação.

re·pre·sen·tar *v.t.* **1.** *Teat.* Representar, apresentar. **2.** Representar, simbolizar, significar. **3.** Representar, agir em nome de outro. **4.** *Fig.* Aparentar. *No representa la edad que tiene.* Não aparenta a idade que tem.

re·pre·sión *s.f.* Repressão.

re·pri·mir *v.t.* Reprimir, coibir, cercear. ■ **reprimirse** *v.p.* Reprimir-se, conter-se.

re·pri·se *s.f. Gal.* **1.** Aceleração (motor de carro). *La reprise es importante en las carreras.* A aceleração é importante nas corridas. **2.** Reprise.

re·pro·ba·ción *s.f.* Reprovação, censura.

re·pro·bar *v.t.* Reprovar, desaprovar. **2.** *Mex.* Reprovar (em exame). ■ *C.mod. 03.*

re·pro·cha·ble *adj.* Censurável.

re·pro·char *v.t.* **1.** Censurar, recriminar, criticar. **2.** Acusar, jogar na cara. *Me reprochó por haberla dejado sola.* Acusou-me de tê-la deixado sozinha.

re·pro·che *s.m.* **1.** Recriminação, censura, desaprovação. **2.** Acusação.

re·pro·duc·ción *s.f.* **1.** Reprodução, cópia, réplica. **2.** *Biol.* Reprodução, procriação.

re·pro·du·cir *v.t.* **1.** *Biol.* Reproduzir, procriar. **2.** Reproduzir, tirar cópias. **3.** Reproduzir, repetir. ■ **reproducirse** *v.p.* **1.** Reproduzir-se, perpetuar-se. **2.** *Biol.* Reproduzir-se, multiplicar-se. ■ *C.mod. 09.*

re·pro·duc·tor/to·ra *adj. e s.* **1.** Reprodutor, que reproduz. ■ *s.* **2.** Reprodutor, animal destinado à procriação.

rep·til *adj. e s.2g.* **1.** *Réptil.* ■ *s.2g.* **2.** *Fig.* Vil.

re·pu·diar *v.t.* **1.** Repudiar, rejeitar. **2.** Repudiar, renunciar.

re·pues·to/a *adj.* **1.** Restabelecido, refeito. ● *s.m.* **2.** Reserva, estoque. **3.** Peça de reposição. *Me faltan repuestos para la moto.* Faltam-me peças para a moto. ■ *Part. irreg. de reponer.* ♦ **De repuesto.** De reserva.

re·pug·nar *v.i.* **1.** Dar nojo, causar aversão, repugnar. ■ *v.t.* **2.** Repugnar, contrariar, contradizer. *Lo hace tan sólo para repugnar al padre.* Faz isso só para contradizer o pai.

re·pu·jar *v.t.* Trabalhar uma chapa metálica para dar-lhe relevo.

re·pul·go *s.m.* **1.** Costura na beirada do tecido, arremate, overloque. **2.** Dobra na beirada da massa. ■ **repulgos** *s.m.pl. Fig.* Escrúpulo bobo, frescura.

re·pul·sa *s.f.* Repulsa, repugnância. ❙ *Sin.: repugnancia.*

re·pul·sión *s.f.* Repulsão, rejeição.

re·pu·ta·ción *s.f.* Reputação.

re·pu·tar *v.t.* Reputar, avaliar, estimar.

re·que·ri·mien·to *s.m.* **1.** Requerimento. **2.** *For.* Intimação. **3.** Solicitação.

re·que·rir *v.t.* **1.** *For.* Requerer, intimar. **2.** Requerer, precisar. ❙ *C.mod. 11.*

re·que·són *s.m.* Requeijão.

re·que·te *pref. Col.* Muito. *Requetebueno.* Muito bom.

re·quie·bro *s.m.* Requebro, saracoteio.

re·qui·sa *s.f.* **1.** Vistoria, inspeção. **2.** Confisco.

re·qui·sar *v.t.* Requisitar, confiscar, embargar.

re·qui·si·ción *s.f.* Requisição, confisco.

re·qui·si·to *s.m.* Requisito. ♦ **Reunir requisitos.** Preencher requisitos.

res *s.f.* **1.** Rês, animal quadrúpede. **2.** Cabeça de gado. ♦ **Carne de res.** Carne de vaca.

re·sa·bio *s.m.* **1.** Ressaibo, sabor ruim. **2.** Vício, mau hábito, resquício. *Tiene resabios de la guerra.* Tem vícios de guerra.

re·sa·ca *s.f.* **1.** *Mar.* Ressaca, movimento das ondas. **2.** *Col.* Ressaca, mal-estar após uma bebedeira. **3.** *Com.* Ressaque.

re·sal·tar *v.i.* **1.** Ressaltar, ter relevo. **2.** *Fig.* Ressaltar, sobressair, destacar-se.

re·sal·to *s.m.* Ressalto, saliência.

re·sar·cir *v.t.* **1.** Ressarcir, reembolsar, indenizar. ■ **resarcirse** *v.p.* Ressarcir-se.

res·ba·la·di·zo/a *adj.* Escorregadio. ❙ *Tb.: resbaloso.*

res·ba·lar *v.i.* **1.** Escorregar, deslizar. **2.** *Fig.* Cometer uma falta. *Resbaló al aceptar el dinero.* Errou ao aceitar o dinheiro. ■ **resbalarse** *v.p.* Escorregar, deslizar-se, patinar. ♦ **Resbalarle a uno.** Não ligar, não dar a mínima.

res·ba·lón *s.m.* Escorregão.

res·ca·tar *v.t.* **1.** Resgatar, livrar do cativeiro. **2.** Resgatar, recuperar. **3.** *Fig.* Redimir, eximir.

res·ca·te *s.m.* Resgate.

res·cin·dir *v.t.* Rescindir, anular.

res·ci·sión *s.f.* Rescisão.

res·col·do *s.m.* **1.** Rescaldo. **2.** *Fig.* Escrúpulo.

re·se·car *v.t.* Ressecar. ■ **resecarse** *v.p.* Ficar ressecado.

re·sen·ti·mien·to *s.m.* Ressentimento, mágoa.

re·sen·tir·se *v.p.* **1.** Ressentir-se, ofender-se, ressabiar-se. **2.** Ressentir, sentir os efeitos. ■ *C.mod. 11.*

re·se·ña *s.f.* Resenha.

re·ser·va *s.f.* **1.** Reserva, provisão, estoque. **2.** Reserva, retenção de lugar. *Hacer reserva en un hotel.* Fazer reserva em um hotel. **3.** Reserva, discrição. **4.** Reserva, precaução, cautela. **5.** Reserva, área tombada pelo Estado. *Reserva forestal/indígena.* Reserva florestal/indígena. **6.** *Desp.* Reserva, substituto. ♦ **De reserva.** De reserva. **Pasar a la reserva.** *Mil.* Entrar para a reserva. **Sin reservas.** Sem reservas, com franqueza.

re·ser·va·do/a *adj.* **1.** Reservado, discreto. **2.** Reservado, guardado (para algo). ● *s.m.* **3.** Local reservado, privado.

re·ser·var *v.t.* **1.** Reservar, guardar, poupar. **2.** Reservar, guardar lugar (em hotel, avião). ■ **reservarse** *v.p.* **1.** Resguardar-se. **2.** Reservar(-se), guardar para si.

res·fria·do/a *adj. e s.m. Med.* Resfriado. ■ *Tb.:* resfrío.

res·friar *v.t.* **1.** Esfriar, refrigerar. *Resfríe la carne.* Refrigere a carne. ■ *v.i.* **2.** Esfriar, ficar frio (tempo). ■ **resfriarse** *v.p. Med.* Resfriar-se, ficar resfriado.

res·guar·dar *v.t.* Resguardar, defender. ■ **resguardarse** *v.p.* Resguardar-se, proteger-se.

res·guar·do *s.m.* **1.** Resguardo, proteção. **2.** Canhoto, recibo, comprovante. **3.** Defesa, guarda de fronteira. **4.** Garantia. **5.** *Com.* Caução.

re·si·den·cia *s.f.* **1.** Residência, domicílio, morada. **2.** Pensão, lugar onde vive uma comunidade. ♦ **Residencia de estudiantes.** República de estudantes. **Residencia médica.** *Med.* Residência médica.

re·si·dir *v.i.* **1.** Residir, morar. **2.** Residir, consistir.

re·si·duo *s.m.* **1.** Resíduo. **2.** Resquício, resíduo.

re·sig·nar *v.t.* Resignar, renunciar, desistir. ■ **resignarse** *v.p.* Resignar-se, conformar-se, acomodar-se.

re·sis·ten·cia *s.f.* **1.** Resistência, força. **2.** *Eletr.* Resistência (condutor elétrico). **3.** Resistência, oposição. **4.** Resistência, defesa contra o invasor.

re·sis·tir *v.t. e v.i.* **1.** Resistir, opor-se. **2.** Resistir, defender-se contra o invasor. ■ **resistirse** *v.p.* Negar-se, recusar-se.

re·so·lu·ción *s.f.* **1.** Resolução, decisão. **2.** Resolução, decreto. **3.** Resolução, solução. **4.** *For.* Sentença, decisão judicial. ♦ **Resolución de Asamblea.** Deliberação de Assembleia. **Resolución de un contrato.** Solução/Rescisão de um contrato.

re·sol·ver *v.t.* **1.** Resolver, solucionar. **2.** Resolver, decidir, deliberar. **3.** *Quím.* Dissolver. ■ **resolverse** *v.p.* Decidir-se. *No me resuelvo a viajar.* Não me decido a viajar. ■ *C.mod. 03.*

re·so·nan·cia *s.f.* **1.** Ressonância, propagação. **2.** *Fig.* Ressonância, repercussão.

re·so·nar *v.i.* **1.** Ressoar, entoar. **2.** *Fig.* Ressoar, repercutir, ecoar. ■ *C.mod. 03.*

re·sor·te *s.m.* **1.** Mola de metal. **2.** *Fig.* Meio, recurso. ♦ **Tocar todos los resortes.** Recorrer a todos os meios.

res·pal·dar *s.m.* **1.** Espaldar, encosto. ● *v.t.* **2.** Endossar, anotar no verso. **3.** *Fig.* Apoiar, proteger, amparar, sustentar, fundamentar.

4. *Fig.* Lastrear. ■ **respaldarse** *v.p.* Apoiar as costas.
res·pal·do *s.m.* **1.** Encosto, espaldar. *El respaldo de la silla.* O encosto da cadeira. **2.** *Fig.* Respaldo, apoio, amparo.
res·pec·tar *v.i.* Respeitar, dizer respeito. *Por lo que respecta al jefe, la venta está autorizada.* No que diz respeito ao chefe, a venda está autorizada. ■ Não tem sentido de "ter respeito".
res·pec·ti·vo/a *adj.* Respectivo.
res·pec·to *s.m.* Respeito, relação. *No puedo opinar a este respecto.* Não posso opinar a este respeito. ■ Não tem sentido de "consideração". ♦ **Respecto a.** No tocante a. **A ese/Al respecto.** Nesse sentido. **Con respecto a.** Em relação a.
res·pe·ta·ble *adj.* Respeitável, venerável.
res·pe·tar *v.t.* **1.** Respeitar, considerar. *Respetar a los mayores.* Respeitar os mais velhos. **2.** Respeitar, cumprir, observar. *Hacerse respetar.* Dar-se ao respeito.
res·pe·to *s.m.* **1.** Respeito, consideração. **2.** Respeito, obediência. ■ Não tem sentido de "relação". ♦ **De respeto.** Respeitável. **Faltar el respeto.** Faltar com o respeito. **Presentar sus respetos.** Apresentar os seus respeitos.
res·pe·tuo·so/a *adj.* **1.** Respeitoso. **2.** Respeitável.
res·pi·ra·de·ro *s.m.* Respiradouro, abertura.
res·pi·rar *v.i.* **1.** Respirar, inspirar (ar). **2.** *Fig.* Respirar, sentir alívio. **3.** *Fig.* Respirar, descansar. *Estos niños no me dejan ni respirar.* Estas crianças não me deixam nem respirar. ♦ **No dejar respirar.** Não tirar os olhos de cima, não dar sossego. **No poder respirar.** Estar muito atarefado. **Sin respirar.** Sem pestanejar.
res·pi·ro *s.m.* **1.** Respiro, respiração. **2.** *Fig.* Respiro, alívio. *Un momento de respiro.* Um momento de alívio. **3.** *Fig.* Adiamento, prorrogação, folga. *Nos concedieron un pequeño respiro para pagar.* Concederam-nos uma pequena folga para pagar.
res·plan·dor *s.m.* Resplendor, brilho.

res·pon·der *v.t.* **1.** Responder, dar resposta. ■ *Sin.:* mais usual: *contestar*. ■ *v.i.* **2.** Replicar, ser respondido, responder. **3.** Responder, responsabilizar-se por. *La escuela responde de la educación de los niños.* A escola responde pela educação das crianças. *En su trabajo responde de la importación y exportación.* No seu trabalho responde pela importação e exportação. **4.** Decorrer, ser produto de. *La depresión responde a un desequilibrio.* A depressão decorre de um desequilíbrio. **5.** *Fig.* Responder, corresponder, ter o efeito esperado. *El motor no responde.* O motor não responde. **6.** Responder, atender. *Respondió a mis súplicas.* Atendeu as minhas súplicas.
res·pon·dón/·do·na *adj. e s.* Respondão.
res·pon·sa·bi·li·zar *v.t.* Responsabilizar. ■ **responsabilizarse** *v.p.* Responsabilizar-se.
res·pon·sa·ble *adj.* Responsável. *Responsable de sus actos.* Responsável pelos seus atos.
res·pues·ta *s.f.* **1.** Resposta. **2.** Reação, resposta. **3.** Solução, resposta.
res·que·mor *s.m.* **1.** Ardor. *Un resquemor en los ojos.* Um ardor nos olhos. **2.** *Fig.* Mágoa, ressentimento.
res·ta *s.f. Mat.* **1.** Subtração, diminuição, redução. **2.** Resto, resultado da subtração.
res·ta·ble·cer *v.t.* Restabelecer, restaurar. ■ **restablecerse** *v.p.* Restabelecer-se, recuperar-se. ■ *C.mod. 06.*
res·ta·ble·ci·mien·to *s.m.* Restabelecimento.
res·tan·te *adj.* **1.** Restante. ● *s.m.* **2.** Resto, restante.
res·tar *v.t.* **1.** *Mat.* Subtrair, diminuir. **2.** Tirar, diminuir. *Restar los gastos de transporte.* Tirar as despesas com condução. ■ *v.i.* **3.** Restar, sobrar. **4.** Restar, faltar. *Restan cuatro días para el inicio de las clases.* Faltam quatro dias para o início das aulas.
res·tau·ra·ción *s.f.* **1.** Restauração, conserto, reparo. **2.** Restauração, reinstalação. **3.** *Arq.* Reforma.
res·tau·ran·te *s.m. Gal.* Restaurante. ■ *Tb.: restaurant, restorán.*

res·tau·rar *v.t.* **1.** Restaurar, consertar. **2.** Restaurar, reinstalar.
res·ti·tu·ción *s.f.* Restituição.
res·ti·tuir *v.t.* Restituir. ■ *C.mod. 13.*
res·to *s.m.* **1.** *Mat.* Resto, diferença, resultado da subtração. **2.** Resto, restante. ■ **restos** *s.m.pl.* Restos, resíduos, detritos. ♦ **Restos mortales.** Restos mortais.
res·tre·gar *v.t.* **1.** Esfregar. *Restriega bien el piso.* Esfregue bem o chão. **2.** Roçar, esfolar, arranhar. *El sillón restregó la pared.* O sofá esfolou a parede. ■ **restregarse** *v.p.* Esfregar-se, encostar. ■ *C.mod. 01.*
res·tric·ción *s.f.* Restrição.
res·trin·gir *v.t.* Restringir.
re·su·ci·tar *v.i.* **1.** Ressuscitar, voltar à vida. ■ *v.t.* **2.** *Fig.* Ressuscitar, desencavar.
re·suel·to/a *adj.* **1.** Resolvido. **2.** Decidido, audaz. ■ *Part. irreg.* de *resolver*.
re·sul·tar *v.i.* **1.** Decorrer, ser consequência, resultar. *El éxito resultará del esfuerzo.* O sucesso decorrerá do esforço. **2.** Dar certo, resultar. *La entrevista resultó bien.* A entrevista deu certo/ficou boa. ♦ **Resulta que (...).** Ocorre que (...).
re·su·men *s.m.* Resumo. ♦ **En resumen.** Em resumo.
re·su·mir *v.t.* Resumir, sintetizar. ■ **resumirse** *v.p.* Resumir-se, reduzir-se.
re·ta·blo *s.m.* Retábulo.
re·ta·guar·dia *s.f. Mil.* Retaguarda. ■ *Tb.: retaguardia.*
re·tal *s.m.* Retalho.
re·tar *v.t.* **1.** Desafiar. **2.** *Col.* Dar bronca, repreender.
re·tar·dar *v.t.* Retardar.
☞ **re·tar·da·ta·rio/a** *adj.* e *s.* Retardador. *Esto tiene sólo un efecto retardatario.* Isto tem apenas efeito retardador.
re·tar·do *s.m.* Atraso.
re·ta·zo *s.m.* **1.** Retalho. **2.** *Fig.* Trecho, fragmento.
re·ten·ción *s.f.* **1.** Retenção. **2.** Congestionamento.
re·te·ner *v.t.* **1.** Reter, guardar, conservar. **2.** Reter, conservar na memória. **3.** Reter, deter. ■ *C.mod. 35.*
re·ti·cen·cia *s.f.* Reticência, silêncio voluntário. ■ Não se aplica ao sinal de pontuação.
re·ti·ra·do/a *adj.* **1.** Afastado, distante, retirado. **2.** Retirado. ■ *adj.* e *s.* **3.** Aposentado. **4.** *Mil.* Reformado. ■ *s.f.* **5.** *Mil.* Retirada. ■ Não tem sentido de "pró-labore".
re·ti·rar *v.t.* **1.** Retirar, tirar do lugar. **2.** Retirar, sacar. *Retirar dinero del banco.* Retirar dinheiro do banco. **3.** Retirar, recolher. *Retira la ropa sucia.* Recolha a roupa suja. **4.** Recuar. *Retiraron la central a cinco km.* Recuaram a usina cinco km. ■ **retirarse** *v.p.* **1.** Retirar-se, recolher-se. *Se retiró a su pieza.* Recolheu-se ao seu quarto. **2.** Retirar-se, afastar-se (dos outros). **3.** Aposentar-se.
re·ti·ro *s.m.* **1.** Retiro, recanto, local de isolamento. **2.** Aposentadoria. **3.** Recuo. *Dejar tres metros de retiro.* Deixar três metros de recuo. **4.** *Com.* Retirada, renda.
☞ **re·to** *s.m.* Desafio.
re·to·car *v.t.* Retocar.
re·to·ño *s.m.* **1.** *Bot.* Broto, muda, rebento. **2.** *Fig.* Rebento, filho.
re·tor·cer *v.t.* **1.** Retorcer. **2.** *Fig.* Tergiversar, deturpar. ■ **retorcerse** *v.p.* Retorcer-se, contorcer-se. ■ *C.mod. 03.*
re·tor·ci·do/a *adj.* **1.** Retorcido, rebuscado. **2.** *Fig.* Falso, dissimulado. *Tiene una conducta retorcida.* Tem um comportamento falso.
re·tor·ci·jón *s.m. Med.* Espasmo, cólica. ■ *Tb.: retortijón.*
re·tó·ri·co/a *adj.* **1.** Retórico. ■ *s.f.* **2.** Retórica.
re·tor·nar *v.i.* **1.** Retornar, voltar. **2.** Retroceder. ■ *v.t.* **3.** Retornar, restituir.
re·tor·no *s.m.* **1.** Retorno, regresso. **2.** Devolução, retorno. **3.** Troca. ■ Não tem sentido de "desvio em estrada".
re·trac·ta·ción *s.f. For.* Retratação, retrato.
re·trac·tar *v.t.* Retratar, reconhecer o erro. ■ **retractarse** *v.p.* Retratar-se, desdizer-se. ■ Não tem sentido de "tirar retrato".

re·tra·er *v.t.* Retrair, encolher, contrair. ■ **retraerse** *v.p.* 1. Retrair-se, retirar-se. 2. Retrair-se, refugiar-se. ◾ *C.mod. 36.*

re·tra·í·do/a *adj.* Retraído, reservado, pouco comunicativo.

re·trans·mi·sión *s.f.* Retransmissão.

re·tra·sa·do/a *adj.* 1. Atrasado, impontual. *Reloj retrasado.* Relógio atrasado. 2. Atrasado, pouco desenvolvido. *País retrasado.* País atrasado. 3. Atrasado, não atual. *Recibí un número retrasado de la revista.* Recebi um número atrasado da revista. 4. Demorado, retardado. ■ Não se aplica a datas já passadas. ♦ **Retrasado mental.** *Med.* Retardado mental.

re·tra·sar *v.t.* Atrasar. ■ **retrasarse** *v.p.* Atrasar(-se). *El avión se retrasó dos horas.* O avião atrasou duas horas.

re·tra·so *s.m.* Atraso.

re·tra·tar *v.t.* 1. Retratar, fotografar. 2. Retratar, descrever. 3. *Fig.* Retratar, representar.

re·tra·to *s.m.* 1. Retrato, fotografia, pintura. 2. Retrato, descrição. 3. *Fig.* Retrato, cópia. *Es el vivo retrato del padre.* É o retrato vivo do pai. ♦ **Retrato robot.** Retrato falado.

re·tre·te *s.m.* 1. Banheiro. 2. Privada.

re·tri·bu·ción *s.f.* 1. Retribuição. 2. Vencimentos, remuneração.

re·tri·buir *v.t.* 1. Retribuir, recompensar, pagar. 2. *Amer.* Retribuir (favor). ◾ *C.mod. 13.*

re·tro·ac·ti·vo/a *adj.* Retroativo.

re·tro·ce·der *v.i.* Retroceder, recuar.

re·tro·ce·so *s.m.* Retrocesso, recuo.

re·tros·pec·ti·vo/a *adj.* 1. Retrospectivo. • *s.f.* 2. Retrospectiva.

re·tro·vi·sor *s.m.* Retrovisor.

re·tru·car *v.i.* 1. Retrucar, revidar. 2. Retrucar, retorquir.

reu·ma·tis·mo *s.m. Med.* Reumatismo. ◾ *Tb.: reuma, reúma.*

reu·nión *s.f.* 1. Reunião. 2. *For.* Juntada (nos autos).

reu·nir *v.t.* Reunir, juntar. ■ **reunirse** *v.p.* Reunir-se, agrupar-se.

re·va·li·dar *v.t.* Revalidar.

re·va·luar *v.t.* 1. Reavaliar. 2. Revalorizar.

re·va·lú·o *s.m. Com.* Reavaliação. *Revalúo de activos.* Reavaliação de ativos.

re·van·cha *s.f.* Revanche, desforra.

re·ve·la·ción *s.f.* 1. Revelação, manifestação, prova. 2. Revelação, declaração (de segredo). 3. Revelação, inspiração religiosa. ■ Não se aplica à "revelação fotográfica".

re·ve·la·do *s.m.* Revelação fotográfica.

re·ve·lar *v.t.* 1. Revelar, desvendar. 2. Revelar, mostrar, provar. 3. Revelar (negativo). 4. Revelar (fé religiosa). 5. Revelar, acusar, delatar.

re·ven·der *v.t.* Revender.

re·ven·ta *s.f.* Revendedora. *Tiene una reventa de coches.* Tem uma revendedora de carros.

re·ven·tar *v.t.* 1. Arrebentar, quebrar, rebentar. 2. *Fig.* Arrebentar, estourar, estalar. *Reventó la bolsa.* Estourou a sacola. 3. Rebentar, quebrar-se (ondas). 4. *Fig.* Destruir, causar dano, acabar com. *El desvelo de anoche me reventó.* A noite em claro acabou comigo. 5. *Col.* Amolar, detestar. *Me revienta pedir dinero prestado.* Detesto pedir dinheiro emprestado. 6. Surgir, irromper, estourar. 7. Brotar, rebentar. ■ *v.i.* 8. *Col.* Estourar, estar cheio. *Reventaba de contento.* Estourava de alegria. ■ **reventarse** *v.p.* 1. Arrebentar(-se), despedaçar(-se). 2. *Fig.* Cansar-se, fatigar-se. ◾ *C.mod. 01.* ♦ ¡**Te reviento!** Acabo com você!

re·ven·ta·zón *s.f. Mar.* Rebentação.

re·ver *v.t.* Rever. ◾ *C.mod. 38.*

re·ver·so/a *adj.* 1. Revirado, virado ao contrário. *Pantalón con dobladillo del reverso.* Calça com a barra virada. • *s.m.* 2. Reverso, verso.

re·ver·tir *v.i.* 1. Reverter, regressar, voltar (ao estado ou condição inicial). *En ese punto el orador revirtió a las frases iniciales.* Nesse ponto, o orador reverteu às frases iniciais. 2. *For.* Reverter, retornar (ao antigo dono). 3. Reverter, redundar. ◾ *C.mod. 11.*

re·vés *s.m.* 1. Verso, avesso, lado contrário. *Este pantalón está al revés.* Esta calça está do avesso. **2.** Revés, pancada, murro. **3.** *Fig.* Revés, desgraça, vicissitude. ♦ **Al/Del revés. 1.** Do avesso. **2.** Ao invés.

re·ves·ti·mien·to *s.m.* **1.** Revestimento, pavimentação, recapeamento. **2.** Revestimento, acabamento. **3.** Capa, cobertura.

re·ves·tir *v.t.* **1.** Revestir, cobrir, guarnecer. **2.** Apresentar (um aspecto). *El problema reviste varios ángulos.* O problema apresenta vários ângulos. ■ **revestirse** *v.p.* Revestir-se, assumir, aparentar.

re·vi·sar *v.t.* **1.** Revisar, rever, conferir. **2.** Revisar, fazer inspeção, revistar. **3.** Verificar, checar.

re·vi·sión *s.f.* **1.** Revisão, controle. **2.** Revisão, inspeção. **3.** Verificação, checagem.

re·vis·ta *s.f.* **1.** Vistoria, revista. **2.** Busca, revista (policial). **3.** Revista, publicação periódica. ♦ **Revista teatral.** Teatro de revista.

re·vis·tar *v.t.* Revistar.

re·vi·vir *v.i.* **1.** Reviver, ressuscitar. **2.** Reviver, renovar.

re·vo·ca·ble *adj.* Revogável.

re·vo·car *v.t.* **1.** *For.* Revogar. **2.** Rebocar (paredes).

re·vol·car *v.t.* **1.** Derrubar fazendo com que a pessoa caia e role. **2.** *Fig. e col.* Humilhar. *Lo revolqué con mis argumentos.* Humilhei-o com os meus argumentos. **3.** *Col.* Ser reprovado. *El profesor me revolcó.* O professor reprovou-me. ■ **revolcarse** *v.p.* Rolar, girar, revirar-se. *El niño se revolcó en la arena.* O menino revirou-se na areia. ■ *C.mod. 03.*

re·vo·lo·te·ar *v.i.* Revoar, esvoaçar.

re·vol·ti·llo *s.m. Col.* Desordem, bagunça. ■ *Tb.: revoltijo.*

re·vol·to·so/a *adj. e s.* **1.** Rebelde, revoltoso. **2.** Travesso.

re·vo·lu·ción *s.f.* **1.** Revolução, rotação. *Revoluciones por minuto.* Rotações por minuto. **2.** Revolução, transformação política violenta. **3.** *Fig.* Revolução, transformação profunda.

re·vo·lu·cio·nar *v.t.* Revolucionar, transformar.

re·vól·ver *s.m.* Revólver.

re·vol·ver *v.t.* **1.** Misturar, remexer, revolver. *Revuelve el azúcar.* Mexa o açúcar. **2.** Revirar, investigar, revolver. *Revolvieron toda la casa.* Reviraram a casa inteira. **3.** Agitar. *Revolver los ánimos.* Agitar os ânimos. **4.** Revirar, alterar a ordem. ■ *C.mod. 03.*

re·vo·que *s.m.* Reboco, revestimento de paredes. ■ Não tem sentido de "equipamento/ato de rebocar veículos".

re·vue·lo *s.m.* **1.** Revoada. **2.** *Fig.* Agitação.

re·vuel·to/a *adj.* **1.** Desordenado, desalinhado. **2.** Revolto (mar). **3.** *Fig.* Complicado, intrincado. *Una composición revuelta.* Uma redação intrincada. ● *s.f.* **4.** Revolta, rebelião. ■ *Part. irreg.* de *revolver*. **5.** *Esp.* Tipo de fritada.

rey *s.m.* **1.** Rei, soberano. **2.** Rei, carta do baralho. **3.** Rei, peça de xadrez. **4.** *Fig.* Que tem muito poder ou autoridade. ■ *F.: reina.*

re·zar *v.t.* **1.** Rezar, orar. **2.** Rezar, dizer a missa. **3.** Rezar, dizer por escrito.

re·zo *s.m.* Oração, reza.

re·zon·gón/·go·na *adj. e s.* Rabugento, resmungão, ranzinza.

ria·chue·lo *s.m.* Riacho.

ri·ci·no *s.m. Bot.* Rícino.

ri·co/a *adj. e s.* **1.** Rico, possuidor de bens. ● *adj.* **2.** Rico, fértil, abundante. **3.** Gostoso, saboroso. *¡Qué rico!* Que gostoso! **4.** *Col.* Bonito, gracioso. *¡Qué rica la nena!* Que gracinha de menina! ♦ **Nuevo rico.** Novo-rico.

ri·di·cu·li·zar *v.t.* Ridicularizar.

ri·dí·cu·lo/a *adj. e s.m.* **1.** Ridículo, grotesco. **2.** Ridículo, pequeno. ♦ **Caer en ridículo.** Cair no ridículo. **Poner en ridículo.** Ridicularizar.

rie·go *s.m.* Irrigação.

riel *s.m.* Trilho. *Rieles de tren/de cortina.* Trilhos de trem/de cortina.

rien·da *s.f.* **1.** Rédea. **2.** *Fig.* Rédea, diretriz. ♦ **A rienda suelta.** À vontade. **Aflojar las riendas.** Afrouxar as rédeas. **Dar rienda suelta.** Dar corda. **Tirar las riendas.** Puxar as rédeas.

ries·go *s.m.* Risco, perigo. ♦ **Correr el riesgo.** Correr o risco.

ri·fa *s.f.* **1.** Rifa, sorteio. **2.** Briga, disputa.
rí·gi·do/a *adj.* **1.** Rígido, rijo, teso. **2.** *Fig.* Rígido, severo.
ri·gor *s.m.* **1.** Rigor, precisão. **2.** Rigor, severidade. **3.** Rigor, intensidade de calor ou frio. ■ Não se usa para "traje a rigor". ♦ **De rigor.** De praxe. **En rigor.** A rigor, na verdade.
ri·gu·ro·so/a *adj.* **1.** Rigoroso, exato. **2.** Rigoroso, intolerante. **3.** Rigoroso, áspero. *Un invierno riguroso.* Um inverno rigoroso.
ri·ma *s.f. Liter.* Rima.
rin·cón *s.m.* **1.** Canto, rincão. **2.** Esquina.
rin·co·ne·ra *s.f.* Cantoneira.
ri·ña *s.f.* Briga, disputa. ♦ **Riña de gallos.** Briga de galos.
ri·ñón *s.m.* Rim. ♦ **Tener el riñón cubierto.** Ter as costas quentes.
rí·o *s.m.* **1.** Rio. **2.** *Fig.* Grande abundância. ♦ **A río revuelto.** Desordem, situação caótica, bagunça.
ri·pia *s.f.* Ripa, sarrafo.
ri·pio *s.m.* Entulho, rípio.
ri·que·za *s.f.* **1.** Riqueza, opulência. **2.** *Fig.* Riqueza, fecundidade. *La riqueza del suelo.* A riqueza do solo.
ri·sa *s.f.* **1.** Riso, risada. *Su risa es contagiante.* A sua risada é contagiante. **2.** *Fig.* Coisa ridícula, piada. ♦ **Caerse/Morirse/Retorcerse de risa.** Morrer de rir. **Tomar a risa.** Levar na gozação.
☞ **ris·co** *s.m.* Penhasco, rochedo.
ri·so·ta·da *s.f.* Risada, gargalhada.
ris·tra *s.f.* Réstia.
ri·sue·ño/a *adj.* **1.** Risonho, que ri ou sorri. **2.** *Fig.* Risonho, favorável.
rit·mo *s.m.* **1.** Ritmo, compasso, cadência. **2.** Ritmo, movimento regular. ♦ **Llevar el ritmo.** Seguir o ritmo.
ri·tual *adj.* **1.** Ritual, relativo ao rito. ■ *s.m.* **2.** Ritual, conjunto de regras de um rito, liturgia.
ri·va·li·dad *s.f.* Rivalidade.
ri·zar *v.t.* **1.** Enrolar, encaracolar, encrespar, frisar. *Rizar el pelo.* Enrolar o cabelo. **2.** Enrugar, dobrar. *Rizar un papel.* Enrugar um papel. ■ **rizarse** *v.p.* Enrolar, encaracolar, encrespar.
ri·zo *s.m.* Cacho, anel (de cabelo).
ro·bar *v.t.* **1.** Roubar, furtar. **2.** *Fig.* Roubar, arrebatar, extasiar. **3.** Roubar, extorquir. **4.** Roubar, trapacear (em jogos).
ro·ble *s.m. Bot.* Carvalho.
☞ **ro·bo** *s.m.* Roubo, furto.
ro·bot *s.m.* Robô.
ro·bus·to/a *adj.* **1.** Robusto, forte, resistente. **2.** Robusto, saudável.
ro·ca *s.f.* **1.** *Geol.* Rocha. **2.** *Fig.* Rocha, que é sólido, firme. **3.** Penhasco.
ro·ce *s.m.* **1.** Toque. **2.** *Fís.* Atrito, fricção. **3.** *Col.* Contato ou trato frequente entre pessoas. *Es de poco roce social.* É de pouco trato social. **4.** *Col.* Briguinha, discussão, atrito. *Tuvimos un roce.* Tivemos uma briguinha.
ro·ciar *v.t.* Esborrifar, borrifar, aspergir.
ro·cí·o *s.m.* **1.** Orvalho, rocio. **2.** Garoa.
ro·da·dos *s.m.pl. Arg.* Veículos.
ro·da·ja *s.f.* Rodela, fatia.
ro·da·je *s.m.* **1.** Rodagem, filmagem. **2.** *Mec.* Amaciamento. **3.** Rodagem, conjunto de rodas.
ro·da·mien·to *s.m. Mec.* Rolamento.
ro·da·pié *s.m.* Rodapé. ■ Não tem sentido de "pé de página".
ro·dar *v.i.* **1.** Rodar, girar em torno de um eixo. **2.** Rodar, mover-se sobre rodas. **3.** Rodar, rolar, cair. **4.** *Fig.* Abundar. **5.** Andar, vagar, rodar. **6.** *Fig.* Suceder, vir. *Tras el paro rueda la pobreza.* Depois do desemprego vem a pobreza. ■ *v.t.* **7.** *Mec.* Amaciar veículos. **8.** Rodar, filmar. ■ **a.** Não se aplica a "rodar programa de computador". **b.** *C.mod. 03.* ♦ **Echarlo (todo) a rodar.** Pôr (tudo) a perder.
ro·de·ar *v.i.* **1.** Rodear, circundar, contornar. **2.** Rodear, andar fazendo desvios. **3.** *Fig.* Rodear, tergiversar. ■ *v.t.* **4.** Rodear, formar círculo (em volta de algo ou alguém). ■ **rodearse** *v.p.* Rodear-se, cercar-se.
ro·deo *s.m.* **1.** Desvio, retorno. **2.** Subterfúgio,

rodeio, meio indireto para obter algo. **3.** Rodeio, desculpa, evasiva. **4.** *Amer.* Rodeio, festa de gado.

ro·dez·no *s.m. Mec.* **1.** Roda hidráulica. **2.** Roda dentada.

ro·di·lla *s.f.* Joelho. ♦ **De rodillas.** De joelhos. **Doblar/Hincar la rodilla. 1.** Ajoelhar-se. **2.** Render-se.

ro·di·llo *s.m.* **1.** *Mec.* Rolo. *Rodillo compresor.* Rolo compressor. **2.** Rolo (de macarrão). **3.** *Tip.* Rolo, cilindro. **4.** Rodízio, roda metálica.

☞ **ro·do** *s.m.* Rolo, cilindro. ■ *Tb.: rodillo.* ♦ **A rodo.** A rodo, em abundância.

roe·dor/·do·ra *adj.* **1.** Roedor, que rói. **2.** *Fig.* Que corrói ou desanima. *Sentimientos roedores.* Sentimentos que corroem. ● *s.m.* **3.** Roedor, animal que rói.

ro·er *v.t.* **1.** Roer. **2.** *Fig.* Corroer. ■ *C.mod. 32.*

ro·gar *v.t.* Rogar, pedir, suplicar. ■ *C.mod. 03.*

ro·í·do/a *adj.* **1.** Corroído, roído. **2.** *Fig.* Escasso, limitado. **3.** *Fig.* Mesquinho.

ro·ji·zo/a *adj.* Avermelhado.

☞ **ro·jo/a** *adj.* **1.** Vermelho. ■ *adj.* e *s.* **2.** A cor vermelha. **3.** Esquerdista. ♦ **Poner rojo (a alguien).** Envergonhar. **Ponerse rojo.** Ficar vermelho.

ro·llis·ta *adj.* e *s.2g. Col.* Enrolador, embromador.

ro·lli·zo/a *adj.* **1.** Roliço, gordo. **2.** Roliço, cilíndrico.

ro·llo *s.m.* **1.** Rolo, cilindro. *El rollo está junto con los cubiertos.* O rolo de macarrão está junto com os talheres. **2.** Rolo (filme). **3.** Rosca, bolo. **4.** *Fig.* Gordurinha. **5.** *Col.* Chatice, aborrecimento. **6.** *Col.* Rolo, assunto.

ro·man·ce *adj.* e *s.m.* **1.** Românico, romance. *Lengua romance.* Língua românica. ■ *s.m.* **2.** Romance, relação amorosa. ■ Não tem sentido de "narrativa literária romântica, novela".

ro·man·ti·cis·mo *s.m. Liter.* Romantismo.

ro·mán·ti·co/a *adj.* **1.** Romântico, sentimental. **2.** *Liter.* Romântico, do romantismo. ● *s.m.* **3.** *Liter.* Romântico, escritor do romantismo.

rom·bo *s.m. Geom.* Losango, rombo. ■ Não tem sentido de "buraco, abertura".

ro·me·rí·a *s.f.* Romaria, peregrinação.

ro·me·ro/a *adj.* e *s.* **1.** Romeiro, peregrino. ■ *s.m.* **2.** *Bot.* Alecrim.

rom·pe·ca·be·zas *s.m.* Quebra-cabeça. ■ *Pl.:* invariável.

rom·pe·o·las *s.m. Mar.* Quebra-mar. ■ *Pl.:* invariável.

rom·per *v.t.* **1.** Quebrar, despedaçar, partir, romper. *Rompió el vaso.* Quebrou o copo. **2.** Estragar, rasgar, romper. **3.** *Fig.* Quebrar, interromper, romper. *Romper el silencio.* Quebrar o silêncio. **4.** Quebrar, romper, transgredir, violar. **5.** Romper, nascer, despontar. ■ *v.i.* **6.** Quebrar, bater com violência (ondas). **7.** *Fig.* Romper, começar, irromper. *Rompió a llorar/hablar.* Começou a chorar/falar. ■ **romperse** *v.p.* **1.** Quebrar(-se), partir(-se). **2.** Estragar(-se), rasgar(-se).

rom·pi·mien·to *s.m.* Quebra, rompimento.

ron *s.m.* Rum, espécie de bebida.

ron·car *v.i.* **1.** Roncar, ressonar durante o sono. **2.** *Fig.* Roncar, produzir estrondo ou ruído.

☞ **ron·co/a** *adj.* Rouco.

ron·da *s.f.* **1.** Ação de andar à noite em grupos fazendo farra. **2.** *Mil.* Ronda, vigilância. **3.** Avenida ou alameda que rodeia um bairro. **4.** Rodada (de bebida, comida).

ron·dar *v.t.* e *v.i.* **1.** Passear à noite em grupos. **2.** Rondar, vigiar. ■ *v.t.* **3.** Rondar, rodear, andar à volta. *Algunos insectos rondan la luz.* Alguns insetos rondam a luz. **4.** *Fig.* Rondar, rodear, assediar.

ron·qui·do *s.m.* Ronco.

ron·ro·ne·ar *v.i.* **1.** Ronronar. **2.** *Fig.* Inquietar.

ro·ña *s.f.* **1.** Sarna (de animais). **2.** Sujeira muito impregnada. **3.** *Fig.* Dano moral. **4.** *Fig.* Mesquinharia. ■ *s.2g.* **5.** Mesquinho.

ro·ño·so/a *adj.* **1.** Sarnento. **2.** Sujo, imundo. **3.** *Fig.* Mesquinho.

ro·pa *s.f.* Roupa, indumentária, traje. ♦ **Ropa**

blanca/interior. Roupa de baixo. **Ropa de cama.** Roupa de cama. **A quema ropa.** À queima-roupa.

ro·pa·je s.m. **1.** Roupagem. **2.** *Fig.* Roupagem, linguagem. *Hizo el discurso con un ropaje metafórico.* Usou uma linguagem metafórica no discurso.

ro·pe·ro/a adj. **1.** Que serve para guardar a roupa. ● s.m. **2.** Guarda-roupa. **3.** Associação beneficente que distribui roupas aos pobres. ■ s. **4.** Comerciante de roupas.

ro·pón s.m. Roupão.

ro·sa adj. e s. **1.** Rosa (cor). ■ s.f. **2.** *Bot.* Rosa, flor da roseira. ♦ **Rosa de los vientos.** Rosa dos ventos. **Como una rosa.** Agradável. **De color de rosa.** Cor-de-rosa.

ro·sa·da s.f. Geada.

ro·sa·do/a adj. **1.** Rosado. ■ adj. e s.m. **2.** Rosê.

ro·sal s.m. *Bot.* Roseira.

ro·sa·rio s.m. Rosário, terço.

ros·ca s.f. **1.** Rosca, objeto em forma de argola. **2.** Rosca, pão, bolo. **3.** Rosca, espiral (parafuso). ♦ **Hacer la rosca.** Bajular. **Hecho una rosca.** Deitado de forma encolhida, com as pernas dobradas. **Pasarse de rosca.** Exceder-se.

ros·car v.t. Rosquear.

ros·cón s.m. **1.** Rosca, pão, bolo. **2.** *Col.* Nota zero (entre estudantes). ♦ **Roscón de Reyes.** Rosca feita no dia de Reis.

ro·se·ta s.f. Roseta. ■ **rosetas** s.f.pl. Pipoca.

ro·se·tón s.m. *Arq.* Janela circular com enfeites.

ro·ta·ción s.f. Rotação.

ro·ta·ti·vo/a adj. **1.** Rotativo, giratório. **2.** Rotativo, em rodízio ou revezamento. **3.** *Tip.* Rotativo. ● s.f. **4.** *Tip.* Rotativa.

ro·to/a adj. **1.** Quebrado, partido. **2.** Roto, rasgado, estragado. ● s.m. **3.** Furo, rasgo, rasgão. ■ *Part. irreg.* de *romper*.

ro·ton·da s.f. Trevo de circunvalação, retorno.

ro·tor s.m. *Mec.* Rotor.

ró·tu·la s.m. **1.** *Med.* Rótula, patela. **2.** *Mec.* Peça que articula elementos de um mecanismo.

ro·tu·la·dor/·do·ra adj. **1.** Que rotula. ● s.m. **2.** Pincel atômico. ■ s.f. **3.** Máquina para rotular.

ró·tu·lo s.m. **1.** Rótulo, etiqueta. **2.** Letreiro, cartaz. **3.** Manchete de jornal.

ro·tun·do/a adj. **1.** Rotundo, terminante, categórico. **2.** Expressivo.

ro·za·du·ra s.f. **1.** Atrito, fricção. **2.** Sinal produzido pelo atrito de dois objetos. **3.** Arranhão.

ro·za·mien·to s.m. **1.** Toque. **2.** *Mec.* Atrito, fricção. **3.** *Fig.* Briga, discussão.

ro·zar v.t. e v.i. **1.** Roçar, tocar de leve, encostar. **2.** Desgastar ou estragar pelo atrito. **3.** Roçar, arar a terra. ■ **rozarse** v.p. **1.** Desgastar(-se) ou estragar(-se) pelo atrito. **2.** Relacionar-se, ter contato. *Nos rozamos hace años.* Relacionamo-nos há anos.

ru·bé·o·la s.f. *Med.* Rubéola.

ru·bí s.m. Rubi.

☞ **ru·bio/a** adj. Loiro, louro.

ru·blo s.m. Rublo, unidade monetária de vários países balcânicos.

ru·bo·ri·zar v.t. Ruborizar. ■ **ruborizarse** v.p. Ruborizar-se, ficar corado.

rú·bri·ca s.f. **1.** Rubrica, assinatura, visto. **2.** Rubrica, epígrafe.

ru·bri·car v.t. **1.** Rubricar, assinar. **2.** *Fig.* Atestar. *Rubricó su muerte.* Atestou-lhe a morte. **3.** Ratificar. *Rubriqué lo que dije.* Ratifiquei o que eu disse.

ru·bro/a adj. Rubro.

ru·da s.f. *Bot.* Arruda.

ru·di·men·ta·rio/a adj. Rudimentar.

ru·di·men·to s.m. Rudimento, princípio, esboço. ■ **rudimentos** s.m.pl. Rudimentos, conhecimentos básicos.

ru·do/a adj. **1.** Áspero, duro, desigual, rude. **2.** Rude, grosseiro, brusco. **3.** *Fig.* Rude, violento. *Un golpe rudo.* Um golpe violento.

rue·da s.f. **1.** Roda, objeto circular. *Las ruedas del coche.* As rodas do carro. **2.** Agrupamento, grupo circular. ♦ **Rueda de prensa.**

Entrevista coletiva. **Rueda hidráulica.** *Mec.* Roda-d'água.

rue·do *s.m.* **1.** Contorno, circunferência. **2.** Esteira pequena e redonda. **3.** *Am.C.* Barra. **4.** Espaço destinado à tourada na praça de touros. ♦ **Echarse al ruedo.** Decidir fazer algo.

rue·go *s.m.* Pedido, súplica, rogo.

ru·go·so/a *adj.* Rugoso, enrugado.

rui·do *s.m.* **1.** Rumor, ruído. **2.** Ruído, barulho, alvoroço. **3.** Barulho, confusão, briga. **4.** *Fig.* Repercussão, ressonância, barulho. **5.** *Eletr.* Ruído, interferência. ♦ **Hacer ruido.** Dar o que falar. **Mucho ruido y pocas nueces.** Fazer muito barulho à toa.

rui·do·so/a *adj.* Barulhento, ruidoso.

ruin *adj.* **1.** Ruim, prejudicial, nocivo. **2.** Mesquinho, miserável. **3.** *Fig.* Ruim, mau, perverso. **4.** Raquítico, fraco.

rui·na *s.f.* **1.** Ruína, destroço, escombro. **2.** *Fig.* Ruína, quebra, falência. **3.** *Fig.* Ruína, decadência, perdição. ■ **ruinas** *s.f.pl.* Ruínas, destroços, escombros.

rui·se·ñor *s.m.* Rouxinol.

ru·le·ta *s.f.* Roleta.

ru·lo *s.m.* **1.** Cacho (de cabelo), rolo. **2.** Rolo, *bob*.

rum·bo *s.m.* **1.** Rumo, rota, direção. **2.** Luxo, pompa. **3.** *Fig.* Rota, modo de proceder, caminho.

ru·mian·te *adj. e s.2g.* Ruminante.

ru·miar *v.i.* **1.** Ruminar, remastigar. **2.** *Fig.* Ruminar, remoer, pensar muito, cismar.

ru·mor *s.m.* **1.** Rumor, boato. **2.** Rumor, burburinho, murmúrio, ruído.

ru·mo·re·ar *v.impess.* Rumorejar, sussurrar, espalhar. ■ **rumorearse** *v.p.* Rumorejar, sussurrar, correr boato.

rup·tu·ra *s.f.* Ruptura, rompimento, quebra.

rús·ti·co/a *adj.* **1.** Rústico, campestre. **2.** Rústico, rude, grosseiro, simples. ● *s.m.* **3.** Camponês, rústico.

ru·ta *s.f.* **1.** Rota, caminho, itinerário, rumo. **2.** *Fig.* Comportamento, atitude. *Tiene mala ruta este chico.* Este garoto tem um comportamento ruim. **3.** *Arg.* Estrada, rodovia.

ru·ti·na *s.f.* **1.** Rotina, força do hábito. **2.** *Inform.* Rotina, subprograma.

S

s *s.f.* S, vigésima letra do alfabeto. ■ Recebe o nome *ese*.

sá·ba·do *s.m.* Sábado.

sá·ba·na *s.f.* Lençol.

sa·ba·ñón *s.m. Med.* Frieira, inflamação causada pelo frio.

sa·be·lo·to·do *s.2g. Col.* Sabichão, sabe-tudo. ■ *Tb.*: sabihondo.

sa·ber *s.m.* **1.** Saber, sabedoria, erudição. ● *v.i.* **2.** Ter sabor. *Esto sabe a agrio.* Isto tem sabor azedo. ■ *v.t.* **3.** Saber, ter capacidade. *Él sabe entender los problemas.* Ele sabe entender os problemas. **4.** Saber, conhecer. *No sé la respuesta.* Não sei a resposta. **5.** Saber, ter conhecimentos (técnicos, científicos). *Sabe biología.* Sabe biologia. **6.** Saber, ter uma habilidade. *Sabe cantar muy bien.* Sabe cantar muito bem. **7.** Saber, ter notícias, ficar sabendo. *Supe ayer de Juan.* Tive notícias do João ontem. ■ *C.mod.* 33. ♦ **Saber mal.** Chatear, desgostar. *Me supo muy mal su actitud.* Fiquei muito chateado com a sua atitude. **A saber.** A saber. **Cualquiera sabe.** Vá saber. *Cualquiera sabe qué pasará.* Vá (lá) saber o que vai acontecer. **Hacer saber.** Fazer saber, comunicar. **No saber a nada (algo).** Não ter gosto de nada. **No saber dónde meterse.** Não saber onde se esconder/

Sentir vergonha. **No saber lo que hace.** Não saber o que faz. **No saber por donde (se) anda/va.** Estar perdido, desnorteado. **No sé cuantos.** Sei lá quantos. **¡Qué sé yo!/¡Yo qué sé!** Eu sei lá! **¡Quién sabe!** Quem sabe! **¿Tú qué sabes?** Você não sabe nada! **¡Vete/Vaya usted a saber!** Vai (lá) saber!

sa·bi·du·rí·a *s.f.* **1.** Sabedoria, erudição. **2.** Sabedoria, prudência.

sa·bien·das <a> *loc.* De propósito, deliberadamente. *Lo hizo a sabiendas.* Fez isso de propósito.

sa·bio/a *adj. e s.* **1.** Sábio, culto, erudito. **2.** Sábio, prudente, sensato. ■ *adj.* **3.** Amestrado (animal). *Un perro sabio.* Um cachorro amestrado.

sa·bor *s.m.* **1.** Sabor, gosto, paladar. **2.** *Fig.* Sabor, impressão, semelhança. *Tiene el sabor de algo nuevo.* Tem sabor de novidade. **3.** *Fig.* Sabor, prazer, deleite. ♦ **Dejar mal sabor.** Ser desagradável.

sa·bo·re·ar *v.t.* **1.** Saborear, deleitar-se. **2.** Saborear, dar sabor. **3.** Saborear, comprazer-se, regozijar-se. ■ **saborearse** *v.p.* Saborear, deleitar-se, comprazer-se.

sa·bo·ta·je *s.m.* Sabotagem.

sa·bo·te·ar *v.t.* Sabotar.

sa·bro·so/a *adj.* **1.** Saboroso, delicioso. **2.** *Fig.* Saboroso, agradável, deleitoso.

sa·ca·cor·chos *s.m.* Saca-rolhas. ■ *Pl.:* invariável.

sa·ca·pun·tas *s.m.* Apontador de lápis. ■ *Pl.:* invariável.

sa·car *v.t.* **1.** Tirar, retirar (de algum lugar onde havia algo guardado). *Sacó los documentos del cajón.* Retirou os documentos de dentro da gaveta. **2.** Tirar, extrair. **3.** Tirar, livrar. *Sacó al amigo de la dificultad.* Tirou o amigo da dificuldade. **4.** Tirar ou fazer com que alguém saia de algum lugar, levar (de um lugar para outro). *Sacó el bebé a tomar el sol.* Levou o bebê para tomar sol. **5.** Tirar, obter, ganhar. *No le sacarás ningún detalle del suceso.* Você não conseguirá tirar dele nenhum detalhe do acontecimento. *Sacaron el primer premio.* Ganharam o primeiro prêmio. **6.** Tirar, arrancar, descobrir. *Voy a sacarle la verdad.* Vou arrancar-lhe a verdade. **7.** Jogar. *Sacó un comodín.* Jogou um curinga. **8.** Tirar, convidar para dançar. **9.** Alargar ou encompridar uma roupa. *La falda me está estrecha; hay que sacarle.* É preciso alargar a saia, está estreita para mim. **10.** Produzir, fabricar. *Esta industria saca mil máquinas al mes.* Esta indústria produz mil máquinas por mês. **11.** Lançar, divulgar. **12.** Tirar, bater, fazer uma fotografia. **13.** Tirar, fazer cópias, copiar. **14.** Manifestar, exteriorizar. **15.** Comprar (entradas, passagens). *Saqué las entradas para mañana noche.* Comprei as entradas para amanhã à noite. **16.** Calcular, fazer cálculos ou contas. *Saqué la cuenta.* Faça a conta. **17.** *Desp.* Sacar, dar um saque. **18.** Tirar, excluir. ♦ **Sacar a relucir.** Trazer à tona. **Sacar adelante. 1.** Ajudar. **2.** Levar a bom termo. **Sacar de quicio/de sus casillas.** Tirar do sério. **Sacar en claro/límpio.** Esclarecer.

sa·ca·ri·na *s.f. Quím.* Adoçante, sacarina.

sa·cer·do·te *s.m.* Sacerdote.

sa·ciar *v.t.* **1.** Saciar, extinguir (fome, sede). **2.** *Fig.* Saciar, satisfazer. ■ **saciarse** *v.p.* Saciar-se, satisfazer-se.

sa·co *s.m.* **1.** Saco, saca, receptáculo (de papel, pano, couro). *Dos sacos de harina.* Dois sacos de farinha. ■ *Sin.:* bolsa. **2.** *Amer.* Paletó. **3.** *Med.* Saco, cavidades do corpo. *Saco lacrimal.* Saco lacrimal. ■ Não tem sentido de "testículos". ♦ **Saco de dormir.** Saco de dormir. **Echar en saco roto.** Esquecer (algo).

sa·cra·men·tar *v.t.* **1.** Sacramentar, administrar os sacramentos. **2.** Sacramentar, consagrar.

sa·cri·fi·car *v.t.* **1.** Sacrificar, imolar. **2.** Sacrificar, lesar, prejudicar. **3.** Sacrificar, trocar uma coisa por outra. **4.** Sacrificar, abater (gado). ■ **sacrificarse** *v.p.* **1.** Sacrificar-se, consagrar-se, devotar-se. **2.** Sacrificar-se, privar-se, renunciar voluntariamente.

sa·cris·tán *s.m.* Sacristão.

sa·cu·di·do/a *adj.* **1.** Sacudido, sacolejado. ●

s.f. **2.** Sacudida, tremor. **3.** *Fig.* Golpe, abalo, dano.

sa·cu·dir *v.t.* **1.** Sacudir, agitar com violência, chocalhar. **2.** Sacudir, bater para tirar o pó. *Sacude el mantel.* Sacuda a toalha de mesa. **3.** Bater, surrar. **4.** *Fig.* Sacudir, emocionar, excitar, abalar. ■ **sacudirse** *v.p.* **1.** Sacudir, limpar-se, bater para limpar. **2.** *Fig.* Livrar-se.

sae·ta *s.f.* **1.** Flecha, seta. **2.** Ponteiro de relógio. **3.** Bússola. **4.** Tipo de canto andaluz.

sa·gaz *adj.* Sagaz, perspicaz, astuto.

sa·gi·ta·rio *s.m.* Sagitário, signo do zodíaco.

sa·hu·mar *v.t.* Defumar, queimar substâncias aromáticas. ∎ Não tem sentido de "defumar alimentos".

sa·hu·me·rio *s.m.* Defumação (aromática).

sal *s.f.* **1.** *Quím.* Sal, cloreto de sódio. **2.** *Fig.* Sal, graça, vivacidade. *Aquella chica tiene mucha sal.* Aquela garota tem muita graça. **3.** *Quím.* Sal. ■ **sales** *s.f.pl.* **1.** Sais, substâncias voláteis. **2.** Sais de banho.

sa·la *s.f.* **1.** Sala, aposento onde se recebem visitas. **2.** Sala, aposento amplo, salão. **3.** Sala, móveis de sala. **4.** *For.* Sala, tribunal. ♦ **Sala de fiestas.** Salão de festas/baile. **Sala de hospital.** Quarto de hospital.

sa·la·do/a *adj.* **1.** Salgado. **2.** *Mex. e Am.C.* Azarado. **3.** *Rio-plat.* Caro.

sa·la·me *s.m.* Salame.

sa·lar *v.t.* Salgar, temperar com sal.

sa·la·rio *s.m.* Salário, remuneração. ♦ **Salario familiar.** Salário-família. **Salario mínimo.** Salário mínimo.

sal·chi·cha *s.f.* Salsicha.

sal·dar *v.t.* *Com.* **1.** Saldar, liquidar uma dívida. **2.** Vender em saldos.

sal·do *s.m.* *Com.* **1.** Saldo, diferença entre crédito e débito. **2.** Liquidação ou pagamento de uma dívida, quitação. **3.** Saldo, ponta de estoque. ♦ **Saldo acreedor/deudor.** Saldo credor/devedor.

sa·le·ro *s.m.* **1.** Saleiro, recipiente para sal. **2.** *Fig.* Graça, simpatia. *Esta chica tiene mucho salero.* Esta garota tem muita graça.

sa·le·ro·so/a *adj.* Gracioso.

sa·li·da *s.f.* **1.** Saída, partida. **2.** Saída, lugar por onde se sai. **3.** Saída, passeio. *Vamos a hacer una salida.* Vamos dar uma saída. **4.** Saída, recurso, argumento. **5.** *Com.* Saída, comercialização, venda. **6.** *Com.* Despesa. *Tengo muchas salidas y pocas entradas.* Tenho muitas despesas e poucas receitas. **7.** *Inform.* Saída de dados. ♦ **Salida de emergencia.** Saída de emergência. **Libro de entradas y salidas.** *Com.* Livro de haver e dever. **No haber salida.** Não ter saída.

sa·lien·te *adj.* **1.** Saliente. ● *s.m.* **2.** *Arq.* Ressalto, saliência.

sa·lir *v.i.* **1.** Sair, ir ou passar para fora. **2.** Sair, afastar-se, retirar-se. **3.** Sair, partir. **4.** Sair, passear. **5.** Sair, nascer, aparecer. *Ya ha salido el sol.* O sol já saiu. **6.** Sair, brotar. **7.** Sair, livrar-se, escapar. **8.** Sair, sobressair, destacar-se. **9.** Sair-se, dizer algo inesperadamente. **10.** Sair, obter certo resultado. *No sale el trabajo.* O trabalho não está saindo. **11.** Sair, desembocar, ir dar em. *Esta calle sale al hospital.* Esta rua vai dar no hospital. **12.** Sair, ser publicado. **13.** Sair, desaparecer. *La mancha no sale con nada.* A mancha não sai com nada. **14.** Sair, aprontar, ficar pronto. *Ya saldrán tus documentos.* Seus documentos vão ficar prontos. **15.** Sair, custar. **21.** Sair, ser parecido. **22.** Sair, iniciar (jogo). **23.** Desfazer-se. **24.** Sair, resultar, ficar. *La tarta salió rica.* O bolo ficou gostoso. ■ **salirse** *v.p.* **1.** Sair, ir ou passar para fora. **2.** Sair, derramar. *Se ha salido la leche.* O leite derramou. **3.** Vazar, perder líquido. *Este vaso se sale.* Este copo vaza. ∎ *C.mod. 15.* ♦ **Salir adelante.** Vencer as dificuldades. **Salir bien.** **1.** Sair/Acabar bem. **2.** Sair-se bem. **Salir corriendo/pitando/disparado.** Sair correndo. **Salir del paso.** Fazer algo só para se livrar. **Salirse con la suya.** Sair(-se) com uma das suas.

sa·li·va *s.f.* Saliva. ♦ **Gastar saliva en balde.** Gastar saliva à toa. **Tragar saliva.** Engolir em seco.

sal·mue·ra *s.f.* Salmoura.

sa·lón *s.m.* **1.** Sala. **2.** Salão, aposento de grandes dimensões. **3.** Móveis de sala. **4.** Salão, exposição, feira. ♦ **Salón de actos.** Salão nobre. **Salón de peluquería.** Salão de beleza.

sal·pi·ca·de·ro *s.m. Esp.* Painel (automóveis).

sal·pi·ca·du·ra *s.f.* **1.** Mancha. **2.** Respingo.

sal·pi·car *v.i. e v.t.* **1.** Respingar, borrifar, espalhar (líquidos). **2.** Manchar, sujar. **3.** *Fig.* Salpicar, pontilhar, entremear.

☞ **sal·sa** *s.f.* **1.** Molho. *Salsa de tomate.* Molho de tomate. **2.** *Fig.* Graça, leveza. **3.** *Mus.* Ritmo e dança do Caribe. ♦ **Salsa bechamel/besamel.** Molho bechamel. **Salsa blanca/vinagreta.** Molho branco/vinagrete.

sal·ta·mon·tes *s.m.* Gafanhoto. ▪ *Pl.:* invariável.

sal·tar *v.i.* **1.** Pular, saltar, dar saltos. **2.** Saltar, transpor, galgar. **3.** Pular, saltar, investir. **4.** Saltar, pular (da cama). **5.** Espirrar, jorrar. **6.** Sair, cair, soltar(-se). *Ha saltado el barniz de una uña.* Caiu o esmalte de uma unha. **7.** Estourar, estalar. **8.** Sair-se, falar algo inesperadamente, soltar. **9.** Demitir. **10.** Saltar, passar de uma coisa a outra bruscamente, sem transição. ▪ *v.t.* **11.** Pular, passar por cima de um obstáculo. **12.** Pular, saltar, omitir. *Salta esta página.* Pule esta página. ▪ **saltarse** *v.p.* **1.** Pular, saltar, omitir. **2.** Passar, infringir uma lei, transgredir. *Se saltó tres discos en rojo.* Passou três semáforos vermelhos. ▪ Não tem sentido de "apear-se". ♦ **Saltar a la vista/a los ojos.** Saltar aos olhos. **Estar a la que salta.** Na primeira oportunidade.

sal·te·ar *v.t.* **1.** Saltear, assaltar, atacar. **2.** Pular, não seguir a ordem. **3.** Refogar.

sal·tim·ban·qui *s.m.* Saltimbanco.

sal·to *s.m.* **1.** Salto, pulo. **2.** *Desp.* Salto. **3.** Pulo, palpitação forte. **4.** Precipício. **5.** Salto, queda-d'água. **6.** *Fig.* Pulo, mudança repentina. *El viaje produjo un salto en su vida.* A viagem produziu uma mudança repentina na sua vida. **7.** Omissão (na leitura ou escrita). ▪ Não tem sentido de "parte do sapato". ♦ **Salto mortal.** *Desp.* Salto-mortal. **A saltos.** Aos pulos. **De/En un salto.** Rapidamente.

sa·lud *s.f.* Saúde, sanidade. ♦ **¡(Beber) A la salud de…!** (Beber) À saúde de…! **¡A tu salud!** À sua saúde! **Curarse en salud.** Prevenir-se. **Vender salud.** Esbanjar saúde.

sa·lu·da·ble *adj.* **1.** Salutar, são. **2.** Saudável. **3.** *Fig.* Saudável, proveitoso, vantajoso.

sa·lu·dar *v.t.* Saudar, cumprimentar.

sa·lu·do *s.m.* Saudação, cumprimento. ▪ **saludos** *s.m.pl.* Recomendações.

sal·va·ba·rros *s.m. Esp.* Para-lama. ▪ **a.** *Pl.:* invariável. **b.** *Sin.:* guardabarros.

sal·va·guar·dar *v.t.* Salvaguardar, proteger.

sal·va·guar·dia *s.f.* **1.** Salvaguarda, proteção. **2.** Custódia. **3.** Salvo-conduto. ▪ *Tb.:* salvaguarda.

sal·va·je *adj.* **1.** Selvagem, silvestre, não cultivado. **2.** Selvagem, feroz, não domesticado. ▪ *adj. e s.2g.* **3.** Selvagem, primitivo, não civilizado. **4.** *Fig.* Selvagem, intratável.

sal·var *v.t.* **1.** Salvar, livrar de perigo, ajudar. **2.** Salvar, dar a salvação. **3.** Salvar, passar por cima, vencer. **4.** Evitar. *Salvar los problemas.* Evitar os problemas. **5.** Excetuar. *Salvando las omisiones, no tengo nada en contra.* Excetuando as omissões, não tenho nada contra. **6.** Salvar, conservar intacto. ▪ **salvarse** *v.p.* **1.** Salvar-se, livrar-se, escapar (de um perigo). **2.** Salvar-se, alcançar a salvação eterna. ♦ **¡Sálvese el que pueda!** Salve-se quem puder!

sal·va·vi·das *s.m.* Salva-vidas, boia. ▪ **a.** Não tem sentido de "pessoa que cuida da segurança dos banhistas". **b.** *Pl.:* invariável.

sal·ve *s.f.* **1.** Salve-rainha, oração à Virgem Maria. ● *interj.* **2.** Salve!

sal·ve·dad *s.f.* **1.** Desculpa, justificativa. **2.** Correção, retificação. **3.** Ressalva. ♦ **Con**

la salvedad de. Com a ressalva de. **Hacer una salvedad.** Fazer um esclarecimento/uma ressalva/uma observação.

sal·vo/a *adj.* Salvo, livre de perigo, ileso. ■ *Part. irreg.* de *salvar.* ♦ **salvo** *adv.* Salvo, exceto. ♦ **A salvo.** A salvo. **Sano y salvo.** São e salvo.

sal·vo·con·duc·to *s.m.* Salvo-conduto.

sam·ba *s.f. Mus.* Samba.

san *adj.* São. ■ **a.** Forma apocopada de *santo.* **b.** Usado antes de nomes próprios, exceto *Tomás, Domingo, Toribio, Tobías, Tomé.*

sa·nar *v.t.* **1.** Sarar, curar, sanar. ■ *v.i.* **2.** Recuperar a saúde, melhorar.

san·ción *s.f.* **1.** Sanção, penalidade. **2.** *For.* Sanção, aprovação de uma lei, regulamento.

san·cio·nar *v.t.* **1.** Penalizar. **2.** *For.* Sancionar, aprovar, autorizar.

san·da·lia *s.f.* Sandália.

san·dez *s.f.* Bobagem, besteira, sandice.

san·dí·a *s.f. Bot.* Melancia.

sánd·wich *s.m. Angl.* Sanduíche feito em pão de fôrma. ■ *Tb.:* emparedado.

☞ **sa·nea·do/a** *adj.* Livre de impostos, desonerado.

sa·nea·mien·to *s.m.* **1.** Saneamento. **2.** *For.* Evicção. *Obligarse al saneamiento.* Responder pela evicção.

sa·ne·ar *v.t.* **1.** Sanear, remediar, reparar. **2.** Sanear, tornar habitável, salubre. **3.** *For.* Indenizar um comprador pelos defeitos do bem comprado. **4.** Sanear, corrigir, moralizar.

san·grar *v.t. e v.i.* **1.** Sangrar, verter ou sair sangue. ■ *v.t.* **2.** Sangrar, abrir uma saída para um líquido. **3.** *Fig.* Sangrar, atormentar, magoar. **4.** *Fig. e col.* Tirar dinheiro, extorquir.

san·gre *s.f.* **1.** Sangue. **2.** *Fig.* Linhagem, família. ♦ **Sangre azul.** Sangue azul. **A sangre fría.** A sangue-frio. **Chupar la sangre.** Chupar o sangue, explorar. **De sangre fría.** Tranquilo. **Escribir con sangre. 1.** Ser mordaz ao escrever. **2.** Realizar façanhas ou sacrifícios. **Hacer(se) sangre.** Ferir(-se). **Hacerse mala sangre.** Esquentar a cabeça. **Lavar con sangre.** Lavar com sangue. **Llevar (algo) en la sangre.** Levar/Carregar/Trazer (algo) no sangue. **Ser de sangre caliente.** Ter sangue quente (nas veias), ser esquentado. **Subírsele (a alguien) la sangre a la cabeza.** Subir o sangue à cabeça. **Tener sangre de horchata.** Ter sangue de barata.

san·grí·a *s.f.* **1.** Sangria, sangramento. **2.** *Fig.* Perda, despesa pequena mas constante. **3.** Sangria, bebida à base de vinho, água, frutas e açúcar. **4.** Escoamento de líquidos, drenagem.

san·grien·to/a *adj.* **1.** Sangrento. **2.** *Fig.* Sanguinário, cruel.

san·gui·jue·la *s.f.* Sanguessuga.

san·guí·ne·o/a *adj.* Sanguíneo. ♦ **Grupo sanguíneo.** *Biol.* Tipo sanguíneo. **Transfusión sanguínea.** *Med.* Transfusão de sangue.

sa·ni·dad *s.f.* **1.** Sanidade, saúde. **2.** Sanidade, salubridade, higiene. **3.** Serviço de saúde. *Ministerio de Sanidad Pública.* Ministério de Saúde Pública.

sa·ni·ta·rio/a *adj.* **1.** Sanitário, relativo à saúde. ● *s.2g.* **2.** Funcionário de serviço de saúde, sanitarista. ■ Não tem sentido de "banheiro".

sa·no/a *adj.* **1.** São, sadio. **2.** São, saudável, salutar. **3.** *Fig.* São, ileso, incólume. **4.** São, reto, íntegro. *Obró de forma muy sana.* Agiu de forma muito íntegra. ♦ **Cortar por lo sano.** Cortar o mal pela raiz.

san·sea·ca·bó <y> *loc. Col.* E fim de papo. *No saldrás hoy, y sanseacabó.* Você não vai sair hoje, e fim de papo.

san·tia·mén <en un> *loc.* Rapidamente. *Hizo el trabajo en un santiamén.* Fez o trabalho rapidamente.

san·ti·fi·car *v.t.* **1.** Santificar, canonizar. **2.** Santificar, consagrar, sagrar. **3.** Santificar, cultuar, celebrar.

san·ti·guar *v.t.* Abençoar, benzer. ■ **santiguarse** *v.p.* Benzer-se, fazer o sinal da cruz.

san·to/a *adj.* **1.** Santo, sagrado. **2.** Santo, respeitável, exemplar. **3.** Santo, útil, proveitoso. *Un santo remedio.* Um santo remédio. **4.**

Referente aos dias da Semana Santa. **5.** Santo (usado como reforço). *Esperé todo el santo día.* Esperei o dia inteiro. ● *adj. e s.* **6.** Santo, que foi canonizado. ■ *s.m.* **7.** Santo, imagem, ícone. **8.** Ilustração, desenho. **9.** Dia em que se comemora o santo de alguém, onomástico. *Mi santo es el 3 de agosto.* O meu dia onomástico é 3 de agosto. **10.** *Col. Mex. e Am.C.* Aniversário. ♦ **¿A santo de qué?** A troco de quê? **Desnudar a un santo para vestir a otro.** Despir um santo para vestir outro. **Írsele (a alguien) el santo al cielo.** Esquecer-se (de algo), distrair-se. **¡Por todos los santos!** Pelo amor de Deus! **Quedarse para vestir santos.** Ficar solteira/para titia.

san·tu·rrón/·rro·na *s.* Beato, santarrão.

sa·po *s.m.* Sapo.

sa·que *s.m. Desp.* Saque, jogada inicial. ■ Não tem sentido de "retirada de dinheiro".

sa·que·ar *v.t.* Saquear, despojar, roubar.

sa·queo *s.m.* Saque, roubo.

sa·ram·pión *s.m. Med.* Sarampo.

sar·cás·ti·co/a *adj.* Sarcástico.

sar·di·na *s.f.* Sardinha.

sar·gen·to *s.m.* **1.** *Mil.* Sargento. **2.** *Fig.* Mandão, autoritário.

sar·na *s.f. Med.* Sarna.

sar·no·so/a *adj. Med.* Sarnento.

sa·rro *s.m. Med.* Tártaro.

sar·ta *s.f.* Série, fileira. *Una sarta de noticias.* Uma série de notícias.

sar·tén *s.f.* Frigideira. ♦ **Tener la sartén por el mango.** Estar com a faca e o queijo na mão.

sas·tre *s.m.* Alfaiate.

sa·té·li·te *s.m.* **1.** Satélite, astro sem luz própria. **2.** Satélite, artefato espacial. **3.** *Fig.* Dependente ou protegido de alguém. **4.** País, estado ou cidade sem autonomia política ou econômica. **5.** *Mec.* Roda dentada de uma engrenagem. ♦ **Satélite artificial.** Satélite artificial. **Ciudad satélite.** Cidade-satélite.

sa·ti·na·do/a *adj.* Acetinado.

sa·tí·ri·co/a *adj.* Satírico.

sa·tis·fac·ción *s.f.* **1.** Satisfação, contentamento. **2.** Satisfação, prazer, alegria. **3.** Satisfação, retribuição, recompensa. **4.** Satisfação, reparação, justificativa. ♦ **A satisfacción.** Satisfatoriamente.

sa·tis·fa·cer *v.t.* **1.** Satisfazer, saciar, mitigar. **2.** Satisfazer, pagar, saldar. **3.** Satisfazer, agradar, contentar. **4.** Satisfazer, reparar, corrigir. **5.** Satisfazer, cumprir, preencher. ■ **satisfacerse** *v.p.* **1.** Satisfazer-se, contentar-se. **2.** Desforrar-se. ■ *C.mod. 25.*

sa·tis·fe·cho/a *adj.* Satisfeito. ■ *Part. irreg.* de *satisfacer.* ♦ **Darse por satisfecho.** Dar-se por satisfeito. **Dejar satisfecho. 1.** Satisfazer, deixar satisfeito. **2.** Satisfazer-se, ficar satisfeito.

sa·tu·rar *v.t.* **1.** Saturar, fartar, encher. **2.** *Quím.* Saturar, combinar substâncias em níveis máximos. ■ **saturarse** *v.p.* Saturar-se, fartar-se, encher-se.

sau·ce *s.m. Bot.* Chorão, salgueiro. ♦ **Sauce llorón.** *Bot.* Chorão.

sau·na *s.f.* Sauna.

sa·via *s.f.* **1.** *Bot.* Seiva, líquido das plantas. **2.** *Fig.* Seiva, vigor, energia.

sa·xo·fón *s.m. Mus.* Saxofone.

sa·zón *s.f.* **1.** Sazão, ponto de amadurecimento. **2.** *Fig.* Sazão, oportunidade, ocasião. ■ *s.m.* **3.** Gosto, tempero, sabor. ♦ **A la sazón.** Então, naquela hora. **Fuera de sazón.** Fora de hora.

sa·zo·nar *v.t.* Temperar, sazonar. ■ **sazonarse** *v.p.* Amadurecer, sazonar-se.

se *p.compl. 3ª pess.sing. e pl.* **1.** Se (reflexivo). *Siéntese.* Sente-se. **2.** Se (recíproco). *Se besaron.* Beijaram-se. ■ *p.indef.* **3.** Se. *¿Cómo se dice?* Como se diz? ■ *p.pess. 3ª pess.sing. e pl.* **4.** A ele(s), a ela(s). *Se lo entregué en mano.* Entreguei-o a ele/ela em mãos. ● *partíc. apass.* **5.** Se. *Se vende un coche.* Vende-se um carro. *Se realizó.* Foi realizado. ■ **a.** Na forma enclítica não se separa do *v.* **b.** Como *p.pess.* precede do *obj.dir. Se lo regalé.* Dei-o de presente a ela/ele. **c.** Funciona como índice de indeterminação do sujeito.

Se dice que la inflación será alta. Dizem que a inflação será alta. **d.** Não tem valor de *conj.*

se·bo *s.m.* **1.** Sebo, gordura (animal). **2.** *Fig.* Gordura (pessoas). **3.** Sujeira. ■ Não tem sentido de "loja de livros usados".

se·ca·dor/do·ra *s.* **1.** Secadora de roupas. ■ *s.m.* **2.** Secador de cabelo. **3.** *Río-plat.* Rodo.

se·ca·no *s.m.* **1.** Região seca. **2.** Banco de areia.

se·can·te *adj.* **1.** Secante, que seca. ● *s.m.* **2.** Secante, substância para secar tintas. ■ *s.f.* **3.** *Geom.* Secante, reta que corta uma curva. ♦ **Aceite secante.** Óleo secante. **Papel secante.** Mata-borrão.

se·car *v.t.* **1.** Secar, enxugar. **2.** Secar, murchar. **3.** Secar, cicatrizar. **4.** Secar, desidratar. *Secar frutas.* Desidratar frutas. ■ **secarse** *v.p.* **1.** Secar, enxugar. **2.** Secar, ficar sem água (poço, rio). **3.** Secar, cicatrizar-se. **4.** *Fig.* Secar, enfraquecer-se, debilitar-se. **5.** Ter muita sede. ♦ **Secar el cerebro.** Enlouquecer.

sec·ción *s.f.* **1.** Seção, corte. **2.** Seção, segmento. **3.** Seção, setor, departamento. **4.** Seção, subdivisão, grupo. **5.** *Geom.* Seção, intersecção.

sec·cio·nar *v.t.* Seccionar, secionar.

se·co/a *adj.* **1.** Seco, enxuto. **2.** Seco, murcho. **3.** Seco, desidratado. *Frutas secas.* Frutas secas. **4.** Seco, sem chuva. *Clima seco.* Clima seco. **5.** Seco, magro. **6.** *Fig.* Seco, sem açúcar. *Vino seco.* Vinho seco. **7.** Seco, cicatrizado. **8.** *Fig.* Seco, sem ressonância. **9.** *Fig.* Seco, áspero, rígido. *Es una persona muy seca.* É uma pessoa muito seca. ♦ **A palo seco.** Sem acompanhamento. **A secas.** A seco, secamente. *Dijo la verdad a secas.* Ele disse a verdade secamente. **En seco.** A seco. **Ley seca.** Lei seca.

se·cre·ta·ria·do *s.m.* **1.** Secretaria. *La inscripción se hace en el secretariado.* A inscrição é feita na secretaria. ■ *Tb.:* secretaría. **2.** Secretariado, curso para secretários.

se·cre·ta·rio/a *s.* Secretário.

se·cre·to/a *adj.* **1.** Secreto, confidencial. ● *s.m.* **2.** Segredo, sigilo. **3.** Segredo, meio para atingir um fim. *Secreto de fabricación.* Segredo de fabricação. **4.** Segredo, esconderijo. **5.** Segredo, dispositivo de fechaduras. ♦ **Secreto bancario.** *Com.* Sigilo bancário. **Secreto profesional.** Segredo profissional. **En secreto.** Em segredo, secretamente. **Guardar un secreto.** Guardar (um) segredo.

sec·ta *s.f.* Seita.

sec·tor *s.m.* **1.** Setor, parte, grupo, segmento. **2.** Setor, âmbito, campo, ramo. **3.** Setor, zona, subdivisão. ♦ **Sector público.** Setor público.

se·cue·la *s.f.* Sequela, resultado, consequência.

se·cuen·cia *s.f.* **1.** Sequência, série, sucessão. **2.** Sequência, conjunto de cenas cinematográficas. **3.** Sequência, continuação, seguimento.

se·cues·trar *v.t.* **1.** Sequestrar, deter ou tomar à força (pessoas, bens). **2.** Retirar de circulação (publicação). **3.** *For.* Sequestrar, confiscar, embargar.

se·cues·tro *s.m.* Sequestro.

se·cun·da·rio/a *adj.* **1.** Secundário, segundo. **2.** Secundário, acessório, insignificante. **3.** *Eletr.* Secundário, circuito para corrente induzida. ■ *adj.* e *s.* **4.** *Geol.* Pertencente à era secundária. **5.** Ensino médio, ensino de nível médio. *Ya está en secundaria.* Já está no ensino médio.

sed *s.f.* **1.** Sede, secura. *Tengo sed.* Estou com sede. **2.** *Fig.* Sede, desejo veemente.

se·da *s.f.* Seda. ♦ **Como una seda.** Como uma seda. **De seda.** Muito fino, suave. **Gusano de seda.** Bicho-da-seda.

se·dar *v.t.* **1.** *Med.* Sedar, mitigar (dor). **2.** Sedar, acalmar, tranquilizar.

se·da·ti·vo/a *adj.* e *s.m.* *Med.* Sedativo. ■ *Tb.:* sedante.

se·de *s.f.* **1.** Sede, local onde se fixa um tribunal, governo, administração ou empresa. **2.** Sé, sede, diocese.

se·dien·to/a *adj.* **1.** Sedento, que tem sede. **2.** *Fig.* Sedento, desejoso.

se·di·men·tar *v.t.* Sedimentar, depositar sedimentos. ■ **sedimentarse** *v.p.* Sedimentar, formar sedimentos.

se·di·men·to *s.m.* **1.** Sedimento, borra, resíduo. **2.** *Fig.* Marca, sinal. **3.** *Geol.* Sedimento, depósito de material sedimentar.

se·duc·ción *s.f.* Sedução.

se·du·cir *v.t.* **1.** Seduzir, iludir, persuadir. **2.** Seduzir, fascinar, maravilhar, atrair. ■ *C. mod. 09.*

se·ga·dor/·do·ra *adj. e s.* **1.** Segador, ceifador. ■ *s.f.* **2.** Colheitadeira.

seg·men·to *s.m.* **1.** *Mat.* Segmento, parte de uma reta. **2.** *Geom.* Segmento, parte de um círculo entre a corda e o arco.

se·gre·gar *v.t.* **1.** Segregar, separar. **2.** Segregar, produzir secreção, secretar. **3.** Desmembrar (propriedades).

se·gui·do/a *adj.* **1.** Seguido, contínuo, ininterrupto. **2.** Em linha reta. *Vaya todo seguido.* Vá reto. *Una carretera seguida.* Uma estrada reta. ● *s.f.* **3.** Série. ● **seguido** *adv.* **1.** A continuação, a seguir. *Iba Mariano delante y seguido sus hermanos.* Mariano ia na frente e, a seguir, os seus irmãos. **2.** Amiúde, frequentemente. *Va seguido al teatro.* Vai muito ao teatro. ♦ **De seguida.** Imediatamente. **En seguida.** Em seguida, logo.

se·gui·mien·to *s.m.* **1.** Seguimento, seguida. **2.** Acompanhamento, supervisão.

se·guir *v.t.* **1.** Seguir, perseguir. **2.** Seguir, acompanhar, ir atrás. **3.** Seguir, suceder, vir depois. **4.** Continuar. *Sigue estudiando.* Continua estudando. **5.** Seguir, imitar, acompanhar. **6.** Seguir, atender, obedecer. **7.** Seguir, aderir. *Sigue una nueva secta.* Segue/Aderiu a uma nova seita. **8.** Seguir, olhar, observar. ■ *v.i.* **9.** Caminhar, continuar, ir. *Sigue por la derecha.* Vá pela direita. ● **seguirse** *v.p.* **1.** Seguir-se, suceder(-se). **2.** Concluir(-se), deduzir(-se), induzir(-se). *De esto se sigue que teníamos razón.* Daí conclui-se que tínhamos razão. ■ *C.mod. 10.* ♦ **Seguir adelante.** Seguir em frente.

se·gún *prep.* **1.** Segundo, de acordo com. *Según su jefe, trabaja mucho.* Segundo o seu chefe, trabalha muito. ● *adv.* **2.** Tal como, como, conforme, consoante. *Hice el pastel según me dijiste.* Fiz o doce como você me disse. **3.** Depende, conforme. *No sé si vendrá, según el tiempo que haga.* Não sei se virá, depende do tempo que fizer. ♦ **Según y como.** Dependendo de.

se·gun·do/a *num.* **1.** Segundo, que segue ao primeiro. ● *adj.* **2.** Segundo, secundário. ● *s.* **3.** Auxiliar, assessor, segundo. ■ *s.m.* **4.** Segundo, unidade de medida de tempo. **5.** *Geom.* Segundo, unidade de medida de ângulo. ■ *s.f.* **6.** *Mec.* Segunda, marcha de veículos. ♦ **Con segundas.** Com segundas intenções. **En un segundo.** Num segundo, num instante.

se·gu·ra·men·te *adv.* **1.** Certamente, com certeza. *Se casarán, seguramente.* Vão se casar, com certeza. **2.** Possivelmente, provavelmente. *Seguramente venga esta noche a casa.* Provavelmente venha hà noite em casa.

se·gu·ri·dad *s.f.* **1.** Segurança. **2.** *Com.* Caução, garantia, fiança. ♦ **Seguridad social.** Previdência social. **Con seguridad.** Com certeza.

se·gu·ro/a *adj.* **1.** Seguro, protegido. **2.** Certo, convicto, seguro. *No está segura de lo que pasó.* Não está certa sobre o que aconteceu. **3.** Seguro, firme, estável, que oferece segurança. **4.** Seguro, firme, que não vacila. **5.** Seguro, fiel, leal. **6.** Certo, incontestável, seguro. ● *s.m.* **7.** *Com.* Seguro, contrato. *Seguro contra incendio.* Seguro contra incêndio. *Seguro de vida.* Seguro de vida. **8.** Seguro, salvo-conduto. **9.** Trava de segurança. ● **seguro** *adv.* Com certeza. *Seguro que me llamará.* Com certeza vai me telefonar. ♦ **Seguro colectivo.** Seguro em grupo. **Seguro de robo.** Seguro contra roubo. **Seguros sociales.** Seguros sociais previdenciários. **De seguro.** Certamente. **Estar seguro.** Ter certeza. *Estoy segura de que él te llamará.* Tenho certeza de que ele vai ligar para você. **Sobre seguro.** Sem aventurar-se. *Hizo la* *inversión sobre seguro.* Fez a aplicação sem se arriscar.

se·lec·ción *s.f.* **1.** Seleção, eleição, escolha. **2.** Seleção, antologia. **3.** *Desp.* Seleção, equipe. ♦ **Selección natural.** *Biol.* Seleção natural.

se·lec·cio·nar *v.t.* Selecionar, escolher.

se·lec·ti·vi·dad *s.f.* **1.** Seletividade, qualidade de seletivo. **2.** *Esp.* Exame vestibular.

se·lec·ti·vo/a *adj.* **1.** Seletivo, eletivo. **2.** Relativo aos exames de seleção. *Los exámenes selectivos serán este mes.* Os exames de seleção serão este mês. **3.** *Eletr.* Diz-se de aparelho receptor de rádio que isola as emissões. ● *s.m.* **4.** Curso prévio a certas carreiras técnicas.

se·lec·tor *s.m. Eletr.* Seletor.

se·llar *v.t.* **1.** Selar, pôr selo. **2.** Carimbar. *Selló y firmó el documento.* Carimbou e assinou o documento. **3.** Vedar, selar. *Sellar una junta.* Vedar uma junta. **4.** *Fig.* Selar, corroborar, confirmar. ▌ Não tem sentido de "pôr sela".

se·llo *s.m.* **1.** Selo, estampilha, chancela. **2.** Carimbo. **3.** *Fig.* Selo, cunho, sinal distintivo. **4.** Lacre. **5.** Sinete.

sel·va *s.f.* Selva, mata.

se·má·fo·ro *s.m.* Semáforo, farol de trânsito.

se·ma·na *s.f.* Semana. ♦ **Semana inglesa.** Semana inglesa. **Semana Santa.** Semana Santa. **Entre semana.** Durante a semana. **Fin de semana.** Fim de semana.

se·ma·na·rio/a *adj.* **1.** Semanal. ● *s.m.* **2.** Semanário, publicação semanal. **3.** Conjunto formado por sete elementos.

sem·blan·te *s.m.* **1.** Semblante, rosto. **2.** *Fig.* Semblante, aparência, aspecto.

sem·brar *v.i.* **1.** *Bot.* Semear, espalhar sementes. **2.** *Fig.* Semear, espalhar, propalar. **3.** Semear, provocar, produzir, causar. ▌ *C.mod. 01.*

se·me·jan·te *adj.* **1.** Semelhante, parecido, análogo. **2.** Semelhante, tal. ● *s.m.* **3.** Semelhante, próximo. *Ama a tu semejante.* Ame o seu semelhante.

se·me·jan·za *s.f.* Semelhança.

se·me·jar *v.i.* Assemelhar, parecer. ▪ **semejarse** *v.p.* Assemelhar-se, parecer-se.

se·mes·tre *s.m.* Semestre.

se·mi·cír·cu·lo *s.m. Geom.* Semicírculo.

se·mi·con·so·nan·te *adj. e s.f. Gram.* Semiconsoante.

se·mi·fi·nal *s.f.* Semifinal.

se·mi·lla *s.f.* **1.** *Bot.* Semente. **2.** *Fig.* Semente, germe, causa.

se·mi·na·rio *s.m.* **1.** *Bot.* Seminário, viveiro de plantas. **2.** Seminário, estabelecimento para formação de eclesiásticos. **3.** Seminário, trabalho escolar de pesquisa. **4.** Seminário, espécie de congresso científico.

se·mi·rrec·ta *s.f. Geom.* Semirreta.

se·mi·vo·cal *adj. e s.f. Gram.* Semivogal.

se·na·dor/·do·ra *s.* Senador.

sen·ci·llez *s.f.* Simplicidade.

sen·ci·llo/a *adj.* **1.** Simples, fácil. **2.** Simples, singelo, modesto. **3.** Simples, natural, espontâneo. **4.** Simples, ingênuo. ● *s.m.* **5.** *Amer.* Dinheiro trocado.

☞ **sen·de·ro** *s.m.* Senda, vereda, caminho. ▌ *Tb.:* senda.

sen·dos/as *adj. pl.* Um para cada um, cada um com o seu. *Fueron a la escuela y llevaron sendos libros.* Foram à escola e cada um levou os seus livros.

se·ni·li·dad *s.f.* Senilidade.

se·no *s.m.* **1.** Seio, peito. **2.** Seio, interior, âmago. **3.** *Fig.* Seio, abrigo, proteção.

sen·sa·ción *s.f.* **1.** Sensação, percepção. **2.** Sensação, emoção, sentimento.

sen·sa·to/a *adj.* Sensato, prudente.

sen·si·bi·li·zar *v.t.* Sensibilizar.

sen·si·ble *adj.* **1.** Sensível, que sente. **2.** Sensível, que recebe facilmente sensações externas. **3.** Sensível, emotivo, comovente. **4.** Doloroso, triste, lastimável. *Una pérdida sensible.* Uma perda dolorosa. **5.** Significativo, perceptível. *Un progreso sensible.* Um avanço significativo.

sen·si·ti·vo/a *adj.* **1.** Sensitivo. **2.** Sensível.

sen·so·rio/a *adj.* **1.** Sensório, sensível. ● *s.m.* **2.** Sensório, centro nervoso sensitivo.

sen·ta·do/a *adj.* **1.** Sentado. **2.** Sensato. ● *s.f.* **3.** Assentada. ♦ **Dar por sentada (una cosa).** Dar por assentado/por certo. **De una sentada.** De uma vez, sem interrupção, num só fôlego.

sen·tar *v.t.* **1.** Sentar, assentar, tomar assento. **2.** Assentar, estabelecer, basear. ■ *v.i.* **3.** Assentar, cair, ficar, combinar. *No te sienta bien la blusa rosa.* A blusa rosa não cai bem em você. ■ **sentarse** *v.p.* **1.** Sentar-se, assentar-se, tomar assento. **2.** Assentar-se, estabilizar-se. **3.** Sentar-se, estabelecer-se, fixar-se. ■ *C.mod. 01.* ♦ **Sentar bien/mal.** Cair bem/mal. **Sentar como un tiro. 1.** Cair mal. *Esa blusa te sienta como un tiro.* Essa blusa fica muito mal em você. **2.** Chatear. *Su forma de hablar me sentó como un tiro.* O seu jeito de falar me chateou.

sen·ten·cia *s.f.* **1.** Sentença, provérbio, máxima. **2.** *For.* Sentença, julgamento, decisão.

sen·ti·do/a *adj.* **1.** Sentido, triste, pesaroso. **2.** Sensível, sentido. ● *s.m.* **3.** Sentido, órgão que transmite sensações. **4.** Senso, tino, entendimento. *No tiene sentido crítico.* Não tem senso crítico. **5.** Sentido, acepção, significado. **6.** Sentido, orientação, direção. **7.** Sentido, objetivo, propósito. ♦ **Sentido común.** Bom senso, senso comum. **Sentido del humor.** Senso de humor. **Doble sentido.** Duplo sentido. **No tener sentido.** Não ter/fazer sentido. **Perder el sentido.** Perder os sentidos, desmaiar. **Sin sentido.** Sem sentido.

sen·ti·mien·to *s.m.* Sentimento.

sen·tir *s.m.* **1.** Sentir, opinião. *El sentir general es favorable.* A opinião geral é favorável. **2.** Sentir, sentimento. ● *v.t.* **3.** Sentir, perceber pelos sentidos. **4.** Sentir, experimentar sensações. *Siento calor.* Sinto calor. **5.** Sentir, perceber, compreender. **6.** Sentir, opinar, considerar. **7.** Sentir, pressentir, adivinhar. **8.** Sentir, lamentar. ■ **sentirse** *v.p.* **1.** Sentir-se, encontrar-se, reconhecer-se. **2.** Ressentir-se. ■ *C.mod. 11.* ♦ **Lo siento (mucho).** Sinto muito. **Sin sentir.** Sem perceber.

se·ña *s.f.* **1.** Sinal, gesto, aceno. *Me hizo una seña para que me callara.* Fez um sinal para que eu me calasse. **2.** Sinal, marca, característica. *Puse una seña en mis discos.* Fiz um sinal nos meus discos. **3.** Senha, código, signo. ■ **señas** *s.f.pl.* **1.** Endereço. *No tengo sus señas.* Não tenho o seu endereço. **2.** Sinais, traços característicos. ♦ **Señas personales.** Sinais particulares. **Dar señas de.** Apresentar/Dar sinais de. **Hablar por señas.** Comunicar-se através de sinais. **Hacer señas.** Gesticular.

se·ñal *s.f.* **1.** Sinal, marca, traço. *La calle sin tráfico es señal de día festivo.* A rua sem trânsito é sinal de feriado. **2.** Sinal, símbolo, código, signo. **3.** Sinal, vestígio, rastro. **4.** *Med.* Cicatriz, sequela. *El sarampión le dejó señales en la cara.* O sarampo deixou-lhe cicatrizes no rosto. **5.** Sinal, aviso, ordem. **6.** *Com.* Sinal, adiantamento, valor em dinheiro. ♦ **Señal de la cruz.** Sinal da cruz. **Señales de tráfico.** Sinais de trânsito. **Dar señales de.** Dar sinais de. **En señal de.** Em/Como sinal de. **Ni señal.** Nem sinal/sombra.

se·ña·la·do/a *adj.* **1.** Assinalado, marcado, indicado. **2.** Célebre, famoso. *Un compositor señalado.* Um compositor célebre.

se·ña·lar *v.t.* **1.** Assinalar, salientar, sublinhar, ressaltar. **2.** Apontar, indicar, gesticular. *Me señaló la casa de sus abuelos.* Apontou-me a casa dos seus avós. **3.** Fixar, determinar, marcar. *No han señalado el precio del billete.* Não marcaram o preço da passagem. **4.** Marcar, mostrar. *El semáforo señala rojo.* O farol marca vermelho. ■ **señalarse** *v.p.* Distinguir-se, destacar-se.

se·ña·li·za·ción *s.f.* Sinalização.

se·ña·li·zar *v.t.* Sinalizar, pôr sinais de trânsito.

se·ñor/·ño·ra *adj.* **1.** Senhor, forma de tratamento. *Señor Gómez.* Senhor Gomez. **2.** *Fig.* Senhor, importante, grandioso. *Una señora fiesta.* Uma senhora festa. ● *s.* **3.** Senhor, dono, proprietário. ■ *s.m.* **4.** Senhor, homem, indivíduo. **5.** Senhor, Deus. **6.** Senhor, nobre, distinto. ■ *s.f.* **7.** Senhora, mulher. **8.** Senhora, esposa. ♦ **Señora de compañía.** Dama de companhia. **¡No/Sí señor!** Não/Sim senhor! **Nuestra Señora.** Nossa Senhora.

se·ño·re·ar *v.t.* **1.** Apossar-se, senhorear, dominar. **2.** Mandar, assenhorear. ■ **señorearse** *v.p.* **3.** Assenhorear-se, apossar-se, senhorear-se.

se·ño·rí·o/a *s.m.* **1.** Senhorio, domínio. **2.** Distinção, elegância. ■ *s.f.* **3.** Senhoria, tratamento cerimonioso. ■ Não tem sentido de "proprietário".

se·ño·ri·to/a *adj. e s.* **1.** Filho de papai. ■ *adj e s.f.* **2.** Senhorita, forma de tratamento dispensada a mulheres solteiras. *Estuvo aquí una señorita.* Esteve aqui uma senhorita. **3.** Forma de tratamento dispensada à professora dos anos iniciais do ensino básico. *La señorita nos puso dos problemas.* A professora deu dois problemas.

se·pa·ra·do/a *adj.* **1.** Separado, isolado. **2.** Separado, descasado. ♦ **Por separado.** Separadamente.

se·pa·rar *v.t.* **1.** Separar, afastar, isolar. **2.** Separar, apartar, interromper. **3.** Separar, dividir, cortar, destacar. **4.** Separar, distinguir, considerar à parte. ■ **separarse** *v.p.* **1.** Separar-se, afastar-se. **2.** Separar-se, divorciar-se.

sep·tiem·bre *s.m.* Setembro. ■ *Tb.:* setiembre.

se·pul·tar *v.t.* Sepultar, enterrar. ■ **sepultarse** *v.p. Fig.* **1.** Sepultar-se, soterrar-se, esconder-se. **2.** Sepultar-se, ocultar-se, guardar-se. **3.** Submergir, enterrar-se.

se·pul·tu·ra *s.f.* Sepultura, jazigo.

se·pul·tu·re·ro *s.m.* Coveiro.

se·que·dad *s.f.* **1.** Secura, seca. **2.** *Fig.* Secura, aspereza, frieza.

se·quí·a *s.f.* Seca, estiagem.

ser *s.m.* **1.** Ser, ente. ● *v.pred.* **2.** Ser (une o atributo ao sujeito). *Mi coche es azul.* O meu carro é azul. ■ *v.i.* **3.** Ser, ocorrer, acontecer. *El viaje fue en agosto.* A viagem foi em agosto. **4.** Ser, pertencer. **5.** Ser, custar. *¿Cuánto es?* Quanto é? **6.** Ser, integrar, fazer parte. **7.** Ser, proceder, provir. *Pedro es de México.* Pedro é do México. **8.** Ser, causar, provocar. *La bebida fue la responsable por su fracaso.* A bebida foi a responsável pelo seu fracasso. **9.** Ser, consistir, depender. *Para aprobar, la cuestión es estudiar mucho.* Para passar é preciso estudar muito. **10.** Ser (indica tempo). *Son las tres.* São três horas. *Es primavera.* É primavera. **11.** Ser, ter capacidade, ter inclinação. *Jorge no es para la historia.* Jorge não tem inclinação para história. **12.** Ser, existir. ■ **a.** Usado como *aux.* na formação da voz passiva. **b.** *C.mod. 34.* ♦ **Ser humano.** Ser humano. **A no ser que.** A não ser que. **Así sea.** Assim seja. **¿Cómo es eso?** Como é que é? **¿Cómo es que (…)?** Como é que (…)? **Como sea.** De qualquer jeito. **Érase una vez.** Era uma vez. **Es más.** E tem mais. **Por si era/fuera poco.** Como se não bastasse.

se·re·no/a *adj.* **1.** Sereno, tranquilo, sossegado, calmo. **2.** Sereno, limpo, claro (tempo). ● *s.m.* **3.** Sereno, relento. **4.** Vigilante noturno. ♦ **Al sereno.** Ao relento.

se·rial *s.m.* Seriado, programa ou publicação em capítulos seriados.

se·rie *s.f.* **1.** Série, sucessão, sequência. **2.** Série, categoria, classe. **3.** Série, grande quantidade, porção. *Había una serie de coches en la avenida.* Havia uma porção de carros na avenida. **4.** *Mat.* Série, série infinita. **5.** *Eletr.* Série, elementos ligados entre si. **6.** Seriado. ♦ **En serie.** Em série. **Fuera de serie.** Fora de série.

se·rio/a *adj.* **1.** Sério, responsável, sensato, formal. **2.** Sério, sisudo. **3.** Sério, importante, grave. **4.** Sério, sóbrio. *Siempre lleva ropas serias.* Sempre usa roupas sérias. **5.** Sério, real, verdadeiro. ♦ **En serio.** A sério.

ser·món *s.m.* **1.** Sermão, discurso (religioso, moral). **2.** *Fig.* Sermão, repreensão.

ser·pen·tín *s.m.* Serpentina, conduto metálico para esfriar líquidos.

ser·pen·ti·na *s.f.* Serpentina, fita estreita de papel colorido.

ser·pien·te *s.f.* Serpente, cobra.

se·rrar *v.t.* Serrar, cortar com serra. ∎ *C. mod. 01.*

se·rre·rí·a *s.f.* Serraria. ∎ *Tb.:* aserradero.

se·rrín *s.m.* Serragem, serradura.

se·rru·cho *s.m.* Serra, serrote.

ser·vi·cial *adj.* Prestativo, zeloso, atencioso. ∎ Não tem sentido de "criado, trabalhador".

ser·vi·cio *s.m.* **1.** Serviço, ação de servir. **2.** Criadagem. **3.** Serviço, exercício de cargo público. **4.** Serviço, ajuda, serventia. **5.** Serviço, aparelho de jantar, chá etc. **6.** *Desp.* Serviço, saque. **7.** Serviço, empresa de administração pública. *Servicio de transportes.* Serviço de transportes. **8.** Serviço, ofício religioso. **9.** Serviço, disposição. *Estuve mucho tiempo a su servicio.* Estive muito tempo a seu serviço. ∎ **servicios** *s.m.pl. Esp.* Banheiro. ♦ **Servicio a domicilio.** Atendimento em domicílio. **Servicio público.** Serviço público. **Servicio secreto.** Serviço secreto/de informações. **A su servicio.** Ao seu dispor. **Escalera/Entrada de servicio.** Escada/Entrada de serviço.

ser·vi·dum·bre *s.f.* **1.** Criadagem. **2.** Servidão.

ser·vi·lle·ta *s.f.* Guardanapo.

ser·vir *v.i.* **1.** Servir, ter serventia, ser útil. **2.** Servir, ajudar, auxiliar. **3.** Servir, prestar serviços. **4.** Servir, desempenhar, exercer (função). **5.** Atender, servir, vender. *En esta tienda sirven bien.* Nesta loja atendem bem. **6.** *Mil.* Servir, fazer o serviço militar. **7.** *Desp.* Sacar. ● *v.i. e v.t.* **8.** Servir, pôr na mesa ou atender à mesa. *Aquel camarero sirve muy mal.* Aquele garçom atende muito mal. ∎ **servirse** *v.p.* **1.** Servir-se, tomar para si (comida, bebida). **2.** Servir-se, utilizar-se, empregar, usar. **3.** Dignar-se a fazer algo. *Sírvanse acusar recibo.* Queiram acusar recebimento. ∎ *C.mod. 10.* ♦ **No servir de/para nada.** Ser inútil.

ser·vo·fre·no *s.m. Mec.* Servofreio.

ser·vo·mo·tor *s.m. Mec.* Servomotor.

se·se·ar *v.i. Gram.* Pronunciar o *c* ou o *z* como *s*, característica generalizada no espanhol da América.

ses·go/a *adj.* **1.** Sesgo, oblíquo, enviesado. *Esta falda tiene un corte sesgo.* Esta saia tem um corte enviesado. **2.** Tranquilo, sossegado. ● *s.m.* **3.** Rumo, direção. *El sesgo de los negocios.* O rumo dos negócios. ♦ **Al sesgo.** Em forma oblíqua.

se·sión *s.f.* **1.** Sessão, reunião, assembleia. **2.** Sessão, ato ou espetáculo público. **3.** Sessão, tempo durante o qual se realiza um trabalho.

se·so *s.m.* **1.** Cérebro, miolo. **2.** *Fig.* Juízo, sensatez. ♦ **Calentar los sesos.** Esquentar a cabeça. **Perder el seso.** Perder o juízo.

☞ **se·ta** *s.f. Bot.* Tipo de cogumelo.

seu·do *pref.* Pseudo.

seu·dó·ni·mo/a *adj. e s.m.* Pseudônimo.

se·ve·ro/a *adj.* **1.** Severo, rígido, rigoroso. **2.** Severo, sóbrio, circunspecto.

se·xo *s.m.* Sexo. ♦ **Sexo débil/fuerte.** Sexo frágil/forte.

si[1] *conj.* Se. *Si puedo, te llamo.* Se eu puder, ligo.

si[2] *s.m. Mus.* Si, nota musical.

sí[1] *p.pess.* 3ª *pess.sing. e pl.* Si. *Pensó en sí mismo.* Pensou em si mesmo. ♦ **De sí/De por sí.** De per si. *La situación es desagradable de por sí.* A situação é desagradável de per si. **Fuera de sí.** Fora de si. **Para sí (mismo).** Para si (mesmo). **Por sí solo.** Por si só.

sí[2] *adv.* **1.** Sim. – *¿Vienes a casa? – Sí.* – Você vem em casa? – Sim. ● *s.m.* **2.** Sim, consentimento. *Me dio el sí.* Deu-me o sim. ∎ Uso enfático no início de oração. *Sí quiero.* Quero sim. ♦ **¡Sí pues!** Claro que sim! **Dar el sí.** Aceitar. **Porque sí.** Porque sim. **¡Pues sí!** Pois sim!

si·da *s.m. Med.* Aids. ∎ *Abrev.* de *Síndrome de Inmunodeficiencia Adquirida.*

si·de·rur·gia *s.f.* Siderurgia.

sie·ga *s.f. Bot.* Sega, ceifa.

siem·bra *s.f. Bot.* Semeadura, plantio.

siem·pre *adv.* **1.** Sempre, em qualquer ocasião, continuamente. **2.** Sempre, em todo caso, de qualquer forma. *No estaba allí, pero siempre* *me quedo tranquilo por haber ido.* Ele não estava lá; de qualquer forma fico tranquilo por ter ido. **3.** *Mex. e Am.C.* Certamente. ♦ **Siempre que/Siempre y cuando.** Desde que, se. *Siempre que pueda, vendrá a vernos.* Se puder, virá nos visitar. *Siempre y cuando tenga tiempo, lo haré.* Farei isso, desde que eu tenha tempo. **Desde/De siempre.** Sempre, de/por toda a vida. **Hasta siempre.** Até sempre. **Para siempre.** Para sempre.

siem·pre·tie·so *s.m.* João-bobo.

sien *s.f.* Têmpora.

sie·rra *s.f.* **1.** Serra, serrote. **2.** Serra, cordilheira. ♦ **Sierra circular.** *Mec.* Serra circular.

sier·vo/a *s.* Servo, servente, serviçal.

sies·ta *s.f.* Sesta, descanso depois do almoço. ♦ **Echar/Dormir la siesta.** Fazer a sesta.

si·gi·lo *s.m.* Sigilo. ♦ **Sigilo profesional.** Segredo profissional.

si·gla *s.f.* Sigla.

si·glo *s.m.* Século.

sig·na·ta·rio/a *adj. e s.* Signatário, aquele que assina ou subscreve um escrito.

sig·ni·fi·ca·ción *s.f.* **1.** Significação, significado. **2.** Relevância, importância.

sig·ni·fi·ca·do *s.m.* Significado.

sig·ni·fi·car *v.t.* **1.** Significar, ter o sentido de, expressar. **2.** Significar, denotar, expressar. ■ *v.i.* **3.** Representar, ter importância. ■ **significarse** *v.p.* Distinguir-se, destacar-se.

sig·no *s.m.* **1.** Signo, sinal, símbolo. **2.** Signo do zodíaco. **3.** *Gram.* Signo, combinação do significado com o significante. **4.** *For.* Sinal público (tabeliães e escrivães). ♦ **Signo de admiración/interrogación.** *Gram.* Sinal de exclamação/interrogação. **Signo igual/más/ menos.** *Mat.* Sinal de igual/mais/menos. **Signos de puntuación.** *Gram.* Sinais de pontuação.

si·guien·te *adj. e s.2g.* Seguinte.

sí·la·ba *s.f. Gram.* Sílaba. ♦ **Sílaba átona/ tónica.** Sílaba átona/tônica.

sil·ba *s.f.* Vaia.

sil·bar *v.i.* **1.** Assobiar, silvar. **2.** *Fig.* Vaiar.

sil·ba·to *s.m.* Apito.

sil·bi·do *s.m.* **1.** Assobio. **2.** Silvo, sibilo. ■ *Tb.: silbo.*

si·len·cia·dor *s.m. Mec.* Silenciador.

si·len·ciar *v.t.* Silenciar, omitir, calar-se.

si·len·cio *s.m.* **1.** Silêncio, privação de falar. **2.** Silêncio, interrupção de ruído. **3.** Silêncio, omissão, sigilo. ● *interj.* **4.** Silêncio! ♦ **En silencio.** Em silêncio. **Guardar silencio.** Guardar silêncio, manter segredo. **Romper el silencio.** Quebrar o silêncio.

si·li·co·na *s.f. Quím.* Silicone.

si·lla *s.f.* **1.** Cadeira. **2.** Sela. ♦ **Silla de ruedas.** Cadeira de rodas. **Silla de tijera.** Cadeira de lona, dobrável.

si·llín *s.m.* Selim.

si·llón *s.m.* Poltrona.

si·lue·ta *s.f.* Silhueta.

sil·ves·tre *adj.* Silvestre.

sím·bo·lo *s.m.* **1.** Símbolo, signo, alegoria, imagem. **2.** Símbolo, sinais convencionais de um elemento.

si·me·trí·a *s.f.* **1.** Simetria, proporção, correspondência adequada. **2.** Simetria, harmonia.

si·mien·te *s.f. Bot.* Semente. ■ *Sin.: semilla.*

si·mi·lar *adj.* Similar, análogo, semelhante.

si·mi·li·tud *s.f.* Semelhança, similitude.

si·mio *s.m.* Símio, macaco.

sim·pa·tí·a *s.f.* Simpatia, agrado, inclinação espontânea entre pessoas. ■ Não tem sentido de "ritual supersticioso".

sim·pa·ti·zar *v.i.* Simpatizar, ter simpatia.

sim·ple *adj.* **1.** Simples, que não é composto. **2.** Simples, fácil, pouco ou nada complicado. ■ *Sin.: sencillo.* **3.** Simples, mero. **4.** Simples, modesto, singelo. **5.** Simples, só, apenas. *Su simple presencia me alegra.* Sua simples presença alegra-me. ■ *adj. e s.2g.* **6.** Simples, ingênuo. **7.** Sem inteligência, bronco, simplório. ■ *Pl.: simples.*

sim·pli·fi·car *v.t.* Simplificar.

sim·plón/plo·na *adj. e s. Col.* **1.** Simplório. **2.** Simplista.

sim·po·sio *s.m.* Simpósio.

si·mu·la·ción *s.f.* **1.** Simulação, fingimento. **2.** *Inform.* Simulação.

si·mu·la·cro *s.m.* **1.** Simulacro, simulação. **2.** Simulacro, imitação, representação.

si·mu·la·dor/-do·ra *adj.* **1.** Simulador, fingido. ● *s.m.* **2.** *Eletr.* Simulador, aparelho de teste. *Simulador de vuelo.* Simulador de voo.

si·mu·lar *v.t.* Simular, fingir, aparentar, encenar.

si·mul·tá·ne·o/a *adj.* Simultâneo, concomitante.

☞ **sin** *prep.* Sem. *Estoy sin dinero.* Estou sem dinheiro. ♦ **Sin embargo.** Mas, no entanto, não obstante. *Yo quería ir al cine sin embargo no pude.* Eu queria ir ao cinema mas não pude. **Sin embargo de.** Apesar de. *Sin embargo de lo que te dije, ella parece una buena persona.* Apesar do que eu disse a você, ela parece uma boa pessoa.

sin·ce·rar·se *v.p.* Falar sinceramente, abrir-se, justificar-se. *Se sinceró conmigo.* Abriu-se comigo.

sin·ce·ro/a *adj.* **1.** Sincero, franco. **2.** Sincero, verdadeiro.

sín·co·pa *s.f. Gram.* Síncope, supressão de um fonema. ■ *Tb.:* síncope.

sín·co·pe *s.m.* **1.** *Med.* Síncope, suspensão das funções vitais. **2.** *Gram.* Síncope. ■ *Tb.:* síncopa.

sin·cro·ni·zar *v.t.* Sincronizar.

sin·di·car *v.t.* Sindicalizar. ■ **sindicarse** *v.p.* Sindicalizar-se.

sin·di·ca·to *s.m.* Sindicato.

sín·di·co *s.m.* **1.** Síndico, representante de uma associação. **2.** Depositário, fiduciário, consignatário. **3.** Mandatário, curador. **4.** Auditor. ■ Não tem sentido de "condômino responsável por um edifício". ♦ **Síndico de la quiebra.** *Com.* Síndico da falência.

sín·dro·me *s.m. Med.* Síndrome.

sin·fín *s.m.* Sem-fim, sem-número, infinidade. *Un sinfín de preocupaciones.* Um sem-fim de preocupações.

sin·fo·ní·a *s.f.* **1.** *Mus.* Sinfonia, composição instrumental. **2.** *Fig.* Sinfonia, harmonia. *Una sinfonía de colores.* Uma harmonia de cores.

sin·gu·lar *adj.* **1.** Singular, único, ímpar. **2.** Singular, raro, excelente, extraordinário. ■ *adj.* e *s.2g.* **3.** *Gram.* Singular, que não é plural.

sin·gu·la·ri·zar *v.t.* Singularizar, particularizar. ■ **singularizarse** *v.p.* Tornar-se singular, distinguir-se.

si·nies·tro/a *adj.* **1.** Sinistro, esquerdo. *La avenida queda a tu siniestra.* A avenida fica à sua esquerda. **2.** *Fig.* Sinistro, mau. **3.** *Fig.* Sinistro, funesto. ● *s.m.* **4.** Sinistro, dano, desastre, avaria. ■ *s.f.* **5.** Mão esquerda.

sin·nú·me·ro *s.m.* Sem-número, inúmero. *Un sinnúmero de cartas.* Inúmeras cartas.

☞ **si·no**[1] *s.m.* Sina, destino.

☞ **si·no**[2] *conj.* **1.** Senão, porém, mas, e sim. *Ella no viene hoy, sino el domingo.* Ela não vem hoje, e sim no domingo. **2.** Senão, exceto, a não ser. *Nadie habló, sino Antonio.* Ninguém falou, a não ser o Antônio. **3.** Apenas, só, somente. *No quiero sino que me escuches.* Quero apenas que você me escute. **4.** Mas também. *Lo estimo no sólo por su simpatía sino por su sinceridad.* Gosto dele não só pela sua simpatia mas também pela sua sinceridade. ■ **a.** *Sino* contrapõe sempre uma oração afirmativa a uma negativa anterior. *No llamó ella, sino él.* Não foi ela quem ligou, e sim ele. **b.** Quando o *v.* da 2ª oração (afirmativa) é diferente do *v.* da 1ª oração (negativa) usa-se *sino que*. *No deseo sino que seas feliz.* Desejo apenas que você seja feliz.

si·nó·ni·mo/a *adj.* e *s.m. Gram.* Sinônimo.

si·nop·sis *s.f.* **1.** Sinopse, síntese, resumo. **2.** Esquema. ■ *Pl.:* invariável.

si·nóp·ti·co/a *adj.* Sinóptico, sinótico.

sin·tác·ti·co/a *adj. Gram.* Sintático.

sin·ta·xis *s.f. Gram.* Sintaxe. ■ *Pl.:* invariável.

sín·te·sis *s.f.* **1.** Síntese, resumo. **2.** Síntese, fusão, composição. ■ *Pl.:* invariável.

sin·té·ti·co/a *adj.* **1.** Sintético, resumido. **2.** Sintético, artificial.

sin·te·ti·zar *v.t.* Sintetizar, resumir.

sín·to·ma *s.m.* **1.** *Med.* Sintoma, indício de doença. **2.** *Fig.* Sintoma, indício, sinal.

sin·to·ní·a *s.f.* **1.** *Eletr.* Sintonia, adequação de circuitos. **2.** Vinheta musical de rádio ou televisão, *jingle*. **3.** Audiência (rádio/TV). **4.** *Fig.* Sintonia, harmonia.

sin·to·ni·zar *v.t.* **1.** Sintonizar, ajustar o botão de sintonia. **2.** Sincronizar o som e a imagem (filme). **3.** *Fig.* Sintonizar, harmonizar.

si·nuo·so/a *adj.* **1.** Sinuoso, ondulante. **2.** *Fig.* Sinuoso, tortuoso.

si·nu·si·tis *s.f. Med.* Sinusite. ▮ *Pl.:* invariável.

sin·ver·guen·za *adj. e s.2g.* Sem-vergonha.

si·quie·ra *adv.* **1.** Sequer, ao menos, pelo menos. *No dijo siquiera buenos días.* Não disse sequer bom-dia. • *conj.* **2.** Mesmo que, nem que. *Préstame algún dinero, siquiera sea para pagar el taxi.* Empreste-me algum dinheiro, mesmo que seja só para pagar o táxi. ♦ **Ni siquiera.** Nem sequer.

si·re·na *s.f.* **1.** Sereia. **2.** Sirene.

sir·vien·te/a *adj.* **1.** Servente. • *s.f.* **2.** Serviçal, criada.

si·sa *s.f.* **1.** Produto de pequeno furto ou fraude. **2.** Cava (de roupa).

sís·mi·co/a *adj.* Sísmico. *Movimiento sísmico.* Movimento sísmico.

sis·te·ma *s.m.* **1.** Sistema, conjunto de princípios ou ideias. **2.** Sistema, conjunto de elementos coordenados entre si. *Sistema de refrigeración.* Sistema de refrigeração. **3.** Sistema, procedimento, método, maneira. **4.** Sistema, conjunto de organizações políticas. ♦ **Sistema métrico decimal.** Sistema métrico decimal. **Sistema nervioso.** *Biol.* Sistema nervoso.

sis·te·ma·ti·za·ción *s.f.* Sistematização.

si·tiar *v.t.* **1.** Sitiar, cercar, assediar. **2.** *Fig.* Sitiar, encurralar.

si·tio *s.m.* **1.** Lugar, localidade. *¡No te sientes en mi sitio!* Não sente no meu lugar! **2.** Lugar, local. *No conozco el sitio en donde trabaja.* Não conheço o lugar onde trabalha. **3.** Sítio, bloqueio, cerco. ♦ **Estado de sitio.** Estado de sítio. **Poner (a alguien) en su sitio.** Pôr (alguém) no seu lugar.

si·tua·ción *s.f.* **1.** Situação, posição, localização. **2.** Situação, estado, condição.

si·tuar *v.t.* **1.** Situar, pôr, colocar. **2.** Destinar verba para um fim determinado. *Situaron poco dinero para la educación.* Destinaram pouco dinheiro para a educação. **3.** *Com.* Depositar dinheiro, investir. ■ **situarse** *v.p.* Atingir boa posição social ou financeira. *Se situaron en poco tiempo.* Atingiram boa posição em pouco tempo.

so *prep.* **1.** Sob. ▮ Usa-se apenas nas expressões *so pena, so pretexto*. *El reo dijo la verdad so pena de que lo condenaran.* O réu disse a verdade sob pena de ser condenado. *Obró de aquella forma so pretexto de defenderse.* Agiu daquela maneira sob o pretexto de se defender. • *interj.* **2.** Enfatiza a expressão seguinte. *¡So burro!* Seu burro!

so·ba·co *s.m.* Sovaco, axila.

so·ba·do/a *adj.* **1.** Sovado, batido, surrado. **2.** *Fig.* Batido, martelado. *Ese asunto está más que sobado.* Esse assunto está muito batido. ■ *adj. e s.* **3.** Sovado, amassado. *Pan sobado.* Pão sovado.

so·bar *v.t.* **1.** Sovar, amassar. **2.** *Fig.* Sovar, bater. **3.** *Mex.* Bajular.

so·be·ra·no/a *adj.* **1.** Soberano, que tem poder supremo. **2.** *Fig.* Soberano, excelente, magnífico. **3.** *Fig.* Grande, enorme. *Una confusión soberana.* Uma confusão enorme. • *s.* **4.** Soberano, rei.

so·ber·bio/a *adj.* **1.** Soberbo, orgulhoso, altivo. **2.** Soberbo, excelente, magnífico. **3.** Grande, enorme. • *s.f.* **4.** Soberba, arrogância, orgulho. **5.** Ira, cólera.

so·bor·nar *v.t.* Subornar, corromper.

so·bor·no *s.m.* Suborno.

so·bra *s.f.* Sobra, excesso. ■ **sobras** *s.f.pl.* **1.** Sobras, restos. **2.** Sobras, dejetos. ♦ **De sobra(s).** De sobra.

so·bra·do/a *adj.* **1.** Sobrado. **2.** Que tem em abundância, em excesso. *No hay nadie sobrado de dinero.* Não há ninguém com excesso de dinheiro. ▮ Não tem sentido de "casa de dois pavimentos".

so·bran·te *adj. e s.2g.* Restante.

so·brar *v.t. e v.i.* **1.** Sobrar, exceder, haver em

sobrasada ■ *v.i.* **2.** Sobrar, ficar sobrando. **3.** Sobrar, restar.

so·bra·sa·da *s.f.* Embutido à base de carne de porco e condimentos. ■ *Tb.:* sobreasada.

so·bre¹ *s.m.* Envelope.

so·bre² *prep.* **1.** Por volta de. *Vendrá sobre las once.* Virá por volta das onze horas. **2.** Sobre, em cima. *Deja las naranjas sobre la mesa.* Deixe as laranjas sobre a mesa. **3.** Sobre, acerca. *Habló sobre economía.* Falou sobre economia. **4.** Em cima de. *Dijo tonterías sobre tonterías.* Falou bobagem em cima de bobagem. ♦ **Sobre todo.** Sobretudo.

so·bre·ca·ma *s.f.* Colcha.

so·bre·car·ga *s.f.* **1.** Sobrecarga, excesso de carga. **2.** Corda para amarrar a carga. **3.** *Fig.* Sobrecarga, preocupação.

so·bre·co·ge·dor/·do·ra *adj.* Surpreendente.

so·bre·co·ger *v.t.* Surpreender, pegar desprevenido. ■ **sobrecogerse** *v.p.* Surpreender-se.

so·bre·do·sis *s.f.* Superdose, *overdose.* ■ *Pl.:* invariável.

so·bre·en·ten·der *v.t.* Subentender. ■ **sobreentenderse** *v.p.* Ficar subentendido. ■ **a.** *Tb.:* sobrentender. **b.** *C.mod. 01.*

so·bre·lle·var *v.t.* Suportar, ir levando.

so·bre·ma·ne·ra *adv.* Sobremaneira, excessivamente.

☞ **so·bre·me·sa** *s.f.* **1.** Tempo que se fica à mesa após a refeição, conversando. **2.** De sobremesa, objetos que se põem sobre a mesa ou outro móvel.

☞ **so·bre·nom·bre** *s.m.* Apelido. *Su sobrenombre es Bigote.* O seu apelido é Bigode. *"El Hechizado"* era el sobrenombre de un rey. "O Enfeitiçado" era o apelido de um rei.

so·bre·pa·ga *s.f.* Pagamento extraordinário, abono.

so·bre·pa·sar *v.t.* **1.** Exceder, superar. **2.** Ultrapassar. *La moto nos sobrepasó cerca de la curva.* A moto nos ultrapassou perto da curva. ■ **sobrepasarse** *v.p.* Exceder-se, superar-se.

so·bre·po·ner *v.t.* **1.** Sobrepor, pôr em cima. **2.** Sobrepor, preferir. ■ **sobreponerse** *v.p.* **1.** Sobrepor-se, colocar-se acima de alguém ou de algo. **2.** *Fig.* Destacar-se. ■ *C.mod. 14.*

so·bre·pro·duc·ción *s.f.* Superprodução, produção em excesso.

so·bre·pues·to/a *adj.* Superposto. ■ *Part. irreg.* de *sobreponer.*

so·bre·pu·jar *v.t.* Sobrepujar, superar.

so·bre·sa·lien·te *adj.* **1.** Sobressalente, extra, de reposição. ● *s.m.* **2.** Ótimo, excelente, avaliação escolar máxima, equivalente a 9 ou 10. ■ *s.2g.* **3.** Suplente.

so·bre·sa·lir *v.i.* **1.** Sobressair, destacar-se, salientar-se. **2.** Sobressair, realçar. ■ *C. mod. 15.*

so·bre·sal·tar *v.t.* Sobressaltar, surpreender, assustar. ■ **sobresaltarse** *v.p.* Sobressaltar-se, surpreender-se, assustar-se.

so·bre·sal·to *s.m.* Sobressalto, susto, surpresa.

so·bres·cri·to *s.m.* Sobrescrito. ■ *Part. irreg.* de *sobrescribir.*

so·bres·drú·ju·lo/a *adj. e s. Gram.* Vocábulo acentuado na quarta sílaba. ■ Ocorre quando se juntam pronomes enclíticos. *Entrégaselo.* Entregue-o a ele.

so·bres·ti·mar *v.t.* Superestimar.

so·bre·suel·do *s.m.* Pagamento extraordinário, abono.

so·bre·to·do *s.m.* Sobretudo, tipo de casaco.

so·bre·ve·nir *v.i.* Sobrevir. ■ *C.mod. 37.*

so·bre·vi·vir *v.i.* Sobreviver.

so·bri·no/a *s.* Sobrinho.

so·brio/a *adj.* **1.** Sóbrio, não alcoolizado. **2.** *Fig.* Sóbrio, moderado. **3.** Sóbrio, não enfeitado.

so·ca·rrón/·rro·na *adj. e s.* Gozador, zombador.

so·ca·vón *s.m.* **1.** Socavão. **2.** Afundamento do solo, depressão.

so·cial *adj.* **1.** Social, da sociedade. **2.** Social, dos sócios (de grupo, agremiação, sociedade civil).

so·cia·li·zar *v.t.* Estatizar, socializar.

so·cie·dad *s.f.* **1.** Sociedade, conjunto de pessoas, humanidade. **2.** Sociedade, grupo. **3.** Sociedade, associação, grêmio. **4.** Sociedade, âmbito social superior, elegante e fino. ♦ **Sociedad anónima/comercial.** *Com.* Sociedade anônima/comercial. **Sociedad legal de gananciales.** *Esp.* Regime de comunhão de bens. **Alta/Buena sociedad.** Alta sociedade.

so·cio/a *s.* **1.** Sócio, membro de uma associação, associado. **2.** Sócio, membro de uma sociedade comercial. ♦ **Socio capitalista.** Sócio capitalista. **Socio industrial.** Sócio de indústria.

so·cio·lin·güis·ti·co/a *adj.* **1.** Sociolinguístico. ● *s.f.* **2.** Sociolinguística.

so·cio·lo·gí·a *s.f.* Sociologia.

so·co·rrer *v.t.* Socorrer, auxiliar, ajudar.

so·co·rro *s.m.* **1.** Socorro, ajuda, auxílio. ● *interj.* **2.** Socorro!

so·da *s.f.* **1.** *Quím.* Soda cáustica. ∎ *Tb.: sosa.* **2.** Soda, refrigerante.

so·ez *adj.* Grosseiro, vil, soez.

so·fá *s.m.* Sofá.

so·fis·ti·car *v.t.* **1.** Sofisticar, sofismar. **2.** Sofisticar, falsificar, adulterar. **3.** Sofisticar, tornar artificial tirando a naturalidade. ∎ Não tem sentido de "requintar, aprimorar".

so·fo·car *v.t.* **1.** Sufocar, abafar, asfixiar. **2.** Oprimir, assediar. ∎ **sofocarse** *v.p.* **1.** Sufocar-se, asfixiar-se. **2.** *Fig.* Ruborizar-se. **3.** Irritar-se.

so·fo·co *s.m.* **1.** Asfixia, falta de ar. *Un lugar mal ventilado me da sofoco.* Um lugar mal ventilado me causa asfixia. **2.** *Fig.* Desgosto. *Tuve un gran sofoco con ella.* Tive um desgosto grande com ela. ∎ Não tem sentido de "penúria" nem de "aperto".

so·fre·ír *v.t.* Refogar. ∎ *C.mod. 31.*

so·fri·to *s.m.* Molho refogado.

so·ja *s.f. Bot.* Soja. ∎ *Tb.: soya.*

so·juz·gar *v.t.* Subjugar, dominar. *Sojuzgó fácilmente al adversario.* Dominou facilmente o adversário.

sol *s.m.* **1.** Sol, astro. **2.** *Mus.* Sol, nota musical. ♦ **Arrimarse al sol que más calienta.** Procurar a proteção de alguém importante. **De sol a sol.** De sol a sol. **Tomar el sol.** Tomar sol.

so·la·men·te *adv.* Só, somente, apenas. ∎ *Tb.: solo.* Acentuado em caso de ambiguidade (*sólo*)

so·la·pa *s.f.* **1.** Lapela. **2.** *Fig.* Solapa, ardil, artimanha. **3.** Orelha (da capa) de livro.

☞ **so·la·par** *v.t.* **1.** Pôr lapela (roupa). **2.** *Fig.* Esconder, ocultar.

so·lar *adj.* **1.** Solar. ● *s.m.* **2.** Solar, mansão. **3.** Clã, grupo social. **4.** Terreno sem construção. ● *v.t.* **5.** Pavimentar, ladrilhar. **6.** Solar, colocar sola (sapato). ∎ *C.mod. 03.*

sol·da·da *s.f.* **1.** *Mil.* Soldada, soldo. **2.** Salário.

sol·da·do *s.m. Mil.* Soldado. ♦ **Soldado de plomo.** Soldadinho de chumbo. **Soldado raso.** *Mil.* Soldado raso.

sol·da·dor/·do·ra *adj. e s.m.* **1.** Soldador, que solda. ● *s.f.* **2.** Soldador, aparelho para soldar.

sol·da·du·ra *s.f.* **1.** Soldadura, soldagem. **2.** Solda.

sol·dar *v.t.* Soldar, unir com solda. ∎ **soldarse** *v.p.* Soldar-se, unir-se. ∎ *C.mod. 03.*

so·le·a·do/a *adj.* Ensolarado.

so·le·dad *s.f.* Solidão.

so·lem·ne *adj.* Solene, cerimonioso, imponente.

so·lem·ni·dad *s.f.* Solenidade, cerimônia, festividade.

so·ler *v.i. e v.t.* Ter por costume, acostumar, ser habitual, costumar, soer. *Suele llover fuerte en verano.* No verão costuma chover forte. ∎ *C.mod. 48.*

so·le·ra *s.f.* Soleira.

so·li·ci·tan·te *adj. e s.2g.* Requerente, peticionário.

so·li·ci·tar *v.t.* **1.** Solicitar, pedir, procurar. **2.** Solicitar, requerer. **3.** *Fís.* Atrair. ♦ **Solicitar el concurso civil.** *Com. Arg.* Pedir concordata.

so·lí·ci·to/a *adj.* Solícito, atencioso, diligente.

so·li·ci·tud *s.f.* **1.** Solicitude, cuidado, zelo. **2.** Solicitação, pedido. *Dirigir una solicitud.* Encaminhar um pedido. **3.** Requerimento, requisição. *Llenar una solicitud.* Preencher um requerimento.

so·li·da·ri·dad *s.f.* Solidariedade.

so·li·da·rio/a *adj.* **1.** Solidário, unido a outro por interesses comuns. **2.** Solidário, que aderiu a uma causa.

so·li·dez *s.f.* Solidez, resistência, firmeza.

so·li·di·fi·car *v.t. Quím.* Solidificar, tornar sólido (um líquido). ■ **solidificarse** *v.p. Quím.* Solidificar-se, tornar-se sólido (um líquido).

só·li·do/a *adj.* **1.** Sólido, forte, resistente. **2.** *Fig.* Sólido, seguro, incontestável. *Tiene motivos sólidos para no ir a la fiesta.* Tem motivos sólidos para não ir à festa. ■ *adj. e s.* **3.** *Fís.* Sólido, consistente. ■ *s.m.* **4.** *Geom.* Sólido, elemento de três dimensões.

so·li·ta·ria *s.f. Biol.* Solitária, parasita intestinal.

so·li·ta·rio/a *adj.* **1.** Solitário, desacompanhado. **2.** Solitário, isolado, despovoado. ■ *adj. e s.* **3.** Solitário, que vive só. ■ *s.m.* **4.** Solitário, anel com um diamante. **5.** Certo jogo de baralho, jogo de paciência.

so·llo·zar *v.i.* Soluçar.

so·llo·zo *s.m.* Soluço (provocado por choro), pranto entrecortado.

☞ **so·lo/a** *adj.* **1.** Só, solitário, sozinho. **2.** Só, único. *Quiero uno solo.* Quero um só. ● *s.m.* **3.** *Mus.* Solo, tipo de composição. ♦ **A solas.** A sós.

so·lo *adv.* Só, somente, apenas. *Solo quiero uno.* Só quero um. ■ **a.** *Tb.: solamente.* **b.** Acentuado em caso de ambiguidade (*sólo*).

sol·tar *v.t.* **1.** Soltar, desamarrar, desatar. **2.** Soltar, libertar. **3.** Soltar, expelir. **4.** Soltar, dizer, emitir. *Soltó varias palabrotas.* Disse vários palavrões. ■ **soltarse** *v.p.* **1.** Soltar-se, desamarrar-se, desatar-se. **2.** Soltar-se, falar. *Se soltaron y dijeron bobadas.* Desataram a falar e disseram bobagens. **3.** Soltar-se, ficar em liberdade. **4.** Soltar-se, adquirir desenvoltura. ■ *C.mod. 03.* ♦ **Soltarse la lengua.** Soltar a língua.

sol·te·ro/a *adj.* Solteiro.

so·lu·ble *adj.* **1.** Solúvel, que pode se dissolver. **2.** Solúvel, solucionável.

so·lu·ción *s.f.* **1.** Solução, dissolução, solvência. **2.** Solução, forma de resolver uma dificuldade. **3.** Desfecho. **4.** *Mat.* Solução, resposta.

so·lu·cio·nar *v.t.* Solucionar, resolver.

sol·ven·cia *s.f. Com.* Solvência. ♦ **Certificado de solvencia.** Certidão negativa de quitação.

sol·ven·tar *v.t.* **1.** Solucionar, resolver. **2.** *Com.* Solver, pagar, saldar.

sol·ven·te *adj.* **1.** *Com.* Solvente, que pagou ou pode pagar. **2.** Capaz de cumprir os compromissos. ● *s.m.* **3.** *Quím.* Solvente, dissolvente, componente capaz de dissolver.

som·bra *s.f.* **1.** Sombra, escuridão, penumbra. *Ponte a la sombra porque el sol está muy fuerte.* Fique na sombra porque o sol está muito forte. **2.** Sombra, reflexo de um objeto/corpo. *Mi sombra es menor que la tuya.* A minha sombra é menor do que a sua. **3.** Sombra, parte menos iluminada num desenho ou pintura. **4.** *Fig.* Sombra, pessoa que persegue ou acompanha outra. **5.** *Fig.* Sombra, clandestinidade. **6.** *Fig.* Sombra, espectro, imagem, lembrança. **7.** *Fig.* Sombra, mancha, mácula. ■ **sombras** *s.f.pl.* **1.** Ignorância, desconhecimento. ♦ **A la sombra de.** À sombra de. **Hacer sombra.** Fazer sombra. **Ni por sombra.** Nem por sombra, de jeito nenhum. **No fiarse ni de su sombra.** Não confiar nem na própria sombra. **Tener buena sombra.** Ser agradável. **Tener mala sombra. 1.** Ser desagradável. **2.** Ter azar.

som·bre·ar *v.t.* Sombrear.

som·bre·ro *s.m.* Chapéu. ♦ **Quitarse el sombrero.** Tirar o chapéu.

som·bri·lla *s.f.* **1.** Para-sol, guarda-sol. **2.** Sombrinha.

som·brí·o/a *adj.* **1.** Sombrio, escuro, com muita sombra. **2.** *Fig.* Sombrio, triste.

so·me·ter *v.t.* **1.** Submeter, subjugar, sujeitar. **2.** Submeter, subordinar. **3.** Submeter, expor a exame ou apreciação. ■ **someterse** *v.p.* **1.** Submeter-se, render-se. **2.** Submeter-se, sujeitar-se.

som·ní·fe·ro/a *adj. e s.m.* Sonífero, que provoca sono.

som·no·len·cia *s.f.* Sonolência.
son *s.m.* **1.** Som ou ruído agradável. **2.** *Fig.* Rumor, boato. ♦ **¿A son de qué?** A troco de quê? **Bailar al son que tocan.** Dançar conforme a música. **Sin ton ni son.** Sem razão, sem fundamento.
so·na·je·ro *s.m.* Chocalho.
so·nám·bu·lo/a *adj. e s.* Sonâmbulo.
so·nar *s.m.* **1.** *Mar.* Sonar, tipo de radar. • *v.i.* **2.** Soar, produzir som. **3.** Tocar. *Ha sonado el teléfono*. O telefone tocou. **4.** Pronunciar-se, ser pronunciado. *La h no suena*. O h não se pronuncia. **5.** Lembrar-se vagamente. *Este libro me suena*. Lembro-me vagamente deste livro. **6.** Mencionar, falar. *No sonó nada de este tema en la reunión*. Não foi mencionado nada sobre este assunto na reunião. **7.** *Arg.* Perder, fracassar. ■ *v.impess.* **8.** Falar, haver rumor. ■ **sonarse** *v.p.* **1.** Assoar (nariz). **2.** Parecer. ■ *C.mod. 03.* ♦ **(Así/Tal) Como suena.** Literalmente, (tal) como se pronuncia. – *¿Cómo se escribe? – Tal como suena.* – Como se escreve? – Assim como se pronuncia.
son·da *s.f.* **1.** Sonda, aparelho para reconhecimento e medição. **2.** *Mec.* Sonda, aparelho para perfuração, broca. **3.** *Med.* Sonda, tubo que se introduz no organismo.
son·dar *v.t.* **1.** Sondar, medir a profundidade. **2.** Sondar, examinar. **3.** *Med.* Colocar sonda.
son·de·ar *v.t.* **1.** Sondar, examinar, explorar o subsolo. **2.** *Fig.* Sondar, investigar cautelosamente.
son·deo *s.m.* **1.** Sondagem, exploração. **2.** *Fig.* Sondagem, investigação.
so·ni·do *s.m.* **1.** Som, ruído. **2.** *Gram.* Som, fonema.
so·no·ro/a *adj.* **1.** Sonoro, que tem som. **2.** Sonoro, estrondoso, retumbante. **3.** *Gram.* Sonoro, som produzido com a vibração das cordas vocais. *Consonantes sonoras*. Consoantes sonoras.
son·re·ír *v.i.* **1.** Sorrir, rir levemente. **2.** *Fig.* Sorrir, favorecer. ■ **sonreírse** *v.p.* Sorrir. ■ *C.mod. 31.*

son·rien·te *adj.* Sorridente.
son·ri·sa *s.f.* Sorriso.
son·ro·jar *v.t.* Ruborizar. ■ **sonrojarse** *v.p.* Ruborizar-se (de vergonha).
so·ña·dor/·do·ra *adj. e s.* Sonhador, idealista.
so·ñar *v.t.* **1.** Sonhar, ter sonhos. **2.** *Fig.* Sonhar, fantasiar, idealizar. ■ *v.i.* **3.** *Fig.* Sonhar, desejar. ■ *C.mod. 03.* ♦ **Ni soñarlo.** Nem pensar.
so·ño·lien·to/a *adj.* Sonolento.
so·pa *s.f.* Sopa. ♦ **Como/Hecho una sopa.** Ensopado, empapado.
so·pe·ro/a *adj. e s.m.* **1.** Prato fundo, sopeiro. **2.** Sopeiro, que gosta de sopa. ■ *s.f.* **3.** Sopeira.
so·pe·sar *v.t.* **1.** Sopesar, calcular o peso. **2.** Sopesar, contrabalançar. **3.** *Fig.* Ponderar, pensar, considerar.
so·pe·tón <de> *loc.* De supetão.
so·plar *v.i.* **1.** Soprar, assoprar, bufar. **2.** Soprar, agitar. *Sopla un aire frío.* Sopra um vento frio. ■ *v.t.* **3.** Soprar, afastar (algo) com o sopro. *Sopló el polvo.* Soprou o pó. **4.** Soprar, encher de ar. **5.** Soprar, inspirar, insinuar. **6.** Soprar, dizer em voz baixa. *Sopló la respuesta del problema.* Soprou a resposta do problema. **7.** *Fig.* Acusar, delatar. **8.** *Fig.* Roubar. ■ **soplarse** *v.p. Fig. e col.* Comer ou beber em excesso, empanturrar-se.
so·ple·te *s.m.* Maçarico.
so·plo *s.m.* **1.** Sopro, baforada. **2.** *Fig.* Instante, momento. *El año pasó en un soplo.* O ano passou num instante. **3.** *Fig.* Acusação, delação. **4.** *Med.* Sopro cardíaco.
so·plón/·plo·na *adj. e s. Col.* Delator, dedo-duro.
so·po·rí·fe·ro/a *adj. e s.* **1.** *Med.* Soporífero, sonífero. **2.** *Fig.* Soporífero, chato, enfadonho.
so·por·tal *s.m.* Pórtico, soleira.
so·por·tar *v.t.* **1.** Suportar, sustentar. **2.** Suportar, aguentar, tolerar.
so·por·te *s.m.* **1.** Suporte, apoio. **2.** *Inform.* Suporte (de informação). ♦ **Soporte publicitario.** Veículo de propaganda.

so·que·te *s.m. Amer.* Meia curta.

sor·ber *v.t.* **1.** Sorver, sugar. **2.** *Fig.* Atrair, embevecer. **3.** Sorver, empapar, absorver.

sor·bo *s.m.* Gole, trago, sorvo. ♦ **A sorbos.** Em goles pequenos.

sor·de·ra *s.f.* Surdez. ■ *Tb.: sordez.*

sór·di·do/a *adj.* **1.** Sórdido, sujo, imundo. **2.** Sórdido, obsceno. **3.** Sórdido, miserável, mesquinho. **4.** *Med.* Diz-se da úlcera que supura.

sor·di·na *s.f. Mus.* Surdina, peça de certos instrumentos. ♦ **Con sordina.** À/Na surdina.

sor·do/a *adj. e s.* **1.** Surdo, que não ouve. **2.** Surdo, silencioso. **3.** *Fig.* Surdo, insensível, impassível. **4.** *Gram.* Surdo, sem vibração das cordas vocais. *Consonante sorda.* Consoante surda. ♦ **A la sorda/A sordas.** Na surdina. **Hacerse el sordo.** Bancar o surdo, fazer-se de surdo.

sor·do·mu·do/a *adj. e s.* Surdo-mudo.

sor·pren·der *v.t.* **1.** Surpreender, espantar, admirar. **2.** Descobrir. **3.** Surpreender, apanhar de surpresa, flagrar.

sor·pre·sa *s.f.* Surpresa. ♦ **De sorpresa.** De surpresa, inesperadamente.

sor·te·ar *v.t.* **1.** Sortear. **2.** *Fig.* Esquivar, driblar.

sor·teo *s.m.* Sorteio.

sor·ti·ja *s.f.* **1.** Anel. **2.** Cacho de cabelo. **3.** Passa-anel, brincadeira infantil.

so·sa *s.f. Quím.* Soda, óxido de sódio. ♦ **Sosa cáustica.** Soda cáustica.

so·se·gar *v.t.* **1.** Sossegar, tranquilizar, acalmar. ■ *v.i.* **2.** Descansar. ■ **sosegarse** *v.p.* Sossegar(-se), tranquilizar-se, acalmar-se. ■ *C. mod. 01.*

so·sia *s.m.* Sósia.

so·sie·go *s.m.* Sossego, tranquilidade, calma.

sos·la·yo <al/de> *loc.* De soslaio.

so·so/a *adj.* **1.** Insosso, sem sal. **2.** *Fig.* Insosso, sem graça, chocho.

sos·pe·cha *s.f.* Suspeita, desconfiança.

sos·pe·char *v.t.* **1.** Suspeitar, supor. ■ *v.i.* **2.** Suspeitar, desconfiar.

sos·pe·cho·so/a *adj. e s.* Suspeito, duvidoso.

sos·tén *s.m.* **1.** Sustento, sustentador. **2.** Sustentáculo, base, suporte. **3.** Sutiã.

sos·te·ner *v.t.* **1.** Sustentar, suportar, apoiar. **2.** Sustentar, ratificar. **3.** Sustentar, proteger, amparar. **4.** Sustentar, alimentar. ■ **sostenerse** *v.p.* **1.** Sustentar-se, apoiar-se. **2.** Sustentar-se, alimentar-se, manter-se. **3.** Sustentar-se, aguentar-se. ■ *C.mod. 35.*

sos·te·ni·do/a *adj.* **1.** Sustentado, mantido. **2.** *Fig.* Duradouro, contínuo. *Progreso sostenido.* Progresso sustentável. ■ *s.m.* **3.** *Mus.* Sustenido.

☞ **só·ta·no** *s.m.* Porão.

so·te·rrar *v.t.* **1.** Soterrar, enterrar. **2.** *Fig.* Encobrir, ocultar, esconder. ■ *C.mod. 01.*

stan·dar *s.m. Angl.* **1.** *Standard*, padrão. **2.** Nível. ■ *Tb.: standard, estándar.*

stan·da·ri·za·ción *s.f. Angl.* Padronização. ■ *Tb.: estandarización.*

stan·da·ri·zar *v.t. Angl.* Padronizar. ■ *Tb.: estandarizar.*

su *adj. e p.poss.* Seu, sua. *Su libro.* Seu livro. *Sus gafas.* Seus óculos. *Su casa.* Sua casa. ■ **a.** Forma apocopada de *suyo*. **b.** Usado diante de *s*.

sua·ve *adj.* **1.** Suave, macio. **2.** Suave, delicado. **3.** *Fig.* Suave, meigo, doce.

sua·vi·zar *v.t.* Suavizar, tornar suave, abrandar. ■ **suavizarse** *v.p.* Suavizar-se, tornar-se suave.

su·bal·ter·no/a *adj. e s.* Subalterno. ■ *Tb.: sub·al·ter·no/a.*

su·ba·rren·dar *v.t. Com.* Subarrendar, sublocar. ■ **a.** *C.mod. 01.* **b.** *Tb.: sub·a·rren·dar.*

su·bas·ta *s.f.* Leilão. ♦ **Subasta pública.** Leilão público.

su·bas·ta·dor/·do·ra *s.* Leiloeiro.

sub·de·sa·rro·llo *s.m.* Subdesenvolvimento.

sub·di·rec·tor/·to·ra *s.* Subdiretor.

súb·di·to/a *adj. e s.* Súdito.

sub·di·vi·dir *v.t.* Subdividir. ■ **subdividirse** *v.p.* Subdividir-se.

su·bem·pleo *s.m.* Subemprego. ■ *Tb.: sub·em·pleo.*

su·bes·ti·mar *v.t.* Subestimar. ■ **subestimarse** *v.p.* Subestimar-se. ■ *Tb.: sub·es·ti·mar.*

su·bir *v.i. e v.t.* **1.** Subir, galgar, trepar. **2.** Subir, elevar (altura, número, intensidade). **3.** Subir, montar (veículo). **4.** Subir, atingir, chegar, alcançar. **5.** Somar, custar, atingir certo valor. *¿A cuánto sube esta factura?* Qual é o valor desta nota? **6.** Subir, aumentar (preço, febre). **7.** Subir, elevar o tom de voz. ■ **subirse** *v.p.* Subir, elevar-se, erguer-se.

sú·bi·to/a *adj.* Súbito, inesperado, repentino, brusco. ♦ **De súbito.** De súbito.

sub·je·ti·vo/a *adj.* Subjetivo.

sub·jun·ti·vo *adj. e s.m. Gram.* Subjuntivo, modo verbal.

su·ble·var *v.t.* **1.** Sublevar. **2.** *Fig.* Revoltar, indignar. ■ **sublevarse** *v.p.* **1.** Sublevar-se. **2.** *Fig.* Revoltar-se, indignar-se. ■ *Tb.: sub·le·var.*

su·bli·me *adj.* Sublime, admirável, magnífico, elevado.

sub·ma·ri·no *s.m. Mar.* Submarino.

sub·nor·mal *adj. e s.2g.* Abaixo do normal, deficiente.

su·bor·di·na·do/a *adj. e s.* **1.** Subordinado, submetido, subalterno. **2.** *Gram.* Subordinada, oração dependente de outra. ■ *Tb.: sub·or·di·na·do/a.*

sub·pro·duc·to *s.m.* Subproduto.

su·bra·yar *v.t.* **1.** Sublinhar, grifar, riscar embaixo. **2.** *Fig.* Salientar, destacar, realçar, frisar. ■ *Tb.: sub·ra·yar.*

sub·sa·nar *v.t.* **1.** Desculpar. **2.** *Fig.* Consertar, remediar, corrigir.

subs·cri·bir *v.t.* **1.** Subscrever, assinar. **2.** Subscrever, anuir, aceitar, dar conformidade. **3.** Subscritar, assinar. ■ **subscribirse** *v.p.* Subscrever-se, assinar uma publicação. *Me subscribí a la nueva revista.* Fiz uma assinatura da nova revista. ■ *Tb.: suscribir.*

subs·crip·ción *s.f.* **1.** Assinatura, subscrição. **2.** Abaixo-assinado. ■ *Tb.: suscripción.*

subs·crip·tor/-to·ra *s.* Assinante.

sub·si·dia·rio/a *adj.* Subsidiário.

sub·si·dio *s.m.* Subsídio, subvenção.

sub·si·guien·te *adj.* Subsequente.

sub·sis·ten·cia *s.f.* Subsistência.

subs·tan·cia *s.f.* **1.** Substância, matéria. **2.** Substância, parte essencial, primordial. **3.** Substância, que tem valor nutritivo. ■ *Tb.: sustancia.* ♦ **En substancia.** Em resumo, em substância. **Sin substancia.** Sem juízo.

subs·tan·cio·so/a *adj.* **1.** Substancioso, nutritivo. **2.** Substancioso, proveitoso, lucrativo.

subs·tan·ti·vo/a *adj.* **1.** Substantivo, que tem existência real. ■ *adj. e s.m.* **2.** *Gram.* Substantivo, certa classe gramatical. ■ *Tb.: sustantivo.*

subs·ti·tu·ción *s.f.* Substituição. ■ *Tb.: sustitución.*

subs·ti·tu·ir *v.i.* Substituir, trocar. ■ **substituirse** *v.p.* Substituir-se, ser trocado. ■ **a.** *Tb.: sustituir.* **b.** *Sin.: reemplazar.* **c.** *C.mod. 13.*

subs·ti·tu·to/a *s.* Substituto. ■ *Tb.: sustituto.*

subs·tra·er *v.t.* **1.** Subtrair, separar, retirar. **2.** Subtrair, roubar, fraudar. **3.** *Mat.* Subtrair, deduzir, diminuir. ■ *Sin.: restar.* ■ **substraerse** *v.p.* Subtrair-se, esquivar-se. ■ **a.** *Tb.: sustraer.* **b.** *C.mod. 36.*

subs·tra·to *s.m.* Substrato.

sub·sue·lo *s.m.* Subsolo.

sub·ter·fu·gio *s.m.* Subterfúgio.

sub·te·rrá·ne·o/a *adj. e s.m.* Subterrâneo.

su·bur·bio *s.m.* Subúrbio. ■ *Tb.: sub·ur·bio.*

sub·ven·ción *s.f.* Subvenção.

sub·ver·si·vo/a *adj.* Subversivo.

sub·ya·cen·te *adj.* Subjacente.

sub·yu·gar *v.t.* Subjugar, oprimir, submeter.

suc·ción *s.f.* Sucção.

su·ce·der *v.t.* **1.** Suceder, substituir. **2.** Suceder, seguir-se, vir depois. ■ *v.impess.* **3.** Suceder, ocorrer, acontecer. *Sucede que se va a casar.* Acontece que ele vai se casar.

su·ce·si·vo/a *adj.* Sucessivo, consecutivo. ♦ **En lo sucesivo.** Daqui por diante.

su·ce·so *s.m.* **1.** Acontecimento, fato. *Se basaban en los últimos sucesos políticos.* Baseavam-se nos últimos acontecimentos políticos. **2.** Desastre, acidente, fato trágico ou delituoso. *La prensa notició el suceso.* A

imprensa noticiou o desastre. **3.** Bom resultado, êxito. ■ *Sin.* mais usual na acepção 3: *éxito. Tuvo mucho éxito en la profesión.* Teve muito êxito na profissão. ♦ **Crónicas de sucesos.** *Esp.* Coluna policial.
su·ce·sor/·so·ra *adj. e s.* Sucessor, herdeiro.
su·cie·dad *s.f.* Sujeira.
su·cin·to/a *adj.* Sucinto, conciso, resumido.
su·cio/a *adj.* **1.** Sujo, que tem sujeira, manchado. **2.** Que se mancha ou suja com facilidade. *El blanco es un color muy sucio.* A cor branca suja com facilidade. **3.** *Fig.* Sujo, desonesto. **4.** *Fig.* Sujo, ilícito.
su·cum·bir *v.i.* **1.** Sucumbir, render-se. **2.** Sucumbir, morrer. **3.** *Fig.* Não resistir.
su·cur·sal *s.f.* Sucursal, filial.
su·dar *v.i.* **1.** Suar, transpirar. **2.** *Fig. e col.* Suar, trabalhar duro. ■ *v.t.* **3.** Suar, ensopar de suor.
su·des·te *s.m.* Sudeste. ■ *Tb.: sureste, sudeste.*
su·do·es·te *s.m.* Sudoeste. ■ *Tb.: suroeste, sudoeste.*
su·dor *s.m.* Suor, transpiração.
sue·gro/a *s.* Sogro.
sue·la *s.f.* Sola. ♦ **Media suela.** Meia-sola.
suel·do *s.m.* Salário, ordenado.
sue·lo *s.m.* **1.** Solo. *Suelo fértil.* Solo fértil. **2.** Chão, pavimento, piso. *Suelo de baldosas.* Piso de lajotas. ♦ **Arrastrarse por el suelo.** Humilhar-se. **Dar en el suelo.** Cair. **Estar por los suelos.** Estar no chão, decair. **Tirar por el suelo.** Lançar por terra. **Venirse al suelo.** Fracassar.
suel·to/a *adj.* **1.** Solto, livre. **2.** Solto, desatado, desamarrado. **3.** Avulso, desagregado, separado. **4.** Solto, largo, folgado. **5.** *Fig.* Solto, livre, ágil. ■ *adj. e s.m.* **6.** Trocado, dinheiro miúdo. *¿Tienes algo suelto?* Você tem algum trocado? ■ *Part. irreg.* de *soltar.*
sue·ño *s.m.* **1.** Sono. **2.** Sonho. *Tuve un sueño desagradable.* Tive um sonho desagradável. **3.** *Fig.* Fantasia, ilusão, sonho. ♦ **Sueño pesado.** Sono pesado. **Caerse de sueño.** Cair de sono. **Coger el sueño.** Pegar no sono. **En sueños.** Sonhando. **Ni en/por sueños.** Nem por sonho. **Perder el sueño.** Perder o sono. **Quitar el sueño.** Tirar o sono. **Tener sueño.** Estar com sono.
sue·ro *s.m. Med.* Soro.
suer·te *s.f.* **1.** Sorte, destino, sina. **2.** Sorte, casualidade. **3.** Sorte, gênero, espécie, classe. ♦ **¡Buena suerte!** Boa sorte! **De suerte que.** De sorte que, de maneira que. **Desafiar la suerte.** Desafiar a sorte, arriscar-se. **Echar a la suerte.** Tirar na sorte. **Mala suerte.** Azar. **Por suerte.** Por sorte, felizmente.
suer·tu·do/a *adj. Amer.* Sortudo. ■ *Sin.: afortunado.*
su·fi·cien·te *adj.* **1.** Suficiente, bastante, considerável. **2.** Pedante, convencido. ● *s.m.* **3.** Conceito, nota escolar equivalente a 6 ou 7.
su·fra·gar *v.t.* **1.** Ajudar, favorecer. **2.** Custear, bancar as despesas. ■ *v.i.* **3.** *Amer.* Votar.
su·fra·gio *s.m.* **1.** Ajuda, benefício, favor. **2.** Voto, sufrágio. ♦ **Sufragio universal.** Sufrágio universal.
su·fri·do/a *adj.* **1.** Sofrido, que sofre. **2.** Cor ou tecido que é muito resistente à sujeira ou ao uso. *El negro es un color muy sufrido.* A cor preta disfarça bem a sujeira.
su·frir *v.t.* **1.** Sofrer, aguentar, suportar. **2.** Sofrer, padecer de uma doença. **3.** Sofrer, experimentar, passar por, submeter-se.
su·ge·ren·cia *s.f.* Sugestão, proposta, ação de sugerir.
su·ge·rir *v.t.* **1.** Sugerir, propor. **2.** Sugerir, insinuar. **3.** Sugerir, evocar. ■ *C.mod. 11.*
su·ges·tión *s.f.* Sugestão, ação de sugestionar.
su·ges·tio·nar *v.i.* Sugestionar. ■ **sugestionarse** *v.p.* Sugestionar-se.
sui·ci·dar·se *v.p.* Suicidar-se, matar-se.
sui·ci·dio *s.m.* Suicídio.
su·je·ta·dor/·do·ra *adj. e s.* **1.** Que segura ou prende. ■ *s.m.* **2.** Sutiã.
su·je·tar *v.t.* **1.** Segurar, pegar. **2.** Sujeitar, dominar, subjugar. **3.** Agarrar, prender. ■ **sujetarse** *v.p.* Sujeitar-se, submeter-se.
su·je·to/a *adj.* **1.** Preso, seguro. **2.** Sujeito, submisso, dependente. ● *s.m.* **3.** Sujeito,

indivíduo. **4.** *Gram.* Sujeito. **5.** Assunto, objeto, tema. ▪ *Part. irreg.* de *sujetar*.

sul·fu·rar *v.t.* **1.** *Quím.* Sulfurar, misturar com enxofre. **2.** *Fig.* Irritar, enervar. ▪ **sulfurarse** *v.p. Fig.* Irritar-se, enervar-se.

su·ma *s.f.* **1.** *Mat.* Soma, adição. **2.** Soma, quantia. **3.** Suma, compilação. **4.** Suma, epítome, resumo, súmula. ♦ **En suma.** Em suma.

su·mar *v.t.* **1.** *Mat.* Somar, adicionar. **2.** Somar, importar, ter o valor de. **3.** Compendiar. ▪ **sumarse** *v.p.* Somar-se, juntar-se, aderir.

su·ma·rio/a *adj.* **1.** Sumário, sintético, resumido. **2.** *For.* Sumário, resolvido sem formalidades. ● *s.m.* **3.** Sumário, resumo, síntese. **4.** *For.* Procedimento semelhante ao inquérito. ♦ **Juicio sumario.** *For.* Julgamento sumário.

su·mer·gir *v.t.* Submergir, afundar. ▪ **sumergirse** *v.p.* **1.** Submergir-se, afundar-se. **2.** *Fig.* Submergir, absorver, concentrar-se.

su·mi·de·ro *s.m.* Bueiro.

su·mi·nis·trar *v.t.* Fornecer, prover, subministrar, abastecer.

su·mi·nis·tro *s.m.* Fornecimento, abastecimento, provisão.

☞ **su·mir** *v.t.* **1.** Submergir, afundar. **2.** *Fig.* Abstrair, meditar. ▪ **sumirse** *v.p.* **1.** Submergir, afundar. **2.** *Fig.* Abstrair-se, meditar, concentrar-se. *Sumido en sus pensamientos.* Concentrado em seus pensamentos.

su·mi·sión *s.f.* Submissão.

su·mi·so/a *adj.* Submisso.

su·mo/a *adj.* **1.** Sumo, supremo. **2.** Sumo, grande. ♦ **A lo sumo. 1.** No máximo. **2.** Quando muito.

☞ **su·pe·di·tar** *v.t.* Submeter, subordinar. ▪ **supeditarse** *v.p.* Submeter-se, subordinar-se.

sú·per *adj.* **1.** *Col.* Excelente, muito bom. ● *pref.* **2.** Super. ● **3.** *Col.* Supermercado.

su·pe·rar *v.t.* **1.** Superar, exceder. **2.** Superar, vencer, ultrapassar. ▪ **superarse** *v.p.* Superar-se, exceder-se.

su·per·fi·cial *adj.* Superficial.

su·per·fi·cie *s.f.* **1.** Superfície, extensão (área). **2.** *Geom.* Superfície, parte exterior (objetos). **3.** *Fig.* Superfície, aparência.

su·per·fluo/a *adj.* Supérfluo.

su·pe·rin·ten·den·cia *s.f.* Superintendência. ▪ *Tb.: su·per·in·ten·den·cia.*

su·pe·rior[1] *adj.* **1.** Superior, que está acima ou em cima. **2.** *Fig.* Superior, supremo, ótimo.

su·pe·rior[2]/**·rio·ra** *s.* Superior, chefe, que exerce autoridade. ♦ **Madre superiora.** Madre superiora.

su·pe·rio·ri·dad *s.f.* **1.** Superioridade, primazia. **2.** Autoridade superior. *Son órdenes de la superioridad.* São ordens das autoridades superiores.

su·per·mer·ca·do *s.m.* Supermercado.

su·per·po·bla·ción *s.f.* Superpopulação.

su·per·po·ner *v.t.* Sobrepor, superpor. ▪ **superponerse** *v.p.* Sobrepor-se, superpor-se. ● *C.mod. 14.*

su·per·po·si·ción *s.f.* Sobreposição, superposição.

su·per·pro·duc·ción *s.f.* Superprodução.

su·per·só·ni·co/a *adj.* Supersônico.

su·pers·ti·ción *s.f.* Superstição, crendice.

su·per·va·lo·rar *v.t.* Supervalorizar.

su·per·vi·sar *v.i.* Supervisionar, supervisar, acompanhar.

su·per·vi·sión *s.f.* Supervisão, acompanhamento.

su·per·vi·ven·cia *s.f.* Sobrevivência.

su·per·vi·vien·te *adj. e s.2g.* Sobrevivente.

☞ **su·plan·tar** *v.t.* **1.** Alterar o significado (de texto). **2.** Apoderar-se com artimanhas de algo de outra pessoa ou do seu lugar.

su·ple·men·ta·rio/a *adj.* Suplementar, complementar.

su·ple·men·to *s.m.* **1.** Suplemento, complemento. **2.** *Tip.* Suplemento, separata.

su·plen·te *adj. e s.2g.* Suplente.

su·pli·car *v.t.* **1.** Suplicar, implorar. **2.** *For.* Recorrer a um tribunal para a revogação de uma sentença.

su·pli·cio *s.m.* Suplício, padecimento.

su·plir *v.t.* **1.** Suprir, completar, inteirar. **2.** Suprir, substituir.

su·po·ner *v.t.* **1.** Supor, crer, achar. **2.** Implicar. *Un coche nuevo supone mucho dinero.* Um carro novo implica muito dinheiro. **3.** Supor, colocar por hipótese. ■ *C.mod. 14.*

su·po·si·ción *s.f.* Suposição, hipótese.

su·po·si·to·rio *s.m. Med.* Supositório.

su·pra *adv.* Acima, *supra*.

su·pre·mo/a *adj.* Supremo, máximo, superior. ♦ **Tribunal supremo.** *For.* Supremo Tribunal/ Tribunal Superior.

su·pre·sión *s.f.* Supressão, eliminação.

su·pri·mir *v.t.* **1.** Suprimir, eliminar. **2.** Suprimir, omitir, calar.

su·pues·to/a *adj.* **1.** Suposto, hipotético. ● *s.m.* **2.** Suposto, suposição. ■ *Part. irreg.* de *suponer.* ♦ **¡Por supuesto!** Evidentemente! Claro!

sur *s.m.* Sul. ■ *Abrev.: S.*

sur·co *s.m.* Sulco.

sur·gir *v.i.* **1.** Surgir, brotar, nascer. **2.** Surgir, erguer-se. **3.** Surgir, aparecer.

sur·ti·do/a *adj.* **1.** Sortido, variado. ● *s.m.* **2.** Sortimento, provisão.

sur·ti·dor/-do·ra *adj. e s.* **1.** Fornecedor, abastecedor. ■ *s.m.* **2.** Fonte, bebedouro. **3.** *Mec.* Bomba de gasolina.

sur·tir *v.t.* **1.** Abastecer, prover, sortir. **2.** Jorrar água. ■ **surtirse** *v.p.* Abastecer-se, prover-se, sortir-se. ♦ **Surtir efecto.** Surtir efeito.

sus·cep·ti·ble *adj.* Suscetível.

sus·ci·tar *v.t.* Suscitar, provocar, causar.

su·so·di·cho/a *adj.* Mencionado, citado.

sus·pen·der *v.t.* **1.** Suspender, erguer, pendurar. **2.** Suspender, privar de um cargo ou salário temporariamente. **3.** Reprovar, ser reprovado. **4.** Suspender, interromper, fazer cessar.

sus·pen·di·do/a *adj.* Suspenso, pendurado.

sus·pen·se *s.m.* Suspense.

sus·pen·sión *s.f.* **1.** Suspensão, interrupção, parada. **2.** *Mec.* Suspensão, sistema de amortecimento (veículos). **3.** Suspensão, pena disciplinar. **4.** Reprovação (prova, exame).

sus·pen·si·vo/a *adj.* Suspensivo, que suspende. ♦ **Puntos suspensivos.** *Gram.* Reticências.

sus·pen·so/a *adj.* **1.** Suspenso, interrompido. **2.** Suspenso, admirado, perplexo. ● *s.m.* **3.** Reprovado (em prova ou exame). ♦ **En suspenso.** Em suspenso.

sus·pen·so·rio *s.m.* Suspensório. ■ *Tb.: suspensores.*

sus·pi·rar *v.i.* **1.** Suspirar, dar suspiros. **2.** *Fig.* Suspirar, desejar muito. **3.** *Fig.* Suspirar, estar apaixonado.

sus·pi·ro *s.m.* **1.** Suspiro, gemido, lamento. **2.** Doce semelhante à bomba. ■ Não tem sentido de "doce de açúcar e claras". ♦ **Dar/ Exhalar el último suspiro.** Dar o último suspiro, morrer.

sus·ten·ta·ción *s.f.* Sustentação, apoio.

sus·ten·tar *v.t.* **1.** Sustentar, manter, apoiar. **2.** Sustentar, alimentar, custear. **3.** Sustentar, confirmar, ratificar. ■ **sustentarse** *v.p.* **1.** Sustentar-se, manter-se, apoiar-se. **2.** Sustentar-se, alimentar-se, custear-se.

sus·to *s.m.* Susto, espanto.

su·su·rrar *v.i.* **1.** Sussurrar, murmurar. **2.** Rumorejar, correr boato.

su·su·rro *s.m.* Sussurro.

su·til *adj.* **1.** Sutil, suave, fino. **2.** *Fig.* Sutil, ardiloso.

su·tu·ra *s.f. Med.* Sutura.

su·yo/a *p.poss. 3ª pess.* Seu. *Estos lápices son suyos.* Estes lápis são seus. ■ **suyos** *p.poss. 3ª pess.pl.* Seus, familiares, parentes. *Fue a visitar a los suyos.* Foi visitar os seus parentes. ♦ **Cada cual/uno a lo suyo.** Cada um na sua. **De las suyas.** Das suas. **De suyo.** Por/Em si mesmo. **Ir a lo suyo.** Pensar ou agir egoisticamente.

T

t *s.f.* T, vigésima primeira letra do alfabeto. ∎ **a.** Símbolo de *tonelada*. **b.** Recebe o nome *te*.

ta·ba·co *s.m.* **1.** Tabaco. **2.** Charuto. **3.** Fumo em geral.

ta·ber·na *s.f.* Taberna, bodega, bar.

ta·bla *s.f.* **1.** Tábua, chapa de madeira. **2.** Índice, tábua de matérias. **3.** Tabela, relação, listagem. **4.** *Mat.* Tabuada. **5.** Tabela, quadro. *Una tabla de datos estadísticos.* Um quadro de dados estatísticos. **6.** Prega, dobra, vinco (de roupa). **7.** Prancha. *Una tabla de mármol.* Uma prancha de mármore. **8.** Mural. **9.** Chapada (montanhas). ♦ **Tabla de planchar.** Tábua de passar. **Tabla de salvación.** Tábua de salvação. **Tabla hawaiana.** *Esp.* Prancha de surfe. **Tabla rasa.** Tábua rasa. **A raja tabla.** De qualquer jeito, custe o que custar.

ta·bla·do *s.m.* **1.** Tablado. **2.** *Teat.* Cenário, palco. **3.** Estrado.

ta·ble·ro *s.m.* **1.** Quadro de avisos, mural. **2.** Tabuleiro (jogos). **3.** Prancheta. **4.** Painel. *Tablero de mando.* Painel de comando.

ta·ble·ta *s.f.* **1.** *Med.* Comprimido, pastilha. **2.** Tablete, barra.

ta·blón *s.m.* **1.** Tábua resistente. **2.** *Amer.* Faixa de terra destinada ao plantio. ♦ **Tablón de anuncios.** Quadro de avisos, mural.

ta·bu·re·te *s.m.* Banqueta, banquinho, tamborete.

ta·ca·ño/a *adj. e s.* Avaro, mesquinho, pão-duro, muquirana.

ta·char *v.t.* **1.** Apagar, riscar, rasurar. **2.** *Fig.* Culpar, censurar, tachar. *Tachó mi comportamiento.* Censurou o meu comportamento. **3.** *For.* Impugnar testemunhas.

ta·cho·nar *v.t.* Rebitar, colocar rebites.

ta·chue·la *s.f.* Tacha, prego de cabeça larga e chata.

tá·ci·to/a *adj.* **1.** Tácito, implícito, subentendido. **2.** *Fig.* Tácito, silencioso.

ta·co *s.m.* **1.** Calço, tarugo. **2.** *Amer.* Salto (sapato). **3.** Conjunto de folhas (calendário). **4.** Conjunto de entradas ou passagens destacáveis, bloco. *Un taco de metro.* Um bloco de bilhetes de metrô. **5.** *Desp.* Taco. **6.** *Col.* Confusão, baderna. **7.** Palavrão. **8.** Pedaço. *Unos tacos de queso.* Uns pedaços de queijo. **9.** *Mex. e Am.C.* Salgadinho típico à base de farinha de milho. ♦ **Armar(se)/Hacer(se) un taco.** Confundir(-se).

ta·cón *s.m.* Salto (sapato).

tác·ti·co/a *adj.* **1.** Tático, hábil. ● *s.f.* **2.** *Mil.* Tática, estratégia. **3.** *Fig.* Tática, procedimento hábil.

tac·to *s.m.* **1.** Tato, um dos cinco sentidos. **2.** Tato, ação de tocar. **3.** *Fig.* Tato, habilidade, cautela. **4.** *Med.* Toque, exame vaginal.

ta·ja·da *s.f.* **1.** Fatia, pedaço, porção. **2.** Corte, incisão. **3.** *Col.* Bebedeira. ♦ **Sacar tajada.** Tirar vantagem.

ta·jan·te *adj.* **1.** Cortante. **2.** *Fig.* Taxativo, categórico.

ta·jo *s.m.* **1.** Corte, talho. **2.** Tarefa, ocupação. **3.** Tábua de carne. **4.** Gume.

tal *adj. e p.dem.* **1.** Tal, parecido, semelhante. *No dijo tal disparate.* Não falou tal absurdo. ∎ **adj. 2.** Tal, tão grande. *Todos lo admiran, tal es su simpatía.* Todos o admiram, tal é a sua simpatia. **3.** *Col.* Tal (substitui um nome). *Vive en el barrio de tal.* Mora no bairro tal. *Fulano de tal.* Fulano de tal. ♦ **Tal como/cual.** Tal como/qual. **Tal y como.** Da forma como. *Tal y como viven no pueden quejarse.* Da forma como vivem não podem reclamar. **Con tal (de) que.** Contanto que. **¿Qué tal?** Como vai? **¿Qué tal si (...)?** O que acha de (...)?

ta·la·dra·dor/·do·ra *adj. e s.* **1.** Perfurador,

taladro furador. ■ *s.f. Mec.* **2.** Perfuratriz. **3.** Furadeira.

ta·la·dro *s.m.* **1.** *Mec.* Broca. **2.** Broca, espécie de cupim que rói a madeira. **3.** Furo (feito com broca).

ta·lan·te *s.m.* **1.** Ânimo, disposição, humor. **2.** Vontade, desejo. ♦ **Buen/Mal talante.** Bom/Mau humor.

ta·len·to *s.m.* **1.** Talento, aptidão. **2.** Talento, inteligência.

ta·lis·mán *s.m.* Talismã, amuleto.

ta·lla *s.f.* **1.** Escultura, talha (especialmente em madeira). **2.** Entalhadura, talhadura, talha. **3.** Estatura, altura. **4.** *Fig.* Capacidade moral ou intelectual. **5.** Tamanho, manequim, número (roupa, sapato). *No me sirve; tiene que ser una talla mayor.* Não me serve; precisa ser um número maior.

ta·llar *v.t.* **1.** Entalhar, esculpir. **2.** Medir a altura. **3.** Lapidar.

ta·lle *s.m.* **1.** Cintura. **2.** *Fig.* Porte, aparência.

☞ **ta·ller** *s.m.* **1.** Oficina. *Taller de automóviles.* Oficina mecânica. **2.** Laboratório, trabalho prático. *En la escuela tienen taller por la tarde.* Na escola há aula de laboratório à tarde. **3.** Ateliê.

ta·lón *s.m.* **1.** Calcanhar, talão. **2.** *Com.* Talão, canhoto (comprovante, documento). **3.** *Com.* Folha de cheque. ♦ **Talón de Aquiles.** Calcanhar de aquiles. **Apretar los talones.** Apertar o passo. **Pisar los talones (a alguien).** Seguir de perto (alguém).

ta·lo·na·rio *s.m.* Talonário, talão. *Talonario de cheques.* Talão de cheques.

ta·ma·ño/a *adj.* **1.** Tamanho, tão grande. *Ante tamañas tonterías todos se rieron.* Frente a tamanhas bobagens, todos riram. ● *s.m.* **2.** Tamanho, dimensão.

tam·bién *adv. e interj.* Também.

tam·bor *s.m.* **1.** *Mus.* Tambor, instrumento de percussão. **2.** Tambor, objeto cilíndrico. **3.** Tambor, peça de revólver. **4.** *Mec.* Tambor, cubo da roda dos automóveis.

ta·miz *s.m.* Peneira fina. ♦ **Pasar por el tamiz.** Fazer a triagem.

ta·mi·zar *v.t.* **1.** Peneirar. **2.** *Fig.* Escolher, selecionar, fazer triagem.

tam·po·co *adv.* Também não, tampouco, nem. *No fui a la fiesta y ella tampoco.* Não fui à festa e ela também não.

tam·pón *s.m.* **1.** Almofada para carimbo. **2.** Absorvente higiênico interno. **3.** Tampão.

tan *adv.* Tão. ■ Forma apocopada de *tanto.* ♦ **Tan pronto como.** Assim que, tão logo. **Tan sólo.** Somente.

tan·da *s.f.* **1.** Camada. *Una tanda de cal.* Uma camada de cal. **2.** Rodada. *Yo pago otra tanda.* Eu pago outra rodada. **3.** Turno, vez. *La tanda de la noche.* O turno da noite. **4.** Lote, entrega. ♦ **Por tandas.** Por etapas.

tan·gen·te *adj.* **1.** Tangente, próximo. ● *s.f.* **2.** *Geom.* Tangente. ♦ **Irse/Salir por la tangente.** Sair pela tangente.

tan·que *s.m.* **1.** *Mil.* Tanque, carro de guerra. **2.** Tanque, carro-pipa. **3.** Tanque, reservatório.

tan·te·ar *v.t.* **1.** Calcular aproximadamente (peso, valor). **2.** Examinar cuidadosamente, verificar, sondar. **3.** Esboçar. **4.** *Desp.* Marcar pontos em jogo. ■ *v.i.* **5.** Vacilar.

tan·teo *s.m.* **1.** Sondagem, verificação. **2.** *Desp.* Placar, resultado de jogo. **3.** *For.* Direito de preferência. ♦ **Al tanteo.** A olho.

tan·to/a *adj.* **1.** Tanto, quantidade indeterminada. *Tiene treinta y tantos años.* Tem trinta e tantos anos. **2.** Tanto, tamanho. *Me recibió con tanta alegría que no sabía qué decirle.* Recebeu-me com tanta alegria que eu não sabia o que dizer. ● *s.m.* **3.** Tanto, quantidade determinada. *Recibe un tanto por ciento por los trabajos que hace.* Recebe um tanto por cento pelos trabalhos que faz. **4.** Tento, ponto marcado em jogos. ● **tanto** *adv.* **1.** Tanto, em tão alto grau. *No estudies tanto.* Não estude tanto. ● *p.indef.* **2.** Tanto. *No llega a tanto.* Não chega a tanto. ♦ **Tanto como.** Tanto quanto. **A las tantas.** Às tantas. **Al tanto.** A par. **En tanto que.** Enquanto isso. **Entre tanto.** Enquanto isso. **Ni tanto ni tan poco.** Nem tanto ao mar nem tanto à terra. **Por (lo) tanto.** Portanto.

☞ **ta·pa** *s.f.* **1.** Tampa. ❚ *Tb.:* tapadera. **2.** Capa de livro. **3.** Aperitivo, petisco. **4.** Tipo de carne.

ta·pa·cu·bos *s.m. Mec.* Calota. ❚ *Pl.:* invariável.

ta·pa·do *adj.* **1.** Tampado. **2.** Coberto. • *s.m.* **3.** *Amer.* Casaco, abrigo. *Tapado de piel.* Casaco de pele. **4.** *Col.* Tapado, bobo.

ta·par *v.t.* **1.** Tampar, fechar. ❚ *Tb.:* taponar. **2.** *Fig.* Encobrir, ocultar. **3.** Cobrir. **4.** Entupir, obstruir, tapar. ■ **taparse** *v.p.* **1.** Cobrir-se. **2.** Ficar entupido, obstruído. ♦ **Tapar el sol con un dedo.** Tapar o sol com a peneira.

☞ **ta·pe·te** *s.m.* Toalhinha de mesa. ♦ **Estar sobre el tapete.** Estar em discussão.

ta·pia *s.f.* **1.** Cerca. **2.** Tapume. **3.** Muro de terra batida.

ta·pi·zar *v.t.* **1.** Decorar as paredes com tapeçaria. **2.** *Fig.* Atapetar (pisos), forrar. **3.** *Fig.* Estofar (móveis), forrar.

ta·pón *s.m.* Tampa (garrafas, vasilhames).

ta·qui·car·dia *s.f. Med.* Taquicardia.

ta·qui·gra·fi·a *s.f.* Taquigrafia.

ta·qui·lla *s.f.* **1.** Guichê, bilheteria. **2.** *Teat.* Arrecadação da venda de entradas. *Tuvimos buena taquilla hoy.* Fizemos boa arrecadação hoje. **3.** Armário, escaninho.

ta·ra *s.f.* **1.** Tara, defeito físico ou moral. **2.** Tara, peso de um veículo sem carga. **3.** Tara, peso das embalagens.

tar·dan·za *s.f.* Demora, atraso, delonga.

tar·dar *v.i.* **1.** Demorar, ocupar muito tempo, tardar. **2.** Atrasar(-se). ♦ **A más tardar.** No mais tardar.

tar·de *s.f.* **1.** Tarde, período após o almoço. *Estudia por la tarde.* Estuda à tarde. • *adv.* **2.** Tarde, a horas avançadas. *Llegó muy tarde de la fiesta.* Chegou muito tarde da festa. **3.** Tarde, depois do horário oportuno. *Salió tarde de la oficina y perdió el tren.* Saiu tarde do escritório e perdeu o trem. ♦ **A/Por la tarde.** À/De tarde. **Buenas tardes.** Boa-tarde. **De tarde en tarde.** De vez em quando.

ta·rea *s.f.* Tarefa, trabalho. ■ **tareas** *s.f.pl.* Deveres.

tar·je·ta *s.f.* **1.** Cartão. *Me mandó una tarjeta por mi cumpleaños.* Mandou-me um cartão de aniversário. **2.** Convite. **3.** Ficha. ♦ **Tarjeta amarilla/roja.** *Desp.* Cartão amarelo/vermelho. **Tarjeta de casamiento.** Convite de casamento. **Tarjeta de crédito.** *Com.* Cartão de crédito. **Tarjeta postal/de visita.** Cartão-postal/de visita.

ta·rro *s.m.* Pote. *Un tarro de azúcar.* Um pote de açúcar.

tar·ta *s.f.* Torta doce, bolo.

tar·ta·mu·de·ar *v.i.* Gaguejar, balbuciar. ■ *Tb.: tartajear.*

tar·ta·mu·do/a *adj. e s.* Gago. ❚ *Tb.: tartajoso.*

tár·ta·ro/a *adj.* **1.** Tártaro (tipo de molho). • *s.m.* **2.** *Med.* Tártaro.

☞ **ta·sa** *s.f. Com.* **1.** Taxa, tarifa. **2.** Imposto.

ta·sar *v.t.* **1.** *Com.* Taxar, fixar o preço. **2.** *Com.* Taxar, fixar o imposto. **3.** Avaliar, calcular. *Tasar un cuadro.* Avaliar o preço de um quadro. **4.** *Fig.* Restringir, moderar, limitar.

tas·ca *s.f.* **1.** Taberna. **2.** Casa de jogo.

ta·tua·je *s.m.* Tatuagem.

tau·ro *s.m.* Touro, signo do zodíaco.

ta·xi *s.m.* Táxi.

ta·xo·no·mí·a *s.f.* Taxonomia.

☞ **ta·za** *s.f.* **1.** Xícara, chávena. **2.** Caneca.

te *p.pess. 2ª pess.sing.* **1.** Te. *Te espero en el cine.* Espero-te no cinema. **2.** Lhe. *Voy a decirte la verdad.* Vou dizer-lhe a verdade. **3.** O, a, lo, la, no, na. *Iré a visitarte mañana, Juan.* Irei visitá-lo amanhã, João. **4.** Você. *Te veré pronto.* Verei você logo. *Te compraré un regalo.* Comprarei um presente para você. **5.** Se. *Lávate.* Lave-se.

té *s.m.* Chá.

tea·tro *s.m.* Teatro.

te·beo *s.m. Col. Esp.* Gibi.

te·cho *s.m.* **1.** Teto, parte superior interna (de casa, aposento). **2.** Telhado, teto. **3.** Teto, altitude de um avião. **4.** *Fig.* Teto, casa, moradia. **5.** *Fig.* Teto, topo, limite máximo.

te·cla *s.f.* Tecla. ♦ **Dar en la tecla.** Acertar na mosca.

te·cle·ar *v.i.* **1.** *Inform.* Digitar. **2.** Tocar piano (mal).

téc·ni·co/a *adj.* **1.** Técnico. ● *s.2g.* **2.** Técnico, especialista, perito. ■ *s.f.* **3.** Técnica, procedimento, método. **4.** Técnica, habilidade.

te·ja *s.f.* Telha.

te·ja·do *s.m.* Telhado.

te·ja·no *s.m.* **1.** Calça *jeans*. **2.** *Mex.* Tipo de chapéu, texano.

te·je·dor/·do·ra *adj. e s.* **1.** Tecelão. **2.** *Fig. e col. Amer.* Pessoa intrigante.

te·je·ma·ne·je *s.m.* **1.** Atividade, afazeres. **2.** *Fig.* Rolo, confusão, artimanha.

te·jer *v.t.* **1.** Tecer, entrelaçar fios. **2.** Tricotar. **3.** Fazer crochê. **4.** Tecer, fazer teias. **5.** *Fig.* Tecer, preparar. **6.** *Fig.* Tecer, maquinar, tramar.

te·ji·do *s.m.* **1.** Tecido, pano. **2.** Textura. ♦ **Tejido adiposo/conjuntivo.** *Med.* Tecido adiposo/conjuntivo.

te·la *s.f.* **1.** Tecido. **2.** Tela, quadro. **3.** Membrana, teia. **4.** *Fig.* Assunto. *Tenemos tela para rato.* Temos assunto para um bom tempo. ■ Não tem sentido de "superfície para exibição de imagens". ♦ **Tela metálica.** Tela de arame, tela metálica. **En tela de juicio.** Em julgamento.

te·la·ra·ña *s.f.* Teia de aranha. ■ *Tb.: tela de araña.* ♦ **Mirar telarañas.** Estar distraído. **Tener telarañas en los ojos.** Não ver o que está embaixo do nariz.

te·le *s.f. Col.* Tevê, televisão. ■ Forma apocopada de *televisión*.

te·le·dia·rio *s.m.* Telejornal.

te·le·fo·na·zo *s.m.* Telefonema, telefonada.

te·le·fo·ne·ar *v.t.* Telefonar.

☞ **te·le·fo·ne·ma** *s.m.* Telegrama fonado.

te·lé·fo·no *s.m.* Telefone, fone.

te·le·gra·fiar *v.t.* Telegrafar.

te·lé·gra·fo *s.m.* Telégrafo.

te·le·gra·ma *s.m.* Telegrama.

te·le·ob·je·ti·vo *s.m.* Teleobjetiva.

te·les·co·pio *s.m.* Telescópio.

te·le·si·lla *s.f.* Teleférico. ■ *Tb.: teleférico.*

te·les·pec·ta·dor/·do·ra *s.* Telespectador. ■ *Tb.: televidente.*

te·le·vi·sión *s.f.* Televisão. ■ *Abrev.: TV.* ♦ **Televisión por cable.** TV a cabo.

te·lón *s.m. Teat.* Pano, cortina, telão. *Abre/Cierra el telón.* Sobe/Desce o pano.

te·ma *s.m.* **1.** Tema, assunto, matéria. **2.** *Gram.* Tema, radical mais vogal temática. **3.** Mania, ideia fixa. *Cada loco con su tema.* Cada louco com a sua mania. **4.** *Mus.* Tema, melodia.

te·má·ti·co/a *adj.* **1.** Temático. **2.** Obstinado, teimoso. ● *s.f.* **3.** Temática.

tem·blar *v.i.* **1.** Tremer, estremecer. **2.** Cambalear, sacudir, balançar. **3.** *Fig.* Assustar-se, tremer (de medo). ■ *C.mod. 01.*

tem·blor *s.m.* **1.** Tremor, tremedeira. ■ *Tb.: tembladera.* **2.** Tremor, terremoto, abalo.

tem·blo·ro·so/a *adj.* Trêmulo.

te·mer *v.t.* Temer, sentir medo. ■ **temerse** *v.p.* Temer, recear.

te·mor *s.m.* Temor, medo, receio.

tem·pe·ra·men·to *s.m.* Temperamento, caráter.

tem·pe·ra·tu·ra *s.f.* Temperatura.

tem·pes·tad *s.f.* **1.** Tempestade, temporal, chuva intensa. **2.** *Fig.* Tempestade, agitação moral. **3.** *Fig.* Tempestade, agitação, desordem.

tem·pla·do/a *adj.* **1.** Temperado, moderado, ameno. **2.** Morno. **3.** *Fig. e col.* Valente, corajoso.

tem·plar *v.t.* **1.** Temperar, moderar, suavizar. **2.** Temperar, dar consistência (metais). **3.** Imprimir uma tensão moderada, ajustar. **4.** *Fig.* Temperar, misturar para atenuar. **5.** *Fig.* Temperar, apaziguar. **6.** *Mus.* Afinar (instrumentos). ■ **templarse** *v.p.* **1.** Suavizar a temperatura, tornar morno. **2.** *Amer.* Apaixonar-se. **3.** Conter-se, moderar-se. ■ Não tem sentido de "temperar comida".

tem·ple *s.m.* **1.** Têmpera, consistência dada aos metais. **2.** Temperatura atmosférica. **3.** *Fig.* Arrojo, valentia. **4.** *Fig.* Caráter, temperamento. **5.** *Mus.* Afinação.

tem·po·ra·da *s.f.* Temporada, época, período. ♦ **De temporada.** De temporada/época.

tem·po·ral *adj.* **1.** Temporal, temporário. **2.** Temporal, profano. ● *s.m.* **3.** Temporal, tempestade. **4.** *Med.* Osso temporal.

tem·po·re·ro/a *adj. e s.* Temporário, interino.

tem·pra·no/a *adj.* Temporão, que ocorre antes do tempo próprio. ● **temprano** *adv.* **1.** Cedo. *Llegó temprano.* Chegou cedo. **2.** Cedo, prematuramente. *Se puso a trabajar muy temprano.* Começou a trabalhar muito cedo.

te·na·ci·llas *s.f.pl.* **1.** Pequeno alicate. **2.** Pinça.

te·naz *adj.* **1.** Tenaz, aderente. **2.** Tenaz, persistente. **3.** Tenaz, resistente.

te·na·za *s.f.* **1.** Alicate. **2.** Pinça. ■ *Tb.: tenazas.*

ten·de·de·ro *s.m.* Varal, corda para pendurar a roupa.

ten·del *s.m.* Nível de pedreiro, nível de bolha.

ten·den·cia *s.f.* **1.** Tendência, inclinação. **2.** Tendência, ala política.

ten·der *v.t.* **1.** Estender, esticar. *Tender un cable.* Esticar um fio. **2.** Deitar. *Tendió al niño en el sofá.* Deitou o menino no sofá. **3.** Estender, pendurar. **4.** Estender, aproximar. **5.** Rebocar. **6.** Tender, propender, pender. **7.** Tender, ter inclinação ou tendência. ■ **tenderse** *v.p.* Deitar-se. ■ *C.mod. 01.*

ten·de·re·te *s.m.* Barraca, posto de venda ao ar livre, tenda.

te·ne·bro·so/a *adj.* **1.** Tenebroso, sombrio. **2.** *Fig.* Obscuro, incompreensível.

te·ne·dor/·do·ra *s.* **1.** Possuidor, portador. ■ *s.m.* **2.** Garfo. ♦ **Tenedor de acciones.** *Com.* Tomador de ações. **Tenedor de libros.** *Com.* Guarda-livros.

te·ner *v.t.* **1.** Ter, segurar, prender. **2.** Ter, possuir. **3.** Ter, sentir. *Le tiene amor.* Sente amor por ele/ela. **4.** Supor, achar, ter. *Tiene que viajará pronto.* Acha que viajará logo. **5.** Ter, conter. **6.** Deter, reter, deixar. *Lo tuvieron una hora en la comisería.* Detiveram-no por uma hora na delegacia. *Me tuvo una hora esperando.* Deixou-me esperando durante uma hora. **7.** Ter, passar. *Tuvo una semana muy mala.* Teve uma semana muito ruim. ■ *v.aux.* **8.** Ter, precisar. **9.** Ter, estar com. *Tengo frío/sed.* Estou com frio/sede. ■ **tenerse** *v.p.* **1.** Manter-se, aguentar-se. **2.** Dominar-se, conter-se. **3.** Apoiar-se, segurar-se. **4.** Considerar-se, julgar-se. **5.** Ater-se. *Me tengo a tus palabras.* Atenho-me às suas palavras. ■ **a.** Não se usa na formação de tempos compostos com *part.* **b.** *C.mod. 35.* ♦ **Tener a bien.** Dignar-se. **Tener a mal.** Recriminar, desaprovar. **Tener en cuenta.** Levar em conta/consideração. **Tener en mucho (a alguien).** Considerar, estimar (alguém). **Tener lugar.** Acontecer. **Tener mucho gusto.** Ter muito prazer. **Tener por/como/a.** Julgar, considerar. *Lo tenía por honrado.* Considerava-o honrado. **Tener presente.** Ter presente/em mente. **Tener que ver.** Ter a ver. **No tener donde caerse muerto.** Não ter onde cair morto. **No tener nada que perder.** Não ter nada a perder.

te·nien·te *s.m. Mil.* Tenente.

te·nis *s.m.* **1.** *Desp.* Tênis. **2.** Tênis, calçado esportivo. ♦ **Tenis de mesa.** Tênis de mesa.

te·nor *s.m.* **1.** Teor, conteúdo. **2.** *Mus.* Tenor.

ten·sar *v.t.* Esticar.

ten·sión *s.f.* **1.** Tensão, força. **2.** *Eletr.* Tensão, voltagem. **3.** *Med.* Pressão. **4.** Tensão, concentração física ou emocional. **5.** *Fig.* Tensão, oposição. *Clima de tensión.* Clima de tensão. ♦ **Tensión arterial.** *Med.* Pressão arterial. **Alta tensión.** *Eletr.* Alta-tensão. **Bajo tensión.** Sob tensão.

ten·ta·ción *s.f.* Tentação.

ten·tar *v.t.* **1.** Apalpar, tocar, tatear. **2.** Seduzir, atrair, tentar. ■ *C.mod. 01.*

ten·ta·ti·vo/a *adj.* **1.** Aproximado. ● *s.f.* **2.** Tentativa.

ten·tem·pié *s.m. Col.* Petisco, aperitivo.

ten·te·tie·so *s.m.* João-bobo.

te·nue *adj.* **1.** Tênue, fino. **2.** Tênue, sutil. **3.** Tênue, fraco.

te·ñir *v.t.* Tingir, colorir, pintar. ● **teñirse** *v.p.* Tingir-se, colorir-se, pintar-se. ■ *C.mod. 10.*

te·o·rí·a *s.f.* **1.** Teoria, hipótese, proposição. **2.** Teoria, conhecimento racional. **3.** Teoria, conjunto sistemático de ideias. ♦ **En teoría.** Teoricamente.

te·ra·péu·ti·co/a *adj.* 1. Terapêutico. ● *s.f.* 2. Terapêutica.

te·ra·pia *s.f. Med.* Terapia.

ter·cia·do *s.m.* Compensado (de madeira).

ter·ciar *v.t.* 1. Terçar, dividir em três partes. 2. Terçar, pôr diagonalmente. ■ *v.i.* 3. Terçar, mediar, interceder. ■ **terciarse** *v.p.* Ocorrer casualmente, apresentar-se. *Se terció la ocasión oportuna.* Apresentou-se a ocasião oportuna.

ter·cio/a *adj.* e *s.m.* Terço, terça parte.

ter·cio·pe·lo *s.m.* Veludo.

ter·co/a *adj.* Teimoso, obstinado.

☞ **ter·gi·ver·sar** *v.t.* Distorcer, deturpar, interpretar de forma incorreta.

ter·mi·na·ción *s.f.* 1. Terminação, conclusão, fim. 2. *Gram.* Terminação, desinência. 3. Acabamento.

ter·mi·nal *adj.* 1. Terminal, final. ● *s.m.* 2. *Eletr.* Terminal, conector. 3. *Inform.* Terminal. ■ *s.f.* 4. Terminal, ponto onde terminam ramais ferroviários ou rodoviários.

ter·mi·nar *v.t.* e *v.i.* Terminar, acabar, concluir. ■ **terminarse** *v.p.* Terminar, acabar(-se).

tér·mi·no *s.m.* 1. Término, fim. 2. *Fig.* Limite. 3. Termo, expressão, palavra. 4. Estaca, marco, termo. 5. Fronteira, limite, termo. 6. Prazo, limite de tempo, termo. *En el término de dos semanas.* No prazo de duas semanas. 7. Trato, relação, termo. *Estamos en buenos términos.* Estamos em boas relações. 8. *Mat.* Termo, elemento de uma expressão. ■ **términos** *s.m.pl.* Termos, procedimentos, condições. ♦ **En último término.** Em último caso. **Llevar a término.** Levar a termo, realizar totalmente. **Medios términos.** Meios-termos. **Poner término.** Pôr um fim. **Por término medio.** Em média.

ter·mi·ta *s.2g.* Cupim, broca.

☞ **ter·mo** *s.f.* Garrafa térmica.

ter·mo·di·ná·mi·co/a *adj. Fís.* 1. Termodinâmico. ● *s.f.* 2. Termodinâmica.

ter·mo·e·léc·tri·co/a *adj. Fís.* 1. Termelétrico, termoelétrico. ● *s.f.* 2. Termelétrica, termoelétrica.

ter·mó·me·tro *s.m.* Termômetro.

ter·mo·si·fón *s.m.* Aquecedor de água.

ter·ne·ro/a *s.* 1. Bezerro. ■ *s.f.* 2. Vitela, novilha.

ter·no *s.m.* Terno, trio, conjunto de três elementos. ■ Não tem sentido de "traje masculino".

ter·que·dad *s.f.* Teimosia, obstinação.

te·rra·ja *s.f. Mec.* Tarraxa.

te·rra·plén *s.m.* Aterro.

te·rra·ple·na·do *s.m.* Terraplenagem.

te·rra·ple·nar *v.t.* Terraplenar, aterrar.

te·rra·za *s.f.* 1. Terraço, varanda. 2. Terraço, plataforma de plantio (nas encostas). 3. Local ao ar livre com mesas na calçada (pertencentes a um bar ou lanchonete).

te·rre·mo·to *s.m.* Terremoto.

te·rre·no/a *adj.* 1. Terreno, terrestre. ● *s.m.* 2. Terreno, solo. 3. Terreno, lote de terra. 4. Terreno, área, campo de ação. 5. *Geol.* Camada geológica. 6. *Desp.* Campo de jogo. ♦ **Terreno abonado.** Terreno propício, situação favorável. **Estar/Encontrarse en su propio terreno.** Estar em seu pedaço. **Ganar terreno.** 1. Avançar, progredir. 2. Cortar caminho. 3. Ganhar terreno. **Perder terreno.** Perder terreno. **Preparar/Trabajar el terreno.** Preparar o terreno, tornar propícia uma situação. **Vehículo todo terreno.** Jipe, veículo fora de estrada.

te·rres·tre *adj.* 1. Terrestre, da Terra. 2. Terrestre, terreno. ● *s.2g.* 3. Terrestre, terráqueo.

te·rri·ble *adj.* 1. Terrível, estarrecedor. 2. Terrível, intolerável, impossível. 3. *Fig.* Terrível, violento.

te·rri·to·rio *s.m.* 1. Território, área que pertence a um país, Estado. 2. Território, jurisdição.

te·rror *s.m.* 1. Terror, pavor. 2. Que causa terror. *Es el terror de la escuela.* É o terror da escola.

te·rro·ris·mo *s.m.* Terrorismo.

te·rru·ño *s.m.* 1. Torrão de terra, gleba. 2.

Torrão, massa compacta. **3.** *Fig.* Terra natal, pátria. ■ *Tb.:* **terrón**.
ter·tu·lia *s.f.* Reunião de amigos, tertúlia. ♦ **Tertulia literaria**. Assembleia, reunião de escritores.
te·si·na *s.f.* Dissertação, monografia.
te·sis *s.f.* **1.** *Fil.* Tese, proposição, opinião. **2.** Tese, trabalho para pleitear um título universitário. *Tesis de doctorado.* Tese de doutoramento. ■ *Pl.:* invariável. ♦ **Tesis y antítesis**. *Fil.* Tese e antítese.
te·són *s.m.* Empenho, dedicação, tesão. ■ Não tem conotação vulgar.
te·so·re·rí·a *s.f. Com.* **1.** Tesouraria. **2.** Administração do Tesouro Público, fazenda.
te·so·ro *s.m.* **1.** Tesouro, preciosidade. **2.** *Com.* Tesouro, erário público. **3.** Tesouro, relíquias religiosas. **4.** *Fig.* Tesouro, pessoa muito apreciada. **5.** Bem, amor (forma carinhosa de tratamento). *¿Qué quieres tesoro?* Que você quer, amorzinho? **6.** Tesouro, vocabulário, glossário. ♦ **Tesoro Público**. Tesouro Público.
tes·ta·men·ta·rio/a *adj.* **1.** Testamentário, testamental. ● *s.* **2.** *For.* Testamenteiro.
tes·ta·men·to *s.m.* **1.** *For.* Testamento, documento que expressa as últimas vontades de uma pessoa. **2.** Testamento, livros sagrados. ♦ **Testamento abierto/cerrado**. Testamento aberto/fechado. **Antiguo/Nuevo Testamento.** Velho/Novo Testamento.
tes·ta·ru·do/a *adj. e s.* Teimoso, obstinado.
tes·ti·fi·car *v.t.* **1.** Atestar, testificar. **2.** *For.* Testemunhar, depor. **3.** *Fig.* Provar.
tes·ti·go *s.2g.* **1.** *For.* Testemunha, pessoa que dá testemunho. **2.** Testemunha, pessoa que presencia algo. ■ *s.m.* **3.** Testemunho, prova. **4.** Tutor, baliza usada em demarcação. ♦ **Testigo de cargo/descargo**. *For.* Testemunha de acusação/defesa. **Testigo ocular.** *For.* Testemunha ocular. **Testigos no tachados.** *For.* Testemunhas não contraditadas. **Poner por testigo.** *For.* Chamar como testemunha. **Servir de testigo.** Servir de testemunha.
tes·ti·mo·niar *v.t.* Testemunhar, presenciar.

tes·ti·mo·nio *s.m. For.* **1.** Depoimento, testemunho. **2.** Testemunho, prova, confirmação. **3.** Certidão, traslado autenticado. ♦ **Falso testimonio.** Falso testemunho.
te·ta *s.f.* **1.** Mama, teta, úbere. **2.** Bico do seio. ♦ **Dar la teta.** Dar o peito, amamentar. **De teta.** Lactente, de colo. **Quitar la teta.** Desmamar.
te·te·ra *s.f.* **1.** Bule de chá. **2.** Chaleira. **3.** *Amer.* Mamadeira.
tex·til *adj.* **1.** Têxtil, que pode ser tecido. **2.** Têxtil, próprio da tecelagem.
tex·to *s.m.* **1.** Texto, produção escrita. **2.** *Liter.* Trecho, passagem de uma obra literária, citação. ♦ **Fuera de texto.** Fora de texto, material ilustrativo. **Libro de texto.** Livro didático.
tex·tu·ra *s.f.* **1.** Textura, trama. **2.** Textura, tecelagem. **3.** *Fig.* Contextura, estrutura.
ti *p.pess.* 2^a *pess.sing.* **1.** Ti (concordando com o *p.pess.* "tu"). *Lo compró para ti.* Comprou-o para ti. **2.** Você (concordando com a forma de tratamento "você"). *Esto es para ti.* Isto é para você. ■ Usado sempre com *prep.*
ti·bia *Med.* Tíbia.
ti·bio/a *adj.* **1.** Morno, tíbio. **2.** *Fig.* Frouxo. ♦ **Huevo tibio.** Ovo quente.
ti·bu·rón *s.m.* Tubarão.
tiem·po *s.m.* **1.** Tempo, duração. *Eso toma mucho tiempo.* Isso leva muito tempo. **2.** Tempo, época, período. **3.** Tempo, disponibilidade. *No tuve tiempo de llamarla.* Não tive tempo de ligar para ela. **4.** Tempo, clima. **5.** *Fig.* Momento oportuno, hora. **6.** *Gram.* Tempo verbal. **7.** *Desp.* Tempo, divisão do jogo. **8.** *Mus.* Tempo, compasso. ♦ **Tiempo compuesto/simple.** *Gram.* Tempo composto/simples. **Tiempo de perros.** Tempo horrível. **Tiempos modernos.** Tempos modernos, vida moderna. **A mal tiempo, buena cara.** Se a vida lhe deu um limão, faça uma limonada. **A su tiempo.** A seu tempo, no momento oportuno. **A tiempo.** A tempo. **Al mismo/A un tiempo.** Ao mesmo tempo.

Buen/Mal tiempo. Bom/Mau tempo. **Con el tiempo.** Com o passar do tempo. **Con tiempo.** Com tempo suficiente, sem pressa. **Dar tiempo al tiempo.** Dar tempo ao tempo. **De tiempo en tiempo.** De tempos em tempos. **De un tiempo a esta parte.** De uns tempos para cá. **Despejarse el tiempo.** Fazer bom tempo, limpar o céu. **Fuera de tiempo. 1.** Fora de época. **2.** Em momento inoportuno. **Ganar/Perder tiempo.** Ganhar/ Perder tempo. **Hacer tiempo.** Dar um tempo, fazer hora. **Matar/Engañar el tiempo.** Matar o tempo. **Sin perder tiempo.** Sem perda de tempo.

tien·da *s.f.* **1.** Loja, bazar. **2.** Quitanda, mercearia. **3.** Tenda de campanha, barraca. **4.** Toldo. **5.** Capota conversível de automóvel. ♦ **Tienda de comestibles/coloniales/ultramarinos.** Armazém, mercearia. **Tienda de tejidos/telas.** Loja de tecidos.

tien·ta *s.f.* **1.** *Med.* Tenta, estilete cirúrgico. **2.** Tenta, corrida de novilhos. **3.** *Fig.* Tato, astúcia. ♦ **A tientas. 1.** Tateando. **2.** No escuro, sem base, às cegas.

tier·no/a *adj.* **1.** Tenro, brando, macio. **2.** *Fig.* Tenro, novo, recente. **3.** *Fig.* Terno, carinhoso, afetuoso.

tie·rra *s.f.* **1.** Terra, planeta, globo terrestre. **2.** Terra, superfície sólida do planeta. **3.** Terra, solo, chão. **4.** Terra, país, nação. **5.** Terra, terreno cultivável. **6.** *Eletr.* Terra, fio neutro. ♦ **Tierra adentro.** No interior, longe do litoral. **Tierra de labor.** Terra cultivável. **Tierra firme.** Terra firme, continente. **Tierra natal.** Terra natal. **A ras de tierra.** Ao rés do chão. **Besar la tierra.** Beijar o chão, cair de boca. **Caer a tierra.** Cair por terra. **Echar por tierra.** Frustrar, fracassar (algo). **Echar tierra a un asunto.** Pôr uma pedra sobre um assunto. **En tierra de ciegos, el tuerto es rey.** Em terra de cego, quem tem um olho é rei. **Tomar tierra. 1.** Aterrissar. **2.** Aportar.

tie·so/a *adj.* **1.** Teso, rijo, ereto. **2.** Teso, retesado, esticado. **3.** *Fig.* Grave, circunspecto. ♦ **Dejar tieso.** Matar. **Quedarse tieso.** Ficar rijo, duro (de frio, susto).

ties·to *s.m.* **1.** Caco, pedaço de barro. **2.** Vaso de barro para planta.

ti·fus *s.m.* **1.** *Med.* Tifo, doença infecciosa. **2.** *Col.* Claque, plateia contratada para aplaudir. ▪ *Pl.:* invariável. ♦ **Tifus asiático.** *Med.* Cólera. **Tifus de América.** *Med.* Febre amarela.

ti·gre *s.m.* **1.** Tigre, animal felídeo. **2.** *Fig.* Pessoa cruel. ▪ *F.: tigre hembra/tigresa.*

ti·je·ra *s.f.* **1.** Tesoura, instrumento de corte. **2.** Suporte em forma de tesoura ou cruz. **3.** *Arq.* Tesoura, estrutura do telhado. **4.** Valeta de irrigação. **5.** *Fig.* Língua ferina. **6.** *Esp.* Chave de pernas. ♦ **Buena tijera.** Boa costureira/Bom alfaiate. **Cortado por la misma tijera.** Feito com o mesmo molde, muito parecido com outro. **Meter la tijera.** Meter a tesoura.

til·dar *v.t.* **1.** *Gram.* Acentuar. **2.** *Fig.* Tachar, classificar negativamente. *Me tildó de vago.* Tachou-me de vagabundo.

til·de *s.f. Gram.* **1.** Til. **2.** Acento gráfico.

tim·brar *v.t.* **1.** Timbrar. **2.** Carimbar. **3.** Chancelar. ▪ Não tem sentido de "qualificar".

tim·bre *s.m.* **1.** Selo, chancela. **2.** Timbre, carimbo. **3.** Campainha. *Sonó el timbre.* A campainha tocou. **4.** *Mus.* Timbre, som diferencial. **5.** Insígnia de nobreza. **6.** Documento timbrado onde foram recolhidos valores fiscais. **7.** Estampilha, selo fiscal. ▪ Não tem sentido de "logotipo".

tí·mi·do/a *adj. e s.* Tímido, acanhado, encabulado, inibido.

ti·món *s.m.* **1.** *Mar.* Leme, timão. **2.** Timão, cabeçalho de arado. **3.** *Fig.* Volante (automóvel). **4.** *Fig.* Direção, comando.

tím·pa·no *s.m.* **1.** *Med.* Tímpano, membrana do ouvido. **2.** *Mus.* Tímpano, timbale. **3.** *Mus.* Espécie de xilofone. **4.** *Tip.* Bandeja, quadro de prensa. **5.** *Arq.* Tímpano, espaço triangular no frontão.

ti·na *s.f.* **1.** Vasilha de barro. **2.** Tina, banheira. **3.** *Mec.* Caldeira industrial.

tin·gla·do *s.m.* **1.** Alpendre, telheiro. **2.** Tablado, estrado, palanque. **3.** *Fig.* Trama, intriga.

ti·nie·blas *s.f.pl.* **1.** Trevas, escuridão. **2.** *Fig.* Trevas, ignorância.

ti·no *s.m.* **1.** Habilidade, destreza. **2.** Mira, pontaria. **3.** *Fig.* Tato, prudência, tino.

tin·te *s.m.* **1.** Tintura, tingimento. **2.** Tintura, preparado para tingir. **3.** Tinturaria. **4.** *Fig.* Máscara, capa, verniz.

tin·to/a *adj.* **1.** Tingido, tinto. ● *s.f.* **2.** Tinta, substância colorida para escrever/pintar. **3.** Tinta, substância escura de certos moluscos. **4.** Tintura. **5.** Matiz, tom. ∎ *Part. irreg.* de *teñir*. ♦ **Tinta china/de imprenta.** Tinta nanquim/de impressão. **Medias tintas.** Meias palavras. **Saber de buena tinta.** Saber de boa fonte.

tin·to·re·rí·a *s.f.* Tinturaria.

tin·tu·ra *s.f.* **1.** Tintura, tingimento. **2.** Tintura, preparado para tingir. **3.** *Med.* Tintura, solução farmacêutica.

tí·o/a *s.* **1.** Tio, grau de parentesco. **2.** *Col.* Seu, dona, tio. *Tío José.* Seu José. *Tía María.* Dona Maria. ∎ *s.m.* **3.** *Col.* Cara, indivíduo, cabra. *Un tío antipático.* Um cara antipático. ♦ **No hay tu tía.** Não vem que não tem.

tio·vi·vo *s.m.* Carrossel, brinquedo de parque de diversões.

ti·po *s.m.* **1.** Tipo, exemplar, modelo. **2.** Tipo, categoria, espécie. **3.** Tipo, padrão. **4.** Porte, figura. *Tener buen tipo.* Ter bom porte. **5.** *Liter.* Tipo, personagem-tipo. **6.** *Col.* Tipo, cara, indivíduo. **7.** *Tip.* Tipo, caractere. **8.** *Biol.* Família, espécie. ♦ **Mantener el tipo.** Manter a calma.

ti·po·gra·fí·a *s.f.* Tipografia.

ti·quis·mi·quis *s.m.pl. Col.* Futilidades, frescuras.

ti·ra *s.f.* **1.** Tira, fita, faixa (papel, tecido). **2.** Tira de história em quadrinhos. ∎ Não tem sentido de "policial" nem de "risca". ♦ **La tira.** À beça. *Me divertí la tira.* Diverti-me à beça.

ti·ra·bu·zón *s.m.* **1.** Saca-rolhas. **2.** Caracol, cacho (cabelo). ♦ **Sacar con tirabuzón.** *Fig.* Tirar com saca-rolhas, arrancar com dificuldade.

☞ **ti·ra·da**[1] *s.f.* **1.** *Tip.* Tiragem, edição. **2.** Tirada, puxada, grande distância. **3.** *Col.* Frívola, leviana. ♦ **En/De una tirada.** De uma vez, de uma puxada. **Tirada aparte.** *Tip.* Impressão especial, separata.

☞ **ti·ra·do**[2]**/a** *adj.* **1.** Jogado, caído, estirado. *Tirado en la calle.* Jogado na rua. **2.** Deitado. *Tirada en el sofá.* Deitada no sofá. **3.** *Col.* Dado, de graça, diz-se do que é muito barato. *Me compré estas tres camisas porque estaban tiradas.* Comprei estas três camisas porque estavam de graça. **4.** *Col.* Fácil, moleza.

ti·ra·dor/·do·ra *s.* **1.** Atirador, lançador. ∎ *s.m.* **2.** Puxador, maçaneta (gaveta, armário). **3.** Alça. **4.** Esticador. **5.** Cordão de puxar.

ti·ra·go·mas *s.m.* Estilingue. ∎ **a.** *Pl.:* invariável. **b.** *Tb.:* tirachinas, tirador.

ti·ra·ní·a *s.f.* **1.** Tirania, poder usurpado. **2.** Tirania, governo cruel. **3.** *Fig.* Tirania, opressão.

ti·ran·te *adj.* **1.** Tirante, esticado. **2.** *Fig.* Tenso, a ponto de romper-se. *La situación entre ambos países es tirante.* A situação entre ambos os países é tensa. ● *s.m.* **3.** Suspensório. **4.** Tirante, correia. **5.** *Mec.* Engate para tração. **6.** *Arq.* Tirante, viga de madeiramento. **7.** *Mec.* Tirante, peça de ligação e reforço. ∎ Não tem sentido de "salvo, exceto".

ti·ran·tez *s.f.* **1.** Tensão, rigidez. **2.** *Fig.* Tensão política.

☞ **ti·rar** *v.t.* **1.** Jogar fora, jogar no lixo. *Tiraron todas sus cosas viejas.* Jogaram fora todas as suas coisas velhas. **2.** Jogar, atirar, chutar. **3.** Jogar, deixar cair, derrubar. *Tiró el papel al piso.* Jogou o papel no chão. **4.** Dissipar, jogar fora, desperdiçar. **5.** Derrubar, demolir. **6.** Esticar. *Vamos a tirar el alambre hasta el techo.* Vamos esticar o fio até o teto. **7.** Traçar (linhas). **8.** Dar. *Tirar un mordisco/un pellizco.* Dar uma mordida/um beliscão. **9.** *Tip.* Imprimir, editar, tirar. **10.** Disparar,

atirar, balear. *Le tiró dos veces.* Disparou nele duas vezes. ■ *v.i.* **11.** Puxar, arrastar. *El niño le tira de la mano.* O menino puxa-o pela mão. **12.** Puxar (o ar), chupar, sugar. **13.** Puxar, andar, funcionar. *El coche tira de maravilla.* O carro está puxando que é uma maravilha. **14.** Tirar, sacar, pegar. **15.** *Fig.* Tender, propender. *El color de su vestido tira a verde.* A cor do seu vestido tende ao verde. **16.** *Fig.* Aspirar, pretender, ter vocação. *Tira a ser médico.* Pretende ser médico. **17.** Puxar, apertar, repuxar. *El vestido tira de la manga.* O vestido repuxa na manga. **18.** Jogar (baralho, jogos). ■ **tirarse** *v.p.* **1.** Jogar-se, lançar-se, atirar-se. **2.** Deitar-se, descansar. *Voy a tirarme un rato.* Vou descansar um pouco. **3.** Velar, passar. *Se tiró la tarde estudiando.* Passou a tarde estudando. **4.** *Vulg.* Fornicar. ♦ **¡Tira!** Vai!/Depressa! **Tirando a.** Parecendo com, tendendo a. **Ir tirando.** Ir levando.
ti·ri·tar *v.i.* Tiritar, tremer.
ti·ro *s.m.* **1.** *Mil.* Tiro, disparo. **2.** Tiro, alcance do disparo. **3.** *Mil.* Tiro, carga disparada. **4.** Tirante para tração de veículo. **5.** *Mec.* Corda usada na polia. **6.** Vazão de chaminé, tiragem. **7.** Comprimento de uma peça de tecido. **8.** Largura da roupa de um ombro ao outro, frente. **9.** Medida do gancho da calça. **10.** Lance de escada. **11.** Medida de profundidade de um poço. **12.** *Desp.* Chute, tiro. **13.** *Col.* Alusão maliciosa, indireta. ♦ **Tiro al blanco.** *Desp.* Tiro ao alvo. **A tiro. 1.** Ao alcance da arma. **2.** Oportuno, que vem a calhar. **A tiro hecho.** De caso pensado. **Errar el tiro.** Não dar certo, fracassar. **Ni a tiros.** Nem a paulada. **Pegarse un tiro.** Suicidar-se. **Salir el tiro por la culata.** Sair o tiro pela culatra. **Sentar como un tiro.** Cair como uma bomba, ser muito desagradável.
ti·roi·des *s.f. Med.* Tireoide. ■ *Pl.:* invariável.
ti·rón *s.m.* **1.** Puxão, puxada. **2.** *Col.* Grande distância, puxada. ♦ **De un tirón.** De uma tacada só, num só fôlego.

ti·sis *s.f. Med.* Tísica, tuberculose. ■ **a.** *Sin.:* tuberculosis. **b.** *Pl.:* invariável.
tí·te·re *s.m.* **1.** Marionete, títere, boneco. **2.** *Fig.* Fantoche, pessoa sem personalidade, autômato. ■ **títeres** *s.m.pl. Teat.* Teatro de fantoches.
ti·ti·ri·te·ro/a *s.* Saltimbanco.
ti·to/a *s. Col.* Titio.
ti·tu·be·ar *v.i.* **1.** Titubear, cambalear. **2.** *Fig.* Titubear, hesitar, vacilar.
ti·tu·beo *s.m.* Vacilação, titubeação, hesitação.
ti·tu·lar *adj. e s.2g.* **1.** Titular, efetivo, oficial. *Catedrático titular.* Professor titular. ■ *s.m.* **2.** *Tip.* Manchete (jornal, revista). ● *v.t. e v.i.* **3.** Titular, intitular. ■ **titularse** *v.p.* **1.** Diplomar-se. *Me titulé en física.* Diplomei-me em física. **2.** Intitular-se. *La obra se titula "Romeo y Julieta".* A obra intitula-se *Romeu e Julieta*.
tí·tu·lo *s.m.* **1.** Título, nome (obra). **2.** Título de nobreza. **3.** Título, diploma. **4.** *Com.* Título, papel negociável. **5.** Título, certidão. ♦ **Título al portador.** *Com.* Título ao portador. **Título de propiedad.** *Com.* Escritura. **Título nominal/nominativo.** *Com.* Título nominativo. **Título universitario.** Diploma universitário. **A título de. 1.** Na qualidade de. **2.** Sob o pretexto de.
ti·za *s.f.* Giz.
tiz·ne *s.m.* **1.** Fuligem. **2.** Tição.
ti·zón *s.m.* **1.** Tição, madeira em brasa. **2.** *Fig.* Mácula.
toa·lla *s.f.* Toalha (banho, rosto).
to·bi·llo *s.m.* Tornozelo.
☞ **to·ca** *s.f.* Touca.
to·ca·dor/·do·ra *adj.* **1.** Tocador, que toca. ● *s.m.* **2.** Penteadeira, toucador. **3.** Toucador, quarto de toalete. **4.** Frasqueira.
to·car *v.t.* **1.** Tocar, pôr a mão, apalpar. **2.** Tocar, encostar, atingir. **3.** Tocar, produzir som, bater. **4.** *Fig.* Tocar, aludir, abordar. **5.** *Fig.* Tocar, comover. **6.** *Mar.* Tocar, aportar. ■ *v.i.* **7.** Caber, competir, tocar. *Eso no me toca a mí.* Isso não compete a mim. **8.** Ser a vez de. *Ahora te toca a ti.* Agora é a sua vez. **9.**

Caber (por sorte), ganhar. *Le ha tocado el coche.* Ganhou o carro. ■ **tocarse** *v.p.* **1.** Tocar-se, encostar duas coisas. **2.** Arrumar-se, pentear-se. ■ **a.** Não tem sentido de "expulsar" nem de "perceber". **b.** Não se usa para "tocar o telefone". ♦ **Por lo que toca a.** No que toca a, no tocante a, quanto a.

☞ **to·ca·yo/a** *s.* Xará. *Es mi tocaya.* É minha xará.

to·ci·no *s.m.* Toicinho.

☞ **to·da·ví·a** *adv.* Ainda. *No llegó todavía.* Não chegou ainda. ■ **a.** Sempre indica tempo, duração de ação ou estado. **b.** Não se deve usar como *conj.* adversativa. ♦ **Más todavía.** Mais ainda.

to·do/a *adj.* **1.** Todo, inteiro, completo. *Leí todo el libro.* Li o livro todo. **2.** Todo, qualquer. *Todo trabajo es digno.* Todo trabalho é digno. ■ **todo** *adv.* **1.** Completamente, cem por cento. *Ese vestido es todo algodón.* Esse vestido é cem por cento algodão. ● *s.m.* **2.** Todo, conjunto, globalidade. *Los dos volúmenes forman un todo.* Os dois volumes formam um todo. **3.** Tudo, todas as coisas. *Comí todo.* Comi tudo. ■ **todos** *s.m.pl.* Todos, todas as pessoas. *Todos lo vieron.* Todos o viram. ♦ **Todo lo contrario.** Não, de forma alguma. **A/Con todo.** A toda, com intensidade. **A todo esto.** Nessas alturas. **Ante/Sobre todo.** Sobretudo, mormente. **Así y todo/Con todo y eso.** Mesmo assim. **Del todo.** Completamente. **Después de todo.** Depois de tudo. **Jugarse el todo por el todo.** Arriscar tudo ou nada. **O todo o nada.** Ou tudo ou nada. **Por todo lo alto.** Com muito luxo.

tol·do *s.m.* **1.** Toldo, cobertura. **2.** Capota (carro). **3.** *Amer.* Cabana (índios).

to·le·rar *v.t.* **1.** Tolerar, suportar, ter indulgência. **2.** Tolerar, admitir, consentir.

to·ma *s.f.* **1.** Tomada, ação de tomar. **2.** Tomada, conquista. **3.** *Eletr.* Tomada. **4.** Dose, porção. **5.** Tomada, filmagem (cinematográfica, fotográfica). **6.** *Mec.* Abertura para entrada de ar ou líquido. ● *interj.* **7.** Puxa! ♦ **Toma de agua.** Tomada de água. **Toma de corriente/Tomacorriente.** *Eletr.* Tomada elétrica. **Toma de posesión.** Tomada de posse. **Toma de tierra. 1.** Aterrissagem. **2.** *Eletr.* Aterramento.

to·ma·du·ra *s.f.* Tomada. ♦ **Tomadura de pelo.** Gozação, troça.

to·mar *v.t.* **1.** Tomar, pegar, apanhar (algo). **2.** Tomar, beber. **3.** Tomar, comer. **4.** Pegar, tomar, aceitar. *Tomé dinero prestado.* Peguei dinheiro emprestado. **5.** Tomar, conquistar, ocupar. **6.** Tomar, pegar, apanhar (veículo). **7.** Tomar, adotar. *Hay que tomar una decisión.* É preciso tomar uma decisão. **8.** Adquirir, pegar (hábitos, manias). **9.** Contratar. *Tomamos una secretaria.* Contratamos uma secretária. **10.** Alugar. **11.** Interpretar, levar, considerar. *Lo tomó como ofensa.* Considerou uma ofensa. **12.** Tomar, levar, roubar. **13.** Fotografar, tirar fotografia. **14.** Pegar, tomar (rumo). **15.** Tomar, receber, pegar. *Tomó el sol toda la mañana.* Tomou sol a manhã inteira. ■ **tomarse** *v.p.* **1.** Pegar, tirar. *Nos tomamos unos días de permiso.* Tiramos uns dias de licença. **2.** Enferrujar. *Estos cubiertos se han tomado.* Estes talheres enferrujaram. ♦ **Tomar a bien/mal.** Ver com bons/maus olhos. **Tomar el pelo.** Fazer gozação, tirar sarro. **Tomar en broma/serio.** Levar na brincadeira/a sério. **Tomar por.** Enganar-se, confundir. **Tomarla con.** Ter má vontade em relação a, pegar no pé.

to·ma·te *s.m.* **1.** *Bot.* Tomate. **2.** *Bot.* Tomateiro. ■ *Tb.:* tomatero. **3.** *Col.* Furo (em roupa). **4.** *Col.* Pepino, rolo, confusão.

to·mo *s.m.* **1.** Tomo, volume. **2.** *Col.* Pessoa corpulenta. **3.** *Fig.* Importância, vulto.

to·na·li·dad *s.f.* **1.** *Mus.* Tonalidade, tom. **2.** Tonalidade, matiz, cor.

to·nel *s.m.* **1.** Barril, tonel. **2.** *Fig.* Pessoa baixa e gorda.

to·ne·la·da *s.f.* Tonelada. ■ *Abrev.:* t.

tó·ni·co/a *adj.* **1.** Tônico, tonificante. **2.** *Gram.* Tônico. *Sílaba tónica.* Sílaba tônica. ● *s.m.* **3.** *Med.* Tônico, remédio revigorante. **4.** Locução tônica. ■ *s.f.* **5.** *Fig.* Tônica, tom, tendência. **6.** Tônica, refrigerante tônico.

to·no *s.m.* **1.** Tom, intensidade (som). **2.** Tom, modulação da voz, inflexão. **3.** Tom, estilo, teor. **4.** Tom, coloração. **5.** Tom, tensão muscular. ♦ **Bajar el tono.** Baixar o tom de voz. **De buen/mal tono.** De bom/mau tom. **Fuera de tono.** Fora de hora.

ton·te·rí·a *s.f.* **1.** Tolice, bobagem, besteira. **2.** *Fig.* Insignificância, coisa sem importância. ♦ **Dejarse de tonterías.** Deixar de bobagem.

ton·to/a *adj. e s.* **1.** Tonto, bobo, tolo, bobalhão. **2.** *Col.* Palhaço de circo. **3.** Tonto, simplório, chocho. **4.** Infundado, disparatado. ■ Não tem sentido de "zonzo, aturdido" nem de "embriagado". ♦ **A lo tonto.** Tolamente. **A tontas y a locas.** De forma desordenada. **Dejar tonto.** Deixar pasmo. **Hacer el tonto.** Fazer palhaçadas. **Hacerse el tonto.** Fazer-se de bobo. **Ponerse tonto.** Tornar-se arrogante.

to·pa·cio *s.m. Geol.* Topázio.

to·par *v.t. e v.i.* **1.** Topar, chocar, colidir. **2.** Topar, deparar, encontrar casualmente. **3.** *Amer.* Topar, aceitar uma proposta. **4.** *Fig.* Tropeçar.

to·pe *s.m.* **1.** Topo, cume. **2.** Limite, fim. *Vaya por esta calle hasta el tope.* Vá por esta rua até o final. **3.** *Mec.* Trava, bloqueio. **4.** *Mec.* Encosto. ♦ **Tope hidráulico.** *Mec.* Encosto hidráulico. **Hasta los topes.** Carregado, lotado. **Precio tope.** *Com.* Preço máximo.

tó·pi·co/a *adj. e s.* **1.** *Med.* Tópico, de uso externo. ■ *s.m.* **2.** Tema, assunto. **3.** Lugar-comum. ■ Não tem sentido de "item".

☞ **to·po** *s.m.* **1.** Toupeira. **2.** *Fig. e col.* Pessoa que não enxerga bem. **3.** *Fig. e col.* Toupeira, pessoa estúpida.

to·que *s.m.* **1.** Toque, contato. **2.** *Mus.* Toque, percussão, som. **3.** Pincelada. **4.** Retoque. **5.** *Fig.* Toque, tom, matiz. **6.** Teste, ensaio. **7.** Toque, aviso, advertência. ■ Não tem sentido de "letras e espaços em uma linha" nem de "exame digital". ♦ **Toque de Diana.** Toque da alvorada. **Toque de queda.** Toque de recolher. **A toque de campana.** Com muita disciplina. **Dar un toque (a alguien).** **1.** Chamar a atenção (de alguém), dar um toque. **2.** Sondar (alguém) sobre um assunto. **Piedra de toque.** Pedra de toque.

tor·be·lli·no *s.m.* **1.** Redemoinho, torvelinho. **2.** Turbilhão. **3.** *Fig.* Agitação, reviravolta. **4.** *Fig.* Tumulto (de coisas). **5.** *Fig.* Pessoa inquieta.

tor·ce·du·ra *s.f.* **1.** Torção, torcedura. **2.** *Med.* Distensão, luxação. ■ Não tem sentido de "evasiva".

tor·cer *v.t.* **1.** Torcer, fazer girar sobre si mesmo, retorcer. **2.** Torcer, dobrar, vergar, entortar. **3.** *Fig.* Deturpar, distorcer. **4.** *Med.* Torcer um membro do corpo. **5.** Desviar do caminho, dobrar, torcer. *La carretera tuerce a la derecha.* A estrada dobra à direita. **6.** Mostrar desagrado, fazer cara feia, fechar a cara. *Torció el semblante cuando llegamos.* Fez cara feia quando chegamos. ■ **torcerse** *v.p.* **1.** Torcer-se, dobrar-se. **2.** *Med.* Torcer um membro do corpo, deslocar. **3.** *Fig.* Dificultar-se, complicar (projeto, negócio). ■ **a.** Não tem sentido de "ter simpatia por clube esportivo", de "desejar sorte" nem de "contorcer-se". **b.** *C.mod. 03.*

tor·ci·da *s.f.* Mecha, pavio. ■ Não tem sentido de "grupo simpatizante".

tor·ci·do/a *adj.* **1.** Torcido, torto, sinuoso. **2.** *Fig.* Desleal, que tem segundas intenções. **3.** Distorcido, deturpado.

tor·ci·jón *s.m. Med.* Espasmo, cólica intestinal.

to·re·ar *v.t. e v.i.* **1.** *Desp.* Tourear, lidar com touros. **2.** *Fig.* Eludir, esquivar-se. **3.** *Fig.* Ludibriar.

to·re·ra *s.f.* Colete curto.

to·re·ro/a *adj. e s. Desp.* Toureiro. ■ *Tb.:* *reador.* ♦ **Saltarse (algo) a la torera.** Fazer de conta que não ouviu.

tor·men·ta *s.f.* **1.** Tempestade, tormenta. **2.** *Fig.* Tormenta, excitação, exaltação (de ânimo).

tor·men·to *s.m.* **1.** Tormento, dor, padecimento. **2.** Tormento, tortura, suplício. **3.** *Fig.* Tormento, aflição.

tor·nar *v.t.* **1.** Tornar, devolver. ■ *v.i.* **2.** Tornar, regressar. **3.** Voltar a fazer, repetir a ação.

Tornó a llenar el vaso. Voltou a encher o copo. ■ **tornarse** *v.p.* Tornar-se, converter-se em. ▮ Pouco usado como *v.p.* ♦ **Tornar en sí.** Voltar a si.

tor·ne·ar *v.t.* **1.** Tornear, modelar. ■ *v.i.* **2.** Girar. **3.** *Fig.* Elucubrar.

tor·neo *s.m.* **1.** Torneio, combate. **2.** *Desp.* Torneio, certame.

☞ **tor·ni·llo** *s.m.* **1.** Parafuso. **2.** Morsa. ♦ **Tornillo sin fin.** Parafuso sem fim. **Apretar los tornillos (a alguien).** Forçar (alguém) a fazer algo. **Faltarle (a uno) un tornillo.** Faltar um parafuso (a alguém).

tor·ni·que·te *s.m.* **1.** Catraca, torniquete. **2.** *Med.* Torniquete, artifício para conter hemorragias.

tor·no *s.m.* **1.** *Mec.* Torno máquina-ferramenta. **2.** *Mec.* Morsa, torno de bancada. **3.** Torno, roda de convento. **4.** *Mec.* Moitão, cadernal. **5.** Fuso. **6.** Torno, giro. ♦ **En torno a.** Em torno de, ao redor de.

to·ro *s.m.* **1.** Touro. **2.** *Fig.* Touro, pessoa forte. **3.** *Geom.* Toro. ■ **toros** *s.m.pl.* Tourada. ♦ **Toro corrido.** Gato escaldado. **Toro de lidia.** Touro de briga. **Agarrar/Coger el toro por los cuernos.** Pegar o touro pelos chifres. **Ver los toros desde la barrera.** Assistir de camarote.

tor·pe *adj.* **1.** Desengonçado, desajeitado, lerdo. **2.** Tapado, tonto. **3.** Entorpecido. **4.** Torpe, indecoroso.

☞ **tor·pe·za** *s.f.* **1.** Falta de habilidade. **2.** Falta de tato. **3.** Estupidez, burrice.

tor·por *s.m.* Torpor, entorpecimento.

to·rre *s.f.* **1.** Torre, construção para a defesa das fortalezas. **2.** Torre, peça de xadrez. **3.** Arranha-céu, edifício. ♦ **Torre de control.** Torre de controle. **Torre de iglesia.** Campanário. **Torre de mando.** Torre de comando. **Torre de perforación.** Torre de perfuração.

to·rre·fac·to/a *adj.* Torrado, torrefeito. *Café torrefacto.* Café torrado.

to·rrez·no *s.m.* Torresmo.

to·rri·ja *s.f.* Rabanada, fatia de pão frito com leite.

tor·sión *s.f.* **1.** Torção, torcedura. **2.** *Mec.* Torque.

tor·ta *s.f.* **1.** Torta, massa de farinha com recheio, pastelão. **2.** *Esp.* Bolo de confeitaria/festa. **3.** *Col.* Bofetada. ♦ **Ni torta.** Nada, coisa alguma.

tor·ta·zo *s.m. Col.* **1.** Bofetada. **2.** Batida, pancada.

tor·tí·co·lis *s.m. Med.* Torcicolo.

tor·ti·lla *s.f.* **1.** Omelete. **2.** Fritada à base de batata e/ou algum outro alimento. **3.** *Mex. e Am.C.* Rodela de farinha de milho assada. ♦ **Hacer tortilla (a alguien).** Pisar, arrebentar (alguém). **Volverse la tortilla.** Virar a sorte.

tor·tu·ga *s.f.* Tartaruga. ♦ **A paso de tortuga.** A passo de tartaruga.

tor·tuo·so/a *adj.* **1.** Tortuoso, sinuoso. **2.** *Fig.* Falso, hipócrita.

tor·tu·ra *s.f.* **1.** Tortura, suplício. **2.** *Fig.* Tortura, aflição.

tor·tu·rar *v.t.* Torturar, atormentar. ■ **torturarse** *v.p.* Torturar-se, afligir-se.

tos *s.f.* Tosse. ♦ **Tos convulsa/ferina.** *Med.* Coqueluche.

tos·co/a *adj.* **1.** Tosco, não polido, bruto. **2.** *Fig.* Tosco, rude, grosseiro.

to·ser *v.i.* Tossir.

tos·ta·do/a *adj.* **1.** Torrado, tostado. **2.** *Fig.* Bronzeado, moreno. ● *s.m.* **3.** *Amer.* Sanduíche de pão torrado. ■ *s.f.* **4.** Torrada, pão torrado (com manteiga).

tos·ta·dor/·do·ra *adj. e s.* **1.** Torrador. ■ *s.m.* **2.** Torradeira.

tos·tar *v.t.* **1.** Torrar, tostar. *Tostar el pan.* Torrar o pão. **2.** *Fig.* Bronzear, curtir a pele ao sol. ■ **tostarse** *v.p.* **1.** Torrar-se. **2.** *Fig.* Bronzear-se. ▮ **a.** Não tem sentido de "encher a paciência" nem de "dissipar dinheiro". **b.** *C.mod.* 03. **c.** *Tb.:* torrar.

tos·tón *s.m.* **1.** Grão-de-bico seco. **2.** Pão torrado em pedaços ou cubos. **3.** Leitão assado. **4.** Coisa estorricada. **5.** Tostão, moeda. ▮ Não tem sentido de "dinheiro".

to·tal *adj.* **1.** Total, completo. ● *s.m.* **2.** *Mat.*

Total, resultado da soma. ● *adv.* **3.** Afinal, no fim das contas, resumindo. *Total, sólo he perdido tiempo.* Resumindo, só perdi tempo. ♦ **En total. 1.** No total. **2.** Em suma, conclusão. *¿Y total?* E afinal?/E daí?
tó·xi·co/a *adj. e s.m.* Tóxico.
tra·ba *s.f.* **1.** Trava, freio. **2.** Travação, travamento. **3.** Trave pequena. *Hebilla con traba.* Fivela com trave. **4.** *Fig.* Bloqueio, trauma. **5.** *Fig.* Empecilho, obstáculo. **6.** *For.* Embargo. ♦ **Poner trabas. 1.** Colocar obstáculos, fazer objeção. **2.** *For.* Embargar.
tra·ba·jar *v.i.* **1.** Trabalhar, realizar um trabalho, produzir, lidar. **2.** Trabalhar, exercer uma profissão. *Trabaja como empleada.* Trabalha como empregada. **3.** *Fig.* Produzir fruto, fazer render (dinheiro, terra). *En la libreta de ahorros el dinero trabaja.* Na caderneta de poupança o dinheiro rende. **4.** *Fig.* Empenar-se, torcer-se (material). **5.** *Fig.* Funcionar. **6.** *Fig.* Empenhar-se, esforçar-se, batalhar. **7.** Trabalhar, atuar, representar. ■ *v.t.* **8.** Trabalhar, modelar. **9.** Trabalhar, mexer, negociar (mercadorias). *No trabajan el papel.* Não trabalham com papel. **10.** Trabalhar, lavrar, arar. **11.** *Fig.* Persuadir, insinuar-se, fazer a cabeça.
tra·ba·jo *s.m.* **1.** Trabalho, esforço (físico, mental). **2.** Trabalho, serviço, ocupação. **3.** Trabalho, tarefa, serviço. **4.** Trabalho, ensaio, estudo. **5.** Trabalho, obra. **6.** *Fís.* Trabalho, pressão, força atuante. ■ **trabajos** *s.m.pl.* Penúria, sofrimento, privação. *Pasó muchos trabajos por los hijos.* Sofreu muitas privações por causa dos filhos. ♦ **Trabajos forzados/forzosos.** Trabalhos forçados. **Accidente de trabajo.** Acidente de trabalho. **Años de trabajo.** Anos de serviço. **Con trabajo.** A duras penas. **Costar/Dar trabajo.** Dar trabalho, ser difícil.
tra·ba·len·guas *s.m.* Trava-língua.
tra·bar *v.t.* **1.** Travar, prender, atar. **2.** Travar, impedir que se solte. **3.** *Fig.* Entabular, travar. **4.** *Fig.* Obstruir, tolher, travar. ■ *v.i.* **5.** Engrossar, obter consistência. *La mayonesa no traba.* A maionese não dá ponto. ■ **trabarse** *v.p.* **1.** Ficar travado, preso. **2.** *Fig.* Engasgar. *Me trabé con el pan.* Engasguei com o pão. **3.** Gaguejar. **4.** *Fig.* Vacilar, desistir. *Lo iba a comprar pero se trabó.* Ia comprá-lo mas deu para trás. ♦ **Trabarse la lengua.** Enrolar a língua.
tra·ba·zón *s.f.* **1.** Travamento. **2.** *Fig.* Encadeamento, concatenação (de ideias).
tra·be *s.f.* Trave, viga.
tra·bi·lla *s.f.* Passador, tira por onde passa uma fita ou cinto.
trac·tor *s.m.* Trator. ♦ **Tractor oruga.** Trator de esteira.
tra·di·ción *s.f.* **1.** Tradição, transmissão de uma cultura. **2.** Tradição, convenção social, hábito estabelecido.
tra·duc·ción *s.f.* Tradução. ♦ **Traducción libre/literal.** Tradução livre/literal. **Traducción oficial.** Tradução juramentada.
tra·du·cir *v.t.* **1.** Traduzir, passar de uma língua a outra. **2.** *Fig.* Traduzir, expressar. ■ **traducirse** *v.p.* Converter-se, transformar-se. *Su terror se tradujo en llanto.* O seu terror converteu-se em pranto. ■ *C.mod. 09.*
tra·er *v.t.* **1.** Trazer, aproximar, transportar para junto de. **2.** *Fig.* Trazer, acarretar, causar. **3.** Usar, trazer. *Traía un lindo collar.* Usava um lindo colar. **4.** *Fig.* Trazer, citar, invocar. *Trajo diversos argumentos a su favor.* Invocou diversos argumentos a seu favor. **5.** Trazer, apresentar. **6.** *Am.C.* Buscar. *Te voy a traer a tu casa.* Vou buscá-la na sua casa. ■ *C.mod. 36.* ♦ **Traer cola. 1.** Ter consequências. *Ya le dije que su decisión traería cola.* Eu disse que a decisão dele teria consequências. **Traer consigo.** Trazer consigo, acarretar. **Traer de cabeza.** Deixar louco, dar muito trabalho. **Traer entre manos.** Estar tramando algo. **Traer y llevar.** Ser leva e traz.
trá·fi·co *s.m.* **1.** Trânsito, tráfego. **2.** Tráfico, comércio. ♦ **Tráfico aéreo.** Tráfego aéreo. **Tráfico de drogas.** Tráfico de drogas. **Embotellamiento de tráfico.** Engarrafamento

de trânsito. **Guardia de tráfico.** Guarda de trânsito. **Señal de tráfico.** Sinal de trânsito.

tra·ga·luz *s.m.* Claraboia, água-furtada.

tra·ga·pe·rras *adj. e s.2g.* Caça-níqueis. ■ **a.** *Pl.:* invariável. **b.** *Tb.:* traganíquel.

tra·gar *v.i.* **1.** Engolir, tragar. ■ *v.t.* **2.** Tragar, devorar, comer com avidez. **3.** *Fig.* Tragar, submergir. **4.** *Fig.* Engolir, suportar, tragar. **5.** Consumir, gastar. *El coche traga mucha gasolina.* O carro bebe muita gasolina. ■ **tragarse** *v.p.* **1.** *Fig.* Acreditar, engolir. *Se tragó la mentira.* Engoliu a mentira. **2.** *Fig.* Fingir, disfarçar. ♦ **Hacer tragar.** Persuadir de algo falso, fazer engolir. **No tragar (a alguien).** Não suportar, sentir antipatia (por alguém). **Tener que tragárselo.** Ter que engolir e ficar quieto.

tra·ge·dia *s.f.* **1.** *Teat.* Tragédia, obra dramática. **2.** *Fig.* Tragédia, catástrofe.

trá·gi·co/a *adj.* **1.** Trágico, dramático. ● *s.* **2.** *Liter. e teat.* Autor ou ator de tragédias.

tra·go *s.m.* **1.** Gole, trago. **2.** *Col.* Bebida alcoólica. ♦ **Trago amargo.** Mau pedaço, infelicidade. **A tragos.** Aos poucos. **Echarse un trago.** Tomar um trago.

tra·gón/·go·na *adj. e s.* Glutão, comilão.

trai·ción *s.f.* **1.** Traição, infidelidade. **2.** Traição, delação, entrega. ♦ **A traición.** Pelas costas, de modo desleal. **Alta traición.** Alta traição.

trai·cio·nar *v.t.* **1.** Trair, atraiçoar, enganar. **2.** Trair, denunciar, delatar. **3.** Trair, ser infiel, cometer adultério. **4.** *Fig.* Trair, não corresponder, falhar.

trai·dor/·do·ra *adj. e s.* **1.** Traidor, infiel, desleal. **2.** Traidor, delator. ■ *Tb.:* traicionero.

tra·je *s.m.* **1.** Vestimenta, traje, costume. **2.** Terno. **3.** Conjunto social feminino, *tailleur* **4.** Vestimenta típica regional. ♦ **Traje de baño.** Maiô. **Traje de ceremonia/etiqueta.** Traje a rigor. **Traje de noche.** Vestido de noite. **Baile de trajes.** Baile a fantasia.

tra·jín *s.m.* **1.** Movimentação, vaivém. **2.** Trabalheira, batente. **3.** *Col.* Caso amoroso.

tra·ji·nar *v.t.* **1.** Transportar mercadoria. ■ *v.i.* **2.** *Col.* Movimentar-se em grande atividade.

tra·ma *s.f.* **1.** Trama, fiação. **2.** *Liter.* Trama, enredo (obra). **3.** *Fig.* Trama, intriga, armação, conchavo.

tra·mar *v.t.* **1.** Tramar, trançar, entrelaçar. **2.** *Fig.* Tramar, maquinar, arquitetar.

trá·mi·te *s.m.* **1.** Passagem, transição. **2.** Trâmite, diligência, providência.

tra·mo *s.m.* **1.** Trecho, segmento (estrada, canal, construção). **2.** Lance (de escada).

tra·mo·ya *s.f.* Tramoia.

tram·pa *s.f.* **1.** Armadilha, artifício de caça, arapuca. **2.** Alçapão. **3.** *Fig.* Armadilha, cilada. **4.** *Fig.* Artimanha, embuste. *Un tipo lleno de trampas.* Um sujeito cheio de artimanhas. **5.** *Fig.* Trapaça (em jogo). *¡No hagas trampa!* Não faça trapaças! **6.** Dívida. ♦ **Agarrar/Coger en la trampa.** Pegar no pulo. **Caer en la trampa.** Cair na armadilha. **Hacer trampa.** Trapacear.

tram·pi·lla *s.f.* **1.** Pequena claraboia, visor. **2.** Portinhola. ■ *Dim.* de *trampa*.

tram·po·lín *s.m.* **1.** *Desp.* Trampolim, plataforma de salto. **2.** *Fig.* Trampolim, degrau para subir na vida, alavanca.

tram·po·so/a *adj. e s.* Trapaceiro, embusteiro.

tran·ca *s.f.* **1.** Cacete, porrete. **2.** Tranca, viga. **3.** *Col.* Bebedeira. ♦ **A trancas y barrancas.** Aos trancos e barrancos.

tran·ce *s.m.* **1.** Transe, lance, momento crítico. **2.** Transe, estado mediúnico. **3.** Transe, últimos momentos de vida. ♦ **Trance mortal.** Agonia mortal. **A todo trance.** A qualquer custo.

tran·co *s.m.* **1.** Passo largo, salto. **2.** Soleira da porta. **3.** *Amer.* Tranco, salto que dá o cavalo. ■ Não tem sentido de "solavanco" nem de "esbarro". ♦ **A trancos.** Precipitadamente, aos trancos. **En dos trancos.** Em dois palitos.

tran·qui·li·zan·te *adj.* **1.** Tranquilizante, tranquilizador. ● *s.2g.* **2.** *Med.* Tranquilizante, sedativo.

tran·qui·li·zar *v.t.* Acalmar, tranquilizar, sossegar. ■ **tranquilizarse** *v.p.* Acalmar-se, tranquilizar-se.

tran·qui·lo/a *adj.* **1.** Calmo, tranquilo, quieto.

■ *adj. e s.* **2.** Pessoa tranquila, sossegada, cuca fresca. ■ Não tem sentido de "sem problemas, certo" nem de "fácil de resolver". ♦ **Estar/Quedarse tranquilo.** Ficar tranquilo.
tran·sac·ción *s.f.* **1.** Transação, transigência. **2.** *Com.* Transação, acordo comercial.
trans·bor·do *s.m.* Baldeação, transbordo. ■ *Tb.: trasbordo.*
trans·cen·der *v.t.* **1.** Transcender, exceder, ultrapassar. ■ *v.i.* **2.** Propagar-se, difundir-se, transcender. **3.** Exalar, emanar. *Ese perfume transciende de los pétalos.* Esse perfume emana das pétalas. ■ **a.** *Tb.: trascender.* **b.** *C.mod. 01.*
trans·cri·bir *v.t.* **1.** Transcrever, copiar, reproduzir. **2.** Transcrever, passar de um código a outro. **3.** *Mus.* Transcrever, adaptar uma peça a outros instrumentos.
trans·crip·ción *s.f.* Transcrição.
trans·cu·rrir *v.i.* Decorrer, transcorrer.
trans·cur·so *s.m.* Transcurso, decurso, decorrência (tempo). ■ *Tb.: trascurso.*
tran·se·ún·te *adj. e s. 2.g.* **1.** Transeunte, caminhante, pedestre. **2.** Que está de passagem.
trans·fe·ren·cia *s.f.* **1.** Transferência, mudança. **2.** *Com.* Transferência, remessa de fundos. **3.** *Desp.* Transferência de um jogador. **4.** *Inform.* Transferência de informação. ■ **transferencias** *s.f.pl. Com.* Relocação orçamentária. ♦ **Transferencia de crédito.** *Com.* Ordem de pagamento. **Transferencia de tecnología.** Transferência de tecnologia.
trans·fe·rir *v.t.* **1.** Transferir, mudar de lugar, deslocar. **2.** Transferir, ceder (direito). **3.** Transferir, adiar. ■ *C.mod. 11.*
trans·fi·gu·rar *v.t.* Transfigurar, transformar. ■ **transfigurarse** *v.p.* Transfigurar-se, transformar-se. ■ *Tb.: trasfigurar.*
trans·for·ma·dor/·do·ra *adj.* **1.** Transformador, modificador. ● *s.m.* **2.** *Eletr.* Transformador (corrente, voltagem).
trans·for·mar *v.t.* **1.** Transformar, modificar, transfigurar. **2.** Transformar, converter, tornar. ■ **transformarse** *v.p.* Transformar-se, tornar-se.

trans·fu·sión *s.f.* Transfusão. ■ *Tb.: trasfusión.*
♦ **Transfusión de sangre.** *Med.* Transfusão de sangue.
trans·gre·dir *v.t. For.* Transgredir, infringir, violar. ■ **a.** Não tem sentido de "atravessar, passar além de". **b.** *C.mod. 45.*
trans·gre·sión *s.f. For.* Transgressão, infração.
tran·si·ción *s.f.* **1.** Transição, passagem de um estado a outro. **2.** Transição, período intermediário. ♦ **Etapa de transición.** Fase de transição.
tran·si·do/a *adj.* Angustiado, aflito.
tran·si·gir *v.i.* **1.** Transigir, condescender, ceder. **2.** Transigir, tolerar, permitir. **3.** *For.* Transigir, conciliar.
tran·sis·tor *s.m. Eletr.* **1.** Transistor. **2.** Transistor, aparelho de rádio.
trán·si·to *s.m.* **1.** Passagem, trânsito, circulação de pessoas. **2.** Trânsito, tráfego, circulação de veículos. **3.** Lugar de parada em viagem, escala. *Pasajeros en tránsito.* Passageiros em trânsito. **4.** Trânsito, passagem para a outra vida. ♦ **Tránsito de peatones.** Passagem de pedestres. **De/En tránsito.** De passagem, em trânsito.
trans·lú·ci·do/a *adj.* Translúcido.
trans·mi·sión *s.f.* **1.** *Mec.* Transmissão, comunicação de um movimento. **2.** *Fís.* Transmissão, propagação (som, luz, ondas). **3.** *Eletr.* Transmissão, difusão (rádio, TV). ■ **transmisiones** *s.f.pl. Eletr.* Transmissões, emissões (telefone, rádio).
trans·mi·sor/·so·ra *adj.* **1.** Transmissor, que transmite. ● *s.m. Eletr.* **2.** Transmissor, equipamento de transmissão. **3.** Transmissor, aparelho de rádio.
trans·mi·tir *v.t.* **1.** Transmitir, transferir (cargo, direito). **2.** Transmitir, emitir, difundir (por sistema de comunicação). **3.** Transmitir, enviar (mensagem). **4.** *Fig.* Transmitir, irradiar (sentimento). **5.** *Med.* Transmitir, contagiar. **6.** *Mec. e fís.* Transmitir, ser condutor.
trans·pa·ren·cia *s.f.* **1.** Transparência, limpidez. **2.** Transparência, *slide.*
trans·pa·ren·tar·se *v.p.* **1.** Transparentar, trans-

parecer, ser transparente. **2.** *Fig.* Transparecer, revelar, ser evidente. *Sus intenciones se transparentaban.* As suas intenções eram evidentes.
trans·pi·rar *v.i.* Transpirar, suar. ■ *Tb.: trasudar, sudar.*
trans·po·ner *v.t.* **1.** Transpor, mudar de lugar. **2.** *Fig.* Transpor, superar um obstáculo. ■ **transponerse** *v.p.* Ocultar-se. *El Sol se transpone.* O Sol se oculta. ■ *C.mod. 14.*
trans·por·ta·dor/do·ra *adj.* **1.** Transportador, que transporta. • *s.m.* **2.** *Geom.* Transferidor. **3.** *Mec.* Transportador, instalação de transporte contínuo. ■ Não tem sentido de "companhia de transporte".
trans·por·tar *v.t.* **1.** Transportar, levar, carregar. **2.** Transportar, deslocar, movimentar. **3.** *Mus.* Transcrever. ■ **transportarse** *v.p. Fig.* Transportar-se, ficar arrebatado.
trans·por·te *s.m.* **1.** Transporte, frete. *Incluir el costo del transporte.* Incluir o custo do frete. **2.** Transporte, condução, veículo. *Debo pagarle el transporte a su casa.* Devo pagar-lhe a condução até a sua casa. **3.** *Fig.* Arrebatamento, êxtase, efusão. *Con transporte de alegría.* Com êxtase de alegria. **4.** *Mar.* Navio cargueiro. ■ **transportes** *s.m.pl.* Meios de transporte. *Huelga de los transportes.* Greve dos meios de transporte. ♦ **Transporte aéreo/marítimo.** Transporte aéreo/marítimo. **Transporte de pasajeros/carga.** Transporte de passageiros/carga.
trans·por·tis·ta *s.2g.* Transportador, pessoa ou empresa que se dedica ao transporte.
trans·po·si·ción *s.f.* **1.** Transposição, ultrapassagem. **2.** *Mus.* Transcrição. **3.** *Gram.* Transposição, figura de retórica. **4.** *Tip.* Transposição, inversão.
tran·ví·a *s.m.* Bonde.
tra·pa·ce·ro/ra *adj. e s.* Trapaceiro.
tra·pa·za *s.f.* Trapaça, fraude.
tra·pe·cio *s.m.* **1.** *Geom.* Trapézio. **2.** *Desp.* Trapézio, aparelho de ginástica.
tra·pi·son·da *s.f.* **1.** Barulheira, vozerio. **2.** *Col.* Bagunça, briga.

tra·po *s.m.* **1.** Trapo, farrapo, tecido velho. **2.** Pano de limpeza. **3.** *Mar.* Vela de embarcação. ■ **trapos** *s.m.pl. Col.* Roupa feminina. *Compró unos trapos nuevos.* Comprou roupas novas. ♦ **Trapo de piso.** Pano de chão. **A todo trapo. 1.** De velas abertas, a todo o pano. **2.** A toda a velocidade. **Dejar como un trapo.** Humilhar, arrasar. **Estar hecho un trapo.** Estar um trapo, arrasado. **Sacar los trapos a relucir.** Lavar a roupa suja, fazer reclamações, cobranças.
trá·quea *s.f. Med. e bot.* Traqueia.
tra·que·te·ar *v.t.* Mexer-se, movimentar-se.
tra·que·teo *s.m.* Movimentação, agitação.
tras *prep.* **1.** Depois de, após. *Un día tras otro.* Um dia após o outro. **2.** Trás, atrás, detrás. *Tras la casa está la piscina.* Atrás da casa está a piscina. **3.** Além de. *Tras de no venir, no llama.* Além de não vir, não telefona. **4.** Atrás, à procura de. *Ando tras un regalo de bodas.* Estou à procura de um presente de casamento. • *s.m.* **5.** *Col.* Traseiro, nádegas.
tras·cur·so *s.m.* Transcurso, decorrer de tempo.
tra·se·gar *v.t.* **1.** Revirar, deixar em desordem. **2.** Verter, entornar, transbordar. **3.** *Col.* Beber, tomar bebida alcoólica. ■ *C.mod. 01.*
tra·se·ro/a *adj.* **1.** Traseiro, parte posterior. • *s.m.* **2.** Traseiro, nádegas, bunda. ■ *s.f.* **3.** Traseira, a parte posterior.
tras·la·dar *v.t.* **1.** Mudar, transportar, trasladar. *Traslada el sillón de lugar.* Mude a poltrona de lugar. **2.** Transferir (cargo). *La trasladaron a otro sector.* Foi transferida para outro setor. **3.** Adiar, trasladar. **4.** Traduzir, trasladar. **5.** Transcrever, trasladar, copiar. ■ **trasladarse** *v.p.* Mudar-se, trasladar-se. *Se trasladó a Buenos Aires.* Mudou-se para Buenos Aires.
tras·la·do *s.m.* **1.** Mudança, traslado, locomoção. **2.** Cópia, reprodução, transcrição. **3.** Transferência. ■ *Tb.: traslación.*
tras·lu·cir *v.t.* Denotar, revelar. ■ **traslucirse** *v.p.* **1.** Transluzir, ser translúcido. **2.** *Fig.* Transluzir, transparecer. **3.** Transluzir-se,

manifestar-se. **4.** *Fig.* Deduzir-se, inferir-se. ■ *C.mod. 08.*
tras·luz *s.m.* Luz refletida por um corpo. ♦ **Al trasluz.** Contra a luz.
tras·ma·no <a> *loc.* Fora de mão, longe.
tras·no·char *v.i.* **1.** Velar, passar a noite em claro, tresnoitar. **2.** Ir dormir muito tarde.
tras·pa·pe·lar·se *v.p.* Perder-se um papel entre outros.
tras·pa·sar *v.t.* **1.** Traspassar, perfurar, atravessar. **2.** Transpor. **3.** Transportar, levar. **4.** Traspassar, transferir, ceder. **5.** *Fig.* Traspassar, afligir. **6.** Traspassar, ultrapassar. ■ **traspasarse** *v.p.* Exceder-se, passar dos limites.
tras·pa·so *s.m.* **1.** Traspasse, travessia. **2.** *Com.* Transmissão, passe, preço cobrado pela transferência de um bem. **3.** Transporte, mudança. **4.** *Fig.* Aflição.
tras·pié *s.m.* **1.** Tropeção, escorregão. **2.** *Fig.* Erro, indiscrição.
tras·plan·tar *v.t.* **1.** *Bot.* Transplantar, replantar um vegetal. **2.** *Med.* Transplantar, implantar um órgão. ■ **trasplantarse** *v.p.* **1.** *Med.* Transplantar, implantar um órgão. **2.** *Fig.* Mudar de país.
tras·plan·te *s.m. Med.* Transplante.
tras·qui·lar *v.t.* **1.** Tosar, tosquiar. **2.** Cortar o cabelo de maneira inadequada. **3.** *Fig.* Deteriorar, depredar, depenar.
tras·ta·da *s.f.* **1.** Travessura, arte. **2.** *Fig.* Cachorrada, ação inconsequente.
tras·te *s.m.* **1.** *Mus.* Trasto. **2.** *Col. Amer.* Traseiro.
tras·te·ro/a *adj. e s.* Armário ou quarto de despejo.
tras·tien·da *s.f.* **1.** Depósito contíguo a uma loja. **2.** *Fig.* Malícia, astúcia. **3.** *Fig.* Ardil, mutreta.
tras·to *s.m.* **1.** Traste, móvel, utensílio doméstico. **2.** Traste, coisa, objeto velho. **3.** Traste, bagulho, bugiganga. **4.** *Fig.* Traste, velhaco. ■ **trastos** *s.m.pl.* **1.** Apetrechos, utensílios próprios para uma atividade. *Los trastos deportivos.* Os apetrechos esportivos. **2.** Tralha, trastes. ♦ **Trastos de cocina.** Louça.

tras·tor·nar *v.t.* **1.** Revirar, desordenar, transtornar. **2.** Agitar, transtornar, alterar a rotina. *Su visita trastornó el final de semana.* A sua visita agitou o fim de semana. **3.** *Fig.* Perturbar, atrapalhar. *Mi viaje trastornará el trabajo.* A minha viagem vai atrapalhar o serviço. **4.** *Fig.* Provocar paixão, virar a cabeça. ■ **trastornarse** *v.p.* Enlouquecer, ficar louco.
tras·va·sar *v.t.* Transvazar, verter.
tra·ta *s.f.* Comércio ilegal, tráfico. ♦ **Trata de blancas.** Tráfico de mulheres brancas (para prostituição).
tra·ta·do *s.m.* **1.** Tratado, trato, acordo. **2.** Tratado, contrato. **3.** Tratado, estudo, ensaio. ♦ **Tratado de paz.** Tratado de paz.
tra·ta·mien·to *s.m.* **1.** Tratamento, fórmula de cortesia. **2.** Tratamento, acolhimento. **3.** Tratamento, procedimento de análise, processamento. **4.** *Med.* Tratamento, cuidado médico.
tra·tar *v.t.* **1.** Tratar, usar, cuidar. **2.** Tratar, receber, acolher. *Tratan a María como hermana.* Tratam a Maria como uma irmã. **3.** *Med.* Tratar, medicar, cuidar. **4.** Tratar, pactuar, fazer um acordo. *Trataron el negocio.* Fizeram o negócio. ■ *v.t. e v.i.* **5.** Tratar, versar. *Este libro trata del asunto.* Este livro trata do assunto. **6.** Travar relações, lidar. ■ *v.i.* **7.** Comercializar. *Trata en madera.* Comercializa madeira. ■ **tratarse** *v.p.* **1.** Tratar-se, relacionar-se. **2.** Tratar-se, cuidar-se. ♦ **Tratar de.** Tratar, tentar, tencionar. *El perro siempre trata de huir.* O cachorro sempre tenta fugir.
tra·to *s.m.* **1.** Tratamento, recepção, acolhida. **2.** Tratamento, fórmula de cortesia. **3.** Trato, acordo, tratado, negócio. **4.** Trato, convivência. **5.** Trato, cuidado. ♦ **Trato de gentes.** Facilidade de relacionamento. **¡Trato hecho!** Negócio fechado! **Cerrar/Hacer un trato.** Fazer um trato. **No querer tratos (con alguien).** Não querer relacionar-se (com alguém). **Romper el trato.** Romper a amizade, o relacionamento.

trau·ma *s.m.* **1.** *Med.* Traumatismo. **2.** Trauma.
trau·ma·tis·mo *s.m. Med.* Traumatismo, lesão.
tra·vés *s.m.* **1.** Obliquidade, viés, través. **2.** *Fig.* Contratempo, desgraça, obstáculo. **3.** Través, travessa. ♦ **A través (de).** Através (de). **De través.** Transversalmente.
tra·ve·sa·ño *s.m.* **1.** Dormente, travessão de madeira ou ferro que une os trilhos. **2.** *Desp.* Trave. **3.** Travessa, viga.
tra·ve·sí·a *s.f.* **1.** Travessa, rua transversal. **2.** Travessia, distância entre dois pontos.
tra·ves·ti *s.2g. Gal.* Travesti. ■ *Tb.: travestido.*
tra·ves·tir *v.t.* Disfarçar, fantasiar. ■ **travestirse** *v.p.* **1.** Disfarçar-se, fantasiar-se. **2.** Vestir-se com roupa do outro sexo.
tra·ve·su·ra *s.f.* Travessura, traquinice, arte.
tra·vie·sa *s.f.* Dormente, travessão, travessa. ■ Não tem sentido de "bandeja" nem de "rua transversal".
tra·vie·so/a *adj.* **1.** Travesso, inquieto, traquinas, maroto. **2.** Travesso, malicioso. **3.** Travesso, espirituoso. ♦ **De travieso.** Transversalmente.
tra·yec·to *s.m.* **1.** Trajeto, distância. **2.** Trajeto, percurso, trajetória. **3.** Trajeto, caminho.
tra·yec·to·ria *s.f.* **1.** Trajetória, direção, trajeto. **2.** *Fig.* Trajetória, conduta.
tra·za *s.f.* **1.** Projeto, esboço, planta, traça. **2.** *Fig.* Habilidade, manha, capacidade, traça (para fazer algo). **3.** *Fig.* Aspecto, aparência, traça, jeito. *Con trazas de que no le gustó.* Com jeito de quem não gostou.
tra·za·do/a *adj.* **1.** Delineado, (bem/mal) proporcionado. *Tiene la cara mal trazada.* Tem o rosto desengonçado. ● *s.m.* **2.** Traçado, esquema, esboço. **3.** Traçado, projeto, planta. **4.** Trajetória, percurso, itinerário. *El trazado del metro.* O percurso do metrô.
tra·zar *v.t.* **1.** Traçar, desenhar, delinear. **2.** Traçar, projetar, arquitetar. **3.** *Fig.* Traçar, maquinar, tramar.
tra·zo *s.m.* **1.** Traço, risco, linha. **2.** Traço, esboço, desenho. **3.** Traço, feição.
tré·bol *s.m.* **1.** *Bot.* Trevo. ■ *Tb.: trifolio.* **2.** Paus, naipe do baralho.

tre·gua *s.f.* **1.** *Mil.* Trégua, suspensão temporária de uma guerra. **2.** *Fig.* Trégua, pausa, descanso. ♦ **Dar tregua.** Dar trégua.
tre·men·do/a *adj.* **1.** Temível, terrível, tremendo. **2.** Tremendo, extraordinário, colossal. **3.** Tremendo, surpreendente. **4.** *Col.* Travesso, traquinas.
tren *s.m.* **1.** Trem, meio de transporte. **2.** Velocidade, marcha, ritmo. *Mantener el tren de recorrido.* Manter a velocidade de percurso. **3.** Aparato, conjunto de utensílios necessários para uma atividade, equipamento. *Tren de dragado.* Equipamento de dragagem. ♦ **Tren correo.** Trem postal. **Tren de aterrizaje.** Trem de aterrissagem. **Tren de vida.** Modo de vida.
tren·za *s.f.* Trança.
tre·pa·dor/·do·ra *adj. e s.* **1.** Trepador, que trepa. ■ *adj. e s.f.* **2.** *Bot.* Trepadeira.
tre·par *v.i.* Subir, trepar. ■ Não tem sentido de "copular".
tre·pi·dar *v.i.* Trepidar, tremer, vibrar.
tre·si·llo *s.m.* Jogo de sofá e duas poltronas.
tre·ta *s.f.* **1.** Treta, astúcia, artimanha. **2.** Treta, habilidade, destreza.
trí·a *s.f.* Triagem.
tri·an·gu·lar *adj.* **1.** Triangular, em forma de triângulo. ● *v.t.* **2.** Triangular, dividir para mapeamento.
tri·án·gu·lo *s.m.* **1.** *Geom.* Triângulo, figura de três lados. **2.** *Mus.* Triângulo, instrumento de percussão. **3.** *Col.* Triângulo amoroso. ♦ **Triángulo equilátero/escaleno/isósceles.** *Geom.* Triângulo equilátero/escaleno/isósceles.
triar *v.t.* Fazer triagem, escolher, selecionar.
tri·bu *s.f.* **1.** Tribo, clã. **2.** Tribo, grupo nômade. **3.** *Fig. e col.* Tribo, família numerosa.
tri·bu·la·ción *s.f.* Tribulação, atribulação, contrariedade.
tri·bu·na *s.f.* **1.** Tribuna, plataforma elevada. **2.** Tribuna, palanque. **3.** Tribuna, arquibancada.
tri·bu·nal *s.m. For.* **1.** Tribunal, local onde se julga. **2.** Tribunal, conjunto de juízes. **3.** Juizado, juiz. ♦ **Tribunal de cuentas.** Tri-

bunal de contas. **Tribunal de menores.** Juizado de menores. **Tribunal Supremo.** Supremo Tribunal.

tri·bu·tar v.t. **1.** Tributar, pagar impostos, contribuir. **2.** Tributar, prestar tributo, dedicar.

tri·bu·to s.m. **1.** Tributo, imposto, contribuição. **2.** Tributo, homenagem. **3.** Tributo, concessão.

tri·go s.m. Bot. Trigo.

tri·go·no·me·trí·a s.f. Mat. Trigonometria.

tri·lla·do·ra s.f. Debulhadora, máquina que debulha, trilho.

tri·llar v.t. **1.** Trilhar, debulhar cereais. **2.** Trilhar, esmagar, triturar. ■ Não tem sentido de "marcar com pegadas", "pisar" nem de "seguir".

tri·lli·zo/a adj. e s. Trigêmeo.

tri·llo s.m. **1.** Trilho, debulhadora. **2.** Amer. Trilha, caminho estreito.

☞ **tri·llón** s.m. Quatrilhão.

tri·mes·tre s.m. **1.** Trimestre. **2.** Trimestralidade.

tri·nar v.i. **1.** Trinar, gorjear. **2.** Col. Bufar, irritar-se.

trin·chan·te s.m. **1.** Trinchante, utensílio para trinchar. **2.** Mex. e Am.C. Aparador. **3.** Trincha.

trin·char v.t. Trinchar, cortar em pedaços, picar.

trin·che·ra s.f. **1.** Trincheira, barreira. **2.** Tipo de sobretudo. **3.** Trilha.

trí·o s.m. Trio.

tri·pa s.f. **1.** Tripa, intestino, vísceras. **2.** Ventre. **3.** Col. Gravidez. ■ **tripas** s.f.pl. **1.** Âmago, entranhas. **2.** Bucho, dobradinha. ♦ **Hacer de tripas corazón.** Fazer das tripas coração. **Revolver las tripas.** Embrulhar o estômago, sentir náuseas.

tri·par·ti·to/a adj. Tripartite, tripartido.

tri·ple adj. e s.m. **1.** Triplo. ■ adj. **2.** Tríplice. ● s.m. **3.** Eletr. Benjamim, plugue.

tri·pli·car v.t. Triplicar. ■ **triplicarse** v.p. Triplicar-se.

trí·po·de s.m. Tripé.

tris·te adj. **1.** Triste, deprimido, abatido. **2.** Triste, preocupante. **3.** Triste, melancólico. **4.** Sóbrio, sem vida, apagado. Un color triste. Uma cor apagada. **5.** Fig. Insignificante. Me pagan un triste sueldo. Pagam-me um salário insignificante.

tri·tu·ra·dor/·do·ra adj. **1.** Triturador, que tritura. ● s.f. **2.** Mec. Britadeira.

tri·tu·rar v.t. **1.** Triturar, moer. **2.** Triturar, mastigar. **3.** Fig. Triturar, maltratar, magoar. **4.** Fig. Triturar, massacrar, criticar.

triun·far v.i. **1.** Triunfar, vencer. **2.** Triunfar, ter sucesso.

triun·fo s.m. **1.** Triunfo, vitória. **2.** Troféu. **3.** Fig. Triunfo, êxito, sucesso. **4.** Fig. Trunfo.

tri·vial adj. Trivial, comum, corriqueiro.

tri·za s.f. Fragmento, caco, pedacinho. ♦ **Hacer trizas.** Fazer em pedacinhos.

tro·cha s.f. **1.** Trilha, atalho. **2.** Bitola (trem).

tro·feo s.m. Troféu.

tro·glo·di·ta adj. e s.2g. **1.** Troglodita, que vive nas cavernas. **2.** Fig. Brutamontes, grosseiro. **3.** Glutão, guloso.

tro·le·bús s.m. Trólebus, ônibus elétrico. ■ Pl.: trolebuses.

trom·ba s.f. Tromba-d'água.

trom·bón s.m. Mus. Trombone.

trom·bo·sis s.f. Med. Trombose. ■ Pl.: invariável.

trom·pa s.f. **1.** Mus. Trompa, instrumento de sopro. **2.** Biol. Tromba, órgão sugador de certos insetos. **3.** Biol. Tromba, órgão olfativo de alguns animais. **4.** Med. Trompa, conduto anatômico. **5.** Pião (brinquedo). ■ Tb.: trompo. **6.** Col. Bebedeira. **7.** Col. Beiço, focinho, bico. **8.** Fig. Nariz grande. ♦ **Trompa de Eustaquio/Falopio.** Med. Trompa de Eustáquio/Falópio.

trom·pa·zo s.m. Pancada.

trom·pe·ta s.f. Mus. **1.** Trompete. **2.** Clarinete.

tro·nar v.impess. **1.** Trovejar, trovoar. ■ v.i. **2.** Trovejar, retumbar. **3.** Col. Trovejar, bradar, esbravejar. **4.** Fig. Criticar. Ese periodista siempre truena contra el alcalde. Esse jornalista sempre critica o prefeito. ■ C.mod. 42. ♦ **Estar tronado.** Estar arruinado.

tron·char v.t. **1.** Partir, cortar em pedaços. **2.**

troncho/a 406 **tullir**

Fig. Frustrar, malograr. **3.** *Fig.* Truncar, mutilar. ■ **troncharse** *v.p.* **1.** Cortar em pedaços, partir. **2.** Frustrar-se, malograr-se.

tron·cho/a *adj.* **1.** Truncado, troncho. ● *s.m.* **2.** *Bot.* Talo de hortaliças.

tron·co *s.m.* **1.** *Bot.* Tronco, caule. **2.** Tronco, parte do corpo humano, torso. **3.** *Fig.* Tronco, origem de família. **4.** Conduto, canal principal. **5.** *Fig.* Pessoa insensível ou inútil. ♦ **Dormir como un tronco.** Dormir como uma pedra.

tro·pa *s.f.* **1.** Tropa, multidão. **2.** *Mil.* Tropa, grupo de soldados. ■ **tropas** *s.f.pl. Mil.* Tropas, exército.

tro·pe·zar *v.i.* **1.** Tropeçar, esbarrar. **2.** Tropeçar, encontrar um obstáculo ou empecilho. *Tropezó con muchas dificultades.* Tropeçou em muitas dificuldades. **3.** *Col.* Discutir, brigar. ■ **tropezarse** *v.p.* Encontrar-se, topar. ■ *C.mod. 01.*

tro·pe·zón/zo·na *adj.* **1.** Que tropeça muito. ● *s.m.* **2.** Tropeção, topada. **3.** Tombo. **4.** Erro, equívoco. **5.** *Col.* Pedaços de carne ou legumes agregados a uma comida. ♦ **A tropezones.** Aos trancos e barrancos.

tró·pi·co/a *adj.* **1.** Trópico, dos trópicos. ● *s.m.* **2.** Trópico, linha imaginária. ♦ **Trópico de Cáncer/Capricornio.** Trópico de Câncer/ Capricórnio.

tro·pie·zo *s.m.* **1.** Tropeção, esbarrão. **2.** *Fig.* Tropeço, obstáculo, impedimento. **3.** *Fig.* Erro, deslize. **4.** *Fig.* Revés, contratempo. **5.** *Fig.* Discussão, desentendimento.

tro·ta·mun·dos *s. 2g.* Andarilho, que gosta de viajar pelo mundo. ■ *Pl.:* invariável.

tro·te *s.m.* **1.** Trote, forma acelerada de andar (cavalo). **2.** *Col.* Atividade intensa, correria. ■ Não tem sentido de "zombaria". ♦ **A/Al trote.** Depressa, rápido. **De mucho trote.** De muita resistência, forte. **Para todo trote.** Para o dia a dia, para bater.

☞ **tro·zo** *s.m.* **1.** Pedaço, lasca. *Un trozo de pan.* Um pedaço de pão. **2.** Fragmento, trecho, parte. *Un trozo de la canción.* Um trecho da música. ♦ **A trozos.** Que não é uniforme.

tru·cha *s.f.* Truta.

tru·cho/a *adj.* **1.** *Am.C.* Vivo, astuto. **2.** *Arg.* Falsificado.

tru·co *s.m.* **1.** Truque, artimanha, ardil, macete. **2.** Truco, certo jogo de baralho. ♦ **Coger el truco. 1.** Descobrir o truque ou artifício. **2.** Pegar o jeito para fazer algo. **Tener truco.** Ter macete, não ser de fácil compreensão.

true·no *s.m.* **1.** Trovão, estrondo. **2.** Estampido, disparo.

tru·fa *s.f.* **1.** *Bot.* Trufa. **2.** *Fig.* Mentira. **3.** *Bot.* Tipo de cogumelo.

trun·car *v.t.* **1.** Truncar, suprimir, omitir uma parte importante (texto, obra). **2.** Truncar, cortar, mutilar. **3.** Truncar, separar do tronco. **4.** *Fig.* Frustrar, malograr.

tu *p.poss. 2ª pess.sing.* **1.** Teu, tua (usando-se o pronome "tú"). *Tu libro.* Teu livro. **2.** Seu, sua (usando-se a forma de tratamento "você"). *Tu camisa.* Sua camisa. ■ **a.** Forma apocopada de *tuyo.* **b.** Usado antes de *s.*

tú *p.pess. 2ª pess.sing.* **1.** Tu. *Tú eres amigo de Juan.* Tu és amigo de João. **2.** Você. *Tú trabajas aquí.* Você trabalha aqui.

tu·bér·cu·lo *s.m.* **1.** *Bot.* Tubérculo, raiz, caule. **2.** *Med.* Tubérculo, nódulo.

tu·be·rí·a *s.f.* Tubulação.

tu·bo *s.m.* **1.** Tubo, cano. **2.** Tubo, recipiente cilíndrico, canudo. **3.** Tubo, canal, conduto. ♦ **Tubo de ensayo.** Tubo de ensaio. **Tubo digestivo.** *Med.* Tubo digestivo.

tuer·ca *s.f. Mec.* Porca.

tuer·to/a *adj.* **1.** Torto, torcido. ■ *adj. e s.* **2.** Caolho. ■ *Part. irreg.* de *torcer.*

tu·é·ta·no *s.m.* **1.** *Med.* Tutano, medula óssea. **2.** *Fig.* Âmago, íntimo, tutano. ♦ **Hasta el tuétano.** Até os ossos, completamente.

tu·fo *s.m.* **1.** Gás produzido por fermentação, vapor. **2.** Cheiro desagradável, fedor. **3.** Tufo, mecha de cabelo. ■ **tufos** *s.m.pl. Fig.* Vaidade, orgulho, arrogância.

tu·li·pa *s.f.* **1.** Cúpula de abajur, lâmpada. **2.** *Bot.* Tulipa. ■ *Tb.: tulipán.*

tu·llir *v.t.* Tolher, paralisar, entorpecer.

tum·ba *s.f.* **1.** Tumba, túmulo, sepultura, cova. **2.** *Fig.* Pessoa discreta ou calada, túmulo.
tum·bar *v.t.* **1.** Tombar, derrubar. **2.** *Col.* Reprovar em prova ou exame. **3.** Pasmar, aturdir, derrubar. *La noticia lo tumbó.* Ficou aturdido com a notícia. ■ **tumbarse** *v.p.* **1.** Deitar-se. **2.** Deixar de se esforçar, relaxar, desleixar. ‖ Não tem sentido de "incluir no patrimônio público".
tum·bo·na *s.f.* Cadeira de praia, espreguiçadeira.
tu·me·fac·ción *s.f. Med.* Tumefação, inflamação.
tu·mor *s.m. Med.* Tumor.
tú·mu·lo *s.m.* Túmulo.
tu·mul·to *s.m.* Tumulto, confusão, baderna.
tú·nel *s.m.* Túnel.
tungs·te·no *s.m. Quím.* Tungstênio.
tu·no/a *s.m.* **1.** Estudante que integra um grupo musical. ■ *s.f.* **2.** Grupo musical estudantil tradicional das universidades espanholas. **3.** *Bot.* Tuna, cacto.
tur·ba *s.f.* **1.** Carvão mineral. **2.** Turba, multidão.
tur·bar *v.t.* **1.** Turbar, perturbar, transtornar. **2.** Turbar, inquietar, irritar. ■ **turbarse** *v.p.* **1.** Turbar-se, perturbar-se. **2.** Turbar-se, irritar-se.
tur·bio/a *adj.* **1.** Turvo, sujo, escuro. *Agua turbia.* Água turva. **2.** *Fig.* Turvo, confuso.
tu·ris·mo *s.m.* Turismo.
tur·nar *v.i.* Alternar, revezar. ■ **turnarse** *v.p.* Alternar-se, revezar-se.

tur·no *s.m.* **1.** Turno, ordem. **2.** Turno, vez. *Ahora es tu turno.* Agora é a sua vez. **3.** Revezamento. ♦ **A turnos.** Alternadamente. **De turno.** De plantão.
tur·que·sa *s.f.* **1.** *Geol.* Turquesa, pedra preciosa. ■ *adj.* e *s.m.* **2.** A cor turquesa.
tu·rrón *s.m.* Doce à base de amêndoas e mel, típico do Natal, *torrone.*
tu·te *s.m.* **1.** Certo jogo de baralho. **2.** *Col.* Trabalho intenso. ♦ **Darse un tute.** Dar duro, trabalhar sem descanso.
tu·te·ar *v.t.* Tutear, tratar por tu. ■ **tutearse** *v.p.* Tutear-se, tratar-se por tu.
tu·te·la *s.f.* **1.** Tutela, autoridade para cuidar dos bens de um menor. **2.** Tutela, proteção, custódia. **3.** Tutoria. ♦ **Bajo tutela.** Sob custódia.
tu·tor/·to·ra *s.* **1.** Tutor, encarregado de tutelar alguém. **2.** Tutor, defensor, protetor. **3.** Professor, preceptor, orientador (escolar, de tese, de pesquisa).
tu·yo/a *p.poss. 2ª pess.sing.* **1.** Teu, tua. *¿Los cuadernos son tuyos?* Os cadernos são teus? *Estas llaves son las tuyas.* Estas são as tuas chaves. **2.** Seu, sua. *La blusa es tuya.* A blusa é sua. *Este libro no es el tuyo.* Este livro não é o seu. ‖ Usado posposto ou afastado do *s. Mi lápiz es éste, el tuyo es el otro.* Meu lápis é este, o seu é o outro. ♦ **De las tuyas.** Das suas. **Los tuyos. 1.** Os seus, os familiares. **2.** Dos seus, pessoas que partilham as mesmas ideias. **Ser lo tuyo.** Ser próprio ou adequado (para alguém).

U

u *s.f.* **1.** U, vigésima segunda letra do alfabeto. ● *conj.* **2.** Ou. ‖ Usada diante de palavras que começam com *o* ou *ho. Siete u ocho.* Sete ou oito. *Ayer u hoy.* Ontem ou hoje.

u·bi·ca·ción *s.f.* **1.** Localização, situação, posição. **2.** Locação, implantação.
u·bi·car *v.i.* **1.** Localizar, situar, assentar, colocar. ■ *v.t.* **2.** Instalar, posicionar. *Ubicar una máquina.* Instalar uma máquina. ■ **ubi-**

carse *v.p.* Localizar-se, encontrar-se, achar-se. *No me ubico entre tantos papeles.* Não me localizo entre tantos papéis. ♦ **Estar bien/mal ubicado.** Estar bem/mal situado.

u·fa·nar·se *v.p.* Jactar-se, vangloriar-se, ufanar-se.

u·fa·no/a *adj.* **1.** Orgulhoso, vaidoso, arrogante. **2.** Satisfeito.

úl·ce·ra *s.f. Med.* Úlcera.

ul·ti·mar *v.t.* Ultimar, arrematar.

úl·ti·mo/a *adj.* **1.** Último, que vem no final. *El último de la cola.* O último da fila. **2.** Último, o mais afastado. *La última puerta.* A última porta. **3.** Último, o mais recente. *Últimas noticias.* Últimas notícias. **4.** Último, definitivo. *Última palabra.* Última palavra. **5.** Último, mínimo (preço). ♦ **A la última moda.** Na última moda. **Estar en las últimas. 1.** Estar nas últimas, à beira da morte. **2.** Estar arruinado. **Por último.** Finalmente. **Ser lo último.** Ser o cúmulo.

ul·tra *adj.* e *s.2g.* **1.** Ultra, radical, extremista. *Este político es de los ultra.* Este político é extremista. ● *el.comp.* **2.** Ultra, além. *Ultramar.* Além-mar. **3.** Muito, super. *Ultraconocido.* Superconhecido.

ul·tra·co·rrec·ción *s.f. Gram.* Ultracorreção, hipercorreção.

ul·tra·jar *v.i.* Ultrajar, injuriar.

ul·tra·jo·so/a *adj.* Ultrajante.

ul·tra·ma·ri·no/a *adj.* Ultramarino. ■ **ultramarinos** *s.m.pl.* Gêneros alimentícios (que vinham de ultramar), conservas em geral. ♦ **Tienda de ultramarinos.** Armazém.

ul·tra·rro·jo/a *adj. Fís.* Infravermelho.

ul·tra·so·ni·do *s.m. Fís.* Ultrassom.

ul·tra·vio·le·ta *adj. Fís.* Ultravioleta.

um·bral *s.m.* **1.** Soleira. **2.** *Fig.* Limiar, entrada. **3.** *Arq.* Ombreira.

un *art.indef.* **1.** Um. *Un mueble viejo.* Um móvel velho. ● *adj.num.* **2.** Um. *Compró un reloj.* Comprou um relógio. ■ **a.** Forma apocopada de *uno* (numeral). *Se compró un pantalón, aunque necesitaba dos.* Comprou uma calça, embora precisasse de duas. *Como tenía tres, me prestó un lápiz a mí y otro a Juan.* Como tinha três, emprestou um lápis para mim e outro para o João. **b.** Usado diante de *s.m.sing. Hace un mes.* Há um mês. – *Sólo hay un espectáculo bueno en esta ciudad.* – *No importa, basta uno para divertirnos.* – Só há um espetáculo bom nesta cidade. – Não faz mal, basta um para divertir-nos.

u·na·ni·mi·dad *s.f.* Unanimidade.

un·guen·to *s.m. Med.* Unguento, bálsamo.

ú·ni·co/a *adj.* **1.** Único, sem igual. *Hija única.* Filha única. **2.** *Fig.* Único, extraordinário.

u·ni·dad *s.f.* **1.** Unidade, o número um. **2.** Unidade, princípio da numeração, dígito. *Cifras de tres unidades.* Cifras de três dígitos. **3.** Unidade, qualidade do que é uno. *Los dos capítulos forman una unidad.* Os dois capítulos formam uma unidade. **4.** Unidade, união. **5.** Unidade, medida. *Unidad de peso.* Unidade de peso. **6.** Unidade, harmonia. **7.** Unidade, divisão, setor. **8.** *Inform.* Unidade, sistema. ♦ **Unidad de cuidados intensivos/vigilancia intensiva.** *Med.* Unidade de terapia intensiva. **Unidad monetaria.** *Com.* Unidade monetária.

u·ni·fi·car *v.t.* **1.** Unificar, unir, reunir. **2.** Unificar, uniformizar. ■ **unificarse** *v.p.* Unificar-se.

u·ni·for·mar *v.t.* **1.** Uniformizar, padronizar. *Uniformar los modelos de informes técnicos.* Padronizar os modelos de relatórios técnicos. **2.** Uniformizar, dar/colocar uniforme. *Uniformaron a los alumnos.* Deram uniforme aos alunos.

u·ni·for·me *adj.* **1.** Uniforme, inalterável, invariável. ● *s.m.* **2.** Uniforme, traje. **3.** *Mil.* Farda.

u·nión *s.f.* **1.** União, agrupamento, reunião. *Unión de esfuerzos.* União de esforços. **2.** União, associação. *Unión comercial.* União comercial. **3.** União, casamento. **4.** *Med.* União, junção. **5.** Sindicato, liga. **6.** União, concórdia.

u·nir *v.t.* **1.** Unir, reunir, agrupar. **2.** Unir, associar, aliar. **3.** Unir, juntar, ligar. ■ **unirse** *v.p.* **1.** Unir-se, aliar-se. **2.** Unir-se, juntar-se, prender-se.

u·ní·so·no/a *adj.* Uníssono. ♦ **Al unísono.** Em uníssono.

u·ni·ver·si·dad *s.f.* **1.** Universidade. **2.** Universalidade.

u·ni·ver·so *s.m.* **1.** Universo, cosmos. **2.** *Fig.* Universo, ambiente.

u·no/a *adj.* **1.** Uno, não divisível, contínuo. *La carretera es una.* A estrada é contínua. ● *s.* **2.** Um, o número um. *En romanos el uno se representa como I.* Em algarismos romanos o um é representado por I. *Es la una de la mañana.* É uma hora da manhã. **3.** Um, unidade. ● *p.indef.* **4.** Um. *El uno y el otro.* Um e outro. **5.** Alguém, pessoa indeterminada. *Lo dijo uno que sabe.* Foi dito por alguém que sabe. **6.** A gente, nós. *Uno tiene esperanzas.* A gente tem esperanças. ● *art.indef.* **7.** Um/Uma. *Una gran librería.* Uma grande livraria. ● **unos/as** *adj.pl.* **1.** Alguns, uns. *Unos días después.* Alguns dias depois. **2.** Uns, cerca de, aproximadamente. *Deme unos dos kilos.* Dê-me uns dois quilos. ∎ Não se usa *uno* diante de *s.m.sing.* ♦ **Una de dos.** Das duas uma. **Una de las tuyas/suyas.** Uma das suas. **Una que otra vez.** Uma vez ou outra. **Uno a/por uno.** Um a um. **Uno cualquiera.** Qualquer um. **Uno de tantos.** Um entre tantos. **Uno que otro.** Um ou outro. **Unos cuantos.** Alguns. **A cada uno.** A cada um. **Cada uno.** Cada um. **De uno en uno.** De um em um. **No acertar una.** Não dar uma dentro.

un·tar *v.t.* Untar, besuntar. ■ **untarse** *v.p.* Untar-se, besuntar-se. ♦ **Untar la mano.** Molhar a mão, subornar.

un·to *s.m.* **1.** Graxa. **2.** Unto, banha. **3.** *Fig.* Grude.

u·ña *s.f.* **1.** Unha. **2.** Garra. **3.** *Mec.* Gancho. ♦ **Enseñar/Mostrar las uñas.** Mostrar as garras, ameaçar. **Hacer las uñas.** Fazer as unhas, fazer manicure. **Ser uña y carne.** Ser unha e carne.

u·pa <a> *loc. Col.* No colo, nos braços (bebês). *El nene quiere a upa.* O nenê quer colo.

ur·ba·ni·dad *s.f.* Cortesia, urbanidade.

ur·ba·ni·zar *v.t.* **1.** Urbanizar, civilizar. **2.** Urbanizar, lotear. ■ **urbanizarse** *v.p.* Educar-se, civilizar-se.

ur·be *s.f.* Urbe, cidade, metrópole.

ur·dir *v.t.* **1.** Urdir, dispor os fios para tecer. **2.** *Fig.* Urdir, tramar.

u·ré·ter *s.m. Med.* Ureter.

u·re·tra *s.f. Med.* Uretra.

ur·gen·cia *s.f.* Urgência. ♦ **Servicio de urgencia.** *Med.* Pronto-socorro.

ur·gir *v.i.* **1.** Ser urgente, imperioso, urgir. *Ese trabajo urge.* Esse trabalho é urgente. **2.** *For.* Obrigar, impor. *La ley urge a pagar impuestos.* A lei obriga a pagar impostos. ∎ *C.mod. 44.*

u·ri·na·rio/a *adj.* **1.** *Med.* Urinário. ● *s.m.* **2.** Mictório.

ur·na *s.f.* **1.** Urna, recipiente onde se depositam votos, papeletas. **2.** Urna funerária. **3.** Redoma.

u·ró·lo·go *s.m. Med.* Urologista.

u·rra·ca *s.f.* **1.** Gralha. **2.** *Fig.* Pessoa faladora, matraca. **3.** *Fig.* Cleptomaníaco.

ur·ti·ca·ria *s.f. Med.* Urticária.

u·san·za *s.f.* Costume, usança.

u·sar *v.t.* **1.** Usar, utilizar. **2.** Usar, valer-se. ■ *v.i.* **3.** Costumar. *No usa tomar.* Não costuma beber.

u·so *s.m.* **1.** Uso, utilização. **2.** *For.* Uso, usufruto. **3.** Moda, estilo. *Eso ya no está en uso.* Isso já passou de moda. **4.** Uso, costume, prática consagrada. ♦ **Uso de la palabra.** Uso da palavra. **Uso externo.** *Med.* Uso externo. **De uso personal.** De uso pessoal. **En buen uso.** Em bom estado. **En uso de su derecho.** *For.* No uso do seu direito. **Estar fuera de uso.** Estar fora de moda. **Hacer uso de.** Fazer uso de.

us·ted *p.trat. de 2ª pess.sing.* **1.** O senhor, a senhora. *Quiero preguntarle algo a usted.* Quero perguntar algo ao senhor. **2.** Vossa Senhoria. *En atención a la solicitud de usted (...).* Em resposta à solicitação de V.Sa. (...).

usuario/a — vacunar

■ **ustedes** *p.trat. de 2ª pess.pl.* **1.** Os senhores, as senhoras. **2.** Vossas Senhorias. **3.** *Amer.* Vocês. *Ustedes pueden venir cuando les parezca.* Vocês podem vir quando quiserem. ■ **a.** *Abrev.: Ud.* ou *Vd.* e *Uds.* ou *Vds.* **b.** Tratamento formal entre pessoas pouco conhecidas, mesmo jovens. **c.** Exige *v.* em *3ª pess.*

u·su·a·rio/a *adj. e s.* Usuário.

u·su·fruc·to *s.m.* **1.** *For.* Usufruto. **2.** Proveito, benefício.

u·su·fruc·tuar *v.t.* Usufruir.

u·su·ra *s.f. Com.* **1.** Juro, usura. **2.** Ágio. **3.** Agiotagem, ganância. *Vive de usura.* Vive de agiotagem.

u·su·re·ro/a *adj. e s.* Agiota, usurário, abutre.

u·sur·par *v.i.* Usurpar.

u·ten·si·lio *s.m.* Utensílio, apetrecho.

ú·te·ro *s.m. Med.* Útero.

ú·til *adj.* Útil, proveitoso. ● **Útiles** *s.m.pl.* Utensílios, material, apetrechos. *Útiles de oficina.* Material de escritório. *Útiles de cocina.* Apetrechos de cozinha. ■ Não se usa para "dia útil". ♦ **Tiempo útil.** Tempo hábil.

u·ti·li·dad *s.f.* Utilidade, proveito. ■ **utilidades** *s.f.pl. Com.* Lucro, receita. *Averiguar las utilidades.* Apurar os lucros.

u·ti·li·ta·rio/a *adj.* **1.** Utilitário, utilitarista. ● *s.m.* **2.** Utilitário, veículo de carga.

u·ti·li·zar *v.i.* Utilizar, usar, empregar.

u·va *s.f. Bot.* Uva. ♦ **Estar de mala uva.** Estar de mau humor. **Tener mala uva.** Ter más intenções.

V

v *s.f.* **1.** V, vigésima terceira letra do alfabeto. **2.** Cinco (em maiúscula, no sistema romano de numeração). ■ **a.** Símbolo de *voltio* (em maiúscula). **b.** Recebe os nomes *uve, ve chica, ve corta* e *ve baja.*

va·ca *s.f.* Vaca. ♦ **Vacas gordas/flacas.** Vacas gordas/magras, época de prosperidade/penúria.

va·ca·ción *s.f.* **1.** Férias. **2.** Feriado. ■ Usado geralmente no *pl. Las vacaciones de verano.* As férias de verão.

va·can·te *adj.* **1.** Vago, desocupado, livre. *Un sitio vacante.* Um lugar vago. ● *s.f.* **2.** Vaga. *Hay una vacante para jardinero.* Há uma vaga para jardineiro.

va·cia·do *s.m.* **1.** Esvaziamento. **2.** Aplique de gesso.

va·ciar *v.t.* **1.** Esvaziar, deixar sem conteúdo. **2.** Esvaziar, verter. **3.** Esvaziar, evacuar (locais). **4.** Verter, fundir em molde. *Vaciar una estatua de latón.* Fundir uma estátua de latão. **5.** Vazar, fazer buraco. *Vaciar un tronco de árbol.* Vazar um tronco de árvore. **6.** Afiar. ■ *v.i.* **7.** Vazar, desaguar. ■ **vaciarse** *v.p.* **1.** Esvaziar-se. **2.** *Col.* Desabafar, falar sem medida. *Te vaciaste sin darte cuenta.* Você falou demais sem perceber.

va·ci·lar *v.i.* **1.** Vacilar, balançar. **2.** Vacilar, hesitar. **3.** Vacilar, oscilar. *Los precios vacilan entre ocho y diez mil.* Os preços oscilam entre oito e dez mil. **4.** *Col. Amer.* Gozar, zombar, brincar.

va·cí·o/a *adj.* **1.** Vazio, sem conteúdo, livre. **2.** Vazio, vago, sem gente. ● *s.m.* **3.** Vácuo. *El vacío se forma sacando todo el aire.* O vácuo forma-se tirando todo o ar. **4.** Espaço vazio, vago. **5.** *Fig.* Vazio, carência. *La añoranza produce un vacío en el alma.* A saudade produz um vazio na alma. ♦ **Caer en el vacío.** Cair no vazio, não ter repercussão. **Hacer el vacío.** Tratar friamente, colocar no gelo.

va·cu·na *s.f.* Vacina.

va·cu·nar *v.t.* Vacinar.

va·cu·no/a *adj.* Bovino. *Ganado vacuno.* Gado bovino.

va·do *s.m.* **1.** Parte pouco profunda de um rio. **2.** Pequena rampa, rebaixo. *Hicieron un vado en la acera para entrar al garaje.* Fizeram um rebaixo na calçada para entrar na garagem.

va·ga·bun·deo *s.m.* Vida errante, sem destino.

va·ga·bun·do/a *adj. e s.* Pessoa que leva uma vida errante, vagabundo, vagamundo, que vagueia.

va·gar *s.m.* **1.** Vagar, lentidão. • *v.i.* **2.** Vagar, perambular, divagar. ▪ Não tem sentido de "ficar vago".

va·go/a *adj.* **1.** Vago, ambíguo. *Su respuesta fue vaga.* A sua resposta foi vaga. ▪ *adj. e s.* **2.** Preguiçoso. **3.** Vagabundo, malandro. **4.** Vagabundo, que não gosta de trabalhar. ▪ Não tem sentido de "lugar vazio".

va·gón *s.m.* Vagão.

va·gue·ar *v.i.* **1.** Vagabundear, vaguear. ▪ *Tb.: vagabundear.* **2.** Vagar, perambular.

va·gue·dad *s.f.* **1.** Ócio, preguiça. **2.** Ambiguidade, imprecisão.

va·ho *s.m.* **1.** Vapor, bafo. **2.** Hálito. **3.** Baforada.

vai·na *s.f.* **1.** Bainha (instrumentos, armas). **2.** *Bot.* Envoltório de certos legumes como a vagem. **3.** *Col. Amer.* Chateação.

vai·ni·lla *s.f. Bot.* Baunilha.

va·ji·lla *s.f.* **1.** Louça. **2.** Aparelho de jantar, baixela.

va·le *s.m.* **1.** *Com.* Nota, recibo. **2.** *Com.* Vale. **3.** Entrada grátis. ▪ Não tem sentido de "depressão de terreno".

va·le·de·ro/a *adj.* Válido, vigente. *Contrato valedero por dos años.* Contrato válido por dois anos.

va·len·tón/·to·na *adj. e s.* **1.** Valentão, fanfarrão. ▪ *s.f.* **2.** Arrogância, fanfarronada.

va·ler *v.t.* **1.** Valer, custar, ter determinado valor. **2.** Valer, produzir, resultar. *Ese discurso le valió la victoria.* Esse discurso valeu-lhe a vitória. **3.** Valer, amparar, acudir. ▪ *v.i.* **4.** Valer, merecer, ser digno. **5.** Valer, servir, adiantar. **6.** Valer, ser válido, vigente. **7.** Valer, ser permitido. *En ese juego no vale repetir la pregunta.* Nesse jogo não vale repetir a pergunta. ▪ **valerse** *v.p.* Valer-se, recorrer, usar. ▪ *C.mod. 15.* ♦ **Valerse por sí mismo.** Resolver sozinho as próprias coisas, ser independente. **¡Vale!** *Esp.* De acordo!, Tudo bem! **Hacer valer.** Fazer valer, impor. **Más vale.** É preferível, é melhor. **No valer de nada.** Não adiantar nada. **No valer para nada.** Ser inútil.

va·li·dez *s.f.* Validade.

vá·li·do/a *adj.* **1.** Válido, apto, capaz. **2.** Válido, vigente.

va·lien·te *adj.* **1.** Firme, enérgico. *Pronunció unas palabras valientes.* Pronunciou algumas palavras enérgicas. ▪ *adj. e s.2g.* **2.** Valente, corajoso.

va·li·ja *s.f.* **1.** Mala. Malote (de correio). ♦ **Valija de mano.** Sacola. **Valija diplomática.** Malote diplomático.

va·lla *s.f.* **1.** Cerca, estacaria. **2.** *Desp.* Barreira, obstáculo. *Carrera con vallas.* Corrida com obstáculos. **3.** *Desp.* Gol, meta. **4.** *Fig.* Obstáculo, impedimento. ♦ **Valla publicitaria.** *Outdoor*, mural de propaganda. **Romper las vallas.** Passar por cima dos costumes. **Saltar las vallas.** Vencer os obstáculos.

va·lla·dar *s.m.* Cerca, estacaria.

va·lle *s.m. Geol.* **1.** Vale. **2.** Bacia de rio. ♦ **Valle de lágrimas.** Vale de lágrimas.

va·lor *s.m.* **1.** Valor, mérito. **2.** Coragem, valentia. *Actuó con mucho valor.* Agiu com muita coragem. **3.** Ousadia. *Tuvo el valor de alzarme la voz.* Teve a ousadia de levantar a voz para mim. **4.** Valor, validade. **5.** Valor, preço. **6.** *Fig.* Valor, importância. **7.** *Mat.* Valor, quantidade. ▪ **valores** *s.m.pl. Com.* Valores, títulos. ♦ **Valor adquisitivo.** Poder aquisitivo. **Armarse de valor.** Encher-se de coragem. **Conceder/Quitar valor.** Atribuir/Tirar valor. **Dar valor.** Dar valor, dar importância.

va·lo·ra·ción *s.f.* **1.** Avaliação. **2.** Valorização. **3.** Estimativa, avaliação. ▪ *Tb.: valorización.*

va·lo·rar *v.t.* **1.** Avaliar, determinar preço. **2.** Valorizar, aumentar o valor de algo. **3.** Valorar, estimar, reconhecer o valor de algo ou alguém. ■ **valorarse** *v.p.* Valorizar-se. ❚ *Tb.: valorizar.*

va·lo·ri·za·ción *s.f.* **1.** Avaliação. **2.** Valorização. **3.** Estimativa, avaliação.

va·lo·ri·zar *v.t.* **1.** Avaliar, determinar preço. **2.** Valorizar. **3.** Valorar, estimar.

vals *s.m. Mus.* Valsa.

va·lua·ción *s.f.* Avaliação de um bem, determinação de preço. ♦ **Valuación de inmuebles.** *Com.* Avaliação de imóveis.

va·luar *v.t.* Avaliar um bem, colocar um preço.

vál·vu·la *s.f.* **1.** *Med.* Válvula, membrana. **2.** *Eletr.* Válvula, lâmpada, tubo. **3.** *Mec.* Válvula, obturador. **4.** Registro (de água). ♦ **Válvula de escape.** Válvula de escape. **Válvula de seguridad.** *Mec.* Válvula de segurança. **Válvula mariposa.** *Mec.* Válvula borboleta.

vam·pi·ro *s.m.* Vampiro.

va·na·glo·riar·se *v.p.* Vangloriar-se, gabar-se, alardear, prezar-se.

van·da·lis·mo *s.m.* **1.** Vandalismo. **2.** *Fig.* Depredação.

van·guar·dia *s.f.* **1.** *Mil.* Vanguarda, tropa dianteira. **2.** *Fig.* Vanguarda, o que precede a sua época.

va·ni·dad *s.f.* **1.** Futilidade, frivolidade. *La vanidad del consumismo.* A frivolidade do consumismo. **2.** Vaidade.

va·ni·do·so/a *adj. e s.* Vaidoso.

va·no/a *adj.* **1.** Vão, inútil. **2.** Vão, ilusório. **3.** Frívolo, fútil. ● *s.m.* **4.** Vão, abertura. ♦ **Vano libre.** Vão livre. **En vano.** Em vão.

va·por *s.m.* Vapor. ♦ **Buque/Máquina de vapor.** Navio/Máquina a vapor.

va·po·ri·za·dor *s.m.* Vaporizador.

va·po·ri·zar *v.t.* **1.** Vaporizar, volatilizar. **2.** Vaporizar, aspergir líquido. ■ **vaporizarse** *v.p.* Vaporizar-se.

va·pu·le·o *s.m.* **1.** Surra. **2.** Crítica, repreensão.

va·que·ro/a *s.* **1.** Pastor de gado. **2.** *Amer.* Criador de gado. ● *s.f.* **3.** Tipo de sela de montar. ■ **vaqueros** *s.m.pl.* Calça *jeans.*

va·ra *s.f.* **1.** Vara, haste. **2.** Vara, medida de comprimento. **3.** Vara, pau, bordão. **4.** Vara, insígnia de poder. ❚ Não tem sentido de "cargo ou jurisdição de um juiz". ♦ **Vara alta.** Alto escalão.

va·ria·ble *adj.* **1.** Variável, instável. ● *s.f.* **2.** *Mat.* Variável.

va·rian·te *adj.* **1.** Variante, variável. ● *s.f.* **2.** Variante, variação. **3.** Variante, desvio.

va·riar *v.i. e v.t.* Variar, mudar, diversificar.

<u>vá</u>·ri·ce *s.f. Med.* Variz. ❚ *Tb.: variz* e *varice.*

va·rie·dad *s.f.* **1.** Variedade, diversidade. **2.** Variedade, subdivisão da espécie. *En los trópicos hay gran variedad de bananos.* Nos trópicos há grande variedade de bananeiras. ■ **variedades** *s.f.pl. Teat.* Variedades, espetáculo variado.

va·ri·lla *s.f.* **1.** Varinha, haste. **2.** Barrote. **3.** Vareta. ❚ *Dim.* de *vara.*

va·rio/a *adj.* Diverso, variado. ■ **varios** *adj. pl.* Vários, diversos.

va·ri·ta *s.f.* Vareta, varinha. ❚ *Dim.* de *vara.* ♦ **Varita mágica.** Varinha de condão.

va·rón *s.m.* **1.** Varão, homem. *Tiene tres hijos varones.* Tem três filhos varões. **2.** Varão, homem respeitável. ♦ **Santo varón.** Santo homem.

va·si·ja *s.f.* Vasilha.

va·so *s.m.* **1.** Copo. *Un vaso de agua.* Um copo de água. **2.** *Med.* Vaso, conduto. ♦ **Ahogarse en un vaso de agua.** Fazer tempestade em copo d'água.

vás·ta·go *s.m.* **1.** *Bot.* Broto, muda. **2.** *Fig.* Filho, rebento. **3.** *Mec.* Haste, vareta.

vas·te·dad *s.f.* Vastidão.

va·tio *s.m. Eletr.* Watt. ❚ **a.** Símbolo: *W.* **b.** *Tb.: watt.*

ve·cin·dad *s.f.* **1.** Vizinhança. *Política de buena vecindad.* Política de boa vizinhança. **2.** Arredor. **3.** Cidadania. ❚ *Tb.: vecindario.* ♦ **A la vecindad.** Próximo, vizinho.

ve·ci·no/a *adj. e s.* **1.** Habitante, morador. *Soy vecino de Barcelona.* Sou habitante de Barcelona. **2.** Vizinho, que mora do lado. ■ *adj.* **3.** *Fig.* Vizinho, próximo.

ve·dar *v.t.* Vedar, proibir. ❚ Não tem sentido de "estancar".

ve·ge·tal *adj. e s.m. Bot.* Vegetal.
ve·ge·tar *v.i.* **1.** *Bot.* Vegetar, desenvolver-se (plantas). **2.** *Fig.* Vegetar, levar uma vida inerte.
ve·ge·ta·ria·no/a *adj. e s.* Vegetariano.
ve·he·men·te *adj.* Veemente.
ve·hí·cu·lo *s.m.* **1.** Veículo, meio de transporte. **2.** *Fig.* Veículo, meio de comunicação.
ve·jar *v.t.* Vexar, humilhar.
ve·jez *s.f.* Velhice.
ve·ji·ga *s.f.* **1.** *Med.* Bexiga. **2.** Bolha.
ve·la *s.f.* **1.** Vela, círio. **2.** Vela, vigília. **3.** Serão. **4.** *Mar.* Vela. **5.** Vela, sentinela. **6.** Romaria. ∎ Não tem sentido de "vela de motor". ♦ **A toda vela/A velas desplegadas. 1.** De vento em popa. **2.** Com muito empenho. **Barco de vela.** *Mar.* Embarcação a vela. **En vela.** Sem dormir. *Pasar la noche en vela.* Passar a noite acordado. **(No) Dar vela en un entierro.** (Não) Dar autorização para opinar.
ve·la·da *s.f.* **1.** Vigília. **2.** Festa ou espetáculo noturno.
ve·la·do/a *adj.* **1.** Velado, oculto, encoberto. **2.** Velado, queimado por excesso de luz (fotografia).
ve·la·dor/·do·ra *adj. e s.* **1.** Velador, que vigia. ∎ *s.m.* **2.** Candelabro. **3.** Mesinha redonda de um pé só.
ve·la·do·ra *s.f. Mex. e Am.C.* **1.** Abajur. **2.** Círio.
ve·lar *v.i.* **1.** Velar, não dormir, varar a noite. **2.** Fazer serão. **3.** *Fig.* Zelar. ∎ *v.t.* **4.** Velar, passar a noite em velório. **5.** Velar, vigiar, montar guarda. **6.** Velar, cobrir, ocultar. **7.** *Fig.* Velar, dissimular. *La prensa veló la notícia.* A imprensa dissimulou a notícia. ∎ **velarse** *v.p.* **1.** Velar-se, encobrir-se. **2.** Velar-se, queimar-se (filme fotográfico).
ve·la·to·rio *s.m.* ∎ *Tb.:* velorio.
ve·le·ro/a *s.* **1.** Romeiro, peregrino. **2.** Fabricante ou vendedor de velas. ∎ *s.m.* **3.** *Mar.* Veleiro. **4.** Planador.
ve·le·ta *s.f.* **1.** Veleta, cata-vento. **2.** *Fig.* Veleta, pessoa volúvel.
ve·llo *s.m.* **1.** Pelo, lanugem. *Las personas tie-nen vello en los brazos.* As pessoas têm pelo nos braços. **2.** Penugem, felpa, pelo. *El durazno tiene vello.* O pêssego tem penugem.
ve·llu·do/a *adj.* **1.** Peludo. ● *s.m.* **2.** Veludo.
ve·lo *s.m.* **1.** Véu, tule. **2.** Véu, mantilha de freira. **3.** *Fig.* Véu, coisa que oculta outra. ♦ **Tomar el velo.** Sagrar-se freira, fazer os votos.
ve·lo·ci·dad *s.f.* **1.** Velocidade, rapidez. **2.** *Mec.* Marcha. *Ese coche tiene cinco velocidades.* Esse carro tem cinco marchas.
ve·lón *s.m.* Lamparina.
ve·na *s.f.* **1.** *Med.* Veia, vaso, artéria. **2.** Veio, filão. **3.** *Fig.* Veio, inspiração. **4.** Estria, nervura. ♦ **Darle (a uno) la vena.** Dar na veneta. **Estar en vena.** Estar inspirado.
ve·na·do *s.m.* Veado. ∎ Não tem sentido *dep.*
ven·cer *v.t.* **1.** Vencer, triunfar. **2.** Vencer, ganhar, derrotar. **3.** *Fig.* Vencer, refrear. *Vencer el cansancio.* Vencer o cansaço. **4.** *Fig.* Vencer, superar. ∎ *v.i.* **5.** Vencer, caducar, expirar. ∎ **vencerse** *v.p.* **1.** Vencer-se, dominar-se, conter-se. **2.** Ceder, balançar, desequilibrar-se. *Esta cuña de goma se vence.* Esta cunha de borracha cede.
ven·ci·mien·to *s.m.* **1.** *Com.* Vencimento, expiração de prazo. **2.** Vitória. **3.** Torção, inclinação. ∎ Não tem sentido de "salário".
ven·da *s.f.* Bandagem, venda, faixa. *Una venda en los ojos.* Uma venda nos olhos. ∎ **a.** Não tem sentido de "loja" nem de "ação de vender". **b.** *Tb.:* vendaje.
ven·der *v.t.* **1.** Vender, trocar por dinheiro, negociar. **2.** *Fig.* Vender, entregar, sacrificar por interesse. *Me vendieron mis propios amigos.* Os meus próprios amigos entregaram-me. **3.** *Fig.* Vender, propagar, difundir. *Los políticos tratan de vender una buena imagen.* Os políticos tratam de vender uma boa imagem. ∎ **venderse** *v.p.* **1.** Vender-se, deixar-se subornar. **2.** Trair-se. *Te vendiste con estas palabras.* Você se traiu com estas palavras.
ve·ne·no *s.m.* **1.** Veneno, tóxico. **2.** *Fig.* Veneno, coisa prejudicial. *El odio es un veneno.* O ódio é um veneno.

ve·ne·rar *v.t.* Venerar.

ve·né·re·o/a *adj. Med.* Venéreo.

ven·gan·za *s.f.* Vingança, desforra.

ven·gar *v.t.* Vingar. ■ **vengarse** *v.p.* Vingar-se, desforrar-se. ▌Não tem sentido de "crescer, prosperar".

ve·ni·de·ro/a *adj.* Vindouro, futuro.

ve·nir *v.i.* **1.** Vir, chegar, comparecer. *Ven acá.* Vem aqui. **2.** Vir, provir. **3.** Vir, surgir, ocorrer. *Las ideas no me vienen.* Não me ocorrem ideias. **4.** Assentar, ficar. *Ese pantalón me vino bien.* Essa calça ficou bem em mim. **5.** Vir, sobrevir. ■ **venirse** *v.p.* Vir, chegar. ▌*C.mod.* 37. ♦ **Venir(se) a menos.** Decair. **Venir a ser.** Vir a ser. **Venir(se) abajo.** Desmoronar. **Venir al mundo.** Vir ao mundo, nascer. **Venir al pelo/de primera.** Ser oportuno, vir a calhar. **Venir ancho.** Ser excessivo, ser demais para a capacidade. **Venir bien/mal.** Ficar, fazer bem/mal. **Venir en conocimiento.** Ficar sabendo. **¿A qué viene?** Qual o motivo? Por quê? **Ver venir.** Adivinhar, prever.

ven·ta *s.f.* **1.** Venda, ação de vender. **2.** Venda, coisas vendidas. **3.** Venda, taberna, pousada. ♦ **Venta al contado/a plazos.** Venda à vista/a prazo. **Venta pública.** Leilão. **En venta.** À venda.

ven·ta·ja *s.f.* **1.** Vantagem, superioridade, lambuja. **2.** Vantagem, proveito, benefício. ♦ **Sacar ventaja.** Tirar vantagem.

ven·ta·na *s.f.* **1.** Janela. **2.** Venta, narina. **Echar/Tirar por la ventana.** Jogar pela janela.

ven·ta·ni·lla *s.f.* **1.** Guichê. **2.** Bilheteria. **3.** Narina. **4.** Vidro de carro, janela. *Cierra la ventanilla que hay mucho aire.* Feche o vidro que há muito vento. ▌*Dim.* de *ventana*.

ven·ta·ni·llo *s.m.* **1.** Claraboia. **2.** Visor de porta, olho mágico.

ven·ta·rrón *s.m.* Vendaval. ▌*Tb.*: *vendaval.*

ven·ti·la·dor *s.m.* Ventilador.

ven·ti·lar *v.t.* Ventilar, arejar. **2.** *Fig.* Espalhar, propagar. ■ **ventilarse** *v.p. Col.* Espairecer.

ven·tis·que·ro *s.m.* **1.** Vendaval. **2.** Cume com neve, massa de neve nas montanhas.

ven·to·so/a *adj.* **1.** Ventoso. ● *s.f.* **2.** Ventosa.

ven·trí·lo·cuo/a *adj. e s.* Ventríloquo.

ven·tu·ra *s.f.* Ventura, fortuna. ♦ **A la ventura.** A esmo, sem planejamento prévio. **Echar la buena ventura.** Ler a sorte. **Por ventura.** Porventura.

ver *s.m.* **1.** Ver, opinião. *A mi ver.* A meu ver. **2.** Aspecto, aparência. ● *v.t.* **3.** Ver, enxergar. **4.** Ver, captar com a mente, perceber. *¿Ves la diferencia?* Você percebe a diferença? **5.** Ver, ser testemunha. *Yo no lo vi.* Eu não o vi. **6.** Ver, encontrar. *Hace tiempo que no la veo.* Faz tempo que não a vejo. **7.** Ver, investigar, descobrir. *Eso es lo que vamos a ver.* Isso é o que vamos ver. **8.** Ver, analisar, tratar. **9.** Ver, prever, entrever **10.** Ver, assistir. ■ **verse** *v.p.* **1.** Encontrar-se, estar. *Me veo solo y sin amigos.* Estou só e sem amigos. **2.** Encontrar-se, falar-se. *Mi hijo y el tuyo no se ven.* O meu filho e o seu não se falam. ▌*C.mod.* 38. ♦ **Verse apurado.** Estar em apuros. **Verse negro. 1.** Estar preta (situação). **2.** Ter dificuldades. **A ver.** Vamos ver, vejamos (expressão enfática). *A ver, enséñame lo que escribiste.* Vamos ver, mostre-me o que escreveu. **Buen/Mal ver.** Bom/Mau aspecto. **Dejar ver (algo).** Dar a entender (algo). **Echar de ver.** Perceber, notar. *Rápidamente eché de ver que me faltaban dos libros.* Rapidamente percebi que me faltavam dois livros. **Estar por ver.** Estar para ver, duvidar. **¡Habráse visto!** Onde já se viu! **Hasta más ver.** Até mais ver. **Hay/Habrá que ver.** É/Será preciso ver. **No poder ver.** Não poder ver, rejeitar. *Se puso de muy mal humor porque no puede ver injusticias.* Ficou de muito mau humor porque não pode ver injustiças. **Para que veas.** Para você ver. **Vamos a ver/Veremos.** Vamos ver.

ve·ra·ne·ar *v.i.* Veranear, passar as férias de verão.

ve·ra·nie·go/a *adj.* Próprio do verão. *Traje veraniego.* Roupa de verão.

ve·ra·no *s.m.* Verão.

ve·ras <de> *loc.* Deveras, verdadeiramente.

☞ **ver·ba** *s.f.* Verborreia, lábia.

ver·bi·gra·cia *loc.* Por exemplo, como por exemplo. ■ *Abrev.: v.gr.*

ver·bo *s.m. Gram.* **1.** Verbo, classe gramatical. **2.** Palavra, linguagem, verbo.

ver·dad *s.f.* **1.** Verdade, veracidade. **2.** Verdade, sinceridade. **3.** Verdade, realidade. ■ **verdades** *s.f.pl.* Verdades, revelação que dói. ♦ **¿Verdad?** Sério? É mesmo? **Bien es verdad que.** Embora seja verdade que. **De verdad.** Deveras. **Faltar a la verdad.** Faltar com a verdade, mentir.

ver·de *adj.* **1.** A cor verde. **2.** Verde, não maduro. **3.** *Fig.* Verde, que está apenas começando. *Este proyecto está verde.* Este projeto está apenas no começo. **4.** *Fig.* Imaturo. **5.** *Fig.* Principiante. **6.** *Fig.* Picante. *Chiste verde.* Piada picante. ● *s.m.* **7.** Verde, vegetação. ♦ **Movimiento verde.** Movimento verde, ecologista. **Poner(se) verde.** Deixar/Ficar roxo (de raiva).

ver·de·ar *v.i.* Verdejar.

ver·do·so/a *adj.* Esverdeado.

ver·du·le·rí·a *s.f.* Quitanda.

ver·du·ra *s.f. Bot.* Verdura, hortaliça.

ve·re·da *s.f.* **1.** Vereda, senda. **2.** *Amer.* Calçada.

ver·gon·zo·so/a *adj.* **1.** Envergonhado, tímido. **2.** Vergonhoso.

ver·güen·za *s.f.* Vergonha. ♦ **Caerse la cara de vergüenza.** Cair a cara de vergonha. **Poca vergüenza.** Pouca-vergonha. **Sin vergüenza.** Sem-vergonha.

ve·ri·fi·ca·ción *s.f.* **1.** Realização, efetivação. **2.** Verificação, comprovação, confirmação. ■ Pouco usado na acepção 2.

ve·ri·fi·car *v.t.* **1.** Comprovar, confirmar, verificar. **2.** Verificar, constatar, apurar. ■ Pouco usado na acepção 2. *V. averiguar.* ■ **verificarse** *v.p.* **1.** Realizar-se, efetuar-se. *El examen se verificará mañana.* O exame será realizado amanhã. **2.** Efetivar-se. *Mi pronóstico se verificó.* Efetivou-se o meu prognóstico.

ver·ja *s.f.* **1.** Cerca. **2.** Grade.

ver·mut *s.m.* **1.** Vermute. **2.** Matinê. ■ *Tb.: vermú.*

ve·ro·si·mi·li·tud *s.f.* Verossimilhança.

ve·rru·ga *s.f. Med.* Verruga.

ver·sar *v.i.* Versar, tratar.

ver·sión *s.f.* **1.** Versão, tradução. **2.** Versão, interpretação, modo de contar um fato.

ver·so *s.m.* **1.** *Liter.* Verso, frase poética. **2.** Verso, face oposta da folha, costas.

ver·sus *prep. Versus,* contra.

vér·te·bra *s.f. Med.* Vértebra.

ver·te·bra·do/a *adj. e s.m.* Vertebrado.

ver·ter *v.t.* **1.** Verter, derramar, entornar. **2.** Verter, traduzir. ■ *v.i.* **3.** Escoar. ■ *C.mod. 01.*

ver·tien·te *s.f.* **1.** Vertente, ladeira. **2.** *Arq.* Vertente, água de telhado. ■ Não tem sentido de "facção".

ver·ti·gi·no·so/a *adj.* **1.** Vertiginoso, que causa vertigem. **2.** *Fig.* Vertiginoso, veloz.

vér·ti·go *s.m.* Vertigem.

ves·tí·bu·lo *s.m.* Vestíbulo.

ves·ti·do/a *adj.* **1.** Vestido, que usa roupa. ● *s.m.* **2.** Vestido. **3.** Roupa. *El vestido y la comida aumentaron mucho este mes.* A roupa e a comida aumentaram muito neste mês.

ves·ti·gio *s.m.* Vestígio, pegada, rasto.

ves·tir *v.t.* **1.** Vestir, colocar roupa. **2.** Revestir, forrar. *Hemos vestido el sofá.* Forramos o sofá. ■ *v.i.* **3.** Vestir, assentar a roupa. *La casimira viste bien.* A casimira assenta bem. ■ **vestirse** *v.p.* **1.** Vestir-se, cobrir-se com roupa. **2.** Revestir-se. *El cielo se vistió de nubes.* O céu revestiu-se de nuvens. ■ *C.mod. 10.* ♦ **De vestir.** Social (roupa). **Quedarse para vestir santos.** Ficar solteira/para titia.

ves·tua·rio *s.m.* **1.** Vestuário, conjunto de trajes. **2.** Vestiário.

ve·ta *s.f.* **1.** Veia, nervura. **2.** Veio, filão.

ve·tar *v.t.* Vetar, proibir.

ve·te·ri·na·rio/a *adj. e s. Med.* **1.** Veterinário. ■ *s.f.* **2.** Veterinária.

ve·to *s.m.* Veto, proibição.

vez *s.f.* **1.** Vez, reiteração de um fato. *Vi la película cinco veces.* Vi o filme cinco vezes. **2.** Vez, ocasião. **3.** Vez, tempo oportuno.

Llegó mi vez. Chegou a minha vez. ♦ **A la vez.** Ao mesmo tempo. **De una vez.** De uma vez só. **De vez en cuando.** De vez em quando. **En vez de.** Ao invés de, em vez de. **Érase una vez.** Era uma vez. **Tal vez.** Talvez. **Una que otra vez.** Uma vez ou outra.

ví·a *s.f.* **1.** Via, caminho. **2.** Estrada. *La vía a Bariloche es muy desierta.* A estrada para Bariloche é muito deserta. **3.** Via, meio de transporte. *Vía aérea.* Via aérea. **4.** Pista. *Carretera de tres vías.* Estrada de três pistas. **5.** Via, itinerário, rota. **6.** Via, conduto. **7.** *Fig.* Via, procedimento, meio. ♦ **Vía férrea.** Ferrovia. **Vía Láctea.** Via Láctea. **Vía pública.** Rua, calçadão. **En vías de.** Em vias de.

via·duc·to *s.m.* Viaduto, elevado.

via·jar *v.i.* Viajar. *Viajar en avión.* Viajar de avião.

via·je *s.m.* **1.** Viagem, passeio. *Me voy de viaje a Europa.* Vou fazer uma viagem à Europa. **2.** Viagem, trajeto. *Cargamos los muebles en dos viajes.* Carregamos os móveis em duas viagens. **3.** *Fig.* Viagem, estado de alucinação. ♦ **¡Buen viaje!** Boa viagem!

via·je·ro/a *adj. e s.* Viajante.

vial *adj.* Viário. *Red vial.* Rede viária. ■ *Tb.: viario.*

vi·á·ti·co *s.m.* Diária.

ví·bo·ra *s.f.* **1.** Víbora, serpente. **2.** *Fig.* Víbora, pessoa de má índole, cascavel, jararaca.

vi·bra·ción *s.f.* **1.** Vibração, oscilação. **2.** Vibração, trepidação.

vi·bra·dor/do·ra *adj.* **1.** Vibrador, que vibra. ● *s.m.* **2.** Vibrador, aparelho que produz vibrações.

vi·brar *v.t.* **1.** Vibrar, oscilar. **2.** Vibrar, trepidar. ■ *v.i.* **3.** *Fig.* Vibrar, comover.

vi·ca·rio *s.m.* Vigário, padre.

vi·ce *pref.* Vice. *Vicepresidente.* Vice-presidente. ■ Não se separa do *s.*

vi·ce·ver·sa *adv.* Vice-versa.

vi·ciar *v.t.* **1.** Viciar, corromper, prejudicar. **2.** Viciar, adulterar, falsificar. **3.** Viciar, anular. ■ **viciarse** *v.p.* Viciar-se, corromper-se, perverter-se.

vi·cio *s.m.* **1.** Vício, defeito grave. **2.** Vício, libertinagem. **3.** Manha, birra. **4.** Mania, vício. **5.** Deformação, vício. *Vicio de lenguaje.* Vício de linguagem.

vi·cio·so/a *adj.* **1.** Vicioso, pervertido. ■ *adj. e s.* **2.** Viciado. *Es un vicioso en alcohol.* É viciado em álcool.

víc·ti·ma *s.f.* Vítima.

vic·to·ria *s.f.* Vitória.

vid *s.f. Bot.* Videira, parreira.

vi·da *s.f.* **1.** Vida, existência. **2.** Vida, vitalidade. **3.** Vida, subsistência, sustento. *Tiene que ganarse la vida.* Precisa ganhar a vida. **4.** Vida, modo de viver. *¿Qué es de tu vida?* O que você tem feito da vida? **5.** Vida, tempo de duração, longevidade. **6.** Vida, biografia. **7.** *Fig.* Vida, que é importante ou causa prazer. *Mi vida es la música.* A música é a minha vida. **8.** *Fig.* Vida, que transmite entusiasmo. ♦ **Vida de perros.** Vida de cachorro. **Amargar(se) la vida.** Estragar a vida/o dia. **Conocer la vida y milagros (de alguien).** Saber muito da vida (de alguém). **Costarle (a alguien) la vida.** Custar a vida (a alguém). **Dar la vida por.** Dar a vida por. **De toda la vida.** Da vida inteira. **En vida.** Enquanto se está vivo. **Entre la vida y la muerte.** Entre a vida e a morte. **Hacer la vida imposible (a alguien).** Perturbar muito (alguém), fazer a vida impossível. **Meterse en vidas ajenas.** Meter-se na vida alheia. **Pasar para mejor vida.** Passar desta para melhor. **Pasarse la vida haciendo algo.** Passar muito tempo fazendo alguma coisa. **Quitar(se) la vida.** Matar(-se). **Salir/Escapar con vida.** Sair com vida.

vi·de *loc.* Vide. ■ *Abrev.: V.*

vi·de·o *s.2g.* **1.** Vídeo, videocassete. **2.** Vídeo, fita de videocassete. ■ *Tb.: video.* ♦ **Vídeo musical.** Clipe, videoclipe.

vi·deo·ca·se·te *s.2g.* Fita de videocassete.

vi·drie·ra *s.f.* **1.** Cristaleira. **2.** *Amer.* Vitrine.

vi·drie·rí·a *s.f.* Vidraçaria.

vi·drio *s.m.* Vidro.

vie·jo/a *adj.* **1.** Velho, idoso. **2.** Velho, usado,

viento — **virtud**

gasto. **3.** Velho, antigo. ● *s.* **4.** Velho, pai (tratamento carinhoso). *Me lo regaló mi vieja.* Foi presente da minha mãe. **5.** Pessoa velha, idosa.

vien·to *s.m.* Vento. ♦ **A los cuatro vientos.** Aos quatro ventos. **Contra viento y marea.** Contra tudo e contra todos. **Instrumentos de viento.** *Mus.* Instrumentos de sopro. **Quien siembra vientos recoge tempestades.** Quem semeia vento colhe tempestade.

vien·tre *sm.* **1.** *Med.* Ventre, abdome. **2.** Vísceras, entranhas. **3.** Ventre, barriga. **4.** *Fig.* Ventre, âmago.

vier·nes *s.m.* Sexta-feira. ▪ *Pl.:* invariável. ♦ **Viernes Santo.** Sexta-feira Santa. **Cara de viernes.** Cara de segunda-feira.

vi·ga *s.f.* Viga.

vi·gí·a *s.f.* **1.** Vigia, torre. ▪ *s.2g.* **2.** Vigia, vigilante.

vi·gi·lan·te *adj.* **1.** Vigilante, alerta, atento. ● *s.2g.* **2.** Vigilante, sentinela, vigia. ▪ *s.m.* **3.** Policial, guarda.

vi·gi·lar *v.i. e v.t.* Vigiar, velar, cuidar.

vi·gor *s.m.* **1.** Vigor, força, energia. **2.** *For.* Vigor, vigência.

vi·go·rar *v.t.* **1.** Vigorar, fortalecer. **2.** *Fig.* Reanimar. ▪ Não tem sentido de "estar em vigor".

vi·lla *s.f.* **1.** Vila, casa com jardim. **2.** Vila, aldeia. ▪ Não tem sentido de "bairro". ♦ **Villa miseria.** *Amer.* Favela.

vi·llan·ci·co *s.m. Mus.* Cantiga ou canção típica do Natal.

vi·lla·no/a *adj. e s.* **1.** Vilão. **2.** Aldeão.

vi·na·gre *s.m.* Vinagre.

vi·na·gre·ro/a *s.m.* **1.** Vinagreiro. ▪ *s.f.* **2.** Vinagreira.

vin·cu·lar *v.t.* **1.** Vincular, unir, ligar. **2.** Vincular, prender, segurar. **3.** *For.* Vincular, gravar. ▪ **vincularse** *v.p.* Vincular-se, unir-se.

vín·cu·lo *s.m.* **1.** Vínculo, união, ligação. **2.** *For.* Vínculo, gravame.

vin·di·car *v.t.* **1.** Vingar. **2.** *For.* Vindicar, reclamar. **3.** Vindicar, defender, reivindicar.

vi·ni·lo *s.m. Quím.* Vinil.

vi·no *s.m.* Vinho. ♦ **Vino blanco/tinto.** Vinho branco/tinto. **Vino de mesa.** Vinho de mesa.

vi·ña *s.f. Bot.* Vinhedo.

vi·ñe·ta *s.f.* **1.** Vinheta. **2.** Logotipo. **3.** Etiqueta.

vio·la·ción *s.f.* **1.** Violação, estupro. **2.** Violação, profanação. **3.** *For.* Violação, transgressão.

vio·lar *v.t.* **1.** Violentar, estuprar. **2.** Violar, profanar. **3.** *For.* Violar, transgredir. **4.** Invadir.

vio·len·cia *s.f.* **1.** Violência, força intensa, ímpeto. **2.** Violência, coação. **3.** Violência, abuso de força.

vio·len·tar *v.t.* **1.** Violentar, forçar. **2.** *Fig.* Violentar, distorcer, deturpar. **3.** Violentar, invadir, arrombar. ▪ **violentarse** *v.p.* Obrigar-se, forçar-se, violentar-se.

vio·len·to/a *adj.* **1.** Violento, impetuoso. **2.** Violento, brutal. **3.** Contra a vontade, difícil, forçado. *Me resulta violento decirle la verdad.* Para mim é difícil dizer-lhe a verdade. **4.** Violento, irascível.

vio·le·ta *adj. e s.m.* **1.** Violeta, lilás. ● *s.f.* **2.** *Bot.* Violeta.

vio·lín *s.m. Mus.* Violino.

☞ **vio·lón** *s.m. Mus.* Contrabaixo.

vio·lon·ce·lo *s.m. Mus.* Violoncelo. ▪ *Tb.:* violonchelo.

vi·ra·je *s.m.* **1.** Virada, rodada. **2.** *Fig.* Virada, mudança (direção, conduta). *La economía tomó un viraje catastrófico.* A economia deu uma virada catastrófica.

vir·gen *adj.* **1.** Virgem, puro, casto. **2.** *Fig.* Virgem, intacto, inexplorado. *Selva virgen.* Mata virgem. ● *s.f.* **3.** Virgem, a mãe de Jesus Cristo. **4.** Virgem, donzela.

vir·gi·ni·dad *s.f.* Virgindade.

vir·go *s.m.* **1.** Virgem, signo do zodíaco. **2.** Virgem, virgindade.

vir·gu·li·lla *s.f. Gram.* **1.** Sinal ortográfico, apóstrofo. **2.** Sinal ortográfico, cedilha.

vi·ro·sis *s.f. Med.* Virose. ▪ *Pl.:* invariável.

vir·tual *adj.* Virtual, provável, potencial.

vir·tud *s.f.* **1.** Virtude, propriedade, característica. **2.** Virtude, valor, boa qualidade moral.

3. Virtude, castidade. ♦ **En virtud de.** Em virtude de.

vi·rue·la *s.f. Med.* Varíola.

vi·ru·lé <a la> *loc.* Em mau estado.

vi·rus *s.m. Med.* Vírus. ∎ *Pl.:* invariável.

☞ **vi·ru·ta** *s.f.* Serragem, apara.

vi·sa *s.m. Amer.* Visto.

vi·sa·do *adj.* 1. Visado. • *s.m.* 2. Visto. ♦ **Visado de entrada/salida.** Visto de entrada/saída.

vi·sar *v.t.* 1. Visar, vistar. 2. Visar, mirar, apontar. ∎ Não tem sentido de "objetivar, pretender".

vis·co·sa *s.f.* Viscose.

vi·se·ra *s.f.* Viseira.

vi·si·ble *adj.* 1. Visível, perceptível. 2. *Fig.* Visível, evidente, patente. 3. *Col.* Apresentável, decente.

vi·si·llo *s.m.* Cortina de tecido muito fino.

vi·sión *s.f.* 1. Visão, vista. 2. Visão, panorama. 3. Visão, alucinação, aparição.

vi·si·ta *s.f.* 1. Visita. 2. Vistoria, inspeção. ♦ **Visita de médico/cortesía.** Visita de médico/cortesia. **Devolver la visita.** Retribuir a visita. **Pozo de visita.** Poço de inspeção.

vi·si·tar *v.t.* 1. Visitar, ir à casa de alguém. 2. Visitar, viajar, percorrer. *Visitó varias ciudades.* Visitou várias cidades. 3. Consultar, examinar, atender (médicos). *El doctor visita por la tarde.* O médico atende à tarde. 4. Vistoriar.

vis·lum·brar *v.t.* 1. Vislumbrar, entrever. 2. *Fig.* Vislumbrar, conjeturar.

vis·lum·bre *s.m.* 1. Vislumbre, reflexo. 2. *Fig.* Vislumbre, sinal, indício.

vi·so *s.m.* 1. Reflexo. *Una tela con visos dorados.* Um tecido com reflexos dourados. 2. *Fig.* Aspecto, aparência. 3. Anágua. ♦ **De viso.** Importante.

vi·sor *s.m.* Visor.

vís·pe·ra *s.f.* Véspera.

vis·ta *s.f.* 1. Vista, visão. 2. Vista, olhos. 3. Vista, panorama, paisagem. 4. Vista, aspecto, aparência. 5. *Fig.* Visão, perspicácia. *Tiene buena vista para los negocios.* Tem boa visão para os negócios. 6. Olhada. 7. Olhar. 8. Fiscal. 9. *For.* Fórmula jurídica e administrativa para indicar que o juiz concluiu a vista dos autos. ♦ **Vista de aduanas.** Fiscal de alfândega. **A la vista.** 1. À vista. 2. Claro, evidente. 3. Previsível. **A primera vista.** À primeira vista. **Comer con la vista.** Comer com os olhos. **Con vistas a.** Com vistas a. **Conocer de vista.** Conhecer de vista. **Corto de vista.** Míope, curto de vista. **De mucha vista.** Vistoso. **En vista de.** Em vista de. **¡Hasta la vista!** Até a vista! **Perder de vista.** Perder de vista. **Punto de vista.** Ponto de vista. **Saltar a la vista.** Saltar aos olhos.

vis·ta·zo *s.m.* Olhada superficial. ♦ **Echar un vistazo.** Dar uma olhada.

vis·to¹/a *adj.* 1. Usado, surrado, fora de moda. 2. Visto, considerado, reputado. ∎ *Part. irreg.* de *ver.* ♦ **Bien/Mal visto.** Bem-visto/Mal-visto.

vis·to² *s.m.* Visto, olhado. ♦ **Visto bueno.** Visto de aprovação.

vi·sua·li·zar *v.t.* 1. Visualizar, tornar visível. 2. Visualizar, imaginar. 3. *Inform.* Visualizar, representar na tela.

vi·ta·li·cio/a *adj.* 1. Vitalício. • *s.m.* 2. Apólice de seguro de vida. 3. Pensão vitalícia.

vi·ta·mi·na *s.f.* Vitamina. ∎ Não tem sentido de "suco de frutas".

vi·tral *s.m.* Vitrô, vitral.

vi·tri·na *s.f.* 1. Cristaleira. 2. *Amer.* Vitrine.

viu·dez *s.f.* Viuvez.

viu·do/a *adj. e s.* Viúvo.

vi·va *s.m.* 1. Aplauso, aclamação. • *interj.* 2. Viva! ♦ **Dar vivas.** Aclamar.

vi·va·ra·cho/a *s. Col.* Vivaldino, espertalhão. 2. Alegre, cheio de vida, vivaz. ∎ *Tb.:* vivales.

vi·vaz *adj.* 1. Vivaz, enérgico, forte. 2. Vivo, esperto. 3. Vivaz, rápido.

vi·ve·ro *s.m.* Viveiro.

vi·ve·za *s.f.* Vivacidade, esperteza.

vi·vi·do/a *adj.* Vivido, experiente.

ví·vi·do/a *adj.* Vivaz, vívido.

vi·vien·da *s.f.* Moradia, casa, habitação. ♦

Banco Nacional de la Vivienda. Banco Nacional de Habitação.

vi·vien·te *adj. e s.2g.* Vivente, que vive.

vi·vi·fi·car *v.t.* **1.** Vivificar, dar vida. **2.** Vivificar, reanimar.

vi·vir *s.m.* **1.** Viver, vida. ■ *v.i.* **2.** Viver, existir, ter vida. **3.** *Fig.* Viver, durar, perdurar. **4.** Viver, manter-se. **5.** *Fig.* Viver, desfrutar a vida. **6.** Residir, morar, viver. *Vive cerca de aquí.* Mora perto daqui. **7.** Viver, comportar-se. *Vive tranquilamente.* Vive tranquilamente. **8.** Viver, reviver, ter na memória. ♦ **Vivir al día.** Pensar exclusivamente no dia a dia, viver gastando o que ganha naquele dia, sem economizar, sem pensar no futuro. **Vivir bien/mal.** Viver bem/mal. **Vivir en (lo) grande.** Viver com luxo e conforto. **De mal vivir.** De má conduta. **No dejar vivir.** Não dar sossego.

vi·vo/a *adj. e s.* **1.** Vivo, que vive ou tem vida. **2.** Vivo, esperto, espertalhão. ■ *adj.* **3.** Vivo, atual, duradouro. *Memoria/Historia viva.* Memória/História viva. **4.** *Fig.* Vivo, intenso, forte, chamativo. **5.** *Fig.* Vivo, realista. ● *s.m.* **6.** Canto, ângulo vivo. ♦ **A lo/En vivo.** Ao vivo.

vo·ca·blo *s.m.* Vocábulo.

vo·ca·bu·la·rio *s.m.* **1.** Vocabulário. **2.** Dicionário reduzido. **3.** Terminologia, glossário.

vo·ca·ción *s.f.* Vocação, tendência.

vo·cal *adj.* **1.** Vocal, oral. ● *s.f.* **2.** *Gram.* Vogal. ■ *s.2g.* **3.** Vocal, membro de conselho, assembleia.

vo·ca·li·zar *v.i. e v.t. Mus. e Gram.* Vocalizar.

vo·ca·ti·vo *s.m. Gram.* Vocativo.

vo·ce·ar *v.i.* **1.** Gritar. ■ *v.t.* **2.** Divulgar aos gritos, bradar. **3.** Divulgar, apregoar. **4.** Aplaudir, aclamar.

vo·ce·rí·o *s.m.* Gritaria, vozerio.

vo·ce·ro *s.m.* Porta-voz.

vo·ci·fe·rar *v.i.* Vociferar, esbravejar.

vo·la·di·zo/a *adj. e s.m. Arq.* Cornija.

vo·la·dor/·do·ra *adj.* **1.** Voador. ● *s.m.* **2.** Rojão.

vo·lan·te *adj.* **1.** Voador, que voa. **2.** Volante, móvel, removível. ● *s.m.* **3.** Volante, direção de automóvel. **4.** *Mec.* Volante, órgão de transmissão. **5.** Volante, panfleto, aviso. **6.** Enfeite de roupas, babado. *Un vestido con dos volantes.* Um vestido com dois babados.

vo·lar *v.i.* **1.** Voar, movimentar-se no ar. **2.** *Fig.* Voar, agir com rapidez. *Fig.* Voar, desaparecer, dispersar-se rapidamente. ■ *v.t.* **4.** Explodir, ir pelos ares. *Volaron el puente.* Explodiram a ponte. ▮ *C.mod. 03.*

vo·lá·til *adj.* **1.** Volátil, voador. **2.** *Fig.* Volátil, volúvel. **3.** *Quím.* Volátil, que se evapora facilmente.

vol·cán *s.m.* Vulcão.

vol·car *v.t.* **1.** Derrubar, derramar. *Volqué la leche.* Derramei o leite. **2.** Virar, inverter, pôr de cabeça para baixo. ■ *v.i.* **3.** Capotar (carros). ■ **volcarse** *v.p.* **1.** Derrubar, derramar, cair. **2.** Dirigir a atenção, dedicar-se, devotar-se. *Me volqué en los estudios.* Devotei-me aos estudos. ▮ *C.mod. 03.*

vo·lei·bol *s.m. Angl. Desp.* Voleibol, vôlei.

vol·ta·je *s.m. Eletr.* Voltagem.

vol·te·ar *v.t.* **1.** Rodar, girar. ■ *v.i.* **2.** Rodear. **3.** *Amer.* Virar, inverter. *Voltea las papas.* Vire as batatas. **4.** *Amer.* Derrubar. ■ **voltearse** *v.p. Amer.* **1.** Trair. **2.** Revoltar-se, virar-se. *Los hijos se voltean contra los padres.* Os filhos se revoltam contra os pais.

vol·te·re·ta *s.f.* Pirueta, cambalhota.

vol·tio *s.m. Eletr.* Volt. ▮ Símbolo: *V.*

vo·lu·men *s.m.* **1.** Volume, massa. **2.** Volume, extensão, tamanho. **3.** Volume, intensidade (som). *Baja el volumen de la televisión.* Abaixe o volume da televisão. **4.** Volume, quantidade. **5.** Volume, livro. ▮ *Pl.: volúmenes.*

vo·lu·mi·no·so/a *adj.* Volumoso.

vo·lun·tad *s.f.* **1.** Vontade, arbítrio. **2.** Vontade, desejo, aspiração. **3.** Vontade, determinação. **4.** Vontade, deliberação, ordem superior. **5.** Vontade, ânimo, coragem. ♦ **Buena/Mala voluntad.** Boa/Má vontade. **Última voluntad.** Última vontade/Último desejo.

vol·ver *v.t.* **1.** Virar, inverter. *Vuelve la hoja.* Vire a folha. **2.** Transformar, tornar. *La be-*

bida lo volvió agresivo. A bebida tornou-o agressivo. **3.** Devolver. *Le volvió la pelota.* Devolveu-lhe a bola. **4.** Voltar, retornar, regressar à situação anterior. **5.** Volver, dirigir. *Volver la mirada.* Dirigir o olhar. **6.** Vomitar. **7.** Devolver, entregar um troco, valor. *Volver el cambio de una compra.* Dar o troco de uma compra. ■ *v.i.* **8.** Voltar, regressar. **9.** Voltar, retomar (conversa, assunto). **10.** Virar, girar. *Vuelva a la derecha después de la farmacia.* Vire à direita depois da farmácia. **11.** Repetir, tornar. *Volvió a llamarme.* Tornou a me ligar. ■ **volverse** *v.p.* **1.** Derramar, derrubar (líquidos). **2.** Girar-se, voltar-se. **3.** Tornar-se, virar, ficar. *El vino se volvió vinagre.* O vinho virou vinagre. ■ *C.mod. 03.* ♦ **Volver en sí.** Voltar a si, recuperar os sentidos. **Volver loco.** Deixar louco. **Volverse atrás.** Voltar atrás. **Volverse loco.** Ficar louco.

vó·mi·to *s.m.* Vômito.

☞ **vos** *p.pess. 2ª pess. Amer.* **1.** Você. *Si vos lo decís...* Se é você quem diz... **2.** Tu. *¿Qué (vos) mirás?* Que estás olhando? **3.** Vós (tratamento arcaico de respeito). ■ Usado em diversas regiões da América. Constitui o chamado *voseo*. Em alguns lugares é comum a todas as classes sociais e, em outros, é exclusivamente familiar. *Vos sabés que no es verdad.* Você sabe que não é verdade. *¿(Vos) Tenés hambre?* Você está com fome?

vo·so·tros/as *p.pess. 2ª pess.pl.* **1.** Vocês (usado como tratamento informal). *¿Vosotros queréis cerveza?* Vocês querem cerveja? **2.** Vós (não usual). ■ Este *p.* é quase de uso exclusivo na Espanha. Na América usa-se *ustedes*. ♦ **Con vosotros. 1.** Com vocês. **2.** Convosco.

vo·tar *v.t.* e *v.i.* Votar.

vo·to *s.m.* **1.** Voto, promessa, oferenda. *Voto de fidelidad.* Voto de fidelidade. **2.** Voto, ação de votar. *Ganó por 1.000 votos de diferencia.* Ganhou por 1.000 votos de diferença. **3.** Voto, desejo. *Votos de felicidad.* Votos de felicidade. ♦ **Voto de confianza.** Voto de confiança. **Voto directo/indirecto.** Votação direta/indireta.

voz *s.f.* **1.** Voz, som. **2.** Voz, fala. **3.** Voz, clamor, grito. **4.** Voz, opinião, conselho. **5.** Voz, palavra. **6.** *Gram.* Voz, categoria verbal. *Voz pasiva.* Voz passiva. **7.** *Mus.* Voz, parte vocal. ■ *Pl.: voces.* ♦ **Voz de la conciencia.** Voz da consciência. **Voz del pueblo, voz del cielo.** A voz do povo é a voz de Deus. **A media voz.** Em voz baixa. **A voces.** Aos gritos. **Alzarle/Levantarle la voz (a alguien).** Levantar a voz, gritar, discutir. **Correr la voz (de algo).** Circular um boato. **De viva voz.** De viva voz. **Pedir a voces.** Implorar.

vo·za·rrón/·rro·na *s.* Vozeirão.

vue·lo *s.m.* **1.** Voo, movimento no ar. **2.** Voo, extensão percorrida no ar. *Tenemos nueve horas de vuelo.* Temos nove horas de voo. **3.** Revoada. **4.** Amplitude de um vestido. *Un vestido con vuelo.* Um vestido rodado. **5.** Babado. *Un encaje con vuelos.* Uma renda com babados. ♦ **Al vuelo.** Imediatamente, rapidamente. **Alzar/Levantar el vuelo.** Levantar voo. **Cogerlas/Pillarlas al vuelo.** Pegar no ar, entender. **No oírse el vuelo de una mosca.** Não ouvir uma mosca voando.

vuel·to/a *adj.* **1.** Direcionado, dirigido. **2.** Invertido. ■ *s.m.* **3.** *Amer.* Troco. **4.** Verso. ■ *s.f.* **5.** Volta, retorno, regresso. **6.** Volta, mudança. *Su vida dio muchas vueltas.* A sua vida deu muitas voltas. **7.** Volta, movimento giratório. **8.** Volta, passeio, giro. **9.** Volta, curva. *Esa carretera da muchas vueltas.* Essa estrada dá muita volta. **10.** Troco. *Me dio la vuelta en monedas.* Deu-me o troco em moedas. **11.** Devolução de um objeto. **12.** Verso. **13.** Turno. *Elección en dos vueltas.* Eleição em dois turnos. **14.** *Desp.* Volta, circuito. ■ *Part. irreg. de volver.* ♦ **Vuelta de campana. 1.** *Desp.* Salto mortal. **2.** Capotar (carro). **A la vuelta. 1.** Na volta. **2.** Dobrando a esquina. **A la vuelta de.** Depois de. **A vuelta de correo.** No correio do mesmo dia. **A vueltas.** Às voltas. **Dar la vuelta.** Dar a volta. **Dar media vuelta.** Dar meia-volta. **Dar muchas**

vueltas (a algo). Dar muitas voltas (a algo), fazer rodeios. **Dar(se) una vuelta.** Dar uma volta. **Dar vueltas la cabeza.** Estar zonzo. **¡Hasta la vuelta!** Até a volta! **Ida y vuelta.** Ida e volta. **No tener vuelta de hoja.** Não ter outro jeito. **Poner de vuelta y media (a alguien).** Repreender duramente.

vues·tro/a *p.poss. 2ª pess.pl.* **1.** Seu (usando-se a forma de tratamento "vocês"). *Éste es vuestro libro.* Este é seu livro. *Vieron vuestras casas.* Viram as suas casas. **2.** Vosso (usando-se a forma de tratamento "vós"). *Vuestros hermanos son menores que los míos.* Vossos irmãos são mais jovens do que os meus. *Vuestra familia es muy amable.* Vossa família é muito gentil. **3.** De vocês. *Los cuadernos son vuestros.* Os cadernos são de vocês.

vul·gar *adj.* **1.** Vulgar, comum, trivial. **2.** Vulgar, ordinário.

vul·ga·ri·zar *v.t. e v.i.* **1.** Vulgarizar, tornar vulgar. **2.** Vulgarizar, tornar acessível. ■ **vulgarizarse** *v.p.* Vulgarizar-se.

W

w *s.f.* W, vigésima quarta letra do alfabeto. ■ **a.** Recebe o nome *uve doble* ou *doble uve*. **b.** Em alguns países também recebe o nome *ve doble*. **c.** Símbolo de *vatio* (em maiúscula).

wal·kie tal·kie *s.m. Angl.* Walkie-talkie.

wá·ter *s.m. Angl.* Banheiro, privada.
watt *s.m. Eletr.* Watt.
wes·tern *s.m. Angl. Western*, bangue-bangue.
whis·ky *s.m. Angl. Whisky*, uísque.
wind·surf *s.m. Angl.* Windsurfe, surfe.

X

x *s.f.* **1.** X, vigésima quinta letra do alfabeto. **2.** Dez (maiúscula, no sistema romano de numeração). **3.** *Mat.* Incógnita, elemento desconhecido. **4.** *Geom.* Abscissa. ■ Recebe o nome *equis*.

xe·no·fo·bia *s.f.* Xenofobia.
xe·ro·co·pia *s.f.* Xerocópia.
xe·ro·co·piar *v.t.* Xerocopiar.
xi·ló·fo·no *s.m. Mus.* Xilofone. ■ *Tb.: xilofón*.
xi·lo·gra·fi·a *s.f.* Xilografia.

Y

y^1 *s.f.* Y, vigésima sexta letra do alfabeto. ■ Recebe o nome de *i griega* ou *ye*.

y^2 *conj.* E. *Compré un libro y un cuaderno.* Comprei um livro e um caderno. *Él y yo nos quedamos en casa ayer.* Ele e eu ficamos em casa ontem. *Posee algunos objetos hechos en cobre y hierro.* Possui alguns objetos feitos de cobre e ferro. ■ Antes de palavras iniciadas pelo som vocálico *i* utiliza-se *e* (exceto quando tem valor *adv. interr.*). *Comercio e industria.* Comércio e indústria. *Padres e hijos.* Pais e filhos. ♦ ¿Y?/¿Y qué? E daí?

ya *adv.* **1.** Já. *Ya devolví las revistas.* Já devolvi as revistas. **2.** Já, logo, daqui a pouco. *Ya voy.* Já vou. • *conj.* **3.** Já, seja. *Ya en el campo, ya en la ciudad, todos requieren buenas condiciones de vida.* Seja no campo, seja na cidade, todos precisam de boas condições de vida. ♦ **Ya mismo.** Agora mesmo. **Ya no.** Não mais. *Ya no me acuerdo.* Não me lembro mais. **Ya que.** Posto que, já que.
ya·cer *v.i.* Jazer. ■ *C.mod. 50.*
ya·ci·mien·to *s.m. Geol.* Jazida.
ya·te *s.m. Mar.* Iate.
ye·gua *s.f.* Égua.
ye·ma *s.f.* **1.** Gema (de ovo). **2.** *Bot.* Broto, botão de flor. **3.** Parte extrema de um dedo oposta à unha. **4.** Doce de gema de ovo e açúcar.
yer·ba *s.f. Bot.* **1.** Erva, grama. **2.** *Amer.* Erva-mate.
yer·no *s.m.* Genro.
ye·rro *s.m.* Erro, falha, equívoco. ■ *Sin.* mais usual: *equívoco.*
ye·so *s.m.* Gesso.
ye·ta *s.f. Col. Amer.* **1.** Infortúnio, má sorte. **2.** Pé-frio.
yo *p.pess.* 1ª *pess.sing.* **1.** Eu. *Yo hice el trabajo.* Eu fiz o trabalho. • *s.m.* **2.** *Fil.* Eu, consciência, ser.
yo·do *s.m. Quím.* Iodo.
yo·ga *s.m.* Ioga.
yo·gur *s.m.* Iogurte. ■ *Tb.: yogurt.*
yó·quey *s.m. Desp.* Jóquei.
yo·yó *s.m.* Ioiô (brinquedo). ■ *Tb.: yoyo.*
yu·ca *s.f. Bot.* Mandioca.
yu·do *s.m. Desp.* Judô. ■ *Tb.: judo.*
yu·go *s.m.* **1.** Canga, jugo. **2.** *Fig.* Servidão, domínio, opressão, jugo.
yu·gu·lar *adj. e s.f. Med.* Jugular.
yun·que *s.m.* Bigorna.
yu·te *s.m.* Juta.
yux·ta·po·ner *v.t.* Justapor. ■ *C.mod. 14.*
yux·ta·po·si·ción *s.f.* Justaposição.
yu·yo *s.m. Bot. Amer.* Mato, capim.

Z

z *s.f.* Z, vigésima sétima letra do alfabeto. ■ Recebe os nomes *zeta* ou *zeda.*
za·far·se *v.p.* Safar-se, livrar-se.
za·fi·ro *s.m. Geol.* Safira.
za·guán *s.m.* Saguão.
zai·no/a *adj.* Falso, traidor.
za·la·me·rí·a *s.f.* Bajulação, adulação.
za·ma·rra *s.f.* Blusão de pele forrado de lã.
zam·ba *s.f. Mus. Rio-plat.* Dança e ritmo popular.
zam·bom·ba *s.f. Mus.* Zabumba.
zam·bu·lli·da *s.f.* Mergulho rápido.
zam·bu·llir *v.t.* Submergir rapidamente. ■ **zambullirse** *v.p.* **1.** Mergulhar. **2.** *Fig.* Compenetrar-se, concentrar-se.
zam·par *v.t.* **1.** Ocultar rapidamente um objeto entre outros. **2.** Comer muito e depressa, engolir, devorar. **3.** Introduzir algo num líquido, embeber. ■ **zamparse** *v.p.* **1.** Ocultar-se, esconder-se, enfiar-se. **2.** Engolir, devorar.
zam·pea·do *s.m. Arq.* Construção de palafitas, estacaria.
zam·po·ña *s.f. Mus.* Flauta andina.

za·na·ho·ria *s.f. Bot.* Cenoura.

zan·ca *s.f.* **1.** Pata (aves). **2.** *Fig.* Perna comprida e fina.

zan·ca·di·lla *s.f.* **1.** Ato de pôr uma perna no caminho de alguém para provocar uma queda. **2.** *Fig.* Artimanha, ardil, armadilha.

zan·co *s.m.* Vara comprida com saliência para apoiar os pés e andar, perna de pau.

zan·cu·do/a *adj.* **1.** De pernas compridas. ● *s.m.* **2.** *Amer.* Pernilongo.

zan·ga·na·da *s.f. Col.* Bobagem, besteira.

zán·ga·no/a *s.* **1.** *Col.* Vagabundo. ■ *s.m.* **2.** Zangão.

zan·ja *s.f.* Valeta, canal, sulco.

za·pa·lli·to *s.m. Bot.* Rio-plat. Abobrinha.

za·pa·llo *s.m. Bot. Amer.* Abóbora.

za·pa·ta *s.f.* **1.** *Mec.* Sapata. **2.** Sapata, alicerce raso. **3.** Calço. **4.** *Mec.* Armação.

za·pa·te·rí·a *s.f.* Sapataria.

za·pa·te·ro/a *adj.* **1.** Alimento duro ou passado. ● *s.m.* **2.** Sapateiro, que conserta ou vende sapatos. **3.** Sapateira, móvel para guardar sapatos. ♦ **Zapatero, a tus zapatos.** Cada macaco no seu galho.

za·pa·ti·lla *s.f.* **1.** Chinelo. **2.** Sapatilha. **3.** Tênis. **4.** Couro para vedar torneira.

za·pa·to *s.m.* Sapato. ♦ **Saber dónde (le) aprieta el zapato.** Saber onde (lhe) aperta o sapato.

za·ra·ban·da *s.f.* **1.** *Mus.* Sarabanda, tipo de música e dança. **2.** *Fig.* Sarabanda, confusão, baderna.

za·ra·ga·ta *s.f. Col.* Barulho, confusão.

za·ra·ga·te *s.m. Amer.* Pessoa desprezível.

za·ran·da *s.f.* Peneira.

za·ran·da·jas *s.f.pl. Col.* Quinquilharias.

za·ran·de·ar *v.t.* **1.** Peneirar. **2.** Agitar, sacudir. ■ *Tb.:* zarandar. ■ **zarandearse** *v.p.* Balançar-se.

zar·par *v.t. e v.i. Mar.* Zarpar, partir.

zar·zue·la *s.f.* **1.** *Mus.* Zarzuela. **2.** Prato típico à base de peixe.

zig·zag *s.m.* Zigue-zague.

zí·per *s.m. Amer.* Zíper.

zi·pi·za·pe *s.m. Col.* Confusão, bagunça, briga.

zó·ca·lo *s.m. Arq.* Base, coluna. **2.** Pedestal. **3.** *Arq.* Friso. **4.** *Mex.* Praça central. **5.** Rodapé.

zo·dia·co *s.m.* Zodíaco. ■ *Tb.:* zodíaco. ♦ **Signos del zodiaco.** Signos do zodíaco.

zo·na *s.f.* **1.** Zona, área, parte. **2.** Zona, região.

zoo *s.m.* Zoo. ■ Forma apocopada de *zoológico.*

zoo·ló·gi·co/a *adj.* **1.** Zoológico, próprio da zoologia. ● *s.m.* **2.** Jardim zoológico.

zo·pe *s.m. Amer.* Abutre.

zo·po/a *adj.* **1.** Que tem a mão ou o pé tortos. **2.** Dormente. ■ *Tb.:* zompo.

zo·que·te *s.m.* **1.** Pedaço de madeira, tarugo. **2.** *Fig.* Pedaço de pão. ■ *adj. e s.2g.* **3.** *Col.* Tonto, idiota.

zo·rra *s.f.* **1.** Prostituta. **2.** *Fig.* Bebedeira.

zo·rro/a *s.* **1.** Raposa. **2.** Pele de raposa. ■ *adj. e s.* **3.** *Col.* Astuto. ♦ **Hacerce el zorro.** Dar uma de bobo.

zo·zo·brar *v.i.* **1.** *Mar.* Soçobrar, naufragar. **2.** *Fig.* Soçobrar, fracassar. **3.** *Fig.* Soçobrar, angustiar, inquietar.

☞ **zue·co** *s.m.* Tamanco.

zum·bar *v.i.* **1.** Zumbir. *Una mosca me zumba en la oreja.* Uma mosca está zumbindo no meu ouvido. ■ *v.t.* **2.** Assestar, assentar. *Le zumbó una patada.* Assentou-lhe um chute. **3.** *Amer.* Vaiar. ■ **zumbarse** *v.p.* Zombar.

zu·mo *s.m.* Suco, caldo. *Zumo de naranja.* Suco de laranja.

zun·cho *s.m. Mec.* Abraçadeira metálica.

zur·cir *v.t.* Cerzir, costurar.

☞ **zur·do/a** *adj. e s.* **1.** Canhoto, esquerdo. ■ *s.f.* **2.** Mão esquerda, canhota.

zu·rra *s.f.* **1.** Curtição de peles. **2.** *Col.* Surra.

zu·rria·go *s.m.* Látego, chicote.

zu·rrón *s.m. Col.* Surrão, bolsa de couro.

zu·ta·no/a *s. Col.* Sicrano. *Mengano y zutano.* Beltrano e sicrano.

GUIA DE REFERÊNCIAS ÚTEIS

Heterogenéricos espanhol-português 426
Heterotônicos espanhol-português 427
Numerais 428
Adjetivos pátrios 432
Profissões, ocupações e ofícios 436
Termos usuais de informática 439
Termos relacionados ao meio ambiente 440
Falsos cognatos 441
Tire as suas dúvidas 447
Pronomes e formas de tratamento 451
Uso do *vos* (na América) 451
Modelos de conjugação verbal 453
Particípios em espanhol 476

HETEROGENÉRICOS ESPANHOL-PORTUGUÊS

Muitas palavras possuem gênero diferente em espanhol e em português. Na lista a seguir são relacionadas algumas delas.

ESPAÑOL	PORTUGUÉS
el árbol	a árvore
el color	a cor
el coraje	a coragem
el cuchillo	a faca
el cutis	a cutis
el desorden	a desordem
el dolor	a dor
el engranaje	a engrenagem
el equipaje	a equipagem
el equipo	a equipe
el estreno	a estreia
el follaje	a folhagem
el jueves	a quinta-feira
el lenguaje	a linguagem
el lunes	a segunda-feira
el maquillaje	a maquiagem
el martes	a terça-feira
el mensaje	a mensagem
el miércoles	a quarta-feira
el puente	a ponte
el vals	a valsa

ESPAÑOL	PORTUGUÉS
el vértigo	a vertigem
el viaje	a viagem
el viernes	a sexta-feira
la aspiradora de polvo	o aspirador de pó
la baraja	o baralho
la costumbre	o costume
la cumbre	o cume
la leche	o leite
la legumbre	o legume
la licuadora	o liquidificador
la lumbre	o lume
la miel	o mel
la nariz	o nariz
la protesta	o protesto
la radio	o rádio (aparelho)
la rodilla	o joelho
la sal	o sal
la sangre	o sangue
la sonrisa	o sorriso

HETEROTÔNICOS ESPANHOL-PORTUGUÊS

Muitos termos espanhóis têm a sílaba tônica diferente do português. Eis alguns deles.

ESPAÑOL	PORTUGUÉS
academia	academia
acrobacia	acrobacia
alcohol	álcool
alergia	alergia
alguien	alguém
anécdota	anedota
anemia	anemia
anestesia	anestesia
aristócrata	aristocrata
asfixia	asfixia
bigamia	bigamia
burocracia	burocracia
burócrata	burocrata
cerebro	cérebro
demagogia	demagogia
democracia	democracia
demócrata	democrata
diplomacia	diplomacia
elogio	elogio
epidemia	epidemia
euforia	euforia
gaucho	gaúcho
hemorragia	hemorragia
héroe	herói
hidrógeno	hidrogênio

ESPAÑOL	PORTUGUÉS
imán	ímã
imbécil	imbecil
impar	ímpar
límite	limite
magia	magia
mediocre	medíocre
micrófono	microfone
miope	míope
nivel	nível
nostalgia	nostalgia
océano	oceano
oxígeno	oxigênio
parásito	parasita
periferia	periferia
policía	polícia
prototipo	protótipo
régimen	regime
reptil	réptil/reptil
síntoma	sintoma
taquicardia	taquicardia
teléfono	telefone
terapia	terapia
tráquea	traqueia
vértigo	vertigem

NUMERAIS

Cardinais	Português	Espanhol
1	um/uma	*uno/una/un*
2	dois/duas	*dos*
3	três	*tres*
4	quatro	*cuatro*
5	cinco	*cinco*
6	seis	*seis*
7	sete	*siete*
8	oito	*ocho*
9	nove	*nueve*
10	dez	*diez*
11	onze	*once*
12	doze	*doce*
13	treze	*trece*
14	catorze, quatorze	*catorce*
15	quinze	*quince*
16	dezesseis	*dieciséis*
17	dezessete	*diecisiete*
18	dezoito	*dieciocho*
19	dezenove	*diecinueve*
20	vinte	*veinte*
21	vinte e um/uma	*veintiuno/a/veintiún*
22	vinte e dois/duas	*veintidós*
23	vinte e três	*veintitrés*
24	vinte e quatro	*veinticuatro*
25	vinte e cinco	*veinticinco*
26	vinte e seis	*veintiséis*
27	vinte e sete	*veintisiete*
28	vinte e oito	*veintiocho*
29	vinte e nove	*veintinueve*
30	trinta	*treinta*
31	trinta e um/uma	*treinta y uno/a/treinta y un*
32	trinta e dois/duas	*treinta y dos*
33	trinta e três	*treinta y tres*
40	quarenta	*cuarenta*
41	quarenta e um/uma	*cuarenta y uno/a/cuarenta y un*
42	quarenta e dois/duas	*cuarenta y dos*
43	quarenta e três	*cuarenta y tres*
50	cinquenta	*cincuenta*
60	sessenta	*sesenta*
70	setenta	*setenta*
80	oitenta	*ochenta*
90	noventa	*noventa*

Cardinais	Português	Espanhol
100	cem	*cien*
101	cento e um/uma	*ciento uno/a/ciento un*
102	cento e dois/duas	*ciento dos*
103	cento e três	*ciento tres*
110	cento e dez	*ciento diez*
111	cento e onze	*ciento once*
112	cento e doze	*ciento doce*
113	cento e treze	*ciento trece*
120	cento e vinte	*ciento veinte*
121	cento e vinte e um/uma	*ciento veintiuno/a/ciento veintiún*
122	cento e vinte e dois/duas	*ciento veintidós*
123	cento e vinte e três	*ciento veintitrés*
130	cento e trinta	*ciento treinta*
131	cento e trinta e um/uma	*ciento treinta y uno/a/ciento treinta y un*
132	cento e trinta e dois/duas	*ciento treinta y dos*
133	cento e trinta e três	*ciento treinta y tres*
200	duzentos/as	*doscientos/as*
201	duzentos/as e um/uma	*doscientos/as uno/a/doscientos un*
202	duzentos/as e dois/duas	*doscientos/as dos*
203	duzentos/as e três	*doscientos/as tres*
300	trezentos/as	*trescientos/as*
400	quatrocentos/as	*cuatrocientos/as*
500	quinhentos/as	*quinientos/as*
600	seiscentos/as	*seiscientos/as*
700	setecentos/as	*setecientos/as*
800	oitocentos/as	*ochocientos/as*
900	novecentos/as	*novecientos/as*
1.000	mil	*mil*
1.001	mil e um/uma	*mil uno/a/mil un*
1.010	mil e dez	*mil diez*
1.100	mil e cem	*mil cien*
2.000	dois/duas mil	*dos mil*
3.000	três mil	*tres mil*
100.000	cem mil	*cien mil*
1.000.000	um milhão	*un millón*
10.000.000	dez milhões	*diez millones*
100.000.000	cem milhões	*cien millones*
1.000.000.000	um bilhão	*mil millones*
10.000.000.000	dez bilhões	*diez mil millones*
100.000.000.000	cem bilhões	*cien mil millones*
1.000.000.000.000	um trilhão	*un billón*

Ordinais	Português	Espanhol
1º	primeiro/a	*primero/a, primer*
2º	segundo/a	*segundo/a*
3º	terceiro/a	*tercero/a, tercer*
4º	quarto/a	*cuarto/a*
5º	quinto/a	*quinto/a*
6º	sexto/a	*sexto/a*
7º	sétimo/a	*séptimo/a*
8º	oitavo/a	*octavo/a*
9º	nono/a	*noveno/a*
10º	décimo/a	*décimo/a*
11º	décimo/a primeiro/a	*undécimo/a*
12º	décimo/a segundo/a	*duodécimo/a*
13º	décimo/a terceiro/a	*decimotercero/a/decimotercer*
14º	décimo/a quarto/a	*decimocuarto/a*
15º	décimo/a quinto/a	*decimoquinto/a*
16º	décimo/a sexto/a	*decimosexto/a*
17º	décimo/a sétimo/a	*decimoséptimo/a*
18º	décimo/a oitavo/a	*decimoctavo/a*
19º	décimo/a nono/a	*decimonoveno/a*
20º	vigésimo/a	*vigésimo/a*
21º	vigésimo/a primeiro/a	*vigésimo/a primero/a/vigésimo primer*
22º	vigésimo/a segundo/a	*vigésimo/a segundo/a*
23º	vigésimo/a terceiro/a	*vigésimo/a tercero/a/vigésimo tercer*
24º	vigésimo/a quarto/a	*vigésimo/a cuarto/a*
25º	vigésimo/a quinto/a	*vigésimo/a quinto/a*
26º	vigésimo/a sexto/a	*vigésimo/a sexto/a*
27º	vigésimo/a sétimo/a	*vigésimo/a séptimo/a*
28º	vigésimo/a oitavo/a	*vigésimo/a octavo/a*
29º	vigésimo/a nono/a	*vigésimo/a noveno/a*
30º	trigésimo/a	*trigésimo/a*
31º	trigésimo/a primeiro/a	*trigésimo/a primero/a/trigésimo primer*
32º	trigésimo/a segundo/a	*trigésimo/a segundo/a*
33º	trigésimo/a terceiro/a	*trigésimo/a tercero/a/trigésimo tercer*
40º	quadragésimo/a	*cuadragésimo/a*
41º	quadragésimo/a primeiro/a	*cuadragésimo/a primero/a/cuadragésimo primer*
42º	quadragésimo/a segundo/a	*cuadragésimo/a segundo/a*
43º	quadragésimo/a terceiro/a	*cuadragésimo/a tercero/a/cuadragésimo tercer*
50º	quinquagésimo/a	*quincuagésimo/a*
60º	sexagésimo/a	*sexagésimo/a*
70º	se(p)tuagésimo/a	*septuagésimo/a*
80º	octogésimo/a	*octogésimo/a*
90º	nonagésimo/a	*nonagésimo/a*
100º	centésimo/a	*centésimo/a*
101º	centésimo/a primeiro/a	*centésimo/a primero/a/centésimo primer*
102º	centésimo/a segundo/a	*centésimo/a segundo/a*
103º	centésimo/a terceiro/a	*centésimo/a tercero/a/centésimo tercer*
110º	centésimo/a décimo/a	*centésimo/a décimo/a*

Ordinais	Português	Espanhol
111º	centésimo/a décimo/a primeiro/a	centésimo/a undécimo/a
112º	centésimo/a décimo/a segundo/a	centésimo/a duodécimo/a
113º	centésimo/a décimo/a terceiro/a	centésimo/a decimotercero/a centésimo decimotercer
120º	centésimo/a vigésimo/a	centésimo/a vigésimo/a
121º	centésimo/a vigésimo/a primeiro/a	centésimo/a vigésimo/a primero/a centésimo vigésimo primer
122º	centésimo/a vigésimo/a segundo/a	centésimo/a vigésimo/a segundo/a
123º	centésimo/a vigésimo/a terceiro/a	centésimo/a vigésimo/a tercero/a centésimo vigésimo tercer
130º	centésimo/a trigésimo/a	centésimo/a trigésimo/a
131º	centésimo/a trigésimo/a primeiro/a	centésimo/a trigésimo/a primero/a centésimo trigésimo primer
132º	centésimo/a trigésimo/a segundo/a	centésimo/a trigésimo/a segundo/a
133º	centésimo/a trigésimo/a terceiro/a	centésimo/a trigésimo/a tercero/a centésimo trigésimo tercer
200º	ducentésimo/a	ducentésimo/a
201º	ducentésimo/a primeiro/a	ducentésimo/a primero/a ducentésimo primer
202º	ducentésimo/a segundo/a	ducentésimo/a segundo/a
203º	ducentésimo/a terceiro/a	ducentésimo/a tercero/a ducentésimo tercer
300º	tre(i)centésimo/a	trecentésimo/a
400º	quadringentésimo/a	cuadrigentésimo/a
500º	quingentésimo/a	quingentésimo/a
600º	sexcentésimo/a	sexcentésimo/a
700º	se(p)tingentésimo/a	septingentésimo/a
800º	octingentésimo/a	octingentésimo/a
900º	non(in)gentésimo/a	noningentésimo/a
1.000º	milésimo/a	milésimo/a
1.001º	milésimo/a primeiro/a	milésimo/a primero/a milésimo primer
1.010º	milésimo/a décimo/a	milésimo/a décimo/a
1.100º	milésimo/a centésimo/a	milésimo/a centésimo/a
2.000º	dois/duas milésimos/as	dos milésimos/as
3.000º	três milésimos/as	tres milésimos/as
100.000º	cem milésimos/as	cien milésimos/as
1.000.000º	milionésimo/a	millonésimo/a
10.000.000º	dez milionésimos/as	diez millonésimos/as
100.000.000º	cem milionésimos/as	cien millonésimos/as
1.000.000.000º	bilionésimo/a	mil millonésimos/as
10.000.000.000º	dez bilionésimos/as	diez mil millonésimos/as
100.000.000.000º	cem bilionésimos/as	cien mil millonésimos/as
1.000.000.000.000º	trilionésimo/a	billonésimo/a

ADJETIVOS PÁTRIOS

Português/espanhol País	Português Gentílico	Espanhol *Gentilicio*
Afeganistão/*Afganistán*	afegane; afegão-ã	*afgano/a*
África do Sul/*Sudáfrica*	sul-africano/a	*sudafricano/a*
Albânia/*Albania*	albanês-nesa	*albanés-nesa*
Alemanha/*Alemania*	alemão-mã	*alemán-mana*
Andorra/*Andorra*	andorrano/a; andorrense	*andorrano/a*
Angola/*Angola*	angolano/a; angolense	*angolano/a*
Arábia Saudita/*Arabia Saudita o Saudí*	árabe-saudita; saudita	*árabe*
Argélia/*Argelia*	argelino/a; argeliano/a	*argelino/a*
Argentina/*Argentina*	argentino/a	*argentino/a*
Armênia/*Armenia*	armênio/a	*armenio/a*
Austrália/*Australia*	australiano/a	*australiano/a*
Áustria/*Austria*	austríaco/a	*austríaco/a*
Bahamas/*Bahamas*	bahamar	*bahamar*
Bélgica/*Bélgica*	belga	*belga*
Bolívia/*Bolivia*	boliviano/a	*boliviano/a*
Bósnia-Herzegóvina/*Bosnia Hercegovina*	bósnio/a	*bosnio/a*
Brasil/*Brasil*	brasileiro/a	*brasileño/a*
Bulgária/*Bulgaria*	búlgaro/a	*búlgaro/a*
Cabo Verde/*Cabo Verde*	cabo-verdiano/a	*caboverdeano/a*
Camarões/*Camerún*	camaronês-nesa	*camerunés-nesa*
Canadá/*Canadá*	canadense	*canadiense*
Chile/*Chile*	chileno/a	*chileno/a*
China/*China*	chinês-nesa	*chino/a*
Chipre/*Chipre*	cipriota; cíprio/a	*chipriota*
Colômbia/*Colombia*	colombiano/a	*colombiano/a*
Congo/*Congo*	congolês-lesa	*congoleño/a*
Coreia do Norte/*Corea del Norte*	coreano/a	*coreano/a*
Coreia do Sul/*Corea del Sur*	coreano/a	*coreano/a*
Costa Rica/*Costa Rica*	costarriquenho/a	*costarriqueño/a;* *costarricense; tico/a*
Croácia/*Croacia*	croata	*croata*
Cuba/*Cuba*	cubano/a	*cubano/a*
Dinamarca/*Dinamarca*	dinamarquês-quesa	*danés-nesa*
Egito/*Egipto*	egípcio/a	*egipcio/a*
El Salvador/*El Salvador*	salvadorenho/a	*salvadoreño/a*
Emirados Árabes Unidos/ *Emiratos Árabes Unidos*	árabe	*árabe*
Equador/*Ecuador*	equatoriano/a	*ecuatoriano/a*
Escócia/*Escocia*	escocês-cesa	*escocés-cesa*
Eslováquia/*Eslovaquia*	eslovaco/a	*eslovaco/a*

Português/espanhol País	Português Gentílico	Espanhol *Gentilicio*
Eslovênia/*Eslovenia*	esloveno/a	*esloveno/a*
Espanha/*España*	espanhol-nhola	*español/ñola*
Estados Unidos da América/ *Estados Unidos de América*	norte-americano/a	*estadounidense*
Estônia/*Estonia*	estônio/a	*estonio/a*
Etiópia/*Etiopía*	etíope	*etíope*
Filipinas/*Filipinas*	filipino/a	*filipino/a*
Finlândia/*Finlandia*	finlandês-desa	*finlandés-desa*
França/*Francia*	francês-cesa	*francés-cesa*
Gabão/*Gabón*	gabonense	*gabonés-nesa*
Grécia/*Grecia*	grego/a	*griego/a*
Guatemala/*Guatemala*	guatemalteco/a	*guatemalteco/a; chapín*
Guiana/*Guayana*	guianense	*guayanés-nesa*
Guiné/*Guinea*	guineano/a	*guineo/a; guienés-nesa*
Guiné-Bissau/*Guinea-Bissau*	guineano/a	*guineo/a*
Guiné Equatorial/*Guinea Ecuatorial*	guineano/a	*guineo/a*
Haiti/*Haití*	haitiano/a	*haitiano/a*
Holanda/*Holanda*	holandês-desa	*holandés-desa*
Honduras/*Honduras*	hondurenho/a	*hondureño/a*
Hungria/*Hungría*	húngaro/a	*húngaro/a*
Iêmen/*Yemen*	iemenita	*yemenita*
Índia/*India*	indiano; hindu	*indio/a; hindú*
Indonésia/*Indonesia*	indonésio/a	*indonesio/a*
Inglaterra/*Inglaterra*	inglês-glesa	*inglés-glesa*
Irã/*Irán*	iraniano/a	*iraní*
Iraque/*Iraq*	iraquiano/a	*iraquí*
Irlanda/*Irlanda*	irlandês-desa	*irlandés-desa*
Islândia/*Islandia*	islandês-desa	*islandés-desa*
Israel/*Israel*	israelense	*israelí; israelita*
Itália/*Italia*	italiano/a	*italiano/a*
Iugoslávia/*Yugoslavia*	iugoslavo/a	*yugoslavo/a*
Jamaica/*Jamaica*	jamaicano/a	*jamaicano/a*
Japão/*Japón*	japonês-nesa; nipônico/a	*japonés-nesa; nipón-pona*
Jordânia/*Jordania*	jordaniano/a	*jordano/a*
Kuwait/*Kuwait*	kuwaitiano/a	*kuwaití*
Laos/*Laos*	laociano/a; laosiano/a	*laosiano/a*
Letônia/*Letonia*	letão-tona	*letón-tona*
Líbano/*Líbano*	libanês-nesa	*libanés-nesa*
Libéria/*Liberia*	liberiano/a	*liberiano/a*
Líbia/*Libia*	líbio/a	*libio/a*

Português/espanhol País	Português Gentílico	Espanhol *Gentilicio*
Lituânia/*Lituania*	lituano/a	*lituano/a*
Luxemburgo/*Luxemburgo*	luxemburguês-guesa	*luxemburgués-guesa*
Macedônia/*Macedonia*	macedônio/a	*macedonio/a*
Madagáscar/*Madagascar*	malgaxe	*malgacho/a*
Malásia/*Malasia*	malaio/a	*malayo/a*
Malta/*Malta*	maltês-tesa	*maltés-tesa*
Marrocos/*Marruecos*	marroquino/a	*marroquí*
Mauritânia/*Mauritania*	mauritano/a	*mauritano/a*
México/*México*	mexicano/a	*mexicano/a; mejicano/a*
Moçambique/*Mozambique*	moçambicano/a	*mozambiqueño/a*
Moldávia/*Moldova/Moldavia*	moldávio/a	*moldavio/a*
Mônaco/*Mónaco*	monegasco/a	*monegasco/a*
Mongólia/*Mongolia*	mongol	*mongol*
Nepal/*Nepal*	nepalês-lesa	*nepalés-lesa*
Nicarágua/*Nicaragua*	nicaraguano/a; nicaraguense	*nicaragüense; nica*
Níger/*Níger*	nigerino/a	*nigerino/a*
Nigéria/*Nigeria*	nigeriano/a	*nigeriano/a*
Noruega/*Noruega*	norueguês-guesa	*noruego/a*
Nova Zelândia/*Nueva Zelanda*	neozelandês-desa	*neozelandés-desa*
Omã/*Omán*	omani; omaniano/a; omanense	*omaní*
País de Gales/*Gales*	galês-lesa	*galés-lesa*
Panamá/*Panamá*	panamenho/a	*panameño/a*
Paquistão/*Paquistán*	paquistanense; paquistanês-nesa	*paquistaní*
Paraguai/*Paraguay*	paraguaio/a	*paraguayo/a*
Peru/*Perú*	peruano/a	*peruano/a*
Polônia/*Polonia*	polonês-nesa; polaco/a	*polonés-nesa; polaco/a*
Porto Rico/*Puerto Rico*	porto-riquenho/a	*puertorriqueño/a*
Portugal/*Portugal*	português-guesa	*portugués-guesa*
Quênia/*Kenia*	queniano/a	*keniota*
República Democrática do Congo/*República Democrática del Congo*	congolense	*congolense*
República Dominicana/*República Dominicana*	dominicano/a	*dominico/a*
República Tcheca/*República Checa*	tcheco/a	*checo/a*
Romênia/*Rumania*	romeno/a	*rumano/a*
Ruanda/*Rwuanda*	ruandês-esa	*rwuandés-esa*
Rússia/*Rusia*	russo/a	*ruso/a*
São Tomé e Príncipe/*San Tomé y Príncipe*	santomesino/a	*santomesino/a*

Português/espanhol País	Português Gentílico	Espanhol *Gentilicio*
Senegal/*Senegal*	senegalês-lesa	*senegalés-lesa*
Serra Leoa/*Sierra Leona*	leonês-nesa	*leonés-nesa*
Sérvia/*Servia/Serbia*	sérvio/a	*servio/a*
Singapura/*Singapura (tb. Singapur)*	singapurense	*singapurense*
Síria/*Siria*	sírio/a	*sirio/a*
Somália/*Somalia*	somali; somaliano/a; somaliense	*somalí*
Sudão/*Sudán*	sudanês-nesa	*sudanés-nesa*
Suécia/*Suecia*	sueco/a	*sueco/a*
Suíça/*Suiza*	suíço/a	*suizo/a*
Suriname/*Surinam*	surinamês-mesa	*surinamita*
Tailândia/*Tailandia*	tailandês-desa	*tailandés-desa*
Tanzânia/*Tanzania*	tanzaniano/a	*tanzano/a*
Timor-Leste/*Timor Este*	timorense	*timorense*
Togo/*Togo*	togolês-esa	*togolés-esa*
Tonga/*Tonga*	tonganês-esa	*tonganés-esa*
Trinidad e Tobago/*Trinidad y Tobago*	trinidadense (tobaguenho/a)	*trinidadense (tobagueño/a)*
Tunísia/*Túnis*	tunisiano/a	*tunisiano/a*
Turquia/*Turquía*	turco/a; otomano/a	*turco/a; otomano/a*
Ucrânia/*Ucrania*	ucraniano/a	*ucranio/a; ucraniano/a*
Uganda/*Uganda*	ugandense	*ugandés-desa*
Uruguai/*Uruguay*	uruguaio/a	*uruguayo/a*
Venezuela/*Venezuela*	venezuelano/a	*venezolano/a*
Vietnã/*Vietnam*	vietnamita	*vietnamita*
Zimbábue/*Zimbabue/Zimbabwe*	zimbabuense	*zimbabuense*

PROFISSÕES, OCUPAÇÕES E OFÍCIOS

ESPAÑOL	PORTUGUÉS
abogado/a	advogado/a
actor, actriz	ator, atriz
administrador-a	administrador-a
albañil	pedreiro
ama de casa	dona de casa
analista	analista
arquitecto/a	arquiteto/a
artesano/a	artesão, artesã
artista	artista
asistenta	doméstica, empregada, faxineira
astrólogo/a	astrólogo/a
atleta	atleta
aviador-a	aviador-a
azafata	aeromoça
bailarín-a	bailarino/a
banquero/a	banqueiro
barbero	barbeiro
basurero/a	lixeiro/a
bibliotecario/a	bibliotecário/a
biólogo/a	biólogo/a
bombero	bombeiro
cajero/a	caixa
camarera	arrumadeira, camareira
camarero, mesero, mozo	garçom
campesino/a	camponês/nesa
cantante	cantor-a
carnicero/a	açougueiro/a
carpintero	carpinteiro
cartero/a	carteiro
chapista	funileiro
ciclista	ciclista
cirujano/a	cirurgião/cirurgiã
cobrador-a	cobrador-a
cocinero/a	cozinheiro/a
comadrona	parteira
comerciante	comerciante
cómico/a	comediante
comisario	delegado
compositor-a	compositor-a
concejal	vereador
conductor-a	motorista
conserje	zelador
contador-a	contador-a
cura	padre
decorador-a	decorador-a
dentista	dentista
dependiente/a	balconista
deportista	esportista
detective	detetive
dibujante	desenhista

ESPAÑOL	PORTUGUÉS	ESPAÑOL	PORTUGUÉS
diputado/a	deputado/a	maestro/a	professor-a
diseñador-a	projetista	maestro (mayor)	mestre de obras
doctor-a	doutor-a	maniquí	manequim
economista	economista	marinero/a	marinheiro/a
electricista	eletricista	masajista	massagista
empresario/a	empresário/a	mecánico/a	mecânico/a
encuestador-a	pesquisador-a	médico/a	médico/a
enfermero/a	enfermeiro/a	militar	militar
entrenador-a	treinador-a	misionero/a	missionário/a
escribano	tabelião	modisto/a	costureiro/a
escritor-a	escritor-a	monja	freira
estudiante	estudante	músico/a	músico/a
farmacéutico/a	farmacêutico/a	obrero/a	operário/a
fiscal	fiscal	oculista	oculista
fontanero/a	encanador	oficinista	escriturário/a
futbolista	futebolista	oftalmólogo/a	oftalmologista
ginecólogo/a	ginecologista	panadero/a	padeiro/a
ingeniero/a	engenheiro/a	payaso/a	palhaço/a
intérprete	intérprete	peluquero/a	cabeleireiro/a
inventor-a	inventor-a	peón	peão, peoa, peona
investigador-a	investigador-a	periodista	jornalista
jardinero/a	jardineiro/a	pescador-a	pescador-a
jefe/a	chefe/a	pianista	pianista
joyero/a	joalheiro/a	piloto	piloto
juez-a	juiz/juíza	pintor-a	pintor-a
lavandera	lavadeira	poeta, poetisa	poeta, poetisa
lechero/a	leiteiro/a	policía	policial
locutor-a	locutor-a		

ESPAÑOL	PORTUGUÉS	ESPAÑOL	PORTUGUÉS
portero/a	porteiro/a	sastre	alfaiate
presentador-a	apresentador-a	secretario/a	secretário/a
profesor-a	professor-a	senador-a	senador-a
programador-a	programador-a	técnico/a	técnico/a
psicólogo/a	psicólogo/a	traductor-a	tradutor-a
psiquiatra	psiquiatra	vendedor-a	vendedor-a
recepcionista	recepcionista	verdulero/a	verdureiro/a
relojero/a	relojoeiro/a	veterinario/a	veterinário/a
reportero/a	repórter	vidriero	vidraceiro
sacerdote/isa	sacerdote/isa	vigilante	vigilante, vigia
		zapatero/a	sapateiro/a

Muitas profissões não tinham feminino; usava-se o artigo para definir o gênero. Mas agora admitem a forma flexionada.

TERMOS USUAIS DE INFORMÁTICA

Português/espanhol		Português/espanhol	
Abrir	Abrir	Gravador	Grabadora
Acessar	Acceder	*Hardware*	*Hardware*
Ajuda	Ayuda	Histórico	Historia, historial
Anexo (arquivo)	Adjunto (archivo)	Importar	Importar
Anti-vírus	Antivirus	Imprimir	Imprimir
Área de trabalho	Área de trabajo	Inserir	Introducir, insertar
Arquivo	Archivo, fichero	Instalar	Instalar
Back-up	Copia de seguridad	Internet	Internet
Baixar	Descargar, bajar	Ir para	Ir a
Barra de tarefas	Barra de tareas	Janela	Ventana
Bit	*Bit*	Jogos	Juegos
Bite	Bite	Leitora	Lectora
Box	Recuadro	Lixeira	Basurero
Caixa de diálogo	Caja de diálogo	Mandar	Mandar, enviar
Caixa (de entrada/saída)	Bandeja (de entrada/salida)	Marcar	Señalar
Campo	Casilla	Memória	Memoria
CD	CD, disco compacto	Menu	Menú
Clicar	Pinchar, hacer clic	Minimizar	Minimizar
Código	Código, clave	Monitor	Monitor
Colar	Pegar	Mostrar	Mostrar, exhibir
Coluna	Columna	*Mouse*	Ratón, *mouse*
Computador	Computadora, ordenador	Navegar	Navegar
Conectar	Conectar	Nova página	Nueva página
Conexão	Conexión	Opções	Opciones
Configuração	Configuración	Parágrafo	Párrafo
Copiar	Copiar	Pasta	Carpeta
Correio	Correo	*Pixel*	*Pixel*
Deletar	Borrar, apagar	Preenchimento	Llenado
Desenhar	Dibujar	Projetor	Cañón
Desfazer	Deshacer	Propriedades	Propiedades
Desktop	*Desktop*, escritorio	Rede	Red
Digitar	Digitar, teclear	Referência	Referencia
Disco rígido	Disco duro	Remover	Remover, excluir
Disquete	Disquete, disco flexible	Salvar	Guardar, salvar, grabar
Download (fazer)	Descargar, hacer descargas	Selecionar	Seleccionar
Editar	Editar	Senha	Contraseña, clave
E-mail	Correo electrónico, *e-mail*	Servidor	Servidor
Enviar	Enviar	*Site*	Sitio, página web
Escanear	Escanear	*Software*	*Software*, programa
Excluir	Excluir	Tabela	Tabla
Exibir	Exhibir	Teclado	Teclado
Fechar	Cerrar	Tela	Pantalla
Ferramentas	Herramientas	*Videogame*	Videojuego
Finalizar	Finalizar	Vírus	Virus
Fonte	Fuente, tipo	Voltar	Volver
Formatar	Formatear	Zipado	Compactado, zipado
Game	Juego	*Zoom*	*Zoom*

TERMOS RELACIONADOS AO MEIO AMBIENTE

Português/espanhol		Português/espanhol	
Abalo sísmico	Temblor de tierra, sismo	Frio	Frío
Açude	Embalse	Furacão	Huracán
Aquecimento global	Calentamiento global	Granizo	Granizo
Areia	Arena	Graus	Grados
Árvore	Árbol	Insetos	Insectos
Aterro sanitário	Relleno sanitario, vertedero controlado	Lama	Lodo, fango
Atmosfera	Atmósfera	Lixão	Vertedero, basurero
Avalanche	Avalancha	Lixo	Basura
Barro	Barro, arcilla	Lua	Luna
Biocombustível	Biocombustible	Mamíferos	Mamíferos
Biodegradável	Biodegradable	Maré	Marea
Biodiversidade	Biodiversidad	Mata	Bosque
Cadeia alimentar	Cadena alimentaria	Mormaço	Bochorno
Calor	Calor	Natureza	Naturaleza
Caminhão de lixo	Camión de la basura	Neblina	Niebla
Canalização	Canalización	Neve	Nieve
Canhão	Cañón	Onda	Ola
Campos	Campos, praderas	Órgão ambiental	Organismo ambiental
Chuva	Lluvia	Pântano	Pantano
Chuva ácida	Lluvia ácida	Poluição	Polución, contaminación
Ciclone	Ciclón	Praia	Playa
Coleta seletiva	Recolección selectiva	Preservação	Preservación
Combustível	Combustible	Pressão atmosférica	Presión atmosférica
Contaminação	Contaminación	Reciclagem	Reciclado, reciclaje
Corrente marinha	Corriente marina	Reflorestamento	Reforestación
Depósito mineral	Depósito mineral	Refluxo	Reflujo
Desertificação	Desertificación	Répteis	Reptiles
Desfiladeiro	Cañón	Reserva ecológica	Reserva ecológica
Desmatamento	Desmonte, desbroce	Resfriamento	Enfriamiento
Desmoronamento	Derrumbe, desmoronamiento	Resíduos	Desechos, residuos
Disseminação	Diseminación	Rio	Río
Drenagem	Drenaje	Sedimentação	Sedimentación
Ecossistema	Ecosistema	Semente	Semilla
Efeito estufa	Efecto estufa, efecto invernadero	Sol	Sol
Enchente	Riada, inundación, avenida	Solo	Suelo
Encosta	Cuesta, pendiente	Temperatura	Temperatura
Erosão	Erosión	Tempestade	Tempestad, borrasca
Escarpa	Cuesta, escarpa	Terremoto	Terremoto
Esgoto	Desagüe, cloaca, alcantarilla	Tormenta	Tormenta
Espécie	Especie	Tornado	Tornado
Extinção	Extinción	Tóxico	Tóxico
Flor	Flor	Tufão	Tifón
Floresta	Bosque, foresta, floresta	Umidade	Humedad
Folhas	Hojas	Vale	Valle
Frente fria	Frente fría	Vendaval	Vendaval
		Vulcão	Volcán

FALSOS COGNATOS

Em português e em espanhol existem muitos vocábulos que à primeira vista são idênticos ou similares, tanto na ortografia quanto na fonética, mas que não têm o mesmo significado. São denominados *falsos cognatos* ou *falsos amigos*.

Os casos mais comuns são:

1. Termos que apresentam forma igual ou semelhante em ambos os idiomas, mas cujas acepções são completamente diferentes;
2. Termos que apresentam forma igual ou semelhante em ambos os idiomas, tendo algumas acepções coincidentes e outras não.

Apresenta-se a seguir uma lista com alguns falsos cognatos considerados relevantes.
Nessa relação, os vocábulos aparecem em ordem alfabética, e muitos deles estão identificados na parte espanhol-português com o símbolo ☞. No entanto, alguns não figuram no corpo do minidicionário por serem palavras derivadas de verbetes-entrada.
O vocábulo em espanhol vem seguido de suas principais acepções em português e, entre colchetes, o mesmo vocábulo em português apresenta as acepções correspondentes em espanhol.

abonado: Assinante. [abonado: *Adinerado, acaudalado.*]
abonar: 1. Afiançar. 2. Adubar. 3. Pagar, acertar contas. 4. Creditar. **abonarse**: Assinar uma publicação. [abonar: *Acreditar, aprobar.*]
abono: 1. Assinatura, mensalidade. 2. Adubo. 3. Garantia. 4. Prestação. [abono: 1. *Garantía, caución.* 2. *Gratificación.*]
aborrecer: Detestar, abominar. [aborrecer: 1. *Aburrir.* 2. *Molestar.*]
aborrecimiento: Ódio, aversão. [aborrecimento: *Disgusto.*]
aceite: 1. Óleo de cozinha, azeite. 2. Óleo lubrificante. [aceite: *Aceptación, endoso.*]
acordar: 1. Decidir, combinar. 2. Lembrar(-se). [acordar: *Despertar(se).*]

acreditar: 1. Comprovar. 2. Habilitar. 3. Creditar. [acreditar: *Creer.*]
afilar: Afiar. [afilar: *Afinar.*]
agasajo: Acolhida, recepção. [agasalho: *Abrigo.*]
alargar: 1. Alongar. 2. Esticar. [alargar: *Ensanchar.*]
alborozo: Regozijo. [alvoroço: *Alboroto.*]
alejado: Afastado, distante. [aleijado: *Cojo, manco.*]
alias: Apelido, alcunha. [aliás: *Es decir, por lo demás, o mejor.*]
aliciente: 1. Estímulo. 2. Sedução, encanto. [aliciente: *Que atrae, que seduce.*]
alza: Alta, subida de preço. [alça: 1. *Tirante, suspensores.* 2. *Mango, empuñadura.*]
amago: 1. Ameaça. 2. Indício. [âmago: 1. *Cerne.* 2. *Meollo.*]

ano: Ânus. [ano: *Año.*]
antojo: Capricho, desejo. [antojo: *Asco, repugnancia.*]
apellido: Sobrenome. [apelido: *Apodo.*]
apenas: 1. Quase não. 2. Assim que. 3. Escassamente. [apenas: *Sólo, solamente.*]
asignatura: Disciplina, matéria de estudo. [assinatura: *Firma.*]
atestado: Lotado, abarrotado. [atestado: *Certificación.*]
aula: Sala de aula. [aula: *Clase.*]
azahar: Flor de laranjeira. [azar: 1. *Mala suerte.* 2. *Acaso, azar.*]
bachiller: Diplomado no ensino médio. [bacharel: *Universitario, licenciado.*]
bachillerato: Estudos de nível médio (do ensino médio). [bacharelado: *Estudios universitarios, licenciatura.*]
balcón: Sacada. [balcão: 1. *Mostrador* (loja). 2. *Barra* (bar).]
batata: Batata-doce. [batata: *Patata, papa.*]
beca: Bolsa de estudos. [beca: *Toga.*]
berro: Agrião. [berro: *Grito.*]
billón: Trilhão. [bilhão: *Mil millones.*]
bodega: 1. Adega. 2. Porão de navio. [bodega: *Taberna, bodegón.*]
bolsa: 1. Sacola, maleta. 2. Saco, saquinho. [bolsa: *Bolso, cartera.*]
bolso: 1. Bolsa. 2. Maleta. [bolso: *Bolsillo.*]
bonificación: 1. Benfeitoria. 2. Abatimento, desconto. [bonificação: *Gratificación.*]
borracha: 1. Bêbada. 2. Recipiente de couro para vinho. [borracha: 1. *Goma de borrar.* 2. *Caucho, hule.*]
botiquín: Estojo de primeiros socorros. [botequim: *Bar, bodegón.*]
brincar: Pular, saltar. [brincar: 1. *Jugar.* 2. *Bromear.*]
brinco: Pulo, salto. [brinco: *Aro, arete.*]
cacho: Pedaço, porção. [cacho: 1. *Racimo.* 2. *Rizo, tirabuzón.*]
cachorro: Filhote de mamífero. [cachorro: *Perro.*]

calar: 1. Submergir. 2. Introduzir. 3. Vazar. [calar: *Callar.*]
callar: Calar. [calhar: *Convenir, ser oportuno.*]
calzada: Faixa carroçável, pista. [calçada: *Acera, vereda.*]
camisón: Camisola. [camisão: *Camisa, chémise.*]
cano: Grisalho. [cano: *Caño.*]
careta: Máscara. [careta: *Mueca.*]
carpeta: Pasta. [carpete: *Alfombra, moqueta.*]
carretilla: Carrinho de mão. [carretilha: 1. *Garrucha.* 2. *Ruedecilla para pastas.*]
carro: Carroça. [carro: *Coche, automóvil, auto.*]
cartera: Bolsa. [carteira: 1. *Billetera, monedero.* 2. *Pupitre* (escola).]
casal: Casa de campo. [casal: *Pareja.*]
catar: 1. Degustar. 2. Experimentar. [catar: *Buscar, catear.*]
cena: Jantar. [cena: *Escena.*]
cerrajería: Oficina de chaveiro. [serralheria: *Ferretería.*]
chato: Plano, achatado. [chato: 1. *Aburrido.* 2. *Pesado, cargoso.*]
chingar: 1. Estragar. 2. Fornicar. [xingar: *Insultar, desbocarse.*]
chorizo: Tipo de linguiça. [chouriço: *Morcilla.*]
chulo: 1. Valentão. 2. Bonito, elegante. [chulo: *Grosero, ordinario.*]
cigarro: Charuto, cigarro de palha. [cigarro: *Cigarrillo.*]
cimiento(s): 1. Fundamento, base. 2. Alicerces. [cimento: *Cemento.*]
cinta: 1. Fita, faixa, tira. 2. Fita (som, filme). [cinta: 1. *Corsé, faja.* 2. *Cincha, correa.*]
ciruela: Ameixa. [ceroula(s): *Calzoncillos largos.*]
cisión: 1. Fenda. 2. Incisão. [cisão: *Escisión.*]
cola: 1. Rabo, cauda. 2. Fila. [cola: *Pegamento.*]
colar: 1. Coar. 2. Introduzir. [colar: 1. *Pegar, encolar.* 2. *Collar.*]
compenetrarse: 1. Compartilhar. 2. Identificar-se. [compenetrar-se: *Penetrarse, concentrarse.*]

copa: Taça. [copa: *Salón comedor de uso diario.*]
copo: Floco, tufo. [copo: *Vaso.*]
corral: 1. Cercado. 2. Pátio. [curral: *Majada, hato.*]
crianza: Criação, educação. [criança: *Niño, chiquillo, criatura.*]
cueca: Dança popular chilena. [cueca: *Calzoncillos, slips.*]
cuello: 1. Pescoço. 2. Gargalo. 3. Colarinho. 4. Gela. [coelho: *Conejo.*]
cúmulo: Acúmulo. [cúmulo: *Colmo.*]
desabrochar: Desabotoar. [desabrochar: *Brotar, florecer.*]
desenvolver: Desembrulhar. [desenvolver: *Desarrollar.*]
despejado: 1. Vivo, esperto. 2. Claro, sereno. [despejado: 1. *Desalojado.* 2. *Derramado.*]
despejar: 1. Desocupar, esvaziar. 2. Esclarecer. 3. Limpar o tempo. [despejar: 1. *Desahuciar, desalojar.* 2. *Derramar.*]
despido: Demissão. [despido: *Desnudo.*]
desquitar(se): Vingar(-se), desforrar(-se). [desquitar(-se): *Separarse judicialmente.*]
donde: Onde. [donde: *De donde.*]
embarazada: Grávida. [embaraçada: *Aturdida, confundida.*]
embelesar: Fascinar, encantar. [embelezar: *Engalanar, embellecer.*]
emborrachar(se): Embriagar(-se). [emborrachar: *Encauchar, engomar.*]
embromar: Brincar, caçoar. [embromar: *Enredar, engañar.*]
empalmar: Encaixar, ter conexão. [empalmar: *Hurtar.*]
empapuzar(se): Empanturrar(-se). [empapuçar: *Formar bolsas, hincharse.*]
enamorar(se): Apaixonar(-se). [namorar: *Flirtear, estar de novio.*]
encanarse: Demorar-se, entreter-se. [encanar: 1. *Canalizar.* 2. *Meter preso.*]
engrasado: Lubrificado. [engraçado: *Gracioso, ocurrente.*]

enojar(se): Irritar(-se), zangar(-se). [enojar: *Repugnar, dar asco.*]
enojo: Irritação, raiva. [nojo: *Asco.*]
enterado: Informado, ciente. [inteirado: *Completo, cabal.*]
entornar: Deixar entreaberto. [entornar: *Verter, derramar.*]
entretanto: 1. Enquanto. 2. Entrementes. [entretanto: *Sin embargo.*]
escoba: Vassoura. [escova: *Cepillo.*]
escritorio: Escrivaninha. [escritório: *Oficina.*]
espino: Espinheiro. [espinho: *Espina.*]
esposar: Algemar. [esposar: *Desposar.*]
esposas: 1. Algemas. 2. Esposas. [esposas: *Esposas.*]
estafador: 1. Caloteiro, vigarista. 2. Estelionatário. [estafado/estafante: *Cansado, rendido/agotador.*]
estafar: Lograr, ludibriar. [estafar: *Cansar, fatigar.*]
estante: Prateleira. [estante: *Estantería.*]
estofado: Carne de panela. [estofado: 1. *Acolchado.* 2. *Sillón acolchado.*]
estropear: Estragar, deteriorar. [estropiar: *Mutilar.*]
exprimir: Espremer. [exprimir: *Expresar.*]
exquisitez: Iguaria, quitute. [esquisitice: *Rareza, extravagancia.*]
exquisito: Excelente, delicioso. [esquisito: *Raro, excéntrico, extraño.*]
facho: Reacionário, fascista. [facho: *Faz, antorcha, lumbre.*]
falencia: Lapso, equívoco. [falência: *Quiebra.*]
faro: Farol. [faro: *Olfato.*]
fechar: Datar. [fechar: *Cerrar.*]
felpudo: Capacho. [felpudo: *Afelpado.*]
finca: Fazenda, chácara. [finca: *Puntal.*]
firma: Assinatura. [firma: *Empresa, compañia.*]
firmar: Assinar. [firmar: *Afirmar.*]
fogón: Queimador, boca de fogão. [fogão: *Cocina, estufa.*]
funcionario: Servidor público. [funcionário: *Empleado, trabajador.*]

funda: 1. Fronha. 2. Estojo. 3. Forro, capa. [funda: *Honda, profunda.*]
gamba: Espécie de camarão. [gambá: *Zorrino, mofeta.*]
ganancia: Ganho, lucro. [ganância: *Ambición, codicia.*]
garfio: Forquilha. [garfo: *Tenedor.*]
garrafa: 1. Bujão de gás. 2. Garrafão. [garrafa: *Botella.*]
garrucha: Polia, roldana. [garrucha: *Pistola.*]
goma: Borracha. [goma: *Almidón.*]
grasa: Gordura. [graxa: *Betún*; graça: *Gracia.*]
hediondo: Fedorento. [hediondo: *Horrible.*]
hospicio: Orfanato. [hospício: *Manicomio.*]
impedido: Inválido, paralítico. [impedido: *Imposibilitado.*]
interés: 1. Juro. 2. Interesse. [interesse: *Interés, importancia, valor.*]
inversión: 1. Investimento. 2. Inversão. [inversão: *Inversion, cambio.*]
jersey: Malha de lã. [jérsei: *Tejido sintético.*]
jornal: Salário diário. [jornal: *Periódico.*]
jugo: Suco. [jugo: *Yugo.*]
largo: Comprido, longo. [largo: *Ancho.*]
largura: Comprimento. [largura: *Ancho, anchura.*]
latido: Batida do coração. [latido: *Ladrido.*]
latir: 1. Bater, palpitar. 2. Latejar. [latir: *Ladrar.*]
lentilla: Lente de contato. [lentilha: *Lenteja.*]
lienzo: 1. Tecido. 2. Tela. [lenço: *Pañuelo.*]
lograr: Conseguir. [lograr: *Estafar, engañar.*]
logro: Sucesso, êxito. [logro: *Fraude, estafa.*]
losa: laje. [louça: 1. *Vajilla.* 2. *Loza.*]
luego: Depois. [logo: *Enseguida, pronto.*]
magia: Mágica. [magia: *Hechicería.*]
mala: Má. [mala: *Maleta, valija.*]
maleta: Mala. [maleta: *Maletín.*]
manco: Que não tem um braço ou mão. [manco: *Cojo.*]
mandado: 1. Recado. 2. Encargo. [mandado: *Mandamiento, orden, mandato.*]
manteca: Banha. [manteiga: *Mantequilla (excepto Arg.*).]

marchar: 1. Andar, caminhar. 2. Funcionar. 3. Marchar. **marcharse**: Ir embora. [marchar: *Marchar, desfilar los soldados.*]
mata: 1. Moita, arbusto. 2. Pé de uma planta. [mata: *Bosque.*]
mayoral: Capataz. [maioral: *Jefe, cabecilla.*]
meada: Mijada. [meada: *Madeja.*]
mercería: Bazar, armarinho. [mercearia: *Almacén, tienda de abarrotes.*]
mermelada: Geleia. [marmelada: *Dulce de membrillo.*]
motorista: Motociclista, motoqueiro. [motorista: *Conductor, chófer.*]
neto: Líquido *(peso).* [neto: *Nieto.*]
niño: Criança. [ninho: *Nido.*]
no: Não. [no: *En el*; nó: *Nudo.*]
nómina: 1. Nominata. 2. Folha de pagamento. [nômina: *Especie de rezo.*]
novelista: Romancista. [novelista: 1. *Escritor de teleteatros y cuentos.* 2. *Novelero.*]
oficina: Escritório. [oficina: *Taller.*]
os: 1. Vos. 2. Lhes. [os: *Los.*]
oso: Urso. [osso: *Hueso.*]
pala: 1. Pá. 2. Ombreira. 3. Espátula. 4. Palheta. [pala: 1. *Manto.* 2. *Antifaz, visera.* 3. *Cuchilla.*]
palanca: Alavanca. [palanca: *Estacada, palenque.*]
palco: 1. Plateia. 2. Arquibancada. 3. Camarote. [palco: *Escenario.*]
paquete: 1. Pacote, embrulho. 2. Maço. [paquete: 1. *Goleta, velero.* 2. *Balsa, armadía.* 3. *Menstruación, regla.*]
pararse: Ficar em pé. [parar-se: *Detenerse.*]
pasta: Massa. [pasta: *Crema.*]
pastel: Torta (doce ou salgada). [pastel: *Empanada de hojaldre frito.*]
pegada: Murro. [pegada: *Huella.*]
pegar: 1. Colar, grudar. 2. Bater, esmurrar. 3. Pregar, costurar. **pegarse**: 1. Encostar. 2. Apegar-se. [pegar: 1. *Recoger, levantar.* 2. *Tomar vehiculo.* 3. *Asir, aferrar.* 4. *Prender, echar raíz.*]

pelado: 1. Careca, sem pelo. 2. Descascado, sem pele. [pelado: *Desnudo, en cueros.*]
pelo: 1. Cabelo. 2. Fio de lã. 3. Pele de animal. [pelo: *Por el, por lo*; pelo: 1. *Vello.* 2. *Pelaje, lana.*]
percha: Cabide. [percha: *Palo de gimnasia.*]
pinchar: Furar, espetar. [pinchar: 1. *Empujar, arrojar.* 2. *Brincar, saltar.*]
pino: Pinheiro. [pino: *Pasador, clavija.*]
pipa: Cachimbo. [pipa: *Cometa, barrilete.*]
polvo: Pó, poeira. [polvo: *Pulpo.*]
prejuicio: Preconceito. [prejuízo: *Pérdida, perjuicio.*]
prender: 1. Acender. 2. Prender, aferrar. [prender: 1. *Arrestar, detener.* 2. *Prender, sujetar.*]
presunto: Suposto, presumível. [presunto: *Jamón.*]
procurar: 1. Tentar, tratar de. 2. Proporcionar. [procurar: *Buscar.*]
quitar: 1. Tirar, retirar. 2. Sair. [quitar: *Saldar, liquidar.*]
racha: Rajada. [racha: *Grieta, rajadura.*]
rapadura: Raspadura, raspagem. [rapadura: *Melaza.*]
rasgo: 1. Traço, risco. 2. Ímpeto, arroubo. 3. Feição, característica. [rasgo: *Rasgón, desgarradura.*]
rasguñar: Arranhar. [rascunhar: *Esbozar, bosquejar.*]
rasguño: Arranhão. [rascunho: *Borrador, esbozo, bosquejo.*]
rato: Curto espaço de tempo, período, momento. [rato: *Ratón.*]
rebanada: Fatia, rodela. [rabanada: *Torreja, torrija.*]
rebeca: Blusa de malha aberta na frente. [rabeca: *Especie de violín.*]
recorrer: Percorrer. [recorrer: *Recurrir, acudir a.*]
redoma: Garrafão. [redoma: *Urna.*]
refrán: Provérbio, ditado. [refrão: *Estribillo.*]
refregar: Esfregar. [refregar (brigar): *Reñir.*]
relevo: Revezamento. [relevo: *Relieve.*]

rentar: 1. Render. 2. Alugar. [rentar: *Cortejar, piropear.*]
reportar: 1. Reprimir, conter. 2. Significar, trazer. [reportar: 1. *Volver, transportarse, remontar.* 2. *Referir, relatar.*]
retardatario: Retardador. [retardatário: *Retrasado, demorado.*]
reto: Desafio. [reto: 1. *Derecho, recto.* 2. *Ano, recto.*]
rico: 1. Rico. 2. Gostoso. [rico: *Rico, adinerado.*]
risco: Penhasco. [risco: 1. *Riesgo.* 2. *Raya.*]
robo: Roubo. [robô: *Robot.*]
rodo: Rolo, cilindro. [rodo: *Secador.*]
rombo: Losango. [rombo: *Agujero.*]
rubio: Loiro. [ruivo: *Pelirrojo.*]
saco: Paletó. [saco: *Bolsa.*]
salada: Salgada. [salada: *Ensalada.*]
salsa: Molho. [salsa: *Perejil.*]
sendero: Senda, vereda. [sendeiro: *Sabandija.*]
seta: Tipo de cogumelo. [seta: *Flecha.*]
sin: Sem. [sim: *Sí.*]
sino: Sina, destino. [sino: *Campana.*]
sitio: Lugar. [sítio: *Finca, chacra.*]
sobremesa: Conversa após a refeição. [sobremesa: *Postre.*]
sobrenombre: Apelido, alcunha. [sobrenome: *Apellido.*]
solapar: Abafar, ocultar. [solapar: *Cavar, minar.*]
solo: Só, sozinho. [solo: *Suelo.*]
sótano: Porão. [sótão: *Desván, buhardilla.*]
sumir: 1. Submergir, afundar. 2. Meditar, concentrar-se. [sumir: *Desaparecer, esfumarse.*]
supeditar: Submeter, subordinar. [supeditar: *Proporcionar, aportar.*]
súper: Excelente, muito bom. [super: 1. *Ultra, réquete.* 2. *Sobre.*]
suplantar: 1. Falsificar texto. 2. Ocupar lugar de outro, substituir. [suplantar: 1. *Aplastar.* 2. *Derribar.* 3. *Sobrepujar, exceder.*]

taller: Oficina. [talher: *Cubierto*.]
tapa: **1.** Tampa. **2.** Capa de livro. **3.** Aperitivo. [tapa: *Bofetón, cachetazo*.]
tapete: Toalhinha de mesa. [tapete: *Alfombra*.]
tasa: Taxa. [taça: *Copa*.]
taza: Xícara, chávena. [taça: *Copa*.]
telefonema: Telegrama fonado. [telefonema: *Llamada telefónica*.]
tergiversar: Deturpar, distorcer. [tergiversar: *Esquivar, eludir*.]
termo: Garrafa térmica. [termo: *Término*.]
tienda: Loja. [tenda: *Carpa*.]
tirado: **1.** Jogado. **2.** Esticado. [tirado: **1.** *Quitado*. **2.** *Sacado*.]
tirar: **1.** Jogar fora. **2.** Chutar. **3.** Atirar. **4.** Esbanjar. **5.** Esticar. [tirar: **1.** *Quitar*. **2.** *Sacar*.]
toca: Touca. [toca: *Cueva*.]
tocaya: Xará. [tocaia: *Celada, emboscada*.]
todavía: Ainda. [todavia: *Sin embargo*.]
tornillo: Parafuso. [tornilho: *Cepo de campaña, castigo*.]
torpeza: Inépcia. [torpeza: **1.** *Vileza*. **2.** *Descaro*.]
torta: Bolo. [torta: *Tarta*.]
traído: Trazido. [traído: *Traicionado*.]
trillón: Quatrilhão. [trilhão: *Mil billones*.]
trozo: **1.** Pedaço. **2.** Fragmento, trecho. [troço: **1.** *Cacharro, cachivache, trasto*. **2.** *Achaque, patatús*.]
vaso: Copo. [vaso: **1.** *Florero, jarrón*. **2.** *Maceta*.]
verba: Lábia. [verba: *Asignación, partida, fondos*.]
vereda: Calçada. [vereda: *Senda*.]
violón: Contrabaixo. [violão: *Guitarra*.]
viruta: Serragem. [biruta: *Chiflado*.]
vos: Você. [vós: *Vosotros*; vos: *Os*.]
zueco: Tamanco. [sueco: *Sueco*.]
zurdo: Canhoto. [surdo: *Sordo*.]

TIRE AS SUAS DÚVIDAS

TEMA	EXPLICACIÓN	EJEMPLOS
aún aun	El adverbio "aun" lleva acento cuando significa "todavía" y no lo lleva cuando significa "incluso, hasta".	- **Aún** no he terminado el trabajo. - No come, ni **aun** lo que más le gusta.
buen bueno	Se usa la forma apocopada "buen" solamente delante de sustantivo masculino, singular, sin otra palabra de por medio.	- Un **buen** libro. - Es **bueno** ese libro.
colocación de pronombres	Se usa primero el pronombre personal en función de complemento indirecto y después el pronombre personal en función de complemento directo.	- **Te lo** dirá Pedro. - Pedro no puede decír**telo**.
cualquier cualquiera	Se usa "cualquier" antes de sustantivos y "cualquiera" cuando no precede a un sustantivo.	- **Cualquier** día de estos nos veremos. - **Cualquiera** de nosotros puede hacer el trabajo.
cuando cuándo	No se acentúa cuando funciona como adverbio o conjunción. Se acentúa en frases exclamativas e interrogativas.	- Hablaré con él **cuando** pueda. - ¿**Cuándo** viajarás?
cuanto cuánto	Se escribe sin acento cuando funciona como adjetivo, pronombre relativo o adverbio. Se escribe con acento en frases exclamativas e interrogativas.	- **Cuanto** más duerme, más sueño tiene. - ¿**Cuánto** cuesta?

TEMA	EXPLICACIÓN	EJEMPLOS
donde dónde	El adverbio "donde" no lleva acento cuando equivale, en portugués, a "onde" o "aonde". El pronombre interrogativo lleva acento cuando se emplea en preguntas directas o indirectas.	- El libro está **donde** lo dejaste. - No sé **dónde** está Juan.
él el	"Él", con acento, es pronombre masculino de 3ª persona de singular. "El", sin acento, es artículo masculino singular.	- **Él** y yo. - **El** día de hoy.
fechas y días de la semana	Llevan artículo masculino y se escriben con letra minúscula.	- Iré a verlo **el** miércoles. - Nació **el** 2 de febrero.
horas del día	Se preguntan en singular. Se contestan en singular o plural y llevan artículo femenino.	- ¿Qué hora **es**? - **Es la** una. - **Son las** cuatro.
la > el	El artículo femenino singular "la" se sustituye por "el" delante de sustantivos femeninos (en singular) que empiezan con **a** o con **ha** tónica, pero el vocablo sigue siendo femenino para todos los efectos.	- **el** <u>a</u>lma buen**a**. - **el** <u>ha</u>da madrina.

TEMA	EXPLICACIÓN	EJEMPLOS
lo - artículo neutro	Se usa delante de adjetivos, adverbios y oraciones adjetivas. Jamás se usa delante de sustantivo.	- **Lo** importante es masticar bien los alimentos. - Nadie te quita **lo** vivido.
muy mucho	Se usa "muy" delante de adjetivos y adverbios que no sean "antes, después, mejor, peor, mayor, menor, más, menos". En estos casos y en todos los demás se usa "mucho" o sus variantes en femenino o plural (mucha, muchas, muchos).	- Es un vestido **muy** bonito. - Esta chica es **muy** alta. - Llegaré **mucho** más tarde. - Estudia **mucho**. - Hay **mucha** gente aquí. - Tengo **muchos** libros de historia.
o > u o > ó	La conjunción "o" se transforma en "u" delante de vocablos que empiezan por **o** y **ho**. Y lleva acento cuando está entre cifras, para evitar confusión.	- siete **u** ocho. - pensión **u** hotel. - 20 **ó** 21.
porque por qué porqué	Se escribe junto y sin acento (porque) cuando es conjunción. Se escribe separado y con acento (por qué) cuando funciona como pronombre interrogativo (en frases directas o indirectas). Se escribe junto y con acento (porqué) cuando es sustantivo (en este caso significa "motivo" o "razón").	- Compré la camisa **porque** estaba barata. - ¿**Por qué** no vas al cine hoy? - Le pregunté **por qué** no iba al cine. - Dime el **porqué** de ese malhumor.

TEMA	EXPLICACIÓN	EJEMPLOS
primer primero	Se usa la forma apocopada "primer" solamente antes de sustantivo masculino, singular, sin otra palabra de por medio.	- El **primer** producto de la lista. - El **primero** de la lista.
qué	Se acentúa en frases interrogativas (directas o indirectas) y exclamativas y no requiere artículo.	- ¿**Qué** dijiste? - No sé **qué** le pasa. - ¡**Qué** bien!
uso del guión	- Se escriben con guión cuando los dos elementos conservan su significado individual. - Se escriben sin guión cuando se funden y crean un nuevo significado. - Prefijos: se escriben sin guión.	- museo **histórico-geográfico** - situación **socioeconómica** - **sub**grupo, **semi**automático
y > e	La conjunción "y" se transforma en "e" antes de vocablos que empiezan con sonido vocálico **i**. No es el caso de hierro, hielo, hierba.	- comercio **e** industria. - padres **e** hijos. - agua **y** hielo.

PRONOMES E FORMAS DE TRATAMENTO

Registro	Brasil	América	Espanha
informal	você	tú/vos	tú
formal	o sr./a sra.	usted	usted
informal	vocês	ustedes	vosotros
formal	os srs./as sras.	ustedes	ustedes

USO DO *VOS* (NA AMÉRICA)

Em diversas regiões da América Latina, usa-se a forma de tratamento *vos* no lugar do pronome pessoal da segunda pessoa do singular *tú*.

Esse fenômeno, denominado *voseo*, pode ser encontrado em mais de metade da América hispanofalante, de maneira mais ou menos acentuada:

a. na Argentina, no Uruguai, em grande parte do Paraguai, Guatemala, El Salvador e Nicarágua, seu uso é generalizado.

b. em certas regiões do Chile, Peru, Bolívia, Equador, Colômbia, Venezuela, México, Cuba e Panamá, seu uso compete com o *tú*.

O mais empregado é o chamado *voseo argentino*, amplamente usado em revistas, jornais, TV e na comunicação oral.

O *voseo* é usado basicamente no presente do indicativo e no imperativo: nestes casos a 2ª pessoa do singular assume uma conjugação diferente do *tú*. O plural de *vos* é sempre *ustedes*.

A conjugação com *voseo*

A forma verbal de 2ª pessoa no *voseo* vem do radical do infinitivo acrescido de *ás/és/ís* (no presente do indicativo) e de *á/é/í* (no imperativo).

No presente do subjuntivo ocorre uma alternância com o *tú* e nos outros tempos a conjugação geralmente não sofre alterações.

No tocante à acentuação, a conjugação em *voseo* segue as regras normais.

Os pronomes complementares (retos, oblíquos, possessivos) são os mesmos da 2ª pessoa do singular (*te, ti, tu*).

Infinitivo	Presente do indicativo	Imperativo	Presente do subjuntivo	Forma pronominal
pagar	pag**ás**	pag**á**	no pag**ues**/no pag**ués**	pag**a**lo
traer	tra**és**	tra**é**	no traig**as**/no traig**ás**	tra**é**melo
venir	ven**ís**	ven**í**	no veng**as**/no veng**ás**	ven**i**te

Existe também a forma "vos comís", "vos sabís" (em vez de *vos comés*, *vos sabés*), principalmente no Chile. E "viajares", no futuro, e "tú vinistes", no passado, além de outras formas que também não são aceitas pela norma culta.

Já o *voseo* rio-platense e centro-americano é aceito em todas as camadas sociais como forma de dirigir-se a um interlocutor.

A Academia Argentina de Letras reconheceu como legítimo o uso do *voseo* em 1982. A Real Academia Espanhola já o inclui nos modelos de conjugação verbal e aceita plenamente o seu uso.

MODELOS DE CONJUGAÇÃO VERBAL

1 – VERBOS REGULARES

Apresenta-se, a seguir, a conjugação completa de três verbos regulares (*amar, correr* e *partir*), e de um verbo pronominal (*lavarse*). Os pronomes pessoais correspondentes (*yo, tú, él/ella/usted, nosotros/nosotras, vosotros/vosotras, ellos/ellas/ustedes*) são omitidos para evitar repetições. Também foram excluídos os tempos do **futuro do subjuntivo** e do **pretérito anterior do indicativo**, uma vez que eles, praticamente, não são usados em espanhol.

AMAR

MODO INDICATIVO

Presente	Pretérito indefinido*	Pretérito perfecto compuesto	Pretérito imperfecto	Pretérito pluscuamperfecto
amo	amé	he amado	amaba	había amado
amas	amaste	has amado	amabas	habías amado
ama	amó	ha amado	amaba	había amado
amamos	amamos	hemos amado	amábamos	habíamos amado
amáis	amasteis	habéis amado	amabais	habíais amado
aman	amaron	han amado	amaban	habían amado

MODO SUBJUNTIVO

Futuro (imperfecto)	Futuro perfecto	Presente	Pretérito imperfecto	Pretérito perfecto
amaré	habré amado	ame	amara/amase	haya amado
amarás	habrás amado	ames	amaras/amases	hayas amado
amará	habrá amado	ame	amara/amase	haya amado
amaremos	habremos amado	amemos	amáramos/amásemos	hayamos amado
amaréis	habréis amado	améis	amarais/amaseis	hayáis amado
amarán	habrán amado	amen	amaran/amasen	hayan amado

MODO POTENCIAL O CONDICIONAL

Pretérito pluscuamperfecto	Condicional simple (o imperfecto)	Condicional compuesto (o perfecto)
hubiera/hubiese amado	amaría	habría amado
hubieras/hubieses amado	amarías	habrías amado
hubiera/hubiese amado	amaría	habría amado
hubiéramos/hubiésemos amado	amaríamos	habríamos amado
hubierais/hubieseis amado	amaríais	habríais amado
hubieran/hubiesen amado	amarían	habrían amado

---

* O "pretérito indefinido" também é denominado "pretérito perfecto simple".

MODO IMPERATIVO
Presente
ama (tú)
ame (él/ella/ud.)
amemos (nosotros)
amad (vosotros)
amen (ellos/ellas/uds.)

FORMAS NO PERSONALES
Infinitivo: *amar*
Gerundio: *amando*
Participio: *amado*
Infinitivo compuesto: *haber amado*

CORRER

INDICATIVO

Presente	Pretérito indefinido	Pretérito perfecto compuesto	Pretérito imperfecto	Pretérito pluscuamperfecto
corro	*corrí*	*he corrido*	*corría*	*había corrido*
corres	*corriste*	*has corrido*	*corrías*	*habías corrido*
corre	*corrió*	*ha corrido*	*corría*	*había corrido*
corremos	*corrimos*	*hemos corrido*	*corríamos*	*habíamos corrido*
corréis	*corristeis*	*habéis corrido*	*corrías*	*habíais corrido*
corren	*corrieron*	*han corrido*	*corrían*	*hobían corrido*

SUBJUNTIVO

Futuro (imperfecto)	Futuro perfecto	Presente	Pretérito imperfecto	Pretérito perfecto
correré	*habré corrido*	*corra*	*corriera/corriese*	*haya corrido*
correrás	*habrás corrido*	*corras*	*corrieras/corrieses*	*hayas corrido*
correrá	*habrá corrido*	*corra*	*corriera/corriese*	*haya corrido*
correremos	*habremos corrido*	*corramos*	*corriéramos/corriésemos*	*hayamos corrido*
correréis	*habréis corrido*	*corráis*	*corrierais/corrieseis*	*hayáis corrido*
correrán	*habrán corrido*	*corran*	*corrieran/corriesen*	*hayan corrido*

POTENCIAL O CONDICIONAL

Pretérito pluscuamperfecto	Condicional simple (o imperfecto)	Condicional compuesto (o perfecto)
hubiera/hubiese corrido	*correría*	*habría corrido*
hubieras/hubieses corrido	*correrías*	*habrías corrido*
hubiera/hubiese corrido	*correría*	*habría corrido*
hubiéramos/hubiésemos corrido	*correríamos*	*habríamos corrido*
hubierais/hubieseis corrido	*correríais*	*habríais corrido*
hubieran/hubiesen corrido	*correrían*	*habrían corrido*

IMPERATIVO
Presente
corre (tú)
corra (él/ella/ud.)
corramos (nosotros)
corred (vosotros)
corran (ellos/ellas/uds.)

FORMAS NO PERSONALES
Infinitivo: *correr*
Gerundio: *corriendo*
Participio: *corrido*
Infinitivo compuesto: *haber corrido*
Gerundio compuesto: *habiendo corrido*

PARTIR

INDICATIVO

Presente	Pretérito indefinido	Pretérito perfecto compuesto	Pretérito imperfecto	Pretérito pluscuamperfecto
parto	*partí*	*he partido*	*partía*	*había partido*
partes	*partiste*	*has partido*	*partías*	*habías partido*
parte	*partió*	*ha partido*	*partía*	*había partido*
partimos	*partimos*	*hemos partido*	*partíamos*	*habíamos partido*
partís	*partisteis*	*habéis partido*	*partíais*	*habían partido*
parten	*partieron*	*han partido*	*partían*	*habían partido*

Futuro (imperfecto)	Futuro perfecto	SUBJUNTIVO Presente	Pretérito imperfecto	Pretérito perfecto
partiré	*habré partido*	*parta*	*partiera/partiese*	*haya partido*
partirás	*habrás partido*	*partas*	*partieras/partieses*	*hayas partido*
partirá	*habrá partido*	*parta*	*partiera/partiese*	*haya partido*
partiremos	*habremos partido*	*partamos*	*partiéramos/partiésemos*	*hayamos partido*
partiréis	*habréis partido*	*partáis*	*partierais/partieseis*	*hayáis partido*
partirán	*habrán partido*	*partan*	*partieran/partiesen*	*hayan partido*

POTENCIAL O CONDICIONAL

Pretérito pluscuamperfecto	Condicional simple (o imperfecto)	Condicional compuesto (o perfecto)
hubiera/hubiese partido	*partiría*	*habría partido*
hubieras/hubieses partido	*partirías*	*habrías partido*
hubiera/hubiese partido	*partiría*	*habría partido*
hubiéramos/hubiésemos partido	*partiríamos*	*habríamos partido*
hubierais/hubieseis partido	*partiríais*	*habríais partido*
hubieran/hubiesen partido	*partirían*	*habrían partido*

IMPERATIVO
Presente
parte (tú)
parta (él/ella/ud.)
partamos (nosotros)
partid (vosotros)
partan (ellos/ellas/uds.)

FORMAS NO PERSONALES
Infinitivo: *partir*
Gerundio: *partiendo*
Participio: *partido*
Infinitivo compuesto: *haber partido*
Gerundio compuesto: *habiendo partido*

LAVARSE

INDICATIVO

Presente	Pretérito indefinido	Pretérito perfecto compuesto	Pretérito imperfecto	Pretérito pluscuamperfecto
me lavo	*me lavé*	*me he lavado*	*me lavaba*	*me había lavado*
te lavas	*te lavaste*	*te has lavado*	*te lavabas*	*te habías lavado*
se lava	*se lavó*	*se ha lavado*	*se lavaba*	*se había lavado*
nos lavamos	*nos lavamos*	*nos hemos lavado*	*nos lavábamos*	*nos habíamos lavado*
os laváis	*os lavasteis*	*os habéis lavado*	*os lavabais*	*os habíais lavado*
se lavan	*se lavaron*	*se han lavado*	*se lavaban*	*se habían lavado*

Futuro (imperfecto)	Futuro perfecto	*SUBJUNTIVO* Presente	Pretérito imperfecto	Pretérito perfecto
me lavaré	me habré lavado	me lave	me lavara/lavase	me haya lavado
te lavarás	te habrás lavado	te laves	te lavaras/lavases	te hayas lavado
se lavará	se habrá lavado	se lave	se lavara/lavase	se haya lavado
nos lavaremos	nos habremos lavado	nos lavemos	nos laváramos/lavásemos	nos hayamos lavado
os lavaréis	os habréis lavado	os lavéis	os lavarais/lavaseis	os hayáis lavado
se lavarán	se habrán lavado	se laven	se lavaran/lavasen	se hayan lavado

POTENCIAL O CONDICIONAL

Pretérito pluscuamperfecto	Condicional simple (o imperfecto)	Condicional compuesto (o perfecto)
me hubiera/hubiese lavado	me lavaría	me habría lavado
te hubieras/hubieses lavado	te lavarías	te habrías lavado
se hubiera/hubiese lavado	se lavaría	se habría lavado
nos hubiéramos/hubiésemos lavado	nos lavaríamos	nos habríamos lavado
os hubierais/hubieseis lavado	os lavaríais	os habríais lavado
se hubieran/hubiesen lavado	se lavarían	se habrían lavado

IMPERATIVO
Presente
–
lávate (tú)
lávese (él/ella/ud.)
lavémonos (nosotros)
lavaos (vosotros)
lávense (ellos/ellas/uds.)

FORMAS NO PERSONALES
Infinitivo: lavarse
Gerundio: lavándose
Participio: lavado
Infinitivo compuesto: haberse lavado
Gerundio compuesto: habiéndose lavado

II – VERBOS REGULARES COM VARIAÇÃO ORTOGRÁFICA

Segue a conjugação de alguns verbos que, embora sendo regulares, possuem variação ortográfica. São seis verbos (*aplicar, fatigar, trazar, vencer, coger* e *leer*) que podem oferecer alguma dificuldade, e que servirão como paradigma para outros que tenham o mesmo tipo de alternância. Por serem verbos que não apresentam qualquer outro problema, serão conjugados apenas naqueles tempos em que há variação ortográfica.

APLICAR

INDICATIVO Pretérito indefinido	SUBJUNTIVO Presente	IMPERATIVO Presente
apliqué	aplique	–
aplicaste	apliques	aplica (tú)
aplicó	aplique	aplique (él/ella/ud.)
aplicamos	apliquemos	apliquemos (nosotros)
aplicasteis	apliquéis	aplicad (vosotros)
aplicaron	apliquen	apliquen (ellos/ellas/uds.)

FATIGAR

INDICATIVO Pretérito indefinido	SUBJUNTIVO Presente	IMPERATIVO Presente
fatigué	fatigue	–
fatigaste	fatigues	fatiga (tú)
fatigó	fatigue	fatigue (él/ella/ud.)
fatigamos	fatiguemos	fatiguemos (nosotros)
fatigasteis	fatiguéis	fatigad (vosotros)
fatigaron	fatiguen	fatiguen (ellos/ellas/uds.)

TRAZAR

INDICATIVO	SUBJUNTIVO	IMPERATIVO
Pretérito indefinido	**Presente**	**Presente**
tracé	trace	–
trazaste	traces	traza (tú)
trazó	trace	trace (él/ella/ud.)
trazamos	tracemos	tracemos (nosotros)
trazasteis	tracéis	trazad (vosotros)
trazaron	tracen	tracen (ellos/ellas/uds.)

VENCER

INDICATIVO	SUBJUNTIVO	IMPERATIVO
Presente	**Presente**	**Presente**
venzo	venza	–
vences	venzas	vence (tú)
vence	venza	venza (él/ella/ud.)
vencemos	venzamos	venzamos (nosotros)
vencéis	venzáis	venced (vosotros)
vencen	venzan	venzan (ellos/ellas/uds.)

COGER

INDICATIVO	SUBJUNTIVO	IMPERATIVO
Presente	**Presente**	**Presente**
cojo	coja	–
coges	cojas	coge (tú)
coge	coja	coja (él/ella/ud.)
cogemos	cojamos	cojamos (nosotros)
cogéis	cojáis	coged (vosotros)
cogen	cojan	cojan (ellos/ellas/uds.)

LEER

INDICATIVO	SUBJUNTIVO	FORMAS NO PERSONALES
Pretérito indefinido	**Pretérito imperfecto**	**Gerundio:** leyendo
leí	leyera/leyese	
leíste	leyeras/leyeses	
leyó	leyera/leyese	
leímos	leyéramos/leyésemos	
leísteis	leyerais/leyeseis	
leyeron	leyeran/leyesen	

III – VERBOS IRREGULARES

Segue a conjugação dos principais verbos irregulares. Para facilitar a consulta, classificaram-se de acordo com o tipo de irregularidade que apresentam. Os modelos indicados funcionam como paradigma de outros verbos que possuem a mesma alternância. Constam deste apêndice apenas os tempos em que ocorrem variações. Os tempos omitidos não apresentam irregularidades.

MODELO 01 – Variação e > ie

CERRAR

INDICATIVO	SUBJUNTIVO	IMPERATIVO
Presente	**Presente**	**Presente**
cierro	cierre	–
cierras	cierres	cierra (tú)
cierra	cierre	cierre (él/ella/ud.)
cerramos	cerremos	cerremos (nosotros)
cerráis	cerréis	cerrad (vosotros)
cierran	cierren	cierren (ellos/ellas/uds.)

ENTENDER

INDICATIVO	SUBJUNTIVO	IMPERATIVO
Presente	**Presente**	**Presente**
entiendo	entienda	–
entiendes	entiendas	entiende (tú)
entiende	entienda	entienda (él/ella/ud.)
entendemos	entendamos	entendamos (nosotros)
entendéis	entendáis	entended (vosotros)
entienden	entiendan	entiendan (ellos/ellas/uds.)

MODELO 01 – Variação e > ie
DISCERNIR

INDICATIVO	SUBJUNTIVO	IMPERATIVO
Presente	Presente	Presente
discierno	discierna	–
disciernes	disciernas	discierne (tú)
discierne	discierna	discierna (él/ella/ud.)
discernimos	discernamos	discernamos (nosotros)
discernís	discernáis	discernid (vosotros)
disciernen	disciernan	disciernan (ellos/ellas/uds.)

MODELO 02 – Variação i > ie
ADQUIRIR

INDICATIVO	SUBJUNTIVO	IMPERATIVO
Presente	Presente	Presente
adquiero	adquiera	–
adquieres	adquieras	adquiere (tú)
adquiere	adquiera	adquiera (él/ella/ud.)
	adquiramos	adquiramos (nosotros)
adquirimos	adquiráis	adquirid (vosotros)
adquirís		
adquieren	adquieran	adquieran (ellos/ellas/uds.)

MODELO 03 – Variação o > ue

CONTAR

INDICATIVO	SUBJUNTIVO	IMPERATIVO
Presente	Presente	Presente
cuento	cuente	–
cuentas	cuentes	cuenta (tú)
cuenta	cuente	cuente (él/ellas/ud.)
contamos	contemos	contemos (nosotros)
contáis	contéis	contad (vosotros)
cuentan	cuenten	cuenten (ellos/ellas/uds.)

MORDER

INDICATIVO	SUBJUNTIVO	IMPERATIVO
Presente	Presente	Presente
muerdo	muerda	–
muerdes	muerdas	muerde (tú)
muerde	muerda	muerda (él/ella/ud.)
mordemos	mordamos	mordamos (nosotros)
mordéis	mordáis	morded (vosotros)
muerden	muerdan	muerdan (ellos/ellas/uds.)

MODELO 04 – Variação u > ue
JUGAR

INDICATIVO	SUBJUNTIVO	IMPERATIVO
Presente	Presente	Presente
juego	juegue	–
juegas	juegues	juega (tú)
juega	juegue	juegue (él/ella/ud.)
jugamos	juguemos	juguemos (nosotros)
jugáis	juguéis	jugad (vosotros)
juegan	jueguen	jueguen (ellos/ellas/uds.)

MODELO 05 – Variação c > zc
NACER

INDICATIVO	SUBJUNTIVO	IMPERATIVO
Presente	Presente	Presente
nazco	nazca	–
naces	nazcas	nace (tú)
nace	nazca	nazca (él/ella/ud.)
nacemos	nazcamos	nazcamos (nosotros)
nacéis	nazcáis	naced (vosotros)
nacen	nazcan	nazcan (ellos/ellas/uds.)

MODELO 06 – Variação c > zc
PARECER

INDICATIVO	SUBJUNTIVO	IMPERATIVO
Presente	Presente	Presente
parezco	parezca	–
pareces	parezcas	parece (tú)
parece	parezca	parezca (él/ella/ud.)
parecemos	parezcamos	parezcamos (nosotros)
parecéis	parezcáis	pareced (vosotros)
parecen	parezcan	parezcan (ellos/ellas/uds.)

MODELO 07 – Variação c > zc
CONOCER

INDICATIVO	SUBJUNTIVO	IMPERATIVO
Presente	Presente	Presente
conozco	conozca	–
conoces	conozcas	conoce (tú)
conoce	conozca	conozca (él/ella/ud.)
conocemos	conozcamos	conozcamos (nosotros)
conocéis	conozcáis	conoced (vosotros)
conocen	conozcan	conozcan (ellos/ellas/uds.)

MODELO 08 – Variação c > zc

LUCIR

INDICATIVO	SUBJUNTIVO	IMPERATIVO
Presente	**Presente**	**Presente**
luzco	luzca	–
luces	luzcas	luce (tú)
luce	luzca	luzca (él/ella/ud.)
lucimos	luzcamos	luzcamos (nosotros)
lucís	luzcáis	lucid (vosotros)
lucen	luzcan	luzcan (ellos/ellas/uds.)

MODELO 09 – (1) Variação c > cz
(2) Irregularidade especial

TRADUCIR

INDICATIVO		IMPERATIVO	SUBJUNTIVO	
Presente	**Pretérito indefinido**	**Presente**	**Presente**	**Pretérito imperfecto**
traduzco (1)	traduje (2)	–	traduzca (1)	tradujera/tradujese (2)
traduces	tradujiste (2)	traduce (tú)	traduzcas (1)	tradujeras/tradujeses (2)
traduce	tradujo (2)	traduzca (él/ella/ud.) (1)	traduzca (1)	tradujera/tradujese (2)
traducimos	tradujimos (2)	traduzcamos (nosotros) (1)	traduzcamos (1)	tradujéramos/tradujésemos (2)
traducís	tradujisteis (2)	traducid (vosotros)	traduzcáis (1)	tradujerais/tradujeseis (2)
traducen	tradujeron (2)	traduzcan (ellos/ellas/uds.) (1)	traduzcan (1)	tradujeran/tradujesen (2)

MODELO 10 – Variação e > i

PEDIR

INDICATIVO		IMPERATIVO	SUBJUNTIVO	
Presente	**Pretérito indefinido**	**Presente**	**Presente**	**Pretérito imperfecto**
pido	pedí	–	pida	pidiera/pidiese
pides	pediste	pide (tú)	pidas	pidieras/pidieses
pide	pidió	pida (él/ella/ud.)	pida	pidiera/pidiese
pedimos	pedimos	pidamos (nosotros)	pidamos	pidiéramos/pidiésemos
pedís	pedisteis	pedid (vosotros)	pidáis	pidierais/pidieseis
piden	pidieron	pidan (ellos/ellas/uds.)	pidan	pidieran/pidiesen

FORMAS NO
PERSONALES
Gerundio: *piendo*

MODELO 11 – (1) Variação e > ie
(2) Variação e > i

SENTIR

INDICATIVO		IMPERATIVO	SUBJUNTIVO	
Presente	Pretérito indefinido	Presente	Presente	Pretérito imperfecto
siento (1)	sentí	–	sienta (1)	sintiera/sintiese (2)
sientes (1)	sentiste	siente (tú) (1)	sientas (1)	sintieras/sintieses (2)
siente (1)	sintió (2)	sienta (él/ella/ud.) (1)	sienta (1)	sintiera/sintiese (2)
sentimos (1)	sentimos	sintamos (nosotros) (2)	sintamos (2)	sintiéramos/sintiésemos (2)
sentís (1)	sentisteis	sentid (vosotros)	sintáis (2)	sintierais/sintieseis (2)
sienten (1)	sintieron (2)	sientan (ellos/ellas/uds.) (1)	sientan (1)	sintieran/sintiesen (2)

FORMAS NO PERSONALES
Gerundio: sintiendo (2)

MODELO 12 – (1) Variação o > ue
(2) Variação o > u

DORMIR

INDICATIVO		IMPERATIVO	SUBJUNTIVO	
Presente	Pretérito indefinido	Presente	Presente	Pretérito imperfecto
duermo (1)	dormí	–	duerma (1)	durmiera/durmiese (2)
duermes (1)	dormiste	duerme (tú) (1)	duermas (1)	durmieras/durmieses (2)
duerme (1)	durmió (2)	duerma (él/ella/ud.) (1)	duerma (1)	durmiera/durmiese (2)
dormimos	dormimos	durmamos (nosotros) (2)	durmamos (2)	durmiéramos/durmiésemos (2)
dormís	dormisteis	dormid (vosotros)	durmáis (2)	durmierais/durmieseis (2)
duermen (1)	durmieron (2)	duerman (ellos/ellas/uds.) (1)	duerman (1)	durmieran/durmiesen (2)

FORMAS NO PERSONALES
Gerundio: durmiendo (2)

MODELO 13 – Variação i > y

HUIR

INDICATIVO		IMPERATIVO	SUBJUNTIVO	
Presente	Pretérito indefinido	Presente	Presente	Pretérito imperfecto
huyo	huí	–	huya	huyera/huyese
huyes	huiste	huye (tú)	huyas	huyeras/huyeses
huye	huyó	huya (él/ella/ud.)	huya	huyera/huyese
huimos	huimos	huyamos (nosotros)	huyamos	huyéramos/huyésemos
huis	huisteis	huid (vosotros)	huyáis	huyerais/huyeseis
huyen	huyeron	huyan (ellos/ellas/uds.)	huyan	huyeran/huyesen

FORMAS NO PERSONALES
Gerundio: huyendo

IV – VERBOS DE IRREGULARIDADE ESPECIAL

Seguem verbos que contêm diversas irregularidades na sua conjugação, algumas expostas anteriormente e outras peculiares. Para ajudar o consulente, relacionam-se apenas os tempos em que tais verbos se desviam da forma regular.

MODELO 14 – *PONER*

INDICATIVO			SUBJUNTIVO	
Presente	Pretérito indefinido	Futuro (imperfecto)	Presente	Pretérito imperfecto
po**ngo**	p**use**	pon**dré**	po**nga**	p**usiera**/p**usiese**
pones	p**usiste**	pon**drás**	po**ngas**	p**usieras**/p**usieses**
pone	p**uso**	pon**drá**	po**nga**	p**usiera**/p**usiese**
ponemos	p**usimos**	pon**dremos**	po**ngamos**	p**usiéramos**/p**usiésemos**
ponéis	p**usisteis**	pon**dréis**	po**ngáis**	p**usierais**/p**usieseis**
ponen	p**usieron**	pon**drán**	po**ngan**	p**usieran**/p**usiesen**

POTENCIAL O CONDICIONAL	IMPERATIVO	FORMAS NO PERSONALES
Condicional simple (o imperfecto)	Presente	Participio: puesto
pon**dría**	–	
pon**drías**	pon *(tú)*	
pon**dría**	po**nga** *(él/ella/ud.)*	
pon**dríamos**	po**ngamos** *(nosotros)*	
pon**dríais**	poned *(vosotros)*	
pon**drían**	po**ngan** *(ellos/ellas/uds.)*	

MODELO 15 – *SALIR*

INDICATIVO		IMPERATIVO	SUBJUNTIVO	POTENCIAL O CONDICIONAL
Presente	Futuro (imperfecto)	Presente	Presente	Condicional simple
sa**lgo**	sal**dré**	–	sa**lga**	sal**dría**
sales	sal**drás**	sal *(tú)*	sa**lgas**	sal**drías**
sale	sal**drá**	sa**lga** *(él/ella/ud.)*	sa**lga**	sal**dría**
salimos	sal**dremos**	sa**lgamos** *(nosotros)*	sa**lgamos**	sal**dríamos**
salís	sal**dréis**	salid *(vosotros)*	sa**lgáis**	sal**dríais**

MODELO 16 – CAER

INDICATIVO		IMPERATIVO	SUBJUNTIVO	
Presente	Pretérito indefinido	Presente	Presente	Pretérito imperfecto
caigo	caí	–	caiga	cayera/cayese
caes	caíste	cae (tú)	caigas	cayeras/cayeses
cae	cayó	caiga (él/ella/ud.)	caiga	cayera/cayese
caemos	caímos	caigamos (nosotros)	caigamos	cayéramos/cayésemos
caéis	caísteis	caed (vosotros)	caigáis	cayerais/cayeseis
caen	cayeron	caigan (ellos/ellas/uds.)	caigan	cayeran/cayesen

FORMAS NO PERSONALES
Gerundio: *cayendo*

MODELO 17 – ANDAR

INDICATIVO	SUBJUNTIVO
Pretérito indefinido	**Pretérito inperfecto**
anduve	anduviera/anduviese
anduviste	anduvieras/anduvieses
anduvo	anduviera/anduviese
anduvimos	anduviéramos/anduviésemos
anduvisteis	anduvierais/anduvieseis
anduvieron	anduvieran/anduviesen

MODELO 18 – CABER

INDICATIVO			SUBJUNTIVO	
Presente	Pretérito indefinido	Futuro (imperfecto)	Presente	Pretérito imperfecto
quepo	cupe	cabré	quepa	cupiera/cupiese
cabes	cupiste	cabrás	quepas	cupieras/cupieses
cabe	cupo	cabrá	quepa	cupiera/cupiese
cabemos	cupimos	cabremos	quepamos	cupiéramos/cupiésemos
cabéis	cupisteis	cabréis	quepáis	cupierais/cupieseis
caben	cupieron	cabrán	quepan	cupieran/cupiesen

IMPERATIVO	POTENCIAL O CONDICIONAL
Presente	**Condicional simple (o imperfecto)**
–	cabría
cabe (tú)	cabrías
quepa (él/ella/ud.)	cabría
quepamos (nosotros)	cabríamos
cabed (vosotros)	cabríais
quepan (ellos/ellas/uds.)	cabrían

MODELO 19 – *DAR*

INDICATIVO

Presente
doy
das
da
damos
dais
dan

Pretérito indefinido
di
diste
dio
dimos
disteis
dieron

SUBJUNTIVO

Pretérito imperfecto
diera/diese
dieras/dieses
diera/diese
diéramos/diésemos
dierais/dieseis
dieran/diesen

MODELO 20 – *DECIR*

INDICATIVO

Presente
digo
dices
dice
decimos
decís
dicen

Pretérito indefinido
dije
dijiste
dijo
dijimos
dijisteis
dijeron

Futuro (imperfecto)
diré
dirás
dirá
diremos
diréis
dirán

SUBJUNTIVO

Presente
diga
digas
diga
digamos
digáis
digan

Pretérito imperfecto
dijera/dijese
dijeras/dijeses
dijera/dijese
dijéramos/dijésemos
dijerais/dijeseis
dijeran/dijesen

IMPERATIVO

Presente
–
di (tú)
diga (él/ella/ud.)
digamos (nosotros)
decid (vosotros)
digan (ellos/ellas/uds.)

POTENCIAL O CONDICIONAL

Condicional simple (o imperfecto)
diría
dirías
diría
diríamos
diríais
dirían

FORMAS NO PERSONALES

Gerundio: *diciendo*
Participio: *dicho*

MODELO 21 – *ERGUIR*

INDICATIVO

Presente
irgo/yergo
irgues/yergues
irgue/yergue
erguimos
erguís
irguen/yerguen

Pretérito indefinido
erguí
erguiste
irguió
erguimos
erguisteis
irguieron

IMPERATIVO

Presente
–
irgue/yergue (tú)
irga/yerga (él/ella/ud.)
irgamos/yergamos (nosotros)
erguid (vosotros)
irgan/yergan (ellos/ellas/uds.)

SUBJUNTIVO

Presente
irga/yerga
irgas/yergas
irga/yerga
irgamos/yergamos
irgáis/yergáis
irgan/yergan

Pretérito imperfecto
irguiera/irguiese
irguieras/irguieses
irguiera/irguiese
irguiéramos/irguiésemos
irguierais/irguieseis
irguieran/irguiesen

FORMAS NO PERSONALES

Gerundio: *irguiendo*

MODELO 22 – ERRAR

INDICATIVO	SUBJUNTIVO	IMPERATIVO
Presente	Presente	Presente
yerro	yerre	–
yerras	yerres	yerra (tú)
yerra	yerre	yerre (él/ella/ud.)
erramos	erremos	erremos (nosotros)
errais	erreis	errad (vosotros)
yerran	yerren	yerren (ellos/ellas/uds.)

MODELO 23 – ESTAR

INDICATIVO		IMPERATIVO	SUBJUNTIVO	
Presente	Pretérito indefinido	Presente	Presente	Pretérito imperfecto
estoy	estuve	–	esté	estuviera/estuviese
estás	estuviste	está (tú)	estés	estuvieras/estuvieses
está	estuvo	esté (él/ella/ud.)	esté	estuviera/estuviese
estamos	estuvimos	estemos (nosotros)	estemos	estuviéramos/estuviésemos
estáis	estuvisteis	estad (vosotros)	estéis	estuvierais/estuvieseis
están	estuvieron	estén (ellos/ellas/uds.)	estén	estuvieran/estuviesen

MODELO 24 – HABER

INDICATIVO			SUBJUNTIVO		IMPERATIVO
Presente	Pretérito indefinido	Futuro (imperfecto)	Presente	Pretérito imperfecto	Presente
he	hube	habré	haya	hubiera/hubiese	–
has	hubiste	habrás	hayas	hubieras/hubieses	he (tú)
ha*	hubo	habrá	haya	hubiera/hubiese	haya (él/ella/ud.)
hemos	hubimos	habremos	hayamos	hubiéramos/hubiésemos	hayamos (nosotros)
habéis	hubisteis	habréis	hayáis	hubierais/hubieseis	habed (vosotros)
han	hubieron	habrán	hayan	hubieran/hubiesen	hayan (ellos/ellas/uds.)

---

*Quando usado impessoalmente, a 3ª pessoa do singular é *hay*. Exemplo: *Aquí hay muchos libros*. Aqui há (tem) muitos livros.

MODELO 25 – HACER

INDICATIVO

Presente	Pretérito indefinido	Futuro (imperfecto)
hago	hice	haré
haces	hiciste	harás
hace	hizo	hará
hacemos	hicimos	haremos
hacéis	hicisteis	haréis
hacen	hicieron	harán

SUBJUNTIVO

Presente	Pretérito imperfecto
haga	hiciera/hiciese
hagas	hicieras/hicieses
haga	hiciera/hiciese
hagamos	hiciéramos/hiciésemos
hagáis	hicierais/hicieseis
hagan	hicieran/hiciesen

IMPERATIVO

Presente
- –
- haz (tú)
- haga (él/ella/ud.)
- hagamos (nosotros)
- haced (vosotros)
- hagan (ellos/ellas/uds.)

FORMAS NO PERSONALES
Participio: hecho

MODELO 26 – IR

INDICATIVO

Presente	Pretérito indefinido	Pretérito imperfecto	Futuro (imperfecto)
voy	fui	iba	iré
vas	fuiste	ibas	irás
va	fue	iba	irá
vamos	fuimos	íbamos	iremos
vais	fuisteis	ibais	iréis
van	fueron	iban	irán

SUBJUNTIVO

Presente	Pretérito imperfecto
vaya	fuera/fuese
vayas	fueras/fueses
vaya	fuera/fuese
vayamos	fuéramos/fuésemos
vayáis	fuerais/fueseis
vayan	fueran/fuesen

POTENCIAL O CONDICIONAL

Condicional simple (o imperfecto)
- iría
- irías
- iría
- iríamos
- iríais
- irían

IMPERATIVO

Presente
- –
- ve (tú)
- vaya (él/ella/ud.)
- vayamos (nosotros)
- id (vosotros)
- vayan (ellos/ellas/uds.)

FORMAS NO PERSONALES
Gerundio: yendo
Participio: ido

MODELO 27 – OLER

INDICATIVO Presente	SUBJUNTIVO Presente	IMPERATIVO Presente
huelo	huela	–
hueles	huelas	huele (tú)
huele	huela	huela (él/ella/ud.)
olemos	olamos	olamos (nosotros)
oléis	oláis	oled (vosotros)
huelen	huelan	huelan (ellos/ellas/uds.)

MODELO 28 – *OÍR*

INDICATIVO

Presente	Pretérito indefinido	Pretérito (imperfecto)	Futuro (imperfecto)
oigo	oí	oía	oiré
oyes	oíste	oías	oirás
oye	oyó	oía	oirá
oímos	oímos	oíamos	oiremos
oís	oísteis	oíais	oiréis
oyen	oyeron	oían	oirán

SUBJUNTIVO

Presente
oiga
oigas
oiga
oigamos
oigáis
oigan

SUBJUNTIVO

Pretérito imperfecto
oyera/oyese
oyeras/oyeses
oyera/oyese
oyéramos/oyésemos
oyerais/oyeseis
oyeran/oyesen

POTENCIAL O CONDICIONAL

Condicional simple (o imperfecto)
oiría
oirías
oiría
oiríamos
oiríais
oirían

IMPERATIVO

Presente
–
oye (tú)
oiga (él/ella/ud.)
oigamos (nosotros)
oíd (vosotros)
oigan (ellos/ellas/uds.)

FORMAS NO PERSONALES

Gerundio: *oyendo*
Participio: *oído*

MODELO 29 – *PODER*

INDICATIVO

Presente	Pretérito indefinido	Futuro (imperfecto)
puedo	pude	podré
puedes	pudiste	podrás
puede	pudo	podrá
podemos	pudimos	podremos
podéis	pudisteis	podréis
pueden	pudieron	podrán

SUBJUNTIVO

Presente	Pretérito imperfecto
pueda	pudiera/pudiese
puedas	pudieras/pudieses
pueda	pudiera/pudiese
podamos	pudiéramos/pudiésemos
podáis	pudierais/pudieseis
puedan	pudieran/pudiesen

POTENCIAL O CONDICIONAL

Condicional simple (o imperfecto)
podría
podrías
podría
podríamos
podríais
podrían

IMPERATIVO

Presente
–
puede (tú)
pueda (él/ella/ud.)
podamos (nosotros)
poded (vosotros)
puedan (ellos/ellas/uds.)

FORMAS NO PERSONALES

Gerundio: *pudiendo*

MODELO 30 – *QUERER*

INDICATIVO

Presente	Pretérito indefinido	Futuro (imperfecto)
quiero	quise	querré
quieres	quisiste	querrás
quiere	quiso	querrá
queremos	quisimos	querremos
queréis	quisisteis	querréis
quieren	quisieron	querrán

SUBJUNTIVO

Presente	Pretérito imperfecto
quiera	quisiera/quisiese
quieras	quisieras/quisieses
quiera	quisiera/quisiese
queramos	quisiéramos/quisiésemos
queráis	quisierais/quisieseis
quieran	quisieran/quisiesen

CONDICIONAL O POTENCIAL

Condicional simple (o imperfecto)
querría
querrías
querría
querríamos
querríais
querrían

IMPERATIVO

Presente
–
quiere (tú)
quiera (él/ella/ud.)
queramos (nosotros)
quered (vosotros)
quieran (ellos/ellas/uds.)

FORMAS NO PERSONALES

Gerundio: *queriendo*

MODELO 31 – *REÍR*

INDICATIVO

Presente	Pretérito indefinido	Pretérito (imperfecto)	Futuro (imperfecto)
río	reí	reía	reiré
ríes	reíste	reías	reirás
ríe	rió	reía	reirá
reímos	reímos	reíamos	reiremos
reís	reísteis	reíais	reiréis
ríen	rieron	reían	reirán

SUBJUNTIVO

Presente	Pretérito imperfecto
ría	riera/riese
rías	rieras/rieses
ría	riera/riese
riamos	riéramos/riésemos
riáis	rierais/rieseis
rían	rieran/riesen

CONDICIONAL O POTENCIAL

Condicional simple (o imperfecto)
–
reiría
reirías
reiríamos
reiríais
reirían

IMPERATIVO

Presente
–
ríe (tú)
ría (él/ella/ud.)
riamos (nosotros)
reíd (vosotros)
rían (ellos/ellas/uds.)

FORMAS NO PERSONALES

Gerundio: *riendo*
Participio: *reído*

MODELO 32 – *ROER*

INDICATIVO

Presente	Pretérito indefinido	Futuro (imperfecto)
roo/roigo/royo	roí	roeré
roes	roíste	roerás
roe	royó	roerá
roemos	roímos	roeremos
roéis	roísteis	roeréis
roen	royeron	roerán

SUBJUNTIVO

Presente	Pretérito imperfecto
roa/roiga/roya	royera/royese
roas/roigas/royas	royeras/royeses
roa/roiga/roya	royera/royese
roamos/roigamos/royamos	royéramos/royésemos
roáis/roigáis/royáis	royerais/royeseis
roan/roigan/royan	royeran/royesen

IMPERATIVO
Presente
–
roe (tú)
roa/roiga/roya (él/ella/ud.)
roamos/roigamos/royamos (nosotros)
roed (vosotros)
roan/roigan/royan (ellos/ellas/uds.)

FORMAS NO PERSONALES
Gerundio: *royendo*
Participio: *roído*

MODELO 33 – *SABER*

INDICATIVO

Presente	Pretérito indefinido	Futuro (imperfecto)
sé	supe	sabré
sabes	supiste	sabrás
sabe	supo	sabrá
sabemos	supimos	sabremos
sabéis	supisteis	sabréis
saben	supieron	sabrán

SUBJUNTIVO

Presente	Pretérito imperfecto
sepa	supiera/supiese
sepas	supieras/supieses
sepa	supiera/supiese
sepamos	supiéramos/supiésemos
sepáis	supierais/supieseis
sepan	supieran/supiesen

CONDICIONAL O POTENCIAL
Condicional simple (o imperfecto)
sabría
sabrías
sabría
sabríamos
sabríais
sabrían

IMPERATIVO
Presente
–
sabe (tú)
sepa (él/ella/ud.)
sepamos (nosotros)
sabed (vosotros)
sepan (ellos/ellas/uds.)

FORMAS NO PERSONALES
Gerundio: *sabiendo*

MODELO 34 – SER

INDICATIVO

Presente	Pretérito indefinido	Pretérito imperfecto
soy	fui	era
eres	fuiste	eras
es	fue	era
somos	fuimos	éramos
sois	fuisteis	erais
son	fueron	eran

SUBJUNTIVO

Presente	Pretérito imperfecto
sea	fuera/fuese
seas	fueras/fueses
sea	fuera/fuese
seamos	fuéramos/fuésemos
seais	fuerais/fueseis
sean	fueran/fuesen

IMPERATIVO

Presente
-
- sé (tú)
- sea (él/ella/ud.)
- seamos (nosotros)
- sed (vosotros)
- sean (ellos/ellas/uds.)

FORMAS NO PERSONALES
Gerundio: *siendo*
Participio: *sido*

MODELO 35 – TENER

INDICATIVO

Presente	Pretérito indefinido	Futuro (imperfecto)
tengo	tuve	tendré
tienes	tuviste	tendrás
tiene	tuvo	tendrá
tenemos	tuvimos	tendremos
tenéis	tuvisteis	tendréis
tienen	tuvieron	tendrán

SUBJUNTIVO

Presente	Pretérito imperfecto
tenga	tuviera/tuviese
tengas	tuvieras/tuvieses
tenga	tuviera/tuviese
tengamos	tuviéramos/tuviésemos
tengáis	tuvierais/tuvieseis
tengan	tuvieran/tuviesen

CONDICIONAL O POTENCIAL

Condicional simple (o imperfecto)
- tendría
- tendrías
- tendría
- tendríamos
- tendríais
- tendrían

IMPERATIVO

Presente
-
- ten (tú)
- tenga (él/ella/ud.)
- tengamos (nosotros)
- tened (vosotros)
- tengan (ellos/ellas/uds.)

FORMAS NO PERSONALES
Gerundio: *teniendo*
Participio: *tenido*

MODELO 36 – TRAER

INDICATIVO

Presente	Pretérito indefinido	Pretérito imperfecto
traigo	traje	traía
traes	trajiste	traías
trae	trajo	traía
traemos	trajimos	traíamos
traéis	trajisteis	traíais
traen	trajeron	traían

SUBJUNTIVO

Presente	Pretérito imperfecto
traiga	trajera/trajese
traigas	trajeras/trajeses
traiga	trajera/trajese
traigamos	trajéramos/trajésemos
traigáis	trajerais/trajeseis
traigan	trajeran/trajesen

IMPERATIVO

Presente
-
- trae (tú)
- traiga (él/ella/ud.)
- traigamos (nosotros)
- traed (vosotros)
- traigan (ellos/ellas/uds.)

FORMAS NO PERSONALES
Gerundio: *trayendo*
Participio: *traído*

MODELO 37 – *VENIR*

INDICATIVO

Presente	Pretérito indefinido	Futuro (imperfecto)
vengo	vine	vendré
vienes	viniste	vendrás
viene	vino	vendrá
venimos	vinimos	vendremos
venís	vinisteis	vendréis
vienen	vinieron	vendrán

SUBJUNTIVO

Presente	Pretérito imperfecto
venga	viniera/viniese
vengas	vinieras/vinieses
venga	viniera/viniese
vengamos	viniéramos/viniésemos
vengáis	vinierais/vinieseis
vengan	vinieran/viniesen

CONDICIONAL O POTENCIAL

Condicional simple (o imperfecto)
vendría
vendrías
vendría
vendríamos
vendríais
vendrían

IMPERATIVO
Presente
–
ven *(tú)*
venga *(él/ella/ud.)*
vengamos *(nosotros)*
venid *(vosotros)*
vengan *(ellos/ellas/uds.)*

FORMAS NO PERSONALES
Gerundio: *viniendo*
Participio: *venido*

MODELO 38 – *VER*

INDICATIVO

Presente	Pretérito indefinido	Pretérito imperfecto
veo	vi	veía
ves	viste	veías
ve	vio	veía
vemos	vimos	veíamos
veis	visteis	veíais
ven	vieron	veían

SUBJUNTIVO

Presente	Pretérito imperfecto
vea	viera/viese
veas	vieras/vieses
vea	viera/viese
veamos	viéramos/viésemos
veáis	vierais/vieseis
vean	vieran/viesen

IMPERATIVO
Presente
–
ve *(tú)*
vea *(él/ella/ud.)*
veamos *(nosotros)*
ved *(vosotros)*
vean *(ellos/ellas/uds.)*

FORMAS NO PERSONALES
Gerundio: *viendo*
Participio: *visto*

V – VERBOS IMPESSOAIS

Os verbos impessoais apresentados a seguir somente são utilizados no infinitivo e na 3ª pessoa do singular de todos os tempos. Em geral, correspondem a fenômenos meteorológicos e/ou naturais *(amanecer, anochecer, nevar,* etc.). Entretanto, em certos contextos, esses verbos admitem a flexão pessoal: *Anochecimos en Madrid.* Anoitecemos em Madri. *Amanecí con dolor de cabeza.* Amanheci com dor de cabeça. Neste caso, a flexão obedecerá ao paradigma correspondente à variação que o verbo apresente.

Flexionados apenas na 3ª pessoa do singular, apresentam-se os sete verbos selecionados em conjunto.

> MODELO 39 – *AMANECER*
> MODELO 40 – *CLAREAR*
> MODELO 41 – *HELAR*
> MODELO 42 – *TRONAR* e *LLOVER*
> MODELO 43 – *LLOVIZNAR*
> MODELO 44 – *URGIR*

INDICATIVO

Presente	Pretérito indefinido	Pretérito imperfecto	Pretérito perfecto	Pretérito pluscuamperfecto	Futuro (imperfecto)	Futuro perfecto
amanece	amaneció	amanecía	ha amanecido	había amanecido	amanecerá	habrá amanecido
clarea	clareó	clareaba	ha clareado	había clareado	clareará	habrá clareado
hiela	heló	helaba	ha helado	había helado	helará	habrá helado
truena	tronó	tronaba	ha tronado	había tronado	tronará	habrá tronado
llueve	llovió	llovía	ha llovido	había llovido	lloverá	habrá llovido
llovizna	lloviznó	lloviznaba	ha lloviznado	había lloviznado	lloviznará	habrá lloviznado
urge	urgió	urgía	ha urgido	había urgido	urgirá	habrá urgido

SUBJUNTIVO

Presente	Pretérito indefinido	Pretérito perfecto	Pretérito pluscuamperfecto
amanezca	amaneciera/amaneciese	haya amanecido	hubiera/hubiese amanecido
claree	clareara/clarease	haya clareado	hubiera/hubiese clareado
hiele	helara/helase	haya helado	hubiera/hubiese helado
truene	tronara/tronase	haya tronado	hubiera/hubiese tronado
llueva	lloviera/lloviese	haya llovido	hubiera/hubiese llovido
llovizne	llovíznara/lloviznase	haya lloviznado	hubiera/hubiese lloviznado
urja	urgiera/urgiese	haya urgido	hubiera/hubiese urgido

POTENCIAL O CONDICIONAL

Condicional simple (o imperfecto)	Condicional compuesto (o perfecto)	Infinitivo	Gerundio	Participio
amanecería	habría amanecido	amanecer	amaneciendo	amanecido
clarearía	habría clareado	clarear	clareando	clareado
helaría	habría helado	helar	helando	helado
tronaría	habría tronado	tronar	tronando	tronado
llovería	habría llovido	llover	lloviendo	llovido
lloviznaría	habría lloviznado	lloviznar	lloviznando	lloviznado
urgiría	habría urgido	urgir	urgiendo	urgido

Infinitivo compuesto	Gerundio compuesto
haber amanecido	*habiendo amanecido*
haber clareado	*habiendo clareado*
haber helado	*habiendo helado*
haber tronado	*habiendo tronado*
haber llovido	*habiendo llovido*
haber lloviznado	*habiendo lloviznado*
haber urgido	*habiendo urgido*

VI – VERBOS DEFECTIVOS

Neste tópico incluem-se alguns verbos que possuem flexão verbal incompleta devido a razões semânticas e/ou fonológicas.

MODELO 45 – *ABOLIR*

INDICATIVO

Presente	Pretérito indefinido	Pretérito perfecto	Pretérito imperfecto	Pretérito pluscuamperfecto
–	abolí	he abolido	abolía	había abolido
–	aboliste	has abolido	abolías	habías abolido
–	abolió	ha abolido	abolía	había abolido
abolimos	abolimos	hemos abolido	abolíamos	habíamos abolido
abolís	abolisteis	habéis abolido	abolíais	habíais abolido
–	abolieron	han abolido	abolían	habían abolido

INDICATIVO   *SUBJUNTIVO*

Futuro (imperfecto)	Futuro perfecto	Presente	Pretérito imperfecto	Pretérito perfecto
aboliré	habré abolido	–	aboliera/aboliese	haya abolido
abolirás	habrás abolido	–	abolieras/abolieses	hayas abolido
abolirá	habrá abolido	–	aboliera/aboliese	haya abolido
aboliremos	habremos abolido	–	aboliéramos/aboliésemos	hayamos abolido
aboliréis	habréis abolido	–	abolierais/abolieseis	hayáis abolido
abolirán	habrán abolido	–	abolieran/aboliesen	hayan abolido

SUBJUNTIVO   *POTENCIAL O CONDICIONAL*

Pretérito pluscuamperfecto	Condicional simple (o imperfecto)	Condicional compuesto (o perfecto)
hubiera/hubiese abolido	aboliría	habría abolido
hubieras/hubieses abolido	abolirías	habrías abolido
hubiera/hubiese abolido	aboliría	habría abolido
hubiéramos/hubiésemos abolido	aboliríamos	habríamos abolido
hubierais/hubieseis abolido	aboliríais	habríais abolido
hubieran/hubiesen abolido	abolirían	habrían abolido

IMPERATIVO
Presente
–
–
–
–
abolid *(vosotros)*
–

FORMAS NO PERSONALES
Infinitivo: *abolir*
Gerundio: *aboliendo*
Participio: *abolido*
Infinitivo compuesto: *haber abolido*
Gerundio compuesto: *habiendo abolido*

MODELO 46 – *CONCERNIR*

INDICATIVO		*SUBJUNTIVO*	*FORMAS NO PERSONALES*
Presente	**Pretérito imperfecto**	**Presente**	**Infinitivo**: *concernir*
–	–	–	**Gerundio**: *concerniendo*
–	–	–	
concierne	*concernía*	*concierna*	
–	–	–	
–	–	–	
conciernen	*concernían*	*conciernan*	

MODELO 47 – *PLACER**

INDICATIVO

Presente	**Pretérito imperfecto**	**Pretérito indefinido**
–	–	–
–	–	–
place	*placía*	*plugo/plació*
–	–	–
–	–	–
placen	*placían*	*plugieron/placieron*

SUBJUNTIVO

Presente	**Pretérito imperfecto**
–	–
–	–
plegue/plazca	*pluguiera/pluguiese/placiera/placiese*
–	–
–	–
pleguen/plazcan	*pluguieran/pluguiesen/placieran/placiesen*

---

* Segundo a *Real Academia Española*, este verbo pode ser conjugado em todos os tempos, modos, números e pessoas, obedecendo às irregularidades dos verbos terminados em *-acer*, *-ecer* ou *-ocer*. Na prática, ele só é utilizado nos tempos e pessoas acima indicados.

MODELO 48 – *SOLER*

INDICATIVO *SUBJUNTIVO*

Presente	Pretérito indefinido	Pretérito imperfecto	Pretérito imperfecto	Presente
suelo	*solí*	*solía*	*he solido*	*suela*
sueles	*soliste*	*solías*	*has solido*	*suelas*
suele	*solió*	*solía*	*ha solido*	*suela*
solemos	*solimos*	*solíamos*	*hemos solido*	*solamos*
soléis	*solisteis*	*solíais*	*habéis solido*	*soláis*
suelen	*solieron*	*solían*	*han solido*	*suelan*

FORMAS NO PERSONALES
Infinitivo: *soler*
Gerundio: *soliendo*
Participio: *solido*
Infinitivo compuesto: *haber solido*
Gerundio compuesto: *habiendo solido*

MODELO 49 – *SUCEDER**

INDICATIVO

Presente	Pretérito indefinido	Pretérito imperfecto	Pretérito perfecto
–	–	–	–
–	–	–	–
sucede	*sucedió*	*sucedía*	*ha sucedido*
–	–	–	–
–	–	–	–
–	–	–	–

Pretérito pluscuamperfecto	Futuro (imperfecto)	Futuro perfecto
–	–	–
–	–	–
había sucedido	*sucederá*	*habrá sucedido*
–	–	–
–	–	–
–	–	–

---

* Embora este verbo possa, em casos específicos, ser utilizado em todas as pessoas, enquanto impessoal ele só é empregado na 3ª pessoa do singular de todos os tempos e nas formas não pessoais. Daí ser apresentada, aqui, apenas a conjugação defectiva.

SUBJUNTIVO

Presente	**Pretérito imperfecto**	**Pretérito perfecto**	**Pretérito pluscuamperfecto**
–	–	–	–
–	–	–	–
suceda	sucediera/sucediese	haya sucedido	hubiera/hubiese sucedido
–	–	–	–
–	–	–	–
–	–	–	–

POTENCIAL O CONDICIONAL

Condicional simple (o imperfecto)
–
–
sucedería
–
–
–

FORMAS NO PERSONALES

Condicional compuesto (o perfecto)
 habría sucedido

Infinitivo: *suceder*
Gerundio: *sucediendo*
Participio: *sucedido*
Infinitivo compuesto: *haber sucedido*
Gerundio compuesto: *habiendo sucedido*

MODELO 50 – *YACER**

INDICATIVO

Presente	**Pretérito imperfecto**
–	–
–	–
yace	yacía
–	–
–	–
yacen	yacían

FORMAS NO PERSONALES
Gerundio: *yaciendo*

---

* Este verbo, embora possa ser conjugado em todos os tempos e pessoas, só é usado, atualmente, nas terceiras pessoas do **presente** e do **pretérito imperfecto do indicativo** e, rara vez, no **gerundio**.

PARTICÍPIOS EM ESPANHOL

INFINITIVO	PARTICIPIO REGULAR	PARTICIPIO IRREGULAR
abrir		abierto
absolver		absuelto
absorber	absorbido	absorto *
abstraer	abstraído	abstracto *
adscribir		adscrito
atender	atendido	atento *
bendecir	bendecido	bendito
circunscribir		circunscrito
componer		compuesto
comprimir	comprimido	compreso *
concluir	concluido	concluso *
confesar	confesado	confeso *
confundir	confundido	confuso *
contraer	contraído	contracto *
convencer	convencido	convicto *
corregir	corregido	correcto *
corromper	corrompido	corrupto *
cubrir		cubierto
decir		dicho
describir		descrito
descubrir		descubierto
desenvolver		desenvuelto
deshacer		deshecho
despertar	despertado	despierto *
desproveer	desproveído	desprovisto
devolver		devuelto
difundir	difundido	difuso *
disponer		dispuesto
elegir	elegido	electo *

* usado sólo como adjetivo

INFINITIVO	PARTICIPIO REGULAR	PARTICIPIO IRREGULAR
encubrir		encubierto
envolver		envuelto
entreabrir		entreabierto
escribir		escrito
eximir	eximido	exento *
exponer		expuesto
expresar	expresado	expreso *
expulsar	expulsado	expulso *
extender	extendido	extenso *
extinguir	extinguido	extinto *
fijar	fijado	fijo *
freír	freído	frito
hacer		hecho
hartar	hartado	harto *
imponer		impuesto
imprimir	imprimido	impreso
indisponer		indispuesto
inscribir		inscrito
insertar	insertado	inserto *
invertir	invertido	inverso *
juntar	juntado	junto *
licuefacer		licuefacto
maldecir	maldecido	maldito
manifestar	manifestado	manifiesto *
manuscribir		manuscrito
morir		muerto
nacer	nacido	nato *
omitir	omitido	omiso *
oponer		opuesto
poner		puesto
poseer	poseído	poseso *
predecir		predicho

* usado sólo como adjetivo

INFINITIVO	PARTICIPIO REGULAR	PARTICIPIO IRREGULAR
predisponer		predispuesto
prender	prendido	preso
presumir	presumido	presunto *
presuponer		presupuesto
pretender	pretendido	pretenso *
prever		previsto
propender	propendido	propenso *
proponer		propuesto
proscribir		proscri(p)to
proveer	proveído	provisto
rarefacer		rarefacto
recluir	recluido	recluso *
reponer		repuesto
resolver		resuelto
rever		revisto
revolver		revuelto
romper	rompido	roto
salvar	salvado	salvo
satisfacer		satisfecho
soltar	soltado	suelto *
su(b)stituir	su(b)stituido	su(b)stituto *
sujetar	sujetado	sujeto *
suponer		supuesto
suscribir		suscri(p)to
suspender	suspendido	suspenso *
teñir	teñido	tinto *
torcer	torcido	tuerto *
transcribir		transcri(p)to
transponer		transpuesto
ver		visto
volver		vuelto
yuxtaponer		yuxtapuesto *

* usado sólo como adjetivo

***¡OJO!** En castellano estos verbos tienen participio regular*
***Atenção!** Em espanhol estes verbos têm particípio regular*

CASTELLANO	PARTICIPIO	PARTICÍPIO EM PORTUGUÊS
afligir	afligido	*afligido / aflito*
emerger	emergido	*emergido / emerso*
encender	encendido	*acendido / aceso*
entregar	entregado	*entregado / entregue*
erigir	erigido	*erigido / ereto*
ganar	ganado	*ganhado / ganho*
gastar	gastado	*gastado / gasto*
limpiar	limpiado	*limpado / limpo*
matar	matado	*matado / morto*
ocultar	ocultado	*ocultado / oculto*
pagar	pagado	*pagado / pago*
sumergir	sumergido	*submergido / submerso*
venir	venido	*vindo*

PORTUGUÊS · ESPANHOL

A

a¹ *s.m.* **1.** A *(primeira letra do alfabeto português).* ● *pref.* **2.** A. ● *prep.* **3.** A. *Irei a Manaus.* Iré a Manaus. *Feito a mão.* Hecho a mano. *Obras a 500 metros.* Obras a 500 metros.

a² *art.def.f.* **1.** La. *A mesa.* La mesa. ● *p.pess. 3ª pess.f.* **2.** La *(discurso em 3ª pess.).* *Não a conheço.* No la conozco. *Vou buscá-la amanhã no aeroporto.* La voy a buscar mañana al aeropuerto. **3.** Te *(discurso em 2ª pess.).* *Que bom vê-la tão contente!* ¡Qué bueno verte tan contenta! ■ *p.dem.f.* **4.** La que, quien. *Ela é a que ligou ontem.* Ella es la que llamó ayer. ● **as** *art.def.f.pl.* **1.** Las *(discurso em 3ª pess.).* ● *p.pess. 3ª pess.f.pl.* **2.** Las. *Não as quero.* No las quiero. *Quis trazê-las, mas não consegui.* Quise traerlas, pero no pude. **3.** Os *(discurso em 2ª pess.).* *Onde estão que não as vejo?* ¿Dónde estáis que no os veo? ■ *p.dem.f.pl.* **4.** Las que, quienes.

à *contr. prep. a + art. f. a.* A la. *Vire à direita.* Doble a la derecha.

aba *s.f.* **1.** Ala *(chapéu).* **2.** Faldón *(camisa).* **3.** Falda *(montanha).*

abacate *s.m. Bot.* Aguacate; *(Rio-plat.)* palta.

abacaxi *s.m.* **1.** *Bot.* Piña; *(Rio-plat.)* ananás. **2.** *Col.* Tarea complicada. **3.** *Col.* Pesado, latoso. ♦ **Descascar um abacaxi.** Solucionar algo complicado.

abafado *adj.* **1.** Sofocado, asfixiante, falto de aire *(ambiente, clima).* **2.** *Fig.* Oculto, disimulado, solapado, velado *(notícia).* **3.** Tapado, cubierto *(panela).* **4.** *Fig.* Aplastado *(rebelião, fúria).*

abafar *v.t.* **1.** Sofocar, asfixiar. **2.** *Fig.* Ocultar, tapar, disimular, paliar, velar, solapar. *A imprensa abafou o escândalo.* La prensa veló el escándalo. **3.** Tapar *(para conservar o calor).* *Abafe o arroz.* Tapa el arroz. **4.** *Col.* Deslumbrar, impresionar. **5.** Frenar, contener *(rebelião).*

abaixar *v.t.* **1.** Bajar. ■ *v.t. e v.p.* **2.** Agachar(se). *Abaixe-se.* Agáchate. **3.** Apear(se).

abaixo *adv.* **1.** Abajo. **2.** Bajo. *Abaixo de zero.* Bajo cero. ● *interj.* **3.** ¡Abajo! ♦ **Abaixo-assinado.** Comunicado, petición con muchas firmas, petitorio, subscripción.

abajur *s.m.* **1.** Lámpara; *(Mex. e Am.C.)* velador. **2.** Candelero.

abalar *v.t.* **1.** Sacudir, estremecer, oscilar. **2.** *Fig.* Conmover, impresionar. *A notícia abalou-me.* La noticia me conmovió. **3.** Debilitar. *Está com a saúde abalada.* Anda con la salud debilitada. ■ *v.p.* **4.** Conmoverse, quedar impresionado.

abalo *s.m.* **1.** Temblor, sacudida, oscilación. **2.** *Fig.* Conmoción. ♦ **Abalo sísmico.** Temblor de tierra.

abanar *v.t.* **1.** Abanicar. **2.** Sacudir, menear. *Abanou a cabeça.* Meneó la cabeza. ■ *v.p.* **3.** Abanicarse.

abandonar *v.t. e v.p.* Abandonar(se).

abandono *s.m.* Abandono.

abarrotar *v.t. e v.p.* **1.** Abarrotar(se), llenar(se). ■ *v.p.* **2.** Hartarse *(de comida).*

abastado *adj. e s.* Adinerado, acaudalado.

abastecer *v.t.* **1.** Abastecer, proveer, aprovisionar. **2.** Alimentar *(máquinas).* **3.** Suministrar, suplir. ■ *v.p.* **4.** Abastecerse, aprovisionarse, surtirse.

abastecimento *s.m.* **1.** Abastecimiento, provisión. **2.** Suministro, surtido. *Abastecimento de energia.* Suministro de energía.

abate *s.m.* **1.** Matadero; *(Mex. e Am.C.)* rastro. **2.** Matanza. **3.** Derribo. ♦ **Gado para abate.** Ganado de corte.

abater *v.t.* **1.** Abatir. **2.** *Com.* Reducir precio, hacer descuento. ■ *v.p.* **3.** Deprimirse, caerse de ánimo.
abatimento *s.m.* **1.** Desánimo, abatimiento. **2.** *Com.* Descuento de precio. *Um abatimento de 20%.* Un descuento del 20%.
abdicar *v.t. e v.i.* Abdicar.
abdome *s.m. Med.* Abdomen.
abecedário *s.m.* Abecedario, abecé.
abelha *s.f.* Abeja.
abelhudo *adj. Col.* Curioso, indiscreto.
abençoar *v.t.* Bendecir.
aberração *s.f.* Aberración.
aberto *adj.* **1.** Abierto. **2.** Despejado (*tempo*). **3.** *Fig.* Amplio, sincero, extrovertido. **4.** Abierto, empezado. **Está aberta a sessão.** Está abierta la sesión. ♦ **De braços abertos.** Con los brazos abiertos. **Ficar de boca aberta.** Quedarse con la boca abierta. **Mente aberta.** Mentalidad amplia.
abertura *s.f.* **1.** Abertura, orificio. **2.** Apertura, inauguración.
abismo *s.m.* Abismo.
abjurar *v.t.* Renegar.
abnegação *s.f.* **1.** Desprendimiento, dedicación. **2.** Abnegación, sacrificio.
abóbada *s.f. Arq.* Bóveda.
abóbora *s.f. Bot.* Calabaza; (*Rio-plat.*) zapallo; (*Mex. e Am.C.*) ayote.
abobrinha *s.f.* **1.** *Bot.* Calabacín; (*Rio-plat.*) zapallito; (*Mex. e Am.C.*) chilacayote. **2.** *Col.* Tontería; (*Rio-plat.*) pavada; (*Am.C.*) babosada. ♦ **Falar abobrinha.** Decir tonterías/pavadas/babosadas.
abolição *s.f.* **1.** Abolición, liberación (*de escravos*). **2.** Abolición, anulación.
abolir *v.t.* **1.** Abolir, revocar. **2.** Abolir, suprimir.
abominar *v.t.* Abominar, aborrecer.
abonado *adj.* **1.** Digno de crédito, idóneo. **2.** Justificado, perdonado (*falta no trabalho*). **3.** Adinerado, acaudalado.
abonar *v.t.* **1.** Acreditar, abonar. **2.** *Com.* Afianzar. **3.** Perdonar, justificar (*faltas*).
abono *s.m.* **1.** Fianza, garantía. **2.** Anticipo. **3.** Gratificación. **4.** Perdón, justificativa (*para faltas*).
abordagem *s.f.* **1.** *Mar.* Abordaje. **2.** *Fig.* Enfoque, perspectiva, planteamiento.
abordar *v.t.* **1.** *Mar.* Abordar. **2.** *Fig.* Abordar, aproximarse. **3.** *Fig.* Enfocar, tratar (*assunto*).
aborrecer *v.t.* **1.** Molestar, perturbar, jorobar. *Não me aborreça.* No me molestes. **2.** Disgustar, enfadar, enojar. **3.** Aburrir. **4.** Aborrecer, abominar. ■ *v.p.* **5.** Enfadarse, disgustarse, enojarse. **6.** Aburrirse.
aborrecido *adj.* **1.** Molesto. *Está aborrecido com sua noiva.* Está molesto con su novia. **2.** Aburrido. *Está aborrecido de tanto ficar em casa.* Está aburrido de tanto quedarse en casa. ♦ **Ficar aborrecido.** Disgustarse.
aborrecimento *s.m.* **1.** Disgusto, enfado, enojo. *Estas crianças só me dão aborrecimento.* Estos chicos sólo me dan disgustos. **2.** Aburrimiento, hastío.
aborto *s.m.* **1.** *Med.* Aborto. **2.** *Fig.* Monstruo.
abotoaduras *s.f.pl.* Gemelos; (*Mex. e Am.C.*) mancuernas.
abotoar *v.t. e v.p.* Abrochar(se), abotonar(se). ♦ **Abotoar o paletó.** Morir.
abraçadeira *s.f. Mec.* Abrazadera.
abraçar *v.t. e v.p.* Abrazar(se).
abraço *s.m.* Abrazo.
abrandar *v.t.* Ablandar.
abrangência *s.f.* **1.** Alcance. **2.** Amplitud.
abrangente *adj.* **1.** Amplio, que abarca mucho. **2.** De gran alcance o cobertura.
abranger *v.t.* Abarcar, incluir, contener.
abrasivo *adj. e s.m.* Abrasivo.
abreviar *v.t.* Abreviar, acortar.
abreviatura *s.f.* Abreviatura.
abricó *s.m. Bot.* Albaricoque.
abridor *adj. e s.m.* **1.** Abridor (*de garrafas*). ■ *s.m.* **2.** Abrelatas.
abrigar *v.t. e v.p.* **1.** Abrigar(se), resguardar(se). **2.** Abrigar(se), cobijar(se). **3.** Abrigar(se), albergar(se).
abrigo *s.m.* **1.** Abrigo, refugio, amparo. **2.** Abrigo, asilo. **3.** Albergue.

abril *s.m.* Abril.
abrir *v.t.* **1.** Abrir. *Abrir a boca.* Abrir la boca. **2.** Destapar, abrir. **3.** Abrir, desenvolver. **4.** Abrir, inaugurar, instalar. **5.** Abrir, desabrochar. ■ *v.i.* **6.** Abrir, despejar(se) (*tempo*). **7.** Abrir, florecer. ■ *v.p.* **8.** Abrirse, romperse, lesionar. **9.** Hacer confidencias. *Minha filha não se abre comigo.* Mi hija no me hace confidencias. ♦ **Abrir o coração.** Abrir el pecho. **Abrir os olhos.** Abrir los ojos. **Abrir passagem.** Abrirse paso. **Num abrir e fechar de olhos.** En un santiamén, en un abrir y cerrar los ojos.
abrupto *adj.* Abrupto.
absolutamente *adv.* **1.** Absolutamente, en absoluto. **2.** Totalmente, enteramente. *Está absolutamente certo.* Está totalmente correcto.
absoluto *adj. e s.m.* Absoluto.
absolver *v.t.* Absolver.
absolvição *s.f.* Absolución.
absolvido *adj.* Absuelto.
absorto *adj.* Absorto, concentrado, abstraído.
absorvente *adj.* **1.** Absorbente. ● *s.m.* **2.** Compresa, toalla femenina.
absorver *v.t.* **1.** Absorber, sorber. **2.** *Fig.* Absorber, acaparar, abarcar. **3.** Aspirar (*ar*). ■ *v.p.* **4.** Concentrarse.
abster-se *v.p.* Abstenerse.
abstrair *v.t. e v.p.* **1.** Abstraer(se). **2.** Apartar(se), aislar(se). **3.** Prescindir, hacer caso omiso.
abstrato *adj.* Abstracto.
absurdo *adj.* **1.** Absurdo, irracional. ● *s.m.* **2.** Absurdo, disparate, contrasentido.
abundância *s.f.* Abundancia, profusión.
abusado *adj.* **1.** Abusivo, atrevido. **2.** Aprovechado.
abusar *v.t. e v.i.* **1.** Abusar, cometer desmanes, pasarse. ■ *v.t.* **2.** Abusar, aprovecharse. *Abusar da boa vontade.* Aprovecharse de la buena voluntad.
abuso *s.m.* **1.** Abuso, desmán. **2.** *Fig.* Atropello.
abutre *s.m.* **1.** Buitre, zanate; (*Am.C.*) zopilote. **2.** *Fig.* Usurero, explotador.

acabamento *s.m.* Acabado, terminación. ♦ **Dar (o) acabamento.** Hacer la terminación.
acabar *v.t.* **1.** Acabar, terminar. **2.** Acabar, perfeccionar. ■ *v.i.* **3.** Acabarse, extinguirse, agotarse. *A aula acabou cedo.* La clase acabó temprano. **4.** Morir. **5.** Deteriorar, estropear. *A bebida acabou com a sua saúde.* La bebida le estropeó la salud. **6.** *Col.* Humillar. **7.** *Col.* Matar, extenuar. *O treinador acabou conosco.* El entrenador nos mató. ■ *v.p.* **8.** Acabarse, terminarse. ♦ **Acabe com isso.** Córtala, basta ya. **Acabou-se o que era doce.** Se acabó lo que se daba.
academia *s.f.* Academia.
açafrão *s.m. Bot.* Azafrán.
acalentar *v.t.* **1.** Acunar, arrullar. **2.** *Fig.* Nutrir, alimentar (*esperanzas*).
acalmar *v.t. e v.p.* Calmar(se), aquietar(se), tranquilizar(se), aplacar(se).
acampamento *s.m.* Campamento.
acampar *v.i. e v.t.* Acampar.
acanhado *adj.* **1.** Tímido, vergonzoso. **2.** *Fig.* Inexpresivo, de poca significación.
ação *s.f.* **1.** Acción, acto. **2.** Ademán, gesto. **3.** Suceso, evento. **4.** *For.* Acción, demanda. **5.** *Com.* Acción, cuota de capital. **6.** Actitud, comportamiento. ♦ **Ação de graças.** Acción de gracias. **Abrir/Mover uma ação.** *For.* Instar una acción, demandar. **Campo de ação.** Esfera de actividad. **Pelas ações se conhece o homem.** Por el fruto se conoce el árbol.
acarajé *s.m.* Bollo salado típico brasileño relleno de camarón.
acariciar *v.t.* Acariciar.
acarretar *v.t.* Acarrear.
acasalamento *s.m.* Acoplamiento, cópula.
acasalar *v.t.* Unir sexualmente, copular.
acaso *s.m.* **1.** Casualidad, azar, acaso. **2.** Destino, suerte. ♦ **Ao acaso.** Al acaso, a ojo. **Por acaso. 1.** De casualidad. **2.** Por azar.
acatar *v.t.* Acatar, obedecer, cumplir.
acebolado *adj.* Condimentado con cebolla. *Bife acebolado.* Bistec con cebolla.
aceitação *s.f.* Aceptación.

aceitar *v.t.* **1.** Aceptar, recibir. **2.** Aceptar, admitir, aprobar.
aceite *s.m. Com.* Endoso, aceptación.
acelerado *adj.* Acelerado. • **acelerada** *s.f.* Acelerón, arrancada.
acelerador *s.m. Mec. e quím.* Acelerador.
acelerar *v.t. e v.i.* Acelerar. ♦ **Acelerar o passo.** Avivar el paso, darse prisa.
acelga *s.f. Bot.* Acelga.
acenar *v.t. e v.i.* Hacer ademanes o señales, gesticular. *Acenou para nós da porta do trem.* Nos hizo ademanes desde la puerta del tren.
acendedor *s.m.* Encendedor, mechero.
acender *v.t.* **1.** Encender, hacer arder. **2.** Encender, prender, conectar (*luz*). **3.** *Fig.* Encender, entusiasmar, inflamar.
aceno *s.m.* Ademán, gesto.
acento *s.m.* **1.** *Gram.* Acento, tilde. **2.** Entonación, pronunciación.
acentuação *s.f.* **1.** *Gram.* Acentuación. **2.** *Fig.* Acentuación, énfasis.
acentuar *v.t.* **1.** *Gram.* Acentuar, poner tilde. **2.** *Fig.* Acentuar, subrayar, destacar, señalar.
acerca de *loc.* Acerca de, respecto a.
acertar *v.t.* **1.** Ajustar, regular (*mecanismos, contas*). ■ *v.t. e v.i.* **2.** Hallar, encontrar. *Foi difícil acertar o caminho.* Me costó hallar el camino. **3.** Atinar, acertar. *Ela acertou a pergunta.* Ella atinó con la pregunta. **4.** Acertar, dar en el blanco. ♦ **Acertar as contas.** Ajustar/Saldar/Cancelar las cuentas. **Não acertar uma.** No dar pie con bola.
acerto *s.m.* **1.** Ajuste, acuerdo. **2.** Respuesta correcta. **3.** Corrección, rectitud, acierto.
acervo *s.m.* Acervo.
aceso *adj.* **1.** Encendido. **2.** *Fig.* Intenso, vivo.
acessar *v.t. Inform.* Acceder.
acesso *s.m.* **1.** Acceso, entrada. **2.** Acceso, paso. **3.** *Fig.* Acceso, ataque. *Acesso de tosse.* Ataque de tos. **4.** *Inform.* Acceso.
acessório *adj. e s.m.* Accesorio.
achado *adj.* **1.** Encontrado, hallado. • *s.m.* **2.** Hallazgo.
achar *v.t.* **1.** Encontrar, hallar. *Achei o que procurava.* Encontré lo que buscaba. **2.** Creer, estimar, parecer. – *O que você acha?* – ¿Qué te parece? – *Não acho conveniente.* – No lo creo conveniente. ■ *v.p.* **3.** Hallarse, ubicarse. **4.** *Col.* Creerse, considerarse. *Ela se acha o máximo.* Ella se cree la mejor. ♦ **Achar bom.** Parecer bien. **Achar que sim/ que não.** Creer que sí/que no.
achatar *v.t.* **1.** Aplastar, achatar, aplanar. ■ *v.p.* **2.** *Fig.* Achicarse, intimidarse.
acidentado *adj.* **1.** Accidentado (*terreno*). • *s.* **2.** Accidentado, víctima de accidente.
acidente *s.m.* **1.** Accidente, suceso imprevisto, contratiempo. **2.** Choque, colisión, accidente. *Acidente de trem.* Accidente de ferrocarril.
acidez *s.f.* Acidez, acritud.
ácido *adj. e s.m.* Ácido.
acima *adv.* **1.** Arriba. **2.** Encima. ♦ **Ladeira acima.** Cuesta arriba.
acionar *v.t.* **1.** Accionar, activar (*mecanismo, motor*). **2.** *For.* Demandar, instar o promover demanda.
acionista *adj. e s.2g. Com.* Accionista.
aclamar *v.t.* Aclamar, ovacionar, aplaudir.
aclimar *v.t. e v.p.* Aclimatar(se).
aclive *s.m.* Pendiente, cuesta arriba.
acne *s.f. Med.* Acné, granos; (*Mex. e Am.C.*) barros.
aço *s.m.* Acero.
açoite *s.m.* Azote, látigo.
acolchoado *adj.* **1.** Acolchado. • *s.m.* **2.** Edredón.
acolhedor *adj.* Acogedor.
acolher *v.t.* **1.** Acoger, agasajar, hospedar. ■ *v.p.* **2.** Acogerse, refugiarse, allegarse.
acomodação *s.f.* **1.** Aposento, alojamiento. *Acomodação para quatro pessoas.* Aposento para cuatro personas. **2.** Acomodo.
acomodado *adj.* **1.** Acondicionado. **2.** Alojado. **3.** *Fig.* Resignado, conforme.
acomodar *v.t.* **1.** Alojar. *Acomodou-a em sua casa.* La alojó en su casa. **2.** Acondicionar, acomodar. ■ *v.p.* **3.** Instalarse, alojarse. **4.** *Fig.* Resignarse.

acompanhamento *s.m.* **1.** Acompañamiento, séquito. **2.** Supervisión, seguimiento. *Fazer o acompanhamento das obras.* Hacer la supervisión de las obras. **3.** *Mus.* Acompañamiento.

acompanhar *v.t.* **1.** Acompañar, hacer compañía. **2.** Acompañar, asistir. **3.** Supervisar, seguir. **4.** *Mus.* Acompañar.

aconchego *s.m.* Confort, calor humano, ambiente acogedor. *No aconchego da família.* En el calor familiar.

acondicionar *v.t.* Acondicionar, acomodar.

aconselhar *v.t.* **1.** Aconsejar, recomendar. **2.** Asesorar. ■ *v.p.* **3.** Asesorarse.

acontecer *v.i.* Suceder, ocurrir, acaecer, pasar. *Que aconteceu?* ¿Qué pasó?

acontecimento *s.m.* **1.** Suceso, evento, hecho. *Os acontecimentos do dia.* Los sucesos del día. **2.** Accidente, acaso. **3.** Acontecimiento, gran evento.

acoplar *v.t. e v.p.* Acoplar(se), unir(se).

acordar *v.t. e v.i.* **1.** Despertar(se). *Acordei cedo.* Me desperté temprano. **2.** Amanecer. *Acordou com fome.* Amaneció con hambre. ■ *v.t.* **3.** Establecer, acordar.

acorde *adj.* **1.** Conforme, acorde. ● *s.m.* **2.** *Mus.* Acorde.

acordeão *s.m. Mus.* Acordeón.

acordo *s.m.* **1.** Acuerdo, pacto, resolución. **2.** Arreglo, conciliación. **3.** Avenencia, conformidad. ♦ **Chegar a um acordo. 1.** Ponerse de acuerdo. **2.** Llegar a un arreglo. **De acordo.** De acuerdo. **De acordo com.** De acuerdo con, acorde con, en conformidad con. **Fazer acordo.** Acordar, convenir.

acorrentar *v.t.* **1.** Encadenar. **2.** *Fig.* Atar, sujetar.

acostamento *s.m.* Arcén; (*Rio-plat.*) banquina.

acostumar *v.t. e v.p.* Acostumbrar(se).

acotovelar *v.t. e v.p.* Apretujar(se), empujar(se) con los codos.

açougue *s.m.* Carnicería.

açougueiro *s.* Carnicero.

acovardar *v.t. e v.p.* Acobardar(se).

acre *adj.* **1.** Ácido, agrio. ● *s.m.* **2.** Acre, medida agraria.

acreditar *v.t.* **1.** Creer. *Não acredito em você.* No te creo. **2.** Abonar, acreditar.

acrescentar *v.t.* **1.** Añadir, agregar. **2.** Acrecer, aumentar.

acréscimo *s.m.* **1.** Aumento, incremento. *Os preços sofreram acréscimo.* Los precios han tenido aumento. **2.** Aditamento, añadidura.

acrobacia *s.f.* Acrobacia.

acuar *v.t.* **1.** Acorralar, arrinconar. **2.** Acosar, perseguir.

açúcar *s.m.* Azúcar.

açucareiro *adj.* **1.** Azucarero, relativo al azúcar. ● *s.m.* **2.** Azucarero, azucarera.

açude *s.m.* Embalse, azud.

acudir *v.t.* Acudir.

acumular *v.t.* **1.** Acumular. ■ *v.p.* **2.** Amontonar(se), aglomerar(se).

acúmulo *s.m.* **1.** Cúmulo. **2.** Amontonamiento, aglomeración.

acusação *s.f.* Acusación.

acusado *adj.* **1.** Acusado. ● *s.* **2.** *For.* Reo.

acusar *v.t.* **1.** Acusar, inculpar. **2.** Revelar, mostrar. **3.** Acusar, notificar (*recebimento de algo*). ■ *v.i.* **4.** Achacar, tildar. ■ *v.p.* **5.** Acusarse, confesar culpa.

acústico *adj.* Acústico. ● **acústica** *s.f. Fís.* Acústica.

adaptação *s.f.* Adaptación.

adaptar *v.t.* **1.** Adaptar, ajustar. **2.** Adaptar, acoplar. **3.** *Mus. e teat.* Adaptar, transcribir. ■ *v.p.* **4.** Adaptarse, aclimatarse. **5.** Adecuarse, amoldarse.

adega *s.f.* Bodega.

adendo *s.m.* Aditamento.

adentrar *v.t. e v.i.* Entrar, penetrar.

adepto *s.* **1.** Adepto, aficionado. **2.** Adicto.

adequado *adj.* Adecuado, apropiado.

adequar *v.t.* **1.** Adecuar, apropiar. ■ *v.p.* **2.** Adecuarse, adaptarse.

aderente *adj.* **1.** Adherente, pegajoso. ● *s.2g.* **2.** Adherente, adepto, partidario.

aderir *v.t. e v.p.* **1.** Adherir(se), unir(se),

pegar(se). ■ *v.i.* **2.** Adherir, filiarse, alinearse.
adesivo *adj.* **1.** Adhesivo. ● *s.m.* **2.** Pegatina.
adestramento *s.m.* Adiestramiento.
adestrar *v.t.* **1.** Adiestrar, amaestrar. **2.** Capacitar, entrenar.
adeus *interj.* **1.** Adiós, hasta luego. ● *s.m.* **2.** Adiós, despedida.
adiamento *s.m.* Aplazamiento, prórroga, postergación.
adiantado *adj.* **1.** Adelantado, avanzado. *Relógio adiantado.* Reloj adelantado. **2.** Anticipado. ● *adv.* **3.** Anticipadamente, con/por anticipación. *Paguei adiantado.* Pagué por anticipación.
adiantamento *s.m.* Anticipo, adelanto. *Pedi adiantamento de salário.* Pedí un anticipo del sueldo.
adiantar *v.t.* **1.** Adelantar, mover hacia adelante. **2.** Avanzar, adelantar, progresar. *Adiantar o serviço.* Avanzar con el trabajo. **3.** Adelantar, anticipar (*pagamento*). **4.** *Col.* Servir, tener utilidad, valer. *Não adianta chorar.* De nada sirve llorar. ■ *v.p.* **5.** Adelantarse. **6.** Anticiparse.
adiante *interj. e adv.* Adelante. ♦ **Levar adiante.** Sacar adelante.
adiar *v.t.* Aplazar, diferir, postergar.
adição *s.f. Mat.* Adición, suma.
adicionar *v.t.* **1.** *Mat.* Adicionar, sumar. **2.** Añadir, agregar.
adido *s.m.* Agregado.
aditivo *adj.* **1.** Añadido, agregado. ● *s.m.* **2.** *Quím.* Agregado, substancia añadida, aditivo.
adivinhação *s.f.* Acertijo, adivinanza.
adivinhar *v.t.* Adivinar.
adjacência *s.f.* Vecindad, cercanía, proximidad. ■ **adjacências** *s.f.pl.* Aledaños, alrededores, cercanías.
adjetivo *s.m. Gram.* Adjetivo.
adjudicar *v.t.* **1.** Adjudicar, conferir. **2.** *For.* Otorgar.
adjunto *adj.* **1.** Auxiliar, adjunto. ● *s.m.* **2.** *Gram.* Complemento, adjunto.

administração *s.f.* **1.** Administración. **2.** Gestión, mandato. **3.** Aplicación (*de medicamentos*).
administrador *adj. e s.* Administrador.
administrar *v.t.* Administrar.
admiração *s.f.* **1.** Admiración, aprecio. **2.** Asombro, extrañeza.
admirar *v.t.* **1.** Admirar, contemplar. **2.** Admirar, estimar, apreciar. **3.** Asombrar. ■ *v.p.* **4.** Asombrarse, extrañarse.
admissão *s.f.* **1.** Admisión, aceptación. **2.** Admisión, ingreso. ♦ **Exame de admissão.** Examen de ingreso.
admitir *v.t.* **1.** Admitir, aceptar. **2.** Admitir, recibir, dejar entrar. **3.** Admitir, tolerar, permitir.
admoestação *s.f.* Amonestación.
adoçante *s.m.* Edulcorante, sacarina.
adoçar *v.t.* **1.** Endulzar, edulcorar, dulcificar. **2.** *Fig.* Suavizar, mitigar.
adocicado *adj.* Dulzón, dulcificado, endulzado.
adoecer *v.i.* **1.** Enfermar(se), adolecer.
adoentado *adj.* **1.** Enfermucho, achacoso, enclenque. **2.** Debilitado.
adoidado *adj.* **1.** Alocado. ● *adv.* **2.** *Col.* A lo grande, a lo loco. *Comi adoidado.* Comí a lo loco.
adolescente *adj. e s.2g.* Adolescente.
adorar *v.t.* **1.** Adorar, venerar. **2.** Encantar, fascinar. *Adoro música.* Me fascina la música.
adormecer *v.i.* **1.** Dormirse, adormecer. *Adormeceu lendo.* Se durmió mientras leía. **2.** Adormecer, entorpecer (*membro do corpo*).
adorno *s.m.* Adorno, ornato, aderezo, atavío.
adotar *v.t.* Adoptar.
adquirir *v.t.* Adquirir.
adstringente *adj. e s.m.* Astringente.
adubar *v.t.* Abonar, fertilizar.
adubo *s.m.* Abono, fertilizante.
adulterar *v.t.* **1.** Adulterar, falsear, alterar, falsificar. ■ *v.i.* **2.** Adulterar, cometer adulterio.

adultério *s.m.* Adulterio.
adulto *adj. e s.* Adulto.
adutora *s.f.* Acueducto.
advento *s.m.* Advenimiento.
advérbio *s.m. Gram.* Adverbio.
adversário *adj. e s.* Adversario.
advertência *s.f.* **1.** Amonestación. *Carta de advertência.* Carta de amonestación. **2.** Advertencia, aviso.
advertir *v.t.* **1.** Amonestar. **2.** Advertir, avisar. **3.** Advertir, observar, notar.
advocacia *s.f.* Abogacía.
advogado *s.* Abogado.
aéreo *adj.* Aéreo. ♦ **Via aérea.** Correo/transporte aéreo.
aeromoça *s.f.* Azafata.
aeronáutico *adj.* Aeronáutico. • **aeronáutica** *s.f.* Aeronáutica.
aeronave *s.f.* Aeronave.
aeroporto *s.m.* Aeropuerto.
aerossol *s.m.* Aerosol.
afã *s.m.* Afán, empeño, ahínco.
afagar *v.t.* Acariciar, mimar.
afamado *adj.* Afamado, renombrado.
afanar *v.t.* **1.** *Col.* Robar, hurtar. **2.** Afanar, trabajar con afán.
afastamento *s.m.* **1.** Alejamiento, distancia. **2.** Separación. **3.** Aislamiento, retiro. ♦ **Pedir afastamento (de um cargo).** Pedir permiso sin goce de sueldo, pedir excedencia.
afastar *v.t.* **1.** Alejar, apartar. **2.** Separar. **3.** *Fig.* Frustrar, desechar, rechazar. *Afastou todas as chances de uma conversa.* Rechazó todas las oportunidades de una conversación. ■ *v.p.* **4.** Alejarse. **5.** *Fig.* Aislarse. ♦ **Lugar afastado.** Sitio retirado, solitario.
afazeres *s.m.pl.* Quehaceres, tareas.
afeição *s.f.* Afecto, estima, cariño.
afeiçoar-se *v.p.* Encariñarse, apegarse.
aferidor *s.m. Mec.* Galga, gálibo, plantilla.
aferir *v.t.* **1.** Contrastar (*pesos, medidas*). **2.** Cotejar.
aferrar *v.t.* **1.** Aferrar, sujetar, asir. ■ *v.p.* **2.** Aferrarse, agarrarse. **3.** *Fig.* Aferrarse, insistir.
afetar *v.t.* **1.** Afectar, aparentar. **2.** Perturbar, molestar. **3.** Perjudicar, tener efecto, incidir sobre. *O aluguel afeta o orçamento.* El alquiler incide en el presupuesto.
afeto *adj.* **1.** Adicto, aficionado. • *s.m.* **2.** Afecto, cariño.
afiado *adj.* **1.** Agudo, aguzado. **2.** Con filo, afilado.
afiançar *v.t.* **1.** Afianzar, abonar. **2.** Afianzar, asegurar. ■ *v.p.* **3.** Afianzarse, certificarse.
afiar *v.t.* **1.** Afilar, amolar. **2.** *Fig.* Aguzar. *Afiar o ouvido.* Aguzar el oído.
afilhado *s.* **1.** Ahijado. **2.** *Fig.* Protegido, favorito.
afiliar-se *v.p.* Filiarse, inscribirse, adherir.
afim *adj. e s.2g.* Afín.
afinação *s.f. Mus.* Temple, afino.
afinal *adv.* Al fin, por fin, total. *Vou dormir, afinal tenho tempo.* Voy a dormir, total tengo tiempo. ♦ **Afinal de/das contas.** Al fin de cuentas/Al fin y al cabo.
afinar *v.t.* **1.** *Mus.* Afinar, templar (*instrumentos*). **2.** Purificar (*metais*). **3.** Reducir la espesura, hacer fino. ■ *v.p.* **4.** Armonizarse, tener afinidad.
afinco *s.m.* Ahínco.
afinidade *s.f.* Afinidad.
afirmação *s.f.* Afirmación, aseveración.
afirmar *v.t.* **1.** Aseverar, afirmar, afianzar. **2.** Afirmar, fijar, asentar.
afixar *v.t.* Fijar, pegar, poner. *Afixar os cartazes.* Fijar los carteles.
aflição *s.f.* **1.** Aflicción, congoja. **2.** Inquietud.
afligir *v.t.* **1.** Afligir, acongojar, abrumar. **2.** Atormentar, aquejar. ■ *v.p.* **3.** Afligirse, amargarse; (*Esp.*) apurarse.
aflito *adj. e s.m.* **1.** Afligido. **2.** *Col.* Ansioso.
afluente *adj. e s.m.* Afluente.
afobação *s.f.* **1.** Apuro, apremio. **2.** *Fig.* Agitación.
afobado *adj.* **1.** Apurado. **2.** *Fig.* Atolondrado, agitado.
afobador *s.m. Mec.* Cebador.
afogar *v.t. e v.p.* **1.** Ahogar(se), asfixiar(se). **2.** Ahogar(se), anegar(se). ■ *v.t.* **3.** *Fig.* Reprimir.

afoito *adj.* **1.** Precipitado. **2.** Valiente.
afora *adv.* **1.** Afuera, hacia fuera. *Saiu pela porta afora.* Salió por la puerta afuera. **2.** A lo largo, en toda la extensión. *Estudou muito pelo ano afora.* Ha estudiado mucho a lo largo del año. • *prep.* **3.** Fuera, salvo, aparte, excepto. *Afora a sobremesa, o almoço estava bom.* Excepto por el postre, el almuerzo estaba rico. **4.** Además de. *Teve mais dois filhos afora os gêmeos.* Tuvo otros dos hijos, además de los mellizos.
afortunado *adj.* Afortunado, dichoso.
afresco *s.m.* Fresco.
afronta *s.f.* Afrenta.
afrouxar *v.t.* Aflojar.
afundamento *s.m.* Hundimiento.
afundar *v.t.* **1.** Ahondar. **2.** Hundir, anegar. ■ *v.i.* **3.** Naufragar, hundirse.
agachar-se *v.p.* **1.** Agacharse. **2.** *Fig.* Humillarse.
agarrar *v.t.* **1.** Agarrar, sujetar. **2.** Agarrar, asir. ■ *v.p.* **3.** Agarrarse, aferrarse. **4.** *Fig.* Apegarse.
agasalhar *v.t.* **1.** Abrigar, cubrir con ropa. **2.** Agasajar, acoger. ■ *v.p.* **3.** Abrigarse.
agasalho *s.m.* Abrigo. *Agasalho de ginástica.* Abrigo de gimnasia, *jogging*.
agência *s.f.* Agencia.
agenda *s.f.* Agenda.
agente *adj.* e *s.2g.* **1.** Agente. **2.** *Angl. Teat.* Mánager.
agilizar *v.t.* **1.** Agilitar, agilizar. **2.** Acortar, abreviar (*tramitação*).
ágio *s.m. Com.* Agio, interés, premio.
agiota *adj.* e *s.2g.* Usurero; (*Arg.*) usura.
agiotagem *s.f.* Usura, agiotaje.
agir *v.t.* Actuar, obrar.
agitação *s.f.* **1.** Agitación, ajetreo. **2.** Tumulto, turbulencia.
agitar *v.t.* Agitar, sacudir. ■ *v.t.* e *v.p.* **2.** Agitar(se), turbar(se), alborotar(se).
aglomerar *v.t.* Aglomerar, reunir. ■ *v.p.* **2.** Aglomerarse, amontonarse.
agonia *s.f.* Agonía.
agoniado *adj.* Afligido, agobiado.

agoniar *v.t.* **1.** Afligir, agobiar. ■ *v.p.* **2.** Afligirse, acongojarse.
agonizar *v.i.* Agonizar.
agora *adv.* **1.** Ahora, en este momento. **2.** Ahora, hoy día, actualmente. **3.** Ahora bien. *Agora, isto nos apresenta outro problema.* Ahora bien, esto nos plantea otro problema. ♦ **Agorinha.** Ahora mismo.
agosto *s.m.* Agosto.
agourento *adj.* De mal agüero.
agouro *s.m.* Agüero, pronóstico. ♦ **Ave de mau agouro.** Pájaro de mal agüero.
agradar *v.t.* **1.** Agradar, gustar. **2.** Satisfacer, complacer. **3.** *Col.* Adular, halagar.
agradecer *v.t.* Agradecer.
agradecimento *s.m.* Agradecimiento.
agrado *s.m.* **1.** Agrado, afabilidad. **2.** Cariño, mimo, halago.
agrário *adj.* Agrario.
agravar *v.t.* **1.** Agudizar, agravar, empeorar. **2.** *Com.* Onerar, gravar, cargar. ■ *v.p.* **3.** Agudizarse, agravarse.
agravo *s.m.* Agravio.
agredir *v.t.* **1.** Agredir, atacar. **2.** *Fig.* Provocar, hostilizar.
agregado *adj.* **1.** Agregado. • *s.* **2.** Allegado.
agregar *v.t.* Agregar, añadir.
agressão *s.f.* **1.** Agresión. **2.** Provocación, afrenta.
agrião *s.m. Bot.* Berro.
agricultura *s.f.* Agricultura.
agronomia *s.f.* Agronomía.
agropecuário *adj.* Agropecuario. • **agropecuária** *s.f.* Agropecuaria.
agrupamento *s.m.* Agrupación.
agrupar *v.t.* e *v.p.* Agrupar(se), reunir(se).
água *s.f.* **1.** Agua. **2.** *Arq.* Agua, vertiente. **3.** Agua, lluvia. ♦ **Água-de-colônia.** Colonia. **Água-forte.** Aguafuerte. **Água-furtada.** *Arq.* **1.** Claraboya, tragaluz. **2.** Buhardilla, altillo. **Água-marinha.** *Geol.* Aguamarina. **Águas passadas.** Cosas del pasado. **Dar água na boca.** Hacerse agua la boca.
aguado *adj.* **1.** Diluido, aguado. **2.** *Fig.* Insulso, soso. • **aguada** *s.f.* Aguada, abrevadero.

aguar *v.t.* Esparcir agua, regar.
aguardar *v.t.* Aguardar, esperar.
aguardente *s.f.* Aguardiente.
aguçar *v.t.* **1.** Aguzar. **2.** Afilar.
agudo *adj.* Agudo.
aguentar *v.t.* **1.** Aguantar, sostener. **2.** Aguantar, soportar. ■ *v.p.* **3.** Aguantarse, soportar. **4.** Equilibrarse. **5.** Sostenerse, mantenerse.
águia *s.f.* Águila.
agulha *s.f.* **1.** Aguja. **2.** Punzón, púa. **3.** *Fig.* Torre, campanario. **4.** Manecilla, manija, aguja (*de relógio*). **5.** Carne del espinazo.
agulhada *s.f.* **1.** Pinchazo, punzada. **2.** Puntada.
ai *interj. e s.m.* ¡Ay! ♦ **Ai de mim!** ¡Ay/Pobre de mí!
aí *adv.* **1.** Ahí. **2.** En eso. *Aí ela entrou.* En eso ella entró. ● *interj.* **3.** ¡Eso! ♦ **Por aí.** Por ahí.
aids *s.f. Med.* Sida.
ainda *adv.* **1.** Todavía. *Ainda não.* Todavía no. **2.** Aún. *Ainda falta muito.* Falta mucho aún. **3.** Incluso. *Mencionou, ainda, outras pessoas.* Mencionó, incluso, a otras personas. ♦ **Ainda agora.** Ahora mismo, recién. **Ainda assim.** Aún así. **Ainda bem.** Menos mal. **Ainda mais que.** Tanto más que, aún más cuando. **Ainda por cima.** Y encima. **Ainda que.** Aunque.
aipo *s.m. Bot.* Apio.
airbus *s.m. Angl.* Aerobús.
ajeitar *v.t.* **1.** Arreglar, acomodar. *É preciso ajeitar as flores no vaso.* Hay que acomodar las flores en el jarrón. ■ *v.p.* **2.** Arreglarse, acomodarse. **3.** Arreglarse, defenderse. *Eu me ajeito.* Yo me las arreglo/espanto. ♦ **Ajeitar as coisas.** Arreglar la situación.
ajoelhar *v.t. e v.p.* Arrodillar(se).
ajuda *s.f.* **1.** Ayuda, auxilio. **2.** Asistencia. ♦ **Dar uma ajuda.** Dar/Echar una mano, arrimar el hombro.
ajudante *adj. e s.2g.* **1.** Ayudante. **2.** Asistente, auxiliar.
ajudar *v.t.* **1.** Ayudar, auxiliar. *Ajudaram-nos muito quando nos casamos.* Nos ayudaron mucho cuando nos casamos. **2.** Ayudar, favorecer. **3.** Asistir.
ajuizado *adj.* Cuerdo, juicioso.
ajustar *v.t.* **1.** Apretar, meter (*roupa*). **2.** Ajustar, arreglar (*preço, conta*). **3.** Adaptar, amoldar (*peças*). ■ *v.p.* **4.** Adaptarse, ajustarse.
ajuste *s.m.* **1.** Ajuste, arreglo, pacto (*contas, preço*). **2.** Ajuste, adaptación (*peças, roupa*).
ala *s.f.* **1.** *Mil.* Ala, flanco. **2.** *Arq.* Ala, lateral. **3.** Ala, facción.
alagar *v.t. e v.p.* Inundar(se), alagar(se), anegar(se).
alaranjado *adj.* Anaranjado.
alarde *s.m.* Alarde; (*Amer.*) alharaca.
alardear *v.t.* **1.** Alardear. ■ *v.i.* **2.** Vanagloriarse.
alargar *v.t., v.i. e v.p.* Ensanchar(se), dilatar(se).
alarido *s.m.* **1.** Alarido, griterío. **2.** Berrinche, lloriqueo.
alarmar *v.t. e v.p.* Alarmar(se), asustar(se).
alarme *s.m.* Alarma. *Alarme falso.* Falsa alarma.
alastrar *v.t. e v.p.* Difundir(se), propagar(se), diseminar(se).
alavanca *s.f.* **1.** Palanca. **2.** *Fig.* Trampolín, expediente.
albergar *v.t.* **1.** Albergar, abrigar. ■ *v.p.* **2.** *For.* Hospedarse.
albergue *s.m.* Albergue, mesón.
álbum *s.m.* Álbum.
alça *s.f.* **1.** Ala, empuñadura, tirador. **2.** Lazo, argolla. **3.** Suspensores, tirantes. *Maiô sem alça.* Bañador sin suspensores. **4.** *Mil.* Alza.
alcachofra *s.f. Bot.* Alcachofa, alcaucil.
alçada *s.f.* **1.** Ámbito de acción, alcance. **2.** *For.* Fuero, jurisdicción. ♦ **Ser da alçada de.** Ser de la competencia de.
alcaguete *s.2g.* Alcahuete.
alcançar *v.t.* Alcanzar.
alcance *s.m.* **1.** Alcance. **2.** Monto, importe. ♦ **Ao alcance da mão.** Al alcance de la mano.
alçapão *s.m.* **1.** Escotilla, escotillón. **2.** Trampa.
alcaparra *s.f. Bot.* Alcaparra.

alçar *v.t.* e *v.p.* Alzar(se), elevar(se).
alcatrão *s.m. Quím.* Alquitrán.
álcool *s.m. Quím.* Alcohol.
alcoólatra *s.2g.* Alcohólico.
alcoólico *adj.* Alcohólico. ♦ **Teor alcoólico.** Graduación alcohólica.
alcoviteiro *s.* Celestina.
alcunha *s.f.* Apodo, alias.
aldeia *s.f.* Aldea.
aldrava *s.f.* Aldaba.
aleatório *adj.* Aleatorio.
alegação *s.f.* **1.** Alegación. **2.** *For.* Alegato.
alegar *v.t.* Aducir, alegar, argumentar.
alegrar *v.t.* e *v.p.* Alegrar(se), poner(se) contento.
alegre *adj.* **1.** Alegre, contento, campante. **2.** Vivo, encendido (*cor*). **3.** *Col.* Alegre, alumbrado (*pela bebida*).
alegria *s.f.* Alegría.
aleijado *adj.* e *s.* Mutilado, deforme, minusválido, discapacitado.
aleijar *v.t.* Mutilar, deformar.
além *adv.* **1.** Más allá, más adelante. **2.** Allende, del otro lado. **3.** Allá, **4.** Amén, aparte, además. ♦ **Além disso/do mais.** Además/Amén de eso. **Além-mar.** Ultramar. **Além-túmulo.** Más allá.
alento *s.m.* **1.** Aliento, soplo, resuello. **2.** *Fig.* Estímulo, ánimo, vigor.
alergia *s.f. Med.* Alergia.
alerta *adj.* **1.** Alerta, atento. ● *s.m.* **2.** Indicador de vigilancia. ● *adv.* **3.** Atentamente, con cautela, alerta. ● *interj.* **4.** ¡Ojo!
alertar *v.t.* **1.** Alertar, avisar. **2.** Advertir.
alfabetizado *adj.* Alfabetizado.
alfabeto *s.m.* Alfabeto, abecedario.
alface *s.f. Bot.* Lechuga.
alfaiate *s.m.* Sastre.
alfândega *s.f.* Aduana.
alfandegário *adj.* Aduanero, arancelario.
alfazema *s.f. Bot.* Lavanda.
alfinetada *s.f.* **1.** Pinchazo, punzada. **2.** *Fig.* Indirecta.
alfinete *s.m.* Alfiler. ♦ **Alfinete de segurança.** Imperdible.

alforriar *v.t.* Libertar (*escravos*).
algarismo *s.m.* Guarismo, numeración, número escrito.
algazarra *s.f.* Algazara, algarabía, jaleo.
álgebra *s.f. Mat.* Álgebra.
algemar *v.t.* Esposar.
algemas *s.f.pl.* Esposas.
algo *p.indef.* **1.** Algo. ● *adv.* **2.** Algo, poco.
algodão *s.m.* Algodón, hilo. *Lençol de algodão.* Sábana de hilo.
alguém *p.indef* **1.** Alguien, alguno. **2.** *Fig.* Individuo importante.
algum *p.indef.* **1.** Algún, alguno. **2.** Alguno, ninguno. *Não tenho vontade alguma de vê-lo.* No tengo ninguna gana de verlo. ● **alguns** *s.m.pl.* Unos, algunos. *Alguns dizem que sim, outros que não.* Unos dicen que sí, otros que no.
alheio *adj.* **1.** Ajeno. **2.** Extraño. **3.** Distraído, absorto.
alho *s.m. Bot.* Ajo.
ali *adv.* **1.** Allá. **2.** Allí. ♦ **Logo ali.** Aquí mismo, muy cerca.
aliança *s.f.* **1.** Alianza, liga, coalición. **2.** Anillo, alianza, argolla. ♦ **Aliança de casamento.** Anillo de boda.
aliar *v.t.* e *v.p.* Aliar(se), asociar(se), coligar(se).
aliás *adv.* **1.** Mejor dicho, de otro modo. **2.** Dicho sea de paso, entre paréntesis. **3.** Por otra parte.
álibi *s.m. For.* Coartada.
alicate *s.m.* Alicates, pinzas.
alicerce *s.m.* **1.** *Arq.* Cimiento. **2.** *Fig.* Base, fundamento.
alienação *s.f.* **1.** Enajenación. **2.** Alienación.
alienar *v.t.* **1.** Enajenar (*bens, propriedades*). ■ *v.t.* e *v.p.* **2.** Alienar(se) (*consciência*).
alimentação *s.f.* Alimentación.
alimentar *adj.* **1.** Alimentario. ● *v.t.* **2.** Alimentar, nutrir. **3.** *Mec.* Abastecer (*mecanismos*). **4.** *Fig.* Alimentar, fomentar. ■ *v.p.* **5.** Alimentarse.
alimento *s.m.* **1.** Alimento. **2.** *Fig.* Pan, sustento.

alínea s.f. Subdivisión de un artículo, sección, fracción, línea.

alinhado adj. 1. En línea, recto. 2. Arreglado, bien vestido, apuesto; (*Arg.*) paquete.

alinhamento s.m. Alineación.

alinhar v.t. 1. Alinear. ■ v.p. 2. Esmerarse, arreglarse.

alinhavar v.t. Hilvanar.

alinhavo s.m. Hilván.

alinho s.m. Aseo, arreglo.

alíquota adj. e s.f. Alícuota.

alisamento s.m. Proceso químico para estirar el pelo.

alisar v.t. 1. Alisar. 2. Estirar. 3. Aplanar, nivelar. 4. *Col.* Adular. 5. Estirar el pelo.

alistar v.t. 1. Alistar, arrollar. ■ v.p. 2. *Mil.* Alistarse.

aliviar v.t. 1. Aligerar, aliviar (*peso*). 2. Aplacar, calmar, aliviar (*dor*).

alívio s.m. 1. Alivio, respiro, descanso. *Um momento de alívio.* Un momento de respiro. 2. Consuelo. *A sua presença é um alívio.* Tu presencia es un consuelo. ♦ **Que alívio!** ¡Qué tranquilidad!

alma s.f. 1. Alma, espíritu. 2. *Fig.* Esencia, núcleo, parte principal. 3. *Fig.* Ánimo, entusiasmo. 4. *Fig.* Individuo, alma, persona. 5. *Fig.* Sentimiento, corazón.

almaço adj. e s.m. Pliego. ♦ **Papel almaço.** Pliego de papel con rayas.

almanaque s.m. 1. Guía. 2. Almanaque.

almeirão s.m. *Bot.* Achicoria.

almejar v.t. Aspirar, desear, anhelar.

almoçar v.i. e v.t. Almorzar, comer al mediodía.

almoço s.m. Almuerzo, comida del mediodía.

almofada s.f. Almohada, cojín.

almôndega s.f. Albóndiga.

almoxarifado s.m. Depósito de existencias, almacén.

alô interj. 1. ¡Hola! 2. ¡Aló! ¡Diga! (*ao telefone*).

alojamento s.m. 1. Alojamiento, hospedaje. 2. *Mec.* Asiento.

alojar v.t. e v.p. Alojar(se).

alongar v.t. 1. Alargar, prolongar. ■ v.p. 2. Alargarse, prolongarse. 3. Estirarse.

alpargata s.f. Alpargata.

alpendre s.m. *Arq.* Alero, porche.

alquebrado adj. Agobiado, alicaído.

alqueire s.m. Tipo de medida agraria.

altar s.m. Altar. ♦ **Altar-mor.** Altar mayor.

alteração s.f. 1. Alteración, modificación. 2. Molestia. 3. Excitación, inquietud. 4. Falsificación.

alterar v.t. 1. Alterar, modificar. 2. Alterar, perturbar, afectar. 3. Alterar, falsificar. 4. Inquietar, intranquilizar. ■ v.p. 5. Alterarse, irritarse.

altercação s.f. Altercado.

alternador s.m. *Eletr.* Alternador.

alternar v.t. e v.p. Alternar(se).

alternativo adj. Alternativo. ● **alternativa** s.f. Alternativa, opción.

altitude s.f. Altitud.

altivo adj. Altivo, altanero.

alto adj. 1. Alto, elevado. 2. *Fig.* Alto, noble, ilustre. 3. *Fig.* Alto, importante. 4. *Col.* Grave, importante. *Estão levando altos papos.* Andan en grandes charlas. 5. *Col.* Alegre, mareado (*pela bebida*). ● s.m. 6. Alto, cumbre, cima. 7. Altura, alto. ● adv. 8. Alto, recio, en voz alta. *Não fale tão alto.* No hables tan recio. 9. Arriba. *Ponha a mala lá no alto.* Pon la valija allá arriba. ● interj. 10. ¡Alto! ● **alta** s.f. *Med.* Alta. ♦ **Alto-falante.** Altavoz; (*Amer.*) altoparlante. **Alto-mar.** Alta mar. **Alto-relevo.** Altorrelieve. **Alta-roda.** Alta sociedad. **Altos e baixos.** Altibajos. **Dar/Ter alta.** *Med.* Dar de alta. **Por alto.** Por encima.

altura s.f. 1. Alto, altura. 2. Altura, estatura. 3. Altura, elevación (*som, voz*). 4. Punto cercano, al. *Av. São João na altura do 2.000.* Av. San Juan al 2000. 5. Altura, momento, circunstancia. *Nessa altura (…).* A todo eso (…), en esa circunstancia (…).

alucinação s.f. Alucinación, desvarío.

aludir v.t. Aludir, referirse.

alugar v.t. 1. Alquilar, arrendar. 2. Tomar en alquiler.

aluguel *s.m.* Alquiler, arriendo.
alumínio *s.m. Quím.* Aluminio.
aluno *s.* Alumno.
alusão *s.f.* Alusión.
alvará *s.m.* Licencia, autorización de funcionamiento, patente, permiso.
alvejar *v.t.* **1.** Blanquear (*roupa*). **2.** Disparar al blanco.
alvenaria *s.f.* Mampostería, albañilería.
alvo *adj.* **1.** Blanco, claro. • *s.m.* **2.** Blanco. *Tiro ao alvo.* Tiro al blanco. **3.** *Fig.* Objetivo, meta. ♦ **Acertar no alvo.** Dar en el blanco.
alvorada *s.f.* **1.** Alborada, alba. **2.** *Mil.* Diana, alborada.
alvorecer *s.m. e v.i.* Amanecer.
alvoroçar *v.t. e v.p.* Alborotar(se), agitar(se).
alvoroço *s.m.* Alboroto, tumulto, alharaca.
amaciar *v.t.* Ablandar. *Amaciar a carne/o motor.* Ablandar la carne/el motor.
amado *adj. e s.* Amado.
amador *adj. e s.* **1.** Amante, amigo, amador. **2.** Aficionado. *Esporte amador.* Deporte aficionado. *Radioamador.* Radioaficionado.
amadurecer *v.t. e v.i.* **1.** Madurar, adquirir juicio y prudencia. **2.** Madurar, sazonar (*frutos*). **3.** *Fig.* Madurar, meditar.
amadurecido *adj.* Maduro, juicioso.
amadurecimento *s.m.* **1.** Maduración, madurez. **2.** Sazón.
âmago *s.m.* **1.** *Bot.* Cerne. **2.** *Fig.* Meollo, esencia. *O âmago da questão.* El meollo de la cuestión.
amainar *v.t.* **1.** *Mar.* Amainar (*velas*). ■ *v.i.* **2.** *Fig.* Ablandar, calmarse (*vento, ira*).
amaldiçoar *v.t.* Maldecir.
amamentar *v.t.* Amamantar.
amanhã *adv.* **1.** Mañana. • *s.m.* **2.** Mañana, futuro. ♦ **Depois de amanhã.** Pasado mañana.
amanhecer *s.m. e v.i.* Amanecer.
amansar *v.t.* **1.** Amansar, domesticar. **2.** *Fig.* Calmar, sofrenar.
amante *adj. e s.2g.* **1.** Amante, apasionado. **2.** Amigo, aficionado.
amanteigado *adj.* **1.** Mantecoso. • *s.m.* **2.** Mantecado.

amapola *s.f. Bot.* Amapola.
amar *v.t.* **1.** Amar, querer. *Eu amo você.* Yo te quiero. **2.** Gustar mucho, encantar. *Amo o que eu faço.* Me encanta lo que hago.
amarelado *adj.* Amarillento.
amarelinha *s.f.* Rayuela.
amarelo *adj. e s.m.* Amarillo.
amargo *adj. e s.m.* **1.** Amargo. ■ *adj. Fig.* **2.** Doloroso, penoso. **3.** Amargado.
amargurado *adj.* Amargado.
amargurar *v.t. e v.p.* Amargar(se), afligir(se).
amarra *s.f.* **1.** *Mar.* Amarra. **2.** *Fig.* Cuerda, cadena. ♦ **Romper as amarras.** Romper las ataduras.
amarrado *adj.* **1.** Atado, amarrado. **2.** *Col.* Comprometido, casado. • *s.m.* **3.** Fajo, legajo.
amarrar *v.t.* **1.** Atar, amarrar. ■ *v.i.* **2.** *Mar.* Fondear, atracar. ■ *v.p. Col.* **3.** Casarse, juntarse. **4.** Llenar, gustar, encantar. *Ele se amarra em cinema.* Le encanta el cine.
amarrotar *v.t.* **1.** Estrujar (*papel*). **2.** Arrugar (*tecido*).
amásia *s.f.* Concubina.
amassado *adj.* **1.** Amasado (*massa*). **2.** Abollado (*metal*). **3.** Estrujado (*papel*). **4.** Arrugado (*tecido*). • *s.m.* **5.** Abolladura.
amassar *v.t.* **1.** Amasar, apelmazar (*massa*). **2.** Abollar (*metal*). **3.** Estrujar (*papel*). **4.** Arrugar (*tecido*). **5.** Aplastar, machacar (*com o pé*). ■ *v.p.* **6.** Abollarse. **7.** Arrugarse.
amável *adj.* **1.** Amable, afable. **2.** Atento.
ambição *s.f.* **1.** Ambición, codicia. **2.** Ambición, aspiración. **3.** *Fig.* Apetencia, apetito.
ambientar *v.t. e v.p.* Ambientar(se), adaptar(se).
ambiente *s.m.* Ambiente. ♦ **Meio ambiente.** Medio ambiente. **Mudar de ambiente.** Cambiar de aires.
ambiguidade *s.f.* Ambigüedad.
âmbito *s.m.* Ámbito. ♦ **Âmbito de ação.** Esfera de acción.
ambos *num.* Ambos, los/las/dos. *Ambas as casas.* Ambas casas. *Ambos os meus filhos têm carro.* Mis dos hijos tienen coche.

ambulatório *s.m. Med.* Dispensario.
ameaça *s.f.* **1.** Amenaza, intimidación. **2.** Amago, mal agüero.
ameaçar *v.t.* **1.** Amenazar, intimidar, desafiar. **2.** Amagar, prenunciar algo malo.
amedrontar *v.t.* **1.** Amedrentar, atemorizar. ■ *v.p.* **2.** Amedrentarse, intimidarse.
ameixa *s.f. Bot.* Ciruela.
amém *s.m.* Amén, así sea.
amêndoa *s.f. Bot.* Almendra.
amendoim *s.m. Bot.* Cacahuete; (*Amer.*) maní.
ameno *adj.* Ameno, apacible.
ametista *s.f. Geol.* Amatista.
amido *s.m. Quím.* Almidón.
amigável *adj.* Amigable, amistoso.
amigdalite *s.f. Med.* Amigdalitis.
amigo *adj.* e *s.* **1.** Amigo. **2.** Amante, aficionado. **3.** Amante, enamorado. ■ **amigos** *s.m.pl.* Amistades. *Tenho muitos amigos na cidade.* Tengo muchas amistades en el pueblo.
♦ **Amigo da onça.** Hipócrita, falso amigo.
amistoso *adj.* **1.** Amistoso, amigable. ■ *adj.* e *s.m.* **2.** *Desp.* Amistoso.
amiúde *adv.* A menudo.
amizade *s.f.* Amistad. ♦ **Fazer amizade.** Trabar amistad.
amnésia *s.f. Med.* Amnesia.
amo *s.* **1.** Amo, patrón. **2.** Amo, señor, dueño. ■ **ama** *s.f.* Ama, governanta.
amolação *s.f.* Aburrimiento, molestia, fastidio.
♦ **Que amolação!** ¡Qué lata! (*Amer.*) ¡Qué plomo! ¡Qué aburrido!
amolar *v.t.* **1.** Amolar, afilar. **2.** Molestar, jorobar, fastidiar. *Não me amole.* No me molestes.
amoldar *v.t.* e *v.p.* Amoldar(se).
amolecer *v.t.* **1.** Ablandar. **2.** Aflojar. **3.** *Fig.* Enternecer, doblegar. ■ *v.i.* **4.** Ablandarse.
amontoar *v.t.* **1.** Amontonar. **2.** Acumular. ■ *v.p.* **3.** Amontonarse, apelotonarse, apiñarse.
amor *s.m.* Amor. ♦ **Amor-perfeito.** *Bot.* Pensamiento. **Amor-próprio.** Amor propio. **Fazer amor.** Hacer el amor. **Meu amor.** Amor mío/Mi amor. **Pelo amor de Deus.** Por amor de Dios.

amora *s.f. Bot.* Mora.
amoroso *adj.* **1.** Amoroso, tierno. **2.** Afectuoso, cariñoso.
amortecedor *s.m. Mec.* Amortiguador.
amortecer *v.t.* **1.** Amortiguar. ■ *v.i.* **2.** *Fig.* Menguar, debilitar.
amortizar *v.t. Com.* Amortizar.
amostra *s.f.* Muestra.
amostragem *s.f.* Muestreo.
amparar *v.t.* **1.** Amparar, proteger. **2.** Sostener, apoyar. ■ *v.p.* **3.** Abrigarse, defenderse.
amparo *s.m.* **1.** Amparo, protección. **2.** Arrimo. **3.** Refugio, defensa.
ampere *s.m. Eletr.* e *fís.* Amperio. ■ Símbolo: *A*.
ampliar *v.t.* e *v.p.* Ampliar(se).
amplidão *s.f.* Amplitud.
amplificador *s.m. Eletr.* Amplificador.
amplitude *s.f.* **1.** Amplitud. **2.** Magnitud.
amplo *adj.* Amplio.
ampola *s.f.* Ampolla.
amputar *v.t.* Amputar.
anágua *s.f.* Enagua.
anais *s.m.pl.* Anales.
anal *adj. Med.* Anal.
analfabeto *adj.* e *s.* Analfabeto.
analgésico *adj.* e *s.m. Med.* Analgésico.
analisar *v.t.* e *v.p.* Analizar(se).
análise *s.f.* **1.** Análisis, estudio, examen. **2.** Crítica, comentario. **3.** Psicoanálisis, análisis.
analista *s.2g.* **1.** Analista. **2.** Psicoanalista.
anão *s.* Enano.
anarquia *s.f.* Anarquía.
anatomia *s.f. Med.* Anatomía.
ancestral *adj.* Ancestral, remoto. ● **ancestrais** *s.m.pl.* Antiguos, antepasados.
anchova *s.f.* Anchoa.
ancião *adj.* e *s.* Anciano.
ancinho *s.m.* Rastrillo.
âncora *s.f.* **1.** *Mar.* Ancla. **2.** *Fig.* Amparo, escudo. ♦ **Lançar/Levantar âncora.** Echar/Alzar anclas.
ancoradouro *s.m. Mar.* Atracadero, fondeadero.
andaime *s.m. Arq.* Andamio.

andamento *s.m.* **1.** Marcha, modo de andar, paso. **2.** Marcha, rumbo, seguimiento. *O andamento das obras.* La marcha de las obras. **3.** *Mus.* Movimiento. ♦ **Em andamento. 1.** En marcha, en curso. **2.** En tramitación.

andança *s.f.* Caminata.

andar *s.m.* **1.** Piso. *3º andar.* 3ᵉʳ piso. **2.** Andar, porte. ● *v.i.* **3.** Andar, caminar, marchar. **4.** Ir en vehículo. *Andar de trem/carro/avião.* Ir en tren/coche/avión. **5.** Andar, funcionar, marchar. **6.** Tramitar, seguir, marchar. *Os papéis andaram devagar.* Los documentos tramitaron despacio. ■ *v.pred.* **7.** Andar, estar. *Anda preocupado.* Anda preocupado.

andorinha *s.f.* Golondrina.

androide *adj. e s.m.* Androide, autómata.

anedota *s.f.* **1.** Chiste, broma. **2.** Anécdota.

anel *s.m.* **1.** Anillo, argolla. **2.** Eslabón (*de corrente*). **3.** Rizo (*de cabelo*).

anemia *s.f. Med.* Anemia.

anestesia *s.f. Med.* Anestesia.

anestesista *s.2g. Med.* Anestesiólogo.

anexar *v.t.* **1.** Adjuntar, acompañar. *Anexou a nota fiscal.* Adjuntó la factura. **2.** Anexar, incorporar, unir.

anexo *adj.* **1.** Anexo, adjunto. ● *s.m.* **2.** Anexo, apéndice.

anfitrião *s.* Anfitrión.

angariar *v.t.* **1.** Recaudar (*fundos*). **2.** Granjear(se) (*simpatia, adeptos*).

angra *s.f.* Ensenada.

ângulo *s.m.* Ángulo.

angústia *s.f.* Angustia, congoja, desconsuelo.

angustiar *v.t. e v.p.* Angustiar(se), acongojar(se), afligir(se), abrumar(se), apenar(se); (*Esp.*) apurar(se).

animador *adj.* **1.** Animador, estimulante. ● *s.* **2.** Animador, presentador de programas.

animal *s.m.* Animal.

animar *v.t.* **1.** Animar, avivar, alegrar. **2.** Animar, estimular. **3.** Agitar, alborotar. ■ *v.p.* **4.** Animarse, decidirse. **5.** Animarse, alborotarse. **6.** Animarse, atreverse.

ânimo *s.m.* Ánimo.

aniquilar *v.t.* Aniquilar.

anistia *s.f.* Amnistía.

aniversário *s.m.* **1.** Cumpleaños; (*Mex. e Am.C.*) santo (*de pessoa*). *Aniversário de Patrícia.* Cumpleaños de Patricia. **2.** Aniversario (*de data comemorativa*). *Aniversário da morte de Tiradentes.* Aniversario de la muerte de Tiradentes.

anjo *s.m.* **1.** Ángel, mensajero divino. **2.** Ángel, persona muy buena.

ano *s.m.* Año. *No ano que vem.* El año entrante.

anoitecer *s.m. e v.i.* Anochecer.

anomalia *s.f.* Anomalía.

anonimato *s.m.* Anónimo, anonimato.

anônimo *adj.* **1.** Anónimo, incógnito. **2.** *Fig.* Desconocido, obscuro. ♦ **Carta anônima.** Anónimo, carta anónima.

anormal *adj. e s.2g.* Anormal.

anotação *s.f.* Anotación, apunte, nota. ♦ **Fazer anotações.** Tomar/Sacar apuntes.

anotar *v.t.* Apuntar, anotar.

anseio *s.m.* **1.** Anhelo, deseo vehemente. **2.** Aspiración, ambición.

ânsia *s.f.* **1.** Ansiedad, ansia. **2.** Estertor, náusea, basca. **3.** Anhelo. ♦ **Ânsia de vômito.** Náusea, basca.

ansiedade *s.f.* **1.** Ansiedad, aflicción. **2.** Inquietud, impaciencia.

ante *prep.* Ante, delante de.

antecedente *adj. e s.m.* Antecedente. ♦ **Antecedentes criminais.** *For.* Antecedentes penales.

antecipação *s.f.* **1.** Antelación, anticipación (*horário, tempo*). **2.** Adelanto, anticipo (*pagamento*).

antecipar *v.t.* **1.** Anticipar. **2.** Adelantar, anticipar. ■ *v.p.* **3.** Anticiparse.

antemão <de> *loc.* De antemano.

antena *s.f.* Antena.

anteontem *adv.* Anteayer. ♦ **Anteontem à noite.** Anteanoche.

antepassado *s.* Antepasado, antecesor. ■ **antepassados** *s.m.pl.* Antepasados, ascendientes.

antepasto *s.m.* Aperitivo.

anterior *adj.* Anterior.

antes *adv.* **1.** Antes, anteriormente. **2.** Antes, antiguamente. **3.** Antes, mejor, al contrario. **4.** Antes, primero, delante. ♦ **Antes de mais nada.** Antes de nada, ante todo. **Quanto antes melhor.** Antes hoy que mañana.

anticoncepcional *adj. e s.m. Med.* Contraceptivo, anticonceptivo.

anticorpo *s.m. Biol.* Anticuerpo.

antigo *adj.* Antiguo.

antiguidade *s.f.* Antigüedad. ■ **antiguidades** *s.f.pl.* Antigüedades, objetos antiguos.

antipatia *s.f.* Antipatía, ojeriza, tirria.

antipático *adj. e s.* Antipático.

antiquado *adj.* **1.** Arcaico, obsoleto, antiguo. **2.** Chapado a la antigua.

antítese *s.f. Fil.* Antítesis.

antologia *s.f. Liter.* Antología.

antônimo *adj. e s.m. Gram.* Antónimo.

antro *s.m.* Antro.

antropologia *s.f.* Antropología.

anual *adj.* Anual.

anuidade *s.f.* Anualidad.

anular *adj. e s.m.* **1.** Anular (*dedo*). ● *v.t.* **2.** Anular, abolir, revocar.

anunciante *adj. e s.2g.* Anunciante.

anunciar *v.t.* **1.** Anunciar, divulgar. **2.** Anunciar, profetizar, predecir. ■ *v.i.* **3.** Anunciar, publicar, poner aviso. ■ *v.p.* **4.** Anunciarse, presentarse.

anúncio *s.m.* **1.** Anuncio, aviso, noticia. **2.** Anuncio, pronóstico, indicio. **3.** Anuncio publicitario, aviso. ♦ **Anúncio classificado.** Anuncio por palabras.

ânus *s.m. Med.* Ano.

anzol *s.m.* **1.** Anzuelo. **2.** *Fig.* Ardid, trampa.

ao *contr prep.* a + *art. m. o.* Al. *Vou ao cinema.* Voy al cine.

aonde *adv.* Adonde, adónde, donde, dónde.

apagador *s.m.* Borrador.

apagar *v.t.* **1.** Borrar, apagar. *Apague a lousa.* Borra la pizarra. **2.** *Eletr.* Apagar, desconectar (*luz*). **3.** Apagar, extinguir (*fogo*). ■ *v.p.* **4.** Borrarse (*tinta*). **5.** Apagarse (*luz, fogo*).

apaixonar *v.t. e v.p.* **1.** Apasionar, sentir pasión. *O basquete me apaixona.* Me apasiona el básket. **2.** Encantar(se), fascinar(se), estar seducido. *A lua o apaixonava.* La luna le fascinaba. **3.** Enamorar(se), sentir amor. *Estou apaixonado pela minha mulher.* Estoy enamorado de mi mujer.

apalpar *v.t.* **1.** Palpar, tocar. **2.** Magrear, sobar (*com lascívia*).

apanhar *v.t.* **1.** (*Esp.*) Coger, recoger; (*Amer.*) agarrar, tomar. *Apanhe os cadernos.* Coge/Agarra los cuadernos. **2.** Asir, sujetar. **3.** Contraer (*doença*). **4.** Atrapar, capturar. *Foi apanhado em flagrante.* Le atraparon en flagrante. **5.** Tomar (*veículo*). **6.** Robar. ■ Para as acepções de 1 a 6 usa-se *coger* só na *Esp.* e *agarrar* na *Amer.* ■ *v.i.* **7.** Llevarse unas trompadas/una paliza. **8.** Perder (*em jogo*). **9.** *Col.* Tener dificultades, vérselas a palitos, verse en aprietos. *Apanhei para fazer estas listas.* Me las vi a palitos para hacer estos listados.

apara *s.f.* Viruta.

aparador *s.m.* Aparador, escaparate.

aparar *v.t.* **1.** Recoger, aparar. **2.** Recortar (*pontas, bordes*). **3.** Defender (*golpe, bola*). **4.** *Fig.* Limar, desbastar.

aparato *s.m.* Pompa, aparato.

aparecer *v.i.* **1.** Aparecer, despuntar, asomarse. **2.** Concurrir, acudir. *Apareceu muita gente na praça.* Concurrió mucha gente a la plaza. **3.** Asomarse, pasar, darse una vuelta. *Apareça lá em casa!* ¡Asómate por casa!

aparelhagem *s.f.* Aparato, instrumental.

aparelho *s.m.* **1.** Aparato, utensilio. **2.** Aparato, máquina. **3.** *Med.* Aparato, conjunto de órganos.

aparência *s.f.* Apariencia. ♦ **(Pessoa) De boa aparência.** Aparente, apuesto. **Manter as aparências.** Guardar/Cubrir las apariencias.

aparentar *v.t.* **1.** Aparentar, ostentar. ■ *v.p.* **2.** Emparentar(se).

aparição *s.f.* **1.** Aparecido, fantasma. **2.** Aparición, visión.

apartamento *s.m.* Piso, departamento, apartamento.

apatia s.f. Apatía.
apavorar v.t. **1.** Aterrar, amedrentar. ■ v.p. **2.** Sentir pánico/terror.
apedrejar v.t. Apedrear.
apegar-se v.p. Apegarse.
apego s.m. Afición, inclinación, apego.
apelação s.f. **1.** For. Apelación. **2.** Col. Expediente engañoso.
apelar v.t. **1.** For. Interponer apelación. **2.** Fig. Apelar, recurrir. **3.** Col. Aplicar golpes bajos, usar recursos engañosos.
apelido s.m. Apodo.
apelo s.m. Llamamiento, invocación, llamado.
apenas adv. **1.** Sólo, solamente. *Comprei apenas isto.* Compré sólo eso. **2.** Apenas, casi no. *A sua voz apenas se ouvia.* Su voz apenas se oía. ● conj. **3.** Apenas, mal. *Apenas comeu, começou a passar mal.* Apenas comió se descompuso.
apendicite s.f. Med. Apendicitis.
aperfeiçoar v.t. e v.p. Perfeccionar(se), mejorar.
aperitivo adj. e s.m. Aperitivo, tapa, pincho; (*Rio-plat.*) picada; (*Mex. e Am.C.*) boquita, taco.
apertar v.t. e v.p. Apretar(se), apretujar(se). ♦ **Apertar o cinto.** Apretar(se) el cinturón. **Estar apertado. 1.** Tener ganas de ir al baño. **2.** Tener aprietos financieros.
aperto s.m. **1.** Apretón. *Aperto de mãos.* Apretón de manos. **2.** Aprieto, apuro, ahogo. **3.** Aglomeración (*de gente*).
apesar de loc. A pesar de, no obstante.
apetecer v.t. e v.i. Apetecer, antojarse.
apetite s.m. Apetito.
apetrechos s.m.pl. Pertrechos.
apimentado adj. Picante.
apito s.m. **1.** Silbato, pito. *O juiz tocou o apito.* El réferi sonó el pito. **2.** Silbo, silbido. *O apito do trem.* El silbido del tren.
aplacar v.t. Aplacar, apaciguar, calmar.
aplainar v.t. **1.** Desbastar, cepillar. **2.** Aplanar, nivelar, allanar.
aplaudir v.t. Aplaudir.
aplauso s.m. **1.** Aplauso. **2.** Fig. Aclamación.

aplicação s.f. **1.** Aplicación, uso práctico. **2.** Esmero, empeño. **3.** Com. Inversión, colocación de capital. **4.** Aplicación, encaje.
aplicar v.t. **1.** Aplicar, poner en práctica, utilizar. **2.** Aplicar, administrar (*remédio, pontapé*). **3.** Com. Invertir, colocar a interés. ■ v.p. **4.** Esmerarse, dedicarse.
apocalipse s.m. Apocalipsis.
apoderar-se v.p. Apoderarse, adueñarse.
apodrecer v.i. Pudrirse, descomponerse.
apogeu s.m. Apogeo.
apoiar v.t. **1.** Apoyar, sostener. **2.** Apoyar, arrimar. **3.** Aprobar, aplaudir. ■ v.p. **4.** Apoyarse, ampararse, arrimarse. ♦ **Apoiado!** ¡Eso! ¡Bravo!
apoio s.m. **1.** Apoyo, soporte, sostén. **2.** Apoyo, amparo, auxilio. **3.** Anuencia, aprobación.
apólice s.f. Com. Póliza.
apontador s.m. **1.** Sacapuntas. **2.** Libro de apuntes.
apontar v.t. **1.** Sacar punta, apuntar. **2.** Señalar, indicar, apuntar. **3.** Apuntar, anotar. **4.** Apuntar, mirar al blanco. **5.** Fig. Mencionar, aludir, apuntar. ♦ **Apontar!** Mil. ¡Apunten, armas!
apoplexia s.f. Med. Apoplejía.
apoquentar v.t. Molestar, importunar.
após prep. **1.** Tras, después de. *Após a cerimônia houve um coquetel.* Tras la ceremonia hubo un cóctel. ● adv. **2.** Enseguida, después, más tarde. *A reunião foi cancelada, mas a notícia só saiu três dias após.* La reunión se canceló, pero la noticia no salió sino tres días después.
aposentadoria s.f. Jubilación, retiro.
aposentar v.t. **1.** Jubilar. **2.** Col. Descartar, desechar (*coisa velha*). ■ v.p. **3.** Jubilarse, retirarse. *Sou muito jovem para aposentar-me.* Soy muy joven para jubilarme.
apossar v.t. **1.** Tomar/Dar posesión, posesionar. ■ v.p. **2.** Apoderarse, adueñarse.
aposta s.f. Apuesta.
apostar v.t. Apostar, jugarse. ♦ **Quer apostar que…?** ¿Qué te apuestas a que…?
apostila s.f. **1.** Apuntes de clase, cuaderno de resúmenes, de instrucciones. **2.** Apostilla.

apóstolo *s.m.* Apóstol.
apóstrofo *s.m. Gram.* Apóstrofo.
apoteose *s.f.* Apoteosis.
apreciar *v.t.* **1.** Apreciar, juzgar, evaluar. **2.** Apreciar, estimar, sentir afecto.
apreender *v.t.* **1.** Aprehender, confiscar. **2.** Aprehender, asimilar.
apreensão *s.f.* **1.** Aprehensión, confiscación. **2.** Aprensión, recelo, preocupación.
apreensivo *adj.* Receloso, preocupado, aprensivo.
apregoar *v.t.* Pregonar, predicar.
aprender *v.t. e v.i.* Aprender. ♦ **Aprender de cor.** Aprender de carrerilla/de memoria.
aprendiz *s.2g.* Aprendiz.
aprendizado *s.m.* Aprendizaje.
aprendizagem *s.f.* Aprendizaje.
apresentação *s.f.* Presentación.
apresentar *v.t. e v.p.* Presentar(se).
apressar *v.t. e v.p.* **1.** Apresurar(se); (*Amer.*) apurar(se). ■ *v.t.* **2.** Apremiar, acelerar (*tramitações*). **3.** Aligerar (*passo*).
aprimorar *v.t. e v.p.* Perfeccionar(se), esmerar(se), mejorar.
aprofundar *v.t.* **1.** Ahondar. **2.** *Fig.* Profundizar, ahondar. *Aprofundar um tema.* Profundizar un tema. ■ *v.p.* **3.** Profundizarse.
aprontar *v.t.* **1.** Preparar, dejar listo. *Vou aprontar o jantar.* Voy a preparar la cena. ■ *v.t. e v.i.* **2.** *Col.* Hacer una buena, de las suyas, mandarse la parte. ■ *v.p.* **3.** Prepararse, arreglarse, estar listo. *Já me aprontei para sair.* Ya estoy listo para salir.
apropriar *v.t.* **1.** Apropiar, adecuar. ■ *v.p.* **2.** Apropiarse, adueñarse.
aprovação *s.f.* **1.** Aprobación. **2.** Aceptación, aplauso.
aprovar *v.t.* **1.** Aprobar, consentir, autorizar. **2.** Abonar, admitir. ♦ **Ser aprovado (na escola).** Aprobar (el curso).
aproveitamento *s.m.* **1.** Aprovechamiento. **2.** Avance, adelanto (*nos estudos*). ♦ **Nota/ Grau de aproveitamento.** Calificación escolar.
aproveitar *v.t.* **1.** Aprovechar. ■ *v.p.* **2.** Aprovecharse, sacar provecho. **3.** Aprovecharse, abusar.
aproximação *s.f.* Aproximación, acercamiento.
aproximar *v.t. e v.p.* Aproximar(se), acercar(se).
aptidão *s.f.* Aptitud.
apto *adj.* Apto, capaz, hábil.
apunhalar *v.t.* Apuñalar.
apuração *s.f.* **1.** Escrutinio. **2.** Deslinde.
apurar *v.t.* **1.** Apurar, purificar. **2.** Computar, contar, recabar (*dinheiro, votos*). **3.** Averiguar, deslindar, investigar. *Apurar a verdade.* Averiguar la verdad. **4.** Recaudar, percibir.
apuro *s.m.* **1.** Apuro, aprieto. **2.** Esmero, elegancia. *Veste-se com apuro.* Se viste con esmero. ♦ **Estar em apuros.** Verse en aprietos.
aquecedor *s.m.* **1.** Calentador, calefactor. **2.** Calorífero, estufa, calefón.
aquecer *v.t. e v.p.* Calentar(se).
aquecimento *s.m.* **1.** Calefacción. **2.** *Desp.* Calentamiento.
aquele *p.dem.* Aquel, aquél.
àquele *contr. prep. a + p.dem. aquele.* A aquel. *Entregue o livro àquele moço/àquela moça.* Entrega el libro a aquel chico/a aquella chica.
aquém *adv.* Más acá, más abajo, inferior. *Um salário aquém do seu esforço.* Un sueldo inferior a su esfuerzo.
aqui *adv.* **1.** Aquí, acá. **2.** Ahora. *Até aqui ia tudo bem.* Hasta ahora todo iba bien. **3.** En eso, sobre eso. *Aqui eu discordo.* En eso no estoy de acuerdo.
aquilo *p.dem.* Aquello.
àquilo *contr. prep. a + p.dem. aquilo.* A aquello, a lo. *Refiro-me àquilo que disse ontem.* Me refiero a lo que dije ayer.
aquisição *s.f.* Adquisición.
ar *s.m.* **1.** Aire. **2.** *Fig.* Aire, aspecto. ■ **ares** *s.m.pl.* **1.** Clima, tiempo. **2.** Ademanes, modales, aire. ♦ **Ar-condicionado.** Aire acondicionado. **Ao ar livre.** Al aire libre. **Voar pelos ares.** Explotar, estallar.

arame *s.m.* Alambre. ♦ **Arame farpado.** Alambre de púa/de espino.

aranha *s.f.* Araña, arácnido. ♦ **Teia de aranha.** Telaraña.

arapuca *s.f.* **1.** Trampa (*de caça*). **2.** Antro, cueva. **3.** *Fig.* Emboscada, celada.

arar *v.t.* Arar.

arbitragem *s.f. For. e com.* Arbitraje.

arbitrário *adj.* Arbitrario.

arbítrio *s.m.* Albedrío, arbitrio. ♦ **Livre-arbítrio.** Libre albedrío.

árbitro *s.m.* **1.** *For.* Árbitro. **2.** *Desp.* Árbitro, juez; (*Rio-plat.*) réferi.

arbusto *s.m. Bot.* Arbusto.

arca *s.f.* Arca.

arcabouço *s.m.* **1.** Esqueleto, osamenta. **2.** Armadura, maderamen.

arcar *v.t.* **1.** Agobiar, curvar. **2.** Asumir la responsabilidad, hacerse cargo; (*Arg.*) bancar. *Vou arcar com os seus estudos.* Yo me haré cargo de sus estudios.

arcebispo *s.m.* Arzobispo.

arco *s..m.* Arco. ♦ **Arco-íris.** Arco iris. **Do arco-da-velha.** Del tiempo de Matusalén.

arder *v.t.* **1.** Arder. **2.** Tener sabor picante, picar. **3.** Escocer, picar (*ferimento*).

ardido *adj.* **1.** Picante. **2.** *Col.* Pendenciero.

ardil *s.m.* Ardid.

ardósia *s.f. Geol.* Pizarra.

árduo *adj.* Arduo.

área *s.f.* **1.** Área, superficie. **2.** Área, ramo de actividad, sector. **3.** Espacio interno, atrio.

areia *s.f.* Arena. ♦ **Areia movediça.** Arenas movedizas. **Entrar areia.** Surgir un imprevisto desagradable.

arejar *v.t.* **1.** Ventilar, orear. **2.** Refrescarse, tomar el fresco. **3.** Despejar (*cabeça*).

arena *s.f. Desp.* Arena.

arfar *v.t.* Resollar, resoplar, jadear.

argamassa *s.f.* Argamasa, mezcla, lechada.

argila *s.f. Geol.* Arcilla.

argola *s.f.* Argolla.

argumentar *v.t. e v.i.* Argumentar, razonar.

argumento *s.m.* **1.** Argumento, razonamiento. **2.** *Liter.* Argumento, asunto, trama.

árido *adj.* Árido.

áries *s.m.* Aries, signo del zodíaco.

arisco *adj.* Arisco, huraño.

aristocracia *s.f.* Aristocracia.

aristocrata *adj. e s.2g.* Aristócrata.

aritmética *s.f. Mat.* Aritmética.

arma *s.f.* **1.** *Mil.* Arma, instrumento de combate. **2.** *Fig.* Arma, expediente, recurso. ■ **armas** *s.f.pl.* **1.** Fuerzas Armadas. **2.** Armas, insignias. ♦ **Apresentar/Descansar armas!** *Mil.* ¡Presenten/Descansen armas! **Pegar em armas.** Acudir a las armas, alzarse en armas.

armação *s.f.* **1.** Armazón, armadura. **2.** Montura (*de óculos*). **3.** *Col.* Trama, enredo, engaño.

armadilha *s.f.* **1.** Trampa. **2.** Emboscada.

armadura *s.f.* Armadura, vestidura de guerrero.

armar *v.t.* **1.** Armar, equipar con armas. **2.** Armar, montar. **3.** *Col.* Armar, maquinar, tramar. ■ *v.p.* **4.** Armarse. **5.** *Fig.* Cubrirse, resguardarse.

armarinho *s.m.* Mercería.

armário *s.m.* Armario. ♦ **Armário embutido.** Armario empotrado; (*Arg.*) placar.

armazém *s.m.* **1.** Almacén, tienda de abarrotes. **2.** Almacén, depósito.

armazenar *v.t.* Almacenar, guardar en depósito.

aro *s.m.* Aro, argolla.

aroma *s.m.* Aroma, fragancia.

arpão *s.m.* Arpón.

arqueação *s.f.* Arqueo.

arqueologia *s.f.* Arqueología.

arquibancada *s.f. Desp. e teat.* Graderío, tribuna, tendido.

arquipélago *s.m. Mar.* Archipiélago.

arquitetar *v.t.* **1.** Idear, planear. **2.** Maquinar, tramar, armar. ■ *v.i.* **3.** Diseñar, trazar planos (*de uma casa*).

arquiteto *s.* Arquitecto.

arquitetura *s.f.* Arquitectura.

arquivar *v.t.* **1.** Archivar, guardar en archivo. **2.** *For.* Archivar, concluir (*processo*).

arquivo *s.m.* **1.** Archivo, fichero. **2.** Archi-

vo, legajo de documentos. **3.** *Inform.* Archivo; (*Esp.*) fichero.
arraigar *v.t.* **1.** Arraigar, enraizar. ■ *v.p.* **2.** Arraigarse, radicarse.
arrancar *v.t.* **1.** Arrancar, desarraigar, extirpar. **2.** Arrancar, extorsionar. **3.** Arrancar, separar, apartar. **4.** Arrancar, conseguir, obtener. ■ *v.i.* **5.** Arrancar, poner en marcha (*motor*). ■ *v.p.* **6.** *Col.* Marcharse, largarse, salir corriendo. ♦ **Arrancar aplausos.** Arrancar una ovación. **Arranca-rabo.** Riña, pelea, discusión violenta.
arranhão *s.m.* Arañazo, rasguño.
arranhar *v.t.* **1.** Arañar, rasguñar. **2.** Rasguear. *Arranhar o violão.* Rasguear la guitarra. **3.** *Col.* Conocer poco (*um idioma*), defenderse. *Arranha o francês.* En francés se defiende. ■ *v.p.* **4.** Arañarse. ♦ **Arranha-céu.** Rascacielos.
arranjar *v.t.* **1.** Arreglar, componer. **2.** Conseguir, obtener. *Arranjei um bom emprego.* Conseguí una buena colocación. ■ *v.p.* **3.** Arreglárselas, rebuscárselas.
arranjo *s.m.* **1.** Arreglo. **2.** Orden, disposición. ■ **arranjos** *s.m.pl.* Preparativos.
arrasar *v.t.* **1.** Allanar, arrasar. **2.** Aniquilar, arruinar. **3.** *Fig.* Humillar, postrar, aplastar. **4.** *Col.* Deslumbrar, dar un espectáculo. ♦ **Ficar arrasado.** Sentirse humillado, destruido.
arrastar *v.t.* **1.** Arrastrar, tirar. ■ *v.p.* **2.** Arrastrarse, rastrear.
arrebatamento *s.m.* Arrebato.
arrebentar *v.t.* **1.** Reventar. **2.** Romper, destruir.
arrecadação *s.f. Com.* Recaudación.
arrecadar *v.t.* Recaudar, colectar.
arredio *adj.* Esquivo, huidizo.
arredondar *v.t.* Redondear.
arredor *adv.* Alrededor. ● **arredores** *s.m.pl.* Alrededores, cercanías, proximidades, afueras, aledaños.
arregaçar *v.t.* Arremangar. ♦ **Arregaçar as mangas.** Arremangarse.
arregalar *v.t.* Abrir mucho (los ojos) por espanto o sorpresa.

arreganhar *v.t.* Mostrar (los dientes) por enojo o burla, gruñir.
arrematar *v.t.* Rematar.
arremessar *v.t.* Arrojar, lanzar, arremeter.
arrendar *v.t.* Arrendar, alquilar.
arrepender-se *v.p.* Arrepentirse.
arrependimento *s.m.* Arrepentimiento.
arrepiar *v.t.* **1.** Erizar, encrespar. ■ *v.p.* **2.** Erizarse. **3.** Sentir escalofríos. ♦ **De arrepiar.** Espantoso, espeluznante.
arrepio *s.m.* Escalofrío.
arriar *v.t.* Apear.
arriscar *v.t. e v.p.* **1.** Arriesgar(se). **2.** *Fig.* Aventurar(se). ♦ **Arriscar a pele.** Arriesgar el pellejo.
arrocho *s.m.* **1.** Tipo de torniquete. **2.** *Fig.* Opresión económica, atropello. ♦ **Arrocho salarial.** Política de contención salarial, bloqueo salarial.
arrogância *s.f.* Arrogancia.
arroio *s.m.* Arroyo, regato.
arrojado *adj.* Osado. *Projeto arrojado.* Diseño osado, moderno.
arrojar *v.t.* **1.** Arrojar, lanzar. **2.** Osar.
arrombar *v.t.* Romper, forzar, abrir a la fuerza. *Os ladrões arrombaram a porta.* Los ladrones forzaron la puerta.
arrotar *v.t. e v.i.* Eructar.
arroz *s.m. Bot.* Arroz. ♦ **Arroz-doce.** Arroz con leche.
arruela *s.f. Mec.* Arandela.
arruinar *v.t.* **1.** Arruinar, llevar a la ruína. **2.** Arruinar, estropear, echar a perder. ■ *v.p.* **3.** Quebrar, arruinarse; (*Amer.*) hundirse; fundirse.
arrumação *s.f.* Arreglo, orden.
arrumadeira *s.f.* Camarera.
arrumar *v.t.* **1.** Arreglar, ordenar. *Ainda não arrumou o quarto.* Todavía no arregló la pieza. **2.** Conseguir, obtener, agenciarse. *Arrumei um fornecedor mais barato.* Conseguí un proveedor más barato. **3.** Arreglar, reparar, componer. *Precisamos arrumar a televisão.* Tenemos que arreglar el televisor. ■ *v.p.* **4.** Arreglarse, adornarse. ♦ **Arrumar**

a cama. Hacer la cama. **Arrumar a casa.** Ordenar la casa. **Arrumar a cozinha.** Limpiar la cocina. **Arrumar a mesa.** Poner la mesa. **Arrumar o cabelo.** Arreglarse el pelo.
arsenal *s.m.* Arsenal.
arte *s.f.* **1.** Arte, actividad estética. **1.** *Fig.* Habilidad, maña. **3.** *Col.* Travesura.
artefato *s.m.* Artefacto.
artéria *s.f.* **1.** *Med.* Arteria, vaso. **2.** Arteria, camino.
arteriosclerose *s.f. Med.* Arteriosclerosis.
artesanato *s.m.* Artesanía.
artesão *s.* Artesano.
articulação *s.f.* Articulación.
articular *adj.* **1.** Articular, relativo a artículo. ● *v.t.* **2.** Articular, unir. **3.** Articular, pronunciar (*sons*). **4.** *Fig.* Articular, encadenar, enlazar. ■ *v.p.* **5.** Organizarse, estructurarse.
artificial *adj.* Artificial.
artigo *s.m.* Artículo.
artilheiro *s.m.* **1.** *Mil.* Artillero. **2.** *Desp.* Goleador.
artimanha *s.f.* Artimaña, argucia.
artista *s.2g.* Artista. ♦ **Artista de televisão.** Astro de la pantalla.
artrite *s.f. Med.* Artritis.
árvore *s.f. Bot. e mec.* Árbol. ♦ **Árvore de Natal.** Árbol de Navidad.
arvoredo *s.m.* Arboleda.
ás *s.m.* **1.** As (*de baralho*). **2.** *Fig.* As, persona que se destaca.
asa *s.f.* **1.** Ala. **2.** Empuñadura, asa, asidero, mango. ♦ **Arrastar a asa.** Arrastrar el ala, estar enamorado. **Bater as asas.** Huir.
ascendente *adj.* **1.** Ascendente, que sube. ● *s.2g.* **2.** Ascendente, antepasado.
ascender *v.t. e v.i.* **1.** Ascender, subir. **2.** Ascender, alcanzar (*montante, cargo*).
ascensorista *s.2g.* Ascensorista.
asfaltar *v.t.* Asfaltar.
asfalto *s.m.* Asfalto.
asfixiar *v.t. e v.p.* Asfixiar(se), sofocar(se).
asilo *s.m.* **1.** Asilo, refugio. **2.** Asilo, albergue de ancianos.

asma *s.f. Med.* Asma.
asneira *s.f.* Idiotez, bobada, tontería.
asno *s.* Asno, borrico.
aspargo *s.m. Bot.* Espárrago.
aspas *s.f.pl. Gram.* Comillas. ♦ **Entre aspas.** Entre comillas.
aspecto *s.m.* **1.** Aspecto, apariencia, aire. **2.** Aspecto, punto de vista.
áspero *adj.* Áspero.
aspirador *s.m. Eletr.* Aspirador, aspiradora.
aspirar *v.t.* Aspirar.
assadeira *s.f.* Fuente, molde de asar.
assadura *s.f.* Escozor, quemazón; (*Arg.*) paspadura.
assalariado *adj. e s.* Asalariado.
assaltante *adj. e s.2g.* Asaltante.
assaltar *v.t.* **1.** Asaltar, atracar (*para roubar*). **2.** *Fig.* Ocurrir, asaltar, sobrevenir. *Assaltou-me uma dúvida.* Me sobrevino una duda. **3.** *Fig.* Asaltar, asediar, acosar, hostigar.
assalto *s.m.* **1.** Asalto, atraco. **2.** *Desp.* Asalto.
assanhamento *s.m.* **1.** Atrevimiento, audacia. **2.** Insinuación, provocación.
assar *v.t.* Asar, hornear.
assassinar *v.t.* Asesinar.
assassino *adj. e s.* Asesino.
assear *v.t. e v.p.* Asear(se), limpiar(se).
assediar *v.t.* **1.** Asediar, sitiar. **2.** *Fig.* Asediar, acosar.
assédio *s.m.* Acoso.
assegurar *v.t.* **1.** Asegurar, garantizar. ■ *v.p.* **2.** Asegurarse, certificarse.
assembleia *s.f.* Asamblea.
assentar *v.t.* **1.** Asentar, instalar. **2.** Asentar, aplicar (*golpe*). **3.** Asentar, registrar, consignar. **4.** Asentar, fijar. ■ *v.i.* **5.** Sentar (*roupa*). ♦ **Assentar a cabeça.** Sentar la cabeza; (*Am.C.*) formalizarse. **Deixar assentar a poeira.** Dejar que las cosas se calmen.
assento *s.m.* Asiento.
assessor *s.* Asesor.
assessoria *s.f.* Asesoría, asesoramiento.
assim *adv.* Así, de este/del mismo modo. *Isto não se faz assim.* Esto no se hace así. ♦ **Assim mesmo.** Exactamente así; (*Amer.*) así

no más. **Assim ou assado.** Así o asá. **Assim sendo.** Así. **E assim por diante.** Y así sucesivamente. **Mesmo assim.** Así y todo/aun así/de todas maneras.
assimilar *v.t.* Asimilar.
assinalar *v.t.* Señalar, indicar.
assinante *adj. e s.2g.* **1.** Firmante. **2.** Subscriptor, abonado. *Exemplar de assinante.* Ejemplar de abonado. **3.** Usuario.
assinar *v.t.* **1.** Firmar. *Assinei em branco.* Firmé en blanco. **2.** Su(b)scribir(se), abonarse. *Não assino nenhum jornal.* No su(b)scribo ningún periódico.
assinatura *s.f.* **1.** Firma. *Assinatura reconhecida.* Firma legalizada. **2.** Su(b)scripción, abono.
assistência *s.f.* Asistencia.
assistir *v.t.* **1.** Asistir, acompañar, asesorar. **2.** Asistir, ayudar. **3.** Ver, observar. *Assistimos ao espetáculo.* Hemos visto el espectáculo.
assoalho *s.m.* Parqué, entarimado.
assoar *v.t. e v.p.* Sonar(se) *(nariz)*.
assobiar *v.t.* Silbar.
assobio *s.m.* Silbo, silbido.
associação *s.f.* Asociación.
associar *v.t. e v.p.* Asociar(se).
assombração *s.f.* Fantasma, aparecido.
assombrar *v.t.* **1.** Espantar, asustar. ■ *v.t. e v.p.* **2.** Asombrar(se), admirar(se), extrañar.
assombro *s.m.* Asombro.
assoprar *v.t. e v.i.* Soplar.
assumir *v.t.* **1.** Asumir, hacerse cargo, responsabilizarse. **2.** Tomar posesión, incorporarse. *A nova diretoria assumiu ontem.* El nuevo directorio tomó posesión ayer. **3.** Asumir, adquirir.
assunto *s.m.* Asunto. ♦ **Ir direto ao assunto.** Ir al grano.
assustar *v.t. e v.p.* Asustar(se).
astro *s.m.* Astro.
astrologia *s.f.* Astrología.
astronauta *s.2g.* Astronauta.
astronomia *s.f.* Astronomía.
astuto *adj.* Astuto, vivo, listo.

ata *s.f.* Acta. ♦ **Lavrar ata.** Extender/Levantar acta.
atacadista *adj. e s.2g.* Com. Mayorista.
atacado *adj.* **1.** Mayoreo. **2.** Amargo, de mal humor; *(Amer.)* de malas; *(Arg.)* chinchudo. ♦ **Por atacado.** *Com.* Al por mayor.
atacante *s.m. Desp.* Delantero.
atacar *v.t.* **1.** Atacar, agredir. **2.** Atacar, acometer, asaltar. **3.** *Fig.* Atacar, criticar, ofender. **4.** Atacar, afectar. *A umidade ataca o metal.* La humedad ataca el metal.
atadura *s.f.* **1.** Atadura. **2.** Gasa.
atalho *s.m.* Atajo, senda; *(Rio-plat.)* cortada.
atapetar *v.t.* Alfombrar.
ataque *s.m.* **1.** Ataque, asalto. **2.** Ataque, agresión, acusación. **3.** Ataque, achaque, acceso. **4.** *Desp.* Ofensiva. ♦ **Ao ataque!** ¡Al asalto!
atar *v.t.* Atar, liar.
atarraxar *v.t.* Atornillar, rosquear.
ataúde *s.f.* Ataúd, caja, féretro.
atazanar *v.t. Col.* Molestar, importunar.
até *prep.* **1.** Hasta. *Esperei por ele até as dez.* Lo esperé hasta las diez. ● *adv.* **2.** Incluso, aún más. *Vou embora, até porque está ficando tarde.* Me marcho, incluso porque ya se hace tarde.
ateliê *s.m.* Estudio.
atemorizar *v.t. e v.p.* Atemorizar(se), amedrentar(se).
atenção *s.f.* **1.** Atención. ● *interj.* **2.** ¡Ojo! ♦ **Não prestar atenção.** Pasar por alto. **Prestar atenção.** Poner/Prestar atención, atender, hacer caso.
atenciosamente *adv.* Atentamente.
atencioso *adj.* Atento, amable.
atender *v.t.* **1.** Atender, acoger, recepcionar. **2.** Atender, contestar. *Atender o telefone.* Contestar el teléfono. **3.** Despachar, servir, atender. *Já foi atendido?* ¿Ya le sirvieron/atendieron? **4.** Satisfacer, cumplir *(requisitos)*. **5.** Atender, escuchar, oír, seguir, hacer caso. *Ele atendeu aos meus conselhos.* Él siguió mis consejos.
atendimento *s.m.* Atención, atendencia. *Atendimento ao público.* Atención al público.

atentado *s.m.* **1.** Atentado. **2.** Intentona (*quando frustrado*).

atentar *v.t. e v.i.* **1.** Atentar. **2.** Tener en cuenta, ponderar. *É preciso atentar para estes fatores.* Hay que tener en cuenta estos factores.

atento *adj.* Atento, que presta atención.

atenuar *v.t.* Atenuar, amortiguar.

aterrar *v.t.* **1.** Aterrar, aterrorizar. **2.** Terraplenar. ■ *v.i.* **3.** Aterrar, aterrizar.

aterrissagem *s.f.* Aterrizaje. ♦ **Trem de aterrissagem.** Tren de aterrizaje.

aterrissar *v.i.* Aterrizar.

aterro *s.m.* Terraplén.

ater-se *v.p.* Atenerse.

atestado *s.m.* Constancia, certificado.

ateu *s.m.* Ateo.

atiçar *v.t.* **1.** Atizar, avivar. **2.** *Fig.* Atizar, instigar.

atingir *v.t.* **1.** Alcanzar, lograr. *Atingir um objetivo.* Alcanzar un objetivo. **2.** Concernir, afectar. *Isso o atinge diretamente.* Eso te concierne directamente. **3.** Alcanzar, sumar. *Os juros atingem um montante elevado.* Los intereses alcanzan un monto elevado.

atirar *v.t.* **1.** Tirar, arrojar. **2.** Tirar, disparar. ■ *v.p.* **3.** Tirarse, lanzarse. ♦ **Atirar para matar.** Apuntar a dar.

atitude *s.f.* Actitud.

ativar *v.t.* **1.** Activar, impulsar. **2.** Avivar, atizar (*fogo*). **3.** Poner en marcha.

atividade *s.f.* Actividad.

ativo *adj.* **1.** Activo, dinámico. ● *s.m.* **2.** *Com.* Activo, haber. ♦ **Voz ativa.** *Gram.* Voz activa.

atlas *s.m.* Atlas.

atleta *s.2g. Desp.* Atleta.

atletismo *s.m. Desp.* Atletismo.

atmosfera *s.f.* Atmósfera.

ato *s.m.* **1.** Acto, acción. **2.** *Teat.* Acto.

atolar *v.t.* Atascarse, atollar. *O carro atolou na neve.* El coche se atascó en la nieve.

atoleiro *s.m.* Atolladero.

átomo *s.m. Quím.* Átomo.

ator *s.m.* Actor.

atormentar *v.t.* **1.** Atormentar, acosar. ■ *v.p.* **2.** Atormentarse, amargarse.

atracadouro *s.m. Mar.* Atracadero, fondeadero.

atração *s.f.* **1.** Atracción. **2.** Atractivo, encanto. **3.** *Fig.* Simpatía, afición. ♦ **Espetáculo de atrações.** Espectáculo de variedades.

atraente *adj.* Atractivo, seductor.

atraiçoar *v.t.* Traicionar.

atrair *v.t. e v.i.* **1.** Atraer. **2.** *Fig.* Encantar, fascinar, seducir, tener arrastre.

atrapalhar *v.t.* **1.** Estorbar, entorpecer. ■ *v.t. e v.p.* **2.** Confundir(se), aturdir(se), atolondrar(se).

atrás *adv.* Atrás, detrás.

atrasar *v.t. e v.p.* **1.** Atrasar(se), retrasar(se). **2.** Atrasar(se), demorar(se). ■ *v.t.* **3.** *Fig.* No avanzar, no evolucionar.

atraso *s.m.* **1.** Atraso, retraso, demora, tardanza. *O voo sairá com duas horas de atraso.* El vuelo saldrá con dos horas de demora. **2.** *Fig.* Subdesarrollo.

através de *loc.* A través de, por medio de.

atravessador *s.m. Com.* Intermediario (*em negócios*), acaparador.

atravessar *v.t.* **1.** Cruzar, atravesar. **2.** Obstruir, impedir, estorbar. **3.** Acaparar, monopolizar.

atrever-se *v.p.* Atreverse, osar.

atrevido *adj. e s.* **1.** Atrevido, osado, audaz. **2.** Atrevido, insolente, abusivo.

atrevimento *s.m.* Audacia, desplante, atrevimiento.

atribuição *s.f.* Atribución.

atribuir *v.t.* **1.** Atribuir, asignar. ■ *v.p.* **2.** Atribuirse, arrogarse.

atrito *s.m.* **1.** *Fís.* Fricción por contacto, roce. **2.** *Fig.* Roce, discusión.

atrocidade *s.f.* Atrocidad, barbaridad.

atrofia *s.f. Med.* Atrofia.

atropelamento *s.m.* Atropello.

atropelar *v.t.* Atropellar.

atuação *s.f.* Actuación, desempeño.

atual *adj.* Actual.

atualizar *v.t. e v.p.* Actualizar(se), modernizar(se).

atum *s.m.* Atún.
aturar *v.t.* Aguantar, soportar. *Tivemos que aturar aquela ladainha outra vez.* Tuvimos que soportar aquella letanía otra vez.
aturdir *v.t. e v.p.* Aturdir(se), azorar(se).
audácia *s.f.* Audacia.
audição *s.f.* Audición.
audiência *s.f.* **1.** Audiencia, receptividad del público (*de um programa*). **2.** *For.* Audiencia, sesión. **3.** Público oyente.
audiovisual *adj. e s.m.* Audiovisual.
auditoria *s.f.* Auditoría.
auditório *s.m.* Auditorio.
auge *s.m.* Auge, apogeo.
aula *s.f.* Clase, lección. *Dou aulas de história.* Doy clases de historia. ♦ **Dar aula.** Impartir clases. **Sala de aula.** Aula.
aumentar *v.t.* Aumentar.
aumento *s.m.* **1.** Aumento, incremento. **2.** Aumento, ampliación.
auréola *s.f.* Aureola, auréola.
ausência *s.f.* Ausencia.
ausentar-se *v.p.* Ausentarse.
auspício *s.m.* **1.** Auspicio, agüero. **2.** Auspicio, subsidio.
austeridade *s.f.* Austeridad.
autenticar *v.t.* Autentificar, autenticar, legalizar.
autêntico *adj.* **1.** Auténtico, genuino. **2.** Auténtico, legalizado.
auto *s.m.* **1.** Auto, automóvil. **2.** *For.* Auto, pieza de proceso, actuación. **3.** *Teat.* Auto, género alegórico. ♦ **Autoestrada.** Autopista.
autóctone *adj. e s.2g.* Autóctono.
autógrafo *s.m.* Autógrafo.
automação *s.f.* Automación.
automatizar *v.t.* Automatizar.
autômato *s.m.* **1.** Autómata. **2.** *Fig.* Títere.
automobilismo *s.m.* Automovilismo.
automóvel *s.m.* Automóvil.
autonomia *s.f.* Autonomía.
autônomo *adj.* **1.** Autónomo. ● *s.* **2.** Trabajador independiente.
autopeça *s.f. Mec.* Repuesto, pieza de recambio. ■ **autopeças** *s.f.pl.* Venta de repuestos.

autópsia *s.f. Med.* Autopsia.
autor *s.* Autor.
autoridade *s.f.* Autoridad.
autoritário *adj.* Autoritario.
autorização *s.f.* Autorización.
autorizar *v.t.* Autorizar.
autuar *v.t. For.* **1.** Levantar acta contra, enjuiciar, actuar, realizar autos. **2.** Reunir en forma de proceso.
auxiliar *adj. e s.2g.* **1.** Auxiliar, asistente. ● *v.t.* **2.** Auxiliar, ayudar.
auxílio *s.m.* Auxilio, socorro.
avacalhar *v.t. Col.* Desmoralizar, ridiculizar.
aval *s.m. Com.* Aval.
avalanche *s.f.* Avalancha.
avaliação *s.f.* **1.** Evaluación. **2.** Valoración, valuación. **3.** Calificación, evaluación (*escolar*).
avaliar *v.t.* **1.** Evaluar, valorar, valuar. **2.** Evaluar, calificar.
avalista *adj. e s.2g. Com.* Avalista.
avançar *v.t. e v.i.* **1.** Avanzar, progresar. *O país não avança.* El país no avanza. **2.** Avanzar, adelantar(se). *Avançou com a bola.* Se adelantó con la pelota. **3.** Avanzar, embestir, acometer. *O cão avançou contra a menina.* El perro avanzó contra la nena. **4.** *Col.* Lanzarse, precipitarse. *Avancei na comida.* Me lancé sobre la comida. ♦ **Avançar o sinal.** **1.** Pasar con semáforo en rojo. **2.** Tener actitudes abusivas.
avanço *s.m.* Avance.
avante *adv. e interj.* Adelante.
avarento *adj. e s.* Avaro, avaricioso, tacaño; (*Arg.*) amarrete.
avaria *s.f.* Avería.
ave *s.f.* Ave. ♦ **Ave doméstica.** Ave de corral.
aveia *s.f. Bot.* Avena.
avelã *s.f. Bot.* Avellana.
aveludado *adj.* Aterciopelado.
avenida *s.f.* Avenida. ■ *Abrev.:* Av.
avental *s.m.* Delantal, guardapolvo.
aventura *s.f.* Aventura.
aventureiro *adj. e s.* Aventurero.
averiguar *v.t.* Averiguar.

aversão *s.f.* Aversión, animadversión.
avesso *adj.* **1.** Contrario, opuesto. ● *s.m.* **2.** Revés, reverso. ♦ **Do avesso.** Al revés.
avestruz *s.2g.* Avestruz.
aviação *s.f.* Aviación.
avião *s.m.* Avión, aeroplano.
aviar *v.t.* Aviar, preparar, alistar.
avisar *v.t.* Avisar. ♦ **Sem avisar.** Sin previo aviso.
aviso *s.m.* **1.** Aviso, comunicado. **2.** Aviso, advertencia.
avô *s.* Abuelo.
avoado *adj.* Despistado.
avolumar *v.t.* Abultar.
avulso *adj.* Suelto, separado, fuera de la colección. *Um exemplar avulso.* Un ejemplar suelto.

axila *s.f.* Axila.
azar *s.m.* **1.** Mala suerte, infortunio, desdicha; (*Amer.*) mala pata, mala leche. *Que azar!* ¡Qué mala suerte! **2.** Azar, acaso. *Ao azar.* Al azar.
azarado *adj. e s.* Desafortunado, desdichado.
azedo *adj.* **1.** Agrio, ácido. **2.** *Fig.* Agrio, amargado.
azeitar *v.t.* Lubricar, engrasar.
azeite *s.m.* Aceite.
azeitona *s.f. Bot.* Aceituna.
azia *s.f. Med.* Acidez (*estomacal*).
azucrinar *v.t. Col.* Molestar, jorobar, fastidiar, dar la lata.
azul *adj. e s.m.* Azul. ♦ **Azul-marinho.** Azul marino.
azulejo *s.m.* Azulejo.

B

b *s.m.* B (*segunda letra do alfabeto português*).
babá *s.f.* Niñera, *nurse.*
babado *s.m.* **1.** Volante, volado, vuelo. **2.** *Col.* Chisme, cotilleo, chismorreo.
babador *s.m.* Babero.
babar *v.t.* **1.** Babear. **2.** *Col.* Estar enamorado, chiflarse; (*Mex. e Am.C.*) colgarse. ■ *v.p.* **3.** *Col.* Relamerse. ♦ **Estar babando.** Caérsele la baba.
bacalhau *s.m.* Bacalao.
bacana *adj. Col.* **1.** Bueno, bárbaro. ● *s.2g.* **2.** Fino, elegante, aristocrático; (*Arg.*) bacán.
bacharel *s.* **1.** Licenciado, que tiene grado universitario. **2.** Abogado.
bacia *s.f.* **1.** Palangana, vasija. **2.** Cuenca (*rio*). **3.** *Med.* Pelvis.
bacon *s.m. Angl.* Tocino, panceta.
bactéria *s.f. Biol.* Bacteria.
badalada *s.f.* **1.** Golpe de badajo. **2.** *Col.* Adulación.

badalar *v.i.* **1.** Sonar la campana. **2.** *Col.* Exhibirse, aparecer, pavonearse (*em reuniões, lugares*). ■ *v.t.* **3.** *Col.* Adular. ♦ **Bar badalado.** Bar de moda, concurrido.
baderna *s.f.* Tumulto, desorden; (*Amer.*) relajo, bochinche.
bafo *s.m.* **1.** Aliento, hálito. **2.** Vaho, bochorno.
baforada *s.f.* **1.** Vaho, soplo de aire. **2.** Bocanada, pitada; (*Mex. e Am.C.*) jalón (*cigarro*).
bagaço *s.m.* **1.** Residuo de frutas. **2.** Bagazo (*milho*). **3.** *Col.* Cosa vieja. ♦ **Estar um bagaço.** Estar hecho pedazos/un trapo.
bagageiro *s.m.* **1.** Maletero. **2.** Portaequipaje.
bagagem *s.f.* **1.** Equipaje. **2.** *Fig.* Caudal, riqueza intelectual.
bagulho *s.m. Col.* **1.** Trasto. **2.** Persona fea.
bagunça *s.f. Col.* Desorden, desbarajuste; (*Arg.*) despelote; (*Mex. e Am.C.*) desmadre.
bagunçar *v.t. e v.i.* Trastornar, alborotar, desordenar, desbarajustar; (*Arg.*) despelotar.

baía s.f. Mar. Bahía, ensenada.
bailarino s. Bailarín, danzarín.
baile s.m. Baile.
bainha s.f. 1. Vaina (armas). 2. Dobladillo; (Mex. e Am.C.) ruedo (roupa).
bairro s.m. Barrio; (Mex. e Am.C.) colonia.
baixada s.f. 1. Bajada, pendiente. 2. Llano, planicie.
baixar v.t. e v.i. 1. Bajar, apear. 2. Bajar, reducir, rebajar (preço, sentimento). 3. Decretar (ordens, leis).
baixaria s.f. Col. Grosería.
baixela s.f. Vajilla.
baixo adj. 1. Bajo, pequeño. 2. Col. Enano; (Amer.) petizo, petiso; (Mex. e Am.C.) chaparro, sapo. 3. Bajo, inferior, reducido. 4. Fig. Bajo, vil. 5. Bajo, grave (som). ● adv. 6. Abajo. ● s.m. 7. Mus. Bajo, contrabajo. ■
baixa s.f. 1. Bache, depresión. 2. Disminución, rebaja (preço, temperatura). 3. Mil. Baja, pérdida de vidas. 4. Baja, exoneración, dispensa. ♦ **Baixo-relevo.** Bajorrelieve. **Dar baixa.** Dar de baja. **Para baixo.** Hacia abajo. **Por baixo.** 1. Por lo bajo. 2. Humillado. **Por baixo do pano.** Por lo bajo, bajo mano.
bajulador adj. e s. Adulón, adulador; (Rio--plat.) chupamedias; (Am.C.) chaquetero, arrastrado.
bajular v.t. e v.i. Adular; (Arg.) alisar; (Mex. e Am.C.) chaquetear.
bala s.f. 1. Caramelo, dulce. 2. Mil. Bala, proyectil. ♦ **Levar bala.** Comer plomo. **Sair feito uma bala.** Salir en disparada.
balança s.f. 1. Báscula, balanza. 2. Libra, signo del zodíaco. ♦ **Pôr na balança.** Sopesar.
balançar v.t. 1. Oscilar. 2. Fig. Vacilar. 3. Fig. Estremecer, hacer reflexionar. ■ v.p. 4. Columpiarse. 5. Bambolearse.
balanço s.m. 1. Com. Balance, arqueo. 2. Oscilación. 3. Bamboleo. 4. Columpio. 5. Fig. Examen, evaluación, balance. ♦ **Cadeira de balanço.** Mecedora.
balão s.m. 1. Globo. 2. Quím. e med. Balón.
balbuciar v.t. e v.i. 1. Balbucear, balbucir. 2. Tartamudear, tartajear.

balcão s.m. 1. Balcón, barandilla. 2. Mostrador (de loja). 3. Barra (de bar). 4. Teat. Galería, balconcillo.
balconista s.2g. Vendedor, dependiente.
balde s.m. Cubo, cubeta; (Amer.) tacho, balde.
baldeação s.f. Transbordo.
balear v.t. Herir a bala, tirar, balear. ♦ **Estar baleado.** Estar cansado/agotado.
baleia s.f. Ballena.
baliza s.f. 1. Mar. Baliza, boya. 2. Baliza, señal luminosa (para trem, avião). 3. Persona que abre un desfile, una banda.
balsa s.f. Mar. 1. Balsa. 2. Transbordador, ferry boat, chalana.
bambu s.m. Bot. Caña, bambú.
banana s.f. 1. Bot. Plátano; (Rio-plat.) banana; (Mex. e Am.C.) banano. 2. Cartucho de dinamita. 3. Vulg. Gesto vulgar, corte de mangas. ■ s.2g. 4. Vulg. Flojo, inútil.
banca s.f. 1. Mesada, banco. 2. Banca (de jogo, apostas). 3. Bufete. 4. Kiosko, puesto, venta. ♦ **Banca (examinadora).** Mesa examinadora, tribunal. **Banca de jornal/revista.** Kiosko. **Botar banca.** Vanagloriarse, jactarse.
bancada s.f. 1. Mesada, banco. 2. Representación política, ala, facción, banda.
bancário adj. 1. Bancario. ● s. 2. Empleado de banco.
banco s.m. 1. Banco, asiento de madera. 2. Com. Banco, establecimiento de crédito. ♦ **Banco de dados/de sangue.** Banco de datos/ de sangre.
banda s.f. 1. Cinta, faja, listón, banda. 2. Mus. Banda. 3. Lado, costado. 4. Ala, flanco. ♦ **Ser de outras bandas.** Ser de otros lados/ costados.
bandeira s.f. 1. Bandera, pendón. 2. Banderilla (de táxi). 3. Expedición, cruzada. 4. Fig. Lema, bandera. ♦ **Dar bandeira.** 1. Meter la pata. 2. Llamar la atención.
bandeja s.f. Bandeja. ♦ **Dar de bandeja.** Servir en bandeja.
bandido s. Bandido, bandolero.
bando s.m. 1. Banda, pandilla (pessoas). 2. Bando, facción, camarilla (malfeitores).

bandolim s.m. *Mus.* Mandolina.
banha s.f. **1.** Grasa, manteca. **2.** *Col.* Gordura, obesidad.
banhar v.t. **1.** Bañar, lavar. **2.** Bañar, regar, inundar. **3.** Embeber, zambullir. **4.** Bañar, tocar (*mar, sol*). ■ v.p. **5.** Bañarse, lavarse.
banheiro s.m. Baño, cuarto de baño. ■ **banheira** s.f. Bañera, pila, tina, bañadera.
banho s.m. Baño, ducha. ♦ **Banho de loja.** (Comprarse) Vestidos nuevos, cambiar la apariencia. **Banho-maria.** Baño de María. **Tomar banho.** Bañarse.
banqueiro s.m. **1.** *Com.* Banquero, dueño de banco. **2.** Banquero, que lleva la banca (*de jogo*).
bar s.m. **1.** Bar, café, mesón. **2.** Taberna; (*Arg.*) boliche. **3.** Armario para bebidas.
baralho s.m. Baraja, naipes.
barata s.f. Cucaracha.
baratear v.t. e v.i. Abaratar.
barato adj. **1.** Barato, que cuesta poco. ● adv. **2.** Barato, a precio bajo. ● s.m. **3.** *Col.* Fenómeno. *A blusa ficou um barato em você.* La blusa le sentó fenómeno. **4.** *Col.* Cosa o persona divertida, ocurrente. ♦ **Ser um barato.** Ser divertido/ocurrente.
barba s.f. Barba. ♦ **Fazer a barba.** Afeitarse.
barbante s.m. Cordel, bramante, cordón; (*Rio-plat.*) piolín; (*Mex. e Am.C.*) pita.
barbaridade s.f. Barbaridad. ■ **barbaridades** s.f.pl. Atrocidades.
bárbaro adj. e s. **1.** Bárbaro, salvaje, rudo. ■ adj. **2.** Fantástico, estupendo, bárbaro.
barbear v.t. e v.p. Afeitar(se), rasurar(se).
barbearia s.f. Barbería.
barbeiro s. **1.** Barbero. **2.** *Biol.* Vinchuca. **3.** *Col.* Conductor torpe.
barco s.m. *Mar.* Barco, barca. ♦ **Estar no mesmo barco.** Estar en las mismas condiciones/la misma situación.
barra s.f. **1.** Tableta, pastilla. **2.** Dobladillo; (*Mex. e Am.C.*) ruedo (*roupa*). **3.** *Desp.* Barra, aparato de gimnasia. **4.** Trazo diagonal o vertical. **5.** Barra, lingote. **6.** *Mar.* Bahía, ensenada. ♦ **Barra-pesada.** Situación difícil.

Aguentar/Segurar a barra. Hacer frente a una situación difícil; (*Arg.*) bancarse.
barraca s.f. **1.** Puesto de venta o exposición en mercados o ferias, caseta. **2.** Choza, covacha, barraca. **3.** Carpa, tienda de campaña. ♦ **Montar a barraca.** Armar la carpa.
barragem s.f. Presa.
barranco s.m. Barranco, precipicio, despeñadero.
barreira s.f. **1.** Barrera, obstáculo. **2.** Trinchera. **3.** Cordón policial.
barriga s.f. Barriga, panza. ♦ **Barriga da perna.** Pantorrilla. **Ter o rei na barriga.** Ser presumido, engreído.
barril s.m. Barril, tonel, cuba.
barro s.m. **1.** Barro, arcilla. **2.** Barro, lodo.
barulhento adj. Ruidoso.
barulho s.m. Ruido, alboroto.
base s.f. Base. ♦ **Tremer nas bases.** Temblar de miedo.
basear v.t. e v.p. Basar(se), fundar(se).
basquete s.m. *Desp.* Baloncesto, básket.
bastante adj. e adv. **1.** Bastante, suficiente. **2.** Bastante, gran número, gran cantidad.
bastão s.m. Bastón, palo.
bastar v.t. e v.i. Bastar, ser suficiente.
bastardo adj. e s. Bastardo.
bastidor s.m. **1.** Bastidor, armazón (*para bordado*). **2.** *Teat.* Bastidor. ♦ **Nos bastidores.** Entre bastidores.
batalha s.f. **1.** Batalla, lucha, combate. **2.** *Fig.* Esfuerzo, empeño.
batalhão s.m. **1.** *Mil.* Batallón. **2.** *Col.* Multitud.
batalhar v.i. **1.** Luchar, combatir. **2.** *Fig.* Luchar, bregar, trajinar.
batata s.f. *Bot.* (*Esp.*) Patata; (*Amer.*) papa. ♦ **Batata-doce.** Boniato, batata; (*Mex. e Am.C.*) camote. **É batata!** Es cierto y sabido. **Vai plantar batata!** ¡Vete a freír espárragos!
batedeira s.f. Batidora, batidor.
batente s.m. **1.** Batiente, marco (*de porta, janela*). **2.** *Col.* Trabajo diario, trajín.
bater v.t. e v.i. **1.** Golpear, llamar. *Alguém bateu na porta.* Alguien golpeó a la puerta.

2. Golpear, pegar, fajar. *Eu bato em você.* Yo te pego. **3.** Chocar, estrellar. *Bati o carro.* Choqué el coche. **4.** Batir, martillar. **5.** Batir, vencer, derrotar. **6.** Tocar, sonar (*relógio, sino*). *O relógio bateu às cinco.* El reloj sonó a las cinco. ■ *v.i.* **7.** Latir, palpitar, pulsar. *O coração batia forte.* El corazón latía fuerte. ■ *v.t.* **8.** Sacar (*fotos*). **9.** Batir, mecer, revolver, agitar. *Bata primeiro os ovos.* Revuelve primero los huevos. ■ *v.p.* **10.** Batirse, pelearse. ♦ **Bater à máquina.** Escribir a máquina, mecanografiar. **Bater as botas.** Estirar la pata. **Bater asas.** Irse, largarse. **Bater carteira.** Robar. **Bater o pé.** Empecinarse, patalear. **Bater papo.** Charlar, platicar. **Bater pernas.** Callejear, trotar.
bateria *s.f.* **1.** *Mil.* Batería, unidad de artillería. **2.** *Mus.* Batería, percusión. **3.** *Eletr.* Batería, pila, acumulador. ♦ **Bateria de cozinha.** Batería de cocina.
batida¹ *s.f.* **1.** Golpe, trompazo, porrazo. **2.** Colisión, choque, tortazo. **3.** Latido, pulsación (*do coração*).
batida² *s.f.* **1.** Registro policial, allanamiento, cateo. **2.** Exploración, rastreo.
batida³ *s.f.* Cóctel con aguardiente de caña y fruta.
batido *adj.* Gastado, machacado, trillado (*assunto, roupa*).
batina *s.f.* Sotana, hábito religioso.
batismo *s.m.* Bautismo.
batizado *adj.* **1.** Bautizado. ● *s.m.* **2.** Bautizo.
batizar *v.t.* **1.** Bautizar, administrar el bautismo. **2.** Bautizar, poner nombre o apodo. **3.** *Col.* Bautizar, adulterar, falsificar (*bebidas*).
batom *s.m.* Lápiz de labios, carmín.
batucada *s.f. Mus.* Ritmo brasileño de bombos y tambores.
baú *s.m.* Baúl, arca.
baunilha *s.f. Bot.* Vainilla.
bazar *s.m.* **1.** Tienda. **2.** Feria benéfica.
bêbado *adj. e s.* Borracho, ebrio, bebido, achispado; (*Rio-plat.*) mamado, curda, chupado; (*Mex. e Am.C.*) bolo, picado.

bebê *s.m.* Bebé, criatura; (*Amer.*) nene, guagua.
bebedeira *s.f.* Borrachera, embriaguez, mona; (*Rio-plat.*) curda; (*Mex. e Am.C.*) chupa.
beber *v.t.* **1.** Beber, tomar líquido. ■ *v.i.* **2.** Beber, emborracharse; (*Amer.*) chupar; (*Am.C.*) embolarse.
bebida *s.f.* Bebida. *Bebida alcoólica.* Bebida alcohólica; (*Amer.*) trago; (*Mex. e Am.C.*) guaro. *Bebida envelhecida.* Bebida añeja.
beça <à> *loc. Col.* Mucho, a montones. *Havia gente à beça na assembleia.* Había mucha gente en la asamblea.
beco *s.m.* Callejón. ♦ **Beco sem saída.** Callejón sin salida.
bege *adj. e s.m.* Beige, color crema.
beiço *s.m.* **1.** Labio grueso, bezo. **2.** *Col.* Hocico, trompa, jeta. ♦ **Fazer beiço/beicinho.** Hacer pucheros. **Lamber os beiços.** Relamerse.
beija-flor *s.m.* Colibrí, picaflor.
beijar *v.t. e v.p.* Besar(se).
beijo *s.m.* Beso.
beira *s.f.* **1.** Borde. *A beira da mesa.* El borde de la mesa. **2.** Orilla. *Na beira do lago.* A orillas del lago. ♦ **Beira-mar.** Litoral, costa marítima; (*Arg.*) costanera. **À beira de.** Al borde de.
beirar *v.t.* **1.** Bordear. **2.** Estar al borde o cerca de, rayar. *Está beirando os 50.* Está rayando los 50.
beleza *s.f.* **1.** Belleza, hermosura. **2.** Beldad, belleza.
beliche *s.m.* Litera; (*Rio-plat.*) cucheta.
beliscão *s.m.* Pellizco.
beliscar *v.t.* **1.** Pellizcar. ■ *v.i.* **2.** Picar, picotear (*comida*).
belo *adj.* **1.** Bello, hermoso. ● *s.m.* **2.** Bello, belleza.
beltrano *s.* Mengano. *Fulano e beltrano.* Fulano y mengano.
bem *adv.* **1.** Bien, correctamente. **2.** Bien, con salud. **3.** Mucho. *Morar aqui é bem melhor.* Vivir acá es mucho mejor. ● *s.m.* **4.** Bien, felicidad, bienestar. **5.** Bien, favor. ■ **bens**

bênção 510 **biologia**

s.m.pl. Bienes, patrimonio, haberes. ♦ **Bem mais/menos.** Mucho más/menos. **Bem-amado.** Ser amado, querido. **Bem-bom.** Situación de acomodo. **Bem-estar.** Bienestar. **Bem-querer.** Amor, cariño. **Bem-te-vi.** *Amer.* Bienteveo. **Bem-vindo/a.** Bienvenido/a. **Ainda bem.** Menos mal. **Meu bem.** Mi amor, (mi) cielo, cariño. **Muito bem!** ¡Muy bien! **Tudo bem!** ¡Bueno! ¡Vale!
bênção *s.f.* **1.** Bendición. **2.** Gracia divina.
bendizer *v.t.* **1.** Bendecir. **2.** Alabar, glorificar.
beneficiamento *s.m.* **1.** Tratamiento industrial, beneficiación (*cereais*). **2.** Beneficio (*minérios*).
beneficiar *v.t.* **1.** Beneficiar, favorecer. **2.** Mejorar, perfeccionar. **3.** Procesar, tratar industrialmente (*cereais*). ■ *v.p.* **4.** Favorecerse.
benefício *s.m.* **1.** Beneficio, favor. **2.** Beneficio, provecho, ventaja. **3.** Beneficio, ganancia, utilidad. **4.** Mejora, bonificación. **5.** Garantía laboral.
benevolência *s.f.* Benevolencia.
benfeitoria *s.f.* Obra, mejora, bonificación. *Fazer benfeitorias na casa.* Hacer mejoras en la casa.
bengala *s.f.* **1.** Bastón. **2.** Tipo de pan.
benigno *adj.* Benigno.
benjamim *s.m.* **1.** *Eletr.* Enchufe múltiple para extensión, ladrón, triple. **2.** Benjamín, hijo menor.
benzer *v.t.* **1.** Bendecir. ■ *v.p.* **2.** Persignarse, santiguarse.
benzina *s.f. Quím.* Bencina.
berçário *s.m.* Sala de cunas, *nursery.*
berço *s.m.* Cuna. ♦ **Criado em berço de ouro.** Criado entre algodones.
berinjela *s.f. Bot.* Berenjena.
bermuda *s.f.* Bermudas, pantalón corto.
berrar *v.i.* **1.** Gritar. **2.** Bramar, aullar.
berreiro *s.m.* **1.** Griterío, alboroto. **2.** Berrinche, pataleo.
berro *s.m.* **1.** Grito. **2.** Bramido, berrido, aullido.
besouro *s.m.* Abejorro.
besta *s.f.* **1.** Bestia, animal. ■ *adj. e s.2g.* **2.** *Fig.* Bestia, estúpido. **3.** *Fig.* Engreído, pedante.
besteira *s.f.* Tontería, estupidez.
besuntar *v.t.* Untar, engrasar, pringar.
beterraba *s.f. Bot.* Remolacha.
betoneira *s.f.* Hormigonera.
bexiga *s.f.* **1.** *Med.* Vejiga. **2.** Balón, globo.
bezerro *s.m.* Becerro, novillo.
bibliografia *s.f.* Bibliografía.
biblioteca *s.f.* Biblioteca.
bica *s.f.* Fuente, manantial.
bicada *s.f.* Picada, picotazo.
bicar *v.t. e v.i.* Picotear.
bicha *s.f. Vulg.* Homosexual masculino, marica, de la otra acera; (*Arg.*) puto, trolo, maricón, mariposón; (*Mex. e Am.C.*) hueco.
bicho *s.m.* **1.** Animal, bicho. **2.** Cierto juego de azar. ♦ **Bicho de sete cabeças.** Asunto enredado/complicado. **Bicho do mato.** Persona intratable, salvaje. **Bicho-papão.** Ogro, bu, coco. **Virar bicho.** *Col.* Enfurecerse.
bicicleta *s.f.* Bicicleta, bici.
bico *s.m.* **1.** Pico. **2.** Boquilla. **3.** Punta, puntilla. **4.** *Col.* Trabajo extra. **5.** *Col.* Trompa, hocico, jeta. ● *adj.* **6.** *Col.* Cosa fácil, tontería. **Ser bico.** Ser muy fácil. ♦ **Abrir o bico.** *Col.* Cantar, confesar, decir lo que no debía. **Estar/Ficar de bico calado.** *Col.* Callarse la boca. **Fazer bico.** Poner trompa.
bife *s.m.* Bistec.
bigamia *s.f.* Bigamia.
bigode *s.m.* Bigote, mostacho.
bigorna *s.f.* Yunque.
bijuteria *s.f.* Bisutería, fantasía.
bilhete *s.m.* **1.** Billete, nota escrita, mensaje. **2.** *Teat.* Boleto, ingreso; (*Esp.*) butaca. **3.** Billete, boleto, *ticket* (*ônibus, metrô*). **4.** Billete, cédula de lotería.
bilheteria *s.f.* Taquilla, ventanilla, boletería.
bilíngue *adj. e s.2g.* Bilingüe.
bimestre *s.m.* Bimestre.
binóculo *s.m.* Binóculo.
biografia *s.f. Liter.* Biografía.
biologia *s.f.* Biología.

biólogo s. Biólogo.
biombo s.m. Biombo, mampara.
biópsia s.f. Med. Biopsia.
bípede adj. e s.2g. Bípedo.
biquíni s.m. Bikini.
birra s.f. Maña, berrinche, rabieta, pataleo.
biruta adj. e s.2g. **1.** Col. Chiflado, alocado, tocado. ■ s.f. **2.** Manga, indicador de viento.
bis adv. e interj. Bis.
bisavô s. Bisabuelo.
bisbilhoteiro adj. e s. **1.** Hurón, fisgón. **2.** Chismoso, cotilla.
biscoito s.m. Bizcocho, galleta.
bisnaga s.f. **1.** Tubo metálico o plástico para embalaje. **2.** Tipo de pan.
bisneto s. Bisnieto.
bispo s.m. **1.** Obispo. **2.** Alfil (xadrez).
bissexto adj. Bisiesto.
bitola s.f. **1.** Ancho de vía, trocha. **2.** Gálibo, vitola. **3.** Diámetro.
blasfêmia s.f. Blasfemia.
blefar v.i. Mentir en el juego, farolear, hacer bluff.
bloco s.m. **1.** Bloc, taco de papel. **2.** Bloque, ladrillo de cemento. **3.** Bloque, coalición. **4.** Bloque, conjunto de casas. **5.** Comparsa. ♦ **Em bloco.** En peso, en masa.
bloqueio s.m. Bloqueo.
blusa s.f. Blusa.
blusão s.m. Chaqueta, blusón; (Rio-plat.) campera; (Mex. e Am.C.) chumpa.
boate s.f. Bar nocturno, pub, boite.
boato s.m. Rumor, bulo, murmuración. ♦ **Circular o boato.** Correr la voz.
bobagem s.f. Tontería, majadería, necedad; (Rio-plat.) pavada; (Mex. e Am.C.) babosada.
bobalhão adj. e s. Tonto, torpe, asno, adoquín; (Amer.) guanaco.
bobear v.i. Col. **1.** Equivocarse, portarse de modo torpe o ingenuo. **2.** Tontear(se), parpadear.
bobina s.f. **1.** Eletr. Bobina. **2.** Carrete, bobina.
bobo adj. e s. **1.** Tonto, simplote, majadero; (Rio-plat.) pavo, gil, otario; (Mex. e Am.C.) bruto, baboso, asoleado. **2.** Bufón, bufo, bobo. ♦ **Dar uma de bobo.** Hacerse el tonto; (Mex. e Am.C.) hacerse el baboso.
boca s.f. **1.** Boca. **2.** Boquilla, abertura, entrada. **3.** Fig. Boca, número de personas por mantener. **4.** Desembocadura (rio). ♦ **Bater boca.** Discutir, altercar, alegar. **Botar/Pôr a boca no mundo/no trombone.** Col. **1.** Gritar. **2.** Revelar secretos.
bocado s.m. **1.** Bocado, trozo, pedazo. **2.** Col. Gran rato, gran cantidad, montón. Esperei um bocado de tempo. Esperé un gran rato. Comprei um bocado de coisas. Compré un montón de cosas.
bocejar v.i. Bostezar.
bocejo s.m. Bostezo.
bochecho s.m. Buche, enjuague. ■ **bochecha** s.f. Mejilla, carrillo, buchete, cachete.
bode s.m. Chivo.
boêmio adj. e s. Bohemio. ■ **boemia** s.f. Bohemia.
bofetada s.f. Bofetón, bofetada, sopapo, cachete, cachetazo, torta, tortazo.
boi s.m. Buey. ♦ **Ter boi na linha.** Col. Haber moros en la costa.
bói s.m. **1.** Mensajero, mandadero. **2.** Botones (em hotel).
boia s.f. **1.** Boya, flotador. **2.** Col. Comida. ♦ **Boia-fria.** Peón de campo, jornalero.
boiada s.f. Hato, rebaño, manada de bueyes.
boiar v.i. **1.** Flotar. **2.** Col. No entender ni jota.
boicote s.m. Boicot, boicoteo.
bola s.f. Balón, pelota, bola. ♦ **(Não) Dar bola (a alguém).** Col. (No) Hacerle caso (a alguien), (no) darle pelota. **Ora bolas!** ¡Caray! ¡Jolines! **Pisar na bola.** Col. Meter la pata.
bolacha s.f. **1.** Galleta, galletita. **2.** Col. Bofetada, cachetazo.
bolada s.f. **1.** Bolazo, tiro de pelota. **2.** Col. Gran suma de dinero.
bolar v.t. Col. Idear, inventar, ingeniarse.
bolero s.m. **1.** Mus. Bolero. **2.** Chaleco, bolero.
boletim s.m. **1.** Boletín, informativo. **2.** Boleta de calificaciones escolares.

bolha s.f. **1.** Ampolla. **2.** Burbuja.
bolo s.m. **1.** Pastel, torta, tarta. *Bolo de creme.* Pastel de crema. **2.** *Col.* Confusión. ♦ **Dar bolo.** Resultar mal. **Dar o bolo.** Dar un plantón.
bolor s.m. Moho.
bolsa s.f. **1.** Cartera, bolso. *Bolsa de couro.* Bolso de cuero. **2.** *Com.* Bolsa (*valores*). **3.** Beca (*estudos*). ♦ **Investir na bolsa (de valores).** *Com.* Jugar al alza.
bolsista adj. e s.2g. Becario.
bolso s.m. Bolsillo.
bom adj. **1.** Buen, bueno, bondadoso. **2.** Bueno, rico, sabroso. **3.** Correcto, bien hecho, bien. *O trabalho ficou muito bom.* El trabajo ha quedado muy bien. **4.** Bueno, sano, saludable. **5.** Bueno, en buenas condiciones. **6.** Bueno, considerable. *Gastou um bom dinheiro.* Gastó un buen dinero. **7.** Bueno, eficiente, competente. **8.** Bueno, agradable. ♦ **Bom senso.** Juicio, prudencia, cordura, sentido común. **Bom-dia.** Buen día/Buenos días. **Boa-tarde/Boa-noite.** Buenas tardes/noches. **Do bom e do melhor.** De la mejor calidad. **Que bom!** ¡Qué bien! **Ser bom em/de.** Ser muy capaz en.
bomba s.f. **1.** Bomba, explosivo. **2.** Bomba (*ar, água*). **3.** *Fig.* Suceso fantástico. **4.** *Col.* Cosa de mala calidad, porquería, basura. ♦ **Levar bomba.** Reprobar en un examen, suspender.
bombeiro s.m. **1.** Bombero. **2.** Plomero, fontanero.
bombom s.m. Bombón.
bonde s.m. Tranvía. ♦ **Do tamanho de um bonde.** Enorme, colosal.
bondoso adj. Bondadoso.
boné s.m. Gorra, bombín.
boneco s.m. **1.** Maniquí. **2.** Títere, fantoche. **3.** Muñeco. ■ **boneca** s.f. **1.** Muñeca. **2.** *Fig.* Mujer hermosa, muñequita.
bonificação s.f. **1.** Gratificación, compensación. **2.** *Com.* Dividendo.
bonito adj. Bonito, hermoso; (*Mex. e Am.C.*) chulo.

borboleta s.f. Mariposa.
borbulha s.f. Burbuja.
borda s.f. Borde.
bordar v.t. e v.i. Bordar.
bordel s.m. Burdel.
bordo <a> loc. A bordo.
borracha s.f. **1.** Goma de borrar, borrador. **2.** Caucho, hule; (*Arg.*) goma.
borracharia s.f. Taller de reparación de neumáticos; (*Arg.*) gomería.
borrar v.t. **1.** Manchar, ensuciar, pringar. ■ v.p. **2.** Ensuciarse, mancharse. **3.** *Vulg.* Cagarse.
borrifar v.t. Rociar, salpicar, esparcir.
bosque s.m. Bosque, arboleda.
bosta s.f. **1.** Bosta, estiércol, boñiga. **2.** *Vulg.* Mierda, porquería.
bota s.f. Bota, tipo de calzado. ♦ **Bater as botas.** *Col.* Estirar la pata, morir.
botânica s.f. Botánica.
botão s.m. **1.** Botón. **2.** *Bot.* Capullo, botón. ♦ **Casa de botão.** Ojal.
botar v.t. **1.** Poner, colocar. *Bote o caderno na gaveta.* Pon el cuaderno en el cajón. **2.** Vestir, ponerse. *Botei um casaco pois estava com frio.* Me puse una chaqueta pues tenía frío. ■ v.i. **3.** Poner huevos. *A galinha não botou hoje.* La gallina no puso huevos hoy. ♦ **Bota-fora.** Fiesta de despedida.
bote s.m. **1.** *Mar.* Bote, barca. **2.** Salto, embestida (*animais*). ♦ **Dar o bote.** Lanzarse sobre la presa.
botequim s.m. Bar, taberna.
botijão s.m. Bombona, garrafa.
bovino adj. Vacuno, bovino.
boxe s.m. **1.** *Desp.* Boxeo, pugilismo. **2.** Compartimiento, cubículo, *box*. **3.** Mampara para cuarto de baño.
braçadeira s.f. Abrazadera.
braço s.m. Brazo. ♦ **Braço direito.** Mano derecha. **Ficar de braços cruzados.** Cruzarse de brazos. **Jogar um braço de ferro.** Echar un pulso. **Não dar o braço a torcer.** Empecinarse, obstinarse.
bradar v.t. e v.i. Gritar, clamar.

brado s.m. Grito, clamor. ♦ **Em altos brados.** A los gritos.
braguilha s.f. Bragueta.
branco adj. e s.m. Blanco (cor, raça). ♦ **Dar um branco.** Quedarse (con la mente) en blanco.
brando adj. 1. Blando, suave, tierno. 2. Blando, flojo. ♦ **Em fogo brando.** A fuego lento.
branquear v.t. Blanquear, poner blanca una cosa.
brasa s.f. Brasa, ascua. ♦ **Carvão em brasa.** Brasa de carbón. **Em brasa.** Ardiente, candente. **Mandar brasa.** Col. Acometer una tarea, poner manos a la obra. **Na brasa.** A la brasa. **Puxar a brasa para a sua sardinha.** Arrimar el ascua a su sardina.
bravo adj. 1. Enojado, severo. *A professora é muito brava.* La maestra es muy enojada. 2. Alborotado, bravo (mar). 3. Bravo, valiente. ♦ **Ficar bravo.** Enojarse, ponerse furioso.
brecar v.t. e v.i. 1. Frenar. *Não brecou a tempo e bateu.* No frenó a tiempo y chocó. 2. Frenar, impedir.
brecha s.f. 1. Brecha, abertura. 2. Laguna, claro. 3. Ranura, grieta.
brejo s.m. Pantano, ciénaga.
breque s.m. Freno. ♦ **Breque de mão.** Freno de mano.
breve adj. 1. Breve, corto. ● adv. 2. Pronto, en breve, a la brevedad. *Voltarei em breve.* Volveré pronto.
briga s.f. 1. Pelea, lucha, riña, refriega. 2. Pleito, pelea, discusión.
brigar v.i. Pelearse, reñir.
briguento adj. e s. Pendenciero, peleador; (Am.C.) peleonero, peleón.
brilhante adj. e s.m. Brillante.
brilhar v.i. 1. Brillar, relucir. 2. Brillar, lucirse.
brilho s.m. Brillo.
brincadeira s.f. 1. Broma, chiste. 2. Juego. ♦ **Fora de brincadeira.** Bromas aparte. **Não ser brincadeira.** No ser chiste.
brincalhão adj. e s. Bromista, juguetón.

brincar v.i. 1. Bromear, hacer chistes. *Não estou brincando.* No estoy bromeando. 2. Jugar. *Brincar de bola.* Jugar a la pelota.
brinco s.m. Pendiente, arete, aro.
brindar v.t. e v.i. 1. Brindar, beber a la salud de. 2. Brindar, ofrecer.
brinde s.m. 1. Brindis. 2. Regalo, ofrenda, cortesía. *Brinde da casa.* Ofrenda de la casa.
brinquedo s.m. Juguete. ♦ **Loja de brinquedos.** Juguetería.
brisa s.f. Brisa.
britadeira s.f. Mec. Machacadora, trituradora.
broca s.f. 1. Mec. Taladro, barreno. 2. Comején.
broche s.m. Broche, alfiler.
bronca s.f. Reprensión, jabón, bronca. ♦ **Dar uma bronca.** Col. Dar un jabón.
bronquite s.f. Med. Bronquitis.
bronze s.m. Bronce.
bronzear v.t. e v.p. Broncear(se), tostar(se), asolear(se).
brotar v.t. e v.i. Brotar.
broto s.m. 1. Bot. Renuevo, retoño, pimpollo. 2. Col. Joven, pimpollo.
broxa s.f. 1. Brocha, pincel. ■ adj. e s.m. 2. Vulg. Impotente.
bruma s.f. Bruma, niebla.
brusco adj. 1. Brusco, súbito. 2. Brusco, rudo.
brutalidade s.f. Brutalidad, barbaridad.
bruto adj. 1. Bruto, grosero. 2. Bruto, en estado natural. *Ouro bruto.* Oro bruto. 3. Bruto, sin descuento. *Peso bruto.* Peso bruto.
bruxaria s.f. Brujería, hechizo.
bruxo s. Brujo, hechicero.
bucha s.f. 1. Estropajo. 2. Mec. Taco, tarugo, clavija.
bucho s.m. 1. Buche, estómago, panza. 2. (Esp.) Callos; (Arg.) mondongo; (Mex. e Am.C.) tripa.
bueiro s.m. Alcantarilla, sumidero.
bufê s.m. 1. Aparador. 2. Cubierto, servicio de *buffet.*
bugiganga s.f. Trasto, bártulos, chucherías; (Mex. e Am.C.) tiliches.

bujão s.m. 1. Tapón. 2. Bombona, garrafa (*de gás*).
bula s.f. 1. *Med.* Fórmula, receta. 2. Bula, encíclica.
bule s.m. Tetera, cafetera; (*Rio-plat.*) pava.
bunda s.f. *Col.* Trasero, nalgas, posaderas. ♦ **Bunda-mole.** Flojo, tibio.
buquê s.m. 1. Ramo, ramillete, *bouquet*. 2. *Bouquet*, aroma.
buraco s.m. 1. Agujero, hoyo, orificio. 2. Cueva. 3. Tipo de juego de naipes.
burocracia s.f. Burocracia.
burocrata s.2g. Burócrata.
burrice s.f. Estupidez, burrada.
burro s. 1. Burro, asno. ■ adj. e s. 2. *Fig.* Burro, bruto. ♦ **Pra burro.** *Col.* Muchísimo, en gran cantidad.
busca s.f. 1. Búsqueda, investigación, busca. 2. Cateo, revista (*policial*).
buscar v.t. Buscar.
bússola s.f. Brújula.
busto s.m. Busto.
butique s.f. *Boutique*, tienda de moda femenina.
buzina s.f. (*Esp.*) Claxon; (*Amer.*) bocina.
buzinada s.f. Bocinazo.
buzinar v.i. 1. Bocinar, tocar la bocina. ■ v.t. 2. *Col.* Machacar, insistir, repetir.

C

c s.m. 1. C (*terceira letra do alfabeto português*). 2. Cien (*em maiúscula, no sistema romano de numeração*).
cá adv. (*Esp.*) Aquí; (*Amer.*) acá.
cabana s.f. Cabaña.
cabeça s.f. 1. Cabeza, parte superior del cuerpo. 2. *Fig.* Cabeza, inteligencia, talento. 3. Cabeza, parte superior de un objeto. 4. *Fig.* Cabeza, lugar principal. ■ s.m. 5. Cabeza, jefe, líder. ♦ **Cabeça feita.** Maduro, juicioso, que sabe lo que hace. **Cabeça fria.** Tranquilo, franco, pancho. **Cabeça de vento.** Cabeza de chorlito. **Cabeça-dura.** Terco, cabezón, testarudo. **Esquentar a cabeça.** Calentarse la cabeza, preocuparse. **Fazer a cabeça.** Persuadir.
cabeçada s.f. 1. Cabezazo, cabezada. 2. Disparate, tontería.
cabeçalho s.m. Cabecera, encabezamiento.
cabeceira s.f. 1. Cabecera, parte principal (*cama, mesa*). 2. Cabecera, nacimiento (*rio*).
cabeçote s.m. 1. *Eletr. e mec.* Cabezal, cabeza. 2. *Mec.* Culata (*automóvel*).
cabeçudo adj. e s. Cabezudo, cabezón, obstinado, terco.
cabeleira s.f. Cabellera, melena.
cabeleireiro s. Peluquero.
cabelo s.m. Pelo, cabello.
cabeludo adj. 1. Cabelludo. 2. *Col.* Difícil, complicado. 3. *Col.* Obsceno. ● s.m. 4. Melenudo.
caber v.t. 1. Caber, tener espacio, entrar. *O armário não coube no quarto.* El armario no cupo en la pieza. 2. Caber, corresponder, tocar. *A decisão cabe a mim.* A mí me cabe la decisión. 3. Caber, ser admisible, ser oportuno, convenir. *A pergunta cabe perfeitamente.* La pregunta es muy oportuna.
cabide s.m. Percha.
cabimento s.m. Cabida, capacidad, cupo. ♦ **Não ter cabimento.** No tener sentido, ser inconveniente.
cabine s.f. Cabina.
cabisbaixo adj. Cabizbajo.
cabo s.m. 1. Cabo, extremidad, manija. 2. *Mil. e mar.* Cabo. 3. *Eletr.* Cable.
cabra s.f. 1. Cabra. ■ s.m. *Col.* 2. Hombre valiente. 3. Tío, tipo.
cabrito s. Cabrito, chivito.

caça s.f. 1. Caza, cacería. 2. Caza, animales cazados. 3. Caza, busca, cateo. ■ s.m. 4. Mil. Caza, avión de caza. ♦ **Caça-níqueis.** Tragaperras.

caçador adj. e s. Cazador.

caçamba s.f. 1. Cangilón, cubo. 2. Carrocería basculante; (*Mex. e Am.C.*) palangana.

caçar v.t. e v.i. Cazar.

cacareco s.m. Trasto, tiliche, cachivache.

caçarola s.f. Cacerola, cazuela.

cacau s.m. *Bot.* Cacao.

cacetada s.f. Porrazo, trompada.

cacete s.m. 1. Palo, porra. 2. *Vulg.* Pene. ● adj. 3. Latoso, aburrido, fastidioso.

cachaça s.f. Aguardiente de caña.

cachecol s.m. Bufanda.

cachimbo s.m. Pipa.

cacho s.m. 1. Racimo (*de fruta*). 2. Rizo (*de cabelo*). 3. *Col.* Lío amoroso.

cachoeira s.f. Cascada.

cachorrada s.f. Mala jugada; (*Amer.*) cabronada, cochinada.

cachorro s.m. 1. Perro. 2. *Fig.* Individuo malo, perro; (*Amer.*) cabrón. ♦ **Cachorro-quente.** Perro caliente, *hot dog*. **Matar cachorro a grito.** Estar en dificultades/en aprietos/sin dinero. **Soltar os cachorros.** Mostrarse hostil o agresivo.

caco s.m. 1. Añicos. 2. *Col.* Trasto, cachivache.

caçoar v.t. e v.i. Burlarse, bromear. *Ela gosta de caçoar dos outros*. A ella le gusta burlarse de los demás.

cacoete s.m. Tic nervioso, mueca.

caçula adj. e s.2g. Benjamín, el hijo menor.

cada p.indef. Cada. *Uma bala para cada um*. Un caramelo para cada uno.

cadarço s.m. Cordón. *Desamarrou o cadarço do sapato*. Se desató el cordón del zapato.

cadastro s.m. Padrón, empadronamiento, catastro, registro.

cadáver s.m. Cadáver.

cadeado s.m. Candado.

cadeia s.f. 1. Cadena, conjunto de eslabones metálicos. 2. Cadena, serie, red (*montanhas, lojas, emissoras*). 3. Cárcel, prisión.

cadeira s.f. 1. Silla. 2. Disciplina, asignatura, cátedra. 3. Butaca, asiento (*teatro, cinema*). ■ **cadeiras** s.f.pl. Caderas, posaderas, nalgas. ♦ **Cadeira cativa.** Silla abonada. **Cadeira de balanço.** Mecedora. **De cadeira.** Con autoridad, con conocimiento.

caderneta s.f. Libreta de apuntes, carnet. ♦ **Caderneta de poupança.** Libreta/Cartilla de ahorros.

caderno s.m. Cuaderno.

caducar v.i. 1. Caducar, prescribir. 2. Caducar, chochear.

caduquice s.f. Chochez, chochera.

cafajeste s.2g. Cabrón, vil, bellaco, ordinario.

café s.m. Café. ♦ **Café expresso.** Café exprés. **Café da manhã.** Desayuno. **Café-pequeno.** *Fig.* Persona o cosa insignificante.

cafeteira s.f. Cafetera.

cafona adj. e s.2g. *Col.* De mal gusto, cursi (*pessoa*).

cagar v.i. *Vulg.* Cagar(se).

caiar v.t. Blanquear, pintar con cal, encalar.

cãibra s.f. *Med.* Calambre.

caimento s.m. Caída.

caipirinha s.f. Cóctel de aguardiente, limón y azúcar.

cair v.i. 1. Caer(se), tumbar. 2. Caer, bajar. 3. Caer, sentar (*roupa*). ♦ **Cair de cama.** Enfermarse. **Cair duro.** Quedarse frío/seco. **Cair fora.** Huir, largarse.

cais s.m. *Mar.* Muelle.

caixa s.f. 1. Caja, envase, estuche. 2. *Com.* Caja, ventanilla. ■ s.m. 3. *Com.* Libro haber. ♦ **Caixa-d'água.** Depósito de agua; (*Arg.*) tanque; (*Mex. e Am.C.*) pila. **Caixa de correio.** Buzón. **Caixa forte.** Caja fuerte/de caudales. **Caixa postal.** Apartado postal/Casilla de correo. **Caixa-preta.** Caja negra/ **Fechar o caixa.** Arquear la caja. **Livro-caixa.** *Com.* Libro haber.

caixão s.m. Caja, ataúd, féretro.

caixinha s.f. *Col.* Propina.

caixote s.m. Cajón.

cal *s.f.* Cal.
calafrio *s.m.* Escalofrío.
calamidade *s.f.* Calamidad.
calão *s.m.* Jerga, caló.
calar *v.i. e v.t.* Callar(se). ♦ **Cale a boca!** ¡Cállate!
calça *s.f.* Pantalón.
calçada *s.f.* Acera; (*Rio-plat.*) vereda.
calçado *s.m.* Calzado, zapato.
calcanhar *s.m.* Calcañal, talón.
calção *s.m.* Pantalón corto, *short*. ♦ **Calção de banho.** Traje de baño.
calcar *v.t.* **1.** Calcar, pisar. **2.** *Fig.* Humillar.
calçar *v.t.* **1.** Calzar, vestir (*sapatos, luvas*). **2.** Pavimentar. **3.** Calzar, poner calces.
calcinha *s.f.* (*Esp.*) Bragas; (*Rio-plat.*) bombacha; (*Mex. e Am.C.*) calzón.
cálcio *s.m. Quím.* Calcio.
calço *s.m.* Calce, cuña.
calculador *adj. e s.m.* Calculador. ■ **calculadora** *s.f.* Calculadora.
calcular *v.t.* Calcular.
calculista *s.2g.* Calculador, interesado.
cálculo *s.m.* **1.** *Mat.* Cálculo, cuenta. **2.** *Med.* Cálculo, concreción pétrea, arenilla. **3.** *Fig.* Cálculo, conjetura. ♦ **Cálculo aproximado para mais/menos.** *Mat.* Aproximación por defecto/por exceso.
calda *s.f.* Almíbar.
caldeira *s.f.* Caldera.
caldo *s.m.* **1.** Caldo, sopa. **2.** Caldo, salsa. **3.** Zumo.
calendário *s.m.* Calendario.
calha *s.f.* Canal, canalón.
calhamaço *s.m.* Mamotreto.
calhar *v.i.* Ser oportuno, coincidir. ♦ **Vir a calhar.** Venir al pelo/como agua de mayo/como anillo al dedo.
calibre *s.m.* Calibre.
caligrafia *s.f.* Caligrafía.
calmante *adj. e s.m. Med.* Calmante, sedante.
calmo *adj.* Calmo, calmoso, sereno. ● **calma** *s.f.* Calma, serenidad.
calo *s.m.* Callo.
calor *s.m.* Calor.

calorento *adj.* Caluroso.
caloria *s.f.* Caloría.
caloroso *adj.* Caluroso.
calota *s.f.* Tapacubos, embellecedor; (*Amer.*) taza/copa de rueda, plato de llanta.
calote *s.m. Col.* Deuda no paga, estafa.
caloteiro *s.m. Col.* Estafador.
calouro *s.* Novato, nuevo, principiante. *Nas universidades os veteranos passam trotes nos calouros.* En las universidades los veteranos bautizan/mantean a los novatos.
calúnia *s.f.* Calumnia.
calvo *adj. e s.m.* Calvo, pelado. ■ **calva** *s.f.* Calva; (*Amer.*) pelada.
cama *s.f.* Cama, lecho.
camada *s.f.* **1.** Capa. *Camada de tinta/terra.* Capa de tinta/tierra. **2.** Estrato, clase, capa.
câmara *s.f.* **1.** Cámara, organismo público. **2.** Cámara, aparato óptico. **3.** Cámara, habitación. **4.** Cámara, compartimiento.
camarada *s.2g.* Camarada; (*Rio-plat.*) compinche; (*Mex. e Am.C.*) cuate.
camaradagem *s.f.* Camaradería.
camarão *s.m.* (*Esp.*) Gamba, langostín; (*Amer.*) camarón.
camareiro *s.* Camarero.
cambalear *v.i.* Tambalear(se).
câmbio *s.m.* **1.** *Com.* Cambio. **2.** *Mec.* Cambio, marcha.
camélia *s.f. Bot.* Camelia.
camelo *s.m.* Camello.
camelô *s.m. Col.* Vendedor ambulante.
caminhada *s.f.* Caminata.
caminhão *s.m.* Camión.
caminhar *v.i.* Caminar.
caminho *s.m.* Camino.
caminhonete *s.f.* Furgón, *pick-up*, camioneta.
camisa *s.f.* Camisa. ♦ **Camisa de onze varas.** Gran dificultad. **Camisa de vênus.** Preservativo. **Vestir a camisa.** Defender, vestir la camisa.
camiseta *s.f.* Camiseta; (*Arg.*) remera.
camisola *s.f.* Camisón.
campainha *s.f.* **1.** Timbre (*porta*). **2.** Campanilla, úvula. **3.** Campana, sonajero (*de mesa*).

campanha s.f. **1.** Campaña, campo. **2.** Campaña, cruzada.
campeão s. Campeón.
campeonato s.m. Campeonato.
campestre adj. Pastoril, campestre.
campo s.m. Campo.
camponês adj. e s. Campesino.
camuflar v.t. Camuflar, disimular.
camundongo s.m. Ratón; (*Rio-plat.*) laucha.
camurça s.f. Gamuza.
cana s.f. **1.** *Bot.* Caña, tallo. **2.** *Col.* Aguardiente. **3.** *Col.* Cárcel, prisión.
canal s.m. **1.** Canal, cauce, acequia. **2.** *Mar.* Canal, estrecho. **3.** *Med.* Canal, tubo, conducto. **4.** Canal, banda de transmisión. **5.** *Fig. e col.* Recurso, expediente.
canalha adj. e s.2g. Canalla, despreciable, vil.
canalizar v.t. Canalizar, encauzar.
canapé s.m. **1.** Canapé, diván. **2.** Canapé, aperitivo.
canário s. Canario.
canastra s.f. Canasto, canasta.
canavial s.m. *Bot.* Cañaveral.
canção s.f. *Mus.* Canción, canto.
cancela s.f. Cancilla.
cancelar v.t. Cancelar, anular.
câncer s.m. **1.** *Med.* Cáncer, tumor. **2.** Cáncer, signo del zodíaco.
candidato s. Candidato.
candomblé s.m. Culto afrobrasileño.
caneca s.f. Taza, pocillo.
canela s.f. **1.** *Bot.* Canela. **2.** *Med.* Canilla, tibia. ♦ **Esticar a canela.** Estirar la pata, morir.
caneta s.f. Pluma. ♦ **Caneta esferográfica.** Bolígrafo, esferográfica, lapicera; (*Arg.*) birome. **Caneta-tinteiro.** Estilográfica; (*Amer.*) pluma fuente.
cangote s.m. Cogote.
canguru s.m. Canguro.
canhão s.m. **1.** *Mil.* Cañón. **2.** Cañón, desfiladero. **3.** *Col.* Mujer fea.
canhoto adj. e s. **1.** Zurdo, izquierdo. ■ s.m. **2.** *Com.* Resguardo, contraseña. ■ **canhota** s.f. Zurda, mano izquierda.
canibal s.2g. Caníbal.

canivete s.m. Cortaplumas. ♦ **Nem que chovam canivetes.** Ni por asomo.
canja s.f. **1.** Caldo de gallina con arroz. **2.** *Col.* Cosa fácil.
cano s.m. Caño. ♦ **Dar um cano.** Dejar plantado. **Entrar pelo cano.** Resultar mal (algo a alguien), jorobarse, fregarse.
cansaço s.m. Cansancio.
cansar v.t., v.i. e v.p. **1.** Cansar(se), fatigar(se). **2.** Cansar(se), aburrir(se).
cansativo adj. Cansado, pesado, fatigoso. *Um trabalho cansativo.* Un trabajo cansado.
cantar v.t. **1.** Cantar, canto. ● v.t. **2.** *Mus.* Cantar, entonar melodías. **3.** *Col.* Flirtear; (*Arg.*) tirarse un lance; (*Mex. e Am.C.*) cantinear. **4.** *Fig. e col.* Hablar, confesar, cantar.
cantarolar v.t. e v.i. Canturrear.
canteiro s.m. **1.** Cuadro de flores/plantas. **2.** Cantero, quien trabaja en cantera. **3.** Obrador.
cantil s.m. Cantimplora.
cantina s.f. Bodegón, comedor, taberna.
canto s.m. **1.** *Mus.* Canto, canción. **2.** Canto, borde, filo. *O canto da mesa.* El borde de la mesa. **3.** Ángulo, esquina. **4.** *Fig.* Rincón. *Tenho um canto para dormir.* Tengo un rincón para dormir.
cantor s. Cantante, cantor.
canudo s.m. **1.** Canuto, tubo. **2.** Paja, pajilla. *Quero um canudo para tomar o suco.* Quiero una pajilla para tomar el jugo. **3.** *Col.* Título, diploma.
cão s.m. Perro, can; (*Mex. e Am.C.*) chucho. ♦ **Vida de cão.** Vida perra.
caolho adj. e s. Tuerto.
caos s.m. **1.** Caos. **2.** *Fig.* Anarquía.
capa s.f. **1.** Capa, manto. **2.** Forro, cubierta. *Pus uma capa de plástico no livro.* Le puse un forro plástico al libro. **3.** Carátula, portada, tapa. *O nome do autor está na capa.* El nombre del autor está en la portada. ♦ **Capa de chuva.** Impermeable.
capacete s.m. Casco.
capacho s.m. **1.** Felpudo. **2.** *Fig.* Persona servil, secuaz.

capacidade *s.f.* **1.** Capacidad. **2.** *Mar.* Arqueo.
capacitação *s.f.* Capacitación, habilitación.
capacitar *v.t.* Capacitar.
capanga¹ *s.m.* Matón, guardaespaldas.
capanga² *s.f.* Bolso usado por hombres.
capar *v.t.* Capar, castrar.
capataz *s.m.* Mayoral, capataz.
capaz *adj.* Capaz.
capela *s.f.* Capilla.
capenga *adj. e s.2g.* Rengo, cojo, destartalado.
capeta *s.m.* **1.** Diablo. ■ *adj. e s.2g.* **2.** Chiquillo travieso.
capim *s.m. Bot.* Hierba, pasto.
capital *adj.* **1.** Capital, fundamental. ● *s.f.* **2.** Capital, cabecera. ■ *s.m.* **3.** *Com.* Capital, caudal financiero.
capitalismo *s.m.* Capitalismo.
capitão *s.m. Mil. e mar.* Capitán.
capítulo *s.m.* **1.** *Liter. e for.* Capítulo. **2.** Capítulo, asamblea.
capô *s.m.* Capó.
capoeira *s.f. Desp.* Especie de arte marcial afrobrasileña.
capota *s.f.* Cubierta plegadiza, capota.
capotar *v.i.* **1.** Volear, capotar. **2.** *Col.* Adormecer profundamente, desmayarse.
caprichar *v.i.* Esmerarse, aplicarse.
capricho *s.m.* **1.** Capricho, antojo. **2.** Esmero, aliño.
capricórnio *s.m.* Capricornio, signo del zodíaco.
cápsula *s.f.* Cápsula.
captar *v.t.* Captar, notar, detectar, asimilar.
capturar *v.t.* Capturar, apresar, prender.
capuz *s.m.* Capuchón, capucha.
caqui *s.m. Bot.* Caqui.
cáqui *adj. e s.m.* Caqui, kaki.
cara *s.f.* **1.** Cara, rostro. **2.** Cara, semblante. **3.** Cara, lado. ■ *s.m.* **4.** *Col.* Tío, tipo. ♦ **Cara de tacho.** Cara de desilusionado. **Cara ou coroa.** Cara o cruz. **Cara de pau.** Caradura. **Cara-metade.** Media naranja. **Com a cara e a coragem.** Con esfuerzo propio. **De cara cheia.** Borracho. **Encher a cara.** Emborracharse. **Estar na cara.** Ser evidente. **Jogar na cara.** Echar en cara. **Livrar a cara.** Salvarse, librarse. **Não ir com a cara.** Caer mal, no tragar a (una persona). **Quebrar a cara.** Desilusionarse, fracasar. **Ser a cara do pai.** Ser el padre pintado.
carabina *s.f. Mil.* Carabina.
caracol *s.m.* **1.** Caracol. **2.** Bucle, rizo, caracol (*cabelo*).
característico *adj.* Característico, típico. ●
característica *s.f.* Característica.
caracterizar *v.t.* Caracterizar.
caramanchão *s.m.* Pérgola, glorieta.
caramelo *s.m.* **1.** Caramelo. **2.** Almíbar.
caramujo *s.m.* Escaramujo, caracol.
caranguejo *s.m.* Cangrejo; (*Amer.*) jaiba.
carapaça *s.f.* Caparazón.
carapuça *s.f.* Caperuza.
caratê *s.m. Desp.* Kárate.
caráter *s.m.* **1.** Carácter, índole, personalidad, temple. **2.** Carácter, señal. **3.** *Fig.* Carácter, firmeza. **4.** Característica, particularidad. ■
caracteres *s.m.pl. Tip. e inform.* Caracteres.
carboidrato *s.m. Quím.* Carbohidrato.
carburador *s.m. Mec.* Carburador.
carbureto *s.m. Quím.* Carburo.
carcaça *s.f.* Armadura, esqueleto, armazón.
cárcere *s.m.* Cárcel.
cardápio *s.m.* Menú, carta, minuta.
cardeal *s.m.* **1.** Cardenal, prelado. **2.** Cardenal, pájaro.
cardinal *adj.* **1.** Cardinal, principal. **2.** *Gram.* Cardinal.
cardiologista *adj. e s.2g. Med.* Cardiólogo.
cardume *s.m.* Cardumen.
careca *s.f.* **1.** Calva, pelada. ■ *adj. e s.2g.* **2.** Calvo, pelado, pelón.
carecer *v.t.* Carecer, necesitar.
carência *s.f.* **1.** Carencia, falta. *Carência afetiva.* Falta de afecto. **2.** Carencia, período de gracia.
careta *s.f.* **1.** Mueca. **2.** Careta, máscara. ■ *s.2g.* **3.** *Fig.* Persona anticuada, moralista.
carga *s.f.* **1.** Carga, cargamento. **2.** Carga, capacidad. **3.** *Mil.* Carga, munición, pólvora. **4.** Carga, peso, fardo. **5.** Carga, repuesto. **6.**

Fig. Carga, obligación. **7.** *Eletr.* Carga, acumulación de electricidad.
cargo *s.m.* **1.** Cargo, función. **2.** *Fig.* Cargo, responsabilidad.
cargueiro *s.m. Mar.* Carguero.
caricatura *s.f.* Caricatura.
carícia *s.f.* Caricia, mimo.
caridade *s.f.* **1.** Caridad, compasión. **2.** Caridad, limosna.
cárie *s.f. Med.* Caries.
carimbar *v.t.* Sellar, estampar un sello.
carimbo *s.m.* Sello.
carinho *s.m.* Cariño, afecto.
carmim *adj. e s.m.* Carmín, carmesí.
carne *s.f.* **1.** Carne, tejido muscular. **2.** *Fig.* Carne, materia. ♦ **Carne de sol.** Carne salada y seca, chacina. **Bolinho de carne.** Albóndiga. **Sofrer na própria carne.** Sufrir en carne propia.
carnê *s.m.* **1.** Bloc, libreta de apuntes. **2.** *Com.* Libreta de pagos. **3.** Carnet.
carneiro *s.m.* **1.** Carnero. **2.** Aries, carnero, signo del zodíaco.
carnificina *s.f.* Masacre, carnicería, matanza.
caro *adj.* **1.** Caro, costoso. **2.** *Fig.* Querido, estimado, caro. ● *adv.* **3.** Caro, precio subido.
caroço *s.m.* **1.** *Bot.* (*Esp.*) Hueso de las frutas; (*Amer.*) carozo. **2.** *Med.* Haba, grano, bulto en la piel.
carona *s.f. Autostop.* ♦ **Pedir carona.** (*Rio-plat.*) Hacer dedo; (*Mex. e Am.C.*) pedir jalón.
carpa *s.f.* Carpa, pescado de agua dulce.
carpete *s.m.* Moqueta, alfombra.
carpintaria *s.f.* Carpintería.
carpinteiro *s.* Carpintero.
carpir *v.t.* Mondar, podar, limpiar.
carrancudo *adj.* Ceñudo, huraño.
carrapato *s.m.* Garrapata.
carrasco *s.m.* **1.** Verdugo. **2.** *Fig.* Hombre cruel.
carregador *adj. e s.* **1.** Cargador, portador. **2.** Maletero.
carregamento *s.m.* Cargamento.
carregar *v.t.* **1.** Cargar, transportar. **2.** *Eletr.* Cargar, acumular corriente eléctrica. **3.** *Fig.* Cargar, soportar. **4.** Cargar, aumentar. **5.** Poner carga, llenar. ■ *v.p.* **6.** Cargarse de nubes, ponerse oscuro (*o céu*).
carreira *s.f.* **1.** Carrera, curso superior. **2.** Carrera, hilera.
carreta *s.f.* **1.** Carretilla. **2.** Camión de gran carrocería, remolque, camión cisterna.
carretel *s.m.* Carrete, bobina.
carreto *s.m.* **1.** Acarreo, transporte. **2.** Flete.
carro *s.m.* **1.** Coche, automóvil; (*Amer.*) auto, carro. **2.** Coche, vagón (*trem*). ♦ **Carro de praça.** Taxi.
carroça *s.f.* Carro, carreta.
carroceria *s.f.* Carrocería.
carrossel *s.m.* Tiovivo.
carruagem *s.f.* Carruaje, carroza, carro.
carta *s.f.* **1.** Carta, comunicación escrita. **2.** Carta, constitución, estatuto. **3.** Carta, mapa. **4.** Carta, naipe. **5.** Licencia, carné de conducir. *Carta de motorista.* Carné de conductor.
cartão *s.m.* **1.** Cartón. **2.** Tarjeta. *Cartão de visita/aniversário/crédito.* Tarjeta de visita/cumpleaños/crédito. ♦ **Cartão-postal.** Postal.
cartaz *s.m.* Cartel, anuncio, letrero. *Proibido colocar cartazes.* Prohibido fijar anuncios. ♦ **Cartaz de propaganda.** Valla publicitaria.
carteira *s.f.* **1.** Cartera, bolso. **2.** Monedero, billetera. **3.** Pupitre, escritorio (*escolar*). **4.** Carné, cédula. *Carteira de identidade.* Cédula de identidad. *Carteira de motorista.* Licencia de conducir. **5.** *Com.* Cartera, conjunto de clientes. ♦ **Batedor de carteira.** Carterista.
carteiro *s.m.* Cartero.
cartilagem *s.f. Med.* Cartílago.
cartilha *s.f.* Cartilla, abecé.
cartografia *s.f.* Cartografía.
cartolina *s.f.* Cartulina.
cartomancia *s.f.* Cartomancia, cartomancía.
cartório *s.m.* **1.** Notaría, escribanía. **2.** Archivo. **3.** Registro civil.
cartucho *s.m.* Cartucho.
carvalho *s.m. Bot.* Roble.
carvão *s.m.* Carbón.

casa s.f. **1.** Casa, vivienda, residencia. **2.** Ojal (*de botão*). **3.** Casa, establecimiento comercial o industrial. **4.** División de tablero, casilla, casillero. **5.** Casa, familia noble. **6.** *Fig.* Hogar. *Os bons costumes aprendem-se em casa.* Las buenas costumbres se aprenden en el hogar. ♦ **Casa de campo.** Villa, quinta. **Casa geminada.** Casa adosada/pareada.

casaco s.m. **1.** Chaqueta; (*Amer.*) saco. **2.** Abrigo, sobretodo; (*Arg.*) tapado. *Casaco de pele.* Abrigo de piel.

casal s.m. **1.** Pareja. *Um casal de amigos.* Una pareja de amigos. **2.** Pareja, matrimonio. *Um casal feliz.* Un matrimonio feliz.

casamento s.m. Boda, casamiento.

casar v.t. e v.p. Casar(se), desposar.

casarão s.m. Caserón.

casario s.m. Caserío.

casca s.f. **1.** Cáscara, piel (*frutas, legumes*). **2.** Costra, corteza (*pão*). **3.** *Fig.* Apariencia exterior. ♦ **Casca de ovo.** Cascarón. **Casca-grossa.** Grosero; (*Amer.*) guarango, chabacano; (*Arg.*) grasa, mersa.

cascalho s.m. Guijarro, cascajo.

cascata s.f. **1.** Cascada. **2.** *Col.* Bravata, fanfarronada.

cascavel s.f. **1.** Cascabel, culebra venenosa. **2.** *Fig.* Persona con veneno en la lengua, víbora. **3.** Cascabel, sonajero.

casco s.m. **1.** Casco, envase. **2.** *Mar.* Casco. **3.** Cráneo. **4.** Casco, vaso.

caseiro *adj.* **1.** Casero, hecho en casa. **2.** Casero, que le gusta la casa. ● *s.* **3.** Casero, encargado de casa de campo.

caso s.m. **1.** Caso, suceso. **2.** Caso, situación. **3.** *Med.* Caso, cuadro. **4.** Caso, hipótesis, ejemplo. **5.** Cuento, anécdota. **6.** *Col.* Lío amoroso. **7.** *Gram.* Caso, declinación. ● *conj.* **8.** Si acaso, por si acaso. *Falarei com ele caso o veja.* Le hablaré si acaso lo veo. ♦ **Caso de polícia.** Caso serio. **Criar caso.** Generar intriga o polémica. **Em todo o caso.** De cualquier modo. **(Não) Vir ao caso.** (No) Convenir, (no) corresponder.

caspa s.f. *Med.* Caspa.

cassar v.t. Anular, retirar, quitar derechos políticos o profesionales, intervenir. *O deputado foi cassado.* Le quitaron el mandato al diputado.

cassete *adj. e s.m. Cassette*, casete (*fita e aparelho*).

cassetete s.m. Cachiporra, porra.

casta s.f. Casta, clase, género.

castanha s.f. *Bot.* Castaña.

castanho *adj. e s.m.* Castaño.

castanholas s.f.pl. *Mus.* Castañuela.

castelo s.m. Castillo.

castiçal s.m. Candelero, arandela.

castidade s.f. Castidad.

castigar v.t. Castigar.

castigo s.m. Castigo.

castor s.m. Castor.

casual *adj.* Casual, incidental.

catalogar v.t. Catalogar, clasificar.

catálogo s.m. Catálogo.

catapora s.f. *Med.* Varicela.

catar v.t. **1.** Buscar, registrar, catear. **2.** Recoger, levantar. *Vou catar as folhas do chão.* Voy a recoger las hojas del piso. ♦ **Cata-vento.** Molinete, molinillo.

catarata s.f. **1.** Catarata, cascada. **2.** *Med.* Catarata.

catástrofe s.f. Catástrofe.

cátedra s.f. Cátedra.

catedral s.f. Catedral.

catedrático *adj. e s.* Catedrático.

categoria s.f. Categoría.

catequese s.f. Catequesis.

catequizar v.t. Catequizar.

cativar v.t. **1.** Cautivar, apresar. **2.** Esclavizar. **3.** *Fig.* Cautivar, atraer, seducir.

cativeiro s.m. **1.** Cautiverio. **2.** Esclavitud.

cativo *adj. e s.m.* **1.** Cautivo, prisionero. **2.** *Fig.* Cautivo, seducido. ■ *s.* **3.** Esclavo. ♦ **Cadeira cativa.** Silla abonada.

catolicismo s.m. Catolicismo.

católico *adj. e s.* Católico.

catraca s.f. Torniquete, molinete.

catre s.m. Catre.

caução *s.f. Com. e for.* Caución, fianza, garantía, resguardo, aseguramiento.
cauda *s.f.* Cola, rabo.
caudilho *s.m.* Caudillo.
caule *s.m. Bot.* Tallo.
causa *s.f.* 1. Causa, motivo, origen. 2. Causa, móvil, ideal. 3. *For.* Causa, demanda. ♦ **Por causa de.** A causa de.
causar *v.t.* Causar, suscitar, ocasionar, producir, acarrear.
cáustico *adj. e s.m.* Cáustico.
cautela *s.f.* 1. Cautela, precaución. 2. *Com.* Certificado, contraseña, resguardo.
cauterização *s.f. Med.* Cauterización.
cava *s.f.* Sisa.
cavadeira *s.f.* Excavadora.
cavalaria *s.f.* Caballería.
cavaleiro *adj. e s.* Jinete, caballero.
cavalete *s.m.* Caballete.
cavalgadura *s.f.* Cabalgadura, caballería.
cavalheiro *adj.* 1. Caballeroso, caballero. ● *s.m.* 2. Caballero, hidalgo. ♦ **Damas e cavalheiros.** Damas y caballeros.
cavalo *s.m.* Caballo. ♦ **Cavalo-vapor.** Caballo de vapor. **Cair do cavalo.** Llevarse una sorpresa o decepción. **Tirar o cavalo da chuva.** Desistir de un propósito.
cavanhaque *s.m.* Perilla.
cavaquinho *s.m. Mus.* Pequeña guitarra de cuatro cuerdas.
cavar *v.t.* 1. Excavar, cavar (terra). 2. Escotar (*roupa*). 3. *Col.* Conseguir, obtener con esfuerzo, recabar.
caveira *s.f.* 1. Calavera. 2. *Col.* Persona flaca, tísica.
caverna *s.f.* Caverna, cueva, gruta.
caviar *s.m.* Caviar.
cavidade *s.f.* Cavidad.
caxias *adj. e s.2g. Col.* Excesivamente dedicado a sus actividades, empollón.
caxumba *s.f. Med.* Bocio, papera.
cebola *s.f. Bot.* 1. Cebolla. 2. Bulbo.
ceder *v.t. e v.i.* Ceder.
cedilha *s.f. Gram.* Cedilla.
cedo *adv.* Temprano. *Ainda é muito cedo.* Todavía es muy temprano. ♦ **Cedo ou tarde.** Tarde o temprano.
cedro *s.m. Bot.* Cedro.
cédula *s.f.* 1. Papel moneda, billete. 2. Boleto para votar, papeleta. 3. Cédula, documento impreso.
cegar *v.t.* 1. Cegar, volver ciego. 2. *Fig.* Cegar, encandilar, ofuscar. 3. Cegar, obstruir un conducto. ■ *v.p.* 4. Cegarse, alucinarse.
cego *adj. e s.* 1. Ciego, que no ve. ■ *adj.* 2. *Fig.* Ciego, alucinado. 3. Sin filo o corte. *Uma faca cega.* Un cuchillo sin corte. ♦ **Às cegas.** A tientas.
cegonha *s.f.* Cigüeña.
ceia *s.f.* Cena. ♦ **Ceia de Natal.** Cena de Navidad.
cela *s.f.* Celda.
celebrar *v.t.* Celebrar.
célebre *adj.* Célebre, afamado, famoso.
celebridade *s.f.* Celebridad.
celeiro *s.m.* Granero, cilla.
celeste *adj.* 1. Celeste, celestial. 2. Divino, sobrenatural.
celibato *s.m.* Celibato.
celofane *s.m.* Celofán.
célula *s.f.* 1. *Biol.* Célula. 2. Célula política.
celulite *s.f. Med.* Celulitis.
cemitério *s.m.* Cementerio, camposanto.
cena *s.f.* 1. Escena, escenario. 2. *Teat.* Escena, cuadro, parte de un acto. 3. *Fig.* Escenario, perspectiva. 4. *Fig.* Escena, suceso, incidente. 5. *Fig.* Escena, escándalo.
cenário *s.m.* 1. *Teat.* Escenario. 2. *Fig.* Escenario, panorama.
cenoura *s.f. Bot.* Zanahoria.
censo *s.m.* Censo, empadronamiento.
censura *s.f.* 1. Censura. 2. Crítica, reproche.
censurar *v.t.* 1. Censurar, condenar. 2. Criticar, reprochar.
centavo *s.m.* Centavo. ♦ **Não valer um centavo.** No valer nada.
centeio *s.m. Bot.* Centeno.
centelha *s.f.* Centella, chispa.
centena *s.f.* Centenar, centena.
centenário *adj. e s.m.* Centenario.

centígrado adj. e s.m. Centígrado. ∎ Abrev.: C.
centímetro s.m. Centímetro. ∎ Abrev.: cm.
centopeia s.f. Ciempiés.
central adj. **1.** Central, céntrico. **2.** Central, principal. ● s.f. **3.** Central, planta. ♦ **Central de abastecimento.** Mercado de abasto.
centralizar v.t. **1.** Centralizar, centrar. **2.** Fig. Acaparar, monopolizar.
centrífuga s.f. Mec. Centrifugadora.
centro s.m. Centro. ♦ **Centroavante.** Desp. Delantero.
cera s.f. Cera. ♦ **Fazer cera.** Trabajar despacio.
cerâmica s.f. Cerámica.
cerca s.f. Valla, cerca, verja, alambrado, reja. ♦ **Cerca de.** Alrededor de, cerca de.
cercar v.t. **1.** Cercar, alambrar. **2.** Cercar, asediar, sitiar.
cerco s.m. **1.** Asedio, cerco, sitio. **2.** Bloqueo, cordón (sanitário, policial).
cerda s.f. Cerda.
cereal s.m. Bot. Cereal, grano, mies.
cérebro s.m. **1.** Cerebro, seso. **2.** Fig. Intelecto.
cereja s.f. Bot. Cereza.
cerimônia s.f. Ceremonia. ♦ **(Não) Fazer cerimônia.** (No) Tener formalidades.
cerimonial adj. e s.m. Ceremonial.
cerne s.m. **1.** Cerne. **2.** Fig. Meollo.
cerração s.f. Bruma, niebla.
certame s.m. Certamen.
certeza s.f. Seguridad, certidumbre, certeza. ♦ **Ter certeza. 1.** Estar seguro. **2.** Tener por cierto.
certidão s.f. For. Partida, certificación, testimonio.
certificado adj. **1.** Certificado, autentificado. ● s.m. **2.** Certificado, certificación.
certificar v.t. **1.** Certificar, asegurar. **2.** For. Certificar, atestiguar. ∎ v.p. **3.** Certificarse, asegurarse.
certo adj. **1.** Cierto, correcto, verdadero. **2.** Exacto, puntual, cabal (hora, relógio). **3.** Cierto, seguro. ● s.m. **4.** Cierto, correcto. ● p.indef. **5.** Cierto, alguno. ● adv. **6.** Ciertamente, seguramente. **7.** Correctamente, con acierto. Responder certo. Contestar correctamente. ♦ **Está certo. 1.** Está correcto. **2.** Está bien, vale, bueno. **Por certo.** Cabalmente, por cierto.
cerveja s.f. Cerveza.
cervejaria s.f. Cervecería.
cervo s. Ciervo.
cerzir v.t. Zurcir.
cesariana s.f. Med. Cesárea.
cessão s.f. **1.** Cesión, concesión. **2.** For. Cesión, transmisión.
cesta s.f. Canasto, cesta. ♦ **Cesta básica.** Cesta de la compra.
cetim s.m. Satén, raso.
céu s.m. Cielo. ♦ **Céu da boca.** Paladar.
chá s.m. Bot. Té. ♦ **Chá-mate.** Yerba mate. **Tomar chá de cadeira.** Hacer antesala, calentar la silla. **Tomar chá de sumiço.** Desaparecer, esfumarse.
chácara s.f. Finca, chacra.
chacina s.f. Masacre.
chacoalhar v.t. Mecer, menear, sacudir.
chacota s.f. Burla, comidilla.
chaga s.f. Llaga.
chalé s.m. Chalet, chalé, bungalow.
chaleira s.f. Tetera; (Rio-plat.) pava.
chama s.f. **1.** Llama, fuego. **2.** Fig. Llama, pasión.
chamada s.f. **1.** Llamada, llamado, apelación. **2.** Llamada, comunicación telefónica. **3.** Mil. Llamada, toque de reunir. **4.** Llamada, acotación (em textos). **5.** Col. Reproche, regaño. ♦ **Fazer a chamada.** Pasar lista. **Levar/Dar uma chamada.** Ganarse/Dar un tirón de orejas.
chamar v.t. **1.** Llamar, denominar, nombrar. **2.** Llamar, convocar. **3.** Llamar, apelar. **4.** Sonar (telefone). ∎ v.p. **5.** Llamarse, nombrarse.
chamativo adj. Llamativo, vivo, vistoso.
chaminé s.f. Chimenea.
champanhe s.m. Champán, champaña.
chamuscar v.t. Chamuscar.
chance s.f. Oportunidad, ocasión, chance. ♦ **Sem chance.** Ni pensar, ni hablar.
chancela s.f. Sello en seco, estampilla.
chanceler s.m. Canciller.

chanfro *s.m.* Chaflán.

chantagem *s.f.* Chantaje.

chantagista *s.2g.* Chantajista.

chão *adj.* 1. Llano, liso. 2. *Fig.* Sincero, honrado. 3. *Fig.* Sencillo, trivial. ● *s.m.* 4. Suelo, piso. 5. Suelo, tierra.

chapa *s.f.* 1. Placa, chapa. 2. Lámina, hoja, chapa. 3. Nómina, planilla (*de candidatos*). 4. Insignia, emblema. 5. *Med.* Radiografía. 6. Matrícula, patente (*carro*). 7. *Col.* Camarada, amigo; (*Mex. e Am.C.*) cuate.

chapada *s.f.* Meseta.

chapéu *s.m.* Sombrero. ♦ **Chapéu de palha.** Panamá. **Tirar o chapéu.** Quitarse el sombrero, reconocer el valor.

charada *s.f.* 1. Acertijo, adivinanza. 2. Enigma. ♦ **Matar a charada.** Solucionar un problema.

charme *s.m.* Atractivo, encanto. ♦ **Jogar/Fazer charme.** Coquetear.

charque *s.m.* Chacina.

charuto *s.m.* Puro, cigarro; (*Arg.*) toscano.

chassi *s.m.* Chasis.

chatear *v.t., v.i. e v.p. Col.* 1. Molestar(se), dar la lata, jorobar(se), fregar(se). *Os pernilongos chateiam.* Los zancudos molestan. 2. Aburrir(se), cansar(se). *Os discursos longos chateiam.* Los discursos largos aburren.

chatice *s.f. Col.* Lata, fastidio.

chato *adj.* 1. Chato, llano, plano. 2. *Col.* Aburrido. *Uma aula chata.* Una clase aburrida. ■ *adj. e s.* 3. *Col.* Latoso, cargoso, pesado, molesto. ■ *s.m.* 4. Ladilla. ♦ **Chato de galocha.** Persona muy pesada, fastidioso, plomo.

chavão *s.m.* Clisé, cliché, frase hecha, muletilla.

chave *s.f.* 1. Llave (*fechadura*). 2. *Mec.* Llave, herramienta. 3. *Eletr.* Llave, interruptor, botón. 4. *Fig.* Clave, explicación, solución. 5. Clave, código. 6. *Fig.* Clave, pieza fundamental. 7. Llave, corchete. ♦ **Chave de fenda.** Destornillador.

chaveiro *s.m.* Llavero, portallaves.

chávena *s.f.* Taza, pocillo.

checar *v.t. e v.i.* Comprobar, controlar, certificar(se), cotejar, chequear.

chefe *s.m.* 1. Jefe, director, patrón. 2. Jefe, cabeza, líder, cabecilla. 3. *Col.* Caballero, doctor.

chefiar *v.t. e v.i.* Mandar, dirigir, encabezar.

chegada *s.f.* 1. Llegada; (*Amer.*) arribo. 2. Llegada, advenimiento. ♦ **Dar uma chegada.** Acercarse rápidamente (a algún lugar).

chegar *v.t.* 1. Llegar, alcanzar (*um lugar*). 2. Llegar, lograr, poder hacer. 3. Llegar, elevarse (*preço*). *O dólar chegou a 4.000.* El dólar llegó a 4.000. ■ *v.i.* 4. Llegar, venir. *Chegarei logo.* Llegaré pronto. 5. Llegar, empezar. *O inverno chegou.* Llegó el invierno. 6. Bastar, ser suficiente. *Não chega o que fez?* ¿No basta lo que hiciste? ♦ **Chega!** ¡Basta! **Dar um chega pra lá.** Tener a raya, poner en su sitio.

cheio *adj.* 1. Lleno, pleno, completo. 2. *Col.* Harto, fastidiado. ● **cheia** *s.f.* Crecida, inundación (*rio, maré*). ♦ **Em cheio.** De lleno. **Lua cheia.** Luna llena.

cheirar *v.t.* 1. Oler, inspirar olor. 2. Inhalar. 3. *Fig.* Fisgonear, husmear. ■ *v.i.* 4. Oler, exhalar olor. ♦ **Cheirar a.** Dar la impresión de, sonar a. **Cheirar mal.** 1. Apestar. 2. Ser sospechoso, oler mal (asunto, negocio).

cheiro *s.m.* Olor, aroma. *Mau cheiro.* Mal olor. ♦ **Cheiro-verde.** *Bot.* Atado de perejil y otras hierbas aromáticas. **Água de cheiro.** Agua de colonia.

cheiroso *adj.* Oloroso, aromático.

cheque *s.m. Com.* Cheque, talón. ♦ **Cheque borrachudo.** Cheque sin fondos. **Talão de cheques.** Talonario de cheques.

chiado *s.m.* Chirrido, chillido.

chiar *v.i.* 1. Chillar, chirriar, rechinar. 2. *Col.* Chillar, rezongar, refunfuñar.

chiclete *s.m.* Chicle.

chicotada *s.f.* Latigazo, azotazo.

chicote *s.m.* Látigo, azote.

chifre *s.m.* Cuerno. ♦ **Pôr chifre.** Ser infiel, poner los cuernos.

chilique *s.m. Col.* Patatús, achaque.
chimarrão *s.m.* (*Amer.*) Cimarrón, mate.
chimpanzé *s.m.* Chimpancé.
chinelo *s.m.* Zapatilla, pantufla; (*Amer.*) chancleta. ♦ **Botar/Pôr no chinelo.** Superar, suplantar (a alguien).
chique *adj.* Chic, elegante, apuesto.
chiqueiro *s.m.* **1.** Chiquero. **2.** *Fig.* Pocilga, cuchitril.
chocalho *s.m.* **1.** Cencerro. **2.** Sonajero.
chocar *v.t. e v.p.* **1.** Chocar, estrellarse. ■ *v.t.* **2.** Incubar, empollar (*galinha*). **3.** *Fig.* Chocar, impresionar. ■ *v.i.* **4.** Perder el gas (*cerveja*). ♦ **Ficar chocado.** Quedar pasmado, anonadado, sentir impacto.
chocolate *s.m.* Chocolate.
chofre <de> *loc.* De pronto, de golpe.
chope *s.m.* Caña, cerveza de barril.
choque *s.m.* **1.** Choque, colisión. **2.** *Fig.* Shock, conmoción, impacto. **3.** *Fig.* Conflicto, riña, disputa. **4.** *Eletr.* Descarga eléctrica; (*Esp.*) calambre; (*Amer.*) shock.
choradeira *s.f.* Lamentación, gimoteo, lloriqueo.
choramingar *v.i.* Gimotear, lloriquear.
chorão *adj. e s.* **1.** Llorón, chillón. ■ *s.m.* **2.** *Bot.* Sauce llorón.
chorar *v.t.* Llorar. ♦ **Chorar as mágoas/pitangas.** Lamentarse.
chorinho *s.m.* **1.** *Mus.* Ritmo musical brasileño. **2.** *Col.* Dosis extra de bebida, chorrito, caidita. *Ponha um chorinho de vinho.* Échele un chorrito de vino.
choro *s.m.* Llanto, lloro.
choupana *s.f.* Choza; (*Rio-plat.*) quincho.
chouriço *s.m.* Morcilla.
chover *v.impess.* **1.** Llover. ■ *v.i.* **2.** *Fig.* Abundar. ♦ **Chover canivete.** Llover mucho, caer un chaparrón.
chuchu *s.m. Bot.* Chayote; (*Mex. e Am.C.*) güisquil. ♦ **Chuchu-beleza.** Bárbaro, buenísimo. **Pra chuchu.** En abundancia.
chulé *s.m. Col.* Mal olor en los pies, olor a pata.
chumaço *s.m.* Copo, mechón, grumo.

chumbar *v.t.* Empotrar.
chumbo *s.m.* **1.** Plomo. **2.** Perdigón, munición menuda, plomo.
chupar *v.t.* Chupar, sorber, absorber. ♦ **Chupar bala.** Comer caramelo. **Chupar sorvete.** Tomar helado.
chupeta *s.f.* Chupete, chupador.
churrascaria *s.f.* Restaurante que sirve carne asada; (*Rio-plat.*) parrilla.
churrasco *s.m.* Carne a la brasa, churrasco; (*Rio-plat.*) asado.
churrasqueira *s.f.* Parrilla.
chutar *v.t. e v.i.* **1.** Patear, dar puntapiés. **2.** *Desp.* Tirar, patear. **3.** *Col.* Arriesgar una respuesta, adivinar.
chute *s.m.* **1.** Puntapié. **2.** *Desp.* Tiro. **3.** *Col.* Intento de respuesta.
chuva *s.f.* Lluvia.
chuveiro *s.m.* Ducha.
chuvisco *s.m.* Llovizna.
ciático *adj. Med.* Ciático. • **ciática** *s.f.* Ciática.
cibernético *adj.* Cibernético. • **cibernética** *s.f.* Cibernética.
cicatriz *s.f.* Cicatriz.
cicatrizar *v.t., v.i. e v.p.* Cicatrizar(se).
ciclismo *s.m. Desp.* Ciclismo.
ciclista *adj. e s.2g. Desp.* Ciclista.
ciclo *s.m.* Ciclo.
ciclone *s.m.* Ciclón.
cidadão *s.* **1.** Ciudadano. **2.** *Col.* Individuo, tío.
cidade *s.f.* **1.** Ciudad, pueblo. **2.** Centro, núcleo urbano.
cidra *s.f. Bot.* Cidra.
cidreira *s.f. Bot.* Cidro.
ciência *s.f.* Ciencia.
ciente *adj.* Sabedor, enterado, consciente. *Ciente dos seus deveres.* Sabedor de sus deberes. ♦ **Estar ciente.** Estar al corriente/al tanto/ enterado, tomar razón.
científico *adj.* Científico.
cientista *s.2g.* Científico.
cifra *s.f.* **1.** *Mat.* Cifra, número, guarismo. **2.** Monto, importe, suma. *A dívida atingiu a cifra de um bilhão.* La deuda alcanzó el monto de mil millones. **3.** Cifra, código

secreto. **4.** Cifra, monograma de un nombre. ■ **cifras** *s.f.pl.* Cuentas, cálculos.
cigano *s.* Gitano.
cigarra *s.f.* Chicharra.
cigarreira *s.f.* Cigarrera.
cigarro *s.m.* Cigarrillo, pitillo; (*Arg.*) pucho. ♦ **Maço de cigarros.** Cajetilla de cigarrillos; (*Arg.*) atado.
cilada *s.f.* Trampa, emboscada.
cilindrada *s.f. Mec.* Cilindrada.
cilindro *s.m.* Cilindro.
cílio *s.m.* Pestaña.
cimento *s.m.* Cemento.
cimo *s.m.* Cima, cumbre, cúspide. ■ **cima** *s.f.* Extremo superior, alto, cima. ♦ **Ainda por cima.** Y encima. **De cima.** Desde arriba. **Em cima.** Arriba, encima. **Para cima.** Hacia arriba. **Por cima. 1.** Por encima, superficialmente. **2.** En posición o situación de dominio, desde arriba.
cineasta *s.2g.* Cineasta.
cinema *s.m.* Cine.
cínico *adj. e s.* Cínico.
cinquentão *adj. e s.* Cincuentón.
cinto *s.m.* Cinturón. ■ **cinta** *s.f.* **1.** Cinta, faja. **2.** Corsé, faja.
cintura *s.f.* Cintura, talle.
cinza *adj. e s.m.* **1.** Gris. *Está usando uma calça cinza.* Lleva un pantalón gris. ■ *s.f.* **2.** Ceniza. *Caiu a cinza do cigarro.* Se cayó la ceniza del cigarrillo. ■ **cinzas** *s.f.pl.* Cenizas, restos mortales.
cinzeiro *s.m.* Cenicero.
cio *s.m.* Celo, brama.
cipó *s.m. Bot.* Bejuco, liana.
circo *s.m.* Circo.
circuito *s.m.* **1.** Circuito, trayecto. **2.** *Eletr.* Circuito. **3.** Circuito, perímetro. **4.** Circuito, contorno.
circulação *s.f.* Circulación.
circular *adj.* **1.** Circular. ● *s.m.* **2.** Autobús que vuelve al inicio del recorrido. ■ *s.f.* **3.** Circular, carta. ● *v.i.* **4.** Circular, transitar. **5.** *Fig.* Circular, propagarse.
círculo *s.m.* **1.** *Geom.* Círculo. **2.** Círculo, esfera. **3.** Círculo, grupo, agremiación. **4.** Círculo, aro, anillo.
circuncisão *s.f. Med.* Circuncisión.
circunferência *s.f. Geom.* Circunferencia.
circunflexo *adj. Gram.* Circunflejo, acento gráfico.
circunspecto *adj.* Circunspecto.
circunstância *s.f.* Circunstancia.
cirrose *s.f. Med.* Cirrosis.
cirurgia *s.f. Med.* Cirugía. ♦ **Sala de cirurgia.** Quirófano.
cirurgião *s. Med.* Cirujano.
cirúrgico *adj. Med.* Quirúrgico.
cisão *s.f.* Escisión, rompimiento, división.
cismar *v.t.* **1.** Cavilar, rumiar. **2.** *Fig.* Desconfiar. ♦ **Estar/Andar cismado.** Estar/Andar preocupado o desconfiado.
cisne *s.m.* Cisne.
cisterna *s.f.* **1.** Depósito, estanque, cisterna. **2.** Pozo.
cistite *s.f. Med.* Cistitis.
citação *s.f.* **1.** Cita, transcripción. **2.** *For.* Notificación, citación, emplazamiento.
citar *v.t.* **1.** Citar, mencionar, aludir. **2.** *For.* Notificar, emplazar, citar.
cítrico *adj. Bot.* Cítrico.
ciúme *s.m.* **1.** Celos. **2.** Envidia. **3.** Rivalidad.
ciumento *adj. e s.* **1.** Celoso. **2.** Envidioso.
cívico *adj.* Cívico.
civil *adj.* **1.** Civil, relativo al ciudadano. **2.** Civilizado, urbano. ● *s.m.* **3.** Civil, no militar. ♦ **(Vestido) De civil.** (Vestido) A la paisana/De paisano. **(Casamento) No civil.** (Matrimonio) Por lo civil.
civilização *s.f.* Civilización.
civilizar *v.t. e v.p.* Civilizar(se).
civismo *s.m.* Civismo.
cizânia *s.f.* **1.** *Bot.* Cizaña, joyo. **2.** *Fig.* Cizaña, discordia.
clã *s.m.* Clan.
clamar *v.t. e v.i.* Clamar.
clamor *s.m.* Clamor.
clandestino *adj. e s.* Clandestino.
clara *s.f.* Clara.
claraboia *s.f. Arq.* Tragaluz, claraboya.

clarão *s.m.* Lumbre, claridad, luz.
clarear *v.t.* **1.** Aclarar, clarear, clarificar. **2.** Blanquear, clarificar. ■ *v.i.* **3.** Clarear, amanecer, aclarar.
clareza *s.f.* Claridad. *Falar com clareza.* Hablar con claridad.
claridade *s.f.* Claridad, lumbre.
clarificar *v.t.* Clarificar.
clarinete *s.m. Mus.* Clarinete.
clarividente *adj. e s.2g.* Clarividente.
claro *adj.* **1.** Claro, iluminado. **2.** Claro, nítido. **3.** Claro, pálido. **4.** Claro, evidente. **5.** Claro, objetivo, sincero. ● *adv.* **6.** Claro, con claridad. ● *interj.* **7.** Claro, desde luego. ● *s.m.* **8.** Laguna, espacio en blanco. **9.** Claro, espacio sin vegetación. ♦ **Mas é claro!** ¡Claro que sí! ¡Por supuesto! **Passar a noite em claro.** Pasar la noche en vela, desvelarse.
classe *s.f.* **1.** Clase, categoría, especie. **2.** Clase, capa social. **3.** Clase, grupo de alumnos. **4.** Aula. *A professora está na classe.* La maestra está en el aula. **5.** Clase, distinción, modos.
clássico *adj. e s.* Clásico.
classificação *s.f.* Clasificación.
classificar *v.t. e v.p.* Clasificar(se), catalogar(se).
claustrofobia *s.f. Med.* Claustrofobia.
cláusula *s.f.* Cláusula.
clausura *s.f.* Clausura, reclusión, encierro.
clave *s.f. Mus.* Clave.
clavícula *s.f. Med.* Clavícula.
clemência *s.f.* Clemencia.
clero *s.m.* Clero.
clichê *s.m. Tip. e liter.* Cliché, clisé.
cliente *s.2g.* Cliente.
clientela *s.f.* Clientela.
clima *s.m.* **1.** Clima, atmósfera. **2.** *Fig.* Ambiente, circunstancias. *Não havia clima.* El ambiente no era propicio.
clínico *adj. e s.m. Med.* Clínico. ■ **clínica** *s.f.* Clínica.
clipe *s.m.* **1.** Clip, sujetapapeles. **2.** Clip, videoclip.
cloro *s.m. Quím.* Cloro.
clorofila *s.f. Bot.* Clorofila.

clube *s.m.* Club, círculo.
coação *s.f.* Coacción.
coadjuvante *adj. e s.2g.* Coadyuvante.
coador *adj. e s.m.* Colador.
coagir *v.t.* Coaccionar.
coagular *v.t. e v.p.* **1.** *Med.* Coagular(se). ■ *v.t.* **2.** Cuajar.
coágulo *s.m.* **1.** *Med.* Coágulo. **2.** Grumo.
coalhar *v.t.* **1.** Cuajar. ■ *v.i.* **2.** *Fig.* Cuajarse, llenarse, cubrirse.
coalizão *s.f.* Coalición.
coar *v.t.* Colar.
cobaia *s.f.* Conejillo de indias, cobayo.
coberto *adj.* **1.** Cubierto, tapado. **2.** *Fig.* Cubierto, protegido. **3.** *Com.* Que tiene fondos. *Estou coberto no banco.* Tengo fondos en el banco. ● *s.m.* **4.** Cubierto, cobertizo. ■ **coberta** *s.f.* **1.** *Mar.* Cubierta. **2.** Cubierta, cobija.
cobertor *s.m.* Manta; (*Amer.*) frazada.
cobertura *s.f.* **1.** Cobertura, cubierta. **2.** *Com.* Fondos. **3.** *Arq.* Ático, *penthouse.* **4.** Cobertura periodística. ♦ **Dar cobertura.** Proteger.
cobiça *s.f.* Codicia, avaricia.
cobiçar *v.t.* Codiciar.
cobra *s.f.* **1.** Culebra. ■ *s.2g.* **2.** *Col.* Perito, as. ♦ **Ser uma cobra.** Tener lengua viperina, ser una víbora.
cobrador *adj. e s.* Cobrador.
cobrança *s.f.* **1.** Cobranza, cobro. **2.** *Col.* Reclamo, exigencia.
cobrar *v.t.* **1.** Cobrar, recibir. **2.** Cobrar, recuperar. **3.** *Col.* Reclamar, exigir. ♦ **Ligação a cobrar.** Llamada con cobro revertido.
cobre *s.m. Quím.* Cobre. ■ **cobres** *s.m.pl. Col.* Dinero; (*Esp.*) pasta; (*Arg.*) guita; (*Am.C.*) pisto, lenes.
cobrir *v.t.* **1.** Cubrir, tapar. **2.** *Com.* Cubrir, pagar. ■ *v.t. e v.p.* **3.** Cubrir(se), abrigar(se). **4.** Cubrir(se), defender(se), resguardar(se).
cocaína *s.f.* Cocaína. ■ *Tb.:* **coca.**
coçar *v.t. e v.p.* **1.** Rascar(se). ■ *v.i.* **2.** Escocer, picar.
cócegas *s.f.pl.* Cosquillas.
coceira *s.f.* Comezón, picazón, escocedura.
cocheira *s.f.* Establo.

cochichar *v.t. e v.i.* Murmurar, susurrar, soplar, cuchichear.
cochicho *s.m.* Murmullo, soplo, cuchicheo.
cochilar *v.i.* **1.** Dormitar. **2.** *Col.* Descuidarse, parpadear. *Se cochilar, perde a chance.* Si te descuidas, pierdes la oportunidad.
coco *s.m.* **1.** *Bot.* Coco. **2.** *Col.* Coco, cabeza; (*Amer.*) mate, chola.
cocô *s.m.* **1.** *Col.* Caca. **2.** *Vulg.* Excremento, mierda; (*Amer.*) sorete, cerote.
codificar *v.t.* Codificar.
código *s.m.* **1.** Código, norma. **2.** Código, cifra. **3.** Código, sistema de signos.
codorna *s.f.* Codorniz.
coelho *s.* Conejo. ♦ **Neste mato tem coelho.** Aquí hay gato encerrado.
coerente *adj.* Coherente.
coesão *s.f.* Cohesión.
cofre *s.m.* **1.** Cofre, arca, caja. **2.** Caja fuerte, arca de caudales. ♦ **Cofrinho.** Alcancía.
cogitar *v.t. e v.i.* Pensar, reflexionar.
cognome *s.m.* Alias, apodo.
cogumelo *s.m. Bot.* Hongo, champiñón, seta.
coibir *v.t.* **1.** Cohibir, coartar. ■ *v.p.* **2.** Cohibirse, contenerse.
coincidência *s.f.* Coincidencia.
coincidir *v.t. e v.i.* Coincidir.
coisa *s.f.* **1.** Cosa, objeto. **2.** Negocio, asunto. **3.** *Col.* Trasto, cachivache, tiliche. ■ **coisas** *s.f.pl.* Cosas, pertenencias. ♦ **É coisa dele/dela. Não dizer coisa com coisa.** Hablar sin nexo. **Não ser uma coisa nem outra.** (*Amer.*) No ser chicha ni limonada.
coitado *adj. e s.* Pobre, desdichado.
cola *s.f.* **1.** Pegamento, cola. **2.** *Col.* Chuleta, copia (*em prova*). ♦ **Na cola de.** En la huella de.
colaboração *s.f.* Colaboración.
colaborar *v.t.* **1.** Colaborar, cooperar. **2.** Colaborar, escribir para un periódico.
colação *s.f.* Colación, graduación.
colar *s.m.* **1.** Collar. ● *v.t.* **2.** Pegar, encolar. ■ *v.i.* **3.** *Col.* Copiar (*em prova*). ■ *v.p.* **4.** Pegarse. ♦ **Colar grau.** Recibir la investidura de grado.

colarinho *s.m.* Cuello.
colcha *s.f.* Colcha, cubrecama.
colchão *s.m.* Colchón.
colchete *s.m.* Corchete.
colchonete *s.f.* Colchoneta.
coleção *s.f.* Colección.
colecionar *v.t.* Coleccionar.
colega *s.2g.* **1.** Compañero (*de escola, profissão*). **2.** Amigo, compañero, camarada; (*Rio-plat.*) aparcero; (*Mex. e Am.C.*) cuate.
colegial *adj. e s.2g.* **1.** Colegial, alumno. ■ *s.m.* **2.** Curso de nível médio, preparatorio. **3.** Tipo de helado servido en taza. ♦ **Colégio eleitoral.** Colegio electoral.
colégio *s.m.* **1.** Colegio, escuela. **2.** Colegio, gremio.
coleguismo *s.m.* Camaradería.
coleira *s.f.* Collar, aro.
cólera *s.f.* **1.** Cólera, rabia, ira. ■ *s.2g.* **2.** *Med.* Cólera.
coleta *s.f.* **1.** Recopilación, recolección. **2.** Recaudación, aporte, colecta. ♦ **Coleta de dados.** Recolección de datos. **Fazer uma coleta.** Recoger (dinero, objetos).
coletânea *s.f. Liter.* Compilación.
colete *s.m.* Chaleco.
coletivo *adj.* **1.** Colectivo. ● *s.m.* **2.** *Gram.* Colectivo. **3.** Autobús, ómnibus; (*Rio-plat.*) colectivo, micro; (*Mex. e Am.C.*) camión, camioneta.
colheita *s.f.* Cosecha. ♦ **Colheita de cana-de-açúcar.** Zafra. **Colheita de uva.** Vendimia.
colher[1] *s.f.* Cuchara. ♦ **Dar uma colher de chá. 1.** Dar una oportunidad. **2.** Favorecer, facilitar (algo a alguien).
colher[2] *v.t.* **1.** Cosechar. **2.** Reunir, recoger, juntar.
colherada *s.f.* Cucharada.
cólica *s.f. Med.* Cólico.
coligação *s.f.* Liga, coligación, coalición.
colina *s.f.* Colina.
colisão *s.f.* Colisión, choque.
colmeia *s.f.* Colmena.
colo *s.m.* **1.** Cuello. **2.** Seno, regazo. **3.** *Med.* Cuello. ♦ **No colo.** En brazos. **Querer/Pedir**

colo (o bebê). Querer aúpa, querer que se le lleve en brazos (el bebé).
colocação *s.f.* **1.** Colocación, ubicación. **2.** Colocación, empleo. **3.** Posición, lugar (*em classificação*). **4.** Planteamiento, enunciado.
colocar *v.t. e v.p.* **1.** Poner(se), colocar(se). ■ *v.t.* **2.** Disponer, ubicar. **3.** Plantear.
colônia *s.f.* **1.** Colonia, territorio colonizado. **2.** Colonia, extranjeros en un país. **3.** Colonia, perfume. **4.** *Biol.* Colonia. ♦ **Colônia de férias.** Colonia de vacaciones.
colonizar *v.t.* Colonizar.
colono *s.m.* **1.** Colono, chacarero. **2.** Colono, poblador.
coloquial *adj.* Coloquial.
coloração *s.f.* Coloración.
colorido *adj.* **1.** Coloreado, de varios colores. ● *s.m.* **2.** Colorido, coloración.
colorir *v.t.* Colorear, colorir, colorar.
coluna *s.f.* **1.** Columna, pilastra. **2.** *Tip.* Columna, división vertical de una página. **3.** *Mil.* Columna, tropa. **4.** *Med.* Columna, espinazo. **5.** *Fig.* Apoyo, sostén, columna.
colunista *s.2g.* Columnista.
com *prep.* Con.
coma *s.m. Med.* Coma.
comadre *s.f.* **1.** Comadre. **2.** *Col.* Mujer chismosa. **3.** *Col.* Chata, bacín.
comandar *v.t.* **1.** *Mil.* Comandar. **2.** Mandar, dirigir.
comando *s.m.* **1.** *Mil.* Comando. **2.** Mando, gobierno. *No comando da operação.* Al mando de la operación. **3.** Control, mando. *Torre de comando.* Torre de control. *Painel de comandos.* Tablero de mandos.
combate *s.m.* Combate.
combatente *adj. e s.2g. Mil.* Combatiente.
combater *v.t.* **1.** Combatir, luchar. **2.** *Fig.* Combatir, oponerse.
combinação *s.f.* **1.** Combinación, composición, arreglo. **2.** Combinación, prenda de uso interior.
combinar *v.t.* **1.** Combinar, componer. **2.** Pactar, convenir, ponerse de acuerdo, concertar. *Ainda não combinamos o preço.* Todavía no hemos concertado el precio. **3.** Combinar, armonizar, conciliar.
comboio *s.m.* Convoy.
combustão *s.f.* Combustión.
combustível *adj. e s.m.* Combustible.
começar *v.t. e v.i.* Empezar, comenzar.
começo *s.m.* Comienzo, inicio, principio. ♦ **Do começo.** Desde el inicio. **Pra começo de conversa.** Para empezar.
comédia *s.f.* **1.** *Liter. e teat.* Comedia. **2.** *Fig.* Farsa, simulacro, comedia. **3.** *Fig.* Suceso cómico, comedia.
comediante *s.2g.* Comediante.
comedimento *s.m.* Comedimiento, mesura, urbanidad, moderación.
comemoração *s.f.* Conmemoración, celebración, festejo.
comemorar *v.t.* Conmemorar, celebrar.
comentar *v.t.* Comentar.
comentário *s.m.* Comentario.
comer *v.t. e v.i.* **1.** Comer, ingerir alimento. **2.** Comer, carcomer. **3.** *Fig.* Comer, dilapidar. **4.** *Vulg.* Fornicar, tener relaciones sexuales; (*Amer.*) coger.
comercial *adj.* **1.** Comercial. ● *s.m.* **2.** Anuncio publicitario. **3.** Plato popular, cubierto, comida; (*Arg.*) minuta.
comercialização *s.f.* Comercialización.
comerciante *adj. e s.2g.* Comerciante, negociante.
comerciar *v.t.* Comerciar, negociar.
comércio *s.m.* Comercio. ♦ **De fechar o comércio.** Extraordinario, magnífico.
cometa *s.m.* Cometa.
cometer *v.t.* Cometer, perpetrar.
comichão *s.f.* **1.** Comezón, picazón. **2.** *Fig.* Ansiedad, comezón.
comício *s.m.* Mitin.
cômico *adj.* **1.** Cómico, divertido. ■ *adj. e s.* **2.** Cómico, comediante.
comida *s.f.* Comida, alimento.
comigo *p.pess. 1ª pess.sing.* Conmigo.
comilança *s.f.* Comilona.
comilão *adj. e s.* Comilón, glutón.
cominho *s.m. Bot.* Comino.

comissão *s.f.* **1.** Comisión, delegación, comité. **2.** Comisión, gratificación. **3.** Comisión, cometido.

comissário *s.* **1.** Comisario, funcionario. **2.** Comisario de vuelo.

comitiva *s.f.* Comitiva, cortejo.

como *adv.* **1.** Como. *Veloz como um raio.* Veloz como un rayo. **2.** Cómo (*frases interr. e excl.*) *Como vai?* ¿Cómo te va? ● *conj.* **3.** Como. *Descreveu a cena como se a tivesse visto.* Describió la escena como si la hubiera visto. ♦ **Assim/Tal como.** Al igual que, así como. **Seja como for.** Comoquiera que sea, sea como fuere.

comoção *s.f.* Conmoción.

cômoda *s.f.* Cómoda.

comodidade *s.f.* Comodidad, confort, bienestar.

cômodo *adj.* **1.** Cómodo, confortable, a gusto. ● *s.m.* **2.** Aposento, habitación.

comover *v.t., v.i. e v.p.* Conmover(se).

compadecer *v.t. e v.p.* Compadecer(se).

compadre *s.m.* Compadre.

compaixão *s.f.* Compasión.

companheiro *adj. e s.* Compañero, camarada, compinche.

companhia *s.f.* **1.** Compañía, acompañante. **2.** *Com.* Compañía, sociedad. **3.** *Teat.* Compañía. **4.** *Mil.* Compañía, pelotón.

comparação *s.f.* Comparación.

comparar *v.t.* **1.** Comparar, confrontar, cotejar. ■ *v.p.* **2.** Compararse.

comparecer *v.i.* Presentarse, concurrir, personarse, asistir, comparecer. *Não compareceu ao trabalho.* No se presentó al trabajo.

comparecimento *s.m.* Presencia, comparecencia, asistencia.

compartilhar *v.t.* Compartir.

compasso *s.m.* **1.** Compás (*de desenho*). **2.** *Mus.* Compás, ritmo.

compatriota *adj. e s.2g.* Compatriota.

compêndio *s.m.* Compendio.

compenetrar *v.t.* **1.** Persuadir, convencer. ■ *v.p.* **2.** Persuadirse, convencerse. **3.** Concentrarse, penetrarse.

compensação *s.f.* **1.** Compensación, recompensa, consuelo. **2.** *Com.* Compensación, *clearing.* ♦ **Em compensação.** En cambio, por otra parte.

compensado *s.m.* Terciado.

compensar *v.t.* **1.** Compensar, contrabalancear. **2.** Compensar, recompensar. **3.** *Com.* Compensar, indemnizar. ■ *v.i.* **4.** Compensar, resultar, valer.

competência *s.f.* **1.** Competencia, capacidad, habilidad. **2.** Competencia, incumbencia, atribución.

competição *s.f. Desp.* Competición, torneo.

competidor *s. Desp.* Competidor, adversario.

competir *v.t.* **1.** *Desp.* Competir, contender. *Competem pelo segundo lugar.* Compiten por el segundo lugar. **2.** Competer, incumbir, corresponder. *Isto compete a você.* Esto te compete.

complacência *s.f.* Complacencia, tolerancia.

compleição *s.f.* Complexión.

complementar *adj.* **1.** Complementario. ● *v.t.* **2.** Complementar, completar.

completar *v.t.* **1.** Completar, concluir. **2.** Completar, complementar. **3.** Cumplir (*anos*).

completo *adj.* **1.** Completo, terminado. **2.** Completo, lleno. **3.** *Fig.* Completo, total, cabal.

complexo *adj.* **1.** Complejo, complicado. ● *s.m.* **2.** Complejo, conjunto (*industrial, cultural*). **3.** Complejo, sentimiento de inferioridad/superioridad.

complicação *s.f.* Complicación.

complicar *v.t.* **1.** Complicar, dificultar. ■ *v.p.* **2.** Complicarse, enredarse.

complô *s.m.* Complot, conspiración.

compor *v.t.* **1.** Componer, constituir. **2.** Componer, disponer. **3.** Componer, crear (*obras*). **4.** *Tip.* Componer (*texto*). ■ *v.p.* **5.** Componerse, constituirse. **6.** Recomponerse, recobrarse.

comporta *s.f.* Compuerta.

comportamento *s.m.* Comportamiento, conducta.

comportar *v.t.* **1.** Comportar, contener. ■ *v.p.* **2.** Comportarse, conducirse, portarse.

compositor *s. Mus.* Compositor.
composto *adj.* 1. Compuesto, constituido. • *s.m.* 2. *Quím.* Compuesto, substancia.
compostura *s.f.* 1. Compostura, composición. 2. Compostura, comedimiento.
compota *s.f.* Compota.
compra *s.f.* Compra, adquisición. ♦ **Compra e venda.** Compraventa.
comprador *s.* Comprador.
comprar *v.t.* 1. Comprar, adquirir. 2. *Col.* Sobornar, comprar. ♦ **Comprar briga.** Meterse en líos.
compreender *v.t.* 1. Comprender, entender. 2. Comprender, abarcar. ■ *v.p.* 3. Comprenderse, entenderse.
compreensão *s.f.* Comprensión.
compressa *s.f.* Compresa, lienzo, fomento.
compressor *adj. e s.m. Mec.* Compresor. ♦ **Rolo compressor.** Rodillo compresor.
comprido *adj.* Largo, extenso.
comprimento *s.m.* Largo, largura, extensión, longitud. *Vinte metros de comprimento.* Veinte metros de largo.
comprimido *adj.* 1. Comprimido. • *s.m.* 2. Píldora, pastilla, comprimido.
comprometer *v.t. e v.p.* 1. Comprometer(se), asumir responsabilidad. 2. Comprometer(se), arriesgar(se).
compromisso *s.m.* Compromiso.
comprovante *s.m. Com.* Comprobante, resguardo.
comprovar *v.t.* Comprobar, probar, confirmar, acreditar.
computação *s.f. Inform.* Computación.
computador *s.m. Inform.* (*Esp.*) Ordenador; (*Amer.*) computadora, computador.
computadorizar *v.t. Inform.* Computadorizar, computarizar, procesar información.
comum *adj.* 1. Común, general. 2. Común, corriente, habitual. 3. Común, ordinario, banal. 4. Común, frecuente. ♦ **De comum acordo.** De mancomún, en mancomunidad.
comungar *v.t. e v.i.* Comulgar.
comunhão *s.f.* Comunión. ♦ **Comunhão de bens.** Régimen de bienes gananciales, comunidad de bienes.
comunicação *s.f.* 1. Comunicación, acceso, paso. 2. Comunicación, información, mensaje. 3. Comunicación, trato, relación. ■ **comunicações** *s.f.pl.* Comunicaciones.
comunicado *s.m.* Comunicado, aviso.
comunicar *v.t.* 1. Comunicar, informar, dar parte. 2. Comunicar, transmitir. ■ *v.p.* 3. Comunicarse, entablar contacto.
comunidade *s.f.* Comunidad.
comunismo *s.m.* Comunismo.
comunista *adj. e s.2g.* Comunista.
comutador *adj. e s.m. Eletr.* Conmutador, llave.
conceber *v.t.* 1. Concebir, generar. 2. Concebir, imaginar.
conceder *v.t.* 1. Conceder, otorgar. 2. Conceder, admitir.
conceito *s.m.* 1. Concepto, juicio, opinión. 2. Concepto, idea. 3. Definición.
concentração *s.f.* Concentración.
concentrar *v.t.* 1. Concentrar, reunir. 2. Concentrar, condensar. ■ *v.p.* 3. Concentrarse.
concepção *s.f.* 1. Concepción, generación. 2. Concepto, punto de vista. 3. Concepción, producto de la inteligencia.
concernir *v.t.* Concernir.
concerto *s.m. Mus.* 1. Concierto. 2. Audición.
concessão *s.f.* Concesión.
concessionário *adj. e s.* Concesionario.
concha *s.f.* 1. *Mar.* Concha. 2. Cucharón.
conchavo *s.m.* Trama, maquinación, enredo, intriga.
conciliar *adj.* 1. Conciliar, relativo a concilio. • *v.t. e v.p.* 2. Conciliar(se).
concluir *v.t.* 1. Concluir, terminar, finalizar. 2. Concluir, inferir.
conclusão *s.f.* 1. Conclusión, terminación, remate. 2. Conclusión, ilación, inferencia.
concordância *s.f.* 1. Concordancia, conformidad. 2. *Gram.* Concordancia.
concordar *v.t. e v.i.* 1. Estar de acuerdo, convenir, acordar, aceptar. 2. *Gram.* Concordar. 3. *For.* Allanarse.

concordata s.f. Com. (Esp.) Suspensión de pagos; (Amer.) concurso civil, concordato.
concórdia s.f. Concordia.
concorrência s.f. **1.** Competencia. *Livre concorrência*. Libre competencia. **2.** Concurso, concurrencia, afluencia (*pessoas*). ♦ **Concorrência pública.** Licitación.
concorrer v.t. e v.i. **1.** Competir, hacer competencia. **2.** Competir, disputar. **3.** Concurrir, presentarse. **4.** Concurrir, participar, colaborar.
concretizar v.t. e v.p. Concretar(se), realizar(se).
concreto adj. **1.** Concreto, consistente. **2.** Concreto, material, real. ● s.m. **3.** Hormigón. *Concreto armado*. Hormigón armado.
concubina s.f. Concubina.
concurso s.m. **1.** Desp. Concurso, certamen. **2.** Concurrencia, afluencia (*gente*). **3.** (*Esp.*) Oposiciones; (Amer.) concurso. **4.** Concurso, cooperación. ♦ **Prestar concurso.** Opositar.
conde s.m. Conde.
condecoração s.f. Condecoración.
condenação s.f. **1.** For. Condena, sentencia. **2.** Condenación, reprobación.
condenar v.t. **1.** For. Condenar, pronunciar sentencia, penar. **2.** Condenar, reprobar. **3.** Condenar, declarar inservible.
condensar v.t. Condensar.
condescendente adj. Condescendiente.
condescender v.t. e v.i. Condescender.
condição s.f. **1.** Condición, situación, circunstancia. **2.** Condición, exigencia, cláusula. **3.** Condición, categoría social.
condomínio s.m. **1.** Comunidad de propietarios. **2.** Gastos de administración (*edifício*). **3.** For. Condominio. ♦ **Condomínio fechado.** Urbanización, núcleo residencial urbanizado.
condor s.m. Cóndor.
condução s.f. **1.** Conducción, dirección. **2.** Vehículo, transporte.
conduta s.f. Conducta, comportamiento.
conduto s.m. Conducto, canal.
conduzir v.t. **1.** Conducir, llevar. **2.** Conducir, transmitir (*energia, calor*). **3.** Conducir, dirigir, gobernar. ■ v.p. **4.** Portarse, conducirse.
cone s.m. Geom. Cono. ♦ **Cone Sul.** Cono Sur.
conexão s.f. **1.** Conexión, relación, vínculo. **2.** Eletr. Conexión.
confeitaria s.f. Confitería.
conferência s.f. **1.** Conferencia, discurso. **2.** Cotejo, confrontación. **3.** Conferencia, reunión (*internacional, de especialistas*).
conferencista s.2g. Conferenciante.
conferir v.t. **1.** Confrontar, cotejar. **2.** Conferir, otorgar, adjudicar. ■ v.i. **3.** Cuadrar, estar en conformidad, coincidir. *A assinatura não confere.* La firma no coincide.
confessar v.t. e v.p. Confesar(se).
confete s.m. **1.** Confeti, papelillo. **2.** Piropo. ♦ **Jogar confete.** Echar flores, piropear.
confiança s.f. **1.** Confianza, seguridad. **2.** Confianza, fe, crédito. **3.** Confianza, esperanza. **4.** Confianza, familiaridad. **5.** Col. Confianzas, atrevimiento.
confiar v.i. e v.p. Confiar(se).
confidência s.f. Confidencia.
configuração s.f. Configuración.
confins s.m.pl. Confín.
confirmação s.f. Confirmación.
confirmar v.t. Confirmar.
confiscar v.t. Confiscar.
confisco s.m. Confiscación.
confissão s.f. Confesión.
conflagração s.f. Conflagración.
conflito s.m. **1.** Conflicto, pugna. **2.** Conflicto, desorden. **3.** Fig. Conflicto, problema, dificultad.
conformação s.f. **1.** Conformación, configuración. **2.** Conformidad, resignación.
conformar v.t. **1.** Conformar, configurar. ■ v.p. **2.** Resignarse. *Não me conformo com a morte dele.* No me resigno con su muerte. **3.** Contentarse, quedar conforme, avenirse. *Ela tem que se conformar com os sapatos velhos.* Ella tiene que contentarse con los zapatos viejos.

conforme *adj.* **1.** Conforme, análogo. **2.** *Fig.* Conforme, contento, resignado. ● *adv.* **3.** Conforme, en conformidad, acorde. ● *conj.* **4.** Conforme, a medida que. **5.** Según. *Conforme as palavras do autor.* Según las palabras del autor. ♦ **Conforme a lei.** *For.* Acorde/En conformidad con la ley.
conformismo *s.m.* Resignación, actitud acomodadiza, apatía, conformismo.
confortável *adj.* Confortable, cómodo.
conforto *s.m.* **1.** Confort, comodidad. **2.** Consuelo, alivio.
confraternização *s.f.* Confraternización.
confrontar *v.t.* **1.** Confrontar, cotejar. **2.** Confrontar, defrontar. ■ *v.p.* **3.** Afrontar.
confundir *v.t. e v.p.* **1.** Confundir(se), no distinguir, mezclar. **2.** *Fig.* Confundir(se), avergonzar(se), turbar(se).
confusão *s.f.* Confusión, lío, caos, desbarajuste, pelotera, embrollo; *(Arg.)* despelote, despiole; *(Mex. e Am.C.)* relajo. ♦ **Produzir-se uma confusão.** Armarse la gorda/la marimorena/la de Dios es Cristo/la de San Quintín.
congelador *s.m.* Congelador.
congelamento *s.m.* Congelación, congelamiento.
congelar *v.t. e v.p.* Congelar(se).
congestão *s.f. Med.* Congestión.
congestionamento *s.m.* **1.** *Med.* Congestión. **2.** Embotellamiento, atasco.
congratulação *s.f.* Congratulación, felicitación.
congratular *v.t. e v.p.* Congratular(se), felicitar.
congregação *s.f.* Congregación.
congresso *s.m.* Congreso.
congruência *s.f.* Congruencia, coherencia.
conhaque *s.m.* Coñac.
conhecer *v.t. e v.p.* Conocer(se).
conhecido *adj.* **1.** Conocido, consabido. ● *s.* **2.** Conocido, camarada.
conhecimento *s.m.* Conocimiento, saber.
conjetura *s.f.* Conjetura, suposición.
conjugação *s.f. Gram.* Conjugación.

conjugar *v.t.* **1.** Conjugar, unir. **2.** *Gram.* Conjugar, flexionar.
cônjuge *s.2g.* Cónyuge.
conjunção *s.f.* **1.** Conjunción, unión. **2.** Coyuntura, oportunidad. **3.** *Gram.* Conjunción.
conjuntivite *s.f. Med.* Conjuntivitis.
conjunto *adj.* **1.** Conjunto, junto. ● *s.m.* **2.** Conjunto, grupo de elementos, juego. **3.** Conjunto, totalidad.
conjuntura *s.f.* Coyuntura.
conosco *p.pess.* 1^a *pess.pl.* Con nosotros.
conotação *s.f.* Connotación.
conquistador *adj. e s.* Conquistador.
conquistar *v.t.* Conquistar.
consagrar *v.t. e v.p.* Consagrar(se).
consciência *s.f.* Conciencia, consciencia.
consciente *adj.* Consciente.
conscientizar *v.t.* **1.** Concienciar. ■ *v.p.* **2.** Tomar conciencia, concienciarse.
conseguinte *adj.* Consiguiente. ♦ **Por conseguinte.** Por consiguiente.
conseguir *v.t.* **1.** Lograr, obtener. **2.** Lograr, alcanzar a, conseguir.
conselheiro *s.* Consejero.
conselho *s.m.* **1.** Consejo, recomendación. **2.** Consejo, junta. ♦ **Pedir conselho.** Aconsejarse, asesorarse.
consenso *s.m.* Consenso.
consentimento *s.m.* Consentimiento, permiso.
consentir *v.t.* **1.** Consentir, autorizar. **2.** Consentir, admitir.
consequência *s.f.* **1.** Consecuencia, resultado. **2.** Consecuencia, secuela.
consertar *v.t.* **1.** Reparar, arreglar, componer. **2.** Corregir, enmendar.
conserto *s.m.* Reparación, arreglo, compostura, refacción, reparo.
conserva *s.f.* Conserva.
conservação *s.f.* Conservación.
conservador *adj. e s.* Conservador.
conservar *v.t.* **1.** Conservar, guardar, mantener. **2.** Conservar, preservar. ■ *v.p.* **3.** Conservarse, durar.
conservatório *s.m. Mus.* Conservatorio.

consideração *s.f.* **1.** Consideración, respeto, estima. **2.** Consideración, reflexión. ♦ **Levar em consideração.** Tomar en consideración, tener en cuenta.
considerar *v.t.* **1.** Considerar, respetar. **2.** Considerar, reflexionar, tener en cuenta. ■ *v.p.* **3.** Considerarse, creerse.
consignar *v.t.* **1.** Consignar, registrar, señalar. **2.** Consignar, dejar en consignación.
consigo *p.pess. 3ª pess.* Consigo.
consistência *s.f.* Consistencia.
consistir *v.t.* Consistir.
consoante *s.f.* **1.** *Gram.* Consonante. ● *prep. e conj.* **2.** Según.
consolar *v.t. e v.p.* Consolar(se).
consolidar *v.t.* **1.** Consolidar, asegurar. ■ *v.p.* **2.** Consolidarse, afirmarse.
consolo *s.m.* Consuelo.
conspiração *s.f.* Conspiración.
conspirar *v.t. e v.i.* Conspirar, maquinar.
constância *s.f.* Constancia, persistencia.
constar *v.t.* **1.** Constar, estar registrado, figurar. **2.** Constar, consistir, componerse.
constatar *v.t.* Constatar, comprobar.
constelação *s.f.* Constelación.
constituição *s.f.* **1.** Constitución, complexión. **2.** *For.* Constitución, carta de la nación. **3.** Constitución, institución (*de sociedade, empresa*).
constituir *v.t. e v.p.* **1.** Constituir(se), componer(se). ■ *v.t.* **2.** Constituir, organizar, instituir, fundar. **3.** *For.* Nombrar, elegir, designar (*advogado, procurador*).
constranger *v.t.* **1.** Apremiar, constreñir, forzar. **2.** Coartar, coaccionar. *Constranger a liberdade.* Coartar la libertad. **3.** Aturdir, confundir, turbar. ♦ **Ficar constrangido.** Sentirse incómodo/apenado.
constrangimento *s.m.* **1.** Apremio, coacción. **2.** Turbación, aturdimiento.
construção *s.f.* Construcción.
construir *v.t.* Construir.
construtor *adj. e s.* Constructor.
cônsul *s.m.* Cónsul.
consulado *s.m.* Consulado.

consulta *s.f.* **1.** Consulta, consultación. **2.** Consulta, investigación.
consultar *v.t.* **1.** Consultar, pedir consejo. **2.** Consultar, investigar.
consultório *s.m. Med.* Clínica, consultorio.
consumação *s.f.* **1.** Consumación, realización. **2.** Consumición, consumo, gasto.
consumar *v.t. e v.p.* Consumar(se), efectuar(se). ♦ **Fato consumado.** Hecho consumado.
consumidor *adj. e s.* Consumidor.
consumir *v.t. e v.p.* **1.** Consumir(se), gastar(se), extinguir(se). **2.** *Fig.* Consumir(se), carcomer, destruir(se), demacrar(se).
consumismo *s.m.* Consumismo.
consumo *s.m.* Consumo.
conta *s.f.* **1.** *Mat.* Cuenta, cálculo. **2.** Cuenta, suma de gastos. **3.** Cuenta, competencia. *Não é da sua conta.* No es cuenta tuya/No es asunto tuyo. **4.** *Com.* Cuenta. **5.** Cuenta, bolita perforada. ♦ **Conta-gotas.** Cuentagotas. **Acerto de contas.** Ajuste de cuentas. **Dar conta do recado.** Realizar bien una tarea. **Estar/Ficar por conta.** Estar/Ponerse furioso. **Fazer de conta. 1.** Simular. **2.** Imaginar, figurarse. **Levar em conta.** Tener en cuenta. **Não dar conta.** No dar abasto. **Pedir a conta. 1.** Renunciar a un cargo. **2.** Pedir la boleta/cuenta. **Prestar contas.** Rendir cuentas. **Tomar conta.** Hacerse cargo, echar el ojo a.
contabilidade *s.f. Com.* Contabilidad.
contador *s.* **1.** *Com.* Contador, contable. **2.** Contador, medidor (*luz, água*).
contagem *s.f.* Cómputo, cuento, recuento, escrutinio, enumeración. ♦ **Contagem regressiva.** Cuenta atrás.
contagiar *v.t. e v.p.* Contagiar(se).
contagioso *adj.* Contagioso.
contaminação *s.f.* Contaminación.
contaminar *v.t. e v.p.* Contaminar(se).
contanto que *loc.* Con tal que, siempre y cuando.
contar *v.t.* **1.** *Mat.* Contar, calcular. **2.** Contar, decir los números. **3.** Contar, narrar. **4.** Contar, disponer de. **5.** Contar, esperar, confiar.

6. Contar, considerar. ■ *v.i.* **7.** Contar, tener importancia, interés.
contato *s.m.* **1.** Contacto, roce. **2.** Contacto, relación, comunicación. **3.** *Eletr.* Contacto, ignición. **4.** Promotor de publicidad. ♦ **Entrar em contato.** Ponerse en contacto.
contemplar *v.t. e v.p.* **1.** Contemplar, mirar. ■ *v.t.* **2.** Contemplar, considerar. **3.** Agraciar, otorgar.
contemporâneo *adj. e s.* Contemporáneo.
contente *adj.* Contento, satisfecho, alegre.
conter *v.t.* **1.** Contener, incluir, comportar. **2.** Contener, frenar, sofrenar. ■ *v.p.* **3.** Contenerse, moderarse.
contestar *v.t.* **1.** Contestar, contradecir. ■ *v.i.* **2.** Contestar, objetar, refutar, impugnar.
conteúdo *s.m.* Contenido.
contexto *s.m.* Contexto.
contigo *p.pess.* 2^a *pess.sing.* Contigo.
continente *adj.* **1.** Continente, abstemio. ● *s.m.* **2.** Continente, cosa que contiene otra. **3.** Continente geográfico. *O Velho Continente.* El Antiguo Continente.
continuação *s.f.* Continuación, secuencia, continuidad.
continuar *v.t.* **1.** Continuar, seguir. ■ *v.i.* **2.** Continuar, durar.
contínuo *adj.* **1.** Continuo, seguido. ● *s.m.* **2.** Mensajero, ayudante de oficina.
conto *s.m.* **1.** *Liter.* Cuento. **2.** Antigua moneda brasileña. **3.** Cuento, mentira, timo. ♦ **Conto do vigário.** El timo de la estampita.
contorção *s.f.* Contorsión.
contornar *v.t.* **1.** Rodear, circundar. **2.** *Fig.* Esquivar, eludir (*problema, dificuldade*).
contra *prep.* **1.** Contra. ● *s.m.* **2.** Contra, objeción. ♦ **Contrassenso.** Contrasentido, disparate. **Contra tudo e contra todos.** Contra viento y marea. **Ser do contra.** Llevar la contra/contrario.
contrabaixo *s.m. Mus.* Contrabajo.
contrabalançar *v.t.* Contrabalancear.
contrabandista *s.2g.* Contrabandista.
contrabando *s.m.* Contrabando.
contração *s.f. Med. e gram.* Contracción.

contradição *s.f.* Contradicción.
contradizer *v.t. e v.p.* Contradecir(se).
contragosto <a> *loc.* De mala gana, con mala voluntad, a disgusto.
contrair *v.t. e v.p.* **1.** Contraer(se), retraer(se). ■ *v.t.* **2.** Contraer, adquirir (*doença*). **3.** *Fig.* Contraer, asumir (*compromisso*).
contramão *s.f.* Contramano, contra la vía.
contrapeso *s.m.* Contrapeso.
contrariar *v.t.* **1.** Contrariar, refutar, contradecir. **2.** Contrariar, disgustar.
contrário *adj.* **1.** Contrario, opuesto. ● *s.m.* **2.** Contrario, adversario. ♦ **Ao contrário.** A la inversa. **Do contrário.** De no ser así. **Pelo contrário.** Por el contrario, (antes) al contrario.
contrastar *v.t.* **1.** Contrastar, formar contraste. **2.** Contrarrestar, resistir, oponerse. **3.** Contrastar, medir (*pesos, metais*).
contraste *s.m.* Contraste.
contratar *v.t.* Contratar.
contrato *s.m.* Contrato.
contravenção *s.f. For.* Contravención.
contribuição *s.f.* Contribución, aporte, aportación, colaboración.
contribuinte *s.2g.* Contribuyente.
contribuir *v.t.* Contribuir, aportar.
controlar *v.t.* **1.** Controlar, dominar. **2.** Controlar, inspeccionar. ■ *v.p.* **3.** Controlarse, dominarse.
controle *s.m.* Control.
contudo *conj.* Sin embargo, con todo.
contundente *adj.* Contundente.
contusão *s.f. Med.* Contusión.
convalescença *s.f. Med.* Convalecencia.
convenção *s.f.* **1.** Convención, pacto, tratado. **2.** Convención, norma. **3.** Convención, reunión, congreso.
convencer *v.t. e v.p.* Convencer(se).
convencido *adj.* **1.** Convencido, persuadido. ■ *adj. e s.* **2.** Creído, engreído, presumido, vanidoso.
convencionar *v.t. e v.p.* Convenir(se), establecer(se), acordar.
conveniência *s.f.* Conveniencia.

convênio *s.m.* Convenio, acuerdo.
conversa *s.f.* **1.** Conversación, charla, plática. **2.** *Col.* Fanfarronada. ♦ **Levar na conversa.** Liar, enredar, timar.
conversível *adj. e s.m.* **1.** Convertible. ■ *s.m.* **2.** Descapotable.
converter *v.t. e v.p.* Convertir(se).
convicção *s.f.* Convicción, convencimiento.
convidado *adj. e s.* Invitado.
convidar *v.t.* Invitar, convidar.
convir *v.t.* **1.** Convenir, ser conveniente. **2.** Admitir, aceptar, convenir, avenir.
convite *s.m.* Invitación.
convivência *s.f.* Convivencia.
conviver *v.t. e v.i.* Convivir.
convocação *s.f.* Convocatoria.
convocar *v.t.* Convocar.
convosco *p.pess.* 2^a *pess.pl.* Con vosotros.
convulsão *s.f.* **1.** Convulsión, trastorno, tumulto. **2.** *Med.* Convulsión.
cooperar *v.t.* Cooperar.
cooperativa *s.f.* Cooperativa.
coordenador *adj. e s.* Coordinador.
coordenar *v.t.* Coordinar.
copa *s.f.* **1.** *Desp.* Copa, trofeo. **2.** Comedor anexo a la cocina. **3.** Copa (*árvore*). **4.** *Desp.* Copa, certamen deportivo. ■ **copas** *s.f.pl.* Copas, naipe.
cópia *s.f.* Copia, reproducción.
copiar *v.t.* **1.** Copiar, reproducir. **2.** Copiar, transcribir. **3.** Copiar, imitar.
copo *s.m.* Vaso. ♦ **Copo-de-leite.** *Bot.* Lirio.
cópula *s.f.* Cópula.
coqueiro *s.m. Bot.* Cocotero, coco, palmera.
coqueluche *s.f. Med.* Tos convulsa.
cor *s.f.* Color. ♦ **Cor-de-rosa.** De color de rosa. **(Pessoa) De cor.** Negro, mulato.
cor <de> *loc.* De memoria, de corrido. ♦ **(Saber) De cor e salteado.** (Saber) Al dedillo.
coração *s.m.* Corazón. ♦ **(Ter um) Coração de ouro.** (Ser un) Pan de Dios.
corado *adj.* **1.** Rojizo, colorado. **2.** *Fig.* Colorado, avergonzado.
coragem *s.f.* Valor, coraje, ánimo, bravura.
corajoso *adj.* Intrépido, valiente, valeroso.

coral *adj.* **1.** *Mus.* Coral, relativo a coro. ■ *s.m.* **2.** *Mus.* Coro. **3.** *Mar.* Coral, tipo de concha. ■ *s.f.* **4.** Coral, tipo de serpiente.
corante *adj. e s.m.* Colorante.
corar *v.t.* **1.** Colorar, colorear. ■ *v.i.* **2.** Ponerse colorado, ruborizarse.
corcunda *s.f.* **1.** Corcova, joroba. ■ *adj. e s.2g.* **2.** Corcovado, jorobado.
corda *s.f.* **1.** Cuerda, cordón. **2.** *Mus.* Cuerda. ♦ **Estar com a corda no pescoço.** Estar con el agua al cuello. **Estar com a corda toda.** Estar muy entusiasmado o afanoso, estar eléctrico.
cordão *s.m.* Cordel, cordón.
cordeiro *s.m.* **1.** Cordero. **2.** *Fig.* Cordero, hombre manso.
cordialidade *s.f.* Cordialidad.
cordilheira *s.f.* Cordillera.
coreografia *s.f. Teat.* Coreografía.
corja *s.f.* Chusma, ralea.
corneta *s.f. Mus.* Corneta.
coro *s.m. Mus. e teat.* Coro.
coroa *s.f.* **1.** Corona, adorno real. **2.** *Med.* Corona dentaria. **3.** Cumbre, corona. **4.** *Mec.* Corona, círculo metálico. **5.** Corona (*de flores*). **6.** *Fig.* Corona, reino. ■ *s.2g.* **7.** *Col.* Viejo; (*Esp.*) carroza; (*Arg.*) jobato.
coroação *s.f.* Coronación.
coroamento *s.m.* Coronamiento, remate.
coroca *adj. e s.2g. Col.* Caduco, chocho, decrépito.
coroinha *s.m.* Monaguillo.
coronel *s.m. Mil.* Coronel.
corpo *s.m.* **1.** Cuerpo, estructura física animal. **2.** Cuerpo, materia. **3.** Cuerpo, cadáver. **4.** *Fig.* Cuerpo, parte central y principal. **5.** Cuerpo, densidad. **6.** Cuerpo, corporación. **7.** *Tip.* Cuerpo, tamaño de letra. **8.** *Mil.* Cuerpo, batallón. ♦ **Fazer corpo mole.** Escamotear el trabajo. **Tirar o corpo fora.** Salir por la tangente.
corporação *s.f.* Corporación.
correção *s.f.* Corrección.
corredor *adj. e s.* **1.** *Desp.* Corredor. ■ *s.m.* **2.** Pasillo, corredor.

correia *s.f.* **1.** Correa, cincha. **2.** *Mec.* Polea, correa.

correio *s.m.* **1.** Correo, correspondencia. **2.** Correos, dependencia pública. ♦ **Caixa de correio.** Buzón.

corrente *adj.* **1.** Corriente, que fluye. **2.** Corriente, actual, en curso, en vigor. **3.** Corriente, común. ● *s.f.* **4.** Cadena. *Uma corrente de ouro.* Una cadena de oro. **5.** Corriente, torrente (*água*). **6.** *Fís.* Corriente, energía eléctrica. **7.** Corriente, tendencia de pensamiento, ala. ♦ **Remar contra a corrente.** Nadar contra la marea, barrer contra el viento.

correnteza *s.f.* Torrente, corriente.

correr *v.i.* **1.** Correr, caminar rápido. **2.** Correr, transcurrir (*tempo*). **3.** Correr, fluir (*líquidos*). **4.** Correr, circular (*moeda*). **5.** *Fig.* Correr, propagarse. **6.** Correr, darse prisa. ■ *v.t.* **7.** Correr, recorrer. *Corri a cidade inteira atrás de você.* Recorrí toda la ciudad detrás de ti. ♦ **Corre-corre.** Carreras, ajetreo, trajín. **Correr o risco.** Arriesgarse, correr el riesgo.

correria *s.f.* Ajetreo, trajín.

correspondência *s.f.* **1.** Correspondencia, cartas. **2.** Correspondencia, conexión.

correspondente *adj.* **1.** Correspondiente, respectivo. ● *s.2g.* **2.** Corresponsal.

corresponder *v.t. e v.p.* Corresponder(se).

correto *adj.* Correcto.

corretor *s.m. Com.* Corredor, agente. ■ **corretora** *s.f.* Agencia de valores.

corrida *s.f. Desp.* Carrera.

corrigir *v.t.* **1.** Corregir, rectificar. **2.** Corregir, castigar. ● *v.p.* **3.** Corregirse, enmendarse.

corrimão *s.m.* Pasamano, baranda.

corriqueiro *adj.* Trivial, corriente, habitual.

corroer *v.t.* **1.** Corroer, carcomer. ■ *v.p.* **2.** Consumirse.

corromper *v.t. e v.p.* Corromper(se).

corrosivo *adj. e s.m.* Corrosivo.

corrupção *s.f.* Corrupción.

corrupto *adj.* Corrupto.

cortar *v.t.* **1.** Cortar, dividir. **2.** Cortar, herir. **3.** Cortar, atravesar. **4.** Cortar, interrumpir. **5.** Cortar, acortar. **6.** Cortar, picar. ■ *v.i.* **7.** Cortar, tener filo. ■ *v.p.* **8.** Cortarse, herirse. ♦ **Cortar (o mal) pela raiz.** Arrancar (el mal) de raíz.

corte *s.m.* **1.** Corte, tajo. **2.** Corte, filo. **3.** *Arq.* Corte, plano. **4.** Corte, tejido. **5.** Corte, confección. **6.** Corte, reducción. **7.** Corte, interrupción.

corte¹ *s.f.* **1.** Corte, residencia de soberano. **2.** Corte, séquito.

corte² *s.f.* Corte, tribunal.

corte³ *s.f.* Corte, galanteo. ♦ **Fazer a corte.** Cortejar.

cortês *adj.* Cortés, amable.

cortesia *s.f.* **1.** Cortesía, amabilidad. **2.** Atención, regalo, ofrecimiento.

cortiça *s.f.* Corteza, corcho.

cortiço *s.m.* Conventillo, palomar.

cortina *s.f.* Cortina.

coruja *s.f.* Búho, lechuza; (*Mex. e Am.C.*) tecolote. ♦ **Pai/Mãe coruja.** Padre/Madre que se le cae la baba/que chochea por sus hijos.

corvo *s.m.* Cuervo.

cosmético *adj. e s.m.* Cosmético. ■ **cosmética** *s.f.* Cosmética.

cosmo *s.m.* Cosmos.

costa *s.f.* **1.** Costa, litoral. **2.** Cuesta, pendiente. ■ **costas** *s.f.pl.* **1.** Espalda, costillas. **2.** Verso, dorso. ♦ **Falar pelas costas.** Hablar por las espaldas. **Levar nas costas.** Cargar en las espaldas. **Ter as costas quentes.** Tener cubiertas las espaldas, tener enchufe.

costela *s.f.* Costilla.

costeleta *s.f.* **1.** Chuleta (*carne*). **2.** Patilla (*barba*).

costumar *v.t.* Soler, tener por costumbre.

costume *s.m.* **1.** Costumbre. **2.** Traje. ■ **costumes** *s.m.pl.* Costumbres, tradiciones.

costumeiro *adj.* Habitual, usual.

costura *s.f.* Costura.

costurar *v.t.* **1.** Coser. **2.** *Fig.* Conducir/manejar haciendo zigzag.

costureiro *s.m.* Modisto. ■ **costureira** *s.f.* Costurera.

cota *s.f.* **1.** Cota, nivel. **2.** Cuota, aporte.
cotação *s.f. Com.* Cotización. **2.** *Col.* Estima, renombre.
cotar *v.t.* **1.** Cotizar. **2.** *Col.* Valorar, estimar. *Muito cotado na praça.* Muy valorado en el mercado.
cotidiano *adj.* **1.** Cotidiano, diario. ● *s.m.* **2.** Cotidianidad, el día a día.
cotonete *s.m.* Hisopo, hisopillo.
cotovelada *s.f.* Codazo.
cotovelo *s.m.* **1.** Codo. **2.** Recodo, ángulo.
cotovia *s.f.* Alondra.
couraça *s.f.* Coraza.
couro *s.m.* Cuero. ♦ **Precisar de couro.** Necesitar/Pedir una paliza.
couve *s.f. Bot.* Col. ♦ **Couve-flor.** *Bot.* Coliflor.
cova *s.f.* **1.** Cueva, caverna. **2.** Tumba, sepultura. ♦ **Com um pé na cova.** Con un pie en la sepultura/en el hoyo.
covarde *adj. e s.2g.* Cobarde.
covardia *s.f.* Cobardía.
coveiro *s.* Sepulturero.
covil *s.m.* Cueva, antro.
coxa *s.f.* Muslo. ♦ **Feito nas coxas.** Hecho con los pies, mal hecho.
coxo *adj. e s.* Cojo.
cozer *v.t.* Cocer.
cozido *adj. e s.m.* Cocido.
cozinha *s.f.* Cocina.
cozinhar *v.t.* Cocinar.
cozinheiro *s.* Cocinero.
crachá *s.f.* Credencial, tarjeta de identificación/de asistencia.
crânio *s.m.* **1.** *Med.* Cráneo. **2.** *Col.* Perito, conocedor.
craque *s.2g.* As, estrella, *crack*.
crase *s.f. Gram.* Crasis, contracción.
cratera *s.f.* Cráter.
cravar *v.t.* **1.** Clavar, hincar. **2.** Clavar, fijar (*olhos*).
cravo *s.m.* **1.** *Bot.* Clavel. **2.** *Mus.* Clavicordio, clave. **3.** Grano, espina (*no rosto*). ♦ **Cravo-da-índia.** *Bot.* Clavo de olor.
creche *s.f.* Guardería.

crediário *s.m. Com.* Sistema de ventas a plazos, crédito.
creditar *v.t. Com.* Acreditar.
crédito *s.m.* **1.** Crédito, credibilidad. **2.** Crédito, prestigio. **3.** *Com.* Crédito, haber. **4.** Crédito, disciplina universitaria. ♦ **A crédito.** A crédito, a plazos, por abonos.
credor *s.* Acreedor.
creme *s.m.* **1.** Crema, nata. **2.** Crema, pasta. **3.** Crema, pomada. **4.** Crema, color beige claro. **5.** Crema, dulce.
crença *s.f.* Creencia.
crendice *s.f.* Creencia popular, superstición.
crepúsculo *s.m.* Crepúsculo.
crer *v.t.* **1.** Creer, tener fe. **2.** Creer, confiar. **3.** Creer, estimar, parecer, figurarse.
crescer *v.i.* Crecer.
crescimento *s.m.* Crecimiento.
crespo *adj.* **1.** Encrespado, rizado (*cabelo*). **2.** Rugoso, áspero (*superfície*). **3.** Picado (*mar*).
cria *s.f.* Cría, criatura.
criação *s.f.* **1.** Cría, criadero, crianza (*animais*). **2.** Crianza, educación (*pessoas*). **3.** Creación, invento. **4.** Creación, fundación. **5.** Creación, universo. ♦ **Criação de gado.** Ganadería. **De criação.** Que se ha creado en la misma familia (hijo, hermano).
criadagem *s.f.* Servidumbre.
criado *adj.* **1.** Criado, educado. **2.** Creado, inventado. ● *s.* **3.** Criado, siervo. ♦ **Criado-mudo.** Mesa de noche.
criador *adj. e s.* **1.** Creador, inventor, autor. ■ *s.m.* **2.** Creador, Dios. ♦ **Criador de gado.** Ganadero.
criança *s.f.* Niño, chiquillo, nene, chiquilín; (*Amer.*) pibe, cabro chico, guagua, chaval; (*Am.C.*) patojo.
criançada *s.f.* Grupo de niños, chiquillería.
criar *v.t.* **1.** Criar, educar. *Criar filhos.* Educar hijos. **2.** Criar, alimentar, sostener. *Criar cavalos.* Criar caballos. **3.** Crear, inventar, desarrollar. *Criar teorias.* Crear teorías. **4.** Crear, fundar. *Criar uma associação.* Crear una asociación. **5.** Crear, generar, producir.

Criar desordem. Crear desorden. ■ *v.p.* **6.** Educarse, crecer.
criatividade *s.f.* Creatividad, inventiva.
criatura *s.f.* Criatura.
crime *s.m.* Crimen.
criminoso *adj. For.* **1.** Criminoso, criminal. • *s.* **2.** Criminal, delincuente.
crioulo *adj. e s.* **1.** Criollo. ■ *s.* **2.** Negro, mulato, mestizo.
crisântemo *s.m. Bot.* Crisantemo.
crise *s.f.* **1.** *Med.* Crisis, ataque. **2.** Crisis, conflicto. **3.** Crisis, escasez, carencia.
crisma *s.f.* Confirmación.
crispar *v.t.* Encrespar, fruncir.
crista *s.f.* **1.** Cresta, copete. **2.** *Fig.* Cresta, cumbre.
cristal *s.m.* Cristal.
cristaleira *s.f.* Cristalera, armario.
cristandade *s.f.* Cristiandad.
cristão *s.* Cristiano.
critério *s.m.* Criterio.
crítico *adj.* **1.** Crítico, crucial, grave. • *s.* **2.** Crítico. ■ **crítica** *s.f.* Crítica.
crivar *v.t.* Acribillar.
crochê *s.m.* Croché, *crochet.* ♦ **Agulha de crochê.** Aguja de gancho/ganchillo.
crocodilo *s.m.* Cocodrilo.
cromossomo *s.m. Biol.* Cromosoma.
crônica *s.f. Liter.* Crónica.
crônico *adj.* Crónico, agudo.
cronograma *s.m.* Programa, plan de actividades, cronograma.
cronologia *s.f.* Cronología.
cronômetro *s.m.* Cronómetro.
croquete *s.f.* Croqueta.
crosta *s.f.* **1.** Costra. **2.** Corteza, cáscara, costra.
cru *adj.* **1.** Crudo, no cocido, no maduro. **2.** *Fig.* Crudo, bruto, no preparado.
crucifixo *s.m.* Crucifijo.
crueldade *s.f.* Crueldad.
crustáceo *adj. e s.* Crustáceo.
cruz *s.f.* **1.** Cruz. **2.** *Fig.* Cruz, suplicio. ♦ **Entre a cruz e a caldeirinha.** Entre la espada y la pared.

cruzada *s.f.* Cruzada.
cruzamento *s.m.* **1.** Cruce, bocacalle. **2.** Cruce, mezcla (*raças*).
cruzar *v.t.* **1.** Cruzar, atravesar. **2.** Cruzar, acoplar (*animais*). **3.** *Com.* Cruzar (*cheques*). ■ *v.p.* **4.** Encontrarse, cruzarse. ♦ **Linha cruzada.** Interferencia telefónica. **Palavras cruzadas.** Crucigrama.
cruzeiro *s.m. Mar.* Crucero, paseo en barco.
cu *s.m. Vulg.* Culo.
cubo *s.m. Mat. e geom.* Cubo.
cuca *s.f. Col.* Cabeza, coco; (*Amer.*) mate, chola. ♦ **Fundir a cuca.** Romperse la cabeza, quemarse/devanarse los sesos.
cueca *s.f.* Calzoncillos, *slip.*
cuia *s.f.* **1.** *Bot.* Calabaza. **2.** Mate.
cuidado *s.m.* **1.** Cuidado, cautela. **2.** Cuidado, atención, esmero. • *interj.* **3.** ¡Cuidado! ¡Ojo! • **cuidados** *s.m.pl.* Atenciones. ♦ **Aos cuidados de.** A la atención de. **Tomar cuidado.** Tener cuidado, cuidarse.
cuidadoso *adj.* **1.** Diligente, esmerado, meticuloso. **2.** Ordenado.
cuidar *v.t.* **1.** Cuidar, atender, hacerse cargo. *Eu cuido disto.* Yo me hago cargo de esto. **2.** Cuidar, asistir, tratar. **3.** Cuidar, mirar, echar el ojo. *Cuide do bebê um momento.* Mira al bebé un momento. ■ *v.p.* **4.** Cuidarse, resguardarse. **5.** Cuidarse, tratarse.
cujo *p.rel.* Cuyo. ♦ **Dito-cujo.** Tipo, individuo, susodicho.
culatra *s.f. Mil.* Culata.
culminar *v.i.* Culminar.
culpa *s.f.* Culpa. ♦ **Ter culpa no cartório.** Tener algún pecado que ocultar.
culpado *adj. e s.* Culpable.
culpar *v.t.* **1.** Culpar, incriminar. ■ *v.p.* **2.** Acusarse. **3.** Sentirse culpable.
cultivar *v.t.* **1.** Cultivar, plantar, sembrar. **2.** *Fig.* Cultivar, educar, perfeccionar. **3.** Cultivar, criar. ■ *v.p.* **4.** Instruirse, perfeccionarse.
cultivo *s.m. Bot. e biol.* Cultivo.
culto *adj.* **1.** Culto, instruido. • *s.m.* **2.** Culto, creencia religiosa. **3.** Culto, rito religioso. **4.** *Fig.* Culto, veneración.

cultura *s.f.* Cultura.
cumbuca *s.f.* **1.** Calabacino. **2.** Vasija de barro.
cume *s.m.* Cumbre.
cúmplice *adj. e s.2g.* Cómplice.
cumprimentar *v.t.* **1.** Saludar. **2.** Felicitar.
cumprimento *s.m.* **1.** Cumplimiento, observancia. **2.** Cumplido, felicitación. **3.** Saludo. ♦ **Meus cumprimentos.** Mis felicitaciones.
cumprir *v.t.* **1.** Cumplir, ejecutar, llevar a cabo. **2.** Cumplir, obedecer, observar, respetar, acatar. **3.** Caber, corresponder, convenir. *Cumpre ressaltar que (...).* Cabe subrayar que (...). ■ *v.t. e v.p.* **4.** Cumplir, agotar (*prazo*). ■ *v.p.* **5.** Cumplirse, realizarse.
cúmulo *s.m.* Colmo.
cunhado *s.* Cuñado.
cunho *s.m.* **1.** Cuño, troquel. **2.** *Fig.* Huella, sello. **3.** *Fig.* Carácter, coloración. *Obra de cunho religioso.* Obra de carácter religioso. ■ **cunha** *s.f.* Cuña.
cupê *s.m.* Cupé, berlina.
cupim *s.m.* **1.** Comején, termita. **2.** Carne de la giba del cebú.
cupom *s.m.* Cupón, billete.
cúpula *s.f.* **1.** *Arq.* Cúpula, bóveda. **2.** *Fig.* Cumbre.
cura *s.f.* **1.** *Med.* Cura, curación, recuperación de la salud. **2.** Proceso para ahumar/encurtir/salar, curación. ■ *s.m.* **3.** Cura, clérigo, vicario.
curandeiro *s.* Curandero.
curar *v.t.* **1.** *Med.* Curar, tratar la salud. **2.** Curar, ahumar, curtir, encurtir. **3.** *Fig.* Corregir. ■ *v.p.* **4.** *Med.* Curarse, recobrar la salud, componerse.
curativo *adj. Med.* **1.** Curativo, medicinal. ● *s.m.* **2.** Cura, aplicación de medicamentos y vendaje.
curinga *s.m.* Comodín.

curioso *adj. e s.* **1.** Curioso, indiscreto. **2.** Curioso, extraño. **3.** Práctico, aficionado, profesional sin título. ■ **curiosa** *s.f.* Partera.
curra *s.f. Vulg.* Estupro.
curral *s.m.* Hato, majada.
cursar *v.t.* Cursar, estudiar.
curso *s.m.* **1.** Curso, carrera de estudios. **2.** Curso, lecho de río. **3.** Curso, recorrido. **4.** Marcha, curso. *O curso dos acontecimentos.* La marcha de los sucesos.
curtir *v.t.* **1.** Curtir, curar (*pele, carne*). **2.** *Col.* Disfrutar. *Nas férias vou curtir uma praia.* En las vacaciones voy a disfrutar de la playa.
curto *adj.* **1.** Corto, breve. **2.** Corto, escaso. **3.** Corto, pequeño. **4.** *Fig.* Corto, limitado. ♦ **Curto-circuito.** *Eletr.* Cortocircuito. **Curta-metragem.** Cortometraje.
curvar *v.t.* **1.** Curvar, arquear. **2.** *Fig.* Encorvar, agobiar. ■ *v.p.* **3.** Curvarse, doblarse. **4.** *Fig.* Curvarse, rendirse.
curvo *adj.* Curvo, encorvado, arqueado, corvo. ● **curva** *s.f.* **1.** *Geom.* Curva. **2.** Curva, vuelta.
cuspida *s.f.* Escupidura, escupitajo.
cuspir *v.i.* Escupir.
custar *v.t.* **1.** Costar, tener precio. **2.** *Fig.* Costar trabajo, ser difícil.
custas *s.f.pl. For.* Costas.
custear *v.t.* Costear, pagar los gastos; (*Rio-plat.*) bancar.
custo *s.m.* **1.** Costo, precio, coste. **2.** *Fig.* Dificultad, esfuerzo. *Foi um custo obter o abatimento.* Fue muy difícil lograr el descuento. ♦ **A muito custo.** Con gran dificultad, a duras penas.
custódia *s.f.* Custodia, guarda, protección.
cutícula *s.f.* Cutícula.
cútis *s.m.* Cutis.
cutucar *v.t.* **1.** Pinchar. **2.** Tocar, codear como forma de aviso. **3.** *Fig.* Azuzar.

D

d *s.m.* **1.** D (*quarta letra do alfabeto português*). **2.** Quinhentos (*em maiúscula, no sistema romano de numeração*).

da *contr. prep. de + art. a.* De la. *A porta da casa.* La puerta de la casa.

dado *adj.* **1.** Regalado, gratuito. **2.** Adicto, inclinado, aficionado. *É dado aos vícios.* Es adicto a los vicios. **3.** Amigable, comunicativo. **4.** Dado, supuesto. **5.** Debido a, a raíz de, por. *Dada a chuva que já começava, não pôde ficar.* Por la lluvia que ya empezaba, no se pudo quedar. ● *s.m.* **6.** Dado, cubo (*para jogar*). **7.** Dato, elemento, información. ♦ **Coleta de dados.** Recopilación/Recolección de datos.

daí *contr. prep. de + adv. aí.* De ahí, de ello. ♦ **E daí?** ¿Y con eso qué?

dama *s.f.* **1.** Dama, mujer noble. **2.** Dama, pareja de danza. **3.** Dama, reina (*em jogos*). **4.** *Teat.* Actriz, dama. ■ **damas** *s.f.pl.* Juego de damas.

damasco *s.m. Bot.* Damasco.

danado *adj.* **1.** Dañado, damnificado. **2.** Rabioso, furioso. **3.** Hidrófobo. **4.** Malo, cruel. ■ *adj. e s.* **5.** *Col.* Vivo, listo.

danar *v.t.* **1.** Dañar, perjudicar. ■ *v.t. e v.i.* **2.** Irritar, enfurecer. ■ *v.p.* **3.** Irritarse, enfurecerse. **4.** Dañarse, estropearse. ♦ **Que se dane!** ¡Que se fastidie!

dança *s.f.* Baile, danza. ♦ **Entrar na dança.** Involucrarse, meterse en un negocio o asunto.

dançar *v.i.* **1.** Bailar, danzar. **2.** *Col.* Resultar mal, no resultar; (*Rio-plat.*) pudrirse; (*Mex. e Am.C.*) fregarse.

dançarino *s.* Danzarín.

danificar *v.t.* Dañar, damnificar, hechar a perder.

daninho *adj.* Dañino, nocivo, dañoso. ♦ **Erva daninha.** Mala hierba.

dano *s.m.* **1.** Daño, pérdida, perjuicio. **2.** *Fig.* Ofensa.

daquele *contr. prep. de + p.dem. aquele.* De aquel.

daqui *contr. prep. de + adv. aqui.* **1.** Desde acá, desde aquí. *Não vejo nada daqui.* No veo nada desde acá. **2.** De/Desde ahora. *Daqui para a frente.* De ahora en adelante. ♦ **Daqui a (pouco/muito).** Dentro de (poco/mucho). **Daqui/De hoje em diante.** De ahora/De hoy en adelante.

daquilo *contr. prep. de + p.dem. aquilo.* De aquello.

dar *v.t.* **1.** Dar, regalar, donar. **2.** Dar, otorgar, conceder. **3.** Dar, fructificar. **4.** Sonar (*as horas*). **5.** Dar, dictar, proferir (*aulas, ordens*). **6.** Dar, proporcionar. **7.** Dar, demostrar, revelar. **8.** Dar, realizar, ofrecer. **9.** Dar, causar. **10.** Dar, aplicar, administrar (*remédio, tapa*). ■ *v.i.* **11.** Dar, encontrar. **12.** Ser posible, lograr. *Não deu para falar com ele.* No logré hablar con él. **13.** Ser suficiente, alcanzar. *Este dinheiro não dá para a feira.* Este dinero no alcanza para el mercado/la compra. **14.** *Vulg.* Entregarse sexualmente, fornicar. ■ *v.p.* **15.** Llevarse, convivir. *Estes irmãos se dão muito bem.* Estos hermanos se llevan muy bien. **16.** Darse, realizarse, suceder. ♦ **Dar certo.** Resultar, lograr lo que se quería. **Dar com.** Encontrar. **Dar duro.** Trabajar mucho, matarse. **Dar em cima de.** Cortejar. **(Não) Dar em nada.** No resultar, malograrse. **Dar entrada (documentos).** Cursar (documentos). **Dar licença.** Dar permiso. **Dar na vista.** Llamar la atención. **Dar o fora/no pé.** Largarse. **Dar pé (na água).** Tocar fondo (en el agua). **Dar um fora.** Meter la pata.

data *s.f.* Fecha, data.

datar v.t. **1.** Fechar, datar. ■ v.i. **2.** Datar, remontarse, tener origen.
datilografar v.t. e v.i. Mecanografiar, dactilografiar; (Am.C.) tipear.
datilógrafo s.f. Mecanógrafo, dactilógrafo.
de prep. **1.** De. *Manual de instruções.* Manual de instrucciones. **2.** En. *Viajar de trem/avião/carro.* Viajar en tren/avión/coche. **3.** Desde. *Estas ordens vêm de cima.* Estas órdenes vienen desde arriba. *Do meu ponto de vista.* Desde mi punto de vista.
deambular v.i. Vagar, callejear, deambular.
debaixo adv. Debajo, abajo.
debandar v.t. e v.i. Dispersar(se), desbandar, desparramar(se).
debater v.t. e v.i. **1.** Debatir, discutir. ■ v.p. **2.** Debatirse, agitarse.
débil adj. **1.** Débil, flojo. **2.** Débil, debilitado. **3.** Débil, suave. ♦ **Débil mental.** Idiota, deficiente mental.
debilidade s.f. Debilidad, flaqueza, flaco.
debitar v.t. Com. Cargar, adeudar. *Debite a quantia na minha conta.* Carga el monto a mi cuenta.
débito s.m. Com. Débito, deuda, adeudo, carga.
debochar v.i. Burlarse.
debruçar v.t. e v.p. Inclinar(se), arrimar(se). *Debrucei-me na janela.* Me incliné por la ventana.
debutante adj. e s. Joven que estrena en sociedad.
década s.f. Década.
decadência s.f. Decadencia, ruina.
decalcar v.t. Calcar, copiar.
decalque s.m. Calco.
decente adj. Decente.
decepar v.t. Cortar, amputar, desgarrar.
decepção s.f. Decepción.
decepcionar v.t. **1.** Desilusionar, defraudar. ■ v.p. **2.** Desilusionar(se), desengañar(se).
decidir v.t. **1.** Decidir, acordar, convenir, disponer. ■ v.p. **2.** Decidirse. ♦ **(Indivíduo) Decidido.** De armas tomar.
decifrar v.t. Descifrar.

decisão s.f. **1.** Decisión. **2.** For. Arbitrio.
decisivo adj. Decisivo, terminante.
declamar v.t. Declamar, recitar.
declaração s.f. **1.** Declaración, afirmación. **2.** For. Declaración, testimonio. **3.** Relación detallada. **4.** Constancia.
declarar v.t. **1.** Declarar, decir, manifestar. **2.** Declarar, anunciar. **3.** Declarar, confesar. ■ v.p. **4.** Declararse, expresar amor.
declinação s.f. **1.** Gram. Declinación. **2.** Decaimiento, decadencia.
declinar v.i. **1.** Declinar, desviar. **2.** Decaer, descender. ■ v.t. **3.** Gram. Declinar. **4.** Declinar, rehusar. *Declinou do convite.* Declinó la invitación.
declínio s.m. Declinación, caída.
declive s.m. Declive, pendiente.
decodificar v.t. Inform. Decodificar.
decolagem s.f. Despegue.
decolar v.i. Despegar, alzar vuelo.
decompor v.t. **1.** Descomponer, desglosar, desintegrar. ■ v.p. **2.** Descomponerse, pudrirse, estropearse, deteriorarse.
decomposição s.f. **1.** Desglose, desintegración. **2.** Descomposición, deterioro, putrefacción.
decoração s.f. Decorado, decoración, decoro.
decorar v.t. **1.** Decorar, adornar. **2.** Aprender de memoria, memorizar.
decorativo adj. Decorativo.
decoro s.m. Decoro, decencia.
decorrência s.f. **1.** Decurso, transcurso. **2.** Consecuencia. ♦ **Em decorrência de.** En consecuencia de, a raíz de.
decorrer s.m. **1.** Decurso, transcurso. ● v.i. **2.** Transcurrir, pasar (*tempo*). **3.** Derivarse, provenir, resultar.
decotar v.t. Escotar.
decote s.m. Escote, descote.
decrescente adj. Decreciente.
decreto s.m. Decreto. ♦ **Decreto-lei.** For. Decreto ley. **Nem por decreto.** Ni que lo paguen.
dedal s.m. Dedal.
dedão s.m. Pulgar, dedo gordo.
dedar v.t. Col. Delatar, soplar, chivar.

dedicação *s.f.* Dedicación.
dedicar *v.t. e v.p.* Dedicar(se).
dedilhar *v.t.* Rasguear, puntear.
dedo *s.m.* Dedo. ♦ **Dedo-duro.** Soplón, chivato. **Dedo polegar/indicador/médio/anular/mínimo.** Dedo pulgar/índice/medio/anular/meñique. **Ter o dedo de alguém em (algo).** Tener/Notarse la mano de alguien en (algo).
dedução *s.f.* **1.** Deducción, inferencia, inducción. **2.** Deducción, rebaja, descuento.
deduzir *v.t. e v.p.* **1.** Deducir(se), inferir(se), inducir(se). **2.** Deducir(se), reducir(se), rebajar(se).
defasagem *s.f.* **1.** *Eletr.* Desfase. **2.** *Fig.* Descompás, descompaginación, diferencia, hiato.
defeito *s.m.* **1.** Defecto, falla, imperfección. **2.** Avería, desperfecto, falla (*em motor*).
defender *v.t. e v.p.* Defender(se).
defensivo *adj. e s.m.* Defensivo. ■ **defensiva** *s.f.* Defensiva, resguardo. ♦ **Ficar na defensiva.** Quedarse a la defensiva.
deferimento *s.m. For.* Anuencia, consentimiento, conformidad. ♦ **Pede deferimento.** Sírvase acceder a lo solicitado.
deferir *v.t.* Aceptar, admitir, atender, consentir.
defesa *s.f.* **1.** Defensa, auxilio. **2.** Defensa, protección. **3.** Defensa, fortificación. **4.** Defensa, argumento. **5.** *For.* Defensa, defensor. **6.** *Desp.* Defensa, defensiva.
deficiente *adj.* **1.** Deficiente, fallo, insuficiente. ● *s.2g.* **2.** Deficiente, minusválido, disminuido. ♦ **Deficiente físico/mental.** Minusválido físico/psíquico.
definição *s.f.* Definición.
definir *v.t.* **1.** Definir, explicar. **2.** Definir, determinar. **3.** Definir, delimitar. ■ *v.p.* **4.** Definirse, decidirse. **5.** Definirse, aclararse.
definitivo *adj.* Definitivo.
deflação *s.f. Com.* Deflación.
deformar *v.t.* **1.** Deformar, cambiar. ■ *v.t. e v.p.* **2.** Deformar(se), desfigurar(se).
deforme *adj.* **1.** Deforme, desfigurado, contrahecho. **2.** Disforme, horrible.
defumar *v.t.* **1.** Ahumar. *Defumar carne.* Ahumar carne. **2.** Sahumar. *Defumar com plantas aromáticas.* Sahumar con plantas aromáticas.
defunto *adj. e s.* Difunto.
degeneração *s.f.* **1.** Degeneración, deterioro, degradación. **2.** *Fig.* Perversión, depravación.
degenerar *v.t. e v.p.* **1.** Degenerar(se), deteriorar(se). **2.** *Fig.* Degenerar(se), pervertir(se).
degradação *s.f.* Degradación.
degradar *v.t.* **1.** Degradar, despojar, destituir. **2.** Degradar, humillar, envilecer. **3.** Degradar, rebajar. ■ *v.p.* **4.** Degradarse, rebajarse.
degrau *s.m.* Escalón, grada, peldaño.
deitar *v.t.* **1.** Acostar, inclinar, recostar. ■ *v.p.* **2.** Acostarse, echarse a la cama, recostarse.
deixa *s.f. Col.* Palabra o pausa (del que habla) que otro aprovecha para hablar o intervenir.
deixar *v.t.* **1.** Apartarse, salir, dejar. **2.** Dejar, soltar. **3.** Dejar, abandonar. **4.** Dejar, permitir, consentir. **5.** Dejar, rendir. **6.** Dejar, legar. **7.** Dejar, omitir. ♦ **Deixar a desejar.** Dejar que desear. **Deixar de fora.** Excluir. **Deixar de lado.** Dejar aparte. **Deixar entrar.** Admitir. **Deixar para lá.** No hacer caso.
dela *contr. prep. de + p.pess. ela.* **1.** De ella. **2.** Su, suya. ■ *V.: dele.*
delatar *v.t.* Delatar, denunciar.
dele *contr. prep. de + p.pess. ele.* **1.** De él. *Saiu uma foto dele no jornal.* Salió una foto de él en el diario. **2.** Su, suyo. *A mãe dele não veio.* Su mamá no vino. *O livro é dele.* El libro es suyo.
delator *adj. e s.* Delator.
delegação *s.f.* Delegación.
delegacia *s.f. Mil.* Comisaría.
delegado *s.* **1.** Delegado, representante. **2.** *Mil.* Comisario, inspector de policía.
delegar *v.t.* Delegar.
deleite *s.m.* Regocijo, disfrute, goce, alborozo.
deliberação *s.f.* **1.** Deliberación, decisión. **2.** *For.* Resolución, disposición.
deliberar *v.t. e v.i.* **1.** Deliberar, ponderar. **2.** *For.* Resolver, disponer. *A assembleia de acionistas deliberou sobre a venda do imóvel.*

La junta de accionistas resolvió respecto a la venta del inmueble.
delicadeza *s.f.* **1.** Delicadeza, amabilidad, finura. **2.** Delicadez, debilidad, flaqueza.
delicado *adj.* **1.** Delicado, fino. **2.** Delicado, endeble, frágil. **3.** Delicado, enfermizo.
delineamento *s.m.* Delineación.
delinquência *s.f.* Delincuencia, criminalidad.
delinquente *adj. e s.2g.* Delincuente, criminal.
delirar *v.i.* Delirar.
delírio *s.m.* Delirio.
delito *s.m. For.* Delito.
delonga *s.f.* Demora, tardanza.
demagogia *s.f.* Demagogia.
demais *adv.* **1.** Demasiado, excesivamente. *É tarde demais.* Es demasiado tarde. ● *p.indef. pl.* **2.** Demás, otros. *Sempre ajuda os demais.* Ayuda siempre a los demás.
demanda *s.f. For. e com.* Demanda.
demandar *v.t.* Demandar.
demão *s.f.* Mano (*de pintura*).
demarcar *v.t.* Demarcar.
demente *adj. e s.2g.* Demente, loco.
demissão *s.f.* **1.** Dimisión, renuncia. **2.** Despido, destitución. ♦ **Pedir demissão.** Renunciar.
demitir *v.t.* **1.** Echar, exonerar, destituir, despedir, remover. ■ *v.p.* **2.** Dimitir, renunciar.
democracia *s.f.* Democracia.
democrata *adj. e s.2g.* Demócrata.
demográfico *adj.* Demográfico.
demolição *s.f.* Demolición, derrumbe.
demolidor *adj. e s.* Demoledor.
demolir *v.t.* Demoler, derribar.
demônio *s.m.* Demonio.
demonstração *s.f.* Demostración.
demonstrar *v.t.* Demostrar.
demora *s.f.* Atraso, demora, tardanza.
demorar *v.t.* **1.** Tardar, demorar. ■ *v.i.* **2.** Retrasarse, demorarse. ■ *v.p.* **3.** Demorarse, parar, detenerse.
denegrir *v.t.* Denigrar.
dengue *s.m.* **1.** Requiebro. **2.** Melindre, dengue. **3.** *Med.* Dengue.

denominar *v.t. e v.p.* Denominar(se), nombrar(se).
denotar *v.t.* Denotar.
densidade *s.f.* Densidad.
denso *adj.* Denso.
dentado *adj.* Dentado. ● **dentada** *s.f.* Dentellada, mordedura.
dentadura *s.f.* Dentadura.
dente *s.m.* Diente. ♦ **Dente de coelho.** Dificultad, obstáculo. **Dente de siso/do juízo.** Muela cordal/del juicio. **Dente molar.** Muela. **Palito de dente.** Escarbadientes, mondadientes.
dentista *s.2g. Med.* Dentista, odontólogo.
dentro *adv.* **1.** Dentro, en la parte interna. *Dentro da gaveta.* Dentro del cajón. **2.** Dentro, adentro, en la parte íntima. *Por dentro da floresta/do mar.* Bosque/Mar adentro. ♦ **Dentro de (dias, meses, anos).** En (días, meses, años). *Dentro de duas semanas.* En dos semanas. **Dentro de mim.** En mis adentros. **Estar por dentro.** Estar al tanto/empapado sobre un tema. **Não dar uma dentro.** No dar pie con bola. **Para dentro!** ¡Adentro!
denunciar *v.t.* Denunciar, acusar.
deparar *v.t.* **1.** Deparar, poner delante. ■ *v.i. e v.p.* **2.** Depararse, topar, encontrar.
departamento *s.m.* Departamento, unidad, división.
depenar *v.t.* **1.** Pelar, desplumar. **2.** *Fig.* Despojar, expoliar, rapar.
dependência *s.f.* Dependencia, subordinación. ■ **dependências** *s.f.pl.* Piezas, habitaciones. *As dependências da casa.* Las piezas de la casa.
dependente *adj.* **1.** Dependiente. ● *s.2g.* **2.** Persona mantenida por otra. **3.** *Med.* Adicto, vicioso.
dependurar *v.t. e v.p.* Colgar(se).
depilação *s.f.* Depilación.
depilar *v.t.* Depilar, pelar.
deplorável *adj.* Deplorable, lamentable.
depoimento *s.m.* **1.** Testimonio, declaración. **2.** *For.* Alegato, declaración testimonial.
depois *adv.* **1.** Después, más tarde, más ade-

lante, luego. **2.** Además, encima. *Não quero sair e, depois, estou cansada.* No quiero salir y además estoy cansada. ♦ **Imediatamente depois.** Acto seguido.

depor *v.t.* **1.** Deponer, destituir. ■ *v.t. e v.i.* **2.** *For.* Declarar, atestiguar, deponer, aducir, alegar.

deportar *v.t.* Deportar.

depositar *v.t.* **1.** Depositar, colocar, guardar. **2.** Depositar, asentar. ■ *v.p.* **3.** Depositarse, asentarse.

depósito *s.m.* **1.** *Com.* Depósito. **2.** Depósito, sedimento, borra. **3.** Depósito, silo, galpón. **4.** Depósito, estanque, cisterna, arca, tanque (*líquidos*).

depreciação *s.f. Com.* Depreciación, devaluación, demérito.

depredação *s.f.* Depredación, pillaje.

depressa *adv.* Deprisa, rápido, ligero, aprisa.

depressão *s.f.* **1.** Depresión, desaliento, decaimiento. **2.** Depresión, bache (*na atmosfera*). **3.** Depresión, crisis. **4.** Depresión, hondonada, bache (*em terreno*).

deprimente *adj.* Desanimador, desalentador.

deprimir *v.t. e v.p.* **1.** Deprimir(se), desanimar(se). **2.** Deprimir(se), hundir(se).

depurar *v.t.* **1.** Depurar, purificar. **2.** Depurar, limpiar, expurgar. **3.** Depurar, refinar.

deputado *s.* Diputado.

derivar *v.t. e v.p.* **1.** Derivar(se), resultar, provenir. **2.** Derivar(se), desviar(se). **3.** *Gram.* Derivar(se).

dermatologista *s.2g. Med.* Dermatólogo.

derradeiro *adj.* Postrero, último.

derramamento *s.m.* Derramamiento.

derramar *v.t.* **1.** Derramar, esparcir. **2.** Derramar, verter (*líquidos*). ■ *v.p.* **3.** Derramarse, desparramarse.

derrame *s.m.* **1.** *Med.* Derrame. **2.** Derramamiento.

derrapar *v.i.* Patinar, resbalar, derrapar.

derreter *v.t. e v.p.* Derretir(se).

derrotar *v.t.* **1.** Derrotar, vencer, aplastar. **2.** Derrotar, destrozar. ■ *v.p.* **3.** *Mar.* Derrotarse, desviarse.

derrubada *s.f.* **1.** Derrocamiento, derribo (*árvores*). **2.** Derrumbamiento, derrumbe.

derrubar *v.t.* **1.** Derribar, demoler. **2.** Derrumbar, derrocar, despeñar.

desabafar *v.t.* **1.** Desahogar. ■ *v.i.* **2.** Desahogarse, aliviarse, despacharse.

desabafo *s.m.* Desahogo.

desabamento *s.m.* Derrumbe. *Um desabamento na estrada.* Un derrumbe en la carretera.

desabar *v.i.* Derrumbarse, despeñarse, desplomarse. *A parede desabou.* La pared se desplomó.

desabotoar *v.t. e v.i.* Desabrochar(se), desabotonar(se).

desabrigado *adj.* **1.** Desabrigado, desnudo, descubierto. ■ *adj. e s.* **2.** *Fig.* Desahuciado, abandonado, desamparado, desposeído.

desabrochar *v.i.* **1.** Abrirse, florecer. **2.** *Fig.* Despuntar.

desacato *s.m.* Desacato, irreverencia, insubordinación.

desacordado *adj.* Desmayado, desfallecido, desvanecido.

desacordo *s.m.* Desacuerdo.

desafiar *v.t.* Desafiar, retar, hacer frente.

desafinar *v.t. e v.i.* Desafinar, desentonar.

desafio *s.m.* **1.** Desafío, reto. **2.** *Mus.* (*Amer.*) Payada.

desaforo *s.m.* Atrevimiento, insolencia, descaro.

deságio *s.m. Com.* Devaluación, desagio.

desagradar *v.t.* **1.** Desagradar. ■ *v.p.* **2.** Disgustarse.

desagradável *adj.* Desagradable, desapacible.

desagravo *s.m.* Desagravio.

desajeitado *adj.* Torpe, desastrado.

desamarrar *v.t. e v.p.* Desatar(se), soltar(se), desamarrar(se).

desamassar *v.t.* Estirar, alisar, desarrugar.

desandar *v.t.* **1.** Desandar, retroceder. **2.** Destornillar. ■ *v.i.* **3.** Descomponerse, estropearse.

desanimar *v.t.* **1.** Desanimar, desalentar, descorazonar. ■ *v.p.* **2.** Desanimarse, caerse de ánimo.

desânimo *s.m.* Desánimo, desaliento.

desaparecer *v.i.* Desaparecer, esfumarse, evaporarse.
desaparecimento *s.m.* Desaparecimiento.
desapertar *v.t.* Aflojar, desapretar.
desapontar *v.t.* Decepcionar, defraudar.
desapropriação *s.f.* Expropiación.
desaprovação *s.f.* Desaprobación, reproche.
desarranjo *s.m.* **1.** Desarreglo, descompostura. **2.** Descompostura, indisposición.
desarrumar *v.t. e v.p.* Desarreglar(se), desordenar(se).
desastre *s.m.* **1.** Accidente, siniestro. **2.** Desastre, desgracia, calamidad. **3.** *Fig.* Desastre, fracaso.
desatino *s.m.* Desatino, disparate, despropósito, contrasentido.
desativar *v.t.* Desactivar.
desavença *s.f.* Desavenencia, pendencia.
desavergonhado *adj. e s.* Desvergonzado, descarado, sinvergüenza.
desavisado *adj.* Inadvertido, desavisado.
desbaratar *v.t. e v.p.* Desbaratar(se).
desbocado *adj. e s.* Malhablado, desbocado.
desbotar *v.i.* Desteñir.
desbravar *v.t.* **1.** Explorar, abrir camino desconocido. **2.** Desbravar, domar.
descabelar *v.t.* Descabellar, despeinar, desgreñar. ■ *v.p.* **2.** *Fig.* Exasperarse.
descalço *adj.* Descalzo.
descambar *v.i.* **1.** Despeñar. **2.** *Fig.* Decaer, desmoralizarse.
descampado *s.m.* Campo abierto, llano, descampado.
descansar *v.t. e v.i.* **1.** Descansar, reposar. **2.** *Fig.* Descansar, morir.
descanso *s.m.* **1.** Descanso, reposo. **2.** Descanso, quietud. **3.** Descanso, rellano (*escada*).
descarga *s.f.* **1.** Descarga, descargue. **2.** Descarga, disparo. **3.** Válvula de inodoro. ♦ **Dar (a) descarga (banheiro).** Apretar el pulsador/el botón, tirar la cadena (del inodoro).
descarregar *v.t.* **1.** Descargar, quitar la carga. **2.** Descargar, disparar. **3.** Descargar, aliviar. **4.** Descargar, asestar (*golpes*). ■ *v.i.* **5.** Descargarse, quedarse sin carga.

descartar *v.t.* **1.** Desechar, descartar, apartar, arrinconar. **2.** Descartar (*do baralho*). ■ *v.p.* **3.** Deshacerse, sacarse de encima, descartarse.
descartável *adj.* Desechable.
descascar *v.t. e v.i.* Pelar(se), descascarar(se).
descaso *s.m.* Menoscabo, desprecio.
descendente *adj.* **1.** Descendente, que baja. ● *s.2g.* **2.** Descendiente.
descender *v.t.* Descender, proceder, tener origen.
descer *v.t.* **1.** Bajar, descender. *Descer a montanha.* Bajar la montaña. **2.** Bajar(se), apear(se), desmontar. *Descer do carro.* Bajar(se) del coche. **3.** *Fig.* Descender, caer. ■ *v.i.* **4.** Bajar, disminuir, reducirse. *As águas desceram.* Las aguas bajaron. **5.** *Fig.* Decaer, degradar, devaluar, descender. **6.** *Fig.* Humillarse. ♦ **Descer o pau.** Criticar.
descida *s.f.* **1.** Bajada, descenso. **2.** *Fig.* Caída, descensión.
desclassificar *v.t.* **1.** Descalificar, desacreditar. **2.** Eliminar, reprobar. ■ *v.p.* **3.** Descalificarse.
descobrimento *s.m.* **1.** Descubrimiento, encuentro. **2.** Descubrimiento, hallazgo.
descobrir *v.t.* **1.** Descubrir, destapar. **2.** Descubrir, encontrar, hallar. **3.** Descubrir, inventar.
descolar *v.t.* **1.** Despegar. *Descolei o envelope.* Despegué el sobre. **2.** *Col.* Conseguir, agenciarse, rebuscarse.
descolorir *v.t.* **1.** Descolorar(se), descolorir. ■ *v.i.* **2.** Desteñir.
descompor *v.t.* **1.** Descomponer, desordenar. **2.** Reprochar; (*Amer.*) regañar, retar.
desconfiança *s.f.* Desconfianza, sospecha.
desconfiar *v.t.* **1.** Desconfiar, sospechar, recelar. **2.** Desconfiar, dudar.
descongelamento *s.m.* Descongelación.
descongelar *v.t.* Descongelar.
desconhecido *adj. e s.* Desconocido.
desconhecimento *s.m.* Desconocimiento, ignorancia.
desconjuntar *v.t.* Disgregar, desintegrar, descomponer, desgarrar.

desconsolo *s.m.* Desconsuelo.
descontar *v.t.* **1.** Descontar, deducir, rebajar. **2.** *Com.* Descontar, pagar documento contable. **3.** *Fig.* Desconsiderar, no contar, prescindir. **4.** *Col.* Desquitar(se), resarcirse, pagar. *Não desconte sua raiva em mim.* No pagues/te desquites de tu cólera conmigo.
descontente *adj.* Descontento, insatisfecho; (*Amer.*) disgustoso.
descontínuo *adj.* Discontinuo.
desconto *s.m.* Descuento, rebaja. ♦ **Dar um desconto. 1.** Hacer rebaja. **2.** Tolerar, hacer la vista gorda.
descontraído *adj. Col.* Alegre, informal.
descontrair *v.t.* **1.** Relajar, aflojar (*músculos*). **2.** *Col.* Esparcir, relajar (*tensão*). ■ *v.p.* **3.** Aflojarse.
desconversar *v.i.* Cambiar de tema, hacerse el loco.
descosturar *v.t. e v.p.* Descoser(se).
descrédito *s.m.* Descrédito.
descrever *v.t.* Describir.
descrição *s.f.* Descripción.
descuido *s.m.* **1.** Descuido, negligencia, omisión. **2.** Descuido, error, desliz.
desculpa *s.f.* **1.** Excusa, disculpa. **2.** *Fig.* Excusa, pretexto. ♦ **Apresentar desculpas.** Presentar las excusas. **Pedir desculpa.** Disculparse.
desculpar *v.t.* **1.** Disculpar, perdonar, dispensar, excusar. ■ *v.p.* **2.** Excusarse, disculparse.
desde *prep.* Desde, a partir de. *Desde o século passado.* Desde el siglo pasado. ♦ **Desde então.** A partir de ahí, desde (ese) entonces. **Desde que.** Siempre y cuando, desde que.
desdém *s.m.* Desdén, desprecio, menoscabo.
desdobramento *s.m.* **1.** Despliegue. **2.** Secuencia, prolongación.
desdobrar *v.t.* **1.** Desplegar, abrir, desdoblar. **2.** Desdoblar, fraccionar. ■ *v.p.* **3.** Empeñarse, desplegarse, **4.** Desarrollarse, crecer. **5.** Prolongarse.
desejar *v.t.* **1.** Desear, anhelar. ■ *v.i.* **2.** Antojarse.

desejo *s.m.* **1.** Deseo, anhelo. **2.** Antojo, gana (*por capricho*).
desembaraçar *v.t.* **1.** Desobstruir, desembarazar. **2.** Desenredar (*lã, cabelo*). **3.** *Com.* Despachar, desentrañar, franquear (*documentos, mercadoria*). ■ *v.p.* **4.** Librarse, desembarazarse, deshacerse.
desembaraço *s.m.* Desenvoltura. ♦ **Desembaraço alfandegário.** *Com.* Despacho aduanero.
desembarque *s.m.* **1.** Desembarco (*passageiros*). **2.** Desembarque (*mercadorias*).
desembolsar *v.t.* Desembolsar.
desembrulhar *v.t.* Desenvolver, desembalar, desempaquetar; (*Amer.*) desempacar.
desempenhar *v.t.* **1.** Desempeñar, librar de empeño, rescatar. **2.** Desempeñar, ejercer. ■ *v.p.* **3.** Desempeñarse, actuar.
desempregado *adj. e s.* Desempleado, parado, cesante, desocupado.
desemprego *s.m.* Desempleo, paro, cesantía.
desencalhar *v.t.* **1.** Desatascar. ■ *v.i.* **2.** *Col.* Casarse.
desencavar *v.t.* **1.** Excavar. **2.** *Col.* Hallar, descubrir.
desencontrar *v.i.* **1.** Diferir, ser incompatible, no comulgar. ■ *v.p.* **2.** Perderse, extraviarse.
desencostar *v.t.* **1.** Apartar, quitar, alejar de lo que se toca. ■ *v.p.* **2.** Apartarse, quitarse, correrse.
desenferrujar *v.t.* **1.** Desoxidar. **2.** *Col.* Ejercitar, practicar (*idioma, músculos*).
desengano *s.m.* Desengaño, desilusión.
desenhar *v.t.* Dibujar.
desenhista *s.2g.* Dibujante.
desenho *s.m.* **1.** Dibujo. **2.** Diseño. ♦ **Desenho industrial/arquitetônico.** Diseño industrial/arquitectónico.
desenrolar *v.t.* **1.** Desenrollar. **2.** Desenredar, explicar. ■ *v.p.* **3.** Suceder, ocurrir, desarrollar(se), transcurrir. *A história se desenrola durante a guerra.* La historia transcurre durante la guerra. **4.** Desenredarse.
desentender *v.t.* **1.** Fingir que no entiende, desentenderse. ■ *v.p.* **2.** Tener diferencias,

desentendimento pelearse, enemistarse. ♦ **Fazer-se de desentendido.** Hacerse el bobo, disimular.

desentendimento s.m. Divergencia, desavenencia, disentimiento.

desentortar v.t. Enderezar.

desentupir v.t. Desobstruir, destapar, desatrancar.

desenvolver v.t. **1.** Desarrollar, fomentar, impulsar. *Desenvolver a agricultura.* Desarrollar la agricultura. **2.** Desarrollar, aumentar, crecer. *Desenvolver os músculos.* Desarrollar los músculos. **3.** Desarrollar, explicar. *Desenvolver um tema.* Desarrollar un tema. ■ v.p. **4.** Desarrollarse, progresar. **5.** Desarrollarse, crecer. **6.** Desarrollarse, ocurrir.

desenvolvimento s.m. Desarrollo.

desequilibrar v.t. e v.p. Desequilibrar(se).

deserdar v.t. Desheredar.

deserto adj. e s.m. Desierto.

desespero s.m. Desesperación, aflicción.

desfalque s.m. Com. Desfalco.

desfazer v.t. **1.** Deshacer, destruir, destrozar. **2.** Desdeñar, menoscabar. ■ v.p. **3.** Deshacerse, librarse, desembarazarse. **4.** Deshacerse, arruinarse, destrozarse.

desfechar v.t. **1.** Asestar, descargar (*arma*). **2.** Asestar, aplicar, encajar (*golpe*). **3.** Rematar, concluir (*história*).

desfecho s.m. Desenlace, cierre, remate.

desfeito adj. Destruido, desfigurado. ● **desfeita** s.f. Ofensa, afrenta.

desferir v.t. **1.** Lanzar, aplicar, atizar, ensartar (*golpe*). **2.** *Mus.* Puntear.

desfiar v.t. **1.** Deshilachar, deshilar. **2.** Relatar, referir en detalles.

desfiladeiro s.m. Desfiladero, cañón, garganta.

desfile s.m. **1.** *Mil.* Desfile, parada. **2.** Desfile, exhibición.

desforra s.f. Desquite, venganza.

desfrutar v.t. Disfrutar, gozar.

desgastar v.t. e v.p. **1.** Desgastar(se), gastar(se). **2.** *Fig.* Desgastar(se), cansar(se), consumir(se).

desgosto s.m. Disgusto.

desgraça s.f. Desgracia.

desgraçado adj. e s. **1.** Desgraciado, pobre, desdichado. **2.** *Col.* Desgraciado, vil, despreciable.

desgrudar v.t. e v.p. Despegar(se), desencolar(se).

desidratação s.f. Deshidratación.

designar v.t. Designar, nombrar.

desigual adj. **1.** Desigual, desparejo. **2.** Desigual, irregular (*terreno*).

desiludir v.t. **1.** Desilusionar, desengañar. ■ v.p. **2.** Desilusionarse, decepcionarse.

desilusão s.f. Desilusión, decepción.

desinchar v.t. Deshinchar.

desinfetante adj. e s.m. Desinfectante.

desinibido adj. Desenvuelto, desparpajado, listo, despierto.

desintegrar v.t. e v.p. Desintegrar(se).

desinteresse s.m. **1.** Falta de interés. **2.** Desinterés, desprendimiento.

desistir v.t. e v.i. Desistir, renunciar, abdicar.

deslealdade s.f. Deslealtad, alevosía.

desleixo s.m. Abandono, descuido.

desligar v.t. **1.** Desconectar, cortar (*luz, gás*). **2.** Desenchufar (*aparelho*). **3.** Desvincular, separar. ■ v.p. **4.** Separarse, apartarse. **5.** *Fig.* Desconectarse, abstraerse.

deslizar v.i. Deslizar, resbalar, escurrir.

deslize s.m. Desliz.

deslocar v.t. e v.p. **1.** Desplazar(se), trasladar(se), correr(se). **2.** *Med.* Dislocar(se), desarticular(se), descoyuntar(se) (*osso*).

desmaiar v.i. Desmayarse, desvanecerse.

desmaio s.m. Desmayo, vahído, desvanecimiento.

desmanchar v.t. **1.** Deshacer, destruir lo realizado. **2.** Anular, deshacer, romper (*compromisso*). ■ v.p. **3.** *Fig.* Derretirse. ♦ **Desmancha-prazeres.** Aguafiestas.

desmando s.m. Desmán.

desmascarar v.t. Desenmascarar.

desmatamento s.m. Desbroce, desmonte.

desmiolado adj. e s. Insensato, tarambana, destornillado, atolondrado, chiflado; (*Arg.*) desbolado; (*Am.C.*) asoleado.

desmontar *v.t.* **1.** Desarmar, desmontar. ■ *v.i.* **2.** Apearse, bajar, desmontar.
desmoralizar *v.t.* **1.** Desacreditar, humillar. **2.** Desmoralizar, pervertir.
desmoronamento *s.m.* Derrumbe, desmoronamiento.
desmunhecado *adj. e s.m. Col.* Amanerado, efeminado.
desnaturado *adj.* Desnaturalizado, cruel.
desnecessário *adj.* Innecesario.
desnível *s.m.* Desnivel.
desnutrição *s.f.* Malnutrición, desnutrición.
desobedecer *v.t. e v.i.* Desobedecer.
desodorante *adj. e s.m.* Desodorante.
desonesto *adj.* Deshonesto.
desonra *s.f.* Deshonra, deshonor.
desordem *s.f.* **1.** Desorden, revoltijo, desbarajuste; (*Arg.*) despiole; (*Mex. e Am.C.*) relajo. **2.** Lío, trastorno, agitación, desparpajo.
despachante *adj. e s.2g.* Gestor, tramitador, agente. ♦ **Despachante aduaneiro.** Gestor de aduana.
despachar *v.t.* **1.** Despachar, enviar. **2.** Despachar, despedir. **3.** Gestionar, tramitar. ■ *v.i.* **4.** Expedir notas oficiales.
despacho *s.m.* **1.** Despacho, envío. **2.** Despacho, nota oficial, decreto, resolución, determinación escrita. **3.** Tipo de ofrenda religiosa afrobrasileña.
desparafusar *v.t.* Destornillar, desatornillar.
despedaçar *v.t. e v.p.* Despedazar(se), trinchar, destrozar(se).
despedir *v.t.* **1.** Despedir, despachar. **2.** Echar, destituir, remover (*empregado*). ■ *v.p.* **3.** Despedirse, decir adiós.
despeito *s.m.* Despecho. ♦ **A despeito de.** A pesar de, no obstante, a despecho de.
despejar *v.t.* **1.** Derramar, verter, vaciar (*líquido*). **2.** Desalojar, desahuciar.
despejo *s.m. For.* Desalojo, desahucio.
despencar *v.t.* **1.** Separar del racimo (*frutas*). ■ *v.i.* **2.** Desplomarse, despeñarse.
despenhadeiro *s.m.* **1.** Despeñadero, precipicio. **2.** *Mar.* Acantilado.
despentear *v.t. e v.p.* Despeinar(se).

despercebido *adj.* Desapercibido, inadvertido.
desperdiçar *v.t. e v.i.* **1.** Desperdiciar, echar a perder. **2.** Desperdiciar, derrochar, despilfarrar.
desperdício *s.m.* Desperdicio, derroche, despilfarro.
despertador *s.m.* Despertador.
despertar *v.t. e v.i.* **1.** Despertar(se). **2.** *Fig.* Despertar, suscitar. **3.** *Fig.* Despertar, despuntar.
despesa *s.f.* Gasto, costa.
despir *v.t. e v.p.* Desvestir(se), desnudar(se).
despojar *v.t. e v.p.* Despojar(se).
déspota *s.2g.* Déspota, tirano.
despovoado *adj.* **1.** Despoblado, inhabitado. ● *s.m.* **2.** Despoblado.
despregar *v.t.* **1.** Desenclavar, desclavar (*coisa pregada*). **2.** Despegar, separar, soltar (*coisa grudada*). **3.** Desplegar, desdoblar (*coisa dobrada*). **4.** *Fig.* Quitar, desviar (*olhos, vista*).
desprender *v.t. e v.p.* **1.** Desprender(se), soltar(se). **2.** Tener desprendimiento, despojarse.
desprevenido *adj.* **1.** Desprevenido, incauto. **2.** *Col.* Sin dinero.
desprezar *v.t.* **1.** Despreciar, desdeñar, menospreciar. **2.** Descartar, no tener en cuenta.
desprezível *adj.* Despreciable.
desprezo *s.m.* Desprecio.
desprovido *adj.* Desprovisto.
desqualificar *v.t.* Descalificar.
desquitar-se *v.p.* Separarse legalmente (los cónyuges).
desse *contr. prep. de + p.dem. esse.* De ese.
destacar *v.t.* **1.** *Mil.* Destacar, enviar (*tropa*). **2.** Cortar, separar. *Destaque a última página.* Corte la última página. **3.** *Fig.* Destacar, resaltar, subrayar. ■ *v.p.* **4.** Destacarse, sobresalir, despuntar. **5.** Soltarse, despegarse.
destampar *v.t.* Destapar.
destaque *s.m.* Relieve, realce.
deste *contr. prep. de + p.dem. este.* De este.
destemperar *v.t.* Destemplar.
desterro *s.m.* Destierro.
destilaria *s.f.* Destilería.

destinar v.t. **1.** Destinar, designar. **2.** Destinar, determinar. **3.** Destinar, enviar. ■ v.p. **4.** Dedicarse, consagrarse. **5.** Dirigirse, encaminarse. **6.** Estar determinado o reservado.

destino s.m. **1.** Destino, suerte, sino. **2.** Destino, rumbo, destinación. **3.** Destino, finalidad.

destituir v.t. **1.** Destituir, dimitir, derrocar. **2.** Destituir, privar.

destoar v.t. **1.** Disonar, discordar. ■ v.i. **2.** *Mus.* Desentonar.

destrancar v.t. Abrir la llave, desatrancar, sacar la traba.

destravar v.t. Destrabar, desbloquear.

destreza s.f. Destreza, maestría, pericia.

destrinchar v.t. Desentrañar, desmenuzar.

destroçar v.t. Destrozar.

destroço s.m. Destrozo.

destruição s.f. Destrucción.

destruir v.t. Destruir.

desumano adj. Inhumano, deshumano.

desunião s.f. Desunión.

desvalido adj. e s. Desvalido.

desvalorização s.f. Desvalorización, devaluación, depreciación.

desvanecer v.t. e v.p. **1.** Desvanecer(se). **2.** Enorgullecer(se), envanecer(se).

desvantagem s.f. Desventaja.

desvão s.m. Desván, buhardilla.

desvario s.m. Desvarío, delirio.

desvendar v.t. **1.** Desvendar, quitar la venda. **2.** Revelar, descubrir, desentrañar, desvanecer. *Desvendar o mistério.* Desvanecer el misterio.

desviar v.t. **1.** Desviar, cambiar de dirección. **2.** Desviar, esquivar. **3.** Desviar, malversar (*fundos*). **4.** Desviar, extraviar. ■ v.p. **5.** Desviarse. ♦ **Desviar do assunto.** Andar(se) por las ramas.

desvincular v.t. **1.** Desvincular, desprender. **2.** Desembarazar, franquear. ■ v.p. **3.** Desvincularse, desconectarse.

desvio s.m. **1.** Desvío, desviación. **2.** Desvío, bifurcación. **3.** Desvío, rodeo, digresión. **4.** Desvío, malversación.

detalhe s.m. Detalle, pormenor, menudencia, minucia.

detectar v.t. Detectar.

detenção s.f. **1.** Detención, captura, arresto. **2.** Aprehensión.

detento s. Detenido, prisionero.

deter v.t. **1.** Detener, parar. **2.** Detener, arrestar. **3.** Detener, retener. ■ v.p. **4.** Detenerse, parar.

detergente adj. e s.m. Detergente.

deterioração s.f. Deterioro.

determinar v.t. e v.p. Determinar(se).

detestar v.t. Detestar, aborrecer, odiar.

detetive s.m. Detective.

detrás adv. **1.** Detrás, atrás. **2.** Detrás, después.

detrimento s.m. Detrimento.

detrito s.m. Desperdicio, residuo, detrito, detritus. ■ **detritos** s.m.pl. Restos, despojos.

deturpar v.t. Torcer, distorsionar, desvirtuar.

deus s.m. Dios. ♦ **Deus me livre!** ¡Dios me libre! **Deus nos acuda!** ¡Dios nos ayude! **Ao deus-dará.** A la buena de Dios. **Com a ajuda de Deus.** Dios mediante. **Meu Deus!** ¡Dios mío! **Pelo amor de Deus!** ¡Por Dios! **Se Deus quiser.** Si Dios quiere; (*Am.C.*) primero Dios.

devagar adv. Despacio.

devassa s.f. *For.* Cateo, registro, inspección.

devassidão s.f. Desenfreno, libertinaje.

devastação s.f. Devastación.

devedor adj. e s. Deudor.

dever v.i. **1.** Deber, tener deuda. ■ v.t. **2.** Deber, tener obligación. ● s.m. **3.** Deber, obligación. ■ **deveres** s.m.pl. **1.** Quehaceres, tareas. **2.** Deberes, ejercicios.

devido a loc. Debido a.

devoção s.f. **1.** Devoción, culto religioso. **2.** Devoción, dedicación. **3.** Devoción, cariño.

devolução s.f. Devolución.

devolver v.t. Devolver, restituir, reintegrar.

devorar v.t. Devorar.

devotar v.t. e v.p. Dedicar(se), consagrar(se).

dezembro s.m. Diciembre.

dia s.m. Día. ♦ **Dia e noite.** Noche y día. **Dia útil.** Día hábil/laborable. **Bom-dia!** ¡Buenos

días! **(Estar) Em dia. 1.** (Estar) Al día. **2.** No tener deudas. **Hoje em dia.** Hoy (en) día. **Um dia de cão.** Un día terrible.
diabetes *s.f. Med.* Diabetes, diabetis.
diabo *s.m.* Diablo.
diabrura *s.f.* Diablura, travesura.
diadema *s.f.* Diadema.
diafragma *s.f.* Diafragma.
diagonal *adj. e s.f.* Diagonal.
diálogo *s.m.* Diálogo.
diamante *s.m. Geol.* Diamante.
diâmetro *s.m. Geom.* Diámetro.
diante de *loc.* **1.** Delante de, frente a. **2.** Ante. *Diante de tais argumentos, teve que ceder.* Ante tales razonamientos, tuvo que ceder.
dianteiro *adj.* **1.** Delantero. ● *s.m.* **2.** *Desp.* Delantero. ■ **dianteira** *s.f.* Delantera. ♦ **Tomar a dianteira.** Ponerse al frente.
diapositivo *s.m.* Diapositiva.
diário *adj.* **1.** Diario, cotidiano. ● *s.m.* **2.** Diario, memorias. **3.** Diario, periódico. ■ **diária** *s.f.* **1.** Jornal, pago diario. **2.** Viáticos, dietas. **3.** Pensión, hospedaje (*hotel*). **4.** Tasa de internación (*hospital*).
diarreia *s.f. Med.* Diarrea.
dica *s.f. Col.* **1.** Información, indicación, dato. **2.** Pista, indicio, señal.
dicionário *s.m.* Diccionario.
didático *adj.* Didáctico. ● **didática** *s.f.* Didáctica. ♦ **Livro didático.** Libro de texto.
diesel *s.m. Germ.* Diesel, gasoil.
dieta *s.f.* Dieta.
difamar *v.t.* Difamar, denigrar.
diferença *s.f.* **1.** Diferencia, desigualdad. **2.** Diferencia, desavenencia. **3.** *Mat.* Diferencia. **4.** *Fig.* Diferencia, distinción, discriminación. ■ **diferenças** *s.f.pl.* Desavenencias.
diferençar *v.t.* Diferenciar, distinguir.
diferencial *s.m.* **1.** *Mat. e mec.* Diferencial. **2.** *Gram.* Diacrítico (*acento*).
diferente *adj.* **1.** Diferente, diverso. **2.** Especial, incomún.
difícil *adj.* **1.** Difícil, complejo, complicado. **2.** Difícil, poco probable.
dificuldade *s.f.* Dificultad.

difundir *v.t. e v.p.* Difundir(se), propagar(se), divulgar(se).
difusão *s.f.* Difusión.
digestão *s.f.* Digestión.
digitar *v.t. Inform.* Teclear, digitalizar.
dignidade *s.f.* Dignidad.
dilacerar *v.t. e v.p.* Dilacerar(se), desgarrar(se).
dilatar *v.t.* **1.** Dilatar, ensanchar, ampliar. **2.** Dilatar, diferir, postergar. ■ *v.p.* **3.** Dilatarse, crecer, aumentar. **4.** Dilatarse, demorarse.
dilema *s.m.* Dilema.
diligência *s.f.* **1.** Diligencia, cuidado, esmero. **2.** Diligencia, mandado. **3.** Diligencia, carroza.
diluir *v.t. e v.p.* Diluir(se), disolver(se).
dimensão *s.f.* Dimensión, magnitud, tamaño.
diminuição *s.f.* **1.** Disminución, reducción. **2.** *Mat.* Resta, deducción.
diminuir *v.t.* **1.** Disminuir, reducir, apocar. **2.** *Mat.* Restar, deducir. ■ *v.i. e v.p.* **3.** Disminuir(se), achicarse, encogerse. **4.** Disminuir(se), debilitarse, menguar.
diminutivo *adj. e s.m. Gram.* Diminutivo.
dinâmico *adj.* Dinámico. ● **dinâmica** *s.f. Mec.* Dinámica.
dinheiro *s.m.* Dinero, plata; (*Esp.*) pasta; (*Arg.*) guita; (*Mex. e Am.C.*) pisto, lenes. ♦ **Dinheiro trocado/miúdo.** Dinero suelto; (*Amer.*) sencillo. **Em dinheiro.** En efectivo.
diocese *s.f.* Diócesis.
diploma *s.m.* Título, diploma.
diplomacia *s.f.* **1.** Diplomacia. **2.** *Fig.* Diplomacia, disimulo.
diplomata *s.2g.* Diplomático.
direção *s.f.* **1.** Dirección, orientación, rumbo. **2.** Dirección, directorio, directiva. **3.** Dirección, administración, manejo. **4.** *Mec.* Dirección, volante.
direito *adj.* **1.** Diestro. **2.** Derecho, recto. **3.** *Fig.* Derecho, honrado. ● *adv.* **4.** En forma correcta, adecuadamente. *Sente-se direito.* Siéntate bien. ● *s.m.* **5.** Derecho, prerrogativa. **6.** *For.* Derecho, abogacía, leyes. **7.**

Derecho, lado principal. ■ **direita** *s.f.* **1.** Derecha, diestra. **2.** Derecha, lado derecho. **3.** Derecha, política conservadora. ♦ **Direitinho.** Correctamente. **Direitos autorais.** Derechos de autor. **À direita.** A la derecha. **A torto e a direito.** A diestro y siniestro. **Andar direito.** Portarse bien. **Ter o direito de.** *For.* Asistirle el derecho a.

direto *adj.* **1.** Directo, recto. **2.** Directo, inmediato. **3.** Directo, claro, sin rodeos. ● *adv.* **4.** Directamente, derecho. *Foi direto para casa.* Fue directamente a casa.

diretor *s.* Director.

diretoria *s.f.* **1.** Directorio. **2.** Dirección, directiva.

diretriz *s.f.* Directriz.

dirigente *adj. e s.2g.* **1.** Directivo, cuadro. **2.** Cabecilla, jefe de rebeldes.

dirigir *v.t.* **1.** Dirigir, regir, gobernar. **2.** Dirigir, enderezar (*cartas*). **3.** Dirigir, volver (*olhar*). **4.** Dirigir, orientar. ■ *v.t. e v.i.* **5.** Guiar, pilotar; (*Esp.*) conducir; (*Amer.*) manejar (*automóvel*). ■ *v.p.* **6.** Dirigirse, ir; (*Amer.*) rumbear. **7.** Dirigirse, hablar.

dirigível *s.m.* Globo dirigible.

discar *v.i.* Marcar (*número de telefone*).

discernimento *s.m.* Discernimiento.

disciplina *s.f.* **1.** Disciplina, orden, método. **2.** Disciplina, obediencia. **3.** Disciplina, asignatura. **4.** Disciplina, enseñanza.

disco *s.m.* **1.** *Eletr.* Disco. **2.** *Desp.* Tejo. **3.** *Mec.* Plato, disco. ♦ **Disco voador.** Platillo volador/volante.

discordar *v.t. e v.i.* Discordar, estar en desacuerdo, disentir.

discorrer *v.t.* **1.** Explanar, discursar. **2.** Discurrir, reflexionar.

discoteca *s.f.* Discoteca.

discrição *s.f.* Discreción.

discriminação *s.f.* **1.** Discriminación, segregación. **2.** Discernimiento, distinción. **3.** Especificación, desglose.

discriminar *v.t.* **1.** Discriminar, segregar. **2.** Discriminar, discernir. **3.** Especificar, desglosar.

discurso *s.m.* Discurso.

discussão *s.f.* **1.** Discusión, polémica. **2.** *Col.* Agarrada, altercado.

discutir *v.t. e v.i.* **1.** Discutir, debatir. **2.** Pelearse, enfadarse. *Discuti com meu pai.* Me peleé con mi papá.

disfarçar *v.t.* **1.** Disimular, enmascarar, embozar, guardar las apariencias. ■ *v.p.* **2.** Disfrazarse, camuflarse.

disfarce *s.m.* **1.** Disfraz. **2.** Máscara. **3.** *Fig.* Disimulo, simulación, pantalla.

disjuntor *s.m. Eletr.* Disyuntor.

disparar *v.t.* **1.** Disparar, detonar (*arma*). **2.** Disparar, despedir, arrojar. ■ *v.i.* **3.** Salir a la carrera, dispararse.

disparate *s.m.* Disparate.

dispensar *v.t.* **1.** Dispensar, eximir. **2.** Dispensar, conceder. **3.** Prescindir, no necesitar, rechazar, no hacer falta. *Dispenso os seus elogios.* No me hacen falta tus alabanzas.

dispersar *v.t. e v.p.* **1.** Dispersar(se), desparramar(se), desbandar. **2.** Dispersar(se), ahuyentar, disipar(se).

dispor *v.t.* **1.** Disponer, acomodar, preparar. **2.** Disponer, tener. **3.** Disponer, establecer. ■ *v.p.* **4.** Disponerse, ofrecerse. **5.** Disponerse, prepararse. **6.** Disponerse, decidirse.

disposição *s.f.* **1.** Disposición, arreglo, acomodo. **2.** Disposición, ánimo. **3.** *For.* Disposición, precepto.

disposto *adj.* Dispuesto. **Estar disposto.** Estar dispuesto, tener ganas.

disputa *s.f.* **1.** Disputa, altercado, contienda. **2.** Lucha, competición, refriega.

disquete *s.m. Inform.* Disco flexible, disquete.

disseminação *s.f.* Diseminación.

dissertação *s.f.* Disertación.

dissídio *s.m. For.* Divergencia, disidencia. ♦ **Dissídio coletivo.** Convenio colectivo, pacto salarial.

dissimular *v.t.* **1.** Disimular, ocultar. ■ *v.i.* **2.** Disimular, fingir.

disso *contr. prep. de* + *p.dem. isso.* De eso.

dissolvente *adj. e s.m. Quím.* Solvente.

dissolver *v.t. e v.p.* **1.** Disolver(se), disipar(se). **2.** Disolver(se), diluir(se).
distância *s.f.* Distancia.
distanciar *v.t.* **1.** Alejar, apartar, distanciar. ■ *v.p.* **2.** Alejarse, retirarse.
distante *adj.* **1.** Lejano, apartado, distante. **2.** *Fig.* Frío, reservado. ● *adv.* **3.** Lejos.
distinção *s.f.* **1.** Distinción, diferencia. **2.** Distinción, honor. **3.** Distinción, elegancia.
distinguir *v.t.* **1.** Distinguir, diferenciar, discriminar. **2.** Distinguir, percibir, divisar. **3.** Distinguir, honrar. ■ *v.p.* **4.** Distinguirse, sobresalir, destacar.
distinto *adj.* **1.** Distinto, diverso. **2.** Distinguido, notable, ilustre. **3.** Distinguido, elegante, educado.
disto *contr. prep. de + p.dem. isto.* De esto.
distorção *s.f.* Distorsión.
distorcer *v.t.* Distorsionar, torcer, falsear.
distração *s.f.* **1.** Distracción, descuido, olvido. **2.** Distracción, diversión.
distrair *v.t. e v.p.* **1.** Distraer(se), desviar la atención. **2.** Distraer(se), esparcir, entretener(se).
distribuição *s.f.* Distribución, reparto.
distribuir *v.t.* Distribuir, repartir.
ditado *s.m.* **1.** Dictado (*escolar*). **2.** Dicho, refrán, proverbio.
ditadura *s.f.* Dictadura.
ditar *v.t.* Dictar.
dito *adj.* **1.** Dicho, mencionado. ● *s.m.* **2.** Dicho, refrán. ♦ **Dito-cujo.** Fulano, individuo.
ditongo *s.m. Gram.* Diptongo.
Diu *s.m. Med.* Dispositivo intrauterino, contraceptivo.
diurno *adj.* Diurno.
divagação *s.f.* Divagación, devaneo.
divagar *v.i.* **1.** Vagar, errar, divagar. **2.** Divagar, devanear, desatinar.
diversão *s.f.* Diversión, entretenimiento, ocio. ■ **diversões** *s.f.pl.* Atracciones. ♦ **Parque de diversões.** Plaza de juegos, parque de atracciones.
diverso *adj.* **1.** Diverso, diferente. **2.** Diverso, vario. ● **diversos** *p.indef.pl.* Varios, unos.

divertir *v.t. e v.p.* Divertir(se), entretener(se), recrear(se).
dívida *s.f.* Deuda.
dividir *v.t. e v.p.* Dividir(se).
divindade *s.f.* Divinidad.
divisão *s.f.* División.
divórcio *s.m.* Divorcio.
divulgar *v.t. e v.p.* **1.** Divulgar(se), editar, publicar(se). **2.** Divulgar(se), propagar(se), pregonar(se).
dizer *v.t.* **1.** Decir, expresar. **2.** Decir, contar, relatar. ■ *v.i.* **3.** Decir, hablar. ♦ **Dizer respeito.** Concernir, atañer. **Diz que diz. 1.** Dimes y diretes. **2.** Chismorreo, murmuración. **Até dizer chega.** Hasta no poder más. **Não dizer uma palavra.** No chistar/ No abrir la boca. **Por assim dizer.** Por decirlo así/Como quien dice.
do *contr. prep. de + art. o.* Del. *A capa do livro.* La carátula del libro.
dó^1 *s.m.* Lástima, pena.
dó^2 *s.m. Mus.* Do, nota musical.
doação *s.f.* Donación, donativo.
dobra *s.f.* Doblez, pliegue.
dobradiça *s.f.* Bisagra, charnela, gozne.
dobradinha *s.f.* (*Esp.*) Callos; (*Arg.*) mondongo; (*Mex. e Am.C.*) panza.
dobrar *v.t. e v.i.* **1.** Doblar, duplicar. **2.** Encorvar, doblar. ■ *v.t.* **3.** Doblar, aumentar. **4.** Doblar, plegar. **5.** *Fig.* Doblar, domar, doblegar. **6.** *Fig.* Encorvar, agobiar. ■ *v.i.* **7.** Doblar, sonar (*sino*). ■ *v.p.* **8.** Doblarse, curvarse. **9.** *Fig.* Rendirse, ceder.
dobro *s.m.* Doble.
doca *s.f. Mar.* Dársena.
doce *adj.* **1.** Dulce, dulzón. **2.** *Fig.* Dulce, suave. ● *s.m.* **3.** Dulce, golosina, caramelo. ♦ **Fazer doce.** Hacerse de rogar.
docência *s.f.* Docencia, enseñanza.
doceria *s.f.* Confitería.
documentário *adj. e s.m.* Documental.
documento *s.m.* Documento, certificado. ■ **documentos** *s.m.pl.* Documentos, papeles. *Perdi meus documentos.* Perdí mis papeles.
doçura *s.f.* Dulzura.

doença s.f. Med. Enfermedad, dolencia.
doente adj. e s.2g. **1.** Med. Enfermo. **2.** Fig. Fanático, apasionado.
doentio adj. Enfermizo.
doer v.i. **1.** Doler, sentir dolor. **2.** Fig. Lastimar, causar dolor o disgusto. ■ v.p. **3.** Dolerse, compadecerse.
doido adj. e s. Loco, chiflado. ♦ **Doido varrido.** Loco de remate.
dólar s.m. Dólar.
dom s.m. **1.** Don, dádiva. **2.** Don, talento, aptitud. **3.** Don, señor.
doméstico adj. **1.** Doméstico, casero. **2.** Doméstico, interno, nacional (*viagem, transporte*). ● s. **3.** Doméstico, criado.
domicílio s.m. Domicilio, residencia legal.
dominar v.t. **1.** Dominar, someter. **2.** Dominar, conocer bien. **3.** Dominar, contener, refrenar. ■ v.p. **4.** Dominarse, sofrenarse.
domingo s.m. Domingo.
domínio s.m. **1.** Dominios, jurisdicción. **2.** Dominio, dominación, control. **3.** Dominio, materia, campo de acción.
dono s. Dueño, propietario. ■ **dona** s.f. Doña, señora. ♦ **Dona de casa.** Ama de casa.
dopar v.t. Drogar, dopar.
dor s.f. Dolor. ♦ **Dor de cotovelo.** Envidia, celos.
doravante adv. En adelante.
dorminhoco adj. e s. Dormilón.
dormir v.i. Dormir(se).
dormitório s.m. Dormitorio, pieza, habitación.
dosar v.t. Dosificar.
dose s.f. Dosis. ♦ **Ser dose (para elefante).** Ser inaguantable.
dotação s.f. Dotación, asignación.
dotar v.t. **1.** Dotar, destinar, asignar dote o fondos. **2.** Dotar, equipar.
dourado adj. **1.** Dorado. ● s.m. **2.** Dorada, cierto pescado.

dourar v.t. **1.** Dorar. **2.** Dorar, freír, saltear (*alimentos*).
doutor s. **1.** Doctor, médico. **2.** Individuo que hizo doctorado. **3.** Fig. Perito. **4.** Abogado. **5.** Col. Señor, caballero, don. **6.** Col. Licenciado, doctor (*tratamento de respeito*).
doutrina s.f. Doctrina.
drágea s.f. Gragea.
dramalhão s.m. Dep. Melodrama, novelón.
dramatizar v.t. Dramatizar.
drástico adj. Drástico.
drenagem s.f. Drenaje.
driblar v.t. e v.i. Desp. Esquivar, fintar.
drinque s.m. Copa, trago, copetín.
droga s.f. **1.** Droga. **2.** Col. Porquería, cosa mala.
drogado adj. e s. Drogadicto.
drogaria s.f. Droguería, farmacia.
dublagem s.f. Doblaje.
ducha s.f. Ducha.
duplicata s.f. Com. Factura negociable.
duplo num. Doble, duplo. ● **dupla** s.f. **1.** Pareja. **2.** Mus. Dúo.
duração s.f. Duración.
duradouro adj. Duradero.
durante prep. Durante.
durar v.i. Durar.
durex s.m. Cinta adhesiva, papel celo.
duro adj. **1.** Duro, sólido, rígido. **2.** Fig. Duro, rudo, áspero. **3.** Fig. Duro, riguroso, recio. **4.** Col. Duro, difícil. **5.** Col. Sin dinero. ♦ **Dar duro.** Afanarse. **Ficar/Estar duro.** Quedarse sin dinero. **No duro.** Sin duda, seguro.
dúvida s.f. Duda, sospecha. ♦ **Ficar na dúvida.** Vacilar, titubear, estar en duda.
duvidar v.t. **1.** Dudar, sospechar. ■ v.i. **2.** No creer.
duvidoso adj. **1.** Dudoso, sospechoso. **2.** Dudoso, incierto.
dúzia s.f. Docena. ♦ **Meia dúzia.** Seis.

E

e *s.m.* **1.** E (*quinta letra do alfabeto português*). ● *conj.* **2.** Y. *Você e eu.* Tú y yo. **3.** E. *França e Itália.* Francia e Italia.

ébrio *adj. e s.* **1.** Ebrio, borracho. **2.** *Fig.* Alucinado, exaltado.

ebulição *s.f.* Ebullición.

eclipse *s.m.* Eclipse.

eco *s.m.* **1.** *Fís.* Eco, reflexión acústica. **2.** Eco, resonancia. **3.** *Fig.* Repercusión, aceptación, eco. **4.** *Fig.* Eco, rumor.

ecoar *v.i.* **1.** Hacer eco. **2.** *Fig.* Resonar.

ecologia *s.f.* Ecología.

economia *s.f.* **1.** Economía, ciencia económica. **2.** Economía, ahorro. ■ **economias** *s.f.pl.* Ahorros.

economizar *v.t.* Ahorrar, economizar.

eczema *s.m. Med.* Eczema, eccema.

edema *s.m. Med.* Edema.

éden *s.m.* Edén.

edição *s.f.* Edición.

edificar *v.t.* Edificar.

edifício *s.m.* Edificio.

edital *s.m.* **1.** Pliego de concurso (*licitação*). **2.** Amonestaciones (*casamento*). **3.** Edicto, oficio, aviso. ♦ **Publicar os editais (de casamento).** Correr las amonestaciones.

editor *s.* Editor. ■ **editora** *s.f.* Editorial, casa editora.

educação *s.f.* **1.** Educación, instrucción. **2.** Educación, buenos modales, cortesía. **3.** Educación, cultura.

educar *v.t. e v.p.* Educar(se).

efeito *s.m.* **1.** Efecto. **2.** *Com.* Efecto, documento mercantil. ♦ **Com efeito.** Con/En efecto. **Levar a efeito.** Llevar a cabo. **Sem efeito.** Nulo, sin valor.

efeminado *adj. e s.m.* Afeminado.

efetivação *s.f.* Efectividad.

efetivar *v.t. e v.p.* Efectuar(se), hacer(se) efectivo.

efetivo *adj.* **1.** Efectivo, real. **2.** Efectivo, positivo. ■ *adj, e s.* **3.** Empleado fijo, contratado, efectivo. ■ *s.m.* **4.** *Mil.* Conjunto de tropas, efectivos. **5.** *Com.* Activo, líquido. ♦ **Professor efetivo.** Profesor numerario.

efetuar *v.t.* Efectuar.

eficácia *s.f.* Eficacia.

eficiência *s.f.* Eficiencia.

efusão *s.f.* Efusión.

egoísmo *s.m.* Egoísmo.

egresso *adj. e s.* Egreso.

égua *s.f.* Yegua.

eixo *s.m.* **1.** *Mec.* Eje, árbol. **2.** Eje, línea imaginaria. **3.** *Geom.* Eje, diámetro de una curva. **4.** *Fig.* Idea fundamental. **5.** Eje, alianza. ♦ **Eixo de transmissão.** *Mec.* Árbol/Eje de transmisión. **Entrar nos eixos.** Normalizarse, regularizarse.

ejacular *v.t. e v.i.* Eyacular.

ela *p.pess. 3ª pess. f* Ella. ♦ **A ela.** Se. *Dê isso a ela.* Dáselo. *Agora/Aí é que são elas.* Ahí está el problema.

elaborar *v.t.* Elaborar.

elástico *adj.* **1.** Elástico, flexible. ● *s.m.* **2.** Elástico, cinta. **3.** Goma elástica; (*Amer.*) hule, gomita.

ele *p.pess. 3ª pess. m.* Él. ♦ **A ele.** Se. *Já disse isso a ele.* Ya se lo dije.

elefante *s.* Elefante.

elegância *s.f.* Elegancia.

eleger *v.t.* **1.** Elegir, nombrar por votación. **2.** Elegir, seleccionar, escoger.

eleição *s.f.* **1.** Elección, votación. **2.** Elección, selección.

eleito *adj.* **1.** Elegido, electo. ● *s.* **2.** Elegido.

eleitor *adj. e s.* Elector.

elementar *adj.* Elemental.

elemento *s.m.* **1.** Elemento, ingrediente. **2.** Elemento, medio natural. **3.** *Fig.* Elemento, miembro, individuo. **4.** *Quím.* Elemento, substancia. ■ **elementos** *s.m.pl.* **1.** Elementos, nociones. **2.** Elementos, datos.

elenco *s.m.* **1.** *Teat.* Reparto. **2.** Colección.

eletricidade *s.f.* Electricidad.

eletricista *adj. e s.2g.* Electricista.

elétrico *adj.* Eléctrico.

eletrizar *v.t.* Electrizar.

eletrocardiograma *s.m. Med.* Electrocardiograma.

eletrodoméstico *adj. e s.m.* Electrodoméstico.

eletromotriz *adj.* Electromotor.

elétron *s.m. Fís.* Electrón.

eletrônico *adj.* Electrónico. ● **eletrônica** *s.f.* Electrónica.

eletroquímico *adj. Fís.* Electroquímico. ● **eletroquímica** *s.f.* Electroquímica.

eletrostático *adj. Fís.* Electrostático. ● **eletrostática** *s.f.* Electrostática.

elevação *s.f.* **1.** Alza, aumento, elevación. **2.** Elevación, altura. **3.** *Fig.* Elevación, nobleza.

elevado *adj.* **1.** Elevado, alto. **2.** *Fig.* Elevado, sublime. ● *s.m.* **3.** Viaducto.

elevador *s.m.* Ascensor, elevador.

elevar *v.t.* **1.** Elevar, alzar. **2.** Elevar, subir.

eliminar *v.t.* **1.** Eliminar, excluir. **2.** Eliminar, descalificar. **3.** *Med.* Eliminar, expeler. **4.** *Fig.* Suprimir, exterminar, matar.

eliminatório *adj.* Eliminatorio. ● **eliminatória** *s.f. Desp.* Eliminatoria.

elipse *s.f.* **1.** *Gram.* Elipsis. **2.** *Geom.* Elipse.

elite *s.f.* Élite, elite.

elo *s.m.* Eslabón.

elogiar *v.t.* Encomiar, alabar, elogiar.

elogio *s.m.* Elogio.

eloquência *s.f.* Elocuencia.

elucidar *v.t.* Elucidar.

em *prep.* En.

emagrecer *v.t. e v.i.* Adelgazar, enflaquecer.

emaranhar *v.t.* Enredar, enmarañar.

embaçar *v.t.* Empañar.

embaixador *s.m.* Embajador.

embaixo *adv.* **1.** Debajo. *Embaixo da mesa.* Debajo de la mesa. **2.** Abajo. *Estou aqui embaixo.* Estoy aquí abajo.

embalagem *s.f.* Embalaje, envase, empaque.

embalar *v.t.* **1.** Embalar, envolver, empacar. **2.** Acunar, mecer (*bebês*). **3.** *Col.* Acelerar, embalarse, tomar impulso.

embalo *s.m.* Impulso.

embarcar *v.t. e v.i.* Embarcar(se).

embargar *v.t. For.* Embargar.

embargo *s.m. For.* Embargo.

embarque *s.m.* **1.** Embarque (*mercadorias*). **2.** Embarco (*pessoas*).

embebedar *v.t. e v.p.* Emborrachar(se), achispar(se); (*Rio-plat.*) mamar(se); (*Mex e Am.C.*) embolar(se), picar(se).

embeber *v.t.* Embeber, impregnar, remojar.

embelezar *v.t.* **1.** Embellecer, adornar. ■ *v.p.* **2.** Adornarse, ataviarse.

embirrar *v.i.* Encapricharse.

emblema *s.m.* Emblema.

embolia *s.f. Med.* Embolia.

êmbolo *s.m. Med. e mec.* Émbolo.

embolorar *v.t.* Enmohecer(se).

embolsar *v.t.* Embolsar.

embonecar *v.t. e v.p.* Ornar(se), adornar(se), arreglar(se).

embora *conj.* **1.** Aunque. *Embora fosse tarde, saí.* Aunque era tarde, salí. ● *adv.* **2.** Expresa idea de retirarse, irse, marcharse; (*Rio-plat.*) rajarse, tomárselas. *Vamos embora!* ¡Vámonos!

emboscada *s.f.* Emboscada, celada.

embranquecer *v.t. e v.i.* Blanquear, emblanquecer.

embreagem *s.f. Mec.* Embrague.

embriagar *v.t. e v.p.* **1.** Embriagar(se), emborrachar(se). **2.** *Fig.* Embriagar(se), extasiar(se).

embrião *s.m.* **1.** *Med.* Embrión, feto. **2.** *Fig.* Embrión, germen. **3.** *Fig.* Embrión, causa, origen.

embromar *v.t. e v.i.* **1.** Embaucar, engañar, burlar, hacer trampas. **2.** Hacer perder el tiempo con mentiras.

embrulhada *s.f.* Embrollo, enredo, lío.

embrulhar *v.t.* **1.** Envolver, empaquetar, empacar. **2.** *Col.* Engañar, mentir. **3.** *Col.* Revolver (*o estômago*). ■ *v.p.* **4.** Envolverse, taparse (*em cobertor*).

embrulho *s.m.* Paquete, fardo, lío. ♦ **Papel de embrulho.** Papel de estraza, papel *kraft*.

emburrado *adj.* Enojado, trompudo; (*Amer.*) empacón; (*Arg.*) chinchudo.

embutir *v.t.* **1.** Embutir, tallar, taracear, incrustar. **2.** Empotrar (*na parede*).

emenda *s.f.* **1.** Enmienda, corrección. **2.** Junción, conexión, parche, empalme.

emergência *s.f.* Emergencia.

emigrante *adj.* e *s.2g.* Emigrante.

eminência[1] *s.f.* Eminencia, prominencia.

eminência[2] *s.f.* Eminencia, título de honor.

emirado *s.m.* Emirato.

emissor *adj.* e *s.* Emisor. ■ **emissora** *s.f.* Emisora, difusora.

emitir *v.t.* **1.** Emitir, transmitir. **2.** Expedir. *Emitir a nota fiscal.* Expedir la factura. **3.** Emitir, lanzar. **4.** Expresar, manifestar, emitir. *Emitir a opinião.* Expresar la opinión. **5.** *Com.* Emitir, imprimir moneda.

emoção *s.f.* Emoción.

emocionar *v.t.* e *v.p.* Emocionar(se), conmover(se).

emotivo *adj.* Emotivo, sensible.

empacar *v.i.* Empacarse, emperrarse.

empacotar *v.i.* Empaquetar, envolver, embalar, empacar.

empada *s.f.* Empanada, empanadilla.

empanturrar *v.t.* **1.** Embuchar, empapuzar. ■ *v.p.* **2.** Hartarse, empacharse, llenarse, empapuzarse.

empapar *v.t.* e *v.p.* **1.** Empapar(se). **2.** *Col.* Poner(se) al tanto.

emparelhar *v.t.* Emparejar.

empatar *v.t.* **1.** Empatar, igualar (*em votos, jogos*). **2.** Estorbar, obstruir. **3.** Invertir, colocar dinero.

empecilho *s.m.* Impedimento, obstáculo, estorbo, atasco.

empenar *v.t.* e *v.i.* Pandear(se), combar(se), abarquillar(se), arquear(se).

empenhar *v.t.* **1.** Empeñar, pignorar, prendar. **2.** Empeñar, prometer. ■ *v.p.* **3.** Empeñarse, llenarse de deudas. **4.** Empeñarse, esmerarse, afanarse.

empenho *s.m.* **1.** Empeño, pignoración. **2.** Empeño, esfuerzo, ahínco, afán.

emperrar *v.i.* **1.** Trabar(se), atascar(se), atrancar(se) (*mecanismo*). **2.** Empecinarse, emperrarse, obstinarse.

empetecado *adj.* *Col.* Lleno de adornos, cargado.

empilhadeira *s.f.* *Mec.* Apiladora.

empilhar *v.t.* Apilar.

empinado *adj.* Levantado. ♦ **Nariz empinado.** Nariz parada, orgulloso, esnob.

empinar *v.t.* **1.** Empinar, levantar, enderezar. **2.** Alzar, inclinar, empinar (*copo*). ■ *v.p.* **3.** Empinarse, pararse, enderezarse. ♦ **Empinar papagaio.** Soltar cometas.

emplastro *s.m.* *Med.* Emplasto.

empobrecimento *s.m.* Empobrecimiento.

empoçar *v.t.* Empozar, embozar.

empoeirar *v.t.* e *v.p.* Empolvar(se), llenar(se) de polvo.

empolgar *v.t.* **1.** Fascinar, encantar. ■ *v.p.* **2.** Entusiasmarse.

emporcalhar *v.t.* Emporcar, pringar, ensuciar.

empório *s.m.* Almacén, tienda.

empreender *v.t.* Emprender, acometer.

empreendimento *s.m.* Empresa, obra, realización, proyecto.

empregado *adj.* **1.** Empleado, utilizado. ● *s.* **2.** Empleado, dependiente, funcionario. ■ **empregada** *s.f.* Empleada, sirvienta, asistenta; (*Rio-plat.*) chica, mucama; (*Mex.* e *Am.C.*) muchacha, china.

empregar *v.t.* **1.** Emplear, utilizar. **2.** Emplear, acomodar, dar empleo. **3.** Emplear, aprovechar. **4.** Emplear, gastar. ■ *v.p.* **5.** Emplearse, obtener colocación. **6.** Emplearse, utilizarse.

emprego *s.m.* **1.** Empleo, uso. **2.** Empleo, trabajo, puesto, plaza, colocación. **3.** Lugar de trabajo.

empreitada *s.f.* **1.** Destajo, contrata. **2.** Empresa, tarea.

empreiteiro *adj. e s.m.* Contratista. ■ **empreiteira** *s.f.* Contratista.
empresa *s.f.* **1.** Empresa, firma, compañía. **2.** Empresa, obra.
emprestar *v.t.* Prestar.
empréstimo *s.m.* Préstamo.
empunhadura *s.f.* Ala, mango.
empurrão *s.m.* Empujón, empuje.
empurrar *v.t.* **1.** Empujar. **2.** *Fig.* Colocar, vender a la fuerza. ■ *v.p.* **3.** Apretujarse.
emudecer *v.i.* Callar(se), enmudecer.
encabeçar *v.t.* Encabezar, estar a la cabeza.
encabulado *adj.* Compungido, avergonzado.
encadear *v.t.* Encadenar.
encadernação *s.f.* Encuadernación.
encaixar *v.t. e v.p.* **1.** Encajar(se), ajustar(se). ■ *v.i.* **2.** Cuadrar. *Os dados não encaixam.* Los datos no cuadran.
encaixe *s.m.* **1.** Encaje. **2.** Junción.
encaixotar *v.t.* Encajonar.
encalço *s.m.* Huella, rastro. ♦ **Sair ao encalço de.** Seguir las huellas de.
encalhar *v.i.* **1.** Atascarse, atollar. **2.** No encontrar comprador (*mercadoria*). **3.** *Col.* Quedarse soltero, quedarse para vestir santos.
encaminhar *v.t.* **1.** Encaminar, encarrilar, guiar. **2.** Cursar, tramitar (*documentos*). ■ *v.p.* **3.** Dirigirse, encaminarse.
encanador *s.m.* (*Esp.*) Fontanero; (*Amer.*) plomero.
encanamento *s.m.* (*Esp.*) Fontanería; (*Amer.*) cañería.
encantar *v.t.* **1.** Encantar, hechizar. **2.** Encantar, fascinar.
encapar *v.t.* Forrar.
encarar *v.t.* **1.** Encarar, afrontar. **2.** Considerar, analizar.
encarcerar *v.t.* Encarcelar, enceldar.
encardir *v.t. e v.i.* Percudir(se), impregnar(se) de suciedad.
encarecer *v.t. e v.i.* Encarecer(se).
encargo *s.m.* **1.** Cargas, impuesto. **2.** Encargo, cometido.
encarnar *v.t. e v.i.* Encarnar(se).
encarregado *adj. e s.* Encargado, responsable.

encarregar *v.t.* **1.** Encargar, incumbir, comisionar. ■ *v.p.* **2.** Hacerse cargo, encargarse, ocuparse.
encarte *s.m.* *Tip.* Separata.
encasquetar *v.t. e v.p.* Encasquetar(se).
encefalite *s.f. Med.* Encefalitis.
encenação *s.f.* **1.** *Teat.* Escenificación. **2.** *Fig.* Simulacro, escena.
encenar *v.t.* **1.** *Teat.* Escenificar, montar espectáculo. ■ *v.i.* **2.** *Fig.* Simular.
enceradeira *s.f.* Enceradora.
encerado *adj.* **1.** Encerado, lustrado. ● *s.m.* **2.** Encerado, capa, lienzo, hule.
encerramento *s.m.* Cierre, clausura.
encerrar *v.t.* **1.** Encerrar, enjaular. **2.** Encerrar, contener. **3.** Concluir, terminar, cerrar. *Para encerrar, a palavra do ministro.* Para terminar, la palabra del ministro. ■ *v.p.* **4.** Encerrarse, clausurarse.
encharcar *v.t.* **1.** Alagar, anegar. ■ *v.p.* **2.** Mojarse, empaparse.
enchente *s.f.* **1.** Marea alta. **2.** Crecida, inundación, avenida. **3.** *Fig.* Gran flujo de gente.
encher *v.t. e v.p.* **1.** Llenar(se), abarrotar(se), atestar(se). **2.** Llenar(se), completar(se). **3.** Hartar(se). ■ *v.t.* **4.** *Col.* Molestar, dar la lata, jorobar. ♦ **Encher o saco/a paciência.** Jorobar, fastidiar.
encobrir *v.t.* **1.** Cubrir, ocultar, esconder. ■ *v.i.* **2.** Cubrirse, cerrarse (*tempo*).
encolher *v.t., v.i. e v.p.* **1.** Encoger(se), contraer(se), acortarse. **2.** *Fig.* Achicar(se), acobardar(se).
encomenda *s.f.* Encargo.
encomendar *v.t.* Encargar, encomendar.
encontrão *s.m.* Encontronazo, encontrón.
encontrar *v.t.* **1.** Encontrar, hallar. **2.** Encontrar, dar con, atinar. ■ *v.p.* **3.** Encontrarse, hallarse. **4.** Encontrarse, verse, darse cita, avistarse.
encontro *s.m.* **1.** Encuentro, cita. **2.** Encuentro, confluencia. **3.** Encuentro, hallazgo. ♦ **Marcar encontro.** Citarse.
encorajar *v.t.* Incitar, estimular, alentar.
encorpar *v.t. e v.i.* Tomar cuerpo, crecer.
encosta *s.f.* Cuesta, pendiente.

encostar *v.t.* **1.** Arrimar, apoyar. **2.** Acercar, arrimar. *Encoste a mesa à parede.* Acerca la mesa a la pared. **3.** Tocar, rozar. *Encostou a mão no fio.* Tocó el cable con la mano. **4.** Entornar, cerrar *(porta, janela).* **5.** *Col.* Dejar a un costado, sin uso, arrinconar, descartar, jubilar. **6.** *Mar.* Atracar, aportar. ■ *v.p.* **7.** Apoyarse, sostenerse. **8.** *Col.* Ser perezoso, huir del trabajo.

encosto *s.m.* **1.** Respaldo *(cadeira).* **2.** *Mec.* Tope. **3.** *Col.* Espíritu malhechor.

encrenca *s.f. Col.* Lío, enredo, complicación.

encrencar *v.t.* **1.** Enredar, dificultar, crear complicaciones. ■ *v.i. e v.p.* **2.** Complicarse, enredarse. **3.** Descomponerse *(mecanismo).*

encrespar *v.t.* **1.** Encrespar, rizar, arrugar. ■ *v.p.* **2.** *Fig.* Encresparse, irritarse.

encruzilhada *s.f.* Encrucijada.

encurralar *v.t.* Acorralar.

encurtar *v.t.* **1.** Acortar, abreviar. **2.** Acortar, disminuir.

encurvar *v.t.* Encorvar, agobiar, combar, arquear.

endemia *s.f. Med.* Endemia.

endereçar *v.t.* **1.** Poner la dirección, dirigir. **2.** Enviar.

endereço *s.m.* Dirección, señas. *A carta não chegou, pois o endereço estava errado.* La carta no llegó porque la dirección estaba equivocada.

endeusar *v.t.* Endiosar.

endireitar *v.t. e v.p.* **1.** Enderezar(se), poner(se) derecho. **2.** Corregir(se), enmendar(se), enderezar(se).

endividar *v.t. e v.p.* Endeudarse.

endoidar *v.t. e v.i.* Enloquecer.

endossar *v.t.* **1.** Endosar. **2.** *Fig.* Adherirse, solidarizarse, apoyar.

endosso *s.m. Com.* Endoso.

endurecer *v.t. e v.i.* Endurecer(se).

energia *s.f.* **1.** Energía, electricidad. **2.** *Fig.* Ánimo, ardor. ♦ **Colapso de energia.** Apagón.

energizar *v.t.* Energizar.

enervar *v.t., v.i. e v.p.* Enervar(se).

enfadonho *adj.* Aburrido, fastidioso, engorroso.

enfaixar *v.t.* Vendar, fajar.

enfarte *s.m. Med.* Infarto.

ênfase *s.f.* Énfasis.

enfatizar *v.t.* Poner énfasis, realzar, hacer hincapié, subrayar, enfatizar.

enfeitar *v.t. e v.p.* Engalanar(se), aderezar(se), adornar(se).

enfeite *s.m.* Adorno, aderezo.

enfeitiçar *v.t.* Hechizar, encantar.

enfermaria *s.f. Med.* Enfermería.

enfermeiro *s.* Enfermero.

enferrujar *v.t. e v.i.* Oxidar(se), herrumbrar.

enfiar *v.t.* **1.** Meter, introducir. *Enfiou a mão no bolso.* Metió la mano en el bolsillo. **2.** Enhebrar. *Não consigo enfiar a linha na agulha.* No logro enhebrar la aguja. **3.** Ensartar. *Enfie o parafuso na arruela.* Ensarta el tornillo en la arandela. **4.** Vestir, calzar, ponerse. *Enfiar as luvas.* Ponerse los guantes. *Enfiar as meias.* Calzar los calcetines. ■ *v.p.* **5.** Meterse. *Onde você se enfiou?* ¿Adónde te metiste?

enfileirar *v.t.* Enfilar, alinear.

enfim *adv.* Al fin, en fin. ♦ **Até que enfim!** ¡Por fin!

enfocar *v.t.* Enfocar.

enfoque *s.m.* **1.** Enfoque, foco. **2.** Enfoque, planteamiento de un asunto.

enforcar *v.t.* **1.** Ahorcar, estrangular. **2.** *Col.* Faltar *(aulas, trabalho).* ■ *v.p.* **3.** Ahorcarse. **4.** *Col.* Casarse.

enfraquecer *v.t.* Debilitar, enflaquecer.

enfrentar *v.t.* **1.** Afrontar, enfrentarse. *Enfrentamos sérios problemas.* Nos enfrentamos con problemas serios. **2.** Acometer, abordar *(trabalho, tarefa).* **3.** Poner la cara, afrontar, hacer frente *(perigo).*

enfurecer *v.t. e v.p.* Enfurecer(se), enojar(se), enfurruñar(se).

engaiolar *v.t.* Enjaular.

enganar *v.t.* **1.** Engañar, ilusionar, mentir. **2.** Engañar, traicionar, defraudar. ■ *v.p.* **3.** Equivocarse, cometer error. ♦ **Se não me engano.** Si no me equivoco, si mal no me acuerdo.

enganchar *v.t.* Enganchar.
engano *s.m.* **1.** Error, equivocación. **2.** Engaño, traición, fraude, engañifa, timo.
engarrafamento *s.m.* Embotellamiento, atasco.
engasgar *v.t. e v.i.* Atragantarse, atorarse.
engatar *v.t.* **1.** Embragar, meter/poner la marcha (*veículo*). **2.** Enganchar, acoplar.
engate *s.m. Mec.* Enganche, acoplamiento.
engatinhar *v.i.* Gatear.
engavetar *v.t.* **1.** Encajonar. **2.** *Fig.* Archivar, olvidar en el cajón. **3.** Colidir, chocar (*veículos*).
engendrar *v.t.* Engendrar, generar.
engenharia *s.f.* Ingeniería.
engenheiro *s.* Ingeniero.
engenho *s.m.* **1.** Ingenio, industria, maña. **2.** Máquina, artefacto, ingenio. **3.** Molienda de caña de azúcar, ingenio.
engessar *v.t.* **1.** Enyesar, cubrir con yeso. **2.** *Med.* Enyesar, escayolar.
englobar *v.t.* Englobar.
engolir *v.t.* **1.** Tragar, engullir. **2.** *Fig.* Tragarse, creer. *Não engoliu a mentira.* No se tragó la mentira. **3.** *Fig.* Soportar, callar. *Ela engole tudo em silêncio.* Ella lo soporta todo en silencio.
engomar *v.t.* Almidonar, engomar, aprestar.
engordar *v.t. e v.i.* Engordar, engrosar.
engraçado *adj.* Chistoso, gracioso, ocurrente.
engrandecer *v.t. e v.i.* **1.** Agrandar, engrandecer. **2.** Engrandecer, exaltar, realzar.
engravidar *v.t. e v.i.* Preñar, quedar o poner encinta/embarazada.
engraxar *v.t.* **1.** Engrasar, lubricar. **2.** Lustrar (*sapato*).
engraxate *s.m.* Limpiabotas, lustrabotas.
engrenagem *s.f. Mec.* Engranaje.
engrenar *v.t.* Engranar.
engrossar *v.t.* **1.** Engrosar, espesar. ■ *v.i.* **2.** *Col.* Irritarse, ponerse violento.
enguiçar *v.t. e v.i.* Descomponer(se) (*motor, máquina*).
enigma *s.m.* Enigma.
enjaular *v.t.* Enjaular.

enjoado *adj.* **1.** Que siente náuseas, mareado. **2.** *Col.* Antipático, melindroso.
enjoativo *adj.* Nauseabundo, repugnante.
enjoo *s.m.* **1.** Náusea, basca (*por gravidez*). **2.** Mareo (*em navio*). **3.** Asco.
enlaçar *v.t.* Enlazar.
enlace *s.m.* Enlace.
enlatar *v.t.* Enlatar.
enlevo *s.m.* Éxtasis, arrebato.
enlouquecer *v.t. e v.i.* Enloquecer(se).
enojar *v.t. e p.* Repugnar, dar asco.
enorme *adj.* Enorme, descomunal, colosal.
enquadrar *v.t.* **1.** Enmarcar, poner marco, encuadrar. **2.** Encasillar, incluir.
enquanto *conj.* Mientras. ♦ **Enquanto isso.** Mientras tanto, entretanto. **Enquanto que.** Mientras que, al paso que. **Por enquanto.** Por ahora, por lo pronto.
enraizar *v.t. e v.i.* Enraizar, arraigar.
enrascada *s.f.* Lío, enredo, maraña.
enredar *v.t. e v.p.* Enredar(se).
enredo *s.m.* **1.** Enredo, lío. **2.** *Liter.* Trama, argumento.
enriquecimento *s.m.* Enriquecimiento.
enrolamento *s.m. Mec.* Devanado.
enrolar *v.t.* **1.** Enrollar, arrollar. **2.** Rizar (*cabelo*). **3.** *Col.* Engañar, mentir. **4.** Rebobinar (*fita, filme*). ■ *v.p.* **5.** Enrollarse, arrollarse. **6.** *Col.* Enredarse, enmarañarse.
enroscar *v.t.* **1.** Enroscar. **2.** Atascar. ■ *v.p.* **3.** Engancharse. **4.** Enredarse.
enrugar *v.t. e v.p.* Arrugar(se).
ensaboar *v.t. e v.p.* Enjabonar(se).
ensaiar *v.t.* Ensayar, entrenar.
ensaio *s.m.* Ensayo.
ensanguentar *v.t.* Ensangrentar.
enseada *s.f.* Ensenada, bahía.
ensimesmado *adj.* Ensimismado.
ensinamento *s.m.* Enseñanza, doctrina.
ensinar *v.t. e v.i.* **1.** Enseñar, instruir. **2.** Enseñar, impartir clases. **3.** Adiestrar, entrenar. **4.** *Fig.* Castigar, dar una lección.
ensino *s.m.* Enseñanza, instrucción.
ensopado *adj.* **1.** Mojado, empapado. ● *s.m.* **2.** Guiso, estofado.

entalar *v.t. e v.p.* Atascar(se), atollar(se).

entalhar *v.t.* Tallar, esculpir.

entanto <no> *loc.* Sin embargo, ahora bien.

então *adv.* **1.** Entonces, en ese tiempo. **2.** En tal caso, siendo así, entonces. *Então contarei a história.* En tal caso, contaré la historia. **3.** O sea, quiere decir que. *Então, ela não ligou?* ¿Quiere decir que ella no llamó? ♦ **Com que então.** Así que. **E então?** ¿Y bien?

ente *s.m.* **1.** Ente, ser. **2.** Entidad.

enteado *s.* Hijastro.

entediar *v.t. e v.p.* Aburrir(se).

entender *s.m.* **1.** Entender, juicio. • *v.t.* **2.** Entender, comprender. **3.** *Fig.* Entender, interpretar, deducir. **4.** Entender, estimar. **5.** Entender, ser especialista. ■ *v.p.* **6.** Entenderse, avenirse.

entendido *adj. e s.* Entendido, experto. ♦ **Mal-entendido.** Malentendido.

entendimento *s.m.* **1.** Entendimiento, comprensión. **2.** Acuerdo. *Chegar a um entendimento.* Llegar a un acuerdo.

enterrar *v.t.* **1.** Enterrar, sepultar. **2.** Clavar, hincar. *Enterraram as estacas.* Hincaron los pilotes. **3.** *Fig.* Enterrar, olvidar. ■ *v.p.* **4.** Atollar(se). *O carro enterrou-se na lama.* El coche atolló en el lodo. **5.** *Fig.* Hundirse, arruinarse. *Enterrei-me num mau negócio.* Me hundí en un mal negocio. **6.** *Fig.* Enterrarse, aislarse.

enterro *s.m.* Entierro, sepultamiento.

entidade *s.f.* **1.** *Fil.* Entidad, ser. **2.** Entidad, esencia. **3.** Entidad, asociación.

entoação *s.f.* Entonación, modulación, tono.

entoar *v.t.* Entonar, cantar.

entornar *v.t. e v.i.* Derramar(se), volcar.

entorpecer *v.t. e v.i.* Entorpecer(se).

entortar *v.t. e v.i.* Torcer.

entrada *s.f.* **1.** Entrada, local de acceso. **2.** Billete, boleto, entrada (*para teatro, cinema*). **3.** Entrada, admisión, ingreso. **4.** *Com.* Entradas, haber. **5.** *Com.* Parte inicial de un pago, adelanto. **6.** Entrada, primer plato. **7.** Entrada, calvicie frontal. **8.** Tipo de expedición colonizadora.

entranha *s.f.* Entraña, víscera. ■ **entranhas** *s.f.pl.* **1.** Vísceras, vientre. **2.** *Fig.* Lo más hondo.

entrar *v.t.* **1.** Entrar, penetrar. ■ *v.i.* **2.** Entrar, pasar adelante. **3.** Entrar, ingresar. ♦ **Entrar bem.** Resultar mal (algo), fregarse. **Entrar em acordo.** Ponerse de acuerdo. **Entre!** ¡Pase! ¡Adelante! ¡Pase adelante!

entre *prep.* Entre.

entrega *s.f.* **1.** Entrega. **2.** *Fig.* Rendición, entrega. **3.** *Fig.* Traición, delación.

entregar *v.t.* **1.** Entregar, dar, suministrar. **2.** Entregar, conceder. **3.** *Fig.* Traicionar, denunciar. *Entregou os colegas.* Denunció a los compañeros. **4.** *Fig.* Entregar, confiar. ■ *v.p.* **5.** Entregarse, dedicarse. **6.** Rendirse, entregarse. *Eu me entrego!* ¡Yo me rindo!

entrelaçamento *s.m.* Entrelazamiento, enlace.

entrelinha *s.f.* Espacio entre dos renglones. ♦ **Ler nas entrelinhas.** Leer entre líneas.

entrementes *adv.* Entremedias, mientras tanto, entretanto.

entreposto *s.m.* Depósito de mercancías, central de abastos.

entressafra *s.f.* Período entre dos cosechas.

entretanto *conj.* Sin embargo, pero.

entretenimento *s.m.* Entretenimiento, recreo, diversión.

entreter *v.t. e v.p.* Entretener(se).

entrever *v.t.* Entrever, divisar.

entrevista *s.f.* Entrevista.

entristecer *v.t., v.p. e v.i.* Entristecer(se).

entroncamento *s.m.* **1.** Empalme (*trem*). **2.** Cruce, bifurcación. **3.** Entroncamiento, parentesco.

entrosamento *s.m.* Integración, adaptación.

entrosar *v.t. e v.i.* **1.** Engranar, encajar. **2.** Integrar(se), adaptar(se). ■ *v.p.* **3.** Adaptarse, integrarse con armonía. *Entrosei-me bem com os alunos.* Me integré muy bien con los alumnos.

entulho *s.m.* Escombro, derribo, ripio.

entupir *v.t. e v.i.* **1.** Obstruir, tapar la cañería, atorar, entupir, atascar. ■ *v.p.* **2.** Obstruirse, atrancarse, atorarse. **3.** Atiborrarse, hartarse, apiparse.

entusiasmar *v.t.* e *v.p.* Entusiasmar(se).
enumeração *s.f.* Enumeración.
enunciar *v.t.* Enunciar.
envelhecer *v.t.* e *v.i.* Envejecer(se), avejentar(se).
envelhecimento *s.m.* Envejecimiento.
envelope *s.m.* Sobre.
envenenamento *s.m.* Envenenamiento.
envenenar *v.t.* e *v.p.* Envenenar.
enveredar *v.t.* e *v.i.* Encaminar(se), tomar un camino; (*Amer.*) rumbear.
envergadura *s.f.* Envergadura.
envergonhar *v.t.* e *v.p.* Avergonzar(se).
envernizar *v.t.* Barnizar.
enviado *adj.* e *s.* Enviado, mensajero.
enviar *v.t.* Enviar, remitir.
enviuvar *v.t.* e *v.i.* Enviudar.
envolvente *adj.* Encantador, seductor, cautivador.
envolver *v.t.* **1.** Envolver, arrollar. **2.** Abarcar, comprender, involucrar. *O desenvolvimento envolve muitos fatores.* El desarrollo abarca muchos factores. **3.** *Fig.* Seducir, cautivar. ■ *v.p.* **4.** Envolverse, arrollarse. **5.** *Fig.* Enredarse, complicarse, involucrarse. *Envolveu-se em muitos crimes.* Se enredó en muchos crímenes.
enxada *s.f.* Azada, azadón.
enxaguar *v.t.* Enjuagar.
enxame *s.m.* **1.** Enjambre. **2.** *Fig.* Muchedumbre.
enxaqueca *s.f. Med.* Jaqueca.
enxergar *v.t.* Ver. *Não enxergo as letras miúdas.* No veo las letras diminutas.
enxerido *adj.* e *s.* Entremetido; (*Rio-plat.*) metido; (*Mex. e Am.C.*) metiche, chute.
enxerto *s.m.* Injerto, enjerto.
enxofre *s.m. Quím.* Azufre.
enxotar *v.t.* Espantar, ahuyentar.
enxoval *s.m.* Ajuar, equipo.
enxugar *v.t.* **1.** Secar, enjugar. **2.** *Fig.* Reducir a lo indispensable, cortar, achicar. *Enxugar os gastos.* Reducir los gastos. ■ *v.p.* **3.** Secarse.
enxurrada *s.f.* **1.** Gran cantidad de agua, crecida, avenida. **2.** *Fig.* Gran cantidad (*de algo*).

enxuto *adj.* **1.** Seco. **2.** *Fig.* Flaco, delgado, seco.
enzima *s.f. Quím.* e *biol.* Enzima.
epidemia *s.f. Med.* Epidemia.
epilepsia *s.f. Med.* Epilepsia.
episódio *s.m.* Episodio, suceso.
época *s.f.* Época. ♦ **Naquela época.** En/Por aquel entonces.
equação *s.f. Mat.* Ecuación.
equador *s.m.* Ecuador.
equilibrar *v.t.* e *v.p.* Equilibrar(se).
equilíbrio *s.m.* Equilibrio.
equipamento *s.m.* Equipo, material, equipamiento.
equipar *v.t.* **1.** Equipar, pertrechar, proveer. ■ *v.p.* **2.** Abastecerse, pertrecharse.
equiparar *v.t.* e *v.p.* Equiparar(se).
equipe *s.f.* Equipo, grupo, cuadro.
equitação *s.f. Desp.* Equitación.
equivalente *adj.* e *s.m.* Equivalente.
equivaler *v.t.* Equivaler, valer, corresponder.
equívoco *adj.* **1.** Equívoco, dubio; ambiguo. **2.** Equívoco, sospechoso. ● *s.m.* **3.** Equivocación, error, equívoco.
era *s.f.* Era.
ereto *adj.* Erecto, derecho.
erguer *v.t.* **1.** Alzar, levantar, erguir. **2.** Erigir, edificar, construir. ■ *v.p.* **3.** Levantarse, pararse.
erigir *v.t.* Erigir.
ermida *s.f.* Ermita.
ermitão *s.* Ermitaño.
erosão *s.f.* Erosión.
errado *adj.* **1.** Equivocado, incorrecto. **2.** Inadecuado.
errar *v.t.* e *v.i.* **1.** Equivocarse, cometer errores. **2.** Errar, deambular, vagar.
errata *s.f. Tip.* Fe de erratas.
erro *s.m.* Error, equivocación, lapsus.
erudição *s.f.* Erudición, ilustración.
erupção *s.f.* Erupción.
erva *s.f.* **1.** *Bot.* Hierba, yerba. **2.** *Col.* Marihuana. **3.** *Col.* Dinero, plata. ♦ **Erva daninha.** Mala hierba. **Erva-doce.** *Bot.* Hinojo, matalahúva. **Erva-mate.** Mate, yerba.

ervilha *s.f. Bot.* (*Esp.*) Guisante; (*Amer.*) arveja.

esbanjamento *s.m.* Derroche.

esbanjar *v.t.* Derrochar, desperdiciar, malgastar.

esbarrão *s.m.* Empujón, encontronazo.

esbarrar *v.t.* **1.** Tropezar. **2.** Encontrar por casualidad, dar con.

esboço *s.m.* Esbozo, bosquejo.

esborrachar *v.t.* **1.** Aplastar, estrellar. ■ *v.p.* **2.** Estrellarse. **3.** Reventar(se), estallar. *Eu me esborrachei de rir.* Reventé de la risa.

esbravejar *v.i.* Bramar, rugir, vociferar.

esbugalhar *v.t.* Abrir mucho los ojos.

esburacar *v.t. e v.p.* Agujerear(se).

escabroso *adj.* **1.** Escabroso, áspero. **2.** Escabroso, inmoral.

escada *s.f.* Escalera. ♦ **Escada rolante.** Escalera mecánica/rodante.

escadaria *s.f.* Graderío, gradería, escalinata.

escafandro *s.m.* Escafandra, escafandro.

escafeder-se *v.p.* Escabullirse, esfumarse.

escala *s.f.* **1.** Escala, graduación. **2.** Escala, parada. **3.** *Mus.* Escala. **4.** *Fig.* Escala, escalafón, categoría.

escalão *s.m.* **1.** Escalón, grada. **2.** *Fig.* Escalafón, categoría social, escalón.

escalar *v.t.* **1.** Escalar, subir, ascender. **2.** Destinar, designar, escalonar, escriturar.

escaldar *v.t.* **1.** Escaldar, pasar por agua caliente. ■ *v.t. e v.p.* **2.** Quemar(se), escaldar(se). ♦ **Gato escaldado tem medo de água fria.** El gato escaldado del agua fría huye.

escama *s.f.* Escama.

escamotear *v.t.* Escamotear.

escancarar *v.t.* Abrir completamente, abrir de par en par, esparrancarse. *O vento escancarou a janela.* El viento abrió la ventana de par en par.

escandalizar *v.t. e v.p.* Escandalizar(se), indignar(se).

escândalo *s.m.* **1.** Escándalo, indignación, mal ejemplo. **2.** Escándalo, alboroto, alharaca. **3.** Escándalo, asombro.

escaninho *s.m.* Casillero, taquilla, casilla.

escanteio *s.m. Desp.* Córner, saque de esquina.

escapada *s.f.* **1.** Huida, fuga, escapada. **2.** Breve ausencia, salida.

escapamento *s.m. Mec.* Escape, tubo de escape.

escapar *v.t. e v.i.* **1.** Escapar, huir. **2.** Escaparse, librarse, esquivar. **3.** Escaparse, soltar por inadvertencia. **4.** No estar al alcance, estar fuera de. *Isto escapa ao meu controle.* Esto está fuera de mi control. ■ *v.p.* **5.** Escaparse, fugarse.

escapulir *v.t. e v.i.* Escapar(se), huir, escabullirse.

escaravelho *s.m.* Escarabajo.

escarcéu *s.m.* Alboroto, griterío, alharaca.

escarlate *s.m.* Escarlata, rojo carmesí.

escarlatina *s.f. Med.* Escarlatina, escarlata.

escarmentar *v.t. e v.p.* Escarmentar(se).

escarola *s.f. Bot.* Escarola.

escassear *v.t. e v.i.* Escasear, menguar.

escasso *adj.* Escaso, contado, raro.

escavação *s.f.* Excavación.

escavadeira *s.f.* Excavadora.

esclarecer *v.t.* Clarificar, aclarar, dilucidar.

esclarecimento *s.m.* Aclaración, clarificación, explicación.

esclerosado *adj.* Esclerosado.

esclerose *s.f. Med.* Esclerosis.

escoamento *s.m.* **1.** Escurrimiento (*de líquido*). **2.** Flujo, salida. *Escoamento da produção.* Flujo de la producción.

escoar *v.t. e v.i.* **1.** Escurrir(se). **2.** Filtrarse, colar(se). **3.** *Fig.* Transcurrir.

escola *s.f.* **1.** Escuela, colegio. **2.** *Fil.* Escuela, doctrina. **3.** Escuela, facultad. **4.** *Liter.* Escuela, estilo. **5.** *Fig.* Escuela, conocimiento.

escolar *adj. e s.2g.* Escolar.

escolha *s.f.* Elección. ♦ **À minha/sua escolha.** A mi/su gusto/criterio.

escolher *v.t.* Elegir, seleccionar, escoger.

escombros *s.m.pl.* Escombro, derribo.

esconder *v.t.* **1.** Esconder, tapar. ■ *v.t. e v.p.* **2.** Esconder(se), ocultar(se). ♦ **Esconde-esconde.** Escondite.

esconderijo *s.m.* Escondrijo, escondite.
escorar *v.t.* **1.** Apuntalar, sostener, asegurar. ■ *v.t. e v.p.* **2.** *Fig.* Amparar(se), proteger(se), arrimar(se).
escória *s.f.* **1.** Escoria, residuo metálico. **2.** *Fig.* Escoria, ralea.
escorpião *s.m.* **1.** Alacrán, escorpión. **2.** Escorpio, escorpión (*signo*).
escorredor *s.m.* Escurridor, colador. ♦ **Escorredor de pratos/louça.** Escurreplatos.
escorregadio *adj.* Resbaloso, resbaladizo, escurridizo.
escorregador *s.m.* Tobogán.
escorregão *s.m.* Resbalón.
escorregar *v.i.* **1.** Resbalarse. **2.** *Fig.* Cometer un desliz.
escorrer *v.t.* **1.** Escurrir. ■ *v.i.* **2.** Chorrear, gotear.
escoteiro *s.m. Boy scout,* explorador.
escova *s.f.* Cepillo.
escovar *v.t.* Cepillar.
escravidão *s.f.* Esclavitud, cautiverio.
escravizar *v.t.* Esclavizar.
escravo *adj. e s.* Esclavo, cautivo.
escrevente *s.2g.* Escribiente, amanuense.
escrever *v.t. e v.i.* Escribir.
escrito *adj. e s.m.* Escrito. ■ **escrita** *s.f.* Escritura, grafía.
escritório *s.m.* Oficina, despacho, agencia. ♦ **Escritório de advogado.** Bufete, estudio, escritorio, firma forense.
escritura *s.f. For.* Escritura. ■ **escrituras** *s.f.pl.* Escrituras, libros sagrados. ♦ **Escritura de compra e venda.** Escritura de compraventa.
escrivaninha *s.f.* Escritorio, bufete.
escrivão *s.m.* Escribano, notario.
escrúpulo *s.m.* Escrúpulo.
escrutar *v.t.* Escudriñar.
escudo *s.m.* Escudo.
esculachado *adj. e s. Col.* **1.** Desarreglado, mal vestido. **2.** Descuidado, mal hecho.
esculpir *v.t.* Esculpir.
escultura *s.f.* Escultura.
escumadeira *s.f.* Espumadera, rasera.

escurecer *v.t. e v.i.* **1.** Oscurecer, obscurecer. ■ *v.i.* **2.** Anochecer.
escuridão *s.f.* Oscuridad, obscuridad.
escuro *adj.* **1.** Oscuro, obscuro. *Um terno escuro.* Un traje oscuro. ● *s.m.* **2.** Oscuridad, tinieblas. *Não gosto de sair no escuro.* No me gusta salir en la oscuridad.
escuta *s.f.* Escucha.
escutar *v.t. e v.p.* Escuchar.
esfaquear *v.t.* Acuchillar.
esfarelar *v.t.* **1.** Desmenuzar, migar. ■ *v.p.* **2.** Hacerse migas, desmenuzarse.
esfarrapado *adj.* Harapiento, andrajoso, desfarrapado.
esfera *s.f.* Esfera.
esferográfica *s.f.* Bolígrafo, esferográfico; (*Arg.*) birome.
esfomeado *adj. e s.* Hambriento, famélico.
esforçar *v.t.* **1.** Alentar, dar fuerzas. ■ *v.p.* **2.** Esforzarse, afanarse, empeñarse.
esforço *s.m.* Esfuerzo.
esfregão *s.m.* Estropajo.
esfregar *v.t. e v.p.* Restregar(se), frotar(se), fregar(se), estregar(se), refregar(se).
esfriar *v.t., v.i. e v.p.* **1.** Enfriar(se). **2.** *Fig. e col.* Desanimar(se), enfriar(se), perder el interés.
esfumar *v.t.* **1.** Esfumar, esfuminar. ■ *v.p.* **2.** Esfumarse, desaparecer.
esganar *v.t.* Ahorcar, sofocar.
esgotamento *s.m.* Agotamiento, extenuación.
esgotar *v.t.* **1.** Agotar, vaciar. **2.** Agotar, consumir a lo último. **3.** Agotar, extenuar. ■ *v.i.* **4.** Agotarse, acabar. ■ *v.p.* **5.** Agotarse, fatigarse.
esgoto *s.m.* Cloaca, sumidero, desagüe, alcantarilla. ♦ **Rede de esgoto.** Alcantarillado.
esgrima *s.f. Desp.* Esgrima.
esguelha <de> *loc.* De reojo.
esguicho *s.m.* **1.** Chorro (*líquido*). **2.** Manguera.
esmagar *v.t.* **1.** Aplastar, machacar. **2.** *Fig.* Apabullar, anonadar. **3.** *Fig.* Subyugar, oprimir.
esmalte *s.m.* Esmalte.
esmeralda *s.f.* Esmeralda.

esmero *s.m.* Esmero, primor.

esmiuçar *v.t.* **1.** Desmenuzar. **2.** *Fig.* Explicar en detalle.

esmola *s.f.* Limosna.

esmurrar *v.t.* Pegar, golpear, apalear, agarrar a trompadas, dar puñetazos.

esnobar *v.i.* **1.** Proceder como esnob. **2.** Ostentar(se), exhibir(se), pavonear(se).

esoterismo *s.m. Fil.* Esoterismo.

espaçar *v.t.* Espaciar, dejar espacio o intervalo.

espacejar *v.t. Tip.* Espaciar.

espaço *s.m.* **1.** Espacio. **2.** *Fig.* Rincón. ♦ **Barra de espaço.** Espaciador. **Ir para o espaço. 1.** Esfumarse. **2.** Fracasar.

espada *s.f.* Espada. ■ **espadas** *s.f.pl.* Espadas, naipe de la baraja. ♦ **Peixe-espada.** Pez espada.

espaguete *s.m.* Fideos, espagueti.

espairecer *v.t. e v.i.* Esparcir, recrearse, divertir(se).

espalhafato *s.m.* **1.** Griterío, alharaca. **2.** Aparato, ostentación.

espalhar *v.t.* **1.** Esparcir, dispersar, desparramar. **2.** Difundir, diseminar, esparcir, airear (*notícia*). **3.** Infundir, causar, provocar (*medo, ódio*). ■ *v.p.* **4.** Dispersarse, desparramarse, esparcirse. **5.** Difundirse, esparcirse.

espanador *s.m.* Plumero.

espancar *v.t.* Apalear, golpear.

espantalho *s.m.* Espantapájaros, espantajo.

espantar *v.t., v.i. e v.p.* **1.** Espantar(se), asustar(se). **2.** Asombrar(se), admirar(se). ■ *v.t.* **3.** Espantar, ahuyentar.

espanto *s.m.* **1.** Espanto, susto. **2.** Espanto, asombro, admiración.

esparadrapo *s.m.* Esparadrapo.

espasmo *s.m. Med.* Espasmo, convulsión.

espatifar *v.t.* **1.** Destrozar, despedazar. ■ *v.p.* **2.** Hacerse añicos, romperse. **3.** Estrellarse.

especial *adj.* Especial.

especializar *v.t. e v.p.* Especializar(se).

especiaria *s.f.* Especia, especie.

espécie *s.f.* Especie. ♦ **Causar espécie.** Sorprender. **Uma espécie de.** Un tipo de, algo como, una suerte de.

especificar *v.t.* Especificar.

específico *adj.* Específico.

espécime *s.m.* Espécimen.

especulação *s.f.* **1.** Especulación, suposición, reflexión. **2.** *Com.* Especulación financiera, usura.

especular *v.t.* **1.** Especular, escudriñar, investigar. ■ *v.i.* **2.** Especular, reflexionar. **3.** *Com.* Especular, explotar valores. **4.** *Com.* Especular, negociar. ♦ **Especular na bolsa (de valores).** *Com.* Jugar a la bolsa.

espelho *s.m.* **1.** Espejo. **2.** *Fig.* Modelo, ejemplo, espejo. **3.** *Eletr.* Tapa o cubierta de enchufe.

espelunca *s.f.* Pocilga, antro.

espera *s.f.* **1.** Espera, demora. **2.** Espera, expectativa. **3.** *Fig.* Espera, acecho.

esperança *s.f.* Esperanza.

esperançoso *adj.* Esperanzado.

esperar *v.t.* **1.** Esperar, aguardar. **2.** Esperar, desear.

espermatozoide *s.m. Med.* Espermatozoide.

espernear *v.i.* **1.** Agitar las piernas, patalear. **2.** *Fig.* Protestar, alegar, patalear.

espertalhão *s.* Vivo, ladino, socarrón, pícaro; (*Arg.*) laucha, piola, guacho.

esperteza *s.f.* Viveza, astucia, tino.

esperto *adj.* Vivo, astucioso, perspicaz, listo, avispado, águila.

espessar *v.t.* Espesar.

espessura *s.f.* Espesor.

espetáculo *s.m.* Espectáculo.

espetar *v.t. e v.p.* **1.** Pinchar(se), clavar(se). ■ *v.t.* **2.** Ensartar, espetar, picar.

espeto *s.m.* Brocheta, pincho; (*Amer.*) asador.

espião *s.* Espía, agente secreto.

espiar *v.t.* Espiar, mirar, observar, acechar.

espiga *s.f. Bot.* Espiga.

espinafre *s.m. Bot.* Espinaca.

espinha *s.f.* **1.** *Med.* Espina, columna vertebral, espinazo. **2.** Barro, acné, espinilla.

espinho *s.m.* Espina, pincho, aguijón.

espionar *v.t. e v.i.* Espiar, vigilar secretamente, acechar.

espiral *adj. e s.f.* Espiral.

espírito *s.m.* **1.** Espíritu, alma. **2.** Espíritu,

fantasma, espanto. ■ **espírita** *s.2g.* Espiritista. ♦ **Espírito de porco.** Espíritu de contradicción.
espirrar *v.i.* **1.** Estornudar. ■ *v.t.* **2.** Salpicar, chorrear (*líquidos*).
espirro *s.m.* **1.** Estornudo. **2.** Chorro (*líquidos*).
esplêndido *adj.* Espléndido.
esponja *s.f.* Esponja.
espontâneo *adj.* Espontáneo.
espora *s.f.* Espuela.
esporádico *adj.* Esporádico.
esporro *s.m. Vulg.* **1.** Desorden, lío, tumulto. **2.** Reproche, bronca.
esporte *s.m.* Deporte.
esportista *s.2g.* Deportista.
esportivo *adj.* Deportivo.
esposo *s.* Esposo, cónyuge.
espreguiçadeira *s.f.* Tumbona; (*Amer.*) reposera.
espreguiçar *v.i.* Desperezarse, estirarse.
espreita <à> *loc.* Al acecho.
espremedor *s.m.* Exprimidor.
espremer *v.t.* Exprimir, estrujar.
espuma *s.f.* Espuma.
esquadra *s.f. Mil. e mar.* Escuadra, armada.
esquadrão *s.m. Mil. e mar.* Escuadrón.
esquadrilha *s.f. Mil e mar.* Escuadrilla.
esquadro *s.m.* Escuadra, cartabón.
esquecer *v.t. e v.p.* Olvidar(se).
esquecido *adj. e s.* Olvidadizo.
esquecimento *s.m.* Olvido.
esqueleto *s.m.* **1.** Esqueleto. **2.** *Fig.* Armazón.
esquema *s.m.* Esquema.
esquentar *v.t. e v.p.* **1.** Calentar(se). **2.** *Fig.* Acalorar(se). ■ *v.p.* **3.** *Fig.* Preocuparse.
esquerdo *adj.* **1.** Izquierdo, lado izquierdo. **2.** Zurdo, siniestro. **3.** *Fig.* Torcido, atravesado. ● **esquerda** *s.f.* **1.** Izquierda, siniestra. **2.** Izquierda, oposición política.
esqui *s.m. Desp.* Esquí.
esquilo *s.m.* Ardilla.
esquimó *s.2g.* Esquimal.
esquina *s.f.* **1.** Esquina, ángulo. **2.** Esquina, bocacalle.

esquisitice *s.f.* Melindre, excentricidad, rareza.
esquisito *adj.* Raro, extraño, excéntrico.
esquivar *v.t. e v.p.* Esquivar(se), eludir, sortear.
esquizofrenia *s.f. Med.* Esquizofrenia.
esse *p.dem.* Ese. *Esse livro.* Ese libro. *Esse é meu filho.* Ese es mi hijo.
essência *s.f.* **1.** Esencia, naturaleza. **2.** Esencia, idea principal. **3.** Esencia, perfume, extracto.
estabelecer *v.t.* **1.** Establecer, determinar. **2.** Establecer, instituir, fundar. **3.** Establecer, iniciar. ■ *v.p.* **4.** Establecerse, radicarse, instalarse.
estabelecimento *s.m.* Establecimiento.
estabilizar *v.t. e v.p.* Estabilizar(se).
estábulo *s.m.* Establo.
estaca *s.f.* **1.** Estaca, mojón, palo. **2.** Pilote, pilar (*em fundações*). ♦ **Voltar à estaca zero.** Volver al punto de partida.
estação *s.f.* **1.** Estación, parada. **2.** Estación, emisora. **3.** Estación, período del año. ♦ **Estação rodoviária.** Terminal de autobuses. **Meia-estação.** Entretiempo.
estacionamento *s.m.* Aparcamiento; (*Amer.*) estacionamiento; (*Mex. e Am.C.*) parqueo.
estacionar *v.t. e v.i.* **1.** Aparcar; (*Amer.*) estacionar; (*Mex. e Am.C.*) parquear. **2.** *Fig.* Estancar, no progresar.
estadia *s.f.* Estada, mansión, estancia, permanencia.
estádio *s.m. Desp.* Estadio.
estado *s.m.* **1.** Estado, situación, condición. **2.** Estado, gobierno, poder público. **3.** Estado, división administrativa.
estafa *s.f.* Cansancio excesivo, agotamiento nervioso, estrés.
estafar *v.t. e v.p.* Cansar(se), fatigar(se), extenuar(se).
estagiário *s.* Practicante, aprendiz, pasante.
estágio *s.m.* **1.** Estadio, período, etapa. **2.** Práctica laboral, pasantía.
estalar *v.t. e v.i.* **1.** Restallar, dar estallidos, crujir (*dentes, dedos*). **2.** Crepitar, chisporrotear (*madeira*). **3.** *Fig.* Estallar, reventar, explotar, deflagrar. ■ *v.t.* **4.** Estrellar (*ovos*).

estaleiro *s.m. Mar.* Astillero.
estalo *s.m.* Estallido, estampido.
estampa *s.f.* Estampa, grabado, figura.
estampido *s.m.* Estallido, estampido.
estancar *v.t.* **1.** Estancar, detender el flujo. ■ *v.i.* **2.** Detenerse, pararse, estancar. **3.** *Fig.* Anquilosarse.
estância *s.f.* **1.** Estancia, vivienda. **2.** Aserradero, corralón. **3.** Estancia, hacienda de ganado. **4.** Estación de aguas.
estande *s.m.* Estand, *stand.*
estanho *s.m. Quím.* Estaño.
estanque *adj.* Estanco.
estante *s.f.* **1.** Estante, prateleira. **2.** Estantería, estante.
estar *v.aux.* **1.** Estar, hallarse, encontrarse. ■ *v.i.* **2.** Estar, quedar, permanecer. **3.** Estar, sentirse (*bem, mal*). **4.** Apoyar, estar a favor. *Estou com você.* Tienes mi apoyo. ■ *v.impess.* **5.** Hacer. *Está muito frio hoje.* Hace mucho frío hoy. ♦ **Estar a par.** Estar al tanto. **Estar em jejum.** Estar en ayunas. **Estar de prontidão.** Estar sobre aviso. **Estar sobrando.** Estar de más. **Estamos de acordo?** ¿Estamos? **Aqui está.** He aquí. **Não estar nem aí.** No dar importancia.
estarrecer *v.t. e v.i.* Aterrar.
estático *adj.* Estático. ● **estática** *s.f. Fís.* Estática.
estatístico *adj.* Estadístico. ● **estatística** *s.f.* Estadística.
estatização *s.f.* Estatalización, nacionalización.
estátua *s.f.* Estatua.
estatura *s.f.* Estatura, talla.
estatuto *s.m.* Estatuto.
estável *adj.* Estable.
este[1] *s.m.* Este, oriente, levante.
este[2] *p.dem.* Este. *Este caderno.* Este cuaderno. *Prefiro este vestido.* Prefiero este vestido.
esteira *s.f.* Estera, esterilla; (*Mex. e Am.C.*) petate.
estelionato *s.m. Com. e for.* Estafa.
estender *v.t.* **1.** Extender, ampliar, expandir. **2.** Extender, desdoblar, desplegar, estirar (*perna, lençol*). **3.** Extender, tender (*roupa*).
4. Tender, alargar. *Estender a mão.* Tender la mano. ■ *v.p.* **5.** Extenderse, expandirse, ensancharse. **6.** Extenderse, dilatarse.
estepe *s.f.* **1.** *Bot.* Estepa. ■ *s.m.* **2.** Rueda de repuesto/recambio/auxilio.
esterco *s.m.* Estiércol, majada, boñiga.
estéreo *s.m. e adj.* Estéreo, estereofónico.
estereótipo *s.m.* Estereotipo.
esterilizar *v.t.* Esterilizar.
estético *adj.* Estético. ● **estética** *s.f.* Estética.
estetoscópio *s.m. Med.* Estetoscopio.
estiagem *s.f.* Sequía, estiaje.
esticada *s.f.* Estirón.
esticar *v.t.* Estirar, tensar. ♦ **Esticar as canelas.** Estirar la pata.
estilete *s.m.* Estilete.
estilhaço *s.m.* Astilla, lasca.
estilingue *s.m.* Honda, tirachinas, hondera, gomera, tirador.
estilístico *adj.* Estilístico. ● **estilística** *s.f.* Estilística.
estilo *s.m.* Estilo.
estima *s.f.* Estimación, estima, aprecio.
estimar *v.t.* **1.** Estimar, apreciar. **2.** Estimar, valorar, juzgar.
estimativo *adj.* Estimativo, aproximado. ● **estimativa** *s.f.* Estimación, valoración.
estimular *v.t.* Estimular, fomentar, impulsar.
estímulo *s.m.* Estímulo, aliciente, acicate, fomento.
estipular *v.t.* Estipular, establecer.
estocar *v.t.* Almacenar, hacer *stock,* hacer acopio.
estofado *adj.* **1.** Acolchado. ● *s.m.* **2.** Sofá o sillón acolchado.
estofamento *s.m.* **1.** Forro, acolchado. **2.** Tapicería de muebles.
estojo *s.m.* Estuche, funda.
estômago *s.m. Med.* Estómago.
estopa *s.f.* Estopa.
estopim *s.m.* Estopín.
estoque *s.m.* Existencias, *stock,* mercancías almacenadas, acopio.
estourar *v.t. e v.i.* **1.** Estallar, reventar, detonar. **2.** *Fig.* Estallar, explotar. *Estourou de raiva.*

Explotó de rabia. **3.** *Fig.* Reventar, romper. *Estourou o mercado do açúcar.* Reventó el mercado del azúcar.

estouro *s.m.* **1.** Estruendo, fragor. **2.** Explosión, detonación. **3.** Disparada (*gado*). ♦ **Estouro de vendas.** Gran éxito de ventas. **Um estouro!** ¡Bárbaro! ¡Fenomenal!

estraçalhar *v.t.* Destrozar, despedazar, escarrachar.

estrada *s.f.* Carretera, vía, camino; (*Rio-plat.*) ruta. ♦ **Estrada de ferro.** Vía férrea, ferrocarril. **Autoestrada.** Autopista.

estrado *s.m.* Tarima, tablado, estrado.

estragar *v.t.* **1.** Estropear, dañar, arruinar, estragar. **2.** Estropear, echar a perder, deteriorar. **3.** *Fig.* Estropear, fracasar, frustrar. ■ *v.p.* **4.** Estropearse, deteriorarse.

estrago *s.m.* Daño, avería, estrago, pérdida.

estrangeiro *adj. e s.* Extranjero, forastero, foráneo.

estrangular *v.t.* Estrangular, ahorcar.

estranhar *v.t.* Extrañar, considerar extraño, desconocer, admirarse.

estranho *adj.* **1.** Extraño, raro, anormal. ● *s.* **2.** Extraño, desconocido. **3.** Extraño, ajeno. **4.** Extraño, extranjero. ♦ **Achar estranho.** Parecer raro.

estratégia *s.f.* Estrategia.

estrato *s.m.* **1.** *Geol.* Estrato, capa. **2.** Estrato, clase social.

estrear *v.t.* Estrenar.

estrebaria *s.f.* Establo.

estreia *s.f.* Estreno.

estreitar *v.t. e v.i.* Estrechar(se).

estreito *adj.* **1.** Angosto, estrecho. ● *s.m.* **2.** Estrecho, canal.

estrela *s.f.* **1.** Estrella. **2.** *Fig.* Destino, suerte, estrella. **3.** *Fig.* Estrella, actriz principal. ♦ **Estrela cadente.** Estrella fugaz.

estrelar *v.t.* **1.** Llenarse de estrellas, estrellar. **2.** Estrellar, freír huevos. **3.** Protagonizar, actuar en película.

estremecer *v.t. e v.i.* Estremecer(se).

estremecimento *s.m.* Estremecimiento, temblor.

estrepar-se *v.p. Col.* Jorobarse, fregarse.

estresse *s.m. Med.* Estrés, *stress*.

estribeira *s.f.* Estribo. ♦ **Perder as estribeiras.** Salir/Sacar de las casillas.

estrito *adj.* **1.** Estricto, severo, riguroso. **2.** Estricto, limitado.

estrofe *s.f. Liter. e mus.* Estrofa.

estrondo *s.m.* **1.** Estruendo, fragor. **2.** *Fig.* Aparato, alarde, ostentación.

estrutura *s.f.* **1.** Estructura. **2.** Esqueleto, armazón. ♦ **Estrutura de poder/força.** Aparato de poder/fuerza.

estruturar *v.t. e v.p.* Estructurar(se).

estudante *s.2g.* Estudiante.

estudar *v.t. e v.i.* Estudiar.

estúdio *s.m.* Estudio, despacho, taller.

estudo *s.m.* **1.** Estudio, aprendizaje, instrucción. **2.** Estudio, análisis. **3.** Estudio, ensayo. ♦ **Estudo de viabilidade.** Estudio de factibilidad.

estufa *s.f.* Estufa.

estupidez *s.f.* Estupidez, tontería.

estupro *s.m.* Estupro.

estuque *s.m.* Estuco.

esvaziar *v.t. e v.p.* Vaciar(se).

esverdeado *adj.* Verdoso.

esvoaçar *v.i.* Revolotear, aletear.

etapa *s.f.* Etapa.

etário *adj.* Relativo a edad. *Divisão por faixa etária.* División por rango de edad.

eternidade *s.f.* Eternidad.

eterno *adj.* Eterno, perenne.

ético *adj.* Ético. ● **ética** *s.f.* Ética.

etimologia *s.f. Gram.* Etimología.

etiqueta *s.f.* **1.** Rótulo, etiqueta. **2.** Etiqueta, ceremonial. **3.** Marca de confección.

etnia *s.f.* Etnia.

eu *p.pess. 1ª pess.sing.* **1.** Yo. ● *s.m.* **2.** *Fil.* Yo, individuo, conciencia.

eucalipto *s.m. Bot.* Eucalipto.

euforia *s.f.* Euforia.

evacuar *v.t.* **1.** Evacuar, vaciar. **2.** *Mil.* Evacuar la plaza, rendirse. ■ *v.i.* **3.** Evacuar, defecar, obrar.

evadir *v.t.* **1.** Evadir, esquivar. ■ *v.p.* **2.** Evadirse, fugarse.

evangelho *s.m.* Evangelio.
evaporar *v.t., v.i. e v.p.* Evaporar(se).
evasão *s.f.* Evasión.
evasivo *adj.* Evasivo. ● **evasiva** *s.f.* Evasiva, disculpa.
evento *s.m.* Evento, acontecimiento, suceso.
eventual *adj.* Eventual, accidental.
evidência *s.f.* Evidencia.
evidenciar *v.t.* Evidenciar, poner de manifiesto.
evitar *v.t.* Evitar, eludir.
evocar *v.t.* Evocar.
evolução *s.f.* Evolución, progreso, marcha, adelanto.
evoluir *v.t. e v.i.* Evolucionar, progresar.
exagerar *v.t.* **1.** Exagerar, agrandar, abultar. ■ *v.i.* **2.** Extralimitarse, pasarse.
exagero *s.m.* Exageración, exceso.
exaltar *v.t.* **1.** Exaltar, enaltecer, ensalzar. ■ *v.p.* **2.** Exaltarse, alterarse, irritarse.
exame *s.m.* Examen. ♦ **Prestar exame.** Examinarse, rendir examen.
examinar *v.t.* Examinar, analizar, estudiar.
exatidão *s.f.* Exactitud.
exato *adj.* Exacto.
exaustor *s.m.* Extractor de aire.
exceção *s.f.* Excepción. ♦ **Com exceção de.** A excepción de, amén de.
excedente *adj. e s.m.* Excedente.
exceder *v.t.* **1.** Exceder, superar. ■ *v.p.* **2.** Excederse, extralimitarse.
excelência *s.f.* Excelencia.
excelentíssimo *adj.* Excelentísimo.
excêntrico *adj.* Excéntrico, raro. ● **excêntrica** *s.f. Mec.* Excéntrica.
excepcional *adj.* **1.** Excepcional, insólito. **2.** Excepcional, excelente. ● *s.2g.* **3.** Deficiente, minusválido.
excesso *s.m.* **1.** Exceso, excedente. **2.** Exceso, exageración. **3.** Exceso, abuso, desmán.
exceto *prep.* Excepto, a excepción de.
excetuar *v.t.* Exceptuar, excluir, descontar.
excitar *v.t. e v.p.* Excitar(se).
exclamação *s.f.* Exclamación. ♦ **Ponto de exclamação.** *Gram.* Signo de exclamación.

excluir *v.t.* Excluir, eliminar.
exclusão *s.f.* Exclusión.
exclusividade *s.f.* Exclusiva, exclusivismo, privilegio, monopolio. *Tem a exclusividade das vendas.* Tiene la exclusiva de la venta. *Trabalha na faculdade com exclusividade.* Trabaja en la facultad con exclusivismo.
exclusivo *adj.* Exclusivo.
excremento *s.m.* Excremento.
excursão *s.f.* Excursión.
execução *s.f.* **1.** Ejecución, realización. **2.** *For. e mus.* Ejecución.
executar *v.t.* **1.** Ejecutar, llevar a cabo. **2.** *For. e mus.* Ejecutar.
executivo *adj. e s.* Ejecutivo.
exemplar *adj.* **1.** Ejemplar, que sirve como ejemplo. ● *s.m.* **2.** Ejemplar, espécimen. **3.** *Tip.* Ejemplar, volumen.
exemplo *s.m.* Ejemplo.
exercer *v.t.* Ejercer.
exercício *s.m.* Ejercicio.
exercitar *v.t. e v.p.* Ejercitar(se), adiestrar(se).
exército *s.m.* **1.** *Mil.* Ejército, tropa. **2.** *Fig.* Multitud, ejército.
exibição *s.f.* **1.** Exhibición, muestra. **2.** *Fig.* Exhibición, alarde.
exibir *v.t.* **1.** Exhibir, mostrar. ■ *v.p.* **2.** *Fig.* Exhibirse, pavonearse.
exigência *s.f.* **1.** Exigencia, requisito. **2.** Reivindicación, reclamo.
exigir *v.t.* Exigir.
exíguo *adj.* Exiguo, diminuto.
exilar *v.t. e v.p.* Exiliar(se), desterrar(se), expatriarse.
exílio *s.m.* Destierro, exilio.
exímio *adj.* Eximio, eminente.
eximir *v.t. e v.p.* Eximir(se), exentar(se).
existência *s.f.* Existencia.
existir *v.i.* **1.** Existir, vivir. **2.** Existir, haber. **3.** Existir, ser real.
êxito *s.m.* Éxito, triunfo.
exoneração *s.f.* Exoneración, exención.
exorbitante *adj.* Exorbitante.
exorcismo *s.m.* Exorcismo.
exótico *adj.* Exótico.

expandir *v.t. e v.p.* **1.** Expandir(se), ampliar(se). **2.** Expandir(se), difundir(se), propagar(se).
expansão *s.f.* Expansión.
expectativa *s.f.* **1.** Expectativa. **2.** Expectación.
expedição *s.f.* **1.** Expedición, envío, despacho. **2.** Expedición, excursión.
expediente *s.m.* **1.** Expediente, medio, recurso. **2.** Trámite, despacho. **3.** Horario de atención (*ao público*).
expedir *v.t.* Expedir, remitir.
expelir *v.t.* Expeler.
experiência *s.f.* Experiencia.
experimentar *v.t.* **1.** Probar (*roupa, comida*). **2.** Intentar, probar, experimentar. **3.** *Fig.* Experimentar, padecer.
experimento *s.m.* Experimento, ensayo.
experto *adj. e s.* Experto.
expirar *v.t.* **1.** Espirar, expeler (*ar*). ■ *v.i.* **2.** Expirar, morir. **3.** Expirar, terminar (*prazo*).
explicação *s.f.* Explicación, aclaración, explanación.
explicar *v.t. e v.p.* Explicar(se).
explodir *v.i.* Estallar, explotar, reventar.
exploração *s.f.* **1.** Exploración, investigación, reconocimiento, prospección. **2.** *Fig.* Explotación, abuso.
explorar *v.t.* **1.** Explorar, investigar. **2.** Explotar, extraer materia prima. **3.** *Fig.* Explotar, aprovecharse, abusar. **4.** *Fig.* Explorar, examinar, escudriñar.
explosão *s.f.* Explosión.
expoente *s.m.* **1.** *Mat.* Exponente. **2.** *Fig.* Personalidad, lumbrera.
expor *v.t.* **1.** Exponer, arriesgar. **2.** Exponer, relatar. **3.** Exponer, exhibir. **4.** Exponer, dejar expuesto. ■ *v.p.* **5.** Exponerse, mostrarse. **6.** Exponerse, arriesgarse, sujetarse a.
exportação *s.f.* Exportación.
exportar *v.t.* Exportar.
exposição *s.f.* **1.** Exposición, muestra. **2.** Exposición, relato, descripción. **3.** Exposición, riesgo.
exposto *adj.* Expuesto.
expressão *s.f.* Expresión.

expressar *v.t. e v.p.* Expresar(se), manifestar(se).
exprimir *v.t. e v.p.* Expresar(se), manifestar(se).
expulsar *v.t.* Expulsar.
êxtase *s.m.* Éxtasis.
extático *adj.* Extático.
extensão *s.f.* **1.** Extensión. **2.** Línea telefónica interna. **3.** *Eletr.* Prolongador.
extenso *adj.* Extenso, amplio.
extenuar *v.t.* Extenuar, fatigar.
exterior *adj. e s.m.* **1.** Exterior, afuera. **2.** Extranjero. *Viaja sempre ao exterior.* Viaja siempre al extranjero.
exteriorizar *v.t.* Exteriorizar.
exterminar *v.t.* Exterminar.
externato *s.m.* Externado.
externo *adj.* **1.** Externo, exterior. ● *s.m.* **2.** Externo (*aluno*).
extinguir *v.t. e v.p.* Extinguir(se).
extintor *s.m.* Extintor.
extorquir *v.t.* Extorsionar.
extorsão *s.f.* Extorsión.
extra *adj.* **1.** Extra, adicional, suplementario. **2.** Extra, de calidad superior. **3.** Extraordinario, fuera de programa.
extração *s.f.* **1.** Extracción, acción de extraer o arrancar. **2.** Extracción, sorteo de lotería. **3.** Explotación (*minérios*).
extradição *s.f. For.* Extradicción.
extrair *v.t.* Extraer.
extraordinário *adj.* **1.** Extraordinario, fantástico. **2.** Extraordinario, suplementario, extra.
extrapolar *v.t.* **1.** Extrapolar. ■ *v.t. e v.i.* **2.** Exceder(se), extralimitarse.
extrato *s.m.* **1.** Extracto, resumen. **2.** *Liter.* Fragmento, reseña. **3.** Extracto, esencia aromática. **4.** *Com.* Resumen de operaciones bancarias, estado de cuenta corriente. **5.** Extracto, substancia condensada.
extravagante *adj. e s.2g.* Extravagante.
extravasar *v.t. e v.i.* **1.** Transbordar, desbordar, extravasarse. **2.** *Fig.* Desbordar, rebosar (*sentimentos*).

extraviar *v.t. e v.p.* Extraviar(se), perder(se), descarriar(se).
extravio *s.m.* Extravío.
extremidade *s.f.* Extremo, límite último, extremidad, punta. ■ **extremidades** *s.f.pl.* Extremidades, miembros del cuerpo.
extremo *adj.* **1.** Extremo, lejano, remoto. **2.** Extremo, máximo. **3.** Extremo, final. **4.** Extremo, exceso. ● *s.m.* **5.** Extremo, extremidad. ■ **extremos** *s.m.pl.* Extremos, último recurso. ♦ **Extrema-unção.** Extremaunción.
extrínseco *adj.* Extrínseco.
extrovertido *adj. e s.* Extrovertido, extravertido.
exu *s.m.* Divinidad diabólica de religiones afrobrasileñas.
exuberante *adj.* Exuberante, abundante, fecundo.
exultar *v.i.* Regocijarse, alborozar.

F

f *s.m.* F (*sexta letra do alfabeto português*).
fá *s.m. Mus.* Fa, nota musical.
fã *s.2g.* Fan, admirador.
fábrica *s.f.* Fábrica, manufactura.
fabricar *v.t.* Fabricar, manufacturar.
fábula *s.f.* **1.** *Liter.* Fábula. **2.** *Fig.* Mito, ficción. **3.** *Col.* Precio muy elevado, fortuna. *Isso me custou uma fábula.* Eso me costó una fortuna.
faca *s.f.* Cuchillo. ♦ **Estar com a faca e o queijo na mão.** Tener la sartén por el mango.
façanha *s.f.* Hazaña, proeza, gesta.
facão *s.m.* Machete, facón.
facção *s.f.* Facción, secta.
face *s.f.* **1.** Rostro, cara, faz. **2.** Lado, cara, haz. *A face da Terra.* El haz de la Tierra. ♦ **Face a face.** Cara a cara. **Em face de.** Frente a, habida cuenta de. **Fazer face a.** Afrontar, poner la cara.
faceta *s.f.* **1.** Cara, carilla, faceta, lado. **2.** *Fig.* Faz, faceta, prisma.
fachada *s.f.* **1.** Fachada, frente. **2.** *Fig.* Fachada, apariencia, pantalla.
facho *s.m.* Haz, hacho, antorcha, lumbre.
fácil *adj.* Fácil.
facilidade *s.f.* Facilidad.
facilitar *v.t.* **1.** Facilitar, facultar. ■ *v.i.* **2.** *Col.* Descuidarse, parpadear.
fac-símile *s.m.* Facsímil, facsímile, fax.
faculdade *s.f.* **1.** Facultad, autorización, poder. **2.** Facultad, capacidad, virtud. **3.** Facultad, escuela superior.
facultar *v.t.* Facultar, facilitar.
fada *s.f.* Hada.
fadiga *s.f.* **1.** Fatiga, cansancio. **2.** Faena, trabajo, cansado.
fagulha *s.f.* Centella, chispa.
faísca *s.f.* **1.** Chispa, centella, pavesa. **2.** Rayo.
faixa *s.f.* **1.** Tira, cinta, faja. **2.** Raya, lista. **3.** Faja, atadura. **4.** Parte, porción, sector, fracción. *Uma faixa do mercado consumidor.* Una fracción del mercado consumidor. **5.** *Mus.* Banda, pista. **6.** Intervalo entre dos límites. *Meus alunos estão na faixa dos 11 aos 16.* Mis alumnos tienen entre 11 y 16 años. **7.** Nivel, categoría, rango. *Faixa social.* Rango social. **8.** Pancarta, letrero. *Os manifestantes levavam faixas de protesto.* Los manifestantes llevaban pancartas de protesta. ♦ **Faixa de terra.** Parcela, porción de tierra. **Faixa etária.** Grupo o rango con determinada edad. **Faixa salarial.** Nivel/Categoría/Masa salarial.
fajuto *adj. Col.* Falso, adulterado.
fala *s.f.* **1.** Habla, lenguaje. **2.** Discurso.
falador *adj. e s.* Hablador, parlanchín, charlatán.

falange s.f. Mil. e med. Falange.
falar v.t. e v.i. Hablar. ♦ **Falar grosso.** Hacerse el valiente. **Falar pelas costas.** Hablar por detrás/por las espaldas. **Falar pelos cotovelos.** Hablar por los codos. **Falou!** ¡Vale! ¡Bueno!
falatório s.m. Palabrerío, habladuría.
falecer v.i. Fallecer.
falecimento s.m. Fallecimiento.
falência s.f. Com. Quiebra, bancarrota.
falhar v.t. e v.i. **1.** Fallar, no funcionar. **2.** Fracasar, malograrse, no resultar, fallar.
falho adj. Defectuoso. • **falha** s.f. **1.** Falta, laguna, omisión. **2.** Desperfecto, deficiencia, falla. **3.** Geol. Falla, grieta.
falir v.i. Com. Quebrar.
falsificar v.t. Falsear, falsificar, adulterar.
falso adj. Falso.
faltar v.t. e v.i. Faltar.
falto adj. Falto, carente. • **falta** s.f. Falta. ♦ **Dar pela falta.** Echar en falta/de menos. **Sem falta.** Sin falta.
fama s.f. Fama, renombre.
família s.f. Familia.
familiar adj. Familiar.
familiarizar v.t. e v.p. Familiarizar(se).
faminto adj. **1.** Hambriento, hambrón, famélico. **2.** Fig. Hambriento, deseoso.
famoso adj. Afamado, famoso, célebre.
fanfarra s.f. Mus. Fanfarria, banda.
fanfarrão adj. e s. Fanfarrón, bravucón.
fanfarrice s.f. Fanfarronada, fanfarronería, fanfarria, bravata, bravuconería.
fanhoso adj. Gangoso, ñato, fañoso.
faniquito s.m. Col. Patatús, rabieta, ataque histérico.
fantasia s.f. **1.** Fantasía, imaginación. **2.** Fantasía, bisutería. **3.** Máscara, disfraz, traje de carnaval.
fantasiar v.t. **1.** Fantasear, imaginar. ■ v.p. **2.** Vestir traje de carnaval, disfrazarse.
fantasma s.m. **1.** Fantasma, aparición, espanto. **2.** Fantasma, marioneta. **3.** Fig. Persona flaca, calavera.
fantoche s.m. **1.** Fantoche, títere, marioneta, muñeco. **2.** Fig. Títere, persona dominada por otra.
faqueiro s.m. Juego de cubiertos, cubertería.
farda s.f. Mil. Uniforme militar.
fardo s.m. Fardo, bulto, lío, paca.
farejar v.t. e v.i. **1.** Olfatear, husmear. **2.** Fig. Olfatear, adivinar, presentir.
farelo s.m. **1.** Bot. Salvado. **2.** Miga, migaja.
faringite s.f. Med. Faringitis.
farinha s.f. Harina.
farmacêutico adj. e s. Farmacéutico.
farmácia s.f. Farmacia.
faro s.m. **1.** Olfato (animais). **2.** Fig. Intuición, perspicacia.
farofa s.f. Guarnición para carnes hecha con harina de yuca o de maíz y condimentos.
farol s.m. **1.** Faro (no mar). **2.** Linterna, farol, luz (automóvel). **3.** Semáforo. **4.** Col. Bravata, bravuconería.
farra s.f. Jarana, jolgorio, farra, juerga; (Mex. e Am.C.) parranda, pachanga. ♦ **Cair na farra.** Salir de juerga/parranda.
farrapo s.m. Harapo, andrajo, trapo.
farsa s.f. Farsa.
farsante s.2g. Farsante.
farto adj. **1.** Harto, satisfecho, lleno, ahíto. **2.** Abundante, regio, lauto. **3.** Harto, aburrido. ♦ **Estar farto.** Estar harto/hasta la coronilla.
fartura s.f. Abundancia, acopio.
fascinar v.t. e v.i. Fascinar.
fascista adj. e s.2g. Fascista; (Rio-plat.) facho; (Mex. e Am.C.) gorila, chafa.
fase s.f. Fase.
fatal adj. Fatal.
fatia s.f. **1.** Loncha, lonja (frios). **2.** Rebanada, rodaja (pão). **3.** Raja (frutas).
fatídico adj. Fatídico, siniestro, trágico.
fato s.m. Hecho, suceso. ♦ **De fato.** De hecho.
fator s.m. Factor, elemento, causa.
fatura s.f. Com. Factura.
faturar v.t. **1.** Com. Facturar. **2.** Col. Aprovecharse, beneficiarse. **3.** Col. Lograr, realizar.
fava s.f. Bot. Haba. ♦ **Mandar às favas.** Mandar al diablo.
favela s.f. Caserío tosco con población pobre;

(*Amer.*) villa miseria, tugurio, chabola, casas de cartón.
favor *s.m.* Favor.
favorecer *v.t. e v.p.* Favorecer(se).
favorito *adj. e s.* Favorito.
faxina *s.f.* **1.** Limpieza, limpia. **2.** Fajo, manojo (*lenha*).
faxineira *s.f.* Encargada de la limpieza, asistenta; (*Amer.*) muchacha.
fazenda *s.f.* **1.** Hacienda; (*Rio-plat.*) estancia; (*Mex. e Am.C.*) finca. **2.** Paño, tejido. **3.** Hacienda, tesoro público.
fazendeiro *s.* Propietario rural, terrateniente; (*Rio-plat.*) estanciero; (*Mex. e Am.C.*) finquero.
fazer *v.t. e v.impess.* Hacer. ♦ **Fazer de conta.** Imaginar, suponer, simular. **Fazer e desfazer.** Atar y desatar. **Fazer por onde.** Buscársela. **Faz de conta.** Fantasía, jauja. **Fazer-se de.** Hacerse el/la.
fé *s.f.* Fe. ♦ **Ter fé em.** Fiarse, confiar. **Fazer uma fezinha.** Hacer apuesta en juego.
febre *s.f. Med.* Fiebre, calentura.
fechadura *s.f.* Cerradura.
fechamento *s.m.* Cierre.
fechar *v.t.* **1.** Cerrar. **2.** Rematar, cerrar, concluir. **3.** Obstruir, cerrar, tapar. ■ *v.i.* **4.** Cerrarse, nublarse (*tempo*). **5.** Pasar el semáforo de verde a rojo. ■ *v.p.* **6.** Cerrarse. ♦ **Negócio fechado.** (*Trato*) hecho.
fecho *s.m.* Cierre.
fecundar *v.t.* Fecundar.
fecundo *adj.* Fecundo.
fedelho *s.* Pendejo.
feder *v.t. e v.i.* Apestar, heder.
federação *s.f.* Federación.
federal *adj.* Federal.
fedido *adj.* Maloliente, apestoso, hediondo.
fedor *s.m.* Pestilencia, hediondez, hedor, hedentina.
fedorento *adj.* Pestilente, hediondo, fétido.
feição *s.f.* Forma, hechura, aspecto. ■ **feições** *s.f.pl.* Rasgos, facciones.
feijão *s.m. Bot.* (*Esp.*) Judía, habichuela; (*Amer.*) frijol, fréjol; (*Arg.*) poroto.

feijoada *s.f.* Plato típico brasileño con frijoles negros y carnes de cerdo.
feio *adj.* Feo.
feira *s.f.* **1.** Feria, mercado. **2.** Feria, exposición, muestra.
feiticeiro *s.* Hechicero, brujo.
feitiço *s.m.* Hechizo, encantamiento. ♦ **Virar o feitiço contra o feiticeiro.** Salir el tiro por la culata.
feitio *s.m.* Hechura, forma, talle.
feito *adj.* **1.** Hecho, que se hizo. ● *s.m.* **2.** Hecho, acto. ● *conj.* **3.** Como, tal como, igual que, hecho. *Chorava feito uma criança.* Lloraba como un niño.
feitor *s.m.* Factor, administrador.
feiura *s.f.* Fealdad.
feixe *s.m.* Fajo, brazado, haz, fajina, manojo, atado.
fel *s.m.* Hiel, bilis.
felicitação *s.f.* Felicitación, cumplido, cumplimiento.
felicitar *v.t.* Felicitar, congratular.
feliz *adj.* Feliz, dichoso.
felpa *s.f.* **1.** Felpa. **2.** Pelusa, vello.
felpudo *adj.* Afelpado, aterciopelado.
feltro *s.m.* Fieltro.
fêmea *s.f.* Hembra.
feminilidade *s.f.* Feminidad, femineidad.
feminino *adj.* **1.** Femenino, femenil. ● *s.m.* **2.** *Gram.* Femenino.
fenda *s.f.* Grieta, fisura, ranura. ♦ **Chave de fenda.** *Mec.* Destornillador.
fenômeno *s.m.* **1.** Fenómeno, suceso, hecho, manifestación. **2.** Fenómeno, portento, prodigio.
fera *s.f.* **1.** Fiera, animal indómito. **2.** *Fig.* Persona cruel, fiera.
féria *s.f.* **1.** Sueldo, jornal. **2.** Renta del día, caja. ■ **férias** *s.f.pl.* Vacaciones.
feriado *s.m.* Asueto, día feriado/franco/festivo, festividad.
ferida *s.f.* **1.** Herida, lesión, lastimadura. **2.** *Fig.* Herida, daño moral. ♦ **Pôr o dedo na ferida.** Poner el dedo en la llaga.
ferimento *s.m.* Herida, lesión, lastimadura.

ferir *v.t.* **1.** Herir, lesionar, lastimar. **2.** Herir, chocar. **3.** *Mus.* Herir, tañer. **4.** Herir, ofender, agraviar. ■ *v.p.* **5.** Herirse, lastimarse.
fermentação *s.f.* Fermentación.
fermento *s.m.* Fermento.
feroz *adj.* Feroz.
ferragem *s.f.* Herraje. ♦ **Loja de ferragens.** Ferretería.
ferramenta *s.f.* Herramienta.
ferrão *s.m.* Aguijón.
ferrar *v.t.* **1.** Herrar, clavar la herradura. **2.** Herrar, marcar con hierro. **3.** Clavar, hincar (*dentes*). ■ *v.t. e v.i. Col.* **4.** Dedicarse, entregarse, aferrarse (*trabalho, sono*). **5.** Perjudicar, fregar, jorobar. ■ *v.p.* **6.** Aferrarse. **7.** *Col.* Salir mal, fregarse.
ferrenho *adj.* Férreo.
ferro *s.m.* Hierro, fierro. ♦ **Ferro de passar.** Plancha. **Ferro-velho.** Chatarra, quincalla. **A ferro e fogo.** A sangre y fuego. **De ferro.** De hierro, férreo. **Malhar em ferro frio.** Arar en el mar. **Mão de ferro.** Mano dura.
ferrolho *s.m.* Cerrojo.
ferrovia *s.f.* Vía férrea, ferrocarril.
ferroviário *adj. e s.m.* Ferroviario, ferrocarrilero.
ferrugem *s.f.* Óxido, herrumbre.
fértil *adj.* Fértil.
fertilizante *s.m.* Fertilizante, abono.
ferver *v.t. e v.i.* **1.** Hervir. **2.** *Fig.* Excitarse, exaltarse.
fervor *s.m.* Fervor, devoción.
fervoroso *adj.* Fervoroso, ferviente.
fervura *s.f.* Hervor, ebullición, hervidero.
festa *s.f.* Fiesta. ♦ **Fazer a festa.** Hacer su agosto. **Fazer festa.** Halagar, celebrar, mimar. **Ser (tudo) festa.** Alegrarse con poca cosa.
festeiro *adj. e s.* Fiestero; (*Rio-plat.*) milonguero; (*Mex. e Am.C.*) parrandero.
festejar *v.t.* Festejar, celebrar.
festim *s.m.* **1.** Banquete, festín. **2.** Cartucho sin bala.
festival *s.m.* Festival.
festividade *s.f.* Festividad, festejo, celebración, agasajo.

festivo *adj.* **1.** Festivo, de fiesta. **2.** *Col.* Festivo, alegre.
fetiche *s.m.* Fetiche.
feto *s.m. Med.* Feto.
fevereiro *s.m.* Febrero.
fezes *s.f.pl.* Heces. ♦ **Exame de fezes.** *Med.* Análisis de materia fecal.
fiação *s.f.* **1.** Hilatura, hilandería. **2.** *Eletr.* Cableado, tendido de cables.
fiado *adj. e adv. Com.* A crédito, a pagar, fiado.
fiador *s. Com.* Avalista, fiador, garante.
fiança *s.f. Com.* Fianza, prenda, garantía. ♦ **Sob fiança.** Bajo fianza.
fiapo *s.m.* **1.** Hilacha, jirón, brizna. **2.** *Fig.* Tenue, que apenas se siente.
fiar *v.t. e v.i.* **1.** Tejer, hilar. **2.** *Com.* Fiar, vender a crédito. ■ *v.i. e v.p.* **3.** Fiarse, confiar.
fiasco *s.m.* Fiasco, fracaso, chasco.
fibra *s.f.* **1.** Fibra, filamento. **2.** *Fig.* Fibra, energía.
ficar *v.i.* **1.** Quedarse, permanecer, estar. *Fiquei em casa.* Me quedé en casa. *Fiquem sentados.* Quédense sentados. **2.** Quedarse, permanecer, perdurar. *Os bons exemplos ficam.* Los buenos ejemplos perduran. ■ *v.t.* **3.** Quedar, restar, sobrar. *Ficou arroz do almoço.* Quedó arroz del almuerzo. ■ *v.pred.* **4.** Quedar, sentar, caer (*roupa*). *A saia ficou apertada em você.* La falda te quedó estrecha. *A blusa ficou bem.* La blusa te sentó bien. **5.** Quedar, salir, resultar. *O trabalho ficou bom.* El trabajo salió/quedó bien. **6.** Volverse, ponerse, hacerse. *Ficou louco.* Se volvió loco. *Ficou feio/caro.* Se puso feo/caro. *Ficou rico.* Se hizo rico. ♦ **Ficar alerta.** Ponerse en guardia. **(Não) Ficar bem.** (No) Ser conveniente/adecuado/moral; (no) estar bien. **Ficar com. 1.** Quedarse con, comprar, elegir, llevarse. *Fico com este livro.* Me llevo este libro. **2.** Retener, acaparar, quedarse. *Ficaram com todo o dinheiro.* Retuvieron todo el dinero. **Ficar de** (+ *v.*). Quedar en, convenir, prometer. *Ficou de vir.* Quedó en venir. **Ficar de fora.** Ser excluido. **Ficar de mal.** Pelearse, reñir, disgustarse. **Ficar de**

olho em. Echarle el ojo a. **Ficar de/em pé.** Pararse/Estar parado. **Ficar duro/limpo/liso.** Quedar(se) sin dinero. **Ficar em (tanto).** Costar, valer (tanto). **Ficar fora (de algo).** No meterse. **Ficar frio.** No calentarse. **Ficar para.** Postergar, cambiar la fecha. *A reunião ficou para amanhã.* La reunión se cambió para mañana. **Ficar por conta de.** Estar a cargo de. **Ficar por fora.** No entender ni jota. **Ficar por isso mesmo.** Quedar así como así, resultar en nada. **Ficar quieto. 1.** Callarse. **2.** Estar/Quedarse quieto.

ficção *s.f.* Ficción.

ficha *s.f.* **1.** Tarjeta, papeleta, ficha. **2.** Cospel, ficha (*telefone*). **3.** Ficha, pieza de juego. **4.** *Fig.* Datos confidenciales sobre alguien. ♦ **Ficha policial.** Ficha policial, cédula judicial; (*Amer.*) prontuario.

fichar *v.t.* Catalogar, fichar.

fichário *s.m.* Fichero.

fidelidade *s.f.* Fidelidad.

fiel *adj. e s.m.* Fiel. ■ **fiéis** *s.m.pl.* Rebaño, feligreses, grey.

figa *s.f.* Tipo de amuleto.

fígado *s.m.* Hígado.

figo *s.m. Bot.* Higo.

figura *s.f.* Figura.

figurão *s.m. Col.* Personalidad importante.

figurino *s.m.* Figurín.

fila *s.f.* Cola, fila.

filantropo *adj. e s.m.* Filántropo.

filão *s.m.* Filón, vena, veta.

filé *s.m.* Bife, filete.

fileira *s.f.* Fila, hilera. ■ **fileiras** *s.f.pl.* Filas, alas.

filho *s.* Hijo. ♦ **Filho da puta/mãe.** Hijo de puta, hijo de mala madre; (*Mex. e Am.C.*) hijo de la chingada. **Filhinho de papai.** Señorito, niño bien.

filhote *s.m.* Cachorro, cría.

filiação *s.f.* **1.** Filiación. **2.** Nombre de los padres de una persona, hijo de. ♦ **Filiação partidária.** Color político.

filial *adj.* **1.** Filial, propio del hijo. ● *s.f.* **2.** Sucursal, filial, agencia.

filmagem *s.f.* Filmación, toma, rodaje.

filmar *v.t.* Filmar.

filme *s.m.* **1.** Película, film, filme, cinta (*cinema*). **2.** Rollo, película (*fotos*).

filosofia *s.f.* Filosofia.

filtrar *v.t.* Colar, filtrar.

filtro *s.m.* **1.** Filtro. **2.** Colador (*chá, café*).

fim *s.m.* **1.** Fin, remate, término. **2.** Final, extremo, punta. **3.** Fin, finalidad. **4.** *Fig.* Fin, muerte. ♦ **Fim de mundo.** Sitio alejado, fin del mundo. **Fim de semana.** Fin de semana. **(Ser o) Fim do mundo.** (Ser el) Acabóse. **Dar/Pôr fim a.** Acabar con algo. **Estar a fim de.** Tener ganas de. **Por fim.** Finalmente. **Ser o fim da picada.** Ser el colmo.

final *adj. e s.m.* **1.** Final, término. **2.** Final, límite. ■ *s.f.* **3.** *Desp.* Final. ♦ **No final de (mês, ano).** Al final de, a fines de (mes, año).

finalização *s.f.* Finalización, conclusión.

finalizar *v.t. e v.i.* Finalizar(se).

finanças *s.f.pl.* Finanzas.

financeiro *adj.* Financiero. ● **financeira** *s.f.* Financiera.

financiamento *s.m. Com.* Financiación, financiamiento.

financiar *v.t.* Financiar.

fincar *v.t.* **1.** Hincar, clavar. ■ *v.p.* **2.** Ahincarse. ♦ **Fincar o pé.** Hacer hincapié, insistir.

fineza *s.f.* Fineza.

fingido *adj. e s.* Falso, hipócrita, disimulado.

fingir *v.t. e v.i.* **1.** Fingir, disimular. **2.** Aparentar, darse importancia. ■ *v.t.* **3.** Suponer, simular.

fino *adj.* Fino.

fio *s.m.* **1.** Hilo, hebra. **2.** *Eletr.* Cable, alambre. **3.** Filo, corte. **4.** Hilo, chorrito. ♦ **A fio.** Corrido, seguido. **Perder o fio da meada.** Perder el hilo. **Por um fio.** Por poco/un pelo.

firma *s.f.* **1.** Empresa, firma. **2.** Firma, signatura.

firmar *v.t.* **1.** Afirmar, poner estable, asentar. ■ *v.p.* **2.** Basarse.

firme *adj.* **1.** Firme, fijo, estable. **2.** Firme, sólido. **3.** Firme, decidido. ♦ **Ser firme.** Tener pulso.

fiscal *adj.* 1. Fiscal. ● *s.2g.* 2. Inspector, fiscal.
fiscalização *s.f.* 1. Inspección. 2. *For.* Fiscalización.
fiscalizar *v.t.* 1. Inspeccionar, examinar. 2. *For.* Fiscalizar.
físico *adj.* 1. Físico, material. ● *s.m.* 2. Físico. 3. Físico, complexión. ■ **física** *s.f.* Física.
fisionomia *s.f.* Fisonomía, fisionomía, semblante.
fisioterapia *s.f. Med.* Fisioterapia.
fissura *s.f.* 1. Fisura, rajadura, grieta. 2. *Med.* Incisión, fisura, cisura. 3. *Col.* Idea fija.
fita *s.f.* 1. Cinta, tira. 2. Cinta, película (*cinema*). 3. Cinta casete. ♦ **Fazer fita.** Simular.
fitar *v.t.* Fijar los ojos, mirar.
fivela *s.f.* 1. Hebilla. 2. Pasador (*para cabelo*).
fixador *adj. e s.m.* Fijador.
fixar *v.t.* 1. Fijar, afirmar. 2. Fijar, clavar. 3. Fijar, establecer, determinar. 4. Memorizar. 5. Fijar los ojos, mirar. ■ *v.p.* 6. Radicarse, establecerse. 7. Fijarse, afirmarse.
fixo *adj.* 1. Fijo. ● *s.m.* 2. Sueldo fijo.
flagelo *s.m.* Flagelo.
flagrante *adj.* Flagrante, evidente, manifiesto. ♦ **Em flagrante.** En flagrante, in fraganti.
flagrar *v.t.* Sorprender en flagrante.
flâmula *s.f.* Banderola, flámula, gallardete.
flanco *s.m.* Flanco, costado.
flanela *s.f.* Franela.
flauta *s.f. Mus.* Flauta.
flecha *s.f.* Flecha.
flechada *s.f.* Flechazo.
flexão *s.f.* Flexión.
flexionar *v.t. e v.p.* Flexionar(se).
flexível *adj.* 1. Flexible, blando. 2. *Fig.* Flexible, dócil.
floco *s.m.* 1. Copo (*neve, cereal*). 2. Tufo, mechón (*algodão, cabelo*).
flor *s.f.* 1. *Bot.* Flor. 2. *Fig.* Flor, lo mejor de algo. ♦ **Flor-de-lis.** Alhelí. **A fina flor.** La flor y nata. **À flor da pele.** A flor de piel. **Não ser flor que se cheire.** No merecer confianza.
floreio *s.m.* Floreo, follaje.

florescer *v.i.* Florecer.
floresta *s.f. Bot.* Floresta, bosque.
floricultura *s.f.* Floristería, florería.
florir *v.i.* 1. Florecer, echar flores. ■ *v.t.* 2. Florear, adornar.
fluência *s.f.* Fluencia.
fluente *adj.* Fluyente, fluido.
fluidez *s.f.* Fluidez.
fluido *adj. e s.m.* Fluido.
fluir *v.t. e v.i.* Fluir.
flutuação *s.f.* Fluctuación.
flutuar *v.i.* Fluctuar.
fluxo *s.m.* 1. Flujo. 2. *Fig.* Torrente.
fobia *s.f.* Fobia.
focalizar *v.t.* Enfocar.
focinho *s.m.* Hocico.
foco *s.m.* Foco. ♦ **Fora de foco (foto).** Movida (foto).
foder *v.i. Vulg.* Joder, echarse un polvo; (*Amer.*) coger, chingar.
fofo *adj.* 1. Blando, esponjoso, fofo. 2. *Col.* Gracioso, precioso, mono.
fofoca *s.f.* Chisme, murmuración.
fofoqueiro *adj. e s.* Chismoso, alcahuete.
fogão *s.m.* Cocina, fogón; (*Am.C.*) estufa.
fogareiro *s.m.* Hornillo, brasero.
fogo *s.m.* Fuego. ♦ **Fogos de artifício.** Fuegos artificiales. **Em fogo brando.** A fuego lento. **Estar de fogo.** Estar borracho. **Ser fogo.** Ser muy difícil.
fogueira *s.f.* Fogata, hoguera.
foguete *s.m.* Cohete.
foice *s.f.* Hoz, guadaña.
folclore *s.m.* Folklore.
fôlego *s.m.* Aliento, resuello. ♦ **Tomar fôlego.** Cobrar aliento.
folga *s.f.* 1. Día franco. 2. Alivio, descanso. 3. Holgura, amplitud. 4. *Mec.* Juego, holgura. 5. *Col.* Holganza, pereza; (*Arg.*) fiaca.
folgado *adj.* 1. Flojo, ancho. ■ *adj. e s. Col.* 2. Holgazán, perezoso, haragán, gandul. 3. Metido, atrevido.
folha *s.f.* 1. *Bot.* Hoja. 2. Hoja, página, folio. 3. Diario. ♦ **Folha corrida.** Antecedentes criminales. **Folha de pagamento.** Nómina,

planilla de pagos. **Novo em folha.** Nuevito (y flamante).
folhagem *s.f. Bot.* Follaje.
folhear *v.t.* 1. Hojear, echar un vistazo. 2. Bañar. *Folheado a ouro.* Bañado en oro.
folheto *s.m.* Folleto.
folhinha *s.f.* Calendario.
folia *s.f.* Juerga, follón.
fome *s.f.* Hambre.
fone *s.m.* 1. Auricular. 2. Teléfono.
fonético *adj. Gram.* Fonético. • **fonética** *s.f.* Fonética.
fonologia *s.f. Gram.* Fonología.
fonte *s.f.* 1. Fuente. 2. *Fig.* Fuente, causa, raíz. 3. Sien. 4. *Eletr.* Generador.
fora *adv.* 1. Fuera. *Fora da casa/de controle.* Fuera de la casa/de control. 2. Afuera. *Saíram lá para fora.* Salieron afuera. • *prep.* 3. Salvo, aparte. • *s.m.* 4. Fiasco, chasco. ♦ **Fora (daqui)!** ¡Fuera! ¡Largo de aquí! **Fora de hora.** A deshora. **Fora da lei.** Marginado, sedicioso, maleante. **Dar o fora.** Largarse. **Dar um fora.** Meter la pata. **De fora a fora.** De un extremo a otro. **Estar por fora.** Desconocer un asunto. **Jogar fora.** Tirar. **Levar um fora.** Ser rechazado (en un pedido). **Pôr para fora.** 1. Echar, sacar (de un sitio). 2. Hablar, desahogarse. **Ser (algo) fora do comum.** Ser (algo) aparte.
foragido *adj. e s.* Forajido.
forasteiro *adj. e s.* Forastero, foráneo.
forca *s.f.* Horca, cadalso.
força *s.f.* Fuerza. ♦ **Dar uma força.** Dar/Echar una mano.
forçar *v.t.* Forzar, esforzar.
forja *s.f.* Forja.
forjar *v.t.* 1. Forjar. 2. *Fig.* Falsear.
forma *s.f.* 1. Forma, figura. 2. Forma, modo, manera. ♦ **De forma alguma.** De ninguna manera. **Sem forma.** Disforme.
fôrma *s.f.* 1. Molde, horma, forma. 2. Fuente, molde. ♦ **Letra de fôrma.** Letra de molde/imprenta. **Pão de fôrma.** Pan de rodaja/de molde.
formação *s.f.* Formación.

formal *adj.* Formal.
formalizar *v.t. e v.p.* Formalizar(se).
formão *s.m.* Formón.
formar *v.t.* 1. Formar, dar forma, configurar. 2. Formar, componer. 3. *Mil.* Formar. ■ *v.p.* 4. Formarse, constituirse. 5. Diplomarse, recibirse, formarse.
formato *s.m.* 1. Forma, configuración. 2. Formato, dimensión.
formatura *s.f.* 1. Graduación, colación, licenciatura; (*Mex. e Am.C.*) recibimiento. 2. *Mil.* Formación.
formidável *adj.* Formidable.
formiga *s.f.* Hormiga.
formigamento *s.m.* Hormigueo, comezón.
formosura *s.f.* Hermosura.
fórmula *s.f.* Fórmula.
formular *v.t.* Formular.
formulário *s.m.* 1. Impreso, planilla. 2. *Med.* Formulario, colección de recetas.
fornecedor *adj. e s.* Proveedor, suministrador.
fornecer *v.t.* 1. Suministrar, proveer, proporcionar. 2. Abastecer, suplir, surtir.
fornecimento *s.m.* Suministro, surtido.
forno *s.m.* Horno, hornalla.
forrar *v.t.* Forrar.
forro *s.m.* 1. Forro, funda. 2. *Arq.* Cielo raso.
fortalecer *v.t. e v.p.* Fortalecer(se), consolidar(se).
fortalecimento *s.m.* Fortalecimiento.
fortaleza *s.f.* 1. Energía, vigor, fortaleza. 2. *Mil.* Fortificación, fortaleza, alcázar.
forte *adj.* 1. Fuerte, robusto, recio. 2. *Fig.* Fuerte, hábil, capaz. *É forte em história.* Es fuerte en historia. 3. Fuerte, intenso. 4. Fuerte, violento. • *s.m.* 5. Fuerte, fortín. • *adv.* 6. Fuerte, con fuerza.
fortificar *v.t. e v.p.* Fortificar(se).
fortuito *adj.* Fortuito, accidental.
fortuna *s.f.* Fortuna.
fórum *s.m.* 1. *For.* Juzgados, tribunales. 2. Fuero, jurisdicción, poder. 3. Fuero, privilegio. 4. Foro, conferencia, reunión.
fosco *adj.* 1. Fosco, hosco. 2. Opaco.
fosforescente *adj.* Fosforescente.

fósforo *s.m.* **1.** Cerilla, mixto; (*Amer.*) fósforo. **2.** *Quím.* Fósforo.

fóssil *adj. e s.m.* **1.** Fósil. **2.** *Fig.* Momia.

fosso *s.m.* Foso, hoyo. ■ **fossa** *s.f.* **1.** Fosa, cavidad. **2.** *Col.* Depresión, abatimiento.

foto *s.f.* Foto. ♦ **Fotocópia.** Fotocopia. **Fotografia.** Fotografía. **Fotogravura.** Fotograbado. **Fotonovela.** Fotonovela. **Fotossíntese.** *Bot.* Fotosíntesis. **Bater/Tirar fotos.** Tomar/Sacar fotos.

fotografar *v.t.* Fotografiar.

foz *s.f.* Desembocadura, estuario.

fração *s.f.* Fracción.

fracassar *v.i.* Fracasar, malograr, abortar.

fracasso *s.m.* Fracaso.

fraco *adj.* **1.** Débil, endeble, frágil. **2.** *Fig.* Flojo, tibio. ● *s.m.* **3.** Punto débil, flaco, flaqueza.

frágil *adj.* Frágil, débil. ♦ **Sexo frágil.** Sexo débil.

fragmentar *v.t. e v.p.* Fragmentar(se).

fragmento *s.m.* Fragmento, trozo, fracción.

fragrância *s.f.* Fragancia, aroma.

fralda *s.f.* Pañal, fajo.

framboesa *s.f. Bot.* Frambuesa (*fruto*).

franco *adj.* **1.** Franco, sincero, campechano. **2.** Franco, libre. ● *s.m.* **3.** Franco, unidad monetaria.

frango *s.m.* Pollo.

franja *s.f.* **1.** Flequillo (*cabelo*). **2.** Fleco, franja (*tecido*).

franquia *s.f.* **1.** Franqueo (*postal*). **2.** *Com. e for.* Franquicia, tasa de franqueo. *Paguei a franquia do seguro.* Pagué la franquicia del seguro. **3.** *Com.* Franquicia, concesión de derechos.

franzido *adj. e s.m.* Fruncido.

franzir *v.t.* **1.** Fruncir, arrugar (*tecido*). **2.** Fruncir, contraer (*testa*).

fraque *s.m.* Frac.

fraquejar *v.i.* Aflojar, flaquear, esmorecer.

fraqueza *s.f.* Flojera, debilidad.

frasco *s.m.* Frasco, pomo.

frase *s.f.* Frase.

frasqueira *s.f.* Neceser.

fraterno *adj.* Fraternal, fraterno.

fratura *s.f.* Fractura, rotura, ruptura.

fraturar *v.t. e v.p.* Fracturar(se).

fraude *s.f.* Fraude, estafa.

freada *s.f.* Frenazo.

frear *v.t. e v.i.* Frenar.

freguês *s.* Cliente.

freguesia *s.f.* Clientela, parroquia.

frei *s.m.* Fray.

freio *s.m.* **1.** Freno. **2.** *Med.* Frenillo (*da língua*).

freire *s.m.* Fraile, hermano. ■ **freira** *s.f.* Monja, religiosa.

frente *s.f.* **1.** Frente, fachada. *A frente da casa.* El frente de la casa. **2.** Frente, liga, coalición. **3.** Frente, cara. **4.** Frente, masa de aire. *Frente fria.* Frente frío. **5.** Frente, vanguardia. **6.** *Mil.* Frente de batalla. ♦ **À frente.** Al frente. **Em frente a.** Frente a. *Em frente ao jardim.* Frente al jardín. **Ir em frente.** Seguir adelante. **Ir para a frente.** Progresar, salir adelante. **Na frente.** Antes. *Ela chegou na frente.* Ella llegó antes. **Na frente de.** Delante de. *Na frente das crianças.* Delante de los niños.

frequência *s.f.* **1.** Frecuencia, repetición. **2.** Frecuentación, trato, convivencia. **3.** Presencia, asiduidad. **4.** *Fís.* Frecuencia.

frequentar *v.t.* **1.** Frecuentar, ir con frecuencia. **2.** Cursar, asistir a clases, estudiar.

frequente *adj.* Frecuente.

fresa *s.f. Mec.* Fresa.

fresco *adj.* **1.** Fresco, fresquito, frío. **2.** Fresco, reciente, novedoso. ■ *adj. e s.* **3.** *Col.* Caprichoso, quisquilloso, melindroso. ■ *adj. e s.m.* **4.** *Col.* Efeminado.

frescura *s.f.* **1.** Frescor, lozanía. **2.** *Col.* Capricho, melindre, pamplina. **3.** *Col.* Cursilería.

fresta *s.f.* Rendija.

frete *s.m.* Flete.

frevo *s.m. Mus.* Ritmo y baile típico de Brasil.

fricção *s.f.* Fricción, frote, roce.

friccionar *v.t.* Friccionar, frotar, restregar.

fricote *s.m. Col.* Cuento, manía, melindre.

frieira *s.f. Med.* **1.** Sabañón. **2.** Micosis en los pies.
frieza *s.f.* Frialdad, indiferencia.
frigideira *s.f.* Sartén.
frigorífico *adj. e s.m.* Frigorífico.
frio *adj. e s.m.* Frío. ■ **frios** *s.m.pl.* Embutido, fiambre. ♦ **Frio de rachar.** Frío espantoso. **A sangue-frio.** A sangre fría. **Entrar/Meter-se numa fria.** Meterse en un lío, en una mala jugada.
friorento *adj.* Friolero, friolento.
frisar *v.t.* **1.** Rizar, encrespar. **2.** Subrayar, poner énfasis, hacer hincapié.
friso *s.m.* **1.** *Arq.* Friso. **2.** Filete, raya, ribete.
fritada *s.f.* Tortilla.
fritar *v.t.* Freír.
frito *adj.* Frito. ♦ **Estar frito.** Estar mal parado/frito/listo/fregado. **Fritas.** (*Esp.*) Patatas fritas; (*Amer.*) papas fritas.
fritura *s.f.* Frito, freidura.
fronha *s.f.* Funda de almohada.
fronteira *s.f.* Frontera.
fronteiriço *adj.* Fronterizo, colindante, limítrofe.
frota *s.f.* **1.** *Mil. e mar.* Flota. **2.** Conjunto de vehículos de una empresa.
frouxo *adj.* **1.** Flojo. **2.** *Fig.* Tibio, miedoso, flojo.
fruição *s.f.* Fruición, disfrute.
frustração *s.f.* Frustración.
frustrar *v.t. e v.p.* Frustrar(se).
fruteira *s.f.* Frutero.
fruto *s.m.* **1.** *Bot.* Fruto. **2.** *Fig.* Fruto, resultado. ■ **fruta** *s.f. Bot.* Fruta. ♦ **Fruta-do-conde.** *Bot.* Anona, guanábana. **Frutas cítricas.** *Bot.* Cítricos, agrios.
fubá *s.m.* Harina de maíz.
fuçar *v.t.* **1.** Revolver, registrar. **2.** *Col.* Husmear, fisgonear.
fuga *s.f.* **1.** Huida, fuga, evasión. **2.** *Mus.* Fuga.
fugir *v.i.* Huir, fugarse, alzarse.
fugitivo *adj. e s.* Fugitivo.
fulano *s.* Fulano.
fuligem *s.f.* Hollín.

fulminar *v.t.* Fulminar.
fumaça *s.f.* Humareda, humo.
fumaceira *s.f.* Humareda, humarasca.
fumante *adj. e s.2g.* Fumador.
fumar *v.t. e v.i.* Fumar.
fumo *s.m.* **1.** Tabaco. **2.** Humo.
função *s.f.* Función.
funcionar *v.i.* Funcionar.
funcionário *s.* Empleado. ♦ **Funcionário público.** Funcionario.
fundação *s.f.* **1.** Fundación, institución. **2.** *Arq.* Cimientos, fundamentos.
fundamental *adj.* Fundamental.
fundamentar *v.t.* **1.** Fundamentar. ■ *v.p.* **2.** Basarse, fundarse.
fundar *v.t. e v.p.* Fundar(se).
fundição *s.f.* Fundición.
fundir *v.t. e v.p.* **1.** Fundir(se), derretir(se). **2.** Fusionar(se).
fundo *adj.* **1.** Hondo, profundo. *Um poço fundo.* Un pozo hondo. ● *s.m.* **2.** Fondo. *No fundo do poço.* En el fondo del pozo. **3.** *Fig.* Fondo, fundamento. ■ **fundos** *s.m.pl.* **1.** *Com.* Fondos, capital. **2.** Fondo, parte posterior. *Mora nos fundos.* Vive al fondo.
funeral *adj.* **1.** Funerario, fúnebre. ● *s.m.* **2.** Funeral, entierro.
funicular *adj. e s.m.* Funicular, teleférico.
funil *s.m.* Embudo.
funilaria *s.f.* Taller y oficio de arreglar chapas y carrocerías.
funileiro *s.m.* Chapista.
furacão *s.m.* Huracán.
furadeira *s.f. Mec.* Barrena, taladro, agujereadora.
furar *v.t.* **1.** Perforar, agujerear. **2.** *Col.* Penetrar, introducirse. ■ *v.t. e v.i.* **3.** *Col.* Frustrarse, malograr. ♦ **Furar a fila.** No respetar la cola, colarse.
furgão *s.m.* Furgón.
fúria *s.f.* Furia.
furioso *adj.* Furioso, rabioso.
furo *s.m.* **1.** Agujero, orificio. **2.** Noticia en primera mano, *flash.*
furor *s.m.* Furor.

furta-cor *adj. e s.m.* Tornasolado, con aguas.
furtar *v.t. e v.i.* **1.** Hurtar. ■ *v.p.* **2.** Evitar, esquivarse.
furto *s.m.* Hurto.
fusão *s.f.* Fusión.
fusca *s.m. Col.* Automóvil Volkswagen cupé.
fusível *adj. e s.m. Eletr.* Fusible.

futebol *s.m. Desp.* Fútbol, balompié.
fútil *adj.* Fútil.
futuro *s.m.* Futuro, porvenir.
fuxico *s.m. Col.* Chisme, intriga.
fuzil *s.m. Mil.* Fusil.
fuzilar *v.t.* Fusilar.
fuzuê *s.m. Col.* Juerga, follón.

G

g *s.m.* G (*sétima letra do alfabeto português*).
gabar *v.t.* **1.** Alabar, ensalzar. ■ *v.p.* **2.** Vanagloriarse, jactarse, alardear.
gabarito *s.m.* Gálibo, escantillón, plantilla. ♦ **(Não) Ter gabarito.** (No) Tener clase, (no) dar el alto.
gabinete *s.m.* **1.** Gabinete, despacho. **2.** Compartimento, casillero.
gado *s.m. Ganado.* ♦ **Criação de gado.** Ganadería.
gafanhoto *s.m.* Saltamontes, langosta.
gafe *s.f.* Dicho o acción inconveniente, metida de pata.
gagá *adj. e s.2g. Col.* Chocho, caduco.
gago *adj. e s.* Tartamudo.
gaguejar *v.i.* Tartamudear.
gaiola *s.f.* Jaula.
gaita *s.f.* **1.** *Mus.* Armónica. **2.** *Mus.* Gaita, cornamusa. **3.** *Col.* (*Esp.*) pasta; Plata; (*Rioplat.*) guita; (*Mex. e Am.C.*) pisto.
gaivota *s.f.* Gaviota.
gala *s.f.* Gala, pompa.
galã *s.m.* **1.** Galán, actor principal. **2.** *Fig.* Hombre guapo.
galanteio *s.m.* Galanteo, piropo.
galão *s.m.* Galón.
galera *s.f.* **1.** *Mar.* Galera. **2.** *Col.* Pandilla, galería, barra.
galeria *s.f.* Galería.
galho *s.m. Bot.* Rama, gajo. ♦ **Dar galho.** Traer complicaciones. **Quebrar o galho.** Ayudar a resolver una dificultad.
galinha *s.f.* **1.** Gallina. **2.** *Col.* Persona cobarde, gallina. **3.** *Col.* Mujer fácil, lasciva.
galinheiro *s.m.* Gallinero.
galo *s.m.* **1.** Gallo. **2.** *Col.* Chichón, hinchazón, contusión, giba.
galope *s.m.* Galope.
galpão *s.m.* Galpón.
galvanoplastia *s.f. Fís.* Galvanoplastía.
gamar *v.i. Col.* Enamorarse, chiflarse; (*Amer.*) colgarse.
gambá *s.m.* Zorrino, zorrillo, hurón, mofeta.
gameta *s.m. Biol.* Gameto.
ganância *s.f.* **1.** Ambición, codicia. **2.** Usura.
gancho *s.m.* Gancho, grapa, garabato, horqueta.
gandaia *s.f.* Farra, juerga, jolgorio, jarana, parranda; (*Amer.*) garufa.
gangue *s.f.* Pandilla, camarilla.
ganhar *v.t. e v.i.* **1.** Ganar, vencer. **2.** Ganar, recibir regalo o premio. **3.** Ganar, recibir sueldo, cobrar. **4.** Ganar, cautivar, conquistar. ♦ **Ganha-pão.** Actividad de la cual uno vive.
ganho *s.m.* Ganancia.
ganso *s.* Ganso.
garagem *s.f.* Cochera, garaje.
garantia *s.f.* **1.** *Com.* Garantía, fianza, abono. **2.** Garantía, seguridad.
garantir *v.t.* Asegurar, garantizar.
garçom *s.m.* Camarero, mozo.

garçonete s.f. Dependienta, chica.
garfo s.m. Tenedor.
gargalhada s.f. Carcajada.
gargalo s.m. Cuello de botella.
garganta s.f. **1.** Garganta. **2.** Desfiladero. **3.** Col. Fanfarrón.
gargantilha s.f. Gargantilla.
gargarejo s.m. Gárgara, buche.
gari s.m. Barrendero.
garimpo s.m. Explotación de piedras o metales preciosos, socavón, mina.
garoa s.f. Llovizna, garúa.
garota s.f. Chica, muchacha; (Rio-plat.) mina.
garotada s.f. Pandilla de chicos, chiquillería.
garoto s. Chico, mozuelo; (Am.C.) patojo.
garra s.f. **1.** Garra, zarpa, presa. **2.** Fig. Fibra, empuje, tesón.
garrafa s.f. Botella. ♦ **Garrafa térmica.** Termo.
garrafão s.m. Damajuana, garrafón, bombona.
garrancho s.m. **1.** Garabato, garrapato. **2.** Bot. Gajo.
garrote s.m. Garrote.
garrucha s.f. Pistola.
garupa s.f. Grupa, anca.
gás s.m. Gas.
gasolina s.f. Gasolina; (Rio-plat.) nafta. ♦ **Posto de gasolina.** Gasolinera, estación de servicio.
gasoso adj. Gaseoso.
gastar v.t. e v.i. Gastar.
gasto adj. **1.** Gastado, raído. ● s.m. **2.** Gasto.
gastrite s.f. Med. Gastritis.
gastronomia s.f. Gastronomía.
gatilho s.m. Mil. Gatillo, disparador.
gato s. **1.** Gato. **2.** Col. Persona atractiva. ♦ **Gato-pingado.** Alma viva. **Vender/Comprar gato por lebre.** Dar gato por liebre.
gatuno adj. e s. Ratero, gatillo, gato, ladronzuelo.
gaveta s.f. Cajón, gaveta.
gavião s.m. Gavilán.
gaze s.f. Gasa.
geada s.f. Escarcha, helada.
gear v.i. Helar, formar escarcha.

geladeira s.f. (Esp.) Nevera, frigorífico; (Amer.) heladera, refrigeradora.
gelar v.t. e v.i. **1.** Helar, congelar. **2.** Fig. Quedar(se) duro, ponerse insensible.
geleia s.f. Mermelada, jalea, dulce.
geleira s.f. Glaciar.
gelo s.m. **1.** Hielo. **2.** Fig. Insensibilidad, desinterés. ♦ **Dar um gelo.** Tratar con indiferencia, hacer el vacío.
gema s.f. **1.** Yema (de ovo). **2.** Geol. Gema, piedra preciosa.
gêmeo adj. e s. Gemelo, mellizo; (Mex. e Am.C.) cuate. ■ **gêmeos** s.m.pl. Géminis, signo del zodíaco.
gemer v.i. Gemir.
gemido s.m. Gemido, quejido.
gene s.m. Biol. Gen, gene.
genealógico adj. Genealógico.
general s.m. Mil. General.
generalidade s.f. Generalidad. ■ **generalidades** s.f.pl. Generalidades.
generalizar v.t. e v.p. Generalizar(se).
gênero s.m. Género.
generosidade s.f. Generosidad.
genético adj. Biol. Genético. ● **genética** s.f. Genética.
gengibre s.m. Bot. Jengibre.
gengiva s.f. Encía.
gengivite s.f. Med. Gingivitis.
genial adj. Genial.
gênio s.m. **1.** Genio, ingenio. **2.** Genio, temperamento. **3.** Mal humor.
genro s.m. Yerno.
gentalha s.f. Dep. Gentuza, chusma, ralea.
gente s.f. Gente. ♦ **A gente.** Uno, nosotros.
gentil adj. Amable, afable.
gentileza s.f. Amabilidad, cortesía, fineza, gentileza. ♦ **Por gentileza.** Por cortesía, por favor.
genuíno adj. Genuino, legítimo.
geografia s.f. Geografía.
geologia s.f. Geología.
geometria s.f. Geometría.
geração s.f. Generación.
gerador adj. e s.m. Generador.

geral *adj.* **1.** General, genérico. ● *s.m.* **2.** Generalidad. ■ *s.f.* **3.** *Teat.* Galería, gallinero. ♦ **Dar uma geral.** Ordenar, limpiar. **Em geral.** Por lo general.
geralmente *adv.* Generalmente, por lo general.
gerânio *s.m. Bot.* Geranio, malvón.
gerar *v.t.* Generar.
gerência *s.f.* Gerencia, administración, gestión.
gerente *s.2g.* Gerente.
gergelim *s.m. Bot.* Ajonjolí, alegría.
germe *s.m.* Germen.
germinar *v.i.* Germinar.
gerúndio *s.m. Gram.* Gerundio.
gesso *s.m.* Yeso.
gestação *s.f.* Gestación.
gestante *adj. e s.f.* Mujer embarazada, preñada.
gestão *s.f.* Gestión, administración.
gesto *s.m.* **1.** Gesto, además. **2.** Gesto, actitud.
gibi *s.m. Col.* Tebeo, *comics*. ♦ **Não estar no gibi.** Ser increíble/fantástico/incomún.
gigante *adj. e s.* Gigante, titán.
gigolô *s.m.* Rufián, cafiolo, caftén.
gilete *s.f.* Hoja/Lámina de afeitar.
gim *s.m.* Ginebra.
ginásio *s.m.* **1.** *Desp.* Gimnasio. **2.** Antiguo nombre de la escuela y curso de enseñanza fundamental. **3.** Liceo.
ginástica *s.f. Desp.* Gimnasia.
ginecologia *s.f. Med.* Ginecología.
ginecologista *s.2g. Med.* Ginecólogo.
girafa *s.f.* Jirafa.
girar *v.i.* Girar.
girassol *s.m. Bot.* Girasol, tornasol.
gíria *s.f.* Argot, jerga, caló, modismo.
giro *s.m.* **1.** Giro, rodeo. **2.** Gira, paseo. ■ **gira** *adj. e s.2g. Col.* Chiflado, loco.
giz *s.m.* Tiza; (*Mex.*) gis.
glândula *s.f. Med. e bot.* Glándula.
glicose *s.f. Quím.* Glucosa.
global *adj.* Global.
globo *s.m.* **1.** Globo, esfera. **2.** Globo, la Tierra.
glóbulo *s.m. Biol.* Glóbulo.
glória *s.f.* **1.** Gloria, fama. **2.** Honor, motivo de orgullo.
glossário *s.m.* Glosario.

glutão *adj. e s.* Glotón.
goela *s.f.* Garganta.
goiaba *s.f. Bot.* Guayaba.
gol *s.m. Desp.* **1.** Portería, meta, arco. **2.** Gol. ♦ **Fazer um gol.** Meter un gol.
gola *s.f.* Cuello.
gole *s.m.* Trago, sorbo.
goleiro *s.m. Desp.* Arquero, portero, guardameta.
golfe *s.m. Desp.* Golf.
golfinho *s.m.* Delfín.
golfo *s.m. Mar.* Golfo, bahía.
golpe *s.m.* Golpe. ♦ **Dar o golpe do baú.** Casarse por interés.
golpear *v.t.* Golpear.
goma *s.f.* **1.** Goma. **2.** Almidón. ♦ **Goma arábica.** Goma arábiga. **Goma de mascar.** Chicle, goma de mascar. **Goma-laca.** Goma laca.
gomo *s.m.* Gajo, parte de la fruta.
gôndola *s.f.* **1.** *Mar.* Góndola. **2.** Estantería de supermercado.
gongo *s.m.* **1.** *Mus.* Gongo, instrumento de percusión. **2.** *Desp. Gong*, gongo. ♦ **Ser salvo pelo gongo.** Escapar (de una dificultad) por poco.
gonorreia *s.f. Med.* Blenorragia, gonorrea.
gorar *v.i.* Malograrse, frustrarse.
gordo *adj. e s.* Gordo, grueso.
gorducho *adj. e s.* Rechoncho, regordete.
gordura *s.f.* Grasa.
gorduroso *adj.* Graso, grasoso, grasiento.
gorjeta *s.f.* Propina.
gororoba *s.f. Col.* Comistrajo.
gorro *s.m.* Gorra, gorro.
gostar *v.t.* **1.** Gustar, sentir gusto, placer. *Gosto de ler.* Me gusta leer. **2.** Gustar, sentir simpatía. *Gosto daquele rapaz.* Me gusta aquel chico.
gosto *s.m.* Gusto.
gostoso *adj.* Rico, sabroso, gustoso. ♦ **Dar (uma) de gostoso.** Hacerse el importante, creerse, darse aires.
gota *s.f.* **1.** Gota. **2.** *Med.* Gota. **3.** *Fig.* Gota, pequeña cantidad.

goteira *s.f.* Gotera.
governador *adj. e s.* Gobernador.
governante *adj. e s.2g.* Gobernante. ■ **governanta** *s.f.* Gobernanta.
governar *v.t. e v.i.* Gobernar.
governo *s.m.* Gobierno.
gozação *s.f.* Burla, broma, mofa, escarnio, timo. ♦ **Fazer gozação.** Burlarse, mofarse.
gozador *adj. e s.* Burlón, bromista, guasón.
gozar *v.t.* **1.** Disfrutar, gozar. **2.** Burlarse, mofarse, escarnecer. ■ *v.i.* **3.** *Col.* Llegar al orgasmo, irse.
gozo *s.m.* **1.** Goce, usufructo. **2.** Gozo, placer.
graça *s.f.* **1.** Gracia, merced. **2.** Broma, ocurrencia, gracia. **3.** Gracia, elegancia, garbo. **4.** Nombre de pila. *Como é sua graça?* ¿Cómo es tu nombre? ♦ **De graça.** De balde/gorra/guagua, sin cargo, gratis. **Ficar sem graça.** Quedar desconcertado o confundido, cortarse.
gracioso *adj.* Garboso, saleroso.
grade *s.f.* **1.** Reja, enrejado, verja, alambrado. **2.** Grada, rastro. ♦ **Atrás das grades.** En la cárcel.
graduação *s.f.* Graduación.
graduar *v.t.* **1.** Graduar. ■ *v.p.* **2.** Graduarse, diplomarse.
gráfico *adj. e s.m.* Gráfico.
grã-fino *adj. e s. Snob*; (*Arg.*) bacán.
grafite *s.m.* **1.** *Quím.* Grafito. **2.** Mina (*lápis*). **3.** Tipo de mural en las calles, pintadas.
gralha *s.f.* Urraca.
grama *s.f.* **1.** Césped, yerba, pasto. ■ *s.m.* **2.** Gramo, unidad de peso. ■ Símbolo: g.
gramado *s.m.* **1.** Prado, campo cubierto de césped. **2.** *Desp.* Cancha, arena.
gramático *adj. e s.* Gramático. ■ **gramática** *s.f.* Gramática.
grampeador *adj. e s.m.* Grapadora, engrapadora.
grampear *v.t.* **1.** Grapar, engrapar. **2.** *Col.* Detener, meter preso. **3.** *Col.* Poner escucha en teléfono.
grampo *s.m.* **1.** Grapa (*papel*). **2.** Horquilla, gancho (*cabelo*).

grana *s.f. Col.* Plata, mosca; (*Esp.*) pasta; (*Rio-plat.*) guita; (*Mex. e Am.C.*) pisto.
granada *s.f. Mil.* Granada.
grandalhão *adj. e s.* Grandote, grandullón.
grande *adj.* Grande, gran. ♦ **Grande coisa!** ¿Y (con) eso qué?
granel *s.m.* Granero. ♦ **A granel.** A granel.
granizo *s.m.* Granizo.
granja *s.f.* Finca, chacra, granja.
granular *adj. e v.t.* Granular.
grão *s.m.* **1.** *Bot.* Grano, semilla. **2.** *Fig.* Grano, pizca. ● *adj.* **3.** Gran. *Grão-vizir.* Gran visir. ♦ **Grão-de-bico.** *Bot.* Garbanzo.
gratidão *s.f.* Gratitud.
gratificação *s.f.* Gratificación.
gratificar *v.t.* Gratificar.
grátis *adv.* Gratis, graciosamente, de balde, sin cargo.
grato *adj.* **1.** Agradecido. **2.** Grato, placentero.
gratuito *adj.* **1.** Gratuito, gracioso, gratis. **2.** Gratuito, sin fundamento, arbitrario.
grau *s.m.* Grado. ♦ **Colar grau.** Diplomarse, recibir la investidura de grado. **Primeiro/Segundo/Terceiro grau.** Antigua forma de denominar la enseñanza inicial/media/superior.
graúdo *adj.* Grande, crecido, desarrollado. ♦ **Peixe graúdo.** Persona influyente, pez gordo.
gravação *s.f.* **1.** Grabación. **2.** Filmación.
gravador *s.m. Eletr.* Grabadora, magnetófono, casete.
gravar *v.t.* **1.** Grabar, entallar, imprimir. **2.** Grabar, registrar sonidos. **3.** Filmar. **4.** *Fig.* Grabar, fijar(se) hondamente.
gravata *s.f.* Corbata. ♦ **Gravata-borboleta.** Pajarita. **Prendedor de gravata.** Alfiler.
grave *adj.* Grave.
graveto *s.m. Bot.* Palo, palito, gajo, rama.
gravidade *s.f.* Gravedad.
gravidez *s.f.* Gravidez, embarazo.
gravura *s.f.* Grabado, aguafuerte.
graxa *s.f.* **1.** Grasa, pasta para lubricar. **2.** Betún, pasta para calzado.
grelha *s.f.* Parrilla, rejilla.
grêmio *s.m.* Gremio, asociación, club.

greve s.f. Huelga, paro.
grifar v.t. Subrayar.
grifo s.m. *Tip.* Subrayado, letra cursiva/grifa, itálico.
grilo s.m. **1.** Grillo. **2.** *Col.* Obsesión, idea fija. **3.** *Col.* Complicación, lío.
grinalda s.f. Guirnalda.
gringo s. *Col.* Gringo, extranjero.
gripe s.f. *Med.* Gripe, resfrío, catarro, constipado.
grisalho adj. Canoso.
gritar v.t. e v.i. Gritar, dar voces.
gritaria s.f. Gritería, griterío, algazara, alarido.
grito s.m. Grito.
grogue adj. *Col.* Tambaleante como borracho.
grosa s.f. **1.** Gruesa. **2.** *Mec.* Lima, escofina.
grosseria s.f. Grosería.
grosso adj. **1.** Grueso, denso, espeso. **2.** Áspero. **3.** *Col.* Importante, serio. ■ adj. e s. **4.** *Col.* Grosero, ordinario; (*Amer.*) patán, chabacano; (*Arg.*) mersa, grasa. ■ s.m. **5.** Grueso, la mayor parte.
grossura s.f. **1.** Grosor, grueso. **2.** *Col.* Grosería, vulgaridad.
grudar v.t. e v.p. Pegar(se).
grude s.m. Engrudo, pegote, pegatina.
grupo s.m. Grupo. ♦ **Grupo escolar.** Escuela de enseñanza primaria.
guaraná s.f. *Bot.* Planta de la región amazónica con la que se hace una bebida gaseosa.
guarda s.f. **1.** Guarda, tutela. **2.** Guarda, protección. **3.** *Arq.* Antepecho. ■ s.2g. **4.** Guardia, policía. ♦ **Guarda-florestal.** Guardaparques. **Guarda-livros.** Tenedor de libros. **Guarda-noturno.** Vigilante nocturno, sereno.

guardanapo s.m. Servilleta.
guardar v.t. Guardar. ♦ **Guarda-chuva.** Paraguas. **Guarda-costas.** Guardaespaldas. **Guarda-móveis.** Depósito de muebles. **Guarda-pó.** Guardapolvo. **Guarda-roupa.** Ropero, guardarropa, armario. **Guarda-sol.** Parasol, sombrilla.
guarida s.f. Guarida.
guarita s.f. Garita.
guarnecer v.t. Guarnecer.
guarnição s.f. Guarnición.
guerra s.f. Guerra.
guerrilha s.f. Guerrilla.
guia s.f. **1.** Guía, modelo. **2.** Encintado, cordón, bordillo. **3.** Impreso, despacho. ■ s.2g. **4.** Guía, cicerone. ■ s.m. **5.** Manual, guión. ♦ **Guia de exportação.** Guía de exportación. **Guia de recebimento.** Informe de recepción. **Guia de recolhimento.** Formulario de liquidación.
guiar v.t. e v.i. **1.** Guiar, orientar, dirigir. **2.** (*Esp.*) Conducir; (*Amer.*) manejar (*veículo*).
guichê s.m. Ventanilla, taquilla.
guidão s.m. Manillar, guía.
guincho s.m. **1.** Torno, grúa; (*Amer.*) guinche. **2.** Chillido.
guindaste s.m. Grúa.
guitarra s.f. *Mus.* Guitarra.
gula s.f. Gula, glotonería.
guloseima s.f. Golosina.
guloso adj. Goloso, glotón.
gume s.m. Corte, filo.
guri s. Chiquillo, nene; (*Amer.*) guagua, cabro chico, pibe; (*Am.C.*) patojo.

H

h s.m. H (*oitava letra do alfabeto português*). ■ Símbolo de *hora*.
hábil adj. Hábil, habilidoso, mañoso.

habilitação s.f. **1.** Capacitación. **2.** *For.* Habilitación. ♦ **Carteira/Carta de habilitação.** Carné/Licencia/Permiso de conducir.

habilitar *v.t.* **1.** Capacitar, acreditar. **2.** Preparar, disponer.
habitação *s.f.* Vivienda, habitación.
habitante *adj. e s.2g.* Habitante.
habitar *v.t.* Habitar.
habite-se *s.m. For.* Licencia para ocupar un inmueble.
hábito *s.m.* **1.** Hábito, costumbre. **2.** Hábito, sotana.
hálito *s.m.* Aliento, hálito.
hambúrguer *s.m.* Hamburguesa.
harmonia *s.f.* Armonía.
harmonioso *adj.* **1.** Armónico, proporcionado. **2.** Armonioso, melodioso.
harpa *s.f. Mus.* Arpa.
haste *s.f.* **1.** Asta, mango, palo, varilla. **2.** *Bot.* Tallo.
haver *s.m.* **1.** Haber, crédito. • *v.impess.* **2.** Haber, existir. **3.** Haber, suceder, pasar. **4.** Hacer. *Há dois meses que não nos vemos.* Hace dos meses que no nos vemos. ■ *v.aux.* **5.** Deber, tener que. • **haveres** *s.m.pl.* Bienes, riquezas. ♦ **(Não) Haver meio de.** (No) Haber forma de. **Haver por bem.** Dignarse, tener a bien. **Haja o que houver.** Pase lo que pase. **Haja vista que.** Considerando que, visto que.
hectare *s.m.* Hectárea. ■ Símbolo: *ha.*
hediondo *adj.* **1.** Sórdido, repugnante. **2.** Horrible, espantoso.
hélice *s.f.* Hélice.
helicóptero *s.m.* Helicóptero.
heliporto *s.m.* Helipuerto.
hem *interj.* **1.** ¿Cómo? ¿Qué dice? **2.** ¿Cierto? ¿Estamos?
hematoma *s.m. Med.* Hematoma.
hemisfério *s.m.* Hemisferio.
hemofilia *s.f. Med.* Hemofilia.
hemorragia *s.f. Med.* Hemorragia.
hemorroidas *s.f.pl. Med.* Hemorroide, almorranas.
hepatite *s.f. Med.* Hepatitis.
hera *s.f. Bot.* Hiedra, yedra.
herança *s.f.* Herencia.
herdar *v.t.* Heredar.
herdeiro *s.* Heredero.

herege *adj. e s.2g.* Hereje.
heresia *s.f.* Herejía.
hermético *adj.* Hermético.
hérnia *s.f. Med.* Hernia.
herói *s.m.* Héroe.
heroína *s.f.* **1.** Heroína, mujer valiente. **2.** *Quím.* Heroína.
herpes *s.m. Med.* Herpes, herpe.
hertz *s.m. Fís.* Hertz, herztio. ■ Símbolo: *Hz.*
hesitação *s.f.* Vacilación, titubeo, incertidumbre.
hesitar *v.i.* Vacilar, titubear.
heterogêneo *adj.* Heterogéneo.
heterossexual *adj. e s.2g.* Heterosexual.
heureca *interj.* ¡Eureka!
hiato *s.m.* **1.** *Gram.* Hiato. **2.** *Fig.* Hiato, intervalo.
hidratar *v.t.* Hidratar.
hidráulico *adj.* Hidráulico. • **hidráulica** *s.f. Mec.* Hidráulica.
hidrelétrico *adj.* Hidroeléctrico. • **hidrelétrica** *s.f.* Central hidroeléctrica.
hidroavião *s.m.* Hidroavión.
hidrofobia *s.f. Med.* Hidrofobia.
hidrogênio *s.m. Quím.* Hidrógeno.
hidrômetro *s.m.* Hidrómetro.
hidróxido *s.m. Quím.* Hidróxido.
hiena *s.f.* Hiena.
hierarquia *s.f.* Jerarquía.
hieróglifo *s.m.* **1.** Jeroglífico. **2.** *Fig.* Garabato.
hífen *s.m. Gram.* Guión.
higiênico *adj.* Higiénico. ♦ **Absorvente higiênico.** Compresa higiénica, toalla femenina.
hilariante *adj.* Hilarante, cómico.
hino *s.m.* Himno.
hipérbole *s.f.* **1.** *Gram.* Hipérbole. **2.** *Geom.* Hipérbola.
hipertensão *s.f. Med.* Hipertensión.
hipertrofia *s.f. Med.* Hipertrofia.
hípico *adj.* Hípico. • **hípica** *s.f.* Hípica.
hipnose *s.f.* Hipnosis.
hipocondríaco *adj. e s. Med.* Hipocondriaco.
hipocrisia *s.f.* Hipocresía, doblez.
hipócrita *adj. e s.2g.* Hipócrita, doble.
hipopótamo *s.m.* Hipopótamo.

hipoteca s.f. Com. Hipoteca.
hipótese s.f. Hipótesis.
hispano-americano adj. e s. Hispanoamericano.
histeria s.f. Med. Histerismo, histeria.
história s.f. **1.** Historia. **2.** Cuento, historia. ♦ **História em quadrinhos.** Tira cómica, historieta ilustrada, cómic. **Cheio de histórias.** Con mucho cuento.
historiador s. Historiador.
histórico adj. **1.** Histórico. ● s.m. **2.** Historial, expediente. ♦ **Histórico escolar.** Certificado escolar, expediente académico.
hobby s.m. Angl. Hobby, pasatiempo.
hoje adv. Hoy. ♦ **Hoje em dia.** Hoy (en) día. **De hoje em diante.** De hoy en adelante.
holerite s.m. Com. Nómina, recibo de sueldo.
holofote s.m. Fanal, farol de alcance.
homem s.m. Hombre.
homenagem s.f. Homenaje. ♦ **Prestar homenagem.** Rendir homenaje.
homeopata adj. e s.2g. Med. Homeópata.
homeopatia s.f. Med. Homeopatía.
homicídio s.m. Homicidio.
homófono adj. e s. Gram. Homófono.
homogêneo adj. Homogéneo.
homógrafo adj. e s. Gram. Homógrafo.
homologação s.f. For. Homologación.
homônimo adj. e s.m. Homónimo.
homossexual adj. e s.2g. Homosexual.
honestidade s.f. Honestidad.
honesto adj. Honrado, honesto, decente.
honorário adj. Honorario. ● **honorários** s.m.pl. Honorarios, gajes.
honra s.f. **1.** Honor, distinción, gloria. **2.** Honra, pudor, probidad. ♦ **Ter a honra de.** Tener el honor de.
honrado adj. Honrado, decente.
honrar v.t. Honrar.
honraria s.f. **1.** Distinción, honor. **2.** Honras.
hora s.f. Hora. ♦ **Hora do** *rush***.** Hora punta. **Hora extra.** Hora extraordinaria. **Hora h. 1.** El momento más oportuno. **2.** El momento más crítico, la hora h. **Fazer hora.** Entretenerse, demorarse. **Fora de hora.** A deshoras, a destiempo. **Que horas são?** ¿Qué hora es?
horário adj. e s.m. Horario.
horizonte s.m. Horizonte.
hormônio s.m. Biol. Hormona, hormón.
horóscopo s.m. Horóscopo.
horrendo adj. Horrendo, espantoso, espeluznante.
horrível adj. Horrible.
horror s.m. Horror. ■ **horrores** s.m.pl. Monstruosidades, barbaridades. ♦ **Horrores de dinheiro.** Muchísimo dinero.
horrorizar v.t. e v.p. Horrorizar(se).
horta s.f. Bot. Huerto.
hortaliça s.f. Bot. Hortaliza.
hortelã s.f. Bot. Menta, hierbabuena.
hortênsia s.f. Bot. Hortensia.
horticultor s.m. Hortelano.
hortifrutigranjeiro adj. e s.m. Rel. a la hortofruticultura y granja.
hospedagem s.f. Hospedaje, aposento, alojamiento.
hospedaria sf. Hospedería, hostería, albergue, hostal.
hóspede s. Huésped.
hospício s.m. Manicomio.
hospital s.m. Med. Hospital.
hospitalar adj. Med. Hospitalario.
hospitaleiro adj. Hospitalario, acogedor.
hóstia s.f. Hostia.
hostilidade s.f. Hostilidad.
hotel s.m. Hotel.
hotelaria s.f. Hostelería.
humanidade s.f. Humanidad.
humano adj. Humano. ● **humanos** s.m.pl. Humanos.
humildade s.f. Humildad.
humilde adj. Humilde, apocado.
humilhação s.f. Humillación.
humilhar v.t. e v.p. Humillar(se), apocar(se).
humor s.m. Humor. ♦ **Mau/Bom humor.** Mal/Buen humor.

i s.m. **1.** I (*nona letra do alfabeto português*). **2.** Um (*em maiúscula, no sistema romano de numeração*).
iate s.m. *Mar.* Yate.
ibero-americano adj. e s. Iberoamericano.
ibope s.m. **1.** Índice de audiencia (*TV*). **2.** *Fig.* Fama, prestigio. ♦ **Dar ibope. 1.** Obtener audiencia (*TV*). **2.** Obtener prestigio.
içar v.t. Izar, alzar, levantar.
ida s.f. Ida, viaje de ida. ♦ **Ida e volta.** Ida y vuelta.
idade s.f. Edad. ♦ **De idade avançada.** Avanzado en edad, entrado en años.
ideal adj. e s.m. Ideal.
idealizar v.t. **1.** Idear, crear, imaginar. **2.** Idealizar, fantasear.
ideia s.f. Idea. ♦ **Mudar de ideia.** Cambiar de idea. **Trocar uma ideia.** Charlar.
idêntico adj. Idéntico.
identidade s.f. Identidad. ♦ **Carteira/Cédula de identidade.** Cédula/Carné de identidad/ de vecindad.
identificação s.f. Identificación.
identificar v.t. e v.p. Identificar(se).
ideologia s.f. Ideología.
idílio s.m. Idilio.
idioma s.m. Idioma.
idiossincrasia s.f. Idiosincrasia.
idiota adj. e s.2g. **1.** *Med.* Idiota. **2.** *Fig.* Idiota, bestia, tonto, lelo, gilipollas, torpe; (*Rio- plat.*) gil, otario.
idiotice s.f. **1.** *Med.* Idiotez. **2.** *Fig.* Estupidez, tontería, idiotez, imbecilidad.
idiotismo s.m. *Gram.* Idiotismo.
ido adj. Pasado. ● **idos** s.m.pl. Tiempo/Época del pasado. *Lá pelos idos de 1920.* Allá por los años 20.
ídolo s.m. Ídolo.
idoneidade s.f. Idoneidad.

idôneo adj. **1.** Idóneo. **2.** *For.* Apto, capaz.
idoso adj. e s. Anciano, señor mayor, persona grande.
ignição s.f. *Mec.* Ignición.
ignorância s.f. **1.** Ignorancia, barbarie. **2.** *Col.* Brutalidad, grosería. ♦ **Apelar/Partir para a ignorância.** Recurrir a expedientes groseros, llegar a las manos.
ignorar v.t. Ignorar.
igreja s.f. Iglesia.
igual adj. Igual.
igualdade s.f. Igualdad.
iguaria s.f. Exquisitez, manjar delicioso.
ilegal adj. Ilegal.
ilegítimo adj. Ilegítimo.
ilegível adj. Ilegible.
ileso adj. Ileso, indemne.
ilha s.f. Isla.
ilhós s.m. Ojal.
ilícito adj. Ilícito, inmoral.
iludir v.t. e v.p. Ilusionar(se).
iluminação s.f. **1.** Iluminación. **2.** Alumbrado (*iluminação pública*).
iluminar v.t. e v.p. **1.** Iluminar(se). *Iluminaram o salão.* Iluminaron el salón. ■ v.t. **2.** Alumbrar. *Iluminaram a rua.* Alumbraron la calle.
ilusão s.f. **1.** Ilusión, ensueño. **2.** Ilusión, engaño, espejismo.
ilustração s.f. **1.** Ilustración, instrucción, explicación. **2.** Ilustración, grabado.
ilustre adj. Ilustre, renombrado.
ímã s.m. Imán.
imagem s.f. Imagen.
imaginação s.f. Imaginación.
imaginar v.t. **1.** Imaginar, idear. **2.** Imaginar, suponer.
imaturidade s.f. Inmadurez.
imaturo adj. Inmaduro.
imbecil adj. e s.2g. Imbécil, tonto, idiota.

imediações *s.f.pl.* Alrededores, aledaños, inmediaciones, cercanías.
imediato *adj.* **1.** Inmediato. ● *s.m.* **2.** Segundo. *O imediato de bordo.* El segundo de a bordo.
imenso *adj.* Inmenso.
imerso *adj.* Inmerso, sumergido.
imigração *s.f.* Inmigración.
imigrante *adj. e s.2g.* Inmigrante.
imitação *s.f.* Imitación.
imitar *v.t.* Imitar.
imobiliário *adj.* Inmobiliario. ● **imobiliária** *s.f.* Inmobiliaria.
imobilizar *v.t. e v.p.* Inmovilizar(se).
imoral *adj. e s.2g.* Inmoral, indecente.
imortal *adj. e s.2g.* Inmortal, imperecedero.
imóvel *adj.* **1.** Inmóvil, estático. ● *s.m.* **2.** Inmueble, propiedad. ♦ **Bens imóveis.** Bienes inmuebles.
impaciência *s.f.* Impaciencia.
impacto *s.m.* Impacto.
ímpar *adj.* Impar.
imparcial *adj.* Imparcial.
impasse *s.m.* Impás, *impasse*, situación crítica, atolladero.
impedimento *s.m.* **1.** Impedimento, obstáculo, traba. **2.** *Desp.* Offside, fuera de juego.
impedir *v.t.* Impedir. ♦ **Estar impedido. 1.** Estar imposibilitado. **2.** *Desp.* Estar fuera de juego.
impelir *v.t.* Impeler, impulsar.
impenetrável *adj.* Impenetrable.
imperador *s.* Emperador.
imperativo *adj.* **1.** Imperativo, apremiante, imperioso, forzoso. ■ *adj. e s.m.* **2.** *Gram.* Imperativo, modo verbal. ■ *s.m.* **3.** Imposición, exigencia.
imperfeição *s.f.* Desperfecto, imperfección.
imperfeito *adj.* **1.** Imperfecto, defectuoso. ■ *adj. e s.m.* **2.** *Gram.* Imperfecto, tiempo verbal.
imperialismo *s.m.* Imperialismo.
império *s.m.* Imperio.
impermeabilização *s.f.* Impermeabilización.
impermeável *adj. e s.m.* Impermeable.
impertinência *s.f.* Impertinencia.
impessoal *adj.* Impersonal.

ímpeto *s.m.* Ímpetu, arrebato, arranque.
impiedoso *adj.* Despiadado.
impingir *v.t.* **1.** Imponer, obligar a soportar, infligir. **2.** Inculcar, imbuir (*ideias*). **3.** Meter, pasar (*mercadorias*).
implacável *adj.* Implacable.
implantar *v.t. e v.p.* Implantar(se).
implante *s.m. Med.* Implante.
implementação *s.f.* Implementación, puesta en práctica/en marcha.
implementar *v.t.* Implementar, llevar a cabo, realizar, ejecutar.
implicância *s.f.* **1.** *Col.* Animosidad, animadversión, mala voluntad. **2.** Consecuencia, implicación.
implicar *v.t.* **1.** Implicar, suponer. **2.** Implicar, involucrar, acarrear. **3.** Requerir, exigir. **4.** *Col.* Indisponerse, tener mala voluntad o antipatía, encapricharse. *A professora implica comigo.* La maestra me tiene mala voluntad.
implícito *adj.* Implícito.
implodir *v.t.* Volar/Detonar una edificación.
implorar *v.t.* Implorar, suplicar, rogar.
implosão *s.f.* **1.** Voladura, explosión de edificaciones. **2.** *Gram.* Implosión.
impopularidade *s.f.* Impopularidad.
impor *v.t. e v.p.* Imponer(se).
importação *s.f.* Importación.
importador *adj. e s.* Importador.
importância *s.f.* **1.** Importancia, transcendencia, valor. **2.** Importe, monto, valor. **3.** *Fig.* Altanería.
importar *v.t.* **1.** Importar, traer productos del extranjero. **2.** Importar, tener importancia. ■ *v.i. e v.p.* **3.** Importar, ser útil, interesar.
importunar *v.t.* Fastidiar, molestar, importunar.
imposição *s.f.* **1.** Imposición, orden. **2.** Imposición, exigencia.
impossível *adj.* **1.** Imposible, impracticable. **2.** *Fig.* Insoportable, imposible.
imposto *adj.* **1.** Impuesto, obligado. ● *s.m.* **2.** *Com.* Impuesto, tributo, cargo. ♦ **Imposto de renda.** Impuesto sobre la renta. **Impos-**

impostor 588 **incógnito**

to sobre produtos industrializados (IPI). Impuesto sobre valor agregado (IVA). **Livre de imposto.** Sin cargo.
impostor *adj. e s.* Farsante, charlatán, embustero, impostor.
impotente *adj. e s.m.* Impotente.
impraticável *adj.* Impracticable, imposible.
impregnar *v.t. e v.p.* Impregnar(se).
imprensa *s.f.* **1.** Prensa. *O tema foi destaque na imprensa.* El tema tuvo realce en la prensa. **2.** *Tip.* Imprenta.
imprescindível *adj.* Imprescindible, imperativo, imperioso.
impressão *s.f.* **1.** Impresión, sensación, pálpito. **2.** *Tip.* Impresión, edición, estampa. **3.** Impresión, huella, señal. ♦ **Impressão digital.** Huella dactilar.
impressionar *v.t. e v.p.* Impresionar(se), conmover(se).
impresso *adj.* **1.** Impreso. ● *s.m.* **2.** Folleto, volante.
imprestável *adj.* Inservible.
imprevisto *adj.* **1.** Imprevisto, inesperado, accidental. ● *s.m.* **2.** Incidente, imprevisto.
imprimir *v.t.* **1.** Imprimir, estampar. **2.** *Tip.* Imprimir, editar, tirar. *Imprimiu 100 exemplares.* Tiró 100 ejemplares. **3.** Imprimir, publicar.
impróprio *adj.* Impropio.
improvisar *v.t. e v.i.* Improvisar.
imprudência *s.f.* Imprudencia.
impulsionar *v.t.* **1.** Impulsar, impeler. **2.** Impulsar, fomentar, activar.
impulso *s.m.* **1.** Impulso, empuje. **2.** Impulso, arrebato, arranque.
impunidade *s.f.* Impunidad.
impureza *s.f.* Impureza.
imputar *v.t.* Imputar, achacar, cargar.
imundície *s.f.* Inmundicia, suciedad, mugre; (*Amer.*) cochambre, cochinada.
imunidade *s.f. For. e med.* Inmunidad.
imutável *adj.* Inmutable, inamovible.
inábil *adj.* Inhábil, torpe, inepto.
inacreditável *adj.* Increíble, inverosímil.
inadequado *adj.* Inadecuado.

inadiável *adj.* Inaplazable, improrrogable, impostergable.
inadimplência *s.f. For. e com.* Impago, incumplimiento, insolvencia.
inadmissível *adj.* Inadmisible.
inalar *v.t.* Inhalar.
inapto *adj.* **1.** Incapaz. **2.** Inhábil, inepto.
inato *adj.* Innato, congénito.
inaudito *adj.* Inaudito, increíble.
inauguração *s.f.* Inauguración, apertura.
incalculável *adj.* Incalculable, inestimable, innumerable.
incansável *adj.* Incansable, infatigable.
incapaz *adj. e s.2g.* Incapaz.
incendiar *v.t. e v.p.* **1.** Incendiar(se). **2.** *Fig.* Exaltar(se), exacerbar(se).
incêndio *s.m.* Incendio.
incenso *s.m.* Incienso.
incentivo *s.m.* Estímulo, acicate, incentivo, aliciente.
incerteza *s.f.* Incertidumbre.
inchaço *s.m.* Hinchazón.
inchar *v.t., v.i. e v.p.* **1.** Hinchar(se), inflamar(se). **2.** *Fig.* Enorgullecer(se).
incidente *adj. e s.m.* Incidente.
incidir *v.t. e v.i.* Incidir.
incipiente *adj.* Incipiente.
incisão *s.f.* Incisión, tajo.
incisivo *adj.* **1.** Incisivo, cortante. **2.** *Fig.* Incisivo, tajante. ■ *adj. e s.m.* **3.** Incisivo (*diente*).
inciso *s.m. For.* Párrafo, subdivisión de artículo, apartado.
incitar *v.t.* Incitar, instigar, azuzar, hurgar.
inclinação *s.f.* **1.** Inclinación, propensión, afección. **2.** Inclinación, pendiente.
inclinar *v.t.* **1.** Inclinar, reclinar, tumbar. ■ *v.p.* **2.** Inclinarse, agacharse.
incluir *v.t. e v.p.* Incluir.
inclusive *adv.* **1.** Inclusive. *Capítulos 2 e 3 inclusive.* Capítulos 2 y 3 inclusive. **2.** Incluso, hasta. *Sinto frio inclusive no verão.* Tengo frío incluso en verano.
incoerente *adj.* Incoherente.
incógnito *adj. e s.m.* **1.** Incógnito, ignorado. ● *adv.* **2.** En secreto, de incógnito. ● **incóg-**

nita *s.f.* **1.** *Mat.* Incógnita. **2.** *Fig.* Cuestión desconocida, interrogante.
incolor *adj.* Incoloro.
incomodar *v.t., v.i. e v.p.* Molestar(se), fastidiar(se), incomodar(se). ♦ **Estar incomodada. 1.** Estar molesta. **2.** Estar menstruada.
incômodo *adj.* **1.** Incómodo, inconfortable. **2.** Molesto, inoportuno, embarazoso. ● *s.m.* **3.** Molestia, incomodo. *Desculpe o incômodo.* Perdone la molestia.
incompetente *adj. e s.2g.* Incapaz, incompetente, inepto.
incompleto *adj.* Incompleto.
incompreensível *adj.* Incomprensible.
incomunicável *adj.* **1.** Incomunicable. **2.** Incomunicado (*preso*).
inconcebível *adj.* Inconcebible.
inconformado *adj.* Inconforme.
inconsciente *adj. e s.2g.* **1.** Inconsciente, desmayado. **2.** Inconsciente, irresponsable. **3.** Inconsciente, automático, involuntario. ■ *s.m.* **4.** Inconsciente, subconsciente.
inconsolável *adj.* Inconsolable.
inconstante *adj.* Inconstante.
inconstitucional *adj.* Inconstitucional.
incontável *adj.* Incontable, innumerable.
incontrolável *adj.* Incontrolable.
inconveniente *adj. e s.m.* Inconveniente.
incorporar *v.t. e v.p.* **1.** Incorporar(se), integrar(se), reunir(se). **2.** Agrupar(se), fundir(se) (*empresas*). ■ *v.i.* **3.** Incorporar(se), materializar(se). ■ *v.p.* **4.** Incorporarse, pararse.
incorreto *adj.* Incorrecto, equivocado.
incorrigível *adj.* Incorregible.
incrementar *v.t.* **1.** Incrementar, fomentar. **2.** *Col.* Animar, avivar.
incremento *s.m.* Incremento.
incriminar *v.t.* Incriminar, inculpar.
incrível *adj.* **1.** Increíble, inconcebible. **2.** Increíble, extraordinario.
incubadora *s.f.* Incubadora.
inculcar *v.t.* Inculcar, infundir.
inculto *adj.* **1.** Inculto, no cultivado. **2.** *Fig.* Inculto, rudo, ignorante.
incumbência *s.f.* Incumbencia, cometido.

incursão *s.f.* Incursión.
incutir *v.t.* Imponer, inculcar, infundir.
indagação *s.f.* Indagación.
indagar *v.t.* Indagar, inquirir.
indecente *adj. e s.2g.* Indecente.
indeciso *adj. e s.* Indeciso.
indefeso *adj. e s.* Indefenso.
indefinido *adj.* Indefinido, indeterminado.
indenização *s.f.* Indemnización.
indenizar *v.t.* Indemnizar, resarcir.
independência *s.f.* Independencia.
independente *adj.* Independiente.
indesejável *adj. e s.2g.* Indeseable.
indestrutível *adj.* Indestructible.
indeterminado *adj.* Indeterminado, indefinido.
indevido *adj.* Indebido.
indexação *s.f. Com.* Indexación.
indexar *v.t. Com. e inform.* Indexar.
indicação *s.f.* Indicación.
indicador *adj. e s.m.* **1.** Indicador (*aparelho*). **2.** Índice (*dedo*). **3.** Índice, listado. **4.** Indicador, medida de magnitud.
indicar *v.t.* Indicar.
indicativo *adj. e s.m.* **1.** Indicativo, indicador. **2.** *Gram.* Indicativo, modo verbal.
índice *s.m.* **1.** Índice, tabla de contenidos. **2.** Índice, índex, lista. **3.** Índice (*dedo*). **4.** *Mat.* Índice. **5.** Índice, indicio.
indiciar *v.t. For.* Someter a juicio, denunciar.
indício *s.m.* Indicio, señal.
indiferente *adj. e s.2g.* **1.** Indiferente, apático. ■ *adj.* **2.** Indistinto, lo mismo.
indígena *adj. e s.2g.* Indígena, indio, aborigen.
indigente *adj. e s.2g.* Indigente.
indigestão *s.f.* Indigestión, empacho.
indignação *s.f.* Indignación.
indignar *v.t. e v.p.* Indignar(se).
índio *adj. e s.* Indio, indígena, autóctono.
indireto *adj.* Indirecto. ● **indireta** *s.f.* Indirecta.
indisciplina *s.f.* Indisciplina.
indiscrição *s.f.* Indiscreción.
indiscutível *adj.* Indiscutible, innegable.
indispensável *adj.* Indispensable.
indispor *v.t. e v.p.* Indisponer(se).

indisposto adj. Indispuesto, descompuesto.
indistinto adj. Indistinto, vago, difuso.
individual adj. Individual.
individualista adj. e s.2g. Individualista.
indivíduo s.m. Individuo.
índole s.f. Índole, naturaleza, carácter.
indolência s.f. Indolencia, desidia, lasitud.
indolor adj. Indoloro.
indomável adj. Indomable, indómito, indócil.
indubitável adj. Indudable, incontestable.
indulgência s.f. Indulgencia, tolerancia.
indumentário adj. Indumentario. ● **indumentária** s.f. Indumentaria, vestido, vestidura.
indústria s.f. **1.** Industria, fábrica, manufactura. **2.** Industria, habilidad, maña.
industrial adj. e s.2g. Industrial.
industrialização s.f. Industrialización.
induzir v.t. Inducir.
inédito adj. Inédito.
ineficiente adj. Ineficiente, ineficaz, inefectivo.
inegável adj. Innegable.
inepto adj. Inepto, necio, torpe.
inércia s.f. Inercia.
inerente adj. Inherente.
inerte adj. Inerte.
inesgotável adj. Inagotable.
inesperado adj. e s.m. Inesperado, inopinado, insospechado.
inesquecível adj. Inolvidable.
inevitável adj. Inevitable, fatal.
inexistência s.f. Inexistencia.
inexperiência s.f. Inexperiencia.
inexplicável adj. Inexplicable.
infalível adj. Infalible.
infame adj. e s.2g. Infame, vil, abyecto. ♦ **Piada infame.** Chiste torpe, perogrullada.
infâmia s.f. Infamia, deshonra.
infância s.f. Infancia, niñez.
infantaria s.f. Mil. Infantería.
infante s.m. Infante.
infarto s.m. Med. Infarto.
infecção s.f. Med. Infección.
infeccionar v.t. e v.p. Med. Infectar(se), infeccionar(se).

infelicidade s.f. Infelicidad, desdicha.
infeliz adj. e s.2g. Infeliz, desdichado, desafortunado.
inferior adj. e s.m. Inferior.
inferioridade s.f. Inferioridad.
inferir v.t. Inferir.
infernizar v.t. Atormentar, infernar.
inferno s.m. Infierno.
infestar v.t. Infestar.
infiel adj. e s.2g. **1.** Infiel, desleal. **2.** Infiel, adúltero. **3.** Infiel, pagano.
infiltração s.f. Infiltración.
infiltrar v.t. e v.p. Infiltrar(se).
ínfimo adj. Ínfimo.
infinitivo adj. e s.m. Gram. Infinitivo, modo verbal.
infinito adj. e s.m. Infinito.
inflação s.f. Com. Inflación.
inflacionário adj. Com. Inflacionario.
inflamação s.f. Inflamación, hinchazo.
inflamar v.t. e v.p. **1.** Inflamar(se), hinchar(se). **2.** Fig. Enardecer(se), acalorar(se).
inflexão s.f. **1.** Inflexión, inclinación, desviación. **2.** Inflexión, tono de voz.
influência s.f. Influencia, influjo, ascendencia.
influenciar v.t. **1.** Influir. ■ v.p. **2.** Sufrir influencia, dejarse influir, impresionarse.
influente adj. Influyente.
influir v.t. Influir.
informação s.f. Información.
informal adj. Informal.
informar v.t., v.i. e v.p. Informar(se), enterar(se).
informática s.f. Informática.
informativo adj. e s.m. Informativo.
informe adj. **1.** Informe, deforme. ● s.m. **2.** Noticia, aviso, informe.
infração s.f. For. Infracción, transgresión, falta.
infraestrutura s.f. Infraestructura.
infravermelho adj. e s.m. Infrarrojo.
infrutífero adj. Infructífero, improductivo.
infundado adj. Infundado.
infundir v.t. Infundir.
infusão s.f. Infusión.

ingênuo *adj. e s.* Inocente, ingenuo.
ingerir *v.t.* **1.** Ingerir. ■ *v.p.* **2.** Interferir, meterse.
ingratidão *s.f.* Ingratitud.
ingrato *adj. e s.* **1.** Ingrato, desagradecido, malagradecido. **2.** Ingrato, desabrido.
ingrediente *s.m.* Ingrediente.
ingressar *v.t.* **1.** Ingresar, entrar. **2.** Ingressar, afiliarse.
ingresso *s.m.* **1.** Ingreso, entrada, acceso. **2.** Ingreso, afiliación, incorporación. **3.** Entrada, boleto; (*Esp.*) butaca. *Ingresso para o teatro.* Boleto para el teatro.
inibido *adj. e s.* Tímido, avergonzado.
inibir *v.t.* **1.** Inhibir, reprimir, impedir. ■ *v.p.* **2.** Avergonzarse, intimidarse.
iniciação *s.f.* Iniciación.
inicializar *v.t. Inform.* Inicializar.
iniciar *v.t.* **1.** Iniciar, empezar. ■ *v.t. e v.p.* **2.** Iniciar(se), introducir(se).
iniciativa *s.f.* Iniciativa.
início *s.m.* Inicio, comienzo, principio.
inimigo *adj. e s.* Enemigo.
inimizade *s.f.* Enemistad.
ininterrupto *adj.* Ininterrumpido.
injeção *s.f.* Inyección.
injetar *v.t.* Inyectar.
injustiça *s.f.* Injusticia.
injusto *adj.* Injusto.
inocência *s.f.* Inocencia.
inocente *adj. e s.2g.* **1.** Inocente. ■ *s.2g.* **2.** Criatura.
inodoro *adj.* Inodoro, sin olor.
inoportuno *adj.* Inoportuno, inconveniente.
inovação *s.f.* Innovación.
inoxidável *adj.* Inoxidable.
inqualificável *adj.* Incalificable.
inquérito *s.m. For.* Averiguación, información. ♦ **Inquérito judicial.** Averiguación judicial. **Inquérito policial.** Investigación policial. **Abrir/Instaurar inquérito.** Abrir una información.
inquietação *s.f.* Inquietud.
inquietar *v.t. e v.p.* Inquietar(se), alarmar(se).
inquilino *s.* Inquilino.

inquisição *s.f.* Inquisición.
insalubridade *s.f.* Insalubridad.
insatisfeito *adj.* Insatisfecho, descontento.
inscrever *v.t. e v.p.* Inscribir(se), anotar(se).
inscrição *s.f.* **1.** Inscripción, letrero. **2.** Inscripción, matrícula, registro, asiento.
insegurança *s.f.* Inseguridad.
insensato *adj. e s.* Insensato, desquiciado.
insensível *adj.* Insensible.
inseparável *adj.* Inseparable.
inserção *s.f.* Inserción, inclusión.
inserir *v.t. e v.p.* Insertar(se). ♦ **Inserir no contexto.** Enmarcar/Encuadrar en el contexto.
inseticida *adj. e s.m.* Insecticida.
inseto *s.m.* Insecto.
insígnia *s.f.* Insignia.
insignificante *adj.* Insignificante, anodino.
insinuação *s.f.* Insinuación.
insinuar *v.t., v.i. e v.p.* Insinuar(se).
insípido *adj.* Insípido, desabrido, soso.
insistência *s.f.* Insistencia.
insistir *v.t. e v.i.* Insistir, hacer hincapié, aferrarse.
insolação *s.f.* Insolación.
insolente *adj. e s.2g.* Insolente, atrevido, abusivo, descarado.
insólito *adj.* **1.** Insólito, raro, inusitado. **2.** Insólito, extraordinario.
insolúvel *adj.* **1.** Insoluble, indisoluble. **2.** Insoluble, sin solución.
insônia *s.f.* Insomnio.
insosso *adj.* Soso, desabrido, insulso.
inspeção *s.f.* **1.** Inspección, revista, registro. **2.** Oficina de inspección.
inspecionar *v.t.* Inspeccionar, fiscalizar, registrar.
inspetor *s.* **1.** Inspector, fiscal. **2.** Inspector, auditor. ♦ **Inspetor administrativo.** Contralor. **Inspetor aduaneiro.** Interventor aduanal.
inspiração *s.f.* Inspiración.
inspirar *v.t.* **1.** Inspirar, inhalar, aspirar. **2.** Inspirar, infundir. *Não me inspira confiança.* No me inspira confianza. ■ *v.t. e v.p.* **3.** *Fig.* Inspirar(se), iluminar(se).
instabilidade *s.f.* Inestabilidad.

instalação *s.f.* Instalación.
instalar *v.t.* **1.** Instalar, establecer. **2.** Instalar, colocar, disponer. ■ *v.p.* **3.** Instalarse, radicarse.
instância *s.f.* **1.** Instancia, insistencia. **2.** *For.* Instancia.
instantâneo *adj.* **1.** Instantáneo. ● *s.m.* **2.** Instantánea.
instante *s.m.* Instante.
instaurar *v.t. e v.p.* Instaurar(se).
instável *adj.* Inestable.
instigar *v.t.* Instigar, concitar, atizar.
instinto *s.m.* Instinto.
instituição *s.f.* Institución.
instituir *v.t.* Instituir.
instituto *s.m.* Instituto.
instrução *s.f.* **1.** Instrucción, educación, enseñanza. **2.** Instrucción, cultura, erudición. **3.** Instrucción, explicación. **4.** *For.* Instrucción, conjunto de actuaciones.
instruir *v.t.* **1.** Instruir, aleccionar. ■ *v.p.* **2.** Instruirse, aprender.
instrumental *adj.* **1.** *Mus.* Instrumental. ● *s.m.* **2.** Instrumental, útiles, pertrechos, enseres.
instrumento *s.m.* Instrumento.
instrutor *adj. e s.* Instructor.
insubstituível *adj.* Insustituible, irremplazable.
insulina *s.f. Med.* Insulina.
insultar *v.t.* Insultar.
insulto *s.m.* Insulto, ultraje, injuria.
insumo *s.m. Com.* Insumo.
insuportável *adj.* Insoportable.
insurreição *s.f.* Insurrección, sublevación.
insustentável *adj.* Insostenible.
intato *adj.* Intacto.
integração *s.f.* Integración.
integrar *v.t.* **1.** Completar, totalizar, enterar. *Faltam duas folhas para integrar o relatório.* Faltan dos hojas para completar el informe. **2.** Integrar, formar parte, componer. ■ *v.p.* **3.** Integrarse, incorporarse.
íntegro *adj.* **1.** Completo, cabal, entero. **2.** Íntegro, idóneo, derecho. ● **íntegra** *s.f.* Totalidad. ♦ **Na íntegra.** Por entero.

inteiro *adj.* **1.** Entero, completo. **2.** *Fig.* Entero, ileso, intacto.
intelectual *adj. e s.2g.* Intelectual.
inteligência *s.f.* Inteligencia.
inteligente *adj. e s.2g.* Inteligente.
intempérie *s.f.* Intemperie.
intenção *s.f.* Intención, intento.
intensidade *s.f.* Intensidad.
intensificar *v.t. e v.p.* Intensificar(se).
interação *s.f.* Interacción.
intercalar *v.t.* Intercalar, interponer, interpolar.
intercâmbio *s.m.* Intercambio.
interceder *v.t.* Interceder, intervenir.
interceptar *v.t.* Interceptar, atajar.
interditar *v.t.* Vedar, prohibir.
interessar *v.t., v.i. e v.p.* Interesar(se).
interesse *s.m.* **1.** Interés, importancia, valor. **2.** Interés, conveniencia, provecho. **3.** Interés, empeño, dedicación. **4.** Interés, curiosidad.
interesseiro *adj. e s.* Interesado.
interface *s.f. Inform. e fís.* Interfase, interconexión.
interferência *s.f.* Interferencia.
interferir *v.t. e v.i.* Interferir.
interfone *s.m. Eletr.* Intercomunicador, interfono, teléfono interno.
interior *adj. e s.m.* **1.** Interior. ■ *s.m.* **2.** Región opuesta a la costa, interior, provincia.
interjeição *s.f. Gram.* Interjección, exclamación.
interligação *s.f.* Interconexión.
interligar *v.t. e v.p.* Interconectar(se).
interlocutor *s.* Interlocutor.
intermediário *adj.* **1.** Intermedio, intermediario. *Tamanho intermediário.* Talle intermedio. ● *s.* **2.** Intermediario, medianero, mediador. **3.** Intermediario, corredor, comisionista.
intermédio *adj. e s.m.* Intermedio, mediación.
internacional *adj.* Internacional.
internar *v.t. e v.p.* **1.** Internar(se), adentrarse, penetrar. **2.** Ingresar, hospitalizar(se), internar(se).
internato *s.m.* Internado.
interno *adj.* **1.** Interno, interior, de adentro. ● *s.* **2.** Interno (*aluno, médico*).

interpor v.t. e v.p. Interponer(se). ♦ **Interpor recurso.** *For.* Interponer recurso, recurrir.
interpretar v.t. **1.** Interpretar, explicar, traducir. **2.** Interpretar, actuar, representar. **3.** Interpretar, considerar, estimar.
intérprete s.2g. **1.** Intérprete, traductor. **2.** Intérprete, cantante. **3.** Intérprete, comentarista.
interrogação s.f. Interrogación, interrogante. ♦ **Ponto de interrogação.** *Gram.* Signo de interrogación.
interrogar v.t. Interrogar, interpelar, inquirir.
interrogatório s.m. Interrogatorio.
interromper v.t. Interrumpir.
interruptor adj. e s.m. *Eletr.* Interruptor, llave.
interurbano adj. **1.** Interurbano. ● s.m. **2.** Llamada telefónica/Conferencia interurbana/a larga distancia, llediscado.
intervalo s.m. Intervalo.
intervenção s.f. **1.** Intervención, participación, aporte. **2.** *Med.* Intervención, operación. **3.** Intervención, interferencia.
intervir v.t. **1.** Intervenir, interceder, interponer. ■ v.t. e v.i. **2.** Intervenir, participar. **3.** *Med.* Intervenir, operar. **4.** Intervenir, interferir, asumir el gobierno.
intestino s.m. *Med.* Intestino.
intimação s.f. *For.* Citación, emplazamiento, intimación.
intimar v.t. **1.** *For.* Citar, intimar. **2.** Ordenar, exigir.
intimidade s.f. **1.** Intimidad, amistad íntima. **2.** Confianza, familiaridad.
intimidar v.t., v.i. e v.p. Intimidar(se), achicar(se), amilanar(se), acobardar(se).
íntimo adj. e s.m. Íntimo. ♦ **No meu/seu íntimo.** En mis/tus adentros.
intitular v.t. e v.p. Titular(se), intitular(se).
intolerância s.f. Intolerancia, intransigencia.
intoxicar v.t. e v.p. Intoxicar(se), envenenar(se).
intragável adj. **1.** Que no se puede tragar o ingerir. **2.** *Fig.* Inaguantable, insoportable.
intransitável adj. Intransitable, impracticable.
intransitivo adj. *Gram.* Intransitivo.

intratável adj. Intratable, insociable.
intrépido adj. Intrépido, audaz.
intriga s.f. **1.** Intriga, trama, maquinación. **2.** *Liter.* Intriga, trama.
intrigante adj. e s.2g. Intrigante.
intrincado adj. **1.** Enredado, enmarañado, intrincado. **2.** Complejo, difícil.
intrínseco adj. Intrínseco.
introdução s.f. **1.** Introducción, ingreso, penetración. **2.** *Liter.* Introducción, prefacio. **3.** Introducción, iniciación.
introduzir v.t. e v.p. Introducir(se).
intrometer v.t. e v.p. Entremeter(se), meter(se), entrometer(se), inmiscuirse.
intrometido adj. e s. Entremetido, fisgón, metido; (*Mex.* e *Am.C.*) metiche.
intromissão s.f. Intromisión, intrusión, intervención.
introvertido adj. e s. Introvertido, ensimismado.
intruso adj. e s. Intruso.
intuição s.f. Intuición, presentimiento, pálpito.
intuito s.m. Intento, propósito, intención.
inumerável adj. Innumerable, incontable.
inundação s.f. **1.** Inundación, crecida, avenida. **2.** *Fig.* Inundación, invasión.
inundar v.t. e v.p. **1.** Inundar(se), anegar(se), alagar(se). **2.** *Fig.* Inundar(se), invadir.
inusitado adj. Inusitado, insólito.
inútil adj. **1.** Inútil, vano. **2.** Inútil, improductivo, ocioso. ● s.2g. **3.** Inútil, inservible.
invadir v.t. Invadir.
invalidar v.t. Invalidar, anular.
inválido adj. **1.** Inválido, nulo. ● s. **2.** Inválido, minusválido, discapacitado.
invariável adj. **1.** Invariable, constante. **2.** *Gram.* Invariable, que no se flexiona.
invasão s.f. Invasión. ♦ **Invasão de domicílio.** Allanamiento de morada.
invasor adj. e s. Invasor.
inveja s.f. Envidia, codicia.
invejar v.t. Envidiar, codiciar.
invejoso adj. e s. Envidioso, codicioso.
invenção s.f. **1.** Invento, invención. **2.** *Fig.* Cuento, mentira.

inventar v.t. 1. Inventar, crear, idear. 2. *Fig.* Inventar, ingeniarse, fantasear.
inventário s.m. Inventario.
invento s.m. Invento, invención.
inventor s. Inventor, creador.
inverno s.m. Invierno.
inverossimilhança s.f. Inverosimilitud.
inversão s.f. Inversión, cambio.
inverso adj. e s.m. 1. Inverso, invertido. 2. Opuesto, contrario.
invertebrado adj. e s.m. *Biol.* Invertebrado.
inverter v.t. Invertir, dar vuelta, girar, cambiar la posición, poner al revés. *Inverteu as letras.* Cambió las letras de lugar.
invés <ao> loc. Al revés. ♦ **Ao invés de.** En vez de, en lugar de.
investidor adj. e s. *Com.* Inversionista, inversor.
investigação s.f. 1. Investigación, búsqueda, averiguación. 2. Investigación, estudio.
investigador adj. e s. 1. Investigador. ■ s. 2. Agente de policía.
investigar v.t. 1. Investigar, averiguar, inquirir. 2. Investigar, estudiar.
investimento s.m. *Com.* Inversión.
investir v.t. 1. Embestir, acometer, atacar. 2. Investir, conceder, conferir. 3. *Com.* Invertir, colocar capital.
inviável adj. Impracticable, inviable.
invisível adj. Invisible.
invocar v.t. 1. Invocar, suplicar. 2. Invocar, evocar, llamar. 3. Alegar, citar, invocar en defensa. 4. *Col.* Indisponerse, agarrársela con. *O cara bebeu e invocou comigo.* El tipo estaba borracho y se la agarró conmigo.
invólucro s.m. Envoltorio, envoltura.
involuntário adj. Involuntario.
iodo s.m. *Quím.* Yodo.
ioga s.f. Yoga, yoguismo.
iogurte s.m. Yogur, yogurt.
ioiô s.m. Yoyo, yoyó.
ir v.i. 1. Ir, caminar, desplazarse, andar. 2. Irse, marcharse. 3. Ir, armonizar, combinar. ■ v.i. e v.p. 4. Irse, dirigirse, encaminarse. ♦ **Ir andando/chegando.** Irse, seguir camino.

(Não) Ir com a cara. (No) Caer bien, (no) tragar a. **Ir embora.** Irse, marcharse, partir. **Ir levando.** Ir tirando. **Ir longe.** Llegar lejos, salir adelante. **Ir ter com.** Ir al encuentro de. **Ir-se desta para melhor.** Pasar a mejor vida. **Como vai?** ¿Cómo te/le va? ¿Cómo estás/está?
ira s.f. Ira, rabia.
íris s.f. 1. Iris, pupila. ■ s.m. 2. Iris, arco iris, espectro solar.
irmandade s.f. 1. Hermandad, fraternidad. 2. Hermandad, cofradía.
irmão s. 1. Hermano. 2. Hermano, religioso.
ironia s.f. Ironía.
irracional adj. Irracional.
irradiar v.t., v.i. e v.p. Irradiar(se).
irreal adj. Irreal.
irrefutável adj. Irrefutable, irrebatible.
irregular adj. Irregular.
irrelevante adj. Irrelevante.
irrepreensível adj. Irreprochable, intachable, irreprensible.
irrequieto adj. Inquieto, agitado.
irresponsável adj. e s.2g. Irresponsable.
irrevogável adj. Irrevocable.
irrigação s.f. Riego, irrigación.
irrigar v.t. Regar, irrigar, rociar.
irritar v.t. e v.p. 1. Irritar(se), enojar(se), molestar(se). ■ v.t. 2. Irritar, escocer, picar.
irromper v.i. Irrumpir.
isca s.f. 1. Carnada, cebo, carnaza. 2. *Fig.* Gancho, anzuelo. 3. Trocitos fritos, principalmente de pescado. ♦ **Lançar a isca.** Echar el anzuelo. **Morder a isca.** Caer en/Tragar el anzuelo.
isenção s.f. Exención, dispensa.
isentar v.t. Eximir, dispensar, exentar.
isento adj. 1. Exento, libre. 2. Imparcial.
isolamento s.m. 1. Incomunicación, apartamento, encierro. 2. *Fís.* Aislación, aislamiento.
isolante adj. e s.m. Aislante.
isolar v.t. 1. Aislar, apartar. 2. *Eletr.* Aislar. ■ v.p. 3. Aislarse, apartarse, encerrarse.
isopor s.m. Espuma de poliestireno; (*Amer.*) duropor, telgopor.

isqueiro *s.m.* Encendedor, mechero.
isso *p.dem.* Eso, ello. ♦ **Isso mesmo.** Eso es, exacto, correcto. **Por isso.** Por eso.
isto *p.dem.* Esto. ♦ **Isto é.** Es decir, o sea.

item *s.m.* **1.** Ítem, punto. **2.** Rubro, renglón. **3.** Literal, numeral, sección, fracción.
itinerário *s.m.* Itinerario, recorrido, trayecto, ruta.

J

j *s.m.* J (*décima letra do alfabeto português*).
já *adv.* **1.** Ya, ahora mismo. *Já vou.* Ahora voy. **2.** Ya, en ese tiempo. *Tocava piano já na infância.* Ya en la niñez tocaba el piano. • *conj.* **3.** Ya sea. ♦ **Já era.** Cosa del pasado. **Já que.** Ya que, puesto que.
jacarandá *s.m. Bot.* Jacarandá.
jacaré *s.m.* Cocodrilo, caimán.
jactar-se *v.p.* Vanagloriarse, alardear, ufanarse, alabarse, jactarse.
jade *s.m. Geol.* Jade.
jaguar *s.m.* Jaguar.
jagunço *s.m.* Matón, guardaespaldas.
jamais *adv.* Jamás, nunca.
jamanta *s.f.* Camión de gran carrocería.
janeiro *s.m.* Enero.
janela *s.f.* Ventana.
jangada *s.f. Mar.* Balsa, armadía, jangada.
janta *s.f. Col.* Cena.
jantar *s.m.* **1.** Cena. • *v.i.* **2.** Cenar. ♦ **Jantar fora.** Salir a cenar. **Sala de jantar.** Comedor.
japona *s.f.* Cazadora; (*Rio-plat.*) campera; (*Mex. e Am.C.*) chumpa.
jaqueta *s.f.* Cazadora; (*Amer.*) saco.
jararaca *s.f.* **1.** Culebra muy venenosa, de Brasil. **2.** *Fig.* Víbora, persona mordaz.
jardim *s.m.* Jardín.
jardinagem *s.f.* Jardinería.
jardineira *s.f.* **1.** Macetero. **2.** Vestido con tiradores, enterito. **3.** Jardinera, coche abierto a los costados.
jardineiro *s.* Jardinero.
jargão *s.m.* Jerga, argot, germanía.

jarro *s.m.* Botija, jarra, vasija (*água*). ■ **jarra** *s.f.* **1.** Florero, jarrón (*flores*). **2.** Jarro, jarra (*líquidos*).
jasmim *s.m. Bot.* Jazmín.
jato *s.m.* Chorro. ♦ **Motor a jato.** Motor a propulsión/Propulsión a chorro.
jaula *s.f.* Jaula.
javali *s.m.* Jabalí.
jazer *v.i.* Yacer.
jazida *s.f.* Yacimiento.
jazigo *s.m.* Tumba, sepultura.
jegue *s.m.* Asno, jumento.
jeito *s.m.* **1.** Modo, manera. *Arrumei um jeito de fazer o trabalho.* Conseguí un modo de hacer el trabajo. **2.** Maña, habilidad, destreza. *Ele não tem jeito para a medicina.* Él no se da maña para la medicina. **3.** Ademanes, facciones, porte. *Ela tinha um jeito de grande dama.* Ella tenía unos ademanes de gran señora. **4.** Ordenación, organización. *Dê um jeito nos livros.* Ordena los libros. ♦ **Com jeito.** Con cuidado, de buena manera. **Dar um jeito.** Arreglar la situación, espantárselas, rebuscárselas. **De jeito nenhum.** De ninguna manera, ni pensar, en absoluto. **Levar jeito para.** Tener aptitud para. **(Não) Ter jeito. 1.** (No) Tener arreglo. **2.** (No) Haber manera/caso/modo.
jeitoso *adj.* **1.** Mañoso, habilidoso, hábil. **2.** Garboso, gracioso.
jejuar *v.i.* Ayunar.
jejum *s.m.* Ayuno.
jérsei *s.m.* Tejido de poliéster.
jiboia *s.f.* Boa.

jipe *s.m.* Jeep.
joalheiro *s.* Joyero.
joalheria *s.f.* Joyería.
joanete *s.m. Med.* Juanete.
joaninha *s.f.* Mariquita.
joão-de-barro *s.m.* Hornero.
joão-ninguém *s.m.* Don nadie, pobre diablo, perico de los palotes.
joça *s.f. Col.* **1.** Trasto, cosa vieja. **2.** Cosa complicada.
joelheira *s.f.* Rodillera.
joelho *s.m.* Rodilla.
jogada *s.f.* **1.** Jugada, lance. **2.** Partida, mano. **3.** *Fig.* Jugada, negocio, trama ingeniosa, mano. ♦ **Qual é a jogada?** ¿Cómo viene la mano?
jogado *adj.* **1.** Tirado. *Jogado na rua.* Tirado en la calle. **2.** Jugado.
jogador *adj. e s.* Jugador.
jogar *v.t.* **1.** Jugar, participar de juego o deporte. *Jogar baralho/futebol.* Jugar a las cartas/al fútbol. **2.** Tirar, echar, arrojar. *Jogar no lixo.* Echar a la basura. **3.** Arriesgar, jugarse, apostar. *Jogou a camisa.* Se jugó la camisa. ■ *v.i.* **4.** Jugar, ser viciado en juego. *Joga bilhar todas as sextas.* Juega al billar todos los viernes. ■ *v.p.* **5.** Tirarse, lanzarse. *Jogou-se de asa-delta.* Se tiró en ala delta.
♦ **Jogar fora.** Deshacerse de algo, tirar. **Jogar na cara.** Echar en cara.
jogo *s.m.* **1.** Juego, diversión. **2.** Juego, partido. **3.** Juego, conjunto de objetos. **4.** *Mec.* Juego, articulación. ♦ **Jogo de cintura.** Capacidad para manejar situaciones enredadas. **Jogo do bicho.** Tipo de lotería; (*Arg.*) quiniela. **Jogo da velha.** Las tres en raya. **Abrir o jogo.** Hablar claramente. **Esconder o jogo.** Ocultar las verdaderas intenciones. **Estar em jogo.** Estar en juego.
joguete *s.m.* Juguete, comidilla, objeto de burla.
joia *s.f.* **1.** Joya, alhaja. **2.** *Com.* Tarifa de admisión, derecho de piso. **3.** *Fig.* Persona o cosa de valor, preciosilla. ♦ **Joia!** ¡Buenísimo! ¡Bárbaro! ¡Estupendo!

jóquei *s.m.* **1.** Jinete. **2.** Hipódromo.
jornada *s.f.* Jornada.
jornal *s.m.* **1.** Periódico, diario. **2.** Noticiario, noticiero.
jornaleiro *s.m.* Vendedor de periódicos, diariero.
jornalismo *s.m.* Periodismo.
jornalista *s.2g.* Periodista.
jorrar *v.i.* Chorrear.
jorro *s.m.* Chorro, borbotón.
jovem *adj. e s.2g.* Joven.
jovial *adj.* Jovial, juguetón, apacible.
judeu *s.* Judío.
judiação *s.f.* **1.** Pena. **2.** Maltrato.
judiar *v.t.* Maltratar.
judô *s.m. Desp.* Yudo, judo.
jugo *s.m.* Yugo, dominación.
jugular *adj. e s.f.* Yugular.
juiz *s.* **1.** *Desp.* Juez de campo, árbitro; (*Rioplat.*) réferi. **2.** *For.* Juez, magistrado.
juizado *s.m. For.* Juzgado. ♦ **Juizado de menores.** *For.* Fiscalía de menores.
juízo *s.m.* **1.** Juicio, razón, tino, quicio. **2.** *For.* Juicio, fallo. **3.** *Fig.* Juicio, sensatez, cordura. **4.** *For.* Tribunal, juzgado. **5.** Juicio, dictamen. ♦ **Fazer bom/mau juízo.** Tener en buen/mal concepto.
julgamento *s.m.* **1.** *For.* Juicio, proceso judicial. **2.** Decisión, sentencia, fallo. **3.** Evaluación, apreciación.
julgar *v.t.* **1.** *For.* Juzgar, fallar. **2.** Estimar, considerar. ■ *v.p.* **3.** Considerarse, creerse.
julho *s.m.* Julio.
jumento *s.m.* **1.** Burro, asno. **2.** *Fig. e col.* Persona grosera.
junção *s.f.* Junta, unión.
junho *s.m.* Junio.
junta *s.f.* **1.** Junta, articulación. **2.** Junta, consejo.
juntar *v.t. e v.p.* **1.** Juntar(se), reunir(se), agrupar(se), aunar(se). **2.** Juntar(se), amancebar(se). ■ *v.t.* **3.** Juntar, acumular, acaudalar. ♦ **Juntar um mais um.** Atar cabos.
junto *adj.* **1.** Junto, unido. ● *adv.* **2.** Junto, en conjunto. **3.** Junto, al lado, cerca. ♦ **Junto a.**

Ante, delante de. *Junto às autoridades.* Ante las autoridades.
jura *s.f.* **1.** Juramento, jura. **2.** Maldición, imprecación.
juramentado *adj.* Jurado.
juramento *s.m.* Juramento, voto.
jurar *v.t. e v.i.* Jurar.
júri *s.m.* Jurado, tribunal.
jurisdição *s.f.* Jurisdicción.
juro *s.m. Com.* Interés, rédito. ♦ **Render juros.** Rendir intereses.
jururu *adj. Col.* Mustio, triste, alicaído.

justiça *s.f.* Justicia.
justiceiro *adj.* **1.** Justiciero, justo, imparcial. ■ *adj. e s.* **2.** Que ajusticia con sus manos o por su cuenta.
justificação *s.f.* Justificación.
justificar *v.t. e v.p.* Justificar(se).
justificativa *s.f.* Justificante, justificación.
justo *adj.* Justo.
juta *s.f. Bot.* Yute, arpillera.
juvenil *adj.* Juvenil.
juventude *s.f.* Juventud, mocedad. ♦ **Na sua juventude.** En sus años mozos.

K

k *s.m.* K (*décima primeira letra do alfabeto português; usada principalmente em abreviaturas, símbolos e estrangeirismos*).
kart *s.m. Angl.* Kart.
kg *s.m.* Kilogramo (*símbolo*).
kitsch *adj. Germ. Kitsch*, cursi.

km *s.m.* Kilómetro (*símbolo*).
know-how *s.m. Angl. Know-how*, conocimiento técnico o tecnológico.
kV *s.m. Eletr.* Kilovoltio (*símbolo*).
kW *s.m. Fís.* Kilovatio (*símbolo*).

L

l *s.m.* **1.** L (*décima segunda letra do alfabeto português*). **2.** Cinqüenta (*em maiúscula, no sistema romano de numeração*). ■ Símbolo de *litro*.
lá *adv.* **1.** (*Esp.*). Allí; (*Amer.*) allá. *O guarda-chuva está lá.* El paraguas está allí/allá. **2.** Allá. *Lá pelos anos 20.* Allá por los años 20. ● *s.m.* **3.** *Mus.* La, nota musical.
lã *s.f.* Lana.
labareda *s.f.* Llama, llamarada.
lábia *s.f. Col.* Verbosidad, verborrea, labia.
lábio *s.m.* Labio.
labirinto *s.m.* Laberinto.

laboratório *s.m.* Laboratorio (*químico, fotográfico*). ♦ **Aula de laboratório.** Taller.
laço *s.m.* **1.** Lazo, nudo. **2.** *Fig.* Lazo, vínculo. **3.** Cinta, moño. *Um arranjo com laço vermelho.* Un arreglo con moño rojo.
lacrar *v.t.* Lacrar, sellar.
lacre *s.m.* Lacre, sello.
lacrimejar *v.i.* Lagrimear.
lacrimogêneo *adj.* Lacrimógeno.
lactância *s.f.* Lactancia.
lactente *adj. e s.2g.* Lactante.
lácteo *adj.* Lácteo. ♦ **Via Láctea.** Vía Láctea.
lacuna *s.f.* Laguna, omisión, vacío.

ladainha s.f. **1.** Letanía, oración. **2.** *Fig.* Letanía, retahíla.
ladeira s.f. **1.** Cuesta, pendiente. **2.** Escarpa, costanera. ♦ **Descer a ladeira.** Ir cuesta abajo.
lado s.m. **1.** Lado, cara. **2.** Lado, costado. ♦ **Do lado de lá/Do outro lado de.** Allende. **Por/De um lado (...), por/de outro lado.** De un lado (...), de otro lado. **Por todos os lados.** Por arriba y por abajo.
ladrão s.m. **1.** Ladrón, ratero. **2.** Purgador, ladrón, grifo de purga (*água*).
ladrilho s.m. Ladrillo, baldosa.
lagarta s.f. **1.** *Biol.* Larva, gusano. **2.** *Mec.* Oruga.
lagartixa s.f. Lagartija.
lagarto s.m. **1.** Lagarto. **2.** Carne bovina del muslo.
lago s.m. Lago.
lagoa s.f. Laguna.
lagosta s.f. Langosta.
lágrima s.f. Lágrima.
laguna s.f. **1.** Laguna. **2.** Embalse. *A laguna da barragem.* El embalse de la presa.
laia s.f. *Dep.* Especie, calaña, clase. *Não converso com gente dessa laia.* No charlo con esa clase de gente.
laico adj. Laico, seglar, lego.
laje s.f. **1.** Losa (*concreto*). **2.** Laja, lancha, adoquín (*pavimento*).
lajota s.f. Baldosín, ladrillo, losa, baldosa.
lama s.f. Lodo, lama, fango, barro, cieno.
lamaçal s.m. Lodazal, lodazar.
lamber v.t. **1.** Lamer. **2.** *Fig.* Adular. ♦ **Lamber os beiços.** Relamerse.
lambiscar v.t. e v.i. Picotear, picar.
lambris s.m.pl. Ensamblaje de madera, machiembro, lambrín.
lambuja s.f. **1.** Golosina. **2.** Ventaja. *Cinco metros de lambuja.* Cinco metros de ventaja. ♦ **De lambuja.** De rebote.
lambuzar v.t. e v.p. Embadurnar(se), engrasar(se), emporcar(se).
lamentação s.f. Lamentación, quejido.
lamentar v.t. e v.p. Lamentar(se).

lâmina s.f. **1.** Lámina, plancha. **2.** Hoja, cuchilla.
lâmpada s.f. **1.** Lámpara, luminaria. **2.** Bombilla, lámpara.
lampejo s.m. **1.** Chispa, viso, destello. **2.** *Fig.* Idea súbita, chispazo.
lampião s.m. Farol, linterna, lampión, quinqué.
lamúria s.f. Quejido, lloriqueo.
lança s.f. Lanza. ♦ **Lança-chamas.** Lanzallamas. **Lança-foguetes.** Lanzacohetes.
lançamento s.m. **1.** *Desp.* Lanzamiento, tiro, lance. **2.** Lanzamiento, divulgación en el mercado. **3.** *Com.* Registro en libros contables, asiento. **4.** Colocación, asentamiento, vaciado (*concreto*). **5.** *For.* Asiento. **6.** Demarcación de impuestos y tasas, imputación.
lançar v.t. **1.** Lanzar, arrojar. **2.** Lanzar, divulgar. **3.** *Com.* Asentar, anotar una partida. **4.** Asentar, colocar, vaciar (*concreto*). ■ v.p. **5.** Lanzarse, tirarse, arrojarse, abatirse. **6.** *Fig.* Lanzarse, acometer.
lance s.m. **1.** *Desp.* Lance, jugada, tiro. **2.** Lance, circunstancia, trance. **3.** Tramo (*escada*). **4.** Puja, mejora (*leilão*).
lancha s.f. *Mar.* Lancha.
lanchar v.t. e v.i. Merendar, tomar un piscolabis; (*Mex. e Am.C.*) refaccionar, comer un taquito.
lanche s.m. Colación, *lunch*, refrigerio, piscolabis; (*Rio-plat.*) merienda; (*Mex. e Am.C.*) refacción, taco.
lanchonete s.f. Bar, cafetería.
lantejoula s.f. Lentejuela.
lanterna s.f. **1.** Linterna. **2.** Luz de posición (*carro*).
lanterninha s.2g. *Teat.* Acomodador.
lanugem s.f. **1.** Vello (*no corpo*). **2.** Pelusa (*em frutos, tecido*).
lapela s.f. Solapa.
lápide s.f. Lápida.
lápis s.m. Lápiz.
lapiseira s.f. **1.** Lapicero, lapicera. **2.** Portaplumas, portalápiz.
lapso s.m. **1.** Lapso, plazo. **2.** Lapso, error.

laquê s.m. Laca.
lar s.m. Hogar.
laranja s.f. 1. *Bot.* Naranja. ■ adj. e s.m. 2. Naranja, color anaranjado. 3. *Col.* Persona cuyo nombre oculta la identidad de otra. ♦ **Suco de laranja.** Jugo/Zumo de naranja.
laranjada s.f. Naranjada, jugo de naranja con agua.
laranjeira s.f. *Bot.* Naranjo. ♦ **Flor de laranjeira.** *Bot.* Azahar.
lareira s.f. Chimenea, hogar.
largada s.f. *Desp.* Largada, salida.
largar v.t. 1. Soltar, largar. 2. Abandonar, dejar. *Largou a escola/o trabalho.* Abandonó la escuela/el trabajo. ■ v.i. 3. Partir, arrancar, largar. *Os atletas já largaram.* Los atletas ya arrancaron. ■ v.p. 4. Dejarse, abandonarse.
largo adj. 1. Ancho, amplio. *Um corredor largo.* Un pasillo ancho. 2. Ancho, flojo. *Uma saia larga.* Una falda floja. 3. *Fig.* Abundante, considerable. ● s.m. 4. Plazoleta. 5. *Mus.* Largo, lento.
largura s.f. Ancho, anchura.
laringe s.f. *Med.* Laringe.
laringite s.f. *Med.* Laringitis.
larva s.f. *Biol.* Larva.
lasanha s.f. Lasaña.
lasca s.f. 1. Astilla, rancajo (*madeira*). 2. Lasca (*pedra*). 3. Esquirla (*osso*). 4. Tajo, trozo, lonja.
lascar v.t., v.i. e v.p. Rajar(se), astillar(se). ♦ **Ser de lascar.** Ser muy desagradable/pesado, ser un plomo.
laser s.m. *Angl.* Láser.
lastimar v.t. e v.p. 1. Lamentar(se). 2. Sentir pena.
lata s.f. 1. Lata, hojalata. 2. Lata, envase. ♦ **Lata de lixo.** Basurero, tacho de la basura. **Lata velha.** Coche estropeado, chatarra.
latão s.m. Latón.
lataria s.f. 1. Alimentos en lata. 2. *Col.* Chapa, carrocería.
latejar v.i. Pulsar, latir, palpitar.
lateral adj. 1. Lateral, costado. ● s.m. 2. *Desp.* Jugador que juega en la banda lateral. ■ s.f. 3. Lateral, ala.
laticínio s.m. Industria de derivados de leche, quesería.
latido s.m. Ladrido, aullido.
latifúndio s.m. Latifundio.
latino-americano adj. e s. Latinoamericano.
latir v.i. Ladrar.
latitude s.f. Latitud.
latrina s.f. Letrina.
lauda s.f. Cuartilla, carilla.
laudo s.m. *For.* Dictamen, laudo, fallo.
lava s.f. Lava.
lavabo s.m. 1. Pila, pileta. 2. Lavabo, cuarto de aseo. 3. Lavatorio, pileta litúrgica.
lavadeira s.f. Lavandera.
lavagem s.f. 1. Lavado. 2. Afrecho, pienso para chanchos. ♦ **Lavagem cerebral.** Lavado de cerebro. **Lavagem intestinal.** Lavado intestinal, lavativa.
lavanderia s.f. Lavandería.
lavar v.t. e v.p. Lavar(se). ♦ **Lava-louça.** Lavaplatos. **Máquina de lavar.** Lavadora.
lavoura s.f. 1. Labrantío, campo de cultivo. 2. Labranza, agricultura.
lavrador adj. e s. Labrador, labriego.
lazer s.m. Recreación, entretenimiento.
lealdade s.f. Lealtad.
leão s.m. 1. León. 2. Leo, signo del zodíaco.
lebre s.f. Liebre.
lecionar v.t. e v.i. Enseñar, impartir clases.
legal adj. 1. Legal, legítimo. 2. *Col.* Bueno, agradable. *Um cara legal.* Un buen tipo. ♦ **Que legal!** ¡Qué bueno! ¡Qué bien!
legalização s.f. 1. Legalización. 2. Autentificación.
legalizar v.t. 1. Legalizar. 2. Autentificar.
legenda s.f. 1. Letrero, inscripción. 2. Leyenda, fábula. 3. Pie, leyenda, subtítulo (*fotos, mapas*). 4. Letrero, texto (*filme*). 5. Sigla partidaria.
legião s.f. Legión.
legislação s.f. Legislación.
legislativo adj. e s.m. Legislativo.
legítimo adj. Legítimo.

légua *s.f.* Legua.
legume *s.m. Bot.* Legumbre.
lei *s.f.* Ley.
leigo *adj. e s.* Lego, laico.
leilão *s.m.* Subasta, almoneda, remate.
leitão *s.m.* Lechón, cochinillo.
leite *s.m.* **1.** Leche. **2.** *Bot.* Savia, leche.
leiteiro *adj. e s.* Lechero. ■ **leiteira** *s.f.* Lechera.
leito *s.m.* **1.** Lecho, cama. **2.** Lecho, cauce (*rio*). **3.** Lecho, asiento (*estrada, caminho*).
leitor *s.* Lector.
leitura *s.f.* Lectura.
lema *s.f.* **1.** Lema, símbolo, emblema. **2.** Lema, sentencia, mote.
lembrança *s.f.* **1.** Recuerdo, reminiscencia, recordación, remembranza. **2.** Recuerdo, regalo, *souvenir*. ■ **lembranças** *s.f.pl.* Recuerdos, saludos.
lembrar *v.t.* **1.** Recordar, acordarse, evocar, rememorar. *Lembro(-me) muito bem do filme.* Recuerdo muy bien la película./Me acuerdo muy bien de la película. **2.** Alertar, advertir. *Lembro-lhe que me deve 50 mil.* Te advierto que me debes 50 mil. ■ *v.p.* **3.** Acordarse, recordarse, hacer memoria. *Tente lembrar-se.* Trata de hacer memoria.
leme *s.m.* **1.** *Mar.* Timón. **2.** *Fig.* Gobierno, dirección.
lenço *s.m.* Pañuelo.
lençol *s.m.* **1.** Sábana. **2.** *Geol.* Capa, yacimiento. ♦ **Lençol freático.** *Geol.* Capa freática. **Estar em maus lençóis.** Verse negro./Vérselas a palitos.
lenda *s.f.* Leyenda, fábula, mito.
lenhador *s.* Leñador.
lenho *s.m.* Leño, tronco, palo. ■ **lenha** *s.f.* Leña, madera. ♦ **Meter a lenha em 1.** Pegar. **2.** Hablar mal, criticar. **Pôr lenha na fogueira.** Echar leña al fuego, atizar una discusión.
lente *s.f.* Lente. ♦ **Lente de contato.** Lente de contacto, lentilla.
lentidão *s.f.* Lentitud.
lentilha *s.f. Bot.* Lenteja.

lento *adj.* Lento, lerdo, arrastrado.
leopardo *s.m.* Leopardo, gatopardo.
leproso *adj. e s. Med.* Leproso.
leque *s.m.* Abanico.
ler *v.t. e v.i.* Leer.
lesão *s.f.* **1.** *Med.* Lesión, herida. **2.** *Fig.* Lesión, perjuicio, daño.
lesar *v.t.* **1.** *Med.* Lesionar, herir, lastimar. **2.** *Fig.* Perjudicar, burlar, defraudar. *Lesar o fisco.* Burlar el fisco. *Lesar a confiança.* Defraudar la confianza.
lésbica *s.f.* Lesbiana.
lesma *s.f.* **1.** Babosa, molusco. **2.** *Fig.* Lerdo, indolente.
leste *s.m.* Este, oriente. ■ Símbolo: *E*.
letargia *s.f.* **1.** Letargo, hibernación. **2.** *Fig.* Modorra, inercia, letargo.
letivo *adj.* Lectivo.
letra *s.f.* **1.** Letra, símbolo gráfico. **2.** Letra, escritura, caligrafía. **3.** Letra, texto de canción. **4.** *Com.* Letra, título de crédito. ■ **letras** *s.f.pl.* Letras, humanidades. ♦ **Letra de médico.** Letra muy mala. **Ao pé da letra.** Al pie de la letra, en forma textual.
letreiro *s.m.* **1.** Letrero. **2.** Inscripción, rótulo.
leucemia *s.f. Med.* Leucemia.
levantamento *s.m.* **1.** Levantamiento, izaje, alzamiento. **2.** Inventario, recuento, padrón, recopilación (*dados*). **3.** Levantamiento, sublevación.
levantar *v.t.* **1.** Levantar, alzar, erguir. **2.** Levantar, elevar. *Levantar a voz/o preço.* Elevar la voz/el precio. **3.** Levantar, edificar. **4.** *Fig.* Levantar, suscitar, provocar, desencadenar. **5.** Hacer inventario estadístico o encuesta. **6.** Plantear, proponer. *Levantar um problema.* Plantear un problema. **7.** *Fig.* Realzar, avivar, levantar. **8.** Levantar, revocar, anular. ■ *v.p.* **9.** Levantarse, pararse. **10.** Levantarse, sublevarse. **11.** Levantarse, salir de la cama. ♦ **Levantar a hipoteca.** *For.* Levantar/Alzar hipoteca. **Levantar âncoras.** Levar anclas. **Levantar dinheiro.** Obtener un préstamo. **Levantar suspeitas.** Suscitar sospechas. **Levantar voo.** Alzar vuelo.

levante *s.m.* **1.** Levante, oriente. **2.** Motín, rebelión, levantamiento.

levar *v.t.* **1.** Llevar, conducir. **2.** Llevar, cargar. **3.** Llevar(se), pasar(se), consumir, costar tiempo. *Levei duas horas para preparar a sobremesa.* Me pasé dos horas preparando el postre. **4.** Llevar(se), sufrir, recibir. *Levou um soco na cara.* Se llevó un puñetazo en la cara. **5.** Llevar, inducir. **6.** Ganar, llevarse. **7.** Llevar, usar. ♦ **Levar a sério/na brincadeira.** Tomar en serio/en broma. **Levar em consideração.** Tener en cuenta. **Levar na conversa.** Engañar, timar.

leve *adj.* **1.** Liviano, de poco peso (*objetos*). **2.** Leve, poco importante (*culpa, castigo*). **3.** Ligero, poco consistente (*sono, comida*). ♦ **De leve.** Por encima, superficialmente. **Peso leve.** *Desp.* Peso liviano.

leviano *adj. e s.* **1.** Liviano, inconstante, imprudente. **2.** Lascivo, fútil.

léxico *adj. e s.m. Gram.* Léxico, lexicón.

lhama *s.f.* Llama, mamífero andino.

lhe *p.pess. 3ª pess.2g.* **1.** Le, a él, a ella, a usted (*discurso em 3ª pess.*). *Posso pedir-lhe um favor?* ¿Puedo pedirle un favor? **2.** Te, a ti (*discurso em 2ª pess.*). *Quero falar-lhe um segundo.* Quiero hablarte un momento. **3.** Se. *Já lhe disse mais de cem vezes.* Ya se lo dije más de cien veces. ■ **lhes** *p.pess. 3ª pess.2g.pl.* **1.** Les (*discurso em 3ª pess.*). *Diga-lhes que estou aqui.* Dígales que estoy acá. **2.** Os (*discurso em 2ª pess.*). *Vim para dar-lhes a notícia.* He venido a daros la noticia. **3.** Se. *Vou explicar-lhes de novo.* Se lo voy a explicar otra vez.

liberação *s.f.* **1.** Liberación, franqueo. **2.** *Com.* Franquicia, quitanza, liberación.

liberal *adj. e s.2g.* Liberal.

liberar *v.t.* **1.** Liberar, libertar. **2.** Liberar, eximir. **3.** Desembarazar, franquear. *Liberar a mercadoria na alfândega.* Desembarazar la mercancía en aduana. **4.** *Fig.* Despedir, soltar. *As flores liberam um aroma suave.* Las flores despiden un aroma suave. ■ *v.p.* **5.** Liberarse, librarse.

liberdade *s.f.* Libertad.

libertação *s.f.* Liberación.

libertar *v.t.* **1.** Libertar, dejar libre. ■ *v.p.* **2.** Liberarse, librarse.

libertinagem *s.f.* Libertinaje, desenfreno.

libra *s.f.* **1.** Libra, unidad de peso. **2.** Libra, unidad monetaria. **3.** Libra, signo del zodíaco.

lição *s.f.* **1.** Lección, enseñanza. **2.** *Fig.* Lección, amonestación, castigo. ♦ **Lição de casa.** Deberes, tareas.

licença *s.f.* **1.** Permiso, autorización, licencia. **2.** Licencia, permiso temporario, dispensa. **3.** Libertinaje. ♦ **Licença-maternidade.** Dispensa de maternidad. **Com licença.** Con permiso.

licenciatura *s.f.* Graduación, licenciatura, título que permite impartir clases en la enseñanza media.

licitação *s.f.* Licitación.

lícito *adj.* Lícito, legal.

licor *s.m.* Licor.

lidar *v.t.* **1.** Trabajar, tener como actividad, dedicarse a. *Eles lidam com criação de coelhos.* Ellos se dedican a la crianza de conejos. **2.** Tratar con, alternar. *Lido com diversos tipos de pessoas.* Trato con diversos tipos de gente. ■ *v.i.* **3.** Lidiar.

líder *s.2g.* **1.** Líder, dirigente. **2.** Cabecilla (*de rebeldes*).

liderança *s.f.* Liderazgo. ♦ **Lideranças políticas.** Líderes políticos.

liga *s.f.* **1.** Liga, alianza, coalición. **2.** Aleación (*metais*). **3.** Liga, tirador de goma.

ligação *s.f.* **1.** Nexo, relación. *Não há ligação entre os fatos.* No hay relación entre los hechos. **2.** Vínculo, trato. *Uma ligação de amizade.* Un vínculo de amistad. **3.** *Eletr.* Conexión. **4.** Llamada (*telefone*).

ligar *v.t.* **1.** Unir, juntar. **2.** Unir, aliar. **3.** Alear, mezclar (*metais*). **4.** *Eletr.* Conectar, enchufar. *Ligar fios elétricos.* Conectar cables eléctricos. **5.** *Eletr.* Conectar, prender, encender. *Ligue a televisão.* Prende el televisor. *Ligue a luz.* Enciende la luz. **6.** Poner en marcha, conectar. *Ligue o carro.* Pon el coche en marcha. ■ *v.t. e v.i.* **7.** Llamar por teléfono. *Ligo para você amanhã.* Te llamo mañana. **8.** Interesar(se), importar(se), hacer caso. *Ele não liga para os filhos.* A él no le importan sus hijos. ♦ **Não ligar a mínima.** Importar un bledo/un pepino.

ligeiro *adj.* **1.** Ligero, rápido. **2.** Ligero, liviano.

lilás *s.m.* **1.** *Bot.* Lila. **2.** Lila, morado.

lima *s.f.* **1.** *Bot.* Lima. **2.** *Mec.* Escofina, lima.

limão *s.m. Bot.* Limón.

limar *v.t.* Limar.

limitar *v.t.* **1.** Limitar, colindar. **2.** Limitar, coartar. ■ *v.p.* **3.** Limitarse, atenerse.

limite *s.m.* **1.** Límite, confín, frontera. **2.** Límite, extremo.

limonada *s.f.* Limonada.

limpar *v.t. e v.p.* **1.** Limpiar(se). ■ *v.i.* **2.** Despejarse *(tempo)*.

limpeza *s.f.* Limpieza.

limpo *adj.* **1.** Limpio, aseado. **2.** Despejado *(céu)*. ♦ **Ficar limpo/duro.** Quedarse sin dinero. **Passar a limpo.** Pasar en limpio. **Tirar a limpo.** Averiguar, descubrir.

linchar *v.t.* Linchar, ajusticiar.

lindo *adj.* Lindo, hermoso.

linear *adj.* Lineal.

língua *s.f.* **1.** Lengua, órgano de la boca. **2.** Lengua, idioma. ♦ **Não ter papas na língua.** No tener pelos en la lengua. **Soltar a língua.** Escaparse/Irse la lengua.

linguagem *s.f.* Lenguaje.

linguiça *s.f.* Longaniza. ♦ **Encher linguiça.** Decir/Escribir cosas inútiles, hablar (pura) paja.

lingüístico *adj.* Lingüístico. ● **lingüística** *s.f.* Lingüística.

linha *s.f.* **1.** Hilo *(de costura, pesca)*. **2.** Línea, cable. *Linha de alta-tensão.* Línea de alta tensión. **3.** Línea, raya, trazo. **4.** Tono. *Espere dar linha antes de discar.* Espera el tono antes de marcar. **5.** Línea, serie, cadena. *Linha de montagem.* Línea de montaje. **6.** Línea, vía, rota. *Linha de trem.* Línea de tren. **7.** Línea, fila. **8.** *Mil.* Línea, trinchera, *front.* **9.** *Tip.* Línea, renglón. **10.** *Mat.* Línea. **11.** *Fig.* Línea, orientación. **12.** *Fig.* Raya, límite. *Passar da linha.* Pasarse de la raya. **13.** Línea, silueta. ■ **linhas** *s.f.pl.* **1.** Líneas, carta. **2.** Facciones, rasgos. ♦ **Linha de frente.** Vanguardia. **Andar na linha.** Portarse bien. **De linha.** Servicio regular *(de transporte)*. **Manter a linha.** Guardar la línea.

linhagem *s.f.* Linaje, alcurnia, estirpe.

linho *s.m.* Lino.

liquefazer *v.t.* Licuar.

liquidação *s.f. Com.* **1.** Rebaja, venta de ocasión, liquidación. **2.** Liquidación, ajuste de cuentas, finiquito.

liquidar *v.t.* **1.** *Com.* Liquidar, finiquitar, saldar. **2.** *Com.* Vender a precio de ocasión, liquidar, rebajar. **3.** *Fig.* Liquidar, aniquilar.

liquidificador *s.m.* Licuadora.

líquido *adj. e s.m.* Líquido.

liso *adj.* **1.** Liso. **2.** Lacio *(cabelo)*.

lisonja *s.f.* Lisonja.

lista *s.f.* **1.** Lista, relación, rol, matrícula. **2.** Lista, raya. **3.** Menú. ♦ **Lista de chamada.** Lista, registro de asistencia. **Lista de nomes.** Nómina. **Lista telefônica.** Guía de teléfonos, listín. **(Não) Constar na lista.** (No) Figurar en (la) lista.

listagem *s.f.* Listado.

listra *s.f.* Lista, raya, tira.

literatura *s.f.* Literatura.

litogravura *s.f.* Litograbado.

litoral *s.m.* Litoral, costa del mar.

litorâneo *adj.* Costeño, costanero, litoral.

litro *s.m.* Litro. ■ Símbolo: *l.*

liturgia *s.f.* Liturgia.

livrar *v.t. e v.p.* Librar(se). ♦ **Livrar-se de alguém.** Sacudirse a alguien de encima.

livraria *s.f.* Librería.

livre *adj.* **1.** Libre, suelto, absuelto. **2.** Libre, vacío, vacante. **3.** Libre, abierto, desembarazado. **4.** Libre, disoluto. ♦ **Livre-docente.** Grado de catedrático adjunto. **Livre-pensador.** Librepensador.

livro *s.m.* Libro. ♦ **Livro didático.** Libro de texto.

lixa *s.f.* Lija, papel de lija. ♦ **Lixa de unhas.** Lima de uñas.

lixeira *s.f.* Basurero, tacho/cubo de basura.

lixo *s.m.* Basura.

lobo *s.* Lobo.

locação *s.f.* **1.** Locación, arrendamiento. **2.** Implantación de un proyecto, emplazamiento, ubicación. *Locação de estacas.* Implantación de pilotes.

local *adj.* **1.** Local, del lugar. ● *s.m.* **2.** Sitio, lugar. *Local de embarque.* Sitio de embarque.

localidade *s.f.* Localidad, poblado.

localização *s.f.* Localización, emplazamiento, ubicación.

localizar *v.t. e v.p.* Localizar(se), ubicar(se), situar(se).

loção *s.f.* Loción.

locomotiva *s.f.* Locomotora.

locomover-se *v.p.* Desplazarse, trasladarse, moverse.

locução *s.f.* Locución.

locutor *s.* Locutor.

lodaçal *s.m.* Lodazar, charco.

lodo *s.m.* Lodo, fango, barro, cieno.

lógico *adj.* Lógico. ● **lógica** *s.f.* Lógica. ♦ **Lógico!** ¡Por supuesto!

logístico *adj.* Logístico. ● **logística** *s.f.* Logística.

logo *adv.* **1.** Pronto, enseguida. *Ficará pronto logo.* Estará listo enseguida. **2.** Pronto, en un rato, en breve. *Volto logo.* Vuelvo en un rato. **3.** Luego, después, más tarde. *Tomamos um aperitivo e logo jantamos.* Nos tomamos un aperitivo y luego cenamos. **4.** Encima, para colmo, justo. *Adoeceu logo agora que não temos dinheiro.* Se enfermó justo ahora que no tenemos plata. ● *conj.* **5.** Luego, por lo tanto. ♦ **Logo depois.** Inmediatamente después. **Logo, logo.** Ya, ahora mismo. **Logo mais.** Muy pronto. **Logo que.** Apenas, tan pronto, al no más. *Logo que saiu, começou a chover.* Apenas salió, empezó a llover. **Até logo.** Hasta luego.

logotipo *s.m.* Logotipo.

lograr *v.t.* **1.** Engañar, burlar. **2.** Lograr, conseguir. **3.** Resultar, tener efecto.

logro *s.m.* **1.** Fraude, estafa. **2.** Goce, fruición.

loiro *adj. e s.* Rubio; (*Mex. e Am.C.*) canche.

loja *s.f.* Tienda, negocio, local, comercio, establecimiento comercial. ♦ **Loja de brinquedos.** Juguetería. **Loja maçônica.** Logia.

lombada *s.f.* **1.** Loma. **2.** *Tip.* Lomo, canto.

lombo *s.m.* **1.** Lomo, espalda. **2.** Lomo, solomillo.

lombriga *s.f.* Lombriz.

lona *s.f.* **1.** Lona. **2.** Toldo. ♦ **Na lona.** En la miseria.

longe *adv.* **1.** Lejos. ● *adj.* **2.** Lejano, apartado. ♦ **Ao longe.** A lo lejos. **De longe. 1.** Desde lejos. *Ela veio de longe.* Ella vino desde lejos. **2.** A la legua, a cien leguas. *Vê-se de longe que está mentindo.* Se nota a la legua que miente.

longínquo *adj.* Lejano, remoto, distante.

longo *adj.* **1.** Largo, que tiene longitud. **2.** Largo, que dura mucho. ♦ **Ao longo de.** A lo largo de.

lontra *s.f.* Nutria.

lorde *s.m.* Lord.

lorota *s.f. Col.* Mentira, cuento.

lotação *s.f.* **1.** Cabida, capacidad, cupo (*ônibus, teatro*). **2.** *Col.* Especie de coche de alquiler.

lotado *adj.* Lleno, completo, atestado.

lote *s.m.* **1.** Parcela, lote. **2.** Lote, conjunto de cosas de la misma especie.

loteria *s.f.* Lotería. ♦ **Loteria esportiva.** (*Esp.*) Quiniela; (*Arg.*) pronóstico deportivo.

louça *s.f.* **1.** Trastos, vajilla. **2.** Loza.

louco *adj. e s.* **1.** Loco, insano, demente, chiflado. **2.** *Fig.* Loco, imprudente, desquiciado. **3.** Loco, enamorado, colgado. **4.** *Fig.* Loco, extraordinario.

loucura *s.f.* Locura.

louro *adj. e s.* **1.** Rubio; (*Mex. e Am.C.*) canche. ■ *s.m.* **2.** *Bot.* Laurel. **3.** Loro.

lousa *s.f.* **1.** Pizarra, pizarrón. **2.** Losa.

louvar *v.t.* **1.** Alabar. **2.** Encomiar, elogiar.

louvor *s.m.* **1.** Loa, alabanza, loor. **2.** Elogio, encomio.
lua *s.f.* Luna. ♦ **Lua de mel.** Luna de miel. **Estar de lua.** Andar de mal humor.
luar *s.m.* Claro de luna.
lubrificante *adj. e s.m.* Lubricante, lubrificante.
lubrificar *v.t.* Lubricar, lubrificar, engrasar.
lucrar *v.t.* Lucrar, sacar ganancia o provecho.
lucrativo *adj.* Lucrativo.
lucro *s.m.* Ganancia, utilidad, lucro.
lufada *s.f.* Ráfaga, soplo.
lugar *s.m.* **1.** Sitio, lugar, punto. **2.** Localidad, asiento, lugar. **3.** Lugar, posición. ♦ **Em nenhum lugar.** En ninguna parte. **Em qualquer lugar.** Dondequiera (que sea).
lugarejo *s.m.* Aldea, poblado.
lula *s.f.* Calamar.
lume *s.m.* Lumbre.
luminária *s.f.* Luminaria, lámpara.
luminoso *adj.* **1.** Luminoso. ● *s.m.* **2.** Letrero/Cartel luminoso.
lustrar *v.t.* Lustrar, pulir.
lustre *s.m.* **1.** Lustre, brillo. **2.** Araña, luminaria.
luta *s.f.* Lucha. ♦ **Ir à luta.** Arremangarse, ponerse en actividad.
lutador *adj. e s.* **1.** Luchador. **2.** *Fig.* Individuo afanoso.
lutar *v.i.* **1.** Luchar, pelear. **2.** *Fig.* Afanarse, empeñarse.
luto *s.m.* Luto.
luva *s.f.* **1.** Guante. **2.** *Mec.* Anillo, casquillo, manguito, junta. ■ **luvas** *s.f.pl.* *Com.* Prima. ♦ **Cair como uma luva.** Caer como anillo al dedo.
luxo *s.m.* **1.** Lujo, pompa, fausto. **2.** *Fig.* Capricho, melindre, afectación.
luz *s.f.* Luz.
luzir *v.i.* Lucir, resplandecer.

M

m *s.m.* **1.** M (*décima terceira letra do alfabeto português*). **2.** Mil (*em maiúscula, no sistema romano de numeração*). ■ Símbolo de metro.
maca *s.f.* Camilla.
maçã *s.f. Bot.* Manzana. ♦ **Maçã do rosto.** Pómulo.
macaca *s.f. Col.* Mala suerte. ♦ **Estar com a macaca.** Estar enojado./Echar chispas.
macacão *s.m.* Mono, traje de faena; (*Río-plat.*) enterito.
macaco[1] *s.* Mono. ♦ **Macaco velho.** Ladino, astuto. **Cada macaco no seu galho.** Zapatero, a tus zapatos.
macaco[2] *s.m. Mec.* Gato, cric.
maçaneta *s.f.* Picaporte, manija, perilla de la cerradura.
maçante *adj.* Pesado, aburrido, latoso.
maçarico *s.m. Mec.* Soplete.
macarrão *s.m.* Fideos, macarrones, espagueti, pasta.
macete *s.m. Col.* Truco, ardid.
machado *s.m.* Hacha.
machismo *s.m.* Machismo.
macho *s.m.* **1.** Macho, varón. **2.** *Col.* Amante, compañero. **3.** *Mec.* Macho.
machucado *adj.* **1.** Lastimado. ● *s.m.* **2.** Herida, lastimadura, magulladura.
machucar *v.t.* **1.** Machacar, aplastar. ■ *v.t. e v.p.* **2.** Lastimar(se), herir(se).
maciço *adj.* **1.** Macizo, sólido. **2.** *Fig.* Masivo, en gran cantidad. ● *s.m.* **3.** Macizo.
macieira *s.f. Bot.* Manzano.
macio *adj.* **1.** Sedoso, suave (*pele*). **2.** Blando, tierno (*carne, voz*). **3.** Esponjoso (*bolo*).
maço *s.m.* **1.** Mazo, martillo. **2.** Cajetilla, pa-

quete; (*Rio-plat.*) atado (*cigarros*). **3.** Manojo, legajo (*papéis*). **4** . Ramo, ramillete (*flores*).
maçonaria *s.f.* Masonería.
maconha *s.f. Bot.* Marihuana, marijuana, mariguana.
macumba *s.f.* **1.** Culto afrobrasileño. **2.** Magia negra.
madame *s.f.* Señora, dama.
madeira *s.f.* Madera.
madeiramento *s.m.* Maderamen, maderaje, armadura.
madeireira *s.f.* Aserradero, corralón.
madeixa *s.f.* Mechón, madeja.
madrasta *s.f.* Madrastra.
madre *s.f.* **1.** Madre. **2.** Madre, monja.
madrepérola *s.f.* Nácar, madreperla.
madrinha *s.f.* Madrina.
madrugada *s.f.* Madrugada.
madrugar *v.i.* Madrugar.
maduro *adj.* **1.** Maduro, sazonado. **2.** *Fig.* Maduro, juicioso.
mãe *s.f.* Madre. ♦ **Mãe de santo.** Sacerdotisa de candomblé y macumba (cultos afrobrasileños). **Filho da mãe.** Hijo de tu/su madre. **Nossa mãe!** ¡Madre santa! **Xingar a mãe.** Mentar la madre.
maestro *s.m. Mus.* **1.** Maestro, director de orquesta. **2.** Compositor.
magia *s.f.* **1.** Hechicería, magia. **2.** *Fig.* Magia, encanto.
mágico *adj.* **1.** Mágico, fantástico. ● *s.m.* **2.** Mago, mágico. ■ **mágica** *s.f.* Magia, prestidigitación.
magistério *s.m.* Magisterio.
magnata *s.m.* Magnate.
magnífico *adj.* Magnífico.
magnitude *s.f.* Magnitud.
magnólia *s.f. Bot.* Magnolia.
mágoa *s.f.* Disgusto, pena, pesadumbre.
magoar *v.t. e v.p.* Lastimar(se), apenar(se), disgustar(se).
magro *adj.* **1.** Delgado, flaco (*pessoa*). **2.** Magro, sin grasa (*carne*).
maio *s.m.* Mayo.

maiô *s.m.* Traje de baño, bañador; (*Rio-plat.*) malla; (*Mex. e Am.C.*) calzoneta.
maionese *s.f.* **1.** Mayonesa, mahonesa. **2.** Ensalada/Ensaladilla rusa.
maior *adj.* **1.** Mayor, más grande. ■ *adj. e s.2g.* **2.** Mayor de edad.
maioria *s.f.* Mayoría. ♦ **A maioria das pessoas.** Los más, la generalidad de la gente.
maioridade *s.f.* Mayoría de edad, mayoridad.
mais *adv.* Más. ♦ **Mais de.** Arriba de. **Mais exatamente.** Más bien. **Mais ou menos.** Más o menos, así así, regular. **Mais-que-perfeito.** *Gram.* Pluscuamperfecto. **Mais-valia.** *Com.* Plusvalía. **De mais a mais.** Y además, por lo demás. **Sem mais nem menos.** Así como así.
maiúsculo *adj.* Mayúsculo. ■ **maiúscula** *adj. e s.f.* Mayúscula.
majestade *s.f.* Majestad.
major *s.m. Mil.* Mayor.
majoritário *adj.* Mayoritario.
mal *s.m.* **1.** Mal, maldad. **2.** Mal, daño. **3.** Mal, enfermedad. **4.** Mal, desgracia. ● *adv.* **5.** Mal, equivocadamente. **6.** Mal, groseramente. ● *conj.* **7.** Mal, apenas. ♦ **Mal-assombrado.** Encantado, embrujado. **Mal-educado.** Malcriado. **Mal-encarado.** Cara de malo, cara de pocos amigos. **Mal-entendido.** Malentendido. **Mal-estar.** Malestar, desazón. **Mal-humorado.** Malhumorado. **Mal-intencionado.** Malintencionado. **Estar/Ficar de mal.** Romper las amistades, enojarse. **Ir de mal a pior.** Ir de mal en peor. **Por bem ou por mal.** Por las buenas o por las malas.
mala *s.f.* Maleta, valija. ♦ **Fazer/Desfazer as malas.** Hacer/Deshacer las valijas; (*Mex. e Am.C.*) empacar/desempacar.
malandro *s.m.* Vago, buscón, pícaro.
malária *s.f. Med.* Malaria, paludismo.
malcheiroso *adj.* Maloliente.
malcriação *s.f.* Mala educación. ♦ **Fazer malcriação.** Ser malcriado, portarse mal.
malcriado *adj. e s.* Malcriado, mal educado.
maldade *s.f.* **1.** Maldad, perversidad. **2.** Malicia.

maldição s.f. Maldición, imprecación.
maldizer v.t. **1.** Maldecir, echar pestes. ■ v.i. **2.** Maldecir, criticar.
maleiro s.m. Maletero.
malfeitor adj. e s. Malhechor, maleante.
malha s.f. **1.** Tejido de punto, malla. **2.** Jersey; (*Amer.*) suéter. **3.** Leotardo (*de ginástica*). **4.** Malla, red.
malharia s.f. Fábrica o venta de prendas de punto.
malho s.m. *Mec.* Mazo, martillo pilón. ♦ **Dar um malho.** Esforzarse físicamente, ejercitarse.
malícia s.f. Malicia.
maligno adj. **1.** *Med.* Maligno, pernicioso. **2.** Malintencionado, malévolo, maligno.
maloca s.f. **1.** Choza. **2.** Aposento miserable, tugurio.
malograr v.t. e v.p. Malograr(se), frustrar(se).
malote s.m. **1.** Maletín. **2.** Valija, servicio particular de entrega de correspondencia.
maltrapilho adj. e s. Harapiento, andrajoso, zarrapastroso.
maltratar v.t. Maltratar.
maluco adj. e s. Chiflado.
malversação s.f. Malversación, concusión.
malvisto adj. Mal considerado, de mala reputación.
mama s.f. Mama, teta.
mamadeira s.f. Biberón; (*Amer.*) mamadera; (*Am.C.*) pacha.
mamãe s.f. Mamá, mamita; (*Amer.*) mamaíta, mamacita.
mamão s.m. *Bot.* Papaya.
mamar v.t. e v.i. **1.** Mamar. **2.** *Col.* Chupar.
mamata s.f. *Col.* Negocio ilícito, fraude, chanchullo; (*Rio-plat.*) negociado; (*Am.C.*) movida.
mamífero adj. e s.m. Mamífero.
mamilo s.m. Pezón.
manada s.f. Manada, hato.
manancial s.m. Manantial.
mancada s.f. *Col.* Metedura de pata.
mancha s.f. **1.** Mancha, borrón (*tinta*). **2.** Pringue (*gordura*). **3.** *Fig.* Mácula, tacha.

manchar v.t. e v.p. Manchar(se).
manco adj. e s. **1.** Cojo. **2.** Manco.
mandachuva s.m. Mayoral, mandamás.
mandado s.m. *For.* Mandamiento, orden, intimación. *Mandado de prisão.* Orden de prisión.
mandamento s.m. Mandamiento.
mandar v.t. **1.** Mandar, ordenar. **2.** Mandar, gobernar, regir. **3.** Mandar, enviar, remitir. ■ v.p. **4.** Marcharse, huir. ♦ **Mandar embora.** Echar, rajar.
mandato s.m. **1.** Mandato, delegación, poder. **2.** Mandato, período de gobierno, mando.
mandioca s.f. *Bot.* Yuca, mandioca; (*Mex.*) guacamote.
mandril s.m. *Mec.* Mandril.
maneira s.f. Manera. ■ **maneiras** s.f.pl. Modales, maneras.
manejar v.t. Manejar, manipular.
manequim s.m. **1.** Maniquí. **2.** Talla.
manga s.f. **1.** Manga. **2.** *Bot.* Mango (*fruto*).
manganês s.m. *Quím.* Manganeso.
mangue s.m. Charco, pantano, ciénaga.
mangueira s.f. **1.** Manguera. **2.** *Bot.* Mango (*árvore*).
manha s.f. **1.** Maña, habilidad. **2.** Berrinche, lloriqueo, pataleo. **3.** Manía.
manhã s.f. Mañana, horario anterior al mediodía. ♦ **De manhã.** Por la mañana.
mania s.f. Manía.
maníaco adj. e s. Maniático, maniaco.
manicômio s.m. Manicomio.
manifestação s.f. Manifestación.
manifestar v.t. e v.p. Manifestar(se).
manifesto adj. e s.m. Manifiesto.
manipular v.t. Manipular, manejar.
manivela s.f. Manubrio, palanca, manivela.
manjado adj. *Col.* Muy conocido, consabido, manoseado.
manjericão s.m. *Bot.* Albahaca.
manjuba s.f. Arenque.
manobra s.f. Maniobra.
manobrar v.t. e v.i. Maniobrar.
mansão s.f. Mansión, residencia.
manso adj. Manso.

manteiga *s.f.* Mantequilla; (*Arg.*) manteca.
manter *v.t. e v.p.* Mantener(se).
mantimento *s.m.* Mantenimiento, sustento. ■ **mantimentos** *s.m.pl.* Provisiones.
manto *s.m.* Manto. ■ **manta** *s.f.* Manta, cobija.
manual *adj. e s.m.* Manual.
manufatura *s.f.* Manufactura.
manusear *v.t.* Manosear.
manutenção *s.f.* Manutención, mantenimiento.
mão *s.f.* **1.** Mano, parte del cuerpo. **2.** *Fig.* Dominio, autoridad. **3.** Mano, habilidad manual. **4.** Mano, lado. **5.** Mano, partida de juego. **6.** Mano, vía. ♦ **Mão dupla.** Mano y contramano, calle de doble vía. **Mão fechada.** Avaricioso, tacaño. **Mão única.** Calle de una sola vía. **Mão-aberta/Mão-furada.** Manirroto. **Mão de obra.** Mano de obra. **Abrir mão de.** Renunciar a. **Aguentar a mão.** Aguantarse, soportar. **Com a mão na massa.** Con las manos en la masa. **Com as mãos abanando.** Con las manos vacías. **Dar a mão à palmatória.** Reconocer un error, apearse del burro. **Dar uma mão/mãozinha.** Echar una mano. **De mão beijada.** Fácil, sin esfuerzo. **De mão-cheia.** Capaz, muy bueno. **De mãos atadas.** Maniatado. **Deitar a mão a/em.** Apoderarse de. **Ficar/Deixar na mão.** Ser/Dejar abandonado. **Fora de mão.** De difícil acceso, a trasmano. **Lançar mão de.** Echar mano de, recurrir a. **Lavar as mãos.** Lavarse las manos. **Molhar a mão.** Untar la mano, sobornar. **Passar a mão em. 1.** Robar. **2.** Acariciar, frotar, magrear. **3.** Recoger, llevarse. **Ter mãos de fada.** Ser habilidosa (en costura, bordado). **Uma mão na roda.** Una gran ayuda.
mapa *s.m.* Mapa. ♦ **Não estar no mapa.** Ser extraordinario/fantástico.
maquiagem *s.f.* Maquillaje.
maquilar *v.t. e v.p.* Maquillar(se).
máquina *s.f.* Máquina.
maquinar *v.t.* Maquinar, urdir.
maquinaria *s.f.* Maquinaria.
mar *s.m.* Mar.

marajá *s.m.* **1.** Rajá. **2.** *Fig. e col.* Magnata, nabab. **3.** *Fig. e col.* Funcionario que percibe sueldo excesivo.
maratona *s.f. Desp.* Maratón.
maravilha *s.f.* Maravilla.
maravilhar *v.t. e v.p.* Maravillar(se).
marca *s.f.* **1.** Marca, señal. **2.** Marca, etiqueta de fábrica.
marcante *adj.* Marcado, notable.
marcar *v.t.* **1.** Marcar. **2.** Fijar (*preço, data*). ♦ **Marcar encontro.** Citarse. **Marcar hora.** Convenir/Fijar un horario, pedir hora/turno.
marcenaria *s.f.* Ebanistería.
marcha *s.f.* Marcha. ♦ **Marcha a ré.** Marcha atrás.
marchar *v.i.* Marchar, caminar con paso cadencioso.
marco *s.m.* **1.** Mojón, hito. **2.** *Fig.* Punto crucial. **3.** Marco, batiente. **4.** Marco, moneda de algunos países.
março *s.m.* Marzo.
maré *s.f.* Marea.
marechal *s.m. Mil.* Mariscal.
maresia *s.f.* Marea, viento del mar.
marfim *s.m.* Marfil.
margarida *s.f. Bot.* Margarita.
margarina *s.f.* Margarina.
margem *s.f.* Margen.
marginal *adj.* **1.** Marginal, orillero. ■ *adj. e s.2g.* **2.** Marginado, maleante. ■ *s.f.* **3.** Arteria expresa periférica o de circunvalación, vía perimetral, vía de servicio.
marginalizar *v.t. e v.p.* Marginar(se), apartar(se) de la sociedad.
maricas *s.m.* Maricón, marica.
marido *s.m.* Marido.
marimbondo *s.m.* Especie de avispa, avispón.
marinheiro *s.m.* Marinero, marino.
marinho *adj.* Marino, del mar. ● **marinha** *s.f.* **1.** Marina. **2.** Marinería (*serviço*). **3.** Orilla del mar.
mariposa *s.f.* Bicho de luz, mariposa de noche.
marisco *s.m.* Marisco.
maritaca *s.f.* Cotorra.

marmelada *s.f.* **1.** Dulce/Carne de membrillo. **2.** *Col.* Fraude, arreglo.
marmelo *s.m. Bot.* Membrillo.
marmita *s.f.* Fiambrera.
mármore *s.m.* Mármol.
maroto *adj. e s.* **1.** Travieso. **2.** Malicioso.
marquês *s.* Marqués.
marquesa *s.f.* **1.** Marquesa. **2.** Diván, marquesa, tipo de sillón.
marquise *s.f. Arq.* Marquesina, cobertizo.
marreta *s.f.* Almádena, mazo.
marrom *adj. e s.m.* Marrón, color café, castaño.
martelada *s.f.* Martillazo.
martelar *v.t. e v.i.* **1.** Martillar, martillear. **2.** *Fig.* Machacar, insistir, martillar.
martelo *s.m.* Martillo.
mártir *s.2g.* Mártir.
marujo *s.m. Mar.* Marinero.
mas *conj.* Pero, sin embargo, mas.
máscara *s.f.* Máscara, antifaz, careta.
mascate *s.m.* Vendedor ambulante.
masculino *adj.* **1.** Masculino, varonil. ■ *adj. e s.m.* **2.** *Gram.* Masculino.
masmorra *s.f.* Calabozo, mazmorra, prisión.
masoquista *adj. e s.2g.* Masoquista.
massa *s.f.* **1.** Pasta, amasijo (*pão, farinha*). **2.** Pasta, fideos, macarrones. **3.** Argamasa, masa. **4.** *Fig.* Masa, pueblo, multitud. **5.** Masilla (*para vedar*). **6.** *Fís.* Masa, cuerpo, volumen. ♦ **Massa folhada.** Milhojas, hojaldre. **Com a mão na massa.** Con las manos en la masa.
massacre *s.m.* Masacre.
massagem *s.f.* Masaje.
massagista *s.2g.* Masajista.
massificação *s.f.* Masificación.
mastigar *v.t. e v.i.* **1.** Masticar. **2.** *Fig.* Mascullar.
mastro *s.m.* **1.** *Mar.* Mástil. **2.** Palo, asta, mástil (*bandeira*).
masturbar *v.t. e v.p.* Masturbar(se).
mata *s.f.* Selva, bosque.
matadouro *s.m.* Matadero; (*Mex. e Am.C.*) rastro.

matagal *s.m. Bot.* Matorral, monte, breña.
matança *s.f.* **1.** Matanza, mortandad, carnicería. **2.** Matanza de ganado.
matar *v.t.* **1.** Matar, asesinar. **2.** *Fig.* Matar, secar (*plantas*). **3.** *Fig.* Matar, fatigar. **4.** *Fig.* Matar, afligir. **5.** *Col.* Hacer (algo) a los cachetazos, de cualquier manera. *Matou o serviço.* Hizo el trabajo a los cachetazos. ■ *v.p.* **6.** Matarse, suicidarse. **7.** *Fig.* Matarse, cansarse. ♦ **Matar aula.** Ahorcar las clases, hacer novillos. **Matar cachorro a grito.** Estar en situación de penuria. **Matar dois coelhos com/de uma cajadada só.** Matar dos pájaros de un tiro. **Mata-borrão.** Papel secante.
mate *adj.* **1.** Mate, sin brillo. ● *s.m.* **2.** *Bot.* Yerba mate. **3.** Mate, lance de ajedrez.
matemático *adj. e s.* Matemático. ■ **matemática** *s.f.* Matemáticas.
matéria *s.f.* **1.** Materia, substancia. **2.** Materia, asignatura. **3.** Materia, asunto. **4.** Materia, cosa física. **5.** Artículo, nota (*jornal, revista*). ♦ **Matéria-prima.** Materia prima.
material *adj.* **1.** Material, concreto, palpable. ● *s.m.* **2.** Material, materia. **3.** Útiles (*escola, escritório*). **4.** Pertrechos, enseres (*casa, cozinha*). **5.** Materiales (*construção*).
materialista *adj. e s.2g.* Materialista.
maternidade *s.f.* Maternidad.
materno *adj.* Materno, maternal.
matiz *s.m.* **1.** Matiz, tono. **2.** *Fig.* Color político.
mato *s.m.* Monte, maleza. ♦ **Neste mato tem coelho.** Aquí hay gato encerrado.
matrícula *s.f.* Inscripción, matrícula.
matricular *v.t. e v.p.* Inscribir(se), matricularse.
matrimônio *s.m.* Boda, matrimonio, casamiento.
matriz *s.f.* **1.** *Med.* Matriz. **2.** Casa matriz. **3.** Matriz, molde.
maturidade *s.f.* Madurez.
matutar *v.i.* **1.** Cavilar, meditar, rumiar. ■ *v.t.* **2.** Idear, planear.
matutino *adj. e s.m.* Matutino.

mau *adj.* **1.** Mal, malo, nocivo. **2.** Mal, malo, cruel. **3.** Mal, malo, de baja calidad. ● *s.m.* **4.** Malo. ♦ **Mau-caráter.** Sin vergüenza, descarado, cabrón; (*Amer.*) cafre. **Mau-olhado.** Mal de ojo.

maxilar *adj. e s.m.* Maxilar.

máxima *s.f.* Máxima, refrán.

máximo *adj.* máximo.

me *p.pess. 1ª pess. sing.* Me. *Entregue-me a carta.* Entrégame la carta.

meada *s.f.* Madeja.

**meados de ** *loc.* A mediados de.

mecânico *adj. e s.* Mecánico. ■ **mecânica** *s.f.* Mecánica.

mecanismo *s.m.* Mecanismo.

mecha *s.f.* **1.** Mecha, torcida. **2.** Mechón (*cabelo*).

medalha *s.f.* Medalla.

medalhão *s.m.* Medallón.

média *s.f.* Taza de café con leche.

mediador *adj. e s.* Mediador, medianero, árbitro.

mediante *prep.* Mediante.

medicamento *s.m. Med.* Medicamento, medicina.

medicina *s.f.* Medicina.

médico *adj. e s.* Médico, doctor. ♦ **Médico residente.** Médico interno. **Médico-cirurgião.** Médico cirujano.

medida *s.f.* Medida. ♦ **À medida que.** A medida que. **Passar das medidas.** Pasarse de la raya. **Sob medida.** A la/De medida.

médio *adj.* **1.** Medio, mediano. **2.** Medio, común, regular. **3.** Medio, central. **4.** Medio, moderado. ● **média** *s.f.* **1.** *Mat.* Media, promedio. **2.** Suficiente (calificación escolar). ♦ **Fazer média.** Adular.

mediocre *adj.* Mediocre.

medir *v.t.* **1.** Medir, calcular la medida. **2.** Medir, comedir, refrenar. **3.** *Fig.* Medir, considerar. **4.** Medir, comparar. ■ *v.p.* **5.** Medirse, competir.

meditar *v.t.* Meditar.

médium *s.2g.* Médium, medio.

medo *s.m.* Miedo.

medonho *adj.* Horrendo, horrible.

medroso *adj.* Miedoso.

meia *s.f.* **1.** Media (*longa, feminina*). **2.** Calcetín (*curta, masculina*). ♦ **Meia-calça.** Medias de *nylon*, pantis. **Pé-de-meia.** Ahorro.

meigo *adj.* **1.** Amable. **2.** Amoroso, cariñoso, dulce.

meio¹ *adj.* **1.** Medio, mitad. **2.** Medio, central. ● *s.m.* **3.** Medio, intermedio. ● *adv.* **4.** Por la mitad, incompleto, mediado, medio. ● **meia** *num.* Seis, media docena. ♦ **Meio a meio.** Mitad y mitad. **Meio ambiente.** Medio ambiente. **Meio-dia.** Mediodía. **Meio-fio.** Encintado, bordillo; (*Amer.*) cordón. **Meio-tempo.** Intermedio, entretanto. **Meio-termo.** Término medio. **Meia-estação.** Entretiempo. **Meia-noite.** Medianoche. **De meia-tigela.** Sin importancia, ordinario. **No meio de.** En medio a, de por medio.

meio² *s.m.* **1.** Medio, recurso. **2.** Medio, núcleo. **3.** Medio, ambiente.

mel *s.m.* Miel. ♦ **Lua de mel.** Luna de miel.

melancia *s.f. Bot.* Sandía.

melancolia *s.f.* Melancolía, nostalgia.

melão *s.m. Bot.* Melón.

melhor *adj., adv. e s.m.* Mejor. ♦ **Ir desta para melhor.** Morir, pasar a mejor vida. **Levar a melhor.** Vencer, ganar.

melhorar *v.t.* **1.** Mejorar, perfeccionar. ■ *v.i.* **2.** Mejorar, restablecerse.

melhoria *s.f.* **1.** Mejora, mejoría. **2.** Cambio, adelanto, mejora.

melodia *s.f. Mus.* Melodía.

melodramático *adj.* Melodramático.

membrana *s.f.* Membrana.

membro *s.m.* **1.** Miembro, apéndice, extremidad. **2.** Miembro, integrante. **3.** Miembro, órgano genital.

memória *s.f.* Memoria.

memorizar *v.t.* Memorizar.

menção *s.f.* **1.** Mención, referencia. **2.** Ademán. *Fez menção de sair.* Hizo ademán de marcharse.

mencionar *v.t.* Mencionar, nombrar, mentar.

mendigar *v.i.* Mendigar.

mendigo s. Mendigo, pordiosero; (*Amer.*) limosnero.

meningite s.f. *Med.* Meningitis.

meninice s.f. **1.** Niñez, infancia. **2.** Infantilidad.

menino s. Niño, chico, chaval; (*Rio-plat.*) pibe; (*Mex. e Am.C.*) patojo.

menopausa s.f. Menopausia.

menor *adj.* **1.** Menor, más pequeño (*em idade, tamanho*). ■ *adj.* e.s.2g. **2.** Menor de edad.

menoridade s.f. Minoridad.

menos *adv.* e *p.indef.* **1.** Menos. ● *prep.* **2.** Menos, salvo, aparte.

menosprezo s.m. Menosprecio, desprecio.

mensageiro s. **1.** Mensajero, mandadero, recadero. **2.** Botones (*de hotel*).

mensagem s.f. Mensaje.

mensal *adj.* Mensual.

mensalidade s.f. Mensualidad.

menstruação s.f. Menstruación.

menta s.f. *Bot.* Hierbabuena, menta.

mente s.f. Mente.

mentir v.i. Mentir.

mentira s.f. Mentira, cuento.

mentiroso *adj.* e s. Mentiroso.

mercado s.m. Mercado.

mercadoria s.f. Mercancía, mercadería.

mercê s.f. Merced.

mercearia s.f. Tienda de comestibles/de abarrotes, almacén.

mercenário *adj.* e s. Mercenario.

mercúrio s.m. *Quím.* Mercurio, azogue.

merda s.f. *Vulg.* Mierda.

merecer v.t. Merecer; (*Mex. e Am.C.*) ameritar.

merenda s.f. Merienda; (*Mex. e Am.C.*) refacción.

mergulhador *adj.* e s. Buzo.

mergulhar v.t. e v.i. **1.** Zambullir(se), chapuzar. *Mergulhou da cabeça.* Se zambulló de cabeza. **2.** Bucear. *Mergulha à procura de pérolas.* Bucea en busca de perlas. **3.** *Fig.* Penetrar, adentrarse.

mergulho s.m. **1.** Zambullida, zambullidura, chapuzón. **2.** Buceo.

mérito s.m. Mérito.

mês s.m. Mes.

mesa s.f. Mesa. ◆ **Mesa de cabeceira.** Mesa de noche. **Virar a mesa.** Provocar un cambio radical.

mesmo *adj.* e *p.* **1.** Mismo, igual. **2.** Mismo, propio. ● *adv.* **3.** Realmente, de veras. *Ela veio mesmo.* Ella vino realmente. *É mesmo?* ¿De veras? **4.** Mismo, precisamente. ◆ **Mesmo que.** Aunque, aún cuando. **Dar na mesma.** Dar igual, ser lo mismo. **Estar na mesma.** Quedarse igual, estar en las mismas. **Isso mesmo!** ¡Eso! **No mesmo lugar.** En el mismo sitio; (*Amer.*) donde mismo.

mesquinharia s.f. Mezquindad.

mesquinho *adj.* e s. Mezquino.

mestiço *adj.* e s. Mestizo.

mestrado s.m. Máster, maestría.

mestre *adj.* **1.** Maestro, principal. ● s. **2.** Maestro, profesor. **3.** Maestro, perito. **4.** Máster. **5.** Maestro, guía. **6.** Capataz. **7.** *Mil.* Maestre. ◆ **Mestre-cuca.** Cocinero, *chef.* **Mestre de cerimônias/Mestre-sala.** Maestro de ceremonias. **Mestre de obras.** Maestro (mayor) de obras. **Chave mestra.** Llave maestra. **Grão-mestre.** Gran maestre.

meta s.f. **1.** Meta, objetivo. **2.** *Desp.* Meta, arco.

metade s.f. Mitad. ◆ **Cara-metade.** Media naranja. **Na metade.** A/Por la mitad.

metáfora s.f. *Gram.* Metáfora.

metal s.m. Metal. ◆ **O vil metal.** El dinero.

metalurgia s.f. Metalurgia.

metamorfose s.f. Metamorfosis.

meteorologia s.f. Meteorología.

meter v.t. **1.** Meter, introducir. **2.** Meter, poner. **3.** Meter, causar, provocar. ■ *v.p.* **4.** Meterse, ocultarse, internarse. **5.** Meterse, inmiscuirse. ◆ **Meter a mão.** Robar. **Meter o bedelho.** Meter la cuchara. **Meter-se a,** tener pretensión/aires de. **Metido a besta.** Arrogante.

método s.m. Método.

metodologia s.f. Metodología.

metonímia s.f. *Gram.* Metonimia.

metragem s.f. Metraje.

metralhadora *s.f. Mil.* Ametralladora.
metro *s.m.* Metro. ■ Símbolo: *m*.
metrô *s.m.* Metro, metropolitano; (*Rio-plat.*) subterráneo, subte.
metrópole *s.f.* Metrópoli.
meu *adj. e p.poss. 1ª pess.m.* Mi, mío. *Meu livro.* Mi libro. *O livro é meu.* El libro es mío.
mexer *v.t.* **1.** Menear, revolver, mezclar. **2.** Menear, mecer, mover. **3.** *Col.* Turbar, trastornar. *A notícia mexeu com ele.* La noticia lo turbó. **4.** Trabajar, negociar. *Mexe com madeira.* Trabaja con madera. **5.** *Col.* Palpar, magrear. **6.** *Col.* Provocar, azuzar. *Disse aquilo só para mexer com ela.* Dijo aquello sólo para provocarla. ■ *v.p.* **7.** Moverse, menearse. ♦ **Mexer os pauzinhos.** Recurrir a expedientes no convencionales.
mexerica *s.f. Bot.* Mandarina.
mexerico *s.m.* Chisme, murmuración.
mexeriqueiro *adj. e s.* Chismoso.
mexilhão *s.m.* Mejillón.
mi *s.m. Mus.* Mi, nota musical.
miado *s.m.* Maullido.
miar *v.i.* Maullar.
mico *s.* Mono.
micose *s.f. Med.* Micosis.
micróbio *s.m. Biol.* Microbio.
microcomputador *s.m. Inform.* (*Esp.*) Microordenador; (*Amer.*) microcomputadora.
microfone *s.m.* Micrófono.
micro-onda *s.f. Eletr.* Microonda.
microscópio *s.m.* Microscopio.
mictório *s.m.* Urinario.
mídia *s.f.* Medios (de comunicación).
migalha *s.f.* Migaja, miga. ■ **migalhas** *s.f.pl.* Migajas, restos.
migração *s.f.* Migración.
mijada *s.f. Vulg.* Meada.
mijar *v.i. e v.p. Vulg.* Mear(se).
milagre *s.m.* Milagro.
milanesa <à> *loc.* Rebozado, pasado por huevo y harina; (*Amer.*) apanado.
milenar *adj.* Milenario.
milênio *s.m.* Milenio.
milha *s.f.* Milla.

milhão *s.m.* Millón.
milhar *s.m.* Mil.
milharal *s.m. Bot.* Maizal.
milho *s.m. Bol.* Maíz. ♦ **Milho verde.** Choclo; (*Mex. e Am.C.*) elote. **Broa de milho.** Borona.
milímetro *s.m.* Milímetro. ■ Símbolo: *mm*.
milionário *adj. e s.* Millonario.
militante *adj. e s.2g.* Militante.
militar *adj. e s.m.* **1.** Militar; (*Mex. e Am.C.*) chonte, chafarote. ● *v.i.* **2.** Militar, ser activista.
militarismo *s.m.* Militarismo.
mim *p.pess. 1ª pess.2g.* Mí. *Trouxeram isto para mim.* Trajeron esto para mí.
mimar *v.t.* Mimar.
mina *s.f.* **1.** *Geol.* Mina, yacimiento. **2.** Mina, socavón. **3.** Fuente, manantial. **4.** *Mil.* Mina, explosivo. **5.** Mina, grafito. **6.** *Col.* (*Rio-plat.*) Chica, mujer. ♦ **Mina de ouro. 1.** *Geol.* Yacimiento de oro. **2.** Fuente de riqueza.
mindinho *adj. e s.m.* Meñique.
mineração *s.f.* Minería.
mineral *adj. e s.m.* Mineral.
minério *s.m.* Mineral.
mingau *s.m.* Papa, papilla.
minguante *adj.* Menguante.
minha *adj. e p.poss. 1ª pess.f.* Mi, mía. *Minha bolsa.* Mi cartera. *A bolsa é minha.* La cartera es mía.
minhoca *s.f.* Gusano, lombriz.
miniatura *s.f.* Miniatura.
minimizar *v.t.* Minimizar.
mínimo *adj. e s.m.* Mínimo. ■ **mínima** *s.f.* **1.** *Mus.* Mínima. **2.** Temperatura mínima. ♦ **Não dar/ligar a mínima.** Importar un rábano/un bledo.
minissaia *s.f.* Minifalda.
ministério *s.m.* Ministerio.
ministro *s.* Ministro.
minoria *s.f.* Minoría.
minoritário *adj.* Minoritario.
minúcia *s.f.* Menudencia, detalle.
minúsculo *adj. e s.m.* Minúsculo, diminuto. ■ **minúscula** *adj. e s.f.* Minúscula.

minuta *s.f.* Minuta, borrador.
minuto *s.m.* Minuto. ■ *Abrev.: min.*
miolo *s.m.* **1.** Miga (*pão*). **2.** Medula, meollo. **3.** Seso. **4.** *Fig.* Meollo. ♦ **De miolo mole.** Loco, chiflado.
miopia *s.f. Med.* Miopía.
mira *s.f.* **1.** Mira, puntería. **2.** Mira, meta.
mirabolante *adj.* Despampanante.
mirante *s.m.* Mirador.
mirar *v.t.* **1.** Mirar, fijar los ojos. **2.** Hacer blanco, apuntar.
mirim *adj.* Pequeño.
mirrado *adj.* **1.** Mustio, marchito. **2.** Flaco, delgado, raquítico.
miserável *adj. e s.2g.* Miserable.
miséria *s.f.* Miseria. ♦ **Fazer misérias.** Hacer cosas fantásticas.
misericórdia *s.f.* Misericordia.
missa *s.f.* Misa.
missão *s.f.* Misión.
míssil *s.m.* Misil, cohete.
missionário *adj. e s.* Misionero.
mistério *s.m.* Misterio.
místico *adj. e s.* Místico. ■ **mística** *s.f.* Mística.
mistificar *v.t.* Mistificar.
misto *adj.* **1.** Mixto. ● *s.m.* **2.** Mezcla. ♦ **Misto-quente.** Bocadillo/Emparedado de jamón de York y queso.
mistura *s.f.* Mezcla.
misturar *v.t. e v.p.* Mezclar(se).
mito *s.m.* Mito.
miúdo *adj.* **1.** Menudo, diminuto. ■ *adj. e s.m.* **2.** Cambio, dinero suelto; (*Amer.*) sencillo (*dinheiro*). ■ **miúdos** *s.m.pl.* Menudos, entrañas. ♦ **Trocar em miúdos.** Barajar más despacio, hacer más sencillo, explicar.
mobília *s.f.* Mobiliario, moblaje.
mobiliar *v.t.* Amueblar, amoblar.
mobilizar *v.t. e v.p.* Movilizar(se).
moçada *s.f.* Muchachada, mocedad.
mochila *s.f.* Mochila.
mocidade *s.f.* Juventud, mocedad.
moço *s.* Muchacho, joven.
moda *s.f.* Moda. ♦ **Estar na moda. 1.** Andar a la moda (*roupa*). **2.** Estar en boga/de moda (*costumes*).
modelar *adj.* **1.** Ejemplar, modelo. ● *v.t.* **2.** Modelar, tallar. **3.** Moldear, vaciar en molde, fundir.
modelo *s.m.* **1.** Modelo, ejemplo. **2.** Modelo, molde. ■ *s.2g.* **3.** Modelo, maniquí.
moderador *adj. e s.* Moderador.
moderar *v.t. e v.p.* Moderar(se), comedir(se).
modernizar *v.t. e v.p.* Modernizar(se).
moderno *adj. e s.* Moderno.
modéstia *s.f.* Modestia.
modificar *v.t. e v.p.* Modificar(se).
modismo *s.m. Gram.* Modismo.
modista *s.f.* Modista.
modo *s.m.* **1.** Modo, manera. **2.** Modo, modalidad. **3.** *Gram.* Modo. ■ **modos** *s.m.pl.* Modales, modos, maneras.
moeda *s.f.* Moneda.
moedor *s.m.* Molinillo.
moela *s.f.* Molleja.
moer *v.t.* Moler.
mofar *v.t. e v.i.* **1.** Enmohecer(se), llenar(se) de moho. **2.** Mofar(se), burlarse.
mofo *s.m.* Moho. ♦ **Criar mofo.** Ponerse viejo.
moinho *s.m.* Molino, molienda.
moita *s.f.* Mata, monte. ♦ **Ficar na moita.** Guardar silencio, no chistar.
mola *s.f.* **1.** Muelle, resorte. **2.** *Mec.* Ballesta. **3.** *Fig.* Móvil, motor.
molambento *adj. Col.* Roto, harapiento.
molar *s.m.* Muela.
moldar *v.t.* **1.** Moldear, amoldar. ■ *v.t. e v.p.* **2.** *Fig.* Amoldar(se), adaptar(se).
molde *s.m.* Matriz, molde.
moldura *s.f.* Marco.
mole *adj.* **1.** Blando, tierno. **2.** *Fig.* Flojo, tibio. **3.** *Col.* Fácil, suave, sencillo. **4.** *Fig.* Lento, perezoso, arrastrado.
molecada *s.f.* Chiquillada, chiquillería.
molécula *s.f. Quím. e biol.* Molécula.
molenga *adj. e s.2g.* Indolente, flojo.
moleque *s.m.* Chiquillo, mocoso. ♦ **Pé de moleque.** Pastelito de cacahuete tostado.
moléstia *s.f.* Molestia, enfermedad.

moletom *s.m.* **1.** (*Esp.*) Chándal; (*Amer.*) jogging (*traje*). **2.** Moletón (*tecido*).
molhar *v.t. e v.p.* Mojar(se). ♦ **Molhar a mão.** Sobornar, untar la mano. **Molhar as plantas.** Regar.
molho *s.m.* **1.** Salsa; (*Rio-plat.*) tuco. *Molho de tomate.* Salsa de tomate. **2.** Remojo. *Deixe a roupa/o feijão de molho.* Deja la ropa/los frijoles en remojo. **3.** Manojo. *Molho de chaves.* Manojo de llaves.
molinete *s.m.* **1.** Molinete, renovador de aire. **2.** Torniquete, molinete. **3.** Carrete (*vara de pescar*). **4.** Molinillo, correntómetro.
molusco *s.m. Biol.* Molusco.
momento *s.m.* Momento.
monarca *s.m.* Monarca.
monarquia *s.f.* Monarquía.
monge *s.m.* Monje.
monitor *s.* **1.** Monitor, instructor. **2.** Monitor, aparato.
monogamia *s.f.* Monogamia.
monografia *s.f.* Monografía.
monograma *s.m.* Cifra, monograma.
monólogo *s.m. Teat.* Monólogo, soliloquio.
monopólio *s.m.* Monopolio.
monopolizar *v.t.* Monopolizar, acaparar.
monótono *adj.* Monótono.
monsenhor *s.m.* Monseñor.
monstrengo *s.m.* Esperpento.
monstro *s.m.* Monstruo.
montador *s.* Montador.
montagem *s.f.* Montaje.
montanha *s.f.* Montaña.
montante *s.m.* **1.** Importe, monto. **2.** Pleamar. **3.** Curso de las aguas. ♦ **A montante.** Aguas arriba.
montão *s.m.* Montón, montaña, cúmulo.
montar *v.t.* **1.** Montar, subir (*em animal, veículo*). **2.** Montar, cabalgar. **3.** Montar, armar. **4.** Montar, instalar. **5.** *Teat.* Poner en escena, escenificar. **6.** Montar, alcanzar (*valor*). ■ *v.i.* **7.** Montar, subirse.
montaria *s.f.* Cabalgadura, montura.
monte *s.m.* **1.** Cerro, monte. **2.** Montón, pila. ♦ **Aos montes.** A montones, a porrillo.
monumento *s.m.* Monumento.
moqueca *s.f.* Guiso típico brasileño a base de pescado, camarón, leche de coco y aceite de dendé.
moradia *s.f.* Vivienda, morada.
morador *adj. e s.* Habitante, vecino.
moral *adj.* **1.** Moral, ético. **2.** Moral, decente. **3.** Moral, espiritual. ● *s.f.* **4.** Moral, ética. ■ *s.m.* **5.** Moral, ánimo, estado de espíritu. ♦ **Moral da história. 1.** Moraleja. **2.** Conclusión.
moranga *adj. e s.f.* Tipo de calabaza redonda; (*Mex. e Am.C.*) ayote.
morango *s.m. Bot.* Fresa; (*Rio-plat.*) frutilla.
morar *v.i.* Vivir, residir, habitar.
moratória *s.f. For.* Moratoria.
mórbido *adj.* **1.** Mórbido. **2.** Morboso.
morcego *s.m.* Murciélago.
morcela *s.f.* Morcilla.
mordaça *s.f.* Mordaza.
morder *v.t. e v.i.* Morder(se). ♦ **Morder a língua.** Atar/Morderse la lengua.
mordida *s.f.* Mordisco, mordedura.
mordomia *s.f. Col.* Privilegio, regalía.
mordomo *s.m.* Mayordomo.
moreno *adj. e s.* **1.** Mulato, moreno, morocho. **2.** Bronceado, trigueño, moreno.
morfina *s.f. Quím.* Morfina.
moribundo *adj. e s.* Moribundo.
moringa *s.f.* Botijo.
mormaço *s.m.* Bochorno.
morno *adj.* Tibio, templado.
morrer *v.i.* **1.** Morir(se), fallecer. **2.** Matarse (*em desastre*). ♦ **Morrer de rir.** Matarse de (la) risa.
morro *s.m.* Cerro.
morsa *s.f. Mec.* Morsa, mordaza.
mortadela *s.f.* Mortadela.
mortalidade *s.f.* Mortalidad.
mortandade *s.f.* Mortandad, mortalidad.
morte *s.f.* Muerte. ♦ **Pena de morte.** Pena capital/de muerte. **Ser de morte. 1.** Ser muy travieso. **2.** Ser muy ocurrente.
mortífero *adj.* Mortífero.
morto *adj. e s.* Muerto. ♦ **Morto de fome.**

mosaico 614 **murcho**

1. Muerto de hambre. 2. Pobre diablo, pelagatos.
mosaico *s.m.* Mosaico.
mosca *s.f.* Mosca. ♦ **Mosca-morta.** Mosca muerta, persona insignificante. **Acertar na mosca.** Dar en el blanco. **Ficar/Estar às moscas.** Quedar abandonado.
mosquito *s.m.* Mosquito; (*Amer.*) zancudo.
mostarda *s.f.* Mostaza.
mosteiro *s.m.* Monasterio.
mostra *s.f.* 1. Exposición, exhibición, muestra. 2. Indicio, señal, muestra. ♦ **Dar mostras de.** Dar señales de.
mostrar *v.t.* 1. Mostrar, exhibir. 2. Mostrar, demostrar. ■ *v.p.* 3. Aparentar, exhibirse, pavonearse. 4. Mostrarse, portarse. *Ele se mostrou corajoso.* Él se portó valiente.
mostruário *s.m.* Muestrario.
motel *s.m.* 1. Hotel de alta rotatividad; (*Rio-plat.*) hotel alojamiento. 2. Motel, hotel.
motivar *v.t.* Motivar.
motivo *s.m.* Motivo.
motocicleta *s.f.* Motocicleta, moto.
motociclista *s.2g.* Motorista.
motoqueiro *s.m.* Motero.
motor *adj. e s.m.* Motor.
motorista *s.2g.* (*Esp.*) Chófer; (*Amer.*) conductor.
mourão *s.m.* Mojón.
mouro *s.* Moro.
móvel *adj.* 1. Móvil, movible. 2. *Fig.* Móvil, inconstante. ● *s.m.* 3. Mueble. 4. *Fig.* Móvil, causa.
mover *v.t.* 1. Mover, desplazar. 2. *Fig.* Mover, inducir. 3. Mover, causar. 4. Mover, trasladar. 5. Mover, menear. ■ *v.p.* 6. Moverse, menearse. 7. Moverse, desplazarse.
movimentação *s.f.* Movimiento, movilización.
movimentar *v.t. e v.p.* 1. Poner(se) en movimiento, movilizar(se). ■ *v.t.* 2. Mover, poner en actividad.
movimento *s.m.* Movimiento.
muamba *s.f. Col.* Contrabando.
muda¹ *s.f. Bot.* Tallo o gajo para trasplante, vástago, brote, esqueje, retoño, hijuelo.

muda² *s.f.* Muda, ropa para cambiarse.
mudança *s.f.* 1. Cambio, transformación. 2. Traslado, mudanza.
mudar *v.t., v.i. e v.p.* 1. Cambiar(se), mudar(se). 2. Trasladar(se), mudar(se). ♦ **Mudar de assunto.** Cambiar de tema.
mudo *adj. e s.* 1. Mudo. ■ *adj.* 2. *Fig.* Mudo, callado.
muito *p.indef. e adv.* 1. Mucho. *Não beba muito.* No tomes mucho. ■ *adv.* 2. Muy. *Está muito gostoso.* Está muy rico. ● **muitos** *p. indef.pl.* Muchos. ♦ **Muito obrigado/a.** Muchas gracias. **Muito prazer.** Mucho gusto. **Há muito.** Hace mucho.
mulato *adj. e s.* Mestizo, mulato, pardo.
mulher *s.f.* Mujer. ♦ **Mulher à toa.** Mujer liviana.
mulherengo *adj.* Mujeriego, faldero.
multa *s.f.* Multa.
multar *v.t.* Multar.
multidão *s.f.* Muchedumbre, multitud, gentío.
multiplicação *s.f.* Multiplicación.
multiplicar *v.t. e v.p.* Multiplicar(se).
múltiplo *adj.* 1. Múltiple, vario, diverso. ■ *adj. e s.m.* 2. *Mat.* Múltiplo.
múmia *s.f.* Momia.
mundano *adj.* Mundanal, mundano.
mundial *adj.* Mundial.
mundo *s.m.* Mundo. ♦ **Mundos e fundos.** Gran cantidad. **O outro mundo.** El más allá.
munheca *s.f.* Pulso, muñeca.
munição *s.f.* Munición.
município *s.m.* Municipio.
munir *v.t.* 1. Guarnecer, fortificar, armar. ■ *v.t. e v.p.* 2. Proveer(se), equipar(se), armar(se). *Munir-se de coragem.* Armarse de valor.
muque *s.m. Col.* Fuerza muscular, bíceps.
muquirana *s.2g. Col.* Tacaño; (*Rio-plat.*) amarrete; (*Mex. e Am.C.*) agarrado.
mural *adj.* 1. Mural, relativo a muro. ● *s.m.* 2. Mural, fresco. 3. Tablero.
muralha *s.f.* Muralla.
murchar *v.t. e v.i.* Marchitar(se).
murcho *adj.* 1. Marchito. 2. Desinflado (*bola*). 3. *Fig.* Mustio.

murmurar v.i. **1.** Murmurar, susurrar, musitar, hablar quedo. **2.** Murmurar, rezongar, mascullar, protestar.

murmúrio s.m. **1.** Murmullo, murmurio. **2.** Murmuración, habladuría.

muro s.m. Muro, pared. ♦ **Muro de contenção.** Arq. Muro de arrimo. **Estar em cima do muro.** Nadar entre dos aguas.

murro s.m. Puñetazo, cachetazo, trompazo. ♦ **Dar murro em ponta de faca.** Arar en la mar, barrer contra el viento.

músculo s.m. Músculo.

museu s.m. Museo.

musgo s.m. Bot. Musgo.

músico adj. e s. Músico. ■ **música** s.f. Música. ♦ **Dançar conforme a música.** Bailar al son que tocan.

mutilar v.t. Mutilar.

mutirão s.m. Trabajo manual en grupo. *Fizeram um mutirão para construir a escola.* Construyeron la escuela entre todos.

mutuário s. Mutuario, mutualista.

mutuca s.f. Moscardón, tábano.

mútuo adj. Mutuo.

N

n s.m. N (*décima quarta letra do alfabeto português*). ■ Abrev. de norte.

na contr. prep. em + art. a. **1.** En la. *Na rua.* En la calle. • p.pess. 3ª pess. **2.** La. *Viram-na.* La vieron. ♦ **Na correria.** En carreras. **Na dúvida.** Ante la duda. **Na hora. 1.** En ese momento. **2.** A la hora (de). **Na volta.** A la vuelta. **Estar na hora de.** Ser hora de.

nabo s.m. Bot. Nabo.

nação s.f. Nación.

nacionalidade s.f. Nacionalidad.

nacionalismo s.m. Nacionalismo.

nacionalista adj. e s.2g. **1.** Nacionalista. **2.** Fig. Patriótico, patriota.

nacionalizar v.t. e v.p. **1.** Nacionalizar, estatizar. **2.** Nacionalizar, naturalizar.

nada p.indef., adv. e s.m. Nada. ♦ **Nada a ver.** Nada que ver. **De nada.** De/Por nada. **E se não faltasse mais nada.** Y para terminar de arreglarlo, y por si fuera poco.

nadadeira s.f. Aleta.

nadador adj. e s. Desp. Nadador.

nadar v.i. Nadar.

nádega s.f. Nalga.

nafta s.f. Quím. Nafta.

náilon s.m. Nilón, *nylon*.

naipe s.m. **1.** Naipe. **2.** Fig. Casta, clase.

namorado s. Novio; (Am.C.) traído; (Chile) pololo.

namorar v.t. **1.** Cortejar, galantear, enamorar, coquetear. **2.** Fig. Mirar con deseo, desear tener, echar el ojo a. *Estou namorando este livro há meses.* Hace meses que le eché el ojo a este libro. ■ v.i. **3.** Estar (de) novio, tener novio. *Namoraram quatro anos antes de casar.* Estuvieron cuatro años de novios antes de casarse.

namoro s.m. Noviazgo, amorío, coqueteo, flirteo.

nanquim s.m. Tinta china.

não adv. e s.m. No. ♦ **Não mesmo.** De ninguna manera, no y no. **Ainda não.** Todavía no. **Pois não.** Claro, como no. **Pois não?** ¿Qué desea? ¿Qué se le ofrece?

naquele contr. prep. em + p.dem. aquele. En aquel. *Naquele lugar.* En aquel sitio.

naquilo contr. prep. em + p.dem. aquilo. En aquello, en lo. *Naquilo que for possível.* En lo que sea posible.

narcótico adj. e s.m. Narcótico.

narcotráfico s.m. Narcotráfico.

narigudo adj. e s. Narizón, narigón, narigudo.

narina *s.f.* Nariz, ventana de la nariz.

nariz *s.m.* Nariz. ♦ **Meter o nariz.** Fisgonear, meter la nariz, meterse. **Torcer o nariz.** Mostrar desagrado o desaprobación, poner mala cara, hacer cara de asco.

narração *s.f.* Narración.

narrar *v.t.* Narrar, referir.

narrativo *adj.* Narrativo. • **narrativa** *s.f.* Narrativa.

nascença <de> *loc.* Congénito, innato, de nacimiento.

nascente *adj.* **1.** Naciente, incipiente. • *s.m.* **2.** Levante, oriente. ■ *s.f.* **3.** Nacimiento, manantial.

nascer *v.i.* **1.** Nacer, venir al mundo. **2.** *Fig.* Nacer, aparecer. **3.** *Fig.* Nacer, provenir, proceder. **4.** *Fig.* Nacer, iniciar(se).

nascimento *s.m.* **1.** Nacimiento, parto. **2.** *Fig.* Nacimiento, origen. **3.** *Fig.* Nacimiento, principio. ♦ **Certidão de nascimento.** Partida de nacimiento.

nata *s.f.* **1.** Nata, crema. **2.** *Fig.* Nata, flor, la mejor parte.

natação *s.f. Desp.* Natación.

natal *adj.* **1.** Natal, nativo. • *s.m.* **2.** Navidad, Natividad, Pascuas. ♦ **Feliz Natal!** ¡Feliz Navidad! ¡Felices Pascuas! **Noite de Natal.** Nochebuena.

natalidade *s.f.* Natalidad.

natalino *adj.* Navideño.

nativo *adj. e s.* Nativo.

nato *adj.* **1.** Nato. **2.** Innato.

natural *adj. e s.m.* Natural.

naturalidade *s.f.* **1.** Naturalidad. **2.** Lugar de origen.

naturalizar *v.t. e v.p.* Nacionalizar(se), naturalizar(se).

natureza *s.f.* Naturaleza.

naufragar *v.i.* **1.** *Mar.* Naufragar, hundirse. **2.** *Fig.* Naufragar, fracasar, malograr.

naufrágio *s.m. Mar.* Naufragio.

náusea *s.f.* Náusea, basca.

navalha *s.f.* Navaja, cuchillo.

nave *s.f. Mar. e arq.* Nave.

navegação *s.f.* Navegación.

navegante *adj. e s.2g. Mar.* Navegante.

navio *s.m. Mar.* Barco, buque, navío, paquebote. ♦ **Navio de alto-mar.** Barco de altura. **Navio de carga.** Carguero, buque de carga. **Navio de guerra.** Buque de guerra. **Navio de pesca.** Barco pesquero. **Navio quebra-gelos.** Rompehielos. **Navio-tanque.** Petrolero. **Ficar a ver navios.** Quedarse compuesto y sin novia.

nazismo *s.m.* Nazismo.

neblina *s.f.* Niebla.

necessário *adj. e s.m.* Necesario. ♦ **Ser necessário.** Ser menester, hacer falta, ser necesario.

necessidade *s.f.* Necesidad. ■ **necessidades** *s.f.pl.* Necesidades. ♦ **Haver/Ter necessidade.** Hacer falta. **Passar necessidade.** Pasar penas, estar muy necesitado.

necessitar *v.t. e v.i.* Necesitar.

necrotério *s.m.* Morgue.

nefasto *adj.* Nefasto, aciago.

negação *s.f.* Negación, negativa. ♦ **Ser uma negação.** Ser inepto/inútil, ser un cero a la izquierda.

negar *v.t., v.i. e v.p.* Negar(se).

negativo *adj.* **1.** Negativo. **2.** Bajo cero (*graus*). • *s.m.* **3.** Negativo (*filme*). • *adv.* **4.** *Col.* No. • **negativa** *s.f.* Negativa, negación.

negligência *s.f.* Negligencia, abandono, dejadez.

negociação *s.f.* Negociación.

negociante *adj. e s.2g.* Negociante, mercader.

negociar *v.t. e v.i.* Negociar.

negociata *s.f.* Negocio ilícito; (*Rio-plat.*) negociado; (*Mex. e Am.C.*) chanchullo, movida.

negócio *s.m.* **1.** *Com.* Negocio, transacción. **2.** Negociación, trato. **3.** *Col.* Asunto, tema, cosa. *Que negócio é esse?* ¿Qué viene a ser eso? *O negócio é o seguinte.* El asunto es el siguiente. **4.** *Col.* Cosa, trasto. *Colocou um negócio horrível no cabelo.* Se puso una cosa horrible en el pelo. ♦ **Ser um negócio.** Ser una cosa de loco.

negro *adj. e s.* Negro, de color.

nele *contr. prep. em + p.pess. ele.* En él. *O livro*

é ótimo: *nele se fala da poluição do meio ambiente.* El libro és excelente: en él se habla de la contaminación del medio ambiente.
nem *adv.* **1.** Ni siquiera, no, ni. *Nem desconfio quem ligou.* No me figuro quién llamó. ● *conj.* **2.** Tampoco. *Nem eu.* Yo tampoco. **3.** Ni, no. *Nem fala nem anda.* No habla ni camina. ♦ **Nem (...), nem (...).** No/Ni (...), ni (...). **Nem mais nem menos.** Ni más, ni menos. **Nem que.** Aunque, por más que. **Que nem.** Igual que. **Sem mais nem menos.** De pronto, de repente, sin decir agua va.
nenê *s.m.* Recién nacido, bebé, criatura, nene.
nenhum *p.indef.* Ningún, ninguno. *Não está em nenhum lugar.* No está en ningún lado. *Nenhum deles quis vir.* Ninguno de ellos quiso venir.
nervo *s.m.* Nervio.
nervoso *adj.* Nervioso.
nervura *s.f.* **1.** *Bot.* Nervadura. **2.** Filete, listón.
nêspera *s.f. Bot.* Níspero.
nesse *contr. prep. em + p.dem. esse.* En ese.
neste *contr. prep. em + p.dem. este.* En este.
neto *s.* Nieto.
neurologia *s.f. Med.* Neurología.
neurologista *s.2g. Med.* Neurólogo.
neurose *s.f. Med.* Neurosis.
neurótico *adj. e s.* Neurótico.
neutro *adj.* **1.** Neutral, apolítico, imparcial. **2.** Neutro, indefinido. **3.** *Gram.* Neutro (*género*). ● *s.m.* **4.** *Eletr.* Neutro.
nevar *v.i.* Nevar.
neve *s.f.* Nieve.
névoa *s.f.* Niebla.
nhoque *s.m.* Ñoqui.
ninguém *p.indef.* Nadie.
ninhada *s.f.* Cría, nidada, nido.
ninharia *s.f.* Bagatela, fruslería, pamplina, nadería; (*Mex. e Am.C.*) chuchería.
ninho *s.m.* **1.** Nido. **2.** *Fig.* Cueva. ♦ **Ninho de marimbondos.** Avispero.
níquel *s.m. Quím.* Níquel. ♦ **Sem um níquel.** Sin un centavo.
nissei *s.2g.* Ciudadano americano hijo de japoneses.
nisso *contr. prep. em + p.dem. isso.* En eso.

nisto *contr. prep. em + p.dem. isto.* En esto.
nitidez *s.f.* Nitidez, clareza.
nitrogênio *s.m. Quím.* Nitrógeno.
nível *s.m.* Nivel.
nivelamento *s.m.* Nivelación.
nivelar *v.t.* Nivelar, allanar, aplanar.
no *contr. prep. em + art. o.* **1.** En el. *A mala ficou no carro.* La valija quedó en el coche. ● *p.pess. 3ª pess.* **2.** Lo. *Trouxeram-no.* Lo trajeron.
nó *s.m.* Nudo.
nobre *adj. e s.2g.* Noble.
noção *s.f.* Noción.
nocautear *v.t. Desp.* Noquear.
nocivo *adj.* Nocivo.
nogueira *s.f. Bot.* Nogal.
noite *s.f.* Noche. ♦ **Anteontem à noite.** Anteanoche. **Da noite para o dia.** De la noche a la mañana. **De/À noite.** Por la noche. **Ontem à noite.** Anoche. **Passar a noite em claro.** Desvelarse, trasnochar.
noivado *s.m.* Noviazgo, compromiso. ♦ **Anel de noivado.** Anillo de compromiso.
noivo *s.* Novio, prometido. ■ **noivos** *s.m.pl.* **1.** Esposos. **2.** Novios.
nojento *adj.* **1.** Asqueroso. **2.** *Fig.* Melindroso.
nojo *s.m.* Asco.
nômade *adj. e s.2g.* Nómada.
nome *s.m.* Nombre. ♦ **Dar nome aos bois.** Llamar a las cosas por su nombre. **Qual o seu nome?** ¿Cómo te llamas?
nomeação *s.f.* Nombramiento.
nomear *v.t.* Nombrar.
nora *s.f.* Nuera.
nordeste *adj. e s.m.* Noreste, nordeste. ■ *Abrev.:* NE.
norma *s.f.* Norma, regla.
normal *adj. e s.m.* Normal.
normalizar *v.t. e v.p.* Normalizar(se).
noroeste *s.m.* Noroeste. ■ *Abrev.:* NO.
norte *s.m.* Norte. ■ *Abrev.:* N.
nós *p.pess. 1ª pess.pl.* Nosotros, nosotras. *Nós não vamos.* Nosotros no vamos.
nos *p.pess. 1ª pess.pl.* Nos. *Trouxe-nos flores.* Nos trajo flores.

nosso *p.poss. 1ª pess.pl.* Nuestro.
nostalgia *s.f.* Nostalgia.
nota *s.f.* Nota. ♦ **Nota fiscal.** *Com.* Factura. **Nota promissória.** *Com.* Pagaré. **Custar uma nota (preta).** Costar una fortuna. **Tomar nota.** Apuntar, anotar.
notar *v.t.* Notar, advertir.
notário *s.m.* Notario, escribano.
notícia *s.f.* Noticia. ♦ **Notícia de última hora.** Noticia de último alcance, *flash*.
noticiário *s.f.* Noticiario; (*Amer.*) noticiero.
notificação *s.f.* Notificación.
notificar *v.t.* Notificar, enterar.
notório *adj.* Consabido, notorio.
noturno *adj. e s.m.* Nocturno.
nova *s.f.* Nueva, noticia.
novato *adj. e s.* Novato, nuevo.
novela *s.f.* **1.** Serial, teleteatro, novela, novelón. **2.** *Liter.* Cuento, relato.
novelo *s.m.* Ovillo.
novembro *s.m.* Noviembre.
noviço *s.* Novicio.
novidade *s.f.* Novedad.
novo *adj.* **1.** Nuevo. *Está de sapato novo!* ¡Se puso los zapatos nuevos! **2.** Joven. *Morreu muito novo.* Murió muy joven. **3.** Novedoso. *Um produto novo para a pele.* Un producto novedoso para la piel. ♦ **Novo em folha.** Nuevo y flamante. **Novo-rico.** Nuevo rico.
noz *s.f. Bot.* Nuez. ♦ **Noz-moscada.** Nuez moscada.
nu *adj. e s.m.* Desnudo. ♦ **Nu em pelo.** En cueros; (*Rio-plat.*) en pelotas.
nublar *v.t. e v.p.* Nublar(se).
nuca *s.f.* Nuca.
núcleo *s.m.* **1.** Núcleo. **2.** *Fig.* Meollo.
nudez *s.f.* Desnudez.
nulo *adj.* Nulo.
num *contr. prep. em + art. um.* En un. *Deixou a boneca num canto.* Dejó la muñeca en un rincón.
numerário *adj. e s.m.* Efectivo, numerario.
número *s.m.* Número. ♦ **Ser um número.** Ser muy gracioso/ocurrente.
nunca *adv.* Nunca. ♦ **Antes tarde do que nunca.** Más vale tarde que nunca.
núpcias *s.f.pl.* Nupcias.
nutrição *s.f.* Nutrición.
nutrir *v.t.* **1.** Nutrir. ■ *v.i. e v.p.* **2.** Alimentar(se).
nuvem *s.f.* Nube.

O

o[1] *s.m.* **1.** O (*décima quinta letra do alfabeto português*). ● *art.def.m.* **2.** El. *O menino.* El niño. **3.** Lo. *O melhor é não dizer nada.* Lo mejor es no decir nada.
o[2] *p.pess. 3ª pess.m.* **1.** (*Esp.*) Le; (*Amer.*) lo (*discurso em 3ª pess.*). *Não o reconheci.* No le/lo reconocí. **2.** Te (*discurso em 2ª pess.*). *Prazer em vê-lo.* Gusto de verte. ■ *p.dem.* **3.** El que, quien. *Este é o que veio deixar o documento.* Éste es el que vino a dejar el documento. ■ **os** *p.pess. 3ª pess.pl.* **1.** Los (*discurso em 3ª pess.*). *Não os encontraram.* No los encontraron. *É bom preenchê-los todos.* Conviene llenarlos todos. **2.** Os (*discurso em 2ª pess.*). *Desculpem por acordá-los.* Perdonad si os despierto. ■ *p.dem.pl.* **3.** Los que, quienes.
ó *interj.* ¡Eh! ¡Hola!; (*Rio-plat.*) ¡Che!; (*Mex.*) ¡Oye!; (*Am.C.*) ¡Vos! ♦ **Ó de casa!** ¡Hola, quién vive!
oba *interj.* **1.** ¡Hola! **2.** ¡Qué bien! ¡Qué alegría!
obcecar *v.t.* Obsesionar, obseder.
obedecer *v.t. e v.i.* Obedecer.

obediência *s.f.* Obediencia.
obeso *adj.* Obeso.
óbito *s.m.* Óbito, defunción. ♦ **Certidão de óbito.** Certificado/Partida de defunción.
objeção *s.f.* Objeción, reparo, pero. ♦ **Fazer objeção.** Poner reparo, hacer objeción.
objetar *v.t.* Objetar, contestar, refutar.
objetiva *s.f.* Objetivo, lente fotográfico.
objetivar *v.t.* Pretender, tener por objetivo.
objetivo *adj.* **1.** Objetivo, real, concreto. **2.** *Fig.* Práctico, directo. ● *s.m.* **3.** Objetivo, objeto, finalidad. **4.** Objetivo, blanco. ♦ **Com o objetivo de.** Con objeto de, al efecto de.
objeto *s.m.* Objeto.
oblíquo *adj.* **1.** Oblicuo, sesgado. **2.** *Fig.* Disimulado, doble.
oboé *s.m. Mus.* Oboe.
obra *s.f.* **1.** Obra, producción, producto. **2.** Obra, libro. **3.** Obra, edificio en construcción. **4.** Obra, acción. ♦ **Obra-prima.** Obra maestra. **Em obras.** En reparos. **Mãos à obra.** Manos a la obra.
obrigação *s.f.* **1.** Obligación. **2.** *Com.* Obligación, título.
obrigado *adj.* **1.** Grato, agradecido. **2.** Obligado, forzado. ♦ **Muito obrigado/a.** Muchas gracias.
obrigar *v.t.* **1.** Obligar, compeler. ■ *v.p.* **2.** Obligarse, comprometerse.
obsceno *adj.* Obsceno.
obscuro *adj.* Obscuro, oscuro.
obséquio *s.m.* Favor, cortesía, fineza. ■ **obséquios** *s.m.pl.* Atenciones. ♦ **Por obséquio.** Por favor.
observação *s.f.* Observación.
observar *v.t.* **1.** Observar, contemplar. **2.** Observar, notar, advertir.
observatório *s.m.* Observatorio.
obsessão *s.f.* Obsesión.
obsoleto *adj.* Obsoleto, anticuado.
obstáculo *s.m.* Obstáculo.
obstante <não> *loc.* No obstante, sin embargo.
obstetra *s.2g. Med.* Obstetra.
obstetrícia *s.f. Med.* Obstetricia.
obstinar-se *v.p.* Obstinarse, empecinarse.

obstrução *s.f.* Obstrucción.
obstruir *v.t.* **1.** Obstruir, atorar, atascar. ■ *v.p.* **2.** Atrancarse.
obtenção *s.f.* Obtención.
obter *v.t.* Obtener.
obturação *s.f. Med.* Obturación.
óbvio *adj.* Obvio, evidente, aparente, claro como agua.
ocasião *s.f.* Ocasión. ♦ **Por ocasião de.** Con ocasión de.
ocasionar *v.t.* Causar, producir, ocasionar, acarrear.
ocaso *s.m.* Ocaso.
oceano *s.m.* Océano.
ocidente *s.m.* Occidente.
ócio *s.m.* Ocio.
oco *adj.* Hueco, vacío, huero. ♦ **Cabeça-oca.** Cabeza de chorlito/huera.
ocorrência *s.f.* **1.** Suceso, ocurrencia. **2.** Manifestación, aparecimiento, incidencia. *A ocorrência desses sintomas é grave.* La manifestación de esos síntomas es grave. **3.** *For.* Incidente/Caso policial. ♦ **(Fazer) Boletim de ocorrência. 1.** (Levantar) Acta/Denuncia/Diligencia policial. **2.** Acta del siniestro *(para acidente de carro).*
ocorrer *v.i.* **1.** Ocurrir, suceder, pasar. **2.** Ocurrirse, venir a la mente.
oculista *s.2g. Med.* Oculista, oftalmólogo.
óculos *s.m.pl.* (*Esp.*) Gafas; (*Amer.*) anteojos, lentes.
ocultar *v.t. e v.p.* Ocultar(se).
ocultismo *s.m.* Ocultismo.
oculto *adj.* Oculto.
ocupação *s.f.* Ocupación.
ocupar *v.t. e v.p.* **1.** Ocupar(se). ■ *v.p.* **2.** Entretenerse.
odiar *v.t.* Odiar, aborrecer, abominar.
ódio *s.m.* Odio, rabia, rencor.
odontologia *s.f. Med.* Odontología.
odontologista *s.2g. Med.* Odontólogo.
odor *s.m.* Olor.
oeste *s.m.* Oeste. ■ *Abrev.:* O.
ofegar *v.i.* Jadear, resoplar.
ofender *v.t. e v.p.* Ofender(se).

ofensa *s.f.* Ofensa, agravio, afrenta.
ofensivo *adj.* Ofensivo. ● **ofensiva** *s.f.* Ofensiva.
oferecer *v.t. e v.p.* Ofrecer(se).
oferecimento *s.m.* Ofrecimiento.
oferenda *s.f.* Ofrenda.
oferta *s.f.* Oferta. ♦ **Oferta e procura.** Oferta y demanda.
office-boy *s.m. Angl.* Mensajero, mandadero, chico de recados; (*Rio-plat.*) cadete.
oficial *adj.* **1.** Oficial, formal. ● *s.m.* **2.** Obrero especializado. **3.** *Mil.* Oficial. ♦ **Oficial de justiça.** *For.* Alguacil, actuario.
oficializar *v.t.* Oficializar, formalizar.
oficina *s.f.* Taller. *Oficina mecânica.* Taller mecánico.
ofício *s.m.* **1.** Oficio, trabajo, función. **2.** Oficialía, oficio, oficina pública, notaría. **3.** Circular, memorándum, oficio. **4.** Oficio, rezo.
oftalmologia *s.f. Med.* Oftalmología.
oftalmologista *s.2g. Med.* Oftalmólogo.
ofuscar *v.t.* **1.** Ofuscar, encandilar. ■ *v.t. e v.p.* **2.** Ofuscar(se), turbar(se).
oi *interj.* ¡Hola!
olá *interj.* ¡Hola! ¡Buenas!
olaria *s.f.* Alfarería.
óleo *s.m.* **1.** Aceite (*de cozinha, carro*). **2.** Óleo (*pintura, petróleo*).
oleoduto *s.m.* Oleoducto.
olfato *s.m.* Olfato.
olhada *s.f.* Ojeada, mirada, vistazo. ♦ **Dar uma olhada.** Echar una ojeada/mirada/vistazo.
olhar *s.m.* **1.** Mirada. ● *v.t.* **2.** Mirar, ver, fijarse. **3.** Mirar, cuidar. ■ *v.p.* **4.** Mirarse, verse.
olheiras *s.f.pl.* Ojeras.
olho *s.m.* Ojo. ♦ **Olho gordo/grande/comprido.** Envidia, pelusa. **Olho de sogra.** Postre de ciruela rellena. **A olho.** A ojo. **A olho nu.** A simple vista. **A olhos vistos.** A ojos vistas. **Andar de olho em.** Echar el ojo a. **Estar de olho em.** Estar atento, vigilar. **Não despregar o olho.** No quitar ojo (de encima). **Não pregar o olho.** No pegar ojo. **Num piscar de olhos.** En un abrir y cerrar los ojos, en un santiamén. **Passar os olhos por.** Echar una mirada/un vistazo. **Pôr no olho da rua.** Echar de patitas a la calle. **Saltar aos olhos.** Saltar a la vista. **Ver com bons olhos.** Aprobar, ver con buenos ojos, mirar con simpatía.
oligarquia *s.f.* Oligarquía.
olimpíada *s.f. Desp.* Olimpiada.
oliva *s.f. Bot.* Oliva.
oliveira *s.f. Bot.* Olivo.
ombreira *s.f.* **1.** Hombrera. **2.** *Arq.* Jamba (*porta*).
ombro *s.m.* Hombro. ♦ **Ombro a ombro.** Hombro con hombro. **Dar de ombros.** Encogerse de hombros. **Nos ombros.** Al hombro.
omelete *s.f.* Tortilla.
omissão *s.f.* Omisión.
omitir *v.t.* Omitir.
onça *s.f.* **1.** Onza, jaguar. **2.** Onza (*medida de peso*). ♦ **Ficar/Virar uma onça.** Irritarse, enojarse; (*Amer.*) salírsele el indio.
onda *s.f.* **1.** Ola (*mar*). **2.** *Fís.* Onda. **3.** *Fig.* Oleada, muchedumbre. **4.** *Fig.* Onda, ondulación. **5.** *Fig.* Ola, abundancia. ♦ **Onda de calor/frio.** Ola de calor/frío. **Ondas magnéticas/curtas.** Ondas magnéticas/cortas. **Ir na onda.** Dejarse llevar.
onde *adv.* **1.** Donde, dónde. *Onde deixou o guarda-chuva?* ¿Dónde dejaste el paraguas? *Onde você disse.* Donde dijiste. **2.** Donde, en donde, en el que. *A cidade onde nasci.* La ciudad en donde he nacido. ♦ **Onde quer que seja/Seja onde for.** Dondequiera. **Para onde?** ¿Hacia dónde? ¿Adónde?
oneroso *adj.* Oneroso.
ônibus *s.m.* Autobús; (*Amer.*) ómnibus, bus, buseta; (*Rio-plat.*) colectivo, micro; (*Mex. e Am.C.*) camión, camioneta.
onipotente *adj.* Omnipotente.
onisciente *adj.* Omnisciente.
ônix *s.m. Geol.* Ónix.
onomatopeia *s.f. Gram.* Onomatopeya.
ontem *adv.* Ayer. ♦ **Ontem à noite.** Anoche. **De ontem para hoje.** De ayer acá/a hoy.
ônus *s.m. Com.* Cargo, gravamen. ♦ **Sem ônus.** Sin cargo.

opaco *adj.* Opaco.
opção *s.f.* Opción, alternativa.
opcional *adj.* Optativo, opcional.
ópera *s.f. Teat. e mus.* Ópera.
operação *s.f.* Operación.
operador *adj. e s.* Operador.
operar *v.t. e v.p.* Operar(se).
operário *s.* Obrero, operario. ♦ **Operário da construção.** Albañil.
opinar *v.t. e v.i.* Opinar.
opinião *s.f.* Opinión, juicio.
oponente *adj. e s.2g.* Opositor, adversario.
opor *v.t. e v.p.* Oponer(se).
oportunidade *s.f.* Oportunidad, ocasión.
oposição *s.f.* Oposición.
opositor *adj. e s.* Opositor, competidor.
oposto *adj.* Opuesto.
opressão *s.f.* Opresión.
oprimir *v.t.* Oprimir.
optar *v.t.* Elegir, optar.
optativo *adj.* Optativo.
óptico *adj. e s.m.* Óptico. ■ **óptica** *s.f.* **1.** *Fís.* Óptica. **2.** Venta de instrumentos ópticos.
oração *s.f.* **1.** Oración, rezo. **2.** *Gram.* Oración, frase.
orador *s.* Orador, conferenciante.
orangotango *s.m.* Orangután.
orar *v.t. e v.i.* Orar, rezar.
órbita *s.f.* Órbita.
orçamento *s.m. Com.* Presupuesto.
ordem *s.f.* **1.** Orden, arreglo, disposición. *A ordem dos fatores.* El orden de los factores. **2.** Orden, arreglo, regla. **3.** Orden, disciplina. **4.** Orden, mandamiento. *Recebi a ordem de avançar.* He recibido la orden de avanzar. **5.** Orden, congregación. ♦ **Ordem de pagamento.** *Com.* Giro. **Às (suas) ordens.** A la orden, para servirle. **Em ordem.** En regla.
ordenado *adj.* **1.** Ordenado, arreglado. ● *s.m.* **2.** Sueldo, remuneración.
ordenar *v.t.* **1.** Ordenar, arreglar. **2.** Ordenar, mandar, dictar. ■ *v.p.* **3.** Ordenarse, recibir órdenes sacras.
ordenhar *v.t.* Ordeñar.
ordinário *adj.* **1.** Ordinario, corriente. ■ *adj.*
e s. **2.** Ordinario, grosero; (*Arg.*) grasa, mersa; (*Mex. e Am.C.*) chabacán.
orégano *s.m. Bot.* Orégano.
orelha *s.f.* **1.** Oreja. **2.** *Tip.* Solapa. ♦ **Com a pulga atrás da orelha.** Con la mosca detrás de la oreja. **De orelha em pé.** Con las antenas paradas.
orelhão *s.m.* Cabina de teléfono.
orfanato *s.m.* Orfanato.
órfão *s.* Huérfano.
organismo *s.m.* Organismo.
organização *s.f.* Organización.
organizar *v.t. e v.p.* Organizar(se).
organograma *s.m.* Organigrama.
órgão *s.m.* **1.** Órgano, parte del cuerpo. **2.** Organismo, ente público. **3.** *Mus.* Órgano. **4.** Vocero, órgano.
orgasmo *s.m.* Orgasmo.
orgia *s.f.* Orgía, bacanal, juerga.
orgulhar *v.t. e v.p.* Enorgullecer(se).
orgulho *s.m.* Orgullo, altanería.
orientação *s.f.* Orientación.
orientar *v.t. e v.p.* Orientar(se).
oriente *s.m.* Oriente.
orifício *s.m.* Orificio, agujero, hoyo.
origem *s.f.* Origen.
original *adj.* **1.** Original, oriundo, procedente. **2.** Original, novedoso, inédito. ● *s.m.* **3.** Original, matriz, prototipo.
orixá *s.m.* Divinidad de cultos afrobrasileños.
orla *s.f.* **1.** Orilla, margen. **2.** Borde, ribete.
ornato *s.m.* **1.** Ornato, adorno, ornamento, atavío. **2.** *Arq.* Ornato, arabesco.
orquestra *s.f. Mus.* Orquesta.
orquestração *s.f. Mus.* Orquestación, arreglo musical.
orquídea *s.f. Bot.* Orquídea.
ortodoxo *adj. e s.* Ortodoxo.
ortografia *s.f. Gram.* Ortografía.
ortopedia *s.f. Med.* Ortopedia.
orvalho *s.m.* Rocío.
oscilar *v.t.* Oscilar.
ossada *s.f.* Osamenta.
osso *s.m.* Hueso. ■ **ossos** *s.m.pl.* Restos mortales. ♦ **Osso duro de roer. 1.** Cosa enreda-

ostentar / **padrasto**

da. **2.** Persona insoportable. **Ossos do ofício.** Gajes del oficio.
ostentar v.t. **1.** Ostentar, lucir. **2.** Ostentar, alardear.
ostra s.f. Ostra.
otário s. Col. Tonto; (Rio-plat.) gil, otario; (Mex. e Am.C.) baboso, asoleado.
otimista adj. e s.2g. Optimista.
ótimo adj. Óptimo.
otite s.f. Med. Otitis.
otorrinolaringologista s. 2g. Med. Otorrinolaringólogo.
ou conj. O, ó, u. João ou Pedro. Juan o Pedro. Tem 20 ou 30 gatos. Tiene 20 ó 30 gatos. Ontem ou hoje. Ayer u hoy. ♦ **Ou então.** O si no. **Ou seja.** O sea, es decir. **Ou vai ou racha.** O sale, o se pudre todo.
ouriço s.m. Erizo.
ourives s.m. Orfebre.
ouro s.m. Oro.
ousadia s.f. Osadía, audacia.
ousar v.t. Osar, atreverse.
outono s.m. Otoño.
outorgar v.t. **1.** For. Otorgar. **2.** Adjudicar.
outrem p.indef. Otro, otra gente.
outro adj. e p.indef. Otro.
outrora adv. Antaño, otrora.

outrossim adv. Asimismo.
outubro s.m. Octubre.
ouvido s.m. Oído. ♦ **Dar ouvidos.** Prestar oídos, hacer caso. **De ouvido.** De oído, de oídas.
ouvinte adj. e s.2g. Oyente, escucha. ♦ **Aluno ouvinte.** Libre oyente.
ouvir v.t. e v.i. Oír, escuchar.
ovacionar v.t. Ovacionar, aclamar.
oval adj. Ovalado, oval.
ovário s.m. Med. Ovario.
ovelha s.f. Oveja.
overdose s.f. Angl. Sobredosis.
ovo s.m. Huevo. ♦ **Ovo mole.** Huevo tibio/pasado por agua. **Ovos fritos.** Huevos fritos. **Ovos mexidos.** Huevos revueltos. **Clara/Gema de ovo.** Clara/Yema de huevo. **Pisar em ovos.** Andar con pies de plomo.
óvulo s.m. Biol. Óvulo.
oxalá interj. **1.** ¡Ojalá! ● s.m. **2.** Divinidad de cultos afrobrasileños.
oxidação s.f. Quím. Oxidación.
oxidar v.t. e v.p. Quím. Oxidar(se).
óxido s.m. Quím. Óxido.
oxigênio s.m. Quím. Oxígeno.
oxítono adj. e s. Gram. Agudo.
ozônio s.m. Quím. Ozono, ozona.

P

p s.m. P (décima sexta letra do alfabeto português).
pá s.f. **1.** Pala. **2.** Paleta, pala, álabe, ala (hélice). ♦ **Uma pá de gente.** Un montón de gente.
paciência s.f. Paciencia.
paciente adj. e s.2g. Paciente.
pacote s.m. Paquete.
pacto s.m. Pacto.
pactuar v.t. Pactar, acordar, convenir.
padaria s.f. Panadería.

padecer v.t. e v.i. Padecer.
padeiro s. Panadero.
padiola s.f. Camilla, parihuela.
padrão s.m. **1.** Molde, modelo, patrón, padrón. **2.** Estampa. Tecido em padrão vermelho e amarelo. Tela con estampa roja y amarilla. **3.** Estándar, modelo típico, norma. Uma casa padrão: dois quartos, sala e cozinha. Una casa estándar: dos habitaciones, sala y cocina. ♦ **De alto padrão.** De lujo, de alto nivel.
padrasto s.m. Padrastro.

padre *s.m.* Cura, sacerdote, padre.
padrinho *s.m.* Padrino.
padroeiro *adj. e s.* Patrono.
padronizar *v.t.* Estandarizar, normalizar, tipificar, uniformar.
pagamento *s.m.* Pago, paga.
pagão *adj. e s.* Pagano.
pagar *v.t. e v.i.* Pagar. ♦ **Pagar o pato.** Pagar el pato. **Você me paga!** ¡Me las vas a pagar!
página *s.f.* Página, carilla.
pai *s.m.* Padre, papá. ♦ **Pai de santo.** Especie de sacerdote de cultos afrobrasileños. **Pai dos burros.** Diccionario. **Pai-nosso.** Padrenuestro. **Tal pai, tal filho.** De tal palo tal astilla.
painel *s.m.* **1.** Mural, afresco. **2.** Tablero, casillero. **3.** Cuadro, tablero de mandos, panel. **4.** *Fig.* Panel, póster.
paio *s.m.* Embutido de carne de cerdo.
paiol *s.m.* **1.** Depósito, granero. **2.** *Mil.* Parque, arsenal.
país *s.m.* País.
paisagem *s.f.* Paisaje.
paixão *s.f.* Pasión.
pala *s.f.* **1.** Visera (*boné*). **2.** Pala (*sapato*). **3.** Pata, portezuela, golpe (*bolso*).
palácio *s.m.* Palacio.
paladar *s.m.* **1.** Paladar, gusto, sabor. **2.** Paladar, cielo de la boca.
palanque *s.m.* Tribuna, palenque, palco.
palavra *s.f.* Palabra. ♦ **Palavra de honra.** Palabra de honor. **Palavras cruzadas.** Crucigrama. **Dar a (sua) palavra.** Dar su palabra. **Dar a última palavra.** Decir la última palabra. **Medir/Pesar as palavras.** Medir/Sopesar las palabras. **Não ter palavra.** No tener palabra. **Ser a última palavra em.** Ser lo último/lo más avanzado en.
palavrão *s.m.* Palabrota, mala palabra, grosería, vulgaridad, taco.
palavreado *s.m.* Palabreo, palabrerío.
palco *s.m.* *Teat.* Escenario, tablado.
palerma *adj. e s.2g.* Tonto, idiota.
palestra *s.f.* Charla, conferencia; (*Amer.*) plática.

paletó *s.m.* Chaqueta; (*Amer.*) saco. ♦ **Abotoar o paletó.** Morir.
palha *s.f.* **1.** Paja, pasto seco. **2.** Tusa (*de milho*). ♦ **Fogo de palha.** (*Amer.*) Llamarada de tusa. **Puxar uma palha.** Dormir.
palhaçada *s.f.* Payasada.
palhaço *s.* Payaso.
paliativo *adj. e s.m.* Paliativo.
paliçada *s.f.* Empalizada, palizada.
pálido *adj.* Pálido.
palito *s.m.* Palillo, varita. ♦ **Palito de dentes.** Mondanientes, escarbadientes. **Palito de fósforo.** (*Esp.*) Cerilla; (*Amer.*) fósforo.
palma¹ *s.f. Bot.* Palma, palmera.
palma² *s.f.* Palma, parte interna de la mano. ♦ **Bater palmas.** Hacer/Batir palmas. **Ter (alguém) na palma da mão.** Tener (a alguien) en el bolsillo. **Uma salva de palmas.** Un gran aplauso.
palmeira *s.f. Bot.* Palmera.
palmilha *s.f.* Plantilla, palmilla.
palmito *s.m. Bot.* Palmito.
palmo *s.m.* Palmo. ♦ **Não enxergar um palmo diante do nariz. 1.** Ser muy corto de vista. **2.** Ser muy inocente.
pálpebra *s.f.* Párpado.
palpitar *v.i.* **1.** Palpitar, titilar. ■ *v.t.* **2.** *Col.* Meterse, emitir opinión.
palpite *s.m.* **1.** Opinión, juicio. **2.** Corazonada, presentimiento, pálpito.
paludismo *s.m. Med.* Paludismo.
pamonha *s.f.* **1.** Tarta de maíz cocido. ■ *s.2g.* **2.** *Col.* Torpe, lerdo.
panaca *s.2g. Col.* Simplote, papanatas; (*Rioplat.*) pavo, gil; (*Am.C.*) asoleado.
pancada *s.f.* **1.** Golpe, porrazo, trompada. ■ *adj. e s.2g.* **2.** *Col.* Chiflado, tonto. ♦ **Pancada de chuva.** Chaparrón.
pâncreas *s.m. Med.* Páncreas.
pandeiro *s.m. Mus.* Pandero, pandereta, panderete.
pane *s.f.* Descompostura, avería.
panela *s.f.* Cacerola, olla. ♦ **Panela de pressão.** Olla exprés/a presión. **Jogo de panelas.** Batería de cocina.

panfleto *s.m.* **1.** Volante (*publicitário*). **2.** Pasquín, libelo, panfleto (*político*).
pânico *s.m.* Pánico.
pano *s.m.* **1.** Tela, tejido, paño, lienzo. **2.** Trapo. ♦ **Pano de chão.** Trapo de piso, bayeta. **Pano de fundo. 1.** *Teat.* Telón. **2.** Trasfondo. **Pano de prato.** Paño de cocina; (*Amer.*) repasador. **Panos quentes.** Medias tintas. **Por baixo do pano.** Por lo bajo, bajo mano.
panorama *s.m.* Panorama.
panqueca *s.f.* Crepe; (*Amer.*) panqueque.
pântano *s.m.* Pantano, ciénaga.
pantera *s.f.* **1.** Pantera. **2.** *Col.* Mujer muy guapa.
pão *s.m.* **1.** Pan. **2.** *Col.* Hombre guapo. ♦ **Pão de fôrma.** Pan de molde/rodaja. **Pão francês.** Panecillo. **Pão preto.** Pan negro. **Pão de ló.** Bizcochuelo. **Pão-duro. 1.** Avaricioso, tacaño; (*Arg.*) amarrete. **2.** Espátula de cocina. **Comer o pão que o diabo amassou.** Vérselas negras. **O pão nosso de cada dia.** Cosa de todos los días.
papa *s.m.* **1.** Papa, pontífice. ■ *s.f.* **2.** Papilla, gacha.
papagaio *s.m.* **1.** Loro, papagayo. **2.** *Fig.* Persona que habla mucho, papagayo. **3.** Cometa, barrilete. **4.** *Col.* Letra, pagaré. ♦ **Bico de papagaio.** *Med.* Excrecencia ósea de la columna. **Falar como papagaio.** Hablar como loro/por los codos.
papai *s.m.* Papá, papito.
papariear *v.t.* **1.** Halagar, mimar. ■ *v.i.* **2.** Pellizcar, mordiscar.
papel *s.m.* **1.** Papel, hoja. **2.** *Fig.* Papel, función. **3.** *Teat.* Papel, personaje. ♦ **Papel almaço.** Pliego de papel. **Papel de embrulho.** Papel kraft/de envolver/de estraza. **Papel de jornal.** Papel de periódico. **Papel pautado.** Papel rayado. **Papel timbrado.** Papel membretado/sellado. **Papel-carbono.** Papel carbón. **Papel-manteiga.** Papel de cera. **Papel-moeda.** Papel moneda. **Papel-ofício.** Pliego, foja. **Cesto para papéis.** Papelera. **De papel passado.** Según la ley.
papelada *s.f.* Papeleo; (*Amer.*) papelerío.

papelão *s.m.* **1.** Cartón. **2.** *Col.* Fiasco, ridículo; (*Arg.*) papelón.
papelaria *s.f.* Papelería.
papo *s.m.* **1.** Buche. **2.** *Col.* Charla. **3.** *Col.* Fanfarronada, fanfarronería, cuento. ♦ **Bater/Levar um papo.** Charlar, echar un párrafo. **De papo pro ar.** En total ociosidad. **E fim de papo.** Y sanseacabó.
papo-furado *adj. e s.m.* Cuento, mentira.
paquerar *v.t. e v.i. Col.* Ligar, coquetear, flirtear, cortejar; (*Mex. e Am.C.*) cantinear.
par *adj.* **1.** Par, similar. **2.** Par, divisible por dos. ● *s.m.* **3.** Par, conjunto de dos cosas. *Par de brincos.* Par de aretes. **4.** Pareja. *Formam um belo par.* Hacen una linda pareja. **5.** Pareja, compañero (*de dança*). **6.** Igual, del mismo nivel. ♦ **Estar a par.** Estar en antecedentes/al tanto.
para *prep.* **1.** Para. *Telefone para você.* Llamada para ti. **2.** A. *Vou para casa.* Voy a casa. **3.** Hacia. *Jogue-o para cima.* Tíralo hacia arriba. ♦ **Para que/quê.** Para que/qué.
parabenizar *v.t.* Felicitar.
parabéns *s.m.pl.* Enhorabuena, felicitaciones.
paradeiro *s.m.* Paradero.
parado *adj.* **1.** Parado, inmóvil. **2.** Parado, desempleado. ● **parada** *s.f.* **1.** Parada, interrupción, pausa. **2.** Parada, mansión. **3.** Parada, desfile. **4.** Parada (*de ônibus, táxi*). ♦ **Parada dura.** Empresa/Tarea difícil.
paradoxo *s.m.* Paradoja.
paráfrase *s.f. Gram.* Paráfrasis.
parafusar *v.t.* Atornillar.
parafuso *s.m.* Tornillo. ♦ **Entrar em parafuso.** Estar/Quedarse desorientado. **Ter um parafuso de menos/frouxo.** Faltar(le) un tornillo.
parágrafo *s.m. Gram.* Párrafo. ♦ **Ponto, parágrafo.** Punto y aparte.
paraíso *s.m.* Paraíso.
paralelepípedo *s.m.* **1.** *Geom.* Paralelepípedo. **2.** *Arq.* Adoquín.
paralelo *adj.* **1.** Paralelo, equidistante. **2.** Paralelo, simultáneo. ● *s.m.* **3.** Parangón, pa-

ralelo. **4.** Paralelo, círculo terrestre. ■ **paralela** *s.f.* Paralela.
paralisar *v.t. e v.p.* Paralizar(se).
paralisia *s.f. Med.* Parálisis.
paraninfo *s.* Paraninfo, padrino.
paranoico *adj. e s. Med.* Paranoico.
paranormal *adj. e s.2g.* Paranormal.
parapeito *s.m. Arq.* Parapeto, antepecho.
paraplégico *adj. e s. Med.* Parapléjico.
parapsicologia *s.f.* Parapsicología, parasicología.
parar *v.t. e v.i.* Parar. ♦ **Parar com isso.** Cortarla. **Para-brisa.** Parabrisas. **Para-choque.** Parachoques. **Para-lama.** Guardabarros. **Paraquedas.** Paracaídas. **Para-raios.** Pararrayos.
parasita *adj. e s.m.* **1.** *Biol. e bot.* Parásito. ■ *s.2g.* **2.** *Fig.* Parásito, que vive a costillas de otro.
parceiro *s.* **1.** Compañero, camarada; (*Arg.*) aparcero; (*Am.C.*) cuate. **2.** Pareja (*de dança, jogo*). **3.** Socio.
parcela *s.f.* **1.** Porción, fracción, fragmento, parcela. **2.** *Com.* Mensualidad, cuota, pagos fraccionados; (*Mex. e Am.C.*) abono.
parcelamento *s.m.* **1.** *Com.* División del pago en cuotas/plazos, financiación. **2.** Parcelación, fragmentación.
parceria *s.f.* Sociedad, mancomunidad; (*Arg.*) trabajo conjunto. ♦ **Fazer parceria com.** (*Amer.*) Formar partido con.
parcial *adj.* Parcial.
pardal *s.m.* Gorrión, pardillo.
parecer *s.m.* **1.** Parecer, dictamen. ● *v.i.* **2.** Parecer, ser probable, figurarse, creer, estimar. **3.** Parecerse, scr similar.
parede *s.f.* Pared. ♦ **Parede-meia.** Pared medianera. **Encostar na parede.** Estrechar a preguntas, apretar.
parente *s.2g.* Familiar, pariente.
parentesco *s.m.* Parentesco.
parêntese *s.m.* Paréntesis.
páreo *s.m.* **1.** *Desp.* Carrera de caballos. **2.** *Fig.* Competición.
parir *v.t. e v.i.* Parir; (*Amer.*) alumbrar.
parlamentar *adj.* **1.** Parlamentario. ● *s.2g.* **2.** Parlamentar, miembro del parlamento. ● *v.t. e v.i.* **3.** Parlamentar, negociar.
parlamento *s.m.* Parlamento.
pároco *s.m.* Párroco.
paróquia *s.f.* **1.** Parroquia (*instituição*). **2.** Feligresía, parroquia, grey (*fiéis*).
paroxítono *adj. e s. Gram.* Grave, llano.
parque *s.m.* Parque.
parreira *s.f. Bot.* Parra, vid.
parte *s.f.* Parte. ♦ **À parte.** Aparte. **De minha parte.** Por mi parte. **Fazer parte de.** Formar parte de. **Tomar parte em.** Tener parte en.
parteira *s.f.* Comadre, partera, curiosa.
participação *s.f.* Participación.
participar *v.t.* **1.** Participar, tener parte, intervenir. **2.** Participar, comunicar. **3.** Participar, compartir.
particípio *s.m. Gram.* Participio.
partícula *s.f.* Partícula.
particular *adj. e s.m.* Particular. ■ **particulares** *s.m.pl.* Detalles, minucias.
partida¹ *s.f.* Salida, partida.
partida² *s.f.* Partida, lote (*mercadoria*).
partida³ *s.f. Desp.* **1.** Partido, juego. **2.** Mano, pasada (*jogo*).
partida⁴ *s.f. Mec.* Arranque. ♦ **Dar partida.** *Mec.* Arrancar.
partido *adj.* **1.** Partido, fraccionado. ● *s.m.* **2.** Partido, organización política. ♦ **Partido ao meio.** Abierto en dos. **Tirar partido.** Sacar partido.
partilha *s.f.* Partición; (*Amer.*) reparto.
partir *v.t.* **1.** Partir, dividir, cortar. **2.** Partir, repartir. **3.** Partir, romper. **4.** *Fig.* Partir, basarse. ■ *v.i.* **5.** Partir, marcharse. ■ *v.p.* **6.** Partirse, romperse.
partitura *s.f. Mus.* Partitura.
parto *s.m.* Parto, parición; (*Amer.*) alumbramiento.
páscoa *s.f.* Pascua.
pasmo *s.m.* Pasmo, asombro. ♦ **Ficar pasmo.** Quedar anonadado.
paspalhão *adj. e s.m.* Tonto, idiota.
passa *s.f.* Pasa. *Passa de uva/Uva-passa.* Pasa de uva/Uva pasa.

passada *s.f.* **1.** Pasada, paso. **2.** Repasada, repaso. ♦ **Dar uma passada em/por.** Darse una vuelta por.

passado *adj.* **1.** Pasado, anterior. **2.** *Fig.* Mustio, alicaído, pasado. **3.** *Fig.* Pasado, caduco. ● *s.m.* **4.** Pasado, tiempo anterior.

passageiro *adj.* **1.** Pasajero, efímero, provisional. ● *s.* **2.** Pasajero, viajero.

passagem *s.f.* **1.** Paso. **2.** Billete, pasaje; (*Amer.*) boleto (*trem, avião*). **3.** Fragmento, pasaje (*obra literária, musical*). **4.** Suceso, evento, fragmento, pasaje. *Contou passagens de sua vida.* Contó fragmentos de su vida. ■ **Passagem de nível.** Paso a nivel. **(Estar) De passagem.** (Estar) De paso.

passaporte *s.m.* Pasaporte.

passar *v.t.* **1.** Pasar, transponer, atravesar. **2.** Pasar, colar, filtrar. **3.** Expedir (*documentos*). **4.** Pasar, exceder. **5.** Pasar, introducir. **6.** *Fig.* Pasar, sufrir, padecer. **7.** Pasar, transferir. ■ *v.t. e v.i.* **8.** Pasar, transcurrir (*tempo*). ■ *v.i.* **9.** Pasar, no jugar. ♦ **Passar a mão em. 1.** Magrear, palpar. **2.** Llevarse, robar(se). **Passar bem. 1.** Estar bien, disfrutar de buena salud. **2.** ¡Que le vaya bien! **Passar de ano.** Aprobar el curso. **Passar desta para melhor.** Pasar a mejor vida. **Passar por.** Darse una vuelta por. **Passar por cima.** Pasar por alto/encima. **Passar raspando. 1.** Aprobar por los pelos. **2.** Pasar por sitio muy estrecho, pasar justito. **Passar roupa.** Planchar. **Não passar de.** No ser más que.

passarela *s.f.* Pasarela.

pássaro *s.m.* Pájaro.

passatempo *s.m.* Pasatiempo.

passe *s.m.* **1.** Pase, salvoconducto, paso. **2.** Billete; (*Amer.*) boleto (*ônibus*). **3.** *Desp.* Pase, evolución, lance. ♦ **Num passe de mágica.** Por arte de magia.

passear *v.i.* Pasear.

passeata *s.f.* Manifestación, desfile de protesta.

passeio *s.m.* **1.** Paseo, vuelta, andanza. **2.** Paseo, alameda, bulevar.

passivo *adj.* **1.** Pasivo, sumiso. ● *s.m.* **2.** *Com.* Capital pasivo. ♦ **Voz passiva.** *Gram.* Voz pasiva.

passo *s.m.* Paso, pasada.

pasta *s.f.* **1.** Pasta, crema. **2.** Carpeta, cartapacio (*de cartolina*). **3.** Portafolio, maletín (*de couro ou similar*). **4.** Cargo ministerial. *Ocupou a pasta da Fazenda.* Ocupó el Ministerio de Hacienda.

pastel *s.m.* **1.** Especie de empanada de hojaldre frito. **2.** Pastel, lápiz.

pastelaria *s.f.* **1.** Venta de empanadas de hojaldre. **2.** Pastelería.

pastilha *s.f.* **1.** *Med. e mec.* Pastilla. **2.** *Arq.* Pequeñas tabletas cerámicas usadas para revestimiento.

pastor *s.* **1.** Pastor, ovejero. **2.** Pastor, prelado.

pata *s.f.* Pata.

patada *s.f.* **1.** Patada, puntapié. **2.** *Col.* Mala jugada.

patamar *s.m.* **1.** Descanso, rellano. **2.** *Fig.* Nivel, altura. *A inflação atingiu patamares insustentáveis.* La inflación alcanzó niveles insostenibles.

patê *s.m.* Paté.

patente *adj.* **1.** Patente, evidente. ● *s.f.* **2.** Patente (*de invenção*). **3.** *Mil.* Grado militar, divisa.

paterno *adj.* Paterno.

pateta *adj. e s.2g.* Chiflado, idiota.

patife *adj. e s.* Sinvergüenza, maleante, pícaro.

patim *s.m.* Patín.

patinar *v.i.* Patinar.

pátio *s.m.* Patio.

pato *s.* Pato.

patota *s.f.* *Col.* Pandilla, muchachada; (*Arg.*) barra.

patrão *s.m.* **1.** Dueño, patrono; (*Amer.*) patrón. **2.** Jefe.

patriarca *s.m.* Patriarca.

patrimônio *s.m.* Patrimonio.

pátrio *adj.* Patrio. ● **pátria** *s.f.* Patria.

patriota *s.2g.* Patriota.

patriotismo *s.m.* Patriotismo.

patroa s.f. **1.** Señora, dueña, patrona. **2.** Col. Esposa.
patrocinador adj. e s. Patrocinador, auspiciante.
patrocínio s.m. Auspicio, subsidio.
patrulha s.f. **1.** Patrulla, ronda. **2.** Dep. Banda, cuadrilla, camarilla.
patrulhar v.t. e v.i. **1.** Patrullar. **2.** Col. Vigilar, fisgonear.
pau s.m. **1.** Palo, bordón, varilla. **2.** Vulg. (Esp.) Polla; (Amer.) verga, pija, moronga. **3.** Col. Modo de referirse a la moneda. ■ **paus** s.m.pl. Bastos, trébol. ♦ **Pau a pau.** Mano a mano. **Pau-d'água.** Borracho, alcohólico. **Pau de arara. 1.** Migrante, campesino que abandona su tierra. **2.** Cepo, instrumento de tortura. **Pau para toda obra.** Persona habilidosa y servicial. **A dar com pau.** A montones, a patadas. **Baixar/Descer o pau em.** Moler a palos. **Levar/Tomar pau.** Suspender el curso, dar calabazas. **Meter o pau.** Criticar, dar (con un) palo. **Mostrar com quantos paus se faz uma caixa.** Aplicar medidas correctivas, dar una lección. **Pôr no pau.** Protestar (una letra). **Quebrar o pau.** Agarrarse, pelearse.
paulada s.f. Palo, porrazo.
pausa s.f. Pausa.
pauta s.f. **1.** Raya, pauta. **2.** Mus. Pauta, pentagrama. **3.** Fig. Pauta, directiva, norma. **4.** Pauta, orden del día. ♦ **Dar a pauta.** Dictar la norma.
pavão s.m. **1.** Pavo real. **2.** Fig. Tipo soberbio, engreído.
pavilhão s.m. Pabellón.
pavimentação s.f. Pavimentación.
pavimento s.m. **1.** Pavimento, piso solado. **2.** Piso, suelo, pavimento. **3.** Piso, nivel (edifício).
pavor s.m. Pavor.
paz s.f. Paz.
pé s.m. **1.** Pie. **2.** Pata (móveis). **3.** Bot. Mata, pie. **4.** Pie, medida inglesa. ♦ **Pé ante pé.** Despacito, sin hacer ruido. **Pé-d'água.** Aguacero. **Pé de atleta.** Med. Micosis en los pies. **Pé-de-meia.** Ahorro. **Pé de moleque.** Pastelito de cacahuete tostado. **Pé de pato.** Aleta de inmersión, patas de rana. **Pé de vento.** Ventolera, ráfaga. **Pé-direito.** Arq. Altura de piso. **Pé na bunda.** Vulg. Patada en el trasero. **Pé-quente/Pé-frio.** Persona que tiene buena/mala pata. **Pés de galinha.** Patas de gallo. **A pé.** A pie. **Ao pé da letra.** Al pie de la letra, en forma textual. **Bater (o) pé.** Patalear. **Com o pé direito/esquerdo.** Con buena/mala suerte. **Com o pé na cova.** Con un pie en el hoyo. **Com o(s) pé(s) nas costas.** Con mucha facilidad, con los ojos cerrados. **Da cabeça aos pés.** De pies a cabeza. **Dar no pé.** Marcharse, largarse. **Dar pé. 1.** Hacer pie, tocar fondo (mar). **2.** Ser posible/factible. **De/ Com o pé atrás.** Con desconfianza/recelo. **De pés juntos.** A pie juntillas. **Estar de pé. 1.** Estar en pie, parado. **2.** Estar firme lo convenido. **Ir num pé e voltar no outro.** Ir en una carrera. **Meter os pés pelas mãos. 1.** Confundirse, atolondrarse, azorarse. **2.** Ser inconveniente, meter la pata. **Não arredar pé. 1.** No moverse de un sitio. **2.** Empecinarse. **Não chegar aos pés de.** No equipararse a. **Tirar o pé da lama.** Salir de una situación inferior. **Um pé no saco.** Vulg. Muy aburrido, latoso, cargoso.
peão s.m. Peón.
pebolim s.m. Futbolín.
peça s.f. **1.** Pieza, componente. **2.** Pieza, obra (literária, musical). **3.** For. Pieza de autos. **4.** Pieza (em jogos). ♦ **Peça de reposição.** Repuesto, pieza de recambio. **Peça de vestuário.** Prenda. **Pregar uma peça.** Jugar una mala pasada, armar una zancadilla. **Ser uma peça rara.** Tener/Ser una figura insólita.
pecado s.m. Pecado.
pecador adj. e s. Pecador.
pechincha s.f. Ganga.
pechinchar v.i. Regatear.
pecuário adj. Pecuario. ● **pecuária** s.f. Ganadería.

peculiaridade *s.f.* Peculiaridad, particularidad.

pedaço *s.m.* Pedazo, trozo, cacho. ♦ **Caindo aos pedaços.** Muy viejo, destartalado. **Feito (em) pedaços.** Hecho añicos.

pedágio *s.m.* Peaje.

pedagogia *s.f.* Pedagogía.

pedagogo *s.* Pedagogo.

pedal *s.m.* Pedal.

pedalar *v.t. e v.i.* Pedalear.

pedantismo *s.m.* Pedantería.

pedestal *s.m.* Pedestal.

pedestre *adj. e s.2g.* Peatón. ♦ **Passagem de pedestres.** Paso de peatones/peatonal.

pediatra *s.2g. Med.* Pediatra.

pediatria *s.f. Med.* Pediatría.

pedido *adj.* **1.** Pedido, solicitado. ● *s.m.* **2.** Pedido, solicitud.

pedinte *adj. e s.2g.* Mendigo, pordiosero; (*Amer.*) limosnero.

pedir *v.t.* Pedir. ♦ **Pedir arrego.** Lanzar la toalla, rendirse. **Pedir emprestado.** Pedir prestado. **Pedir esmola.** Mendigar, pedir limosna.

pedra *s.f.* **1.** Piedra, roca. **2.** Piedra, granizo. **3.** Pizarra, pizarrón. **4.** Pieza, ficha (*em jogos*). **5.** *Med.* Cálculo, piedra. ♦ **Pedra preciosa.** Piedra preciosa. **Pedra-pomes.** Piedra pómez. **Pedra-sabão.** Piedra blanda, variedad de esteatita, jabón de sastre. **Atirar a primeira pedra.** Arrojar la primera piedra. **Não restar pedra sobre pedra.** No dejar piedra sobre piedra. **Ser de pedra.** Ser insensible.

pedrada *s.f.* Pedrada.

pedregulho *s.m.* Pedrusco, piedra usada en construcciones.

pedreira *s.f.* Cantera.

pedreiro *s.m.* Albañil, mampostero.

pegada *s.f.* **1.** Huella, pisada. **2.** *Fig.* Huella, vestigio.

pegado *adj.* Pegado, unido.

pegar *v.t.* **1.** (*Esp.*) Coger, asir; (*Amer.*) agarrar. *Pegou os livros e saiu.* Cogió/Agarró los libros y salió. **2.** Atrapar, pillar. *Pegaram o fugitivo.* Atraparon al fugitivo. **3.** Contagiar(se), pegar, caer enfermo. *Pegou pneumonia.* Cayó enfermo de pulmonía. **4.** Tomar. *Pegar um táxi.* Tomar un taxi. **5.** Llegar a tiempo, alcanzar a estar/ver. *Pegou o começo da sessão.* Alcanzó a ver el inicio de la función. **6.** Aceptar, tomar. *Peguei um serviço de revisão.* Tomé un trabajo de revisión. **7.** Ir, seguir, agarrar. *Pegue a segunda à direita.* Agarre la segunda a la derecha. **8.** Penar, ser condenado. *Pegou prisão perpétua.* Lo penaron a prisión perpetua. ■ *v.i.* **9.** Prender, echar raíz. *O pinheiro pegou.* El pino prendió. **10.** *Fig.* Difundirse, pegar. *A minissaia pegou este ano.* La minifalda pegó este año. ■ *v.p.* **11.** Pegarse, adherir. ▮ *Em quase todos os casos usa-se* coger *na Esp. e* agarrar *na Amer.* ♦ **Pegar bem/mal.** Ser bien/mal visto o aceptado. **Pegar em (trabalho).** Acometer, empezar, poner por obra. **Pegar fogo.** Prender fuego. **Pegar no ar.** Coger/Pillar al vuelo. **Pega-ladrão.** Dispositivo de seguridad de cerradura. **Pega pra capar.** Pelea, agarrada, refriega.

peido *s.m. Vulg.* Pedo.

peito *s.m.* **1.** Pecho, tórax. **2.** Pecho, seno. **3.** *Fig.* Valor, osadía, pecho. ♦ **Peito do pé.** Empeine. **Amigo do peito.** Amigo del alma. **Bico do peito.** Pezón. **De peito aberto.** A pecho descubierto. **Levar a peito.** Tomar a pecho. **No peito.** Grátis. **No peito e na raça.** Con vigor y energía.

peitoril *s.m. Arq.* Antepecho, parapeto, pretil.

peixaria *s.f.* Pescadería.

peixe *s.m.* **1.** Pez (*vivo*). **2.** Pescado (*comestível*). ■ **peixes** *s.m.pl.* Piscis, signo del zodíaco. ♦ **Peixe-boi.** Pez mujer, manatí. **Peixe-espada.** Pez espada. **Peixe-voador.** Pez volante. **Filho de peixe, peixinho é.** De tal palo tal astilla. **Não ter nada a ver com o peixe.** No tener parte en el asunto. **Vender o seu peixe.** Plantear un asunto con persuasión.

pejorativo *adj.* Despectivo, peyorativo.

pelada *s.f. Desp.* Juego de fútbol aficionado, pelota.

pelado *adj.* Desnudo, en cueros; (*Arg.*) en pelotas.
pelanca *s.f.* Piltrafa, piel flácida.
pele *s.f.* **1.** Piel, pellejo. **2.** Piel, cuero. **3.** Piel, cáscara. ♦ **Estar em pele e osso.** Estar piel y hueso. **Salvar a pele.** Salvar el pellejo.
pelicano *s.m.* Pelícano, pelicano.
película *s.f.* Película, membrana.
pelo[1] *contr. prep. por + art. m. o.* **1.** Por el. *Conheço seu humor pelo tom de voz.* Conozco su humor por el tono de voz. **2.** Por lo. *Pelo visto.* Por lo visto. *Pelo que disse.* Por lo que dijo. ♦ **Pelo contrário.** Al contrario.
pelo[2] *s.m.* **1.** Vello, cabello (*corpo humano*). **2.** Pelaje, pelo, lana (*animal*). **3.** Vello, pelusa (*frutas*).
pelotão *s.m.* Pelotón.
pelúcia *s.f.* Felpa, peluche.
peludo *adj.* Velludo, cabelludo.
pena *s.f.* **1.** Pluma, pena (*aves*). **2.** Lástima, pena. **3.** Pena, castigo. **4.** Pluma, plumilla (*para escrever*). ♦ **Dar pena.** Dar lástima. **Que pena!** ¡Qué lástima! **Sob pena de.** So pena de.
penacho *s.m.* Plumero, penacho.
penalizar *v.t. e v.p.* **1.** Apiadar(se), compadecer(se). ■ *v.t.* **2.** Penalizar, penar, castigar.
pênalti *s.m. Angl. Desp.* Penalti, penal.
penca *s.f.* Racimo. ♦ **Penca de chaves.** Manojo de llaves.
pendente *adj.* **1.** Pendiente, colgado. **2.** Pendiente, en suspenso, no resuelto. ● *s.m.* **3.** Pendiente, aro.
pender *v.t.* **1.** Pender, colgar. **2.** Tender, propender, tirar.
pendurar *v.t. e v.p.* **1.** Colgar(se). ■ *v.t.* **2.** *Fig. e col.* Dejar (el pago) pendiente.
peneira *s.f.* Tamiz, cedazo. ♦ **Tampar o sol com a peneira.** Ocultar algo patente; (*Mex. e Am.C.*) tapar el sol con un dedo.
peneirar *v.t.* **1.** Tamizar, cerner, cribar. **2.** *Fig.* Seleccionar, clasificar.
penetrar *v.t.* **1.** Penetrar, atravesar. **2.** Penetrar, entrañarse. **3.** *Col.* Colarse, entrar sin ser invitado.
penhasco *s.m.* Peñasco, peña, roca.
penhorar *v.t.* **1.** Empeñar, prendar, pignorar. ■ *v.t. e v.i.* **2.** Obligar, apremiar.
penicilina *s.f. Med.* Penicilina.
penico *s.m.* Orinal, bacín, perico.
península *s.f.* Península.
pênis *s.m. Med.* Pene.
pensamento *s.m.* Pensamiento.
pensão *s.f.* **1.** Pensión, renta, jubilación. **2.** Pensión, albergue; (*Arg.*) residencial.
pensar *v.t.* Pensar. ♦ **Nem pensar.** Ni hablar, ni soñarlo.
pensionato *s.m.* Pensionado, internado.
pensionista *s.2g.* **1.** Pensionado, jubilado. **2.** Interno, pensionista, pensionario.
pentágono *s.m. Geom.* Pentágono.
pentagrama *s.m. Mus.* Pentagrama.
pente *s.m.* **1.** Peine. **2.** Carda, peine (*para lã*). ♦ **Passar o pente-fino. 1.** Depurar, expurgar. **2.** Rastrear, catear, peinar.
penteadeira *s.f.* Tocador; (*Rio-plat.*) peinador.
penteado *adj. e s.m.* Peinado.
pentear *v.t. e v.p.* Peinar(se).
pentelho *s.m.* **1.** *Vulg.* Pendejo. ■ *adj. e s.* **2.** *Col.* Latoso, pesado, cargoso.
penúltimo *adj.* Penúltimo.
penumbra *s.f.* Penumbra, media luz.
pepino *s.m.* **1.** *Bot.* Pepino. **2.** *Col.* Problema, dificultad. ♦ **Pepino em conserva.** Pepinillo.
pequeno *adj. e s.* Pequeño.
pera *s.f.* **1.** *Bot.* Pera. **2.** *Eletr.* Pera, perilla.
peralta *adj. e s.2g.* Travieso.
perambular *v.i.* Deambular, vagar, callejear.
perante *prep.* Ante, delante de.
percalço *s.m.* Percance.
perceber *v.t.* **1.** Notar, advertir, darse cuenta, percatarse, percibir. *Percebo a diferença.* Noto la diferencia. **2.** Percibir, captar, divisar. *Percebia um som ao longe.* Percibía un sonido a lo lejos. **3.** Percibir, recibir, cobrar (*dinheiro*).
percentagem *s.f. Mat.* Porcentaje.
percentual *adj. e s.m. Mat.* Porcentual.
percepção *s.f.* Percepción.

percevejo s.m. **1.** Chinche (*inseto*). **2.** Tachuela, chincheta, chinche (*para pregar*).
percorrer v.t. Recorrer.
percurso s.m. Recorrido, trayecto.
percussão s.f. Percusión.
perda s.f. Pérdida. ♦ **Lucros e perdas.** *Com.* Ganancias y pérdidas.
perdão s.m. Perdón.
perder v.t., v.i. e v.p. Perder(se). ♦ **Perder as estribeiras.** Perder los estribos.
perdição s.f. Perdición, ruina.
perdoar v.t. Perdonar.
perecer v.i. Perecer, morir.
perecível adj. Perecedero.
peregrino adj. e s. Peregrino, andariego.
perene adj. Perenne.
perfeição s.f. Perfección.
perfeito adj. Perfecto. ♦ **Pretérito mais-que-perfeito.** *Gram.* Pluscuamperfecto. **Pretérito perfeito.** *Gram.* Indefinido.
pérfido adj. Pérfido.
perfil s.m. Perfil.
perfumar v.t. e v.p. Perfumar(se).
perfumaria s.f. **1.** Perfumería. **2.** *Col.* Nadería, pamplina, bagatela.
perfume s.m. Perfume.
perfurar v.t. Perforar, agujerear, taladrar.
perfuratriz s.f. *Mec.* Perforadora, taladro.
pergunta s.f. Pregunta, interrogante.
perguntar v.t. e v.p. Preguntar(se).
perícia s.f. **1.** Pericia, destreza. **2.** Peritaje, inspección.
periferia s.f. Periferia.
perigo s.m. Peligro.
perímetro s.m. Perímetro.
periódico adj. **1.** Periódico. • s.m. **2.** Publicación periódica.
período s.m. Período, periodo.
periquito s.m. Periquito, perico.
perito adj. **1.** Experto, hábil, perito. • s.m. **2.** Perito, especialista.
peritonite s.f. *Med.* Peritonitis.
permanecer v.t. e v.pred. Permanecer.
permanência s.f. **1.** Permanencia, estada. **2.** Radicación en un país.

permissão s.f. Permiso, autorización.
permitir v.t. Permitir.
permuta s.f. Trueque, permuta, permutación; (*Amer.*) canje.
perna s.f. Pierna. ♦ **Barriga da perna.** Pantorrilla. **Bater pernas.** Callejear. **De pernas pro ar.** Patas arriba. **Passar a perna.** Echar una zancadilla.
pernil s.m. Pata de cerdo, lacón.
pernilongo s.m. Zancudo, mosquito.
pernoitar v.i. Pernoctar.
peroba s.f. *Bot.* Palo (de) rosa.
pérola s.f. Perla.
perpendicular adj. e s.f. Perpendicular.
perpétua-roxa s.f. *Bot.* Siempreviva, perpetua.
perpétuo adj. Perpetuo.
perplexo adj. Perplejo, vacilante.
perscrutar v.t. Escudriñar, escrutar.
perseguição s.f. Persecución.
perseguir v.t. Perseguir.
perseverança s.f. Perseverancia.
persiana s.f. Persiana.
persistência s.f. Persistencia.
persistir v.t. e v.i. **1.** Persistir, perseverar. **2.** Persistir, perdurar.
personagem s.2g. Personaje.
personalidade s.f. Personalidad.
personalizar v.t. e v.i. Personalizar.
personificar v.t. Personificar.
perspectiva s.f. Perspectiva.
persuadir v.t., v.i. e v.p. Persuadir(se).
persuasão s.f. Persuasión.
pertencer v.t. Pertenecer.
pertences s.m.pl. Pertenencias, efectos.
perto adv. Cerca. ♦ **Perto de** (*certo número*). Alrededor de.
perturbação s.f. Turbación, trastorno, perturbación.
perturbar v.t. **1.** Conturbar, trastornar, perturbar. ■ v.t. e v.p. **2.** Turbar(se), atolondrar(se), desconcertar(se), azorar(se).
peru s.m. Pavo; (*Mex.* e *Am.C.*) chumpipe.
perua s.f. **1.** Pava, hembra del pavo. **2.** Tipo de camioneta. **3.** *Col.* Mujer ridícula por exceso de coquetería, zalamera.

peruca *s.f.* Peluca.
perversão *s.f.* Perversión.
perverter *v.t. e v.p.* Pervertir(se).
pesadelo *s.m.* Pesadilla.
pesado *adj.* Pesado.
pêsames *s.m.pl.* Pésame, condolencias.
pesar *s.m.* **1.** Pesadumbre, pesar. ● *v.t.* **2.** Pesar, determinar el peso. **3.** Pesar, sopesar, ponderar. **4.** Pesar, gravar, onerar. **5.** *Fig.* Pesar, doler. ■ *v.p.* **6.** Pesarse.
pesca *s.f.* Pesca.
pescador *s.* Pescador.
pescar *v.t. e v.i.* **1.** Pescar. **2.** *Fig. e col.* Entender, asimilar, pescar.
pescoço *s.m.* **1.** Cuello (*humano*). **2.** Pescuezo, cogote (*animal*). ◆ **Estar até o pescoço.** Estar/Tener (hasta) por acá, estar hasta la coronilla. **Estar com a corda no pescoço.** Tener el agua al cuello.
peso *s.m.* **1.** Peso. **2.** Pesa (*de balança*). **3.** *Desp.* Pesas, halteras. **4.** *Desp.* Peso, categoría de boxeo. **5.** Peso, unidad monetaria. **6.** *Fig.* Peso, carga. **7.** *Fig.* Peso, importancia. ◆ **Peso líquido/bruto.** Peso neto/bruto. **Peso na consciência.** Cargo de conciencia, remordimiento. **Em peso.** En su totalidad, masivamente.
pesquisa *s.f.* **1.** Investigación, estudio, búsqueda. **2.** Encuesta, toma de datos. ◆ **Pesquisa de opinião.** Encuesta de opinión.
pesquisar *v.t. e v.i.* Investigar, recopilar datos, buscar.
pêssego *s.m. Bot.* Melocotón, durazno.
pessimista *adj. e s.2g.* Pesimista.
péssimo *adj.* Pésimo, fatal.
pessoa *s.f.* Persona.
pessoal *adj.* **1.** Personal, particular, íntimo. **2.** Personal, singular. ● *s.m.* **3.** Personal, cuadro de empleados. **4.** Personas cercanas a uno, gente de uno. *O pessoal resolveu ir ao cinema.* Mi gente decidió ir al cine.
pestana *s.f.* Pestaña. ◆ **Queimar as pestanas.** Estudiar mucho. **Tirar uma pestana.** Echar(se) un sueñito.
peste *s.f.* **1.** *Med.* Peste. **2.** *Col.* Persona mala, víbora.

pétala *s.f. Bot.* Pétalo.
petição *s.f.* Petición. ◆ **Em petição de miséria.** En estado lastimable.
petisco *s.m.* Aperitivo, tentempié, bocadito, tapa, pincho; (*Rio-plat.*) picada; (*Mex. e Am.C.*) boquita, taquito.
petróleo *s.m.* Petróleo.
petroquímico *adj.* Petroquímico. ● **petroquímica** *s.f.* Petroquímica.
petulante *adj. e s.2g.* Petulante, insolente.
pia *s.f.* **1.** Pila, lavamanos (*de banheiro*). **2.** Pila, pileta (*de cozinha*).
piada *s.f.* Chiste, broma.
pianista *s.2g. Mus.* Pianista.
piano *s.m. Mus.* Piano. ◆ **Piano de cauda.** Piano de cola.
pião *s.m.* Trompo, peonza, perinola.
picada *s.f.* **1.** Picadura, picada. **2.** Sendero, senda; (*Amer.*) picada.
picadinho *s.m.* Picado, picadillo, estofado, guisado.
picanha *s.f.* Tipo de carne de res.
picar *v.t.* **1.** Picar, pinchar. **2.** Picar, trinchar. ■ *v.i.* **3.** Picar, coger el anzuelo. ■ *v.p.* **4.** *Col.* Marcharse. ◆ **Pica-pau.** Pájaro carpintero.
picareta *s.f.* **1.** Pico, zapapico, piqueta. ■ *adj. e s.2g.* **2.** *Col.* Pícaro, embustero.
pichar *v.t.* **1.** Escribir pintadas (*em paredes*), pintarrajear. **2.** *Col.* Criticar, dar con un palo.
piche *s.m.* Pez, brea.
picles *s.m.pl.* Legumbres curtidas en vinagre, encurtido.
pico *s.m.* Pico, cumbre.
picolé *s.m.* Polo, helado con palillo.
picotar *v.t.* Picar, punzar, agujerear.
piedade *s.f.* Piedad.
piegas *adj. e s.2g.* Persona o cosa excesivamente sentimental; (*Mex. e Am.C.*) cursi.
pifar *v.i. Col.* Romperse, descomponerse.
pigarro *s.m.* Carraspera.
pigmento *s.m.* Pigmento.
pijama *s.m.* Pijama, piyama.
pilantra *adj. e s.2g. Col.* Pillo, taimado, tunante.
pilão *s.m.* Mortero.

pilar *s.m.* Pilar, columna, pilastra.
pileque *s.m. Col.* Borrachera; (*Esp.*) mona; (*Rio-plat.*) curda; (*Mex. e Am.C.*) chupa.
pilha *s.f.* **1.** *Eletr.* Pila, batería. **2.** Pila, montón, rimero. ♦ **Uma pilha de nervos.** Con los nervios a flor de piel.
pilotar *v.t.* Pilotar.
piloto *adj.* **1.** Piloto, modelo. ● *s.m.* **2.** Piloto, conductor. **3.** Piloto, llama de gas.
pílula *s.f.* Píldora. ♦ **Pílula anticoncepcional.** Píldora anticonceptiva.
pimenta *s.f. Bot.* Pimienta; (*Rio-plat.*) ají picante; (*Mex. e Am.C.*) chile, chiltepe. ♦ **Pimenta-do-reino.** Pimienta (en grano).
pimentão *s.m. Bot.* Pimiento; (*Rio-plat.*) ají dulce; (*Mex. e Am.C.*) chile pimiento.
pinça *s.f.* Pinza, tenacillas.
pincel *s.m.* Pincel.
pinga *s.f.* Aguardiente de caña.
pingar *v.t.* **1.** Echar en gotas. ■ *v.i.* **2.** Gotear. **3.** Lloviznar.
pingente *s.m.* **1.** Colgante. **2.** Pendiente.
pingo *s.m.* **1.** Gota. **2.** *Fig.* Pizca. *Faltou um pingo de sal.* Faltó una pizca de sal. ♦ **Pôr os pingos nos is.** Poner los puntos sobre las íes.
pingue-pongue *s.m. Desp.* Ping-pong.
pinguim *s.m.* Pingüino.
pinheiro *s.m. Bot.* Pino.
pino *s.m.* **1.** Pasador. **2.** Vástago, varilla (*válvula*).
pinta *s.f.* **1.** Pinta, lunar. **2.** *Col.* Pinta, aire, traza, facha.
pintar *v.t.* **1.** Pintar, cubrir con tinta. **2.** *Fig.* Pintar, describir. **3.** Teñir (*cabelo*). ■ *v.i.* **4.** *Col.* Asomarse, aparecer, darse una vuelta, pintar. ■ *v.p.* **5.** Pintarse, maquillarse. **6.** Teñirse.
pintassilgo *s.m.* Jilguero.
pinto *s.m.* **1.** Pollo, pollito. **2.** *Vulg.* Pene; (*Esp.*) polla; (*Amer.*) verga, moronga.
pintor *s.* Pintor.
pintura *s.f.* Pintura.
pio *adj.* **1.** Pío, devoto. ● *s.m.* **2.** Pío, voz de pollito. ♦ **Não dar um pio.** No chistar.
piolho *s.m.* Piojo.

pioneiro *adj. e s.* Pionero.
pior *adj. e adv.* Peor.
piorar *v.t. e v.i.* Empeorar, agudizar(se), agravar(se).
pipa *s.f.* **1.** Tonel, pipa, barrica. **2.** Cometa, barrilete.
pipoca *s.f.* Palomita, roseta; (*Rio-plat.*) pochoclo; (*Mex. e Am.C.*) poporopo.
pique *s.m.* **1.** Especie de punzón. **2.** *Col.* Gran disposición, gana, pique. ♦ **A pique.** En picada. **A pique de.** A punto de. **Ir a pique.** Irse a pique.
piquenique *s.m.* Picnic.
pirado *adj. Col.* Chiflado, loco.
piranha *s.f.* **1.** Piraña, pez voraz. **2.** *Dep.* Mujer liviana.
pirar *v.i. Col.* Enloquecer, chiflarse, chalarse.
pirata *adj.* **1.** Clandestino, pirata. ● *s.2g.* **2.** Pirata, corsario. bucanero, filibustero.
pires *s.m.* Platillo, plato para taza.
pirex *s.m.* Vasija/Fuente de cristal resistente al fuego, pirex.
pirraça *s.f.* Lo que se hace adrede, sólo por contrariar, berrinche.
pirralho *s.* Chiquillo; (*Rio-plat.*) pibe, pendejo; (*Mex. e Am.C.*) patojo.
pirueta *s.f.* Pirueta.
pirulito *s.m.* Pirulí.
pisar *v.t.* **1.** Pisar. **2.** *Fig.* Machacar, insistir. **3.** *Fig.* Patear, pisotear, humillar, pisar. ♦ **Pisar duro.** Mostrar irritación. **Pisar na bola.** Meter la pata.
piscadela *s.f.* Guiño.
pisca-pisca *s.2g. e s.m.* Intermitente; (*Rio-plat.*) guiño; (*Mex. e Am.C.*) pidevías.
piscar *v.t. e v.i.* **1.** Parpadear, pestañear (*os olhos*). **2.** Guiñar (*um olho só*). **3.** Centellear, parpadear, titilar (*luz*). ● *s.m.* **4.** Acción de parpadear. ♦ **Num piscar de olhos.** En un abrir y cerrar los ojos, en menos que canta un gallo, en un santiamén.
piscina *s.f.* Piscina; (*Amer.*) pileta.
piso *s.m.* **1.** Piso, pavimento, revestimiento. **2.** Piso, suelo.
pisotear *v.t.* Pisotear.

pista¹ *s.f.* **1.** Huella, pista, rastro. **2.** *Fig.* Indicación, indicio.
pista² *s.f.* **1.** Carril (*en estrada*). **2.** Pista (*de corrida, voo, dança*). ♦ **Pista de rolamento.** Pista de rodadura, carril.
pistão *s.m.* Pistón, émbolo.
pistola *s.f.* Pistola.
pitada *s.f.* **1.** Pizca (*tempero*). **2.** Pitada; (*Mex. e Am.C.*) jalón (*cigarro*).
pitoresco *adj.* Pintoresco.
placa *s.f.* **1.** Lámina, chapa, plancha, placa. **2.** Matrícula, patente (*carro*). **3.** Letrero, cartel, placa.
placar *s.m.* **1.** *Desp.* Tanteador, marcador de puntos. **2.** Tanteo, recuento de puntos.
plágio *s.m.* Plagio.
plaina *s.f. Mec.* Cepillo.
planalto *s.m.* Meseta, altiplano, altiplanicie.
planar *v.i.* Planear, volar sin motor.
planejamento *s.m.* Planificación, planeamiento.
planejar *v.t.* Planificar, planear.
planeta *s.m.* Planeta.
planície *s.f.* Llanura, llano, planicie.
planilha *s.f.* Impreso, relación; (*Amer.*) planilla.
plano *adj.* **1.** Llano, plano, raso. ● *s.m.* **2.** Plan, proyecto. **3.** *Arq.* Plano, planta, dibujo. **4.** Plan, nivel, plano, altura.
planta *s.f.* **1.** *Bot.* Planta, vegetal. **2.** *Arq.* Planta, diseño. **3.** Planta, mapa.
plantação *s.f. Bot.* Plantación.
plantão *s.m.* Turno, guardia.
plantar *v.t.* **1.** Plantar, sembrar. **2.** Plantar, hincar. ♦ **Plantar bananeira.** *Desp.* Hacer el pino. **Deixar plantado.** Plantar (a alguien), dar un plantón.
plantio *s.m.* Siembra.
plástico *adj. e s.m.* Plástico. ■ **plástica** *s.f. Med.* Cirugía plástica.
plataforma *s.f.* **1.** Andén (*trem, ônibus*). **2.** Puerta, portón (*aeroporto*). **3.** Plataforma, entarimado. **4.** Plataforma, programa político.
plateia *s.f.* **1.** *Teat.* Platea, patio de butacas, palco, luneta. **2.** *Fig.* Asistencia, auditorio, concurrencia.
platina *s.f. Quím.* Platino.
platinado *s.m. Mec.* Platino.
plebiscito *s.m.* Plebiscito.
pleitear *v.t.* **1.** *For.* Litigar, pleitear. **2.** Postular, alegar, aducir.
pleno *adj.* Pleno.
pleonasmo *s.m. Gram.* Pleonasmo.
pluma *s.f.* Pluma.
plural *adj. e s.m. Gram.* Plural.
pneu *s.m.* **1.** Neumático, llanta; (*Rio-plat.*) cubierta, goma. **2.** *Col.* Michelín, rollito.
pneumonia *s.f. Med.* Pulmonía, neumonía.
pó *s.m.* Polvo.
pobre *adj. e s.2g.* Pobre.
pobreza *s.f.* Pobreza.
pocilga *s.f.* Cuchitril, pocilga.
poço *s.m.* Pozo. ■ **poça** *s.f.* Charco.
podar *v.t.* **1.** Podar, mondar, desmochar. **2.** *Col.* Cortar, rechazar.
poder *s.m.* **1.** Poder, fuerza. **2.** Poder, dominio, influjo. **3.** Poder, mandato político. **4.** Poder, posesión. **5.** Poder, capacidad. ● *v.t., v.impess. e v.aux.* **6.** Poder.
podre *adj.* Podrido, putrefacto, pútrido.
podridão *s.f.* Podredumbre.
poeira *s.f.* **1.** Polvo. **2.** Polvareda, polvero, polvorera.
poema *s.m. Liter.* Poema.
poente *s.m.* Poniente.
poesia *s.f. Liter.* Poesía.
poeta *s. Liter.* Poeta.
pois *conj.* Pues. ♦ **Pois então.** De ser así/En ese caso. **Pois não!** Sí/Con mucho gusto/ Cómo no. **Pois não?** A sus órdenes/¿Qué desea? **Pois sim!** ¡Era lo que faltaba!
polaina *s.f.* Polaina.
polegada *s.f.* Pulgada.
polegar *s.m.* Pulgar.
poleiro *s.m.* **1.** Palo de gallinero. **2.** *Teat.* Paraíso, gallinero.
polêmico *adj.* Polémico. ● **polêmica** *s.f.* Polémica, alegato.
pólen *s.m. Bot.* Polen.

polia *s.f. Mec.* Polea.
polícia *s.f.* **1.** Policía. ■ *s.2g.* **2.** Agente de policía, guardia, vigilante.
policial *adj.* **1.** Policíaco, policial. ● *s.2g.* **2.** Agente de policía.
policiamento *s.m.* Vigilancia policiaca, patrulla, ronda.
poliéster *s.m. Quím.* Poliéster.
poligamia *s.f.* Poligamia.
poliglota *adj. e s.2g.* Políglota, poliglota.
polígono *s.m. Geom.* Polígono.
poliomielite *s.f. Med.* Poliomielitis.
polir *v.t. e v.p.* Pulir(se).
politécnico *adj.* Politécnico. ● **politécnica** *s.f.* Escuela politécnica.
politicagem *s.f.* Politiqueo, politiquería.
político *adj. e s.* Político. ■ **política** *s.f.* Política.
polo *s.m.* **1.** Polo. **2.** *Desp.* Polo. ♦ **Polo aquático.** Polo acuático, *water polo.* **Polo norte/sul.** Polo norte/sur.
polpa *s.f.* Pulpa, carne.
poltrona *s.f.* **1.** Sillón. **2.** *Teat.* Butaca, asiento.
poluição *s.f.* Contaminación, polución, *smog.*
poluir *v.t.* Contaminar, polucionar.
polvilhar *v.t.* Espolvorear, polvorear.
polvo *s.m.* Pulpo.
pólvora *s.f. Quím.* Pólvora.
polvorosa *s.f.* Atropello, agitación.
pomada *s.f.* **1.** Crema, pomada. **2.** Betún *(para calçado).*
pomar *s.m.* Plantación de árboles frutales. ♦ **Pomar de laranjas.** Naranjal. **Pomar de maçãs.** Manzanar. **Pomar de uvas.** Viña.
pombo *s.* Paloma. ♦ **Pombo-correio.** Paloma mensajera. **Os (dois) pombinhos.** Los novios.
pompa *s.f.* Pompa, aparato, ostentación.
ponche *s.m.* Ponche.
poncho *s.m. Amer.* Poncho, sarape.
ponderar *v.t.* Ponderar, sopesar, reflexionar.
ponta *s.f.* **1.** Punta, extremo. **2.** Punta, lengua de tierra. **3.** Punta, principio o fin de una serie. **4.** *Teat.* Pequeña participación de un actor. ■ *s.m.* **5.** *Desp.* Delantero, puntero. ♦ **Ponta-direita/Ponta-esquerda.** *Desp.* Delantero derecho/izquierdo. **Aguentar/Segurar as pontas. 1.** Soportar una situación difícil. **2.** Esperar pacientemente. **De ponta a ponta.** De cabo a rabo. **Na ponta da língua. 1.** (Estar/Tener) En la punta de la lengua. **2.** (Saber) Al dedillo. **Na ponta dos pés.** De puntillas.
pontada *s.f.* Punzada, puntada.
pontalete *s.m. Arq.* Puntal, pie derecho.
pontapé *s.m.* Puntapié, patada, puntera.
pontaria *s.f.* Puntería. ♦ **Fazer pontaria.** Hacer mira, apuntar.
ponte *s.f.* Puente. ♦ **Fazer a ponte entre.** Establecer relación entre, atar cabos.
ponteiro *s.m.* **1.** Aguja, manecilla, puntero *(relógio).* **2.** Puntero, varilla *(para assinalar).* **3.** Cincel, punzón *(para desbastar).* ■ **ponteira** *s.f.* Puntera. ♦ **Acertar os ponteiros.** Ponerse de acuerdo.
ponto *s.m.* **1.** Punto, puntada *(costura).* **2.** Punto, tanto *(em jogos).* **3.** Punto, sitio, paraje. **4.** Materia de estudio, lección; *(Arg.)* bolilla. **5.** Punto, liga, grado de consistencia. **6.** *Gram.* Punto, señal gráfica. **7.** *Teat.* Apuntador. ♦ **Ponto e vírgula.** Punto y coma. **Ponto morto.** Punto muerto. **Ponto/Sinal de exclamação.** Exclamación, admiración. **Ponto/Sinal de interrogação.** Interrogación. **Bater o ponto.** Fichar, marcar la entrada y la salida. **Dormir no ponto.** No actuar en el momento oportuno; *(Rio-plat.)* parpadear; *(Am.C.)* vacilar. **Entregar os pontos.** Rendirse, entregarse, darse por vencido. **Fazer ponto em.** Parar en. **Livro/Cartão de ponto.** Libro/Tarjeta de entrada y salida. **Não dar ponto sem nó.** Actuar con cálculo.
pontuação *s.f.* Puntuación. ♦ **Sinal de pontuação.** *Gram.* Signo de puntuación.
pontualidade *s.f.* Puntualidad.
pontudo *adj.* Puntiagudo.
popa *s.f. Mar.* Popa.
população *s.f.* Población, conjunto de habitantes.
popular *adj. e s.2g.* Popular.

pôquer *s.m.* Póquer.
por *prep.* Por. ♦ **Por acaso.** De casualidad. **Por bem ou por mal.** Por las buenas o por las malas. **Por enquanto.** Por ahora, por lo pronto. **Por via das dúvidas.** Por si las moscas, por las dudas, por si acaso.
pôr *v.t.* **1.** Poner, colocar. **2.** Echar. ■ *v.p.* **3.** Ponerse (*o sol*). ♦ **Pôr a perder.** Echar a perder. **Pôr mãos à obra.** Poner manos a la obra. **Pôr na rua.** Echar, despedir, poner de patitas en la calle. **Pôr para fora. 1.** Echar, sacar de un sitio. **2.** Desahogarse. **Pôr do sol.** Puesta/Caída del sol, ocaso.
porão *s.m.* **1.** Sótano. **2.** *Mar.* Bodega.
porca *s.f. Mec.* Tuerca.
porção *s.f.* **1.** Porción, ración. **2.** *Col.* Montón, sinnúmero, porción.
porcaria *s.f.* Porquería; (*Amer.*) chanchada, cochinada.
porcentagem *s.f. Mat.* Porcentaje.
porcentual *adj. e s.m. Mat.* Porcentual.
porco *s.* Cerdo, puerco, cochino, marrano; (*Amer.*) chancho. ♦ **Porco-espinho.** Erizo, puerco espín. **Porquinho** (*de moedas*). Alcancilla, hucha; (*Rio-plat.*) chanchito. **Porquinho-da-índia.** Cobayo, conejillo de indias. **Banha de porco.** Manteca. **Espírito de porco.** Alma de caballo/cántaro.
porém *conj.* **1.** Sin embargo, pero, empero. ● *s.m.* **2.** Pero, obstáculo.
pormenor *s.m.* Pormenor, detalle, menudencia.
pornografia *s.f.* Pornografía.
poro *s.m.* Poro.
porque *conj.* Porque. *Fui deitar porque estava pregada.* Fui a acostarme porque estaba rendida. ● **porquê** *s.m.* Porqué. *Tudo tem um porquê.* Todo tiene un porqué. ● **por que** *p.interr.* ¿Por qué? Por qué. *Por que faltou à aula de ontem?* ¿Por qué faltaste a la clase de ayer? *Não disse por que não veio.* No dijo por qué no vino.
porra *s.f. Vulg.* ¡Joder! ¡Carajo!
porrada *s.f. Col.* Porrazo, trompada.
porre *s.m. Col.* Borrachera, tajada, cogorza.

porta *s.f.* Puerta. ♦ **Porta sanfonada.** Puerta de librillo/de acordéon/en fuelle. **Porta-aviões.** Porta(a)viones. **Porta-bagagem.** Portaequipajes. **Porta-bandeira/Porta-estandarte.** Portaestandarte, abanderado. **Porta-joias.** Joyero. **Porta-luvas.** Guantera. **Porta-malas.** Maletero, baúl, portaequipajes. **Porta-retratos.** Marco, portarretrato. **Porta-voz.** Vocero, portavoz. **Às portas de.** Al borde de. **Bater a porta.** Dar un portazo. **Bater à porta.** Golpear la puerta. **Dar com a porta na cara.** Dar con la puerta en las narices. **Ser uma porta.** Ser corto de inteligencia.
portanto *conj.* Por (lo) tanto, por consiguiente, por ende.
portão *s.m.* Portón, portada, portalón.
portaria *s.f.* **1.** Portería, conserjería. **2.** *For.* Especie de decreto, resolución, orden.
portátil *ad.2g.* Portátil.
porte *s.m.* **1.** Porte, flete. **2.** Porte, talla. **3.** *Fig.* Envergadura, magnitud, porte.
porteiro *s.* Portero, conserje. ■ **porteira** *s.f.* Cancilla. ♦ **Porteiro eletrônico.** Portero automático.
porto *s.m. Mar.* Puerto.
porventura *adv.* Acaso, por casualidad, quizás, tal vez.
porvir *s.m.* Porvenir.
pose *s.f.* **1.** Pose, postura. **2.** Pose, afectación.
pós-escrito *s.m.* Posdata.
pós-graduação *s.f.* Posgrado, postgrado.
posição *s.f.* Posición.
posicionar *v.t.* **1.** Poner en posición, ubicar. ■ *v.p.* **2.** Asumir una postura, definirse. **3.** Situarse; (*Amer.*) ubicarse.
positivismo *s.m. Fil.* Positivismo.
positivo *adj. e s.m.* **1.** Positivo. ● *adv.* **2.** *Col.* Sí.
posse *s.f.* Posesión. ■ **posses** *s.f.pl.* Bienes, propiedades. ♦ **Tomar posse.** Tomar posesión, posesionarse.
possesso *adj. e s.* Poseído, poseso.
possibilitar *v.t.* Posibilitar, facultar.
possível *adj.* Posible.

possuidor *adj. e s.* Poseedor.
possuir *v.t.* Poseer.
poste *s.m.* Puntal, poste. ♦ **Poste de luz.** Farola, faro.
posterior *adj.* Posterior.
postiço *adj.* Postizo.
posto *adj.* **1.** Puesto. ● *s.m.* **2.** Puesto, cargo. **3.** Puesto, posición. **4.** Agencia, estación, oficina. ♦ **Posto de gasolina.** Estación de servicio, gasolinera. **Posto policial.** Jefatura de policía. **Estar a postos.** Estar en sus lugares, listos.
postulado *adj.* **1.** Planteado, postulado. ● *s.m.* **2.** *Fil. e geom.* Postulado.
póstumo *adj.* Póstumo.
postura *s.f.* Postura, posición.
potássio *s.m. Quím.* Potasio.
pote *s.m.* Pote, tarro.
potência *s.f.* Potencia.
potencial *adj. e s.m.* Potencial.
pouco *adj., s.m., adv. e p.indef.* Poco. ♦ **Pouco a pouco.** Poco a poco. **Pouco-caso.** Indiferencia, desinterés. **Pouca-vergonha.** Descaro. **Aos poucos.** De a poco. **Daqui a pouco.** Dentro de poco, en un rato. **Fazer pouco de.** Humillar, menospreciar. **Por pouco.** Por poco. **Uns poucos.** Unos pocos, alguno que otro.
poupança *s.f.* Ahorro. ♦ **Caderneta de poupança.** Libreta de ahorro.
poupar *v.t.* **1.** Ahorrar, economizar. **2.** Eximir, perdonar, dispensar. ■ *v.t. e v.p.* **3.** *Fig.* Ahorrar(se), evitar esfuerzo.
pousada *s.f.* Posada, albergue.
pousar *v.t.* **1.** Poner, apoyar. ■ *v.i.* **2.** Aterrizar, posar. **3.** Posar, hospedarse.
povo *s.m.* Pueblo, población.
povoado *adj.* **1.** Poblado, habitado. ● *s.m.* **2.** Pueblo, poblado, población.
povoar *v.t. e v.p.* Poblar(se).
praça *s.f.* **1.** Plaza. **2.** Mercado, comercio. *Um produto comum na praça.* Un artículo corriente en el mercado. **3.** *Mil.* Soldado raso. ♦ **Pôr na praça.** Poner a la venta.
praga *s.f.* **1.** Plaga, calamidad. **2.** Imprecación, maldición, peste. **3.** Mala hierba, hierba dañina. **4.** Plaga, enfermedad epidémica. **5.** *Fig.* Persona cargosa. ♦ **Rogar praga.** Echar pestes/maldiciones.
praguejar *v.t. e v.i.* Maldecir, echar pestes.
praia *s.f.* Playa.
prancha *s.f.* Tablón, tabla.
pranto *s.m.* Llanto.
prata *s.f.* **1.** *Quím.* Plata. **2.** *Col.* Plata, dinero.
prateleira *s.f.* Repisa, estante, anaquel, entrepaño.
praticar *v.t. e v.i.* Practicar.
prático *adj.* **1.** Práctico. **2.** Pragmático. ● *s.* **3.** Practicante, no diplomado. ■ **prática** *s.f.* **4.** Práctica, experiencia. **5.** Práctica, ejercicio, uso.
prato *s.m.* **1.** Plato, vajilla. **2.** Plato, vianda. **3.** Plato, platillo (*balança*). **4.** *Mus.* Platillo. ♦ **Prato de sobremesa.** Plato de postre. **Prato fundo.** Plato sopero/hondo. **Prato principal/quente.** Plato fuerte. **Prato raso.** Plato llano/playo. **Pôr em pratos limpos.** Sacar en claro.
prazer *s.m.* Placer. ♦ **Muito prazer.** Mucho gusto.
prazo *s.m.* Plazo, término.
preâmbulo *s.m.* Preámbulo.
precário *adj.* Precario.
precaução *s.f.* Precaución.
precaver *v.t. e v.p.* Precaver(se).
prece *s.f.* Plegaria, oración.
precedente *adj. e s.m.* Precedente.
preceder *v.t. e v.i.* Preceder.
precipício *s.m.* Precipicio.
precipitação *s.f.* **1.** Precipitación, apremio, prisa. **2.** Precipitación, lluvia.
precipitar *v.t. e v.p.* Precipitar(se).
precisão *s.f.* **1.** Precisión, exactitud. **2.** Necesidad. ♦ **Ter precisão (de). 1.** Ser necesario, hacer falta. **2.** Estar falto de.
precisar *v.t.* **1.** Necesitar, tener que. *Preciso comprar roupa.* Necesito comprar ropa. **2.** Necesitar, hacer falta. *Preciso de mais tempo.* Necesito más tiempo. **3.** Precisar, fijar con precisión. ■ *v.i.* **4.** Ser pobre, necesitado.

Trabalham muito porque precisam. Trabajan mucho porque son pobres. ♦ **Ser preciso.** Ser necesario, hacer falta.

preço *s.m.* 1. Precio, costo. 2. *Fig.* Precio, recompensa. ♦ **A preço de banana.** Muy barato, regalado.

precoce *adj.* Precoz.

preconceito *s.m.* Prejuicio, juicio preconcebido.

precursor *adj. e s.* Precursor.

predador *adj. e s.* Depredador.

predicado *s.m. Gram.* Predicado.

predileto *adj. e s.* Predilecto.

prédio *s.m.* Edificio.

predispor *v.t. e v.p.* Predisponer(se).

predizer *v.t.* Predecir.

predominar *v.t. e v.i.* Predominar.

preencher *v.t.* 1. Completar, llenar, rellenar (*formulários, documentos*). 2. Satisfacer, cumplir (*requisitos, exigências*).

prefácio *s.m. Liter.* Prefacio.

prefeito *s.* Alcalde; (*Arg.*) intendente.

prefeitura *s.f.* (*Esp.*) Ayuntamiento; (*Amer.*) alcaldía, municipalidad; (*Arg.*) intendencia.

preferência *s.f.* Preferencia.

preferencial *adj.* 1. Preferente. ● *s.f.* 2. Calle que tiene la preferencia en el paso.

preferir *v.t.* Preferir.

prefixar *v.t.* Prefijar.

prefixo *s.m. Gram.* Prefijo.

prega *s.f.* Doblez, pliegue.

pregador *s.m.* Pinza, prendedor.

pregar *v.t. e v.i.* 1. Predicar, evangelizar. ■ *v.t.* 2. Clavar (*prego*). 3. Coser (*botão*). 4. Prender, pegar, unir. ♦ **Pregar um susto.** Dar un susto. **Pregar uma peça.** 1. Jugar una mala pasada. 2. Gastar una broma. **Estar/Ficar pregado.** Estar agotado/rendido.

prego *s.m.* 1. Clavo. 2. Casa de empeños. 3. *Col.* Cansancio excesivo, agotamiento. ♦ **Estar no/num prego.** Estar rendido. **Pôr no prego.** Empeñar.

preguiça *s.f.* 1. Pereza; (*Amer.*) haraganería; (*Arg.*) fiaca. 2. Perezoso (*animal*). ♦ **Estar com preguiça.** Tener pereza.

preguiçoso *adj. e s.* Perezoso, haragán, holgazán.

prejudicar *v.t.* Perjudicar, lesionar.

prejuízo *s.m.* 1. Perjuicio, daño, pérdida. 2. Prejuicio, prevención. ♦ **Dar prejuízo.** *Com.* Dar pérdida.

preliminar *adj., s.m. e s.f.* Preliminar.

prelo *s.m. Tip.* Prensa. ♦ **No prelo.** En imprenta.

prelúdio *s.m.* Preludio.

prematuro *adj. e s.m.* Prematuro, temprano, tempranero.

premeditar *v.t.* Premeditar.

premente *adj.* Apremiante.

premiação *s.f.* Entrega de premios; (*Amer.*) premiación.

premiar *v.t.* Premiar, agraciar.

prêmio *s.m.* Premio.

premissa *s.f. Fil.* Premisa.

prender *v.t.* 1. Atar, amarrar, prender. 2. Apresar, detener, meter preso, arrestar. 3. *Fig.* Cautivar, atrapar, fascinar. ● *v.p.* 4. Agarrarse, aferrarse. 5. Atarse, unirse.

prensa *s.f. Mec.* Prensa.

preocupação *s.f.* Inquietud, preocupación.

preocupar *v.t. e v.p.* Afligir(se), preocupar(se).

preparação *s.f.* Preparación.

preparar *v.t. e v.p.* Preparar(se).

preparativo *adj. e s.m.* Preparativo.

preparo *s.m.* Preparación.

preposição *s.f. Gram.* Preposición.

prepúcio *s.m. Med.* Prepucio.

prerrogativa *s.f.* Prerrogativa.

presa *s.f.* 1. Presa, botín. 2. Presa, colmillo, defensa. 3. Caza, alimento de animal carnívoro.

prescindir *v.t.* Prescindir, dispensar.

prescrever *v.t.* 1. Prescribir, ordenar. ■ *v.i.* 2. *For. e com.* Prescribir, caducar.

presença *s.f.* Presencia.

presente *adj.* 1. Presente, compareciente, que asiste o concurre a. 2. Presente, actual. ● *s.m.* 3. Regalo, obsequio, ofrenda. 4. *Gram.* Presente, tiempo verbal. 5. Presente, el momento actual.

presentear v.t. Regalar, brindar.
presépio s.m. Pesebre, belén, nacimiento.
preservar v.t. e v.p. Preservar(se).
preservativo adj. e s.m. **1.** Preservativo, profiláctico. **2.** Preservativo, condón.
presidência s.f. Presidencia.
presidencialismo s.m. Presidencialismo.
presidente adj. e s.2g. Presidente.
presidiário adj. e s. Presidiario, penado.
presídio s.m. Cárcel, presidio.
presidir v.t. Presidir.
presilha s.f. **1.** Hebilla, broche. **2.** Pasador (de cabelo).
preso adj. **1.** Atado, prensado. *Ela está de cabelo preso.* Ella lleva el pelo atado. *Meu dedo ficou preso na porta.* El dedo me quedó prensado en la puerta. ■ adj. e s. **2.** Preso, prisionero, detenido.
pressa s.f. Prisa, premura; (Amer.) apuro. ♦ **Às pressas.** A la ligera. **Não tem pressa.** No hay prisa. **Ter pressa.** Estar apresurado.
presságio s.m. Presagio.
pressão s.f. Presión.
pressentimento s.m. Presentimiento, corazonada, pálpito.
pressentir v.t. Presentir.
pressionar v.t. Coaccionar, hacer presión, apremiar, presionar, aprensar.
pressuposto adj. e s.m. Suposición, presupuesto.
prestação s.f. **1.** Prestación (serviços). **2.** Rendición (contas). **3.** Mensualidad, plazo, cuota; (Mex. e Am.C.) abono. ♦ **Comprar à prestação/em prestações.** Comprar a plazos/en cuotas/por abonos.
prestar v.i. **1.** Servir, tener utilidad o calidad, prestar. ■ v.t. **2.** Prestar (ajuda, serviço, declaração, atenção). **3.** Rendir (contas, homenagem). ■ v.p. **4.** Prestarse, ofrecerse.
prestativo adj. Servicial, solícito.
prestigiar v.t. Prestigiar.
prestígio s.m. Prestigio, renombre.
presumir v.t. Suponer, presumir.
presunçoso adj. e s. Presumido, creído, engreído, presuntuoso.

presunto s.m. **1.** Jamón. **2.** Col. Cadáver.
pretendente adj. e s.2g. Pretendiente.
pretender v.t. Pretender.
pretensão s.f. Pretensión.
pretérito adj. **1.** Pretérito, pasado. ● s.m. **2.** Gram. Pretérito, tiempo verbal.
pretexto s.m. Pretexto, excusa. ♦ **Sob pretexto de.** So pretexto de.
preto adj. e s. Negro.
prevalecer v.t. **1.** Prevalecer, predominar, privar. ■ v.p. **2.** Aprovecharse, sacar partido.
prevenção s.f. **1.** Prevención, precaución. **2.** Prevención, prejuicio.
prevenir v.t. e v.p. Prevenir(se).
prever v.t. Prever.
previdência s.f. Previsión. ♦ **Previdência Social.** Seguridad/Previsión Social; (Amer.) Mutual.
prévio adj. Previo.
previsão s.f. Previsión, pronóstico.
prezar v.t. **1.** Estimar, apreciar. ■ v.p. **2.** Preciarse, vanagloriarse.
primário adj. **1.** Primario, primero, principal. **2.** Primario, primitivo, rudimentario. ● s.m. **3.** Antiguo nombre de la enseñanza primaria.
primavera s.f. Primavera.
primeiro num. **1.** Primer, primero. ● adj. e s. **2.** Primero, el que ocupa el primer lugar. ● adv. **3.** Primero, primeramente. ♦ **Primeira via** (documento). Original.
primitivo adj. e s. Primitivo.
primo adj. **1.** Mat. Primo. ● s. **2.** Primo, hijo del tío. ♦ **Prima-dona.** Mus. Prima donna.
principal adj. **1.** Principal. ● s.m. **2.** Com. Principal, capital prestado.
príncipe s.m. Príncipe.
principiante adj. e s.2g. Principiante, nuevo, verde.
princípio s.m. **1.** Principio, comienzo. **2.** Principio, norma. ■ **princípios** s.m.pl. Principios, conocimientos básicos, rudimentos.
prioridade s.f. Prioridad.
prisão s.f. Prisión, cárcel. ♦ **Prisão de ventre.** Estreñimiento. **Prisão domiciliar.** For. Arresto domiciliario.

prisioneiro s. Prisionero, recluso.
privacidade s.f. Intimidad, vida privada.
privada s.f. Letrina, retrete.
privado adj. Privado, privativo.
privar v.t. 1. Privar, despojar. 2. Privar, prohibir. ■ v.p. 3. Privarse, abstenerse.
privatizar v.t. Privatizar.
privilégio s.m. Privilegio.
pró adv. e s.m. Pro, a favor de. ♦ **(Os) Prós e (os) contras.** (Los) pros y (los) contras.
proa s.f. Mar. Proa.
problema s.m. Problema.
proceder v.t. 1. Proceder, provenir. 2. Proceder, ejecutar, realizar. 3. For. Proceder, incoar o seguir proceso. ■ v.i. 4. Proceder, portarse. 5. Proceder, tener fundamento. ● s.m. 6. Proceder, comportamiento.
procedimento s.m. 1. Proceder, comportamiento. 2. Procedimiento, acción, paso. ♦ **Dar procedimento a.** Proceder a.
processador s.m. Inform. Procesador.
processamento s.m. 1. Inform. Procesamiento. 2. Proceso, tratamiento.
processar v.t. 1. For. Procesar, formar causa, accionar, demandar. 2. Inform. Procesar, tratar la información.
processo s.m. 1. For. Causa, proceso, expediente, procedimiento, juicio. 2. Proceso, método, técnica. 3. Proceso, evolución.
procissão s.f. Procesión.
proclama s.m. Proclamas, amonestaciones.
proclamar v.t. Proclamar.
próclise s.f. Gram. Próclisis.
procriar v.t. e v.i. Procrear.
procura s.f. Búsqueda, busca.
procuração s.f. For. Poder, carta poder. ♦ **Por procuração.** Por poder.
procurador s. For. 1. Apoderado. 2. Procurador, abogado.
procurar v.t. 1. Buscar. *Estou procurando emprego.* Ando buscando empleo. 2. Intentar, tratar de, procurar. *Procure ser gentil.* Procura ser amable.
prodígio s.m. Prodigio.
produção s.f. Producción.

produto s.m. 1. Producto, artículo. 2. Fig. Producto, fruto.
produtor adj. e s. Productor.
produzir v.t. 1. Producir, fabricar. 2. Producir, crear. 3. Fig. Producir, resultar. ■ v.i. 4. Producir, rendir. ■ v.p. 5. Col. Engalanarse.
proeminência s.f. 1. Preeminencia, superioridad. 2. Prominencia, protuberancia.
proeza s.f. Hazaña.
profanar v.t. Profanar.
proferir v.t. 1. Proferir, pronunciar. 2. For. Pronunciar, dictar.
professar v.t. Profesar.
professor s. Profesor, maestro. ■ **professora** s.f. Profesora, maestra, señorita.
profeta s.m. Profeta.
profilaxia s.f. Med. Profilaxis, profilaxia.
profissão s.f. Profesión.
profissional adj. e s.2g. Profesional.
profundo adj. 1. Hondo, profundo. 2. Fig. Profundo, intenso. 3. Fig. Profundo, complejo.
progenitor s. Progenitor, padre.
prognóstico s.m. Pronóstico.
programa s.m. Programa.
programador s. Programador.
programar v.t. 1. Programar, escalonar. 2. Inform. Programar. ■ v.p. 3. Fijarse un plan/proyecto.
progredir v.i. Progresar, evolucionar.
progressista adj. e s.2g. Progresista.
progresso s.m. Progreso, evolución.
proibição s.f. Prohibición, proscripción, veda.
proibir v.t. Prohibir, proscribir, vedar.
projeção s.f. Proyección.
projetar v.t. 1. Arq. Proyectar, diseñar. 2. Proyectar, exhibir.
projétil s.m. Mil. Proyectil.
projeto s.m. 1. Proyecto, plan. 2. Arq. Proyecto, diseño.
proletariado s.m. Proletariado, clase obrera.
proletário s. Proletario, obrero.
proliferar v.i. Proliferar.
prolixo adj. Prolijo, extenso, difuso.
prólogo s.m. Liter. Prólogo.

prolongar *v.t. e v.p.* Prolongar(se), alargar(se).
promessa *s.f.* Promesa.
prometer *v.t. e v.i.* Prometer.
promissor *adj.* Prometedor.
promissória *s.f. Com.* Pagaré, obligación, letra.
promoção *s.f.* **1.** Promoción, ascenso. **2.** *Com.* Promoción, oferta, rebaja.
promotor *adj. e s.* Promotor. ♦ **Promotor de justiça.** *For.* Procurador de justicia. **Promotor público.** *For.* Fiscal.
promover *v.t.* **1.** Promover, fomentar, impulsar. **2.** Promover, promocionar, ascender a nivel superior. **3.** *Com.* Promocionar, aumentar la venta.
promulgar *v.t.* Promulgar.
pronome *s.m. Gram.* Pronombre.
prontidão *s.f.* Prontitud. ♦ **Ficar/Estar de prontidão.** Poner sobre aviso, estar alerta.
pronto *adj.* Listo, dispuesto, terminado, preparado. ♦ **Pronto-socorro.** *Med.* Servicio de urgencias/emergencias/primeros auxilios.
pronúncia *s.f.* **1.** Pronunciación, articulación. **2.** Acento, dejo.
pronunciamento *s.m.* **1.** Comunicado. **2.** Pronunciamiento, sublevación. **3.** *For.* Pronunciamiento, sentencia.
pronunciar *v.t.* **1.** Pronunciar. ■ *v.p.* **2.** Manifestarse, expresarse, pronunciarse.
propaganda *s.f.* **1.** Publicidad (*comercial*). **2.** Propaganda (*política*).
proparoxítono *adj. e s. Gram.* Esdrújulo.
propenso *adj.* Propenso, adicto, inclinado, afecto.
propício *adj.* Propicio.
propor *v.t. e v.p.* Proponer(se).
proporção *s.f.* Proporción.
proporcional *adj.* **1.** Proporcionado, armónico. **2.** *Mat.* Proporcional.
proporcionar *v.t.* Proporcionar, brindar, ofrecer.
proposição *s.f. Gram. e mat.* Proposición.
propósito *s.m.* **1.** Propósito, finalidad. **2.** Propósito, intención. ♦ **A propósito.** Hablando de eso, a propósito. **A propósito de.** A propósito de. **De propósito.** Adrede, aposta, a/ de propósito, a sabiendas, queriendo.
proposto *adj.* Propuesto. ● **proposta** *s.f.* Propuesta.
propriedade *s.f.* **1.** Propiedad, posesión. **2.** Propiedad, bien inmueble. ♦ **Propriedade rural.** Heredad, hacienda, finca. **Com propriedade.** Con propiedad.
proprietário *adj. e s.* Propietario, dueño.
próprio *adj.* Propio.
propulsão *s.f.* Propulsión.
prorrogação *s.f.* Prórroga.
prorrogar *v.t.* **1.** Prorrogar, dilatar, prolongar. **2.** Prorrogar, aplazar.
prosa *s.f.* **1.** *Liter.* Prosa. **2.** Charla, plática.
proscrever *v.t.* **1.** Proscribir, desterrar. **2.** Proscribir, prohibir.
prosopopeia *s.f. Gram.* Prosopopeya.
prospecção *s.f.* Prospección.
prospecto *s.m.* Prospecto.
prosperar *v.t.* Prosperar, progresar.
prosseguimento *s.m.* Prosecución, proseguimiento. ♦ **Dar prosseguimento.** Dar secuencia.
prosseguir *v.t.* Proseguir, reanudar.
próstata *s.f. Med.* Próstata.
prostíbulo *s.m.* Prostíbulo.
prostituição *s.f.* Prostitución.
prostituir *v.t. e v.p.* Prostituir(se).
prostituta *s.f.* Prostituta, buscona, zorra.
protagonista *s.2g.* Protagonista.
proteção *s.f.* **1.** Protección, amparo. **2.** *Col.* Favoritismo.
proteger *v.t.* **1.** Proteger, amparar, defender. **2.** *Col.* Favorecer, beneficiar. ■ *v.t. e v.p.* **3.** Proteger(se), resguardar(se). **4.** Abrigar(se), cubrir(se).
protegido *adj. e s.* Favorito.
proteína *s.f.* Proteína.
protelar *v.t.* Aplazar, postergar.
prótese *s.f.* Prótesis.
protestante *adj. e s.2g.* Protestante.
protestantismo *s.m.* Protestantismo.
protestar *v.t.* **1.** Protestar, manifestar en pú-

blico. **2.** *Com.* Protestar un título. **3.** Protestar, reclamar.
protesto *s.m.* **1.** Protesta, rechazo público. **2.** *Com.* Protesto.
protocolo *s.m.* **1.** Protocolo. **2.** Comprobante, contraseña, resguardo.
protótipo *s.m.* Prototipo.
prova *s.f.* **1.** Prueba, constancia, demostración. **2.** Examen (*escolar*). **3.** Prueba, ensayo. **4.** *Desp., tip. e mat.* Prueba. ♦ **À prova de.** A prueba de.
provador *s.m.* Probador.
provar *v.t.* **1.** Probar, demostrar. **2.** Probar, gustar. **3.** Probar, someter a prueba.
provável *adj.* Probable.
proveito *s.m.* Provecho. ♦ **Faça bom proveito!** ¡Que (te/le) aproveche!
provento *s.m.* **1.** Ganancia, utilidad. **2.** Honorarios, ingresos.
prover *v.t.* Proveer, suplir, suministrar, surtir.
provérbio *s.m.* Proverbio, refrán.
proveta *s.f.* Probeta.
providência *s.f.* Providencia.
providenciar *v.t.* Proveer, tomar providencias o medidas, conseguir, diligenciar.
provido *adj.* Provisto.
província *s.f.* Provincia.
provir *v.t.* Provenir, proceder, derivar.
provisão *s.f.* Provisión, surtido.
provisório *adj.* Provisional, pasajero; (*Amer.*) provisorio.
provocar *v.t.* **1.** Provocar, causar, producir. **2.** Provocar, instigar, azuzar.
próximo *adj.* **1.** Próximo, cercano, rayano. **2.** Siguiente, próximo, el que sigue. ● *s.m.* **3.** Prójimo, semejante.
prudência *s.f.* Prudencia.
prumo *s.m.* Plomada, plomo. ♦ **A prumo.** A plomo.
pseudônimo *s.m.* Seudónimo.
psicanálise *s.f.* Psicoanálisis, sicoanálisis.
psicologia *s.f.* Psicología, sicología.
psicólogo *s.* Psicólogo, sicólogo.
psicopata *adj. e s.2g. Med.* Psicópata, sicópata.

psicose *s.f. Med.* Psicosis, sicosis.
psicotécnico *adj.* Psicotécnico, sicotécnico.
psicoterapia *s.f. Med.* Psicoterapia, sicoterapia.
psiquiatra *s.2g. Med.* Psiquiatra, siquiatra.
psiquiatria *s.f. Med.* Psiquiatría, siquiatría.
psiu *interj. e s.m.* **1.** Chit, chist (*para chamar*). **2.** Chito, chitón (*para pedir silêncio*).
puberdade *s.f.* Pubertad.
púbis *s.m. Med.* Pubis.
publicar *v.t.* Publicar.
publicitário *adj. e s.* Publicitario.
público *adj. e s.m.* Público.
pudim *s.m.* Budín, flan.
pudor *s.m.* Pudor, recato, pudicia.
pular *v.i.* Saltar, brincar. ♦ **Pular corda.** Jugar a la comba.
pulga *s.f.* Pulga. ♦ **Estar com a pulga atrás da orelha.** Tener la pulga detrás de la oreja.
pulmão *s.m. Med.* Pulmón.
pulo *s.m.* Salto, brinco. ♦ **Dar um pulo a/até.** Acercarse a, darse una vuelta por.
pulôver *s.m.* Jersey; (*Amer.*) chaleco de punto.
pulsação *s.f.* Pulsación, latido.
pulseira *s.f.* Pulsera, brazalete.
pulso *s.m.* Pulso.
pulverizar *v.t.* **1.** Pulverizar, moler. **2.** Pulverizar, esparcir (*líquido*). **3.** Espolvorear (*coisa em pó*).
punção *s.f. Med.* Punción, punzada, pinchazo.
punhado *s.m.* Puñado.
punhal *s.m.* Puñal.
punhalada *s.f.* Puñalada.
punho *s.m.* **1.** Puño, mano cerrada. **2.** Puño, muñeca. **3.** Puño, empuñadura, mango. **4.** Puño, bocamanga (*roupa*). ♦ **De próprio punho.** De (su) puño y letra.
punir *v.t.* Punir.
pupila *s.f. Med.* Pupila.
purê *s.m.* Puré.
pureza *s.f.* Pureza.
purgante *s.m.* Purga, purgante.
purgatório *s.m.* Purgatorio.
purificar *v.t. e v.p.* Purificar(se).

puritano *adj. e s.* Puritano.
puro *adj.* Puro. ♦ **Puro-sangue.** Caballo de raza.
pus *s.m. Med.* Pus.
pusilânime *adj. e s.2g.* Pusilánime, flojo, cobarde.
puta *s.f. Vulg.* Puta, ramera, perra; (*Arg.*) tumbada; (*Am.C.*) chingada, chucha. ♦ **Puta merda!** ¡A la mierda!/¡A la gran puta!/¡A la flauta!/¡A la chucha! **Puta que (o) pariu!** ¡La puta que te/lo parió! **Filho da puta.** Hijo de (la gran) puta/de una perra madre/de la chingada.
puxa *interj.* ¡Caramba! ¡Jolines!; (*Mex. e Am.C.*) ¡Híjole!

puxada *s.f.* **1.** Tirón. **2.** *Col.* Gran distancia, tirada.
puxado¹ *adj.* **1.** Estirado. **2.** Caro, costoso. **3.** Cansado, agotador. **4.** Arduo, difícil. ♦ **Olhos puxados.** Ojos achinados.
puxado² *s.m. Arq.* Prolongación de una casa.
puxador *s.m.* Manija, empuñadura.
puxão *s.m.* Tirón.
puxar *v.t.* **1.** Tirar. **2.** Extraer, arrancar. ♦ **Puxar conversa.** Meter plática. **Puxar o saco.** *Vulg.* Adular, hacer la pelotilla; (*Rio-plat.*) chupar las medias; (*Am.C.*) chaquetear.
puxa-saco *s.2g. Vulg.* Adulador, lameculos; (*Rio-plat.*) chupamedias; (*Am.C.*) chaquetero, arrastrado.

Q

q *s.m.* Q (*décima sétima letra do alfabeto português*).
quadra *s.f.* **1.** *Desp.* Cancha. **2.** Manzana; (*Amer.*) cuadra. **3.** *Mus. e liter.* Copla, cuarteto.
quadrado *s.m.* **1.** *Geom.* Cuadrado. ■ *adj. e s.* **2.** *Col.* Chapado a la antigua.
quadrante *s.m.* **1.** *Geom.* Cuadrante. **2.** Esfera, mostrador (*relógio*).
quadriculado *adj.* A cuadros, cuadriculado, en ajedrez.
quadril *s.m. Med.* Anca, cadera, cuadril.
quadrilátero *adj. e s.m. Geom. e desp.* Cuadrilátero.
quadrilha *s.f.* **1.** Cuadrilla, banda, camarilla. **2.** Cuadrilla, baile de salón.
quadrinhos *s.m.pl.* Tira cómica, *comics*, tebeo.
quadro *s.m.* **1.** Cuadro, pintura. **2.** Tabla, cuadro. **3.** *Fig.* Cuadro, escena. **4.** *Teat.* Cuadro. **5.** *Desp.* Equipo, cuadro, formación. **6.** Plantilla, efectivo de una corporación. ♦ **Quadro-negro.** Pizarra, pizarrón.

quadrúpede *adj. e s.2g.* **1.** Cuadrúpedo. **2.** *Col.* Tonto, burro, bruto.
quádruplo *num. e s.m.* **1.** Cuádruple. **2.** *Mat.* Cuádruplo.
qual *p.interr.* **1.** Cuál. ■ *p.rel.* **2.** Cual, quien, que. ● *conj.* **3.** Tal cual, como. ♦ **Os quais** (*pessoas*). Quienes.
qualidade *s.f.* **1.** Calidad, condición, estado. **2.** Cualidad, atributo, virtud. ♦ **Na qualidade de.** En calidad de, con carácter de.
qualificar *v.t.* **1.** Calificar, catalogar, tildar. **2.** Cualificar, calificar, atribuir cualidades. ♦ **Estar qualificado para.** Estar apto para. **Mão de obra qualificada.** Mano de obra calificada. **Operário qualificado.** Obrero cualificado.
qualitativo *adj.* Cualitativo.
qualquer *p.indef.* Cualquier, cualquiera. ■ **quaisquer** *p.indef.pl.* Cualesquiera. ♦ **Qualquer um/uma.** Cualquiera. **Qualquer um que.** Quienquiera que. **Em qualquer lugar.** Dondequiera, donde sea.
quando *adv. e conj.* **1.** Cuando. *Quando todos*

chegarem, poderemos jantar. Podremos cenar cuando lleguen todos. ■ *adv.* **2.** Cuándo (*em frases interr. e excl.*). *Quando posso começar?* ¿Cuándo puedo empezar? ♦ **Quando de.** Con ocasión de. **Quando menos.** Al menos. **Quando muito.** Si mucho, a lo sumo. **Até quando?** ¿Hasta cuándo? **De quando/vez em quando.** De cuando en cuando, de tarde en tarde. **Desde quando?** ¿De cuándo acá?

quantia *s.f.* Importe, monto, suma.

quantidade *s.f.* Cantidad.

quantificar *v.t.* Cifrar, cuantificar.

quantitativo *adj.* Cuantitativo.

quanto *p.interr.* **1.** Cuánto. *Quanto custa?* ¿Cuánto cuesta? ■ *p.rel.* **2.** Cuanto. *Diz tudo quanto lhe passa pela cabeça.* Dice (todo) cuanto se le ocurre. ● *adv.* **3.** Cómo, cuánto, qué de. *Não imagina quanto dói.* No te figuras cuánto duele. ♦ **Quanto a.** En cuanto a. **Quanto antes.** Cuanto antes. **Tanto (…) quanto.** Tanto (…) como. **Um tanto quanto.** Algo.

quão *adv.* **1.** Cuan. **2.** Cuán (*em frases interr. e excl.*).

quarar *v.t.* Blanquear, asolear la ropa.

quarentão *adj. e s.* Cuarentón.

quarentena *s.f.* Cuarentena.

quarta-feira *s.f.* Miércoles.

quarteirão *s.m.* Manzana; (*Amer.*) cuadra.

quartel *s.m. Mil.* Cuartel. ♦ **Quartel-general.** Cuartel general.

quarteto *s.m. Mus.* Cuarteto.

quarto *num. e s.m.* **1.** Cuarto. ■ *s.m.* **2.** Habitación, pieza, cuarto, aposento.

quartzo *s.m. Geol.* Cuarzo.

quase *adv.* Casi. ♦ **Quase!** ¡Por poco! **Quase não** (+ *v.*). Apenas. *Quase não comeu.* Apenas comió. **Quase sempre/nunca.** Casi siempre/nunca.

que *p.rel. e conj.* **1.** Que. *O rapaz de que lhe falei.* El muchacho del que te hablé. *Prometeu que escreveria.* Prometió que escribiría. ■ *p.interr., p.indef. e adv.* **2.** Qué. *Que é isto?* ¿Qué es esto? *Que felicidade!* ¡Qué felicidad! *Que longe fica!* ¡Qué lejos queda! ♦ **Que nem.** Como, igual que. **A fim de que.** Con la finalidad/el fin de que. **Ao passo que.** Mientras que. **Já/Posto que.** Ya/Puesto que. **Para que.** Para que. **Se bem que.** Aunque.

quê *s.m.* **1.** Qué, algo de, algo como. *Tem um quê de amargo.* Tiene algo como amargo. **2.** Cu, letra q. ● *p.rel. e p.interr.* **3.** Qué. *E ele respondeu o quê?* Y él, ¿qué contestó? ♦ **Não há de quê.** No hay de qué.

quebra *s.f.* **1.** Quiebra, rotura. **2.** Interrupción, corte. *Uma quebra no ritmo.* Un corte en el ritmo. **3.** *Com.* Desfalco. *Uma quebra na Bolsa.* Un desfalco en la Bolsa. **4.** Doblez. *A quebra/o vinco da calça.* El doblez del pantalón. **5.** *Com.* Quiebra, bancarrota. ♦ **De quebra.** Y además, de rebote, ya que está.

quebrado *adj.* **1.** Roto, quebrado. **2.** *Fig.* Cansado, rendido. ● **quebrada** *s.f.* Quebrada, desfiladero.

quebranto *s.m.* **1.** Quebranto, desánimo. **2.** Hechizo, mal de ojo.

quebrar *v.t.* **1.** Romper, quebrar. **2.** Quebrantar, violar (*lei, palavra*). **3.** Quebrantar, debilitar (*força, saúde*). ■ *v.i. e v.p.* **4.** Romperse, quebrarse. **5.** Descomponerse, estropearse (*máquina*). ■ *v.i.* **6.** *Com.* Quebrar, arruinarse. ♦ **Quebrar o galho.** Ayudar a resolver un problema; (*Rio-plat.*) hacer una gauchada; (*Mex. e Am.C.*) hacer la campaña. **Quebrar-se em pedacinhos.** Hacerse añicos. **Quebra-cabeça.** Rompecabezas. **Quebra-mar.** Rompeolas. **Quebra-nozes.** Cascanueces. **Quebra-pau.** Pelea, agarrada. **Quebra-quebra.** Alboroto en que se arrojan y se rompen cosas. **Quebra-vento.** Ventanilla basculante.

queda *s.f.* **1.** Caída, desplomo. **2.** Disminución, declinación. *Queda de preços.* Disminución de precios. **3.** *Fig.* Decadencia, ruina, caída. **4.** *Fig.* Inclinación, afición. *Tem (uma) queda pelo rock.* Tiene afición al *rock*. ♦ **Queda-d'água.** Salto, cascada.

queijo *s.m.* Queso. ♦ **Queijo ralado.** Queso rallado. **Pão, pão, queijo, queijo.** Al pan, pan, y al vino, vino.

queima *s.f.* Quema. ♦ **Queima de mercadorias.** Rebaja.

queimadura *s.f.* Quemadura.

queimar *v.t. e v.p.* Quemar(se). ♦ **À queima-roupa.** A quemarropa.

queixa *s.f.* Queja. ♦ **Dar queixa a.** Dar parte a.

queixada *s.f.* Mandíbula, quijada.

queixar-se *v.p.* Quejarse.

queixo *s.m.* Barbilla, mentón. ♦ **Ficar de queixo caído.** Quedar boquiabierto/pasmado/turulato/atónito.

quem *p.rel.* **1.** Quien, el que, quienes, los que. *As pessoas com quem falei.* Las personas con quien/quienes hablé. ■ *p.interr.* **2.** Quién, quiénes. *Quem virá à festa?* ¿Quién vendrá/Quiénes vendrán a la fiesta? ♦ **Quem quer que.** Quienquiera que. **Quem sabe!** Tal vez, a lo mejor.

quente *adj.* **1.** Caliente, caluroso. **2.** Caliente, sensual. **3.** *Fig.* Legítimo, no falsificado, de buena calidad. ♦ **Cachorro-quente.** Perro caliente, *hot dog*. **Misto-quente.** Bocadillo/Emparedado de jamón y queso tostado.

quepe *s.m.* Quepis.

quer *conj.* Así, o, ya sea que. *Quer vá, quer fique.* Así te vayas o te quedes. ♦ **Quer queira, quer não.** Quieras que no. **O que quer que.** No importa (lo) que. **Onde quer que.** Dondequiera que.

querer *v.t. e v.i.* Querer. ♦ **Quer dizer.** Es decir, o sea. **Bem-querer.** Querer, cariño.

querido *adj. e s.* Querido.

querosene *s.m. Quím.* Queroseno, kerosén.

questão *s.f.* **1.** Cuestión, tema, materia. **2.** Pregunta, cuestión, interrogante. **3.** Pleito, pendencia, alegato. ♦ **Fazer questão de.** Hacer hincapié, insistir en.

questionar *v.t.* Cuestionar, controvertir, plantear.

questionário *s.m.* Formulario para recoger datos, encuesta, cuestionario.

quíchua *adj. e s.2g.* Quechua, quichua.

quieto *adj.* **1.** Quieto, quedo. **2.** Callado. ♦ **Ficar quieto. 1.** Estarse quedo, quedarse quieto. **2.** Callarse. **Fique quieto!** ¡Cállate!

quilate *s.m.* Quilate.

quilograma *s.m.* Kilogramo. ■ Símbolo: *kg*.

quilometragem *s.f.* Kilometraje.

quilômetro *s.m.* Kilómetro. ■ Símbolo: *km*.

quilowatt *s.m. Fís.* Kilovatio. ■ Símbolo: *kW*.

químico *adj. e s.* Químico. ■ **química** *s.f.* Química.

quimioterapia *s.f. Med.* Quimioterapia.

quimono *s.m.* Kimono.

quina *s.f.* **1.** Quicio, ángulo. **2.** Quina, cinco números de lotería.

quinhão *s.m.* **1.** Cuota, parte, porción. **2.** *For.* Hijuela.

quinta-feira *s.f.* Jueves.

quintal *s.m.* Patio.

quíntuplo *num. e s.* Quíntuplo.

quinzena *s.f.* Quincena.

quiosque *s.m.* **1.** Abrigo; (*Amer.*) quincho. **2.** Kiosco, quiosco (*jornais, revistas*).

quiromancia *s.f.* Quiromancia.

quisto *s.m. Med.* Quiste.

quitação *s.f. Com.* Finiquito, carta de pago, quitanza, liquidación. ♦ **Dar quitação.** Dar carta de pago.

quitanda *s.f.* Verdulería.

quitar *v.t. Com.* Finiquitar, liquidar o cancelar una cuenta.

quite *adj.* Solvente, libre de deudas. ♦ **Estar quite. 1.** No deber nada, estar al corriente. **2.** Desquitarse, resarcirse.

quitinete *s.f.* Departamento de un solo ambiente, kitchenette.

quitute *s.m.* Exquisitez, manjar.

quociente *s.m. Mat.* Cociente.

quórum *s.m. Lat.* Quórum.

quota *s.f.* **1.** Cupo, fracción, parte. **2.** *Com.* Cuota, parte social, participación. **3.** Escote, división equitativa de gastos. ♦ **Quota-parte.** Parte/Participación social.

R

r *s.m.* R (*décima oitava letra do alfabeto português*).

rã *s.f.* Rana.

rabada *s.f.* Plato a base de colita o rabadilla.

rabanada *s.f.* Torrija, torreja.

rabanete *s.m. Bot.* Rábano, rabanito.

rabiscar *v.t. e v.i.* Garabatear, garrapatear.

rabisco *s.m.* Garabato, garrapato.

rabo *s.m.* **1.** Rabo, cola. **2.** *Vulg.* Cola, trasero, culo. **3.** *Vulg.* Suerte; (*Amer.*) leche; (*Rio-plat.*) culo. *Que rabo!* ¡Qué leche/culo! ◆ **Rabo de cavalo.** Coleta. **Rabo de foguete.** Problema, dificultad. **Rabo de galo.** Aguardiente con vermú. **Rabo de saia.** Falda, mujer. **Com o rabo entre as pernas.** Con la cola entre las piernas. **Com o rabo virado para a lua.** Con una suerte increíble. **De rabo virado.** De mal humor. **Olhar com o rabo dos olhos.** Mirar con el rabillo del ojo.

rabugento *adj.* Refunfuñón, gruñón, rezongón; (*Arg.*) chinche.

raça *s.f.* **1.** Raza. **2.** *Col.* Categoría, índole, calaña.

ração *s.f.* **1.** Ración, porción. **2.** Pienso (*animais*).

rachadura *s.f.* Grieta, rajadura, raja, hendedura.

rachar *v.t. e v.i.* **1.** Rajar(se), agrietar(se), hender(se), resquebrajar(se). **2.** *Col.* Ratear, prorratear, dividir (*gastos, lucros*). ◆ **Rachar de rir/o bico.** Echarse a reír. **Rachar lenha.** Cortar leña.

raciocinar *v.i.* Razonar, ponderar, raciocinar.

raciocínio *s.m. Fil.* Razonamiento, razón, argumento, raciocinio.

racional *adj. e s.m.* Racional.

racionalizar *v.t.* Racionalizar.

racionamento *s.m.* Racionamiento.

racionar *v.t.* Racionar.

racismo *s.m.* Racismo.

radar *s.m. Eletr.* Radar, rádar.

radiação *s.f. Eletr.* Radiación, irradiación.

radiador *s.m. Mec.* Radiador.

radiante *adj.* Radiante.

radical *adj. e s.2g.* **1.** Radical, fundamental. **2.** Radical, extremista. **3.** *Desp.* De aventura, de riesgo. ■ *s.m.* **4.** *Gram., quím. e mat.* Radical.

rádio *s.m.* **1.** *Quím.* Radio, metal radioactivo. **2.** *Med.* Radio, hueso. **3.** *Eletr.* Radio, aparato. ■ *s.f.* **4.** Radio, emisora.

radioamador *s. e adj.* Radioaficionado.

radioatividade *s.f.* Radioactividad/Radiactividad. ❙ *Tb.: radiatividade.*

radiodifusão *s.f.* Radiodifusión.

radioemissora *s.f.* Emisora de radio.

radiografia *s.f.* Radiografía.

radiogravador *s.m.* Radiocasete/Radiograbador/a.

radiotáxi *s.m.* Radiotaxi.

radiouvinte *adj. e s.2g.* Radioescucha/Radioyente. ❙ *Tb.: rádio-ouvinte.*

raia *s.f.* **1.** Raya, límite, frontera. **2.** Raya, pez. **3.** *Desp.* Raya, pista de carrera. ◆ **Passar da raia.** Pasar(se) de la raya.

raiar *v.i.* **1.** Clarear, amanecer (*dia*). **2.** Despuntar (*sol*). **3.** *Fig.* Aparecer, surgir.

rainha *s.f.* Reina.

raio *s.m.* **1.** Rayo (*luz*). **2.** *Geom.* Radio. **3.** *Fig.* Rayo, rápido. ◆ **Raio de ação.** Esfera de acción. **Raios X.** Rayos X.

raiva *s.f.* Rabia.

raiz *s.f.* **1.** *Bot.* Raíz, órgano de los vegetales. **2.** *Gram. e mat.* Raíz. **3.** *Fig.* Raíz, causa, origen.

rajada *s.f.* Ráfaga.

ralador *s.m.* Rallador.

ralar *v.t.* **1.** Rallar. ■ *v.p.* **2.** Despellejarse, arañarse, rasparse.

ralé *s.f.* Ralea, populacho.

ralo *adj.* **1.** Diluido. **2.** Escaso, ralo, raro, claro. ● *s.m.* **3.** Desaguadero, rejilla.

ramal *s.m.* **1.** Ramal, ramificación (*trem*). **2.** Extensión telefónica, anexo, interno.

ramalhete *s.m.* Ramo, ramillete, ramito.

ramificar *v.t. e v.p.* Ramificar(se).

ramo *s.m.* **1.** *Bot.* Rama, gajo. **2.** Rama, tronco, familia. **3.** Ramo, división, sector. **4.** Especialidad, esfera de actividad. ♦ **Ser do ramo.** Ser entendido en la materia.

rampa *s.f.* **1.** Pendiente, rampa. **2.** Rampa, pasarela de acceso.

rancho *s.m.* **1.** Rancho, cabaña; (*Amer.*) quincho. **2.** Rancho, comida.

rancor *s.m.* Rencor.

rançoso *adj.* **1.** Rancio. **2.** *Fig.* Anticuado, obsoleto.

ranger *v.i.* Rechinar, crujir, chirriar.

ranhura *s.f.* Ranura, hendedura.

ranzinza *adj. e s.2g.* Huraño, rezongón.

rapadura *s.f.* Raspadura; (*Am.C.*) panela, chancaca.

rapar *v.t.* **1.** Rapar, afeitar. **2.** *Col.* Hacer una limpia.

rapaz *s.m.* Muchacho, joven.

rápido *adj. e adv.* Rápido, ligero.

raposa *s.f.* Zorro.

rapto *s.m.* Rapto.

raquete *s.f. Desp.* Raqueta.

raquítico *adj. e s.* Raquítico.

raridade *s.f.* Rareza, cosa rara.

raro *adj.* **1.** Raro, contado, escaso. ● *adv.* **2.** Raramente, raro. ♦ **Não raro.** Con frecuencia, a menudo.

rasante *adj.* Rasante, raso, rasero.

rascunho *s.m.* Borrador, minuta, boceto; (*Mex. e Am.C.*) machote.

rasgar *v.t. e. v.p.* **1.** Romper(se), desgarrar(se), rasgar(se). ■ *v.t.* **2.** Abrir, surcar.

rasgo *s.m.* **1.** Rasgón, desgarradura, roto. **2.** *Fig.* Arrebato, impulso, rasgo.

raso *adj.* **1.** Rastrero, raso, a ras. **2.** Llano, poco profundo. ♦ **Prato raso.** Plato llano/plano; (*Arg.*) plato playo.

raspa *s.f.* Raspa, astilla, viruta.

raspagem *s.f.* Raspado.

raspão *s.m.* Arañazo, rasguño, rasponazo, raspón. ♦ **De raspão.** De refilón/raspón/raspetón.

raspar *v.t.* **1.** Raspar, raer. **2.** Raspar, lijar, restregar. ♦ **Raspar (a perna/o pelo).** Afeitar, rapar (la pierna/el vello). **Passar raspando (escola).** Aprobar por un pelo.

rasteiro *adj.* ● **rasteira** *s.f.* Zancadilla. ♦ **Passar/Dar uma rasteira.** Jugar una mala pasada, meter zancadilla.

rastejar *v.t.* **1.** Rastrear, seguir el rastro. ■ *v.i* **2.** Arrastrarse, ratear.

rastelo *s.m.* **1.** Rastrillo, rastro. **2.** Carda.

rasto *s.m.* Rastro, huella.

rastreamento *s.m.* Rastreo, cateo.

rastrilho *s.m.* Rastra, grada.

rasura *s.f.* Mancha, borrón, raspadura, tachón.

rasurar *v.t.* Raspar, borrar, tachar.

ratazana *s.f.* Rata.

rateio *s.m.* Rateo, prorrateo.

ratificar *v.t.* Ratificar.

rato *s.m.* Ratón.

raviólí *s.m. Ital.* Ravioles.

razão *s.f.* Razón. ♦ **Por alguma razão.** Por algo. **Ter razão.** Tener razón, estar en lo cierto.

razoável *adj.* Razonable.

ré *s.m.* **1.** *Mus.* Re, nota musical. ■ *s.f.* **2.** Trasera, popa. ♦ **Marcha a ré.** Marcha atrás.

reação *s.f.* Reacción.

reacionário *adj. e s.* Reaccionario; (*Amer.*) reacio, facho, gorila.

reafirmar *v.t.* Reafirmar.

reagente *s.f. e s.m. Quím.* Reactivo.

reagir *v.i.* Reaccionar.

reajuste *s.m.* Reajuste. ♦ **Reajuste salarial.** Reajuste de sueldos.

real *adj.* Real. ♦ **Cair na real.** Volver a la realidad.

realçar *v.t.* Realzar, destacar.

realce *s.m.* Relieve, realce.
realidade *s.f.* Realidad.
realizar *v.t. e v.p.* Realizar(se), llevar(se) a cabo.
reanimar *v.t. e v.p.* Reanimar(se), reavivar(se).
reaparecimento *s.m.* Reaparición.
rearmamento *s.m.* Rearme.
reatar *v.t.* **1.** Reanudar, restablecer. **2.** Reatar, volver a atar.
reativar *v.t.* Reactivar.
reator *s.m. Fís.* Reactor.
reaver *v.t.* Recobrar, recuperar.
rebaixar *v.t. e v.p.* Rebajar(se).
rebanho *s.m.* **1.** Rebaño, manada, hato; (*Rio-plat.*) majada. **2.** *Fig.* Rebaño, grey.
rebarba *s.f.* Arista, rebaba, reborde.
rebate *s.m.* Alarma, rebato.
rebater *v.t.* **1.** Rebatir, contestar. **2.** Contrarrestar. **3.** Atajar (*bola*).
rebelar-se *v.p.* **1.** Rebelarse, sublevarse, alzarse. **2.** Rebelarse, insubordinarse, desobedecer.
rebeldia *s.f.* Rebeldía.
rebelião *s.f.* **1.** Rebelión, sublevación, alzamiento, levantamiento. **2.** Rebelión, insubordinación, desobediencia.
rebentação *s.f. Mar.* Reventazón.
rebentar *v.i.* **1.** Reventar. **2.** *Bot.* Retoñar, florecer, brotar.
rebento *s.m.* **1.** *Bot.* Brote, retoño, hijuelo. **2.** *Fig.* Hijo.
rebite *s.m.* Remache.
rebocador *s.m. Mar.* Remolcador.
rebocar *v.t.* **1.** Remolcar, llevar a remolque, atoar. **2.** Revocar, cubrir con revoco.
rebolar *v.t. e v.i.* **1.** Menear(se), bambolear(se). **2.** *Col.* Arreglárselas, rebuscárselas.
reboque *s.m.* **1.** Remolque, acoplado. **2.** Revoco, revoque, enlucido (*paredes*).
rebuliço *s.m.* Alboroto, bulla.
rebuscado *adj.* Afectado, peripuesto.
recado *s.m.* Recado; (*Amer.*) mensaje, mandado.
recaída *s.f.* Recaída, reincidencia.
recair *v.i.* Recaer.

recalcado *adj. e s.* Persona que tiene bloqueos, traumado.
recalcar *v.t.* **1.** Recalcar. **2.** Reprimir, sofocar, bloquear.
recanto *s.m.* **1.** Retiro, reducto. **2.** Rincón.
recapeamento *s.m.* Revestimiento, pavimentación.
recapitular *v.t.* Recapitular.
recato *s.m.* Recato.
recauchutar *v.t.* Recauchutar.
recear *v.t.* Temer, sospechar, recelar.
receber *v.t.* **1.** Devengar, cobrar, recibir, percibir (*dinheiro*). **2.** Recibir, recepcionar, acoger. **3.** Recibir, aceptar, tomar. **4.** Recibir, salir al encuentro.
recebimento *s.m.* Recibo, recepción.
receio *s.m.* Sospecha, recelo, temor, aprensión.
receita *s.f.* **1.** Recaudación, coleta, recaudanza. **2.** *Com.* Haber, ingresos, entradas. **3.** Receta, fórmula.
receitar *v.t.* Recetar, prescribir.
recém *pref.* Recién. ♦ **Recém-casado.** Que se acaba de casar, novio. **Recém-chegado.** Recién llegado. **Recém-nascido.** Recién nacido.
recenseamento *s.m.* Censo, empadronamiento.
recente *adj.* Reciente.
recepção *s.f.* **1.** Recepción, recibimiento, agasajo. **2.** Recepción, portería. **3.** Recepción, fiesta, agasajo. **4.** Recepción, admisión.
recepcionar *v.t. e v.i.* Recepcionar, agasajar.
receptador *adj. e s.* Receptador, perista.
receptivo *adj.* Receptivo.
receptor *adj. e s.* **1.** Receptor. ■ *s.m.* **2.** *Eletr.* Receptor.
recessão *s.f.* Recesión.
recesso *s.m.* Receso.
rechear *v.t.* Rellenar, llenar, henchir.
recheio *s.m.* Relleno.
rechonchudo *adj.* Regordete, rechoncho.
recibo *s.m. Com.* Recibo, recibí, resguardo. ♦ **Recibo de quitação.** Finiquito, carta de pago.

reciclagem *s.f.* Reciclado, reciclaje.
recinto *s.m.* Recinto.
recipiente *s.m.* Recipiente.
recíproco *adj.* Recíproco.
recitar *v.t.* Recitar.
reclamação *s.f.* Reclamación, queja, reclamo.
reclamar *v.t.* **1.** Reclamar, protestar, quejarse. **2.** Reclamar, pedir.
reclinar *v.t. e v.p.* Reclinar(se).
reclusão *s.f.* Reclusión, encierro.
recobrir *v.t.* Recubrir.
recolher *v.t.* **1.** Recoger, guardar. **2.** Cosechar, recoger. **3.** *Com.* Abonar, pagar. **4.** Recoger, recaudar. **5.** Recoger, juntar. **6.** Recoger, recopilar. ▪ *v.p.* **7.** Recogerse, retirarse. **8.** Recogerse, recostarse.
recolhimento *s.m.* **1.** Recogida. **2.** *Com.* Pago.
recomeçar *v.t.* Recomenzar.
recomendação *s.f.* Recomendación. ▪ **recomendações** *s.f.pl.* Saludos, encomiendas.
recomendar *v.t.* **1.** Recomendar, aconsejar. **2.** Encargar, recomendar.
recompensa *s.f.* Recompensa.
recompor *v.t. e v.p.* Recomponer(se).
reconciliar *v.t. e v.p.* Reconciliar(se), congraciar(se).
reconfortar *v.t. e v.p.* Reconfortar(se), consolar(se).
reconhecer *v.t.* **1.** Reconocer. ▪ *v.p.* **2.** Confesar.
reconhecimento *s.m.* Reconocimiento.
reconsiderar *v.t.* Recapacitar, reconsiderar.
reconstituinte *adj. e s.m. Med.* Reconstituyente.
reconstituir *v.t.* Reconstituir.
reconstruir *v.t. e v.i.* Reconstruir.
recontar *v.t.* Recontar.
recordação *s.f.* **1.** Recordación, rememoración. **2.** Recuerdo, *souvenir.*
recordar *v.t. e v.p.* Recordar(se), acordar(se).
recorde *s.m.* Récord.
recorrer *v.t.* **1.** Recurrir, acudir, valerse de. ▪ *v.i.* **2.** *For.* Recurrir, interponer/entablar recurso.
recortar *v.t.* Recortar.

recorte *s.m.* Recorte.
recostar *v.t. e v.p.* Recostar(se), inclinar(se).
recrear *v.t. e v.p.* Recrear(se), divertir(se), regodear(se).
recreio *s.m.* Recreo, recreación.
recriar *v.t.* Recrear, volver a crear.
recriminar *v.t. e v.p.* Recriminar(se).
recrudescer *v.i.* Recrudecer(se), redoblar, agudizar(se).
recruta *s.m. Mil.* Recluta.
recrutamento *s.m. Mil.* Recluta, reclutamiento.
recrutar *v.t.* **1.** *Mil.* Reclutar, regimentar. **2.** *Fig.* Enganchar, regimentar (*adeptos*).
recuar *v.t. e v.i.* **1.** Retroceder, cejar, recular. **2.** *Fig.* Volver atrás, ceder, desistir.
recuo *s.m.* **1.** Retroceso, reculada. **2.** *Arq.* Retiro, alejamiento.
recuperar *v.t. e v.p.* Recobrar(se), recuperar(se).
recurso *s.m.* **1.** Recurso, medio, expediente. **2.** *For.* Recurso, apelación. ▪ **recursos** *s.m.pl.* **1.** Recursos, medios, elementos. **2.** Recursos, bienes, riqueza.
recusa *s.f.* **1.** Rechazo. **2.** Negativa, denegación.
recusar *v.t.* **1.** Rechazar, rehusar, recusar. **2.** Negar, denegar. ▪ *v.p.* **3.** Negarse, resistirse.
redação *s.f.* Redacción.
rede *s.f.* **1.** Red, malla. **2.** Red, cadena. **3.** Hamaca. **4.** *Fig.* Red, trampa.
rédea *s.f.* Rienda. ♦ **Com rédea curta.** Con poca libertad.
redemoinho *s.m.* Torbellino, remolino.
redigir *v.t. e v.i.* Redactar.
redoma *s.f.* **1.** Urna. **2.** *Fig.* Refugio.
redondeza *s.f.* Vecindario. ▪ **redondezas** *s.f.pl.* Alrededores, aledaños.
redondo *adj.* Redondo.
redor <ao> *loc.* Alrededor, al rededor, a la redonda.
redução *s.f.* **1.** Reducción, disminución. **2.** *Mat.* Resta.
redundar *v.i.* Redundar.
reduzir *v.t.* **1.** Reducir, disminuir, acortar,

abreviar, achicar. ■ *v.p.* **2.** Reducirse, restringirse.
reembolso *s.m.* Reembolso, reintegro, restitución.
reencarnar *v.i. e v.p.* Reencarnar(se).
reencontro *s.m.* Reencuentro.
reestruturar *v.t.* Reestructurar.
refazer *v.t.* **1.** Rehacer. ■ *v.p.* **2.** Recobrarse, reponerse, rehacerse.
refeição *s.f.* Comida.
refeitório *s.m.* Comedor.
refém *s.2g.* Rehén.
referência *s.f.* Referencia. ■ **referências** *s.f.pl.* Referencias, recomendación.
referendar *v.t.* Refrendar, endosar.
referir *v.t. e v.p.* Referir(se).
refinação *s.f.* Refino, refinado, refinación.
refinar *v.t.* Refinar.
refinaria *s.f.* Refinería.
refletir *v.t.* **1.** Reflejar, reflectar. **2.** *Fig.* Reflejar, revelar, transparentar. ■ *v.i.* **3.** Reflexionar, meditar. ■ *v.p.* **4.** Reflejarse.
refletor *adj. e s.m. Eletr.* Reflector.
reflexão *s.f.* Reflexión.
reflexivo *adj.* **1.** Reflexivo. **2.** Reflejo, indirecto. ♦ **Pronome/Verbo reflexivo.** *Gram.* Pronombre/Verbo reflexivo.
reflexo *s.m.* Reflejo. ■ **reflexos** *s.m.pl.* Visos, aguas (*em tecido, pedras*). ♦ **Fazer reflexo no cabelo.** Teñir el pelo con visos de otro color.
reflorestamento *s.m.* Reforestación.
refluxo *s.m.* Reflujo.
refogar *v.t.* Sofreír, freír, saltar, rehogar, sancochar.
reforçar *v.t.* Reforzar, afirmar, fortificar.
reforço *s.m.* **1.** Refuerzo. **2.** *Fig.* Auxilio, ayuda.
reforma *s.f.* **1.** Reforma, renovación. **2.** Reforma, movimiento religioso. **3.** *Arq.* Obra, mejora, restauración. ♦ **Reforma agrária.** Reforma agraria.
reformar *v.t.* **1.** Reformar, remodelar, restaurar. ■ *v.t. e v.p.* **2.** Reformar(se).
reformatório *adj. e s.m.* Reformatorio, correccional.

refrão *s.m.* **1.** Estribillo, bordón. **2.** Refrán, dicho.
refratário *adj.* **1.** Refractario. ■ *adj. e s.* **2.** Reacio, rebelde, refractario.
refrear *v.t.* Refrenar, sofrenar.
refrescar *v.t. e v.p.* **1.** Refrescar(se). ■ *v.t. e v.i.* **2.** *Col.* Contribuir, servir de/para algo.
refresco *s.m.* Refrigerio, refresco; (*Amer.*) fresco.
refrigeração *s.f.* Refrigeración, enfriamiento.
refrigerante *adj.* **1.** Refrigerador, refrescante. ● *s.m.* **2.** Gaseosa, refresco, refrigerio.
refugiar-se *v.p.* Refugiarse, guarecerse, acogerse.
refúgio *s.m.* Refugio, guarida, abrigada.
refutar *v.t.* Refutar, rebatir.
regador *s.m.* Regadera.
regalia *s.f.* Regalía, privilegio.
regar *v.t.* Regar.
regência *s.f.* **1.** Regencia, tipo de gobierno. **2.** *Mus.* Dirección, mando. **3.** *Gram.* Régimen.
regenerar *v.t. e v.p.* Regenerar(se).
regente *adj. e s.2g.* **1.** Regente, que gobierna. **2.** *Mus.* Maestro.
reger *v.t.* **1.** Regir, regentar, dirigir, administrar. **2.** *Gram.* Regir. **3.** *Mus.* Dirigir orquesta. ■ *v.p.* **4.** Regirse, fiarse.
região *s.f.* Región.
regime[1] *s.m.* Régimen, conjunto de normas.
regime[2] *s.m.* Régimen, dieta.
regionalismo *s.m.* Regionalismo.
registrado *adj.* **1.** Consignado. **2.** Certificado. *Carta registrada.* Carta certificada.
registrar *v.t.* **1.** Registrar, consignar. **2.** Inscribir en notaría/registro, certificar.
registro *s.m.* **1.** Registro, inscripción. **2.** Notaría, registro. **3.** Reloj, medidor (*gás, luz*). **4.** *Mus.* Timbre, registro. **5.** Llave, válvula, registro. ♦ **Registro/Certidão de nascimento/casamento.** Partida/Acta/Certificado de nacimiento/matrimonio.
regozijar *v.t. e v.p.* Regocijar(se).
regra *s.f.* **1.** Regla, norma. **2.** Regla, menstruación. ♦ **Via de regra.** Por regla general.
regressão *s.f.* Regresión.

regressar *v.t.* Regresar.
regresso *s.m.* Regreso.
régua *s.f.* Regla. ♦ **Régua de cálculo.** Regla de cálculo.
regulagem *s.f.* Regulación.
regulamentar *adj.* **1.** Reglamentario. ● *v.t.* **2.** Reglamentar, regular; (*Amer.*) normar, dar la pauta.
regulamento *s.m.* Reglamento, norma.
regular *adj.* **1.** Regular, uniforme. **2.** Regular, mediano. ● *v.t.* **3.** Regular, regularizar. **4.** *Col.* Controlar, vigilar. ■ *v.i.* **5.** *Col.* Estar en sus cabales. ■ *v.p.* **6.** Regirse.
regularizar *v.t. e v.p.* Regularizar(se), normalizar(se).
rei *s.m.* Rey.
reinar *v.i.* Reinar.
reincidência *s.f.* Reincidencia.
reincorporar *v.t. e v.p.* Reincorporar(se).
reiniciar *v.t.* Reanudar, recomenzar, reiniciar.
reino *s.m.* Reino. ♦ **O reino do céu.** La vida eterna, el reino de los cielos.
reinstalar *v.t. e v.p.* Reinstalar(se).
reintegrar *v.t. e v.p.* Reintegrar(se), reincorporar(se).
reinvestir *v.t.* Reinvertir.
reiterar *v.t.* Reiterar, repetir.
reitor *s.* Rector.
reivindicação *s.f.* Reivindicación.
reivindicar *v.t.* Reivindicar.
rejeição *s.f.* Rechazo, repudio.
rejeitar *v.t.* Rechazar, desdeñar, repudiar, despreciar.
rejuntar *v.t.* Rejuntar, tapar las juntas, ligar.
rejuvenescimento *s.m.* Rejuvenecimiento.
relação *s.f.* **1.** Relato, descripción, relación. **2.** Lista, nómina, relación. **3.** Relación, vínculo. **4.** Relación, analogía. ■ **relações** *s.f.pl.* Amistades, relaciones, frecuentaciones. ♦ **Relação sexual.** Relación sexual. **Manter/Travar relações.** Mantener/Entablar relaciones.
relacionamento *s.m.* Relación, trato, frecuentación.
relacionar *v.t.* **1.** Relatar, referir, relacionar. **2.** Comparar, vincular, establecer relación. ■ *v.p.* Alternar, frecuentar, tratarse, hablarse, relacionarse.
relâmpago *s.m.* Relámpago.
relatar *v.t.* Relatar.
relativo *adj.* Relativo.
relatório *s.m.* Informe, relato; (*Mex.*) reporte.
relaxamento *s.m.* **1.** Relajación, distensión. **2.** Relajo, depravación.
relaxar *v.t.* **1.** Relajar, aflojar, despoltar. **2.** Descuidar, hacer menos riguroso, relajar, ablandar. **3.** Relajar, reposar. ■ *v.p.* **4.** Descuidarse, abandonarse.
relé *s.m.* *Eletr.* Relé.
relegar *v.t.* Relegar.
relento <ao> *loc.* Al sereno, al relente.
reler *v.t.* Releer.
reles *adj.* Ordinario, vil; (*Mex. e Am.C.*) pinche.
relevante *adj.* Relevante.
relevo *s.m.* Relieve.
religião *s.f.* Religión.
religioso *adj.* **1.** Religioso, piadoso, devoto. **2.** *Fig.* Escrupuloso, exacto, religioso, puntual. ● *s.* **3.** Religioso, que pertenece a una orden religiosa.
relinchar *v.i.* Relinchar.
relógio *s.m.* Reloj. ♦ **Relógio de ponto.** Reloj registrador de entrada y salida. **Bomba-relógio.** Bomba de relojería.
relojoaria *s.f.* Relojería.
relutante *adj.* Reluctante, reacio.
reluzente *adj.* Reluciente.
reluzir *v.i.* Relucir.
remanejar *v.t.* Redistribuir, reordenar.
remar *v.t. e v.i.* Remar.
remarcar *v.t.* Reajustar precios.
rematar *v.t.* Rematar, concluir.
remate *s.m.* Remate, terminación.
remediar *v.t.* **1.** Curar, medicar. **2.** *Fig.* Remediar, corregir, subsanar.
remédio *s.m.* **1.** *Med.* Remedio, medicina, medicamento. **2.** *Fig.* Remedio, recurso, expediente. **3.** *Fig.* Remedio, alivio. **4.** Remedio, corrección.

remendar *v.t.* Remendar.
remendo *s.m.* Remiendo; (*Amer.*) parche, pegote.
remessa *s.f.* Remesa, envío.
remetente *adj. e s.2g.* Remite, remitente.
remeter *v.t.* **1.** Remitir, enviar. **2.** Aludir, referir. ■ *v.p.* **3.** Remitirse, referirse.
remissão *s.f.* Remisión.
remo *s.m.* Remo.
remoção *s.f.* Remoción, transferencia.
remodelar *v.t.* Remodelar.
remoer *v.t. e v.i.* **1.** Rumiar, mascullar. ■ *v.p.* **2.** Remorderse.
remorso *s.m.* Remordimiento.
remoto *adj.* Remoto.
remuneração *s.f.* Remuneración, estipendio.
remunerar *v.t.* Remunerar.
renascimento *s.m.* Renacimiento.
renda *s.f.* **1.** *Com.* Renta, utilidad, rédito. **2.** Puntilla, encaje. ♦ **Imposto de renda.** Impuesto sobre la renta.
render *v.t.* **1.** Rendir, vencer. **2.** Relevar, sustituir. ■ *v.t. e v.i.* **3.** Rendir, producir ganancia, rentar. **4.** Rendir, ser provechoso, resultar. ■ *v.p.* **5.** Rendirse, capitular, plegar-se. ♦ **Render juros.** Rendir intereses.
rendimento *s.m.* **1.** Rendimiento, productividad. **2.** Beneficio, ganancia. ■ **rendimentos** *s.m.pl. Com.* Réditos.
renegar *v.t.* Renegar.
renome *s.m.* Renombre.
renovar *v.t. e v.p.* Renovar(se).
rente *adj.* A ras. *Voava rente às árvores.* Volaba a ras de los árboles.
renunciar *v.t.* Renunciar.
reorganização *s.f.* Reorganización.
reorganizar *v.t. e v.p.* Reorganizar(se).
reparar *v.t.* **1.** Arreglar, componer, reparar. **2.** Desagraviar, resarcir, desquitar, reparar. **3.** Notar, fijarse, advertir, observar. *Reparou como dança bem?* ¿Te fijaste qué bien baila?
reparo *s.m.* **1.** Reparo, reparación. **2.** Reparo, crítica, reproche. **3.** *Mil.* Defensa, abrigo.
repartição *s.f.* **1.** Reparto, repartición. **2.** Dependencia, oficina pública; (*Amer.*) repartición.
repartir *v.t.* Repartir.
repatriar *v.t.* Repatriar.
repelente *adj.* **1.** Repelente, repugnante. ● *s.m.* **2.** *Quím.* Substancia para ahuyentar insectos, repelente.
repente *s.m.* **1.** Ímpetu, impulso, repente. **2.** Composición popular, improvisación; (*Rio-plat.*) payada. **3.** Ocurrencia. ♦ **De repente.** De pronto/golpe/repente.
repercussão *s.f.* Resonancia, repercusión, revuelo.
repercutir *v.t. e v.i.* **1.** Repercutir, reverberar. **2.** Repercutir, reflejar (*luz, som*).
repertório *s.m.* Repertorio.
repetir *v.t.* Repetir.
repicar *v.t. e v.i.* Repicar, doblar.
replantar *v.t.* Replantar.
repleto *adj.* Repleto, lleno, atiborrado, apiñado, atestado.
réplica *s.f.* **1.** Réplica, contestación. **2.** Réplica, reproducción.
replicar *v.t.* Replicar.
repolho *s.m. Bot.* Repollo.
repor *v.t.* Reponer.
reportagem *s.f.* Reportaje.
repórter *s.2g.* Reportero, repórter.
reposição *s.f.* Reposición. ♦ **Peça de reposição.** Repuesto.
repousar *v.t. e v.i.* Reposar.
repouso *s.m.* Reposo.
repreender *v.t.* Reprender, regañar, amonestar, echar una bronca; (*Amer.*) retar.
repreensão *s.f.* Reprimenda, reprensión; (*Amer.*) reto, regaño.
represa *s.f.* Embalse, presa, azud.
represália *s.f.* Represalia.
representação *s.f.* Representación.
representar *v.t.* **1.** Representar. ■ *v.i.* **2.** *Teat.* Actuar, ser actor, representar.
repressão *s.f.* Represión.
reprimir *v.t.* **1.** Reprimir, coartar. ■ *v.p.* **2.** Reprimirse, contenerse.
reprodução *s.f.* **1.** Reproducción, réplica, copia. **2.** *Biol.* Reproducción, procreación.
reprodutor *adj. e s.m.* Reproductor.

reproduzir *v.t.* **1.** Reproducir, sacar copias. **2.** Reproducir, repetir. ■ *v.t. e v.p.* **3.** *Biol.* Reproducir(se), multiplicar(se).

reprovar *v.t.* **1.** Reprobar, desaprobar. **2.** Rechazar, votar contra. ♦ **Ser reprovado** (*de ano, em prova*). Suspender, reprobar, revolcar, colgar.

réptil *adj. e s.2g.* Reptil.

república *s.f.* República.

repudiar *v.t.* Repudiar, repulsar, aborrecer.

repulsa *s.f.* Repulsión, repulsa, repugnancia.

reputação *s.f.* Reputación.

reputar *v.t.* **1.** Reputar. ■ *v.p.* **2.** Considerarse, juzgarse.

requeijão *s.m.* Requesón.

requentar *v.t.* Recalentar.

requerer *v.t.* Requerir.

requerimento *s.m.* *For.* Petición, escrito, instancia, requerimiento, solicitud.

requintado *adj.* Fino, elegante, primoroso.

requinte *s.m.* Esmero, primor. ♦ **Com requinte de maldade.** Con maldad y alevosía.

requisição *s.f.* Solicitud, petición, requerimiento.

requisitar *v.t.* Requerir, solicitar.

requisito *s.m.* Requisito, condición. ♦ **Pré--requisito.** Condición previa.

rês *s.f.* Res.

rescaldo *s.m.* Rescoldo.

rescindir *v.t.* Rescindir, anular.

rescisão *s.f.* Rescisión.

resenha *s.f.* *Liter.* Reseña.

reserva *s.f.* **1.** Reserva, provisión. **2.** Reserva, reservación. **3.** *Mil.* Reserva, reforma. **4.** *Fig.* Reserva, discreción, recato. **5.** Pero, reparo, salvedad. **6.** Reserva, área estatal. ■ *s.m.* **7.** *Desp.* Reserva, sustituto. ♦ **Reserva indígena.** Reducción.

reservado *adj. e s.m.* Reservado.

reservar *v.t. e v.p.* Reservar(se).

reservatório *s.m.* Depósito, estanque.

resfriado *adj. Med.* **1.** Resfriado, acatarrado. ● *s.m.* **2.** Catarro, resfriado, resfrío.

resfriar *v.t.* **1.** Enfriar, refrescar. ■ *v.p.* **2.** Resfriarse, acatarrarse.

resgatar *v.t.* Rescatar.

resgate *s.m.* Rescate.

resguardar *v.t. e v.p.* Resguardar(se), abrigar(se).

resguardo *s.m.* **1.** Resguardo, protección. **2.** Resguardo, reparo. **3.** Precaución, cautela. **4.** Resguardo, guardia.

residência *s.f.* Residencia, morada. ♦ **Fixar residência.** Radicarse.

residir *v.t.* **1.** Vivir, residir. **2.** Radicar, residir, consistir.

resíduo *s.m.* **1.** Residuo, resto, desperdicio. **2.** Borra, residuo.

resignar *v.t. e v.p.* Resignar(se).

resistência *s.f.* Resistencia.

resistir *v.t. e v.i.* **1.** Resistir(se). **2.** Durar, subsistir.

resmungar *v.i.* Rezongar, refunfuñar, mascullar.

resolução *s.f.* **1.** Resolución, decisión. **2.** Resolución, solución. **3.** *For.* Deliberación, determinación, resolución, acuerdo.

resolver *v.t. e v.p.* **1.** Resolver(se), decidir(se). ■ *v.t.* **2.** *For.* Deliberar, decretar, resolver, acordar. ■ *v.i.* **3.** Resultar, servir, solucionar. *Só dinheiro não resolve.* El dinero sólo no sirve.

respectivo *adj.* Respectivo.

respeitar *v.t.* **1.** Respetar, observar, cumplir. **2.** Respectar, concernir, atañer.

respeito *s.m.* **1.** Respeto, consideración. **2.** Respeto, obediencia. ♦ **A respeito de.** Con respecto a. **Dar-se ao respeito.** Hacerse respetar. **Dizer respeito.** Respectar. **No que diz respeito a.** Por lo que respecta a.

respeitoso *adj.* Respetuoso.

respingar *v.t. e v.i.* **1.** Salpicar, rociar, gotear. **2.** Crepitar, chisporrotear. ■ *v.p.* **3.** Salpicarse.

respingo *s.m.* **1.** Salpicadura, gota. **2.** Chispa.

respiradouro *s.m.* Respiradero.

respirar *v.i.* Respirar.

respiro *s.m.* **1.** Respiro, resuello. **2.** *Fig.* Respiro, alivio.

resplendor *s.m.* Resplandor.

respondão *adj. e s.* Respondón.

responder v.t. **1.** Contestar. *Você não respondeu à pergunta.* No contestaste la pregunta. **2.** Responder, ser responsable. *Eu respondo pelo trabalho dele.* Yo respondo de su trabajo. ■ v.i. **3.** Responder, contestar de mala manera. **4.** Responder, reaccionar.

responsabilizar v.t. e v.p. Responsabilizar(se).

responsável adj. e s.2g. Responsable. ♦ **Responsável por.** Responsable de.

resposta s.f. **1.** Contestación, respuesta. **2.** Réplica, refutación. **3.** Respuesta, reacción. *A resposta dos leitores.* La reacción de los lectores. **4.** *Fig.* Solución, remedio, respuesta. ♦ **Direito de resposta.** Derecho de réplica.

resquício s.m. **1.** Residuo. **2.** Resabio, vestigio.

ressaca s.f. **1.** *Mar.* Resaca, oleaje. **2.** *Col.* Resaca; (*Am.C.*) goma.

ressaltar v.t. **1.** Señalar, acentuar, destacar. ■ v.i. **2.** Resaltar, sobresalir.

ressalva s.f. Salvedad, restricción, reparo.

ressarcir v.t. Resarcir, reintegrar. ■ v.p. **2.** Resarcirse, desquitarse.

ressentimento s.m. Resentimiento, resquemor.

ressentir v.t. e v.p. Resentirse.

ressoar v.t. **1.** Resonar. ■ v.i. **2.** Resollar.

ressonância s.f. Resonancia, revuelo.

ressurreição s.f. Resurrección.

ressuscitar v.t. e v.i. Resucitar.

restabelecer v.t. e v.p. Restablecer(se).

restabelecimento s.m. Restablecimiento.

restante adj. **1.** Restante. ● s.m. **2.** Resto, lo demás.

restar v.t. e v.i. **1.** Restar, quedar. **2.** Restar, faltar.

restauração s.f. Restauración.

restaurante s.m. Restaurante, restaurant, restorán.

restaurar v.t. Restaurar.

réstia s.f. Ristra.

restituição s.f. Restitución.

restituir v.t. Restituir.

resto s.m. **1.** Resto, residuo. **2.** *Mat.* Resto, remanente. ■ **restos** s.m.pl. **1.** Restos, sobra. **2.** Restos, despojos. ♦ **De resto.** Por lo demás.

restrição s.f. Restricción.

restringir v.t. **1.** Restringir, restriñir. ■ v.t. e v.p. **2.** Limitar(se), coartar(se), atener(se).

restrito adj. Estricto.

resultado s.m. Resultado.

resumir v.t. **1.** Resumir. ■ v.p. **2.** Resumirse, atenerse.

resumo s.m. Resumen.

retábulo s.m. Retablo.

retaguarda s.f. *Mil.* Retaguardia, retaguarda.

retalho s.m. Retal, jira, jirón; (*Amer.*) retazo.

retangular adj. Rectangular.

retângulo s.m. *Geom.* Rectángulo.

retardado adj. **1.** Retrasado, demorado. ■ adj. e s. **2.** *Med.* Retrasado mental.

retardar v.t. e v.i. **1.** Retardar, retrasar. ■ v.p. **2.** Retrasarse, demorarse.

retardatário adj. e s. Retrasado, atrasado.

retenção s.f. Retención.

reter v.t. Retener.

reticência s.f. Reticencia. ■ **reticências** s.f.pl. *Gram.* Puntos suspensivos.

retidão s.f. Rectitud.

retífica s.f. *Mec.* Rectificadora.

retificar v.t. Rectificar.

retirada s.f. **1.** *Mil.* Retirada, repliegue. **2.** *Com.* Devengo, renta, retiro. ♦ **Bater em retirada.** *Mil.* Replegarse.

retirar v.t. **1.** Retirar, sacar. **2.** Retirar, quitar del lugar, remover. **3.** Retirar, recoger. ■ v.p. **4.** Retirarse, irse. **5.** Retirarse, replegarse.

retiro s.m. Retiro, sitio apartado.

reto adj. **1.** Derecho, recto. **2.** *Fig.* Recto, correcto. **3.** Recto, tieso. ● s.m. **4.** *Med.* Recto. ■ **reta** s.f. Línea recta. ♦ **Reta final.** Última parte del camino/de la prueba. **Tirar da reta.** *Vulg.* Eludir un compromiso, esquivarse.

retocar v.t. Retocar.

retomar v.t. Reanudar, retomar.

retoque s.m. Toque, retoque.

retorcer v.t. **1.** Retorcer. ■ v.t. e v.p. **2.** Retorcer(se), contorsionarse.

retórico adj. Retórico. ● **retórica** s.f. Retórica.

retornar v.t. e v.i. **1.** Retornar, regresar. ■ v.t. **2.** Retornar, devolver.

retorno *s.m.* **1.** Retorno, regreso. **2.** Cambio de vía, circunvalación, rotonda. **3.** Retorno, devolución, **4.** *Com.* Beneficio, ganancia. **5.** Respuesta.
retraído *adj.* Retraído, reservado.
retrair *v.t. e v.p.* Retraer(se).
retransmissão *s.f.* Retransmisión.
retransmissora *s.f. Eletr.* Repetidora.
retrasado *adj.* Antepasado. *A semana retrasada.* La semana antepasada. ♦ **Na noite retrasada.** Anteanoche. **O ano retrasado.** El anteaño.
retrasar *v.t. e v.p.* Retrasar(se).
retratação *s.f. For.* Retractación, desmentido.
retratar *v.t.* **1.** Retratar, sacar foto. **2.** *Fig.* Retratar, representar, describir. ■ *v.p.* **3.** Retractarse, retirar lo dicho, desmentirse.
retrato *s.m.* **1.** Retrato, fotografía. **2.** Retrato, imagen. **3.** *Fig.* Retrato, descripción.
retrete *s.m.* Retrete, letrina.
retribuição *s.f.* Retribución.
retribuir *v.t.* Retribuir.
retroativo *adj.* Retroactivo.
retroceder *v.i.* Retroceder.
retrocesso *s.m.* Retroceso, regresión, retroacción.
retrospectivo *adj.* Retrospectivo. ● **retrospectiva** *s.f.* Retrospectiva.
retrovisor *adj. e s.m.* Retrovisor.
retrucar *v.t.* Retrucar.
réu *s.m. For.* Reo, acusado, demandado.
reumatismo *s.m. Med.* Reuma, reumatismo, reúma.
reunião *s.f.* Reunión.
reunir *v.t.* **1.** Reunir, aunar, coadunar. ■ *v.p.* **2.** Reunirse, abocarse, avistarse.
revalidar *v.t.* Revalidar, convalidar.
revalorizar *v.t.* Revalorar, revaluar, revalorizar.
revanche *s.f.* Revancha.
revelação *s.f.* **1.** Revelación. **2.** Revelado *(fotos)*.
revelar *v.t.* **1.** Revelar. ■ *v.p.* **2.** Manifestarse, darse a conocer, mostrarse.
revendedor *adj. e s.* Revendedor *(pessoa)*. ■ **revendedora** *s.f.* Reventa *(estabelecimento)*.

revender *v.t.* Revender.
rever *v.t.* **1.** Rever. **2.** Revisar.
reverso *s.m.* Reverso, revés.
reverter *v.t.* Revertir.
revestimento *s.m.* Revestimiento, recubrimiento.
revestir *v.t.* **1.** Revestir, recubrir. ■ *v.p.* **2.** Armarse, imbuirse.
revezamento *s.m.* Relevo, turno, alternación.
revezar *v.t. e v.i.* Relevar(se), turnar(se), alternar(se).
reviravolta *s.f.* **1.** Cambio, transformación brusca, salto. **2.** Pirueta.
revisão *s.f.* **1.** Revisión, control, repaso. **2.** Revisión, inspección; *(Amer.)* revisación.
revisar *v.t.* **1.** Revisar, repasar, controlar. **2.** Revisar, inspeccionar.
revista *s.f.* **1.** Revista, publicación. **2.** Revista, inspección. ♦ **Teatro de revista.** Teatro de variedades.
revistar *v.t.* **1.** *Mil.* Revistar. **2.** Registrar, catear.
reviver *v.i.* Revivir.
revoada *s.f.* **1.** Bando de pájaros. **2.** Revuelo, revoloteo.
revoar *v.t.* Revolotear.
revogar *v.t. For.* Revocar.
revogável *adj.* Revocable.
revolta *s.f.* **1.** Rebelión, sublevación, alzamiento. **2.** Indignación.
revoltar *v.t. e v.p.* **1.** Rebelar(se), sublevar(se). **2.** Indignar(se).
revolto *adj.* **1.** Picado, agitado, revuelto *(mar)*. **2.** Desgreñado *(cabelo)*.
revolução *s.f.* Revolución.
revolucionar *v.t.* Revolucionar.
revólver *s.m. Mil.* Revólver.
revolver *v.t.* Revolver, registrar.
reza *s.f.* Rezo, oración.
rezar *v.t. e v.i.* Rezar.
riacho *s.m.* Riachuelo, arroyuelo.
ribeirão *s.m.* Riacho, arroyo.
rícino *s.m. Bot.* Ricino.
rico *adj.* **1.** Rico, acaudalado, adinerado. **2.** *Fig.* Fértil, abundante.

ricochete *s.m.* Rebote; (*Mex., Am.C. e Arg.*) chanfle.
ridicularizar *v.t.* **1.** Ridiculizar. ■ *v.p.* **2.** Caer en ridículo.
ridículo *adj. e s.m.* **1.** Ridículo, risible. **2.** *Fig.* Ridículo, pequeño, minúsculo.
rifa *s.f.* Rifa, sorteo.
rifle *s.m. Mil.* Rifle, fusil.
rígido *adj.* **1.** Rígido, tieso. **2.** Estricto, riguroso, rígido.
rigor *s.m.* **1.** Rigor, precisión. **2.** Rigor, severidad. **3.** Rigor, intensidad (*frío, calor*). ♦ **A rigor.** En verdad, en sentido estricto. **Traje a rigor.** Traje de gala.
rigoroso *adj.* **1.** Riguroso, estricto. **2.** Riguroso, exacto, preciso. **3.** Riguroso, áspero.
rim *s.m. Med.* Riñón.
rima *s.f. Liter.* Rima.
rimar *v.t. e v.i. Liter.* Rimar.
ringue *s.m. Desp.* Ring, cuadrilátero.
rio *s.m.* Río. ■ **rios** *s.m.pl. Fig.* Chorros, montones.
ripa *s.f.* Ripia, listón.
riqueza *s.f.* Riqueza.
rir *v.i. e v.p.* Reír(se). ♦ **Morrer de rir.** Matarse/Retorcerse de (la) risa. **Vontade de rir.** Ganas de reírse.
risada *s.f.* Risa, risotada. ♦ **Dar risada.** Reírse.
riscar *v.t.* **1.** Rayar, trazar. **2.** Borrar, tachar. **3.** *Fig.* Borrar, olvidar. **4.** Rasguñar, desollar, arañar.
risco *s.m.* **1.** Riesgo, peligro. **2.** Trazo, línea, raya. *Trace um risco com a régua.* Traza una línea con la regla. **3.** Tachón, borrón. *A nota fiscal não pode ter riscos.* No puede haber tachones en la factura. **4.** Boceto, diseño. *Antes de pintar, faça um risco.* Antes de pintar, haz un boceto. **5.** Rasguño, raya, desolladura. *A porta da geladeira está cheia de riscos.* La puerta de la nevera está llena de rayas. ■ **risca** *s.f.* **1.** Raya, línea. *A risca do cabelo.* La raya del pelo. **2.** *Desp.* Raya. ♦ **À risca.** Rigurosamente. **Correr o risco.** Correr el riesgo.

risonho *adj.* Risueño.
risoto *s.m.* Plato a base de arroz con legumbres y alguna carne o mariscos.
ritmo *s.m.* Ritmo.
ritual *adj. e s.m.* Ritual.
rivalidade *s.f.* Rivalidad.
rixa *s.f.* **1.** Riña, pelotera, pleito. **2.** Altercado, disputa.
robô *s.m.* Robot, autómato.
robusto *adj.* Robusto.
roça *s.f.* **1.** Campo, roza. **2.** *Col.* Campo, zona rural.
rocambole *s.m.* Bizcocho arrollado con relleno.
roçar *v.t.* **1.** Rozar, limpiar la tierra. **2.** Tocar, frotar, rozar. **3.** Rasar.
rocha *s.f.* Roca, peña.
rochedo *s.m.* Peñasco, risco.
roda *s.f.* **1.** Rueda. **2.** Grupo, círculo. ♦ **Roda dentada/hidráulica.** *Mec.* Rodezno, rodete. **Roda-gigante.** Noria. **Roda-viva.** Ajetreo, carreras, trajín. **Brincar de roda.** Jugar o cantar (los niños) en círculo, jugar al corro.
rodada *s.f.* Ronda, mano, tanda.
rodagem *s.f.* Rodaje.
rodapé *s.m.* Zócalo, friso, rodapié. ♦ **Nota de rodapé.** *Tip.* Nota al pie de página.
rodar *v.t.* **1.** Girar, rodar. **2.** *Tip.* Imprimir, tirar. **3.** Filmar, rodar. **4.** Rodar, circular, recorrer. **5.** *Inform.* Correr. **6.** Rodar, caer. **7.** *Col.* Malograr, echar a rodar.
rodear *v.t. e v.p.* Rodear(se).
rodeio *s.m.* **1.** Rodeo. **2.** Plaza de ganaderos; (*Amer.*) rodeo.
rodela *s.f.* Rodaja.
rodízio *s.m.* **1.** Rodillo, ruedecilla, rodete. **2.** Relevo, alternación. **3.** Servicio de comida a precio fijo.
rodo *s.m.* Secador. ♦ **A rodo.** A montones.
rodoviário *adj.* Carretero, caminero, vial. ♦ **rodoviária** *s.f.* Terminal de autobuses.
roedor *adj. e s.* Roedor.
roer *v.t. e v.i.* **1.** Roer. **2.** Apolillar (*traça*). **Roer as unhas.** Comer(se) las uñas. Duro

de roer. 1. Difícil de hacer. **2.** Difícil de aguantar.

rogar *v.t.* Rogar, implorar.

roído *adj.* **1.** Roído. **2.** Apolillado (*traça*). **3.** *Fig.* Maltrecho, desteñido.

rojão *s.m.* Cohete.

rolamento *s.m. Mec.* Rodamiento.

rolar *v.t. e v.i.* Rodar.

roldana *s.f.* Garrucha, polea.

roleta *s.f.* Ruleta.

rolha *s.f.* Corcho.

roliço *adj.* Rollizo.

rolo *s.m.* **1.** Rodillo, rollo. **2.** *Col.* Trueque, canje. **3.** *Col.* Lío, embrollo, rollo. **4.** Rizo, rulo (*cabelo*). ♦ **Rolo compressor.** *Mec.* Rodillo compresor.

romã *s.f. Bot.* Granada.

romance *s.m.* **1.** *Liter.* Novela. **2.** Amorío, romance. **3.** Romance, lengua neolatina. ♦ **Romance de capa e espada.** *Liter.* Novela de caballería.

romântico *adj. e s.* Romántico.

romantismo *s.m.* Romanticismo.

romaria *s.f.* Romería.

rombo *s.m.* **1.** Agujero muy grande. **2.** *Fig.* Desfalco. **3.** *Geom.* Rombo.

romeiro *s.* Romero, peregrino.

romper *v.t. e v.p.* Romper(se).

roncar *v.i.* Roncar.

ronco *s.m.* Ronquido.

ronda *s.f.* Ronda.

rondar *v.t. e v.i.* Rondar, merodear.

rosa *s.f. Bot.* Rosa. ♦ **Rosa dos ventos.** Rosa de los vientos. **Cor-de-rosa.** (De) Color de rosa.

rosado *adj.* Rosado.

rosário *s.m.* Rosario.

rosca *s.f.* **1.** Rosca, argolla. **2.** Rosca, roscón (*pão*). **3.** Rosca, espiral. **4.** *Mec.* Rosca.

roseira *s.f. Bot.* Rosal.

rosnar *v.i.* Gruñir.

rosto *s.m.* **1.** Rostro. **2.** *Arq.* Frontispicio, fachada. **3.** Cara de medalla. ♦ **Página de rosto.** *Tip.* Primera plana.

rota *s.f.* Ruta, trayecto.

rotação *s.f.* Rotación.

rotativo *adj.* Rotativo. ● **rotativa** *s.f. Tip.* Rotativa.

roteiro *s.m.* **1.** Itinerario, trayecto (*viagem*). **2.** Guión, pauta, plan. **3.** *Teat.* Guión, argumento.

rotina *s.f.* Rutina.

rotor *s.m. Mec.* Rotor.

rótula *s.f.* **1.** *Med.* Rótula. **2.** Rejilla.

rótulo *s.m.* **1.** Rótulo, etiqueta, marbete. **2.** *Fig.* Calificación depreciativa.

roubalheira *s.f.* Robo alevoso, estafa.

roubar *v.t. e v.i.* Robar.

roubo *s.m.* **1.** Robo. **2.** Botín, pillaje.

rouco *adj.* Ronco.

roupa *s.f.* Ropa, vestido, vestidura; (*Arg.*) pilcha. ♦ **Roupa íntima.** Ropa interior. **Ferro de passar roupa.** Plancha. **Passar roupa.** Planchar. **Peça de roupa.** Prenda. **Tábua de passar roupa.** Tabla de planchar. **Trocar de roupa.** Cambiar la ropa.

roupagem *s.f.* Ropaje.

roupão *s.m.* Bata, albornoz, ropón.

rouxinol *s.m.* Ruiseñor.

roxo *adj. e s.m.* Violeta, morado.

rua *s.f.* **1.** Calle. ● *interj.* **2.** ¡Fuera! ♦ **(Ficar na) Rua da amargura.** (Padecer) Penas y tormentos.

rubéola *s.f. Med.* Rubéola.

rubi *s.m. Geol.* Rubí.

rublo *s.m.* Rublo.

ruborizar *v.t. e v.p.* Ruborizar(se), poner(se) colorado.

rubrica *s.f.* Rúbrica.

rubricar *v.t.* Rubricar.

rude *adj.* **1.** Rudo, tosco, grosero. **2.** *Fig.* Rudo, áspero.

rudimentar *adj.* Rudimentario.

rudimento *s.m.* Rudimento. ■ **rudimentos** *s.m.pl.* Rudimentos.

ruela *s.f.* Callejuela.

ruga *s.f.* **1.** Arruga (*na pele*). **2.** Pliegue (*em tecido*).

ruído *s.m.* **1.** Ruido, bulla. **2.** *Fig.* Rumor, murmuración.

ruidoso *adj.* Ruidoso.

ruim *adj.* **1.** Malo, perverso. **2.** Ruin, nocivo. **3.** Deteriorado, estropeado. **4.** Ordinario, de mala calidad, villano. ♦ **Ficar ruim.** Descomponerse, enfermarse.
ruína *s.f.* Ruina.
ruindade *s.f.* Maldad, perversidad, vileza, fechoría, ruindad.
ruivo *adj. e s.* Pelirrojo.
rum *s.m.* Ron.
ruminante *adj. e s.2g.* Rumiante.

ruminar *v.t. e v.i.* **1.** Rumiar, mascar. **2.** *Fig.* Rumiar, maquinar.
rumo *s.m.* Rumbo. ♦ **Perder o rumo.** Desorientarse. **Sem rumo.** A la deriva.
rumor *s.m.* **1.** Murmullo, rumor. **2.** Rumor, bulo.
rumorejar *v.i.* Rumorearse, correr la voz.
ruptura *s.f.* Ruptura, quiebra.
rush *s.m. Angl.* Hora pico.
rústico *adj.* **1.** Rústico. **2.** Rudo, simplote.

S

s *s.m.* S (*décima nona letra do alfabeto português*). ■ *Abrev. de sul, santo(a), são.*
sábado *s.m.* Sábado. ♦ **Sábado de Aleluia.** Sábado de Gloria.
sabão *s.m.* Jabón. ♦ **Sabão em pedra.** Pastilla de jabón. **Sabão em pó.** Jabón en polvo. **Passar/Levar um sabão.** Dar un jabón, echar una bronca.
sabedoria *s.f.* Sabiduría.
saber *v.t.* **1.** Saber, sabiduría. ● *v.t.* **2.** Saber, tener información, conocer. **3.** Saber, tener en la memoria. *Só sabia a primeira estrofe.* Sabía sólo la primera estrofe. **4.** Saber, poder, tener capacidad. *Não soube explicar seus sentimentos.* No supo explicar sus sentimientos. ■ *v.i.* **5.** Saber, entender. ♦ **Sabe-tudo.** Sabelotodo. **Sei lá!** ¡Qué sé yo! **Sei, sei!** Entiendo, ya lo veo. **Vá saber!** ¡Vete!/¡Vaya a saber!
sabichão *adj. e s.* Sabihondo, sabelotodo.
sabido *adj.* **1.** Sabido, consabido. ● *adj. e s.* **2.** Vivo, listo, astuto, ducho. ♦ **Dar uma de sabido.** Dárselas de sabio/de muy listo.
sábio *adj. e s.* Sabio, docto.
sabonete *s.m.* Jabón de tocador, jaboncillo; (*Amer.*) jabón de olor.
saboneteira *s.f.* Jabonera.
sabor *s.m.* Sabor.

saborear *v.t.* **1.** Saborear, gustar. **2.** *Fig.* Deleitarse, saborearse.
saboroso *adj.* Sabroso, rico.
sabotagem *s.f.* Sabotaje.
sabotar *v.t.* Sabotear.
sabugo *s.m. Bot.* Mazorca, panoja.
sacada *s.f.* **1.** *Arq.* Balcón, salidizo, voladizo, saliente. **2.** *Desp.* Jugada, lance. **3.** *Col.* Ocurrencia, salida.
sacana *adj. e s.2g.* **1.** *Col.* Vivales, pícaro. **2.** *Vulg.* Libidinoso, pornográfico. **3.** *Col.* Cafre, cabrón.
sacanagem *s.f.* **1.** Pornografía. **2.** Maldad, cabronada.
sacar *v.t.* **1.** Desenfundar, empuñar, sacar (*arma*). **2.** *Desp.* Sacar (*bola*). **3.** *Com.* Retirar dinero, girar. **4.** *Col.* Entender, pillar al vuelo. ♦ **Saca-rolha(s).** Sacacorchos, tirabuzón.
sacerdote *s.m.* Sacerdote, cura.
saciar *v.t. e v.p.* Saciar(se), hartar(se), satisfacer(se).
saco *s.m.* **1.** Bolsa, saco. **2.** *Vulg.* Huevos, pelotas. **3.** *Col.* Lata, fastidio. ■ **saca** *s.f.* Costal, saca. ♦ **Encher o saco.** *Vulg.* Joder, jorobar, dar lata. **Estar de saco cheio.** *Col. e vulg.* Estar harto, tener las pelotas llenas. **Puxar o saco.** *Col.* Adular; (*Am.C.*) chaquetear, arrastrarse. **Que saco!** *Vulg.* ¡Qué lata!

sacola *s.f.* Bolsa, bolso.
sacramentar *v.t.* Sacramentar.
sacrificar *v.t. e v.p.* Sacrificar(se).
sacrifício *s.m.* Sacrificio.
sacrilégio *s.m.* Sacrilegio, profanación.
sacristão *s.m.* Sacristán.
sacudida *s.f.* Sacudida; (*Amer.*) sacudón.
sacudir *v.t.* **1.** Sacudir, agitar. **2.** *Fig.* Estremecer, conmover, sacudir. **3.** Sacudir, apalear (*para limpar*). ■ *v.p.* **4.** Sacudirse, bambolearse.
sadio *adj.* Saludable, sano.
safado *adj. e s.* Truhán, tunante.
safar *v.t. e v.p.* Librar(se), esquivar(se).
safra *s.f.* **1.** Cosecha. **2.** Zafra (*cana-de-açúcar*).
sagaz *adj.* Sagaz.
sagitário *s.m.* Sagitario, signo del zodíaco.
sagrado *adj.* Sagrado, sacro.
sagrar *v.t.* Consagrar.
saguão *s.m.* Vestíbulo, atrio, zaguán, portal, *hall*.
saia *s.f.* Falda; (*Amer.*) pollera. ♦ **Saia-calça.** Falda pantalón.
saída *s.f.* **1.** Salida, sitio por donde se sale. **2.** Salida, partida. **3.** *Fig.* Salida, escapatoria, remedio. **4.** *Com.* Salida, venta, comercialización. **5.** *Fig.* Ocurrencia, salida. ♦ **Saída de banho/Saída de praia.** Bata, ropón, salida de baño. **De saída.** De buenas a primeras, de entrada. **Na saída.** A la salida. **Ter saída.** Venderse bien (mercancía).
saiote *s.m.* Enagua.
sair *v.t. e v.i.* **1.** Salir, partir, irse, marcharse. **2.** Salir, alejarse, retirarse. *Saíram do país.* Salieron del país. **3.** Salir, dimitir, desvincularse. ■ *v.i.* **4.** Salir, nacer (*dente, pelo, sol*). **5.** Salir, ser publicado. **6.** Salir, quitarse. ■ *v.pred.* **7.** Salir, resultar. ■ *v.p.* **8.** Salir(se), soltar (*algo inesperado*). ♦ **Sair correndo.** Salir pitando, echar a correr. **Sair de fininho.** Escabullirse. **Sair-se bem/mal.** Irle (a uno) bien/mal.
sal *s.m.* Sal. ■ **sais** *s.m.pl.* Sales.
sala *s.f.* **1.** Sala, pieza; (*Amer.*) living. **2.** Sala, salón. **3.** *For.* Sala, tribunal. ♦ **Sala de aula.** Aula. **Sala de espera.** Antecámara. **Sala de estar.** Sala. **Sala de jantar.** Comedor. **Sala de operações.** *Med.* Sala de operaciones. **Fazer sala.** Recibir y entretener a la visita.
salada *s.f.* **1.** Ensalada. **2.** *Col.* Revoltijo, enredo, relajo.
salame *s.m.* Salame.
salão *s.m.* **1.** Sala, salón. **2.** Feria, exposición, galería. ♦ **Salão de beleza.** (Salón de) Peluquería. **Salão de chá.** Salón de té. **Salão de festas.** Sala de fiestas. **Salão nobre.** Salón de actos, paraninfo.
salário *s.m.* Sueldo, salario, jornal, gaje. ♦ **Salário mínimo.** Salario mínimo; (*Amer.*) sueldo vital. **Décimo terceiro salário.** Aguinaldo.
saldar *v.t.* Saldar, liquidar, finiquitar, pagar, cancelar.
saldo *s.m.* **1.** *Com.* Saldo. **2.** Saldo, resto de mercancías. ♦ **Saldo credor/devedor.** *Com.* Saldo acreedor/deudor. **Saldo positivo/negativo.** *Com.* Saldo a favor/en contra.
saleiro *s.m.* Salero.
salgadinho *s.m.* Bocadillo de aperitivo, tapa; (*Rio-plat.*) factura, picada; (*Mex. e Am.C.*) taco, boquita.
salgado *adj.* **1.** Salado. ● *s.m.* **2.** Tapa, colación, *lunch*.
salgar *v.t.* Salar.
salgueiro *s.m.* *Bot.* Sauce, salguero.
saliência *s.f.* Relieve, resalto, saliente, protuberancia.
salientar *v.t.* **1.** Resaltar, acentuar, subrayar. ■ *v.p.* **2.** Sobresalir, destacarse.
saliva *s.f.* Saliva. ♦ **Gastar saliva à toa.** Gastar saliva en balde, gastar pólvora en zanates.
salmão *s.m.* Salmón. ♦ **Cor salmão.** De color (de) salmón.
salmoura *s.f.* Salmuera.
salpicar *v.t.* Salpicar.
salsa *s.f.* *Bot.* Perejil.
salsicha *s.f.* Salchicha.
saltar *v.t. e v.i.* **1.** Saltar, brincar. **2.** Bajar, descender (*de veículo*).
saltimbanco *s.m.* Saltimbanqui.

salto *s.m.* **1.** Salto, bote, brinco. **2.** Salto, cascada. **3.** Taco, tacón (*calçado*). **4.** *Fig.* Cambio brusco. **5.** *Desp.* Salto.
salubridade *s.f.* Salubridad, sanidad.
salutar *adj.* **1.** Saludable, sano. **2.** *Fig.* Saludable, benéfico.
salvação *s.f.* Salvación, redención. ♦ **Tábua de salvação.** Tabla/Áncora de salvación.
salvaguarda *s.f.* Salvaguardia, salvaguarda.
salvaguardar *v.t.* Salvaguardar.
salvamento *s.m.* Salvamento, rescate.
salvar *v.t. e v.p.* **1.** Salvar(se), librar(se). ■ *v.i.* **2.** Hacer salvas de artillería. ♦ **Salva-vidas.** Bañero. **Salve-se quem puder.** Sálvese el que pueda.
salvo *adj.* **1.** Salvo, salvado, ileso. ● *prep.* **2.** Salvo, excepto. ♦ **Salvo se.** A menos que. **Salvo-conduto.** Salvoconducto, pase. **A salvo.** A salvo. **São e salvo.** Sano y salvo.
samambaia *s.f. Bot.* Helecho.
samba *s.f. Mus.* Ritmo brasileño de origen africano.
sambista *s.2g.* Bailarín o compositor de samba.
sanatório *s.m. Med.* Sanatorio, clínica.
sanção *s.f. For.* **1.** Sanción, autorización, aprobación. **2.** Sanción, pena.
sancionar *v.t. For.* Sancionar, homologar.
sandália *s.f.* Sandalia.
sanduíche *s.m.* Bocadillo, <u>sandwich</u>; (*Amer.*) tostado, emparedado.
saneamento *s.m.* Saneamiento.
sanfona *s.f.* **1.** *Mus.* Acordeón. **2.** Fuelle.
sangramento *s.m.* Sangría, chorro de sangre.
sangrar *v.t. e v.i.* Sangrar.
sangrento *adj.* Sangriento, sanguinolento.
sangue *s.m.* Sangre. ♦ **Sangue azul.** Sangre azul. **A sangue-frio.** A sangre fría. **Dar o sangue.** Dar el alma. **Esvair-se em sangue.** Desangrarse. **Ferver o sangue.** Bullirle (a uno) la sangre. **Ter o sangue quente./Subir o sangue à cabeça.** Alterársele la sangre/Subírsele la sangre a la cabeza. **Ter sangue de barata./Não ter sangue nas veias.** Tener sangre blanca/de horchata/No tener sangre en las venas.

sanguessuga *s.f.* **1.** Sanguijuela. ■ *s.* **2.** *Fig.* Parásito.
sanguíneo *adj.* Sanguíneo.
sanitário *adj.* **1.** Sanitario. ● *s.m.* **2.** Excusado, baño, servicio, wáter.
sanitarista *adj. e s.2g.* Sanitario, agente de sanidad.
sansei *s.2g.* Ciudadano americano nieto de japoneses.
santificar *v.t.* Santificar.
santo *adj. e s.* **1.** Santo. **2.** San. *Santo Antônio.* San Antonio. ♦ **Santo e senha.** *Mil.* Contraseña. **Não ser santo da devoção de.** No tragarse a alguien, caerle mal. **Ter santo forte.** Ser inmune a brujerías.
são *adj.* **1.** Sano, saludable. ■ *adj. e s.m.* **2.** San. *São Pedro.* San Pedro. **3.** Santo. *São Domingos.* Santo Domingo. ♦ **São-bernardo.** San Bernardo.
sapata *s.f.* Zapata.
sapatão *s.m. Vulg.* Lesbiana.
sapataria *s.f.* Zapatería.
sapateiro *s.* Zapatero.
sapatilha *s.f.* Zapatilla.
sapato *s.m.* Zapato.
sapo *s.m.* Sapo, escuerzo. ♦ **Engolir sapos.** Soportar cosas desagradables, tragar ofensas.
sapólio *s.m.* Jabón de pulir.
saque *s.m.* **1.** *Desp.* Saque. **2.** Saqueo, pillaje. **3.** *Com.* Giro, orden de pago.
saquear *v.t.* Saquear, asaltar.
sarampo *s.m. Med.* Sarampión.
sarapatel *s.m.* Plato típico de Bahia a base de menudos de cerdo.
sarar *v.t.* **1.** Sanar. ■ *v.i.* **2.** Curarse, sanar.
sarcástico *adj.* Sarcástico, sardónico.
sarda *s.f.* Peca.
sardento *adj. e s.* Pecoso.
sardinha *s.f.* Sardina.
sargento *s.m. Mil.* Sargento.
sarjeta *s.f.* **1.** Bordillo, cuneta, encintado; (*Rio-plat.*) cordón. **2.** *Fig.* Lodo, fango, perdición.
sarna *s.f. Med.* Sarna, roña. ♦ **Procurar/Arranjar sarna para se coçar.** Meterse en líos.

sarnento *adj. e s. Med.* Sarnoso, roñoso.

sarrafo *s.m. Arq.* Madero, viga.

sarro *s.m.* **1.** Borra, residuo. **2.** *Med.* Sarro, tártaro. **3.** *Col.* Broma, burla. ♦ **Ser um sarro.** Ser gracioso, divertido. **Tirar (um) sarro.** Tomar el pelo.

satélite *s.m.* Satélite.

sátira *s.f.* Sátira.

satírico *adj. e s.m.* Satírico.

satisfação *s.f.* **1.** Satisfacción, contento. **2.** Explicación, satisfacción, desagravio. ♦ **Dar satisfação.** Dar explicaciones. **Ter a satisfação de.** Tener el gusto de. **Tirar satisfação.** Sacar en limpio.

satisfazer *v.t.* **1.** Satisfacer, cumplir. **2.** Satisfacer, saciar. **3.** Satisfacer, contentar. ■ *v.i.* **4.** Alcanzar, bastar. ■ *v.p.* **5.** Saciarse.

satisfeito *adj.* Satisfecho.

saturar *v.t. e v.p.* Saturar(se).

saudação *s.f.* Saludo, salutación, salva. ■ **saudações** *s.f.pl.* Saludos, recuerdos.

saudade *s.f.* Añoranza, nostalgia. ♦ **Ter/Estar com saudades.** Añorar, echar de menos, extrañar.

saudável *adj.* Sano, saludable.

saúde *s.f.* **1.** Salud, sanidad. **2.** *Fig.* Fuerza, vigor. ♦ **Saúde! 1.** ¡(A la) Salud! (*para brindar*). **2.** ¡Jesús! (*quando alguém espirra*).

sauna *s.f.* Sauna.

saxofone *s.m. Mus.* Saxofón, saxófono.

se *p.pess.* 3ª *pess., recípr., refl., apass.* **1.** Se. *Eles se amam.* Ellos se quieren. *Lave-se bem.* Lávese bien. *Vendem-se casas.* Se venden casas. ● *conj.* **2.** Si. *Sabe se o avião chegou?* ¿Sabe si ha llegado el avión?

sebo *s.m.* **1.** Sebo, grasa. **2.** Local de venta de libros o discos usados. ♦ **Pôr sebo nas canelas.** Huir, escabullirse, tomárselas.

seca *s.f.* Sequía.

secador *adj. e s.m.* Secador (*cabelo*). ■ **secadora** *adj. e s.f.* Secadora (*roupa*).

secante *adj. e s.m.* **1.** Secante. ■ *adj. e s.f.* **2.** *Geom. e mat.* Secante.

seção *s.f.* **1.** Sección, división, parte. **2.** Sección, sector, departamento. **3.** Sección, grupo.

secar *v.t., v.i. e v.p.* Secar(se).

seccionar *v.t. e v.p.* Seccionar.

seco *adj.* **1.** Seco, sin agua. **2.** Seco, árido. **3.** Seco, marchito. **4.** *Fig.* Seco, severo, rudo. **5.** *Col.* Ávido, con muchas ganas. *Estou seco por um sorvete.* Me muero por un helado. ● **secos** *s.m.pl.* Géneros alimenticios secos, deshidratados.

secretariado *s.m.* **1.** Secretariado, curso. **2.** Conjunto de secretarios de Estado.

secretário *s.* Secretario. ♦ **Secretária eletrônica.** Contestador automático.

secreto *adj.* Secreto, sigiloso.

século *s.m.* **1.** Siglo. **2.** *Fig.* Montón de tiempo, miles de años, siglo. ♦ **Por séculos e séculos.** Por los siglos de los siglos.

secundário *adj.* **1.** Secundario, segundo. **2.** Secundario, accesorio. ● *s.m.* **3.** Secundaria, enseñanza media.

seda *s.f.* Seda. ♦ **Bicho-da-seda.** Gusano de seda. **Fita de seda.** Cinta de seda, listón. **Ser uma seda.** Ser muy amable.

sedar *v.t. Med.* Sedar.

sedativo *adj. e s.m. Med.* Sedativo, sedante, calmante.

sede (ê) *s.f.* **1.** Sed. **2.** *Fig.* Sed, deseo ardiente.

sede *s.f.* **1.** Casa matriz, oficina central. **2.** Domicilio social, sede. **3.** Punto de concentración. **4.** Sede, diócesis.

sedento *adj.* Sediento.

sedimentar *adj.* **1.** Sedimentario. ● *v.t. e v.i.* **2.** Sedimentar(se).

sedimento *s.m.* **1.** Sedimento. **2.** Borra, asiento (*líquidos*).

sedução *s.f.* Seducción, encanto, atractivo.

seduzir *v.t.* Seducir.

segmento *s.m.* **1.** *Mat. e geom.* Segmento. **2.** Fracción, sección. *Um segmento do mercado/da população.* Una fracción del mercado/de la población.

segredo *s.m.* Secreto, arcano.

segregar *v.t. e v.p.* Segregar(se), apartar(se).

seguida *loc.* Enseguida, en seguida.

seguinte *adj. e s.m.* Siguiente.

seguir *v.t. e v.i.* **1.** Seguir, proseguir, continuar.

segundo ■ *v.t.* **2.** Seguir, perseguir. **3.** Seguir, adherir, abrazar. **4.** Observar, supervisar, acompañar. *O engenheiro segue a obra.* El ingeniero supervisa la obra. **5.** Seguir, tomar una dirección, recorrer. ■ *v.i.* **6.** Seguir, partir, ir. ■ *v.p.* **7.** Seguir, suceder, venir después. **8.** Resultar, inferirse. *Segue-se daí que não engoliu a mentira.* De ahí resulta que no se tragó el cuento. ♦ **A seguir.** A continuación.

segundo *adj.* **1.** Segundo, secundario. ● *num.* **2.** Segundo, después del primero. ● *s.m.* **3.** Segundo, el que ocupa el segundo lugar. **4.** Segundo, unidad de medida (*tempo, ângulo*). ● *prep. e conj.* **5.** Según. *Segundo esse autor (...).* Según ese autor (...). ● **segunda** *s.f.* **1.** Segunda clase. *Viajou de segunda.* Viajó en segunda clase. **2.** *Mec.* Segunda, marcha de automóvil. ♦ **Segunda-feira.** Lunes. **Com segundas intenções.** Con segundas. **De segunda.** De segunda categoría.

segurança *s.f.* **1.** Seguridad, certidumbre, certeza. ■ *s.* **2.** Guardia, policía. *Chame o/a segurança!* ¡Llama al/a la guardia!

segurar *v.t.* **1.** Asir, tener en/con las manos, sostener, sujetar; (*Esp.*) coger; (*Amer.*) agarrar. *Segure o chapéu que ele vai voar!* ¡Sujeta el sombrero que se va a volar! **2.** *Com.* Asegurar, contratar seguro. ■ *v.p.* **3.** Agarrarse, aferrarse, sostenerse. **4.** *Fig.* Aguantarse. ♦ **Segurar as pontas/a barra.** Aguantárselas, rebuscárselas, apechugar, bancarse.

seguro *adj.* **1.** Seguro, firme, fijo. **2.** Seguro, libre de riesgo. **3.** Seguro, que tiene autoconfianza. **4.** Seguro, infalible. ● *s.m.* **5.** *Com.* Seguro. **6.** Compañía de seguros, aseguradora. ♦ **Com seguro total.** Asegurado a todo riesgo.

seio *s.m.* Seno.

seita *s.f.* Secta, facción.

seiva *s.f.* **1.** *Bot.* Savia. **2.** *Fig.* Aliento, vigor.

seixo *s.m.* China, guijarro, canto rodado.

sela *s.f.* Silla, montura.

selar *v.t.* **1.** Ensillar (*cavalo*). **2.** Sellar (*carta*). **3.** *Fig.* Sellar, concluir, rematar. **4.** Cerrar, lacrar.

seleção *s.f.* **1.** Selección, elección. **2.** *Desp.* Selección.

selecionar *v.t.* Seleccionar, elegir.

seletivo *adj.* Selectivo.

seletor *s.m. Eletr.* Selector.

selo *s.m.* **1.** Estampilla, sello; (*Amer.*) timbre. **2.** *Fig.* Sello, señal, marca, cuño. **3.** Tipo de tasa o derecho.

selva *s.f.* Selva.

selvagem *adj. e s.2g.* Salvaje.

sem *prep.* Sin. ♦ **Sem dúvida.** Sin duda; (*Am. C.*) de plano. **Sem mais nem menos.** Sin más, así no más. **Sem quê nem para quê.** Sin motivo alguno. **Sem-cerimônia.** Descortesía, indelicadeza. **Sem-fim.** Sinfín. **Sem-modos.** Mal educado, descortés, mal portado. **Sem-número.** Sinnúmero. **Sem-par.** Sin par. **Sem-vergonha.** Sinvergüenza, desfachatado, cafre.

semáforo *s.m.* Semáforo.

semana *s.f.* Semana. ♦ **Fim de semana.** Fin de semana.

semanário *adj. e s.m.* Semanario.

semblante *s.m.* Semblante.

semeadura *s.f.* Siembra.

semear *v.t. e v.i.* Sembrar.

semelhança *s.f.* Similitud, parecido, semejanza.

semelhante *adj. e p.dem.* **1.** Semejante, parecido, parejo. ● *s.m.* **2.** Semejante, prójimo.

semente *s.f.* **1.** Semilla, simiente. **2.** Pepita (*fruta*). **3.** *Fig.* Semilla, germen. ♦ **Ficar para semente.** Vivir mucho.

semestre *s.m.* Semestre.

semiconsoante *s.f. Gram.* Semiconsonante.

semifinal *adj. e s.f. Desp.* Semifinal.

semimorto *adj.* Medio muerto, moribundo.

seminário *s.m.* **1.** Seminario. **2.** Congreso.

seminu *adj.* **1.** Casi desnudo. **2.** Harapiento.

semivogal *s.f. Gram.* Semivocal.

sempre *adv.* Siempre. ♦ **Para sempre.** Para siempre.

senador *s.* Senador.

senão *conj. e prep.* **1.** Sino. ● *s.m.* **2.** Desperfecto, falla, pero.

senda *s.f.* Sendero, senda.
senha *s.f.* **1.** Seña, señal. **2.** Seña, signo. **3.** Resguardo, contraseña. **4.** Clave, código, contraseña.
senhor *s.m.* **1.** Señor, hombre. **2.** Señor, dueño, amo. **3.** Señor, Dios. ● *p.trat.* **4.** Señor, caballero, don. *O que o senhor deseja?* ¿Qué desea (usted), caballero? ● *adj.* **5.** *Fig.* Señor, grande, importante. ● **senhora** *s.f.* **1.** Señora, mujer. **2.** Señora, dueña. **3.** Señora, esposa. ● *p.trat.* **4.** Doña, señora. *A dona Cecilia não vem jantar.* Doña Cecilia no viene a cenar. ♦ **Senhor da situação/de si.** Dueño de la situación/de sus narices. **Senhor de engenho.** Propietario de molienda/trapiche de caña de azúcar. **Minha Nossa Senhora!** ¡María purísima/santísima! **Nossa Senhora.** Nuestra Señora.
senhorio *s.m.* **1.** Propietario, arrendador. **2.** Señorío, dominio. ■ **senhoria** *s.f.* Señoría.
senhorita *s.f.* Señorita.
senilidade *s.f.* Senilidad.
sensação *s.f.* Sensación.
sensato *adj.* Sensato, cuerdo, sentado.
sensibilizar *v.t.* **1.** Sensibilizar. ■ *v.p.* **2.** Conmoverse.
sensitivo *adj. e s.* Sensitivo.
sensível *adj.* Sensible.
senso *s.m.* Sentido, discernimiento, criterio. ♦ **Senso comum.** Sentido común. **Senso de humor.** Sentido del humor. **Bom senso.** Buen sentido, sentido común.
sensório *adj.* **1.** Sensorio, sensorial. ● *s.m.* **2.** *Med.* Sensorio.
sentar *v.t., v.i. e v.p.* Sentar(se), tomar asiento.
sentença *s.f.* **1.** *For.* Fallo, sentencia, resolución judicial. **2.** Sentencia, máxima, mote.
sentido *adj.* **1.** Sentido, disgustoso, molesto. ● *s.m.* **2.** Sentido, órgano que recibe sensaciones. **3.** Sentido, nexo, significado. **4.** Sentido, rumbo, dirección. **5.** Sentido, interpretación. ■ **sentidos** *s.m.pl.* Sentido, conocimiento, facultades. ♦ **Sentido!** (*Mil.*) ¡Firmes! **Perder os sentidos.** Perder el sentido/el conocimiento. **Sem sentido.** Sin sentido.

sentimento *s.m.* Sentimiento. ■ **sentimentos** *s.m.pl.* Condolencias.
sentinela *s.f. e s.2g.* Centinela, guardia, plantón.
sentir *s.m.* **1.** Sentir, opinión. ● *v.t., v.i. e v.p.* **2.** Sentir(se).
senzala *s.f.* Alojamiento para esclavos.
separação *s.f.* Separación.
separar *v.t. e v.p.* Separar(se).
sepultar *v.t. e v.p.* Sepultar(se).
sepultura *s.f.* Sepultura.
sequela *s.f.* **1.** Secuela, consecuencia. **2.** Camarilla, bando. **3.** *Med.* Secuela.
sequência *s.f.* Secuencia.
sequer *adv.* Siquiera.
sequestrar *v.t.* Secuestrar.
sequestro *s.m.* **1.** Secuestro. **2.** *For.* Confiscación, requisición, decomiso.
ser *s.m.* **1.** Ser, ente. ● *v.pred.* **2.** Ser. ♦ **Ser bom/ruim de.** Ser eficiente/malo en. **Ser maior e vacinado.** Ser dueño de sus narices. **Isto é/Ou seja.** Es decir. **Já era. 1.** Fuera de moda. **2.** Sin valor. **Não ser de nada.** No servir para nada, ser cobarde. **Não ser lá essas coisas.** No ser gran cosa. **(Não) Ser mole.** (No) Ser fácil. **Qual é?** ¿Qué pasa? ¿Qué hay? **Seja como for.** Mal que bien/Sea como fuere/Comoquiera que sea.
sereia *s.f.* Sirena.
sereno *adj.* **1.** Sereno, calmo. ● *s.m.* **2.** Sereno, humedad de la noche.
seriado *s.m.* Serial, serie.
série *s.f.* **1.** Serie, sarta, sucesión. **2.** Año de estudios. **3.** Serial (*TV, jornal*). ♦ **Fora de série.** Raro, excepcional.
seringa *s.f.* Jeringa.
seringueira *s.f. Bot.* Caucho.
sério *adj.* **1.** Serio, formal, austero. **2.** Serio, grave. **3.** Serio, importante. ♦ **Levar a sério.** Tomar en serio.
sermão *s.m.* Sermón.
serpente *s.f.* Serpiente.
serpentina *s.f.* **1.** Serpentín (*alambique*). **2.** Serpentina (*papel*).
serra *s.f.* **1.** *Mec.* Sierra. **2.** Sierra, cadena de montañas.

serragem *s.f.* Aserrín, serrín.
serralharia *s.f.* Herrería.
serrar *v.t.* Serrar, aserrar.
serraria *s.f.* Aserradero, serrería.
serrote *s.m.* Serrucho.
sertão *s.m.* Páramo.
servente *adj. e s.2g.* **1.** Sirviente, servidor. **2.** Ayudante en trabajos manuales.
serventia *s.f.* Utilidad, provecho.
serviçal *adj.* **1.** Servicial. ● *s.2g.* **2.** Criado, servidor.
serviço *s.m.* **1.** Servicio. **2.** Trabajo, oficio, función, tarea. *Seu serviço é cuidar do bebê.* Tu tarea es cuidar al bebé. **3.** Tasa de servicio. **4.** *Desp.* Servicio, saque. **5.** *Col.* Trabajo sucio por encargo. **6.** *Col.* Hechizo, brujería. ♦ **Serviço de mesa.** Vajilla, servicio de mesa. **Serviço malfeito.** Chapucería. **Serviço militar.** Servicio militar; (*Arg.*) colimba. **Dar o serviço.** Hablar, delatar. **Não brincar em serviço. 1.** No perder tiempo. **2.** No perder una oportunidad.
servidão *s.f.* Servidumbre.
servir *v.t. e v.p.* Servir(se).
servo *s.* Siervo.
servofreio *s.m. Mec.* Servofreno.
servomotor *s.m. Mec.* Servomotor.
sessão *s.f.* **1.** Sesión, reunión. **2.** Sesión, acto público. **3.** Función (*filme, espetáculo*).
sesta *s.f.* Siesta.
seta *s.f.* Saeta, flecha.
setembro *s.m.* Septiembre, setiembre.
setor *s.m.* **1.** Sector, sección. **2.** Sector, esfera de actividad.
seu *p.poss. 3ª pess.* **1.** Suyo, su (*discurso em 3ª pess.*). *O livro é seu.* El libro es suyo. *Seu pai.* Su padre. **2.** Tuyo, tu (*discurso em 2ª pess.*). *Onde está seu irmão?* ¿Dónde está tu hermano? *Meu irmão saiu com o seu.* Mi hermano ha salido con el tuyo. ■ *p.trat.* **3.** Don, señor. *Como vai, seu Mário?* ¿Cómo está, don Mario? **4.** So, che, vos (*uso enfático*). *Seu burro!* ¡So burro! (Che, idiota! ● *s.m. p.indef.pl.* Sus, algunos. *Ele tem seus motivos.* Él tiene sus razones. ♦ **Os seus.** Los suyos.

severo *adj.* Severo.
sexo *s.m.* Sexo.
sexta-feira *s.f.* Viernes. ♦ **Sexta-feira Santa.** Viernes Santo.
shopping center *s.m. Angl.* Centro comercial; (*Arg.*) galería.
short *s.m. Angl.* Short.
show *s.m. Angl.* Espectáculo, *show.* ♦ **Dar um show. 1.** Actuar en forma ejemplar. **2.** Armar un escándalo.
si *s.m.* **1.** *Mus.* Si, nota musical. ● *p.pess. 3ª pess.* **2.** Sí. *Por si só.* Por sí solo.
sicrano *s.m.* Zutano.
siderurgia *s.f.* Siderurgia.
sigilo *s.m.* Sigilo. ♦ **Sigilo bancário.** Secreto bancario. **Manter sigilo.** Guardar sigilo.
sigla *s.f.* Sigla.
signatário *adj. e s.* Signatario, firmante.
significação *s.f.* Significación.
significado *s.m.* Significado.
significar *v.t.* Significar.
signo *s.m.* Signo, señal, símbolo. ♦ **Signo do zodíaco.** Signo del zodíaco.
sílaba *s.f. Gram.* Sílaba.
silenciador *s.m.* Silenciador.
silenciar *v.t. e v.i.* Silenciar, callar.
silêncio *s.m.* Silencio. ♦ **Silêncio!** ¡Silencio! ¡Chit! ¡Chitón! ¡Chist! **Em silêncio.** En silencio, chiticallando. **Fazer silêncio.** Guardar silencio.
silhueta *s.f.* Silueta.
silicone *s.m. Quím.* Silicona.
silo *s.m.* Silo, granero.
silvestre *adj.* Silvestre.
sim *adv.* **1.** Sí. *Vou/Quero sim.* Sí voy/quiero. ● *s.m.* **2.** Sí, consentimiento. ♦ **Pelo sim, pelo não.** Por las dudas/las moscas. **Pois sim!** ¡No faltaba más!
símbolo *s.m.* Símbolo.
simetria *s.f.* Simetría.
similar *adj. e s.m.* Similar.
simpatia *s.f.* **1.** Simpatía. **2.** Ritual supersticioso.
simpatizar *v.t.* Simpatizar.
simples *adj.* **1.** Sencillo, simple, fácil. **2.** Sim-

simplicidade / **slide**

ple, único, no compuesto. ■ *adj. e s.2g.* **3.** Sencillo, simple, humilde, llano.
simplicidade *s.f.* Sencillez, simplicidad.
simplificar *v.t.* Simplificar.
simplório *adj. e s.* Simplón, simplote.
simpósio *s.m.* Simposio, simposium.
simulação *s.f.* **1.** Simulacro, acción simulada, remedo. **2.** Disimulo, simulación.
simulacro *s.m.* Simulacro.
simulador *adj. e s.* Simulador.
simular *v.t.* Simular.
simultâneo *adj.* Simultáneo.
sina *s.f.* Sino, hado, suerte.
sinal *s.m.* **1.** Señal, aviso, advertencia. **2.** Señal, signo, marca. **3.** Señal, pinta, mancha. **4.** Seña, indicio, asomo. **5.** Seña, ademán. *Falava por sinais.* Hablaba por señas. **6.** *Mat. e gram.* Signo. *Sinal de adição/interrogação.* Signo de adición/interrogación. **7.** Semáforo. **8.** *Com.* Señal, anticipo. ♦ **Sinal de trânsito.** Señal de tráfico. **Sinal da cruz.** Señal de la cruz. **Avançar o sinal. 1.** Pasar el semáforo en rojo. **2.** Pasar la raya. **Dar sinais de.** Dar señas de. **Por sinal.** A propósito, dicho sea de paso.
sinalização *s.f.* Señalización.
sinalizar *v.t.* **1.** Señalizar (*trânsito*). **2.** Señalar, indicar.
sincero *adj.* Sincero, franco.
síncope *s.f.* **1.** *Gram.* Síncopa. **2.** *Med.* Síncope.
sincronizar *v.t.* Sincronizar.
sindicalizar *v.t. e v.p.* Sindicar(se), sindicalizar(se).
sindicância *s.f.* **1.** Sindicatura. **2.** Vigilancia, inspección.
sindicato *s.m.* Sindicato.
síndico *s.* **1.** Administrador de un edificio. **2.** Síndico.
síndrome *s.f. Med.* Síndrome.
sinfonia *s.f. Mus.* Sinfonía.
singelo *adj.* Sencillo, simple, natural, modesto.
singular *adj.* **1.** Singular, único. **2.** Singular, raro. ● *s.m.* **3.** *Gram.* Singular.

singularizar *v.t. e v.p.* Singularizar(se).
sinistro *adj.* **1.** Siniestro, funesto. **2.** Siniestro, izquierdo. ● *s.m.* **3.** Siniestro, daño.
sino *s.m.* Campana.
sinônimo *adj. e s.m. Gram.* Sinónimo.
sinopse *s.f.* Sinopsis.
sinóptico *adj.* Sinóptico.
sintático *adj. Gram.* Sintáctico.
sintaxe *s.f. Gram.* Sintaxis.
síntese *s.f.* Síntesis.
sintético *adj.* **1.** Sintético, escueto. **2.** Sintético, artificial.
sintoma *s.m.* **1.** *Med.* Síntoma. **2.** *Fig.* Síntoma, seña, indicio.
sintonia *s.f.* **1.** *Eletr.* Sintonía. **2.** Sincronía, concomitancia. **3.** *Fig.* Sintonismo, armonía, empatía, sintonía.
sintonizar *v.t.* Sintonizar.
sinuca *s.f.* **1.** Variedad de billar. **2.** *Col.* Lío, enredo.
sinuoso *adj.* Sinuoso, tortuoso.
sinusite *s.f. Med.* Sinusitis.
sirene *s.f.* Sirena, generador de sonido.
siri *s.m.* Cangrejo de mar. ♦ **Casquinha de siri.** Carne de cangrejo en su concha.
sisal *s.m. Bot.* Pita, agave, sisal; (*Mex. e Am.C.*) maguey, mezcal.
sísmico *adj.* Sísmico.
sismo *s.m.* Seísmo, sismo.
siso *s.m.* Juicio, quicio. ♦ **Dente de siso.** Muela cordal/del juicio.
sistema *s.m.* Sistema.
sistematização *s.f.* Sistematización.
sisudo *adj.* **1.** Juicioso. **2.** Huraño.
sitiar *v.t.* Sitiar.
sítio *s.m.* **1.** Sitio, asedio, bloqueo. **2.** Pequeña propiedad, finca, chacra. **3.** Sitio, lugar.
situação *s.f.* **1.** Situación, posición, ubicación. **2.** Situación, estado, condición. **3.** Poder político establecido, *statu quo*; (*Rio-plat.*) oficialismo.
situar *v.t. e v.p.* Situar(se), localizar(se), apostar(se).
slide *s.m. Angl.* Diapositiva.

só *adj.* **1.** Solo, solitario. **2.** Solo, único. ● *adv.* **3.** Sólo, solamente. ♦ **A sós.** A solas.

soar *v.i.* Sonar, emitir sonido. ♦ **Que soa mal.** Malsonante.

sob *prep.* Bajo, debajo de. ♦ **Sob medida.** De medida. **Sob palavra.** Bajo palabra. **Sob pretexto/pena de.** So pretexto/pena de.

soberano *adj. e s.* Soberano.

soberbo *adj.* Soberbio, altanero. ● **soberba** *s.f.* Soberbia, altanería.

sobra *s.f.* Sobra. ■ **sobras** *s.f.pl.* Sobras, restos. ♦ **De sobra.** De sobras.

sobrado *s.m.* Casa de dos pisos, chalet.

sobrancelha *s.f.* Ceja.

sobrar *v.i.* **1.** Sobrar, quedar. **2.** *Mat.* Restar, quedar.

sobre *prep.* **1.** Sobre, encima de. **2.** Sobre, respecto a. ♦ **Sobre-humano.** Sobrehumano.

sobreaviso <de> *loc.* En guardia, atento, sobre aviso.

sobrecarga *s.f.* Sobrecarga.

sobreloja *s.f.* Entrepiso, entresuelo de un negocio.

sobremesa *s.f.* Postre.

sobrenatural *adj. e s.m.* Sobrenatural.

sobrenome *s.m.* Apellido.

sobrepor *v.t. e v.p.* Sobreponer(se).

sobressair *v.t. e v.i.* Sobresalir.

sobressalente *adj.* Sobresaliente.

sobressaltar *v.t. e v.p.* Sobresaltar(se), sobrecoger(se).

sobressalto *s.m.* Sobresalto.

sobretaxa *s.f.* *Com.* Sobrecargo, recargo.

sobretudo *sm.* **1.** Sobretodo. ● *adv.* **2.** Sobre todo, principalmente.

sobrevir *v.t. e v.i.* Sobrevenir.

sobrevivente *adj. e s.2g.* Superviviente, sobreviviente.

sobreviver *v.t. e v.i.* Sobrevivir.

sobrinho *s.* Sobrino.

sóbrio *adj.* **1.** Sobrio, que no está borracho. **2.** Sobrio, sin adornos.

socar *v.t.* **1.** Majar, machacar. **2.** Apalear, golpear.

social *adj.* **1.** Social. ● *s.f.* **2.** Tribuna reservada a los socios (*estádio*).

sociedade *s.f.* Sociedad. ♦ **Sociedade Anônima.** *Com.* Sociedad Anónima. **A fina flor da sociedade.** La flor y nata/La crema de la sociedad. **Alta sociedade.** Alta/Buena sociedad.

sócio *s.* Socio.

sociologia *s.f.* Sociología.

soco *s.m.* Puñetazo, golpe, trompazo.

socorrer *v.t.* Socorrer.

socorro *s.m.* Socorro, ayuda. ♦ **Socorro!** ¡Socorro! ¡Auxilio! **Pronto-socorro.** *Med.* Sala de guardia/de urgencia.

soda *s.f.* **1.** Soda, refrigerio. **2.** *Quím.* Soda, sosa.

sofá *s.m.* Sofá, sillón. ♦ **Sofá-cama.** Sofá cama.

sofisticar *v.t.* Sofisticar.

sofrer *v.t. e v.i.* Sufrir.

sofrimento *s.m.* Sufrimiento.

sogro *s.* Suegro, padre político.

soja *s.f.* *Bot.* Soja; (*Amer.*) soya.

sol *s.m.* **1.** Sol, astro. **2.** *Mus.* Sol, nota musical. ♦ **Pôr do sol.** Caída/Puesta del sol. **Tapar o sol com a peneira.** Tapar el sol con un dedo, disimular algo evidente. **Tomar sol.** Asolearse.

sola *s.f.* **1.** Suela. **2.** Planta (*pé*). ♦ **Entrar de sola.** Actuar agresivamente. **Meia-sola.** Media suela.

solar *adj.* **1.** Solar, del sol. ● *s.m.* **2.** Solar, mansión, palacio. ● *v.t.* **3.** Solar, poner suela.

solavanco *s.m.* Salto, rebote brusco.

solda *s.f.* Soldadura.

soldado *adj.* **1.** Soldado, unido con soldadura. ● *s.m.* **2.** *Mil.* Soldado.

soldar *v.t. e v.p.* Soldar(se).

soleira *s.f.* Umbral, solera.

solene *adj.* Solemne.

solenidade *s.f.* Solemnidad.

soletrar *v.t. e v.i.* Deletrear.

solicitação *s.f.* Solicitud, petición.

solicitar *v.t.* Solicitar.

solícito *adj.* Solícito, hacendoso.

solicitude *s.f.* Solicitud, celo.

solidão *s.f.* Soledad.
solidariedade *s.f.* Solidaridad, solidariedad.
solidário *adj.* Solidario.
solidez *s.f.* Solidez.
solidificar *v.t. e v.p.* Solidificar(se).
sólido *adj. e s.m.* Sólido.
solitário *adj.* **1.** Solitario, solo. **2.** Solitario, desierto. ● *s.m.* **3.** Alhaja con una piedra preciosa, solitario. ■ **solitária** *s.f.* **1.** *Med.* Solitaria, tenia. **2.** Solitario, juego de naipes.
solo *s.m.* **1.** Suelo, piso. **2.** *Mus. e teat.* Solo.
soltar *v.t. e v.p.* **1.** Soltar(se), desatar(se), desprender(se). **2.** Soltar(se), aflojar(se). ■ *v.t.* **3.** Soltar, emitir, proferir. **4.** Soltar, asestar, largar.
solteirão *s.* Solterón.
solteiro *adj. e s.* Soltero.
solto *adj.* Suelto.
solução *s.f.* **1.** Solución, resultado. **2.** Solución, resolución. **3.** *Quím.* Solución.
soluçar *v.i.* **1.** Tener hipo. **2.** Sollozar, lloriquear.
solucionar *v.t.* Solucionar, solventar.
soluço *s.m.* **1.** Hipo, sollozo. **2.** Sollozo, llanto.
solúvel *adj.* Soluble.
solvência *s.f.* *Com.* Solvencia.
solvente *adj. e s.2g.* **1.** *Com.* Solvente, libre de deudas. **2.** *Quím.* Disolvente, solvente.
som *s.m.* **1.** Sonido. **2.** *Col.* Aparato de sonido. **3.** *Col.* Música. ♦ **Alto e bom som.** Recio/Alto y claro.
soma *s.f.* **1.** *Mat.* Suma, adición. **2.** Suma, monto.
somar *v.t. e v.p.* Sumar(se).
sombra *s.f.* Sombra. ♦ **Sombra e água fresca.** Vida despreocupada.
sombrear *v.t.* Sombrear.
sombrinha *s.f.* **1.** Sombrilla, quitasol. **2.** Paraguas.
sombrio *adj.* Sombrío.
somente *adv.* Solamente, sólo; (*Amer.*) no más.
sonâmbulo *adj. e s.* Sonámbulo.
sonda *s.f. Med. e mec.* Sonda.
sondagem *s.f.* **1.** Sondeo, prospección. **2.** *Fig.* Sondeo, tanteo.

sondar *v.t.* **1.** Sondear, sondar. **2.** *Fig.* Sondear, tantear, averiguar.
soneca *s.f.* Sueño corto, dormida. ♦ **Tirar uma soneca.** Echar una dormida.
sonegação *s.f.* **1.** Sustracción, ocultación, supresión (*de informação, dados*). **2.** Estafa, fraude (*pagamento*). ♦ **Sonegação de impostos.** Evasión fiscal, ocultación de renta.
sonegar *v.t.* **1.** Ocultar, sustraer, suprimir, cercenar (*informação*). **2.** Eludir, sortear, esquivar con fraude, estafar (*pagamento*).
sonhar *v.t. e v.i.* Soñar.
sonho *s.m.* Sueño, devaneo, ensueño.
sonífero *adj. e s.m.* Somnífero, soporífero.
sono *s.m.* Sueño, dormida. ♦ **Sono leve.** Sueño ligero. **Sono pesado/de chumbo.** Sueño pesado/de plomo. **Cair/Pegar no sono (ferrado).** Caer en sueño profundo. **Estar sem sono.** No tener sueño. **Mas nem sonhando.** Ni por sueños. **O último sono.** El sueño eterno. **Pegar no sono.** Dormirse, quedarse dormido.
sonolência *s.f.* Somnolencia.
sonolento *adj.* Soñoliento.
sonoro *adj.* Sonoro.
sonso *adj. e s.* Tonto, simple, zonzo; (*Arg.*) sonso; (*Am. C.*) baboso.
sopa *s.f.* Sopa. ♦ **Dar sopa.** Facilitar una acción, dar el flanco. **Ser sopa.** Ser muy fácil.
sopé *s.m.* Falda de montaña.
sopeira *s.f.* Sopera.
sopesar *v.t.* Sopesar.
soporífero *adj. e s.* Soporífero.
soprar *v.t. e v.i.* Soplar.
sopro *s.m.* **1.** Soplo, soplido. **2.** *Med.* Soplo. **3.** *Fig.* Aliento, resuello.
soquete *s.f.* **1.** Calcetín corto; (*Amer.*) soquete. ■ *s.m.* **2.** *Eletr.* Portalámpara.
sórdido *adj.* Sórdido, vil, alevoso.
soro *s.m. Med.* Suero.
sorrateiro *adj.* Doble, furtivo, disimulado.
sorridente *adj.* Sonriente.
sorrir *v.i.* Sonreír.
sorriso *s.m.* Sonrisa.
sorte *s.f.* **1.** Suerte, sino. **2.** Suerte, fortuna, estrella, leche, pata. **3.** Suerte, género, es-

pecie. ♦ **Boa sorte!** ¡Suerte! **Dar sorte.** Tener suerte. **De sorte que.** De modo que. **Tirar a sorte grande.** Ganarse la lotería.
sortear *v.t.* Sortear, echar a suertes.
sorteio *s.m.* Sorteo.
sortimento *s.m.* Surtido, provisión.
sortudo *adj. e s. Col.* Dichoso, afortunado, suertudo.
sorver *v.t.* Sorber.
sorvete *s.m.* Helado.
sorveteria *s.f.* Heladería.
sorvo *s.m.* Sorbo, trago.
sósia *s.2g.* Sosia.
soslaio <de> *loc.* De soslayo.
sossegar *v.t. e v.i.* Calmar(se), serenar(se), tranquilizar(se), sosegar(se), aquietar(se). ♦ **Sossega!** ¡Cálmate! **Fique sossegado.** Quédate tranquilo.
sossego *s.m.* Sosiego, quietud.
sótão *s.m.* Desván, buhardilla.
sotaque *s.m.* Acento, deje, dejo.
soterrar *v.t.* Soterrar.
sova *s.f.* Paliza, zurra.
sovaco *s.m.* Sobaco.
sovar *v.t.* **1.** Apalear, sobar. **2.** Apalear, zurrar, vapulear.
sovina *adj. e s.2g.* Avaricioso, mezquino, tacaño, avaro; (*Rio-plat.*) amarrete; (*Mex. e Am.C.*) agarrado.
sozinho *adv.* Solo, solitario, solito.
spray *s.m. Angl.* Esprái, rociador.
standard *s.m. Angl.* Estándar, *standard.*
suar *v.i.* Sudar, transpirar. ♦ **Suar a camisa.** Sudar la gota gorda.
suave *adj.* Suave.
suavizar *v.t. e v.p.* Suavizar(se), ablandar(se), amenizar(se).
subalterno *adj. e s.* Subalterno.
subalugar *v.t.* Subarrendar.
subdesenvolvido *adj. e s.m.* Subdesarrollado.
subdesenvolvimento *s.m.* Subdesarrollo.
subdiretor *s.* Subdirector.
subdividir *v.t. e v.p.* Subdividir(se).
subemprego *s.m.* Subempleo.
subentender *v.t.* Sobrentender, sobreentender.

subestimar *v.t. e v.p.* Subestimar(se), subvalorar(se), minusvalorar(se).
subida *s.f.* **1.** Subida, ascensión. **2.** Subida, cuesta, pendiente. **3.** Alza, aumento.
subir *v.t. e v.i.* **1.** Subir, ascender. ■ *v.i.* **2.** Subir, montar. **3.** Subir, aumentar precio. ♦ **Subir na vida.** Progresar, ascender. **Subir pelas paredes.** Montar en cólera. **Estar subindo (preço, valor).** Estar en alza.
súbito *adj. e s.m.* Súbito.
subjacente *adj.* Subyacente.
subjetivo *adj.* Subjetivo.
subjugar *v.t.* Subyugar, sojuzgar.
subjuntivo *adj. e s.m. Gram.* Subjuntivo.
sublevar *v.t. e v.p.* Sublevar(se).
sublime *adj.* Sublime.
subliminar *adj.* Subliminal.
sublinhar *v.t.* **1.** Subrayar. **2.** *Fig.* Acentuar, realzar.
submarino *adj. e s.m. Mar.* Submarino.
submergir *v.t., v.i. e v.p.* Sumergir(se), hundir(se), sumir(se).
submeter *v.t. e v.p.* Someter(se), sujetar(se), supeditar(se).
submissão *s.f.* **1.** Sumisión, sujeción. **2.** Sumisión, obediencia, humildad.
submundo *s.m.* Mundo de criminales, de marginados.
subnutrição *s.f.* Malnutrición.
subordinado *adj. e s.* Subordinado, subalterno. ■ **subordinada** *adj. e s.f. Gram.* Subordinada, oración dependiente.
subornar *v.t.* Sobornar, comprar, untar la mano; (*Amer.*) cohechar, arreglar; (*Rio-plat.*) coimear.
suborno *s.m.* Soborno; (*Amer.*) cohecho, arreglo; (*Rio-plat.*) coima.
subproduto *s.m.* Subproducto.
subscrever *v.t.* **1.** Subscribir, suscribir, firmar. **2.** Subscribir, aceptar, aprobar. ■ *v.p.* **3.** Subscribirse; (*Amer.*) abonarse.
subscritar *v.t.* Subscribir, firmar.
subsequente *adj.* Subsiguiente.
subsidiário *adj.* Subsidiario. ● **subsidiária** *s.f.* Empresa subsidiada.

subsídio *s.m.* Subsidio, subvención.
subsistência *s.f.* Subsistencia, sustento.
subsolo *s.m.* Subsuelo.
substância *s.f.* Substancia, sustancia.
substancioso *adj.* **1.** Substancioso, jugoso. **2.** Substancioso, provechoso.
substantivo *s.m. Gram.* Substantivo, sustantivo, nombre.
substituição *s.f.* Substitución, sustitución, reemplazo.
substituir *v.t.* Substituir, sustituir, reemplazar, suplantar.
substituto *adj.* e *s.* Substituto, sustituto.
substrato *s.m.* Substrato, sustrato.
subterfúgio *s.m.* Subterfugio, evasiva.
subterrâneo *adj.* e *s.m.* Subterráneo.
subtração *s.f.* **1.** Sustracción, supresión. **2.** *Mat.* Resta, disminución, sustracción.
subtrair *v.t.* **1.** Sustraer, suprimir, substraer. **2.** *Mat.* Restar, disminuir, sustraer, substraer. ■ *v.p.* **3.** Sustraerse, esquivarse, substraerse.
subúrbio *s.m.* Afueras, suburbio, cercanías.
subvenção *s.f.* Subvención.
subversivo *adj.* e *s.* Subversivo, revolucionario, rebelde, faccioso, rojo.
sucata *s.f.* Chatarra.
sucção *s.f.* Succión.
suceder *v.t.* e *v.i.* **1.** Suceder, seguir. **2.** Suceder, ocurrir.
sucessivo *adj.* Sucesivo, seguido, consecutivo.
sucesso *s.m.* Éxito. ♦ **Fazer sucesso.** Tener éxito.
sucessor *adj.* e *s.m.* Sucesor.
sucinto *adj.* Sucinto, escueto.
suco *s.m.* (*Esp.*) Zumo; (*Amer.*) jugo.
suculento *adj.* Jugoso, suculento.
sucumbir *v.t.* e *v.i.* **1.** Sucumbir, ceder. **2.** Sucumbir, rendirse.
sucursal *s.f.* Sucursal.
sudeste *s.m.* Sudeste. ■ *Abrev.:* SE.
súdito *s.* Súbdito, vasallo.
sudoeste *s.m.* Sudoeste. ■ *Abrev.:* SO.
suéter *s.m.* Jersey; (*Amer.*) suéter.
suficiente *adj.* Suficiente, que alcanza.

sufocar *v.t.* e *v.p.* **1.** Sofocar(se), asfixiar(se), ahogar(se). ■ *v.t.* **2.** Reprimir, sofrenar.
sufoco *s.m.* **1.** Sofoco, ahogo. **2.** *Col.* Apuro, pena, aflicción.
sufrágio *s.m.* **1.** Sufragio, voto. **2.** Adhesión, soporte, subsidio.
sugar *v.t.* Sorber, succionar.
sugerir *v.t.* Sugerir.
sugestão *s.f.* **1.** Sugerencia, propuesta, idea. **2.** Sugestión, idea sugestionada. ♦ **Dar (uma) sugestão.** Dar una idea, sugerir.
sugestionar *v.t.* e *v.p.* Sugestionar(se).
suicidar-se *v.p.* Suicidarse, matarse.
suicídio *s.m.* Suicidio.
suíte *s.f.* **1.** Suite, habitaciones de hotel comunicadas entre sí. **2.** Dormitorio con cuarto de baño exclusivo.
sujar *v.t.* e *v.p.* Ensuciar(se).
sujeira *s.f.* **1.** Suciedad, inmundicia, porquería, mugre; (*Amer.*) cochambre, cochinada. **2.** *Col.* Juego sucio, mala pasada; (*Amer.*) cochinada, cabronada.
sujeitar *v.t.* e *v.p.* Someter(se), sujetar(se), supeditar(se).
sujeito *adj.* **1.** Sujeto, sometido. ● *s.m.* **2.** Sujeto, individuo. **3.** *Dep.* Tío, tipo. **4.** Tema, materia, sujeto. **5.** *Gram.* Sujeto.
sujo *adj.* **1.** Sucio, mugriento, inmundo, desaseado; (*Amer.*) cochino. **2.** *Col.* Indecente, deshonesto, sucio.
sul *s.m.* Sur. ■ *Abrev.:* S.
sulco *s.m.* Surco.
sumário *adj.* **1.** Sumario, breve. ● *s.m.* **2.** Sumario, sinopsis. **3.** Índice, tabla de contenido.
sumiço *s.m.* Desaparecimiento. ♦ **Dar sumiço em.** Hacer desaparecer.
sumir *v.t.* e *v.i.* Desaparecer, esfumarse, eclipsarse. ♦ **Suma daqui!** ¡Fuera/Largo de aquí!
sumo *adj.* **1.** Sumo, supremo. ● *s.m.* **2.** Zumo.
suor *s.m.* Sudor, transpiración.
super *pref.* **1.** Super, sobre. **2.** Súper, superior. **3.** *Col.* Réquete. *Superbonito.* Requetelindo. ♦ **Super-homem.** Superhombre.
superar *v.t.* e *v.p.* Superar(se).
superficial *adj.* Superficial.

superfície *s.f.* Superfície.
supérfluo *adj.* Superfluo.
superintendência *s.f.* Superintendencia.
superior *adj.* **1.** Superior, más elevado. **2.** Superior, de mejor calidad, súper. ● *s.* **3.** Superior, jefe. ♦ **Curso superior.** Carrera universitaria. **Madre superiora.** Madre superiora.
superioridade *s.f.* Superioridad.
supermercado *s.m.* Supermercado, mercado, súper.
superpopulação *s.f.* Superpoblación.
superposição *s.f.* Superposición.
superprodução *s.f.* Superproducción.
superstição *s.f.* Superstición.
supervalorizar *v.t.* Supervalorar, sobrestimar.
supervisão *s.f.* Supervisión.
supervisionar *v.t.* Supervisar.
supetão <de> *loc.* De sopetón.
suplantar *v.t.* Superar, vencer.
suplementar *adj.* **1.** Suplementario. ● *v.t.* **2.** Complementar.
suplemento *s.m.* **1.** Suplemento, añadidura, complemento. **2.** *Tip.* Suplemento, encarte.
suplente *adj. e s.2g.* Suplente.
suplicar *v.t.* Suplicar, rogar, implorar.
suplício *s.m.* Suplicio, tormento.
supor *v.t.* Suponer.
suportar *v.t.* Soportar, sobrellevar.
suporte *s.m.* Soporte, sostén.
suposição *s.f.* Suposición, conjetura, supuesto.
supositório *s.m. Med.* Supositorio.
suposto *adj.* **1.** Supuesto, hipotético, presunto. ● *s.m.* **2.** Supuesto, proposición.
supracitado *adj.* Antes/Arriba mencionado, susodicho.
supremo *adj.* Supremo.
supressão *s.f.* Supresión.
suprimento *s.m.* **1.** Suministro, provisión. **2.** *Inform.* Material o pertrechos de informática.
suprimir *v.t.* **1.** Suprimir, cercenar, eliminar. **2.** Suprimir, omitir, callar. **3.** *For.* Anular, revocar, abrogar.
suprir *v.t.* **1.** Suplir, abastecer, proveer. **2.** Suplir, reemplazar, sustituir.

surdez *s.f.* Sordera, sordez.
surdina *s.f. Mus.* Sordina. ♦ **À/Na surdina.** Chiticallando, con sordina.
surdo *adj. e s.* Sordo. ♦ **Surdo-mudo.** Sordomudo.
surgimento *s.m.* Aparecimiento, brote.
surgir *v.t.* **1.** Aparecer, brotar, surgir. *Surgiu do nada.* Brotó de la nada. **2.** Asomarse, emerger, aparecer. *Surgiu a lua por trás das nuvens.* Se asomó la luna por detrás de las nubes. **3.** Nacer, manifestarse. *Surgiu uma nova classe social.* Nació una clase social nueva.
surpreendente *adj.* Sorprendente, sobrecogedor.
surpreender *v.t. e v.p.* **1.** Sorprender(se), sobrecoger(se). ■ *v.t.* **2.** Atrapar, pillar.
surpresa *s.f.* Sorpresa.
surra *s.f.* Paliza, zurra.
surrar *v.t.* **1.** Sobar, curtir (*pele*). **2.** Apalear, pegar, golpear. ♦ **Surrado.** Gastado, muy usado, raído.
surtir *v.t.* Causar, producir, provocar, surtir efecto.
surto *s.m.* Brote, irrupción.
suscetível *adj.* Susceptible.
suscitar *v.t.* Suscitar.
suspeitar *v.t.* Sospechar, desconfiar.
suspeito *adj. e s.* Sospechoso. ■ **suspeita** *s.f.* Sospecha.
suspender *v.t.* **1.** Suspender, alzar, elevar. **2.** Suspender, interrumpir, cesar, detener temporariamente. **3.** Suspender, privar de algo. **4.** *Com.* Anular, invalidar, poner cese.
suspensão *s.f.* **1.** Suspensión, interrupción, cesación. **2.** *Mec. e quím.* Suspensión. **3.** Interdicción, prohibición, privación.
suspense *s.m.* Suspense; (*Amer.*) suspenso ♦ **Fazer suspense.** Suscitar expectativa.
suspenso *adj.* **1.** Suspendido, colgado. **2.** Suspendido, privado de un derecho. **3.** Suspenso, pendiente.
suspensórios *s.m.pl.* Tirantes, elásticos; (*Amer.*) suspensores.
suspirar *v.i.* Suspirar.
suspiro *s.m.* **1.** Suspiro. **2.** Merengue.

sussurrar *v.i.* Susurrar, murmurar.
sussurro *s.m.* Susurro, murmullo.
sustar *v.t.* **1.** Suspender, cesar. **2.** Interrumpir, detener.
sustentação *s.f.* Sustentación, sostén.
sustentar *v.t. e v.p.* **1.** Sostener(se), soportar, aguantar. *As vigas sustentam a ponte.* Las vigas sostienen el puente. **2.** Sostener(se), sustentar(se), mantener(se). *Sustenta três filhos.* Mantiene tres hijos. ■ *v.t.* **3.** Sostener, ratificar, confirmar. *Ele sustenta que não viu nada.* Él sostiene que no ha visto nada. **4.** Sostener, apoyar, amparar.
sustento *s.m.* Sustento, sostén, alimento.
susto *s.m.* Susto. ♦ **Levar um susto.** Pasar/Llevarse un susto. **Passar um susto.** Dar un susto.
sutiã *s.m.* Sostén, sujetador; (*Rio-plat.*) corpiño.
sutil *adj.* Sutil.
sutura *s.f. Med.* Sutura.
suvenir *s.m.* Recuerdo, *souvenir.*

T

t *s.m.* T (*vigésima letra do alfabeto português*). ♦ **Régua T.** Regla en forma de T. ■ Símbolo de *tonelada*.
tabaco *s.m. Bot.* Tabaco.
tabefe *s.m.* Bofetón, bofetada, cachete, cachetada.
tabela *s.f.* **1.** Tabla, lista, catálogo (*de nomes*). **2.** Cuadro, tabla (*de números*). **3.** Tablilla, baranda (*de bilhar*). ♦ **Tabela de preços.** Tarifa. **Cair pelas tabelas.** Caerse, desplomarse. **Por tabela.** En forma indirecta.
tabelamento *s.m.* Control oficial de precios.
tabelião *s.* Notario, escribano público.
tabelionato *s.m.* Notaría.
taberna *s.f.* Taberna, cantina, bodega, tasca; (*Amer.*) fonda, bodegón.
tabique *s.m.* Tabique, cancel; (*Amer.*) mampara.
tablado *s.m.* Entarimado, tablado.
tablete *s.m.* Tableta, pastilla.
tábua *s.f.* Tabla, madero, tablón. ♦ **Tábua de carne.** Tajo. **Tábua de passar.** Tabla de planchar. **Tábua de salvação.** Tabla de salvación.
tabuada *s.f. Mat.* Tabla.
tabuleiro *s.m.* **1.** Tablero. **2.** Tabla, meseta, altiplano. **3.** Descanso, rellano (*escada*).
tabuleta *s.f.* Letrero, cartel.
taça *s.f.* Copa.
tacada *s.f.* **1.** Tacada (*bilhar*). **2.** *Col.* Ganancia, fortuna, golpe de suerte. ♦ **De uma tacada só.** De un tiro, de un plumazo.
tacha *s.f.* **1.** Tachuela. **2.** *Fig.* Mancha, mácula.
tachar *v.t.* Tachar, tildar, acusar.
tácito *adj.* Tácito.
taco *s.m.* **1.** *Desp.* Taco. **2.** Tarugo, calce, taco, zoquete, clavija.
tagarela *adj. e s.2g.* Hablador, cotorra, parlanchín, charlatán, gárrulo.
tal *p.* Tal. ♦ **Tal (e) qual.** Tal cual. **E tal e coisa.** Y tal y tal. **Fulano de tal.** Fulano de tal. **Ser o tal.** Ser importante. **Um tal de (Mário).** Un tal (Mario).
talão *s.m.* **1.** Talón, calcañal. **2.** *Com.* Taco, bloc, talón. **3.** *Com.* Talonario (*cheques*).
talco *s.m.* Talco, polvos de talco.
talento *s.m.* Talento.
talha *s.f.* **1.** Talla, escultura. **2.** Tinaja, tina.
talharim *s.m.* Tallarines.
talhe *s.m.* Complexión, figura, talla, talle.
talher *s.m.* Cubierto.
talho *s.m.* Tajo, corte.
talismã *s.m.* Talismán.
talo *s.m. Bot.* Tallo.

talvez *adv.* Tal vez, quizás, a lo mejor, acaso.
tamanco *s.m.* Zueco, chanclo.
tamanduá *s.m.* Oso hormiguero. ♦ **Tamanduá-bandeira.** Oso bandera.
tamanho *adj. e s.m.* Tamaño. ♦ **De bom tamanho.** Satisfactorio, suficiente. **Do tamanho de um bonde.** Enorme, colosal.
tâmara *s.f. Bot.* Dátil.
também *adv.* **1.** También, asimismo. ● *interj.* **2.** También. ♦ **Também não.** Tampoco.
tambor *s.m.* **1.** *Mus.* Tambor, timbal; *(Amer.)* bombo. **2.** *Mil. e mec.* Tambor.
tamborim *s.m. Mus.* Tamboril, tamborino.
tampa *s.f.* Tapa; *(Amer.)* tapadera, tapón.
tampão *s.m.* **1.** Tapón, corcho. **2.** Tampón *(higiênico).*
tampar *v.t.* **1.** Tapar. **2.** Taponar, obstruir.
tanga *s.f.* **1.** Taparrabo. **2.** Traje de baño muy reducido.
tangente *adj. e s.f.* Tangente.
tanque *s.m.* **1.** Estanque, alberca *(água).* **2.** Depósito, tanque, cisterna *(petróleo).* **3.** Lavadero, pila *(roupa).* **4.** *Mil.* Tanque. ♦ **Caminhão-tanque.** Camión cisterna. **Navio-tanque.** Petrolero.
tantã *adj.* Loco, chiflado.
tanto *s.m., p.indef. e adv.* Tanto. ♦ **Às tantas.** En cierto momento. **E tanto.** Y pico. **Se tanto.** Cuando mucho, a lo sumo. **Um entre tantos.** Uno de tantos.
tão *adv.* Tan. ♦ **Tão logo.** Así que, en cuanto. **Tão só/Tão somente.** Tan sólo.
tapa *s.f. e m.* Bofetón, bofetada, cachete; *(Amer.)* cachetada, cachetazo.
tapar *v.t.* **1.** Tapar, cubrir. **2.** Taponar, obstruir, tapar. **3.** Vendar. ♦ **Tapar o sol com a peneira.** Tapar el sol con un dedo.
tapear *v.t.* Engañar, hacer trampa, engatusar, timar.
tapete *s.m.* Alfombra.
tapume *s.m.* Tapia.
taquicardia *s.f. Med.* Taquicardia.
tara *s.f.* **1.** Tara, peso. **2.** Tara, falla. **3.** Degeneración.
tarado *adj. e s.* Tarado, degenerado. ♦ **Ser tarado por.** Ser muy aficionado a, morirse por.
tarde *s.f. e adv.* Tarde. ♦ **Tarde demais.** Demasiado tarde. **À tarde.** Por la tarde. **Antes tarde do que nunca.** Más vale tarde que nunca. **Boa-tarde.** Buenas tardes.
tardinha *s.f.* Final de la tarde, tardecita.
tarefa *s.f.* Tarea.
tarifa *s.f.* **1.** Tarifa, precio. **2.** Tasa, arancel, derecho *(alfândega).*
tarimbado *adj.* Ducho, experimentado.
tarja *s.f.* **1.** Borde, listón, filete. **2.** Recuadro, filete *(em texto).*
tarraxa *s.f.* **1.** Tornillo. **2.** *Mec.* Terraja.
tártaro *s.m.* **1.** Tártaro *(tipo de molho).* **2.** *Med.* Sarro, tártaro. **3.** Tártaro, borra *(vinho).*
tartaruga *s.f.* Tortuga.
tatear *v.t.* **1.** Palpar, tentar. **2.** *Fig.* Tantear, sondear.
tático *adj.* Táctico. ● **tática** *s.f.* Táctica.
tato *s.m.* **1.** Tacto *(sentido).* **2.** Tacto, tiento. **3.** *Fig.* Tacto, tino.
tatu *s.m.* Armadillo; *(Amer.)* tatú, mulita.
tatuagem *s.f.* Tatuaje.
taxa *s.f.* **1.** Tasa, índice. **2.** *Com.* Tasa, arancel.
taxar *v.t.* Tasar, fijar tarifa.
taxativo *adj.* Tajante, terminante.
táxi *s.m.* Taxi, coche de plaza. ♦ **Táxi aéreo.** Aerotaxi.
taxionomia *s.f.* Taxonomía.
tchau *interj.* Adiós, hasta luego, nos vemos, chau.
te *p.pess.* 2^a *pess.sing.* Te. **Já te disse que não.** Ya te dije que no.
tear *s.m.* Telar.
teatro *s.m.* Teatro.
tecelagem *s.f.* Hilandería, textura.
tecelão *s.* Tejedor, hilandero.
tecer *v.t.* **1.** Tejer, urdir. **2.** *Fig.* Urdir, tramar, maquinar, tejer. **3.** *Fig.* Tejer, formular.
tecido *adj.* **1.** Tejido. ● *s.m.* **2.** Tejido, tela, lienzo. **3.** *Biol.* Tejido.
tecla *s.f.* Tecla. ♦ **Bater na mesma tecla.** Machacar sobre lo mismo.
técnico *adj.* **1.** Técnico. ● *s.m.* **2.** Técnico,

perito. **3.** *Desp.* Entrenador. ■ **técnica** *s.f.* Técnica.
tecnologia *s.f.* Tecnología.
tédio *s.m.* Hastío, aburrimiento, fastidio, enfado.
tedioso *adj.* Aburrido, fastidioso.
teia *s.f.* **1.** Hilado, urdidura. **2.** Malla, red, trama. **3.** Tela, membrana. **4.** *Fig.* Trama, intriga. ♦ **Teia de aranha.** Telaraña.
teimar *v.t. e v.i.* Empecinarse, obstinarse, porfiar, encasquetarse.
teimosia *s.f.* Terquedad, obstinación, porfía; (*Mex. e Am.C.*) necedad.
teimoso *adj. e s.* Terco, obstinado, testarudo, recalcitrante; (*Mex. e Am.C.*) necio.
tela *s.f.* **1.** Lienzo, tela, cuadro. **2.** Pantalla (*TV, cinema*). **3.** Tela metálica, malla de alambre.
teleconferência *s.f.* Teleconferencia, telefax.
telefax *s.m.* Telefax.
teleférico *s.m.* Telesilla, teleférico, funicular, cablecarril.
telefonar *v.t. e v.i.* Telefonear, hablar/llamar por teléfono.
telefone *s.m.* Teléfono. ♦ **Telefone sem fio.** Teléfono inalámbrico.
telefonema *s.m.* Llamada telefónica, telefonazo, llamada.
telegrafar *v.t.* Telegrafiar, cablegrafiar.
telégrafo *s.m.* Telégrafo.
telegrama *s.m.* Telegrama, cablegrama. ♦ **Telegrama fonado.** Telefonema.
telejornal *s.m.* Telediario.
telenovela *s.f.* Serial, teleteatro.
teleobjetiva *s.f.* Teleobjetivo.
telescópio *s.m.* Telescopio.
telespectador *adj. e s.* Telespectador, televidente.
televisão *s.f.* **1.** Televisión. **2.** Televisor. ■ *Abrev.:* TV.
televisionar *v.t.* Televisar.
telha *s.f.* Teja. ♦ **Dar na telha.** Ocurrírsele, antojársele (algo a alguien).
telhado *s.m.* Tejado, techo, techumbre.
tema *s.m.* **1.** Tema, asunto, materia. **2.** *Gram. e mus.* Tema.

temático *adj.* Temático. ● **temática** *s.f.* Temática.
temer *v.t. e v.i.* Temer(se).
temor *s.m.* Temor, miedo, recelo.
temperamento *s.m.* Temperamento, temple.
temperar *v.t.* **1.** Condimentar, sazonar, adobar, aderezar, aliñar. **2.** Templar (*metal*). **3.** *Fig.* Templar, moderar, ablandar. **4.** *Mus.* Templar. ■ *v.p.* **5.** Templarse, moderarse.
temperatura *s.f.* **1.** Temperatura, clima. **2.** *Med.* Temperatura, fiebre.
tempero *s.m.* Condimento, aderezo, aliño, adobo.
tempestade *s.f.* Tempestad, borrasca, aguacero.
tempo *s.m.* Tiempo. ♦ **Tempo de casa.** Años de servicio. **Em tempos remotos.** Antaño. **Fechar o tempo.** **1.** Nublarse. **2.** Iniciarse una pelea o discusión.
têmpora *s.f.* Sien.
temporada *s.f.* Temporada.
temporal *adj.* **1.** Temporal, temporáneo, pasajero. **2.** Temporal, mundano. ● *s.m.* **3.** Temporal, tempestad.
temporão *adj. e s.m.* Temprano, tempranero.
temporário *adj.* **1.** Temporal, provisional, temporáneo, temporario. ■ *adj. e s.m.* **2.** Temporero, interino.
tenaz *adj.* **1.** Tenaz. ● *s.f.* **2.** *Mec.* Tenaza.
tenda *s.f.* Tenderete.
tendência *s.f.* **1.** Tendencia, inclinación. **2.** Tendencia, ala política.
tender *v.t.* Tender, tirar, propender.
tenebroso *adj.* Tenebroso.
tenente *s.m.* *Mil.* Teniente. ♦ **Tenente-coronel.** Teniente coronel. **Lugar-tenente.** Lugarteniente.
tênis *s.m.* **1.** *Desp.* Tenis. **2.** Zapatilla, calzado deportivo. ♦ **Tênis de mesa.** *Desp.* Tenis de mesa, ping pong.
tenor *s.m.* *Mus.* Tenor.
tenro *adj.* **1.** Blando, suave, tierno. **2.** Reciente, nuevo, tierno.
tensão *s.f.* **1.** Tensión, estado de rigidez, tirantez, fuerza. **2.** *Eletr.* Tensión, voltaje. **3.** Tensión, concentración. **4.** *Fig.* Tensión, oposición.

tentação *s.f.* Tentación.
tentar *v.t.* **1.** Intentar, probar. **2.** Seducir, tentar.
tentativa *s.f.* Intento, tentativa, prueba.
tento *s.m.* **1.** Tiento, tacto. **2.** *Desp.* Punto, tanto.
tênue *adj.* Tenue.
teologia *s.f.* Teología.
teor *s.m.* **1.** Tenor, contenido. **2.** *Quím.* Graduación, composición. *Teor alcoólico.* Graduación alcohólica.
teoria *s.f.* Teoría.
ter *v.t.* **1.** Tener, poseer. *Ela tem dois cachorros.* Ella tiene dos perros. **2.** Tener, sentir. *Tenho a impressão.* Tengo la impresión. ■ *v.impess.* **3.** *Col.* Haber, existir. *Quando cheguei, não tinha mais ninguém.* Cuando llegué ya no había nadie. ■ *v.aux.* **4.** Haber. *Não nos temos visto.* No nos hemos visto. **5.** Tener, necesitar. *Tenho que comprar os remédios.* Tengo que comprar los medicamentos. ♦ **(Não) Ter (nada) a ver.** (No) Tener (nada) que ver. **Ter ideia de.** Tener una idea de. **Ter por onde. 1.** Tener recursos. **2.** Tener motivos. **Que é que tem?** ¿Qué hay de malo?
terapia *s.f. Med.* Terapia, terapéutica. ♦ **Unidade/Centro de terapia intensiva.** Unidad de vigilancia/terapia intensiva (UVI/UTI).
terça-feira *s.f.* Martes.
terço *num.* **1.** Tercio, tercera parte. ● *s.m.* **2.** Rosario.
terçol *s.m. Med.* Orzuelo.
tergiversar *v.i.* Esquivarse, hacer rodeos, torear.
terminação *s.f.* Terminación.
terminal *adj.* **1.** Terminal, final. ● *s.m.* **2.** Terminal, estación final. **3.** *Inform. e eletr.* Terminal.
terminar *v.t. e v.i.* Terminar(se).
termo *s.m.* **1.** *Gram.* Término, vocablo. **2.** Término, límite, plazo. **3.** *Mat.* Término. **4.** *For.* Acta. ■ **termos** *s.m.pl.* Términos, condiciones. ♦ **Em termos.** No del todo. **Meio--termo.** Medios términos.
termodinâmico *adj. Fís.* Termodinámico. ● **termodinâmica** *s.f.* Termodinámica.

termômetro *s.m.* Termómetro.
termostato *s.m.* Termostato.
terno *adj.* **1.** Tierno, afectuoso. ● *s.m.* **2.** Traje. **3.** Terno, conjunto de tres.
terra *s.f.* **1.** Tierra, planeta. **2.** Tierra, suelo. **3.** Tierra, polvo. **4.** Tierra, patria, terruño; (*Rio-plat.*) pago. **5.** Tierra, campo. ♦ **Terra à vista.** Tierra a vista. **Terra firme.** Tierra. **Terra roxa.** Tierra rojiza muy fértil. **Terra a terra.** Vulgar, llano, trivial. **Fio terra.** *Eletr.* Cable a tierra. **Pedaço de terra.** Pedazo de tierra, terrón, campito.
terraço *s.m.* **1.** Balcón. **2.** *Arq.* Azotea, terrado. **3.** Terraza, rellano, terreno de cultivo.
terraplenagem *s.f.* Terraplenado, movimiento de tierra.
terraplenar *v.t.* Terraplenar.
terremoto *s.m.* Terremoto, temblor.
terreno *adj.* **1.** Terrenal, terreno. ● *s.m.* **2.** Terreno, parcela, lote, terrón. **3.** Terreno, suelo. **4.** *Fig.* Terreno, esfera, campo.
térreo *adj.* **1.** De un solo piso (*casa*). **2.** Térreo, de tierra. ■ *adj. e s.m.* **3.** Planta baja.
terrestre *adj.* **1.** Terrestre, terráqueo. **2.** Terrestre, terreno, mundano. ■ *adj. e s.2g.* **3.** Terrestre, ser de la Tierra.
território *s.m.* Territorio.
terrível *adj.* Terrible.
terror *s.m.* Terror, pánico.
tesão *s.m.* **1.** Fuerza, intensidad, tesón. **2.** *Vulg.* Erección. **3.** *Vulg.* Deseo sexual.
tese *s.f.* **1.** Tesis, proposición. **2.** Tesis, tesina, disertación. ♦ **Em tese.** En principio.
tesoura *s.f.* **1.** Tijera. **2.** *Arq.* Armadura, maderamen, tijera.
tesouraria *s.f. Com.* Tesorería.
tesouro *s.m.* Tesoro. ♦ **Tesouro público.** Erario público.
testa *s.f.* Frente. ♦ **Testa de ferro.** Testaferro. **À testa de.** Al frente de, a la cabeza.
testamenteiro *s.m.* Albacea, testamentario, contador, partidor, comisario.
testamento *s.m.* Testamento.
testar *v.t.* **1.** Probar, someter a prueba o ensayo. *Vou testar o novo sistema.* Voy a probar el

nuevo sistema. ■ *v.t.* e *v.i.* **2.** Testar, hacer testamento.
teste *s.m.* **1.** Prueba, examen, *test.* **2.** Prueba, ensayo, *test.*
testemunhar *v.t.* Testificar, atestiguar, testimoniar.
testemunho *s.m.* Testimonio, atestación, testificación. ■ **testemunha** *s.2g.* Testigo. ♦ **Testemunha de acusação/defesa.** *For.* Testigo de cargo/descargo. **Chamar como testemunha.** *For.* Poner por testigo.
testículo *s.m. Med.* Testículo.
tétano *s.m. Med.* Tétanos, tétano.
teto *s.m.* **1.** Techo, cielo raso. **2.** *Fig.* Techo, casa, abrigo. **3.** Tope, límite máximo. ♦ **Colocar o teto.** Techar.
teu *adj.* e *p.poss.* 2ª *pess.* Tu, tuyo. *Teu chapéu.* Tu sombrero. *Minha casa é menor que a tua.* Mi casa es más pequeña que la tuya.
tevê *s.f. Col.* Tele.
têxtil *adj.* Textil.
texto *s.m.* Texto.
textura *s.f.* **1.** Textura, tejido. **2.** *Fig.* Textura, composición.
ti *p.pess.* 2ª *pess.* Ti.
tiara *s.f.* Diadema.
tico-tico *s.m.* Especie de gorrión.
tifo *s.m. Med.* Tifus.
tigela *s.f.* Fuente, vasija, cuenco; (*Mex. e Am.C.*) palangana. ♦ **De meia-tigela.** De morondanga, de poco valor, pinche.
tigre *s.m.* Tigre.
tijolo *s.m.* Ladrillo, adobe.
til *s.m. Gram.* Tilde, señal gráfica.
timão *s.m.* **1.** *Mar.* Timón. **2.** *Desp. e col.* Equipo que juega bien.
timbre *s.m.* **1.** Insignia. **2.** *Tip.* Membrete, sello. **3.** Honor, orgullo. **4.** *Mus.* Timbre.
time *s.m. Desp.* Equipo, cuadro. ♦ **Tirar o time de campo.** Retirarse, marcharse.
timidez *s.f.* Timidez.
tímido *adj.* Tímido, vergonzoso, apocado.
tímpano *s.m.* **1.** *Med.* Tímpano. **2.** *Mus.* Tímpano, atabal, timbal.

tina *s.f.* **1.** Tina, cuba, tinaja, palangana. **2.** Tina, bañadera.
tingir *v.t.* Teñir.
tinir *v.i.* **1.** Tintinar, tintinear, sonar. **2.** Tiritar, temblar.
tino *s.m.* Tino, tacto.
tinta *s.f.* **1.** Tinta. **2.** Pintura. *Uma demão de tinta.* Una mano de pintura. **3.** *Fig.* Tinte, matiz.
tintura *s.f.* **1.** Tintura, tinta, teñidura. **2.** *Fig.* Tinte, máscara.
tinturaria *s.f.* **1.** Tintorería, tinte. **2.** Lavadero, lavandería.
tio *s.* Tío. ■ **tia** *s.f. Col.* Señora, señorita, forma de tratamiento usada por niños. ♦ **Ficar para tia.** Quedarse a vestir santos.
tipo *s.m.* **1.** Tipo, modelo. **2.** *Biol.* Tipo, espécimen. **3.** *Tip.* Tipo, carácter. **4.** Tipo, individuo. **5.** Tipo, categoría. **6.** *Liter.* Tipo, personaje símbolo.
tipografia *s.f.* Tipografía.
tique *s.m.* Tic. ♦ **Tique-taque.** Tictac.
tira *s.f.* **1.** Cinta, tira, listón. **2.** Raya, filete. **3.** Tira cómica, historieta. ■ *s.m.* **4.** *Col.* Polizonte, gendarme; (*Arg.*) vigilante, botón; (*Mex. e Am.C.*) chonte, tecolote.
tiracolo <a> *loc.* Al hombro, cruzado sobre el tórax.
tirada *s.f.* **1.** Ocurrencia, salida. **2.** Tirón, tirada; (*Mex. e Am.C.*) jalón.
tiragem *s.f. Tip.* Tirada, tiraje.
tirania *s.f.* Tiranía.
tirante *adj.* **1.** Cercano, tirando a. ● *s.m.* **2.** Cincha, tirante, correa, tirador. **3.** *Arq. e mec.* Tirante. ● *prep.* **4.** Excepto, fuera, salvo.
tirar *v.t.* **1.** Quitar(se) (*roupa, calçado*). **2.** Quitar, desplazar. *Tirou o cinzeiro da mesa.* Quitó el cenicero de la mesa. **3.** Quitar(se), echar. *Tire o gato daí!* ¡Quita el gato de ahí! **4.** Eliminar, borrar. *Tirei seu nome da lista.* Borré tu nombre de la lista. **5.** Sacar, tomar (*foto, xerox*). **6.** Sacar, desenvainar (*arma*). **7.** Sacar, deducir, disminuir. **8.** Sacar(se), obtener (*nota, prêmio*). **9.** Sacar, arrancar (*dente, informação*). **10.** Quitar, sacar, robar. **11.** Sacar, li-

berar. *Tentaram tirá-lo da prisão.* Intentaron sacarlo de la cárcel. **12.** Sacar, retirar. *Vou tirar os talheres da gaveta.* Voy a sacar los cubiertos del cajón. ♦ **Tirar a letra.** *Mus.* Copiar, transcribir la letra. **Tirar a vida.** Quitar la vida. **Tirar conclusões.** Sacar conclusiones. **Tirar de letra.** Realizar (algo) con facilidad. **Tirar do meio/do caminho/de cima.** Quitar de en medio/del camino/de encima. **Tirar férias.** Tomarse vacaciones. **Tirar o corpo fora.** Lavarse las manos. **Tirar sarro.** Tomar el pelo. **Tira-gosto.** Aperitivo, tentempié, tapa; (*Arg.*) picada; (*Am.C.*) taco, boquita. **Sem tirar nem pôr.** Tal cual.

tireoide *s.f. Med.* Tiroides.

tiritar *v.i.* Tiritar, temblar de frío.

tiro *s.m. Mil.* Tiro, disparo.

tísico *adj. e s. Med.* Tísico. ■ **tísica** *s.f.* Tisis, tuberculosis.

titio s. *Col.* Tito.

titubear *v.t.* Titubear, vacilar.

titular *adj. e s.2g.* **1.** Titular, que tiene algún título. **2.** Titular, ocupante efectivo de un cargo. **3.** Poseedor o portador de un documento. ● *v.t.* **4.** Titular, poner título.

título *s.m.* **1.** Título, denominación. **2.** Título, diploma. **3.** *Com.* Título, letra. ♦ **A título de.** En calidad de.

toa <à> *loc.* En vano, inútilmente; (*Arg.*) al botón, al cohete; (*Mex. e Am.C.*) por gusto. ♦ **Andar à toa.** Vagar.

toalete *s.m.* **1.** Cuarto de baño, tocador. **2.** Traje femenino de gala.

toalha *s.f.* **1.** Toalla, toallón (*banho*). **2.** Mantel, tapete (*mesa*).

toca *s.f.* **1.** Cueva, caverna. **2.** Choza, barraco.

tocaia *s.f.* Celada, trampa.

tocar *v.t.* **1.** Tocar, palpar, tantear. **2.** *Fig.* Conmover, tocar. **3.** Tocar, corresponder en reparto. **4.** Concernir, respectar, tocar. **5.** Sonar. *A campainha/O telefone tocou.* Sonó el timbre/ el teléfono. **6.** *Col.* Echar, ahuyentar. **7.** *Col.* Sacar adelante, adelantar, tirar. *Vá tocando o serviço que eu já volto.* Saca adelante el trabajo que vuelvo enseguida. **8.** Tocar, rozar.
■ *v.t. e v.i.* **9.** Tocar, hacer sonar. *Tocar violão.* Tocar la guitarra. *Toque a campainha.* Toca el timbre. **10.** *Mus.* Tocar, entonar, ejecutar. ■ *v.p.* **11.** Tocarse, tener contacto. **12.** *Col.* Percatarse, darse cuenta. ♦ **Toca-discos.** Tocadiscos. **Toca-fitas.** Tocacintas.

tocha *s.f.* Antorcha.

toco *s.m.* **1.** Cepo, tocón, tronco. **2.** Madero, palo. **3.** Colilla (*cigarro*). **4.** Muñón, tocón (*membro do corpo*).

todavia *conj.* Sin embargo, pero, empero.

todo *p.indef.* **1.** Todo, entero. **2.** Todo, cualquier, cada. ● *adv.* **3.** Todo, por completo. ● *s.m.* **4.** Todo, conjunto. ● **todos** *p.indef.pl.* Todos, toda la gente. ♦ **Todo-poderoso.** Todopoderoso. **A toda.** A toda máquina, con todo. **Ao todo.** En total.

toicinho *s.m.* Tocino, lardo, lacón. ♦ **Fatia de toicinho.** Lonja/Mecha de tocino.

toldo *s.m.* Toldo, cobertizo.

tolerar *v.t.* **1.** Tolerar, soportar. **2.** Tolerar, consentir.

tolice *s.f.* Tontería, tontera, fruslería; (*Arg.*) pavada, zoncera; (*Am. C.*) babosada.

tolo *adj. e s.* Tonto, simple; (*Arg.*) pavo, zonzo, soso; (*Am.C.*) baboso.

tom *s.m.* Tono. ♦ **Em tom de.** En plan de, en son de.

tomada *s.f.* **1.** Toma, acción de tomar. **2.** Toma, conquista. **3.** *Eletr.* Enchufe, tomacorriente, toma. **4.** Toma, escena (*cinema, TV*). ♦ **Tomada d'água.** Toma de agua, bocatoma.

tomar *v.t.* **1.** Tomar; (*Esp.*) coger; (*Amer.*) agarrar. **2.** Tomar, conquistar, ocupar. **3.** Tomar, beber. **4.** Llevar, consumir (*tempo*). **5.** Tomar, contratar. **6.** Tomar, robar. **7.** Tomar, aceptar. ♦ **Tomar conta.** Cuidar, echar un ojo. **Tomar nota.** Sacar apuntes, anotar.

tomara *interj.* Ojalá.

tomate *s.m. Bot.* Tomate.

tombar *v.t.* **1.** Tumbar, derribar, abatir. **2.** Inventariar, registrar. **3.** Acoger al régimen de patrimonio histórico. ■ *v.t. e v.i.* **4.** Volcar, inclinar.

tombo *sm.* **1.** Tropezón, tropiezo, caída. **2.**

Inventario de bienes inmuebles. ♦ **Levar um tombo.** Dar un tropezón, caerse, despatarrarse.
tomo *s.m.* Tomo.
tonalidade *s.f.* **1.** Tonalidad, matiz, tinte. **2.** *Mus.* Tonalidad, tono.
tonel *s.m.* Tonel.
tonelada *s.f.* Tonelada. ■ Símbolo: *t*.
tônica[1] *adj. e s.f.* **1.** *Gram.* Tónica. **2.** *Fig.* Asunto, tema.
tônica[2] *adj. e s.f. Quím.* Quina, tónica.
tônico *adj. e s.m. Med.* Tónico.
tonto *adj.* **1.** Mareado. **2.** Atolondrado, anonadado. ● *s.* **3.** Tonto, torpe. ♦ **Ficar tonto.** Marearse.
tontura *s.f.* Vértigo, mareo.
topar *v.t.* **1.** Topar, encontrar, deparar, tropezarse. **2.** *Col.* Aceptar, anotarse, apuntarse (*oferta, negócio*).
topázio *s.m. Geol.* Topacio.
topete *s.m.* **1.** Copete, tupé; (*Amer.*) jopo. **2.** *Fig.* Tupé, descaro.
tópico *adj. e s.* **1.** *Med.* Tópico. ■ *s.m.* **2.** Apartado, punto (*em texto*).
topo *s.m.* Tope, cumbre.
toque *s.m.* **1.** Toque, contacto. **2.** Choque, golpe, toque. **3.** Toque, sonido. **4.** *Med.* Tacto. **5.** *Tip.* Letras y espacios tecleados. **6.** Apretón de manos. **7.** Toque, retoque. ♦ **Toque de recolher.** *Mil.* Toque de queda. **A toque de caixa.** A toda máquina. **Dar um toque.** Dar un toque, avisar.
torção *s.f.* Torsión, torcedura, retorcimiento.
torcedor *adj. e s. Desp.* Fanático, aficionado, defensor; (*Rio-plat.*) hincha.
torcer *v.t.* **1.** Torcer, dar vueltas, girar. **2.** Torcer, encorvar. **3.** *Fig.* Torcer, tergiversar, falsear. **4.** Torcer, desviar. ■ *v.t. e v.i.* **5.** *Desp.* Ser aficionado de un equipo, desear victoria; (*Rio-plat.*) ser hincha de. **6.** Animar, desear suerte. *Vamos torcer para que dê tudo certo.* Vamos a esperar/Deseamos que todo resulte bien. ■ *v.p.* **7.** Torcerse, doblegarse. **8.** Contorsionarse.
torcicolo *s.m. Med.* Tortícolis.

torcida *s.f. Desp.* Afición; (*Rio-plat.*) hinchada.
tormento *s.m.* Tormento. ■ **tormenta** *s.f.* Tormenta.
tornar *v.t. e v.p.* **1.** Convertir(se), transformar(se), volver(se), hacer(se). *Tornou a nossa vida impossível.* Nos hizo la vida imposible. *Tornou-se o melhor jogador.* Se volvió el mejor jugador. ■ *v.t.* **2.** Volver, regresar, tornar. **3.** Contestar, responder.
tornear *v.t.* **1.** Tornear. **2.** *Fig.* Redondear, pulir.
torneio *s.m.* Torneo.
torneira *s.f.* Grifo, llave de paso, surtidor; (*Rio-plat.*) canilla.
torniquete *s.m.* Torniquete.
torno *s.m. Mec.* Torno. ♦ **Em torno de/a.** Alrededor de.
tornozelo *s.m.* Tobillo.
toró *s.m.* Aguacero, chaparrón.
torpor *s.m.* Torpor, modorra, sopor.
torrão *s.m.* **1.** Terrón. **2.** *Fig.* Terruño.
torradeira *s.f.* Tostadora.
torrado *adj.* Tostado, torrefacto. ● **torrada** *s.f.* Tostada.
torrar *v.t.* **1.** Tostar, achicharrar, resquemar. **2.** *Col.* Disipar. **3.** *Col.* Vender a cualquier precio, liquidar. **4.** *Col.* Dar la lata, fastidiar. ■ *v.p.* **5.** Tostarse, resquemarse.
torre *s.f.* Torre. ♦ **Torre de comando/controle.** Torre de mando/control.
torrente *s.f.* **1.** Torrente. **2.** *Fig.* Abundancia, muchedumbre.
torresmo *s.m.* Torrezno; (*Amer.*) chicharrón.
torta *s.f.* **1.** Pastel, torta (*salgado*). **2.** Pastel, tarta (*doce*).
torto *adj.* Torcido, avieso.
tortuoso *adj.* Tortuoso, sinuoso.
tortura *s.f.* Tortura.
torturar *v.t. e v.p.* Torturar(se).
torvelinho *s.m.* Torbellino.
tosco *adj.* Tosco, rudo, grosero.
tosquiar *v.t.* Trasquilar, esquilar, tonsurar.
tosse *s.f.* Tos. ♦ **Tosse comprida/convulsa.** *Med.* Tos convulsa.
tossir *v.i.* Toser.

tostão *s.m.* Tostón, moneda. ♦ **Não ter um tostão.** No tener un centavo/un zope. **Não valer um tostão furado.** No valer nada.
tostar *v.t.* Tostar, dorar.
total *adj. e s.m.* Total.
touca *s.f.* Toca, tocado.
toucador *s.m.* Tocador.
toupeira *s.f.* **1.** Topo. **2.** *Fig. e col.* Topo, tonto.
tourada *s.f.* Toros, corrida de toros.
toureiro *s.m.* Torero, toreador.
touro *s.m.* **1.** Toro. **2.** Tauro, signo del zodíaco.
tóxico *adj. e s.m.* Tóxico.
trabalhador *adj.* **1.** Trabajador, laborioso, hacendoso. ● *s.* **2.** Obrero, operario, trabajador. ♦ **Trabalhador autônomo.** Profesional (liberal) independiente. **Trabalhador braçal.** Peón, bracero.
trabalhão *s.m.* Afán, ajetreo, trajín. ♦ **Dar um trabalhão.** Costar mucho trabajo.
trabalhar *v.t. e v.i.* Trabajar.
trabalhista *adj. e s.2g.* Laboral.
trabalho *s.m.* **1.** Trabajo, ocupación, empleo; (*Arg.*) laburo. **2.** Trabajo, faena, labor. **3.** Trabajo, obra. **4.** Trabajo, estudio, ensayo. **5.** *Col.* Hechicería. ♦ **Dar trabalho.** Costar trabajo. **(Não) Dar-se ao trabalho de.** (No) Tomarse la molestia de. **Não querer dar trabalho.** No querer molestar.
traça *s.f.* Polilla.
traçado *adj.* **1.** Trazado, esbozado. ● *s.m.* **2.** Traza, trazado, diseño, plan.
tração *s.f. Mec.* Tracción.
traçar *v.t.* **1.** Trazar, delinear. **2.** Trazar, diseñar. **3.** *Fig.* Trazar, tramar.
traço *s.m.* **1.** Trazo, raya. **2.** Trazo, boceto. **3.** Huella, vestigio. ■ **traços** *s.m.pl.* Rasgos, facciones, trazos. ♦ **Sem deixar traço.** Sin dejar huella.
tradição *s.f.* Tradición.
tradução *s.f.* Traducción. ♦ **Tradução juramentada.** Traducción oficial/jurada.
traduzir *v.t.* **1.** Traducir, trasladar. **2.** *Fig.* Traducir, representar, reflejar.
tráfego *s.m.* **1.** Tráfico, transporte. **2.** Tráfico, tránsito. ♦ **Tráfego aéreo.** Tráfico aéreo.
traficante *adj. e s.2g.* Traficante. ♦ **Traficante de drogas.** Narcotraficante.
tráfico *s.m.* Tráfico, trata, negocio ilícito. ♦ **Tráfico de drogas.** Tráfico de drogas, narcotráfico.
tragada *s.f.* **1.** Trago, sorbo (*bebida*). **2.** Bocanada, chupada; (*Amer.*) pitada; (*Mex. e Am.C.*) jalón (*cigarro*).
tragar *v.t.* **1.** Tragar, ingerir, engullir. **2.** Tragar, devorar. **3.** Tragar, creer. ■ *v.i.* **4.** Aspirar humo de cigarrillo.
tragédia *s.f.* Tragedia.
trágico *adj. e s.* Trágico.
trago *s.m.* Trago, sorbo; (*Mex. e Am.C.*) farolazo.
traição *s.f.* Traición.
traiçoeiro *adj.* Traicionero.
traidor *adj. e s.* Traidor.
trailer *sm. Angl.* **1.** Cortos, avance (*filme*). **2.** Casa rodante. **3.** Remolque.
trair *v.t.* **1.** Traicionar. ■ *v.p.* **2.** Acusarse, inculparse.
traje *s.m.* Traje, prenda. ♦ **Traje a rigor.** Traje de etiqueta/noche. **Traje de passeio.** Traje de calle.
trajeto *s.m.* Trayecto, recorrido.
tralha *s.f.* Trastos, trebejos, chismes.
trama *s.f.* **1.** Trama, urdimbre. **2.** *Liter.* Trama, argumento. **3.** *Fig.* Trama, enredo, ardid, tinglado; (*Amer.*) negociado, trenza, movida.
tramar *v.t.* **1.** Tramar, urdir. **2.** *Fig.* Tramar, maquinar, traer entre manos, armar.
trambique *s.m. Col.* Trampa, embuste, timo, estafa.
trambolho *s.m. Col.* Armatoste, mamotreto.
trâmites *s.m.pl.* Trámite, diligencia, gestiones.
tramoia *s.f.* Enredo, tramoya, embuste, maquinación, tinglado; (*Amer.*) negociado, trenza, tejemaneje.
trampolim *s.m.* Trampolín.
tranca *s.f.* Tranca, travesaño, viga, barrote.
trança *s.f.* Trenza.
trancar *v.t.* **1.** Cerrar con llave o tranca, atrancar. **2.** Encerrar, meter preso. ■ *v.p.* **3.** Encerrarse. ♦ **Trancar matrícula.** Pedir exce-

dencia, abandonar temporalmente un curso universitario.
tranco *s.m.* **1.** Empujón, encontronazo. **2.** Sacudida, salto, golpe, tropezón. **3.** Tumbo. ♦ **Aos trancos.** A tropezones. **Aos trancos e barrancos.** A golpe y porrazo, a trancas y barrancas.
tranqueira *s.f.* **1.** Obstáculo, estorbo. **2.** Trastos, cachivaches.
tranquilizante *adj.* **1.** Tranquilizador, apaciguador. ■ *adj. e s.m.* **2.** *Med.* Calmante, sedante, tranquilizante.
tranquilizar *v.t. e v.p.* Tranquilizar(se), calmar(se).
tranquilo *adj.* **1.** Tranquilo, sereno, calmo, apacible; (*Amer.*) pancho, campechano. **2.** *Col.* Seguro, infalible.
transa *s.f. Col.* **1.** Trama, conspiración. **2.** Transacción. **3.** Relación amorosa superficial.
transação *s.f.* Transacción.
transar *v.t. Col.* **1.** Tramar, conspirar. **2.** Negociar. **3.** Arreglar, adornar. ■ *v.i.* **4.** Fornicar; (*Amer.*) coger, echarse un polvo.
transbordar *v.i.* **1.** Desbordar, derramarse. **2.** *Fig.* Rebosar, exultar. **3.** *Fig.* Excederse, desmandarse.
transbordo *s.m.* Transbordo, trasbordo.
transcender *v.t.* Transcender, trascender.
transcorrer *v.i.* Transcurrir, pasar el tiempo.
transcrever *v.t.* Transcribir.
transcrição *s.f.* Transcripción.
transcurso *s.m.* Transcurso, trascurso.
transe *s.m.* **1.** Trance, momento crítico. **2.** Trance, últimos momentos de vida. **3.** Trance, estado hipnótico.
transeunte *adj. e s.2g.* Transeúnte, peatón.
transferência *s.f.* Transferencia, traspaso.
transferidor *s.m. Geom.* Transportador.
transferir *v.t.* **1.** Transferir, desplazar. **2.** Transferir, aplazar. ■ *v.p.* **3.** Trasladarse, mudarse.
transfigurar *v.t. e v.p.* Transfigurar(se).
transformação *s.f.* Transformación, cambio.
transformador *adj. e s.m.* Transformador.
transformar *v.t. e v.p.* Transformar(se).
transfusão *s.f.* Transfusión.

transgredir *v.t.* **1.** Transgredir, violar, infringir, contravenir. **2.** Atravesar, cruzar, cortar.
transição *s.f.* Transición.
transigir *v.t. e v.i.* Transigir.
transistor *s.m. Eletr.* Transistor.
transitar *v.i.* **1.** Transitar, circular. ■ *v.t. e v.i.* **2.** Pasar, recorrer.
trânsito *s.m.* **1.** Tránsito, paso (*pessoas*). **2.** Tránsito, tráfego, circulación (*veículos*). **3.** Tránsito, muerte. ♦ **Engarrafamento de trânsito.** Embotellamiento.
transitório *adj.* Transitorio, momentáneo, pasajero.
translação *s.f.* **1.** Traslado, transferencia. **2.** Traslación, movimiento (*astros*).
translúcido *adj.* Translúcido, diáfano.
transmissão *s.f.* Transmisión.
transmissor *adj. e s.m.* Transmisor.
transmitir *v.t.* **1.** Transmitir, enviar, expedir. **2.** Transmitir, propagar, difundir. **3.** *Med.* Transmitir, contagiar. **4.** Transmitir, transferir.
transparecer *v.i.* Transparentarse, translucirse.
transparente *adj.* Transparente.
transpirar *v.t. e v.i.* Transpirar, trasudar.
transplantar *v.t.* Trasplantar.
transplante *s.m. Med.* Trasplante.
transpor *v.t.* Transponer.
transportador *adj.* Transportador. ● **transportadora** *s.f.* Empresa de transporte.
transportar *v.t.* **1.** Transportar, acarrear. ■ *v.p.* **2.** Transportarse.
transporte *s.m.* Transporte, porte.
transposição *s.f.* Transposición.
transtornar *v.t.* **1.** Trastornar, turbar. ■ *v.p.* **2.** Turbarse.
transtorno *s.m.* Trastorno.
transversal *adj. e s.f.* Transversal.
transviado *adj. e s.* Perdido, impúdico, inmoral.
trapaça *s.f.* Trapaza, embuste.
trapaceiro *adj. e s.* Trapacero, embustero.
trapalhão *adj. e s.* Atolondrado, atropellado.
trapézio *s.m. Geom. e desp.* Trapecio.
trapo *s.m.* Trapo, harapo, andrajo. ♦ **Estar um trapo.** Estar hecho un trapo.

traqueia *s.f. Med. e bot.* Tráquea.
traquejo *s.m.* Práctica, desenvoltura.
traquinas *adj. e s.2g.* Travieso.
trás *prep. e adv.* Atrás, detrás, tras. ♦ **Ficar para trás.** Quedarse atrás.
traseiro *adj. e s.m.* Trasero. ■ **traseira** *s.f.* Trasera.
traspassar *v.t.* Traspasar.
traspasse *s.m.* Traspaso.
traste *s.m.* **1.** Trasto. **2.** *Col.* Persona inútil. **3.** *Col.* Ordinario, trasto.
tratado *s.m.* Tratado.
tratamento *s.m.* **1.** Tratamiento, medicación. **2.** Tratamiento, trato.
tratar *v.t.* **1.** Tratar, curar, medicar. **2.** Tratar, versar. **3.** Tratar, intentar, empeñarse. **4.** Tratar, cuidar. **5.** Tratar, ajustar, pactuar. **6.** Tratar, nombrar, llamar. ■ *v.p.* **7.** Tratarse, cuidarse. **8.** Tratarse, llamarse. ♦ **Tratar mal.** Maltratar.
trato *s.m.* **1.** Trato, pacto. **2.** Trato, tratamiento. **3.** Trato, cuidado. ♦ **Dar um trato.** Arreglar, cuidar, atender.
trator *s.m.* Tractor.
trauma *s.m.* **1.** *Med.* Trauma, traumatismo. **2.** Trauma, *shock,* conmoción.
trava *s.f.* Traba, bloqueo, trabazón, enlace.
travar *v.t.* **1.** Trabar, bloquear, enlazar, atrancar. **2.** Entablar (*conversa, amizade*).
trave *s.f.* **1.** *Arq.* Tirante, viga, trabe. **2.** *Desp.* Travesaño, larguero.
travessa *s.f.* **1.** Travesaño, traviesa, madero. **2.** Travesía, camino transversal. **3.** Bandeja, fuente.
travessão *s.m.* **1.** Travesaño, traversa, larguero. **2.** *Gram.* Guión, raya, señal gráfico. **3.** Astil (*balança*).
travesseiro *s.m.* Almohada.
travessia *s.f.* Travesía, viaje.
travesso *adj.* Travieso.
travessura *s.f.* Travesura.
travesti *s.m.* Travesti, travestido.
trazer *v.t.* **1.** Traer, transportar. **2.** *Fig.* Traer, causar, acarrear. **3.** Traer, llevar, usar.
trecho *s.m.* **1.** Tramo (*estrada*). **2.** *Liter. e mus.* Fragmento, pasaje, trozo.

treco *s.m. Col.* Chisme, cachivache; (*Mex.*) tiliche. ♦ **Ter um treco.** Darle patatús.
trégua *s.f.* Tregua.
treinamento *s.m.* Entrenamiento, adiestramiento, práctica.
treinar *v.t. e v.i.* Entrenar(se), ejercitar(se), adestrar(se), practicar.
trejeito *s.m.* Ademán.
trem *s.m.* **1.** Tren. **2.** *Col.* Trasto, cachivache. **3.** Trastos, pertrechos. ♦ **Trem de aterrissagem.** Tren de aterrizaje.
trema *s.m. Gram.* Diérisis.
tremedeira *s.f.* Temblor.
tremendo *adj.* Tremendo.
tremer *v.t. e v.i.* Temblar. ♦ **Tremer de frio.** Tiritar, temblar de frío.
tremoço *s.m. Bot.* Altramuz, lupino.
tremor *s.m.* Temblor.
trenó *s.m.* Trineo.
trepada *s.f.* **1.** Cuesta, pendiente. **2.** *Vulg.* Cópula, fornicación, polvo. ♦ **Dar uma trepada.** Echarse un polvo.
trepadeira *s.f. Bot.* Trepadora, enredadera.
trepar *v.t.* **1.** Trepar, subir. **2.** Montar. ■ *v.i.* **3.** *Vulg.* Fornicar; (*Amer.*) coger, echarse un polvo, chingar.
trepidar *v.i.* Trepidar.
tresnoitar *v.i.* Trasnochar.
treta *s.f.* **1.** Treta, embuste, ardid. **2.** Treta, maña, habilidad.
trevas *s.f.pl.* Tinieblas.
trevo *s.m.* **1.** *Bot.* Trébol, trifolio. **2.** Rotonda; (*Mex. e Am.C.*) trébol.
triagem *s.f.* Tría, selección.
triangular *adj. e v.t.* Triangular.
triângulo *s.m. Geom.* Triángulo.
tribo *s.f.* Tribu.
tribulação *s.f.* Tribulación.
tribuna *s.f.* Tribuna, púlpito.
tribunal *s.m. For.* Tribunal.
tributar *v.t.* **1.** *For.* Tributar, pagar, abonar (*impostos*). **2.** Tributar, rendir (*homenagem*). **3.** *Com.* Tasar, valorar.
tributo *s.m.* **1.** Tributo, derecho, impuesto. **2.** Tributo, homenaje.

tricô *s.m.* Labor de punto, *tricot*. ♦ **Fazer tricô.** Tricotar.
trigêmeo *adj. e s.* Trillizo.
trigo *s.m. Bot.* Trigo.
trigonometria *s.f. Mat.* Trigonometría.
trilha *s.f.* **1.** Huella, rastro. **2.** Senda, vereda, trinchera, trocha; (*Amer.*) trillo. ♦ **Trilha sonora.** Banda sonora.
trilhão *s.m.* Billón.
trilhar *v.t.* **1.** Trillar, separar con trilladora. **2.** *Fig.* Seguir, tomar, recorrer (*caminho, direção, norma*).
trilho *s.m.* **1.** Trilladora, trillo. **2.** Vereda, camino; (*Amer.*) trillo. **3.** Riel, raíl (*trem*). ♦ **Sair do trilho.** Descarrilarse.
trimestre *s.m.* Trimestre.
trinca *s.f.* **1.** Tríada, trinca. **2.** Grieta, rajadura.
trincar *v.t. e v.i.* **1.** Trincar, trinchar. **2.** Rajar(se), agrietar(se).
trinchar *v.t.* Trinchar, partir en trozos, tronchar.
trincheira *s.f.* Trinchera.
trinco *s.m.* Pestillo.
trio *s.m.* Trío, terno.
tripa *s.f.* Tripa. ♦ **Fazer das tripas coração.** Hacer de tripas corazón.
tripé *s.m.* Trípode.
triplicar *v.t.* Triplicar.
triplo *num. e s.m.* Triple.
tripulação *s.f.* Tripulación.
triste *adj.* Triste, mustio, alicaído, amargado.
tristeza *s.f.* Tristeza.
triturar *v.t.* Triturar.
triunfar *v.i.* Triunfar.
triunfo *s.m.* Triunfo.
trivial *adj.* Trivial.
triz <por um> *loc.* Por poco, por un pelo.
troca *s.f.* Cambio, canje, trueque. ♦ **Troca de roupa.** Muda.
troça *s.f.* Burla, chacota.
trocadilho *s.m.* Juego de palabras.
trocar *v.t.* **1.** Cambiar, mudar, sustituir. *Troque a toalha de mesa.* Cambia el mantel. **2.** Cambiar, permutar, canjear, trocar. *Troquei o disco por um livro.* Cambié el disco por un libro. **3.** Cambiar, confundir. *Troquei o número.* Confundí el número. ■ *v.p.* **4.** Cambiarse, vestirse. *Trocou-se e saiu.* Se cambió y salió. ♦ **Trocar as bolas.** Confundirse. **Trocar ideias.** Intercambiar ideas.
troco *s.m.* **1.** Cambio, vuelto. *Aqui está o troco.* Aquí tiene el vuelto. **2.** Dinero suelto, cambio; (*Amer.*) sencillo. *Estou sem troco.* No tengo sencillo. **3.** *Fig.* Respuesta, desquite. ♦ **Dar o troco. 1.** Dar el vuelto **2.** Desquitarse, vengarse.
troço *s.m.* Cosa, trasto.
troféu *s.m.* Trofeo.
troglodita *adj. e s.2g.* Troglodita.
trólebus *s.m.* Trolebús.
tromba *s.f.* **1.** Trompa (*animais*). **2.** *Col.* Trompa, hocico. ♦ **Tromba-d'água.** Tromba.
trombada *s.f.* Colisión, golpe, encontronazo, trompazo.
trombadinha *s.m. Col.* Ladronzuelo.
trombone *s.m. Mus.* Trombón. ♦ **Pôr a boca no trombone.** Poner el grito en el cielo.
trombose *s.f. Med.* Trombosis.
trompa *s.f.* **1.** *Mus.* Trompa, clarín. **2.** *Med.* Trompa, ducto.
trompete *s.2g. Mus.* **1.** Trompeta. **2.** Trompetista.
tronco *s.m.* **1.** *Bot.* Tronco, madero, leño. **2.** Tronco, torso. **3.** *Fig.* Tronco, origen.
trono *s.m.* Trono.
tropa *s.f. Mil.* Tropa.
tropeçar *v.t. e v.i.* **1.** Tropezar. **2.** *Fig.* Cometer un desliz, resbalarse, descarrilarse.
tropeço *s.m.* **1.** Tropezón, tropiezo. **2.** *Fig.* Obstáculo, estorbo, tropiezo.
trópico *s.m.* Trópico.
trote *s.m.* **1.** Trote (*cavalo*). **2.** Burla, broma de mal gusto.
trouxa *s.f.* **1.** Fardo, lío (*roupa*). ■ *adj. e s.2g.* **2.** *Col.* Papanatas, tonto; (*Rio-plat.*) gil, otario; (*Mex. e Am.C.*) bruto, baboso. ♦ **Com cara de trouxa.** Con cara de otario/baboso.
trovão *s.m.* Trueno, estruendo.
trovejar *v.i.* Tronar.
truncar *v.t.* **1.** Truncar, omitir, cortar. **2.** Truncar, mutilar. **3.** Tronchar, partir.

trunfo s.m. 1. Juego de naipes. 2. *Fig.* Trofeo, triunfo, carta, jugada.
truque s.m. Truco, ardid.
truta s.f. Trucha.
tu p.pess. 2ª pess.sing. Tú.
tubarão s.m. 1. Tiburón. 2. *Fig.* Pez gordo, magnata.
tubérculo s.m. *Bot. e med.* Tubérculo.
tuberculose s.f. *Med.* Tuberculosis, tisis.
tubo s.m. 1. Tubo, caño. 2. *Med.* Tubo, canal, ducto.
tubulação s.f. Tubería, cañería.
tudo p.indef. Todo, la totalidad. *Comi tudo.* Comí todo.
tufo s.m. 1. Mecha (*cabelo, penas*). 2. Haz, manojo, fajina (*arbustos*).
tule s.m. Tul.
tulipa s.f. *Bot.* Tulipán, tulipa.
tumba s.f. Tumba, sepulcro.
tumor s.m. *Med.* Tumor.
túmulo s.m. Túmulo, mausoleo.
tumulto s.m. Tumulto, alboroto.
tumultuar v.t. e v.i. Turbar, transtornar, alborotar.
túnel s.m. Túnel.
tungstênio s.m. *Quím.* Tungsteno.
túnica s.f. Túnica.
turbina s.f. *Mec.* Turbina. ♦ **Turbina hidráulica/a vapor.** Turbina hidráulica/de vapor.
turboélice s.m. *Mec.* Turbohélice, turbopropulsor.
turborreator s.m. *Mec.* Turborreactor.
turismo s.m. Turismo.
turma s.f. 1. Grupo de amigos, pandilla; (*Rio-plat.*) barra. 2. Alumnos de una clase, promoción. *Havia vários estrangeiros na minha turma.* Había diversos extranjeros en mi promoción. 3. Turno, tanda. *A turma da noite.* La tarda de la noche.
turnê s.f. Gira, *tour*.
turno s.m. 1. Período, división de la jornada. 2. Turno, vez, mano. 3. Turno, tanda.
turquesa s.f. 1. *Geol.* Turquesa. ■ s.m. 2. Turquesa, azul verdoso.
turrão adj. e s. *Col.* Terco, obstinado.
turvo adj. Turbio.
tutano s.m. 1. *Med.* Tuétano. 2. *Col.* Cerebro, seso.
tutela s.f. Tutela.
tutor s. Tutor.
tutu s.m. 1. *Col.* Plata; (*Rio-plat.*) guita; (*Mex. e Am.C.*) pisto. 2. Bu, ogro. 3. Plato de frijoles con yuca.

U

u s.m. U (*vigésima primeira letra do alfabeto português*).
ufa interj. ¡Uf!
uísque s.m. *Whisky*, güisqui.
uivo s.m. Aullido.
úlcera s.f. *Med.* Úlcera.
ulterior adj. Ulterior.
ultimar v.t. Ultimar.
ultimato s.m. Ultimátum.
último adj. e s. 1. Último, final. 2. Último, reciente. 3. Último, actual, moderno. 4. *Fig.* Último, el menor. 5. *Fig.* Despreciable, vil. *O último dos homens.* El más despreciable de los hombres. ♦ **A última.** La última novedad. **Estar nas últimas.** Estar en las últimas. **Na última moda.** A la última moda.
ultracorreção s.f. *Gram.* Ultracorrección.
ultrajante adj. Ultrajoso.
ultrajar v.t. 1. Ultrajar, difamar. 2. *Fig.* Atropellar.
ultramarino adj. Ultramarino.

ultrapassado *adj.* Anticuado, obsoleto, superado.

ultrapassar *v.t.* **1.** Pasar, transponer. *Ultrapassar as montanhas.* Transponer las montañas. **2.** Exceder, superar, pasar, sobrepasar. *Ultrapassar as expectativas.* Exceder las expectativas. ■ *v.t. e v.i.* **3.** Adelantarse, pasar; (*Amer.*) rebasar (*carro*). ♦ **Ultrapassar os limites.** Pasar los límites, pasarse de la raya. **Proibido ultrapassar.** Prohibido adelantarse.

ultrassom *s.m. Fís.* Ultrasonido.

ultravioleta *adj. e s.m. Fís.* Ultravioleta.

um *num. e art.* **1.** Un, uno. *Mora em um bairro distante.* Vive en un barrio lejano. **2.** Alguno, cierto, uno. *Teve uma sensação estranha.* Tuvo una sensación extraña. ● **uns** *p.indef.* Unos, algunos. ♦ **Dar uma de.** Dárselas de. **Tomar umas e outras.** Echarse unos tragos.

umbanda *s.f.* Culto afrobrasileño.

umbigo *s.m.* Ombligo.

umedecer *v.t. e v.p.* Humedecer(se), humectar.

umidade *s.f.* Humedad.

úmido *adj.* Húmedo.

unanimidade *s.f.* Unanimidad.

unguento *s.m. Med.* Ungüento, linimento, emplasto.

unha *s.f.* **1.** Uña. **2.** Garra, pezuña, uña (*animais*). **3.** Uña, gancho. ♦ **Unha de fome.** Tacaño. **Com unhas e dentes.** Con todas sus fuerzas. **Fazer as unhas.** Arreglarse las uñas.

união *s.f.* **1.** Unión, enlace. **2.** Unión, soldadura. **3.** Unión, asociación.

único *adj.* **1.** Único, uno, solo. **2.** Único, singular, sin par.

unidade *s.f.* **1.** Unidad, uno. **2.** Unidad, unión. **3.** *Mil.* Cuadro, formación. **4.** Unidad, pieza, elemento. **5.** Unidad, sector. **6.** Unidad, identidad, uniformidad.

unificar *v.t. e v.p.* Unificar(se), aunar(se).

uniforme *adj.* **1.** Uniforme, parejo, regular. ● *s.m.* **2.** Uniforme (el traje).

uniformizar *v.t.* **1.** Uniformar. ■ *v.p.* **2.** Vestir uniforme.

unir *v.t. e v.p.* Unir(se), aliar(se).

unissex *adj.* Unisexo.

uníssono *adj.* Unísono.

unitário *adj.* Unitario.

universidade *s.f.* Universidad.

universitário *adj. e s.* Universitario.

universo *s.m.* Universo.

untar *v.t.* Untar, engrasar.

urbanidade *s.f.* Urbanidad, civilidad.

urbanizar *v.t.* **1.** Urbanizar, civilizar. **2.** *Arq.* Urbanizar.

urdir *v.t.* **1.** Urdir, entretejer. **2.** *Fig.* Urdir, tramar, maquinar.

uretra *s.f. Med.* Uretra.

urgência *s.f.* Urgencia, apremio; (*Amer.*) apuro. ♦ **Com a máxima urgência (possível).** A la brevedad (posible).

urgente *adj.* Urgente, apremiante.

urina *s.f.* Orina, orín.

urinol *s.m.* Orinal, bacín, urinario.

urna *s.f.* **1.** Urna, arca. **2.** Urna, caja mortuoria.

urologia *s.f. Med.* Urología.

urologista *adj. e s.2g. Med.* Urólogo.

urro *s.m.* Aullido.

urso *s.m.* Oso.

urtiga *s.f. Bot.* Ortiga.

urubu *s.m.* Buitre; (*Amer.*) zope; (*Mex. e Am.C.*) zopilote.

usar *v.t.* **1.** Usar, utilizar. **2.** Usar, tener por costumbre, soler, estilar. **3.** Llevar, vestir. *Usava uma calça preta.* Llevaba un pantalón negro.

usina *s.f.* Planta, central. ♦ **Usina de açúcar.** Planta azucarera. **Usina hidrelétrica.** Central hidroeléctrica.

uso *s.m.* **1.** Uso, utilización. **2.** Uso, hábito, costumbre, usanza. **3.** *For.* Uso, usufructo, goce. ♦ **Fora de uso.** En desuso, fuera de uso.

usuário *adj. e s.* Usuario.

usucapião *s.m. For.* Derecho de dominio por uso, usucapión.

usufruir *v.t.* **1.** Disfrutar. **2.** *For.* Usufructuar.

usufruto *s.m.* Usufructo, goce.

usurário *adj. e s.* Usurero; (*Rio-plat.*) usura.

usurpar *v.t.* Usurpar, adueñarse, apoderarse.
utensílio *s.m.* Utensilio, instrumento. ■ **utensílios** *s.m.pl.* Pertrechos, útiles, enseres.
útero *s.m. Med.* Útero.
útil *adj.* Útil, provechoso. ♦ **Dia útil.** Día hábil.
utilidade *s.f.* Utilidad, provecho. ♦ **Aparelho de utilidade doméstica.** Aparato de uso doméstico.
utilitário *adj. e s.m.* Utilitario.
utilização *s.f.* Utilización.
utilizar *v.t.* **1.** Utilizar, usar. ■ *v.p.* **2.** Servirse, recurrir, echar mano de.
utopia *s.f. Fil.* Utopía.
uva *s.f. Bot.* Uva.

V

v *s.m.* **1.** V (*vigésima segunda letra do alfabeto português*). **2.** Cinco (*em maiúscula, no sistema romano de numeração*).
vaca *s.f.* Vaca. ♦ **Mão de vaca.** Tacaño. **Nem que a vaca tussa.** Ni por asomo, ni pensar. **Voltar à vaca-fria.** Volver al tema.
vacilar *v.i.* **1.** Titubear, vacilar. **2.** Vacilar, oscilar.
vacina *s.f. Med.* Vacuna.
vacinar *v.t. e v.p.* Vacunar(se).
vácuo *adj. e s.m.* Vacío. ♦ **A vácuo.** Al vacío.
vadiagem *s.f.* Holgazanería, vagabundeo, vagancia.
vadio *adj. e s.* Holgazán, vago.
vaga *s.f.* **1.** Ola (*mar*). **2.** Plaza, vacante.
vagabundo *adj. e s.* **1.** Vagabundo, gandul, vago. **2.** Vagabundo, trotamundos, errante. ■ *adj.* **3.** Cosa ordinaria, de segunda clase.
vaga-lume *s.m.* Luciérnaga, gusano de luz.
vagão *s.m.* Coche, vagón. ♦ **Vagão-dormitório.** Coche cama.
vagar *v.i.* **1.** Deambular, vaguear. **2.** Quedar vacío, libre (*lugar, espaço*). ● *s.m.* **3.** Lentitud.
vagaroso *adj.* Lento, moroso.
vagem *s.f. Bot.* Judía verde; (*Rio-plat.*) chaucha.
vagina *s.f. Med.* Vagina.
vago *adj.* **1.** Vago, ambiguo. **2.** Vacante, libre, vacío.
vaia *s.f.* Abucheo.

vaiar *v.t. e v.i.* Abuchear, chiflar, silbar.
vaidade *s.f.* Vanidad.
vaidoso *adj. e s.* Vanidoso.
vaivém *s.m.* **1.** Vaivén. **2.** *Fig.* Altibajo, vicisitud.
vala *s.f.* **1.** Foso, fosa, hoyo, zanja, acequia. **2.** *Desp.* Valla, meta, portería.
vale *s.m.* **1.** Valle, desfiladero. **2.** Cuenca, valle (*rio*). **3.** *Com.* Vale, recibo.
valentão *adj. e s.m.* Bravucón, valentón, gallo.
valente *adj.* Valiente, valeroso.
valer *v.t.* **1.** Valer, costar. **2.** Valer, merecer, ser digno. **3.** Valer, convenir, tener provecho. ■ *v.i.* **4.** Valer, estar en vigor. ■ *v.p.* **5.** Valerse, acudir a. ♦ **Para/Pra valer.** En serio.
valeta *s.f.* Cuneta, zanja.
validade *s.f.* Validez.
válido *adj.* **1.** Válido, capaz. **2.** Válido, valedero.
valise *s.f.* Valija, maletín de mano.
valor *s.m.* **1.** Valor, precio, importe, monto. **2.** Valor, importancia. **3.** Valor, estima. ■ **valores** *s.m.pl. Com.* Valores.
valorização *s.f.* **1.** Valoración, estimación, evaluación. **2.** Valorización, aumento de valor.
valorizar *v.t.* **1.** Valorar, valuar, estimar. **2.** Valorizar, aumentar valor. ■ *v.p.* **3.** Tener autoestima, darse valor.
valsa *s.f. Mus.* Vals.
válvula *s.f. Med., eletr. e mec.* Válvula.

vampiro *s.m.* Vampiro.
vandalismo *s.m.* Vandalismo, barbarie.
vangloriar-se *v.p.* Vanagloriarse, ufanarse, jactarse, alabarse.
vanguarda *s.f.* Vanguardia. ♦ **Na vanguarda.** A la vanguardia.
vantagem *s.f.* Ventaja. ♦ **Contar vantagem.** Vanagloriarse, alabarse. **Dar vantagem.** (*Amer.*) Dar cancha. **Tirar/Levar vantagem.** Sacar ventaja.
vão *adj.* **1.** Vano, fútil. ● *s.m.* **2.** Vano, abertura, hueco. ♦ **Em vão.** En vano; (*Mex. e Am.C.*) por gusto.
vapor *s.m.* Vapor.
vaporizador *s.m.* Vaporizador, pulverizador.
vaquinha *s.f.* Recolección de dinero, cotización, escote. ♦ **Fazer vaquinha.** Cotizarse.
vara *s.f.* **1.** Vara, varilla. **2.** *For.* Jurisdicción. ♦ **Varinha de condão.** Varita mágica. **Tremer como vara verde.** Temblar de miedo.
varal *s.m.* Tendedero.
varanda *s.f.* Terraza.
varão *s.m.* Varón.
varar *v.t.* **1.** Traspasar. **2.** Atravesar. ♦ **Varar a noite. 1.** Desvelarse. **2.** Trasnochar.
varejista *adj. e s.2g.* Minorista.
varejo *s.m.* Comercio minorista. ♦ **A varejo.** Al por menor, al detall.
vareta *s.f.* Varilla, varita, vástago.
variação *s.f.* Variación.
variante *adj. e s.f.* Variante.
variar *v.t. e v.i.* **1.** Variar, diversificar. **2.** Variar, cambiar.
variável *adj.* **1.** Variable, vario. ● *s.f.* **2.** *Mat.* Variable.
variedade *s.f.* Variedad, diversidad. ■ **variedades** *s.f.pl. Teat.* Variedades.
vário *adj.* Vario, variado, diverso. ● **vários** *p.indef.* Varios, diversos.
varíola *s.f. Med.* Viruela.
variz *s.f. Med.* Várice, variz, varice.
varredor *adj. e s.* Barrendero.
varrer *v.t.* **1.** Barrer. **2.** *Fig.* Barrer, arrastrar, devastar. **3.** *Fig.* Expulsar, extirpar, barrer. ♦ **Doido varrido.** Loco de remate.

várzea *s.f.* **1.** Nava, llanura. **2.** Ciénaga, pantano; (*Rio-plat.*) bañado.
vasculhar *v.t.* Registrar, catear.
vasilha *s.f.* Vasija, cacharro, perol.
vasilhame *s.m.* Envase, casco.
vaso *s.m.* **1.** Florero, jarrón (*de vidro, cristal*). **2.** Maceta, tiesto (*de barro, xaxim*). **3.** *Med.* Vaso, arteria, ducto. **4.** *Mar.* Buque. ♦ **Vaso sanitário.** Inodoro.
vassoura *s.f.* Escoba.
vastidão *s.f.* Vastedad.
vatapá *s.m.* Plato típico a base de pescado, yuca, leche de coco y aceite de dendé.
vazamento *s.m.* **1.** Pérdida, escape, fuga. **2.** Infiltración.
vazante *s.f.* Bajamar, reflujo.
vazão *s.f.* **1.** Salida, escurrimiento, desagüe. **2.** Caudal (*rio*). ♦ **Dar vazão a. 1.** Dar solución, despachar. **2.** Dar rienda suelta a.
vazar *v.t.* **1.** Vaciar, desaguar. **2.** Vaciar, fundir, colar. **3.** Traspasar, excavar, perforar, abrir hueco/vano. ■ *v.i.* **4.** Perder, verter. *A jarra está vazando.* El jarrón pierde. **5.** *Fig.* Filtrarse. *A notícia vazou no meio artístico.* La noticia se filtró en el medio artístico.
vazio *adj. e s.m.* Vacío, hueco; (*Amer.*) huero.
veado *s.m.* **1.** Venado. **2.** *Vulg.* Pederasta, maricón; (*Rio-plat.*) puto, trolo; (*Mex. e Am.C.*) hueco.
vedação *s.f.* **1.** Sellado, cierre hermético. **2.** Veda, prohibición.
vedar *v.t.* **1.** Sellar, cerrar herméticamente. **2.** Detener, estancar, impedir. **3.** Vedar, prohibir.
veemente *adj.* Vehemente.
vegetação *s.f.* Vegetación.
vegetal *adj. e s.m. Bot.* Vegetal.
vegetar *v.i.* **1.** *Bot.* Vegetar. **2.** *Fig.* Vegetar, vivir una vida inerte.
vegetariano *adj. e s.* Vegetariano.
veicular *v.t.* **1.** Vehicular, rel. a vehículos. **2.** Llevar, transportar. **3.** Difundir, transmitir, vehicular.
veículo *s.m.* **1.** Vehículo, medio de transporte. **2.** *Fig.* Vehículo, medio de comunicación.

veio *s.m.* **1.** *Geol.* Veta, vena, filón. **2.** Faja de tierra. **3.** *Fig.* Meollo, fundamento. ■ **veia** *s.f.* **1.** *Med.* Vena, arteria, vaso. **2.** Curso de agua. **3.** *Fig.* Vocación, afición. **4.** *Bot.* Vena, nervadura, veta.

vela *s.f.* **1.** *Mar.* Vela, paño. **2.** Vela, candela. **3.** *Mec. e eletr.* Bujía. **4.** Vela, vigilia.

velar *v.t.* **1.** Velar, tapar, ocultar. **2.** Velar, pasar la noche en velatorio. **3.** Velar, cubrir con velo. **4.** Velar, asistir a, cuidar. ■ *v.i.* **5.** Velar, vigilar, hacer guardia. **6.** Desvelarse.

veleiro *s.m. Mar.* Velero, barco de vela.

velharia *s.f.* Trasto viejo.

velhice *s.f.* Vejez.

velho *adj.* **1.** Viejo, anciano. **2.** Viejo, deslucido. **3.** Viejo, antiguo. ● *s.* **4.** *Col.* Viejo (*pai ou marido*). **5.** Viejo, persona mayor.

velocidade *s.f.* Velocidad.

velório *s.m.* Velatorio, velorio.

veludo *s.m.* Terciopelo; (*Amer.*) pana. ♦ **Veludo cotelê.** (*Esp.*) Pana; (*Amer.*) corderoy.

vencer *v.t.* **1.** Vencer, derrotar, arrollar. **2.** Vencer, ganar. **3.** Vencer, superar. **4.** Recorrer, cubrir. *Venceu os três quilômetros em 30 segundos.* Cubrió los tres kilómetros en 30 segundos. ■ *v.i.* **5.** Vencer, prescribir (*prazo*). ■ *v.p.* **6.** Vencerse, dominarse.

vencimento *s.m. Com.* Vencimiento, prescripción. ■ **vencimentos** *s.m.pl.* Sueldo, honorarios, paga.

venda *s.f.* **1.** Venta. **2.** Tienda, venta. **3.** Venda, lienzo, vendaje. ♦ **Venda a varejo/por atacado.** Venta al por menor/al por mayor.

vendaval *s.m.* Ventisquero, vendaval, borrasca.

vender *v.t.* **1.** Vender. ■ *v.p.* **2.** Venderse, prostituirse. **3.** Venderse, dejarse sobornar. ♦ **Vender fiado.** Fiar, vender a crédito.

veneno *s.m.* Veneno, ponzoña.

venerando *adj.* Venerable.

venerar *v.t.* Venerar.

venéreo *adj. Med.* Venéreo.

veneta *s.f.* Vena, capricho. ♦ **Dar na veneta.** Dar la gana. **Estar de veneta.** Estar rabioso, de malhumor.

veneziana *s.f.* Contraventana de persiana, rejilla.

ventania *s.f.* Ventolera, ventarrón.

ventar *v.i.* Soplar el viento, haber aire, ventear, ventar.

ventilador *adj. e s.m.* Ventilador.

ventilar *v.t.* Ventilar, airear.

vento *s.m.* Viento. ♦ **Aos quatro ventos.** A los cuatro vientos. **Cheio de vento.** Pedante, presumido. **De vento em popa.** A toda vela.

ventosa *s.f.* Ventosa.

ventoso *adj.* Ventoso.

ventre *s.m.* Vientre.

ventríloquo *adj. e s.m.* Ventrílocuo.

ventura *s.f.* Ventura, suerte.

ver *v.i. e v.t.* **1.** Ver. ♦ **Ver para crer.** Ver para creer. **Ver passarinho verde.** Estar recontento. **A meu ver.** A mi modo de ver, a mi juicio. **Até mais ver!** ¡Hasta más ver! **Nunca ter visto mais gordo.** Nunca haber visto antes. **Onde já se viu!** ¡Habráse visto! **Para você ver.** Para que veas. **Vamos ver.** Vamos a ver/A ver. **Você vai ver!** ¡Ya vas a ver! ¡Ya te acordarás!

verão *s.m.* Verano.

verba *s.f.* Asignación, importe, fondos, partida, auspicio financiero (*oficial*). *A escola tem pouca verba para material.* La escuela tiene pocos fondos/pequeña asignación para útiles. ♦ **Destinar verba.** Asignar fondos/recursos.

verbete *s.m.* **1.** Artículo, voz (*dicionário*). **2.** Apunte, nota.

verbo *s.m.* **1.** *Gram.* Verbo. **2.** *Fig.* Verbo, palabra. ♦ **Soltar o verbo.** Echarse a hablar.

verborreia *s.f.* Verba, verbosidad, verborragia, verborrea, labia, palabrerío.

verdade *s.f.* Verdad. ♦ **Verdade?** ¿De veras? ¿En serio? **De verdade.** Efectivo, real. **Dizer umas verdades.** Decir cuatro verdades.

verdadeiro *adj.* Verdadero.

verde *s.f. e s.m.* **1.** Verde (*cor*). ■ *adj.* **2.** *Bot.* Verde, temprano, no maduro. **3.** *Fig.* Verde, en cierne, crudo. ♦ **Verde-amarelo.** Relativo a la bandera brasileña, a la selección de fútbol. **Verde-escuro/Verde-montanha.** Verde oscuro. **Verde-garrafa.** Verde botella. **Verde-mar.** Verdemar. **Jogar/Plantar verde para colher maduro.** Hacer hablar a alguien, soltarle la lengua con disimulo. **Os verdes anos.** 1. La niñez. 2. La juventud.

verdejar *v.i.* Verdear, verdecer.

verdura *s.f.* 1. *Bot.* Verdura, hortaliza. 2. Verdor, verdura.

vereador *s.m.* Concejal.

vereda *s.f.* Vereda, sendero.

vergonha *s.f.* Vergüenza. ♦ **Falta de vergonha.** Desvergüenza. **Pouca vergonha.** Poca vergüenza. **Sem-vergonha.** Sinvergüenza, descarado. **(Não) Ter vergonha na cara.** (No) Darle vergüenza (a uno).

vergonhoso *adj.* Vergonzoso.

verificação *s.f.* 1. Comprobación, averiguación, constancia. 2. Verificación, realización.

verificar *v.t.* 1. Comprobar, confirmar, constatar, averiguar. ■ *v.p.* 2. Verificarse, realizarse.

verme *s.m.* 1. Gusano. 2. *Med.* Parásito.

vermelho *adj. e s.m.* Rojo, encarnado, rubro, carmesí, púrpura; (*Rio-plat.*) colorado. ♦ **Ficar vermelho.** Sonrojarse, ponerse colorado.

vermute *s.m.* Vermut, vermú.

verniz *s.m.* 1. Barniz. 2. Charol (*couro*). 3. *Fig.* Apariencia, máscara.

verossimilhança *s.f.* Verosimilitud.

verruga *s.f. Med.* Verruga.

versão *s.f.* 1. Versión, transposición, traducción. 2. Versión, interpretación.

versar *v.t.* Versar, tratar, enfocar.

verso *s.m.* 1. *Liter.* Verso. 2. Verso, vuelto, dorso, revés.

vértebra *s.f. Med.* Vértebra.

vertebrado *adj. e s.m.* Vertebrado.

vertente *s.f.* 1. Vertiente, declive, cuesta. 2. *Arq.* Vertiente, agua de tejado. 3. Nacimiento, manantial (*rio*). 4. Facción, corriente.

verter *v.t.* 1. Verter, derramar, vaciar. 2. Verter, traducir.

vertical *adj.* Vertical.

vertigem *s.f.* Vértigo, mareo, vahído.

vertiginoso *adj.* Vertiginoso.

vesgo *adj. e s.* Bizco.

vespa *s.f.* Avispa.

véspera *s.f.* Víspera.

vestiário *s.m.* Vestuario.

vestibular *adj. e s.m.* Examen de ingreso a la universidad; (*Esp.*) selectividad.

vestíbulo *s.m.* Vestíbulo, antesala, zaguán.

vestido *adj.* 1. Vestido, que lleva ropa. ● *s.m.* 2. Vestido, traje femenino. ♦ **Vestido longo.** Vestido largo.

vestígio *s.m.* 1. Vestigio, huella, señal. 2. Resabio, residuo.

vestir *v.t., v.i. e v.p.* Vestir(se).

vestuário *s.m.* Vestuario, vestido, atavío, indumentaria.

vetar *v.t.* Vetar, prohibir, vedar.

veterinário *adj. e s.m. Med.* Veterinario. ■ **veterinária** *s.f.* Veterinaria.

veto *s.m.* 1. Veto, negativa. 2. Veda, prohibición.

véu *s.m.* Velo.

vexame *s.m.* Fiasco, vejación, chasco.

vez *s.f.* 1. Vez, turno. 2. Vez, vuelta, ocasión. ♦ **Vez por/ou outra.** Una que otra vez. **Às vezes.** A veces. **De vez.** De una vez, definitivamente. **De vez em quando.** De vez en cuando. **Desta vez.** Esta vez/vuelta. **É a sua vez (no jogo).** Es tu turno, te toca jugar, eres mano. **Fazer as vezes de.** Sustituir, reemplazar. **(Não) Ter vez.** (No) Tener oportunidad/aceptación. **Um por vez.** Uno de cada vez. **Uma vez na vida, outra na morte.** Contadas veces. **Uma vez que.** Ya que.

via *s.f.* 1. Vía, camino, arteria. 2. Copia de documento, ejemplar. *Emitiu a certidão em três vias.* Extendió el certificado en tres copias. 3. Vía, canal. ♦ **Via aérea.** Vía aérea/Correo aéreo. **Chegar às vias de fato.** Llegar a las manos. **Por via das dúvidas.** Por las dudas, por si acaso/las moscas.

viabilidade *s.f.* Factibilidad.

viaduto *s.m.* Viaducto.

viagem *s.f.* Viaje. ♦ **Boa viagem!** ¡Buen viaje!

viajante *adj. e s.2g.* Viajero.

viajar *v.t. e v.i.* **1.** Viajar. **2.** *Fig. e col.* Divagar, estar lejos.
viário *adj.* Vial, viario.
viável *adj.* **1.** Transitable. **2.** Factible, viable.
víbora *s.f.* **1.** Víbora, serpiente. **2.** *Fig.* Víbora, persona maledicente.
vibração *s.f.* **1.** Vibración. **2.** *Fig.* Entusiasmo.
vibrador *adj. e s.m.* Vibrador.
vibrar *v.t.* **1.** Vibrar. ■ *v.i.* **2.** Palpitar de emoción, entusiasmarse.
vice *pref.* Vice. ♦ **Vice-versa.** Viceversa.
viciado *adj. e s.* Vicioso. ♦ **Viciado em drogas.** Drogadicto.
viciar *v.t. e v.p.* Enviciar(se), viciar(se).
vício *s.m.* Vicio.
viçoso *adj.* Lozano.
vida *s.f.* Vida. ♦ **Vida de cão/cachorro.** Vida de perros. **Cair na vida.** Entregarse a la prostitución. **Danado/Fulo/Louco da vida.** Rabioso, enojado. **Feliz da vida.** Loco de contento. **Levar a vida que pediu a Deus.** Hacer lo que se le da la gana, vivir a su antojo. **Lutar pela vida.** Ganarse la vida. **Mulher de vida fácil.** Mujer de mala vida. **Puxa vida!** ¡Caramba! **Toda a vida. 1.** La vida entera. **2.** Siempre derecho, todo seguido.
videira *s.f. Bot.* Vid.
vidente *adj. e s.2g.* Vidente.
vídeo *s.m.* **1.** Video, vídeo. **2.** Pantalla (*TV*). **3.** Imagen. *A televisão ficou sem vídeo.* El televisor ha quedado sin imagen. ♦ **Videocassete.** Videocasetera. **Videoclipe.** Videoclip. *Videogame.* Videojuego. **Videogravador.** Videograbador.
vidraça *s.f.* Ventanal.
vidraçaria *s.f.* Vidriería, cristalería.
vidro *s.m.* Vidrio, cristal.
viela *s.f.* Callejón.
viga *s.f.* Viga, tirante, madero.
vigamento *s.m. Arq.* Armadura, armazón.
vigário *s.m.* Vicario, párroco. ♦ **Conto do vigário.** Embuste, sablazo, el timo de la estampita.
vigarista *adj. e s.2g.* **1.** Embustero, tratante. ■ *s.f.* **2.** Prostituta.

vigente *adj.* En vigor, valedero.
vigia *s.f.* **1.** Vigilancia. **2.** Mirilla, ventanillo. ■ *s.2g.* **3.** Vigía, centinela, vigilante.
vigiar *v.t. e v.i.* Vigilar.
vigilante *adj.* **1.** Vigilante, alerta. ● *s.2g.* **2.** Vigilante, centinela, guardia.
vigor *s.m.* **1.** Vigor, empuje, pulso. **2.** Vigor, vigencia.
vigorar *v.t.* **1.** Vigorizar, vigorar, fortificar. ■ *v.i.* **2.** Estar en vigor, regir.
vila *s.f.* **1.** Villa, aldea, caserío. **2.** Barrio, colonia. **3.** Villa, casa de campo, quinta.
vilão *adj. e s.m.* Malhechor, malo, infame, villano. *O vilão da história.* El malo del cuento.
vime *s.m.* Mimbre.
vinagre *s.m.* Vinagre.
vinco *s.m.* Doblez, pliegue, raya.
vincular *v.t. e v.p.* Vincular(se).
vínculo *s.m.* Vínculo.
vinda *s.f.* Venida, llegada. ♦ **Boas-vindas.** Bienvenida.
vindouro *adj.* Venidero.
vingança *s.f.* Venganza.
vingar *v.t. e v.p.* **1.** Vengar(se). ■ *v.i.* **2.** Pegar, resultar, prosperar. *O plano não vingou.* El plan no resultó. ■ *v.p.* **3.** Desquitarse, resarcirse.
vinhedo *s.m. Bot.* Viña, vid, viñedo.
vinheta *s.f. Tip.* Viñeta.
vinho *s.m.* Vino. ♦ **Cor (de) vinho.** Carmesí, granate.
vinil *s.m. Quím.* Vinilo.
viola *s.f. Mus.* **1.** Viola. **2.** Vihuela.
violação *s.f.* **1.** Violación, profanación. **2.** Violación, estupro, desfloración. **3.** *For.* Violación, transgresión, infracción.
violão *s.m. Mus.* Guitarra.
violar *v.t.* **1.** Violar, profanar, quebrantar. **2.** Violar, forzar, desflorar. **3.** *For.* Violar, infringir, transgredir.
violência *s.f.* Violencia.
violentar *v.t.* **1.** Violentar, forzar, violar. **2.** Violentar, constreñir. ■ *v.p.* **3.** Obligarse, forzarse.

violento *adj.* Violento, fiero.

violeta *s.f.* **1.** *Bot.* Violeta. ■ *adj. e s.m.* **2.** Violeta, lila, morado.

violino *s.m. Mus.* Violín.

violoncelo *s.m. Mus.* Violoncelo, violonchelo.

vir *v.t. e v.i.* **1.** Venir, llegar. **2.** Venir, volver, regresar. **3.** Venir, provenir, proceder. **4.** Venir, ocurrir. ♦ **Vir a** (+ *inf.*). Llegar a. *Vir a concluir.* Llegar a concluir. **Vir a calhar.** Venir al pelo. **Vir a saber.** Enterarse. **Vir abaixo.** Desplomarse, derrumbarse. **Vir de longa data.** Venir de muy atrás. **Bem-vindo.** Bienvenido.

virabrequim *s.m. Mec.* Cigüeñal.

virada *s.f.* Viraje, giro, volteo.

virado *s.m.* Plato típico a base de frijoles, yuca, cerdo, chicharrón.

virar *v.t.* **1.** Voltear, dar vuelta, volver. *Vire a folha/o disco.* Voltea la hoja/el disco. **2.** Girar, doblar. *Vire à esquerda.* Gira a la izquierda. ■ *v.i.* **3.** Volcar, voltearse, tumbarse. *O cesto virou.* El canasto volcó. ■ *v.pred.* **4.** Volverse, convertirse, transformarse. *O vinho virou vinagre.* El vino se volvió vinagre. ■ *v.p.* **5.** Girar, darse vuelta, volverse. *Virei-me, mas não o vi.* Me di vuelta, pero no lo vi. **6.** *Col.* Arreglarse, rebuscárselas, agenciárselas. *Vire-se!* ¡Arréglate! **7.** Sublevarse, rebelarse. *Virou-se contra todos.* Se rebeló contra todos. ♦ **Virar a cabeça.** Trastornar, turbar la razón. **Virar as costas.** Dar/Volver la espalda. **Vira-casaca.** Chaquetero, que muda de opinión. **Vira-lata.** Perro callejero, perro vagabundo, malasangre.

virgem *adj.* **1.** Virgen. ● *s.f.* **2.** Virgen, doncella. **3.** Virgo, signo del zodíaco. ♦ **A Virgem Maria.** La Virgen María.

virgindade *s.f.* Virginidad.

vírgula *s.f. Gram.* Coma.

virilha *s.f. Med.* Ingle.

virose *s.f. Med.* Virosis.

virtual *adj.* Virtual.

virtude *s.f.* Virtud.

vírus *s.m. Biol.* Virus.

visão *s.f.* **1.** Visión, vista. **2.** Visión, aparición, alucinación. **3.** Visión, panorama.

visar *v.t.* **1.** Pretender, proponerse, buscar, tener por objeto. *A propaganda visa o aumento das vendas.* La publicidad busca aumentar las ventas. **2.** Visar, poner visa. **3.** Visar, hacer blanco.

viscose *s.f.* Viscosa.

viseira *s.f.* Visera.

visita *s.f.* **1.** Visita. **2.** Visitante.

visitar *v.t.* Visitar.

visível *adj.* Visible.

vislumbrar *v.t.* Vislumbrar, divisar, atisbar.

vislumbre *s.m.* Vislumbre.

visom *s.m.* Visón, nutria.

visor *s.m.* Visor.

vista *s.f.* **1.** Vista, visión. **2.** Vista, panorama. **3.** Listón, contra, volante. **4.** *Teat.* Escenario. ♦ **À vista.** *Com.* A la vista, al contado, *cash.* **Até a vista.** Hasta la vista. **Com vista(s) a.** Con miras/vistas a. **Dar na vista.** Llamar la atención, saltar a la vista. **Fazer vista grossa.** Hacer la vista gorda. **Ponto de vista.** Punto de vista. **Ter em vista.** Tener presente/en cuenta/en mente.

visto *adj.* **1.** Visto. ● *s.m.* **2.** Visa, visado. *Visto de entrada/saída.* Visa de entrada/salida. ♦ **Visto que.** Ya que, puesto que. **Pelo visto.** Por lo visto.

vistoria *s.f.* Vista, revista, inspección, visita.

vistoriar *v.t.* Registrar, inspeccionar, revistar.

vistoso *adj.* De mucha vista.

visualizar *v.t.* Visualizar.

vital *adj.* Vital, esencial.

vitalício *adj.* Vitalicio.

vitamina *s.f.* **1.** *Quím.* Vitamina. **2.** Batido de fruta con leche.

vítima *s.f.* Víctima.

vitória *s.f.* Victoria.

vitrine *s.f.* Escaparate; (*Amer.*) vidriera, vitrina.

vitrô *s.m.* Ventana con tablillas basculantes.

viúvo *adj. e s.* Viudo.

viva *interj.* ¡Viva!

vivacidade *s.f.* Viveza, vivacidad.

vivaz *adj.* Despierto, vivaracho, vívido, vivaz.

viveiro *s.m.* **1.** Vivero (*plantas*). **2.** Criadero (*animais, insetos*).

vivente *adj. e s.2g.* Viviente.
viver *s.m.* **1.** Vivir, vida. ● *v.i.* **2.** Vivir, tener vida. **3.** Vivir, durar. **4.** Vivir, residir. ■ *v.t.* **5.** *Fig.* Vivir, sentir, pasar. *Viveu maus momentos.* Pasó malos momentos. ♦ **Viver** (+ *ger.*). Pasárselo (+ *ger.*). *Vive brincando.* Se lo pasa bromeando. **Viver a vida.** Disfrutar de la vida. **Viver à custa dos outros.** Vivir a costillas/a costa de otros. **Viver junto.** Hacer vida en común. **Saber viver.** Saber disfrutar la vida.
víveres *s.m.pl.* Provisiones, víveres, vitualla.
vivificar *v.t. e v.i.* Vivificar.
vivo *adj.* **1.** Vivo, que tiene vida. **2.** *Fig.* Vivo, expresivo. **3.** Vivo, chillón (*cor*). **4.** Vivo, astuto, bribón, águila. ♦ **Ao vivo.** En vivo. **Ao vivo e em cores.** En vivo y a todo color.
vizinhança *s.f.* **1.** Vecindad, vecindario. **2.** Cercanía, inmediaciones. **3.** *Fig.* Analogía, similitud. ♦ **Boa vizinhança.** Buena vecindad.
vizinho *adj. e s.* **1.** Vecino, que vive cerca. ■ *adj.* **2.** Vecino, cercano. ♦ **Vizinho a.** A la vecindad de.
voador *adj. e s.* Volador, volante. ♦ **Disco voador.** Platillo volador.
voar *v.i.* Volar.
vocabulário *s.m.* **1.** Vocabulario, glosario, léxico. **2.** Vocabulario, lenguaje.
vocábulo *s.m.* Vocablo, término, voz.
vocação *s.f.* Vocación, inclinación, propensión.
vocal *adj.* Vocal, perteneciente a la voz.
vocalizar *v.t. e v.i. Mus e gram.* Vocalizar.
vocativo *s.m. Gram.* Vocativo.
você *p.trat. sing.* **1.** (*Esp.*) Tú; (*Amer.*) tú, usted; (*Amer.*) vos (voseo). *Você o conhece.* Tú lo conoces/Usted lo conoce/Vos lo conocés. **2.** Te. *Vim ver você.* Te vine a ver. ■ **vocês** *p.trat. pl.* **1.** (*Esp.*) Vosotros; (*Amer.*) ustedes. *Vocês irão à festa.* Vosotros iréis a la fiesta/Ustedes irán a la fiesta. **2.** (*Esp.*) Os; (*Amer.*) les. *Quero falar com vocês.* Quiero hablaros/Quiero hablarles. ♦ **Com você.** Contigo, (*Amer.*) con usted/con vos. **Com vocês.** (*Esp.*) Con vosotros; (*Amer.*) con ustedes. **Para você.** (*Esp.*) Para ti; (*Amer.*) para ti/usted/vos. **Para vocês.** (*Esp.*) Para vosotros; (*Amer.*) para ustedes.
vociferar *v.t. e v.i.* Vociferar.
vogal *s.f.* **1.** *Gram.* Vocal. ■ *s.2g.* **2.** Vocal, miembro de una corporación.
volante *adj.* **1.** Volante, volador. **2.** Volante, movedizo. ● *s.m.* **3.** Volante, órgano de transmisión. **4.** Volante, folleto.
voleibol *s.m. Desp.* Voleibol, balonvolea.
volt *s.m. Eletr.* Voltio. ■ Símbolo: *V.*
volta *s.f.* **1.** Giro, vuelta. **2.** Vuelta, regreso. ♦ **Volta e meia.** A cada dos por tres. **Dar a volta por cima.** Superar una dificultad. **Dar muitas voltas.** Hacer rodeos, dar muchas vueltas. **Dar uma volta.** Dar un giro/paseo, darse una vuelta. **Em volta.** Alrededor. **Ida e volta.** Ida y vuelta.
voltagem *s.f. Eletr.* Voltaje.
voltar *v.t. e v.i.* **1.** Volver, regresar. **2.** Volver, recomenzar. **3.** Volver, hacer de nuevo. ■ *v.p.* **4.** Girar, volverse. ♦ **Voltar atrás.** Volver atrás. **Voltado para.** Destinado a, dirigido a. *Um livro voltado para as crianças.* Un libro destinado a los niños.
volume *s.m.* **1.** Volumen, cuerpo. **2.** Volumen, libro, tomo. **3.** Fardo, bulto. **4.** Volumen, intensidad de sonido. ♦ **Fazer volume.** Abultar.
volumoso *adj.* **1.** Voluminoso, abultado. **2.** Extenso, de muchos volúmenes.
voluntário *adj. e s.* Voluntario.
volúvel *adj.* Inconstante, móvil, variable, volátil, voluble.
vomitar *v.t. e v.i.* **1.** Vomitar, devolver, expeler, arrojar. ■ *v.t.* **2.** *Fig.* Proferir, vociferar.
vômito *s.m.* Vómito.
vontade *s.f.* **1.** Voluntad, albedrío. **2.** Voluntad, gana, antojo. **3.** Voluntad, orden, determinación. ♦ **Boa vontade.** Buena voluntad. **Cheio de vontades.** Caprichoso, antojadizo. **Com vontade.** Con gusto, con ganas. **Comer/Beber à vontade.** Comer/Beber a discreción, a pierna suelta. **Contra a vontade.** A disgusto. **De má vontade.** De mala gana. **Estar/Ficar à vontade.** Estar/Ponerse a gusto, a sus anchas. **Estar com vontade de. 1.** Tener

ganas de. **2.** Haber indicio de. *Está com vontade de chover.* Parece que va a llover. **Falar à vontade.** Hablar con confianza, sin formalidades. **Força de vontade.** Fuerza de voluntad. **Não ter (um pingo) de vontade.** No darle a uno la (mínima) gana. **Ter/Dar vontade de.** Tener ganas de, antojársele. *Dava-me vontade de chorar.* Tenía ganas de llorar. *Tive vontade de tomar uma dose.* Se me antojó tomar un trago.

voo *s.m.* Vuelo.
vos *p.pess. 2ª pess.pl.* Os. *Dar-vos.* Daros.
vós *p.pess. 2ª pess.pl.* Vosotros.
vosso *p.poss.* Vuestro.
votar *v.t. e v.i.* Votar. ♦ **Votar contra/a favor.** Votar en contra/a favor.
voto *s.m.* **1.** Voto, promesa. **2.** Voto, deseo, augurio. **3.** Voto, acto de votar.
vovô *s. Col.* Abuelo, abuelito.
voz *s.f.* **1.** Voz, sonido. **2.** Voz, habla. **3.** *Mus.* e gram. Voz. ♦ **Falar em voz alta.** Hablar alto/fuerte/recio. **Falar em voz baixa.** Hablar a media voz/quedo.
vozeirão *s.m.* Vozarrón, voz fuerte.
vozerio *s.m.* Vocerío, gritería, alboroto.
vulcão *s.m.* Volcán.
vulgar *adj.* **1.** Vulgar, común y corriente. **2.** Vulgar, ordinario, populachero.
vulgarizar *v.t. e v.p.* **1.** Vulgarizar(se), popularizar(se). **2.** Vulgarizar(se), volver(se) vulgar.
vulgo *s.m.* **1.** Vulgo, populacho. ● *adv.* **2.** Vulgarmente, comúnmente. **3.** <u>A</u>lias. *José Silva, vulgo "Bigode".* José Silva, <u>a</u>lias "Bigote".
vulnerável *adj.* Vulnerable.
vulto *s.m.* **1.** Semblante, rostro. *Vulto carrancudo.* Semblante ceñudo. **2.** Bulto, cuerpo, silueta, sombra. **3.** Bulto, volumen. **4.** *Fig.* Bulto, importancia.

W

w *s.m.* W (*vigésima terceira letra do alfabeto português; usado principalmente em abreviaturas, símbolos e estrangeirismos*).
watt *s.m. Fís.* Vatio, *watt.* ■ Símbolo: *W.*

W.C. *s.m. Angl.* Cuarto de baño, wáter.
western *s.m. Angl. Western.*
windsurfe *s.m. Angl. Desp. Windsurf.*

X

x *s.m.* **1.** X (*vigésima quarta letra do alfabeto português*). **2.** *Mat.* Incógnita. **3.** Diez (*em maiúscula, no sistema romano de numeração*). ♦ **O x do problema.** El meollo del problema.
xadrez *s.m.* **1.** Ajedrez. **2.** *Col.* Cárcel, prisión; (*Arg.*) cana. ● *adj.* **3.** A cuadros, ajedrezado.
xale *s.m.* Chal, mantón.
xampu *s.m.* Champú.
xará *s.2g.* Tocayo.
xarope *s.m.* **1.** Jarabe. ■ *adj. e s.m.* **2.** *Col.* Cosa o persona empalagosa.
xaxim *s.m.* Maceta o tiesto de raíces de helechos.
xenofobia *s.f.* Xenofobia.
xeque *s.m.* Jaque. ♦ **Xeque-mate.** Jaque mate. **Pôr em xeque.** Poner en tela de juicio.
xereta *adj. e s.2g.* Curioso, fisgón; (*Mex. e Am.C.*) metiche.

xeretar v.i. Curiosear, fisgonear, husmear.
xerife s.m. Sheriff.
xerocar v.t. Col. Fotocopiar, sacar fotocopia, xerocopiar.
xerox s.m. **1.** Fotocopia, xerocopia. **2.** Col. Sitio en donde se sacan fotocopias.
xícara s.f. Taza, pocillo.
xilofone s.m. Mus. Xilófono.
xilogravura s.f. Xilografía.

xingar v.t. e v.i. Insultar, desbocarse, mentar; (Rio-plat.) putear. ♦ **Xingar a mãe.** Mentar la madre.
xixi s.m. Col. Pipí, pis.
xodó s.m. Col. Cariño, pasión.
xoxota s.f. Vulg. Vulva, coño.
xucro adj. **1.** Animal de ensillar no domesticado. **2.** Fig. Persona ignorante. **3.** Persona grosera, tosca.

Y

y s.m. **1.** Y (vigésima quinta letra do alfabeto português; usado principalmente em abreviaturas, símbolos e estrangeirismos).
2. Mat. Incógnita.
yuppie s.m. Angl. Ejecutivo joven y moderno.

Z

z s.m. Z (vigésima sexta letra do alfabeto português).
zabumba s.f. e m. Mus. Zambomba, bombo.
zagueiro s.m. Desp. Zaguero, mediocampista.
zanga s.f. Enojo, enfado.
zangado adj. Enojado, enfadado.
zangão s.m. Zángano.
zangar v.t. e v.p. Enojar(se), enfadar(se).
zanzar v.i. Vagabundear, vaguear, merodear.
zarabatana s.f. Cerbatana.
zarpar v.i. **1.** Mar. Zarpar, levar anclas. **2.** Fig. e col. Escabullirse, esfumarse.
zebra s.f. Cebra. ♦ **Dar zebra.** Resultar algo muy inesperado.
zebu s.m. Cebú.
zelador s. Conserje, celador, portero.
zelar v.t. Velar, celar.
zelo s.m. Celo, dedicación.
zé-povinho s.m. Col. Populacho, plebe.
zero s.m. Cero. ♦ **Ficar a zero.** Quedar(se) sin nada/sin dinero. **Ser um zero à esquerda.** Ser completamente torpe e inútil.
zigue-zague s.m. Zigzag.
zinco s.m. Quím. Cinc, zinc.
zíper s.m. Cremallera, cierre; (Amer.) zíper.
zodíaco s.m. Zodiaco, zodíaco. ♦ **Signos do zodíaco.** Signos del zodíaco.
zombar v.t. e v.i. Burlarse, mofarse, tomar el pelo.
zombaria s.f. Burla, broma, chacota, mofa.
zona s.f. **1.** Zona, área, región. **2.** Col. Barrio de prostitución, lupanar. ♦ **Zona franca.** Zona de libre comercio, zona franca.
zonzo adj. Tonto, atolondrado, mareado.
zoo s.m. Zoo.
zoologia s.f. Zoología.
zoológico adj. e s.m. Zoológico.
zumbi s.m. **1.** Jefe negro. **2.** Zombi, fantasma.
zumbir v.i. Zumbar.
zum-zum s.m. Col. Murmuración, habladuría, maledicencia.

Y

Z

BIBLIOGRAFIA

ALMEIDA, N. M. de. *Dicionário de questões vernáculas*. São Paulo, Caminho Suave, 1981.
ALSINA, R. *Todos los verbos castellanos conjugados*. Barcelona, Teide, 1984.
ALVAREZ OSBEN, A. *Diccionario de términos contables, comerciales y computacionales*. Valparaíso de Chile, Universitarias, 1987.
AMERICANISMOS; diccionario ilustrado Sopena. Barcelona, Ramón Sopena, 1982.
ANTAS, L. M. *Glossário de termos técnicos*. São Paulo, Traço, 1979.
ARISTOS. *Diccionario ilustrado de la lengua española*. Barcelona, Ramón Sopena, 1988.
AZEVEDO, F. F. dos S. *Dicionário analógico da língua portuguesa*. Brasília, Coordenada, 1974.
BLECUA, J. M. & FRANCH, J. A. *Gramática española*. Barcelona, Ariel, 1980.
CASULLO, F. H. *Diccionario de voces lunfardas y vulgares*. Buenos Aires, Plus Ultra, 1986.
CAVERO, D. O. *Diccionario portugués/español∗español/portugués*. Barcelona, Ramón Sopena, 1977.
CORRIPIO, F. *Diccionario de dudas e incorrecciones del idioma*; dudas y normas gramaticales. México, Larousse, 1988.
____. *Diccionario de ideas afines*. Barcelona, Herder, 1985.
DELAMARE, V. & GARNIER, M. *Dicionário de termos técnicos de medicina*. São Paulo, Organização Andrei, 1984.
DICCIONARIO básico Espasa Quince. Madri, Espasa-Calpe, 1988. 15 v.
DICCIONARIO de bolsillo de la lengua española. Madri, SGEL-Sociedad General Española de Librería, 1988.
DICCIONARIO de ciencias médicas. 8.ed. Buenos Aires, El Ateneo, 1988.
DICCIONARIO de física. Bogotá, Norma, 1984. (Col. Llave de la Ciencia.)
DICCIONARIO de la lengua española. 22.ed. Real Academia Española, versão *on-line*, disponível em http://www.rae.es
DICCIONARIO de la lengua española usual Planeta. Barcelona, Planeta, 1991.
DICCIONARIO de pedagogía Rioduero. Madri, Rioduero, 1980.
DICCIONARIO de química. Bogotá, Norma, 1985. (Col. Llave de la Ciencia.)
DICCIONARIO fundamental del español de México. México, Fondo de Cultura Económica, 1982.
DICCIONARIO ilustrado de las ciencias. Buenos Aires, Larousse, 1987.
DICCIONARIO jurídico. Madri, Fundación Tomás Moro/Espasa-Calpe, 1991.
DICCIONARIO manual de sinónimos y antónimos. Barcelona, Biblograf, 1982.
DICCIONARIO manual e ilustrado de la lengua española. 2.ed. Madri, Real Academia Española/Espasa-Calpe, 1981.
DICCIONARIO panhispánico de dudas. Madri, Santillana/Real Academia Española/Asociación de Academias de la Lengua Española, 2005.

DICIONÁRIO prático da língua portuguesa Michaelis. São Paulo, Melhoramentos, 1987.

DUBOIS, J. et alii. *Dicionário de linguística*. São Paulo, Cultrix, 1978.

EL PEQUEÑO Espasa. Madri, Espasa-Calpe, 1988.

ERES FERNÁNDEZ, Gretel et alii. *Expresiones idiomáticas: valores y usos*. São Paulo, Ática, 2004.

ESBOZO DE UNA NUEVA GRAMÁTICA de la lengua española. Madri, Real Academia Española/ Espasa-Calpe. 1978.

FERNANDES, F. *Dicionário de verbos e regimes*. 4.ed. Porto Alegre, Globo, 1974.

FERNÁNDEZ, J. A. & QUILIS, A. *Curso de fonética y fonología españolas*. 7.ed. Madri, CSIC- -Consejo Superior de Investigaciones Científicas, 1973.

FERREIRA, A. B. de H. *Novo dicionário da língua portuguesa*. 2.ed. Rio de Janeiro, Nova Fronteira, 1986.

GALIANA MINGOT, T. de. *Diccionario ilustrado de las ciencias*. Buenos Aires, Larousse, 1987.

GARCIA, H. de. *Dicionário português/espanhol*. Porto Alegre, Globo, 1963.

GARCÍA HOZ, V. *Diccionario escolar básico*. Bogotá, Gr. Ed. 5.º Centenario, 1988.

GARCÍA MERAYO, F. *Glosario de informática*. Bilbao, Urma, 1971.

GARCÍA-PELAYO, R. *Diccionario práctico de español moderno*. México, Larousse, 1983.

_____. *Larousse práctico de la conjugación*. México, Larousse, 1983.

_____. *Pequeño Larousse ilustrado*. Buenos Aires, Larousse, 1990-3.

GÓMEZ DE LIAÑO, F. *Diccionario jurídico*. Salamanca, s.ed., 1979.

GRAN DICCIONARIO de la lengua española. Madri, SGEL-Sociedad General Española de Librería, 1988.

GRANDE ENCICLOPÉDIA Larousse cultural. São Paulo, Larousse/Universo, 1988. 30 v.

HOUAISS, A. & VILLAR, M. de S. *Dicionário Houaiss da língua portuguesa*. Rio de Janeiro, Objetiva, 2001.

HOYOS, B. L. F. *Dicionário de falsos amigos do espanhol e do português*. São Paulo, Página Aberta/Consejería de Educación de la Embajada de España, 1992. (Col. Orellana, 5.)

JUSTICIA JUSTICIA, F. *El vocabulario usual del niño en el ciclo inicial y en el ciclo medio de la E.G.B.* Granada, ICE-Universidad de Granada, 1985.

KEMPIN, C. C. de. *Verbos españoles*; conjugados sin abreviación. 11.ed. Lausanne, Payot, 1984.

LOS QUINCE MIL VERBOS españoles; su gramática, clasificación y conjugación. Barcelona, Ramón Sopena, 1980.

LUFT, C. P. *Dicionário prático de regência verbal*. São Paulo, Ática, 1987.

_____. *Minidicionário Luft*. 3.ed. São Paulo, Ática/Scipione, 1991.

MAGALHÃES JR., R. *Dicionário de provérbios, locuções, curiosidades verbais, frases feitas, etimologias pitorescas e citações*. Rio de Janeiro, Ediouro, s.d.

MALMBERG, B. *La América hispanohablante*; unidad y diferenciación del castellano. Madri, Istmo, 1970.

MARTÍNEZ DE SOUZA, J. *Diccionario general del periodismo*. Madri, Paraninfo, 1981.

MATEO, F. & ROJO, A. J. S. *El arte de conjugar en español*. Paris, Hatier, 1984. (Col. Bescherelle.)

MOLINER, M. *Diccionario de uso del español*. Madri, Gredos, 1986.
NASCENTES, A. *Dicionário de sinônimos*. 3.ed. Rio de Janeiro, Nova Fronteira, 1981.
NUEVO DICCIONARIO ilustrado de la lengua española. Barcelona, Ramón Sopena, 1979.
NUEVO DICCIONARIO ilustrado de la lengua española Sopena. Barcelona, Ramón Sopena, 1985.
ORELLANA, M. *Glosario internacional para el traductor*. Santiago de Chile, Universitaria, 1990.
ORTOGRAFÍA de la lengua española. Madri, Espasa Calpe/Real Academia Española, 1999.
PEQUEÑO DICCIONARIO de la lengua española. Buenos Aires, Troqvel, 1989.
PINA, R. de & PINA VARA, R. *Diccionario de derecho*. México, Porrúa, 1981.
RYAN, M. A. F. C. *Conjugação dos verbos em português*. 5.ed. São Paulo, Ática, 1989.
SALAS, R. *Diccionario de los errores más frecuentes del español*. Barcelona, De Vecchi, 1985.
SALVAT léxico; diccionario de la lengua. S.l., Salvat Editores, 2001.
SÁNCHEZ MÁRQUEZ, M. S. *Gramática moderna del español*. Buenos Aires, Ed. Com., Ind. y Financiera, 1972.
SÁNCHEZ PÉREZ, A. (dir.). *Gran diccionario de uso del español actual*. Madri, SGEL, 2001.
SANTILLANA, D. A. de. *Diccionario de argentinismos de ayer y de hoy*. Buenos Aires, Tip. Ed. Argentina, 1976.
SAROKA, R. H. & TESORO, J. L. *Glosario de informática*. Buenos Aires, Contabilidad Moderna, 1984.
SECO, M. *Diccionario de dudas y dificultades de la lengua española*. 2.ed. Madri, Aguilar, 1982.
SILVA, De P. e. *Vocabulário jurídico*. Rio de Janeiro, Forense, 1987. 3 v.
SILVA, E. C. da. *Dicionário de locuções da língua portuguesa*. Rio de Janeiro, Bloch, 1975.
VATTUONE, L. F. de. *Diccionario terminológico de biología*. Buenos Aires, El Ateneo, 1985.

SUOR E SORRISOS FAZEM UMA BOA PARCERIA

Que bom poder compartilhar com você a nossa história, assim, finalmente, o mundo tomará conhecimento do famoso episódio do carteiro que caiu da bicicleta com cinco quilos de "letra C" que se espalharam por todo o quarteirão...

Naquele tempo – e lá se vão mais de quinze anos do início desta história – não havia Internet, nem e-mail, nem CD-Rom. Trabalhávamos com um editor de texto chamado "Word 5.0". E com 10-15 dicionários, gramáticas e outros materiais de consulta abertos em cima da mesa, pelo chão, em cadeiras etc.

Uma obra como este dicionário exige muita pesquisa, seleção, criação e revisão, revisão, revisão. Antes de começar, fizemos um planejamento e dividimos as tarefas. Cada uma elaborava os verbetes de uma letra e a outra os revisava. Foram quase três anos de trabalho.

Eram centenas de folhas impressas com milhares de verbetes que continham acepções, expressões idiomáticas, regionalismos, exemplos de uso... Como não moramos na mesma cidade, mandávamos os pacotões por correio e foi assim que um dia aconteceu o lamentável incidente acima referido.

Mas o melhor eram os bilhetes que trocávamos entre nós durante as revisões:

– Todos os exemplos incluídos nestes verbetes tratam de comida: pare de fazer verbetes e vá comer alguma coisa, pois seu problema é fome!

– "Este livro é muito bom", "Este livro tem ilustrações", "Este livro é um romance"... que belos exemplos nesta folha! Onde você arrumou tanta criatividade?

Esse tom jocoso ajudou a aliviar o peso da árdua tarefa.

Quando trabalhamos juntas, não importa quem teve a melhor ideia. Importa aceitar e desenvolver essa ideia. Não importa se alguma de nós errou. Importa corrigir o erro. Porque o trabalho final não é de uma nem de outra: é nosso. E tem que estar bem-feito.

Quando se trabalha com seriedade, o trabalho fica bom.

Quando se trabalha sorrindo, o trabalho fica ainda melhor.

Por isto até hoje a nossa parceria tem dado ótimos resultados, como este dicionário que você tem em mãos e que agora já não é nosso: é seu.

As autoras